KB069561

머리말

오늘날 우리는 평가로부터 자유로울 수 없는 시대에 살고 있다. 이 평가의 시대에 대학만큼 다양하고 많은 평가가 성행하는 곳은 아마도 찾아보기 힘들 것이다. 각 정부 부처가 시행하는 재정지원사업 평가, 학문분야별 다양한 인증기관에서 수행하는 인증평가, 언론사가 매년 시행하는 대학랭킹평가에 이르기까지 각종 평가에 대비하여 대학들은 매년 수십 가지의 평가를 준비해야 한다. 이에 따라 대학들은 많은 비용과 시간을 들여 담당 부서와 합당한 인력을 갖추고, 폭주하는 평가 과업을 수행하고 있다. 그러나 여전히 대학의 평가 조직은 전문성이 부족하고, 평가를 준비하는 과정이 체계적이지 못하며, 효율적이지 못한 경우가 많다. 그중에서도 평가 정보에 대한 이해 부족으로 평가를 준비하는 과정에서 시행착오를 겪는 일이 많다. 이 책은 우리나라에서 실시되고 있는 다양한 대학평가에 대한 이해와 정확한 정보를 제공하고 성과와 개선방안을 담은 전문서 형태로 기획되었다.

이 책을 기획하는 과정에서 중요한 세 가지 고민이 있었다. 첫째는 다양한 국내의 대학평가 중 무엇을 어떤 기준으로 선별할 것인가와 선별된 평가의 내용 구성을 어떤 방식으로 할 것인가였다. 무엇보다 어떤 평가를 대상으로 할 것인가에 대한 논의 과정에서 여러 대학평가 가운데서도 대학의 입장에서 중요하게 생각하는 평가를 대상으로 선정해야겠다는 합의에 도달하였다. 그렇게 선정된 대학평가들을 분류해 보니 평가를 주관하는 기관의 종류에 따라 정부 주도, 인증기관 주도, 언론사 주도의 세 평가유형으로 분류할 수 있었다.

두 번째로 고민했던 것은 각 기관이 주도하는 평가들을 묶어서 각 기관 주도형 평가를 종합적으로 분석하는 것이었다. 그래서 마련된 장이 각 기관 주도형 평가들의 쟁점과 과제를 일괄적으로 알아보는 마지막 장이다. 이 장에서는 각 기관 주도의 평가에 대해 방향과 배경 논리, 특징 및 유형, 성과 및 문제점, 쟁점 및 개선 과제 등을 메타적으로 분석하고 종합하여 제시하였다. 이 장은 각 기관 주도 평가의 특성을 이해하고, 문제점과 개선방향을 기관 차원에서 고민할 때 유용한 자료가 될 것이다.

세 번째로 기획과정에서 고민했던 것은 각 평가의 내용 구성을 어떻게 할 것인가였다. 흔히 평가의 구성요소별로 분류하는 방식을 취하는 것이 일반적이나 이 책에서는 평가의 맥락과 역사성에 대한 선행적 이해가 중요하다는 판단에 따라 '평가의 배경과 변천과정'을 각 장의 제1절에서 기술하였다. 이를 통해 평가가 등장하게 된 상황과 변천에 따른 발전과정을 충분히 이해할 수 있을 것으로 보인다. 그리고 각 장의 마지막 절에는 '성과 및 개선방안'을 넣어 해당 평가가 대학발전에 기여한 바와 노정한 문제점들을 바탕으로 어떻게 개선하는 것이 바람직한지에 대해 설명하였다. 이 절은 '평가에 대한 평가'를 하는 것으로 메타평가의 의미를 담고 있다.

이 책이 단순히 평가 안내서가 아닌 전문서로서 기획된 만큼 장 구성에서 별도로 서장과 결장을 두어 서장에서는 '대학평가의 의미와 동향'에 대해 심도 있게 다루었고, 결장에서는 '한국 대학평가의 미래'에 대해 숙고한 결과를 아이디어로 제시하였다. 서장에서는 평가의 다양한 의미와 변천을 통해 대학평가의 개념과 특성을 살펴보았고, 우리나라 대학평가의 현주소를 냉철하게 밝히고자 하였다. 그리고 한국의 대학평가 동향을 살펴보면서 이 책의 대학평가 분류 방식을 소개하였다. 결장에서는 우선 한국 대학의 위기론 비등에 따라 대학이 나아가야 할 길을 거시적으로 밝히고, 이에 부합하는 미래지향적 대학평가를 위한 제언을 핵심 쟁점 네 가지를 중심으로 제시하였다. 그 쟁점은 '① 왜 대학평가를 하는가? ② 대학의 무엇을 평가할 것인가? ③ 어떻게 대학평가를 하나? ④ 대학평가의 선순환적 활용은?' 등이다. 이 네 가지 핵심 쟁점은 대학평가의 근본적인 이슈로 현 수준에서 이루어지는 평가의 목적과 내용 그리고 방법 및 활용에 대한 반성과 성찰을 통해 미래 환경변화에 부응하는 가운데 대학의 자율적 의지의 복원에 따른 미래지향적 대학평가의 모습을 상정할 수 있도록 그려진다.

이 책이 출간되기까지 개인적인 인생의 경험을 학문하는 사람의 직업적인 결과로 풀어낼 수 있었다는 점에서 이 책이 갖는 의미는 각별하다. 2015년 고려대학교의 기획예산처장으로 보임되어 당시 대학구조개혁평가를 책임지고 준비했던 보직자로서 그동안 대학평가를 전문가 입장에서 자문하는 역할만 하다가 평가를 준비하는 입장에서 여러 가지 많은 애로점을 느꼈다. 탑다운 평가의 무소불위적 권위성과 획일화된 평가지표의 무차별적 적용에 따른 불공평성 등은 빙산의 일각이었다. 고려대학교의 양 캠퍼스에서 준비한 대학구조개혁평가의 결과가 정반대로 나타나 전체 대학평가를 준비하는 책임자로서 책임을 지고 보직에서 물러나게 되었고, 폭풍 같은 잠깐의 외도를 뒤로 한 채 연구실로 돌아왔다. 그로부터 대학평가에 대한 나의 경험과 문제의식은 2016년 「박근혜정부 대학구조개혁 정책의 쟁점과 과제」[교육행정학연구, 34(5)]로 정리되었고, 이 책 또한 그 연장선상에서 비롯된 것이다.

　이 책의 구상은 고려대학교에서 처장직을 맡아 각종 대학평가를 준비하는 과정에서 구체화되었다. 평가업무를 수행하면서 언젠가는 한번 정리해야 할 사안이라고 생각하고는 있었지만 일부러 시간을 내어 진행하기에는 버거운 분량이었다. 때마침 대학에서 맡은 업무를 통해 나에게 숙제가 주어졌고, 개인적 의무감에 대학을 위한 사명감까지 보태져 지난한 작업을 완수할 수 있게 되었다. 물심양면으로 지원을 해 준 고려대학교에 재삼 감사의 말씀을 드린다. 개인적으로 혼자 연구를 통해 많은 분량을 소화하기 어려운 주제의 특성상 이 책의 공저자인 김상철, 장아름 박사가 합류하여 다양한 평가를 세심하게 정리하는 데 많은 기여를 하였다. 이들의 열정과 노고가 없었다면 이 책의 출간은 요원했을지 모른다. 마지막으로, 이 책의 출간을 오랜 시간 기다려 준 학지사 김진환 사장님과 직원 여러분께 심심한 감사의 말씀을 드리고 싶다.

2020년
안암동 연구실에서 신현석 씀

차례

제**3**장 대학 특성화(CK) 평가　141

제**4**장 대학 구조개혁 평가　183

제**5**장 산업연계 교육활성화 선도대학(PRIME) 평가　233

제3부 언론사 주도형 평가

제15장 중앙일보 대학평가   635

제16장 조선일보-QS 아시아권 대학평가   679

제17장 동아일보 청년드림 대학평가   701

제**18**장 언론사 대학평가의 쟁점과 과제   735

결장 한국 대학평가의 미래   753

서장

대학평가의 의미와 동향

1 평가의 다양한 의미와 변천

평가(evaluation)는 한자 評價가 의미하듯이 말 그대로 '사람이나 사물의 가치나 수준 따위를 일정한 기준에 의해 따져 매기는 것'을 뜻한다. 영어의 evaluation은 e-value-ation의 합성어로 '가치를 드러낸다'는 의미로, 사전적 정의인 'act of ascertaining or fixing the value or worth of persons or things'의 어의를 확장한 것이다. 평가에 대한 사전적 정의로부터 우리가 알 수 있는 것은 ① 평가란 의미는 기본적으로 가치나 수준을 매기는(확인하고 고정시키는) 것이고, ② 그 대상은 현실에서 어떤 일을 하는 사람이나 일들의 집합체로서 사물이며, ③ 가치나 수준을 매길 때에는 일정한 기준과 준거가 필요하다는 것이다.[1]

---

1) 평가의 영어 표현인 evaluation은 유사어로서 measurement, research, assessment, appraisal과 구별될 필요가 있다(박종렬, 2003: 8-9). 평가와 밀접한 관계에 있는 measurement(측정)는 '일정한 법칙에 따라 대상에 대해 수치를 매기는 과정'으로서 신뢰성에 초점을 맞춘 개념이고, 평가는 측정보다 포괄적이며 가치판단과 타당성을 중시하는 개념이다. research(연구)는 일반화 가능성을 염두에 두고 이론 형성에 토대가 될 수 있는 사실의 발견에 관심을 둔다는 점에서 가치판단을 통한 실용적 기여에 관심을 두는 평가와 구별된다. assessment(사정)는 대상의 속성에 대해 자료를 수집하고 측정·계산하여 재조직하는 것을 말하며, 평가는 사정 활동 결과에 근거하여 가치를 추정하는 것을 말하는 것으로, 평가는 이러한 추정을 바탕으로 전체적으로 가치판단을 내리게 된다. appraisal(감정)은 어떤 사람이나 사물의 본질, 성격, 값어치, 질 등에 관해 전문가적 입장에서 추정하거나 사정하여 분류하는 것으로서 평가에서 활용할 수 있는 방법의 하나로 이용되곤 한다.

보다 구체적으로, Fournier(2005: 139~140)는 평가 대백과 사전(Encyclopedia of Evaluation)에서 '평가'의 의미에 대해 다음과 같이 자세히 설명하고 있다[Mathison (ed.), 2005].

> *Evaluation* is an applied inquiry process for collecting and synthesizing evidence that culminates in conclusions about the state of affairs, value, merit, worth, significance, or quality of program, product, person, policy, proposal, or plan. Conclusions made in evaluations encompass both an empirical aspect (that something is the case) and a normative aspect (judgment about the value of something). It is the value feature that distinguishes evaluation from other types of inquiry, such as basic science research, clinical epidemiology, investigative journalism, or public polling.

Fournier(2005)는 평가에 대한 일반적인 정의에 더해 평가의 대상과 판단의 대상인 가치들을 구체적으로 나타내고 있으며, 평가의 과정을 통해 내려진 결론이 중요함을 말하고 있다. 평가의 결론은 경험적인 측면과 규범적인 측면을 모두 고려하여 결정되며, 이것이 바로 평가를 다른 유사한 영역의 활동과 구별되는 독특성이라는 것을 강조하고 있다.

Scriven(2005: 235)은 평가에 대한 사전적 정의를 종합하여 "행해진 어떤 일들의 진가(merit), 값어치(worth), 혹은 중요도(significance)를 결정하고, 결정한 것을 보고하는 것"이라고 하였다. 이러한 정의는 평가를 매우 포괄적이고 이견의 여지가 없는 일반적인 의미로 해석하고 있고, 평가의 요소들을 구체적으로 포함하고 있지는 않다. 그러나 다른 한편으로는 평가의 개념이 역사적으로 그 시대가 처한 상황에 따라 강조점이 다르고 다양한 방식으로 실제에서 활용되어 왔기 때문에 다양한 관점에서 정의되는 것이 바람직하다는 견해도 있다.

역사적으로 볼 때 20세기 이후 본격적으로 시작된 평가는 시대사회적인 요청의 결과로서 어찌 보면 당연한 것이었다. 19세기 중반 이후 미국의 뉴잉글랜드 지역을 중심으로 공장제 기계공업을 주로 하는 산업의 부흥에 의하여 생산 공장의 증가와 산업인력의 폭발적 증가는 근대적 조직의 효율적 관리에 대한 시대적 요청을 낳았다. 그중에서도 20세기를 전후하여 제안된 고전적 행정관리론의 중요한 두 흐름인 Weber의 관료제론과 Taylor의 과학적 관리론에서 조직구성원의 임용 및 승진과 같은 인사와 직무 개발 및 성과를 판단하는 데 평가는 이미 중요한 역할을 하고 있었다. 미국 사회 전반에 걸친 테

일러 주의의 관리 및 경영의 과학화 운동은 콜롬비아 대학교의 심리학자인 Thorndike의 인간 정신 능력에 대한 측정과 교수–학습 프로그램 개발과 같은 선구적인 노력과 성과에 힘입어 사회 전반 및 교육의 과학화 운동으로 이어지게 되었다(Campbell et al., 1987). 이 시기부터 일반 조직 및 학교에서 각종 지능 및 적성검사가 개발·활용되기 시작하면서 평가의 필요불가결한 조건인 측정의 전성시대를 맞게 되었다. 다양한 측정도구와 방법의 개발은 인력 수급 및 활용의 최적화와 프로그램의 능률적인 수행을 위한 다방면의 평가를 가능하게 하였고, 적재적소에 필요한 평가가 가능해짐에 따라 이 당시 최대의 관심인 조직의 효율적인 관리와 운영이라는 목표를 달성할 수 있게 되었다. 역으로, 사회 전반의 효율성 중심 원리는 인간과 프로그램 그리고 조직을 체계적으로 평가하는 것을 필요로 했고, 그러한 평가를 가능하게 한 것이 다양한 측정 기술의 발달이었다.

과학적인 측정기법의 발달을 통해 성장한 평가는 1940년대 제2차 세계대전에 미국이 참전하면서 전성기를 맞이한다. 각종 군수물자 생산과 무기개발을 위해 밤낮 없이 가동되는 공장과 인력의 적절한 배치와 능력개발을 위해 측정기반 평가는 대공황 시기에 각종 사회보장 프로그램의 증가로 프로그램 평가가 호황을 맞이했던 이래로 새로운 전성기를 맞이하게 된다. 다수에게 적용될 보편적이면서도 '유일한 최상의 이론(the one best theory)'을 추구하는 행동과학론이 학문 연구 전반을 지배하는 현상이 가속화된 것도 이때부터이다. 시각을 다투는 급박한 요구와 이에 대한 신속한 부응이 필요한 전시 상황, 이 특별한 상황에 신속하게 반응하는 정부의 대대적인 연구 지원과 투자가 효율중심주의 학문사조인 행동과학론(behaviorism)을 탄생시킨 것이다. 오늘날 평가의 다양한 접근 중 체제적 관점의 평가를 비롯한 다양한 평가 모델이 바로 행동과학론에 그 이론적 기반을 두고 발전해 온 것이다(Rossi & Freeman, 1989). 특히 1930년대에 오하이오 주립대학교의 교수로 재직하면서 진보적 교육과정하에서 교육받은 학생들의 대학생활 성과를 알아보기 위한 8년 연구(the Eight Year Study)를 수행한 Tyler의 목표지향평가 모형은 행동과학론에 입각한 평가의 효시로 많은 영향을 끼쳤다. 행동과학론에 기반을 둔 목표–성과 평가, 즉 규준지향평가(norm-referenced evaluation)의 주류적 평가 패러다임은 아직도 유효하다. 적어도 1970년대까지 이에 필적할 만한 대안 패러다임으로 인정될 수 있는 거센 도전을 받지 않고 전성기를 구가해 왔다.

1970년대의 평가는 주로 전문가의 전문적인 판단(professional judgment)에 의해 이루어졌다(Stufflebeam & Shinkfield, 2007: 7). 많은 사람이 평가란 의사결정자를 위한 질적으로 의미 있는 정보의 수집과 분석이라고 믿게 되었고, 이에 따라 평가의 개념도 평가연구의 형태로 수행되는 것으로 보고 전문가에 의한 제3자 신뢰성에 기반을 두는 것으로 이행되었다. Stufflebeam과 Shinkfield(2007: 8-16)가 제안하는 전문성 지향 평가(expertise-oriented evaluation)는 전통적인 목표지향평가(objectives-oriented evaluation) 모델이 갖고 있는 약점인 목표-성취 지상주의 평가, 지나치게 결과에 집착하는 평가, 부작용을 애써 무시하는 평가, 한 가지 방법론만 고집하는 평가에 착안하여 이를 해소할 수 있는 대안으로 개발되었다. 그리하여 이들은 평가를 "어떤 대상의 진가, 값어치, 가치들(청렴성, 적실성, 안전성, 중요성, 형평성 등)에 관한 사실적 판단 정보를 파악하고(delineating), 획득하고(obtaining), 보고하고(reporting), 적용하는(applying) 체계적인 과정"이라고 정의하였다. 이러한 과정은 전문성 지향 평가가 실제로 수행되는 단계로 구성되어 있으며, 평가는 사실적인 정보와 판단을 위한 정보를 산출해 낼 수 있어야 한다는 것이 종래 목표지향평가와 구별되는 이 접근의 새로운 특징이다.

한편, 1957년 Sputnik 충격 이후 Tyler의 목표지향평가에 대한 문제점 지적이 줄을 이었다. Tyler 평가모형에 대한 비판은 주로 목표는 다양한 가치를 포함하고 있기 때문에 객관적 평가의 문제가 아니라 판단의 문제라는 것이며, 차원과 맥락이 다른 대상을 비교하여 평가하는 것에 대한 모순에 집중되어 있다. 이후 대안적인 평가 모형들이 우후죽순으로 나타나기 시작하였다. 이러한 대안 모형들은 목표지향평가의 약점을 보완한 평가 모형에서부터 완전히 패러다임을 달리하는 평가에 이르기까지 다양하였다. 그중에서도 Tyler 모형이 근거하고 있는 과학적 패러다임에 대응하여 자연주의적 패러다임에 기반을 둔 Guba와 Lincoln의 자연주의적 반응평가모형(naturalistic responsive evaluation model)은 철학적 가정이나 평가의 방식이 기존의 모형과는 다른 방식을 취하고 있다. Tyler의 목표지향평가에 대해 꾸준히 비현실적이라는 문제를 제기해 왔던 Cronbach, Scriven, Eisner, Guba의 비판을 계승하고, Stake의 반응모형을 발전시킨 Guba와 Lincoln(1981)의 반응평가모형은 평가 관련 이해당사자들의 평가과정에의 참여와 그들의 반응이 중요하며, 이들이 현장에서 활동하는 장면에서 면담 혹은 참여관찰을 통해 직접 얻은 자료를 바탕으로 평가가 이루어져야 한다고 주장한다. 구체적으로, 자연주의적 반응평가모형은 ① 평가의 착수와 조직하기, ② 주요 쟁점과 관심사를 확인하기, ③ 유용한 정보를 모으기, ④ 평가 결과를 효과적으로 보고하고 판단을 위한 제언 작성하기 등의 단계를 거친다.

이와 같이 목표지향평가를 중심으로 이에 대한 반향으로 출현한 다양한 대안적 평가 패러다임 혹은 모형들이 나타나게 된 이유에 대해 Fitzpatrick 등(2004: 59-66)은 철학적 가정과 이데올로기 지향성의 차이, 방법론적 배경과 선호도의 차이, 평가의 배경 학문 차이에 비롯된 서로 다른 은유(metaphors), 서로 다른 요구들에 대한 대응방식의 차이를 들었다. 이러한 이유들은 과거 단일의 문화와 이데올로기가 지배했던 시대에서 점차 다원주의 사회 혹은 탈근대사회로 이행하면서 그만큼 평가가 처한 상황과 맥락이 다양해지고 복잡해지게 된 데서 연유된 것으로 이해할 수 있다. Fitzpatrick 등(2004: 68)은 이와 같이 복잡한 시대의 평가모형을 5가지 구별되는 접근으로 유형화하였다. 첫째, 목표지향접근(objectives-oriented approaches): 목표를 구체적으로 설정하고, 목표가 달성되는 정도를 결정하는 데 초점을 맞춘다. 둘째, 관리지향접근(management-oriented approaches): 관리 경영 의사결정자의 정보 요구를 확인하고 충족시키는 데 관심을 둔다. 셋째, 소비자중심접근(consumer-oriented approaches): 생산품, 서비스 등을 선택하는 소비자들에 유용한 평가 정보를 개발하는 데 관심이 있다. 넷째, 전문성지향접근(expertise-oriented approaches): 평가되는 어떤 노력의 질을 판단하는 데 전문가의 전문성을 적용한다. 다섯째, 참여자지향접근(participant-oriented approaches): 가치, 준거, 요구, 데이터, 결론을 결정하는 평가과정에서 평가대상인 이해당사자들(참여자들)의 직접적인 참여가 핵심이다.

② 대학평가의 개념과 특성

대학평가(university evaluation)는 대학을 대상으로 평가를 한다는 의미이다. 대학평가의 개념을 이해하기 위해서는 대학에 대한 이해와 대학을 둘러싼 환경의 작용에 대해 먼저 이해할 필요가 있다. 평가의 대상으로서 대학은 학문 분야의 대단위 조직인 대학, 중단위 조직인 학과, 소단위 조직인 전공 혹은 프로그램에 이르기까지 다양한 하층 단위 조직을 갖고 있는 교육조직이다. 또한 대학은 각 학사운영 조직 단위에서 내외의 연계를 통한 학문적 탐구와 학술활동을 행하는 연구조직이기도 하다. 그러면서 대학은 이들 학사 단위 혹은 그 단위 안팎에서 이루어지는 교육·연구 활동을 지원하고 규율하기 위한 행정의 계층화된 여러 하부 조직 및 기관들로 이루어진 행정조직이기도 하다. 이런 점에서 대학은 연구 활동이 행해지는 교육조직이자 행정조직이며, 이러한 방면의 두 가지 업무가 동시에 이루어지는 이중적인 이미지를 갖고 있는 조직이다.

대학조직의 이러한 이중성은 조직의 구성요소들을 갖추고 있으면서 행해지는 과업들 간의 관계가 모호하고 혼란스러운 경우를 발생하게 하는 주요인으로 작용하고 있다. Cohen 등(1972)은 이러한 대학조직의 이중성이 불분명한 목표, 불확실한 기술, 유동적인 참여를 특징으로 하는 '조직화된 무정부'(organized anarchy)로서의 대학을 야기하고 있다고 하였다. 한편, Weick(1976)은 목표와 기술의 불확실성 때문에 공식적 교육조직으로서 대학의 업무 및 구성원들의 역할과 기능을 구조적으로 명확하게 획정하기 힘들게 하고 업무수행의 조정과 협력을 어렵게 한다고 하면서 '이완결합체제(loosely coupled system)'의 모습을 띤다고 하였다. 이처럼 대학은 일반 조직과 구별되는 특성을 갖고 있으며, 이러한 특성이 대학조직의 운영을 어렵게 하고 조직 자체의 복잡성을 증가시키는 요인으로 작용하고 있다.

오늘날 대학은 전형적인 복잡한 조직의 특성을 보여 주고 있다. 대학에서 하는 일의 본질에 해당하는 교육 및 연구는 학문 분야 및 전공의 다양성을 토대로 운영되고 있기 때문에 운영 단위의 조직화가 쉽지 않다. 환경의 변화에 대응하는 국가사회의 다양한 요구에 적응하여 수시로 변화의 가능성을 염두에 두지 않으면 안 된다. 이런 점에서 교육 및 연구 조직은 변화 수용 및 적용의 최일선에 있다. 국가별로 이러한 변화에 대한 대학의 적응을 국가중심의 견인모델로 유도할 것인지 아니면 시장적 경쟁모델에 의한 자발적 결정에 맡길 것인지에 대한 선택지만 다를 뿐이다. 따라서 대학의 생존과 번영을 위한 대학 간 경쟁은 자연스러운 것이며, 이것이 온상조직의 특성을 갖고 있는 공교육 시스템과 구별되는 지점이다. 그렇다고 대학 간 자율적 경쟁의 조성이 정글에서 살아남기 위한 레드오션의 혈투를 통해 조직의 야생성만 남기는 것으로 오해하는 것은 금물이다. 오늘날의 경쟁은 독자적 수월성 추구를 위한 배타적 독점권 확보 차원에서 이루어지기보다는 국가사회가 지향하는 보편적인 공동선 의지에 부합하는 합리적 지향성을 배경으로 사회적 관계망과 협력을 통한 공존의 네트워크 방식으로 이루어지는 경향이 크기 때문에 이제 지능정보사회의 경쟁 개념은 산업사회의 경쟁 논리와 다르게 재개념화가 요구된다고 하겠다. 이에 따라 대학을 평가하는 목적과 방식도 시대의 흐름과 요청을 반영하여 바뀌어야 함을 알 수 있다.[2]

이상과 같이 대학의 본래적인 복잡조직으로서의 성격과 환경 변화에 민감하게 작용하는 생태조직으로서의 특징은 대학에 대해 무엇을 어떻게 평가할 것인가에 관한 모두가 만족할 만한 답을 찾기 어렵게 한다. 평가대상으로서 대학의 복잡성은 대학 전체로부터 최소의 단위인 전공 프로그램에 이르기까지 다양하고, 학문분야에 대한 평가에서부터 연구 단위에 대한 평가, 그리고 교육 및 연구에 종사하는 개인 및 집단에 대한 평가에 이르기까지 평가 대상을 한없이 분절화할 수 있다. 이들을 평가하는 목적이 무엇이냐에 따라서 평가하는 방법은 다양할 수밖에 없다. 평가대상의 다수성은 평가방법의 다양성과

---

2) 이 부분에 대한 논의는 '결장: 한국 대학평가의 미래'에서 소개된다.

평가과정의 복잡성을 야기한다.

한편, 사회적 개방체제로서 대학은 끊임없이 환경과 상호작용하면서 경쟁과 협력을 통해 생존해야 하는 고등교육 생태계의 일원이기 때문에 일견 저량(stock)을 평가하는 것보다는 유량(flow)을 평가하는 것이 바람직해 보인다. 그러나 대부분의 평가가 저량 중심의 평가를 하는 이유는 유량에 대한 평가가 방법론적으로 용이하지 않은 변화중심의 평가이기도 하지만 현재와 미래의 변화하는 정도를 포착해서 평가하기 힘든 불확실성 때문이기도 하다. 반면, 저량 중심의 평가는 과거의 결과로부터 확실한 증거기반 평가를 할 수 있기 때문에 평가결과를 준거 삼아 현재의 상태를 수정·보완하고 미래 발전을 기획하는 데 도움을 줄 수 있다. 그러나 과거는 흘러간 옛날일 뿐인데 이를 바탕으로 현재 공과를 판단하고 미래까지 예측한다는 것은 선형적 사고의 함정에 빠질 가능성을 배제할 수 없다.

대학이 갖고 있는 복잡성과 생태적 특성 때문에 대학평가의 개념 정의가 쉽지 않은 가운데 Stufflebeam(1971)은 대학평가를 "의사결정에 필요한 정보를 확인·획득·제공하는 일련의 과정"이라고 정의하여, 대학평가의 목적을 의사결정에 두고 평가활동의 요소들의 순서와 관련된 절차적 접근을 강조하였다. 한편, Dressel(1976: 86)은 "대학의 활동이 미친 영향이나 대학이 갖고 있는 가치에 대한 판단과 이러한 판단이 이루어지기까지의 과정"으로 대학평가를 정의하였다. 이러한 정의는 대학이 갖고 있는 혹은 대학이 행한 활동에 대한 가치의 판단에 앞서 제시한 평가의 보편적인 성격이자 본질적 특성에 해당되고, 가치판단은 합리적으로 정해진 순서와 절차에 따라 이루어지는 과정을 결합했다는 점에서 대학평가의 내포적 의미를 충족시키고 있다고 볼 수 있다. 따라서 가치판단으로서의 대학평가 개념과 과정으로서의 대학평가 개념은 서로 분리될 수 없으며, 대학평가의 개념을 구성하는 요소이면서 서로 결합하는 가운데 대학평가 개념의 자족성이 확보될 수 있다는 것을 알 수 있다.

가치판단 중심의 대학평가는 평가의 대상과 단위에 따라서 가치가 다르게 규정되기 때문에 평가의 다양성을 전제로 하고 있으며, 이에 따라 측정방식도 달라질 수 있을 것이다. 따라서 이러한 가치판단 중심의 대학평가 정의는 그 가치를 무엇으로 보느냐에 따라 다양할 수밖에 없다. 그 무엇에 해당되는 것은 평가의 목적을 구체화한 내용 요소들을 일컬음이기 때문에 대학평가에서 오늘날에 이르기까지 목적지향평가가 우세할 수밖에 없다는 것을 이해할 수 있다. 가치의 다양성이 지배하는 대학평가의 특수성 가운데에서도 대학평가는 본질적으로 교육 및 연구기관에 대한 평가이기 때문에 '질 제고'가 중시되고, 기능적으로는 대학을 구성하는 요소들의 전체와 부분의 관리에서 중요한 '효과성'

이 입증되고 판단되어야 할 핵심적인 가치로 집약된다. 물론, 기관의 질 제고와 조직 관리의 효과성 공히 포괄적인 개념들이기 때문에 평가대상이 되는 조직 단위나 프로그램에 따라서 질에 대한 정의와 효과성의 하위개념 구성은 대상의 성격이나 초점을 어디에 두느냐에 따라 달라질 개연성이 있다.

한편, 평가를 진행하는 과정도 구체적인 평가 활동 요소를 무엇으로 보느냐에 따라 다를 것이다. 그러나 가치판단 중심의 대학평가 정의와 달리 과정중심의 대학평가는 비교적 개념화의 방향이 단순하다. 대학평가의 활동이 진행되는 과정이 Stufflebeam이나 Dressel처럼 축약된 3단계설 혹은 이를 확장하여 구체적으로 단계화한 4단계 이상의 절차로 묘사되고 있기 때문이다. 권기욱(1992)은 여러 학자가 제시한 대학평가 과정에 대한 단계를 종합하여 ① 1단계: 평가목적의 설정, ② 2단계: 대학 특성의 규명, ③ 3단계: 평가대상 영역의 선정, ④ 4단계: 평가준거의 선정 및 평가기준의 설정, ⑤ 5단계: 자료의 수집 및 분석, ⑥ 6단계: 가치판단 등 여섯 단계로 요약하였다. 이러한 과정 중심의 대학평가 정의는 1단계 평가목적의 설정에서 제시된 평가 대상으로서의 가치가 최종 6단계에서 대학평가의 방법적 활동과정을 통해서 얻은 자료를 바탕으로 판단되는 것이 핵심이기에 결국 과정중심의 대학평가와 가치판단 중심의 대학평가는 분리될 수 없는 연결된 개념이라는 것을 알 수 있다.

대학의 질이 주로 정성적인 측면에서 대학의 가치를 표상한다면, 효과성은 주로 정량적인 관점에서 대학의 가치를 결정하는 요인으로 활용되어 왔다. 이러한 대학의 질과 효과성을 구성하는 내용 요소들을 평가의 항목과 지표로 구체화하여 이를 정교한 방법으로 측정하고 사정함으로써 평가 결과가 도출되는 과정은 체계적이고 합리적이다. 또한 전 과정에 걸쳐 무엇을 어떻게 평가할지 기획하고 실천해 나가는 단계와 정보를 수집·분석하여 해석하고 결과에 대해 가치 판단을 내리는 단계는 훈련받은 전문가에 의해 주도되기 때문에 대학평가는 전문적이다. 이렇게 대학평가가 이루어지는 전 과정의 활동들을 바탕으로, 권기욱(1992: 26-29)은 대학평가의 특성을 다음과 같이 일곱 가지로 정리하여 제시하였다.

첫째, 측정 및 조사로서의 대학평가: 대학평가는 평가결과의 신뢰성과 객관성을 확보하기 위하여 수집될 자료의 측정가능성과 자료수집에 사용되는 도구가 중요하다. **둘째, 전문적 판단으로서의 대학평가**: 대학평가는 평가계획을 수립하고, 다양한 도구를 적용하여 측정하며, 자료를 수집·해석·판단하는 과정에서 고도의 전문성이 요구된다. **셋째, 목적 성취 정도의 파악으로서 대학평가**: 대학평가는 목적을 조작적으로 정의하고, 이의 성취 정도를 사정하며, 사정된 결과와 조작적으로 정의된 목적을 서로 비교함으로써 목적 성취 정도를 판단한다. **넷째, 갈등해소기제로서의 대학평가**: 대학평가는 대학 내 다양한 집단 간에 야기된 여러 문제에 관련된 정보를 수집하고 분석하여 합리적으로 해결할 수 있도록 방안을 제시할 수 있으며, 대학에서 제공되는 가치나 재화의 배분상태를 변화시키는 데 기여한다. **다섯째, 사회적 과정으로서의 대학평가**: 대학평가는 평가를 수행하기 위하여 대학 구성원들과 긴밀하게 소통하고 상호작용하여 협력을 이끌어 낼 수 있어야 하며, 좋은 관계를 형성할 때 소기의 성과를 거둘 수 있다. **여섯째, 의사결정을 위한 정보제공으로서의 대학평가**: 대학평가는 평가의 전 과정에 걸쳐 의사결정에 필요한 정보를 수집하고 분석하여 의사결정자에게 전달하며, 그 과정에서 계속적인 상호작용과 정보의 교환이 이루어진다. **일곱째, 책무적 활동으로서의 대학평가:**[3] 대학평가는 대학에 재정지원을 하는 정부, 학부모, 일반 국민 등 이해관계자들에게 대학이 갖고 있는 사회적 책임과 의무를 성실히 수행하고 있음을 인식시켜 주는 활동이다.

③ 한국 대학평가의 현주소

오늘날 평가로부터 자유로운 개인이나 기관은 없다. '나'라는 개인은 가정에서 가족들로부터 이랬으면 저랬으면 좋겠다는 말을 들으면서 살고 있다. 나에 대한 판단과 평가를 바탕으로 하는 말이다. 나는 대학 교수로서 내가 맡고 있는 수업에서 학생들로부터 강의평가를 받고 있으며, 나의 연구실적과 봉사실적은 교수업적평가의 대상이고, 그 실적 여하에 따라서 승급과 승진 그리고 정년보장 여부가 결정된다. 내가 활동하고 있는 학회 그리고 정부 위원회에서 나의 학문 이력과 정책자문 능력은 그 조직 구성원들의 평가 대상이 되어 향후 그 분야에서 활동하는 전거가 되어 활동성에 영향을 미친다. 다른 개인들도 환경은 다르지만 이와 별반 다르지 않을 것으로 생각된다. 고로 나는 평가를 받으면서 세상을 살고 있고, 또 평가를 하면서 살아가고 있다.

이제 장면을 대학이라는 기관으로 바꾸어 보자. 오늘날 대학은 평가의 소용돌이 속에 휩싸여 있다. 대학은 그 자체로 평가의 연결망 속에서 존재한다. 내부적으로 대학 구성원들은 그들이 행한 결과에 대해 항상 평가를 받고 있다. 학생들은 수업을 통해 그들이

---

3) 권기욱(1992: 29)은 '책무적 활동으로서의 대학평가' 대신에 대학에 재정을 제공하는 자들을 위해 당연히 해야 하는 '관례적 활동으로서의 대학평가'라는 표현을 썼다.

수행한 프로젝트, 발표, 실기, 시험에 대해 종합적으로 평가를 받고 최종적으로 학점을 부여받게 된다. 직원들은 업무 추진과정 및 성과에 대해 상급자로부터 평가를 받게 되고 그 결과에 대해 인센티브가 주어지며, 승진이나 승급 여부가 결정된다. 앞서 말했듯이 교수는 강의평가와 업적평가의 대상이다. 대학 총장도 예외일 수 없다. 총장 후보로서 발표한 공약 혹은 계획은 총장 재임 후 항상 약속을 제대로 이행했는지 평가의 대상이 된다. 어떤 총장은 공약 이행의 의지 표명으로 중간평가를 받겠다는 위험한(?) 약속을 하기도 한다.

대학구성원들만 평가의 대상이 되는 것은 아니다. 대학의 기관의 하위 조직들도 모두 평가의 대상이다. 가장 흔하게 이루어지는 대학 내 조직평가는 학과평가와 연구소 평가이다. 학과평가는 대학의 역량 단위를 학과에 두고 학과 간 평가를 통해 학과의 경쟁력을 높이려는 목적을 갖고 있다. 대부분 학과 교수들의 연구실적과 강의 평가결과 그리고 학과 차원의 발전계획들이 그 평가 대상이다. 평가결과는 적게는 학과별 운영 예산 및 인센티브의 차등 지급이라는 자원배분에 초점을 두지만 때로는 학과 정원감축을 위한 폭탄 돌리기의 수단으로 네거티브하게 활용되는 경우도 있다. 한편, 연구소 평가는 연구소의 연구 및 학술 실적을 평가하여 과다한 연구소를 줄이기 위한 구조조정 혹은 높은 실적을 상찬하는 성과급 지급을 위한 용도로 활용되고 있다. 이 외에도 단과대학이 평가 대상이 되기도 하고, 대학행정 부서의 업무성과가 평가되기도 한다.

이 책에서 정작 초점을 맞추고자 하는 우리나라의 대학평가는 대학 내부에서 이루어지는 기관경쟁력 제고와 인사관리를 위한 평가가 아니라 대학 외부의 공신력 있는 기관에서 행해지는 대학에 대한 평가이다. 성격적으로 외부 기관평가이다. 외부 기관평가는 평가의 목적이 뚜렷하게 설정되어 있고, 평가의 과정이 명시적으로 절차화되어 있으며, 그 결과가 공시되는 공적 기관평가이다. 그러면서 평가 결과로 주어지는 자원은 희귀성이 있기 때문에 경쟁이 치열한 평가이면서, 평가 결과에 따라 준비하는 측에 상벌이 주어지기 때문에 고부담 평가이기도 하다.

외부 기관평가의 대상은 대학 전체가 되기도 하고 대학의 학과 혹은 사업단이 되기도 한다. 평가의 내용은 종합적일 수도 있고, 혹은 목적에 따라 관심 갖고 있는 특정 영역이나 분야에 한정될 수도 있다. 평가방법은 미리 설정된 평가항목 및 지표에 대해 실적을 판단하는 기준과 준거별로 점수를 부여하고, 그 점수를 총합하여 평가 결과를 산출하는 방식을 취한다. 평가 결과는 재정지원의 획득, 인증 부여, 등위 부여에 따른 명성 획득 등 상당히 의미 있는 가치를 부여받을 수 있기 때문에 대학 간 경쟁이 치열하다. 한마디로 외부 기관평가는 희귀한 자원 획득을 위해 대학 간 경쟁이 치열한 고부담 평가이다.

오늘날 대학은 공신력 있는 외부 평가로부터 자유로울 수 없다. 외부 기관평가에 참여 여부를 결정하는 것은 대학이지만 정부로부터의 보이지 않는 압력, 평가 대상 자료로 이미 공시되어 있는 자료의 활용, 평가 미참여 시 쏟아지는 대학 내외부의 비판 등은 대학의 자율적 판단에 의한 평가 참여 여부의 선택권을 심각하게 제약하게 된다. 그래서 어쩔 수 없이 평가에 임해야 하고, 좋은 평가 결과를 얻을 수 없다는 것을 알면서도 참여해야 하는 경우가 많다. 자율성이 보장된 평가이면서도 자율적 판단이 허용되지 않는 평가, 자율을 가장한 타율적 평가는 평가에 참여할 수 있는 기회가 평등하게 주어지고 평가의 과정이 공정하게 주어지지만, 결과가 정의롭지 못한 평가 혹은 약육강식의 만족스럽지 못한 불편한 평가로 불리기도 한다. 그야말로 말도 많고 탈도 많은 외부 기관에 의한 대학평가이다. 이러한 불편함과 불만이 거의 모든 외부 대학평가(예를 들어, 대학구조개혁 평가, BK사업 선정 평가, 연구재단 중점연구소 지원사업 평가, 교원양성기관 평가, 중앙일보 평가 등)에서 쏟아져 나오고 있다.

외부의 대학평가에 대한 대학들의 불만은 다양한 양태로 나타나고 있다. 예를 들어, BK21 사업 선정평가에서 탈락된 어느 대학의 사업단은 기 공개된 정량적 지표의 점수만으로 볼 때 선정될 수 있을 것으로 예상했는데 막상 탈락되고 보니 심사과정의 불공정이 있었다는 추측과 함께 평가 결과에 대해 이의제기를 하거나 행정소송을 제기하겠다고 선언하기도 하였다. 중앙일보 평가에 대해서는 신문사의 자의적인 평가지표의 선정과 산정 근거에 대한 의혹을 제기하면서 평가 자체를 거부하거나 평가 대상에서 제외해 달라는 요구를 하는 대학들이 있었고, 대학교수들이 집단적으로 성명을 발표하기도 하였다. 이러한 현상은 일종의 외부의 대학평가에 대한 평가 불복종 현상으로 폭넓게 확산되어 이러한 류의 평가에 대한 부정적 인식을 공고화하는 데 일조하고 있다. 대표적인 외부 대학평가의 불복종 현상은 평가 참여 거부, 평가결과에 대한 이의제기, 사업비 반납, 행정소송 제기, 집단적 행동을 통한 의사표명 등으로 표출되고 있다.

그렇다면 외부기관에 의한 대학평가는 순전히 문제투성이의 잘못된 평가일 수밖에 없는가? 대학평가는 대학의 발전 목표에 따라 설정된 대학의 각 분야 과업이 인적 자원 및 물적 자원의 적절한 정비를 통해 제대로 이행되고 있는지를 점검하고 확인하는 과정이다. 이 본래적 정의만으로 볼 때 대학평가는 상당히 선한 의지를 갖고 있는 것으로 판단된다. 이러한 의지가 절차적으로 합리적이고 공정하게 실현된다는 전제하에서 대학평가는 다음과 같은 순기능을 갖는다. 첫째, 대학의 자체 역량 점검을 통하여 변화·발전할 수 있는 기회를 제공한다. 대학이 스스로의 위치를 질적, 양적인 기준을 통해 평가하여 타 대학과 비교해서 어느 정도 수준인지를 가늠하여 미래의 발전 지점을 포지셔닝하는 것은 생존경쟁이 극심한 오늘날 고등교육 상황에서 적자생존의 지름길이다. 둘째, 평가 결과의 확인을 통해 책무성을 확보할 수 있다. 대학평가는 그 결과를 통해 대학이 얼마나 구성원들에게 고객 책무성을 다하고 있는지, 사회 구성원들에게 사회적 책임을 다하고 있는지, 국가와 국민에게 공적 책무성을 다하고 있는지를 보여 주는 성적표이다. 셋째, 대학평가의 결과 공개를 통해 국민이 필요한 정보를 공유할 수 있게 한다. 대학정보 공시제를 통해 대학평가의 결과가 공개됨으로써 고등교육 수요자의 대학 선택권을 보장한다.

반면에 외부의 대학평가는 다음과 같은 역기능적인 요소들을 무시할 수 없다. 첫째, 외부평가가 갖는 하향적 속성 때문에 대학의 자율성이 훼손될 수 있다. 대학의 의지와 관계없이 주어진 평가에 응해야 하기 때문에 평가에 개별 대학의 의지가 반영될 가능성은 거의 없다. 특히 공공성을 지향하는 정부를 비롯한 공적 기관 주도의 평가와 대학의 자율성 확보가 충돌하는 지점에 대학평가가 위치하고 있다. 둘째, 천편일률적인 평가항목과 지표 그리고 판단기준은 대학별 특성화의 걸림돌로 작용한다. 어쩔 수 없이 줄 세우기를 하는 평가의 속성이긴 하지만 자칫 치열한 경쟁만 있고 대학의 특성은 사라지는 경우가 발생하곤 한다. 셋째, 평가를 통해 기득권층의 지배구조를 강화하는 방편으로 작용할 수 있다. 평가를 담당하는 외부기관의 대학에 대한 지배-피지배 관계, 평가를 준비하는 주체로서 대학 당국과 소속 기관 및 구성원 간의 주종관계가 보편화될 소지가 다분히 있다. 사공영호(2017)는 이러한 현상을 '리바이어던의 재림'에 빗대어 '대학평가의 탈맥락적 통제도구화'라고 비판한다. 넷째, 평가피로증후군으로 인해 구성원들의 불만과 심리적 저항 현상이 나타날 수 있다. 평가 만능주의 풍토하에서 점점 대학과 그 구성원들이 지쳐 가고 있는 가운데 평가는 점점 귀찮고 피해야 할 잡일로 여겨지곤 한다. 각종 평가의 난무로 인해 이를 준비하는 대학들은 시간적, 재정적인 낭비가 심하다. 교수들이 본업에 충실해야 하는데 평가를 준비하느라 동원되고, 관계 부서에서는 기존 업무가 마비될 정도이다. 다섯째, 연속된 평가로 인해 준비하는 과정에서 형식이 중요하고 요령이 난무하는 평가 겉돌기 현상이 발생하고 있다. 평가에서 좋은 결과를 얻기 위한 노하우와 장식이 난무하고 이 틈새시장을 파고드는 컨설팅 업자들이 나타나고 있다. 대학은 평가에 유리하게 이것저것 끌어다 자가 발전시키는 견강부회, 작고 의미 없는 것도 확대해서 재생산하는 침소봉대 등의 전략을 통해 점수 경쟁에서 우위를 점하고자 노력한다.

4 국내 대학평가의 동향과 분류

우리나라에서 대학평가가 시작된 것은 1970년대 초부터이지만 공식적인 활동으로 시작된 것은 1982년 한국대학교육협의회가 설치되어 장학적 의미의 대학평가(supervision-oriented evaluation)를 관계 법령에 근거하여 법정사업으로 규정하여 수행하기 시작하면서부터이다. 물론, 그 이전에도 당시 문교부가 각종 대학지원사업을 실행하면서 제안서 혹은 계획서 평가가 있었고, 대학 자체 내에서도 오늘날과 같은 체계적인 방식은 아니더라도 심사·분석 형태의 평가는 존재했었다. 한국대학교육협의회는 전국 4년제 대학을 회원으로 하는 반관반민의 대학교육 협의 기구로 회원 대학들을 대상으로 대학 전반을 평가하는 5년 주기의 대학기관평가를 2개 주기(1주기: 1982~1986년, 2주기: 1987~1992년)에 걸쳐 실시하였다. 1994~2000년에는 대학종합평가인정제로 명칭을 바꾸어 대학의 학부와 일반대학원을 대상으로 1주기 평가가 시행되었다(한국대학교육협의회, 1997: 1-2). 대학종합평가인정제 2주기 평가는 2001~2006년에 실시되었다. 2007년부터는 대학교육협의회 주관 기관평가에 대한 신뢰성과 인정 개념의 불명확성 등으로 인해 대학정보공시제의 시행과 더불어 대학들이 자체적으로 평가하여 그 결과를 공시하는 형태의 자체평가로 진행되었다. 이후 수년간의 준비 작업을 거쳐 2011년부터 대학기관평가인증제가 실시되어 2011~2015년 1주기 인증 평가에 이어, 2016~2020년까지 2주기 인증 평가가 시행되어 오고 있다.

대학교육협의회 주관의 대학평가가 전 기관을 대상으로 하는 종합평가라고 한다면, 학문 분야별로 전문화, 세분화되어 가는 시대적 조류에 부응하여 학문분야별 세부 평가의 필요성이 1990년대부터 제기되었다. 1992년 한국대학교육협의회는 10년을 주기로 하는 종래 학과평가를 체계화하여 학문계열(학과)별 인정제 평가를 시작하였다. 학문계열(학과)평가는 평가대상 학문계열(학과)을 설치한 대학 간 선의의 경쟁을 통해 교육과 연구여건을 개선하고, 학과 교육의 질을 향상시키며, 각 대학이 비교 우위 학과를 중심으로 특성화 발전을 추진하도록 유도하는 데 있다(이현청, 2006: 17). 이후 학문계열(학과)평가는 1998년 설립된 한국의과대학 인정평가위원회에서 실시하는 의과대학 인증 평가, 교육부가 한국교육개발원에 의뢰하여 실시하고 있는 교원양성교육기관평가, 1999년에 발족한 한국공학교육평가인증원에서 실시하는 공학교육평가, 2001년에는 간호교육평가원이 설립되어 시행하는 간호대학 인증 평가 등이 연이어 출현하여, 대학평가가 학문 분야별로 특성화, 세분화, 전문화되는 추세가 가속화되었다.

한편, 대학평가에서 빼놓을 수 없는 것이 정부가 필요에 의해서 주도하는 평가이다.

교육부가 대학에 지원하는 사업에 대한 평가와 평가 결과의 공표는 기획단계에서부터 사업성과를 확인하는 단계에 이르기까지 책무성 확보 차원에서 당연한 것이다. 한국대학교육협의회가 설치되어 대학기관 및 학문분야 평가를 본격화하기 전까지 대학평가는 주로 정부 주도로 행해져 왔다. 당시 문교부가 대학에 기자재 지원을 하는 경우 혹은 실험대학과 같은 사업을 추진하는 경우 등에서 간단한 형태로 심사, 평가가 이루어졌다. 1982년 대학교육협의회가 설치된 이후에는 정부의 대학평가와 대학 자율기구인 대학교육협의회의 기관평가가 공존하는 시기였지만, 대학평가는 주로 대학교육협의회를 중심으로 진행되어 왔고, 정부 주도의 평가는 목적형 지원사업에 대한 단기적인 단발성 평가에 머물고 있었다. 하지만 교육부는 대학교육협의회 주관의 대학평가도 기관 성격상 교육부의 지원을 받는 반관반민의 공적 기관에서 행해진 것이기 때문에 '평가의 제도화'를 논하는 과정에서 협의회 주도 대학평가를 정부주도 평가와 분리해서 별개의 접근으로 분류하지는 않는다(교육부, 1998a: 504-507).

교육부가 대학교육협의회의 평가와 분리해서 대학평가의 주류로 등장하게 된 계기는 5.31 교육개혁에 의해 마련되었다. 「5.31 교육개혁방안」은 신자유주의가 지향하는 자율과 경쟁 그리고 책무의 교육개혁정책 기조하에 대학의 다양화·특성화를 고등교육정책의 중심으로 표방하였다(교육개혁위원회, 1995). 정부의 공권력 권위에 의존하는 상명하달식 통제중심의 정책추진도 문민정부의 국정 방향에 따라 정부가 추진하는 제도 및 사업에 자율적으로 참여하는 대학에 대해 재정지원과 연계된 평가를 활성화하여 시장적 경쟁중심 방식으로 전환되었다. 1997년 처음으로 '교육개혁추진우수대학 재정지원사업'에서 정부 주도의 재정지원 연계 대학평가가 적용되었다. 이후 정부 주도형 대학평가는 준비 기간을 거쳐 김대중 정부부터 다양한 대학재정지원사업에 본격적으로 적용되었다. 1998년 발표된 국민의 정부의 「교육발전 5개년 계획」에 따르면 "1999년부터 대학에 대한 모든 행정적·재정적 지원은 원칙적으로 대학이 제공하는 교육과 연구의 질적 수준에 대한 평가를 바탕으로 한다"는 것이었다(교육부, 1998b: 54). 교육개혁추진우수대학 지원사업, 국립대학 재정지원사업, BK21 사업 등이 바로 국민의 정부에서 시작되었다. 재정지원과 연계된 정부 주도의 대학평가는 1998년 IMF 구제 금융으로 인한 경제위기를 맞아 국가사회 전반에 걸친 구조조정의 분위기에 편승하여 대학구조개혁의 수단으로 활용되기 시작하여, 노무현 정부에서는 대학 특성화와 대학구조개혁을 촉진하기 위한 대학정책의 주요 방법적 기제로 이용되었다. 이러한 대학에 대한 재정지원 연계 정부주도형 대학평가는 이후 이명박, 박근혜 정부에 이르기까지 지속적으로 유지되었다.

한편, 대학교육에 대한 일반 국민들의 관심이 증가하면서 언론사들도 대학평가에 관

심을 갖기 시작하였다. 중세 이후 20세기에 이르기까지 대학은 사회와 어느 정도 거리를
둔 독립적인 큰 배움터의 자율과 자치의 공간으로서 상아탑적인 이미지가 강했던 것이
사실이다. 그러나 산업혁명 이후 산업발달에 따른 사회경제적인 요구의 빈발과 함께 연
구중심대학의 주창과 형성 이후 대학의 교육 및 연구가 사회에 어떻게 기여하고 있는지
에 대한 관심이 고조되면서, 20세기 이후 대학은 꾸준히 국가사회의 요구에 부응하고 사
회변화에 적응하면서 변신하는 가운데 세속화와 상업화의 길을 걸어오고 있다. 이에 언
론사들은 '사회적 공기'임에도 불구하고 종래 블랙박스처럼 여겨졌던 대학의 내부 활동
에 관심을 갖기 시작했고, 대학의 활동 결과를 국민에게 공개하는 것이 국가사회에 대한
언론기관의 본분을 다하는 것이라는 공감대가 형성되기에 이르렀다. 그리하여 등장한
언론사 주도의 대학평가는 언론기관의 대국민 봉사이자 책임의식의 발로로 여겨지게 되
었다.

국내에서는 1994년 중앙일보가 국내 언론사들 가운데에서는 처음으로 전국 대학평
가를 실시해 오고 있다. 중앙일보는 우리의 대학들도 세계 교육에 뒤처져서는 안 된다
는 생각으로 창간기념사업으로 대학평가를 시작하게 되었으며, 교육 수요자에게 올바른
대학 정보를 제공하고 대학들에 대해서는 공정한 경쟁원리를 도입해서 대학개혁을 선
도하겠다는 취지를 밝히고 있다(김병주, 2000a: 47). 중앙일보의 대학평가는 매년 고등교
육 전문가 및 대학 관계자들의 조언을 바탕으로 평가항목과 지표들을 조금씩 수정해 오
고 있다. 이후 2010년에는 조선일보가 세계적인 대학평가기관인 QS와 연계해서 조선일
보-QS 아시아대학 평가를 시작하여 오늘에 이르고 있다. 조선일보-QS 아시아대학 평
가는 조선일보의 의뢰로 평가전문기관인 QS가 조사·분석해서 실시하고 있으며, 별도
의 평가지표를 바탕으로 아시아의 대학들을 평가하여 매년 그 순위를 발표하고 있다. 동
아일보는 2013년부터 자사 종편방송인 채널 A, 컨설팅업체인 딜로이트 컨설팅(Deloitte
Consulting)과 함께 '청년드림 대학평가'라는 이름으로 대학평가를 진행하고 있다. 청년
드림 대학평가는 취업 시장과 맞닿아 있는 교육 주체 기관인 대학이 청년 실업문제 관련
가장 큰 책임을 가지고 있고 동시에 해결을 위한 최적임자로 보고 있으며, 이에 대학의
역량을 '취업 지원'의 관점에서 조사·분석하는 대학평가이다.

이상과 같이 우리나라 대학평가의 동향을 살펴보면 평가의 종류가 1990년 후반부터
급증하고 있다는 것을 알 수 있다. 많은 종류의 평가는 분류학(taxology)[4]에 근거하여 종

---

4) 어떤 분야에서의 분류에 관한 원칙과 분류의 방법을 연구하는 학문.

종 공통적인 특징들을 묶어서 유형화하여 제시되곤 한다. Werner(1978)는 평가가 지향하는 패러다임에 따라 목적-수단 패러다임, 상황적 패러다임, 비판적 패러다임으로 분류하여 제시한 바 있다. Werner와 마찬가지로 Guba와 Lincoln(1989)은 사회과학 논의에 있어서 가장 단위가 메타적인 분류 접근을 활용하여 평가의 3세대까지의 평가를 묶어서 실증주의적 평가와 제4세대 평가 패러다임으로서 구성주의적 평가로 구별하기도 하였다. 평가목적에 따라 대학평가 유형을 분류한 것으로는 유현숙 외(2009: 126-148)의 연구가 대표적이다. 첫째, 소비자 정보제공형 평가는 학생, 학부모, 기업 등 교육소비자에게 대학에 대한 정보를 제공함으로써 그들의 의사결정을 지원하는 데 목적을 둔다(예: 언론기관 대학평가들). 둘째, 정부정책 지원형 평가는 정부 정책의 입안과 집행에 필요한 대학 정보를 얻는 데 목적이 있다(예: BK21, ACE, LINC 사업 평가 등). 셋째, 대학자체평가 및 컨설팅형 평가는 대학 운영에 관한 사항을 대학이 스스로 점검하고 개선해 나가는 것에 필요한 정보를 얻는 데 목적이 있다(예: 대학자체평가, 외부 컨설팅 업체에 의한 평가 등). 넷째, 외부기관의 평가인증 대학평가는 대학 외부에 설치되어 있는 평가인증기관에서 대학을 평가하고 품질을 인증하기 위한 평가를 말한다(대학교육협의회의 인증평가, 교원양성기관평가 등).

평가의 패러다임이나 목적과 같이 대단위 분류에 의한 평가유형화보다 작은 단위의 대학평가 분류로는 평가방식에 따른 유형화를 들 수 있다. 평가시기별로는 사전 · 중간 · 사후평가, 수시 · 정기평가, 단기 · 중기 · 장기평가 등이 있고, 평가대상 영역별로는 학사 · 재정 · 시설 · 종합평가 등이 있으며, 평가방법별로는 정성 · 정량평가가 있고, 평가자료 획득방법에 따라서는 서면 · 현장방문평가 등으로 분류할 수 있다. 그리고 평가자가 소속되어 있는 위치에 따라 내부 동료들에 의한 평가(내부평가), 외부 전문가에 의해 이루어지는 평가(외부평가)로도 구분할 수 있다.

한편, 권기욱(1992: 73-94)은 평가의 단위를 중범위 수준에서 묶어 종합평가, 중점평가, 조직평가, 사업평가로 유형화하였다. 첫째, 종합평가는 대학의 기관, 학문계열, 학과 등과 같은 단위를 평가할 때에 단위의 전체 영역을 대상으로 하는 평가이다(예: 대학종합평가, 학문계열종합평가, 학과종합평가, 전공과정종합평가). 둘째, 중점평가는 대학, 학문계열, 학과와 같은 단위를 평가할 때, 단위의 일부 영역만을 대상으로 실시하는 평가이다(예: 대학재정평가, 교원평가, 학생성취평가, 연구평가, 정책평가 등). 셋째, 조직평가는 대학 조직의 사회심리학적 요소에 중점을 두는 과정중심의 평가를 말한다(예: 조직풍토평가, 조직건강평가, 조직효과성평가 등). 넷째, 사업평가는 대학이 제공하는 프로그램이나 구체적인 사업 등에 적용되는 것으로 어학연수프로그램, 장단기 발전계획 등에 대한 적용되는 요소들을 평가한다(예: 상황평가, 투입평가, 과정평가, 산출평가).

　이상과 같은 대학평가 유형론의 논의 내용들을 종합하여 이 책에서는 대학평가를 주도하는 주체별로 평가의 종류를 분류하고자 한다. 그 이유는 평가의 주체를 알면 평가의 의도에 해당되는 대학평가의 목적을 쉽게 알 수 있으며, 현재 실행되고 있는 복잡다단한 대학평가의 종류와 유형들을 단순화해서 알 수 있기 때문이다. 현 시점에서 국내 대학평가를 주도하는 집단은 평가의 대상이자 주체이기도 한 대학을 제외할 때 정부, 인증기관, 언론사이다. 정부는 정책 사업의 기획 및 집행단계에서 사업의 가능성과 성과 확인을 통해 사업비를 배분하고 정책목표를 달성하기 위하여 재정지원과 연계된 평가를 한다. 인증기관은 대학의 질 및 효과성 제고를 위하여 일정 수준 이상의 질을 유지할 수 있도록 통제하기 위하여 대학평가 인증제를 활용하고 있다. 언론사는 대학교육 소비자 및 수요자의 알 권리 확보와 그들의 의사결정을 돕고자 대학평가를 시행하고 있다. 이들 평가 주체는 각기 다른 목적으로 대학평가를 실시하고 있고, 구별되는 방법과 절차를 통해 평가를 실시하며, 목적에 부합하도록 평가 결과를 활용하고 있다. 이 책에서 택하고 있는 대학평가의 주체별 평가의 종류들을 유형화하여 제시하면 다음과 같다.

〈국내 대학평가의 유형과 종류〉

정부 주도형 평가	인증기관 주도형 평가	언론사 주도형 평가
• 대학 자율역량 강화 지원 평가 • 사회맞춤형 산학협력 선도대학 평가 • 대학 특성화 평가 • 대학 구조개혁 평가 • 산업연계 교육활성화 선도대학 평가 • 두뇌한국 21 플러스 평가	• 대학기관 인증 평가 • 공학교육 인증 평가 • 의학교육 인증 평가 • 법학전문대학원 평가 • 교원양성기관 평가 • 간호교육 인증 평가	• 중앙일보 대학평가 • 조선일보-QS 아시아권 대학평가 • 동아일보 청년드림 대학평가

제**1**부 정부 주도형 평가

제1장 대학 자율역량 강화 지원(ACE+) 평가

1 평가 배경 및 변천 과정

1) 평가배경

문민정부를 기점으로 고등교육에 대한 관심이 환기되면서 각종 고등교육 재정 지원 사업이 도입·시행되었다. 이에 따라 국가가 고등교육에 투자하는 재정 지원 규모는 점차 확대되어 왔고, 그 규모를 지속해서 확대해 나아가야 한다는 의견이 대학현장과 학계의 중론으로 자리 잡았다. 특히 참여정부 시기에 이르러서는 국가가 고등교육에 더 많은 재정을 지원하여야 한다는 사회 요구가 정책 의제로 전환되어 「고등교육의 전략적 발전 방안」이 발표되었다.

2007년 6월 26일 교육인적자원부는 청와대에서 대학 총·학장 153명 및 재정경제부, 과학기술부, 기획예산처 등 관계부처 장·차관이 참석한 가운데 열린 대학총장 토론회에서 「고등교육의 전략적 발전방안」을 대통령에게 보고하였다(교육인적자원부, 2007. 6.). 당시 교육인적자원부가 진단한 우리나라 고등교육의 문제점은 다음과 같이 다섯 가지로 제시되었다. 첫째, 사회소외계층이 고등교육에 접근할 수 있는 기회가 제한되어 있다. 둘째, 세계 12위 경제 규모에 비하여 고등교육 국제 경쟁력이 떨어진다. 셋째, 학습자의 다양한 교육 수요와 기업의 질 높은 인적자원 양성 요구를 충족시키지 못하고 있다. 넷째, 우수한 인적자원이 수도권에 편중되어 있다. 다섯째, 대학 재정 지원이 미흡하다.

상기한 문제점을 해결하기 위한 정책과제 역시 다섯 가지로 제시되었다. 첫째, 가난해도 능력 있는 사람은 누구나 고등교육을 받을 수 있도록 기회균등할당제를 도입한다. 둘째, 세계 수준의 연구중심대학 10개교를 육성한다. 셋째, 교육력·산업현장 적합성 높은 대학을 지원한다. 넷째, 지역발전을 선도하는 지방대학을 육성하여 국가 균형발전을 도모한다. 다섯째, 고등교육 재원 확충 등 고등교육 발전을 위한 인프라를 구축한다. 이 중에서도 교육력과 산업현장 적합성이 높은 대학을 지원하겠다는 세 번째 정책과제는 세 개의 세부과제로 나뉘어 제시되었는데, '수업역량 및 학습력 제고로 대학의 교육력을 향상'시키겠다는 첫 번째 세부과제는 이후 학부교육 선도대학 평가가 도입되는 단초를 제공하였다.

과제 3: 교육력·산업현장 적합성 높은 대학 지원

[세부과제 1] 수업역량 및 학습력 제고로 대학의 교육력 향상

1 교수(Teaching) 역량 제고 지원
- 교수학습지원센터(Center for Teaching and Learning) 활성화
- 뛰어난 대학 강의를 선정하여 시상(The Best Lecture Awards)함으로써 교육력 신장에 진력하는 교수 및 대학 지원
- 학문영역별로 '올해의 박사학위 논문' 등 우수 논문 및 지도교수 선정·지원

2 교육과정 개발 지원 및 우수사례 확산
- 관련 학회와 전공별 전문가 단체 등을 통한 교육과정 개발 및 국제 표준에 부합하는 교육과정 개발 지원

이와 더불어 다섯 번째 정책과제의 세 번째 세부과제로 정부는 '고등교육 재원 확충'을 제시하며 고등교육 재정의 획기적인 확충을 약속하였다. 당시 약 1조 원이었던 정책 사업비를 2조 원으로 2배 확대하여 2007년 당시 3.7조 원인 고등교육부문 예산을 2008년도 기준 4.8조로 증액한다는 계획이었다. 실제로 「고등교육의 전략적 발전방안」이 발표되고 한 달이 지난 시점인 2007년 7월 30일에는 「고등교육의 전략적 발전방안」을 실행에 옮기기 위한 「08년 고등교육재정 1조 원 투자계획」이 발표되었다. 이를 통해 우수인력양성대학 교육역량강화사업이 신설되었고, 4년제 대학 15개교와 전문대학 20개교를 지원하기 위한 예산이 각각 500억 원씩 편성되었다(송기창 외, 2007: 2).

우수인력양성대학 교육역량강화 사업이 신설된 시기는 2007년 12월이었다. 이 시기는 참여정부가 막을 내리고 이명박 정부가 출범을 준비하던 시기였다. 세17대 대선 과정에

서 이명박 당시 대통령 후보는 고등교육에 있어 "대학에 대한 불필요한 간섭 등 관치를 완전히 철폐하고, 대학의 자율성을 최대한 보장(한나라당, 2007: 159)"하겠다는 방침을 밝혔다. 이를 위해 "대학재정 지원방식을 대폭 수정하여, 평가해서 나눠 주는 정책 사업비를 대폭 줄이고… 포뮬러·블록펀딩 방식으로 전환하여… 요건을 충족하는 대학이면 학생 수 및 성과 지표에 따라 지원(한나라당, 2007: 159)"할 것을 약속하였다. 고등교육에 대한 이명박 대통령의 기본 철학과 신념은 신정부 출범과 맞물려 새로이 도입된 우수인력양성대학 교육역량강화사업에 영향을 주었고, 마침내 2008년 7월에는 그 기본계획이 발표되었다(교육과학기술부, 2008. 7.).

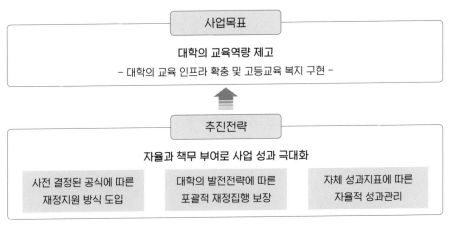

[그림 1-1] '08년 우수인력양성대학 교육역량강화 사업 추진방향

출처: 교육과학기술부(2008. 7.).

　2008년 7월 사업 기본계획이 발표되고 8월 지원 대상 대학이 선정된 지 8개월 지난 시점인 2009년 3월 정부는 기존 사업 계획을 보완하여 「'09년도 대학 교육역량 강화 사업 기본계획」을 발표하였다(교육과학기술부, 2009. 3). [그림 1-1]에 제시한 사업 추진방향은 유지되었고, 지원 대상 대학에 교육대학이 추가되고 국제화 수준이 새로운 성과지표로 포뮬러에 포함되는 등 세부 사항이 변동되었다. 다만, 사업비 규모가 2008년 당시 500억 원에서 2009년에는 2,649억 원으로 크게 증액된 점은 주목할 만한 변화였다. 이는 2008년 당시 총 500억 원으로 64개교(수도권 25, 지방 39)를 지원한 결과, 제한된 예산으로 유의미한 교육 여건 개선을 유도하기 어렵다는 판단에 따른 조치였다. 이에 2009년 기본계획에는 교육 여건이 상대적으로 열악한 지방 소재 대학에 대한 안정적 지원을 위해 수도권 소재 대학과 지방 소재 대학을 지원하는 회계를 구분하여 각각 694억 원과 1,943억 원을 지원한다는 계획이 담겼다.

이듬해 2월에 발표된 「10년도 대학 교육역량강화 사업 기본계획」에는 학부교육 선도 대학 평가의 시작을 알리는 유의미한 변화가 포함되었다. 정부는 대학 교육역량의 질적 수준을 제고하겠다는 기존 사업 목표를 그대로 유지하되 사업 추진을 이원화하여 정책 효과를 극대화하겠다는 계획을 발표하였다(교육과학기술부, 2010. 2.). 이에 따라 2008년 우수인력양성대학 교육역량강화 사업은 2009년 대학 교육역량 강화 사업으로 변화하여 2010년에 이르러 대학 교육역량 강화 사업과 학부교육 선진화 선도대학 지원 사업으로 이원화되었다. 이후 학부교육 선진화 선도대학 지원 사업은 2013년까지 대학 교육역량 강화 사업의 하위 사업으로 추진되어 오다가, 2014년에 대학 교육역량강화 사업이 대학 특성화(CK)사업으로 개편되면서 별도 사업으로 독립하게 되었고, 2017년부터는 기존 사 업을 고도화한다는 의미를 담아 학부교육 선도대학 육성(ACE) 사업에서 대학 자율역량 강화 지원(ACE+) 사업으로 명칭이 변경되었다.

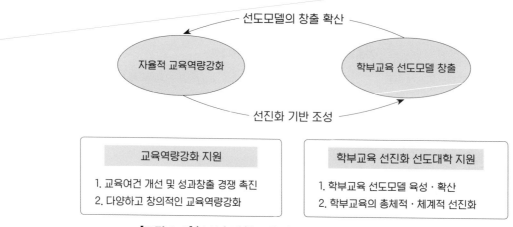

[그림 1-2] '10년 대학 교육역량 강화 사업 추진 이원화 전략

출처: 교육과학기술부(2010. 2.).

2) 평가 변천 과정

전술한 바와 같이 학부교육 선도대학 평가는 2010년 당시 대학 교육역량 강화 사업 의 하위 사업으로 시작되었다. 앞서 제시한 [그림 1-2]와 같이 학부교육 선진화 선도대 학 지원 사업 목표는 크게 두 가지로 제시되었다. 하나는 특색 있고 경쟁력 있는 선도대 학을 중점 지원하여 다양한 학부교육 선진 모델을 육성·창출한다는 것이었고, 다른 하나는 교육과정과 교육지원 시스템의 총체적 선진화를 꾀한다는 것이었다. 학부교육 선진화 역량(60%)과 학부교육 선진화 계획(40%)에 대한 서면평가를 통해 자격 요건을 갖춘 대학 11개교가 최종 선정되었고, 2010년 기준 총 300억 원 예산이 지원되었다. 선정된 대학은 이후 2012년 중간평가 결과에 따라 계속 지원여부가 확정되어 2013년까지 4년간 지원을 받았다.

　2011년에도 2010년과 유사한 방식으로 사업이 진행되었다. 사업 목표는 기존과 동일하였고, 신규 선정 대학은 2013년 중간평가를 거쳐 2015년까지 4년간 지원을 받게 되었다. 예산은 2010년 당시 300억 원에서 600억 원으로 증액되었는데, 이는 2011년에 11개교가 추가로 선정되어 기존 선정 대학 11개교까지 총 22개교를 지원하여야 했기 때문에 총액이 증가한 것일 뿐 각 대학이 지원받는 예산은 30억 원 전후로 예년 수준이 유지되었다. 다만, 평가지표나 평가절차에 있어서는 소폭 변동이 있었다. 전자와 관련하여 학부교육 선진화 역량과 학부교육 선진화 계획을 평가하는 방식은 그대로 유지되었으나, 학부교육 선진화 역량에 추가 지표로 '시간강사 강의료 지급 단가'와 '대입전형' 지표가 추가되면서 그 비중이 7:3 비율로 조정되었고 지표별 산식에도 변동이 가해졌다. 아울러 후자와 관련하여서는 서면평가에 이어 면담평가 및 현장실사가 실시된 이후 선정 대학이 최종 결정되는 방식으로 보강되었다.

　2012년 역시 2011년과 동일한 사업 목표와 운영 방식으로 사업이 운영되었다. 예산 역시 2011년과 동일하게 600억 원이 집행되었는데, 3개교가 신규 선정되었음에도 불구하고 예산은 동결되어서 각 대학이 지원받는 예산은 24억 원 수준으로 감액되었다. 2011년과 비교하였을 때 오직 평가 지표 구성 및 산식이 소폭 변동되었는데, 구성의 경우 '외국인 전임교원 확보율'과 '전임교원 확보율' 지표는 각각 '외국인 교원 확보율'과 '교원 확보율' 지표로 변동되었고, '외국인 학생의 TOPIK 4등급 이상 비율'과 '학생 교육 투자' 지표가 새로 추가되었다. 한편, 2013년에는 신규 대학 선정 없이 기존 25개교를 대상으로 2012년과 동일하게 예산 600억 원이 지원되었다.

　2014년은 2010년 최초 선정된 대학에 대한 지원이 종료되고 2주기가 시작된 해이자 대학 교육역량 강화 사업으로부터 독립하여 별도 사업으로 추진된 첫해였다. 하지만 지원 대학 수는 기존 14개교에 신규 13개교가 더해져 총 27개교로 증가하였고, 사업비는 2013년보다 줄어든 573억 원으로 책정되었으며, 선정 이듬해부터는 연차·중간평가 결과에 따라 예산이 차등 배분된다는 방침이 새롭게 결정되어서 대학 양극화 우려가 제기되었다. 한편, 사업 개편으로 비전과 정책목표, 추진전략 등은 다음 [그림 1-3]과 같이 정비되었고, 평가 방법 역시 2013년 지원 종료 대학이 재진입 신청을 할 수 있게 됨에 따라 신규진입과 재진입을 구분하여 평가가 진행되었다. 기존에는 학부교육 선진화 역량(70%)과 학부교육 선진화 계획(30%)을 평가하였으나, 2014년부터는 기본 교육 여건 (30%), 학부교육 발전 역량(30%), 학부교육 발전 계획(40%)에 대한 서면평가가 진행되었고, 각 영역별 지표 구성과 산식도 재정비되었다. 진입 유형에 관계 없이 사업 신청 대학은 모두 위 영역에 대한 서면평가를 받게 되었고, 재진입 신청 대학은 지난 1주기 사업성과에 대한 심사까지 받은 뒤 최종 선정되었다.

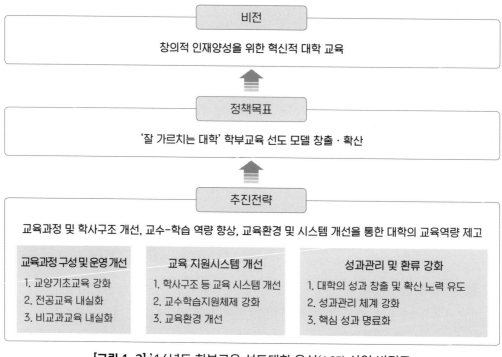

[그림 1-3] '14년도 학부교육 선도대학 육성(ACE) 사업 비전도

출처: 교육부(2014. 3. 19.).

　　2015년과 2016년에는 2014년과 유사한 방식으로 사업이 추진되었다. 다만 [그림 1-3]에 제시된 추진전략에서 '성과관리 체계 강화'와 '핵심 성과 명료화'는 '핵심 성과 지속 관리'로 통합되었고 '기초교양교육 지원 체계와의 연계 강화'가 성과관리 강화의 새로운 세부 추진전략으로 제시되었다. 사업비의 경우 2015년에는 2014년과 동일하게 573억 원이, 2016년에는 594억 원이 지원되었다. 2015년과 2016년 모두 32개교를 지원하였는데, 한 학교당 평균 20억 원 내외로 지원되어 2010년 당시 평균 30억 원 내외로 지원된 이래로 계속해서 줄어들고 있는 경향을 보였다. 그 밖에 특기할 사항으로는 2014년부터 평가

지표에 전체 100점 만점과는 별도로 가산점이 부여되는 지표가 추가되었는데, 2014년부터 2016년까지 공통적으로 구조개혁 성과를 가산점 지표로 삽입하였다는 점이다. 이는 2014년 1월 발표된 「대학 구조개혁 추진계획」에서 모든 정부재정지원사업 평가에 구조개혁 계획(실적)을 반영하여 자율적 정원감축을 유도하겠다는 방침에 따른 결과라 할 수 있다(교육부 보도자료, 2014. 1. 28.).

그러다 2017년에는 '잘 가르치는 대학' 육성을 목표로 추진하던 기존의 학부교육 선도대학 육성(ACE)사업을 확대·개편하여 대학 자율역량 강화 지원(ACE+) 사업을 시작하였다(교육부, 2017. 1. 17.). 2010년 당시 300억 원 규모로 시작되어 2011년부터 2016년까지 매년 600억 원 규모로 운영되던 사업은 2017년 735억 원으로 확대되었으나, 지원 대상 대학 수가 2016년 당시 32개교에서 2017년 42개교로 확대되어 오히려 학교당 지원받는 예산 규모는 줄어들게 되었다. 한편, 사업 비전도에서도 소폭 변화가 있었는데, [그림 1-4]와 같이 정책목표는 '자율과 창의, 다양성에 기반한 대학 교육 역량 제고'로 바뀌었고, 추진전략에서는 세 번째 추진전략으로 제시된 성과관리 및 환류 강화 전략 내용이 보강되었다. 상술하면, [그림 1-3]에서 '성과관리 체계 강화'와 '핵심 성과 명료화'는 '핵심·자율 성과지표 관리 및 환류 강화'로 통합되었고, '기초교양교육 지원 체계와의 연계 강화'가 새로운 하위 전략으로 제시되었다.

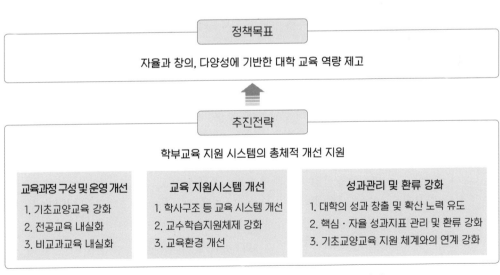

[그림 1-4] 대학 자율역량 강화 지원(ACE+) 사업 비전도

출처: 교육부(2017. 1.).

이 밖에 평가 체계에 있어서도 평가 영역별 내지 지표별 배점에 변화가 있었다. 2016년 당시 평가 영역은 기본교육여건(25점), 학부교육발전역량(30점), 학부교육발전계획(45점)으로 나뉘었고 가산점 지표로는 정원감축 이행(3점)과 대학구성원 참여제(3점)를 두고 있었는데, 2017년에는 기존 틀을 그대로 유지하되 배점에 변화를 주거나 새로운 지표를 추가하는 등의 변화를 주었다. 평가 영역의 경우 기본교육여건 영역 배점을 10점으로 크게 줄이고 남은 배점을 학부교육발전계획 영역으로 이동시켜 현재 교육 여건보다 미래 발전 가능성에 더욱 무게를 두었다. 가산점 지표는 정원감축 이행과 대학구성원 참여제의 배점을 줄이고 국가장학금 Ⅱ유형 참여 여부를 추가하였다. 평가 체계상의 구체적인 변화 내용은 이후 평가 영역 및 지표 절에서 보다 자세히 논의하도록 하겠고, 연도별 평가 변천 과정을 정리하여 제시하면 〈표 1-1〉과 같다.

〈표 1-1〉 대학자율역량강화지원 평가 변천 과정

연도	추진 내용

'10	• '학부교육 선진화 선도대학 지원(ACE) 사업' 신설
	  −교육역량강화사업과 같은 비전과 목표하에 방식만 차별화하여 사업 추진
	• 대학 교육역량 강화 사업 기본계획 수립 · 공고(2월)
	• 학부교육 선진화 선도대학 지원 선정대학 발표(6월)
	  −11개교(수도권 4, 지방 7) 신규선정, 총 300억 원 지원(11개교)
	  ※ 신규선정: (수도권) 가톨릭대, 서울시립대, 서울여대, 성균관대, (지방) 건양대, 대구가톨릭대, 세명대, 신라대, 울산대, 한림대, 한동대

'11	• 대학 교육역량 강화 사업 기본계획 수립 · 공고(2월)
	• 학부교육 선진화 선도대학 지원 선정대학 발표(5월)
	  −11개교(수도권 3, 지방 8) 신규선정, 총 600억 원 지원(22개교)
	  ※ 신규선정: (수도권) 경희대, 서강대, 아주대, (지방) 계명대, 동국대(분교), 목포대, 안동대, 우송대, 전북대, 충북대, 한밭대

'12	• 대학 교육역량 강화 사업 기본계획 수립 · 공고(3월)
	• 학부교육 선진화 선도대학 지원 선정대학 발표(5월)
	  −3개교(수도권 1, 지방 2) 신규선정, 총 600억 원 지원(25개교)
	  ※ 신규선정: (수도권) 한양대, (지방) 영남대, 금오공대

'13	• 대학 교육역량 강화 사업 기본계획 수립 · 공고(5월) • 신규선정 없이 계속지원대학 25개교 총 600억 원 지원

'14	• 학부교육 선도대학 육성사업 기본계획 수립 · 공고(3월) ※ 기존 교육역량강화지원 사업을 '대학 특성화 사업'으로 개편, 학부교육 선도대학 육성사업은 별도로 시행계획 수립 • 학부교육 선도대학 육성사업 선정대학 발표(6월) − 13개교(수도권 5, 지방 8) 신규선정, 총 573억 원 지원(27개교) ※ '10년 선정 11개교 중에 6개교 재진입(밑줄 표시): (수도권) <u>성균관대</u>, 중앙대, <u>가톨릭대</u>, 광운대, <u>서울여대</u>, (지방) <u>대구가톨릭대</u>, 조선대, 충남대, <u>건양대</u>, 대전대, 동명대, 목원대, 한림대
'15	• 학부교육 선도대학 육성사업 기본계획 수립 · 공고(4월) • 학부교육 선도대학 육성사업 선정대학 발표(7월) − 16개교(수도권 6, 지방 10) 신규선정, 총 594억 원 지원(32개교) ※ '10년 선정 대학 2개교, '11년 선정 대학 4개교 재진입(밑줄 표시): (수도권) 가천대, 동국대, 이화여대, 상명대, <u>서강대</u>, <u>서울시립대</u>, (지방) 계명대, 순천향대, <u>전북대</u>, <u>동국대(경주)</u>, 동신대, 부산외대, 순천대, 창원대, <u>한동대</u>
'16	• 학부교육 선도대학 육성사업 기본계획 수립 · 공고(3월) • 학부교육 선도대학 육성사업 선정대학 발표(7월) − 3개교(수도권 1, 지방 2) 신규선정, 총 594억 원 지원(32개교) ※ 신규선정: (수도권) 숭실대, (지방) 배재대, 선문대
'17	• 대학 자율역량 강화 지원 사업 기본계획 수립 · 공고(1월) • 대학 자율역량 강화 지원 사업 선정대학 발표(5월) − 2016년도 지원 대학 32개교에 10개교 추가, 총 735억 원 지원(42개교) ※ 신규선정: (수도권) 삼육대, 안양대, 인하대, (지방) 대구대, 동서대, 우송대, 연세대(원주), 청주교대, 한국교원대, 한국기술교육대
'18	• 대학 자율역량 강화 지원 사업 기본계획 수립 · 공고(4월) • 신규선정 없이 계속지원대학 29개교 총 510억 원 지원

출처: 교육부(2016. 3.; 2018. 4.).

② 평가 목적 및 의의

1) 평가목적

전술했듯 2010년 학부교육 선진화 선도대학 지원 사업은 교육역량 강화 지원 사업과 함께 '대학 교육역량 질적 수준 제고'라는 단일한 목적을 달성하기 위하여 도입되었다. 사업 목적을 달성하기 위해 학부교육 선진화 선도대학 지원 사업 추진 전략은 '학부교육 선도모델 육성·확산'과 '학부교육의 총체적·체계적 선진화' 두 가지가 제시되었다(교육과학기술부, 2010. 2.). 즉, 대학의 강점과 건학이념 등을 반영하여 특색 있고 경쟁력 있는 학부교육을 운영할 역량과 계획을 갖춘 대학을 선정하여 집중·지속 지원하면, 시대변화에 부합하는 교육과정 개발·운영과 학내 학사조직 혁신, 교육 질 관리 체계 구축, 교수 업적평가 제도 개선 등 교육 시스템의 총체적 선진화를 이끌어 낼 수 있고, 궁극에 가서는 선진형 학부교육 모델이 해당 대학에 정착되고 대학현장 전반으로 확산될 수 있다는 계획이었다.

2010년 설정된 평가 목적은 2013년까지 그대로 유지되다가 2014년에 별도 사업으로 독립하면서 정비되었다. 첫째는 대학의 건학이념, 비전 및 인재상 등을 구현하는 선도적 학부교육 우수 모델을 창출한다는 계획이었고, 둘째는 '잘 가르치는 대학'을 목표로 대학의 자발적 교육과정 개발·운영 혁신 노력을 지원한다는 계획이었으며, 셋째는 대학의 교육목표 실현을 위한 교육지원 시스템을 총체적으로 개선한다는 계획이었고, 마지막 넷째는 교양기초교육을 통한 핵심역량을 제고한다는 계획이었다. 2014년 이전 평가 목적과 비교해 보면 '학부교육 선도모델 육성·확산' 목표는 첫 번째 목표이자 목표 체계상 상위 목표로 설정되었고 '학부교육의 총체적·체계적 선진화' 목표는 교육과정에 관한 목표와 교육지원 시스템에 관한 목표로 구분되어 제시되었다. 그리고 마지막 네 번째 목표는 2014년 사업 개편에 따라 새로이 추가된 목표로, 고등교육에서 길러야 할 핵심역량을 중심으로 교양기초교육과정을 체계적으로 편성·운영하도록 유도한다는 방침이 제시되었다(교육부, 2014. 3. 19.).

2015년에는 2014년에 제시된 목표 체계가 그대로 유지되었다. 다만, 2014년에 새롭게 추가되었던 '교양기초교육 강화를 통한 핵심역량 제고' 목표가 '기초교양교육 활성화로 통섭형 창의인재양성 기반 마련' 목표로 보다 초점이 명료해졌다. 사업 목표에 대한 부연 설명 역시 '고등교육에서 길러야 할 핵심역량을 중심으로 교양기초교육과정을 체계적으로 편성·운영하도록 유도'한다는 식으로 다소 추상적으로 표현되었으나, '대학생들의 인문소양 함양을 위해 대학의 기초교양교육과정을 체계적으로 편성·운영하도록 유도'한다는 식으로 핵심역량이 의미하는 바가 인문소양으로 명료해지고 핵심역량을 길러야 할 주체가 대학생으로 명시되었다. 이와 더불어 개별 대학의 교양교육과정 개선 노력을 지원·확산하는 등 한국교양기초교육원 등 기초교양교육 지원체계와의 연계를 강화해 나가겠다는 방침도 추가로 제시되었다.

한편, 2016년 사업 목적은 '잘 가르치는 대학' 육성을 목표로 대학의 건학이념, 비전 및 인재상 등을 구현하는 선도적 학부교육 우수 모델을 창출·확산한다는 단일 목표가 제시되었다. 기존에 제시되었던 나머지 세 목표는 사업 목적 달성을 촉진하는 지원 방향으로 개편되었다. 이와 더불어 2015년 7월 발표된「사회수요 맞춤형 고등교육 인재양성 방안」에 따라 기초교양교육, 비교과, 교수·학습 질 개선 등을 집중 지원하겠다는 방침이 추가 지원 방향으로 제시되었다.

2017년 사업 목적은 2016년도 사업 목적을 부분적으로 수정하였다. 즉, '잘 가르치는 대학' 육성을 목표로 대학의 건학이념, 비전 및 인재상 등을 구현한다는 문구는 그대로 유지되었으나, 학부교육 우수 모델을 창출·확산시킨다는 표현 대신 전반적인 학부교육 시스템 개선을 지원하겠다는 표현이 사용되었다. 이는 보도자료를 통해 밝힌 바대로 2010년부터 6년간 대학 현장의 높은 지지를 받으며 사업이 안정적으로 추진된 만큼 이미 창출·확산된 학부교육 우수모델을 정착시켜 전반적인 학부교육 시스템 개선으로 나아가겠다는 교육부의 사업 고도화 구상이 반영된 것으로 짐작된다. 2017년 사업 목적은 2018년에도 그대로 유지되었다.

〈표 1-2〉 연도별 평가목적

연도	'10~'13	'14	'15	'16	'17~'18
사 업 목 적	1. 학부교육 선도 모델 육성·확산	1. 선도적 학부교육 우수 모델 창출	1. 선도적 학부교육 우수 모델 창출	1. 선도적학부교육 우수 모델 창출·확산	
	2. 학부교육의 총체적·체계적 개선	2. 대학의 자발적 교육과정개발·운영 혁신	2. 대학의 자발적 교육과정개발·운영 혁신		1. 전반적인 학부교육 시스템 개선 지원
		3. 대학 교육목표 실현 위한 교육지원시스템 총체적 개선	3. 대학 교육목표 실현 위한 교육지원시스템 총체적 개선		
		4. 교양기초교육 강화 통한 핵심역량 제고	4. 기초교양교육 활성화로 통섭형 창의 인재 양성 기반 마련		

2) 평가의의

2008년 우수인력양성대학 교육역량강화사업 기본계획을 통해 정부는 경제 규모의 팽창에도 불구하고 고등교육의 질적 수준이 여전히 미흡하다는 점을 들며 본 사업을 추진하게 된 배경을 설명하였다(교육과학기술부, 2008. 7.). 경제 규모에 비해 고등교육의 질적 수준이 미흡한 이유로 정부는 크게 두 가지를 언급하였는데, 하나는 대학 차원에서 기업의 산업수요와 학습자의 교육수요를 반영하기 위한 노력이 부족하였다는 점이었고, 다른 하나는 정부 차원에서 고등교육에 대한 재정 지원 방향이 대학의 연구역량 강화에 집중되어 상대적으로 대학의 학부 수준 교육역량 강화를 위한 노력에 소홀하였다는 점이었다. 후자와 관련하여 정부는 2008년 당시 고등교육 예산 4.3조 원 가운데 학부 수준 교육역량 강화를 위한 재정지원사업 비중이 약 10% 수준인 4천억 원에 불과하다는 점을 언급하며, 본 사업을 통해 그동안 정부 차원에서 소홀히 여겼던 학부 교육역량 강화에 보다 관심을 기울이겠다는 의지를 밝혔다.

이를 두고 신현석(2015: 10)은 이명박 정부 시기 학부 수준 교육역량 강화를 위한 재정지원사업이 추진되기 이전까지 학부교육 과정은 소위 "무소불위의 권위를 가진 교수자가 보여 주는 전설"로 희화화되고는 하였다고 회고하였다. 하지만 5.31 교육개혁 이후 수요자 중심의 교육관이 형성되고 UNESCO와 OECD와 같은 국제기구에 의하여 고등교육의 질 보증을 위한 학습과정 및 성과 평가가 강조되기 시작하면서 학부교육은 서서히 개혁의 대상으로 논의되기 시작하였다고 보았다. 그러다 이명박 정부 시기에 이르러 학부교육의 질을 제고해야 한다는 대내외적 요구가 정책의제로 설정되면서, 종래 블랙박스처럼 여겨지던 학부교육 과정이 수면 위로 드러나기 시작하였고 학부교육 시스템 전반을 혁신해야 한다는 하나의 거대한 흐름이 형성될 수 있었다고 평하였다.

같은 맥락에서 변기용·김병찬 외(2015: 93) 역시 1990년대까지만 해도 대학 대부분이 학생 모집에 큰 어려움을 느끼지 못하였기 때문에, 학생들의 다양한 교육적 요구에 관심을 기울이거나 학부교육의 질을 제고할 생각을 고민한 사람은 거의 없었다고 회고하였다. 당시 대학과 교수들은 '교육' 활동보다는 대학의 평판과 직결되는 '연구' 활동에 더욱 관심을 기울였기 때문에, 학부교육은 정부와 대학의 정책적 관심에서 벗어난 일종의 '방치된 영역'이었다고 설명하였다. 그러다 2000년대에 들어서면서 학령인구 감소가 현실화되면서 학생을 유치하고 재학 중에 중도 탈락하는 상황을 사전에 방지하기 위하여 학부교육의 질을 제고하는 문제에 관심을 기울이기 시작하였다. 정부 차원에서도 학부교육의 질 제고를 위한 정책을 추진함으로써 학부교육의 질을 어떻게 개선할 것인가에 대한 문제인식을 대학사회 전반에 확산시키고 있다고 평하였다.

이처럼 2008년 우수인력 양성대학 교육역량 강화 사업이 도입되고, 2010년 대학교육 역량 강화 사업과 학부교육 선진화 선도대학 지원 사업이 추진되면서, 학부교육의 질을 높여야 한다는 목소리는 그 어느 때보다 설득력과 추진력을 얻고 있다. 전술했듯 사업 추진 이전까지 학부교육에 대한 관심이 사실상 전무하였던 상황을 떠올린다면 학부교육 선도대학 평가가 실시됨에 따라 학부교육의 중요성이 대학사회 전반에 환기되고 있는 현 상황은 매우 고무적이라 할 만하다.

3 평가 영역 및 지표

학부교육 선도대학 평가가 별도 사업으로 분리된 2010년부터 2018년까지 총 9차례 기본계획이 발표되었다. 다만, 2013년에는 신규 선정 없이 기존 선정 대학에 대한 지원만이 지속되었기 때문에, 평가 영역 및 지표가 발표된 해는 2010년부터 2012년까지 3년 그리고 2014년부터 2018년까지 5년 해서 총 여덟 해이다. 이때, 2013년을 기준으로 평가 주기가 종료되고 신설되었기 때문에 이전 3년('10~'12)과 이후 4년('14~'17)의 평가 영역 및 지표는 각각 유사한 경향을 보인다. 한편, 2018년에는 2017년 11월 발표된 대학재정지원사업 구조 개편 방향에 따라 대학혁신지원사업시범(PILOT)사업이 신설되면서 평가 영역 및 지표에 대대적인 변화가 발생하였다. 이에 이하 본문에서는 2013년을 기준으로 이전 3년('10~'12)과 이후 4년('14~'17)의 평가 영역 및 지표를 비교한 이후 2018년 기준 평가 영역 및 지표를 추가로 고찰하고자 한다.

1) 평가영역

먼저, 2010년에는 개별 대학의 학부교육 선진화 역량과 선진화 계획을 6:4 비율로 고려하여 선정 대학이 결정되었다. 학부교육 선진화 역량을 구성하는 하위 평가 항목에는 기본 교육여건, 교육성과, 특성화된 교육과정 구성 및 운영 현황, 특성화된 교육지원 시스템 구축 현황이 포함되었다. 그리고 학부교육 선진화 계획을 구성하는 하위 평가 항목에는 학부교육 선진화 목표 및 계획, 교육과정 구성 및 운영 선진화 계획, 교육지원 시스템 선진화 계획이 포함되었다.

2010년 평가 영역은 2011년에도 유지되었다. 다만, 세부 항목에 있어서는 소폭 변동이 있었다. 학부교육 선진화 역량의 하위 항목인 교육여건과 교육성과가 단일 항목으로 통일되어 평가 항목 전반에 걸쳐 배점이 조정되었고, 이에 따라 학부교육 선진화 역량과 선진화 계획에 할당된 배점 비율은 7:3으로 조정되었다. 이렇게 조정된 평가 영역 및 배점은 2012년에도 그대로 유지되었다.

〈표 1-3〉 '10~'12년도 평가 영역 및 항목 비교

연도	'10			'11, '12	
영역		항목	배점	항목	배점
I. 학부 교육 선진화 역량	1. 기본 교육 여건 및 성과	가. 교육여건	150	(통합)	500
		나. 교육성과	150		
	2. 학부교육 특성화 역량	가. 특성화된 교육과정 구성 및 운영 현황	150	-	100
		나. 특성화된 교육지원 시스템 구축 현황	150	-	100
	소계		600	소계	700
II. 학부 교육 선진화 계획	1. 학부교육 선진화 목표 및 계획		100	-	80
	2. 교육과정 구성 및 운영 선진화 계획		150	-	110
	3. 교육지원 시스템 선진화 계획		150	-	110
	소계		400	소계	300

2014년에는 평가 영역이 기존 2영역에서 3영역으로 세분화되어 기본 교육여건, 학부교육 발전역량, 학부교육 발전계획이 새로운 평가 영역으로 자리하였다. 기본 교육여건은 단일 항목으로 구성되었고, 학부교육 발전역량을 구성하는 하위 평가 항목에는 교육과정 구성 및 운영 현황, 교육지원 시스템 구축 현황이 포함되었다. 그리고 학부교육 발전계획을 구성하는 하위 평가 항목에는 전체 계획의 체계성, 교육과정 구성 및 운영 계획, 교육지원 시스템 구축 및 개선 계획이 포함되었다. 2015년 평가 영역 및 항목은 2014년과 동일하며, 2016년과 2017년에는 배점만 일부 조정되었다.

〈표 1-4〉 '14~'17년도 평가 영역 및 항목 비교

연도	'14		'15	'16	'17
영역	항목	배점	배점	배점	배점
I. 기본 교육여건	기본 교육여건	30	–	25	10
	소계	30	–	25	10
II. 학부교육 발전역량	1. 교육과정 구성 및 운영 현황	15	–	–	–
	2. 교육지원 시스템 구축 현황	15	–	–	–
	소계	30	–	–	–
III. 학부교육 발전계획	1. 전체 계획의 체계성	10	–	–	18
	2. 교육과정 구성 및 운영 계획	15	–	–	18
	3. 교육지원 시스템 구축 및 개선 계획	15	–	20	24
	소계	40	–	45	60

　이렇듯 2013년 전후 3개년도 평가 영역 및 항목이 다소 상이하게 보이지만 실상은 그렇지 않다. 자세히 살펴보면 이전 3개년도 평가 영역 중 하나인 학부교육 선진화 역량에 포함되어 있던 하위 항목이 분리되어 영역 단위로 재편되고 그에 따라 용어가 조금 윤색된 것일 뿐 내용 면에서 큰 변동이 발생하지는 않았다. 배점 역시 2010년 당시 배점과 동일하게 매겨졌음을 확인할 수 있다.

〈표 1-5〉 '13년 전후 평가 영역 및 항목 비교

연도	'10~'12		연도	'14~'17
영역	항목		영역	항목
학부교육 선진화 역량	기본 교육여건 및 성과	교육여건	기본 교육여건	기본 교육여건
		교육성과		
	학부교육 특성화 역량	특성화된 교육과정 구성 및 운영 현황	학부교육 발전역량	교육과정 구성 및 운영 현황
		특성화된 교육지원 시스템 구축 현황		교육지원 시스템 구축 현황
학부교육 선진화 계획	학부교육 선진화 목표 및 계획		학부교육 발전계획	전체 계획의 체계성
	교육과정 구성 및 운영 선진화 계획			교육과정 구성 및 운영 계획
	교육지원 시스템 선진화 계획			교육지원 시스템 구축 및 개선 계획

한편, 2018년에는 전술한 대로 대학재정지원사업 구조 개편 방향이 발표되고 대학혁신지원사업시범(PILOT)사업이 신설됨에 따라 평가 영역이 '대학의 비전과 발전목표(10점)', '대학 혁신 전략(40점)', '종합재정투자계획(20점)', '성과 관리 방안(30점)' 등 4개 영역으로 구분되었다. 각 영역별 평가 지표는 이하 본문에서 확인하도록 하겠다.

2) 평가지표

2010년 평가지표는 학부교육 선진화 역량 관련 지표 18개와 학부교육 선진화 계획 관련 지표 10개를 합해 총 28개 지표로 구성되었다. 학부교육 선진화 역량은 기본 교육여건 및 성과 관련 지표 11개와 학부교육 특성화 역량 관련 지표 7개로 구성되었다. 교육여건 및 성과는 다시 교육여건 관련 지표 7개와 교육성과 관련 지표 4개로 구성되었는데, 전자 지표로는 전임교원 확보율, 전임교원 강의 담당 비율, 학점 관리 현황, 소규모 강좌 비율, 장학금 지급률, 학생 1인당 교육비, 전체 재학생 중 학부생 비율이 포함되었고, 후자 지표로는 졸업생 취업률, 재학생 충원율, 외국인 전임교원 비율, 외국인 졸업생 비율이 포함되었다. 한편, 학부교육 특성화 역량은 다시 특성화된 교육과정 구성 및 운영 현황 관련 지표 3개와 특성화된 교육지원 시스템 구축 현황 관련 지표 4개로 구성되었는데, 전자 지표로는 교양 교육과정, 전공 교육과정, 비교과 교육과정이 포함되었고, 후자 지표로는 학생 선발, 학사제도 및 학생지도, 교수학습 지원 체계 활성화, 교육의 질 관리(평가, 환류) 체계가 포함되었다.

학부교육 선진화 계획은 학부교육 선진화 목표 및 계획 관련 지표 3개와 교육과정 구성 및 운영 선진화 계획 관련 지표 3개, 교육지원 시스템 선진화 계획 관련 지표 4개가 합쳐져 총 10개 지표로 구성되었다. 학부교육 선진화 목표 및 계획 관련 지표로는 계획 수립의 적절성, 성과지표 및 성과관리 체계의 적절성, 확산 및 지속 가능성이 포함되었고, 교육과정 구성 및 운영 선진화 계획 관련 지표로는 교양 교육과정, 전공 교육과정, 비정규 교육과정이 포함되었다. 마지막으로 교육지원 시스템 선진화 계획 관련 지표로는 학생선발, 학사제도 및 학생지도, 교수 학습 지원 체계 활성화, 교육의 질 관리(평가, 환류) 체계가 포함되었다.

2011년과 2012년 지표 구성은 2010년과 비교할 때 크게 변동된 사항이 없었다. 다만, 2011년에는 기본 교육여건 및 성과를 평가하는 지표로 시간강사 강의료 지급 단가와 대입전형이 추가되었으며, 2012년에는 학생 교육 투자와 외국인 학생 TOPIK 4등급 이상 비율이 추가되었다. 그 밖에 2012년에는 2010년 당시 전임교원 확보율과 외국인 전임교원 비율 지표가 각각 교원 확보율과 외국인 교원 확보율 지표로 변경·활용되었으며, 그 외 지표 구성에 있어 변동 사항은 없었다.

〈표 1-6〉 '10~'12년도 평가지표 비교

연도 (영역)	'10 지표	배점	'11 항목	배점	'12 항목	배점
I.1.가	전임교원 확보율	30	–	80	교원 확보율	–
I.1.가	학사관리 및 교육과정 운영 — 전임교원 강의 담당 비율	15	–	75	–	–
I.1.가	학사관리 및 교육과정 운영 — 학점관리 현황		–		–	
I.1.가	학사관리 및 교육과정 운영 — 소규모 강좌 비율		–		–	
I.1.가	학사관리 및 교육과정 운영 — –		시간강사 강의료 지급 단가		–	
I.1.가	장학금 지급률	45	–	–	–	–
I.1.가	학생 1인당 교육비	45	–	–	(삭제)	0
I.1.가	전체 재학생 중 학부생 비율	15	–	60	–	–
I.1.가	–	–	대입전형	15	–	–
I.1.가	–	–	–	–	학생 교육 투자	45
I.1.나	졸업생 취업률	75	–	80	–	–
I.1.나	재학생 충원율	60	–	80	–	–
I.1.나	국제화 — 외국인 전임교원 비율	15	–	20	외국인 교원 확보율	–
I.1.나	국제화 — 외국인 졸업생 비율		–			
I.1.나	국제화 — –		–		외국인 학생 TOPIK 4등급 이상 비율	
I.2.가	교양 교육과정	60	–	40	–	–
I.2.가	전공 교육과정	60	–	40	–	–
I.2.가	비교과 교육 과정	30	–	20	–	–
I.2.나	학생 선발	10	–	–	–	–
I.2.나	학사제도 및 학생지도	40	–	25	–	–
I.2.나	교수-학습 지원 체계 활성화	40	–	25	–	–
I.2.나	교육의 질관리(평가, 환류) 체계	60	–	40	–	–
	소계	600	소계	700	소계	–

II.1	계획 수립의 적절성	40	–	30	–	–
	성과지표 및 성과관리 체계의 적절성	40	–	30	–	–
	확산 및 지속 가능성	20	–	–	–	–
II.2	교양 교육과정	60	–	30	–	45
	전공 교육과정	60	–	30	–	45
	비정규 교육과정	30	–	20	–	–
II.3	학생선발	10	–	–	–	–
	학사제도 및 학생지도	40	–	30	–	–
	교수 학습 지원 체계 활성화	40	–	30	–	–
	교육의 질관리(평가, 환류) 체계	60	–	40	–	–
소계		400	소계	300	소계	–

※ 영역은 〈표 1-3〉에 기재한 기호로 축약하여 표기함.
※ 전년 대비 변동사항이 없는 경우 '–'로 표시함.

2014년 평가지표 같은 경우에는 기본 교육여건 관련 지표 8개, 학부교육 발전역량 관련 지표 8개, 학부교육 발전계획 관련 지표 12개를 합해 총 28개로 구성되었다. 먼저, 기본 교육여건 관련 지표로는 취업률, 재학생 충원율, 전임교원 확보율, 전체 재학생 중 학부생 비율, 학사관리 및 교육과정 운영, 교육비 환원율, 장학금 지급률, 등록금 완화 지수가 포함되었다.

학부교육 발전역량은 다시 교육과정 구성 및 운영 현황 관련 지표 3개와 교육지원 시스템 구축 현황 관련 지표 5개로 구성되었는데, 전자 지표로는 교양 교육과정, 전공 교육과정, 비교과 교육과정이 포함되었고, 후자 지표로는 학사구조 개선 및 구조개혁 등 실적, 학생지도 내실화, 교수·학습 지원 체계, 교육의 질 관리 체계, 대학 거버넌스 선진화가 포함되었다.

학부교육 발전계획 역시 전체 계획의 체계성 관련 지표 4개와 교육과정 구성 및 운영 계획 관련 지표 3개, 교육지원 시스템 구축 및 개선 계획 지표 5개로 구분되었다. 이때 전체 계획의 체계성 관련 지표로는 목표의 현실적 구체성·타당성, 전체 계획의 유기적·총체적 정합성, 성과지표 및 성과관리 체계의 적절성·타당성, 확산 및 지속 가능성이 포함되었고, 교육과정 구성 및 운영 계획 관련 지표로는 교양 교육과정, 전공 교육과정, 비교과 교육과정이 포함되었다. 마지막으로 교육지원 시스템 구축 및 개선 계획 관련 지표에는 학사구조 등 학사제도 개선, 학생지도 내실화, 교수·학습 지원 체계 개선,

교육의 질 관리 체계 개선, 학부교육 여건 개선이 포함되었다.

　이 밖에도 2014년 평가지표에는 다른 재정지원사업과 연계를 높이고자 가산점이 부여되는 지표를 추가하였다. 앞서 사업 변천 과정을 서술하면서 언급하였듯 대학 구조개혁 정책의 효율성을 높이기 위하여 학부교육 선도대학 사업에 신청하는 개별 대학의 정원 감축 규모 및 조기 감축 여부에 따라 최대 5점까지 가산점이 부여되었다. 또한 입시 과열에 따른 부작용을 해소하기 위한 목적으로 추진되어 온 고교교육 정상화 기여대학 지원 사업과 연계하여 개별 대학이 대입전형 간소화와 고교교육 정상화를 실현하는 대입전형을 운영하고 있다고 판단되는 경우 최대 3점 가산점이 부여되었다.

　한편, 2013년 이전 3개년도와 마찬가지로 2015년부터 2017년까지의 지표 구성은 2014년과 비교할 때 크게 변동된 사항은 없었다. 다만, 2015년에는 학부교육 발전역량을 평가하는 지표 중 하나였던 대학 거버넌스 선진화 지표와 가산점 지표 중 하나였던 고교교육 정상화 기여 지표가 삭제되었고, 일부 지표 배점이 소폭 변경되었다. 2016년 역시 기본 교육여건을 평가하는 지표였던 장학금 지급률과 등록금 부담 완화지수가 삭제되고 일부 지표 배점이 소폭 변경되었으며, 대학구성원참여제 운영 지표가 새로운 가산점 지표로 추가되었다. 한편, 2017년에는 사업명이 변경되고 사업이 확대·개편된 만큼 2015년과 2016년에 비해 비교적 많은 변동이 있었는데, 〈표 1-7〉을 통해 기본교육 여건 영역 비중이 대폭 줄고 남은 배점이 학부교육 발전계획 영역으로 이동한 모습을 확인할 수 있다. 가산점의 경우에는 국가장학금 II유형 참여 지표가 신설되었으나 전체 가산점 배점은 2016년에 비해 줄어들었다.

〈표 1-7〉 '14~'17년도 평가지표 비교

연도	'14		'15		'16		'17	
영역	지표	배점	항목	배점	항목	배점	항목	배점
ㅣ	취업률	4	–	–	–	–	(삭제)	0
	재학생 충원율	4	–	–	–	–	(삭제)	0
	전임교원 확보율	4	–	–	–	–	(삭제)	0
	전체 재학생 중 학부생 비율	4	–	–	–	5	(삭제)	0
	학사관리 및 교육과정 운영	4	–	3	–	–	–	6
	교육비 환원율	3	–	–	–	4	–	–
	장학금 지급률	3	–	4	(삭제)	–	(삭제)	0
	등록금 부담 완화지수	4	–	–	(삭제)	–	(삭제)	0
	소계	30	소계	–	소계	25	소계	10

II.1	교양 교육과정	7	–	–		–	–	–
	전공 교육과정	5	–	–		–	–	–
	비교과 교육과정	3	–	–		–	–	–
II.2	학사구조 개선 및 구조개혁 등 실적	4	–	–		–	–	–
	학생지도 내실화	2	–	3		–	–	–
	교수–학습 지원 체계	3	–	4		–	–	–
	교육의 질 관리 체계	3	–	4		–	–	–
	대학 거버넌스 선진화	3	(삭제)	0		–	–	–
	소계	30	소계	–	소계	–	–	–
III.1	목표의 현실적 구체성·타당성	2	–	–		–	–	3
	전체 계획의 유기적·총체적 정합성	3	–	–		–	–	5
	성과지표 및 성과관리 체계의 적절성·타당성	3	–	–		–	–	5
	대학 간 공유·확산 및 지속 가능성	2	–	–		–	–	5
III.2	교양 교육과정	7	–	–		–	–	8
	전공 교육과정	5	–	–		–	–	6
	비교과 교육과정	3	–	–		–	–	4
III.3	학사구조 등 학사제도 개선	3	–	–		–	–	4
	학생지도 내실화	2	–	–		3	–	4
	교수–학습 지원 체계 개선	3	–	–		6	–	7
	교육의 질 관리 체계 개선	4	–	–		5	–	6
	학부교육 여건 개선	3	–	–		–	–	3
	소계	40	소계	–	소계	45	소계	60
가점	구조개혁 가산점	5	–	–	정원감축 이행	3	정원감축 이행 실적·계획	2
	고교교육 정상화 기여 가산점	3	(삭제)	0	–	–		
	–	–	–	–	대학구성원 참여제 운영	3	–	1
							국가장학금 II 유형 참여	1

※ 영역은 〈표 1-4〉에 기재한 기호로 축약하여 표기함.

※ 전년 대비 변동사항이 없는 경우 '–'로 표시함.

지금까지 논의된 사항을 〈표 1-8〉을 통해 살펴보면 2010년부터 2017년에 이르기까지 평가 지표가 어떻게 변화되어 왔는지를 파악할 수 있다. 2013년 이전 3개년도에 비해 확연하게 변화된 점은 개별 대학이 당시 유지하고 있던 교육 여건(평가영역 I)에 대한 평가 비중이 줄어든 대신 학부교육 발전역량(평가영역 II)이나 학부교육 발전계획(평가영역 III) 등 향후 학부 교육역량 발전 가능성에 대한 평가비중이 늘어났다는 점이다. 특히 이와 같은 변화는 2017년에 이르러 더욱 두드러지게 나타나고 있다. 교육 여건 영역에 있어서는 기존에 학사관리 및 교육과정 운영 관련 지표와 국제화 관련 지표가 삭제되었고, 학부교육 발전역량과 학부교육 발전계획 영역에 있어서는 학생지도 내실화 지표가 추가되었기에 가능한 변화였다.

〈표 1-8〉 '13년 전후 평가지표 비교

연도	'10~'12		연도	'14~'17
영역	지표		영역	지표
I.1.가	(전임)교원 확보율*		I	전임교원 확보율
	학사관리 및 교육과정 운영	전임교원 강의 담당 비율		
		학점관리 현황		
		소규모 강좌 비율		
		시간강사 강의료 지급 단가*		
	장학금 지급률			장학금 지급률*
	학생 1인당 교육비*			전체 재학생 중 학부생 비율
	전체 재학생 중 학부생 비율			
	대입전형*			
	학생 교육 투자*			
I.1.나	졸업생 취업률			취업률
	재학생 충원율			재학생 충원율
	국제화	외국인 (전임)교원 비율*		
		외국인 졸업생 비율		
		외국인 학생 TOPIK 4등급 이상 비율*		
				학사관리 및 교육과정 운영
				교육비 환원율
				등록금 부담 완화지수*

I.2.가	교양 교육과정	II.1	교양 교육과정
	전공 교육과정		전공 교육과정
	비교과 교육과정		비교과 교육과정
I.2.나	학생 선발	II.2	
	학사제도 및 학생지도		학사구조 개선 및 구조개혁 등 실적
	교수-학습 지원 체계 활성화		학생지도 내실화
	교육의 질관리(평가, 환류) 체계		교수-학습 지원 체계
	–		교육의 질 관리 체계
			대학 거버넌스 선진화*
II.1	계획 수립의 적절성	III.1	목표의 현실적 구체성·타당성
			전체 계획의 유기적·총체적 정합성
	성과지표 및 성과관리 체계의 적절성		성과지표 및 성과관리 체계의 적절성·타당성
	확산 및 지속 가능성		확산 및 지속 가능성
II.2	교양 교육과정	III.2	교양 교육과정
	전공 교육과정		전공 교육과정
	비정규 교육과정		비교과 교육과정
II.3	학생선발	III.3	
	학사제도 및 학생지도		학사구조 등 학사제도 개선
	교수 학습 지원 체계 활성화		학생지도 내실화
	교육의 질관리(평가, 환류) 체계		교수-학습 지원 체계 개선
	–		교육의 질 관리 체계 개선
			학부교육 여건 개선
		가산점	구조개혁 가산점
			고교교육 정상화 기여 가산점*
			대학구성원참여제 운영*
			국가장학금 II유형 참여*

※ 영역은 〈표 1-3〉과 〈표 1-4〉에 기재한 기호로 축약하여 표기함.
※ 전년 대비 추가/수정/삭제된 지표는 별표(*) 표시함.

한편, 2018년에는 전술한 대로 대학혁신지원사업시범(PILOT)사업이 운영되면서 평가 영역 및 지표 체계에 큰 변화가 나타났다. 〈표 1-9〉와 같이 평가 영역은 4개 영역으로 재편되었고, 각 영역별로 평가 항목 및 내용이 새롭게 제시되었다. 구체적으로, 첫 번째 평가 영역인 대학의 비전과 발전목표 영역에 대해서는 중장기 발전목표(5점)와 비전과 중장기 발전목표의 정합성(5점)이 고려되었다. 두 번째 평가 영역인 대학 혁신 전략 영역에 대해서는 대학혁신방안(30점)과 연차별 추진계획(10점)이 고려되었다. 세 번째 평가 영역인 종합재정투자계획에 대해서는 재정투자계획(10점)과 예산투입(10점)이 고려되었다. 마지막 네 번째 평가 영역인 성과 관리 방안에 대해서는 성과관리 체계 구축 방안(30점)이 고려되었다.

〈표 1-9〉 2018년 대학혁신지원사업시범(PILOT)사업 평가 영역 및 지표

영역	항목	연번	평가 내용	배점
대학의 비전과 발전목표 (10점)	중장기 발전목표 (5점)	1	중장기발전목표 설정의 합리성, 타당성	2
		2	중장기발전목표의 구체성, 달성가능성, 적절성	3
	비전과 중장기 발전목표의 정합성(5점)	3	대학의 교육목표, 비전, 인재상 등과 중장기발전목표의 연계성	5
대학 혁신 전략 (40점)	대학혁신방안 (30점)	1	대학의 비전과 목표를 실현하기 위한 대학혁신방안의 우수성	10
		2	대학이 설정한 중점 육성분야의 타당성과 실현가능성	10
		3	타 재정지원사업 성과를 포함한 대학의 역량과 혁신방안과의 연계성	10
	연차별 추진계획 (10점)	4	대학혁신방안을 위한 연차별 실행계획의 구체성과 실현 가능성	10
종합재정 투자계획 (20점)	재정투자계획(10점)	1	중장기 발전계획에 대한 재정투자계획의 적절성	10
	예산투입 (10점)	2	예산확보 현황과 연차별 예산투입계획의 적절성	5
		3	예산배분의 적절성과 중복성	5
성과 관리 방안 (30점)	성과관리 체계 구축 방안 (30점)	1	성과관리 체계의 합리성	10
		2	성과지표의 타당성	10
		3	'18년 시범사업 운영 성과와 대학혁신지원사업 연계 방안의 적절성	10
계				100

출처: 교육부(2018. 4.).

4 평가 과정 및 방법

1) 평가과정

학부교육 선도대학 평가 추진 과정은 [그림 1-5]와 같다. 2016년을 예로 들어 설명하면, 교육부에서 사업계획을 확정·공고하고(~'16. 3월 말) 이에 대한 사업설명회를 거치면(~'16. 4월 초) 대학에서 본격적으로 사업계획서 작성에 착수하게 된다. 그러면 신청대학이 제출한 사업계획서를 토대로 선정평가 절차가 진행되는데(~'16. 6월 말), 구체적인 절차는 다음 절인 평가 방법에서 자세히 후술하도록 하겠다. 선정평가가 끝나면 지원대학이 결정되고(~'16. 7월 초), 해당 대학은 선정평가 결과를 바탕으로 기존에 제출했던 사업계획서를 수정·보완하여 최종 제출하게 된다. 사업비는 2차에 걸쳐 나누어 교부되

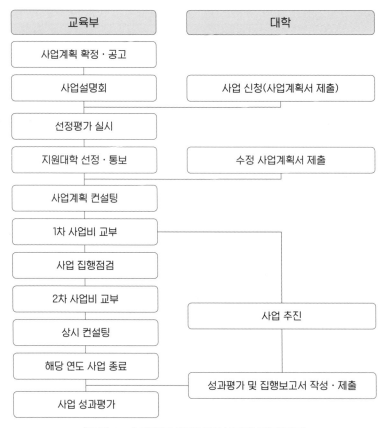

[그림 1-5] 대학자율역량강화지원 평가과정

※ 연도별 평가 기본계획을 종합하여 작성함.

는데, 사업비가 교부되기 이전에 각각 사업계획 컨설팅과 집행점검 절차가 진행된다. 해당 대학은 사업을 추진하는 과정에서 상시 컨설팅을 받을 수 있으며 해당 연도 사업이 종료되면 해당 대학은 성과평가 및 집행보고서를 작성·제출해야 한다(~'16. 12월 말).

2) 평가방법

2010년 기본계획을 통해 발표된 평가 절차는 단순하였다. 선정평가위원회를 구성하여 개별 대학이 제출한 학부교육 선진화 역량 및 계획을 서면(발표)평가한 뒤 사업관리위원회를 통해 선정 대학을 최종 심의·확정한다는 계획이었다. 결국 대학 선정 여부에 있어 가장 중요한 열쇠를 쥐고 있는 주체는 선정평가위원회였고, 얼마나 합리적이고도 공정한 절차를 거쳐 선정평가위원회를 구성하였는지 여부가 평가 결과의 신뢰도를 결정하는 구도가 형성되었다. 선정평가위원회 구성·운영 원칙은 크게 세 가지가 제시되었는데, 첫 번째는 대학 관계자 및 산업계 인사, 고등교육 전문가 등으로 평가단을 구성한다는 전문가 선임 원칙이었고, 두 번째는 소재지(수도권/지방)와 규모(대/중소)를 고려하여 4개 패널로 구분하여 각 패널별로 평가위원회를 운영한다는 패널별 독립 운영 원칙이었고, 세 번째는 신청 대학 소속 교수는 해당 대학이 소속된 패널 평가위원으로 참여할 수 없다는 상피제 원칙이었다.

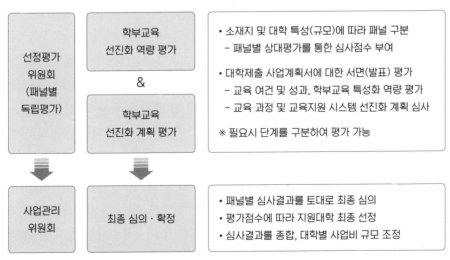

[그림 1-6] '10년도 학부교육 선진화 선도대학 평가 절차

출처: 교육과학기술부(2010. 2.).

2010년에 정해진 사업평가위원회 구성·운영 원칙은 2011년에도 그대로 유지되었으나 평가 절차에는 현장실사 단계가 추가되었다. 2010년에는 서면평가 결과를 바탕으로 최종 심의에 들어가는 2단계 평가 방식이었다면, 2011년부터는 서면평가 단계와 최종 심의 단계 사이에 면담평가/현장실사 단계가 추가된 3단계 평가 방식이 정착되었다. 이에 따라 선정평가위원회가 각 패널별로 사업 신청 대학에 실사를 나가 해당 대학이 1단계 서면평가 시 제출했던 자료를 중심으로 현장을 점검하면, 1차 서면평가와 2차 면담평가 결과를 종합하여 최종 지원 대학이 선정되었다.

단계		평가구분	평가내용	주관
1단계	서면평가	정량평가	• 기본 교육 여건 및 성과	사업위탁기관
		정성평가	• 사업계획서 심사 – 학부교육 선진화 역량 및 계획	평가위원회
2차심사 대상 확정: 패널별 최종 선정대학 수의 2~3배수(점수제)				
2단계	면담평가	정성평가	• 면담평가 및 현장실사	평가위원회
평가결과 확정: 패널별 2차 심사 대학 순위 및 평가의견 제출				
3단계	총괄 심사	최종심의	• 지원대학 선정 및 지원금 확정	사업관리위원회

[그림 1-7] '11, '12년도 학부교육 선진화 선도대학 평가 절차

출처: 교육과학기술부(2011. 2.; 2012. 3.).

2014년은 2013년에 사업 1주기가 종료되면서 2010년에 선정되어 4년간 지원을 받았던 대학들이 2주기 사업에 재진입을 신청할 수 있게 된 해였기 때문에, 신규진입 신청 대학과 재진입 신청 대학을 구분하여 서면평가가 진행되었다. 신규진입 신청대학에 대한 서면평가는 이전 방식이 그대로 유지되었고, 재진입 신청대학에 대한 서면평가는 단일 패널이 지난 4년간의 사업성과를 종합평가하여 사업 운영 실적이 부진한 경우 2차심사 대상 대학에서 제외하는 방식으로 진행되었다. 1단계 평가 결과로 신규진입 신청 대학과 재진입 신청 대학을 합하여 패널별로 최종 선정 대학 수의 2배수가 확정되면 이전과 동일하게 2단계 현장평가와 3단계 최종심의가 진행되었다. 이와 같은 평가 절차는 2015년과 2016년에도 동일하게 유지되었다.

단계		평가구분	평가내용	주관
1단계	서면평가 (신규진입 신청대학)	정량평가	• 기본 교육 여건	대교협
		정성평가	• 사업계획서 심사 – 학부교육 발전 역량 및 계획	선정평가단
	서면평가 (재진입 신청대학)	정량+ 정성평가	• 종합평가 – 1, 2, 3차년도 연차 · 중간 평가결과 및 4차년도 사업 추진 실적 평가	선정평가단
2단계 평가 대상 확정: 패널별 최종 선정대학 수의 약 2배수(점수제)				
2단계	현장평가 (공통)	정성평가	• 사업계획서 심사 – 학부교육 발전 역량 및 계획	선정평가단
평가결과 확정: 패널별 2단계 평가 대학 순위 및 평가의견 제출				
3단계	최종심의 (공통)	최종심의	• 지원 대학 선정 및 지원금 확정 – 기본교육여건+현장평가 점수	사업관리위원회

[그림 1-8] '14년도 학부교육 선진화 선도대학 평가 절차

출처: 교육부(2014. 3.).

한편, 2017년에도 3단계에 걸친 평가 절차는 큰 틀에서 유지되었으나 두 가지 특기할 사항이 있다. 먼저, 1단계에서 기존에는 신규진입 신청 대학과 재진입 신청 대학을 구분하여 평가하였는데, 2017년에는 재진입 신청대학의 종합평가 결과를 학부교육 발전역량 점수로 환산하여 적용한 뒤 신규진입 신청대학과 함께 평가하였다. 그리고 3단계 최종심의 단계에서 재진입 대학 제한 규정이 신설되었다. 평가 결과 재진입 대학이 3개교를 초과하는 경우, 해당 대학의 '기 선정된 대학 재정지원사업 수'와 '학생 1인당 국고지원금'을 고려하여 그 금액이 적은 순으로 선정하도록 규정을 두었다. 그 밖의 평가 절차는 2014년도와 동일하다.

2018년에도 기존과 같이 3단계에 걸친 평가 결차가 큰 틀에서 유지되었으나, 대학혁신지원사업시범(PILOT)사업 형태로 평가가 실시되었기 때문에 [그림 1-9]와 같은 절차를 따랐다. 1단계에서는 서면평가가 진행되었으나 정량평가가 사라지고 중장기 발전계획(대학혁신지원사업 시범 운영 사업계획 포함)에 대한 정성평가가 실시되었다. 1단계 심사 결과 패널별로 최종 선정대학 수의 약 2배수 내외가 선정되면 2단계 절차로 중장기 발전계획에 대한 면접평가가 실시되었다. 3단계는 최종심의 단계로, 1단계 평가 점수의 30%

와 2단계 평가 점수의 70%를 합산하여 최종 지원대학 및 지원금을 확정하였다. 이때, 1단계 및 2단계 심사를 주관하는 선정평가단은 이전과 마찬가지로 대학 관계자 및 연구원, 고등교육 전문가 등으로 구성되었으며, 심사 시 상피제가 적용되었으며, 1단계 서면평가 및 2단계 면접평가 간 연계성·연속성 담보를 위하여 동일 평가단이 1·2단계 평가를 모두 실시하였다.

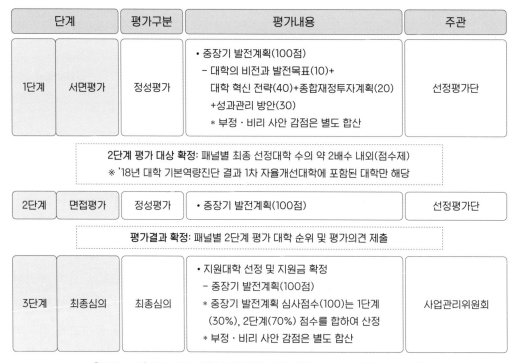

단계	평가구분		평가내용	주관

1단계	서면평가	정성평가	• 중장기 발전계획(100점)
			  – 대학의 비전과 발전목표(10)+
			    대학 혁신 전략(40)+종합재정투자계획(20)
			    +성과관리 방안(30)
			  * 부정·비리 사안 감점은 별도 합산
				선정평가단

2단계 평가 대상 확정: 패널별 최종 선정대학 수의 약 2배수 내외(점수제)
※ '18년 대학 기본역량진단 결과 1차 자율개선대학에 포함된 대학만 해당

단계	평가구분		평가내용	주관
2단계	면접평가	정성평가	• 중장기 발전계획(100점)	선정평가단

평가결과 확정: 패널별 2단계 평가 대학 순위 및 평가의견 제출

단계	평가구분		평가내용	주관

3단계	최종심의	최종심의	• 지원대학 선정 및 지원금 확정
			  – 중장기 발전계획(100점)
			  * 중장기 발전계획 심사점수(100)는 1단계
			    (30%), 2단계(70%) 점수를 합하여 산정
			  * 부정·비리 사안 감점은 별도 합산
				사업관리위원회

[그림 1-9] '18년도 대학혁신지원사업시범(PILOT)사업 평가 절차

출처: 교육부(2018. 4.).

5 평가결과 활용

평가목적을 검토하며 전술했듯 학부교육 선도대학 육성사업은 학부교육 선도 모델을 창출하고 대학현장 전반에 이를 확산시키는 것을 목표로 추진되어 오고 있다. 이를 위해 2013년부터 정부와 한국대학교육협의회에서는 지원 대학 가운데 '잘 가르치는 대학'으로 거듭나기 위해 교육과정 구성 및 운영, 교육 지원 시스템 개선, 성과관리 강화 면에서

의미 있는 교육성과를 거둔 대학을 우수 사례로 선정하여 우수사례집을 발간해 오고 있다. 이와 같이 우수 사례를 선정·공유하는 작업은 사업 참여 여하를 마론하고 개별 대학으로 하여금 학부 교육역량을 보다 제고시키기 위한 노력을 경주하게 한다는 점에서 대학사회 전반에 작지 않은 파급 효과를 낳고 있다.

〈표 1-10〉 학부교육 선도대학 평가 우수사례

연도	대학명	평가	내용
'12	건양대	우수	신입생 대학생활 조기 정착을 위한 동기유발학기 운영
	서강대	우수	서강형 수업모델 구현
	서울시립대	우수	자체교육인증을 통한 교육의 질 관리
	한동대	최우수	학부생 글로벌 전공봉사 활동 지원
'13	아주대	우수	아주 위대한 고전사업-컴퓨터 기반 확산형 프로그램
	전북대	우수	4학기제와 수준별 분반수업 운영을 통한 기초학력 강화
	서울여대	우수	생활공동체 기반 바롬인성교육의 핵심과 확산
'14	경희대	최우수	전공교육 수월성을 위한 창의·융합 교육 플랫폼 구축
	대구가대	우수	참인재 성장지수를 통한 학습활동의 질 관리
	서울여대	우수	창조경제 시대에 적합한 지식 나눔과 실천교육, 서비스 러닝
	충북대	최우수	학습부진자 코칭프로그램 개발과 확산
'15	서강대	최우수	알바트로스 자기 설계 로드맵
	성균관대	우수	한국형 인성 인재 육성을 위한 성균인성교육 프로그램
	순천향대	최우수	학습자 중심 WIU 플랫폼 구축 및 운영
	한양대	우수	학부생 학술연구 프로젝트 '한양학술타운 LION' 운영
'16	서울시립대	최우수	융합교육 운영, 자유융합대학 신설 및 통섭전공 개발·운영
	순천대	우수	자아성찰기반학습(SRL)을 통한 전공교육 질 관리
	상명대	최우수	소셜러닝 플랫폼 구축을 통한 학습공동체 활성화
	중앙대	우수	학생자기계발 통합관리체제를 활용한 밀착형 학생지도와 확산
'17	대구가대	우수	꿈(CUM: 라틴어로 '함께') 인성교육 프로그램
	서울여대	우수	전공교육 공동프레임워크
	부산외대	최우수	탄뎀교육을 통한 NOMAD형 글로컬 창의인재양성
	상명대	우수	Digital-Analog 통합을 통한 학생 피드백 시스템, '마주 오름'

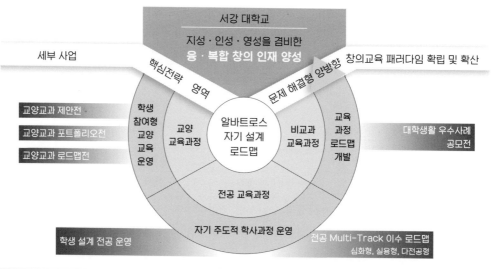

영역	핵심전략	세부 사업명	세부 사업 개요
교양	학생 참여형 교양교육 운영	교양교과 제안전	• 학생이 수강하고 싶은 교양과목에 대해 스스로 교과목명을 정하고 세부실라버스를 작성하여 제안 • 학생들이 제안한 교양과목은 신규 교과 개발에 활용
		교양교과 포트폴리오전	• 교양수업을 수강하는 중에 혹은 수강 후에 관련 있는 비교과 활동을 하거나, 전공 과목을 이수하는 등의 심화활동 내용을 포트폴리오로 만들어서 제출하는 대회
		교양교과 로드맵전	• 진로목표 혹은 희망하는 역량을 바탕으로 저학년부터 교양과정을 기반으로 전공, 비교과, 외부활동이 포함된 체계적인 학사 로드맵을 스스로 설계하고 이를 이수토록 하는 대회
전공	자기 주도적 학사과정 운영	학생설계 전공	• 스스로 전공교육과정을 구성하여 학교의 인정을 받은 후 자신이 설계한 전공을 이수하게 되는 새로운 개념의 전공교육과정
		전공 Multi-Track 이수 로드맵	• 전공을 경로별로 '심화형(학문후속세대형)', '실용형(현장문제해결형)', '다전공형(융합인재개발형)'으로 나누고 개발한 후 학생은 자신이 희망하는 진로에 따른 교육과정 로드맵을 이수함
비교과	교육과정 로드맵 개발	대학생활 우수사례공모전	• 모범사례로 활용할 수 있는 졸업생의 학사과정을 공개하는 대회

[그림 1-10] 서강대 알바트로스 자기 설계 로드맵 추진 모델

출처: 교육부 · 한국대학교육협의회(2016: 29).

교육과정 구성 및 운영 면에서 탁월한 성과를 보인 대학의 예로는 2015년 최우수 사례로 선정된 서강대를 들 수 있다. 서강대는 교양 교육과정, 전공 교육과정, 비교과 교육과정이 별개로 운영되는 것이 아니라 동일한 인재상과 교육목표를 기반으로 서로 유기적으로 연계될 수 있도록 알바트로스 자기 설계 로드맵을 개발·추진하였다. 가령, 교양 교육과정 측면에서는 학생이 교양 과목을 수강하는 중에 또는 수강한 후에 관련된 전공 과목을 이수하거나 비교과 활동에 참여하는 등 심화 활동 내용을 포트폴리오로 만들어서 제출하는 대회를 개최하였고, 전공 교육과정 측면에서는 학생이 자기 주도적으로 전공 교육과정을 구성하여 학교의 인정을 받은 뒤 자신이 설계한 전공을 이수하게 하는 학생 설계 전공을 신설하였으며, 비교과 교육과정 측면에서는 교양 및 전공 과목과 비교과 활동을 효율적으로 연계한 졸업생의 학사과정을 공개하는 대회를 개최하였다.

〈표 1-11〉 건양대 학습동기유발 학기 운영 프로그램

프로그램명	주요 내용
전공몰입교육	전공에 대한 전반적 이해 및 흥미유발을 통한 학습동기 유발
미래비전특강	사회각계 인사를 초청하여 미래 탐구, 인성 함양, 도전정신 배양
미래직장방문	미래직장을 미리 체험하여 취업동기 유발 및 단계적 준비내용 확인
3일간의 자아발견캠프	• 가나안농군학교: 공동체 교육 및 근로를 통한 가치관 정립 • 꿈너머꿈 건양링컨학교: 명상과 스피치를 통한 '꿈'과 '나' 발견 • 리더십캠프: 나를 깨우고, 찾아가고, 표현하는 여행 • 열린예비아버지학교: 아버지와 '나'를 돌아보며 건강한 미래설계
기초학력진단평가	신입생 기초학력평가를 통한 효율적 교육방안 마련
성격검사	MBTI 검사를 통한 신입생의 안정적이고 체계적인 대학생활 지도
PBL project	신입생의 자기 주도적 학습을 통한 종합적 문제해결능력 배양
멘토를 찾아서	학습과 취업에서 오는 불안감을 해소하여 안정적 대학생활 유도
평생family 지도교수 면담	신입생별로 지도교수를 배정하고 최초면담을 통한 심리적 안정 도모, 대학적응력 강화 및 미래설계 지원
원원원	입학 후 가장 하고 싶은 한 가지를 팀 단위로 정하고 수행하여 팀워크 및 문제해결능력 제고
내인생 로드맵 작성	자기 주도적 학습능력 및 문제해결능력 등을 함양하여 삶 설계·개척
앉아서 하는 여행	역할분담 통한 독서토론 및 간접 체험 공유
사회봉사	함께하는 사회에 대한 인식 공유 및 사회적 책임감 배양
평생family와 함께	선배, 교수 및 재학생과 함께 전공학습 및 진로에 대한 준비 공유
동기유발경진대회	신입생의 변화된 모습을 확인하고 프로그램의 검증 및 발전방향 모색

출처: 교육부·한국대학교육협의회(2013: 406-407).

다음으로 교육 지원 시스템 개선 면에서 유의미한 성과를 거둔 대학으로는 2012년 우수 사례로 선정된 건양대 사례를 꼽을 수 있다. 당시 건양대는 신입생 대학생활 조기 정착을 돕기 위해 입학 후 4주간 동기유발학기를 전국 대학 가운데 최초로 운영하여 큰 주목을 받은 바 있다(세계일보, 2011. 3. 3.). 4주간 운영되는 동기유발학기제를 통하여 신입생은 〈표 1-11〉과 같은 다양한 활동 및 프로그램에 참여하며 전공에 대한 전반적인 이해를 도모하고 향후 진로에 대한 깊이 있는 고민을 할 수 있게 되었다. 한편, 건양대 사례가 의미 있는 또 다른 이유는 학부교육 선도대학 모델을 육성·확산한다는 사업 목적대로 다른 대학까지 확산되었다는 점에 있다. 2012년 기준으로 목포대, 우송대, 목원대, 대전대, 삼육보건대가 동기유발학기제를 벤치마킹하여 운영하기 시작하였고, 영산대학교 등 25개 대학에서 건양대에 방문조사를 오거나 유선상으로 관련 자료를 요청해 왔다고 건양대 측은 보고하였다(교육부·한국대학교육협의회, 2013: 412).

마지막으로, 성과관리 강화 면에서는 자체교육인증시스템을 구축하여 2012년 우수 사례로 선정된 서울시립대 사례를 살펴볼 수 있다. 서울시립대는 학부교육의 질을 총체적이고 체계적으로 관리하고자 3단계에 걸쳐 자체교육인증시스템 구축 사업을 추진하였다. 1단계는 자체교육인증 시스템 기반을 구축하는 단계로, 전공·교양·비교과·교육지원시스템을 포함하는 학부교육 전 영역에 적합한 각각의 인증모델을 개발하고 교육의 질 관리를 위한 인증 가이드라인을 제공하여 학부교육의 총체적 질 관리를 위한 대학본부 차원의 기틀을 마련하였다. 2단계는 인증단위에서의 교육의 질을 관리하는 단계로, 제시된 인증가이드라인에 따라 인증단위별로 인증단위 차원과 개별 수업 차원에서 교육의 질을 체계적으로 관리하기 시작하였다. 3단계는 질 관리에 대한 평가 및 환류 단계로, 각 인증단위에서 이루어진 교육의 질 관리 성과에 대해 인증단위에서의 자체평가와 더불어 본부 차원에서의 평가단을 통한 엄정한 평가를 거쳐, 개선점을 도출하고 교육의 질 제고를 위한 컨설팅을 제공하여 향후 교육의 질 관리에 수렴·반영될 수 있도록 교육의 질 관리 환류체계를 갖추었다(교육부·한국대학교육협의회, 2013: 446-447).

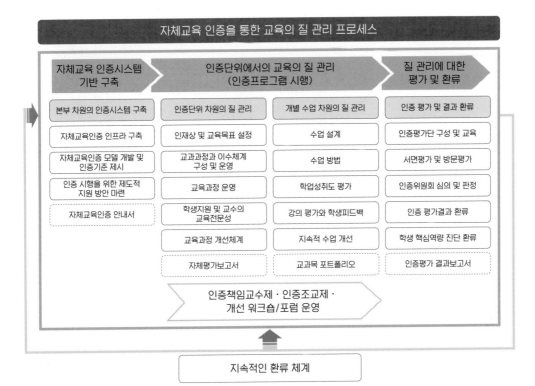

[그림 1-11] 서울시립대 자체교육인증을 통한 교육의 질 관리 체계도

출처: 교육부 · 한국대학교육협의회(2013: 448).

한편, 2015년 개최된 한국교육행정학회 연차학술대회에서는 학부교육 선도대학 평가 추진 결과를 양적 · 질적으로 연구한 K-NSSE 결과와 K-DEEP 결과가 동시에 발표되어 주목을 받았다. K-NSSE를 수행한 배상훈 외(2015)는 학부교육 선도대학 평가를 통해 실제 대학 학부교육이 어떻게 변화하고 있는지를 확인하고, 이러한 변화가 최종 평가 목적인 질 높은 학부교육 실현에 기여하는지를 실증적으로 분석하였으며, K-DEEP을 수행한 변기용 · 김병찬 외(2015)는 학부교육 우수대학에서 시행되고 있는 다양한 실천 사례들을, 그러한 사례가 시행되고 있는 상황과 맥락 속에서 충실히 기술함으로써 어떠한 요인들이 어떠한 과정을 거쳐 해당 대학에서 성공적 학부교육을 만들어 나가고 있는지를 탐색하였다. 두 연구가 각각 한국연구재단과 교육부의 지원을 받아 수행된 국가수준 연구였던 만큼 아직까지 학계 전반에서 학부교육 선도대학 평가에 대한 학문적 고찰은 미흡한 편이다. 그러나 평가 결과가 대학현장 전반에 긍정적으로 환류되는 단계를 넘어서서 학계 차원에서 사업성과를 양적 · 질적으로 연구하기 시작하였다는 점에서도 그 의의는 상당하다.

6 평가 성과 및 개선방안

1) 평가성과

2008년 우수인력양성대학 교육역량강화사업 도입 당시 정부는 사업 추진배경으로 두 가지를 언급하였다(교육과학기술부, 2008. 7.). 먼저, 기존 재정지원사업이 대학 연구역량을 강화하는 데 편중되어 대학 학부 수준 교육역량을 강화하기 위한 노력을 기울이는 데 상대적으로 소홀하였다고 밝혔다. 실제로 2008년 당시 학부 수준 재정지원사업 예산 규모는 전체 고등교육 예산 4.3조 원의 10% 수준에 불과하였다고 지적하면서, 사업 신설을 통해 학부교육에 대한 투자를 확대하겠다고 밝혔다. 다음으로 정부는 기관 단위 포괄 재정지원 비중이 낮아 대학이 자체 장기 발전계획을 수립하고 그에 맞추어 대학 교육 여건 개선 노력을 기울이기 어렵다고 판단하였다. 2007년을 기준으로 미국, 핀란드, 일본의 기관단위 재정지원 비중은 모두 80%를 상회하는 데 반해 우리나라는 5.9%에 불과하여 개선이 시급하다고 진단하였다.

이후 매년 사업이 추진되고 그에 따라 추진 성과가 축적되면서, 정부는 기본계획 발표 시 전년도 사업 추진 성과를 함께 발표하기도 하였다. 2011년부터 2013년까지 기본계획에는 2008년 당시 사업 추진배경을 통해 언급된 문제점이 사업 추진을 통해 얼마나 개선되었는지가 기술되었다(교육과학기술부, 2011. 2.; 2012. 3.; 교육부, 2013. 5.a). 상술하면, 첫 번째 사업 성과로 정부는 기관단위 총액 교부(block funding)를 실시하고 예산 자율 집행을 보장함으로써 사업 취지 및 추진에 대한 대학사회의 공감을 얻고 대학이 자체 발전계획을 통해 교육역량 강화를 위한 다양하고 창의적인 사업을 추진할 수 있도록 독려할 수 있었음을 꼽았다. 두 번째로 정부는 대학 발전에 핵심이 되는 평가 지표 설정을 통해 이를 개선하기 위한 개별 대학의 노력을 유도하고 전체 대학 교육성과를 전반적으로 향상시킬 수 있었다는 점을 언급하였다. 이때 평가 지표는 공시정보를 활용하였기 때문에 평가 준비에 따른 대학의 추가 업무 부담을 최소화하고 평가의 공정성과 투명성을 제고할 수 있었다고 평가하였다.

사업 1주기가 종료되고 2주기에 들어선 2014년 기본계획부터는 지난 4년간 추진된 사업을 종합 평가하듯 사업 목적을 기준으로 그 성과를 논하였다. 예컨대, 1주기 당시 첫 번째 사업 목적이었던 '학부교육 선도모델 육성 · 확산'에 관하여서는 각 대학의 교육목표와 여건에 맞춘 다양한 대학교육 모델을 구축하였고 비ACE 대학을 포함한 대학사회 전반에 사업 우수 모델이 공유 · 확산될 수 있도록 노력을 지속하였음을 언급하였다. 그리고 두 번째 사업 목적이었던 '학부교육의 총체적 · 체계적 개선'과 관련하여서는 학부교육 질 제고에 대한 대학구성원의 인식 변화를 꾀하여 교육과정과 교육 지원 시스템의 개선을 위해 노력을 경주하게끔 조장하였음을 강조하였다.

한편, 교육부 발주로 수행된 정책연구과제이기 때문에 완벽한 중립 입장으로 보기는 어려우나 학부교육 선도대학 평가가 대학사회에 미친 영향을 분석한 다음 연구 결과는 참고할 가치가 있다. 배상훈(2012: 21-22)은 ACE 참여 대학 10개교와 비참여 대학 6개교에 재직 중인 보직교수를 대상으로 학부교육 선도대학 평가가 개별 대학과 대학사회에 미친 영향에 대한 의견을 수렴하였다. 그에 따르면 학부교육 선도대학 사업은 대학사회에 학부교육의 중요성을 환기시키고 학내 구성원이 학부교육 내실화를 위해 자발적으로 노력하는 태도를 유도하는 효과를 보였다. 가령, 선정 대학은 학부교육 프로그램 운영에 국고 지원 예산 외 추가 예산을 투입할 정도로 학부교육 선진화를 위한 다양한 노력을 기울이고 있었다. 그리고 선정 대학보다 다소 덜한 감은 있지만 탈락 내지 미참여 대학도 인재상을 설정하고, 교육과정을 개선하고, 학사제도를 개편하고, 지원시스템을 보완하는 등 학부 교육역량 강화를 위한 노력을 대학 전반에 걸쳐 시도하고 있다고 밝혔다.

〈표 1-12〉 학부교육 선도대학 육성사업 성과

구분	성과 및 의의
교육과학기술부 (2011. 2.; 2012. 3.), 교육부 (2013. 5.)	• 총액 교부 및 자율 집행에 따른 다양한 사업 추진 촉진 　－자체발전계획에 따라 다양하고 창의적인 교육역량 강화 사업 추진 유도 　－개별 대학의 교육여건 등을 고려한 예산 집행이 가능하여 사업 취지 　　및 추진에 대한 대학사회의 높은 공감대 형성 • 대학 발전에 핵심적인 지표 개선을 위한 대학 간 경쟁 촉진 　－객관적이고 공개된 지표를 활용한 지원대학 선정으로 평가과정의 　　공정성과 투명성 제고 　－사업 선정을 위한 평가보고서 작성 등 대학의 평가부담 경감
교육부 (2014. 3.; 2015. 4.; 2016. 3.)	• 각 대학의 교육목표와 여건에 맞춘 다양한 대학교육 모델 구축 • 대학이 교육과정에 대한 관심을 갖고 개선하도록 유도 　－교양교육 전담기구 신설 · 확충을 통해 기초교양교육 강화 　－창의성 함양과 융복합 교육 실현을 위한 전공교육과정 개선 　－교양 및 전공 교과와 연계하여 내실 있는 비교과 프로그램 운영 • '잘 가르치는 대학'을 만들기 위한 대학 제도 및 지원시스템 개선 유도 　－다양한 학생 지원 프로그램 운영과 교수-학습법 지원 시스템 구축 　－학부교육 체계적 · 통합적 질 관리 위한 교육인증/교육품질관리제 도입 • 학부교육 질 제고에 대한 대학구성원의 공감대 형성 및 인식 변화 • 사업 우수 모델의 공유 · 확산을 위한 노력 지속 　－ACE 협의회 통해 대학 간 우수사례 공유, 벤치마킹 기반 마련 　－공동저서 출간, 사업 우수사례집 발간 등을 통한 성과 확산 노력 　－비ACE 대학 대상 컨설팅 실시(ACE 대학 방문 및 면담 등)
배상훈 (2012)	• 사업선정 또는 준비 후 대학의 변화 　－교육에 대한 교사의 열의와 학생의 자부심 고양 　－선정 여부 관계없이 학부교육 선진화를 위한 다양한 프로그램 운영 　－학부교육 프로그램 운영에 국고지원 외 추가 예산 투입 • 대학사회 전반에 미친 영향 　－교육의 중요성에 대한 인식 증가에 따라 대학 내부에서 학부교육 질 　　제고 방안에 대한 구성원 간 학습 확대 　－학생의 핵심역량 향상, 학생과 사회의 만족도 변화, 취업률 상승, 글로 　　벌 경쟁력 확보 등과 같은 고등교육의 실질적 성과에 관심 증대 　－인재상 설정, 교육과정 변화, 학사제도 개편, 지원시스템 개선 등 총체 　　적 변화를 추구하는 대학이 많아졌으며, 혁신적 프로그램 시행, 교수 　　평가에서 교육업적 반영 증가 등 변화가 시작되고 있음

2) 평가 개선방안

지금까지 학부교육 선도대학 평가 배경 및 변천 과정, 목적 및 의의, 영역 및 지표, 과정 및 방법, 결과 활용, 성과를 논의하였다. 이상 논의한 내용을 바탕으로 평가 목적, 평가 영역 및 지표, 평가 과정 및 방법 측면에서 학부교육 선도대학 평가가 노정한 한계를 짚어보고, 이를 근거로 개선방안을 논의하면 다음과 같다.

(1) 평가목적 측면: 선택과 집중 원칙에 대한 근본적인 재고 필요해

평가 목적 측면에서 효율성 논리와 효과성 논리 간극을 좁혀 평가 목적을 제시할 필요가 있다. 상술하면, 정부는 학부교육 선도대학 평가 목적을 '학부교육 선도모델 창출·확산'으로 설정하고, 이를 달성하기 위해 평가가 도입되던 해인 2010년부터 '한정된 재원을 선택과 집중 원칙에 따라 지속 지원'한다는 원칙을 견지해 왔다. 즉, 정부는 일부 대학을 선정·지원하여 학부교육 선도모델을 창출하면 타 대학이 이를 자발적으로 벤치마킹하여 전체 대학 학부 교육역량이 제고될 것이라는 이른바 낙수 효과를 기대하였다. 낙수 효과가 제대로 작동되지 않을 시 학부 교육역량이 상대적으로 열악한 대학은 지원을 받지 못해 계속 도태되고 대학 간 교육역량 격차는 더욱 심화될 수 있다는 경고도 제기되었으나, 소재지와 규모를 고려하여 지원 대학을 선정하기 때문에 우려는 기우로 그칠 수 있다고 판단하였다.

그러나 우려했던 상황은 실증적인 수치로 나타나고 있다. 2010년 당시 전라권 대학은 단 한 곳도 선정되지 못했고, 전라권 대학 선정 비율은 수도권, 경상권, 충청권 대학 선정 비율 대비 매년 3~6%p 낮은 수치를 기록하였다. 또한 2012년과 2013년을 제외한 나머지 연도에는 학부 교육역량이 비교적 우수한 수도권 대학이 항상 가장 많이 선정되었으며, 강원권에서는 한림대 한 곳만이 7년째 지원을 받고 있는 상황이다. 사업을 추진하는 목적이 궁극에는 학부교육 선도모델을 확산시켜 전체 대학의 학부 교육역량을 제고하는 데 있음을 상기할 때, 선택과 집중 원칙에 대한 근본적인 재고가 필요해 보인다.

〈표 1-13〉 지역별 지원 대학 수

구분	'10	'11	'12	'13	'14	'15	'16
수도권	4/68 (6%)	7/68 (10%)	8/70 (11%)	8/70 (11%)	9/70 (13%)	12/70 (17%)	12/70 (17%)
경상	4/43 (9%)	7/44 (16%)	9/45 (20%)	9/45 (20%)	7/45 (16%)	9/45 (20%)	7/45 (16%)
충청	2/32 (6%)	5/33 (15%)	5/35 (14%)	5/34 (15%)	7/35 (20%)	5/35 (14%)	7/35 (20%)
전라	0/26 (0%)	2/28 (7%)	2/29 (7%)	2/29 (7%)	3/29 (10%)	4/29 (14%)	4/29 (14%)
강원	1/8 (13%)	1/8 (13%)	1/8 (13%)	1/8 (13%)	1/8 (13%)	1/8 (13%)	1/8 (13%)
제주	0/2 (0%)	0/2 (0%)	0/2 (0%)	0/2 (0%)	0/2 (0%)	0/2 (0%)	0/2 (0%)

※ 2016년 기준 시도별 대학 수는 집계되지 않은 관계로 2015년 대학 수에 준하여 계상함.

　구체적으로, 최소 비용을 전제로 하는 효율성 논리로는 학부교육 선도모델을 대학사회 전반에 확산시키는 체제 변혁적인 과제를 달성하기 어렵다는 점을 인지할 필요가 있다. 이와 관련하여 반상진 외(2014)는 교육재정에서 고려해야 할 가치기준으로 효율성(efficiency)과 공평성(equity), 적정성(adequacy)이 있음을 언급하면서, 교육 장면에서 궁극적으로 추구해야 할 가치는 교육 평등을 실현하는 데 교육재정의 총량 규모가 절대적으로 충분하게 확보되었는지를 중요하게 간주하는 동시에(투입으로서의 충족성 원칙) 국가·사회가 요구하는 교육 성취기준을 달성하기 위해 적절한 교육재원이 배분되었는지(산출로서의 충족성 원칙)를 함께 고려하는 적정성 개념이라고 주장하였다.

　적정성의 관점을 학부교육 선도대학 평가에 적용한다면, 투입 측면에서 대학 간 학부교육역량 격차 해소를 위하여 예산 규모를 절대적으로 충분하게 확보하였는지, 그리고 산출 측면에서 학부교육 선도모델 창출·확산이라는 사업 목적을 달성하기 위해 예산이 적절하게 배분되었는지를 비판적으로 검토할 필요가 발생한다. 실제로 2010년 평가가 도입된 이후로 지원 대학 수는 매년 증가한 반면 대학당 평균 지원 예산 규모는 매년 감소 추세에 있다. 따라서 향후에는 대학 간 학부 교육역량 격차를 해소하기 위하여 상대적으로 열악한 상황에 놓인 대학에 더 많은 재정이 지원될 수 있도록 지원 대학 수와 지원 예산 규모를 점차 늘려 나갈 필요가 있다.

〈표 1-14〉 연도별 지원 대학 수 및 예산 규모

구분(단위: 개교, 억)	'10	'11	'12	'13	'14	'15	'16	'17	'18
지원 대학 수	11	22	25	25	27	32	32	42	39
예산 규모	300	600	600	600	573	594	594	744	740
대학당 평균 지원 예산	27	27	24	24	21	19	19	18	19

※ 2018년의 경우 대학 자율역량 강화 지원 사업과 대학혁신지원사업시범사업을 통합하여 추진하였기 때문에, 지원 대학 수는 두 사업에 선정된 대학 수를 합산한 값임.

(2) 평가 영역 및 지표 측면: 잠재력 있는 대학이 보다 선별되도록 지표 구성해야

평가 영역 및 지표 측면에서 발전 가능성이 높은 대학이 보다 많이 선발될 수 있도록 평가 영역 및 지표를 개선할 필요가 있다. 정부는 줄곧 개별 대학의 기본 여건, 학부교육 발전 역량, 학부교육 발전 계획을 평가 영역으로 설정하고 이를 측정하기 위한 평가 지표를 구성해 왔다. 먼저 평가 영역 비중은 연도마다 조금씩 변동이 있었지만, 교육여건과 학부교육 발전 역량에는 합해서 550점에서 700점 사이 점수가 할당되었고, 학부교육 발전 계획에는 300점에서 450점 사이 점수가 할당되었다. 이처럼 교육여건과 학부교육 발전 역량 비중이 학부교육 발전 계획보다 높은 이유는 미래 학부 교육역량 개선 가능성이 높은 대학을 지원하기보다 현재 학부 교육역량이 우수한 대학을 지원하는 편이 한정된 예산으로 학부교육 선도모델을 보다 수월하게 창출할 수 있기 때문이다. 하지만 앞서 지적한 대로 이미 학부 교육역량이 우수한 대학에 집중 지원하고 그렇지 않은 대학에 소폭 지원하거나 지원하지 않는 선택과 집중 원칙은 대학 간 양극화를 가중시킨 위험이 있다.

평가 지표에 있어서는 사업 목적 달성과 관련 없는 지표가 더러 포함되어 왔다. 예를 들어, 2011년에 추가된 대입전형 및 시간강사 강의료 지급 단가 지표, 2014년에 추가된 대학 거버넌스 선진화 및 등록금 부담 완화지수 지표는 각각 대입전형 개선 문제, 시간 강사 처우 문제, 총장직선제 문제, 반값등록금 문제 등이 당시 사회 현안으로 거론되자 현황 파악과 사태 해결을 위해 대중 요법적으로 추가된 지표로 볼 수 있다. 또한 2014년부터 도입되기 시작한 고교교육 정상화 기여, 구조개혁, 대학구성원참여제 운영, 정원감축 이행 등의 각종 가산점 지표들은 학부교육 선도대학 평가와는 직접적인 관련성이 없는 것으로 보인다. 이는 정부가 추진하는 여타 재정지원사업의 효과를 극대화하기 위해 도입된 지표로 볼 수 있다(이인수 외, 2017: 140). 따라서 평가 목적에 맞게 평가 지표를 재구성하여 지표타당성을 높이는 문제가 시급하다.

이처럼 평가 영역 및 지표에 있어 노정된 문제점을 해결하기 위해서는 현재 학부 교육 역량 여건이 상대적으로 열악한 수준에 있지만 발전 가능성이 높은 대학이 지금보다 많이 선정될 수 있도록 평가 영역 중 학부교육 발전 계획 비중을 보다 확대하고 교육 여건 비중은 축소할 필요가 있다. 교육 여건 비중은 정량 지표로 구성되어 있다는 점에서도 축소 조정될 필요가 있는데, 그 이유는 교육성과가 단기간에 가시적으로 나타나기도 어렵고 또 가시적으로 나타나서 측정한다고 해도 양적으로는 측정되지 않는 질적 영역이 많아 과소 추정되기 쉽기 때문이다. 이와 관련하여 대학원 질 관리 시스템(안)을 마련하는 연구를 수행한 신현석·반상진 외(2016) 역시 대학원 평가 편람 상에서 개별 대학이 정성적으로 서술한 내용을 확인하기 위한 보조자료 형태로 정량 지표를 활용한다는 방침을 밝히고 있어 평가영역에서 교육 여건 비중을 최소화하는 방향은 적극 검토될 가치가 있다.

평가 지표에 있어서는 학부교육 선도대학 평가와 직접적인 관련이 없는 지표는 과감하게 삭제하고 지표 구성 체계를 전반적으로 점검할 필요가 있다. 이와 관련하여 김정수 외(2011)는 학부교육 선도대학 평가 지표에 대한 메타연구를 수행하였기에 주목할 필요가 있다. 이들 역시 앞서 지적한 바와 같이 학부교육 선도대학 평가가 대학 교육성과를 정태적인 자원관리적 측면에서 파악하고 있어 교육기능의 역동성이나 교육구성 요소 간 연관성 등과 같은 질적 요소에 주의를 기울이지 못하고 있다고 지적하였다(김정수 외, 2011: 154). 따라서 향후 보다 실효성 있는 평가를 위해서는 개별 대학의 교육 기능이 총괄적이고 유기적으로 평가될 수 있도록 성과지표 내용을 다양하게 구성할 필요가 있으며, 지표 성격 역시 선행지표와 후행지표, 단기지표와 장기지표 등으로 세분화하여 다차원적인 성과평가 체제를 마련해야 한다(김정수 외, 2011: 154–155).

(3) 평가 과정 및 방법 측면: 관리·감독자 대신 지원·조력자 역할 수행해야

평가 과정 및 방법과 관련하여 정부는 평가를 관리·감독하는 입장에서 벗어나 학부교육 여건이 조성되도록 지원하는 입장이 되어야 한다. 선정 대학은 연차평가, 중간평가, 종합평가를 받게 된다. 연차평가는 각 사업년도가 종료될 때 받는 성과평가이며, 중간평가는 2년마다 실시되는 평가로 사업 운영 실적이 현저히 떨어진 대학은 지원이 중단된다. 그리고 종합평가는 4년간의 사업기간이 종료된 후 실시되는 평가로, 재진입 신청 시 평가 결과에 따라 재선정 여부가 결정된다. 이처럼 선정 대학은 매년 어떤 형태로든 평가를 받게 되며 평가 준비에 대한 부담을 가질 수밖에 없다. 특히 중간평가와 종합평가는 지원 중단과 재진입 여부를 결정하는 평가인 만큼 부담은 가중될 수밖에 없다.

이로 인해 대학은 장기적인 관점에서 학부 교육역량을 제고하기 위한 노력이나 중장기 발전 계획을 수립하기보다는 당장 가시적인 성과를 내는 데 급급할 수 있다.

그리고 평가 절차 전반에 걸쳐 절대적인 영향력을 행사하는 평가위원회가 구성되는 과정의 중심에는 교육부가 존재한다. 소재지와 규모별로 4개 패널을 구성하는 작업은 교육부의 주도하에 진행된다. 선정 대학 간 ACE 협의회가 존재하지만 정부가 발표하는 학부교육 선도대학 기본계획 소식을 공지하거나 선정 대학에서 추진하고 있는 프로그램을 공유하는 선에 한하여 운영될 뿐 평가에 관한 직접적인 권한은 없는 실정이다. 사업 참여 대학과 비참여 대학에 재직 중인 보직교수를 대상으로 의견을 수렴한 배상훈(2012: 61) 역시 ACE 협의회가 참여 대학 총장들의 친목 도모 성격에서 벗어나지 못하고 있음을 지적한 바 있어 대학사회 차원에서 학부교육의 질을 높이기 위한 노력을 자발적으로 기울이게 하는 기제는 매우 취약한 상황이다.

이와 같은 문제점을 개선하기 위해서는 다음과 같은 사항을 고려할 필요가 있다. 먼저, 지원 대학 선정 이후 평가는 개별 대학을 관리·감독하는 차원에서 벗어나 개별 대학이 학부교육 여건을 개선하고 학부교육 역량을 제고하는 데 필요한 제반 여건을 조성하는 차원에서 실시되어야 한다. 참여정부 이전까지 교육부의 대학 재정지원사업은 가시적인 성과 산출을 위하여 평가 결과에 따라 일부 대학을 선택, 집중 지원하는 특수목적지원(선별지원)사업도 있었지만, 교육 및 연구 여건을 질적으로 개선하도록 재정을 포괄 지원하는 일반지원사업도 있었다. 학부교육 선도모델 창출·확산을 통해 궁극적으로 학부교육역량을 제고하겠다는 평가 목적을 재차 상기해 볼 때 학부교육 선도대학 평가는 특수목적지원사업보다는 일반지원사업 성격에 가까우며, 이는 앞서 적정성의 관점에서 사업 예산을 확충함으로써 더 많은 대학에 지원해야 한다는 논의와 궤를 함께한다.

이처럼 평가를 관리·감독하는 차원이 아닌 여건을 조성하는 차원으로 접근한다면 평가위원회를 구성·운영하는 방식 역시 대학 협의체가 스스로 자율적 질 관리 체제를 구축할 수 있도록 유도·촉진하는 방향으로 나아가야 할 것이다. 전술한 신현석·반상진 외(2016) 역시 대학원 질 관리 시스템을 마련하는 작업이 교육부 주도하에 추진되고 있고, 보고서상에서 한국대학교육협의회 주관하에 추진되는 질 관리 시스템을 제안하였지만, 궁극적으로는 대학 스스로 협의체를 구성함으로써 양질의 대학원이 갖추어야 할 자격, 준거, 기준 등을 마련하여 자체적인 인증평가체제를 구축하는 것이 바람직하다고 보았다. 학부교육 선도대학 평가에 있어서도 우수 사례 공유 내지는 참여 대학 총장 간 친목 도모 수준에서 제한적으로 기능하고 있는 ACE 협의체가 평가 절차 전반에 걸쳐 전문성과 영향력을 발휘할 수 있도록 정부가 이를 조장하는 것이 중요해 보인다.

제 **2** 장

사회맞춤형 산학협력 선도대학 (LINC +) 평가

① 평가 배경 및 변천 과정

1) 평가배경

우리나라 산학협력의 역사는 일제강점기 당시 농·공업학교에서 공장 및 기타 관련기관을 대상으로 실시된 현장실습에서 그 기원을 찾을 수 있다. 그러다 박정희 정부 당시 국제경쟁력 강화를 위한 경영 및 기술혁신전략 개발 및 보급과 산업기술인력의 효율적 활용을 위해 경제 개발 5개년 계획을 강력하게 추진하면서 산학협력은 공·상업고등학교와 전문학교를 중심으로 크게 활성화되었다. 다만, 산학협력이 비조직적이고 산발적으로 이루어진다는 문제인식 아래 1963년에는 「산업교육진흥법」이 제정되어 산학협력을 체계적으로 추진하기 위한 법적 기반이 마련되었고, 1974년에는 산학협동재단이 설립되어 '일하면서 배우는 제도, 돈을 벌며 배우는 제도'라는 기치 아래 산업계와 학계 간 유대를 강화하려는 시도가 모색되었다(박병현, 1979).

이후에도 정부출연연구소를 중심으로 산연협력이 활성화되고 대학에 대한 정부의 R&D 투자가 증가하는 등 산학협력에 대한 관심과 지원은 지속되어 왔으나, 2000년대에 접어들어서도 정부-산업체-대학 간 연계 체계는 여전히 견고하지 못했을 뿐만 아니라 사업 간 시너지 효과도 부족하다는 지적이 잇따랐다. 이에 대해 당시 교육인적자원부는 교육인적자원부를 포함하여 과학기술부, 산업자원부, 정보통신부 등 다수 정부부처에서 별도의 조정 과정 없이 개별적으로 사업을 추진하고 있고, 산발적으로 추진되는 각종 사업을 체계적으로 지원할 수 있는 대학 내 지원 체계가 미비하여 사업의 효율성이 떨어지고 있다고 진단을 내린 바 있다(김승군, 2003). 이에 2003년에는 개정된 「산업교육진흥 및 산학협력촉진에 관한 법률」을 근거로 산학협력 활동을 체계적으로 지원하는 산학협력단이 각 대학에 설치되었으며, 2008년에는 대학에서 기술 지주회사를 설립하고 자회사를 통한 직접적인 이윤추구 활동이 가능하도록 관련 법규를 완화하는 등의 노력을 기울이기도 하였다.

이와 같이 산학협력에 대한 인식과 제도가 계속해서 긍정적인 방향으로 변화해 왔지만, 산학협력은 여전히 분명한 한계점을 노출하였다. 결국 교육과학기술부는 기존에 추진하던 산학협력 관련 지원사업을 모두 통합하여 산학협력 선도대학 평가를 도입하기로 결정하였다(교육과학기술부, 2011. 5. 19.). 당시 교육과학기술부는 기존 산학협력 관련 지원사업에서 드러난 문제점을 대학, 기업, 정부 주체별로 나누어 분석한 바 있다. 그에 따르면 대학은 다양한 산학협력을 추진 중에 있으나 산학협력단을 중심으로 관련 사업들을 체계적으로 추진하려는 노력이 부족하였으며 산학협력 주체인 교원에 대한 참여 유인 제공도 미흡하였다고 보았다. 기업의 경우에는 기업 기밀 유출 우려, 대학 역량 불신, 정부 및 대학 주도의 산학협력 추진 분위기 등의 이유로 산학협력에 적극적으로 협력하지 않았다고 보았다. 그리고 정부는 기존 산학협력 지원 사업들을 연계 없이 산발적으로 추진하여 칸막이식 운영과 유사 중복 지원 문제를 야기하였고, 분절적 프로그램 중심의 사업 지원과 공과대학 중심의 지원으로 대학 체질을 전반적으로 산학협력 친화형으로 전환하는 데 근본적인 한계를 드러냈다고 판단하였다(교육과학기술부, 2011. 5. 9.). 이러한 한계를 극복하고 산학협력의 지속가능성과 다양성을 제고하기 위해 기존 산학협력 사업을 통합·개편할 필요성이 대두되었고, 이 외에도 그 당시 대내외적으로 확산되던 산학협력 중시 분위기와 산학협력 성공사례도 산학협력 선도대학 평가가 도입되는 주요 배경 중 하나로 작용하였다.

요컨대, 산업화 시대를 거쳐 첨단산업 시대로 급격하게 재편됨에 따라 비조직적이고 산발적으로 이루어지던 산학협력이 법적 근거와 제도적 기반 마련을 시작으로 본격화되기 시작하였다. 그러나 다수 정부부처에서 개별 사업을 통해 관련 사업이 난립되었을 뿐만 아니라 사업 간 연계 없이 독립적으로 추진되어 칸막이식 운영과 유사 중복 지원 등 한계를 드러냈다. 이에 정부는 다양하고 특색 있는 산학협력 선도 모델을 창출하고 이를 대학사회에 확산시키기 위하여 2012년부터 2016년까지 5년간 산학협력 선도대학 육성 사업(Leaders in INdustry-university Cooperation: LINC)을 추진하였다. 그리고 2017년부터는 일관성 있는 산학협력 지원을 통해 정부 정책의 신뢰도를 제고하기 위하여 기존

LINC 사업의 골격을 유지하되 '산학협력 고도화형'과 '사회맞춤형 학과 중점형'으로 유형화하여 사회맞춤형 산학협력 선도(전문)대학 육성사업(LINC+)을 추진 중에 있다(교육부, 2017a).

2) 평가 변천 과정

평가배경에서 소략한 우리나라 산학협력 발전 과정은 크게 4단계로 구분 가능하다(장후은 · 문태헌 · 허선영, 2015: 9). 1단계는 실업계 고등학교와 전문학교 중심의 산학협력 단계(1960~1970년대), 2단계는 분야별 정부출연연구소 중심의 산연협력 단계(1970~1980년대), 3단계는 대학 중심의 산학협력 단계(1990년대), 4단계는 국가 주도의 산학협력 대학재정지원사업이 본격화된 현대적 산학협력 단계(2000년대)이다. 4단계인 2000년대에 들어서면서 정부는 기존에 단절적이고 분절적으로 추진되어 오던 산학협력 사업을 통합 · 개편하여 정부 주도의 산학협력 대학재정지원사업을 본격적으로 추진하기 시작하였는데, [그림 2-1]과 같이 정부는 2004년부터 지방대학 혁신역량 강화사업(2004~2008), 지방 연구중심대학 육성사업(2004~2008), 산학협력 중심대학 육성사업(2004~2011), 지역거점연구단 육성사업(2009~2011), 광역경제권 선도산업 인재양성 사업(2009~2011), 산학협력 선도대학 사업(2012~2016), 사회맞춤형 산학협력 선도(전문)대학 육성사업(2017~)을 추진해 오고 있다.

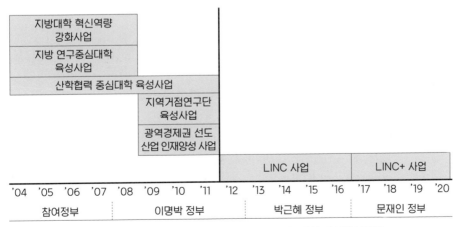

[그림 2-1] 산학협력 촉진을 위한 재정지원사업의 변천 과정

2000년대 이후로 산학협력 촉진을 위한 각종 재정지원사업을 실시한 결과, 2000년대 중반 이후부터 산학협력 관련 지표가 호전되는 양상을 보였으나(예: SCI논문 세계11위, 국제특허출원 세계 5위), 산업계 활용 수준을 나타내는 산학지식 이전지수는 세계 25위로 나타나 산학협력 활동이 대학 전체로 확산되지 못한 채 특정 전공영역에 편중되어 정체되는 한계를 보였다(남궁문, 2016). 무엇보다도 인문·사회분야에서 산학협력이 효과적으로 이루어지지 않았는데, 이는 산학협력과 학문의 사회적 역할에 대한 기본적인 인식 차이를 비롯하여 각 참여주체 간 의사소통이 원활하지 못한 데 기인하였다(심상민 외, 2011). 이에 정부는 이러한 정책적 한계를 극복하고자 2011년부터 2016년까지 총 5년에 걸쳐 LINC 사업을 추진하였다. 〈표 2-1〉과 같이 LINC 사업은 2012년에 첫 선정평가가 진행되었고, 2014년에 기존 선정 대학에 대한 재선정평가와 신규 신청 대학에 대한 선정평가가 대대적으로 실시되었다. 사업비 규모는 5년간 2,000억 원 전후 수준을 유지하였고, 지원 규모 역시 55개교 내외를 유지하였다.

〈표 2-1〉 LINC, LINC+ 사업 연차별 비교

내용	연도	사업비(원)	지원규모	주요 특징	목표
LINC	'12년	1,700억	51개교	사업 개시를 위한 신규 평가 (3단계) 실시	선도모델 기반 조성 및 내실화
	'13년	2,460억	51개교	1차년도 사업성과를 평가하여 실적에 따라 차등 지원	
	'14년	2,388억	55개교	실적 미흡교(6개) 강제탈락 및 신규 사업교 선정평가 실시	선도모델 성과 창출 및 확산
	'15년	2,239억	57개교	신규 선발대학(2개) 선정평가 실시	
	'16년	2,240억	57개교	정량평가 지표 개선 및 정성평가 비중 조정	
LINC+	'17~ '18년	일반대 (2,383억) 전문대 (888억)	일반대 (75개교) 전문대 (59개교)	* 산학협력 고도화형 (일반대) 3단계 평가 실시 (전문대) 정량·정성평가 동시 진행 * 사회맞춤형 학과 중점형: 3단계 평가 실시	* 산학협력 고도화형 '산업선도형 대학' 육성을 통한 청년 취·창업 확대 및 중소기업 혁신 지원 등 국가경쟁력 강화

| '19~'21년 | 일반대 (2,092억) 전문대 (938억) | 일반대 (75개교) 전문대 (59개교) | * 산학협력 고도화형, 사회맞춤형 학과 중점형 (일반대) LINC＋ 수행대학 75개교 중 상위 80%에 해당하지 않는 대학과 신규 진입 신청대학 간 비교평가를 통해 2단계 진입대학 확정 (전문대) LINC＋ 사업 수행 전문대학 중 하위 20% 내외 대학과 신규 진입 신청대학 간 비교평가를 통해 2단계 진입대학 확정 | * 사회맞춤형 학과 중점형 사회수요를 반영한 맞춤형 교육과정 확산을 통해 '학생'의 취업난과 '기업' 구인난 해소 |

※ 연도별 LINC, LINC＋ 사업 관련 교육부 기본계획을 종합·재구성함.

　한편, 교육부는 전술한 바와 같이 2017년부터 산업선도형 대학 육성과 사회 수요를 반영한 맞춤형 인재양성 지원을 위하여 기존 LINC 사업에 신규 추진되는 사회맞춤형학과 활성화 사업을 합친 사회맞춤형 산학협력 선도대학 육성사업(LINC＋)을 추진한다고 밝혔다(교육부, 2017. 1. 16.). 이에 따라 사업 유형은 기존 LINC 사업에서 '기술혁신형'과 '현장밀착형'으로 구분하던 방식에서 '산학협력 고도화형'과 '사회맞춤형 학과 중점형'으로 구분하는 방식으로 바뀌었다. 사업 기간은 기존 LINC 사업과 마찬가지로 2017년부터 2021년까지 2년(1단계), 3년(2단계)씩 총 5년간 실시될 예정이며, 2017년 예산은 일반대 2,383억 원, 전문대 888억 원으로 책정되었다. 이때 산학협력 고도화형에는 55개교 내외가 선정되어 총 2,163억 원(대학당 평균 39억 원 내외)이 배정되었고, 사회맞춤형 학과 중점형에는 20개교 내외가 선정되어 총 220억 원(대학당 평균 11억 원 내외)이 배정되었다. 예산은 사업내용, 선정평가 결과 등을 종합적으로 고려하여 대학별로 차등 배분할 계획이라고 밝혔다(교육부, 2017. 1. 3.).

　2019년부터 2021년까지 추진될 2단계 LINC＋ 사업 단계평가는 1차로 기존 75개(산학협력 고도화형 55개교, 사회맞춤형 학과 중점형 20개교) 대학을 평가하여, 상위 80%에 해당하는 대학을 향후 3년간(2단계, '19~'21년) 계속 사업비를 지원하는 대학으로 우선 선정하였다. 2차로 상위 80%에 해당하지 않는 대학과 새롭게 사업 수행을 희망하는 대학(신규 진입 신청 대학: 27개교) 간 비교평가를 거쳐, 향후 3년간(2단계, '19~'21년) 사업비 지원 대상 대학을 추가 선정하였다. 이에 따라, 기존 LINC＋ 사업 수행대학 대상 단계평가

결과 1차로 61개 대학을 선정하고, 최종 비교평가를 통해 14개 대학을 추가로 선정하여, 총 75개 대학을 향후 3년간 계속 지원할 예정이다. 2019년 대학별 지원규모는 산학협력 고도화형이 37억 내외, 사회맞춤형학과 중점형이 10억 원 내외로 배정되었다(교육부, 2019. 4. 10).

2 평가 목적 및 의의

1) 평가목적

2012년 1월 산학협력 선도대학(LINC) 육성사업 기본계획이 발표되었을 당시 교육부가 제시한 정책 비전 및 목표 체계도는 [그림 2-2]와 같다.

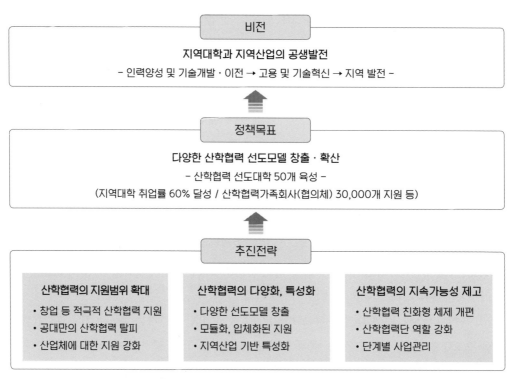

[그림 2-2] '12년도 LINC 사업 비전도

출처: 교육과학기술부(2012. 1.).

[그림 2-2]에서 확인할 수 있듯 LINC 사업이 최종적으로 지향하는 바는 '지역대학과 지역산업의 공생발전'으로, 대학과 지역산업 간에 인력과 기술이 교환되면서 고용과 기술혁신이 촉진되고 궁극적으로는 지역 발전으로 이어진다는 청사진을 제시하였다. 이러한 비전을 달성하기 위하여 교육부는 정책 목표를 '다양한 산학협력 선도모델 창출·확산'으로 설정하고, 이를 위해 산학협력 선도대학 50개교를 육성하여 지역대학 취업률 60%를 달성함과 동시에 산학협력가족회사(협의체) 3만여 개를 지원하겠다고 밝혔다. 아울러 이러한 정책목표를 달성하기 위한 세부 추진전략도 함께 제시하였는데, 세부 추진전략은 크게 세 가지가 제시되었다. 첫 번째 전략은 산학협력 지원범위 확대로, 공대 위주의 지원에서 탈피하여 산업체와 대학 내 창업 등을 폭넓게 지원하겠다고 밝혔다. 두 번째 전략은 산학협력의 다양화와 특성화로, 지역산업을 기반으로 한 특성화를 지원하여 다양한 선도모델을 창출하겠다는 계획이었다. 세 번째 전략은 산학협력의 지속가능성 제고로, 산학협력단의 역할을 강화하여 대학 체질을 산학협력 친화형으로 전환한다는 계획이었다.

2012년 이후 2014년에는 기존 선정 대학에 대한 재선정평가와 신규 신청 대학에 대한 선정평가를 동시에 수행하기 위하여 사업 기본계획이 발표되었다. 교육부는 사업을 추진하는 목적으로 크게 세 가지를 언급하였다. 첫째, 산학협력을 통해 산업체 수요에 부응하는 대학교육 체제로 전환하여 일자리 미스매치를 해소하고 지역발전을 견인한다. 둘째, 지역(기업)과 연계한 현장적합성 높은 대학교육으로 창의성과 도전정신이 있는 인재양성과 혁신적 기술개발에 대학의 역량을 집중시킨다. 셋째, 대학의 특성과 지역 여건에 맞는 다양한 산학협력 선도 모델을 발굴·확산하고 대학과 지역(기업)의 경쟁력 강화를 지원한다(교육부, 2014. 1.a). 과거 2012년에 제시되었던 비전 및 목표 체계와 비교해 보면, 첫 번째 사업 목적은 대학이 산업체 수요에 적극 부응하는 방향으로 대학 체질 개선이 이루어져야 한다는 점이 이전보다 강조되어 서술되었다. 이어서 두 번째 사업 목적은 기존에 비전을 부연 설명하는 문구로 삽입된 대학의 '인력양성 및 기술개발·이전' 기능이 사업 목적 형태로 서술되었고, 세 번째 사업 목적은 기존에 정책목표로 제시된 '다양한 산학협력 선도모델 창출·확산'이 사업 목적 형태로 서술되는 등 기존 사업 목적이 큰 변동 없이 유지되었다.

2016년에 2단계 LINC 사업이 종료되고 2017년에는 그 후속 사업으로 LINC+ 사업이 실시되었는데, 2017년 1월 교육부는 사업 기본계획을 '산학협력 고도화형'과 '사회맞춤형 학과 중점형'으로 나누어 각각 발표하였다. 먼저, '산학협력 고도화형'의 비전 및 목표 체계도를 살펴보면 [그림 2-3]과 같다. [그림 2-3]을 통해 확인할 수 있듯 비전은 기존

LINC 사업 비전을 그대로 유지하여 '대학과 지역사회의 상생발전'으로 설정하고 있다. 정책목표 역시 표현은 달라졌지만 기본적으로 산학협력 선도형 대학을 육성하여 취업률을 제고하고 중소기업 혁신을 지원한다는 방침에는 변동이 없었다. 다만, 추진전략만큼은 이전과 비교할 때 차이가 두드러지게 나타났다. 상술하면, 교육부는 LINC+ 사업 산학협력 고도화형 추진 전략으로 ① 산학협력의 자율성 확대 및 내재화, ② 산학협력의 다양화 및 지속가능성 제고, ③ 사회맞춤형교육을 통한 취·창업 역량 강화 등 세 가지를 제시하였다. 이때, 첫 번째 추진 전략인 '산학협력의 자율성 확대 및 내재화'는 과거 산학협력 지원 범위를 양적으로 확대하던 전략에서 진일보하여 산학협력의 내재화와 실질적 적용을 강조하였다. 두 번째 추진 전략으로 제시된 '산학협력의 다양화 및 지속가능성 제고'는 기존에 추진 전략으로 제시되었던 '산학협력의 다양화, 특성화'와 '산학협력의 지속가능성 제고'를 통합·개편한 것이다. 마지막으로, 세 번째 추진 전략은 신규 도입한 사회맞춤형 학과 중점형과의 연계성을 고려한 전략으로 해석된다.

비전

대학과 지역사회의 상생발전

정책목표

'산업선도형 대학' 육성을 통한 청년 취·창업 확대 및 중소기업 혁신 지원 등 국가경쟁력 강화

추진전략

산학협력의 자율성 확대 및 내재화	산학협력의 다양화 및 지속가능성 제고	사회맞춤형교육을 통한 취·창업 역량 강화
• 각 대학별 여건과 특성에 따른 자율적 사업모델 개발 및 제시 • 산학협력 친화형 인사제도의 실질적 적용 강화 • 대학과 기업의 쌍방향 협력 체계 구축 및 활성화 • 대학별 자체적 산학협력 발전계획 수립	• 기술에서 지식으로 산학협력 문화 개선 • 문화·예술·콘텐츠 및 서비스, 글로벌 등 산학협력 모델 다양화 • 산업분야별 집중 지원 및 원스톱 정보 제공 • 지역사회와 연계강화 및 사회적 가치 창출	• 사회맞춤형 교육모델 확립을 통한 채용연계성 강화 • 기업의 참여 유도를 위한 제도개선 및 인센티브 강화 • 지역 및 중소·중견기업과 대학 간 협력체제 구축

[그림 2-3] LINC+ 사업 비전도(산학협력 고도화형)

출처: 사회맞춤형 산학협력 선도대학 육성사업 홈페이지(http://lincplus.nrf.re.kr).

한편, 또 다른 사업 유형인 '사회맞춤형 학과 중점형'의 비전 및 목표 체계도를 제시하면 [그림 2-4]와 같다. 교육부는 LINC＋ 하위 사업 형태로 사회맞춤형 산학협력 선도대학 육성사업을 실시함으로써, 사회수요를 반영한 맞춤형 교육과정을 확산시켜 학생의 취업난과 기업의 구인난을 해소하고(정책목표), 미래 사회와 지역 발전을 선도하는 맞춤형 인재를 양성하겠다고 밝혔다(비전).

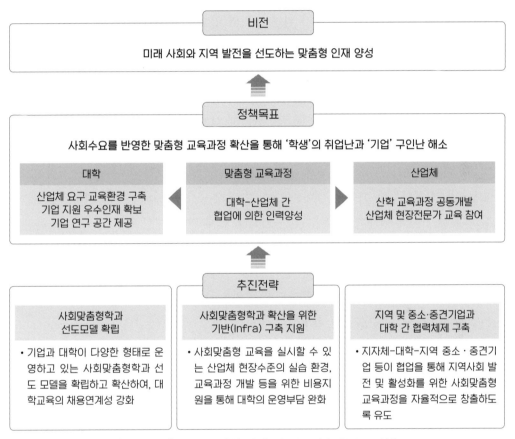

[그림 2-4] LINC＋ 사업 비전도(사회맞춤형 학과 중점형)

출처: 사회맞춤형 산학협력 선도대학 육성사업 홈페이지(http://lincplus.nrf.re.kr).

2) 평가의의

　LINC에서 LINC＋로 사업이 개편되면서 현재는 접속이 불가능해졌지만 과거 정부는 LINC 사업 종합성과관리시스템 홈페이지(http://linc.nrf.re.kr)를 통해 [그림 2-5]와 같이 LINC 사업에 의하여 대학, 교수, 학생, 지역사회, 기업에 어떠한 변화의 바람이 일었는지를 도식화하여 제시한 바 있다. 이를 참고하여 LINC 평가가 지니는 의의를 대학(교수, 학생 포함), 지역사회/기업, 정부 주체별로 나누어 살펴보면 다음과 같다.

우선 대학은 LINC 평가를 통해 산업계 친화형으로 체질을 개선할 수 있는 계기를 마련하게 된다. 상아탑으로 상징되는 대학은 오랜 기간 학문중심, 연구중심 대학운영 원칙을 고수해 왔으나, LINC 평가를 통해 지역사회와 국가의 발전에 직접적으로 기여하는 방향을 모색하는 등 대학에 주어진 사회적 역할을 충실하게 수행할 기회를 얻고 있다. 점진적으로 산업계 친화형으로 변모하기 위한 노력의 일환으로 LINC 사업에 참여하는 대학들은 교육과정 및 교육 프로그램을 혁신하여 특성화된 산학협력 모델을 창출하기 위해 힘쓰고 있으며, 교수 선발 및 임용에 있어서도 산업체 경력 인정을 대폭 확대하고 산학협력 실적을 교수 평가에 확대 반영하는 등 실무중심, 현장 중심 대학 운영을 위해 노력하고 있다. 이를 통해 해당 대학 교수들은 이론과 실제의 접점을 찾을 기회가 보다 확대되고, 학생들은 대학교육과 취업의 연계성이 높아져 실용적인 학문을 접하고 첨단 연구장비를 기업(지역)으로부터 지원받아 연구할 수 있는 기회가 보장되는 등의 장점이 있다.

다음으로 지역사회와 기업은 대학과의 협력 관계 구축을 통해 지역사회와 기업에 필요한 인재와 기술에 쉽게 접근할 수 있는 기회를 얻게 된다. 대학 측에 창업강좌, 현장실습, capstone design 등의 기회를 제공함으로써 해당 대학에 재학하는 학생들이 지역(기업)의 창업 및 취업 정보를 습득하여 지역 인재가 지역 내에 정착하는 선순환 효과를 유발할 수 있다. 또한 지역 인재와 그들의 독창적인 아이디어를 선점함으로써 이를 특색 있는 지역산업 성장의 근원으로 활용 가능하다.

마지막으로 정부는 LINC 평가를 통해 대학교육 시스템 전반의 개선을 유도함으로써 취업 미스매치 문제와 청년실업 문제를 완화할 수 있고, 지역(기업)과 연계한 다양한 산학협력 선도모델 창출 및 확산을 통해 산업체의 수요에 부응하는 우수인력 양성과 기술혁신을 지원할 수 있으며, 산학협력 과정을 통해 성장한 대학의 강점 분야는 정부의 대학 구조조정 정책 추진의 기반으로 활용할 수도 있다.

[그림 2-5] LINC 사업의 의의

출처: LINC 사업 종합성과관리시스템 홈페이지(http://linc.nrf.re.kr).

③ 평가 영역 및 지표

1) LINC 1단계 평가(2012~2013년)

　LINC 평가 과정 및 방법에 관해서는 다음 절에서 보다 자세히 후술하겠지만, LINC 평가는 기본적으로 3단계 절차를 거쳐 진행되었다. 1단계는 포뮬러 지표 평가로, 대학 기본역량 및 산학협력 특성화 역량을 평가하기 위하여 개발한 포뮬러 지표를 기준으로 정량평가를 실시하였다. 2단계는 사업계획 심사 및 산업체 설문조사 단계로, 1단계를 통과한 대학을 대상으로 사업계획에 대한 서류평가 및 발표평가를 실시하고 대학에서 제시한 산업체를 대상으로 대학과의 산학협력 밀착도, 협력도, 만족도를 설문조사하여 그 결과를 합산하였다. 마지막 3단계는 사업관리위원회가 평가 결과를 토대로 지원 대학을 최종 선정하는 단계이다. 따라서 이하 본문에서는 1단계 평가와 2단계 평가를 중심으로 평가 영역 및 지표를 살펴보고자 한다.

1단계 포뮬러 지표 평가에서는 대학의 기본 역량과 산학협력 특성화 역량을 평가하였다. 먼저, 대학의 기본 역량은 교육·연구 성과 영역과 교육·연구 여건 영역으로 구분되었다. 교육·연구 성과 영역에는 취업률, 교수 1인당 특허(등록) 건수, 재학생 충원율의 3개 지표가 하위 지표로 포함되었고, 교육·연구 여건 영역에는 교원 확보율과 교육비 환원율의 2개 지표가 하위 지표로 포함되었다. 다음으로 대학의 산학협력 특성화 역량은 산학협력 체제 영역과 산학협력 내용 영역으로 구분되었다. 이때, 산학협력 체제 영역은 다시 제도 및 인프라 영역과 인력 및 예산 영역으로 나뉘었고, 산학협력 내용 영역은 다시 인력양성 및 고용 영역과 기술개발 및 이전 영역으로 나뉘었다. 언급한 하위 영역 순서대로 평가 지표를 살펴보면, 제도 및 인프라 영역에는 교수업적평가(성과급) 및 승진승급 평가 시 산학협력 실적 비율, 공동활용 연구장비 운영 현황의 2개 지표가 포함되었고, 인력 및 예산 영역에는 산업체 경력 전임교원 비율, 산학협력중점교수 현황, 산학협력단 내 정규직 및 전문인력 인원 비율의 3개 지표가 포함되었다. 이어서 인력양성 및 고용 영역에는 현장실습 이수학생 비율과 창업지원 현황의 2개 지표가 포함되었고, 기술개발 및 이전 영역에는 교수 1인당 산업체 공동연구 과제 수 및 연구비와 교수 1인당 기술이전 계약건수 및 수입료의 2개 지표가 포함되었다. 이상 논의된 내용과 평가 영역 및 지표별 비율을 정리하여 제시하면 〈표 2-2〉와 같다.

〈표 2-2〉 LINC 1단계 사업 포뮬러 지표 평가 영역 및 지표

구분	대학의 기본역량(교육/연구)				
영역	교육 · 연구 성과(20%)			교육 · 연구 여건(10%)	
지표	취업률	교수 1인당 특허(등록) 건수	재학생 충원율	교원 확보율	교육비 환원율
비율	7%	7%	6%	5%	5%

구분	대학의 산학협력 특성화 역량			
영역	산학협력 체제(40%)		산학협력 내용(30%)	
	제도 및 인프라	인력 및 예산	인력양성 및 고용	기술개발 및 이전
지표	• 교수업적평가(성과급) 및 승진승급 평가 시 산학협력 반영비율(15%) • 공용장비 운영수익(5%)	• 산업체 경력 전임교원 비율(5%) • 산학협력중점교수 현황(10%) • 산학협력단 내 정규직 및 전문인력 현황(5%)	• 현장실습 이수학생 비율(5%) • 창업지원 현황(5%)	• 산업체 공동연구 과제 수 및 연구비(10%) • 기술이전 계약건수 및 수입료(10%)
비율	20%	20%	10%	20%

출처: 교육과학기술부(2012. 1.).

　다음으로 2단계에서는 1단계 선정대학을 대상으로 사업계획에 대한 심사와 산업체를 대상으로 한 설문조사가 진행되었다. 평가별 반영 비율은 사업계획 심사 70%, 산업체 설문조사 30%로, 1단계가 정량평가로 진행되었다면 2단계에서는 정성평가 성격이 짙게 나타났다.

　먼저, 사업계획 심사 과정에서 적용된 평가 영역 및 지표를 살펴보면, 사업계획 심사평가는 크게 4개 영역 13개 지표를 중심으로 진행되었다. 가장 큰 비중을 차지한 평가 영역은 SYSTEM 영역(40%)으로, 하위 평가 항목으로는 산학협력 친화형 대학체제 개편, 산학협력단 역량 강화, 산학협력 인프라 확충 등 3개 항목이 포함되었다. 다음으로 큰 비중을 차지한 평가 영역은 COMPONENT 영역(30%)으로, 하위 평가 항목으로는 교육과정 개편 및 운영, 인력양성 및 취 · 창업 지원, 특성화 분야 등 3개 항목이 포함되었다. 그 밖에 LINK 영역과 VISION 영역은 각각 20%와 10% 비중을 차지하였는데, LINK 영역은 크게 산학협력 연계체제 구축과 기업 지원에 관한 항목으로 구성되었고, VISION 영역은 계획 수립의 적절성, 성과관리 체계의 적절성, 확산 및 지속가능성 등을 포함하였다.

〈표 2-3〉 LINC 1단계 사업 사업계획 심사 영역 및 지표

평가영역		평가항목	평가내용	배점
VISION (10%)	1	계획 수립의 적절성	산학협력 선도모델의 독창성 및 수월성	6%
			사업 계획수립 및 예산 집행계획의 적절성	
	2	성과관리 체계의 적절성	성과관리 및 지원체계의 적절성	2%
	3	확산 및 지속 가능성	사업성과의 확산 및 지속가능성	2%
			대학 구성원의 사업 추진 의지	
SYSTEM (40%)	1	산학협력 친화형 대학체제 개편	산학협력 친화형 교원 인사 운영	20%
			산학협력 친화형 학사 운영	
	2	산학협력단 역량 강화	산학협력단 조직 구성 및 인력 운영	10%
	3	산학협력 인프라 확충	산학협력 친화형 공동활용 장비 운영 및 기업지원 체제 구축·운영	10%
COMPONENT (30%)	1	교육과정 개편 및 운영	교육과정 개편의 유연성	5%
			산학협력 친화형 교육과정 편성·운영	
	2	인력양성 및 취·창업 지원	취·창업 교육 및 지원 프로그램 운영(창업교육센터 운영, 창업강좌 운영 및 동아리지원 등)	5%
			특성화된 인력양성 프로그램	
	3	특성화 분야	특성화 분야의 적절성(지역산업과의 부합 여부)	20%
			특성화 분야 인프라 및 운영 시스템 구축	
			특성화 교육과정 및 인력양성 프로그램 운영	
			특성화 관련 기업 지원 및 교류 프로그램 운영(기술개발, 기술지도, 기업 지원, 인력교류 등)	
LINK (20%)	1	산학협력 연계체계 구축	산학협력 협의체 구축 및 운영	8%
			기업에 대한 패키지형 종합 지원 시스템 구축	
	2	기업지원 기술개발	개방형 기업 기술개발 지원 체계 구축·운영	4%
	3	기업지원 인력양성	개방형 대학-기업 인력 교류 체계 구축·운영	4%
	4	기업지원 맞춤형 지원	맞춤형 기업 지원(기술, 디자인, 마케팅, 해외시장 개척 등 AllSET 지원)	4%

출처: 교육과학기술부(2012. 1.).

한편, 산업체 설문조사의 경우에는 대학에서 제시한 산업체를 대상으로 대학과의 산학협력 밀착도, 협력도, 만족도를 조사하는 방식이었다. 1단계 평가를 통해 2단계 심사대상 대학이 선정된 이후 해당 대학이 최근 3년간 산학협력 교류 실적이 있는 산업체 목록을 작성·제출하면, 교육과학기술부가 외부 설문조사기관에 의뢰하여 대학이 제출한 산업체 명단에서 추출한 표본을 대상으로 2차에 걸친 설문조사가 실시되었다. 산업체 설문조사 주요 내용은 〈표 2-4〉와 같다.

〈표 2-4〉 LINC 1단계 사업 산업체 설문조사 주요 내용(예시)

구분		설문내용
대학-산업체 LINK 정도	밀착도	• 대학 구성원의 산학협력을 위한 전문지식 습득 정도 • 산학협력을 위한 협력환경(시설/장비 등)의 구축·운영 정도 • 기업과 대학 간 인적/물적/정보의 교류 정도
	협력도	• 지역의 여건에 적합한 산학협력 프로그램 수행 현황 • 산학협력을 위한 대학 내 행정 프로세스(행정처리 기간, 절차 등) 현황 • 대학의 체제가 산학협력 친화형으로 개편된 정도
	만족도	• 참여한 프로그램이 수요자의 요구에 부합하는 정도 • 산학협력을 통해 양성된 인력에 대한 만족도 • 대학이 수행하는 산학협력 프로그램을 통한 실질적 도움 정도

출처: 교육과학기술부(2012. 1.).

이상과 같이 LINC 사업 첫해인 2012년에는 1단계 정량지표와 2단계 정성평가 및 설문평가를 거쳐 최종 51개 대학이 선정되었다(교육과학기술부, 2012. 3. 28.). 이후 2013년에는 신규 선정 없이 기 선정된 대학에 대한 연차평가를 실시하여 평가 결과에 따라 예산을 차등 지원하였다. 이때, 연차평가는 2012년도 선정평가와 유사하게 해당 대학별로 1차년도 사업실적에 대한 정량평가(35%), 정성평가(1차년도 사업실적 45%, 2차년도 사업계획 15%, 총합 60%), 사업참여 학생·기업 만족도 조사(5%) 결과를 집계하여 평가 결과를 산출하는 방식으로 진행되었다(교육부, 2013. 5. 6.).

2) LINC 2단계 평가(2014~2016년)

LINC 2단계 평가 역시 LINC 1단계 평가와 마찬가지로 3단계에 걸쳐 진행되었다. 다만, LINC 1단계 평가가 정량평가 100점, 정성평가 70점, 설문평가 30점으로 환산되어 총점 200점 만점이었다면, LINC 2단계 평가에서는 〈표 2-5〉와 같이 기존 선정 대학에 대한 단계평가와 신규 신청 대학에 대한 선정평가에 따라 그 비중에 차이를 두었다. 설문평가의 경우에는 평가 방식과 주요 내용이 2012년도와 동일하였기 때문에 이하 본문에서는 정량평가와 정성평가를 중심으로 살펴보고자 한다.

〈표 2-5〉 LINC 2단계 사업 평가 구성 체계

평가방법	평가내용	비율	
		단계평가	신규평가
정량평가	• **(핵심성과지표 점검)** 대학이 제출한 LINC 사업 13개 핵심 성과지표 실적(전년도 사업)에 대한 점검 실시	35%	10%
정성평가	• **(실적·계획 보고서 심사)** 대학이 제출한 산학협력 실적, 산학협력 선도모델 창출 역량, 2단계 사업계획 등 심사	60%	80%
수요자 만족도 조사	• **(설문조사)** 학생 및 산업체에 대해 대학의 산학협력 활동에 대한 종합 만족도 조사	5%	10%
가·감점	• **(가점)** 창조경제 실적·계획/구조개혁 실적·계획 • **(감점)** 사업비 집행 투명성, 대학책무성 위반사항 등	±10%	+10%~ -7%

출처: 교육부(2014. 1.a).

먼저, 정량평가 체계를 살펴보면, 정량평가는 13개 지표를 중심으로 대학의 산학협력 활동의 양적인 측면을 평가하며, 사업 유형이 기술혁신형인지 현장밀착형인지에 따라 배점을 달리 적용하였다. 김태운·김태영(2016: 115)에 따르면 기술혁신형은 교수 1인당 기술이전 계약건수 및 수입료, 특성화분야 인력양성 및 기술개발, 기술사업화 실적(건) 지표를 현장밀착형보다 상대적으로 높게 배점하여, 기술혁신형 LINC 사업의 목표인 창의적 기술 인재 및 혁신적 연구인력 양성, 원천·혁신기술 개발 및 기술 사업화 지원 등 대학의 기술 기반 산학협력을 유도하였다. 한편, 현장밀착형은 취업률(%), 교수업적평가 시 산학협력실적 반영비율을 기술혁신형보다 강조하였으며, 현장밀착형 LINC 사업 목표인 현장맞춤형 기술인력 양성, 현장 애로기술 개발 및 기술이 전 지원 등 기업에 필요한 인재양성을 유도하였다. 정량평가 체계의 구체적인 내용은 〈표 2-6〉과 같다.

〈표 2-6〉 LINC 2단계 사업 정량평가 지표 및 항목별 배점

연번	핵심 성과지표		항목별 배점		
	지표명	세부 항목	단계평가		신규 평가
			기술 혁신형	현장 밀착형	
1	취업률(%)		25	40 (35)	10
2	산학협력 가족회사 수(개)		15 (10)		5
3	교수업적평가 시 산학협력실적 반영비율	교수 업적평가 시 SCI논문 1편 대비 산학협력 실적 배점 평균(점)	15 (10)	20 (15)	8
		재임용 승진/승급심사 시 산학협력 실적물로 연구 실적물 대체 가능 비율(%)	15 (10)	20 (15)	7
4	공동 연구장비 운영수익(천 원)		20 (25)	20	5
5	산학협력중점 교수 현황(점)		30 (25)	30 (25)	5
6	산학협력단 내 정규직 및 전문 인력 비율	산학협력단 내 정규직 비율(%)	15		5
		산학협력단 내 전문인력 인원 비율(%)	15 (삭제)		-
7	현장실습 및 캡스톤디자인 이수학생 비율	현장실습 이수학생 비율(%)	20 (25)		8
		캡스톤디자인 이수학생 비율(%)	20 (25)		7
8	창업지원 현황	창업 강좌 시수(시간)	10		3
		창업 재정 지원(천원)	10		3
		창업 공간 지원(㎡)	5		2
		창업 지원인력(명)	5		2
9	교수 1인당 산업체 공동연구 과제 수 및 연구비	교수 1인당 산업체 공동연구 과제수(건)	10		3
		교수 1인당 산업체 공동연구비(천 원)	15		2

10	교수 1인당 기술이전 계약건수 및 수입료	교수 1인당 기술이전 계약건수(건)	15 (20)	10 (20)	3
		교수 1인당 기술이전 수입료(천 원)	15 (20)	10 (15)	2
11	특성화분야 인력양성 및 기술개발	특성화 분야 인력양성 실적(명)	20	15 (20)	5
		특성화 분야 기술개발 실적(건)	20	15	5
12	산학연계 교육과정 운영 실적(건)		15 (25)		5
13	기술사업화 실적(건)		20	15	5
합계			350		100

※ 항목별 배점은 2014년도 기준이며, 괄호 안의 수치는 2015년도 연차평가 시 변동 사항임.

※ 교육부(2014. 1.a; 2015. 3.a)를 종합함.

　　다음으로 정성평가 체계를 살펴보면, 평가 영역은 LINC 1단계 평가와 마찬가지로 VISION, SYSTEM, COMPONENT, LINK 영역으로 구분되었다. 2014년도 정성평가에서는 평가 영역별로 당해연도 사업성과와 차년도 계획을 구분하여 평가하였다. 정성평가 체계의 구체적인 내용은 〈표 2-7〉과 같다.

〈표 2-7〉 LINC 2단계 사업 정성평가 지표 및 항목별 배점

평가 영역	핵심 성과지표			항목별 배점		
	평가항목		평가지표	단계평가		신규 평가
				기술 혁신형	현장 밀착형	
V I S I O N	당해 연도 사업 성과	계획수립 및 추진체계의 적절성	• 대학의 중장기발전계획과 사업 유형과 특성화 영역과의 연계성 강화 및 실현 정도 • 사업 참여학사조직의 적정성과 성과 창출 노력 및 실현 정도 • LINC사업단의 조직 구축 및 운영의 적정성 (※ LINC단장 위상 포함) • 산학협력 선도모델의 창출 및 추진 성과	40 (20)		60

		확산 및 지속가능성	• 총장 및 대학 구성원의 사업 추진에 대한 관심도 및 의지 실현정도 • 사업 성과의 확산 및 지속 가능성 노력 및 실현 정도 • 대학 간 교류·협력 정도('15년도 연차평가 해당)	30 (20)	40
		차년도 계획	• 당해연도까지의 성과분석 및 향후 계획 반영 • 향후 계획 목표설정의 타당성 및 실현 가능성	30 (10)	50
S Y S T E M	당해 연도 사업 성과	산학협력 친화형 체제 개편	• 산학협력 활성화를 위한 교원임용/평가제도 개선과 실현 정도 • 산학협력 친화형 대학조직 개편 및 운영 정도 • 산학협력 중점교원 운영 제도 구축 및 활용 성과	90 (50)	120
		산학협력단 역량 강화	• 산학협력단 조직 강화 및 전문 인력 운영의 우수성 • 산학협력단과 LINC 사업단과의 연계성 강화 및 지원 실적	50 (30)	100
		산학협력 인프라 확충	• 창업교육센터 설치 및 운영 성과 • 현장실습지원센터 설치 및 운영 성과 • 공동활용 장비 운영 체제의 적정성 및 기업지원 실적 성과 • 대학내 기업지원시설(기관) 운영 성과('15년도 연차평가 해당)	60 (40)	80
		차년도 계획	• 당해연도까지의 성과분석 및 향후 계획 반영 • 향후 계획 목표설정의 타당성 및 실현 가능성	50 (30)	100
C O M P O N E N T	당해 연도 사업 성과	산학협력 친화형 교육 과정 개편· 운영	• 산업체 수요를 반영한 교육과정 개편의 운영 성과 • 현장실습 교과목 관리, 운영의 적정성 • Capstone Design 교과목 관리·운영의 적정성 • 산업계 관점 대학평가 참여과정·성과(최근 3개년) 및 향후 계획('15년도 연차평가 해당)	40 (70)	40 (80)	100
		인력양성 및 취·창업 지원	• 대학의 특성화된 취업 지원 프로그램 개발 및 운영 성과 • 대학의 특성화된 창업 지원 프로그램 개발 및 운영 성과	20 (50)	20 (60)	60

	특성화 분야	• 특성화 분야 조직 체계 구축 및 운영의 적정성 • 특성화 분야 교육, 인력양성, 기업지원 프로그램 개발 및 운영 성과	50 (80)	50 (60)	60
	차년도 계획	• 당해연도까지의 성과분석 및 향후 계획 반영 • 향후 계획 목표설정의 타당성 및 실현 가능성	40 (50)		80
L I N K	당해연도 사업성과 — 산학협력 연계체계 구축·운영	• 가족회사(기업지원) 종합 지원 시스템 구축 및 운영 성과 • 산학협력협의체 구축의 적정성 및 운영 성과	25 (50)	25 (60)	60
	기업지원	• 기술개발 성과 이전 및 사업화 실적 • All-set 기업지원 시스템 구축의 적정성 및 운영 성과	45 (70)	45 (60)	40
	차년도 계획	• 당해연도까지의 성과분석 및 향후 계획 반영 • 향후 계획 목표설정의 타당성 및 실현 가능성	30 (30)		50
합계				600	1,000

※ 항목별 배점은 2014년도 기준이며, 괄호 안의 수치는 2015년도 연차평가 시 변동 사항임.
※ 김태운·김태영(2016)과 교육부(2014. 1.a; 2015. 3.a)를 종합함.

한편, LINC 2단계 평가에서는 가·감점 지표가 추가되었다. 가점 지표는 ① 창조경제 실적 및 계획과 ② 구조개혁 실적 및 계획으로 나뉘었고, 감점의 경우 ① 당해연도 사업비 집행실적(최대 −5점), ② 사업비 운영의 불투명성(최대 −25점), ③ 대학 책무성 위반(최대 −20점), ④ 허위 성과 보고(최대 −20점), ⑤ 정부재정지원제한·대학기관평가 미인증 대학(−30점)에 해당되는 경우 적용되었다. 가·감점 지표는 전체 평가 체계에서 10% 수준의 비중을 차지하였기 때문에 평가 대상인 대학 입장으로서는 쉽게 간과하기 어려운 부분이었다.

이상과 같이 LINC 2단계 평가는 기존 선정 대학에 대한 단계평가와 신규 신청 대학에 대한 선정평가가 동시에 진행되었다. LINC 2단계 평가 첫해인 2014년에도 단계평가와 선정평가가 동시에 진행되었지만, 2015년에도 호남·제주권과 대경·강원권 소재 대학을 2개교 추가 선정하게 됨에 따라 단계평가와 선정평가가 동시에 진행되었다. 2015년도와 2016년도에 진행된 연차평가는 LINC 1단계 평가와 마찬가지로 전년도 사업성과에 대한 정량평가, 정성평가, 수요자 만족도 조사 결과를 집계하여 평가 등급별로 지원금을 차등 배분하는 방식이었다(교육부, 2014. 1.a; 2015. 3.a; 2016. 5. 17.).

3) LINC+ 1단계 평가(2017~2018년)

　LINC+ 1단계 평가는 기존 LINC 평가 절차와 유사하지만, 기존 방식에서 달라진 점은 2단계에서 설문평가가 제외되었다는 점과 사업 유형을 '산학협력 고도화형'과 '사회맞춤형 학과 중점형'으로 구분하여 평가 영역 및 지표를 제시하였다는 점이다. 따라서 이하 본문에서는 두 사업 유형별로 정량평가와 정성평가 영역 및 지표를 살펴보도록 하겠다.

　우선 '산학협력 고도화형'의 1단계 정량평가 지표를 살펴보면 〈표 2-8〉과 같다. 기존 LINC 사업에서 단계평가가 아닌 신규평가 시에는 정량평가 총점을 100점 만점으로 유지하였는데, 여전히 정량평가 총점은 100점 만점으로 유지되었다. 다만, 기존 LINC 사업 정량평가 체계와 비교해 볼 때 평가 지표가 대폭 간소화된 점을 확인할 수 있다. 특히 LINC 1단계 평가 당시에는 대학의 기본역량에 관한 지표가 5개 포함되어 있었던 반면, LINC 2단계 평가로 넘어왔을 때에는 취업률 지표만이 기본역량 측정 지표로 남아 있었고, LINC+ 1단계 평가로 넘어오면서는 대학의 기본역량을 측정하는 지표는 모두 제외되고 대학의 산학협력 특성화 역량을 측정하는 지표로만 구성되었다. LINC 1단계 사업 당시 대학의 산학협력 특성화 역량을 측정하기 위하여 적용된 지표와 비교해 보면 인력 및 예산 영역에 포함되었던 2개 지표를 제외한 나머지 지표로 LINC+ 1단계 사업 정량 지표가 구성되어 있음을 확인할 수 있다. 이와 같이 대학의 기본역량을 측정하는 지표를 제외하고 대학의 산학협력 특성화 역량을 측정하는 지표로만 구성한 데에는 기존 LINC 사업을 보완·정교화하여 추진하는 사업이라는 점과 '산학협력 고도화형' 대학을 육성하겠다는 목표가 복합적으로 작용한 결과로 해석된다.

〈표 2-8〉 LINC+ 1단계 사업 정량평가 영역 및 지표(산학협력 고도화형)

구분	평가 지표	자료출처	배점
1	재임용 승진/승급심사 시 산학협력 실적물로 연구실적물 대체 가능 비율(%)	별도제출	15
2	채용형(전임, 비전임) 산학협력중점교수 현황(명, 점수)	공시	15
3	공동 연구장비 운영 수익(천 원)	공시	5
4	현장실습 이수학생 비율(%)	공시	15
5	캡스톤디자인 이수학생 비율(%)	공시	15
6	창업 지원 현황(%, 점수)	공시	15
7	교수 1인당 산업체 공동연구 실적(연구비, 건수)	공시활용	10
8	교수 1인당 기술이전 실적(수입료, 건수)	공시활용	10
	합계		100

출처: 교육부(2017a).

한편, 2단계 정성평가 체계는 〈표 2-9〉와 같다. 〈표 2-9〉에 나타나듯 평가 영역 명칭은 Vision, Infra & Structure, Action, Budget으로 대폭 변경되었다. 그러나 이전 LINC 평가와 비교해 보면, 내용 면에서는 그리 큰 변화가 있지는 않았다. 즉, Vision 영역과 Infra & Structure 영역의 내용은 각각 이전 Vision 영역과 System 영역의 내용을 계승하고 있다. 이어서 Action 영역의 내용은 기존 Component 영역과 Link 영역의 내용을 통합·축소한 것이며, Budget 영역만이 기존 LINC 사업 정성평가에서는 없었던 사항이다. 이 밖에도 이전과 달리 LINC+ 1단계 사업 정성평가에서는 총 득점이 60점 미만인 경우 사업단 선정이 불가하도록 하는 과락제를 도입하였다.

〈표 2-9〉 LINC+ 1단계 사업 정성평가 영역 및 지표(산학협력 고도화형)

영역	지표	세부 항목	배점
Vision (35)	산학협력 발전 계획의 적절성(20)	• 대학의 비전과 산학협력 발전계획 간 연계성	5
		• 산학협력 발전계획의 독창성, 타당성	5
		• 대학의 여건과 산학협력 선도모델 추진 계획 간 정합성	5
		• 대학 내 재정지원사업 구조 분석 및 LINC+와의 연계 방안 (※ LINC+ 사업-타 재정지원사업 간 중복성 예방 방안 등)	5
	산학협력 성과관리 계획의 적절성(15)	• 산학협력 추진 목표의 구체성, 실현가능성	5
		• 단계적 성과관리 체계의 적절성	3
		• 산학협력 성과의 확산 및 환류 계획	4
		• 산학협력 선도모델의 지속가능성 및 자립성 확보 계획	3
Infra & Structure (30)	산학협력 친화형 체제 구축(15)	• 산학협력 관련 조직의 역량 강화 및 인력 안정화 계획 (※ LINC+ 사업단-산학협력단 연계 강화 방안 등)	4
		• 교원 업적평가 시 산학협력 실질적 적용 및 확산 계획	6
		• 대내외 산학협력 협업·연계 시스템 구축 계획	5
	산학연계형 교육 프로그램 운영 인프라 구축(15)	• 산학협력 친화형 학사제도 구축 계획	4
		• 산학연계 교육과정 개편에 따른 교육 인프라 지원 계획	4
		• 대학별 특화된 산학연계 교육 프로그램 개발 계획	4
		• 진로지도 및 취·창업 역량강화를 위한 종합지원체계 구축 계획	3
Action (30)	산학협력 친화형 교육 프로그램 운영(15)	• 산학협력 친화형 교육과정 개편 및 운영 계획	5
		• 취·창업 역량 강화를 위한 교육 프로그램 운영	5
		• 대학별 특화인재 양성을 위한 융·복합분야 등 교육과정 운영	5

	지역사회 및 기업 과의 산학협력(15)	• 지역사회 및 기업 맞춤형 지원 계획	4
		• 지역사회 및 기업과의 쌍방향 협력 계획	6
		• 지역사회 및 기업의 산학협력 참여 활성화 계획	5
Budget (5)	예산수립 계획의 적절성(5)	• 대학에서 제시한 사업 예산 규모의 적절성	2
		• 예산 집행 계획의 적절성	3

출처: 교육부(2017a).

다음으로 '사회맞춤형 학과 중점형'의 정량평가 체계는 〈표 2-10〉과 같다. 정량평가는 대학과 사업단을 구분하여 사업 추진역량과 여건을 평가하였다. 평가 영역은 사회맞춤 교육역량, 취업·진로 지도역량, 산학협력역량, 산업체 친화역량 등 4개 영역으로 구분되며, 10개 지표로 구성되어 총점 30점으로 환산되었다.

〈표 2-10〉 LINC+ 1단계 사업 정량평가 영역 및 지표(사회맞춤형 학과 중점형)

구분	대학		사업단	
	평가항목	배점	평가항목	배점
사회맞춤 교육역량	• 사회맞춤형학과(정규) 운영실적	2	• 현장실습 이수학생 비율	4
			• 캡스톤디자인 이수학생 비율	4
취업·진로 지도역량	• 학생 1인당 교육비	2	• 취업률	4
산학협력역량	• 공동활용 연구장비 운영수익	2	• 교수 1인당 산업체 공동연구비	4
	• 교수 1인당 기술이전 수입료	2		
산업체 친화역량	• 산업체 경력(3년 이상) 전임교원 비율('11~'16 임용 기준)	2	• 산업체 경력(3년 이상) 전임교원 1인당 학생 수/교원 수('11~'16 임용 기준)	4
합계(30)	소계	10	소계	20

※ 정량지표는 2016년 대학정보공시(알리미) 자료 활용.
※ 정량지표는 신청 대학(사업단)의 중앙값(50%) 이상인 대학은 해당 정량지표에 대해 만점을 부여하고,
   중앙값(50%) 미만인 대학은 점수 차등 부여(단, 현장실습 이수학생 비율은 별도 기준으로 평가).
※ 신규학과로만 구성되어 사업단의 대학정보공시 자료가 없는 경우 대학 단위 평가점수를 총점 30점으로
   환산하여 산정.
출처: 교육부(2017b).

한편, 정성평가는 대학과 사업단을 구분하지 않고 대학별 여건과 특성에 따라 자율적으로 사업 모형을 설계하여 작성하도록 유도하였다. 본 사업 추진을 위한 대학과 사업단의 계획과 역량을 중심으로 사업에 대한 이해도, 정책목표와의 부합성, 추진방식의 적절성 및 명확성, 성과의 실현가능성을 중심으로 평가가 이루어졌으며 총점 70점으로 환산되었다. 평가 영역은 크게 비전 및 추진목표, 투입(인프라), 과정(활동), 성과 관리방안 등 4개 영역으로 구분되었으며, 하위 지표에 관한 구체적인 내용은 〈표 2-11〉과 같다.

〈표 2-11〉 LINC + 1단계 사업 정성평가 영역 및 지표(사회맞춤형 학과 중점형)

대분류	중분류	세분류	주요 내용	배점
비전 및 추진목표 (10)			• 사회맞춤형학과 중장기 발전 로드맵	2
			• 사회맞춤형학과 비전 및 추진전략	3
			• 사업단 선정의 적절성(대학내 구성원의 동의 확보 등)	2
			• 대학의 지원의지(대학의 핵심전략으로 사회맞춤형 학과 지원 포함, 교비 매칭, 지역사회 연계방안 등)	3
투입 (인프라) (15)		조직/인력(4)	• 사업추진체계 및 사업단 운영조직 구성의 적절성	4
		공간/장비(4)	• 공간 및 장비활용 계획의 적절성(기업현장과 동일한 실습 환경 구축 등)	4
		제도(4)	• 사회맞춤형 교육을 위한 학사운영체제 개편 · 운영계획	4
			• 교원의 인사규정 및 교원업적평가 개편 운영 계획(채용연계 산업체 발굴 실적 반영, 인센티브 제공 등)	
		예산(3)	• 예산지원계획의 적절성(대학 내 재정지원사업 구조 분석 및 연계방안, 타 재정지원사업과 중복성 방지 방안 등)	3
과정 (활동) (30)	교육 과정 (20)	수요조사 (4)	• 산업체 발굴 노력 및 교육과정 수요조사의 적절성(운영위원회, 산업체와의 워크숍 등) 및 주요결과	4
		설계(8)	• 수요조사를 반영한 교재 및 교육과정 등 공동 개발 · 설계 및 학사운영체제의 적절성(전공, 비교과 등)	5
			• 사회맞춤형 학과 목적과의 부합성 및 기존 교육과정과의 차별성	3
		운영(8)	• 교과 운영의 혁신성(산업연계 PBL, F&D 인턴십 등, 산업체와 교재 공동개발 등)	4
			• 교수활동 및 학습활동에 대한 우수성 및 관리 체계	
			• 학생 진로지도 및 경력개발 지원체계의 우수성	4

학생/교원 (5)	학생(2)	• 사회맞춤형 교육과정에 부합되는 학생선발 계획의 적절성 (학생 선발시 산업체 면접참여, 선발기준 세시 등)	2
	교원(3)	• 교원확보의 적절성(산업체 전문가 활용 등) 및 교수학습 지원 체계의 우수성	3
기업연계(5)		• 기업과의 채용 약정의 우수성(약정기업 수, 약정인원 수 등)	5
		• 참여산업체의 건실성(신용평가등급, 규모, 매출 등 산업체 역량)	
성과 관리방안 (15)		• 핵심성과지표 목표치 설정의 타당성	4
		• 자율성과지표 선정 및 목표치의 타당성	3
		• 교육과 채용의 연계를 통한 진로 및 취업률 관리 계획 (졸업과 동시에 해당 산업체 및 협력업체에 채용계획, 만족도 조사, 졸업 후 추적관리 등)	4
		• 성과확산 및 지속가능 방안	4
합계			70

※ 대학 · 사업단 작성 구분 없이 자율적으로 작성.
출처: 교육부(2017b).

4) LINC + 2단계 평가(2019~2021년)

LINC + 2단계 평가 역시 LINC+ 1단계 평가와 마찬가지로 2단계에 걸쳐 진행되었다. 다만, '산학협력 고도화형' 평가에서는 LINC+ 1단계 사업 수행 55개교 대학 중 권역별 하위 20% 대학(권역별 2개교 내외, 총 10개교 내외)과 신규 진입 신청대학 간 비교평가를 통해 2단계 진입대학을 최종 확정하게 되었다. 따라서 기존 LINC+ 1단계 사업 참여대학 대상 단계평가와 최종 비교평가에서 각각 정성평가 및 정량평가가 실시되었다.

먼저, 기존 LINC+ 1단계 사업 참여대학 대상 단계평가의 평가비중을 살펴보면, 〈표 2-12〉와 같이 정량평가 30%, 정성평가 70%, 감점요인 −5%로 설정되었다.

평가자료는 대학이 제출한 정량 및 정성실적(1단계 실적 및 2단계 계획) 보고서에 대하여 평가하고, 대학별 실적은 1단계 사업기간('17. 3. 1.~'19. 2. 28.)에 LINC+사업비(국고와 대응자금)를 투입하여 창출한 실적을 산정하였다.

〈표 2-12〉 LINC + 2단계 사업 단계평가 비중(산학협력 고도화형)

평가방법	평가내용	비율(배점) (1,000점)
정량평가	• (핵심성과지표 점검) 대학이 제출한 LINC+사업 13개 핵심성과지표 실적에 대한 점검 실시	30% (300점)
정성평가	• (실적·계획 보고서 심사) 대학이 제출한 1단계 산학협력 추진성과 및 2단계 사업계획 등 심사 ※ 대학별로 자율성과지표 및 핵심성과지표도 포함 － 다만, 핵심성과지표의 정량적 부분은 정량평가에서 심사	70% (700점)
감점요인	• (감점) 대학책무성위반, 허위성과보고, 부정·비리사안 등	−5% (−50점)

출처: 교육부(2019a).

기존 LINC+ 1단계 참여대학 대상 단계평가에서 정량평가는 핵심성과지표[13개 지표, 1단계('17. 3.~'19. 2.) 추진성과]에 대해 대학이 제출한 정량 실적을 바탕으로 4개 분과별로 실적에 대한 서면점검을 실시하였다. 다만, 1단계 기간 중 2018년 연차평가 시 제출·점검한 자료는 단계평가 시 제출이 불필요함을 고시하였다.

〈표 2-13〉 LINC + 2단계 사업 단계평가 중 정량평가 체계(산학협력 고도화형)

연번	핵심 성과지표		배점 및 비중 (300점 만점)	
	지표명(단위)	세부 항목		
1	취업률(%)			
2	교수업적평가의 산학협력 실적 실제 반영률		8	
3	산학협력 중점교수 수		4	
4	산학협력 관련 정규직 직원 수		4	
5	현장실습 이수학생 비율(%)		5	대학별 자율 배점 (40)
6	캡스톤디자인 이수학생 비율(%)		5	
7	공동활용 장비 실적	공동 활용장비 활용기업 수	3	
		공동 활용장비 수익	4	
8	교수 1인당 산업체(지역연계) 공동연구 건수 및 연구비	교수 1인당 산업체(지역연계) 공동연구 과제 수(건)	3	
		교수 1인당 산업체(지역연계) 공동연구비	5	

9	교수 1인당 기술이전 계약건수 및 수입료	교수 1인당 기술이전 계약 건수	3	
		교수 1인당 기술이전 수입료	5	
10	전방위 맞춤형 기업(지역)지원 건수		5	
11	지역사회 혁신실적 건수		6	
합계			60(A)	40(B)
최종 점수 산출 [(A+B)×3)]			300점	

출처: 교육부(2019a).

　기존 LINC+ 1단계 사업 참여대학 대상 단계평가의 정성평가는 1단계('17. 3. 1.~'19. 2. 28.) 추진실적과 2단계 사업 계획을 다음의 평가 영역과 평가 항목에 따라 평가하였고, 대학별 자율성과지표 및 핵심성과지표(정성적 부분)도 포함하여 평가를 실시하였으며, 상세 평가지표 및 배점은 다음과 같다.

〈표 2-14〉 LINC+ 2단계 사업 단계평가 중 정성평가 체계(산학협력 고도화형)

평가영역	평가항목		평가지표	배점 (700점 만점)
Vision (150)	1단계 사업 성과	계획수립 및 추진체계의 적절성	• 대학의 비전과 산학협력 발전계획의 연계성 강화 및 실현 정도 • 사업 참여 학사조직의 적정성과 성과 창출 노력 및 실현 정도 • LINC+사업단의 조직 구축 및 운영의 적정성(※ LINC+ 단장 위상 포함) • 산학협력 성과관리 체계(성과 창출, 모니터링 등) 및 운영의 적정성 • 산학협력 선도모델의 창출 및 추진 성과의 적정성 (※브랜드 창출 포함)	50
		확산 및 지속가능성	• 대학 구성원의 사업 추진에 대한 관심도 및 의지 실현 정도 • 사업성과의 확산/환류 및 지속 가능성 노력 및 실현 정도(※ 자립화 포함)	50
	2단계 계획		• 1단계 성과분석 및 2단계 계획 반영 • 2단계 목표설정의 타당성 및 실현 가능성	50

Infra & Structure (150)	1단계 사업 성과	산학협력 친화형 체제 구축	• 산학협력 관련 조직의 역량 강화 및 인력 안정화 실현 정도 • 교원 업적평가 시 산학협력 성과의 실질적 적용 및 확산 실현 정도 • 산학협력 친화형 대학조직 개편 및 운영 정도 • 산학협력 중점교원의 지원 및 운영 성과의 적정성 • 대내·외 산학협력 협업·연계 시스템 구축 및 실현 정도	50
		산학협력 연계형 교육 인프라 구축	• 산학협력 친화형 학사제도 및 관련 조직 운영의 적정성 • 산학협력 연계 교육과정 운영 인프라 구축 실적의 적정성 • 진로지도 및 취·창업 역량 강화를 위한 종합지원체계 구축 및 운영 성과의 적정성 • 산학협력 특화교육 프로그램 기반 구축 및 운영 정도	50
	2단계 계획		• 1단계 성과분석 및 2단계 계획 반영 • 2단계 목표설정의 타당성 및 실현 가능성	50
Action (250)	1단계 사업 성과	산학협력 친화형 교육 프로그램	• 산학협력 친화형 교육과정 편성 및 운영의 적정성 • 학생의 취·창업 역량 강화를 위한 교육 프로그램 운영 실적의 적정성 • 대학별 특화분야 인재양성을 위한 융·복합분야 인재양성 성과의 적정성	100
		지역사회 및 기업과의 산학협력	• 산업체 협업센터 및 지역사회 특화센터 운영 성과의 적정성 • 지역사회 및 기업과의 쌍방향 산학협력 운영 성과 • 지역사회 및 기업의 산학협력 참여 활성화 실현 정도 • 지역사회 및 기업의 협력을 통한 지역사회 공헌 성과 • 산학공동기술개발과제 추진실적의 타당성	100
	2단계 계획		• 1단계 성과분석 및 2단계 계획 반영 • 2단계 목표설정의 타당성 및 실현 가능성	50
Budget (150)	1단계 사업 성과	예산 집행의 적정성	• 수립된 예산 계획 대비 집행 내용의 적정성	30
		대학 자율 산학협력 확산 활동	• 대학 사업비를 활용한 자율적 산학협력 확산 활동 실적의 적정성	70
	2단계 계획		• 2단계 예산 수립 계획의 적정성 • 대학 사업비를 활용한 자율적 산학협력 확산 활동 계획의 적정성	50
감점요인			• 대학 책무성 위반, 허위 성과 보고, 부정·비리 사안 등	최대 −50점

출처: 교육부(2019a).

최종 비교평가의 평가비중을 살펴보면, 〈표 2-15〉와 같이 정성평가 100%, 감점요인 -5%로 설정되었다.

　평가자료는 대학에서 기 제출한 1단계 기간('17. 3.~'19. 2.)의 산학협력 실적 및 2단계 사업계획 보고서에 대해 평가하고, 기존 LINC+ 대학의 경우, 단계평가 시 기 제출한 실적 및 계획보고서를 바탕으로 평가하였다.

〈표 2-15〉 LINC+ 2단계 사업 비교평가 구성체계(산학협력 고도화형)

평가방법	평가내용	비율(배점)
정성평가	• (실적·계획 보고서 심사) 대학이 제출한 1단계 산학협력 추진성과 및 2단계 사업계획 등 심사 ※ 대학별로 자율성과지표 및 핵심성과지표도 포함	100% (1,000점)
감점요인	• (감점) 대학 책무성 위반, 허위 성과 보고, 부정·비리사안 등	-5% (-50점)

출처: 교육부(2019a).

　최종 비교평가에서 정성평가는 LINC+ 2단계 사업 추진을 통해 다양한 산학협력 선도모델 창출에 기여할 대학(사업단)의 역량과 사업계획의 적절성 등을 중심으로 평가하고, 대학별 자율성과지표 및 핵심성과지표(정성적 부분)도 포함하여 평가를 실시하였으며, 상세 평가지표 및 배점은 다음과 같다.

〈표 2-16〉 LINC+ 2단계 사업 비교평가 중 정성평가 지표(산학협력 고도화형)

평가영역	평가항목		평가지표	배점 (1,000점 만점)
Vision (200)	1단계 사업 성과	계획수립 및 추진체계의 적절성	• 대학의 비전과 산학협력 발전계획의 연계성 강화 및 실현 정도 • 사업 참여 학사조직의 적정성과 성과 창출 노력 및 실현 정도 • LINC+사업단의 조직 구축 및 운영의 적정성 (※ LINC+단장 위상 포함) • 산학협력 성과관리 체계(성과 창출, 모니터링 등) 및 운영의 적정성 • 산학협력 선도모델의 창출 및 추진 성과의 적정성 (※ 브랜드 창출 포함)	20
		확산 및 지속 가능성	• 대학 구성원의 사업 추진에 대한 관심도 및 의지 실현 정도 • 사업성과의 확산/환류 및 지속 가능성 노력 및 실현 정도(※ 자립화 포함)	20
	2단계 계획		• 1단계 성과분석 및 2단계 계획 반영 • 2단계 목표설정의 타당성 및 실현 가능성	160
Infra & Structure (300)	1단계 사업 성과	산학협력 친화형 체제 구축	• 산학협력 관련 조직의 역량 강화 및 인력 안정화 실현 정도 • 교원 업적평가 시 산학협력 성과의 실질적 적용 및 확산 실현 정도 • 산학협력 친화형 대학조직 개편 및 운영 정도 • 산학협력 중점교원의 지원 및 운영 성과의 적정성 • 대내·외 산학협력 협업·연계 시스템 구축 및 실현 정도	30
		산학협력 연계형 교육 인프라 구축	• 산학협력 친화형 학사제도 및 관련 조직 운영의 적정성 • 산학협력 연계 교육과정 운영 인프라 구축 실적의 적정성 • 진로지도 및 취·창업 역량 강화를 위한 종합지원체계 구축 및 운영 성과의 적정성 • 산학협력 특화교육 프로그램 기반 구축 및 운영 정도	30
	2단계 계획		• 1단계 성과분석 및 2단계 계획 반영 • 2단계 목표설정의 타당성 및 실현 가능성	240

Action (350)	1단계 사업 성과	산학협력 친화형 교육 프로그램	• 산학협력 친화형 교육과정 편성 및 운영의 적정성 • 학생의 취·창업 역량 강화를 위한 교육 프로그램 운영 실적의 적정성 • 대학별 특화분야 인재양성을 위한 융·복합분야 인재양성 성과의 적정성	35
		지역사회 및 기업과의 산학협력	• 산업체 협업센터 및 지역사회 특화센터 운영 성과의 적정성 • 지역사회 및 기업과의 쌍방향 산학협력 운영 성과 • 지역사회 및 기업의 산학협력 참여 활성화 실현 정도 • 지역사회 및 기업의 협력을 통한 지역사회 공헌 성과 • 산학공동기술개발과제 추진실적의 타당성	35
	2단계 계획		• 1단계 성과분석 및 2단계 계획 반영 • 2단계 목표설정의 타당성 및 실현 가능성	280
Budget (150)	1단계 사업 성과	예산 집행의 적정성	• 수립된 예산 계획 대비 집행 내용의 적정성	10
		대학 자율 산학협력 확산 활동	• 대학 사업비를 활용한 자율적 산학협력 확산 활동 실적의 적정성	20
	2단계 계획		• 2단계 예산 수립 계획의 적정성 • 대학 사업비를 활용한 자율적 산학협력 확산 활동 계획의 적정성	120
합계				1,000

출처: 교육부(2019a).

한편, '사회맞춤형 학과 중점형' 평가에서는 LINC+ 1단계 사업 수행 20개교 대학 중 권역별 하위 20% 대학과 신규 진입 신청대학 간 비교평가를 통해 2단계 진입대학을 최종 확정하게 되었다. 따라서 기존 LINC+ 1단계 사업 참여대학 대상 단계평가와 최종 비교평가에서 각각 정성평가 및 정량평가가 실시되었다.

기존 LINC+ 1단계 사업 참여대학 대상 단계평가의 평가비중을 살펴보면, 〈표 2-17〉과 같이 정량평가 20%, 정성평가 80%, 감점요인 5%로 설정되었다.

평가자료는 '산학협력 고도화형'과 동일하며, 대학이 제출한 정량 및 정성실적 보고서에 대하여 평가하고, 대학별 실적은 1단계 사업기간('17. 3. 1.~'19. 2. 28.)에 LINC+사업비(국고와 대응자금)를 투입하여 창출한 실적을 산정하였다.

〈표 2-17〉 LINC + 2단계 사업 단계평가 비중(사회맞춤형 학과 중점형)

평가방법	평가내용	비율(배점) (1,000점)
정량평가	• (핵심성과지표 점검) 대학이 제출한 LINC＋사업 2차년도 5개 핵심성과지표* 실적에 대한 점검 실시 * 사회맞춤형학과 참여학생 수, 채용약정 학생인원 수, 참여학생의 만족도, 참여기업의 만족도, 협약기업 취업률	20% (200점)
정성평가	• (실적 · 계획 보고서 심사) 대학이 제출한 1단계(1, 2차년도) 사회맞춤형 교육과정 운영 성과 및 2단계 사업계획 등 심사 ※ 계획은 2단계 3년간의 계획을 포함하되, 3차년도 계획은 상세히 기술 ※ 대학별 자율성과지표도 포함하여 심사	80% (800점)
감점요인	• (감점) 대학 책무성 위반, 허위 성과 보고, 부정 · 비리사안 등	−5% (−50점)

출처: 교육부(2019b).

기존 LINC＋ 1단계 사업 참여대학 대상 단계평가에서 정량평가는 핵심성과지표에 대해 대학이 제출한 2차년도 실적을 평가하고, '점검위원회'를 구성 및 운영하여 실적 서면 점검 및 증빙자료 일치 여부를 확인하였다.

〈표 2-18〉 LINC + 2단계 사업 단계평가 중 정량평가 체계(사회맞춤형 학과 중점형)

지표명	지표내용	배점 (200점 만점)
사회맞춤형학과 참여학생 수	해당 교육과정 운영을 위해 대학과 산업체가 공동 선발하여 해당 교육과정에 참여하는 학생 수 ※ 사회맞춤형학과 참여학생 수는 채용약정 학생 인원 수의 1.5배 수 이내에서 선발하여 운영	50
채용약정 학생인원 수	대학-산업체 간 협약서(채용약정서)에 명시된 해당기업 채용약정 학생인원 수	40
참여학생의 만족도	사회맞춤형학과에 참여하는 학생의 만족도	20
참여기업의 만족도	사회맞춤형학과 공동운영을 위해 대학과 협약을 체결한 참여기업의 만족도	20

협약기업 취업률	(협약기업으로의 취업자 수/채용약정 학생인원 중 졸업생 수) × 100 ※ 산정기간: 당해 연도 사업기간 내	70
합계		200

출처: 교육부(2019b).

기존 LINC+ 1단계 사업 참여대학 대상 단계평가에서 정성평가는 1단계('17. 3. 1.~
'19. 2. 28.) 추진실적과 2단계 사업 계획을 다음의 평가영역과 평가항목에 따라 평가하
였으며, 상세 평가지표 및 배점은 다음과 같다.

〈표 2-19〉 LINC+ 2단계 사업 단계평가 중 정성평가 성과부문 지표(사회맞춤형 학과 중점형)

영역	항목	세부내용	배점
비전 및 추진 목표 (60)	비전/ 추진전략	• LINC+사업 비전 및 추진전략 실행성과의 1단계 계획대비 　달성 정도와 노력 및 우수성 • 대학의 중장기 발전계획과 사회맞춤형학과 운영계획과의 　연계성	30
	대학의 지원의지	• 인적/물적/재정적 지원계획의 1단계 계획 대비 달성 정도와 　노력 및 우수성	30
투입 (인프라) (100)	조직/인력	• 사업단 조직/인력 운영성과의 1단계 계획 대비 달성 정도와 　노력 및 우수성(사업단과 대학 내 관련조직과의 유기적인 협 　조관계 및 연계방안 구축 운영조직의 적절성, 단장의 위상, 　전담인력의 전문성 등)	25
	공간/장비	• 기업미러형 실습환경 구축성과의 1단계 계획 대비 달성 정도 　와 노력 및 우수성	25
	제도	• 학사제도 및 인사제도 구축성과의 1단계 계획 대비 달성 　정도와 노력 및 우수성	30
	예산	• 타 재정지원사업과의 연계강화 및 중복방지 성과의 1단계 　계획 대비 달성 정도와 노력 및 우수성	20

과정 (230) ※ 교육 과정별 작성	교육과정	• 교육과정 설계를 위한 수요조사 성과의 1단계 계획 대비 달성 정도와 노력 및 우수성(운영위원회, 산업체와의 워크숍 등) • 교육과정 설계 성과의 1단계 계획 대비 달성 정도와 노력 및 우수성	60
	교육방식	• 교육과정 운영방식(산업연계 PBL, R&D 인턴십, 산업체와 교재 공동개발 등), 교수학습 및 학습활동 관리체계, 학생 진로지도 및 경력개발 성과의 1단계 계획 대비 달성 정도와 노력 및 우수성	60
	학생선발 및 진로지도	• 구축된 학생선발 시스템의 1단계 계획 대비 달성 정도와 노력 및 우수성	30
	교원확보 및 교수활동 지원	• 우수한 참여교원(기업전문교수 포함)의 확보성과의 1단계 계획 대비 달성 정도와 노력 및 우수성	30
	기업연계	• 기업과의 채용약정의 1단계 계획 대비 달성 정도와 노력 및 약정기업의 우수성(약정기업 수, 약정 인원 수, 참여기업의 재무적 건전성 등)	50
성과 (80)	성과관리	• 사회맞춤형학과 비전 및 목표달성을 위한 성과관리 체계 • 자율성과지표의 1단계 계획 대비 달성 정도와 노력 • 사후관리(졸업과 동시에 해당 산업체 및 협력업체에 채용계획, 만족도 조사, 졸업 후 추적관리 등) 성과의 1단계 계획 대비 달성 정도와 노력 및 우수성 • 산업체–대학 간 공동으로 수행한 산학공동 기술개발과제 수행 결과의 적정성(※ 단, 과제를 수행한 해당대학에 한함)	40
	성과확산 및 홍보	• 1단계 계획 대비 달성 정도와 노력 및 우수성 및 홍보노력	40
사업비 집행 및 관리(30)		• 대학에서 제시한 사업비 규모 및 사업비 집행 계획의 적절성 • 지원 사업비의 1단계 계획 대비 집행정도와 적합성	30
합계			500

출처: 교육부(2019b).

〈표 2-20〉 LINC+ 2단계 사업 단계평가 중 정성평가 계획부문 지표(사회맞춤형 학과 중점형)

영역	항목	세부내용	배점
비전 및 추진 목표 (40)	비전/추진전략	• 2단계 LINC+사업 비전 및 추진전략의 우수성	20
	대학의 지원의지	• 대학의 지원의지(대학의 핵심전략으로 사회맞춤형학과 지원 포함, 교비 매칭, 지역사회 연계방안 등)	20
투입 (인프라) (80)	조직/인력	• 사업추진체계 및 사업단 운영조직 구성의 적절성(사업단과 대학 내 관련조직과의 유기적인 협조관계 및 연계방안 구축 운영조직의 적절성, 단장의 위상, 전담인력의 전문성 등)	20
	공간/장비	• 기업미러형 실습환경 구축을 중심으로 한 공간 및 장비활용 계획의 적절성	20
	제도	• 사회맞춤형 교육을 위한 학사운영체제 개편·운영계획의 우수성 • 교원의 인사규정 및 교원업적평가 개편 운영 계획의 우수성(채용연계 산업체 발굴 실적 반영, 인센티브 제공 등)	30
	예산	• 대학 내 재정지원사업 구조 분석 및 연계방안, 타 재정지원 사업과 중복성 방지를 위한 계획의 우수성	10
과정 (120) ※ 교육과정별 작성	교육과정	• 교육과정 설계를 위한 수요조사의 적절성(운영위원회, 산업체와의 워크숍 등) • 수요조사를 반영한 교재 및 교육과정 등 공동 개발·설계 및 학사운영체제의 적절성(전공, 비교과 등)	35
	교육방식	• 교육과정 운영방식(산업연계 PBL, R&D 인턴십, 산업체와 교재 공동개발 등)의 혁신성, 학생 진로지도 및 경력개발 계획의 우수성	25
	학생선발 및 진로지도	• 사회맞춤형 교육과정에 부합되는 학생선발 계획의 적절성(학생 선발 시 산업체 면접참여, 선발기준 제시 등)	15
	교원확보 및 교수활동 지원	• 우수한 참여교원 확보 계획의 적절성(산업체 전문가 활용 등) 및 교수학습 지원체계의 우수성	15
	기업연계	• 기업과의 채용 약정의 우수성(약정기업 수, 약정 인원 수 등)과 우수한 기업확보를 위한 계획의 구체성 • 참여기업의 건실성(신용평가등급, 규모, 매출 등 산업체 역량)	30
산출 (50)	성과관리	• 사회맞춤형학과 비전 및 목표달성을 위한 성과관리 체계 • 핵심성과지표 및 자율성과지표 목표치 설정의 타당성 • 사후관리(졸업과 동시에 해당 산업체 및 협력업체에 채용계획, 만족도 조사, 졸업 후 추적관리 등) 계획의 우수성	10

성과확산 및 홍보	• 성과확산을 위한 계획의 우수성 • 사회맞춤형학과 홍보계획의 우수성	10
자립화	• 2단계 사업이 종료되더라도 지속가능한 학과운영이 가능하도록 대학의 지원계획 및 지자체와의 연계협력 방안의 구체성과 실행가능성	30
사업비 집행 및 관리(10)	• 대학에서 제시한 사업비 규모 및 사업비 집행 계획의 적절성 • 대응자금을 포함한 사업비 수립계획의 적정성	10
합계		300

출처: 교육부(2019b).

　　최종 비교평가의 평가비중을 살펴보면, 〈표 2-21〉과 같이 정성평가 100%, 감점요인 -5%로 설정되었다.

〈표 2-21〉 LINC + 2단계 사업 비교평가 구성 체계(사회맞춤형 학과 중점형)

평가방법	평가내용	비율(배점)
정성평가	• (2단계 추진계획 보고서 심사) 대학이 제출한 2단계 사업계획 등 심사 ※ 대학별 자율성과지표도 포함하여 심사	100% (1,000점)
감점요인	• (감점) 대학 책무성 위반, 허위 성과 보고, 부정 · 비리사안 등	-5% (-50점)

출처: 교육부(2019b).

　　평가자료는 2단계 사업계획 보고서에 대해 평가하였다. 최종 비교평가의 정성평가는 대학별 자율성과지표도 포함하여 평가를 실시하였으며, 상세 평가지표 및 배점은 다음과 같다.

〈표 2-22〉 LINC + 2단계 사업 비교평가 중 정성평가 지표(사회맞춤형 학과 중점형)

영역	항목	세부내용	배점
비전 및 추진 목표 (40)	비전/추진전략	• 2단계 LINC+사업 비전 및 추진전략의 우수성	20
	대학의 지원의지	• 대학의 지원의지(대학의 핵심전략으로 사회맞춤형학과 지원 포함, 교비 매칭, 지역사회 연계방안 등)	20
투입 (인프라) (80)	조직/인력	• 사업추진체계 및 사업단 운영조직 구성의 적절성(사업단과 대학 내 관련조직과의 유기적인 협조관계 및 연계방안 구축 운영조직의 적절성, 단장의 위상, 전담인력의 전문성 등)	20

	공간/장비	• 기업미러형 실습환경 구축을 중심으로 한 공간 및 장비활용 계획의 적절성	20
	제도	• 사회맞춤형 교육을 위한 학사운영체제 개편 · 운영계획의 우수성 • 교원의 인사규정 및 교원업적평가 개편 운영 계획의 우수성 (채용연계 산업체 발굴 실적 반영, 인센티브 제공 등)	30
	예산	• 대학 내 재정지원사업 구조 분석 및 연계방안, 타 재정지원 사업과 중복성 방지를 위한 계획의 우수성	10
과정 (120) ※ 교육과정별 작성	교육과정	• 교육과정 설계를 위한 수요조사의 적절성(운영위원회, 산업 체와의 워크숍 등) • 수요조사를 반영한 교재 및 교육과정 등 공동 개발 · 설계 및 학사운영체제의 적절성(전공, 비교과 등)	35
	교육방식	• 교육과정 운영방식(산업연계 PBL, R&D 인턴십, 산업체와 교 재 공동개발 등)의 혁신성, 학생 진로지도 및 경력개발 계획 의 우수성	25
	학생선발 및 진로지도	• 사회맞춤형 교육과정에 부합되는 학생선발 계획의 적절성 (학생 선발 시 산업체 면접참여, 선발기준 제시 등)	15
	교원확보 및 교수활동 지원	• 우수한 참여교원 확보 계획의 적절성(산업체 전문가 활용 등) 및 교수학습 지원체계의 우수성	15
	기업연계	• 기업과의 채용 약정의 우수성(약정기업 수, 약정 인원 수 등) 과 우수한 기업확보를 위한 계획의 구체성 • 참여기업의 건실성(신용평가등급, 규모, 매출 등 산업체 역량)	30
산출 (50)	성과관리	• 사회맞춤형학과 비전 및 목표달성을 위한 성과관리 체계 • 핵심성과지표 및 자율성과지표 목표치 설정의 타당성 • 사후관리(졸업과 동시에 해당 산업체 및 협력업체에 채용 계획, 만족도 조사, 졸업 후 추적관리 등) 계획의 우수성	10
	성과확산 및 홍보	• 성과확산을 위한 계획의 우수성 • 사회맞춤형학과 홍보계획의 우수성	10
	자립화	• 2단계 사업이 종료되더라도 지속가능한 학과운영이 가능 하도록 대학의 지원계획 및 지자체와의 연계협력 방안의 구체성과 실행가능성	30
사업비 집행 및 관리(10)		• 대학에서 제시한 사업비 규모 및 사업비 집행 계획의 적절성 • 대응자금을 포함한 사업비 수립계획의 적정성	10
합계			300

출처: 교육부(2019b).

4 평가 과정 및 방법

1) 평가과정

요컨대, LINC 1단계 평가는 2012년과 2013년에 실시되었다. 2012년에는 선정평가가 실시되었고, 2013년에는 2012년도 지원 대학을 대상으로 한 연차평가가 실시되었다. 뒤이어 LINC 2단계 평가는 2013년부터 2016년까지 추진되었다. 2014년에는 2013년도 지원 대학에 대한 단계평가와 신규 선정 대학에 대한 선정평가가 동시에 진행되었고, 2015년에는 2014년도 평가 당시 재진입 및 신규진입에 성공한 대학을 대상으로 한 연차평가와 신규진입 2개교를 추가로 선정하기 위한 선정평가가 병행되었으며, 2016년도에는 2015년도 지원 대학을 대상으로 한 연차평가가 실시되었다. 2017년에 시작되어 2021년에 종료될 예정인 LINC+ 평가 역시 기존 LINC 평가와 동일한 수순을 밟고 있다. 이와 같이 해마다 진행된 평가의 성격은 선정평가, 재선정평가, 연차평가 등으로 다양하지만, 추진되는 시기나 절차, 내용 등은 연도별로 큰 차이가 없어 [그림 2-6]과 같이 정리 가능하다.

기본계획 공고	설명회 개최	사업계획서 접수	평가 실시	예비발표	최종 결과 발표
평가 시행계획 확정·공고	선정절차, 보고서 작성법 안내	사업계획서/ 연차보고서 접수	정량평가(1단계), 정성평가(2단계), 최종심의(3단계)	예비발표 및 이의제기 접수	선정대학과 협약체결 및 사업비 배분
1월~3월 초	1월~3월 초	~3월 중	~4월 말	~4월 말(7일간)	5월 초~6월 중

[그림 2-6] LINC 평가 추진 일정

※ 연도별 사업 기본계획에 제시된 향후 추진 일정을 종합·재구성함.

2) 평가방법

평가방법은 줄곧 정량평가, 정성평가 및 설문평가, 최종심의로 이어지는 3단계 절차를 유지하고 있다. LINC 1단계 평가(2012~2013년), LINC 2단계 평가(2014~2016년), LINC+ 1단계 평가(2017~2018년), LINC+ 2단계 평가(2019~2021년)의 평가방법을 시기별로 살펴보면 다음과 같다.

(1) LINC 1단계 평가(2012~2013년)

LINC 1단계 평가 시기에는 2012년도 선정평가와 2013년도 연차평가가 실시되었다. 첫째, 정량평가 단계에서는 〈표 2-23〉과 같이 지표별로 제시된 산식에 맞게 값을 산출하여 대학의 기본역량과 산학협력 특성화 역량을 평가하였다. 2012년도 선정평가 시에는 대학이 제출한 자료의 오류 심각성 정도 등에 따라 평가점수 감점 또는 선정 취소 등의 제재를 가하여 신청 대학 92개교 가운데 75개교를 선정하였고, 2013년도 연차평가 시에는 2012년에 최종 선정된 51개교를 대상으로 2012년도 사업실적에 대한 정량평가를 실시하여 35% 비중을 적용하였다.

둘째, 정성평가 단계에서는 사업계획 심사와 산업체 설문조사를 병행하였다. 심사평가는 학계, 산업계, 연구계 등 산학협력 및 교육연구관련 분야 전문가 등으로 권역별 평가위원회(5개)와 전국단위 평가위원회를 구성하여 사업계획서에 대한 서류평가 및 발표평가를 진행하였고, 설문평가는 최근 3년간 산학협력 교류 실적이 있는 산업체 명단을 대학으로부터 수합한 뒤 외부 설문조사기관에 의뢰하여 대학과의 산학협력 밀착도, 협력도, 만족도를 중심으로 2차에 걸쳐 표본조사를 실시하였다. 2012년도 선정평가 시에는 1단계 선정 대학 75개교를 대상으로 한 사업계획 심사와 산업체를 대상으로 한 설문조사를 병행하여 7:3 비중을 두어 평가하였고, 2013년도 연차평가 시에는 정성평가와 설문조사의 비중을 각각 60%와 5%로 설정하였다.

셋째, 최종심의 단계에서는 평가 결과를 토대로 최종 선정 대학을 선정하거나 예산을 차등 배분하였다. 2012년도 선정평가 시에는 평가 결과에 따라 5개 권역별로 7개교를 우선 확정하고, 미선정된 대학 중 수도권을 제외한 4개 권역의 차순위 대학 20개교를 대상으로 전국단위 순위를 매겨 16개교를 추가로 선정하여 총 51개교를 최종 지원대학으로 확정하였다(기술혁신형 14개교, 현장밀착형 37개교). 그리고 2013년도 연차평가 시에는 정량평가(35%), 정성평가(60%) 및 학생·기업 만족도 조사(5%) 결과를 집계하여 평가 결과에 따라 예산을 차등 지원하였다.

〈표 2-23〉 LINC 1단계 사업 포물러 지표 산출 방법

분야	지표 내용	출처
□ 대학 기본역량 포물러 지표		
교육 연구 성과	① 취업률: 남학생 취업률(T점수)×남학생 비율＋여학생 취업률(T점수)×여학생 비율 ※ 남(여)학생 취업률＝'11.6월 취업률＋국세DB 취업률* 　* '10년도 취업대상자 중에서 1인 창업자 또는 프리랜서 등으로 취업한 경우	공시정보 활용
	② 교수 1인당 특허(등록) 건수: 교수 1인당 등록 특허 건수(T점수) ※ 전임교원 수에서 인문사회, 의학, 예체능계열 제외	
	③ 재학생 충원율: 0.4×(전체 재학생 수/편제정원)＋0.6×(정원내 재학생 수/편제정원) ※ 충원율이 100%가 넘는 경우에는 100%로 봄	
교육 연구 여건	① 교원 확보율: 교원 수(전임, 초빙, 겸임)/재학생 또는 편제정원 대비 교원 법정정원 중 많은 수 ※ 의학계열 제외, 재학생 수 산출시 계약학과 학생 수는 제외	
	② 교육비 환원율: 0.9×교육비 환원율(T점수)*＋0.1×기부금 모금 실적(T점수)** * 총 교육비/등록금 수입 ** 0.5×학생1인당 기부금 모금액＋0.5×전년대비 학생1인당 기부금 증가액	
□ 산학협력 특성화 역량 포물러 지표		
산학 협력 체제	제도 및 인프라	① 교수업적평가(성과급) 및 승진승급 평가시 산학협력 실적 비율 0.5×업적평가 시 SCI급 논문 1편 대비 산학협력 실적 배점 평균(T점수)＋0.5×재임용·승진심사 시 산학협력 실적물로 연구실적물 대체 가능 비율(T점수) ※ 자연과학계열, 공학계열을 대상으로 함	별도자료 제출
	② 공동활용 연구장비 운영 현황: 공용장비 운영 수익금(T점수) * 공용장비 운영 수익금: 공용장비의 외부 활용으로 '11.1.1.～'12. 31. 기간에 입금된 운영수익금의 총합(산단회계, 교비회계, 국고회계, 기타회계로 입금되는 경우 모두 포함) * 공용장비: 대외 개방 및 공동연구 등의 목적으로 공용장비 집적센터[대학 산학협력단 부속시설, 공동실험실습관, RIC(지역기술혁신센터), TP(테크노파크) 등]에 구축되어 타 연구자 및 기관 등에 활용이 허용된 연구장비로 외부 활용에 따른 수익금이 발생한 장비(장비 구입가격을 구분하지 않음)	

인력 및 예산		① 산업체 경력 전임교원 비율: 최근 5년 이내 신규임용 교원 중 산업체경력 3년 이상 전임교원 수/최근 5년 이내 신규임용 전임교원 전체 수 ※ 의학계열 제외	공시정보 활용
		② 산학협력중점교수 현황: 대학의 산학협력중점교수 현황 점수(T점수) * 산학협력중점교수 현황: (1.0×산학협력중점교수로 임용된 전임교원 수+0.25×산학협력중점교수로 임용된 비전임교원 수+0.2×산학협력중점교수로 지정된 전임교원 수) ※ 의학계열 제외 ※ 산학협력중점교수 현황의 원점수는 최대 15점까지 인정	별도자료 제출
		③ 산학협력단 내 정규직 및 전문인력 인원 비율: 0.5×(산단 내 정규직 비율)(T점수)+0.5×(산단 내 전문인력 인원 비율)(T점수) * 산학협력단 내 정규직 인원 비율: 산학협력단 정규직 직원(무기계약직 포함) 수/산학협력단 전체 직원 수 * 산학협력단 내 전문인력 인원 비율: 산학협력단 전문인력(변리사, 기술사, 기술거래사 등) 수/산학협력단 전체 직원 수	
산학 협력 내용	인력 양성 및 고용	① 현장실습 이수학생 비율: 0.5×('10년 현장실습 이수학생 비율)(T점수)+0.5×('11년 현장실습 이수학생 비율)(T점수) * 현장실습 이수학생 비율(연도별): 현장실습 이수 학생 수/3, 4학년 전체 학생 수 　※ 자연과학계열, 공학계열을 대상으로 하며, 계열별 실적을 구분하여 적용 　※ 자격(증) 취득을 위한 필수요건에 해당하는 현장실습은 실적에서 제외 * 현장실습: 기업과 연계하여 운영하고 학점이 부여되는 과정 　－현장실습 기간을 유형화하여 별도 자료 제출 　　① 2주 이상(80~160시간 미만) 　　② 4주 이상(160~320시간 미만) 　　③ 8주 이상(320~480시간 미만) 　　④ 12주 이상(480시간 이상) 　－현장실습 기간에 따라 이수학생에 대한 가중치를 다르게 적용 　　① 2주 이상: 이수학생 수×0.5 　　② 4주 이상: 이수학생 수×1.0 　　③ 8주 이상: 이수학생 수×2.0 　　④ 12주 이상: 이수학생 수×3.0	별도자료 제출

	② 창업지원 현황: 0.5×(창업교육)+0.5×(창업 재정지원)	별도자료 제출
	항목 / **세부기준**	
	창업교육 (50%) / 학생 1천 명당 창업강좌* 시수 * 창업강좌: 학점이 인정되는 강좌에 한함	
	창업재정 (50%) / (창업동아리지원+학생창업기업지원+기타 창업지원예산)/ 학교총예산(일반+기성+발전기금+산단)	
	※ 창업지원 현황은 항목별로 4분위로 평가	
기술개발 및 이전	① 교수 1인당 산업체 공동연구 과제 수 및 연구비: 0.5×교수 1인당 산업체 공동연구 과제 수(T점수)+0.5×교수 1인당 산업체 공동연구 연구비(T점수) ※ 전임교원 수에서 인문사회, 의학, 예체능계열 제외	공시정보 활용
	② 교수 1인당 기술이전 계약건수 및 수입료: 0.5×교수 1인당 기술이전 계약건수(T점수)+0.5×교수 1인당 기술이전 수입료(T점수) ※ 전임교원 수에서 인문사회, 의학, 예체능계열 제외	

출처: 교육과학기술부(2012. 1.).

(2) LINC 2단계 평가(2014~2016년)

LINC 2단계 평가 시기에는 2014년도에 단계평가 및 신규 선정평가가, 2015년도에 연차평가와 신규 선정평가가, 2016년도에 연차평가가 실시되었다. 평가 방식은 LINC 1단계 평가와 마찬가지로 정량평가, 정성평가 및 설문평가, 최종심의 단계를 거쳤고, 정량평가 지표별 산식과 보고서 작성법 등은 시행계획을 통해 공고하였다. 다만, 2014년도에는 〈표 2-24〉와 같이 기존 사업단에 대한 단계평가와 신규 사업단에 대한 선정평가를 1차로 진행하고, 단계평가와 신규 선정평가 결과에 따라 발생한 차상위 대학을 대상으로 2차 비교평가를 실시하였다는 점에서 LINC 1단계 평가와 차이를 보였다. 당초 계획한 사업단 수는 57개교였으나 최종 지원대학으로 선정된 사업단 수는 그보다 하나 적은 56개교였다.

〈표 2-24〉 LINC 2단계 평가 1차년도 단계·신규·비교평가 체계

구분 (사업유형)		1단계 사업단	단계평가			신규 선정평가			2단계 사업단
			상위 60% (계속 참여)	보통이하 ⓐ	강제탈락 ⓑ	비교평가(14개교)		우선진입 (최상위)	
						보통 ⓐ-ⓑ	예비 (차상위)		
기술혁신형(전국)		14	8	6	1	5	5	2	15
현장 밀착형	수도권	5	3	2	1	1	1	2	6
	충청권	8	5	3	1	2	2	2	9
	호남제주권	8	5	3	1	2	2	2	9
	대경강원권	8	5	3	1	2	2	2	9
	동남권	8	5	3	1	2	2	2	9
합계		51개교	31개교	20개교	-6개교	14개교	14개교	12개교	57개교

출처: 교육부(2014. 1.a).

(3) LINC+ 1단계 평가(2017~2018년)

LINC+ 평가는 2017년부터 2021년까지 5년간 추진될 예정이며, 2017년부터 2018년까지의 1단계 사업을 위한 선정평가가 진행되었다. 먼저, '산학협력 고도화형'의 선정 절차를 살펴보면, 크게 포뮬러 평가 → 사업계획 평가(1차, 2차) → 사업관리위원회 심의·확정 순으로 3단계 절차로 진행되었다. 1단계 표뮬러 평가 시 사업 대학의 2배수(110개교) 내외가 선정되었고, 2단계 사업계획 평가 시 1차 서면평가(권역별)를 통해 권역별로 16개 내외 대학(총 80개교 내외)을 대면평가 대상 대학으로 선정되었다[1차 서면평가 이후 일정 기간(약 10일 내외)을 두고 2차 대면평가 진행]. 그리고 2단계 2차 대면평가(권역별)를 거쳐 권역별 선정 대학 50개교 내외가 선정되었고, 전국단위 평가를 통해 5개교 내외가 선정되었다. 선정 절차는 다음과 같다.

주체	참여대학	한국연구재단	참여대학	한국연구재단	사업관리위원회
단계	사업신청	1단계	계획제출	2단계	3단계
내용	사업신청서 등 접수	포뮬러평가 (Pass/Fail)	사업계획서 접수	사업계획 평가 (1차, 2차)	최종 선정
일정	'17. 1월 초	'17. 1월 중	'17. 2월 중	'17. 3월~4월 말	'17. 4월 말

[그림 2-7] LINC+ '산학협력 고도화형' 선정 절차

출처: 교육부(2017a).

LINC+ '산학협력 고도화형'의 평가 방법을 살펴보면 다음과 같다. 먼저, 평가 원칙은 대학별 건학이념 및 특성에 맞추어 다양하고 특성화된 산학협력 모형을 운영할 수 있도록 대학의 자율성을 최대한 보장하는 데에 있다. 이를 바탕으로 정량적 여건지표를 최소화하고자, 4대 여건지표[교원·교지·교사(校舍)·수익용기본재산 확보율]는 미반영하고 산학협력 관련 지표 8개를 평가에 반영하였다. 그리고 정성평가를 강화하고자, 대학의 자체 성과목표, 목표달성 의지 및 계획의 적정성, 체계성 등을 정성적으로 평가하고자 하였다.

둘째, 1단계 포뮬러 지표 평가에서는 대학의 산학협력 기본역량을 평가하기 위한 정량 실적 점검을 실시하였다. 정량실적은 기본적으로 대학정보공시(2016년 공시자료)를 활용하고 교수업적평가 관련 자료는 대학이 별도로 제출한 자료를 평가하였다. 정량실적은 표준점수(T점수)를 산출하여 적용하되, 공동연구장비 운영수익과 창업지원현황은 항목별 4분위 평가, 현장실습은 절대기준 평가 후 T점수를 적용하였다.

〈표 2-25〉 일반대 LINC+ 1단계 포뮬러 지표 정의서

구분	1단계 포뮬러 지표	자료 출처	배점	비고
1	재임용 승진/승급심사 시 산학협력 실적물로 연구실적물 대체 가능 비율(%)	별도 제출	15	
2	채용형(전임, 비전임) 산학협력중점교수 현황(명, 점) ▶산식(안): 1.0점×(채용형 전임)＋0.25점×(채용형 비전임)	공시	15	
3	공동 연구장비 운영수익(천 원)	공시	5	4분위 평가
4	현장실습 이수학생 비율(%)	공시	15	절대평가＋T
5	캡스톤디자인 이수학생 비율(%)	공시	15	
6	창업 지원 현황(%, 점) ▶산식(안): 0.4점×(창업강좌이수학생비율)＋0.6점×(학생 1인당 창업지원액)	공시	15	4분위 평가
7	교수 1인당 산업체 공동연구 실적(연구비, 건수) ▶산식(안): 0.8점×(교수 1인당 산업체 공동연구비)＋0.2점×(교수 1인당 산업체 공동연구 건수)	공시 활용	10	인문사회·예체능 제외
8	교수 1인당 기술이전 실적(수입료, 건수) ▶산식(안): 0.8점×(교수 1인당 기술이전 수입료)＋0.2점×(교수 1인당 기술이전 건수)	공시 활용	10	인문사회·예체능 제외
	합계		100	

출처: 교육부(2017a).

셋째, 2단계 사업계획 심사에서는 1단계 포뮬러평가 통과 대학을 대상으로 평가위원회에서 각 대학의 사업계획서에 대한 서류 및 발표평가를 실시하였다. 특히 과락제를 도입하여 총 득점이 만점에 100분의 60 미만인 경우, 권역 내 등수와 무관하게 사업단 선정이 불가하도록 하였다.

넷째, 선정·평가위원회는 학계, 산업계, 연구계 등 산학협력 및 교육 연구관련 분야 전문가 등으로 위원을 구성하여 평가의 전문성과 신뢰성을 확보하고자 하였다. 전문기관(한국연구재단)은 평가위원회 구성(위원공모 등), 평가지침 및 평가관련 세부 사항에 대한 별도계획을 수립하고 평가위원회 구성 및 운영에 관한 주요 사항을 교육부와 사전 협의토록 하였다.

다섯째, 정원감축 계획과 연계하도록 하였다. 대학 구조개혁 평가 결과('15. 8. 31.)에 따른 정원감축 권고비율 이행 실적(A등급 포함) 및 2018학년도까지의 정원감축계획에 대한 가산점(최대3점, 1단계/2단계 공통)을 부여하였고, 대학이 사업에 선정된 이후 당초 계획을 이행하지 않은 경우에는 차년도 사업비 감액 등을 사업관리위원회에서 심의 및 결정하도록 하였다.

여섯째, LINC 종합평가 결과와 연계하도록 하였다. LINC 사업의 성공적 종료까지의 책임성 확보를 위해 LINC 사업 5차년도 종합평가 결과를 LINC+ 2단계 평가에 반영하도록 하였다. 이는 LINC 사업 5차년도 종합평가 결과, 일정 기준 미만(총점의 100분의 60)의 평가점수를 받은 대학에 대해 정성평가 득점의 2%에 해당하는 감점(2% 감점으로 인해 만점에 100분의 60 미만 득점 시 과락에 해당)을 부여하는 방식이다.

일곱째, 부정·비리대학의 수혜에 제한을 두었다. 2016년 1월 1일부터 사업신청서 제출 시까지 대학의 부정·비리 사항에 대한 확인서를 제출받아 선정평가에 반영[교육부 대학재정지원사업 공동 운영·관리 매뉴얼의 기준 적용 원칙(1차, 2차 공통)]하였다. 그리고 사업신청서 제출 이후 최종 선정 이전까지의 기간 중 확인된 부정·비리 사안의 경우, 사업관리위원회에서 별도 심의 및 처분을 받게 하였다. 다만, 사업신청서 제출 이후부터 사업관리위원회 최종심의 이전까지의 기간 중 부정·비리 사안이 추가 또는 변경된 경우, 대학은 해당 내용에 대한 확인서를 추가 제출할 수 있다.

다음으로 '사회맞춤형 학과 중점형'의 선정 절차를 살펴보면, 정량평가 및 정성평가(서면·대면) 결과를 바탕으로, 사업관리위원회의 최종심의를 거쳐 지원 사업단 및 지원 규모를 최종 확정하는 순으로 진행되었다. 먼저, 정량평가는 전문기관에서 신청대학의 사업추진을 위한 기본 역량 평가지표에 근거하여 실시하였다. 정성평가는 선정평가위원회에서 신청대학의 사업계획서 심사 및 자료 검토 등 서면 및 대면 평가를 통해 정성적으로 심도 있게 평가하였다. 또한 형평성을 보장하기 위해 모든 신청 대학에게 발표(대면) 평가기회를 제공하고자 하였다. 마지막으로 최종심의는 사업관리위원회에서 선정평가단의 평가결과를 기준으로 최종 지원 대학 선정·조정 및 지원규모를 확정하였다. 선정평가단은 학계, 산업계, 연구기관, 지방자치단체 관련 업무 담당자 등으로 위원을 구성하여 평가의 전문성 및 신뢰성을 확보하고, 전문기관(한국연구재단)은 평가위원회 구성(위원공모 등), 평가지침 및 평가관련 세부 사항에 대한 별도계획을 수립하여 평가위원회 구성 및 운영에 관한 주요 사항을 교육부와 사전 협의토록 하였다. 선정 절차는 다음과 같다.

주체	교육부	참여대학	연구재단	교육부
단계	기본계획 확정 및 사업 공고	사업계획서 수립	접수 및 선정평가	최종 선정
이행사항	사업 공청회 사업 공고 설명회 개최	대학 사업계획 수립 및 제출	평가단 구성 선정평가 실시	사관위 개최 선정결과 발표
일정	'16. 9.~'17. 1.	'16. 12.~'17. 4.	~'17. 4.~6.	'17. 6.~7.

[그림 2-8] LINC+ '사회맞춤형 학과 중점형' 선정 절차

출처: 교육부(2017b).

　　LINC+ '사회맞춤형 학과 중점형'의 평가 방법을 살펴보면 다음과 같다. 먼저, 평가의 기본방향 세 가지를 살펴보면, 첫째 자율성을 보장하고자 하였다. 대학별로 특성화된 산업분야의 산업체(계)와 협력하여 사회맞춤형 인력양성을 위한 자율적 교육과정을 편성 및 운영 보장하였다. 둘째, 정량 여건지표를 최소화하고자 하였다. 4대 여건지표[교원·교지·교사(校舍)·수익용 기본재산 확보율]는 미반영하고 사회맞춤형학과 운영 역량과 관련된 지표 중심으로 최소화하여 평가에 반영하고자 하였다. 셋째, 정성평가를 강화하고자 하였다. 사업단이 제시한 사업계획과 목표 간 부합성 및 실제적인 성과창출을 위한 계획의 구체성·현실성 등을 평가하고자 하였다. 다시 말해 채용협약기업—대학이 공동으로 개발한 사회수요맞춤형 교육과정 운영방안 및 기존 교육과정과의 차별성 등을 중심으로 평가하고자 하였다.

　　LINC+ '사회맞춤형 학과 중점형'의 평가 지표 및 배점 방식은 앞서 설명하였으므로,

여기서는 예산편성의 적절성과 평가반영 연계(가감점)에 대한 평가 방법을 살펴보도록 하겠다. 먼저, 예산편성의 적절성과 관련하여 예산의 책정은 대학에 최대한 자율성을 부여하여, 사업성과가 최대한 창출되도록 지원체제를 구축하도록 하였다. 그리고 대학 내 산업체 현장과 유사한 시설 및 장비 설치가 반드시 필요함을 고려하여 시설비를 최대한 인정하되, 사업 및 교육과정 운영과의 밀접한 연계성을 반드시 제시토록 요구하였다.

　평가반영 연계(가감점)와 관련하여 살펴보면, 먼저 정원감축 이행 등과 연계하도록 하였다. 대학 구조개혁 평가 결과('15. 8. 31. 발표)에 따른 정원감축 권고비율을 기 이행한 대학(A등급 대학 포함) 및 '18학년도까지의 감축계획을 제출한 대학에 대해 가산점을 부여(최대 3점)하였다. 다만, 대학이 사업에 선정된 이후 당초 계획을 이행하지 않은 경우 차년도 사업비 감액 등을 사업관리위원회에서 심의 및 결정토록 하였다.

　둘째, LINC 종합평가 결과와 연계하도록 하였다. LINC사업의 성공적 종료까지 책임성 확보를 위해 LINC 사업 5차년도 종합평가 결과를 LINC＋ 2단계 평가 시 반영하도록 하였다. LINC 사업 5차년도 종합평가 결과, 일정 기준 미만(총점의 100분의 60)의 평가점수를 받은 대학에 대해 정성평가 득점의 2%에 해당하는 감점(2% 감점으로 인해 만점에 100분의 60 미만 득점 시 과락에 해당)을 부여하였다.

　셋째, 부정·비리대학의 수혜에 제한을 두었다. 2016년 1월 1일부터 사업신청서 제출 시까지 대학의 부정비리 사항에 대한 확인서를 제출받아 선정평가에 반영(교육부 대학재정지원사업 공동 운영·관리 매뉴얼의 기준 적용 원칙)하도록 하였다. 그리고 사업신청서 제출 이후 최종 선정 이전까지의 기간 중 확인된 부정·비리 사안의 경우, 사업관리위원회에서 별도 심의 및 처분을 받게 하였다. 다만, 사업신청서 제출 이후부터 사업관리위원회 최종심의 이전까지의 기간 중 부정·비리 사안이 추가 또는 변경된 경우, 대학은 해당 내용에 대한 확인서를 추가 제출할 수 있다.

(4) LINC＋ 2단계 평가(2019~2021년)

　LINC＋ 2단계 평가는 2019년부터 2021년까지 추진될 예정이며 2019년에 기존 LINC＋ 1단계 사업 참여대학 대상 단계평가와 최종 비교평가가 진행되었다. 먼저, '산학협력 고도화형'의 '기존 LINC＋ 1단계 사업 참여대학 대상 단계평가'에 대한 기본방향은 1단계('17. 3.~'19. 2.)에 참여한 55개 사업단을 대상으로 1단계 사업실적 및 2단계에 대한 추진 계획을 평가하여 대학의 추진 성과를 관리·제고하고, 평가결과 권역별 하위 20% 내외 대학(권역별 2개교 내외, 총 10개교 내외)에 대해서는 신규 진입 신청 대학과 비교평가를 실시하며, 대학의 책무성 위반(행·재정 제재 결과 등) 및 허위성과 보고 등에 대하여는 감점

요인으로 반영하도록 하였다. 평가 대상 학교는 다음과 같다.

〈표 2-26〉 2017~2018년도 사업을 수행한 55개 대학(산학협력 고도화형)

권역 구분	대학명(가나다순)
수도권(11개교)	가톨릭대, 경희대, 고려대, 국민대, 단국대, 동국대, 성균관대, 아주대, 한국산업기술대, 한양대(ERICA), 한양대(서울)
충청권(11개교)	건국대(글로컬), 건양대, 공주대, 대전대, 선문대, 충남대, 충북대, 한국기술교육대, 한남대, 한밭대, 한서대
호남제주권(10개교)	군산대, 동신대, 우석대, 원광대, 전남대, 전북대, 전주대, 제주대, 조선대, 호남대
대경강원권(12개교)	가톨릭관동대, 강릉원주대, 강원대, 경운대, 경일대, 계명대, 금오공대, 대구대, 안동대, 연세대(원주), 영남대, 한림대
동남권(11개교)	경남대, 경상대, 동명대, 동서대, 동아대, 동의대, 부경대, 울산대, 인제대, 창원대, 한국해양대

출처: 교육부(2019a).

'기존 LINC+ 1단계 사업 참여대학 대상 단계평가' 절차를 살펴보면, 크게 정량평가, 정성평가, 평가 종합(정리), 심의·확정 순으로 진행된다. 정량평가는 4개 분과위원회를 구성, 핵심성과지표(13개)에 대한 정량실적(서면점검)을 검토한다. 정성평가는 권역별 평가위원회(5개 패널)를 구성하여 대학별로 제출한 1단계 실적 및 2단계 계획에 대해 서면 및 대면(발표)평가를 실시한다. 평가 종합(정리) 단계에서는 정량 및 정성평가 결과를 종합하여, 권역별로 상위 80% 내외 대학(총 45개교 내외)에 대하여는 2단계 진입 대상대학으로 선정하고, 권역별 하위 20% 내외 대학(권역별 2개교 내외, 총 10개교 내외)은 신규 진입 신청대학 간 비교평가 대상대학으로 선정한다. 마지막으로, 심의·확정 단계에서는 LINC+ 사업관리위원회에서 평가위원회의 평가결과를 바탕으로, 2단계 진입대학 및 비교평가 대상 대학을 심의 및 확정한다.

기존 LINC+ 1단계 사업 참여대학 대상 단계평가에서 정량평가 위원회는 핵심성과 지표별로 4개 분과를 구성하여, 정량 실적에 대한 서면점검 및 대학 제출 실적에 대한 증빙자료 일치 여부를 확인한다. 4개 분과 가운데, '인사제도 및 인력 분과'에서는 교수업적평가의 산학협력 실적 실제 반영률, 산학협력 중점교수, 산학협력 관련 정규직 직원 수 등을, '교육 및 인프라 분과'에서는 현장실습 및 캡스톤디자인 이수학생 비율, 공동 활용

장비 활용 기업 수 및 운영수익금 등을, '산학협력 역량 분과'에서는 교수 1인당 산업체 (지역연계) 공동연구 건수 및 연구비, 교수 1인당 기술 이전 계약건수 및 수입료 등을, '기업 및 지역지원 분과'에서는 전방위 맞춤형 기업(지역)지원, 지역사회 혁신실적 등을 점검한다. 정성평가 위원회는 권역별 패널(5개 패널)을 구성하여 대학이 제출한 1단계 추진 실적 및 2단계 사업계획에 대하여 서면 및 대면(발표)평가를 실시하며, 권역별로 산학연 전문가(학계, 연구계, 산업계 등) 9인 내외로 평가위원이 구성된다. 또한 '사회맞춤형 산학협력 선도대학(LINC+) 육성사업 운영규정' 제8조에 따라 LINC+ 사업관리위원회에서는 성과관리를 위한 연차평가, 단계평가 및 종합평가 결과 심의 · 조정, 기타 사업관리 및 지원에 필요한 사항을 심의한다.

　두 번째로 최종 비교평가 절차의 평가대상은 기존 LINC+ 1단계 사업 참여대학과 신규 신청대학이다. 기존 LINC+ 1단계 사업 참여대학은 단계평가 결과 권역별 하위 20%(2개 교) 내외에 해당되어 사업관리위원회에서 비교평가 대상으로 선정된 대학(총 10개교 내 외)이며, 신규 신청대학은 다음과 같이 권역별 신규 진입 신청대학 모두이다.

〈표 2-27〉 최종 비교평가에서의 신규 신청대학(산학협력 고도화형)

구분	수도권	충청권	호남제주권	대경강원권	동남권	계
(기존) 하위 20% 대학	2개교 내외	2개교 내외	2개교 내외	2개교 내외	2개교 내외	10개교 내외
신규 진입 신청대학	신청대학 모두	신청대학 모두	신청대학 모두	신청대학 모두	신청대학 모두	신청대학 모두
2단계 진입 대상대학 선정	2개교 내외	2개교 내외	2개교 내외	2개교 내외	2개교 내외	2개교 내외

출처: 교육부(2019a).

　최종 비교평가 절차를 살펴보면, 비교평가, 평가 종합(정리), 심의 · 확정 순으로 진행 된다. 비교평가에서는 권역별 평가위원회(5개 패널)를 구성하여 대학별로 제출한 1단 계 실적 및 2단계 계획에 대해 서면 및 대면(발표)평가를 실시하고, 권역별로 기존 하위 20%(2개교) 내외 대학과 신규 진입 신청 대학 간 비교평가(정성적 평가 위주)를 실시한다. 평가 종합(정리) 단계에서는 평가위원회의 비교평가 결과를 바탕으로 권역별 상위 2개교 내외, 총 10개교 내외를 최종 2단계 추가 진입 대상대학으로 선정한다. 마지막으로 심의 · 확정 단계에서는 LINC+ 사업관리위원회에서 평가위원회의 비교평가 결과를 바탕으로 2단계 진입 최종 대학을 심의 및 확정한다.

최종 비교평가는 정성평가 위원회가 권역별 패널(5개 패널)로 구성하여 대학이 제출한 1단계 추진실적 및 2단계 사업계획에 대하여 서면 및 발표평가를 실시하며, 권역별 산학연 전문가(학계, 연구계, 산업계 등) 9인 내외로 평가위원이 구성된다. LINC+ 사업관리위원회는 성과관리를 위한 연차평가, 단계평가 및 종합평가 결과 심의·조정, 기타 사업관리 및 지원에 필요한 사항을 심의한다.

다음으로 '사회맞춤형 학과 중점형'의 기존 LINC+ 1단계 사업 참여대학 대상 단계평가 기본방향은 1단계('17. 6.~'19. 2.) 참여 20개 사업단을 대상으로 1단계 사업성과(실적) 및 2단계 계획에 대한 체계적인 평가를 실시하고, 평가결과 하위 20% 내외 대학에 대해서는 신규진입 희망 대학과 비교평가를 실시하였다. 평가의 일관성을 위해 연차평가의 기본 틀은 유지하고, 정량지표에 대한 과도한 경쟁을 지양하고 질적인 성과 중심(정량지표 비중은 20%를 유지하고, 절대평가 방식으로 전환하여 목표 대비 달성도 평가)으로 평가하였다. 아울러 대학의 책무성 위반(행·재정 제재 결과 등) 및 허위 성과 보고 등에 대하여는 감점요인으로 반영하도록 하였다. 평가 대상 학교는 다음과 같다.

〈표 2-28〉 2017~2018년도 사업 수행 20개교(사회맞춤형 학과 중점형)

권역 구분	대학명(가나다순)
수도권(4개교)	명지대, 상명대, 인하대, 평택대
충청권(3개교)	배재대, 백석대, 세명대
호남제주권(3개교)	광주대, 남부대, 목포해양대
대경강원권(4개교)	대구가톨릭대, 위덕대, 한동대, 한라대
동남권(6개교)	경남과기대, 경성대, 부산가톨릭대, 부산외국어대, 신라대, 영산대

출처: 교육부(2019b).

'사회맞춤형 학과 중점형'의 기존 LINC+ 1단계 사업 참여대학 대상 단계평가' 절차를 살펴보면, 크게 정량평가, 정성평가, 평가 종합(정리), 심의·확정 순으로 진행되었다. 정량평가에서는 점검위원회에서 2차년도 핵심성과지표(5개)에 대한 정량실적(서면점검)을 검토한다. 정성평가는 평가위원회를 구성하여 대학별 제출한 1단계(1, 2차년도) 실적 및 2단계 계획에 대해 서면 및 대면(발표)평가를 실시하고, 대학별 자율성과지표 점검을 병행하였다. 평가 종합(정리) 단계에서는 정량 및 정성 평가 결과를 종합하여, 평가대상 대학의 상위 80% 내외 대학(총 16개교 내외)에 대해 2단계 진입 대상대학으로 선정하고, 하위 20% 내외 대학(4개교 내외)은 신규 진입 신청대학과의 비교평가 대상대학으로 선정하였다. 심의 · 확정 단계에서는 LINC＋ 사업관리위원회에서 평가위원회의 평가결과를 바탕으로 2단계 진입대학 및 비교평가 대상대학을 심의 · 확정하되, 권역안배를 위해 2단계 진입 대상대학에 권역별 최소 1개교 이상의 대학이 포함되도록 하였다.

기존 LINC＋ 1단계 사업 참여대학 대상 단계평가에서는 정성평가 위원회가 1개 패널로 구성되어 대학이 제출한 1단계 추진실적과 2단계 사업계획에 대하여 서면 및 대면(발표)평가를 실시하고, 학계, 산업계, 연구기관 관계자 및 지자체 유관기관 관계자 등으로 평가위원을 구성하여 평가의 전문성 및 신뢰성을 확보하고자 하였다. 점검위원회는 핵심성과지표 정량실적에 대해 서면 점검하고 대학 제출 실적에 대한 증빙자료 일치 여부를 확인하며, 증빙자료와 달리 허위 · 과장된 실적 제출 시, 소명절차를 거쳐 감점 처리하였다. 또한 '사회맞춤형 산학협력 선도대학(LINC＋) 육성사업 운영규정' 제8조에 따라 LINC＋ 사업관리위원회는 성과관리를 위한 연차평가, 단계평가 및 종합평가 결과 심의 · 조정, 기타 사업관리 및 지원에 필요한 사항을 심의하였다.

최종 비교평가에서 평가대상은 기존 LINC＋ 1단계 사업 참여대학과 신규 신청대학이었다. 기존 LINC＋ 대학은 단계평가 결과 하위 20% 내외에 해당되어 사업관리위원회에서 비교평가 대상으로 선정된 대학(총 4개교 내외)이며, 신규 신청대학은 신규 진입 신청대학 모두이다.

최종 비교평가 절차를 살펴보면, 비교평가, 평가 종합(정리), 심의 · 확정 순으로 진행되었다. 비교평가에서는 평가위원회를 구성하여 대학별로 제출한 2단계 계획에 대해 서면 및 대면(발표)평가를 실시하고, 기존 대학의 하위 20%(4개교) 내외 대학과 신규 진입 신청 대학 간 비교평가(정성적 평가 위주)를 실시하였다. 평가 종합(정리) 단계에서는 평가위원회의 비교평가 결과를 바탕으로 총 4개교 내외를 최종 2단계 추가 진입 대상대학으로 선정하였다. 마지막으로, 심의 · 확정 단계에서는 LINC＋ 사업관리위원회에서 평가위원회의 비교평가 결과를 바탕으로 2단계 진입 최종 대학을 심의 및 확정하였다.

최종 비교평가에서는 정성평가 위원회가 1개 패널로 구성되어 대학이 제출한 2단계 사업계획에 대하여 서면 및 발표평가를 실시하였으며, 학계, 산업계, 연구기관 관계자 및 지자체 유관기관 관계자 등으로 평가위원이 구성되었다. LINC＋ 사업관리위원회는 성과관리를 위한 연차평가, 단계평가 및 종합평가 결과 심의 · 조정, 기타 사업관리 및 지원에 필요한 사항을 심의하였다.

상술된 평가방법에 따라 선정된 LINC＋ 사업 최종 2단계 진입대학 명단은 다음과 같다.

〈표 2-28〉 LINC+ 2단계 사업 최종 선정 대학

권역 구분	대학명(가나다순)	
	산학협력 고도화형(55교)	사회맞춤형학과 중점형(20교)
수도권	가톨릭대, 경희대, 국민대, 단국대, 동국대, 성균관대, 아주대, 중앙대, 한국산업기술대, 한양대(ERICA), 한양대(서울) (11개교)	가천대, 명지대, 상명대, 세종대, 평택대 (5개교)
충청권	건국대(글로컬), 대전대, 선문대, 충남대, 충북대, 한국교통대, 한국기술교육대, 한남대, 한밭대, 한서대, 호서대 (11개교)	배재대, 백석대, 세명대 (3개교)
호남제주권	군산대, 목포대, 우석대, 원광대, 전남대, 전북대, 전주대, 제주대, 조선대, 호남대 (10개교)	광주대, 목포해양대 (2개교)
대경강원권	가톨릭관동대, 강릉원주대, 강원대, 경운대, 경일대, 계명대, 대구대, 대구한의대, 안동대, 연세대(원주), 영남대, 한림대 (12개교)	대구가톨릭대, 위덕대, 한동대, 한라대 (4개교)
동남권	경남대, 경상대, 동명대, 동서대, 동아대, 동의대, 부경대, 울산대, 인제대, 창원대, 한국해양대 (11개교)	경남과학기술대, 경성대, 부산가톨릭대, 부산외국어대, 신라대, 영산대 (6개교)

출처: 교육부(2019. 4. 10.).

⑤ 평가결과 활용

앞서 확인한 바와 같이 LINC 평가는 대학교육 체제를 산학협력 친화형으로 전환함으로써 창의성·도전정신이 있는 인재를 양성하고 산업체 수요에 부응하여 대학과 지역사회·기업 모두의 경쟁력을 강화하는 데 목적을 두고 추진되었다. 이와 같은 목적이 달성되었는지를 점검하기 위해 교육부는 매년 선정 대학을 대상으로 연차평가, 단계평가, 종합평가를 실시해 왔으며, 평가에서 우수한 성과를 거둔 대학의 사례는 캡스톤디자인 경

진대회, 산학연협력 EXPO, LINC 포럼, 지역학생 창업문화 축제, 중소기업 기술혁신대전 등 다양한 행사를 통해 공유하였다. 〈표 2-30〉은 연차평가에서 '매우 우수' 등급을 받은 대학 명단이다.

〈표 2-30〉 연차평가 결과 '매우 우수' 등급 선정 대학

연도	대학명	
	기술혁신형	현장밀착형
'13년	경북대, 성균관대, 전북대, 한양대(ERICA)	서울과기대, 한국산업기술대(이상 수도권), 단국대, 호서대(이상 충청권), 우석대, 제주대, 호남대(이상 호남제주권), 금오공대, 대구대, 연세대(이상 대경강원권), 동명대, 창원대(이상 동남권)
'14년	경북대, 성균관대, 한양대(ERICA)	한국산업기술대(수도권), 건양대, 단국대(이상 충청권), 군산대, 제주대(이상 호남제주권), 계명대, 금오공대(이상 대경강원권), 한국해양대, 울산대(이상 동남권)
'15년	성균관대, 영남대, 전북대, 한양대(ERICA)	한국산업기술대(수도권), 건양대, 단국대(이상 충청권), 원광대, 제주대(이상 호남제주권), 계명대, 금오공대(이상 대경강원권), 동서대, 울산대(이상 동남권)
'16년	서강대, 성균관대, 전북대, 한양대(ERICA)	국민대(수도권), 건양대, 단국대(이상 충청권), 원광대, 제주대(이상 호남제주권), 계명대, 금오공대(이상 대경강원권), 울산대, 한국해양대(이상 동남권)

※ 교육부 보도자료(2013. 5. 21.; 2014. 5. 9.; 2015. 5. 21.; 2016. 5. 17.)를 종합·재구성함.

한편, 2012년부터 교육부와 한국연구재단에서는 우수한 사례를 공유하여 대학사회에 확산시키고자 각 대학별로 탁월한 성과를 나타낸 각 대학의 우수 사례를 선정하여 매년 우수사례집을 발간하고 있다. 우수 사례는 정성평가 체계를 차용하여 VISION, SYSTEM, COMPONENT, LINK, 창조경제 분야로 구분하여 발표되는데, 각 분야의 우수 사례의 내용은 〈표 2-31〉과 같다.

〈표 2-31〉 산학협력 선도대학 평가 우수 내용

분야	내용
VISION	• 계획 수립 및 성과관리 체계의 적절성, 확산 및 지속가능성 • 차년도 목표설정의 타당성과 실현가능성 등
SYSTEM	• 산학협력 친화형 대학체제 개편, 산학협력단 역량강화, 산학협력 인프라 확충 • 차년도 목표설정의 타당성과 실현가능성 등
COMPONENT	• 교육과정 개편 및 운영, 인력양성 및 취업 · 창업 지원, 특성화 분야 운영 • 차년도 목표설정의 타당성과 실현가능성 등
LINK	• 산학협력연계체계 구축 및 기업지원(기술개발, 인력양성, 맞춤형지원) • 차년도 목표설정의 타당성과 실현가능성 등
창조경제	• 창조경제 기반구축 및 활동 실적과 계획

먼저, 계획 수립 및 성과관리 체계의 적절성 및 지속가능성 등을 나타내는 VISION 측면에서 탁월한 성과를 보인 대학은 국내 최고 기술이전 · 사업화 대학으로서의 대내외적 위상을 제고하고자 하는 성균관대학교를 살펴볼 수 있다. 성균관대학교에서는 대학이 보유하고 있는 지식재산권 등 우수 연구성과물을 효과적으로 활용하는 한편, 산학협력 선도대학 사업의 자립화를 위한 재정확보 방안 마련을 위해 노력하였다. 이에 따라 산학협력중점교수 주도로 기업지원 사업 수행을 통한 기업의 애로기술을 파악하고 대학이 보유하고 있는 지식재산권의 노하우와 기업애로기술의 매칭을 통한 기술이전 및 사업화를 지원하는 한편, 교원, 기술이전센터 전문인력, LINC사업단 기업지원센터 연계를 통해 기술이전 후속 기술개발을 지원하면서 2012년에는 그래핀 대량기술이전 기술료 25억 원을 받는 등 매년 꾸준히 10억 원 이상의 기술료를 수령하여 이를 토대로 지속가능한 사업체계를 구축하였다(한국연구재단, 2015).

다음으로 산학협력에 맞도록 대학체제 개편과 관련된 SYSTEM 차원에서 우수한 성과를 나타낸 대학은 울산대학교 사례를 들 수 있다. 울산대학교에서는 산학협력체계를 구축하고 이를 강화하기 위하여 산학협력부총장직을 신설하고 그 산하에 LINC 사업단, 산학협력단, 취업창업지원처 등의 조직을 운영하였으며, 산학협력 활성화를 위한 산학기획위원회, LINC 운영위원회, 산학운영위원회 등 의견수렴을 위한 조직을 구성하는 방법을 통해 대학조직을 개편하는 한편, 산학협력 중점교수 채용확대 및 역할을 다양하게 산학친화형 인사제도를 시행하였다(한국연구재단, 2014).

산학협력을 위한 대학체계 개편[조직, 제도], 산학협력지원체제 일원화

산학협력친화형인사제도

• 전 대학 산학협력업적평가 트랙 구축
　– 교육+연구+봉사+산학
• 제도개선 최종(5차년도) 목표 초과달성
• SCI급 논문대비 산학 협력실적물 상향
　– 46.67(1차년도) → 77.08(2차년도)
• 재임용/승진/승급 시 연구실적물 대체비율 상향
　– 77.45(1차년도) → 86.67(2차년도)

산학활동 활성화 제도개선

• 교원창업규정 활성화 지원제도 개선
　– 교원이 중소기업의 대표 또는 임직원 가능 개정
　– 제도 개선 후(2013. 6.) 교원창업 2건 발생
• 기술자문 활동지원 제도 구축
　– 교원의 기술자문 시 지원되는 보상기준 신설

산학협력부총장 신설

• 대학 내 산학협력 활동 위상 강화
• 대학 내 산학협력 Control Tower
• LINC사업단, 산학협력단, 취업창업지원처, 대외협력처 관장

취업창업지원처 신설

• 대학 취업, 창업활동 지원 총괄
• 산하 LINC창업교육센터 설치
• 창업교육 및 문화 조성

산학협력교수제도

• 산학협력중점교원 운영확대
　채용형: 29명(2011. 12.) → 33명 (2014. 2.)
　지정형: 0명(2013. 2.) → 14명 (2014. 2.)
• 산학협력교원활동 다변화
• 인적교류를 통한 Needs 파악

[그림 2-9] 울산대학교의 산학협력 친화형 대학체제 개편

출처: 한국연구재단(2014).

　세 번째로, 산학협력을 통한 교육과정 개선 및 인력 양성과 관련된 COMPONENT 측면에서 유의미한 성과를 거양한 대학은 건양대학교를 들 수 있다. 건양대학교에서는 기존의 창업강좌가 단순 학점 취득에 치우치고 있었다는 점을 인식하고 학생들에게 기업가 정신 교육을 실시하고 체계적인 창업교육 시스템을 도입하는 등의 노력을 기울여 대학 내 창업문화를 확산시키고자 하였다(한국연구재단, 2015). 그 결과 신입생을 대상으로 '기업가 정신과 창업'이라는 과목을 필수과목으로 지정하여 운영하는 등 〈표 2-32〉와 같이 다양한 창업관련 프로그램을 운영하였다.

〈표 2-32〉 건양대학교 운영 주요 창업 프로그램

구분	주요내용	
창업강좌	• 창업강좌 필수교과목 개설 및 운영	• 창업강좌 운영 지원
	• 창업교육 과정개발	
동아리 운영 지원	• 창업동아리 모집 및 운영지원	
창업교육 프로그램 운영	• 예비창업자 창업아카데미	• 지식재산권 특강
	• 창업캠프 운영	• PPT 스킬역량강화 교육
	• 창업세미나 & 간담회	• 창업아이템 전시회
	• YES 리더스 특강	
창업교육 성과관리	• DoDream 창업성과관리시스템 운영	• 창업동아리 최종 성과발표회
창업행사 개최 및 참가지원	• 창업경진대회 개최	• 대외 경진대회 참가

출처: 한국연구재단(2014).

이에 그치지 않고 건양대학교 창의융합대학에서는 협력기업과 함께 추진하는 산학연계 집중학기를 추진하면서 방학 중 한 달을 집중학기로 지정하고 현장실습을 포함한 기업연계 프로젝트 몰입교육을 실시하는 등 단순히 취업 위주의 교육에 그치는 것이 아니라 취 · 창업을 병행할 수 있는 대학교육 시스템 개선을 통한 창의융합인재 양성 기반을 마련하였다(교육부, 2015. 12. 17.).

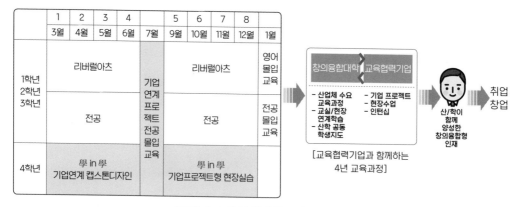

[그림 2-10] 건양대학교 학사과정

출처: 교육부(2015. 12. 17.).

네 번째로, 산학협력을 통한 연계체계 구축·운영 및 기업지원과 연관된 LINK 분야에서 뛰어난 성과를 거둔 대학으로는 영남대학교를 들 수 있다. 영남대학교에서는 산업체에서 필요로 하는 수요를 발굴하고 문제해결을 위한 연계를 강화하는 한편, [그림 2-11]과 같이 산업체와의 지속적인 교류협력을 통해 산학협력 성과를 창출하기 위한 YU IN-MAC(Industry Needs Matching and Creation) 모델을 개발하여 기업지원 수요를 발굴하여 기술혁신형 산학협력 선도모델 창출 및 확산에 주력하고 있으며(교육부, 2015. 12. 17.), 구체적으로 영남대학교에서 기업을 지원하기 위해 운영하는 프로그램은 〈표 2-33〉과 같다.

- 기업지원 수요의 발굴/연계(매칭)/지원 및 신규 수요 창출 지원
- 산업체 수요를 발굴, 문제해결을 위한 연계시스템(Matching)과 지속적인 교류협력을 통해 신규 산학협력 성과를 창출(Creation)하여 지역산업의 부가가치를 높임
- 기업지원센터의 'AllSet 지원 시스템'을 통한 Matching, 산학협력연구실을 통한 Creation

선도모델 추진성과(3차년도 기준)

기술혁신형 산학협력 선도/기술지도 31건, 산업체 제안 CDP 30건

산학공동과제 293건/기술이전 53건, 수입료 834,247천 원

특허출원 등록 256건, 시제품 제작 11건, 재직사원재교육 87회

YU IN-MAC®
Industry Needs Matching and Creation

기술지도 컨설팅 | 현장실습 CDP | 공동연구 과제 | 기술이전 대형과제

공급(Matching) | 산학협력연구실 I 산학협력연구실 II | 신규수요창출(Creation)

Industry (지역산업)

Networking

YU LINC (인적물적자원)

수요(Needs) → AllSet지원시스템 → 성과창출 → 고부가가치 신기술개발

YURC특별위원회 ── 기업지원센터

수요창출형 기업지원을 통한 고부가가치 기술혁신 선도

[그림 2-11] 영남대학교 산학협력 모델 개요

출처: 교육부(2015. 12. 17.).

〈표 2-33〉 영남대학교 기업지원프로그램 현황

프로그램명	목적
가족기업 프로그램	학교와 공동으로 연구 수행, 학교의 인력, 인프라, 공동활용 연구장비, 특허 등의 정보를 가족기업에 제공하여 기업지원 및 상호 협력 강화
기술이전 활성화 지원 컨설팅	대학이 보유한 핵심기술 발굴을 통하여 관련 산업체와의 연결을 위한 컨설팅을 실시함으로써 기술이전 및 사업화 지원
산학공동 연구과제	지역산업체와 대학 간의 산학공동 기술개발을 통하여 지역 산업체의 경쟁력 강화 및 R&D 능력을 갖춘 고급인력 양성

산업체 현장애로 기술지원	기술, 경영, 마케팅, 디자인 등 가족기업의 당면 현장 애로점에 대해 해당분야 지식보유 교수 및 대학보유 인프라를 활용하여 해결방안을 모색하는 한편 관련업계 경쟁력 강화
공동장비 활용	가족기업의 연구 및 제품개발 역량 강화를 위한 연구장비 교육 및 활용 지원
산업체제안CDP	학부·대학원생에게 산업체에서 제안하는 Capstone design 과제를 수행하게 하여 작품제작 경험 습득 기회 부여
YU산학협력EXPO	대학의 국제 수준 연구개발 실적(국책 사업단/국책연구센터 연구결과물)과 학부/대학원 과정의 융합 설계과목(Capstone Design) 결과물을 전시하고, 산학협력의 우수 사례를 기업체와 공유함으로써 기술혁신형 산학협력 연구개발, 상호 협력 및 상생의 산학협력 체계를 구축
산학협력협의체 운영	대학 LINC사업단의 특성화 분야를 중심으로 한 연관 산업분야와의 다양한 수준의 교류를 활성화함으로써 대학의 산학협력 역량을 강화하고자 함
기업맞춤형 사원 재교육과정	가족기업으로 참여하고 있는 기업의 사원을 재교육하여 관련업계의 경쟁력을 강화하도록 지원
해외저명학자 초빙 워크숍 및 기업컨설팅	특성화 분야의 해외 저명학자(CEO) 초빙 워크숍을 통해 지역 기업에게 최신 기술 및 동향을 소개하고, 지역 선도전략산업 분야의 기업체와 특성화 분야 전문가들의 연결을 통한 협력 네트워크를 구축하는 한편, 관련 분야의 해외 전문가(저명학자 또는 해외 유수기업 CEO 등)를 통해 지역소재 선도전략산업 분야 기업의 컨설팅을 통한 국제 경쟁력 제고
시제품 제작 지원	LINC사업단 기업지원 결과물 상용화 지원을 통한 기업경쟁력을 제고하고, 시제품 제작 등 중소기업 취약분야를 전반적으로 지원함으로써 가족기업 역량 강화
원가계산 및 통계분석 지원	기업체에서 필요로 하는 원가계산, 통계분석을 통하여 가족기업에 필요한 정보를 제공

출처: 영남대학교 LINC 기업지원센터 홈페이지(http://bizcoop.yu.ac.kr/).

마지막으로, 창조경제 기반구축 및 활동 실적과 관련된 창조경제 차원에서 우수사례 대학인 전북대학교는 지역 거점대학으로서 지역 전통문화사업을 대학차원에서 체계적으로 이끌어 나가기 위한 전문 인력 양성과 기술력을 확보하고, 이를 통해 전주 한옥마을 사업의 활성화 등 한류문화 산업에 대한 특화교육을 전주시와 대학이 연계하여 실시하였다. 그 결과 한옥건축체험 및 전문인력 양성과정 및 정규과목과 대학원 과정을 통해 전문인력을 양성하는 등 한옥문화 확산에 기여하였으며, 산학공동연구과제 운영을 통해 전통문화와 연계된 한지 이용 휴대폰케이스 및 포장지를 개발하였고, 테이크아웃(takeout)형 비빔밥을 출시하여 오프라인에서 판매하는 등 적극적인 지역과의 연계를 통한 활동을 추진하였다. 이를 통해 전통문화와 대학이 연계된 분야에서 활동할 수 있는 전문인력을 양성하는 한편, 전통한옥정자 건축 사업 협약을 체결하는 등 전통문화산업 형성 및 고용창출에 기여하고 있다(한국연구재단, 2015).

6 평가 성과 및 개선방안

1) 평가성과

LINC 사업 평가 성과는 2016년 6월 교육부 보도자료를 통해 지난 5년간의 주요 성과를 제시한 바 있다. 이를 근거로 교육부는 LINC 평가가 크게 세 가지 측면에서 큰 성과를 거두었다고 진단하였다. 첫째, 대학의 체질을 산업계 친화형으로 변모시키고 기업의 요구에 부응하는 현장적응력이 높은 인재가 양성되는 데 기여하였다. 둘째, 대학 간 경쟁과 협력을 통해 현장실습, 창업교육, 캡스톤디자인 등 다양한 형태의 산학연계 교육과정을 확산시켰다. 셋째, 대학이 가진 기술 및 연구인프라 등을 활용하여 지역 중소기업에 대한 기술이전 및 애로기술 지도 등을 활성화하여 기업경쟁력을 높이고 및 지역사회에 활력을 불어넣었다(교육부, 2016. 6. 30.b).

〈표 2-34〉 LINC 평가 주요 성과

구분 (성과지표)	사업 개시 전 '12. 2.	LINC 1단계 사업		LINC 2단계 사업			비고 (전년대비 증감률)
		'13. 2. (1차년도)	'14. 2. (2차년도)	'15. 2. (3차년도)	'16. 2. (4차년도)	'17. 2. (5차년도)	
현장실습 이수학생 수	11,630명	19,616명	27,618명	35,757명	39,675명	39,571명	(−0.3)
캡스톤디자인 이수학생 수	42,170명	42,744명	70,145명	81,858명	94,240명	104,147명	10.5
산업체 수요 맞춤형 교육과정	670건	872건	1,484건	1,650건	1,906건	2,068건	8.5
창업 강좌 시수	41시간	53시간	79시간	94시간	108시간	123시간	13.9
산학협력 가족회사 수	23,620개	31,135개	40,663개	48,992개	57,463개	64,141개	11.6

기술이전 계약 건수 및 수입료	603건/ 10,384백 만 원	992건/ 15,144백 만 원	1,583건/ 17,496백 만 원	2,000건/ 25,887백 만 원	2,578건/ 29,548백 만 원	2,551건/ 30,826백 만 원	(−1.0)/ 4.3
공동활용 연구장비 운영 수익	23,470백 만 원	27,259백 만 원	30,513백 만 원	32,330백 만 원	34,392백 만 원	35,188백 만 원	2.3
교원업적평가 시 SCI논문 1편 대비 산학협력 실적 배점 평균	56점	76점	105점	112점	132점	137점	3.8
재임용/승진/승급 심사 시 산학협력 실적물로 연구 실적물 대체 가능 비율	70%	75%	81%	86%	91%	93%	2.2
산학협력중점교수 현황	2,052명	2,808명	3,561명	4,107명	4,587명	4,932명	7.5

출처: 사회맞춤형 산학협력 선도대학 육성사업 홈페이지(http://lincplus.nrf.re.kr).

LINC+ 1단계 사업 추진 성과는 2019년 1월 교육부 발표자료를 통해 지난 2년간 추진된 우수사례를 제시한 바 있다. 먼저, '산학협력 고도화형'부터 살펴보면 다음과 같다. 첫째, 산학협력 인프라를 구축하였다. 교원업적평가 시 산학협력 실적 반영 확대 등 산학협력 친화형 교원인사제도 고도화 및 산학협력 인력 확충을 통한 대학 내 산학협력 생태계를 강화하였다. 또한 사업이전 대비 산학협력 중점교수('17년 15.8명 → '18년 18.5명) 및 산학협력 관련 정규직원 수('17년 31.9명 → '18년 36.1명) 모두 증가 추세에 있어, 지역 일자리 확충 효과에도 기여하였다. 둘째, 산학협력 연계교육을 확대하였다. 산업 현장에 필요한 문제해결형 인재양성을 위해 현장실습, 캡스톤디자인 교육과정을 확대 운영하였다. 이전 LINC 대비 산학연계 교육과정 건수가 약 38% 증가한 것('16년 1,614건 → '18년 2,234건)으로 나타났다. 셋째, 산학공동기술개발을 통한 기업 경쟁력을 강화하였다. 대학이 가진 인적·물적 자원을 지역(기업)과 공유하여 지역 산업체 역량 제고에 기여하였다. 대학−기업 간 공동연구(평균 76건), 공동연구장비 활용지원(평균 281개 기업), 기술이전(평균 43건) 등을 통해 지역 중소기업의 성장 동력을 지원하였다. 넷째, 지역사회 혁신을 지원하였다. LINC+ 사업 대학을 중심으로 지역 주민 삶의 질 제고, 문화행사 지원, 지역현안문제 공동해결 등 다양한 지역혁신 활동을 추진하였다. 또한 지역기업과 지역사회 문제해결을 위한 다양한 리빙랩(Living Lab) 운영을 통해 지역경제발전 및 지역사회 혁신에도 기여하였다(교육부, 2019a).

두 번째로 '사회맞춤형 학과 중점형'을 살펴보면 다음과 같다. 먼저, 사회맞춤형학과 선도 교육모델 성과 공유 체계를 구축하였다. 사회맞춤형학과 중점형 참여대학의 우수 교육모델 공유를 위한 사업계획서 및 실적보고서를 공개하고, 우수사례 경진대회의 입상작 등 대학별 우수성과를 사례집으로 제작·배포하였다. 둘째, 맞춤형 교육과정을 통한 일자리 창출 성과에 대한 홍보를 강화하였다. 맞춤형 교육과정과 채용을 연계한 사업성과가 가시화됨에 따라 홍보대상과 매체를 연결한 홍보전략을 수립하고, 참여 대학 관계자들만 참석하여 진행된 성과확산 포럼을 비참여 대학·산업체, 관련 단체·학회까지 확대하여 추진하였다. 셋째, 상시 및 심층 컨설팅 체계를 마련하였다. 참여 대학별 자체 성과관리·평가체제 마련 및 이를 토대로 한 상시적인 성과 컨설팅을 추진하고, 성과관리 컨설팅 매뉴얼 개선 및 컨설팅 참여위원 사전교육을 강화하였다(교육부, 2019b).

2) 평가 개선방안

지금까지 LINC 평가 배경 및 변천 과정, 목적 및 의의, 영역 및 지표, 과정 및 방법, 결과 활용, 성과를 논의하였다. 이상 논의한 내용을 바탕으로 평가 목적, 평가 영역 및 지표, 평가 과정 및 방법 측면에서 LINC 평가가 노정한 한계를 짚어 보고, 이를 근거로 개선방안을 논의하면 다음과 같다.

(1) 평가목적 측면: 산업 개념에 대한 포괄적 정의와 비전 실현 가능성 재고 필요해

평가 목적 측면에서 개선해야 할 사항에 대한 논의를 시작하기 이전에 우선 〈표 2-35〉를 살펴볼 필요가 있다. 〈표 2-35〉는 1단계 LINC 평가에서 최종 선정된 51개교의 특성화 분야를 정리한 표로, 선정 대학들이 각각 어떤 분야를 특성화하기로 결정하였는지가 명확하게 드러나 있다. 그런데 표를 유심히 살펴보면, 대학의 소재 권역에 관계없이 공통적으로 선택된 특성화 분야가 적지 않다는 사실을 발견할 수 있다. 대표적으로 IT 관련 분야는 권역에 관계없이 수도권(IT 물류, IT융합기계), 충청권(IT, NEW IT), 호남제주권(IT, IT융합), 대경강원권(IT융복합, SMART-IT), 동남권(IT융복합, IT융복합 기계부품소재, 수송기계IT융합부품, IT융합) 소재 대학들이 공통적으로 특성화를 추진하는 분야임을 확인할 수 있다.

이와 같은 현상이 나타난 이유를 유추해 보면, 지식기반사회에서 차지하는 IT 관련 산업의 영향력이 절대적이라는 인식이 대학사회에 보편적으로 작용하고 있기 때문일 수도 있고, IT 관련 산업이 권역에 관계없이 모든 지역에 필요한 산업으로 자리매김했기 때문일 수도 있다. 그러나 이와 같은 추측은, 고급인재와 최첨단기술의 집약 산업인 IT 분야

연구를 전국단위로 추진하기보다는 소수 거점 대학을 집중 육성하는 편이 보다 효율적일 수 있고, IT 관련 산업보다도 지역주민의 실생활과 관련된 농·수산업, 교육서비스업, 사회복지 등과 같은 분야에 대한 특성화가 오히려 더 장려될 필요가 있다는 반론에 취약하다. 요지는 이들 대학들이 지역사회가 대학에 요구하는 바를 조사한 결과에 근거하여 특성화 분야를 결정한 것이 아니라면, LINC 평가가 궁극적으로 지향하는 '지역대학과 지역사회와의 공생발전'의 실현은 요원해질 수밖에 없다는 사실이다.

〈표 2-35〉 2012년도 LINC 평가 선정 대학

권역	시도	유형	대학명	유형	특성화분야
수도권 (7개교)	서울	국립	서울과기대	현장밀착형	휴먼케어, 친환경, House-U(신성장동력)
		사립	동국대	현장밀착형	문화콘텐츠(신성장동력)
	인천	사립	인하대	현장밀착형	IT물류, 바이오·부품 소재(신성장동력)
	경기	사립	성균관대	기술혁신형	스마트-그린(선도산업)
		사립	한양대(ERICA)	기술혁신형	전자정보기기, 바이오·생명산업, 메카트로닉스(신성장동력)
		사립	한국산기대	현장밀착형	IT융합기계, 전자정보 부품(신성장동력)
		사립	가톨릭대	현장밀착형	바이오팜, 디지털 문화콘텐츠(신성장동력)
충청권 (11개교)	대전	국립	충남대	기술혁신형	의약 바이오(선도산업)
		국립	한밭대	현장밀착형	MT, NT, IT(선도산업) 및 사업화, 문화콘텐츠(신성장동력)
		사립	우송대	현장밀착형	녹색산업, 문화콘텐츠(신성장동력)
	충남	국립	공주대	기술혁신형	에너지·환경, 융합기계(미래성장동력)
		사립	호서대	현장밀착형	NEW IT(선도산업)
		사립	단국대(천안)	현장밀착형	메디바이오(신성장동력)
		사립	순천향대	현장밀착형	의약바이오, NEW IT(선도산업)
		사립	한국기술교육대	현장밀착형	반도체·디스플레이, 지능융합, 자동차·부품(선도산업)
		사립	건양대	현장밀착형	메디바이오(신성장동력)
	충북	국립	충북대	기술혁신형	그린에너지, 바이오정보(선도산업)
		국립	한국교통대	현장밀착형	IT, 에너지·부품소재, BT(선도산업)

호남 제주권 (11개교)	광주	사립	조선대	기술혁신형	차세대자동차, 신재생에너지(선도산업)
		국립	전남대	기술혁신형	광융복합, 친환경수송기계(선도산업)
		사립	광주대	현장밀착형	광융복합(선도산업), 디자인, 라이프케어
		사립	호남대	현장밀착형	그린기술, IT융합(선도산업), 문화디자인, 관광(신성장동력)
	전남	국립	순천대	현장밀착형	신소재, BT, IT(신성장동력)
		사립	동신대	현장밀착형	문화관광, 생명·바이오, 에너지·환경(신성장동력)
		국립	목포대	현장밀착형	해상풍력, 신재생에너지(선도산업)
	전북	국립	전북대	기술혁신형	신재생에너지(선도산업)
		국립	군산대	현장밀착형	친환경차량 및 부품, 태양광, 풍력 및 조선(선도산업)
		사립	우석대	현장밀착형	Edu-Well, Green-Tech(신성장동력)
	제주	국립	제주대	현장밀착형	풍력서비스, 청정헬스푸드, 뷰티향장, MICE(선도산업)
대경 강원권 (11개교)	대구	국립	경북대	기술혁신형	IT융·복합(선도산업)
		사립	계명대	현장밀착형	의료기기, 스마트 자동차부품(선도산업)
	경북	사립	영남대	기술혁신형	그린에너지(선도산업)
		국립	금오공과대	현장밀착형	그린에너지시스템, 실용디지털 융복합(선도산업)
		사립	경운대	현장밀착형	SMART-IT(신성장동력)
		사립	대구가톨릭대	현장밀착형	첨단 바이오·의료 산업 융합(선도산업)
		사립	대구대	현장밀착형	특수교육, 재활과학, 사회복지
		국립	안동대	현장밀착형	생물부품소재, 생물전자
	강원	국립	강원대	기술혁신형	의료융합(선도산업)
		사립	연세대(원주)	현장밀착형	의료기기(선도산업)
		국립	강릉원주대	현장밀착형	신소재, 해양바이오(신성장동력)

동남권 (11개교)	부산	국립	부경대	기술혁신형	해양수산, 지구환경에너지(선도산업)
		국립	부산대	기술혁신형	첨단융학기계 및 선박 부품소재, 고효율 · 그린에너지
		사립	동아대	현장밀착형	에너지플랜트, 생물산업, 글로벌비즈니스 (신성장동력)
		사립	동명대	현장밀착형	IT융 · 복합 기계부품소재(선도산업)
		사립	동의대	현장밀착형	수송기계IT융합부품, 지식기반헬스케어 (신성장동력)
		사립	동서대	현장밀착형	IT융합, 디지털문화콘텐츠, 디자인(신성장 동력)
		국립	한국해양대	현장밀착형	해양플랜트산업(선도산업)
	울산	사립	울산대	현장밀착형	그린카(선도산업)
	경남	국립	경상대	기술혁신형	기계항공공학, 나노 · 신소재, 생명과학 (미래성장동력)
		사립	영산대	현장밀착형	지능형기계, 친환경차량 부품(신성장동력)
		국립	창원대	현장밀착형	메카트로닉스융합, 해양플랜트(선도산업)

출처: 교육부(2013. 5. 6.).

따라서 평가 목적 측면에서 우선적으로 시정해야 할 사항은 산학협력이라는 단어 속 '산업'에 대한 보다 포괄적인 정의가 이루어져야 한다는 점이다. 이와 관련하여 교육부는 지난 2015년 6월 「산업수요 맞춤형 고등교육 인재양성 방안(시안)」을 발표하면서 '산업수요'의 개념을 기업 · 산업체 수요뿐만 아니라 국내 · 외 환경변화, 경제 · 사회변화 등을 포괄하는 개념으로 정의한 바 있다. 즉, 〈표 2-35〉에 제시된 선정 대학의 특성화 분야만 보더라도 LINC 평가에서 정의하는 '산업'은 기업 · 산업체 수요에 국한된 측면이 강하다. 다시 말해, 기업 · 산업체 수요뿐만 아니라 지역사회 수요와 국내 · 외 환경변화, 경제 · 사회변화 등을 포괄하는 차원으로 '산업수요'를 재정의할 때 LINC 평가가 궁극적으로 달성하고자 하는 비전인 '지역대학과 지역사회와의 공생발전'은 허상보다 실제에 가까워질 것이다.

(2) 평가 영역 및 지표 측면: 정량평가 및 정성평가 지표 보완 필요해

정량평가와 정성평가는 LINC 평가가 도입된 2012년부터 현재까지 유지되고 있다. 그럼에도 서영인 외(2014)는 정량평가 및 정성평가 영역 및 지표가 여전히 평가 대상 대학과의 합의를 거쳐 도출되지 않고 소수 전문가와 교육부에 의하여 결정되고 있다고 지적하였다. 따라서 정부는 평가 영역 및 지표를 확정한 뒤 공청회 등을 통해 의견을 소극적으로 수렴하는 방식보다는 평가 영역 및 지표를 논의하는 과정에서부터 대학들의 의견을 수렴하기 위한 적극적 태도를 취할 필요가 있다.

이와 같은 서영인 외(2014)의 지적이 평가 영역 및 지표를 개선하기 위한 총론적 성격의 제언이었다면, 각론으로 들어가 정량평가 및 정성평가의 문제점과 개선방향을 논의하면 다음과 같다.

정량평가의 경우 핵심지표를 13개로 구성하고 이를 매년 성과평가에 반영하고 있다. 이러한 지표는 산학협력 선도대학 평가 이후 향상됨을 알 수 있으나, 산학협력 선도대학 평가 대상 학교의 사업성과를 비선정 대학과의 성과와 비교하였을 때 산업체경력 전임교원 비율 등 대부분의 핵심성과지표가 선정대학과 비선정대학 간에 유의한 차이가 나타나지 않았다(배상훈·라은종·홍지인, 2016). 또한 취업률의 경우 산학협력 교육 및 인력양성이 효과적으로 달성되었는지 확인할 수 있는 지표이지만 이러한 지표가 형식적인 측면에 치중되어 실질적인 부분을 반영하기 어려운 측면이 있다는 점도 고려할 필요가 있다. 특정 시점의 취업률에 대한 평가비중만을 고려함에 따라 실제 유지취업률에 대한 고려가 없어 지표에 대한 평가가 제대로 이루어지지 않고 있을 뿐만 아니라 취업의 질 역시 고려하기가 어려운 측면이 있으므로 이에 대한 보완이 필요하다(감사원, 2015).

정성평가 차원에서도 평가위원의 주관적인 관점에 따라 이루어지고 있어 평가의 객관성과 공정성을 담보하지 못하는 경우 산학협력 선도대학 평가 결과에 대해 신뢰를 하지 않을 수 있다는 우려가 제기되고 있다. 이를 개선하기 위해서는 전문적이고 객관적인 독립적 평가 전담기구를 설립하여 객관적이고 공정한 평가를 위한 기반을 마련하여야 할 필요가 있다(박주호 외, 2013). 그리고 평가 목적과 직접적인 관련이 없거나 목적이 불분명한 평가요소가 포함되어 있는 경우를 확인할 수 있는데, 2014년부터 평가지표 중 가점으로 포함된 창조경제 기반구축 및 활동 실적과 계획에 대한 내용과 대학구조개혁 실적과 계획에 관한 항목을 그 예로 들 수 있다. 해당 지표의 합목적성이 갖추어지지 않았다는 점도 문제이지만, 대학 구조개혁의 취지대로라면 부실대학 정원이 더 많이 감축되는 방향으로 운영되어야 마땅하나 대학구조개혁 실적을 재정지원사업과 연결하여 되려 재정지원을 받기 위해 상대적으로 우수한 대학의 정원이 감축되는 결과를 초래하고 있으므로 이에 대한 개선이 필요하다.

(3) 평가 과정 및 방법 측면: 지역사회 참여 제고 방안 고민해야

평가 과정 측면에서 LINC 평가는 평가가 도입된 첫해부터 기본계획 공고, 사업설명회 개최, 사업계획서 접수, 평가 실시, 예비발표 및 이의제기 접수 실시, 최종 결과 발표 순서로 이어지는 평가 일정을 6개월 안에 소화해 내고 있다. 이와 같이 **빠듯한** 일정은 비단 LINC 평가만의 문제가 아니라 다른 대학재정지원사업에도 적용되는 문제이다. 물론 사업 기본계획이 공고되기까지 공청회나 전문가협의회 등을 통하여 여론을 수렴하기는 하지만, 기본계획이 발표된 직후부터 사업계획서 접수 마감까지의 기간은 대략 2개월 정도로, 평가를 준비하는 대학 입장에서는 기본계획에 대하여 충분히 숙지하고 추가적으로 발생하는 질문에 대한 대답을 듣기에 충분하지 않은 시간이다. 이의제기 접수 역시 7일간 실시되기 때문에 형식적으로 운영될 가능성이 높은 실정이다. 따라서 교육부는 평가 대상인 대학의 입장을 고려하여 평가 추진 일정을 여유 있게 운용할 필요가 있다.

다음으로 평가 방법 측면에서 LINC 평가는 평가가 도입된 첫해부터 지금까지 정량평가, 정성평가, 최종심의 등 3단계 절차를 유지하고 있어 비교적 안정성이 확보된 편이다. 다만, 한 가지 아쉬운 점은 LINC 2단계 평가 시기까지 유지되었던 산업체 대상 설문평가가 LINC+ 평가에서 제외되었다는 점이다. 지난 1월 교육부가 발표한 LINC+ 사업 기본계획에도 산업체 대상 설문평가를 중단한 이유는 설명되어 있지 않다. LINC 평가는 평가 목적과 비전을 고려할 때 지역산업과의 협력이 무엇보다도 중요하다. 이에 따라 평가위원회 구성 시 산업계 인사를 대거 포함시킨다고는 하지만, 구성 비율은 전체 구성원 가운데 20% 수준에 불과하고 이들이 지역사회 수요를 전적으로 대변한다고도 장담하기 어렵다. 평가 목적에서 언급한 바와 같이 산업의 개념적 범위를 지역산업 및 지역사회로 확대할 때 지역사회 인사들이 평가 과정에 참여하는 방식은 보다 다변화되어야 하고 지역사회의 의견을 수렴하는 작업 역시 보다 체계적으로 이루어져야 할 것이다.

제3장 대학 특성화(CK) 평가

1 평가 배경 및 변천 과정

고등교육 제도 개혁을 위하여 세계 각국은 국가적 수준에서 노력을 기울이고 있다. 이는 지식 생산의 중심지인 대학이 국가경쟁력 강화에 결정적으로 기여한다는 사회적인 믿음과 가시적으로 나타난 성과 등이 복합적으로 결합하여 나타나는 현상이다. 우리나라도 이와 유사한 인식 아래 대학을 특성화하기 위한 노력을 지속적으로 기울여 왔다. 교육인적자원부(2005. 5.)에 따르면 우리나라의 대학 특성화 정책은 시기별로 크게 ① '80년대 이전: 정부주도 특성화기, ② '80~'90년대 중반: 특성화 답보기, ③ '90년대 중반 이후: 특성화 기반 조성기를 거치며 발전해 왔다. 90년대 중반에 5.31 교육개혁방안이 발표된 이후로 특성화와 연계한 재정지원사업이 시행되면서, 한정된 예산으로 대학의 특성화를 지원하기 위한 평가가 본격적으로 시작되었다.

	'80년대 이전	'80~'90년대 중반	'90년대 중반 이후
시대 구분	정부주도 특성화기 경제성장에 필요한 산업인력 양성	특성화 답보기 대학진학욕구 수용에 따른 양적 팽창	특성화 기반조성기 특성화와 연계한 재정지원사업 확대
정원 정책	• 정부가 산업 인력수요 고려하여 정원결정(계획적 정원관리) - 정부가 필요한 만큼 정원규모 조정	• 정부가 국민의 대학 진학 욕구 반영하여 정원결정(사회 수요적 정원관리) - 대학정원 대폭 확대	• 대학에 정원 자율책정 권한 부여 - 교육여건과 연계한 자율조정 - 수요가 적은 분야의 정원감축 유도
재정 지원 정책	• 국가전략산업분야에 집중 지원 - 국책공과대학사업 ※ 경북대(전자), 부산대(기계)	• 특성화 투자보다 대학 기본 교육여건 확충에 중점	• 특성화 촉진 위한 재정지원 본격화(선택과 집중 방식) ※ 8년('96~'03)간 9개 사업에 2조여 원 투입

[그림 3-1] 대학 특성화 정책 이력

출처: 교육인적자원부(2005. 5.).

　1995년 5.31 교육개혁방안이 발표된 이후로 2003년까지 4년제 대학을 대상으로 한 재정지원 사업은 대학의 소재 지역 구분 없이 공·사립대 특성화 지원사업, 국립대학 발전계획 추진사업, 지방대학 육성사업 등이 있었다. 그러다 2004년부터 비수도권 대학에 대한 사업이 지방대학 혁신역량 강화(New University for Regional Innovation, NURI)사업으로 통·폐합됨에 따라 대학 특성화 사업은 크게 비수도권 대학을 대상으로 하는 지방대학 혁신역량 강화사업과 수도권 대학을 대상으로 하는 수도권 대학 특성화 지원 사업으로 정비되었다(김환식, 2005). 이는 2003년 8월 당시 교육혁신위원회에서 발표한 「교육인적자원개발 혁신 로드맵」에 근거한 결정으로, 모든 대학에 지원하는 일반지원 방식에서 선택과 집중에 의한 선별지원 방식으로 전환하여 대학평가와 재정지원의 전문성과 체계성을 강화하겠다는 정부의 의지가 반영된 결과였다(이수연, 2017: 126).

　이후 2007년 6월 26일 교육인적자원부가 발표한 「고등교육의 전략적 발전방안」에 의하여 대학 특성화 사업 체계는 다시 한번 크게 변동되었다. 당시 교육인적자원부는 여전히 인재의 수도권 집중 경향이 심하고 대학의 산업 현장적합도가 저조한 만큼 현행 지방대학 혁신역량 강화사업과 수도권 대학 특성화 지원 사업의 기조를 계승할 필요가 있다고 보았다. 다만, 「고등교육의 전략적 발전방안」을 발표한 이후 약 한 달 뒤인 2007년 7월 30일에는 이를 실행에 옮기기 위한 「'08년 고등교육재정 1조 원 투자계획」을 발표하였는데, 대학평가와 재정지원의 전문성과 체계성을 강화함과 동시에 대학의 재정운용 자율성을 확대한다는 이유로 우수인력양성대학 교육역량 강화사업을 신설하여 기존의 지방대학 혁신역량 강화사업과 수도권 대학 특성화 지원 사업을 해당 사업에 포함시켜 실시하였다.

2008년 당시 우수인력양성대학 교육역량강화사업이라는 이름으로 시작되어 추진되어 오던 대학 특성화 지원 사업은 다시 2014년을 기점으로 이전과 같이 대학 소재지를 기준으로 나뉘었다. 사업명은 지방대학과 수도권 대학을 지역과 국가의 창조경제 조성 주역 (University for Creative Korea)으로 육성·지원한다는 의미를 담아 각각 CK-I, CK-II 사업으로 지어졌다(교육부, 2014. 2.a; 2014. 2.b). 당시 교육부는 CK 사업 시행계획을 발표하면서, 세계 고등교육이 계속 양적으로 팽창하고 있는 만큼 '소수의 강한 대학 육성'이 아닌 '다수의 강한 대학 육성'으로 대학 특성화 지원 전략을 새롭게 수립할 필요가 발생하였다고 밝혔다. 이에 지역의 피폐화로 이어지는 대학의 위기를 막고자 재정 투입 측면에서 교육여건과 산출 결과에 초점을 두어 대학 전반의 교육 내용과 과정에 대한 질적인 개선을 이끌어 내겠다고 발표하였다.

2014년 2월에 발표된 CK-I, CK-II 사업 시행계획에 따르면 2014년도 CK-I 사업과 CK-II 사업 예산은 각각 2,031억 원과 546억 원이 투입되었다. 사업 유형은 CK-I 사업의 경우 대학자율 유형, 국가지원 유형, 지역전략 유형으로 나누어졌으며, CK-II 사업의 경우 대학자율 유형과 국가지원 유형으로만 나뉘었다. 대학자율 유형은 대학이 스스로의 여건과 지역적 특성을 고려하여 모든 학문 분야에 대해 자율적으로 특성화할 분야를 선택하여 지원하는 유형이었다. 사업단은 대·중·소형으로 자율적으로 구성하고, 대학 규모별 사업단 수와 총 지원액 범위 내에서 자율적으로 선택 가능하였다.[1] 국가지원 유형은 학문 간 균형 발전과 고등교육의 국제화를 위해 인문, 사회, 자연, 예체능 계열 및 국제화 분야를 별도로 특성화 지원하는 유형이었다. 이는 대학 규모별로 2~4개 사업단을 지원 대상별 제한 범위 내에서 자율적으로 신청하도록 하였다.[2] 마지막으로 CK-I 사업에

---

1) 정부는 대형 사업단에 20억 원 이상, 중형 사업단에 10~20억 원, 소형 사업단에 10억 원 미만의 예산이 배정되고, 대규모 대학은 5개 사업단에 총 50억 원, 중규모 대학은 4개 사업단에 총 40억 원, 소규모 대학은 3개 사업단에 총 30억 원까지 지원된다고 고시하였다(교육부, 2014. 2.a; 2014. 2.b).
2) 학교규모별 신청 가능 사업단은 대규모 4개, 중규모 3개, 소규모 2개로 제한되었으며, 지원 대상별 사업비 단가 범위는 인문, 사회, 자연, 예체능 계열의 경우 최대 3억 원, 국제화 분야의 경우 최대 10억 원으로 한정되었다. 이때, 국제화는 대학당 1개만 신청 가능하도록 하였고, 대학원 연계 참여를 허용하였다(교육부, 2014. 2.a; 2014. 2.b).

만 포함된 지역전략 유형은 지역사회에서의 부가가치 창출을 위하여 대학이 지역 연고 산업과 연계한 특성화 분야를 지원하는 유형이었다. 해당 유형의 경우 대학별로 1개 사업단만 신청 가능하도록 하였고, 타 대학 간 네트워크(주관대학–협력대학)를 맺어 신청하는 경우에는 기본 지원단가 20억 원의 30%를 가산하여 신청 가능하였다. 국가지원 유형에서 국제화 분야에 한해 대학원 연계 참여를 허용한 것과 같이 지역전략 유형 역시 대학원 연계 참여를 허용하였다. 이상의 내용을 표로 정리하면 〈표 3–1〉과 같다.

〈표 3–1〉 사업 유형별 신청 사업단 및 신청 가능액

구분		대학자율			국가지원			지역전략	합계		
성격		대학의 자율적 특성화 집중 육성			인문/사회/예체능/ 자연/국제화			지역 연고 산업 연계 특성화	(CK–I) 3개 유형 (CK–II) 2개 유형		
CK–I	대학규모	대	중	소	대	중	소	대학별 1개	대	중	소
	사업단 수	5개	4개	3개	4개	3개	2개		10개	8개	6개
	신청 가능액	50억	40억	30억	12~ 19억	9~ 16억	6~ 13억	20~26억 (대학 간 연계 30% 가산)	82~ 95억	69~ 82억	56~ 69억
CK–II	대학규모	대	중	소	대	중	소	해당 없음	대	중	소
	사업단 수	5개	4개	3개	4개	3개	2개		9개	7개	5개
	신청 가능액	50억	40억	30억	12~ 19억	9~ 16억	6~ 13억		62~ 69억	49~ 56억	36~ 43억

* 대규모 대학: 1만 명 이상, 중규모 대학: 5천~1만 명, 소규모 대학: 5천 명 미만(재학생 기준)
** 분교는 별도의 학교로 인정하여, 사업단 수 및 신청 가능액을 본교와 구분하여 신청 가능.
※ 2014년도 CK–I, CK–II 시행계획에 제시된 표를 종합·재구성함.

2014년 2월 CK 사업 시행계획이 발표된 이후로 그해 5월과 6월에는 신청 대학 및 사업단을 대상으로 선정평가가 실시되었으며, 최종 선정 결과는 7월에 발표되었다. 전국 195개 4년제 대학 중 총 160개 대학에서 989개 사업단이 사업신청서를 제출하였으며, CK–I 사업에서는 80개 대학에서 265개 사업단이 최종 선정되었고, CK–II 사업에서는 28개 대학에서 77개 사업단이 최종 선정되었다. 이에 대해 정부는 지방대학은 전체 126개 대학 중 80개 대학이 선정되어 63%의 대학이 지원을 받는 반면, 수도권 대학은 69개 대학 중 28개 대학이 선정되어 41%의 대학이 지원을 받게 되었다고 설명하였다. 한편, 사업 유형별로 보면 대학자율 유형이 154개 사업단, 국가지원 유형이 176개 사업단, 지

역전략 유형이 12개 사업단으로, 당초 계획과 달리 국가지원 유형이 대학자율 유형보다 많이 선정되었다(교육부, 2014. 7. 1.).

이처럼 2014년에 시작된 CK 사업은 2018년을 끝으로 종료되었으며, 2018년까지 5년 간 총 1조 2천억 원 이상이 투자된 것으로 예측되고 있다. 2014년에 선정된 사업단은 사업기간 2년이 지난 2016년도에 중간평가를 받았으며, 평가 결과 하위 30%에 해당된 90개 사업단은 신규 신청 사업단과 함께 재차 평가를 받았다. 그 결과, 90개 사업단에서 27개 사업단만이 재선정되었고 62개 사업단이 신규 진입하여 2018년까지 지원을 받게 되었다(교육부, 2016. 5. 31.; 2016. 9. 5.). 2016년에 실시된 중간평가를 통과한 사업단은 사업이 종료될 때까지 연차평가, 성과평가, 종합평가를 받게 된다.

2 평가 목적 및 의의

1) 평가목적

CK-I 사업과 CK-II 사업으로 나누어 시행계획을 발표하였지만, 전체적인 사업 비전 도는 대동소이하다. [그림 3-2]에서 보면 비전과 정책목표는 동일하게 제시되었고, 추진 전략만 소폭 다르게 기술되었다. 가령, 세 번째 추진전략인 '지역 산업체 및 범부처 사업 연계' 전략의 경우 CK-I 사업 비전도에만 포함되었다.

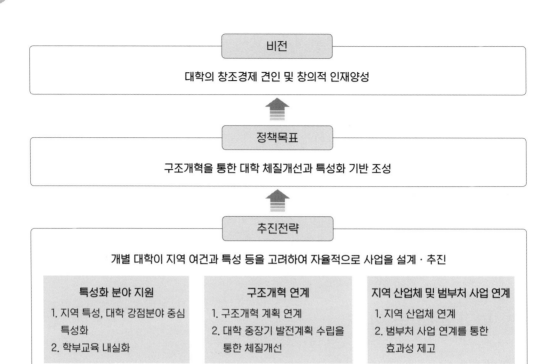

[그림 3-2] 대학 특성화(CK) 사업 비전도

※ '지역 산업체 및 범부처 사업 연계' 전략은 CK-I 사업 비전도에만 제시되어 있음.
※ 2014년도 CK-I, CK-II 시행계획에 제시된 표를 종합 · 재구성함.

상술하면, CK 사업을 통해 달성하고자 하는 비전은 대학이 창조경제를 견인하고 창의적 인재를 양성하는 기관으로 거듭나게 하는 데 있다. 이를 위해 정부는 대학의 학부교육 내실화 노력과 다양한 학문분야 활성화 노력을 지원한다고 밝혔다. 이때, 학부교육 내실화 노력을 지원한다는 대목은 과거 학부 수준에서 대학의 질 제고를 꾀하였던 우수인력양성대학 교육역량강화 사업의 성격이 남아 있는 부분이다. 동시에 이는 CK 사업이 BK 사업과 같이 대학원 수준에서의 특성화를 지원하는 방향이 아니라 학부 수준에서의 특성화 노력을 지원하는 방향으로 설계되었음을 가리킨다.

정책 목표 역시 '구조개혁을 통한 대학 체질 개선과 특성화 기반 조성'으로, CK 사업 목적이 학부 수준 개선에 있음을 명확하게 보여 준다. 이에 대해 정부는 학령인구 감소에 대비하여 정원을 감축하고 사회적 변화를 수용하여 학사 구조를 개편하는 등 대학의 체질 개선을 유도하여 특성화 기반을 구축하겠다고 밝혔다. 한편, 이를 위한 추진전략으로는 CK-I 사업의 경우 세 가지 전략이, CK-II 사업의 경우 두 가지 전략이 제시되었다. 공통적으로 제시된 전략은 '특성화 분야 지원'과 '구조개혁 연계'로, '특성화 분야 지원'과

관련하여 정부는 재정 투입에 따른 특성화 여건과 결과 외에도 교육과정 변화 여부에 초점을 맞추어 평가하겠다고 밝혔다. CK-I 사업에만 제시된 세 번째 추진전략인 '지역 산업체 및 범부처 사업 연계' 전략에 대해서는 지역의 연고 산업과 연계하여 새로운 부가가치, 일자리, 성장 동력을 만들고, 지역주민과 함께하는 지역사회 문화를 창출하는 데 주력하겠다고 밝혔다.

2) 평가의의

2000년대 이후 대학 특성화의 의미는 정부의 공식 발표에서 개념적 일관성을 찾아볼 수 있다. 즉, 특성화된 전문화된 대학으로 전환하여 사회수요에 부응하는 인력 양성 체제 구축을 목표로 하고 있고, 이는 대학 구조개혁의 4대 목표 중 하나이다(교육인적자원부, 2004. 12.). 이와 같이 대학 특성화는 대학의 경쟁력을 결정하는 데 중요한 요소이고, 대학 구조개혁평가는 특성화 분야로의 지역 및 학내 자원을 재배분하여 대학 특성화를 장착하기 위한 하나의 전략이다(교육인적자원부, 2005. 5.). 이러한 대학 특성화의 의미를 바탕으로 그 의의를 살펴보면 다음과 같다.

첫째, 대학 특성화는 대학의 경쟁력 강화를 위한 대학의 변화를 촉구하기 위한 전략과 추진목표를 내세우고 있다. 특히 대학 구조개혁과 연계하여 대학의 변화 노력과 집중력을 응집시키는 노력이고, 궁극적으로 특성화를 통해 대학의 경쟁력을 제고하기 위한 의의를 가진다.

둘째, 경쟁력이 있는 학문분야를 선정하여 집중·육성하는 특성화를 통해 학문의 다양성을 지켜 나갈 수 있다. 대학 특성화는 대학의 여건과 역량, 설립이념 등에 따라 학문분야별(생명공학, IT 등), 기능유형별(연구중심, 교육중심 등) 등 다양한 유형이 있을 수 있다. 따라서 대학이 특성화를 통한 발전모델을 자체적으로 개발하여 이러한 특성화의 의의를 더욱 확장시킬 수 있다.

셋째, 대학별 여건과 역량을 고려하여 세계적 수준의 교육연구 역량을 갖출 수 있도록 조장하는 역할을 할 수 있다. 특정 대학은 이미 경쟁력을 갖추고 있기 때문에 별도의 특성화 추진이 불필요하다는 주장도 있다. 이러한 의견은 대학별로 여건과 역량이 다르기 때문에 발전 전략에도 차이가 있을 수 있음을 말한다. 이러한 발전 여건과 고등교육의 국제화 추세를 감안할 때 상대적 강점이 있는 분야나 전략적으로 육성이 필요한 분야가 있을 수 있다. 이러한 우수 특정 분야는 특성화를 통해 세계적 수준의 교육연구 역량을 갖출 수 있도록 도움이 되는 촉매제 역할을 할 수 있다.

이와 같이 대학 특성화는 대학 사회 전체의 경쟁력 향상을 위한 분위기를 조장하고, 무엇보다 학문적 다양성과 특수성을 감안하여 발전 방안을 마련하고 있다. 또한 대학별 여건을 고려하여 단과대학, 종합대학, 연구중심 대학 등 각 대학의 발전 여건에 따라 세계적인 수준의 대학으로 성장할 수 있도록 지원하는 데 그 의의가 있다.

③ 평가 영역 및 지표

2014년 2월 CK 사업 시행계획 발표 당시 교육부는 각 대학 · 사업단의 사업 추진 성과를 체계적으로 관리하기 위하여 선정평가 실시 이후에도 연차평가, 중간평가, 종합평가를 실시할 계획임을 밝혔다. 이에 따라 교육부는 사업 첫해인 2014년도에 선정평가를 실시하였고, 2015년도에는 사업 1차년도에 대한 연차평가를 실시하였으며, 2016년도에는 중간평가라는 명칭 아래 기존 사업단의 2차년도 사업 추진 실적을 점검하는 성과평가를 우선 실시하고 하위 30%에 해당된 기존 사업단과 신규 사업단을 대상으로 재선정평가를 실시하였다. 이어 2017년도에는 2014년도와 마찬가지로 사업 3차년도에 대한 연차평가를 실시하였으며, 2018년도에는 사업이 종료되는 만큼 종합평가라는 명칭 아래 사업 전체연도에 대한 평가 결과가 11월 말에 발표되었다. 이하 본문에서는 선정평가, 중간평가, 연차평가, 종합평가 순으로 그 평가 영역과 지표를 살펴보도록 하겠다.

1) 선정평가

기본적으로 선정평가는 평가 대상과 내용에 따라 유형화되었다. 대상은 크게 대학 평가와 특성화 사업단 평가로 나뉘어 각각 30점과 70점이 배점되었고, 내용은 특성화 여건과 계획 평가로 나뉘어 각각 50점씩 배점되었다. 다만, 〈표 3-2〉와 같이 사업 유형별로 평가 영역 및 지표, 그리고 배점에는 미미한 차이가 있었다.

〈표 3-2〉를 자세히 살펴보면, 첫 번째 평가 영역인 대학의 기본 여건 영역에는 ① 재학생 충원율, ② 전임교원 확보율, ③ 교육비 환원율, ④ 장학금 지급률, ⑤ 등록금 부담 완화 지수, ⑥ 학사관리 및 교육과정 운영, ⑦ 교수 · 학습 및 학생 지원 실적 등 총 7개 지표가 포함되었으며 총점 15점이 배점되었다.

두 번째 영역인 대학의 제도 혁신 및 사업단 지원 계획 영역에는 ① 대학 비전과 전략 및 특성화 계획, ② 사업단 선정 및 지원/육성 계획과 대학전체 특성화 계획과의 정합성, ③ 학부교육 내실화 및 체계적 학사관리, ④ 교수 · 학습 및 학생 지원 계획, ⑤ 학부교육

여건 개선 계획, ⑥ 학부교육 특성화를 위한 학사구조 개편 및 구조개혁 등 실적, ⑦ 대학 전체 구조개혁의 정합성, ⑧ 학내 거버넌스 및 인사/행정제도 혁신 등 총 8개 지표가 포함되었으며 총점 15점이 배점되었다.

〈표 3-2〉 CK 사업 선정평가 영역 및 지표

대학 기본여건 및 향후계획 평가지표

하위영역	세부 심사항목	배점
1. 기본여건 (15점)	1.1. 재학생 충원율	3
	1.2. 전임교원 확보율	2
	1.3. 교육비 환원율	2
	1.4. 장학금 지급률	1
	1.5. 등록금 부담 완화 지수	3
	1.6. 학사관리 및 교육과정 운영	3
	1.7. 교수·학습 및 학생 지원 실적	1

특성화 역량 평가지표

하위영역	세부 심사항목	대학자율 I (공학제외)	대학자율 II 일반	대학자율 II 공학	국가지원 I 일반	국가지원 II 일반	국제화	지역전략 (공학포함)
3. 특성화 여건 (35점)	3.1. 특성화분야 전임교원 확보의 적정성							
	① 특성화분야 전임교원 확보율		5				*	5
	② 전임교원 확보의 질 담보		1				*	1
	3.2. 특성화분야 전임교원 강의비율	6	5	6			*	5
	3.3. 특성화분야 재학생 충원율	8	6	8			*	6
	3.4. 특성화 분야 취업의 적정성							
	① 특성화분야 취업률	7	6				*	6
	② 지난 3년간 학부생 진로 현황	1			3		*	1
	3.5. 특성화 분야 학부교육 특성화 및 내실화 실적							
	① 특성화 교육과정 구성 및 운영 실적	2	1		3		*	1
	② 교수·학습 및 학생 지원 실적	2	1		3		*	2
	③ 특성화분야에 대한 대학의 투자 실적	1			3		*	1
	3.6. 참여 인력의 구성과 역량	2			3		5	2
	3.7. 산학협력 실적		3				*	3
	3.8. 취·창업 지원 실적		2				*	2

평가영역	평가지표	배점
2. 제도혁신 및 사업단 지원 계획 (15점)	2.1. 대학의 목표와 비전	
	① 대학 비전과 전략 및 특성화 계획	1
	② 사업단 선정 및 지원/육성 계획과 대학전체 특성화 계획과의 정합성	3
	2.2. 학부교육 내실화 계획	
	① 학부교육 내실화 및 체계적 학사 관리	1
	② 교수·학습 및 학생 지원 계획	1
	③ 학부교육 여건 개선 계획	1
	2.3. 대학 전체 시스템 개혁 방안	
	① 학부교육 특성화를 위한 학사구조 개편 및 구조개혁 등 실적 (최근 3년)	3
	② 대학 전체 구조개혁의 정합성(학과통폐합 포함)	2
	③ 학내 거버넌스 및 인사/행정 제도 혁신	3
기본여건 및 향후계획 합계		30

평가영역	평가지표					
4. 특성화 계획 (35점)	4.1. 사업단의 비전과 특성화 계획					
	① 사업단의 교육비전과 특성화 논거 및 계획	4	5	8	5	6
	② 사업단에 대한 재정지원 이력과(정부 재정지원사업 포함)특성화 계획의 정합성	2				
	③ 사업단 재정집행 계획의 적절성(타사업과 연계 포함)	3	4	3	4	3
	4.2. 교육과정 구성 및 운영 계획					
	① 특성화 방향에 부응하는 교육과정 구성·운영 계획	3	4	3	4	2
	② 전공교과 질 제고를 위한 행·재정 지원 계획	3	4	3	4	2
	4.3. 학부생 양성 및 지원 계획					
	① 학생 선발·양성 및 진로·취업 질 제고 등 계획	4	2		4	2
	② 학부생에 대한 각종 행·재정 지원 등	3	2		3	2
	4.4. 학부교육 내실화 및 지원 인프라 확충 계획					
	① 교수·학습 지원 및 교육 질 관리 체계 내실화	4	2		4	2
	② 특성화 분야 여건 등 개선 계획	4	5	3	5	2
	4.5. 지역사회 및 산업에 대한 기여도	5				5
	4.6. 산학협력 계획			7		7
특성화 역량 합계		70				

※ 대학자율 유형에서 공학 계열은 CK-I 사업의 경우 지역전략(Ⅲ유형)의 평가지표 및 배점 구성을 따르며 CK-II 사업의 경우 배점이 상이함.

※ 국가지원 유형에서 국제화 분야 지표는 CK-I 사업과 CK-II 사업이 동일하며, 특성화 여건 대신 국제화 여건 관련 지표를 별도로 적용함.

※ 2014년도 CK-I, CK-II 사업 시행계획에 제시된 표를 종합·재구성함.

세 번째 영역인 특성화 여건 영역을 살펴보면, 사업 유형을 막론하고 ① 특성화분야 전임교원 확보율, ② 전임교원 확보의 질 담보, ③ 특성화분야 전임교원 강의비율, ④ 특성화분야 재학생 충원율, ⑤ 지난 3년간 학부생 진로 현황, ⑥ 특성화 교육과정 구성 및 운영 실적, ⑦ 교수·학습 및 학생 지원 실적, ⑧ 특성화분야에 대한 대학의 투자 실적, ⑨ 참여 인력의 구성과 역량 등 9개 지표가 공통적으로 적용되었다. 물론 사업 유형별로 배점 차이는 있었다. 반면, 특성화분야 취업률 지표는 국가지원 유형에 적용되지 않았으며, 산학 협력 실적 지표와 취·창업 지원 실적 지표는 CK-I 사업의 지역전략 유형과 CK-II 사업의 대학자율 유형 중 공학계열에만 적용되었다.

　마지막으로 네 번째 영역인 특성화 계획 영역을 살펴보면, 사업 유형을 막론하고 ① 사업단의 교육비전과 특성화 논거 및 계획, ② 사업단에 대한 재정지원 이력과 특성화 계획의 정합성, ③ 사업단 재정집행 계획의 적절성, ④ 특성화 방향에 부응하는 교육과정 구성·운영 계획, ⑤ 전공교과 질 제고를 위한 행·재정 지원 계획, ⑥ 학생 선발·양성 및 진로·취업 질 제고 등 계획, ⑦ 학부생에 대한 각종 행·재정 지원, ⑧ 교수·학습 지원 및 교육 질 관리 체계 내실화, ⑨ 특성화 분야 여건 등 개선 계획 등 9개 지표가 공통적으로 적용되었으며 배점상의 차이는 있었다. 반면, 지역사회 및 산업에 대한 기여도 지표는 CK-I 사업에서 대학자율 유형과 지역전략 유형에만 적용되었으며, 산학협력 계획 지표는 CK-I 사업의 지역전략 유형과, CK-I 사업 및 CK-II 사업의 대학자율 유형 중 공학계열에만 적용되었다.

　이처럼 첫 번째 영역과 두 번째 영역은 해당 대학 내 사업단이 특성화를 안정적으로 추진하는 데 필요한 기본적인 토대가 마련되어 있는지를 점검하는 차원이었기 때문에, 사업단의 특성화 여건과 특성화 계획을 평가하는 세 번째 영역과 네 번째 영역에 비해 비중도 30%로 작고 사업 유형별로 배점에 차이가 주어지지 않았다. 바꾸어 말하면, 세 번째 영역과 네 번째 영역은 사업단의 특성화 역량을 측정하는 만큼 사업 유형별로 적용되는 평가 지표와 배점 구성에 차이가 분명했고, 몇 가지 지표가 추가로 적용되거나(지역전략 유형, 공학계열 해당) 기존에 특성화 여건에 포함된 지표 대신 새로운 지표가 적용되기도 하였다(국제화 분야 해당).

　국제화 분야에 대한 부연 설명을 이어가면, 국제화 분야의 경우에는 세 번째 영역인 특성화 여건 영역을 국제화 여건으로 대체하였다. 배점은 기존의 특성화 여건 영역에 주어진 35점 그대로 적용되었으나, 지표가 대폭 교체 적용되었다. 상술하면, 국제화 여건 영역에 포함된 지표는 ① 외국인 전임교원 수 및 비율(2점), ② 해외 파견 학생 수 및 비율(2점), ③ 국내 유치 교환학생 수 및 비율(4점), ④ 외국인 유학생 순수 충원 수 및 비율

(4점), ⑤ 외국인 유학생의 다양성(2점), ⑥ 국제화와 대학 발전의 연계 정도(4점), ⑦ 다양한 국제화 프로그램 운영 실적(6점), ⑧ 국제화 추진 및 관리 시스템의 질(6점), ⑨ 참여 인력의 구성과 역량(5점) 등 9개 지표였다. 이처럼 국제화 여건 영역은 사업단의 국제화 여건이 아닌 해당 대학 전체의 국제화 여건을 평가하는 지표로 구성되었다는 특징이 있다.

이 밖에도 정부는 다른 재정지원사업과의 연계를 높이기 위하여 가산점을 두었다. 크게 두 가지 사항에 대하여 가산점이 부여되었는데, 하나는 대학 구조개혁과 관련하여 정원 감축의 규모 및 조기 감축 여부에 따라 가산점이 차등 부여되었다. 구조개혁 방안 1주기(2015~2017학년도) 감축 인원이 2014학년도 입학정원 대비 7.4%임을 감안하여 7%를 기준으로 ±3% 범위 내로 감축 비율과 가점이 〈표 3-3〉과 같이 정해졌다. 다른 하나는 '14년 국가장학금 II유형에 참여한 대학에 대하여 2.5점의 가점이 부여되었다.

〈표 3-3〉 입학정원 감축 규모에 따른 가산점 기준

감축 시기 \ 감축 규모	10% 이상	7% 이상~10% 미만	4% 이상~7% 미만
'16학년도까지 감축 목표의 80% 감축	5점	4점	3점
'16학년도까지 감축 목표의 60% 감축	4.5점	3.5점	2.5점

출처: 교육부(2014. 2.a; 2014. 2.b).

2) 중간평가

2016년 3월 발표된 「대학 특성화사업(CK) 중간평가 추진계획」에 따라 중간평가는 크게 성과평가와 재선정평가로 구분되어 순차적으로 진행되었다. 우선은 선정평가를 거쳐 선정된 사업단을 대상으로 성과평가가 실시되었고, 성과평가 결과 하위 30%에 해당되는 사업단과 신규 진입을 희망하는 사업단을 대상으로 재선정평가가 실시되어 CK 사업 후반부 3년간 지원될 사업단이 확정되었다. 따라서 중간평가의 평가 영역 및 지표는 성과평가와 재선정평가로 나누어 살펴볼 필요가 있다.

(1) 성과평가

성과평가 당시 적용된 평가 영역 및 지표는 〈표 3-4〉와 같다. 앞서 〈표 3-2〉를 통해 살펴본 바와 같이 선정평가 당시 평가 영역은 크게 대학의 기본 여건과 향후 발전계획,

그리고 사업단의 특성화 여건과 향후 특성화 계획을 묻는 4개 영역으로 구분되었다. 반면, 평가 결과를 토대로 하위 30%에 해당되는 사업단을 선별해야 하는 평가 특성상 성과평가의 평가 영역은 오로지 대학의 사업 추진 실적과 사업단의 사업 추진 실적 등 2개 영역으로 구성되었다.

첫 번째 평가영역인 대학의 사업 추진 실적 영역에 포함된 세부 평가 지표를 살펴보면, 지표는 크게 ① 재학생 충원율 개선 정도, ② 전임교원 확보율 개선 정도, ③ 교육비 환원율 개선 정도, ④ 장학금 지급률 개선 정도, ⑤ 자율지표 개선 정도, ⑥ 대학의 특성화 지원 실적, ⑦ 학부교육 내실화 실적, ⑧ 대학 전체 시스템 개선 실적, ⑨ 대학 특성화를 위한 국고지원금 운영 실적 및 성과 등 9개 지표로 구성되었다. 이때, ⑥ 대학의 특성화 지원 실적, ⑦ 학부교육 내실화 실적, ⑧ 대학 전체 시스템 개선 실적 지표는 각각 2개, 5개, 4개 하위 지표의 합산 값으로 평가되었다. 세 지표의 배점은 각각 8점, 10점, 7점으로, 전체 30점 만점으로 계산되는 대학 사업 추진 실적 영역에서 큰 비중을 차지하였다.

두 번째 영역인 사업단의 사업 추진 실적에 포함된 세부 평가 지표를 살펴보면, 지표는 크게 ① 특성화사업단 전임교원 확보율 개선 정도, ② 특성화사업단 전임교원 강의비율 개선 정도, ③ 특성화사업단 재학생 충원율 개선 정도, ④ 특성화사업단 취업률 개선 정도, ⑤ 자율지표 개선 정도, ⑥ 교육과정 구성 및 운영 실적, ⑦ 학부생 양성 및 지원 실적, ⑧ 학부교육 내실화 및 지원 인프라 확충 실적, ⑨ 지역사회 및 산업에 대한 기여 실적, ⑩ 산학협력 내실화 실적, ⑪ 국제화 프로그램 운영 실적, ⑫ 국제화 추진 및 관리 시스템의 질 등 12개 지표로 구성되었다. 다만, 모든 평가 지표가 모든 사업 유형에 적용된 것은 아니었고, 동일한 평가 지표가 적용된 경우에도 사업 유형에 따라 배점에 차이가 있었다.

〈표 3-4〉 CK 사업 성과평가 영역 및 지표

[대학 부문] 대학 사업 추진 실적		[사업단 부문] 사업단 추진 실적						
			배점					
			대학자율		국가지원			지역전략
세부 심사항목	배점	세부 심사항목	I (공학제외)	II 일반	공학	I 일반	II 국제화	(공학 포함)
1.1. 재학생 충원율 개선 정도	0.5	2.1. 특성화사업단 전임교원 확보율 개선 정도*			1			

평가 항목	배점
1.2. 전임교원 확보율 개선 정도	0.5
1.3. 교육비 환원율 개선 정도	0.5
1.4. 장학금 지급률 개선 정도	0.5
1.5. 자율지표 개선 정도	1
1.6. 대학의 특성화 지원 실적	
① 대학발전계획에 따른 특성화 추진 실적	3
② 특성화 기반조성을 위한 지원 실적	5
1.7. 학부교육 내실화 실적	
① 학부교육 내실화 및 체계적 학사관리 실적	
가. 교육과정의 수월성 확보를 위한 학사관리와 절차의 우수성 확보실적	2
나. 학부교육 내실화를 위한 교육체제 개편	4
② 교수학습 및 학생 지원 실적	
가. 교수학습역량 제고 실적	1
나. 학생 지원 실적	1

평가 항목						
2.2. 특성화사업단 전임교원 강의 비율 개선 정도				1		1
2.3. 특성화사업단 재학생 충원율 개선 정도*			1	2	3	1
2.4. 특성화사업단 취업률 개선 정도				1		1
2.5. 자율지표 개선 정도			3			
2.6. 교육과정 구성 및 운영 실적						
① 특성화 방향에 부응하는 교육과정 구성·운영 실적						
가. 교육과정 구성·운영 실적	11	12	11	12	11	10
나. 현장·실무 연계 교육과정 운영 실적	4	3	4	3		
② 전공 교과 질 제고를 위한 행·재정 지원 실적	5			4		
2.7. 학부생 양성 및 지원 실적						
① 학부생 양성 및 진로·취업 질 제고 실적	9	12	9	12	10	8
② 학부생에 대한 각종 행·재정 지원 실적	5	6	5	6		4
2.8. 학부교육 내실화 및 지원 인프라 확충 실적						
① 교수학습 지원 및 교육 질 관리 체계 내실화 실적	4	6	5	6		4
② 특성화사업단 우수교원 확보 및 지원 실적	5	6	4	6		5
③ 특성화사업단 여건 등 개선 실적	2	4	2	4		2
④ 사업단 교원의 특성화 활동 실적						
가. 사업단 내 교원 간 역할분담 및 활동 실적	4	5	4	5		3
나. 사업단장의 책무성	1					

항목	배점	항목	배점	배점
③ 학부교육 여건 개선 실적	2	⑤ 자체평가시스템 구축 및 운영 실적	2	
1.8. 대학 전체 시스템 개선 실적		2.9. 지역사회 및 산업에 대한 기여 실적		
① 대학 전체 구조개혁 실적의 정합성	5	① 지역사회(산업) 수요를 반영한 학부생 양성 실적	5	4
가. 학부교육 특성화를 위한 학사구조 개편 실적	2	② 지역사회(산업) 수요를 반영한 교육과정 개선 실적	3	3
나. 정원감축실적의 대학 전체 특성화 방향과의 부합정도	3	③ 지역사회(산업)와의 교류 실적	3	2
② 대학 전체 인사/행정제도 혁신 실적	1	2.10. 산학협력 내실화 실적		
③ 자체평가시스템 구축 및 운영 실적	1	① 산학협력 실적	7	5
		② 현장실습 활성화 실적	3	2
		③ 지역산업과 연계된 학과(부) 특성에 맞는 산학협력협의체 구성 및 운영 실적	2	1
1.9. 대학 특성화를 위한 국고지원금 운영 실적 및 성과	2	2.11. 국제화 프로그램 운영 실적(사업단 단위, 대학원 제외)		
		① 교류 프로그램 운영 실적		
		가. Inbound 프로그램 추진 실적	3	
		나. Outbound 프로그램 추진 실적	3	
		② 기타 국제화 프로그램 운영 실적	3	
		2.12. 국제화 추진 및 관리 시스템의 질(대학 단위)	3	
합계	30	합계	70	

※ 대학자율 유형에서 공학 계열은 CK-I 사업의 경우 지역전략(III유형)의 평가지표 및 배점 구성을 따르며 CK-II 사업의 경우 배점이 상이함.

※ 국가지원 유형에서 국제화 분야 지표는 CK-I 사업과 CK-II 사업이 동일하며, 별표 표시한 지표는 국제화 여건 관련 지표를 별도로 적용함. 즉, '특성화사업단 전임교원 확보율 개선 정도' 대신 '외국인 전임교원 비율 개선정도'를, '특성화사업단 재학생 충원율 개선정도' 대신 '해외 파견 학생 비율 개선정도(1점)'와 '국내 유치 학생 비율 개선정도(2점)'를 적용함.

※ 2016년도 CK-I, CK-II 사업 중간평가 공청회 자료에 제시된 표를 종합·재구성함.

(2) 재선정평가

재선정평가 당시 적용된 평가 영역 및 지표는 〈표 3-5〉와 같다. 〈표 3-5〉와 같이 재선정평가의 평가 영역과 영역별 배점은 선정평가와 동일하였다. 다만, 평가 지표가 일부 추가되면서 지표별 배점에 소폭 변동이 있었다.

평가 영역별로 추가된 지표를 차례대로 살펴보면, 첫 번째 평가 영역인 대학의 기본 여건 영역에서는 과거 선정평가 당시 ⑦ 교수·학습 및 학생 지원 실적 지표가 ⑦ 교수·학습 역량제고 및 학생 지원 실적 지표로 명칭이 변경되었다.

두 번째 영역인 대학의 제도 혁신 및 사업단 지원 계획 영역은 선정평가 지표와 비교할 때 다음의 변화가 있었다. 첫째, 대학 비전과 전략 및 특성화 계획 지표의 배점이 1점에서 2점으로 확대되었다. 둘째, 교수·학습 및 학생 지원 계획 지표의 배점이 1점에서 3점으로 확대되었다. 셋째, K-MOOC 활용 및 개발·계획 지표가 신설되었다. 넷째, 학부교육 여건 개선 계획 지표의 배점이 1점에서 0.5점으로 조정되었다. 다섯째, 학부교육 특성화를 위한 학사구조 개편 및 구조개혁 등 실적 지표의 배점이 3점에서 2점으로 하향 조정되었다. 여섯째, 학내 거버넌스 및 인사/행정제도 혁신 지표의 배점이 3점에서 0.5점으로 크게 축소되었다.

세 번째 영역인 사업단의 특성화 여건 영역에서는 크게 공학계열과 국제화 분야에서 변동이 있었다. 먼저, CK-II 사업 대학자율 유형 중 공학계열에 적용된 지표 일부에 배점 변동이 있었다. 교수·학습 및 학생 지원 실적 지표의 배점은 1점에서 2점으로 상승하였고, 참여 인력의 구성과 역량 지표의 배점은 3점에서 2점으로 하락하였다. 이어서 국제화 분야의 경우에는 선정평가 지표와 비교할 때 외국인 유학생의 다양성 지표의 배점이 2점에서 3점으로 상승하였고, 참여 인력의 구성과 역량 지표에서 '역량'이라는 용어 대신 '현황'이라는 용어로 수정되었다.

네 번째 영역인 사업단의 특성화 계획 영역에서는 산학협력 계획의 세부지표로 사회 수요 맞춤형 인력양성을 위한 지역산업과의 연계·협력 활성화 계획 지표가 신설되었다. 이에 따라 해당 지표를 적용받는 사업 유형의 경우, 사업단 재정집행 계획의 적절성 지표의 배점이 당초 3점에서 2점으로 조정되었다.

〈표 3-5〉 CK 사업 재선정평가 영역 및 지표

대학 기본여건 및 향후계획 평가지표

하위영역	세부 심사항목	배점
1. 기본여건 (15점)	1.1. 재학생 충원율	3
	1.2. 전임교원 확보율	2
	1.3. 교육비 환원율	2
	1.4. 장학금 지급률	1
	1.5. 등록금 부담 완화 지수	3
	1.6. 학사관리 및 교육과정 운영	3
	1.7. 교수·학습 역량 제고 및 학생 지원 실적	
	① CTL·프로그램 유무	0.6
	② 학생·진로상담 시스템 구축 여부	0.4

특성화 역량 평가지표

하위영역	세부 심사항목	배점 — 대학자율 I (공학제외)	배점 — 대학자율 II 일반	배점 — 국가지원 공학	배점 — 국가지원 일반	배점 — 국제화	배점 — 지역전략 (공학포함)
3. 특성화 여건 (35점)	3.1. 특성화분야 교원 확보의 적정성						
	① 특성화분야 전임교원 확보율			5		*	5
	② 전임교원 확보의 질 담보			1		*	1
	3.2. 특성화분야 전임교원 강의비율	6	5	6		*	5
	3.3. 특성화분야 재학생 충원율	8	6	8		*	6
	3.4. 특성화분야 취업의 적정성						
	① 특성화분야 취업률	7	6			*	6
	② 지난 3년간 학부생 진로 현황		1	3		*	1
	3.5. 특성화분야 학부 교육 특성화 및 내실화 실적						
	① 특성화 교육과정 구성 및 운영 실적	2	1	3		*	1
	② 교수·학습 및 학생 지원 실적	2		3		*	2
	③ 특성화분야에 대한 대학의 투자 실적	1		3		*	1
	3.6. 참여 인력의 구성과 역량	2		3		*	2
	3.7. 산학협력 실적			3		*	3
	3.8. 취·창업 지원 실적			2		*	2

2. 제도 혁신 및 사업단 지원 계획 (15점)	항목	배점
	2.1. 대학의 목표와 비전	
	① 대학 비전과 전략 및 특성화 계획	2
	② 사업단 선정 및 지원/육성 계획과 대학전체 특성화 계획과의 정합성	3
	2.2. 학부교육 내실화 계획	
	① 학부교육 내실화 및 체계적 학사관리	1
	② 교수·학습 및 학생 지원 계획	3
	③ K-MOOC 활용 및 개발·계획	1
	④ 학부교육 여건 개선 계획	0.5
	2.3. 대학 전체 시스템 개혁 방안	
	① 학부교육 특성화를 위한 학사구조개편 및 구조개혁 실적(최근 3년)	2
	② 대학 전체 구조개혁의 정합성(학과통폐합 포함)	2
	③ 학내 거버넌스 및 인사/행정제도 혁신	0.5
기본여건 및 향후계획 합계		**30**

4. 특성화 계획 (35점)	항목					
	4.1. 사업단의 비전과 특성화 계획					
	① 사업단의 교육비전과 특성화 논거 및 계획	4	5	8	5	6
	② 사업단에 대한 재정지원 이력과(정부 재정지원사업 포함) 특성화계획의 정합성			2		
	③ 사업단 재정집행 계획의 적절성(타사업 연계 포함)	3	4	2	4	2
	4.2. 교육과정 구성 및 운영 계획					
	① 특성화 방향에 부응하는 교육과정 구성·운영 계획	3	4	3	4	2
	② 전공교과 질 제고를 위한 행·재정 지원 계획	3	4	3	4	2
	4.3. 학부생 양성 및 지원 계획					
	① 학생 선발·양성 및 진로·취업 질 제고 등 계획	4		2	4	2
	② 학부생에 대한 각종 행·재정 지원 등	3		2	3	2
	4.4. 학부교육 내실화 및 지원 인프라 확충 계획					
	① 교수·학습 지원 및 교육 질 관리 체계 내실화	4		2	4	2
	② 특성화 분야 여건 등 개선 계획	4	5	3	5	2
	4.5. 지역사회 및 산업에 대한 기여도	5				5
	4.6. 산학협력 계획					
	① 교원 산학협력 실적의 제도적 운영 방안			2		2
	② 산학협력 내실화 계획			4		4
	③ 사회수요 맞춤형 인력양성을 위한 지역산업과의 연계·협력 활성화 계획			2		2
특성화 역량 합계				**70**		

※ 대학자율 유형에서 공학 계열은 CK-I 사업의 경우 지역전략(Ⅲ유형)의 평가지표 및 배점 구성을 따르며 CK-II 사업의 경우 배점이 상이함.
※ 국가지원 유형에서 국제화 분야 지표는 CK-I 사업과 CK-II 사업이 동일하며, 특성화 여건 대신 국제화 여건 관련 지표를 별도로 적용함.
※ 교육부(2016. 6.)에 제시된 표를 종합·재구성함.

그 밖에, 가산점 체계 역시 소폭 변동이 있었다. 선정평가 당시에는 정원 감축의 규모 및 조기 감축 여부에 따라 가산점을 차등 부여하였고, '14년도 국가장학금 II유형에 참여한 대학에 대하여 2.5점의 가산점을 부여하였다. 그러나 재선정평가에서는 대학 구조개혁에 따른 정원 감축(3점), 대학의 협력적 거버넌스 운영(3점), 대학등록금 부담 완화(2점), 자유학기제(2점)에 가점을 부여하였고, 부정·비리 대학 수혜제한 기준에 따라 적게는 0.1점부터 많게는 1.5점까지 감점을 부여하였다. 가·감점 체계에 대한 구체적인 사항은 〈표 3-6〉과 같다.

〈표 3-6〉 입학정원 감축 규모에 따른 가산점 기준

지표	내용	배점
대학 구조개혁에 따른 정원감축	정원감축 권고비율을 기 이행한 대학과 '18학년도까지의 감축계획을 제출한 대학	3점
대학의 협력적 거버넌스 운영	국립대학은 총장임용후보자 선정 시 '대학구성원 참여제' 운영 여부, 사립대학은 평의원회 운영 여부	3점
대학등록금 부담 완화	국가장학금 II 유형에 참여한 대학	2점
자유학기제	대학의 자유학기제 참여 실적	2점
부정·비리대학	「부정·비리 대학 수혜제한 기준」 유형별 감점 부여 [유형 I] • 이사(장) 또는 총장에 대한 신분상 처분(임원취임승인취소, 파면, 해임)이 있는 경우 • 동일한 사유(건)로 행정처분(2차 위반)을 2회 이상 받은 대학	-1.5점
	[유형 II] • 주요 보직자에 대한 신분상 처분(파면, 해임)이 있는 경우 • 행정처분(2차 위반)을 1회 이상 받은 대학	-0.5점
	[유형 III] • 주요보직자 이상에 대한 신분상 처분(강등, 정직)이 있는 경우 • 감사원 및 교육부 감사결과에 의해 주요보직자 이상에 대한 별도 조치(고발, 수사의뢰)가 있는 경우	-0.1점

※ 교육부(2016. 3. 22.; 2017. 1.b)의 내용을 종합·재구성함.

160   제1부 정부 주도형 평가

3) 연차평가

2015년도에 첫 연차평가를 개시하면서, 교육부는 연차평가 추진 목적으로 크게 두 가지를 언급하였다. 하나는 성과지표의 달성여부, 사업관리 및 운영, 제도개선 이행 여부 등 대학 및 사업단의 추진 성과를 점검하고 개선점을 도출한다는 것이었고, 다른 하나는 1차년도 사업실적을 점검하고 그 결과를 2차년도 사업계획에 환류하여 사업성과의 안정적 산출 기반을 마련한다는 것이었다(교육부, 2015. 3.b). 이에 따라 실시된 2015년도 연차평가는 〈표 3-7〉에 제시한 점검항목을 기준으로 실시되었다. 사업의 안정적 추진을 도모한다는 연차평가의 목적에 맞게 점검항목 대부분은 선정평가 당시 적용된 평가 지표를 중심으로 구성되었다.

〈표 3-7〉 2015년도 CK 사업 연차평가 영역 및 지표

부문	구분	점검항목	내용	비고
대학	1차년도 실적	사업단과의 연계 실적	• 사업단 지원·육성 실적과 대학 전체 특성화 실적과의 정합성	
		학부교육 내실화 실적	• 학부교육 내실화 및 학사관리 실적 • 교수학습 지원 및 학생 지원 실적 • 학부교육 여건 개선 실적	
	성과 점검	핵심성과 지표 달성 여부	• 재학생 충원율, 전임교원 확보율, 교육비 환원율, 장학금 지급률	
		자율성과 지표 달성 여부	• 대학이 자율적으로 제시한 성과지표 달성 여부	
사업단	1차년도 실적	사업단 특성화 실적	• 참여학생 1인당 교육비 • 학사구조 개편 계획 대비 실적	
		교육과정 구성 및 운영 실적	• 특성화 교육과정(프로그램) 구성·운영 실적 • 전공 교과 질 제고를 위한 행·재정 지원 실적	
		학부생 양성 및 지원 실적	• 학생 선발·양성 및 진로·취업의 질 제고 실적 • 학부생에 대한 각종 행·재정 지원 실적 • 학부생 진로 현황	

	학부교육 내실화 및 지원인프라 확충 실적	• 교수·학습 지원 및 질 관리 체계 내실화 실적 • 특성화 분야 여건 등 개선 실적 • 교원 확보 실적 • 사업단 내 참여교수 간 역할분담 및 협조 체제 활성화 실적 • 자체평가시스템 구축 및 운영 실적	
	지역사회 및 산업에 대한 기여 실적	• 지역사회 및 산업에 대한 기여 실적	(CK-I) 대학자율 지역전략
	산학협력 실적	• 산학협력 내실화 실적 • LINC사업과의 차별화 운영실적(LINC참여 대학만 해당) • 취업·창업 실적	(CK-I, II) 대학자율공학 (CK-I) 지역전략
성과 점검	핵심성과 지표 달성 여부	• 특성화분야 전임교원 확보율, 전임교원 강의비율, 재학생 충원율, 취업률 • [국제화분야] 외국인 전임교원 비율, 해외 파견학생 비율, 국내 유치학생 비율	국가지원은 취업률 해당 없음
	자율성과 지표 달성 여부	• 사업단이 자율적으로 제시한 성과 지표 달성 여부	

출처: 교육부(2015. 3.b).

　이어서, 2017년도 연차평가 점검항목은 2015년도 연차평가와 2016년도 중간평가(성과평가)를 토대로 수정·보완한 뒤 전문가 협의회와 의견 수렴을 거쳐 〈표 3-8〉과 같이 확정되었다(교육부, 2017. 2.; 교육부·한국연구재단, 2017. 3. 31.). 2015년도 연차평가와 달리 2017년도 연차평가는 2016년도 중간평가(성과평가) 지표 체계를 거의 그대로 유지하였다는 점이 특징적이다. 다만, 평가영역 면에서 사업실적과 사업계획을 구분하고 그 비중을 80 대 20으로 설정한 점, 사업실적 지표와 대응되는 사업계획 지표를 신설한 점, 이에 따라 지표별로 배점이 조정된 점이 유일한 차이라 하겠다.

〈표 3-8〉 2017년도 CK 사업 연차평가 영역 및 지표(CK-I 대학자율 공학 기준)

대학 부문			사업단 부문		
하위 영역	세부 점검항목	배점	하위 영역	세부 점검항목	배점
1. 대학 3차년도 사업 실적 (24점)	1.1. 성과관리 실적		3. 사업단 3차년도 사업 실적 (56점)	3.1. 성과관리 실적	
	① 재학생 충원율 개선 정도	0.5		① 전임교원 확보율 개선 정도	1.0
	② 전임교원 확보율 개선 정도	0.5		② 전임교원 강의비율 개선 정도	1.0
	③ 교육비 환원율 개선 정도	0.5		③ 재학생 충원율 개선 정도	1.0
	④ 장학금 지급률 개선 정도	0.5		④ 취업률 개선 정도	1.0
	⑤ 자율지표 개선 정도	1.0		⑤ 자율지표 개선 정도	3.0
	1.2. 특성화 지원 실적			3.2. 교육과정 구성 · 운영 실적	
	① 대학발전계획에 따른 특성화 추진실적	2.5		① 특성화 방향에 부응하는 교육 과정 구성 · 운영 실적	
	② 대학 특성화 기반조성을 위한 지원 실적	4.0		가. 교육과정 구성 · 운영 실적	7.3
	1.3. 학부교육 내실화 실적			나. 현장 실무 연계 교육과정 운영 실적	2.3
	① 학부교육 내실화 및 체계적 학사관리 실적			② 전공교과 질 제고 위한 행 · 재정 지원	3.3
	가. 교육과정 수월성 확보 위한 학사관리와 절차의 우수성 확보 실적	1.7		3.3. 학부생 양성 · 지원 실적	
				① 학부생 선발 · 양성 및 진로 · 취업 질 제고 실적	6.0
	나. 학부교육 내실화 위한 교육체제 개편	3.2		② 학부생에 대한 각종 행 · 재정 지원 실적	3.3
	② 교수학습 및 학생 지원 실적			3.4. 학부교육 내실화 · 인프라 확충 실적	
	가. 교수학습 역량 제고 실적	0.7		① 교수 · 학습 지원 및 교육 질 관리 체계 내실화 실적	3.3
	나. 학생 지원 실적	0.7		② 특성화 사업단 우수교원 확보 및 지원 실적	3.7
	③ 학부교육 여건 개선 실적	1.7		③ 특성화 사업단 여건 등 개선 실적	1.7

구분	항목	배점
	1.4. 시스템 개혁 실적	
	① 대학 전체 구조개혁 실적의 정합성	
	가. 학부교육 특성화 위한 학사구조 개편 실적	1.6
	나. 정원감축 실적의 대학 전체 특성화 방향과의 부합 정도	2.5
	② 대학 전체 인사/행정제도 혁신 실적	0.7
	③ 자체 평가 시스템 구축 및 운영 실적	0.7
	1.5. 대학 특성화 위한 국고지원금 운영 실적 및 성과	1.0
2. 대학 4,5차년도 사업계획(6점)	2.1. 성과관리 계획	1.0
	2.2. 특성화 지원 계획	1.5
	2.3. 학부교육 내실화 계획	2.0
	2.4. 시스템 개혁 계획	1.5
	대학 부문 합계	30

구분	항목	배점
	④ 사업단 교원의 특성화 활동 실적	
	가. 사업단 내 교원 간 역할 분담 및 활동 실적	2.3
	나. 사업단장의 책무성	0.7
	⑤ 자체평가시스템 구축 및 운영 실적	1.7
	3.5. 지역사회·산업 기여 실적	
	① 지역사회(산업) 수요 반영한 학부생 양성 실적	3.3
	② 지역사회(산업) 수요 반영한 교육과정 개선 실적	2.3
	③ 지역사회(산업)와의 교류 실적	1.7
	3.6. 산학협력 내실화 실적	
	① 산학협력 실적	3.7
	② 현장실습 활성화 실적	1.7
	③ 산학협력협의체 구성 및 운영 실적	0.7
4. 사업단 4,5차년도 사업계획(14점)	4.1. 성과관리 계획	1.5
	4.2. 교육과정 구성·운영 계획	3.3
	4.3. 학부생 양성·지원 계획	2.5
	4.4. 학부교육 내실화·인프라 확충 계획	3.3
	4.5. 지역사회·산업 기여 계획	1.7
	4.6. 산학협력 내실화 계획	1.7
	사업단 부문 합계	70

※ 교육부·한국연구재단(2017. 3. 31.)의 내용을 표로 정리하여 제시함.

한편, 이와 별도로 고등교육 정책 연계 행·재정 점검이라는 명목으로 연차평가 과정에서 몇 가지 사항에 대한 서면점검이 이루어지기도 하였다. 2015년도에는 사업 공고 시 점검대상으로 정한 대학 구조개혁 등 고등교육 정책과 관련된 대학의 7개 의무사항에 대하여 그 이행 여부를 점검하였다. 7개 의무사항으로 언급된 항목은 ① 학사구조 개편을 전제로 참여한 선정사업단의 학제개편 이행 여부, ② 지역전략유형의 협력대학 사

업 참여조건 및 진입요건 충족 여부, ③ 대학 전체 정원 감축 목표 이행 여부, ④ 국공립
대 총장직선제 및 사립대 평의원회 구성 이행 여부, ⑤ 국가장학금 II유형 배정금액 대비
자구노력 실적, ⑥ 사학연금 대학부담분 보전방안 보완제출 이행 여부, ⑦ 부정·비리대
학 제재 여부 등이다. 한편, 2017년에는 ① 학사구조 개편을 전제로 참여한 선정사업단
의 학제개편 이행 여부가 의무사항에서 삭제되었고, 다른 조항은 조금씩 윤문되어 그대
로 적용되었다. 요컨대, 이는 (재)선정평가 당시 가·감점 요소로 적용된 사항을 연차평
가 과정에서 재점검하는 경우에 해당하였다.

4) 종합평가

〈표 3-9〉와 같이 종합평가 영역 및 지표는 앞서 제시한 〈표 3-8〉, 즉 2017년도 연차
평가 영역 및 지표와 거의 흡사하다. 달라진 점은 2018년을 끝으로 CK 사업이 종료되는
만큼 사업계획에 대한 평가는 사라지고 사업실적에 대한 평가만 진행되었다는 점, 그에
따라 배점이 전반적으로 조정되었다는 점, 그리고 대학 부문에서 '대학 특성화 기반조성
을 위한 지원 실적' 지표와 사업단 부문에서 '자체평가시스템 구축 및 운영 실적' 지표가
세분화되었다는 점뿐이다.

〈표 3-9〉 2018년도 CK 사업 종합평가 영역 및 지표(안)(CK-I 대학자율 공학 기준)

[대학 부문] 1~5차년도 사업실적		[사업단 부문] 1~5차년도 사업실적	
세부 점검항목	배점	세부 점검항목	배점
1.1. 성과관리 실적		3.1. 성과관리 실적	
① 재학생 충원율 개선 정도	0.5	① 전임교원 확보율 개선 정도	1.0
② 전임교원 확보율 개선 정도	0.5	② 전임교원 강의비율 개선 정도	1.0
③ 교육비 환원율 개선 정도	0.5	③ 재학생 충원율 개선 정도	1.0
④ 장학금 지급률 개선 정도	0.5	④ 취업률 개선 정도	1.0
⑤ 자율지표 개선 정도	1.0	⑤ 자율지표 개선 정도	3.0
1.2. 특성화 지원 실적		3.2. 교육과정 구성·운영 실적	
① 대학발전계획에 따른 특성화 추진실적	3.0	① 특성화 방향에 부응하는 교육과정 구성·운영 실적	
② 대학 특성화 기반조성을 위한 지원 실적		가. 교육과정 구성·운영 실적	9.0
가. 특성화 사업단 정원 유지 실적	2.0	나. 현장 실무 연계 교육과정 운영 실적	3.0
나. 특성화 사업단 기반조성 활동 실적	3.0	② 전공교과 질 제고 위한 행·재정 지원	4.0

1.3. 학부교육 내실화 실적		3.3. 학부생 양성·지원 실적	
① 학부교육 내실화 및 체계적 학사관리 실적		① 학부생 선발·양성 및 진로·취업 질 제고 실적	7.0
가. 교육과정 수월성 확보 위한 학사관리와 절차의 우수성 확보 실적	2.0	② 학부생에 대한 각종 행·재정 지원 실적	4.0
나. 학부교육 내실화 위한 교육체제 개편	4.0	3.4. 학부교육 내실화·인프라 확충 실적	
② 교수학습 및 학생 지원 실적		① 교수·학습 지원 및 교육 질 관리 체계 내실화 실적	4.0
가. 교수학습 역량 제고 실적	1.0	② 특성화 사업단 우수교원 확보 및 지원 실적	5.0
나. 학생 지원 실적	1.0	③ 특성화 사업단 여건 등 개선 실적	2.0
③ 학부교육 여건 개선 실적	2.0	④ 사업단 교원의 특성화 활동 실적	
1.4. 시스템 개혁 실적		가. 사업단 내 교원 간 역할 분담 및 활동 실적	3.0
① 대학 전체 구조개혁 실적의 정합성		나. 사업단장의 책무성	1.0
가. 학부교육 특성화 위한 학사구조 개편 실적	2.0	⑤ 자체평가시스템 구축 및 운영 실적	
나. 정원감축 실적의 대학 전체 특성화 방향과의 부합 정도	3.0	가. 교수학습역량 진단기준(NASEL) 자체평가 참여 여부	1.0
② 대학 전체 인사/행정제도 혁신 실적	1.0	나. 자체평가 시스템 운영 및 결과활용 실적	1.0
③ 자체 평가 시스템 구축 및 운영 실적	1.0	3.5. 지역사회·산업 기여 실적	
1.5. 대학 특성화 위한 국고지원금 운영 실적 및 성과	2.0	① 지역사회(산업) 수요 반영한 학부생 양성 실적	4.0
		② 지역사회(산업) 수요 반영한 교육과정 개선 실적	4.0
		③ 지역사회(산업)와의 교류 실적	3.0
		3.6. 산학협력 내실화 실적	
		① 산학협력 실적	5.0
		② 현장실습 활성화 실적	2.0
		③ 산학협력협의체 구성 및 운영 실적	1.0
대학 부문 합계	30	사업단 부문 합계	70

※ 교육부·한국연구재단(2018. 4. 5.)의 내용을 표로 정리하여 제시함.

4 평가 과정 및 방법

앞서 선정평가, 중간평가(성과평가, 재선정평가), 연차평가, 종합평가별로 평가 영역 및 지표를 살펴보면서 확인하였겠지만, 재선정평가의 평가 영역 및 지표는 선정평가의 그것과 큰 차이가 없으며, 성과평가 및 종합평가의 평가 영역 및 지표는 전년도 사업 실적을 평가한다는 점에서 연차평가의 그것과 대동소이하였다. 평가 과정 및 방법 역시 선정평가와 재선정평가, 그리고 성과평가와 연차평가와 종합평가는 비슷한 양상을 보이며, 그 구체적인 내용을 살펴보면 다음과 같다.

1) (재)선정평가

선정평가 및 재선정평가 과정은 [그림 3-3]과 같이 크게 5단계로 나누어 살펴볼 수 있다. 1단계는 시행계획 확정·공고 단계로, 선정평가 시에는 2014년 2월에 CK-Ⅰ 사업과 CK-Ⅱ 사업의 시행계획이 동시에 발표되었으며, 재선정평가 시에는 2016년 5월 성과평가가 종료되고 약 한 달 뒤인 6월에 그 시행계획이 확정 발표되었다. 2단계는 설명회 개최 단계로, 선정평가와 재선정평가의 시행계획이 공고되고 난 뒤 일주일 전후로 시행계획에 대한 설명회가 개최되었다. 3단계는 사업계획서 작성·제출 단계로, 앞서 살펴본 평가 영역 및 지표에 맞추어 평가 대상 사업단이 보고서를 작성·제출하는 단계이다. 4단계는 평가 실시 단계로, 선정평가와 재선정평가 모두 사업 유형과 학교 규모, 대학 소재지, 학문 분야 등을 종합적으로 고려하여 패널을 구성한 뒤 서면평가와 대면평가를 실시하였다. 마지막 5단계는 결과 발표 단계로, 선정평가는 시행계획이 확정된 지 다섯 달 만에 선정 절차가 마무리되었고, 재선정평가는 시행계획이 공고되고 3개월이 채 지나지 않은 시점에 평가 결과가 발표되었다. 성과평가가 실시된 기간까지 포함하면 재선정평가 역시 선정평가와 마찬가지로 중간평가 시행계획이 발표된 2016년 3월 22일 이후로 약 5개월이 지난 시점에 마무리되었다.

구분	시행계획 확정 · 공고	설명회 개최	사업계획서 작성 · 제출	평가 실시	결과 발표
내용	시행계획 확정 및 사업 공고	권역별 사업 설명회 개최	대학 사업계획 수립 · 제출	평가단 구성, 선정평가	최종 선정 사업단 발표
선정평가	'14. 2. 6.~7.	'14. 2. 17.~19.	'14. 3.~4.	'14. 5.~6.	'14. 7. 1.
재선정평가	'16. 6. 23.	'16. 6. 27.	'16. 7.	'16. 7.~8.	'16. 9. 5.

[그림 3-3] CK 평가 추진 일정

※ 교육부(2014. 2; 2014. 5. 8.; 2014. 7. 1.) 내용을 종합 · 재구성함.

　4단계에 해당하는 평가 과정 및 방법에 대해 보다 자세히 살펴보면, (재)선정평가는 크게 2단계를 거쳤다. 1단계는 서면평가 단계로, 대학의 기본 여건 및 향후 계획에 대한 서면조사와 대면조사가 모두 이루어졌고, 사업단의 특성화 여건(정량)에 대해서는 서면조사만이 실시되었다. 1단계 평가 결과로 최종 선정 사업단의 3배수 내외가 확정되면, 이후 2단계 발표평가가 진행되었다. 발표평가에서는 사업단의 여건(정성) 및 계획에 대한 서면조사와 대면조사가 모두 이루어졌고, 1단계와 2단계의 평가 점수를 합산하여 최종 사업단이 확정되었다.

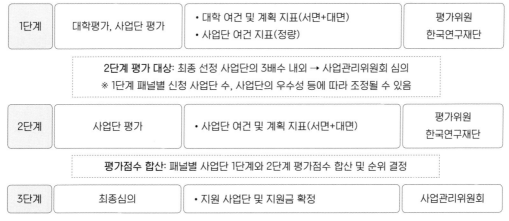

[그림 3-4] CK 사업 (재)선정평가 과정 및 방법

출처: 교육부(2016. 3.).

평가는 권역별, 사업 유형별 신청에 따른 패널 단위 평가가 실시되었다. 선정평가 당시 패널은 대학, 사업단, 우수학과 부문으로 구분하되 권역과 사업 유형에 따라 세분화되는 구조였다. 선정평가 당시 패널은 대학 부문 6개 패널, 사업단 부문 58개 패널, 우수학과 부문 6개 패널로 나뉘었다. 재선정평가에서는 다른 부문은 선정평가 때와 동일하되, 사업단 부문에서 소폭 변화가 있었다. 평가 운영의 효율성을 위해 국가지원 유형의 인문 패널과 사회 패널을 하나로 통합하고, 국제화 패널은 수도권과 지방을 구분해 2개 패널로 각각 통합하여 48개 패널이 되었다.

사업단 부문 패널을 중심으로 패널 구성 방식을 살펴보면, 사업단 부문 패널은 권역, 사업단 규모, 사업 유형, 학문 분야를 기준으로 구성되었다. 선정평가 당시 권역은 지방의 경우 충청권, 대경·강원권, 호남·제주권, 동남권 등 4개 권역으로 구분되었고, 수도권의 경우 서울권, 경기·인천권 등 2개 권역으로 구분되었다. 이어서 사업단 규모는 대중형과 소형으로, 사업 유형은 대학자율, 국가지원, 지역전략 등 3개 유형으로 나뉘었다. 그리고 학문 분야는 대학자율 유형의 경우 공학 분야와 비공학 분야로 양분되었고, 국가지원 유형의 경우 인문, 사회, 자연, 예체능, 국제화 등 5개 분야로 구분되었다. 이에 따라 대학 부문 패널은 권역별 기준에 따라 6개 그룹으로 편제되었으며, 우수학과 부문 패널은 대학자율 유형의 공학 분야와 국가지원 유형의 5개 분야를 합쳐 6개 그룹으로 편제되었다.

〈표 3-10〉 (재)선정평가 사업단 부문 패널 구성

구분	대학자율				국가지원					지역전략
	대중형		소형		인문	사회	자연	예체능	국제화	
	공학	비공학	공학	비공학						
서울권	○	○	○	○	○	○	○	○	○	
경기·인천권	○	○	○	○	○	○	○	○	○	
대경·강원권	○	○	○	○	○	○	○	○	○	○
동남권	○	○	○	○	○	○	○	○	○	
충청권	○	○	○	○	○	○	○	○	○	
호남·제주권	○	○	○	○	○	○	○	○	○	○

※ 굵게 표시한 패널은 재선정평가 시 통합되었음.

2) 연차평가, 성과평가, 종합평가

연차평가는 2015년도와 2017년도에 실시되었고, 성과평가는 2016년도에 실시되었으며, 종합평가는 2018년도에 실시되었다. 전술한 바와 같이 성과평가는 사업 실적이 미흡한 사업단에 대하여 컨설팅을 제공하는 연차평가와 달리 재선정평가 대상으로 지정한다는 점에서 차이를 보이나, 사업단의 전년도 사업 실적을 평가한다는 점에서 연차평가와 유사하다. 한편, 종합평가는 성과평가와 달리 사업 전체 연도를 평가한다는 점에서 차이를 보이나, 앞서 대학 및 사업단의 사업 실적을 평가한다는 점에서 연차평가와 그 성격이 동일하다. 이에 따라 성과평가 및 종합평가의 평가 과정 및 방법은 연차평가의 그것과 유사한 측면을 보이는데, 그 흐름을 도식화하여 제시하면 [그림 3-5]와 같다.

구분		보고서 접수	평가 실시	컨설팅	결과 확정	환류
내용		연차/종합 보고서 접수	실적 평가 및 행·재정 점검	대상사업단 전문가 면담	사관위 심의, 교육부 승인	차년도 계획에 반영
연차평가	'15	'15. 5.	(전자) '15. 5. (후자) '15. 4.~6.	'15. 6.	'15. 7.	'15. 8.
	'17	'17. 6.	(전자) '17. 7. (후자) '17. 7.~11.	'17. 9.	'17. 8.	'17. 11.
성과평가		'16. 4.~5.	(전자) '16. 5.		'16. 5. 31.	'16. 6.
종합평가		'18. 9.	(전자) '18. 10. (후자) '18. 7.~12.	'18. 12.	'18. 11.	'18. 12. (특성화 자립 계획에 자율적 반영)

[그림 3-5] CK 사업 연차/성과/종합평가 추진 일정

※ 연도별 CK 사업 기본계획에 제시된 표·내용을 종합·재구성함.

[그림 3-5]와 같이 평가과정은 4단계로 살펴볼 수 있다. 1단계는 보고서 접수 단계로, 연차평가와 성과평가에서는 전년도 사업 실적과 차년도 계획을 작성하여 보고서를 제출토록 하였고 종합평가에서는 5년간 사업 실적을 종합한 보고서를 9월 말에 제출토록 하였다. 2단계는 본격적인 평가 실시 단계로, 연차평가에서는 전년도 사업 실적 및 향후 계획에 대한 평가와 함께 앞서 연차평가 영역 및 지표에서 언급한 바대로 고등교육 정책 연계 행·재정 점검을 함께 실시하였다. 종합평가에서도 연차평가와 마찬가지로 보고서

에 근거한 사업 실적 평가와 함께 대학 의무사항 이행여부에 관한 행·재정 점검이 동시에 실시되었다. 한편, 성과평가 시에는 1, 2차년도 사업 성과 및 실적에 대해서만 평가가 진행되었다. 3단계는 컨설팅 및 결과 확정 단계로, 2015년도 연차평가에서는 컨설팅이 먼저 실시되었고 2017년도 연차평가의 경우에는 평가 결과가 확정된 이후에 컨설팅이 후속으로 진행되었다. 종합평가의 경우에도 2017년도 연차평가와 마찬가지로 평가 결과가 확정된 이후에 대상 사업단에 대한 전문가 면담을 실시하고자 하였다. 한편, 성과평가의 경우에는 재선정평가 대상 사업단을 확정짓는 데 평가의 목적이 있었기 때문에 별도의 컨설팅은 실시되지 않았다. 마지막 4단계는 환류 단계로, 연차평가에서는 평가가 끝난 이후 그 결과를 차년도 계획 내지 특성화 자립계획에 반영하도록 권고되었다. 한편, 성과평가에서는 성과평가가 종료되고 한 달 뒤에 재선정평가가 실시되었기 때문에 재선정평가 보고서를 접수하기 이전까지 성과평가 결과를 검토할 시간이 짤막하게 주어졌다.

5 평가결과 활용

선정평가 결과, 사업에 신청한 160개 대학 989개 사업단 가운데 108개 대학 342개 사업단이 최종 선정되었다. 지방대학은 80개 대학에서 265개 사업단이, 수도권대학은 28개 대학에서 77개 사업단이 최종 선정되었다. 사업 유형별로 보면 대학자율 유형에서 154개 사업단, 국가지원 유형에서 176개 사업단, 지역전략 유형에서 12개 사업단이 선정되었다. 학문 분아별로는 인문사회 45.3%, 공학 22.5%, 자연과학 21.1%, 예체능 8.8% 비중을 보였다. 선정평가 결과에 따라 2014년도에는 지방대학에 총 1,945억 원의 예산이, 수도권대학에 총 540억 원의 예산이 집행되었다(교육부, 2014. 7. 1.).

〈표 3-11〉 2014년도 CK 사업 선정평가 결과(권역별, 유형별 재정 지원 현황)

구 분		설립별	대학자율 사업단 수	국가지원 사업단 수	지역전략 사업단 수	합계 학교 수	합계 사업단 수	합계 지원액(단위: 백만 원)
지방	충청	국공립	12	10	2	6	24	20,246
		사립	22	33	1	21	56	38,300
		소계	34	43	3	27	80	58,546
	대경강원	국공립	10	11	1	6	22	16,409
		사립	19	24	2	13	45	32,600
		소계	29	35	3	19	67	49,009

호남 제주	국공립	13	14	3		7	30	25,670
	사립	11	14			9	25	14,450
	소계	24	28	3		16	55	40,120
동남	국공립	11	11	2		7	24	21,300
	사립	16	22	1		11	39	25,556
	소계	27	33	3		18	63	46,856
소계	국공립	48	47	8		27	100	83,625
	사립	66	92	4		53	165	110,906
	소계	114	139	12		80	265	194,531
서울	국공립	3	2			3	5	4,324
	사립	22	21			15	43	28,926
	소계	25	23			18	48	33,250
경기 인천	국공립	1	2			1	3	3,400
	사립	14	12			9	26	17,350
	소계	15	14			10	29	20,750
소계	국공립	4	4			4	8	7,724
	사립	36	33			24	69	46,276
	소계	40	37			28	77	54,000
합계	국공립	52	51	8		31	111	91,349
	사립	102	125	4		77	231	157,182
	합계	154	176	12		108	342	248,531

(수도권: 서울, 경기인천, 소계 / 합계)

출처: 교육부(2014. 7. 1.).

한편, 2014년도 선정 사업단을 대상으로 2016년에 실시된 중간평가의 경우, 성과평가에서 상위 70%에 속한 248개 사업단은 2018년까지 남은 사업기간 동안 계속지원을 받게 되었고, 하위 30%에 속한 90개 사업단은 신규 사업단과 함께 곧이어 실시되는 재선정평가를 준비해야만 했다. 재선정평가 결과, 58개 대학 89개 사업단이 추가 선정되었으며, 이 가운데 62개 사업단이 신규 사업단이었고 성과평가 당시 재선정평가 대상으로 분류된 90개 사업단 중 27개 사업단만이 재진입에 성공하였다(교육부, 2016. 9. 5.). 이와 같이 교육부는 재선정평가를 통하여 기존 사업단의 계속지원 여부와 신규 사업단의 추가

지정 여부를 결정하여 사업단의 지속적인 특성화 추진 노력을 유도하고 그에 상응하는 재정 지원을 약속하는 전략을 구사하였다.

〈표 3-12〉 2016년도 CK 사업 중간평가 결과(권역별, 유형별 재정 지원 현황)

구분		대학자율				국가지원				지역전략			
		성과평가		재선정평가		성과평가		재선정평가		성과평가		재선정평가	
		상위 70%	하위 30%	재진입	신규	상위 70%	하위 30%	재진입	신규	상위 70%	하위 30%	재진입	신규
수도권	서울	19	6	2	4	17	6	1	5	–	–	–	–
	경기인천	13	2		4	9	5	2	3	–	–	–	–
지방	충청	26	8	2	6	31	12	3	9	2	1	1	0
	대경강원	21	6	1	4	23	10	3	7	2	1	1	0
	호남제주	18	6	2	4	20	8	2	5	2	1	0	1
	동남	20	7	3	4	23	10	3	6	2	1	1	0
총계		117	35	10	26	123	51	14	35	8	4	3	1
지원 사업단 수		153				172				12			

※ 교육부(2014. 7. 1.; 2016. 9. 5.)를 종합하여 작성함.

이 밖에도 교육부는 연차평가를 통하여 상대적으로 사업 실적이 미흡한 사업단에 대한 컨설팅을 실시함과 동시에 사업단 평가 등급에 따라 사업비를 차등 지급하였다. 평가 등급은 평가 패널 내 상대평가 방식을 적용하여 A(우수), B(보통), C(미흡)로 구분되었으며, 이 중 C등급을 받은 사업단은 무조건 컨설팅을 받아야 했다. 다만, 교육부는 연차평가 결과가 현저히 미흡하거나 컨설팅을 받은 이후에도 사업성과 산출 노력이 심각하게 부족하다고 판단될 경우 사업관리위원회의 심의를 거쳐 사업비를 감액하거나 협약을 해지할 수 있다고 밝혔다. 사업비를 감액할 경우 그 감액분은 A등급 사업단에 인센티브로 지급되며, 등급에 따른 감액 및 인센티브 규모 역시 사업관리위원회의 심의를 거쳐 결정된다고 설명하였다(교육부, 2015. 3.b; 2017. 2.).

이처럼 정부는 선정평가, 중간평가, 연차평가를 실시하고 그 결과에 따라 사업단에 행·재정적인 인센티브를 제공하거나 패널티를 가하는 이른바 '선택과 집중' 전략을 취하고 있다. 이와 함께 정부는 2014년 12월 9일 대학 특성화 사업 출범식을 개최하여 여러 사업단이 모여 우수 사례를 발표하고 성과를 공유·확산하는 자리를 꾸준히 마련하겠다고 밝히는 등 이른바 '성과 공유·확산' 전략도 병행하고 있다. 이 날 행사에서는 〈표 3-13〉과 같이 융복합 교육을 선도하는 사업단의 우수사례, 외국인 유학생 유치와 관련된 특성화 우수사례(우송대), 예·체능 특성화 우수사례(국민대, 우석대), 지방대학 간 연계·협력을 통한 동반성장 우수 사례(경북대, 제주대) 등 다양한 특성화 모델이 제시되었다(교육부, 2014. 12. 9.).

〈표 3-13〉 우수사례 발표 내용 개요

대학/사업명	주요 내용
중앙대/휴먼 ICT 창의융합 인재양성	• 공학교육 패러다임 변화를 주도할 ICT창의 공과대학 신설 • 공학교육의 선도모델 정착 및 확산
국민대/Eco Community Art Project	• 생활밀착형 예술구현을 위한 지역사회 공헌 • 사회공헌적 문화예술 전문가 양성
한양대/IT 융합 스마트 그린카 인재양성	• 기계＋전기전자＋IT 융합된 특화 교육과정 운영 • 다양한 후원기업과 연계한 맞춤형 교육 프로그램
충북대/스마트 IT 창의인재양성	• 지역 전략 IT산업을 견인할 창의인재양성 • 충청권 최고의 IT 특화대학 계획 추진
부경대/스마트해양수산 융합미래 인재양성	• 해양 수산 전문 융합형 인재양성 • 현장실무, 미래연구, 정책리드형 인재양성
전북대/지역사회를 위한 창조적 인재양성	• 디지털 인문학에 기반한 융·복합 교육 • 신한류 문화 콘텐츠 교육프로그램
순천향대/창조적 헬스케어 3.0 기술 및 인재양성	• 헬스케어 선도할 통섭형 창의인재 육성 • 융합형 트랙 12개 육성 등 창의인재 300명 육성
건양대/대학 본부	• 학부교육 대표브랜드를 위해 대학 체제 개편 • 수요자 중심 학사제도, 기초교양교육대학 설립 등
우송대/글로벌 아시아 전문 경영인력 양성	• 글로벌 역량을 갖춘 아시아 전문 경영 인재 육성 • 100% 영어 강의(외국학생 78%)의 국제화 교육과정
우석대/태권도의 한브랜드형 인재양성	• 태권도의 새로운 가치 창출과 신한류 공연문화 • 태권도＋공연 예술 융합 한(韓) 브랜드 인재
경북대/소프트웨어 창의융합 클러스터	• S/W 협력 클러스터 구축 및 인력양성 • 신산업창출형 현장적응형 인력양성
제주대/국제자유도시 관광 중심 창의융합인재	• 제주 One Campus Project • 제주 관광 중심 창의 융합 인재양성

출처: 교육부(2014. 12. 9.).

전북대학교	특성화 트랙별 교육과정과 지역사회(현장연계) 프로그램의 행복한 동행

○ 특성화 트랙별 교육과정과 지역사회(현장연계) 프로그램의 행복한 동행(지역연계)

■ 1차년도에 개발한 트랙별 교과과정과 현장실무연계 비교과과정 간 트랙별 연계성을 체계화. 트랙별 특강으로 현장전문가의 현장지식을 보강하고, 트랙별로 지역사회프로그램을 트랙과 지역현장의 특성, 소속학과 생의 욕구를 반영하여 다양하게 실시. 지역사회전문가로서 학문적, 실천적 역량을 제고함

• (추진배경): 현장실무연계과정에 트랙별 교과과정과 현장 특성을 반영

• (주요과정)

1. 교과과정에서 포괄하기 어려운 현장 지식들을 전문트랙의 정체성과 현장성이 강화된 현장전문가 트랙 특강으로 보강

2. 트랙별 지역사회프로그램 구상과 운영내용

– 트랙 1. 지역사회디자이너전문가 양성과정: ① 지역사회공동체 디자인 성공사례를 지역 내·외부에서 선정, 필드답사와 1박 2일 필드트립을 실시, ② 핵심 지역의 공동체활동 사례를 조사실습, ③ 공동체 영화 상영

– 트랙 2, 3. 지역사회서비스전문가, 지역사회정신건강 전문가 양성과정: ① 집단별, 팀별, 개인별 직능 분야별 서비스 계획과 실천, ② 지역 핵심기관 탐방 계획서 제출과 선정 후 활동 결과보고서 제출, ③ 지역기관 연계사업으로 성폭력상담원 집단 양성

3. 현장실무연계 교육과정의 지속성과 향후 진로 개발과 취업의 질 향상을 위해 ① 지역사회의 28개 핵심기관과 MOU 체결, ② 현장실습기관 및 MOU 체결기관의 현장전문가 등과 트랙별 멘토링 관계 구축

• (추진성과): 진행과정 전반에서 공모전, 성과발표회 및 경진대회, 수상식 개최를 통해 기획-활동-평가 전 단계에서의 학부생 동기부여-몰입도 증대-성취감 연결 통로를 체계화. 지역사회전문가로서 학문 적·실천적 역량을 제고함

• (기대효과): 종국적으로 지역현장-사업단 교육-학부생 간 연결망을 조밀하게 조직화하여 진로 및 취업 의 양적·질적 향상을 꾀함

[그림 3-6] CK 사업 우수 사례(지역연계 부문, 전북대학교)

출처: 한국연구재단(2016. 12.).

　이후에도 교육부는 여러 사업단의 우수 사례가 대학현장에 확산될 수 있도록 권역 포럼, 심포지엄, 교육포럼 등을 개최하였으며, CK 사업 미참여 대학을 대상으로 하는 성과 확산 워크숍도 실시한 바 있다. 이와 관련하여 교육부는 2016년 12월 전국 및 권역 포럼을 개최하고 참여대학 사업단별 성과 사례집을 제작·배포하기도 하였다(한국연구재단, 2016. 12.b). 성과 사례는 크게 정규교과, 비정규프로그램, 교육기반 구축, 산학협력, 지역연계, 인력양성, 기타 등 7개 부문별로 참여 사업단의 우수 사례가 소개되는 방식이었다. 이 가운데 지역연계 우수사례로 소개된 전북대학교 사례를 살펴보면, 전북대학교에서는 교과과정에서 포괄하기 어려운 현장 지식들을 현장전문가 트랙특강으로 보강하는 형태로 대학과 지역을 연계한 프로그램을 운영하여 높은 평가를 받았다. 이를 통해 지역현장–대학–학생 간 연결망을 조밀하게 조직화하여 궁극적으로 지역 경제 활성화, 학부 교육 내실화, 학생 진로·취업 교육 강화를 꾀한다는 계획이었다.

6 평가 성과 및 개선방안

1) 평가성과

　첫째, CK 사업은 대학이 창조경제를 견인하고 창의적 인재를 양성할 수 있도록 하는 비전을 바탕으로 대학 체질개선과 특성화 기반을 조성하는 데 목적을 두고 있다. CK 사업은 이러한 기본 취지와 목표에 대해서 대학 관계자들로 하여금 동의를 이끌어 내고 대학 사회 분위기 개선을 위한 시발점 역할을 하였다. 변기용 외(2016)에서 대학재정지원사업에 대한 의견을 묻는 설문에서 정책대상자인 대학관계자들은 CK 사업 등의 정부 주도의 대학재정지원사업의 목적 달성 여부와 지속 필요성에 대해서 보통 이상의 비교적 긍정적인 인식을 보였다. CK 사업과 관련된 개방형 질문에서도 CK 사업의 취지에 대해서 동의하는 입장을 보였다. 학생 위주의 사업이고 지방대학 입장에서 학과 지원 및 지역에 대한 이해도를 높일 수 있어 지역대학의 역량을 발전시킬 수 있는 사업이라고 인식하였다. 이러한 설문은 정책 대상자들이 CK 사업의 기본 취지에 동의하여 사업의 중요성을 공유하고 있음을 반영하는 결과이다.

　둘째, 학령인구 감소에 대비해 입학정원을 감축하고 사회적 변화를 수용해 학사 구조를 개편하는 등의 대학의 체질 개선이 이루어졌다. 대학의 특성화 비전 및 중장기 발전 계획에 따라 단과대학 신설·통합, 모집단위 통합, 전공 개설·신설·통합, 교육과정 개편, 전임교원 확보 등 대학 학사구조 개편이 양적·질적으로 추진되고 있다. 이와 관련하여 정부는 〈표 3-14〉와 〈표 3-15〉를 제시하며 다양한 학문 분야에 걸쳐 특성화가 추진되고 있으며, 실증적으로도 특성화와 관련된 지표의 개선이 나타나고 있다고 밝혔다. 상술하면, 〈표 3-14〉는 2014년도에 선정된 사업단의 학문 분야별 분포로, 인문사회, 공학, 자연과학, 예체능 분야가 고루 선정되어 재정 지원을 받게 되었다. 다음으로 〈표 3-15〉는 특성화 분야 여건과 관련된 지표의 변화 추이로, 2014년 대비 2015년에 지방대학과 수도권대학 모두 지표 값이 상승한 것으로 나타났다.

〈표 3-14〉 학문분야별 선정 사업단 비율(주력학과 기준)

대분류	중분류	비중	대분류	중분류	비율
인문사회 (45.3%)	경영, 경제	12.6%	예체능 (8.8%)	무용, 체육	2.3%
	교육	5.6%		미술	4.7%
	법학	0.6%		연극, 영화	0.3%
	사회과학	13.5%		음악, 국악	0.3%
	언어, 문학	6.7%		응용예술	1.2%
	인문학	6.4%	공학 (22.5%)	건설	1.8%
자연과학 (21.1%)	농림, 수산	5.0%		기계	6.7%
	보건	2.3%		산업, 안전	1.2%
	생활과학	1.5%		재료	1.2%
	수학, 물리, 천문, 지구	2.6%		전기, 전자, 컴퓨터	8.8%
	약학	0.6%		화공, 고분자, 에너지	2.9%
	화학, 생명과학, 환경	9.1%	기타	N.C.E	2.3%

출처: 교육부(2014. 7. 1.).

〈표 3-15〉 특성화 분야 여건 개선 성과(단위: %)

구분	지방('14 → '15)	수도권('14 → '15)
전임교원 확보율	68.1 → 74.8 (+6.7)	68.8 → 72.1 (+3.3)
전임교원 강의비율	76.0 → 81.2 (+5.2)	72.3 → 76.8 (+4.5)
취업률	73.4 → 74.1 (+0.7)	75.1 → 77.0 (+1.9)
외국인 전임교원 비율	12.0 → 13.4 (+1.4)	12.4 → 13.7 (+1.3)
해외파견 학생 비율	2.2 → 2.3 (+0.1)	22.9 → 24.8 (+1.9)
국내 유치학생 비율	0.9 → 1.4 (+0.5)	10.0 → 15.8 (+5.8)

셋째, 지방대학의 동반성장을 위한 실질적인 지원을 통하여 대학의 균형 발전에 이바지하였다. 참여정부 시기 107개 대학, 341개 사업단을 선정하여 2014년 1,831억 원의 지원을 통해 CK 사업에서 지역사회 수요에 기반한 비교우위 분야 특성화 지원으로 대학 경쟁력 강화를 선도하였다. 각 권역별로 보면 동남권은 영상/해양, 충청권은 국방/디스플레이/바이오, 호남·제주권은 해양산업/관광, 대경·강원권은 IT·SW/환경 등 지역 전략·연고 산업과 밀접히 연계한 특성화 유도를 통해 지역이 필요로 하는 인재를 양성하여 지역사회(산업)의 동반성장을 유도하였다. 특히 지방대학 간 연계 협력을 통해 지방대학의 동반성장을 지원하기 위해 비수도권 소재 10개 대학을 컨소시엄으로 지정하여 지역선도대학을 육성하여 활성화 노력을 기울였다. 또한 비수도권 소재 60개 학과에 100억 원을 지원하여 수도권 대학에 버금가는 경쟁력을 갖춘 특성화 우수학과를 집중 육성하였다.

2) 평가 개선방안

지금까지 CK 평가의 배경 및 변천 과정, 목적 및 의의, 영역 및 지표, 과정 및 방법, 결과 활용, 성과를 논의하였다. 이상 논의한 내용을 바탕으로 평가 목적, 평가 영역 및 지표, 평가 과정 및 방법 측면에서 CK 평가가 노정한 한계를 짚어보고, 이를 근거로 개선방안을 논의하면 다음과 같다.

(1) 평가목적 측면: 대학 구조개혁 평가를 위한 수단적 평가로 전락해서는 안 돼

[그림 3-2]를 통해 살펴본 바와 같이 CK 사업은 '대학의 창조경제 견인 및 창의적 인재 양성'으로 표방되는 비전에 한층 더 가까워지기 위하여 정책목표인 '구조개혁을 통한 대학 체질 개선과 특성화 기반 조성'의 달성을 도모해 왔다. 정책목표에서 드러나듯 정부는 대학 구조개혁과 특성화가 불가분의 관계를 맺고 있다고 인식한다. 이와 관련해 신현석 외(2014: 5) 역시도 "양적 감축은 대학의 특성적 발전을 꾀하는 방향으로 이루어지고, 특성화는 대학의 경쟁력 강화를 도모하는 데 우선적인 전략이기 때문에, 양적 감축과 대학 경쟁력 강화는 필연적인 관계"라고 언급한 바 있다.

이와 같은 관계의 특수성에 의하여 대학 특성화 평가는 대학 구조개혁 평가의 연장선상에 놓인 평가로 인식되기도 하고, 심하게는 대학 체제의 양적 감축을 위한 수단이자 도구로써 특성화라는 개념이 오용되고 있다는 비판에 직면하기도 한다. 단적으로, 학령인구 감소에 선제 대응한다는 논리하에 3년마다 달성해야 할 입학정원 감축 목표를 정해 놓고, 그 목표를 달성하기 위해 적극적으로 대학 체제를 구조조정하는 대학에 가산점을 부여하는 정부의 평가 방식은 CK 사업이 대학의 '특성화'를 위한 사업인지 아니면 정부의 '구조조정 목표 달성'을 위한 사업인지 혼란을 야기한다.

대학 특성화에 결정적인 영향을 미친다고 보기 어려운 입학정원 감축 수준이 평가 지표로 포함되어 있다는 점도 문제이지만, CK 사업의 정체성에 의문을 제기하게 만드는 더 큰 문제는 정부가 CK 사업을 통해 달성하고자 하는 대학 특성화의 모습이 실제로 대학과 학생에게 도움이 되는 방향인지 확신을 주지 못한다는 데 있다. 이와 관련하여 박주호 외(2013)는 CK 사업 평가지표를 충족시키다 보면 오히려 특성화 관련 투자 및 운영이 제한되는 상황이 발생한다는 점을 지적하였고, 변기용 외(2016) 역시 CK 사업 평가지표에 맞춰 융복합 전공을 강조하다 보니 기초 학문을 다루는 기존 전공이 부실화되는 현상이 나타나고 있다고 지적하였다. 이와 같은 비판은 특성화 기반을 조성한다는 CK 평가의 정책목표가 제대로 달성되지 못하고 있음을 가리키며, 동시에 정책목표에 대한 근본적인 재고찰을 요구한다.

앞서 언급한 바와 같이 대학 구조개혁과 특성화의 불가분적 관계를 부인하기란 쉽지 않다. 보다 정확하게 말하면, 학령인구가 감소하고 제4차 산업혁명의 물결로 대내외적으로 불확실성이 가중되는 상황에서 특성화 계획에 기반한 대학 구조개혁은 필수적이다. 다만, 특성화 계획이 결여된 채 맹목적으로 추진되는 대학 구조개혁을 피하기 위해서는 정책목표부터 '구조개혁을 통한 특성화 기반 조성'이 아닌 '특성화 계획에 기반한 대학 구조개혁'으로 수정하고, 개별 대학의 특성화 계획과 그에 근거한 구조개혁 단행 결과가 전체 고등교육 생태계의 발전과 지역경제와의 연계에 어떠한 영향을 미치게 될지에 대한 중장기적인 청사진을 재차 그려 볼 필요가 있다.

예컨대, 앞서 박주호 외(2013)와 변기용 외(2016)가 지적한 문제를 개선하기 위해서는 CK 평가가 대학으로 하여금 융복합 전공을 신설하도록 강권하고 있지는 않은지, 이로 인해 기초 학문을 다루는 기존 전공을 내실화하도록 유도하는 데 미흡하지는 않은지를 성찰할 필요가 있다. 나아가 한 대학의 특정 사업단을 단기간만 지원하는 형태로 해당 대학의 체질 개선을 꾀하고 지역경제와의 공생 관계를 구축할 수 있는지, 없다면 개별 대학이 특성화 계획에 근거하여 대학 체제의 전반적인 체질 개선을 위해 노력을 경주할 때 장기적이고도 효율적으로 재정 지원을 할 수 있는 평가 체제는 어떠해야 하는지를 고민할 필요도 있다.

(2) 평가 영역 및 지표 측면: 패널 간 지표 차별화와 지표의 타당성 제고 꾀해야

선정평가와 재선정평가 당시 정부는 대학 소재지(수도권, 지방), 사업 유형(대학자율, 국가지원, 지역전략), 학문 분야(인문, 사회, 자연, 공학, 예체능, 국제화)의 특수성을 고려하여 적용되는 평가 지표와 지표별 배점에 일부 차이를 두었다. 그러나 첫 번째 평가 영역(대학의 기본 여건)과 두 번째 평가 영역(대학의 제도 혁신 및 사업단 지원 계획)에 할당된 배점은 각각 15점, 세 번째 평가 영역(사업단의 특성화 여건)과 네 번째 평가 영역(사업단의 특성화 계획)에 할당된 배점은 각각 35점으로 동일하였기 때문에, 적용되는 평가 지표와 지표별 배점에 유의미한 차별화를 꾀하기에는 근본적인 한계가 있었다. 세 번째 평가 영역에 한하여 별도의 평가 지표를 적용한 국제화 분야가 그나마 다른 평가 패널과 차별화를 꾀한 경우에 해당하고, CK-I 지역전략 유형과 CK-II 대학자율 공학계열의 경우 별도로 산학협력 실적, 취·창업 실적, 산학협력 계획 지표가 적용되었지만 다른 지표의 배점을 소폭 조정하여 배점을 확보하였기에 다른 평가 패널과 큰 차이는 없었다.

평가 패널마다 적용되는 지표에 차별화를 꾀하지 못하였다는 문제와 함께, CK 평가는 평가 목적과 직접적인 연관이 없는 지표가 포함되어 있다는 점도 개선해야 할 부분이다. 예컨대, 등록금 부담 완화 지수나 K-MOOC 활용 및 개발 계획, 학내 거버넌스 및 인사/행정제도 혁신 등의 지표는 대학의 기본 여건과 향후 특성화 지원 계획을 평가하는 데 타당한 지표인지 의문의 여지가 있으며, 대표적인 교육 산출 지표 중 하나인 특성화분야 취업률 지표가 연차평가도 아닌 선정평가의 지표로 포함되었다는 점은 분명 개선이 필요한 부분이다. 더 큰 문제는 가산점 지표로, 대학 구조개혁에 따른 정원감축, 대학의 협력적 거버넌스 운영, 대학등록금 부담 완화, 자유학기제 참여 실적 지표에 주어진 총점은 무려 10점에 달한다. 가산점 지표의 적합성 문제는 지난 2016년 9월에 있었던 국회 교육문화체육관광위원회 교육부 국정감사에서도 지적된 사안이며, 학계에서도 대학의 정원감축 정도가 CK 사업 선정의 당락을 결정하는 구조를 낳고 있어 시정을 요구한 상황이다(김이경, 2016).

따라서 정부는 평가 패널 간 지표의 차별화를 꾀할 필요가 있으며, 평가지표가 해당 평가 패널의 지표로 추가 또는 제외되어야 하는 타당한 이유가 있는지를 명확하게 밝혀야 한다. 다른 재정지원사업과의 연계를 강화한다는 미명 아래 다른 사업의 추진 성과를 높이기 위하여 CK 사업과 무관한 가산점 지표를 추가해서는 안 되며, 사업 본연의 목적에 충실하게 평가 지표 체계를 갖추어 사업단을 선정하여야 한다.

(3) 평가 과정 및 방법 측면: 평가 부담 완화와 소형 사업단에 대한 배려 필요해

2014년도 선정평가에 통과한 이후 2016년도 재선정평가까지 경험해야 했던 27개 사업단에게는 CK 사업의 일환으로 추진되는 일련의 평가들이 안기는 고통이 더욱 컸다. 해당 사업단은 2014년 2월 CK 사업 시행계획이 발표된 이후부터 선정평가를 준비하여야 했고, 2017년 7월 선정평가 결과가 공고된 지 1년이 채 되지 않은 시점인 2015년 5월부터 연차평가에 대비하여야 했으며, 2016년 3월 중간평가 시행계획이 발표된 이후부터는 재선정평가까지 가지 않기 위해 성과평가 준비에 만전을 기해야 했다. 그러나 성과평가에서 하위 30%에 속하게 되면서 성과평가 결과가 발표된 직후인 6월부터 또 다시 재선정평가를 준비해야만 했고, 재선정평가에 통과된 지 채 1년이 지나지 않은 시점인 2017년 6월에는 연차평가에 대비해야만 했다. 이와 같이 재선정평가까지 받은 27개 사업단은 사업비가 감액되거나 계약이 해지될 지도 모른다는 불안감 속에서 사업이 추진된 4년 동안 5차례의 평가를 치렀다.

평가 과정에서 평가 준비 기간이 촉박하고 부담도 과중하다는 문제도 있었지만, 평가 방법 측면에서도 문제점은 존재한다. 앞서 살펴본 바와 같이 CK 사업에서는 대학 소재지, 규모, 사업 유형, 학문 분야 등을 고려하여 평가 패널을 구성하였다. 그런데 2014년 2월 시행계획을 발표할 당시 정부는 대학 규모를 대형, 중형, 소형으로 구분하고, 대형은 19개 대학, 중형은 15개 대학, 소형은 11개 대학을 지원한다고 밝혔으나(〈표 4-1〉 참조), 실제 패널 구성은 대형과 중형을 묶어 평가를 실시하였다. 이 경우, 첫 번째 평가 영역(대학의 기본 여건)에 있어서 중형 대학은 대형 대학에 비해 높은 점수를 받기 어렵기 때문에 불이익이 예상되나, 정부 차원에서 대형과 중형을 묶어 패널을 구성한 이유와 예상되는 불이익을 방지하기 위한 대책 마련 여부를 공식적으로 밝힌 바는 없다. 또한 소형 대학에 비해 지원하는 대형 대학 수가 많다는 점과 대학 규모에 관계없이 대학별로 지원받는 액수가 동일하다는 점은 정부가 진정으로 지방 균형 발전을 위하여 상대적으로 교육 여건이 열악한 소규모 지방대학을 지원할 의지가 있는지를 의심케 한다.

이와 관련하여 홍성학(2016)은 수도권대학의 정원외 입학생 증원 현상을 외면하는 교육부를 비판하기도 했다. 수도권대학 중에는 정원내 인원을 줄인 것 이상으로 정원 외 입학생이 더 많이 늘어난 곳도 존재하는데, 이러한 현상을 교육부가 애써 외면하고 있다는 지적이었다. 또한 인원감축을 하지 않은 일부 수도권 대형 대학들은 특성화사업과 구조개혁 평가에서 모두 좋은 성과를 거두었기 때문에, 상대적으로 정원감축 부담이 지방대학으로 쏠려 지방대학의 재정적 어려움이 더욱 커지게 되었다는 점도 함께 지적하였다. 실제로 지방대학은 CK 사업 신청 과정에서 대학의 자발적 감축비율에 따른 가산점을 받기 위해 수도권(0~5%)보다 훨씬 큰 폭인 7~10%의 감축계획을 내놓기도 하였다.

따라서 진정으로 CK 평가를 통하여 개별 대학의 특성화와 고등교육의 균형 발전, 지역사회와의 연계 강화를 달성하고자 한다면, 정부는 혁신적으로 평가 부담을 완화함과 동시에 소규모 대학에 대한 보다 적극적인 우대 정책(affirmative action)을 실시하여야 한다. 평가 부담 완화와 관련하여 정부는 대학과 사업단이 (재)선정평가 당시 제출한 계획서에 근거하여 개혁을 추진할 수 있도록 평가를 최소화할 필요가 있다. 예컨대 연차평가는 서면평가로 대체하고 필요한 사업단에 한해 대면조사를 실시할 수도 있고, 더욱 나아가서는 사업 기간이 5년으로 짧다는 점을 고려하여 연차평가를 별도로 실시하지 않고 재선정평가와 종합평가 과정에서 중대한 결격 사유(예: 사업 실적 열악, 중대 비리 등)가 발견되었을 경우 사업비를 전액 또는 일부 환수한다는 부적 강화 조치를 마련할 수도 있을 것이다.

제4장 대학 구조개혁 평가

1 평가 배경 및 변천 과정

1) 평가배경

대학 구조개혁 정책은 학자에 의해 조금씩 상이하게 정의되지만, 일반적으로 다음의 특징을 공유한다(장아름, 2015: 112). 첫 번째로 대학 구조개혁 정책은 대학 체제를 양적으로 감축하는 데 관심을 둔다. 예컨대, 대학 간 통폐합, 부실대학 퇴출, 입학정원 감축 등은 대학 체제를 양적으로 감축하는 방안으로 거론된다. 두 번째로 대학 구조개혁 정책은 대학 학사 및 거버넌스 체제를 질적으로 개선하는 데 관심을 둔다. 가령, 대학별 특성화, 학과 및 교육과정 개편, 회계제도 및 교직원 인사제도 개선 등은 대학 구조를 질적으로 개선하기 위한 방안으로 제시된다. 세 번째로 대학 구조개혁 정책은 대학 구조개혁이 양적·질적 차원에서 보다 원활하게 이루어질 수 있도록 유도하는 행·재정적 조치에 관심을 둔다. 대표적으로, 이 장에서 논의할 대학 구조개혁 평가는 구조개혁 노력 및 성과를 평가한 결과를 기준으로 개별 대학에 차등적으로 행·재정적 조치를 적용하여 대학 구조의 양적 감축 및 질적 개선을 유도하는 가장 강력한 기제로 활용된다.

뒤에서 보다 자세히 논의하겠지만, 정부 주도 대학 구조개혁 평가는 국민의 정부를 기점으로 본격화된다. 그 이전까지는 대학 체제의 양적 감축 또는 질적 개선에만 초점을 맞춘 대학 구조개혁 정책이 추진되고는 하였다. 상술하면 대학 체제의 양적 감축에 초점을 둔 대학 구조개혁 정책으로는 이승만 정부 시기 「대학설치기준령」(1955. 8.), 박정희

정부 시기 「교육에 관한 임시특례법」(1961. 9.), 「학교정비기준령」(1961. 12.), 「사립학교
법」(1963. 6.), 「대학학생정원령」(1965. 12.), 전두환 정부 시기 「대학졸업정원제」(1980. 7.)
가 있었고, 대학 체제의 질적 개선에 초점을 둔 대학 구조개혁 정책으로는 박정희 정부
시기 실험대학정책(1973), 노태우 정부 시기 총장선출방식 완화(1990; 1991), 김영삼 정부
시기 대학설립준칙주의, 대학정원 및 학사운영 자율화, 학부제, 대학재정지원평가(1995)
가 있었다. 특히 김영삼 정부 시기 등장한 대학재정지원평가는 대학평가 결과에 따라 계
열 또는 학부(또는 학과) 단위로 차등 지원하는 등 국민의 정부 시기부터 본격화된 대학
구조개혁 평가의 원형을 제공하였다.

이처럼 대학 체제의 양적 감축 또는 질적 개선 어느 한쪽에만 초점을 맞추고 대학 구
조개혁 정책을 추진해 오다가 국민의 정부에 이르러 대학 구조개혁 평가가 본격화된 배
경에는 1997년 12월 예기치 않게 찾아온 외환위기가 자리하고 있다. IMF 구제금융 신
청 직후 출범한 국민의 정부는 외환위기 극복을 위하여 4대 부문 개혁(금융 구조조정, 기
업 구조조정, 노동부문 개혁, 공공부문 개혁)을 과감하게 단행하겠다는 의지를 밝혔다. 이때
공공부문 개혁의 일환으로 정부는 1998년 12월 「국립대학 구조조정 계획」을 발표하였는
데, 이를 기점으로 일반적으로 경영·경제 장면에서 인용되던 구조조정(restructuring) 개
념이 교육 장면에 등장하기 시작하였다(신현석, 2005: 276; 이용균, 2010: 34). 교육 장면에
서 구조조정 개념이 생소했던 만큼 국립대학 이해관계자의 반발은 거셀 수밖에 없었고,
결국 정부는 '국립대학 구조조정'이라는 표현으로 국립대학 이해관계자를 자극하기보다
는 '국립대학 경쟁력 강화'라는 표현을 보다 강조하여 구조조정을 단행하는 것으로 방향
을 선회하여 2000년 12월 「국립대학발전계획」을 발표하였다(이용균·이기성, 2010: 168).
이는 구조개혁 노력 및 성과를 평가한 결과를 기준으로 개별 대학에 차등적으로 행·재
정적 조치를 적용하여 대학 구조의 양적 감축 및 질적 개선을 유도하는 기제로서 대학
구조개혁 평가가 본격화되었음을 의미하였다.

2) 평가 변천 과정

(1) 국민의 정부

국민의 정부 시기 대학 구조개혁 정책이 의미 있는 이유는 정부 교육문서상에서 구조
조정 개념이 처음 등장한 만큼 대학 구조개혁 정책 개념에 걸맞게 대학 체제의 양적·
질적 재구조화를 위한 정부 주도 구조개혁 평가가 본격화된 시점이기 때문이다(신현석,
2008; 최호성, 2012). 구체적으로, 이 시기 대학 구조개혁 평가는 2000년 12월 발표된 「국

립대학발전계획」에 근거하여 개별 국립대학의 자체 발전 계획과 추진 실적을 〈표 4-1〉
에 근거하여 점검하는 형태로 시행되었다. 평가 결과에 따라 우수 국립대학에는 재정이
지원되었는데, 그 방식은 일반지원 방식과 선별지원 방식으로 구분되었다. 일반지원 방
식은 비평가지원 방식으로 학생 수, 교원 수 등 학교 규모에 따라 공식화하여 전체 43개
대학에 차등 지원하는 방식이었고, 선별지원 방식은 3개 추진 과제별로 현장평가 결과
가 우수한 대학을 2~3개교 선정하여 집중 지원하는 방식이었다(독고윤 외, 2003: 32).

〈표 4-1〉 「국립대학 발전계획」(2000. 12.)

과제	구분	세부 추진과제
국립대학 역할분담 및 연계체제 구축	단기과제	• 분야별 중점육성 지원체제 구축 • 교류 · 협력 강화
	중기과제	• 대학 간 통폐합 및 학과교환
	장기과제	• 권역별 연합대학체제 구축
자율과 책무에 기반한 대학운영시스템 개선	단기과제	• 조직 자율성 신장을 위한 국립학교설치령 개정 • 단과대학 및 부속시설 통합행정 실시 • 행정직원 평정제도 개선 및 연수 강화 • 국립대학 특별회계 도입 검토
	중기과제	• 대학 의사결정체제 개선 • 책임운영기관화 추진 • 재산관리 및 재무회계 통합정보시스템 활용
국립대학의 질 관리 체제 확립	단기과제	• 교수계약 임용제 도입 • 교수업적평가제 개선 • 교수연봉제 도입 • 우수교수 인센티브 강화 • 연구비 관리체계 투명화 • 연구소 운영 내실화 • 수요자 중심 교육과정 운영 • 대학평가체제 구축

출처: 교육부(2000. 12.).

(2) 참여정부

국민의 정부 시기 대학 구조개혁 평가는 IMF 외환위기 극복을 위한 공공부문 개혁의
일환으로 발표된 정책이었음에도 불구하고 다소 온건하게 추진되었다는 평이 지배적이

다. 대학 구조개혁 핵심 과제 추진을 대학 간 합의와 자율에 맡겼고, 중·장기과제 시행 시기를 대부분 신정부 출범 이후인 2003년으로 미루어 놓았기 때문에 실질적인 성과를 거두지 못하였다(이용균·이기성, 2010: 169). 이에 참여정부에서는 IMF 구제금융 사태 여파로 대학 구조개혁이 보다 본격적으로 추동되어야 할 필요성을 절감하고 2004년 12월 「(경쟁력 강화를 위한) 대학 구조개혁 방안」을 발표하였다. 국민의 정부 시기 국립대학을 중심으로 구조개혁 방향이 논의되고 평가가 진행되었다면, 참여정부 시기에는 구조개혁 대상을 사립대학과 대학원까지로 확대하여 보다 전방위에 걸친 대학 구조개혁을 천명하였다. 재정 지원 방식 역시 선별지원 방식만을 채택함으로써 대학 구조개혁의 효율성과 효과성을 동시에 제고한다는 의지를 표명하였다.

〈표 4-2〉「경쟁력 강화를 위한 대학 구조개혁 방안」(2004. 12.)

과제	세부 추진과제
국립대학 구조개혁 추진	• 국립대학 교육여건 개선 추진 • 국립대학 간 통합 지원 • 국립대학 회계제도/운영체제 개편
사립대학 구조개혁 지원	• 사립대학 교육여건 개선 유도 • 대학 간 다양한 통합·개편 촉진 • 사립대학 재산의 효율적 활용 지원 • 사립대학의 자발적 구조개혁 노력 지원 • 퇴출제도 보완(구조개혁특별법 제정)
대학원 구조개혁 추진	• 대학원평가시스템 구축 • 대학원 규모 적정화
구조개혁 촉진제도 보완	• 대학정보 공시제 실시 • (가칭)고등교육평가원 설립 추진 • 구조개혁 재정지원사업 추진 • 대학재정 내실화 지속 노력

출처: 교육인적자원부(2004. 12.).

(3) 이명박 정부

이명박 정부 시기에는 2009년 2월과 7월에 각각 「대학 구조조정 추진방안」과 「국립대학 구조개혁 추진계획」이 발표되었으나, 일반적으로 집권 중반기인 2011년 7월에 발표된 「대학구조개혁 추진 기본계획」에 근거하여 대학 구조개혁 평가가 본격 추진되기 시작하였다고 보는 견해가 우세하다(신현석 외, 2014: 10; 이용균·이기성, 2010: 174). 참여정부 시기와 마찬가지로 정부는 국립대학과 사립대학을 모두 대상으로 한 구조개혁 추진 계획을 입안하였으나, 정량지표를 중심으로 평가를 단행하고 그 결과에 따라 대학에 부과하는 행·재정적 조치를 차등 적용하였다는 점에서는 이전 정부와 차별화되었다.

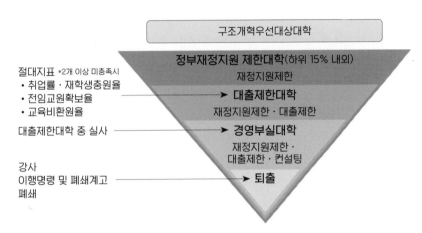

[그림 4-1] 이명박 정부 시기 대학 구조개혁 평가 방향

출처: 교육과학기술부(2011. 7.).

(4) 박근혜 정부

이후 박근혜 정부 시기 대학 구조개혁 평가는 2013년 9월 발표된 「고등교육 종합발전방안」에서 그 시발점을 찾을 수 있다. 정부는 창의적 인재양성과 혁신적 가치를 창출한다는 비전 아래 경쟁력 강화 기반 구축, 산학협력과 평생학습 기능 강화, 연구 역량 강화, 대학교육 혁신 등 4개 정책 과제를 제시하였다. 이때 경쟁력 강화 기반 구축의 하위 추진 과제로 '맞춤형 대학평가체제 확립과 지속적 구조개혁 추진'이 제시되면서, 이를 근거로 2014년 1월과 12월에 각각 「대학구조개혁 추진계획」과 「2015년 대학구조개혁평가 기본 계획(안)」이 발표되었다. 이를 통해 정부는 모든 대학을 대상으로 정량평가와 정성평가를 절대평가로 실시하여 그 결과를 5등급으로 구분한 뒤 각 등급별로 구조개혁 조치를 달리 적용하겠다는 계획을 밝혔다. 이전 이명박 정부가 정량지표를 중심으로 상대평가를 실시하여 하위 15% 대학에 한하여 행·재정적 불이익을 부과한 것과 달리, 박근혜 정부는 정성평가를 추가하고 평가에서 최우수 평가를 받은 대학을 제외한 모든 대학에 행·재정적 부담을 지웠다는 점에서 차이를 보인다.

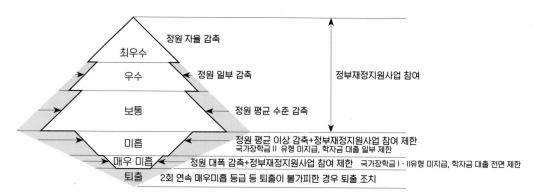

[그림 4-2] 박근혜 정부 시기 1주기 대학 구조개혁 평가 방향

출처: 교육부(2014. 1.b).

한편, 교육부는 2014년부터 2016년까지 1주기 대학 구조개혁 평가가 완료되고 2017년 3월 2주기 대학 구조개혁 기본계획을 발표하였다. 1주기 대학 구조개혁 평가 당시 평가 결과에 따른 등급별 감축 권고 및 자율 감축(재정지원사업 연계)으로 당초 목표치를 상회하는 수준으로 정원이 감축되자, 교육부는 2주기 평가에서도 지속적인 정원 감축을 추진하되 기계적인 규모 축소는 지양하고 특성화, 학과 개편, 운영 효율화 등 대학의 질적 개선에 중점을 둔 정원 감축을 이어나가겠다고 밝혔다. 이에 따라 2주기 평가는 1단계에서 대학의 자체 발전 전략과 고등교육기관으로서 갖추어야 할 기본 요소 등을 중심으로 대학의 자율역량을 진단하고, 자율개선대학으로 선정될 경우 세세한 등급 구분 및 정원 감축 권고 없이 대학 자체 계획에 따라 능동적으로 발전을 추구하도록 지원하겠다고 밝혔다. 반면, 자율개선대학으로 선정되지 못한 대학에 대해서는 현장 방문 평가를 통해 대학의 지속 가능성을 정밀 진단하여 등급을 부여하고 1주기와 같이 등급별 행·재정적 조치를 적용하겠다고 밝혔다.

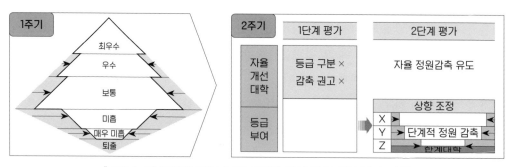

[그림 4-3] 박근혜 정부 시기 2주기 대학 구조개혁 평가 방향

출처: 교육부(2017. 3. 9.).

(5) 문재인 정부

문재인 정부는 2017년 11월 30일 교육부 보도자료를 통하여 새 정부의 고등교육정책 추진방향과 함께, 기존 구조개혁 평가 및 재정지원사업을 전면 개선한 '2018년 대학 기본역량 진단 추진계획(시안)'과 '대학 재정지원사업 개편계획(시안)'을 발표하였다. 4대 핵심과제로 교육부는 ① 맞춤형 진단 및 상향식 지원, ② 대학 체질 개선 지원, ③ 전략적 대학 특성화 유도, ④ 공정한 고등교육 기회 및 과정 보장을 제시하였고, 그중 첫 번째 핵심과제 세부 계획으로서 기존 대학 구조개혁 평가를 대학 기본역량 진단으로 전면 개선하고 대학 재정지원사업을 일반재정지원과 특수목적지원사업으로 개편할 계획임을 밝혔다.

구체적으로, 문재인 정부는 박근혜 정부 시절 대학 구조개혁 평가가 전국 단위 세세한 등급화로 인한 서열화 및 지역대학 고려 부족, 정원 감축에만 초점, 재정 지원과 연계되지 않아 교육여건 개선 미흡 등 다수의 문제점을 노정하였다고 진단하였다. 다만, 학령인구 감소로 인한 대학 규모 조정의 불가피성, 지역 균형 발전의 필요성, 고등교육재정 투자의 효율성 등을 종합적으로 고려하여 기존 구조개혁 평가를 개선하여 시행할 필요가 있다고 판단하였다. 이에 [그림 4-4]와 같이 문재인 정부는 기존 대학 구조개혁 평가를 대학 기본역량 진단 평가로 운영하여 세세하게 등급을 구분하지 않고 일정 수준 이상 대학(이른바 자율개선대학, 60% 내외)에 해당하지 않는 대학을 대상으로 재정지원 및 정원 감축 권고 수준에 차등을 두겠다고 밝혔다. 이에 따라 2018년 3월 각 대학은 중장기 발전계획을 작성·제출하였고, 교육부와 한국교육개발원은 이를 자율개선대학 선정평가 자료로 활용하여 2018년 6월 20일 그 결과를 발표하였다.

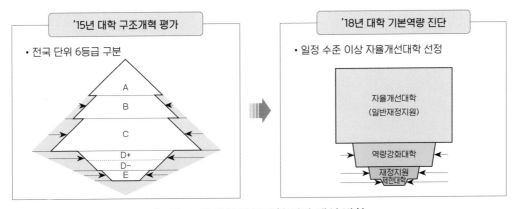

[그림 4-4] 대학 구조개혁 평가 개선 방향

출처: 교육부(2017. 11. 30.).

2 평가 목적 및 의의

1) 평가목적

(1) 국민의 정부

전술한 바와 같이 국민의 정부 시기에는 2000년 12월 「국립대학발전계획」이 발표되었다. 발전계획에서 정부는 국립대학 체제의 효율성 증진을 통해 21세기 지식기반사회의 국가경쟁력을 강화하겠다고 밝혔다. 이때 국립대학 체제의 효율성을 증진시키기 위해서는 국립대학의 역할을 설정하여 국립대학과 사립대학 간 역할을 분담하는 과제가 중요하다고 판단하였는데, 구체적으로 국립대학이 수행해야 할 역할로는 ① 국가 정책적으로 필요한 분야의 인적 자원 개발, ② 학문 균형 발전을 위한 기초·보호 학문 분야 육성, ③ 지역 고등교육기회 제공, ④ 지역 고등교육 질적 수준 제고 등을 언급하였다. IMF 외환위기를 극복하기 위한 일환에서 발표된 계획이라는 점을 감안하여 본다면 매우 온건한 추진 목적과 방향인 셈이었다.

정책의 실효성을 높이기 위하여 정부는 국립대학 발전계획 추진 평가 제도를 시행하였다. 정부의 국립대학 발전계획에 근거하여 개별 국립대학이 자체 발전계획을 수립하면 그 추진 실적을 평가하고 평가 결과에 따라 재정을 지원함으로써 개별 대학 차원의 자발적인 변화 노력을 유도·확산한다는 계획이었다. 구체적인 국립대학 구조개혁 평가 추진 원칙 역시 설정되었다(독고윤 외, 2003: 29). 첫째, 교육정책 관점에서 국립대학의 역할과 기능의 제고 방안을 모색하고, 교육의 수월성 제고와 연구의 경쟁력 강화를 위한 대학운영시스템의 효율화를 도모한다. 둘째, 지속적인 개선이 가능하도록 평가와 보상을 연계하여 국립대학 내부의 자기혁신 의지를 조성·촉진한다. 셋째, 국립대학의 일률적 운영에서 탈피하고 개별 대학의 특수성을 살릴 수 있는 융통성 있는 추진전략을 마련·추진한다. 넷째, 국립대학 이해관계자 의견을 수렴·반영하여 발전계획 일련의 추진과정에 있어 절차적 민주성을 확보한다.

(2) 참여정부

국민의 정부 시기 대학 구조개혁 추진 성과가 가시적으로 드러나지 않자, 참여정부는 「(경쟁력 강화를 위한) 대학 구조개혁 방안」을 통해 보다 강도 높은 구조개혁을 추진하였다. 구체적으로, 정부가 밝힌 대학 구조개혁 정책 목적은 다음과 같이 네 가지였다(교육인적자원부, 2004. 12.). 첫째, 그간 고등교육의 양적 팽창에 치우쳐 교육여건이 부실해진 만큼 과감한 구조개혁을 통해 질적 도약의 계기를 마련한다. 둘째, 자율적인 구조개혁을 촉진하기 위한 법·제도를 마련하여 구조개혁을 통해 고등교육 투자 효율성을 제고한다. 셋째, 대학 특성화를 통하여 사회 수요에 부응하는 인력양성체제를 구축한다. 넷째, 세계 수준의 경쟁력을 갖춘 대학으로 발전할 수 있도록 정원감축 등 규모의 적정화를 도모하고 종합적인 학사구조개혁을 추진한다.

　이와 같은 정책 목적 달성을 보다 효율적으로 달성하기 위하여 정부는 평가를 통한 재정지원 방식을 채택하였다. 그리고 그 구체적인 계획은 「(경쟁력 강화를 위한) 대학 구조개혁 방안」과 함께 발표된 「대학구조개혁 재정지원방안」에 제시되었다. 이를 통해 정부는 크게 네 가지 재정지원 기본 방향을 밝혔다. 첫째, 단순한 양적 감축이 아니라 사회 수요에 적합한 인력양성 구조로의 질적인 전환을 촉진한다. 둘째, 교육의 수월성 제고와 연구의 경쟁력 강화를 목적으로 대학운영 시스템의 효율성을 제고하는 구조개혁을 우선 지원한다. 셋째, 학내 구성원의 합의에 기초하고 실천 가능한 구조개혁을 지원하며 지속적인 구조개혁이 가능하도록 평가와 적절한 보상을 추진한다. 넷째, 대학재정지원 필수 참여기준을 설정하고 향후 타 고등교육 재정지원사업에 반영함으로써 대학 구조개혁의 효과성을 제고한다. 정부는 이상 네 가지 재정지원 기본방향에 부합하는 구조개혁 선도 대학 지원 사업을 추진하여 다음과 같이 대학 구조개혁을 선도할 역량을 갖춘 대학 10~15개교를 선별한 뒤 중점 지원한다는 방침을 밝혔다.

○ 학생정원(학부 및 대학원) 감축 실적('05~'06학년도)
　－특성화와 관련 없는 분야의 정원감축 정도
　　※ 타 재정지원사업의 참여요건을 충족하기 위한 정원 감축은 50%만 반영
　　※ 최근 3년간 평균 미충원분 감축 정원, 전문대학원 전환 정원, 행정제재 감축 정원 등
　　　은 제외
○ 대학구조개혁 추진 시 내부 합의여부 및 계획의 실현 가능성
　－교수회, 직원회, 동창회, 기성회 등 각 이해관계자들의 동의 여부
　－지역주민의 여론 수렴 등
○ 학문기반강화를 위한 교육여건 개선 실적 및 계획
　－기초학문 내실화 프로그램 개발·운영
　－GSI(Graduate Student Instructor)선발 지원
　－기초교육 전담 강사 확충

---

(3) 이명박 정부

이명박 정부 시기에 들어서는 평가 목적이 더욱 단순명료해졌다. 국민의 정부 시기 국립대학 구조개혁 평가는 다소 온건하게 추진되어 그 성과가 제한적이었고, 참여정부 시기 국·사립 구조개혁 선도 대학 평가는 수도권 대규모 사립대학만 참여하는 구도가 형성되어 파급효과가 제한적이었기에, 이명박 정부 시기 대학 구조개혁 평가는 지방 사립대학의 구조개혁에 초점이 맞춰졌다(신현석 외, 2014: 10). 구체적으로, 정부는 2011년 7월 「대학구조개혁 추진 기본계획」을 통해 평가 목적을 크게 세 가지를 언급하였다. 첫째, 학령인구 감소 등 급격한 변화에 대학경쟁력 제고를 위한 선제적 조치를 단행한다. 둘째, 국민의 세금으로 운영되는 정부재정지원이 부실대학에 이루어지지 않도록 국립대학에 대해서는 교육성과를 철저히 관리·감독하고 사립대학에 대해서는 부실 정도에 상응하는 행·재정적 조치를 강구한다. 셋째, 상대적으로 경쟁력이 떨어지는 대학에 경각심을 주어 대학 교육의 상시적인 질 관리 및 자발적인 대학 구조개혁을 유도한다.

(4) 박근혜 정부

박근혜 정부 시기 대학 구조개혁 평가의 골격은 2014년 1월 「대학구조개혁 추진계획」을 통해 공개되었다. 대학 구조개혁 기본 방향으로 정부는 크게 세 가지를 언급하였다. 첫째, 최우수 등급을 받은 대학을 제외한 모든 대학을 대상으로 정원감축을 실시한다. 둘째, 대학 특성화와 교육의 질 제고를 위해 새로운 대학평가체제를 도입한다. 셋째, 지속적·체계적 구조개혁을 위한 법적·제도적 기반을 구축한다. 이후 정부는 두 차례의 공청회를 거친 뒤 2014년 12월 「2015년 대학구조개혁평가 기본 계획(안)」을 최종 발표하였는데, 기본계획상에서 언급한 대학 구조개혁 평가 목적은 「대학 구조개혁 추진계획」('14. 1.)에 따라 도입한 새로운 평가체제를 통해 대학교육의 질 제고를 도모하고 평가 결과에 따른 구조개혁을 추진한다는 것이었다. 이때 새로운 평가체제를 통한 구조개혁 추진이란 앞서 변천 과정에서 언급한 대로 모든 대학을 대상으로 정량·정성평가를 절대평가로 실시하여 그 결과를 5등급으로 구분하여 각 등급별로 구조개혁 조치를 차등 적용한다는 의미이다.

(5) 문재인 정부

문재인 정부는 2017년 11월 30일 교육부 보도자료를 통하여 2018년 대학 기본역량 진단 추진 방향을 다음과 같이 네 가지로 언급하였다. 첫째, 기본역량 진단을 바탕으로 대학의 자율적 발전을 지원한다. 자율개선대학에는 일반재정지원을 약속하고, 대학별 진단 결과 제공을 통하여 대학의 체질 개선 및 전략적 특성화를 위한 기초자료로 활용하도록 돕는다. 둘째, 대학의 공공성과 책무성을 강화한다. 자율개선대학 선정 시 권역별 균형을 고려하여 지역 간 고등교육 균형 발전을 도모하고, 법인 책무성과 구성원 참여·소통 체제 구축 여부를 진단하며, 부정·비리대학에 대한 제재를 강화한다. 셋째, 정원감축 권고와 학생 선택을 지원하여 학령인구 감소에 대응한다. 진단 결과에 따라 합리적 수준에서 정원 감축을 권고함과 동시에, 기본역량 진단 정보를 제공하여 학생의 대학 선택권을 보장하여 학령인구 감소에 대응해 나간다. 넷째, 이를 제도적으로 뒷받침하기 위하여 가칭 대학 진단 및 지원에 대한 법률을 마련한다.

(6) 소결

요컨대, 〈표 4-3〉을 보면 정부마다 대학 구조개혁 평가 목적이 상이하게 제시된 것 같지만 자세히 살펴보면 공통분모를 확인할 수 있다. 제일 눈에 띄는 공통점은 네 정부 모두 대학 체제의 양적 감축과 질적 개선 문제를 별도 문제로 구분하여 접근하지 않았다는 점이다. 국민의 정부, 이명박 정부, 박근혜 정부는 대학이 가진 특수성을 고려하여 대학 간 역할을 분담하거나 정원을 감축하는 등 대학 체제의 양적 감축이 이루어져야 한다고 보았고, 참여정부 역시 사회 수요에 적합한 인력양성 구조로의 질적인 전환을 꾀하면서 양적 감축을 추진해야 함을 강조하였다. 문재인 정부 역시 자율개선대학에 대해서는 일반재정 지원을 약속하고 정원 감축을 요구하지 않는다는 방침이지만, 그 외 40% 내외에 해당하는 대학에 대해서는 재정지원사업 신청 및 지원에 제한을 두고 정원 감축 수준에도 차등을 둔다는 방침이다. 아울러 특기할 공통점으로 정부는 평가 결과와 재정 지원을 연계하여 개별 대학이 자발적·지속적·체계적 구조개혁을 추진해 갈 수 있도록 유도하고자 하였다. 다만, 평가 대상이 국민의 정부 시기에는 국립대학에 국한되었고, 참여정부 시기에는 수도권 대규모 사립대학에 집중되었으며, 이명박 정부 시기에는 지방 사립대학에 초점이 맞춰졌고, 박근혜 정부와 문재인 정부 시기에는 모든 대학으로 확대되었다는 점에 차이가 있을 뿐이다.

〈표 4-3〉 정부별 대학 구조개혁 평가 목적

국민의 정부	참여정부	이명박 정부	박근혜 정부	문재인 정부
1. 국립대학 역할 분담 및 운영 효율화 도모	1. 단순 양적 감축 아닌 사회 수요 적합 인력 양성 구조로의 질적 전환 촉진	1. 학령인구 감소에 선제 대응 위한 대학 경쟁력 제고	1. 모든 대학 대상 정원 감축	1. 정원감축 권고와 학생 선택 병행
2. 평가-보상 연계 통한 대학 내부 자기혁신 의지 조성·촉진	2. 대학운영 시스템 효율성 제고 구조개혁 우선 지원	2. 부실대학 관리·감독 통한 정부재정지원 축소·차단	2. 대학 특성화와 교육 질 제고	2. 대학 자율 발전 지원
				3. 공공성·책무성 강화
3. 대학 특수성 제고	3. 지속적 구조개혁 위한 평가-보상 연계	3. 교육 상시적 질 관리 및 자발적 구조개혁 유도	3. 지속적·체계적 구조개혁 위한 제도 기반 구축	4. 대학 혁신을 위한 대학 진단 및 지원에 대한 법률 마련
4. 절차적 민주성 확보	4. 대학 구조개혁 효과성 제고			

2) 평가 의의

평가 배경을 논의하기에 앞서 잠시 언급한 대학 구조개혁 정책의 개념적 특징을 다시 한번 상기해 보면, 대학 구조개혁 정책은 '대학 체제의 양적 감축 또는 질적 개선 또는 이를 촉진하기 위한 행·재정적 조치를 강구하는 경쟁력 제고 과정'으로 이해할 수 있다고 하였다. 이와 관련하여 신현석 외(2014: 5)는 대학 구조개혁의 1차적인 목표인 양적 감축은 대학의 특성적 발전을 꾀하는 방향으로 이루어지기 때문에 양적 감축과 질적 개선은 필연적인 관계에 놓여 있으며, 구조개혁의 최종 기착지는 단순히 양적 감축과 질적 개선을 일회적으로 마치는 데 있는 것이 아니라 새로운 조직문화를 지속적으로 구축하는 과정에 있음을 역설한 바 있다. 앞서 평가 목적을 살펴보면서 언급했듯이 실제로 정부에서는 대학 체제의 양적 감축과 질적 개선 문제를 분리하여 접근하지 않고 질적 개선을 꾀하는 방향으로의 양적 감축을 지향하고 있으며, 개별 대학이 자발적·지속적·체계적 구조개혁을 추진해 갈 수 있도록 유도하는 기제로 평가를 활용하고 있다. 결국 대학 구조개혁 평가라는 기제를 통하여 대학 체제의 양적 감축과 질적 개선에 관한 가시적인 변화를 요구하고, 각 대학별로 구조개혁을 위한 지속적인 경주를 종용하며, 대학사회 전반에 일정 정도의 긴장감을 조성하고 있다는 점에 있어서는 그 의의를 부인하기 어렵다.

이동석 당시 인제대학교 기획처장이 대학교육 184호를 통해 밝힌 「대학구조개혁과 대학 특성화 병행에 대한 소고」를 보면, 대학 구조개혁 평가에 가해지는 비판만큼 대학 현장에 미치는 긍정적 파급 효과가 없지는 않음을 확인하게 된다. 대학현장에 있는 입장에서 볼 때에도 학령인구 감소에 따른 대학 입학자원 감소는 자명한 사실이며 그 정도에 대해서만 이견이 있는 상황이라고 그는 진단한다. 이 사실은 대학의 존립 기반을 흔들며, 특히 지방 사립대학의 경우에는 "태풍의 진로 한 가운데 있는 것과 같다"라고 할 수 있을 정도로 그 존립을 위협받고 있다고도 말한다(이동석, 2014: 25). 이때 지방 사립대학의 붕괴는 단순히 사립대학 설립자의 재산 처분 문제를 넘어 해당 대학에 재학 중인 학생과 재직 중인 교직원의 처우 문제 및 대학 주변 상권 붕괴 문제로 확대되어 국가 차원의 문제로 비화될 소지가 크기 때문에, 국민 대표 자격으로 대학의 구조개혁에 적극 개입하게 된 상황은 일면 불가피하고도 시의적절한 측면이 있다고 보았다.

이어서 그는 대학 구조개혁 방향이 특정 대학에 불리하게 작용하게 되면 명분이 약화되어 실행 동력을 상실하게 되므로, 정부로서는 각 대학에 동등한 기회를 제공한다는 명분하에 각 대학들의 특성화를 유도하면서 구조개혁을 요구하고 있다고 해석하였다. 이에 대학현장에서는 '살려고 하면 죽고, 죽으려고 하면 산다'는 마음가짐으로 모든 기득권을 내려놓고 오직 경쟁력 한 가지만을 기준으로 대학 특성화에 적극 매진하고 있다고 말하였다. 하지만 여전히 일부 대학구성원들은 지나친 낙관 또는 비관으로 자신의 경쟁력 향상 방안에는 소홀하면서 살아남으려고 몸부림치는 대학 경영진과 일부 교수들을 냉소적으로 바라보고 있다고 하면서, 이들의 의식 구조까지 변화시킬 수 있는 구체적인 구조개혁 실행 계획이 마련될 필요가 있다고 지적하였다(이동석, 2014: 26). 이와 같은 저자의 견해를 모든 대학현장 관계자의 의견으로 일반화해서는 곤란하겠지만, 적어도 대학 구조개혁 평가가 대학사회에 '앞으로 어떻게 대학을 발전시켜 나갈 것인가'에 대한 근본적인 고민을 하게 만든다는 점에 있어서는 그 의의가 분명하다 하겠다.

3 평가 영역 및 지표

1) 국민의 정부

국립대학 구조개혁 평가는 발전계획 추진실적에 대한 1년 단위 연차평가 형태로 진행되었다. 2000년 12월 발전계획이 입안된 관계로 2001년에는 추진계획에 대한 평가가 실시되었고 2002년부터 추진실적 위주 평가가 진행되었다. 평가의 기본 방향은 평가의 계속성·예측가능성을 위해 원칙적으로 전년도 평가기조가 유지되었다. 평가모형은 정책지표, 평가영역, 평가과제 3요소로 구성되었는데, 공통적으로 〈표 4-1〉에 제시된 국립대학 발전계획의 틀을 그대로 이어받았다.

상술하면, 3대 정책지표는 〈표 4-1〉에 제시된 3대 과제가 그대로 적용되었고, 8개 평가영역은 〈표 4-1〉에 제시된 세부 추진과제가 유목화되어 제시되었으며, 26개 평가과제는 〈표 4-1〉에 제시된 세부 추진과제 대부분이 반영되었다. 국립대학 구조개혁 평가가 실시될 때마다 정책지표와 평가영역은 기본적으로 유지되었으나 평가과제는 정책방향이나 의견수렴 결과 등이 반영되어 해마다 소폭 조정이 있기도 하였다. 가령, 2003년도 평가에서는 '교수 임용의 성별 균형'이 새로운 평가지표로 추가되었고, 2002년도 평가에서는 '교수업적평가제 개선 실적' 평가지표가 '교수업적평가제 개선 및 활용 실적'으로 수정되었다.

첫 번째 정책지표인 '국립대학의 기능 분화 및 연계 체제 구축 실적'은 2개 평가영역과 6개 평가지표로 구성되었다. 첫 번째 평가영역인 '중점육성분야 지원 및 특성화 추진 실적'에는 중점육성분야 선정·지원 실적과 특성화분야 지원·육성 실적 등 2개 지표가 포함되었고, 두 번째 평가영역인 '대학 간 교류 협력 및 연계 체제 구축 실적'에는 대학 간 통폐합 및 학과교환 실적, 교류협력 실적, 권역별 연합대학체제 구축 실적, 기타 관련 실적 등 4개 지표가 포함되었다.

두 번째 정책지표인 '대학운영시스템 및 조직관리제도 개선 실적'은 3개 평가영역과 11개 평가지표로 구성되었다. 첫 번째 평가영역인 '대학운영시스템 개선 실적'에는 총(학)장 선임제도 개선 실적, 행정조직 및 부속기관 운영 효율화 실적, 보직 운영 효율화 실적, 기타 관련 실적 등 4개 지표가 포함되었다. 두 번째 평가영역인 '조직관리 제도 개선 실적'에는 행정직원 근무평가제도 개선 실적, 재정운영 및 조달·구매행정 개선실적, 학생·교원 중심 대학운영체제 확립, 기타 관련 실적 등 4개 지표가 포함되었다. 세 번째 평가영역인 '학사 조직 및 교육과정 개선 실적'에는 대학 내 유사/중복학과(부)나 단과

대학 통폐합 등 개선 실적, 수요자 중심 교육과정 개선·운영 실적, 기타 관련 실적 등 3개 지표가 포함되었다.

마지막으로, 세 번째 정책지표인 '교육 및 연구 관리 체제 개선 실적'은 3개 평가영역과 9개 평가지표로 구성되었다. 첫 번째 평가영역인 '교수 부문 제도 개선 실적'에는 교수임용 공정성·객관성 제고 실적, 교수업적평가제 개선 및 활용 실적, 교수임용 성별 균형, 기타 관련 실적 등 4개 지표가 포함되었다. 두 번째 평가영역인 '연구 부문 제도 개선 실적'에는 연구비 지원·관리 제도 개선·운영 실적, 연구소 운영의 내실화 실적, 기타 관련 실적 등 3개 지표가 포함되었다. 세 번째 평가영역인 '교육 및 연구 부문 성과'에는 교육 분야 성과, 연구 분야 성과 등 2개 지표가 포함되었다.

〈표 4-4〉 국민의 정부 시기 국립대학 자체 발전계획 추진실적 평가모형

정책지표	평가영역 및 평가지표	배점	비고
I. 국립대학의 기능 분화 및 연계 체제 구축 실적	1. 중점육성분야 지원 및 특성화 추진 실적	50	
	가) 중점육성분야 선정·지원 실적	30	
	나) 기타 각 대학별 특성화분야 지원·육성 실적	20	
	2. 대학 간 교류협력 및 연계 체제 구축 실적	50	
	가) 대학 간 통폐합 및 학과교환 실적	10	
	나) 국내외 대학 간 교류협력 실적	20	
	다) 권역별 연합대학체제 구축 실적	10	
	라) 기타 국립대학 역할분담 및 연계체제 구축 실적	10	
II. 대학운영 시스템 및 조직 관리제도 개선 실적	1. 대학운영시스템 개선 실적	50	
	가) 총장 및 학장선임제도 개선 실적	15	
	나) 행정조직 및 부속기관 운영 효율화 실적	15	
	다) 보직 운영 효율화 실적	10	
	라) 기타 독자적인 제도 개선 실적	10	
	2. 조직관리 제도 개선 실적	50	
	가) 행정직원 근무평가제도 개선 실적	13	
	나) 재정운영 및 조달·구매행정 개선실적	12	
	다) 학생·교원중심의 대학운영체제 확립	15	
	라) 기타 독자적인 제도 개선 실적	10	
	3. 학사 조직 및 교육과정 개선 실적	50	
	가) 대학 내 유사/중복학과(부), 단과대학 통폐합 등 개선 실적	20	
	나) 수요자 중심 교육과정 개선·운영 실적	20	
	다) 기타 독자적인 제도 개선 실적	10	

Ⅲ. 교육 및 연구 관리 체제 개선 실적	1. 교수 부문 제도 개선 실적	50	수정 추가
	가) 교수임용의 공정성·객관성 제고 실적	15	
	나) 교수업적평가제 개선 및 활용 실적	15	
	다) 교수임용의 성별 균형	10	
	라) 기타 독자적인 제도 개선 실적	10	
	2. 연구 부문 제도 개선 실적	50	
	가) 연구비 지원 및 관리 제도의 개선·운영 실적	20	
	나) 연구소 운영의 내실화 실적	20	
	다) 기타 독자적인 제도 개선 실적	10	
	3. 교육 및 연구 부문의 성과	50	
	가) 교육 분야 성과	25	
	나) 연구 분야 성과	25	

출처: 독고윤 외(2003: 34).

2) 참여정부

구조개혁 선도 대학 선정 평가는 기본적으로 국립과 사립, 일반대, 교육대, 산업대, 전문대를 구분하지 않고 동일한 기준으로 평가하였다. 평가는 2단계에 걸쳐 이루어졌는다. 1단계 평가에서는 '최근 3년간 미등록률'과 '참여조건 기준 입학정원 감축비율'을 기준으로 평가가 진행되었다. 2004년 12월 「대학구조개혁 재정지원방안」을 발표할 당시 정부는 재정지원 참여 입학정원 기준으로 '06학년도 학부 입학정원을 '04년 대비 10% 이상 감축할 역량을 갖추고 있어야 함을 언급한 바 있다. 즉, 입학정원 감축 비율이 당해 학교의 평균 미등록률을 하회하는 경우에는 실질적인 감축 효과가 없다고 판단할 수 있어, 최근 3년간(2003~2005) 평균 미등록률이 참여조건 기준 입학정원 감축비율을 초과하는 대학은 2단계 평가 대상 대학에서 제외되었다. 한편, 2단계 평가에서는 ① 대학구조개혁 효과, ② 대학운영체제 및 학사구조개혁 등, ③ 학과(부), 단과대학, 대학원 통·폐합, ④ 교육여건 개선, ⑤ 학사과정 입학정원 감축, ⑥ 대학원 입학정원 감축 등 총 6개 평가영역을 중심으로 평가가 시행되었다. 정량평가 50점, 정성평가 50점을 합해 최종 평가 점수가 산출되었다.

첫 번째 평가영역인 '대학 구조개혁 효과'와 두 번째 평가영역인 '대학 운영체제 및 학사구조개혁 등'은 모두 정성평가지표로만 구성되었으며 각각 10점씩 배점되었다. 전자에 대해서는 대학 구조개혁 추진이 대학 특성화 정도와 구조개혁 취지에 얼마나 부합하는지, 그리고 대학 중장기 발전방향에 얼마나 부합하며 또한 지속적인 추진이 가능한지를 각각 5단계 척도로 평가하였다. 후자에 대해서는 총장선임제도 개선 정도, 대학운영체제 개혁 정도, 교수업적평가 및 인사제도 개선 정도, 교육과정 및 학사제도 개선 정도, 산학협력 연계 및 국제교류 제도 활성화 정도 등을 전반적으로 감안하여 5단계 척도 (2, 4, 6, 8, 10)로 평가하였다.

세 번째 평가영역인 '학과(부), 단과대학, 대학원 통·폐합'은 정량평가지표와 정성평가지표가 동시에 고려되었다. 정량평가지표의 경우에는 통·폐합 추진의 어려움 정도를 감안하여 4개 유형을 구분하여 배점을 책정하였고, 해당되는 유형이 있을 시 점수를 부여하되 최대 5점을 넘지 못하도록 설정하였다. 4개 유형 가운데 ① 학과 수와 학부 수가 동시에 감소 또는 불변한 경우에 가장 높은 4점이 부여되었고, ② 학과 수는 감소하였으나 학부 수가 증가한 경우와 ③ 단과대학 수가 감소한 경우에 2점이 부여되었으며, ④ 대학원 수가 감소한 경우에는 1점이 부여되었다. 한편, 정성평가지표로는 학과(부), 단과대학, 대학원 통·폐합의 어려운 정도와 사회 수요 감안 정도가 고려되었고 5단계 척도 (2, 4, 6, 8, 10)로 평가되었다.

네 번째 평가영역인 '교육여건 개선' 역시 정량평가지표와 정성평가지표가 동시에 고려되었다. 정량평가지표로는 전임교원확보율과 교원 1인당 학생 수가 포함되었고, 정성평가지표로는 강의평가제, 교수학습지원센터 운영, 교육과정 개편 등 교육의 질적 수준 개선 정도가 고려되었고 5단계 척도로 평가되었다.

다섯 번째 평가영역인 '학사과정 입학정원 감축'과 여섯 번째 평가영역인 '대학원 입학정원 감축' 역시 정량평가지표와 정성평가지표가 동시에 포함되었다. 전자는 입학정원 감축 비율을, 후자는 입학정원 감축이 사회 수요와 대학 특성화에 부합하는 정도를 평가하였다. 특기할 점은 학사과정 입학정원 감축비율이 다른 어떤 지표에 비해 월등하게 점수가 높게 책정되었다는 점이다. 반면, '학사과정 입학정원 감축'을 제외한 나머지 평가영역에서는 정성적 요소에 더 많은 점수를 부여하고 있음을 확인할 수 있다. 이는 대학 입학정원 감축이 대학 구조개혁 평가를 통해 달성하려는 주요 목표였음을 분명히 보여주는 동시에 대학 체제의 질적 개선을 유도하는 일 역시 그에 버금갈 정도로 중요한 목표로 인식되었음을 보여 준다.

〈표 4-5〉 참여정부 시기 구조개혁 선도대학 선정을 위한 평가 영역 및 지표

평가영역	평가지표				합계
	정량평가지표	배점	정성평가지표	배점	
I. 대학 구조개혁 효과			대학 구조개혁 추진이 대학 특성화 정도 및 구조개혁 취지에 부합하는 정도	5	10
			대학 구조개혁이 대학 중장기 발전방향에 부합하는 정도 및 구조개혁의 지속적 추진 가능성	5	
II. 대학 운영체제 및 학사구조개혁 등			총장선임제도 개선	10	10
			대학운영체제 개혁		
			교수업적평가 및 인사제도 개선		
			교육과정 및 학사제도		
			산학협력, 국제교류		
III. 학과(부), 단과대학, 대학원 통·폐합	1) 학과 수 감소 & 학부 수 감소 (불변포함)	4	사회 수요 감안 정도	5	15
	2) 학과 수 감소 & 학부 수 증가	2	통·폐합이 어려운 정도	5 (10)	
	3) 단과대학 수 감소	2			
	4) 대학원 수 감소	1			
		5			
IV. 교육여건 개선	전임교원확보율	5	강의평가제	5	15
	교원 1인당 학생 수	5	교수학습지원센터 운영		
		10	교육과정 개편		
V. 학사과정 입학정원 감축	학사과정 입학정원 감축 비율	30	입학정원 감축이 사회 수요와 대학 특성화에 부합하는 정도	10	40
VI. 대학원 입학정원 감축	대학원 입학정원 감축 비율	5	입학정원 감축이 사회 수요와 대학 특성화에 부합하는 정도	5	10
합계		50		50	100

출처: 장지상 외(2005: 3).

3) 이명박 정부

이명박 정부 시기에는 2011년 7월에 발표된 「대학구조개혁 추진 기본계획」을 통해 평가순위 하위 15%에 해당하는 대학을 정부재정지원 제한대학, 학자금 대출제한대학, 경영부실대학 순으로 체계적으로 선정하고, 중대한 부정 · 비리 대학, 감사결과 불이행 대학 등은 부정 · 비리 정도에 따라 해당 단계에 추가하여 구조개혁을 추진하겠다는 방침을 밝혔다. 즉, 이명박 정부 시기 대학 구조개혁 평가 목적은 하위 15% 대학을 대상으로 한 강도 높은 구조개혁 추진에 있었으며, 상위 85% 대학에 대해서는 특별히 행 · 재정적 조치를 취하지 않았다는 데 그 특징이 있다.

이에 따라 평가는 대폭 간소화되었다. 정부재정지원 제한대학 평가는 1단계 상대평가 방식으로 이루어졌다. 평가영역은 교육성과, 교육여건, 교육과정 등 크게 3개 영역으로 구성되었고, 평가지표는 취업률, 재학생 충원율, 전임교원 확보율, 교육비 환원율, 장학금 지급률, 등록금 부담완화, 법인지표, 학사관리 및 교육과정, 상환율 등 9개 지표로 구성되었다. 학자금대출 제한대학 평가는 정부재정지원 제한대학 평가와 동일하게 평가영역 및 지표가 구성되었다. 다만, 1단계 상대평가가 진행된 이후에는 2단계 절대평가가 진행되었다. 절대평가 시 평가지표로는 취업률, 재학생 충원율, 전임교원 확보율, 교육비 환원율 등 4개 지표만이 고려되었고, 〈표 4-6〉에 괄호 안에 기재한 기준을 충족시키지 못할 시 학자금대출 제한대학으로 선정되었다. 평가 유형을 막론하고 가장 중요하게 고려된 평가영역은 교육성과 영역이었으며, 그중에서도 재학생충원율이 가장 핵심적인 평가지표로 고려되었다.

〈표 4-6〉 이명박 정부 시기 대학 구조개혁 평가 영역 및 지표

평가영역	평가지표	정부재정지원 제한			학자금대출 제한		
		'12학년도	'13학년도	증감	'12학년도	'13학년도	증감
교육성과	취업률	20%	20%	-	20%	20%	-
				(45%)		(50%)	(5%)
	재학생 충원율	30%	30%	-	30%	30%	-
				(90%)		(90%)	(-)

교육여건	전임교원 확보율	5%	7.5%	2.5%	10%	7.5%	△2.5%
				(61%)		(61%)	(−)
	교육비 환원율	10%	7.5%	△2.5%	10%	7.5%	△2.5%
				(90%)		(100%)	(10%)
	장학금 지급률	10%	10%	−	5%	10%	5%
	등록금 부담완화	10%	10%	−	10%	10%	−
	법인지표	−	5%	5%	−	5%	5%
교육과정	학사관리 및 교육과정	5%	10%	5%	5%	5%	−
기타	상환율	10%	−	△10%	10%	5%	△5%

※ 괄호에 있는 수치는 학자금대출 제한대학 평가 2단계 절대평가 시 충족시켜야 할 기준임.
※ 교육과학기술부 보도자료(2011. 9. 6.; 2012. 8. 31.)를 바탕으로 재구성함.

4) 박근혜 정부

박근혜 정부 시기 1주기 대학 구조개혁 평가 영역 및 지표는 2014년 12월 「2015년 대학구조개혁평가 기본 계획(안)」을 통해 최종 확정되었다. 이에 따라 일반대학에 대한 구조개혁 평가는 단계평가 방식이 적용되었다.

〈표 4-7〉과 같이 1단계에서는 교육여건, 학사관리, 학생지원, 교육성과 4개 영역을 평가하였다. 교육여건 영역은 전임교원 확보율, 교사 확보율, 교육비 환원율 등 3개 지표로 구성되었고, 학사관리 영역은 수업 관리와 학생 평가 등 2개 지표로 구성되었다. 학생지원 영역은 학생 학습역량 지원, 진로 및 심리 상담 지원, 장학금 지원, 취·창업 지원 등 4개 지표로 구성되었고, 교육성과 영역은 학생 충원율, 졸업생 취업률, 교육 수요자 만족도 관리 등 3개 지표로 구성되었다. 이와 같이 1단계 평가 영역 및 지표는 4개 영역 12개 지표로 구성되었으나 〈표 4-7〉을 통해 확인할 수 있듯 평가지표 아래 평가요소가 36개나 제시되는 등 이전 역대 정부와 비교할 때, 특히 이명박 정부와 비교할 때 평가 부담이 증가하였다.

〈표 4-7〉 박근혜 정부 시기 1주기 대학 구조개혁 평가 영역, 지표, 요소

단계	평가영역	평가지표	평가요소		배점	
1	교육여건	전임교원 확보율	• 전임교원 확보율 정량 평가(국/사립 구분) • 최근 3년간 전임교원 확보율 개선 정도 • 전임교원 보수수준 정성 평가	8		18
		교사 확보율	• 교사 확보율 정량 평가 • 최근 3년간 교사 확보율 개선 정도	5	18	
		교육비 환원율	• 교육비 환원율 정량 평가(국/사립 구분) • 최근 3년간 교육비 환원율 개선 정도	5		
	학사관리	수업 관리	• 전임교원 강의담당 비율 • 강의 규모 적절성 • 시간강사 보수수준(국/사립 구분) • 수업관리 엄정성	8	12	
		학생 평가	• 성적분포 적절성 • 엄정한 성적 부여 제도 운영	4		
	학생지원	학생 학습역량 지원	• 지원 프로그램 구축·운영 여부 • 관련 규정, 자원 확보 등 지원 • 지원을 통한 정량적, 정성적 실적 • 성과분석을 통한 프로그램 개선 실적	5	15	60
		진로 및 심리 상담 지원	• 지원 프로그램 구축·운영 여부 • 관련 규정 운영, 자원 확보 등 지원 • 지원을 통한 정량적, 정성적 실적 • 성과분석을 통한 프로그램 개선 실적	3		
		장학금 지원	• 장학금 지원율 정량 평가 • 최근 3년간 장학금 지원율 개선 정도	5		
		취·창업 지원	• 지원 프로그램 구축·운영 여부 • 관련 규정 운영, 자원 확보 등 지원 • 지원을 통한 정량적, 정성적 실적 • 성과분석을 통한 프로그램 개선 실적	2		
	교육성과	학생 충원율	• 신입생 충원율 정량 평가(수도권/지방 구분) • 재학생 충원율 정량 평가(수도권/지방 구분) • 최근 3년간 학생 충원율 개선 정도	8	15	
		졸업생 취업률	• 졸업생 취업률 정량 평가(계열/성비, 권역 고려) • 최근 3년간 졸업생 취업률 개선 정도	5		

	교육 수요자 만족도 관리	• 시스템 구축 · 운영 여부 • 만족도 조사 체계성 • 만족도 조사 결과 분석 합리성 • 만족도 조사 결과에 따른 교육 서비스 개선	2	
	중장기 발전 계획	중장기 발전계획 적절성	• 대학 설립이념, 교육이념, 인재상 간 연계성 • 의견 수렴, 여건 분석 등 수립 과정 합리성 • 중장기 발전계획 추진 체계성 및 구체성	5	
		중장기 발전계획과 학부(과) 및 정원 조정 연계성	• 학부(과) 및 정원조정과 중장기 발전계획 간 논리적 연계성 • 의견 수렴, 여건 분석 등 정원 조정방안 마련 과정 합리성	5	10
2	교육과정	핵심역량 제고 위한 교양 교육 과정	• 대외 여건 변화에 따라 갖추어야 할 교양 수준 구체적 설정 • 갖추어야 할 교양 수준에 따른 교육과정 · 강의 등 개설 · 운영 실적	5	40
		전공능력 배양 위한 전공 교육 과정	• 대외 여건 변화에 따라 전공 분야별로 요구되는 역량의 구체적 설정 • 요구되는 역량 수준에 따른 교육과정 · 강의 등 개설 · 운영 실적	20 5	
		교육과정 및 강의 개선	• 교육과정 및 강의 개선을 위한 제도 및 운영 실적, 주기적 환류 · 보완 등 체계적 노력	10	
	특성화	특성화계획 수립, 추진, 성과	• 특성화 계획 수립: 여건분석 및 특성화 선정 분야 간 정합성, 계획 구체성 · 타당성 · 실현가능성 • 특성화 계획 추진: 자원확보 · 활용 등 추진 실적, 주기적 점검 · 환류 • 특성화 추진 성과: 성과 탁월성, 성과 지속적 유지 · 발전 방안	10	10
합계				100

※ 교육부(2014. 12.)를 재구성함.

    1단계 평가에 따라 그룹 1(A, B, C등급)과 그룹 2(D, E등급)가 결정되면 그룹 2에 해당하는 대학을 대상으로 2단계 평가가 진행되었다. 2단계에서는 중장기 발전계획, 교육과정, 특성화 3개 영역을 중심으로 평가가 진행되었다. 중장기 발전계획 영역은 중장기 발전

계획의 적절성과, 중장기 발전계획과 학부(과) 및 정원 조정의 연계성 등 2개 지표로 구성되었고, 교육과정 영역은 핵심역량 제고를 위한 교양 교육과정, 전공능력 배양을 위한 전공 교육과정, 교육과정 및 강의 개선 등 3개 지표로 구성되었으며, 특성화 영역은 특성화계획 수립, 추진, 성과 등 1개 지표로 구성되었다. 이와 같이 2단계 평가 영역 및 지표는 3개 영역 6개 지표로 구성되었으나 1단계 평가와 마찬가지로 평가지표 아래 평가요소가 13개가 제시되어 2단계 평가까지 받는 대학은 총 7개 영역, 18개 지표, 49개 요소에 대한 평가를 대비해야 했다.

한편, 2주기 대학 구조개혁 평가에서는 평가를 준비하는 대학 현장의 혼란을 줄이고 1주기 평가 성과가 지속적으로 확산될 수 있도록 1주기 지표의 큰 틀을 유지하였다. 1주기 평가에서 1단계 평가 영역은 교육여건, 학사관리, 학생지원, 교육성과 등 4개 영역으로 구분되었으나, 2주기 평가에서는 학사관리 영역이 수업 및 교육과정 운영 영역으로 확대 개편되고 2단계 평가 영역이었던 특성화 영역이 대학 특화 전략 영역으로 1단계 평가 영역에 편입되었다. 2단계 평가 영역을 살펴보면 1주기 평가에는 중장기 발전 계획, 교육과정, 특성화 등 3개 영역으로 구분되었으나, 2주기 평가에는 교육과정 영역이 전공 및 교육과정 영역으로 축소 개편되고 지역사회 협력·기여 영역과 대학 운영의 건전성 영역이 신설되었다. 평가 영역별 배점과 하위 평가지표에 대한 내용은 〈표 4-8〉과 같다.

〈표 4-8〉 박근혜 정부 시기 2주기 대학 구조개혁 평가 영역 및 지표

평가영역	배점 1단계	배점 2단계	평가지표	비고	지표별 고려사항	1주기 배점
교육 여건	8		〈정량/정성〉 전임교원 확보율		설립유형	8
	3		〈정량〉 교사 확보율			5
	5		〈정량〉 교육비 환원율		설립유형	5
수업 및 교육과정 운영	11		〈정량/정성〉 수업 관리 및 학생 평가		설립유형	8+4
	10		〈정성〉 교육과정·강의 개선	2 → 1단계		10
학생 지원	5		〈정성〉 학생 학습역량 지원		규모	5
	3		〈정성〉 진로·심리 상담 지원		규모	3
	5		〈정량〉 장학금 지원			5
	2		〈정성〉 취·창업 지원		규모	2

영역			지표			
교육 성과	8		〈정량〉 학생 충원율		지역	8
	5		〈정량〉 졸업생 취업률		계열/지역	5
	2		〈정성〉 교육 수요자 만족도 관리			2
대학 특화 전략	5		〈정성〉 계획/전략의 수립·추진·성과	2 → 1단계		10
	3		〈정성〉 정원 조정의 연계성	2 → 1단계		5
전공 및 교양 교육과정		5	〈정성〉 교양 교육과정(핵심역량 제고)			5
		5	〈정성〉 전공 교육과정(전공능력 배양)			5
지역사회 협력·기여		5	〈정성〉 지역 사회 협력·기여	신규		–
대학 운영의 건전성		5	〈정성〉 구성원 참여·소통	신규		–
		5	〈정성/정량〉 재정·회계, 법인책무성	신규	설립유형	–
소계	75	25				100

※ 교육부(2017. 3.)에 제시된 내용을 〈표 4-7〉 내용 순서에 맞게 재배열함.

5) 문재인 정부

〈표 4-9〉에서도 나타나듯 문재인 정부의 대학 기본역량 진단 평가 영역 및 지표는 앞서 〈표 4-8〉로 제시한 박근혜 정부 시기 2주기 대학 구조개혁 평가 영역 및 지표와 그 체계가 매우 흡사하면서도 일면 차이점을 보였다. 먼저, 공통점부터 살펴보면 1단계 평가와 2단계 평가 간 배점이 각각 75점과 25점으로 동일하게 유지되었고, 1단계 평가 영역 가운데 수업 및 교육과정 운영, 학생 지원, 교육성과 영역 및 지표가 유지되었으며, 2단계 평가영역 가운데 전공 및 교양 교육과정과 지역사회 협력·기여 영역 및 지표가 동일하게 적용되었다. 한편, 차이점으로는 영역·지표별 배점이 조금씩 조정되었고, 1단계 평가에서 대학 특화 전략 영역이 발전 계획 및 성과 영역으로 크게 축소되었으며(8점 → 2점), 2단계 평가에서 대학 운영의 건전성 지표였던 법인 책무성 지표가 1단계 평가 지표로 이동하여 기존의 교육 여건 영역이 교육 여건 및 대학 운영의 건전성 영역으로 확대 개편되었다. 해당 영역에는 구성원 참여·소통 지표도 새롭게 추가되었다.

〈표 4-9〉 문재인 정부 시기 대학 기본역량 진단 평가 영역, 지표, 요소

구분	진단 항목	배점	진단 지표 및 요소	비고	'15년과 비교 단계	'15년과 비교 배점
1단계	발전 계획 및 성과(2)	2	〈정량적 정성〉 특성화 계획 또는 중장기 계획 등 발전계획의 수립·추진·성과	규모 고려	2 → 1단계	15
1단계	교육 여건 및 대학운영의 건전성(21)	10	〈정량/정량적 정성〉 전임교원 확보율	설립유형 고려		8
1단계	교육 여건 및 대학운영의 건전성(21)	–	정년/비정년 전임교원 운영 현황	실태조사		
1단계	교육 여건 및 대학운영의 건전성(21)	3	〈정량〉 교사 확보율			5
1단계	교육 여건 및 대학운영의 건전성(21)	5	〈정량〉 교육비 환원율	설립유형 고려		5
1단계	교육 여건 및 대학운영의 건전성(21)	2	〈정량/정량적 정성〉 법인 책무성 • (정량) 법인 책무성 실적(1) • (정량적 정성) 법인 책무성 확보 계획(1)	사립 계획/ 실적 진단	신규	–
1단계	교육 여건 및 대학운영의 건전성(21)	1	〈정량적 정성〉 구성원 참여·소통(법령 상 의무사항)	설립유형 고려 계획 진단	신규	–
1단계	수업 및 교육과정 운영(20)	10	〈정량적 정성〉 교육과정·강의 개선 • (정량적 정성) 교양 교육과정(3) • (정량적 정성) 전공 교육과정(4) • (정량적 정성) 강의개선(3)	규모 고려	2 → 1단계	10
1단계	수업 및 교육과정 운영(20)	10	〈정량/정량적 정성〉 수업 관리 및 학생 평가 • (정량) 강의 규모의 적절성(1) • (정량) 시간강사 보수수준(1) • (정량적 정성) 수업관리의 적정성 및 운영성과(4) • (정량적 정성) 학생평가의 적정성 및 운영성과(4)	설립유형 및 규모 고려		12
1단계	학생 지원 (16)	5	〈정량적 정성〉 학생 학습역량 지원	규모 고려		5
1단계	학생 지원 (16)	3	〈정량적 정성〉 진로·심리 상담 지원	규모 고려		3
1단계	학생 지원 (16)	5	〈정량〉 장학금 지원			5
1단계	학생 지원 (16)	3	〈정량적 정성〉 취·창업 지원	규모 고려		2
1단계	교육성과 (16)	10	〈정량〉 학생 충원율 • 신입생 충원율(4) • 재학생 충원율(6)	수도권/ 비수도권 구분		8

		4	〈정량〉 졸업생 취업률 • 졸업생 취업률(2) • 유지취업률(2)	계열/성별/ 권역 구분		5
		2	〈정량적 정성〉 교육 수요자 만족도 관리	규모 고려		2
	소계	75				
2 단 계	전공 및 교양 교육과정 (11)	5	〈정량적 정성〉 교양 교육과정(핵심역량 제고)	규모 고려		5
		6	〈정량적 정성〉 전공 교육과정(전공능력 배양)	규모 고려		5
	지역사회 협력·기여 (5)	5	〈정량적 정성〉 지역 사회 협력·기여	규모 고려	신규	–
	대학 운영의 건전성(9)	5	〈정량적 정성〉 구성원 참여·소통(제도/ 절차/실적 등)		신규	
		4	〈정량적 정성/정량〉 재정·회계의 안정성 • (정량) 재원의 적정성(1) • (정량) 재정의 건전성(2) • (정량적 정성) 재정·회계 관리체계 운영(1)	사립	신규	–
	소계	25				
	총계	100				

출처: 교육부(2017. 11. 30.).

　2021년에 실시 예정인 3주기 대학 기본역량 진단에서는 진단 단계와 지표가 간소화될 예정이다. 진단 기능 재정립에 따라 역량강화·재정지원제한대학을 선정할 필요가 없으므로 1·2단계 진단을 단일 단계로 통합하게 되었고, 대학의 예측 가능성 및 평가 준비 부담을 고려하여 신규 지표 추가를 최소화하고자 하였다. 또한 2018년 진단 지표(요소)의 타당성을 재검토하여 대학이 갖추어야 할 핵심적인 기본여건 중심[지표(요소)의 변별력, 다른 지표(요소)와의 중복성, 대학의 수용도 등]으로 지표(요소)를 간소화하고, 변별력이 낮거나 별도의 이행 기제가 있는 지표는 삭제(교사 확보율, 장학금 지원)하였으며, 지표 간 정합성을 고려하여 지표를 통합하고자 하였다. 아울러 보고서 작성 부담과 직결되는 진단 요소 및 주안점 수를 대폭 축소하여 대학의 평가 부담을 경감시키고자 하였다(교육부, 2021).

4 평가 과정 및 방법

1) 국민의 정부

국민의 정부 시기 국립대학 구조개혁 평가는 1년 단위 연차평가 형태로 실시되었다. 2001년은 추진계획에 대한 평가가 진행되었고, 2002년부터는 추진실적 위주로 평가가 이루어졌다. 평가는 자체 발전계획 추진실적 보고서를 제출하지 않은 서울대를 제외한 43개 국립대학(4년제 일반대학 23개교, 산업대 8개교, 방송대 1개교, 교육대 11개교)을 대상으로 실시되었다. 이때 대학 종류와 규모를 고려하여 ① 대규모 일반대, ② 소규모 일반대, ③ 산업대(방송대 포함), ④ 교육대 등 4개 유형으로 구분하여 4개 조에 대한 서면평가와 현장평가가 각각 실시되었다. 서면평가는 비점수화 방식으로 현장평가를 위한 사전 평가 성격을 가졌으며, 현장평가 결과에 따라 선별지원 여부가 결정되었다. 평가결과에 따라 선별지원을 받지 못하더라도 평가결과에 관계없이 학생 수, 교원 수 등 학교 규모를 고려하여 재정이 지원되는 일반지원 형태가 있었기 때문에 전체 평가 대상 대학 43개교에 재정이 지원되었다. 한편, 평가위원회는 대학 교수, 민간 전문가 등 관련 분야 전문가를 중심으로 16명 내외로 구성되었는데, 상피제 원칙을 적용하여 해당 대학에 소속된 교수는 제외되었다.

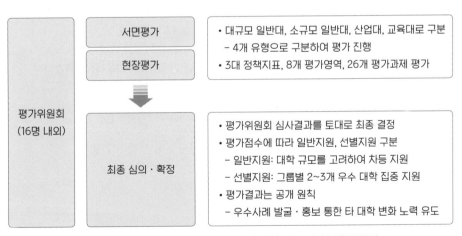

[그림 4-5] 국민의 정부 시기 국립대학 구조개혁 평가방법

※ 독고윤 외(2003: 31-33) 내용을 도식화함.

2) 참여정부

참여정부 시기 대학 구조개혁 평가는 1단계와 2단계로 나누어 진행되었다. 1단계에서 '최근 3년간 미등록률'과 '참여조건 기준 입학정원 감축비율'을 기준으로 2단계 심사 대상 대학이 선별되면, 2단계에서는 ① 대학구조개혁 효과, ② 대학운영체제 및 학사구조 개혁 등, ③ 학과(부), 단과대학, 대학원 통·폐합, ④ 교육여건 개선, ⑤ 학사과정 입학정원 감축, ⑥ 대학원 입학정원 감축 등 총 6개 평가영역을 중심으로 정량평가와 정성평가가 진행되었다. 특히 정성평가에서는 평가의 공정성을 위해 12명의 평가위원 평가결과 중 대학별로 정성평가 총점을 기준으로 최고점과 최저점을 제외한 나머지 10명의 평가위원 점수를 평균하여 최종점수를 산출하였다. 최종점수가 산출되면 [그림 4-6]에 제시된 두 가지 경우에 한해 5점의 가산점이 부여되었는데, 당시 입학정원 감축을 통한 대학체제의 양적 감축 기조가 얼마나 강했는지를 짐작할 수 있다.

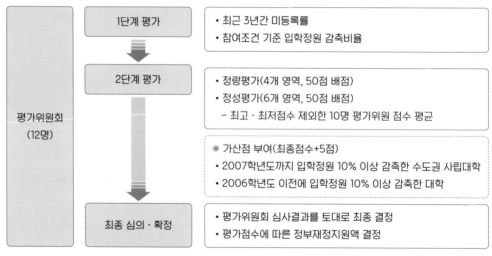

[그림 4-6] 참여정부 시기 구조개혁 선도대학 선정 평가방법

※ 장지상 외(2005: 1-2) 내용을 도식화함.

3) 이명박 정부

이명박 정부 시기 정부재정지원 제한대학 평가는 대학별 공시자료를 기초로 산출한 T점수를 합산한 총점을 기준으로 하위 15% 내외를 선정하였다. 이때, 수도권·지방을 통합하여 전체 대학 중 하위 10%를 선정한 후, 수도권·지방을 구분하여 각각 하위 5% 내외를 추가 선정하였다. 지역별로 유·불리가 발생하지 않도록 정부재정지원 제한대학에 포함된 재학생 수가 해당 지역 전체 재학생 수의 30% 이상이 넘지 않도록 상한 기준을 적용하였다. 또한 본교와 분교를 분리하여 모든 지표 값을 산출할 수 있는 경우 신청대학에 한하여 분리 평가하였고, 대학구조개혁위원회 전권으로 정부재정지원 제한대학 평가 결과와 관계 없이 재정지원 제한 여부를 결정할 수 있는 예외사항도 두었다. 1단계 정부재정지원 제한대학 평가 결과가 확정되면 그 결과를 바탕으로 2단계 평가가 진행되었는데, 앞서 살펴본 〈표 4-6〉과 같이 1단계 평가지표 중 4개 지표(취업률, 재학생 충원율, 전임교원 확보율, 교육비 환원율)를 절대지표로 선정하여 최소 기준을 충족하지 못하는 대학을 대상으로 학자금 대출을 제한하였다.

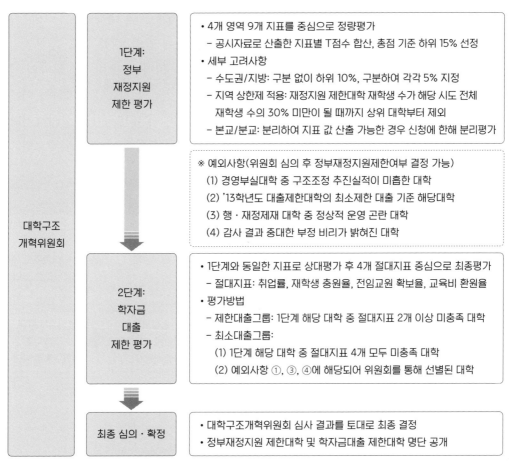

[그림 4-7] 이명박 정부 시기 대학 구조개혁 평가방법

※ 교육과학기술부 보도자료(2012. 8. 31.)와 이영·김진영(2012: 5-6)을 바탕으로 재구성함.

4) 박근혜 정부

박근혜 정부는 한국교육개발원 산하에 대학평가본부를 신설하여 대학 구조개혁 평가 집행에 관한 사항을 위임하였다. 4년제 대학에 대해서는 1주기 평가와 2주기 평가를 막론하고 단계평가 방식을 적용하겠다고 밝혔으며, 그 방식에 있어서는 1주기 평가와 2주기 평가 간에 소폭 차이가 있었다.

[그림 4-8]과 같이 1단계는 대학 구조개혁 평가지표에 맞추어 각 대학이 자체평가보고서를 작성·제출하면 이를 종합 평정하여 평가 결과를 확정하는 단계이고, 2단계는 1단계에서 미흡하다는 평가를 받은 대학에 한하여 추가로 진행되는 단계이다. 이와 같은 절차는 2주기 평가에서도 이어져 1단계 평가를 통과하지 못한 대학에 대하여 2단계 평가를 진행하겠다고 밝혔다. 다만, 1주기에는 1개 팀이 10개 내외 대학의 모든 지표를 평가하는 이른바 대학별 평가 방식이었다면, 2주기에는 소재 권역, 대학 규모, 평가위원의 적정 평가량, 평가 일정 등을 종합적으로 고려하여 30~40개 내외 대학을 하나의 평가 그룹으로 구성하고 한 평가팀이 평가그룹 내 모든 대학의 담당 지표만 평가하는 이른바 지표별 평가 방식을 적용하겠다고 밝혔다. 다만, 1단계에서 대면평가를 실시하거나 2단계에서 현장방문평가를 실시할 때에는 지표별 평가팀을 분할하여 대학별 평가팀으로 재구성하여 평가를 실시할 계획임을 밝혔다.

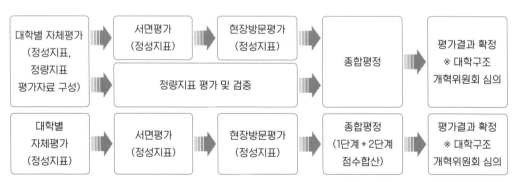

[그림 4-8] 박근혜 정부 시기 1주기 대학 구조개혁 평가 과정
출처: 한국교육개발원 대학평가본부 홈페이지(http://uce.kedi.re.kr).

보다 상술하면, 1주기 평가에서 1단계에는 전체 대학을 대상으로 4개 영역 12개 지표에 대한 평가가 실시되었다. 평가결과에 따라 모든 대학은 상위 그룹과 하위 그룹으로 구분되었고, 상위 그룹에 포함된 대학은 다시 A, B, C등급으로 구분되었다. A등급은 4개 평가영역 가운데 교육여건 영역에서 만점을 받고 나머지 영역에서 만점의 80% 이상을 획득한 대학에 주어졌고, B등급과 C등급은 A등급을 제외한 대학 중 점수에 의해 구분되었다. 다만, 등급 구분 결과는 공개되지 않았다. 한편, 2단계에는 그룹 2에 속한 대학을 대상으로 3개 영역 6개 지표를 중심으로 실시되었다. 1단계 평가 점수와 2단계 평가 점수를 합산하여 최종 점수가 산출되었으며, 이를 기준으로 D등급과 E등급이 결정되었다. 대학 구조개혁 평가 기본계획이 발표될 당시만 해도 2단계 평가 결과가 우수한 대학에 대해서는 그룹 2 대학의 10% 이내에서 그룹 1로 상향 조정이 가능하다고 하였으나, 실제로 상향 조정된 대학은 없었다.

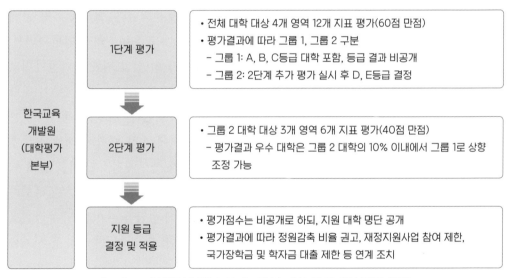

[그림 4-9] 박근혜 정부 시기 1주기 대학 구조개혁 평가 방법

※ 교육부 보도자료(2014. 12. 24.)와 대학평가본부 홈페이지 내용을 바탕으로 재구성함.

한편, 2주기 평가에서 1단계에는 전체 대학을 대상으로 5개 영역 14개 지표에 대한 평가가 실시되었다. 1주기 1단계 평가와 비교할 때 1개 영역과 2개 지표가 증가하였으며, 배점 역시 기존 60점에서 75점으로 상향되었다. 평가결과에 따라 상위 그룹과 하위 그룹을 나누는 방식은 1주기 평가와 동일하였으나, 상위 그룹의 경우 세부 등급을 구분하지도 않고 정원 감축을 권고하지도 않는 방향으로 변화하였다. 한편, 2단계 평가는 하위 그룹에 속한 대학을 대상으로 3개 영역 5개 지표를 중심으로 실시되었다. 1주기 2단계 평가와 비교할 때 평가영역 수는 변동이 없고 지표는 1개 줄었으나, 기존에 2단계 평가에 속해 있던 지표가 1단계 지표로 이동하면서 평가영역 내용이 새롭게 재편된 측면이 있어 단순한 수치 비교는 한계가 있다. 1단계 평가점수와 2단계 평가점수를 합산하여 최종 점수를 산출하는 방식은 이전과 동일하였으나, 기존에 2등급으로 구분하던 방식에서 3등급으로 구분하는 방식으로 변경되었다. 마지막으로 1주기 평가 때와 마찬가지로 2단계 평가결과 우수 대학은 하위 그룹 10% 이내에서 상위 그룹으로 상향 조정이 가능하다고 밝혔다.

5) 문재인 정부

박근혜 정부 시절 추진될 예정이었던 2주기 대학 구조개혁 평가는 2017년 3월 박근혜 대통령이 예상치 못하게 대통령직에서 파면되면서 잠정 보류되었다. 2017년 5월 문재인 대통령이 집권하고 2017년 7월 김상곤 교육부장관이 초대 교육부총리로 임명되면서, 2주기 대학 구조개혁 평가에 대한 논의는 재개되었다. 평가 영역 및 지표와 마찬가지로 문재인 정부 시기 대학 기본역량 진단 평가 과정 및 방법은 박근혜 정부 시절 2주기 대학 구조개혁 평가 과정 및 방법 계획과 유사하면서도 차이를 보였다. 가령, 공통점으로는 단계평가 방식을 적용하였다는 점, 1단계 평가에서 상위권에 속한 대학에 대해서는 추가로 2단계 평가를 진행하지 않았다는 점, 평가결과에 따라 행·재정적 조치를 달리 적용하였다는 점, 한국교육개발원에서 지표별 진단팀을 구성하여 평가운영을 주관하였다는 점 등을 들 수 있다. 한편, 1단계 평가를 통과한 대학 간에 등급을 부여한 뒤 등급별로 행·재정적 조치를 달리 적용하지 않았다는 점은 평가 과정 및 방법 면에서 두 시기를 구분하는 가장 큰 차이점이었다.

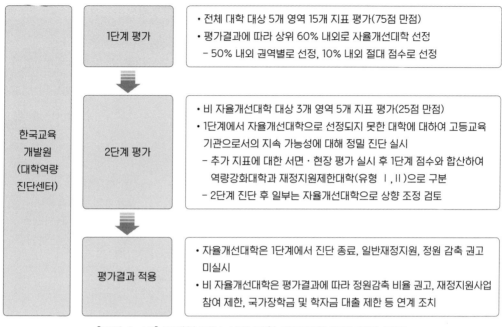

[그림 4-10] 문재인 정부 시기 대학 기본역량 진단 평가 방법

※ 교육부 보도자료(2017. 11. 30.) 내용을 바탕으로 재구성함.

　2021년 3주기 대학 기본역량 진단(교육부, 2021)에서는 대학(학부교육)이 갖추어야 할 기본 요소를 진단 지표로 구성하고, 단일 단계로 진단을 실시하며, 정량 지표와 정량적 정성 지표 점수를 합산하여 최종 점수 산출하는 방식으로 추진하고자 하였다. 먼저, 정량 지표는 대학정보공시 및 대학 제출 자료에 대해 절대평가로 만점에서 감점을 하는 방식으로 하고, 만점기준을 사전에 안내하여 대학의 소모적인 경쟁을 방지하며, 대학의 평가 준비 부담을 완화하고자 하였다. 정량적 정성 지표는 유사한 지표에 대하여 지표별 진단팀(3~4개팀)을 구성하고, 1개 진단팀(15명 내외)이 진단 그룹 내 모든 대학의 담당 지표만 진단(서면 및 대면 진단)하고자 하였다. 2018년 진단은 1·2단계 진단으로 실시하여 1단계는 서면·대면 진단, 2단계는 서면·현장 진단을 실시하였으나, 2021년 진단은 단일 단계로 개선함에 따라 서면·대면 진단으로 실시할 계획이다. 또한 진단척도를 5등급으로 구분하고, 진단을 통해 등급을 부여하여 점수를 산출하고자 하였다.

　일반재정지원 대학을 선정하는 방식은 다음과 같다. 먼저, 진단 결과 일정 수준 이상의 자율 혁신 역량을 갖춘 대학을 권역 균형을 고려하여 일반재정지원 대상 대학으로 선정하고, 2018년 진단 및 타 재정지원사업의 권역 구분 등에 따라 일반대학·전문대학을 다음과 같이 구분하였다. 수도권, 대구·경북·강원권, 충청권, 호남·제주권, 부산·울산·경남권(전문대학의 경우, 강원권과 충청권을 묶어 한 권역을 구성함).

일반재정지원 대상 대학 선정 시 전체 일반재정지원 대상 대학 중 90% 내외를 권역별로 선정한 후, 10% 내외를 전국 단위로 절대 점수가 높은 순서대로 선정하고자 하였다. 권역별/전국 단위 일반재정지원대학 선정 과정에서는 법인 책무성 지표(사립대학 대상)로 인해 국·사립대학 총점이 상이한 점을 고려하여 설계하였고, 이는 다음과 같다.

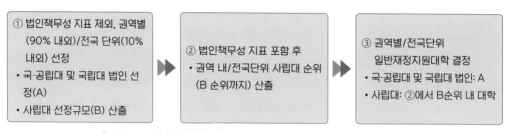

[그림 4-11] 권역별/전국 단위 일반재정지원대학 선정 과정

출처: 교육부(2021).

다만, 3주기 진단 과정과 선정 방식에는 감점 사항이 있다. 2018년 진단 결과에 따른 정원 감축 권고를 미이행한 대학에 대해 2021년 재정지원제한대학 지정 및 진단(2021년 진단에서는 정원 감축 권고 미이행 비율에 따라 최대 4점까지 차등 감점) 시에 감점 등 페널티가 적용된다. 또한 부정·비리 대학에 대한 감점 등의 제재도 적용되며, 충원율 등 허위·과장 실적에 대한 제재 또한 강화될 예정이다.

5 평가결과 활용

1) 국민의 정부

국민의 정부 시기에는 평가 결과와 관계없이 대학 규모를 고려하여 재정을 지원하는 일반지원 방식이 존재하였다. 즉, 일반지원 방식은 비평가지원 방식으로 학교 규모에 따라 공식화하여 전체 43개 국립대학에 차등적으로 재정을 지원하였다. 이 밖에도 국민의 정부 시기에는 선별지원 방식이 존재하였는데, 이는 평가지원 방식으로, 평가결과에 따라 대규모 일반대, 소규모 일반대, 산업대, 교육대 4개 그룹별로 2~3개 우수 대학을 선별하여 재정을 추가로 지원하였다. 2004년 국회예산결산특별위원회 자료에 따르면 국립대학 구조개혁 평가 결과에 따라 2000년에는 10개 대학에 128억 원이, 2001년도부터 2003년도까지는 43개 대학에 각각 250억 원, 400억 원, 1,178억 원이 투입되었다. 특히 2003년에는 지역 균형 발전 차원에서 동일 권역에 지원이 편중되고 특정 지역에 지원이 집중되는 상황을 막기 위해 권역을 중부권, 서남권, 동남권 등 세 개 권역으로 구분하고 선정 대학 수를 제한하였다. 이 밖에도 우수 대학의 명단과 순위, 그 사례를 함께 공개하여 타 대학의 변화 노력을 유도하기도 하였다.

〈표 4-10〉 국민의 정부 시기 국립대학 발전계획 연도별 집행 실적

연도	집행 실적
2000년	• 집중지원: 10개 대학 128억 지원(최고 35억 원, 최저 2억 원)
2001년	• 자체 발전계획: 43개 대학 100억 원 지원(최고 5억 원, 최저 1억 원) • 내부혁신 추진실적: 13개 대학 150억 원 지원(최고 30억 원, 최저 3억 원)
2002년	• 일반지원: 43개 대학 150억 원 지원 (최고 7.5억 원, 최저 1.5억 원) • 집중지원: 24개 대학 250억 원 지원(최고 27.6억 원, 최저 4.2억 원)
2003년	• 일반지원: 43개 대학 148.6억 원 지원(최고 6.4억 원, 최저 1.2억 원) • 선별지원: 24개 대학 251.4억 원 지원(최고 25.3억 원, 최저 1.7억 원)

출처: 국회예산결산특별위원회(2004), 결산 및 예비비 지출 승인의 건 검토보고.

2) 참여정부

참여정부는 2007년에 「2007년도 대학구조개혁 사업 지원계획」을 발표하면서 그간 구조개혁 선도 대학으로 선정된 대학에 지원된 연도별 예산을 공개하였다(교육인적자원부, 2007. 6. 7.). 선정 대학은 총 10개 대학으로, 서울대를 제외한 9개 대학이 모두 사립대학이었다. 사립대학 중에서도 수도권에 소재한 대규모 사립대학만이 선정되었는데, 이는 사업 추진 당시 입학정원 감축을 자율적으로 10% 이상 할 수 있는 여건을 갖추었는지 여부를 지원 조건으로 내걸었기 때문에 나타난 결과였다. 2005년에는 서울대를 비롯한 8개 대학이, 2006년부터는 동국대와 중앙대까지 〈표 4-11〉과 같이 재정 지원을 받게 되었다.

〈표 4-11〉 참여정부 시기 구조개혁 선도대학 선정 대학 연도별 지원 예산(단위: 백만 원)

연도	대학명	2005	2006	2007	2008	합계
'05년 선정	서울대학교	3,335	1,913	2,551	1,913	9,712
	고려대학교	2,852	1,937	2,582	1,937	7,371
	성균관대학교	3,803	1,950	2,600	1,950	10,303
	인하대학교	3,570	1,831	2,442	1,831	7,843
	이화여자대학교	2,716	1,795	2,393	1,795	6,904
	연세대학교	2,627	1,751	2,335	1,751	8,464
	한양대학교	3,738	1,918	2,557	1,918	10,131
	경희대학교	3,704	1,905	2,540	1,905	10,054
'06년 선정	동국대학교	–	5,902	1,967	891	7,869
	중앙대학교	–	6,098	2,033	921	8,131
합계		26,345	27,000	24,000	16,812	86,782

출처: 교육인적자원부(2007. 6. 7.).

3) 이명박 정부

　이명박 정부 시기에는 평가 결과를 토대로 2011년 9월과 2012년 8월 두 차례에 걸쳐 2012학년도와 2013학년도 정부재정지원 제한대학 및 학자금대출 제한대학이 발표되었다. 상술하면, 2012학년도 정부재정지원 제한대학으로는 총 185개 대학 가운데 28개 대학이 선정되었으며, 학자금대출 제한대학으로는 10개 대학이 선정되었다(교육과학기술부 보도자료, 2011. 9. 6.). 2013학년도 정부재정지원 대학으로는 총 178개 대학 가운데 23개 대학이 선정되었으며, 학자금대출 제한대학으로는 7개 대학이 선정되었다(교육과학기술부 보도자료, 2012. 8. 31.). 평가 진행 과정에서 지표 값을 허위로 공시하여 적발된 대학도 있었는데, 해당 대학은 허위 공시에 대한 불이익 조치로 대학구조개혁위원회 심의를 거쳐 제한 대학 명단에 포함되었다. 한편, 선정 대학 명단은 보도자료를 통해 공개되었는데, 이는 대학에 진학 예정인 학생과 그들의 학부모가 대학 선택을 하는 데 있어서 참고가 될 수 있도록 한 조치였다.

〈표 4-12〉 2012학년도, 2013학년도 대학 구조개혁 평가 결과 활용

구분		대학 수/대학명	
		2012학년도	2013학년도
정부재정 지원 제한대학	재정지원 참여가능대학(A)	157	155
	재정지원 제한대학(B)	28	23
	소계(A + B)	185	178
	평가 미참여 대학 (종교계 · 예체능계 대학)	15	21
학자금 대출 제한대학	제한대출그룹(6개교)	경동대, 대불대, 루터대, 목원대, 원광대, 추계예술대	가야대, 대구외대, 위덕대, 한북대, 경주대
	최소대출그룹(4개교)	건동대, 명신대, 선교청대	경북외대, 제주국제대

※ 교육과학기술부 보도자료(2011. 9. 6.; 2012. 8. 31.) 내용을 재구성함.

4) 박근혜 정부

박근혜 정부는 2014년 12월에 발표한 「2015년 대학구조개혁평가 기본 계획(안)」에 근거하여 2015년 4월부터 8월까지 약 5개월에 걸쳐 총 298교(일반대, 산업대, 전문대)를 대상으로 구조개혁 평가를 실시한 뒤 8월 31일자 교육부 보도자료를 통해 그 결과를 공개하였다(교육부 보도자료, 2015. 8. 31.). 평가결과는 〈표 4-13〉과 같다.

〈표 4-13〉 박근혜 정부 대학 구조개혁 평가 등급구분 기준 및 학교 수

등급	A등급	B등급	C등급	D등급	E등급	별도 조치*	평가 제외**
일반대학	34개교	56개교	36개교	26개교	6개교	5개교	29개교

출처: 교육부(2015. 8. 31.).
* 종교계, 예체능계 위주 특수성이 있는 대학에 대해 평균수준 감축 비율 권고 등 별도 조치.
** 교육대학, 교원대 및 특수성을 고려하여 스스로 평가대상에서 제외를 선택한 대학.

평가결과에 따른 행 · 재정적 조치는 〈표 4-14〉와 〈표 4-15〉와 같이 크게 두 갈래로 나뉘었다. 먼저, 정부는 〈표 4-14〉와 같이 평가 등급별 정원 감축 비율을 공개하였다. 다만 「대학평가 및 구조개혁에 관한 법률안」('14.4. 김희정 의원 발의)이 국회 계류 중인 관계로 개별 대학에 정원 감축을 강제할 수는 없어 권고 형태로 제시되었다. 그러나 추

후 구조개혁 평가에서 정원 감축 결과가 실적으로 인정되는 만큼 하위 등급에 속하는 대학일수록 정원 감축 여부를 선택할 여지는 줄어드는 셈이었다.

〈표 4-14〉 박근혜 정부 대학 구조개혁 평가 등급별 정원감축 비율

등급	A등급	B등급	C등급	D등급	E등급	평가 제외
일반대학	자율감축	4%	7%	10%	15%	7%

출처: 교육부(2015. 8. 31.).

다른 한편으로 정부는 〈표 4-15〉와 같이 평가 등급별 정부 재정지원 제한 범위를 공개하였다. 평가결과가 미흡한 E등급 대학에 대해서는 정부재정지원 사업, 국가장학금, 학자금 대출 지원을 전면 제한하는 등 강도 높은 행·재정적 조치가 단행되었다. 정부의 재정 지원이 기존 대학 체제를 유지하는 수단으로 작용될 수 있는 소지를 원천 차단하기 위함이었다. 반면, 평가에서 다소 미흡하다는 평가를 받은 D등급 대학은 그보다 완화된 행·재정적 조치가 취해졌다. 다만, D등급 안에서도 80점 미만을 받은 대학(D- 등급)은 80점 이상을 받은 대학(D+ 등급)보다 강한 행·재정적 조치가 가해졌다.

그러나 D, E등급 대학의 발전 가능성을 완전히 차단한 것은 아니었다. 컨설팅 진행 과정을 통해 교육의 질을 제고할 수 있는 가능성을 내비친 대학에 대해서는 차년도 재정지원 제한 조치를 해제한다고 밝힘으로써 일말의 여지를 남겨 두었다. 하지만 동시에 컨설팅에 대한 지원에도 불구하고 컨설팅 과제 이행이 미흡하여 향후 교육의 질을 제고할 수 있는 가능성이 낮다고 판단되는 대학에 대해서는 더욱 엄격한 조치를 취한다는 점도 분명히 하였다.

〈표 4-15〉 박근혜 정부 대학 구조개혁 평가 그룹 2 재정지원 제한 범위

등급		정부재정지원사업	국가장학금		학자금	
			I유형	II유형	일반	든든
D등급	80점 이상	기존사업 지원 지속 신규사업 지원 제한	–	신편입생 지원제한	–	–
	80점 미만	기존사업 지원 지속 신규사업 지원 제한	–	신편입생 지원제한	신편입생 50% 제한	–
E등급		전면 제한	신편입생 지원제한	신편입생 지원제한	신편입생 100% 제한	신편입생 100% 제한

출처: 교육부(2015. 8. 31.).

5) 문재인 정부

다음에 제시한 [그림 4-12]는 박근혜 정부와 문재인 정부의 평가결과 활용 방식을 비교한 그림이다. 이를 살펴보면 평가 결과에 따라 정원감축 수준과 재정지원사업 신청 및 선정 여부에 제한을 두는 기본 방식은 유지되었으나, 평가 결과에 따라 각 대학이 적용받는 정원감축 수준이나 재정지원사업 신청 및 선정 제한 수준에 있어서는 차이가 존재하였다.

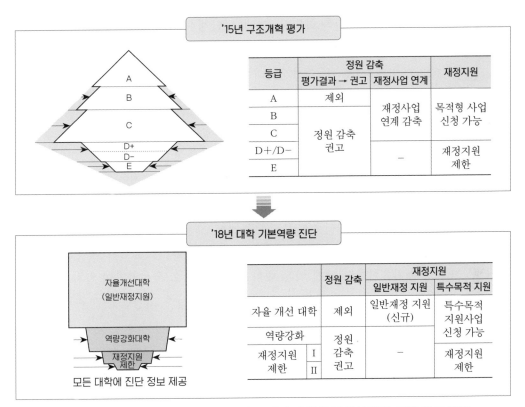

'15년 구조개혁 평가

등급	정원 감축		재정지원
	평가결과 → 권고	재정사업 연계	
A	제외	재정사업 연계 감축	목적형 사업 신청 가능
B	정원 감축 권고		
C			
D+/D-		—	재정지원 제한
E			

'18년 대학 기본역량 진단

		정원 감축	재정지원	
			일반재정 지원	특수목적 지원
자율 개선 대학		제외	일반재정 지원 (신규)	특수목적 지원사업 신청 가능
역량강화		정원 감축 권고	—	재정지원 제한
재정지원 제한	I			
	II			

자율개선대학 (일반재정지원)
역량강화대학
재정지원 제한
모든 대학에 진단 정보 제공

[그림 4-12] 박근혜 정부 및 문재인 정부 시기 대학 구조개혁 평가 결과 활용 비교

출처: 교육부 보도자료(2017. 11. 30.).

구체적으로, 박근혜 정부는 정원 감축 측면에서 대학 구조개혁 평가 결과 A등급을 받은 대학에 한하여 정원 감축 권고를 하지 않으면서도, 대학재정지원사업 평가지표로 정원 감축 여부를 포함시킴으로써 A등급을 받은 대학에 대해서도 정원 감축을 간접적으로 유도하였다. 재정지원사업 신청 및 선정 여부에 있어서도 박근혜 정부는 C등급 이상 대학에 대하여 특수목적지원사업 신청 자격을 부여하였으나 D등급 이하 대학에 대해서는 등급별로 대학재정지원사업, 국가장학금, 학자금 대출 지원에 있어 차등적으로 제한을 두었다.

반면, 문재인 정부는 정원 감축 측면에서 약 60% 내외에 해당하는 자율개선대학에 대하여 정원 감축 권고를 실시하지 않고, 나머지 40% 내외에 해당하는 역량강화대학과 재정지원제한대학(유형 I, II)에 대하여 적정 규모화를 유도하겠다고 밝혔다. 아울러 재정지원사업 신청 및 선정 여부에 있어서도 문재인 정부는 일부 특수목적지원사업을 통합한 일반재정지원사업을 신설하여 자율개선대학으로 하여금 일반재정지원사업과 특수목적지원사업에 모두 신청 가능하도록 하였다. 이때, 일반재정지원사업은 각 대학이 자체 발전계획에 근거하여 자율적으로 체질 개선을 꾀할 수 있도록 예산을 포괄 배분하는 방식으로 운영하겠다고 밝혔다. 한편, 역량강화대학은 일반재정지원사업에 신청할 수 없지만 특수목적지원사업은 신청 가능하도록 하였고, 재정지원제한대학은 두 사업 유형 모두 신청이 제한되었다.

이때, 재정지원제한대학 유형 I 대학은 앞서 제시한 〈표 4-15〉에서 D등급 대학에 적용된 행·재정적 조치를 그대로 적용받았고, 유형 II 대학은 E등급 대학에 적용된 행·재정적 조치를 그대로 적용받았다. 그리고 재정지원제한대학 유형 II 대학 가운데 2015년도 1주기 대학 구조개혁 평가에서 E등급을 받은 대학, 대교협에서 시행하는 기관평가 인증에서 불인증 받은 대학, 부정·비리로 인하여 정상적인 학사 운영이 불가능한 대학, 신입생·재학생 충원율이 현저하게 낮은 대학은 한계대학으로 선정하여 일차적으로 컨설팅을 실시한 후 정상화를 모색하다가 정상화가 불가능하다고 판단될 경우 「고등교육법」 제62조(학교 등의 폐쇄) 적용을 검토하겠다고 밝혔다.

2021년 3주기 대학 기본역량 진단(교육부, 2021)의 결과 활용 방식은 다음과 같다. 먼저, 일반재정지원과 관련하여 살펴보면, 일반재정지원 대학으로 선정 시, 3년간(2022~2024년) 지원하고, 정부-대학 간 협약을 체결하여 매년 성과관리로 지원 규모를 조정한다는 계획이다. 둘째, 특수목적 재정지원사업 신청·지원 가능 범위와 관련하여 살펴보면, 먼저 진단 참여 대학은 일반재정지원 대상 대학으로 선정된 대학, 선정되지 않은 대학 모두 특수목적 재정지원사업 신청·지원이 가능하고, 진단 미참여 대학은 특수목적 재정지원사업 신청·지원이 일부 제한된다. 또한 재정지원제한대학은 2021년 진단에 참여할 수 없고, 특수목적 재정지원사업 참여와 국가장학금 지원, 학자금대출까지 제한된다. 셋째, 진단 결과 정보 제공과 관련하여 살펴보면, 대학을 대상으로 교육 여건 및 성과 등을 객관적으로 파악하고 개선 추진 시 활용하도록 대학별 진단 분석 자료 제공 및 컨설팅을 지원하게 된다. 학생을 대상으로는 학생들이 대학 선택 시 고려할 수 있도록 일반 재정지원대학, 재정지원 가능 대학, 국가장학금 지원 가능 대학, 학자금 대출제한대학 명단이 공개된다.

6 평가 성과 및 개선방안

1) 평가성과

국민의 정부부터 문재인 정부까지 그 성과를 논의하면 다음과 같다.

(1) 국민의 정부

국민의 정부 시기 국립대학 구조개혁 평가를 두고 독고윤 외(2003: 37-47)는 8개 평가 영역을 중심으로 성과를 논의하였다. 주요 사항을 언급하면, 첫째, 국립대학의 변화와 발전을 위한 내부 노력 및 인식 확산을 유도하였다. 대학별로 자체 발전계획을 수립하게 하여 특성화를 향해 경주하게 하였다. 둘째, 국립대학 간 교류 협력 및 연계 체계 구축을 장려하였다. 가시적인 성과로는 공주대와 공주문화전문대가 통폐합되었다. 셋째, 학사 운영시스템 및 조직관리 측면에서 제도 개선이 이루어졌다. 후자와 관련하여 한국교원 대는 총장간선제를 채택하였고, 군산대는 총장 간접선거제와 단과대학장 총장추천제를 시행하였다. 넷째, 교육수요자 중심으로 교육과정 체계가 개선되었다. 한밭대는 현장실 습학기제를 도입하였고, 서울산업대는 철도전문대학원과 주택대학원을 개설하여 산-학-연 연계 교육과정을 운영하였다. 다섯째, 교수 부문 제도 개선에 기여하였다. 순천대는 전국 최초로 교수공채 이의신청제도를 실시하여 심사서류 지원자 등에게 결과를 공개하 였다. 여섯째, 연구 여건 및 질 향상을 가져왔다. 경상대의 경우 우수 연구교수에게 인센 티브 지급을 강화하여 실질적 연봉제를 도입하는 등 연구지원시스템을 획기적으로 개선 하여 연구 실적 향상을 가져왔다.

(2) 참여정부

국민의 정부 시기 대학 구조개혁 평가는 그 성과가 정성적 측면이 강하였던 반면, 참 여정부 시기에는 보다 전방위적이고도 강력한 추진을 통해 가시적인 성과가 두드러지게 나타났다. 이를 두고 신현석 외(2014: 9)는 "참여정부 시기 대학 구조개혁은 이전 국민의 정부가 대학 구조조정이 국가·사회적으로 필요하다는 원론적인 입장을 밝힌 것을 구체적으로 추진해서 그에 상응하는 실적을 보여 주었다는 데서 그 의의를 찾을 수 있다"고 평하였다. 실제로 그가 제시한 다음 표에 따르면, 구조개혁 선도대학 지원 사업 결과 국립대학 6개 대학(충남대, 안동대, 서울산업대, 경상대, 충북대, 진주산업대)에 약 3,665백만 원이 지원되어 2005년 대비 2007년 입학정원 총 1,355명이 감축되었으며, 사립대학 7개 대학(고려대, 성균관대, 인하대, 이화여대, 연세대, 한양대, 경희대)에는 약 66,633백만 원이 지원되어 2005년 대비 2007년 입학정원 총 2,935명이 감축되었다(신현석 외, 2014: 7-9).

〈표 4-16〉 참여정부 시기 대학 구조개혁 평가 성과

학교명		지원액 (백만 원)	'05학년도 입학정원	'07학년도 입학정원	감축인원 ('05 대비)	특성화 분야
국립대학	충남대	645	4,086	4,004	△82	IT, BT, NT, 지역사회연계교육, 특화인력교육
	안동대	598	1,770	1,602	△168	국학/문화, 환경/생명기술
	서울산업대	602	2,290	2,061	△229	NT, IT부품 및 제조장비 개발 선도인력
	경상대	621	3,655	3,280	△375	생명과학, 기계항공공학, 나노신소재공학
	충북대	617	3,534	3,188	△346	BINT, 기초과학분야
	진주산업대	572	1,470	1,315	△155	산업기계부품, 바이오, 생물
합계		3,665	16,805	15,450	△1,355	
사립대학	고려대	9,308	3,959	3,573	△386	국제화, 한국학, 차세대성장동력 (BT, IT)
	성균관대	10,303	3,899	3,599	△300	동아시아학, NT
	인하대	9,674	3,990	3,591	△399	정보통신, 국제통상, 물류경영
	이화여대	8,699	3,512	3,184	△328	기초학문, 예술, 보건교육, 사범대학
	연세대	8,464	3,920	3,537	△383	의생명과학기술, 인문학, 국제학부
	한양대	10,131	5,470	4,926	△544	융합기술기반 핵심소재, 학연산클러스터
	경희대	10,054	5,475	4,880	△595	국제화, 의학계열, 관광
합계		66,633	30,225	27,290	△2,935	

출처: 신현석 외(2014: 8-9).

(3) 이명박 정부

이명박 정부 시기 대학 구조개혁 평가는 부실대학에 대한 재정지원 중단과 대학 퇴출에 초점이 맞춰져 있었기 때문에, 구조개혁 평가에 따른 성과는 참여정부 시기와 같이 극적으로 나타나지는 않았다. 당시 교육과학기술부는 정부재정지원 제한대학으로 선정된 대학 중 자구 노력으로 재정지원 가능대학으로 승격된 대학 사례를 공개하였는데 상술하면, 2012년 정부재정지원 제한대학으로 선정된 대학 43개교 중 22개교(51%)가 지표 개선 노력 등을 통해 정부재정지원 제한대학에서 벗어났으며, 2013년도부터 정부재정지원 사업에 참여할 수 있게 되었다. 〈표 4-17〉에 제시된 사례가 대표적이며, 상기한 대학은 전임교원 확보율과 장학금 지급률 등 교육여건 개선에 힘쓰고 취업률을 제고시키는 등 지표 개선 성과가 큰 것으로 나타났다고 전하였다.

〈표 4-17〉 이명박 정부 시기 대학 구조개혁 평가 성과

대학	주요 성과
원광대	• 입학정원 10.3%(429명) 감축 • 학과 구조조정('13학년도 6개 학과 폐과, 5개 학과 통폐합) • 등록금 6% 인하, 장학금 지급률 확대(14.7% → 19.2%) • 전임교원 확보율 상승(57.8% → 68.4%)
목원대	• 입학정원 16.9%(254명) 감축 및 학과 구조조정(3개 학과 폐과) • 취업률 상승(40.1% → 56.8%) • 전임교원 확보율 상승(52.6% → 63.4%)
상명대	• 등록금 7% 인하, 장학금 지급률 확대(13.6% → 19.3%) 등 • 취업률 상승(44.6% → 66.3%) • 전임교원 확보율 상승(55.3% → 61.2%)
대전대	• 학과 구조조정(4개학과 통폐합), 취업률 상승(49% → 64.5%) • 전임교원 확보율 상승(58.3% → 63.5%) • 장학금 지급률 상승(13.7% → 17.1%)
경성대	• 취업률 상승(47.4% → 65%) • 전임교원 확보율 상승(52.5% → 66.8%) • 등록금 5.5% 인하, 장학금 지급률 확대(13.1% → 19.3%)
경남대	• 취업률 상승(47.5% → 60.5%) • 전임교원 확보율 상승(52.2% → 64.7%) • 350억 원 장학기금 조성, 장학금 지급률 확대(13.7% → 18.5%) • 취업미스매치 해소를 위한 '취업 아카데미' 개설·운영

출처: 교육과학기술부(2012. 8. 31.).

(4) 박근혜 정부

일찍이 김태년 의원은 대학알리미에 공시된 대학 입학정원 자료와 함께 각종 대학 재정지원사업 신청 당시 개별 대학이 보고한 입학정원 감축계획, 정부재정지원 제한대학 지정 유예 대학이 보고한 입학정원 감축계획, 퇴출후보군 대학이 제출한 입학정원 감축계획 등을 종합적으로 고려하여 입학정원 감축 수준을 전망한 바 있다. 정부의 대학 재정지원사업을 통해 감축을 유도할 경우, 대학은 약 2만 3천 명의 입학정원이 감축될 것으로 예측되었으며, 전문대학의 정원 감축분까지 감안하면 총 3만 5천 명의 입학정원이 감축될 것으로 전망하였다. 이는 교육부가 2014년 당시 발표한 1주기 정원 감축 목표치인 4만 명에 근접한 수치로, 퇴출후보군 대학들이 제출한 감축계획을 반영하거나 퇴출후보군 대학 모두를 폐교한다고 가정한다면 입학정원은 더 줄어들게 된다고 밝혔다. 실제로 교육부는 2주기 대학 구조개혁 평가 기본계획을 발표하면서, 당초 예상한 4만 명보다도 4천 명이 더 감축되어 1주기 정원 감축 목표를 초과 달성하였다고 밝혔다(교육부, 2017. 3. 9.). 2019년 대학교육연구소(2019. 7. 31.)의 보도자료에 따르면, "박근혜 정부는 대학 입학정원을 2013년 56만 명에서 2023년 40만 명으로 16만 명 감축하는 정책을 발표했다. 정원 감축은 3주기에 걸쳐 진행하는데, 1주기는 2015년 대학 구조개혁 평가 등을 통해 2013년 대비 2018년 입학정원을 6만여 명 감축했다"고 발표되었다. 이처럼 1주기 대학 구조개혁 평가 목표 중 하나였던 대학 입학정원 감축은 양적 측면에서 성과를 거두었다고 할 수 있다.

〈표 4-18〉 박근혜 정부 시기 대학 구조개혁 평가에 따른 입학정원 감축 전망

구분		2014년		입학정원 감축					
		대학 수	입학정원 (A)	재정지원통한감축		감축(우선)+퇴출		퇴출(우선)+감축	
				인원(B)	비율(B/A)	인원(C)	비율(C/A)	인원(D)	비율(D/A)
총계		334	537,246	35,507	6.6	57,941	10.8	152,942	28.5
유형별	대학	197	345,459	23,040	6.7	35,627	10.3	98,499	28.5
	전문대학	137	191,787	12,467	6.5	22,314	11.6	54,443	28.4
설립별	사립	285	455,441	29,345	6.4	51,779	11.4	146,070	32.1
	국공립	49	81,805	6,162	7.5	6,162	7.5	6,872	8.4

	1,000 미만	119	56,767	2,812	5.0	11,047	19.5	23,614	41.6
	2,000 미만	110	164,981	12,472	7.6	24,351	14.8	62,023	37.6
규모별	3,000 미만	68	166,438	11,058	6.6	13,378	8.0	44,425	26.7
	4,000 미만	19	64,081	3,939	6.1	3,939	6.1	15,925	24.9
	4,000 이상	18	84,979	5,226	6.1	5,226	6.1	6,955	8.2

※ 국회 교육문화체육관광위원회 김태년 의원이 2014년도에 발간한 정책자료집 『박근혜 정부 대학 구조조
　정 진단과 대안』에 제시된 〈표 2-5〉 내용 재구성.

(5) 문재인 정부

　대학교육연구소가 한국대학교육협의회(이하 대교협)와 한국전문대학교육협의회(이하
전문대교협)에 '2021학년도 입학정원 및 모집인원' 자료를 정보공개 청구해 분석한 결과,
2주기(2018년 대비 2021년) 정원 감축 예상 규모는 4,305명으로 나타났다. 즉, 2021학년도
입학정원은 48만 470명으로, 2018년 48만 4,775명 대비 4,305명(-0.9%) 감소할 것으로
전망되었다. 이는 2018년 9월, 대학 기본역량 진단 결과 발표 시 정부가 권고 감축 인원
으로 제시한 1만 명의 절반에 그치는 수준이며, 당초 2주기 감축 규모로 계획한 5만 명의
10분의 1에도 못 미친다.

　대학교육연구소는 2주기 정원 감축 규모가 4,305명에 불과한 이유를 정부가 2주기 정
원 감축의 상당 부분을 '시장'에 맡겼기 때문인 것으로 분석하였다. 2017년 11월 30일
에 류장수 대학구조개혁위원장은 '고등교육정책 추진방향 및 구조개혁 평가, 재정지원
사업 개편방향'에 대한 정책브리핑에서 2주기 정책을 발표하면서 감축 인원 5만 명 중
3만여 명을 학생 선택을 받지 않은 대학들이 자연감축하는 방식으로 해소될 것이라고
한 바 있다. 하지만 정책적 인센티브 없이 대학들이 자발적으로 정원을 감축할 이유가
없으므로, '시장'에 의한 감축 규모는 거의 없었다. 또한 교육부의 기본역량 진단 결과 발
표 시에, 감축하기로 한 규모를 2만 명에서 1만 명으로 축소하였고,[1] 이와 더불어 1주기
때 권고 감축률보다 더 많이 감축한 경우 2주기 감축 실적으로 인정하기로 했다(교육부,

---

1) 2주기 대학 기본역량 진단 결과 정원 권고 감축률
　• 4년제 대학: 자율개선 0%, 역량강화 10%, 재정지원제한1 15%, 재정지원제한2 35%, 진단제외
　　10%
　• 전문대학: 자율개선 0%, 역량강화 7%, 재정지원제한1 10%, 재정지원제한2 30%, 진단제외 7%

2017. 11. 30.). 이로 인해 대학교육연구소는 1주기 때 많이 감축한 대학들은 2주기 때 감축해야 하는 인원보다 적게 감축한 영향으로 보인다고 분석하였다(대학교육연구소, 2019. 7. 31.). 따라서 2주기 대학 구조개혁 평가목표 중 하나였던 양적 측면에서의 대학 입학정원 감축에 대한 성과를 미미한 것으로 보인다.

다만, 1주기에서는 '대학 구조개혁 평가'라는 이름으로 양적 감축에 초점을 두었던 반면, 2주기에서는 '대학 기본역량 진단'이라는 이름으로 개칭되면서 대학의 자율성을 바탕으로 모든 대학 구성원의 참여와 소통을 통해, '평가'가 아닌 민주성과 공정성을 강화한 '진단'으로 변모되었기에, 단순히 양적 감축에 대한 성과만으로 2주기 평가의 전반적인 성과를 논의할 수는 없을 것이다. 2018년부터 추진된 2주기 대학 기본역량 진단이 2020년에 마무리되었고, 3주기 대학 기본역량 진단이 2021년에 시행될 예정이므로, 질적인 성과를 논의하기에는 그 기간이 짧아 무리가 따른다. 다만, '진단'의 방향이 일관성 있게 추진되는지에 대해 지켜보고, 향후 3주기 대학 기본역량 진단 이후의 결과를 평가할 필요가 있다.

2) 평가 개선방안

지금까지 대학 구조개혁 평가 배경 및 변천 과정, 목적 및 의의, 영역 및 지표, 과정 및 방법, 결과 활용, 성과를 논의하였다. 이상 논의한 내용을 바탕으로 평가목적, 평가 영역 및 지표, 평가방법 측면에서 대학 구조개혁 평가가 노정한 한계를 짚어 보고, 이를 근거로 개선방안을 논의하면 다음과 같다.

(1) 평가목적 측면: 질적 개선을 전제로 한 양적 감축이 이루어져야

평가목적 측면에서 볼 때 대학 구조개혁 평가목적은 대학 체제의 질적 개선을 꾀하기 위한 양적 감축이 되어야 한다. 평가목적에 관한 논의에서 확인할 수 있듯이 국민의 정부 이후로 대학 구조개혁 평가목적은 언제나 사회 변화와 밀접한 관련을 맺어 왔다. 국민의 정부와 참여정부 시기 대학 구조개혁 평가목적은 IMF 외환위기 극복 차원에서 대학 체제의 효율성을 제고하는 데 초점이 맞춰졌고, 이명박 정부와 박근혜 정부 시기에는 학령인구 감소가 뚜렷하게 나타나고 있는 상황에서 대학 미충원 확산에 따른 사회 문제를 미연에 방지하는 데 초점이 맞춰졌다. 문재인 정부 시기에도 자율개선대학에 대해서는 정원을 자율적으로 감축한다는 방침이지만, 역량강화대학과 재정지원제한대학에 대해서는 적정 규모화를 유도한다는 계획이다. 이처럼 IMF 외환위기와 학령인구 감소에 대처하기 위해 대학 구조개혁이 필요하다는 정부의 원론적인 입장에 대해서는 대학 현장에서도 쉽게 수용하고 납득하는 분위기이다.

그럼에도 대학 구조개혁 평가가 시행되는 과정에서 정부와 현장 간 마찰이 심하게 발생하는 이유는 문제시되는 사회 현상을 극복 또는 대처하기 위하여 대학 구조개혁에 접근하는 방식이 대학 체제의 질적 개선보다는 양적 감축에 보다 방점이 찍혀 있다는 느낌을 주기 때문이다. 앞서 평가 목적을 논의하는 과정에서 살펴보았듯이 국민의 정부부터 문재인 정부에 이르기까지 대학 구조개혁 평가 목적은 언제나 대학 체제의 양적 감축과 함께 질적 개선을 달성한다는 형태로 명시되었지만, 5년마다 정권이 바뀌는 환경 아래서 단기간에 가시적으로 드러나기 어려운 대학 체제의 질적 개선을 기다리기란 현실적으로 어려운 부분이 많다. 이는 참여정부와 박근혜 정부 시기에 매년 또는 매 주기마다 달성해야 할 정원감축 비율이 정해져 있어 대학사회를 압박하는 상황을 통해서도 일면 짐작 가능하다.

단기간에 가시적으로 드러나기 쉬운 성과를 중시하는 관점에서 볼 때 국민의 정부 시기 대학 구조개혁 정책은 종종 '실패'한 정책으로 분류되고는 한다. 하지만 IMF 외환위기 상황 속에서도 국민의 정부에서는 '국립대학 이해관계자 의견을 수렴·반영하여 발전계획 일련의 추진과정에 있어 절차적 민주성을 확보한다'는 평가 원칙을 고수하였다. 그리고 이와 같은 원칙에 근거하여 개별 국립대학으로 하여금 자율적으로 자체 발전계획을 수립하게 하였고, 이를 수합하여 정부 차원의 국립대학 발전계획을 입안하였으며, 이후 그 이행 여부를 평가하여 행·재정적 보상을 선별 제공함과 동시에 평가결과를 떠나 대학 규모를 감안하여 재정을 지원하기도 하였다. 이는 대학 구조개혁 평가목적이 질적 개선을 중심으로 한 양적 감축이 되어야 하며, 대학구성원의 동의와 이해를 구해야 하는 점진적인 과정임을 상기시킨다.

(2) 평가 영역 및 지표 측면: 특성화 지표 비중 높여야

평가 영역 및 지표 측면에서 볼 때 모든 대학에 적용되는 공통 지표 비중보다는 개별 대학의 특수성을 높이 평가할 수 있는 특성화 지표 비중을 높일 필요가 있다. 〈표 4-3〉을 통해 확인하였듯이 국민의 정부부터 문재인 정부에 이르기까지 평가목적상에는 대학 체제의 양적 감축에 관한 목적과 더불어 대학의 특수성 제고라든지 교육 질 제고 등과 같은 질적 개선에 관한 목적도 제시되었다. 이에 따라 정부를 막론하고 대학 특성화 추진 실적(국민의 정부), 대학 구조개혁 추진이 대학 특성화에 부합하는 정도(참여정부), 학사관리 및 교육과정(이명박 정부), 특성화 계획 수립, 추진, 성과(박근혜 정부, 문재인 정부)

등이 평가 영역 및 지표에 포함되어 왔다.

그러나 그 비중은 너무나 저조하였다. 국민의 정부 시기에는 첫 번째 평가영역인 '국립 대학 기능 분화 및 연계 체제 구축 실적' 아래 평가지표로 '중점육성분야 지원 및 특성화 추진 실적'이 포함되었는데, 총점 400점 만점 가운데 50점에 불과하였다. 참여정부 시기에도 정성평가지표로 '대학 구조개혁 추진이 대학 특성화 정도에 부합하는 정도'와 '입학 정원 감축이 사회 수요와 대학 특성화에 부합하는 정도'가 포함되었으나 총점 100점 만점 가운데 20점에 불과하였다. '학사과정 입학정원 감축 비율'에 30점이 부여된 것과 대조적이었다. 이명박 정부 시기에는 단 9개 정량지표를 중심으로 대학 구조개혁 평가가 진행되었기 때문에 정성적 측면이 강한 특성화 관련 지표는 포함되지 않았다. 그나마 관련이 있는 '학사관리 및 교육과정' 지표 비중은 5~10% 수준에 머물렀고 재학생 충원율이나 취업률과 같은 교육성과 지표 비중이 전체 비중의 절반을 차지하였다. 박근혜 정부에서는 특성화 관련 지표가 2단계 평가지표로 포함되어 있어 1단계에서는 고려사항이 아니었다.

평가 영역 및 지표 구성이 대학의 특성 차이를 반영하지 못하고 있다는 비판은 이미 오래전부터 제기되어 왔다(이원근, 2014; 이영, 2014; 반상진, 2015a; 강창동, 2015). 이와 같은 관점에서 볼 때 국민의 정부 시기 평가 영역 및 지표는 특성화 요인이 크게 고려되지 않았고, 참여정부 시기에도 양적 감축 관련 지표가 우선시되어 특성화 요인에 대한 고려가 상대적으로 소홀하였다. 이명박 정부 시기 평가 영역 및 지표는 지나치게 간소화되어 특성화에 대한 고민을 찾기 어려우며, 박근혜 정부 시기 평가 영역 및 지표는 모든 대학을 대상으로 적용되는 공통 지표가 지나치게 많다는 한계를 노정하였다. 문재인 정부 시기 평가 영역 및 지표 역시 박근혜 정부 시절 고안된 2주기 대학 구조개혁 평가 영역 및 지표 체계를 거의 그대로 수용하고 있어 이미 평가 영역 및 지표 측면에서 노정된 한계가 반복될 위험이 적지 않은 상황이다. 향후 대학 구조개혁 평가가 대학 체제의 질적 개선을 전제로 한 양적 감축을 지향한다는 점을 평가 목적 설정 단계에서 확실히 할 때, 평가 영역 및 지표를 통해 중점적으로 점검해야 할 부분은 개별 대학이 특성화를 위해 얼마나 노력을 경주하는지 여부가 되어야 할 것이다.

(3) 평가 과정 및 방법 측면: 중상위 등급 대학의 구조개혁 노력 유인책 마련해야

평가 과정 및 방법 측면에서 하위 등급 대학뿐만 아니라 중상위 등급 대학도 교육 질 제고를 위한 노력을 경주하도록 유도할 유인책을 고민해야 한다. 서두에서 언급한 대학 구조개혁 정책의 개념적 특징을 보면 국민의 정부 이후로 대학 구조개혁 정책에는 언제나 3요소가 포함되었다. 하나는 '대학 체제를 어떻게 양적으로 감축할 것인가'에 대한 방안이었고, 하나는 '대학 체제를 어떻게 질적으로 개선할 것인가'에 대한 방안이었으며, 마지막 하나는 '개별 대학이 대학 체제를 양적으로 감축하고 질적으로 개선하도록 경주하게 만들기 위해 어떠한 행·재정적 조치를 강구할 것인가'에 대한 방안이었다. 특히 '평가 결과에 따라 어떠한 행·재정적 조치를 부여할 것인가'에 대한 관점은 정부마다 큰 차이를 보여 왔다.

국민의 정부 시기에는 국립대학만이 관심사였으며 행·재정적 제재를 가하기보다는 대학 구조개혁 여건을 조성하는 경향이 강하게 나타났다. 평가 결과에서 우수한 성적을 받은 대학에는 추가적인 보상이 돌아갔지만, 평가결과를 떠나서 자체 발전계획에 근거해 대학 구조개혁을 추진하려는 노력을 보인 평가대상 대학 전체에 조금씩이라도 재정 지원이 돌아가도록 일반지원 방식을 유지하였다. 참여정부 시기에는 국립대학과 함께 사립대학까지 관심 영역에 포함되었으며 전체 대학을 대상으로 구조개혁 여건을 조성하는 차원보다도 선도 대학에 대하여 양적 감축을 강하게 주문한 경향이 있었다. 그 결과는 전술한 대로 수도권 대규모 사립대학에 한하여 구조개혁이 진행되었고 지방 중소규모 사립대학까지 파급되지는 않았다.

이명박 정부 시기에는 참여정부 시기 노정된 평가 방법상의 한계를 극복하고자 평가 하위 15%에 해당되는 대학을 중점적으로 구조조정하는 데 초점을 맞추었다. 이를 바꾸어 말하면, 학령인구 감소 등 급변하는 사회 변화에 대응해야 할 필요성은 하위 15% 대학에만 부과되었고, 상위 85%에 해당하는 대학으로 하여금 구조개혁 노력을 기울이게 할 유인책에 대한 고민은 절대적으로 부족하였다. 이처럼 이명박 정부가 노정한 한계를 의식한 것인지는 확실치 않으나 박근혜 정부에 이르러서는 국·사립을 막론하고 전체 대학을 대상으로 평가가 진행되었다. 그만큼 모든 대학으로 하여금 급변하는 사회에 능동적으로 대처해야 한다는 필요성을 느끼게 하였다는 점에 있어서는 긍정적으로 평가할 만하나, 소위 '이미 잘하고 있는 대학'까지 지나친 평가 부담을 지운다는 비판에 직면하고 있는 것이 사실이다.

결국 평가 과정 및 방법과 관련하여 역대 정부가 노정한 한계를 반추한다면, 평가는 전체 대학을 대상으로 실시하여 교육의 질과 경쟁력을 제고하기 위해 지속적인 구조개혁 노력을 기울이도록 할 필요가 있다. 다만, 전체 대학을 대상으로 하는 평가 영역과 지표는 간소화할 필요가 있다. 평가 결과 중상위권에 해당하는 대학에 대해서는 국민의 정부 시기 존재했던 일반지원 방식으로 특성화를 향한 노력을 지속적으로 경주하도록 행·재정적 지원을 제공하는 조성적 접근이 필요하며, 때에 따라 자체 발전계획에 기재한 사항을 제대로 이행하고 있는지 여부를 간소하게 점검·평가할 필요가 있을 것이다. 한편, 평가 결과 하위권에 해당하는 대학에 대해서는 접근 방식을 이원화할 필요가 있다. 가령, 심각한 경영부실대학으로 판단되는 대학은 이명박 정부 시기처럼 과감하게 구조조정할 필요가 있으며, 정부가 조금만 지원해 주면 발전할 수 있는 가능성이 있는 대학은 컨설팅을 제공하면서 지역 균형 발전을 위하여 해당 대학이 어떤 방향을 향하여 나아가면 될지를 함께 논의하는 장기적 안목이 필요할 것이다.

제**5**장

산업연계 교육활성화 선도대학 (PRIME) 평가

① 평가 배경 및 변천 과정

2014년 12월 정부는 관계부처 합동으로 (「경제혁신 3개년 계획」 본격화) 2015년 경제정책방향을 발표하였다. 해당 문서를 통해 정부는 2015년 경제정책 과제로 ① 핵심분야 구조개혁으로 경제체질 개선, ② 구조개혁을 뒷받침하는 경제활력 제고, ③ 리스크 관리 3종 세트로 위험요인 사전 제거, ④ 남북 간 신뢰형성으로 본격적인 통일시대 대비를 제시하였다. 이 가운데 첫 번째 과제로 제시된 '핵심분야 구조개혁을 통한 경제체질 개선'의 하위 과제로 정부는 ① 공공부문 효율성 향상, ② 금융 역동성 제고, ③ 노동 유연성·안정성 제고, ④ 인력수급 불일치 완화를 제시하였는데, 네 번째 하위 과제로 제시된 '인력수급 불일치 완화' 내용을 통하여 산업연계 교육활성화 선도대학 육성 계획을 시사하였다(관계부처 합동, 2014. 12.).

Ⅳ. 2015년 경제정책 과제

1. 핵심분야 구조개혁으로 경제체질 개선

(4) 인력수급 불일치 완화: 시장이 요구하는 능력 있는 인재의 조기 육성

① 현장 맞춤형 인재양성: 기업수요에 맞춘 현장중심 교육으로 조기취업을 촉진시키고 취업 후 지속적인 교육을 지원

[산학협력 대학지원]

○ 산학협력선도대학 육성을 위해 산업계 관점 대학평가 결과와 재정지원을 연계해 교육과
정에 실제 산업수요가 반영되도록 유인
 − 산학협력선도대학으로 선정된 56개교에 '15년 2,240억 원 지원 계획
 − 모범사례가 창출되도록 '15년부터 정부지원금 대폭 차등화: 등급별 정부지원액 (현재)
  32~57억 원 → (개편) 20~80억 원
○ 산업수요 중심 정원 조정 선도대학을 권역별로 선정·지원하여 모범사례로 확산
 − 현행 산학협력선도대학 육성사업 지원규모의 3~4배 수준 인센티브 지원
○ 전문대 계약학과에서 교육받는 중장년층도 취업후 상환 학자금대출(ICL)을 받을 수 있도
록 시범사업 실시('15. 3/4)

이후 교육부는 2014년 12월 관계부처 합동 발표 당시 언급한 산학협력 대학지원에 관한 내용을 포함시켜 2015년도 교육부 업무계획을 발표하였다. 교육부는 2015년에 중점적으로 추진할 과제를 크게 ① 꿈과 끼를 길러 주는 학교, ② 창조경제를 견인하는 대학, ③ 학습과 일이 연계된 직업·평생교육, ④ 안전한 학교, 고른 교육기회 등 네 영역으로 나누어 제시하였는데, 산학협력 대학지원에 관한 내용은 두 번째 영역의 하위 과제로 제시되었다. '창조경제를 견인하는 대학'을 만들기 위한 하위 과제로 교육부는 ① 양적 미스매치 해소를 위한 '산업수요 중심 정원 조정 선도대학' 추진, ② 지방대학 중심 우수 유학생 유치 및 질 관리, ③ 교육혁신을 이끄는 K-MOOC 구축, ④ 창조경제의 씨앗을 만드는 연구성과 실용화를 제시하였는데, 이 가운데 첫 번째 하위 과제는 2014년 연말 발표한 산학협력 대학지원 관련 내용을 보다 구체화한 형태였다(교육부, 2015. 1. 27.).

2. 창조경제를 견인하는 대학

(1) 양적·질적 미스매치 해소 본격 추진

□ 양적 미스매치 해소를 위해 중장기 인력 수급 전망(고용부)을 토대로 산업별 협의체(SC) 등 현장의 의견을 보완하여 지역·산업별 인력 부족, 과잉 공급을 진단하고, 대학의 인력 공급을 조정한다.
 ○ 권역별로 산업수요 중심 정원 조정 선도대학을 지정하여 대학의 학과개편, 정원 조정을 추진함으로써 지역·산업 수요에 맞게 인력 공급을 유연화한다.
  − 산업수요중심 정원 조정 선도대학('16년 신규 추진): 학과 정원 조정, 학과(부) 통폐합 선도대학에 재정 지원

> ○ 이와 함께 질적 미스매치 해소를 위해 '취업약정형 주문식 교육과정', '채용조건형 계
> 약학과' 등을 확대하고, 채용이 전제된 (전문)대학의 현장실습을 강화하여 산학일체형
> 직업교육을 강화한다.
> ‒ 취업약정형 주문식 교육과정 인원: ('14) 300명 → ('15) 3,000명
> 　채용조건형 계약학과: ('14) 52개 → ('17) 70개
> ‒ 현장실습 학기제(전문대학): ('15) 5개교 → ('16) 15개교
> 　장기현장실습제(4년제 대학): ('14) 2개교 → ('15) 5개교

2015년 3월에는 한 발 더 나아가 2015년 교육개혁의 3대 목표와 5대 과제를 발표하였
다. 교육개혁 3대 목표로 교육부는 ① 학생들의 꿈과 끼를 살리는 교육, ② 사회수요에
부응하는 교육, ③ 학벌이 아닌 능력 중심의 교육을 제시하였고, 3대 목표를 달성하기 위
한 5대 과제로는 ① 자유학기제 확산, ② 공교육 정상화 추진, ③ 지방교육재정 개혁,
④ 산업수요 맞춤형 인력양성, ⑤ 일 · 학습병행제 도입 · 확산을 제안하였다. 네 번째 과
제로 제시된 산업수요 맞춤형 인력양성과 관련하여 교육부는 산업수요 중심으로 대학
체질을 개선하여 인력의 양적, 질적 미스매치를 해소하고 고등교육의 경쟁력을 높이겠
다고 밝히며 사업 추진 의지를 보다 적극적으로 드러냈다. 구체적으로, 교육부는 2015년
5월까지 '산업연계 교육활성화 선도대학(PRogram for Industrial needs‒Matched Education:
PRIME)' 사업 기본계획 시안을 발표하여, 양적으로는 중장기 인력수급 전망을 토대로 대
학 학과개편과 정원 조정 등을 추진하고, 질적으로는 대학 특성화로 지역이 필요로 하는
특성화된 교육과정을 개발 · 운영할 계획임을 밝혔다(교육부, 2015. 3. 27.).

이후 교육부는 2015년 6월 개최된 하계 대학총장 세미나 자리에서 대학 총장들의 의견
을 수렴하기 위하여 '산업수요 맞춤형 고등교육 인재양성 방안(시안)'을 발표하였다. 해
당 문서를 통해 교육부가 밝힌 사업 추진 배경은 두 가지로, 하나는 산업 · 사회환경 변
화에 적극적인 대처가 필요하다는 점이었고, 다른 하나는 고등교육의 경쟁력 제고가 필
요하다는 점이었다. 전자와 관련해서는 미래 신산업 분야에 대한 대비가 미흡하다는 점,
생산가능인구 감소 및 고령화로 인적자원의 생산성 극대화가 절실하다는 점, 세계 경제
흐름 변화에 따라 신흥 경제국과의 경제 협력을 꾀할 필요가 있다는 점이 지적되었다.
이어서 후자와 관련해서는 산업계 수요와 대학 공급간 양적 미스매치 해소가 필요하다
는 점, 대학교육 체제 혁신을 통한 질적 미스매치 해소가 시급하다는 점, 체계적 취업 지
원체제 구축이 필요하다는 점, 재정지원 사업의 재구조화를 통하여 대학 역량 강화를
유도할 필요가 있다는 점이 지적되었다(교육부, 2015. 6.). 이 날 밝힌 사업 추진 배경은

2015년 7월 발표된 「사회수요 맞춤형 고등교육 인재양성 방안」에서도 그대로 이어졌다 (교육부, 2015. 7. 27.).

2015년 7월 「사회수요 맞춤형 고등교육 인재양성 방안」을 발표한 뒤 교육부는 2015년 10월 「사회수요 맞춤형 인재양성 사업 기본계획(시안)」을 발표하였고, 두 차례 공청회를 거친 뒤 2015년 12월 「산업연계 교육활성화 선도대학(PRIME) 사업 기본계획」, 「대학 인문역량 강화사업(CORE) 기본계획(안)」, 「선취업 후진학 활성화를 위한 평생교육 단과대학 지원사업 기본계획(안)」을 각각 발표하였다. 이와 같이 「사회수요 맞춤형 인재양성 사업 기본계획」에 포함되어 있던 하위 사업별로 기본계획이 입안되면서 산업연계 교육활성화 선도대학 사업(이하 PRIME 사업)의 추진 배경은 이전보다 명료하게 제시되었다. 상술하, 첫째, 학령인구 감소에 대응한 양적 · 질적 구조개혁의 필요성이 대두되었다. 양적 구조개혁은 대학 구조개혁 평가 결과에 따른 차등적 정원감축을 실시하고 하위 대학에 재정지원제한 조치를 적용하여 소기 성과를 창출하였다. 그러나 대학의 질적 변화를 위해 사회 수요를 반영한 학사구조 개편 등 자발적인 질적 구조개혁에 대한 행 · 재정적 지원이 필요하게 되었다. 둘째, 사회가 필요로 하는 인재양성을 위해 대학이 선제적으로 교육개혁을 추진할 필요가 높아졌다. 셋째, 이를 위해 지역별 여건과 특성에 맞는 차별화된 인재를 양성할 필요가 높아졌다(교육부, 2015. 12.). 이와 같은 필요에 의하여 PRIME 사업은 2016년부터 추진되기 시작하였으며, 사업의 주요 내용은 〈표 5-1〉과 같다.

〈표 5-1〉 PRIME 사업 기본계획(안) 주요 내용 요약

구분	주요 내용	
사업명	• 산업연계 교육활성화 선도대학(PRIME) ※ PRIME: PRogram for Industrial needs-Matched Education	
사업비/기간	• '16년 2,012억 원/'16~'18년(총 3년 지원 사업)	
3대원칙	• 학생 중심의 교육개혁을 위한 자율성과 유연성을 대학에 부여 • 교원 신분 · 학생 정원 유지 등 대학구성원과의 합의 • 선제적이고 자율적인 대학 변화에 대한 재정적 뒷받침	
지원대상/ 권역	• 「고등교육법」상 일반 대학 제2조 제1호~제3호 • 5개 권역[(수도권, 비수도권(동남권, 대경 · 강원권, 충청권, 호남 · 제주권)]	
주요 내용	• (양적 미스매치) 사회수요 중심의 학과개편과 정원 조정 • (질적 미스매치) 사회 · 현장 맞춤형 교육과정 등 학생 진로 역량 강화	
사업유형	사회수요 선도대학(대형)	창조기반 선도대학(소형)

유형별 내용	사회 변화와 산업수요 중심으로 대학 전반의 학사조직과 정원 조정 선도	창조경제, 미래 유망산업 등 특정 분야 중심의 인력 양성을 위한 개편
특징	• 진로 · 취업 중심의 학과 개편과 학생 중심의 학사구조 개선 • 현장 중심의 교육과정 개발 · 도입과 학생의 진로 · 경력 관리 강화	• 신기술 · 직종, 융합전공 등 창조 경제와 미래 유망 산업 인재양성 • 창업학과, 사회 맞춤형 학과 등 선도적 교육모델 도입
참여조건	입학정원 10%(최소 100명 이상) 또는 200명 이상 이동	입학정원 5%(최소 50명 이상) 또는 100명 이상 이동
	동일 계열 내 이동은 50%만 인정(대교협 표준분류체계 대계열 기준)	
지원규모	• 총 1,500억 원 (9개교 내외) • 대학별 평균 150억 원, 최대 300억 원*	• 총 500억 원 (10개교 내외) • 대학별 평균 50억 원
권역구분	• 수도권/지방 구분	• 5개 권역으로 구분, 균형 지원

출처: 교육부(2015. 12.).

〈표 5-1〉과 같이 PRIME 사업은 양적으로 사회수요 중심 학과 개편 및 정원 조정을 꾀하고 질적으로 사회 · 현장 맞춤형 교육과정 등 학생 진로 역량 강화를 위하여 추진되기 시작하였다. 2016년부터 3년간 추진된 PRIME 사업은 2016년 첫해 예산만 2,012억 원이 배정되는 등 재정 면에서 BK 사업('16년 2,725억 원), LINC 사업('15년 2,468억 원), CK 사업('15년 2,467억 원) 등 여타 대학재정지원사업과 맞먹는 규모로 편성되었다. PRIME 사업은 4년제 대학 가운데 사회수요 선도대학과 창조기반 선도대학을 각각 10개교 내외로 선정하여 대학별 평균 최소 50억 원에서 300억 원까지 지원한다고 밝혔다. 사회수요 선도대학의 경우에는 대학 전반적인 체질 개선에 앞장서는 대학인지를 기준으로 평가하고, 창조기반 선도대학의 경우에는 미래 유망 산업 분야의 우수인재양성을 선도하는 대학인지를 기준으로 평가한다는 점에서 차이가 있으나, 입학정원을 감축하거나 조정하는 등 양적 구조조정을 단행하여야 자격 조건이 주어진다는 점은 유사하다.

2 평가 목적 및 의의

1) 평가목적

[그림 5-1]과 같이 PRIME 사업은 '창조경제를 견인할 학생 중심의 산업연계 선도대학 육성'을 비전으로 설정하고, '사회수요 중심의 자율적인 대학 체질개선을 통해 학생의 진로역량 강화와 인력 미스매치 해소'를 정책목표로 설정하였다. 즉, PRIME 평가목적은 대학 체제의 양적 조정, 대학 체제의 질적 개선, 그리고 지역 연계와 창조경제 견인을 중심으로 설명 가능하다.

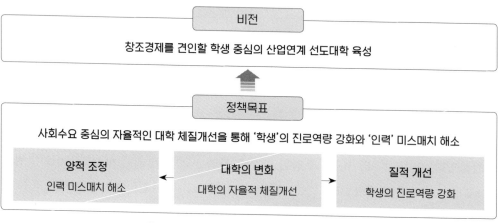

[그림 5-1] PRIME 사업의 비전과 목표

출처: 교육부(2015. 12.).

먼저, PRIME 사업은 대학 체제의 양적 조정을 목표로 한다. 이를 위해 교육부는 대학으로 하여금 중장기 인력수급전망 등을 기초로 사회 · 산업수요 중심의 학사구조 개편과 정원 조정 계획을 합리적이고 타당한 방향으로 수립하도록 유도한다고 밝혔다. 둘째, 대학 체제의 질적 개선을 목표로 한다. 이는 단순히 양적으로만 대학 체제를 구조조정하는 것이 아니라 학생의 지식 창출 능력, 문제 해결 능력, 현장 실무 능력을 길러 주는 방향으로 대학 교육의 변화를 유도한다는 계획으로, 교육부는 학사구조 개편 및 학사제도 개선 예시를 〈표 5-2〉와 같이 제시하기도 하였다. 마지막으로 셋째, 지역 차원에서 대학과 지역사회의 연계를 강화하고 국가 차원에서 미스매치 해소와 창조경제 견인을 실현하는 것을 목표로 한다. 이를 위해 정부는 대학이 창조경제혁신센터, 지역 전략 · 특화 산업 등 지역사회 수요를 반영한 계획을 수립하도록 유도한다고 밝혔다(교육부, 2015. 12.).

〈표 5-2〉 PRIME 사업의 학사구조 개편과 학사제도 개선의 예

구분	학사구조 개편		학사제도 개선	
	대학 內	대학 間	정원 유연화	다전공 활성화
양적 조정	• 학과 신설 • 학과증원, 폐·감축 • 학문간 융복합 • 캠퍼스 간 정원 조정	• 대학 간 정원 조정 　(교원이동 포함)	• 유동적 정원제 • 자유 학부제	• 다중전공 • 연계전공 • 융합전공
질적 개선	• 취업약정형/연계형 주문식 교육과정 도입 등 현장 실무 능력 제고 • 다양한 기초학문 학업 이수를 통한 인문학적 소양, 기초지식 함양 • 다전공 활성화, 융복합 교육과정 확대 등 문제해결형·통섭형 인재 육성			

출처: 교육부(2015. 12.).

2) 평가의의

　대학 체제의 양적 감축과 질적 개선을 동시에 달성하기 위하여 행·재정적 인센티브를 차등 배분하는 PRIME 평가는 구조개혁 성과를 기준으로 개별 대학에 행·재정적 조치를 차등 적용하여 대학 구조의 양적 감축 및 질적 개선을 유도하는 대학 구조개혁 평가와 매우 닮아 있다. 다만, 대학 구조개혁 평가가 대학사회에 '앞으로 어떻게 대학을 발전시켜 나갈 것인가'에 대한 근본적인 물음을 던진다는 점에서 의의가 있다면, PRIME 평가는 '사회 수요와 미래 유망 분야를 감안하여 앞으로 어떻게 대학을 특성화해 나갈 것인가'와 같이 보다 구체적인 물음을 제기한다는 점에서 약간의 차이만 있을 뿐이다. 이와 같이 PRIME 평가의 의의는 한편으로 대학 구조개혁 평가와의 연관성에서 찾을 수 있을 것이고, 다른 한편으로는 사회 수요와 미래 유망 분야에 주목한다는 점에서 찾을 수 있다.

　먼저, PRIME 평가는 대학 구조개혁 평가와 밀접한 연관성을 가진다는 점에서 의의를 찾을 수 있다. 2015년 8월 31일 공개된 1주기 대학 구조개혁 평가 결과에서 낮은 등급을 받은 대학들은 대대적인 구조개혁을 단행해야 낙제에서 벗어날 수 있는 상황에 놓였다. 단적인 예로 1주기 대학 구조개혁 평가에서 C등급에 준하는 별도 조치를 받은 국립한국교통대학교는 교수들을 대상으로 한 설문조사와 학과장 회의, 전체 교수 공청회, 선호도 조사 등을 거쳐 52개 모집단위를 23개로 축소하는 강력한 학사구조개편안을 마련하였다. 이를 두고 한국교통대 대학본부 관계자는 "향후 학사구조를 사회적 수요에 부합할 수 있도록 정교하게 다듬어 대학특성화 및 PRIME 사업 등 정부재정지원사업에 적극 참

여"하겠다는 의지를 밝혔는데(중도일보, 2015. 12. 10.), 이로 미루어 짐작건대 PRIME 평가는 대학 구조개혁 평가 결과가 발표된 이후 대학들로 하여금 대대적인 구조개혁을 단행하도록 재정적으로 유인한 측면이 있다. 실제로 2015년 6월 26일자 강원일보 기사에서는 PRIME 사업 지원예산이 기존 대학재정지원사업 지원 규모의 3~4배에 달해 재정지원이 절실한 대학 간 경쟁이 치열할 것으로 전망한 바 있어 PRIME 평가의 구조조정 유도 효과를 무시하기는 어렵다.

다른 한편으로 PRIME 평가는 사회 수요와 미래 유망 분야에 주목한다는 점에서 대학의 사회적 역할에 대한 논의를 환기시킨다. 저출산 문제가 가시화되기 전까지 우리나라 대학들은 학생 충원 및 유지에 별다른 어려움이 없었기에 학생들의 교육과 취업에 큰 관심을 두지 않았다. 그러나 저출산 문제가 심화되면서 학령인구가 급감하고 저성장 시대에 접어들면서 청년실업 문제가 극심해지자 대학들은 학생들이 학습하고 취업하는 과정에서 어떤 어려움을 겪는지에 관심을 갖기 시작하였다. PRIME 사업은 바로 대학과 산업 간 미스매치 현상을 개선하기 위해 추진되는 사업으로, 대학이 진리를 추구하는 역할에만 머물지 않고 학생의 자아실현과 사회의 발전에 기여하는 역할에도 충실해야 한다고 강조한다. 이처럼 대학의 사회적 역할 제고를 통해 학생은 취업을 대학에서 준비하고, 기업은 직무일치도가 높은 인재를 선발하고, 정부는 인적자원의 생산성을 제고할 수 있을 것으로 기대된다.

③ 평가 영역 및 지표

1) 선정평가

다음 〈표 5-3〉과 같이 PRIME 평가 영역은 크게 ① 대학 여건과 학과개편·정원 조정 계획, ② 교육과정 혁신 및 진로교육 내실화, ③ 교원·인프라·학사제도 등 대학의 지원 체계, ④ 정원감소 분야 대책 및 대학 구성원 간 합의, ⑤ 재정집행계획 적정성과 사업계획의 지속 가능성 등 5개 영역으로 구성되었다.

평가영역별 지표를 살펴보면, 첫째, 대학 여건과 학과개편·정원 조정 계획 영역에는 대학의 현재 여건 및 개선 효과, 학과개편 및 조정계획의 타당성 등 2개 지표가 포함되었다. 둘째, 교육과정 혁신 및 진로교육 내실화 영역에는 정원 조정 계획에 부합하는 교육과정 혁신, 학생 사회 진출을 위한 진로 개발 및 취·창업 지원 계획 등 2개 지표가 포함되었다. 셋째, 교원·인프라·학사제도 등 대학의 지원 체계 영역에는 우수교원 확보 및 인사운영 계획, 정원 조정과 교육과정 개편에 따른 교육인프라 지원, 학생 중심 및 사회 수요 맞춤형 교육을 위한 학사제도 개편 등 3개 지표가 포함되었다. 넷째, 정원감소 분야 대책 및 대학 구성원 간 합의 영역에는 정원 감소 분야에 대한 대책, 대학 구성원 간 합의 및 참여 유도 방안 등 2개 지표가 포함되었다. 다섯째, 재정집행계획의 적정성과 사업계획의 지속 가능성 영역에는 재정집행계획의 적정성, 대학 사업계획의 지속성 및 자체재원 투자 방안 등 2개 지표가 포함되었다.

〈표 5-3〉 PRIME 사업 영역별 세부 평가지표

지표명	배점	
	대형	소형
1. 대학 여건과 학과개편·정원 조정 계획	42	37
1.1. 대학의 현재 여건 및 개선 효과 • 대학의 현재 여건(정량평가: 재학생 충원율, 교육비 환원율, 장학금 지급률, 취업률 각 2점) • 대학 여건 개선 효과(4)	12	12
1.2. 학과개편 및 조정계획의 타당성 • 사회변화 및 산업수요를 반영한 학과 개편 및 정원 조정 계획(20) • 대학의 정원 조정 계획과 국가정책 또는 지역 발전방향의 부합성(6) • 특성화 등 대학 역량 및 기존 발전전략과의 연계성(4)	30	25
2. 교육과정 혁신 및 진로교육 내실화	32	37
2.1. 정원 조정 계획에 부합하는 교육과정 혁신 • 사회변화 및 산업수요를 반영한 교육과정 운영 실적 및 계획 ▸ '15년 대학정보공시 기준 '산학협력 실적', '실무형 교육과정(현장실습) 개설 현황' 반영 • 학생 진로 맞춤형 교육과정 혁신(기업 연계) 계획 • 전공 및 기초교양 교과목 질 제고 위한 교육과정 내실화 실적 및 계획	20 (13) (5) (2)	25 (16) (7) (2)
2.2. 학생 사회 진출을 위한 진로 개발 및 취·창업 지원계획(대학) • 취업·창업 지원 인프라 구축 현황 및 지원 계획(5) ▸ '15년 대학정보공시 기준 '창업교육 지원현황', '학생의 창업 및 창업지원 현황' 반영 • 학생 진로개발 지원 체제(경력개발센터 등) 구축 및 활용(4) • 지역산업체, 지자체, 관련 기관 등과의 상호 협력 방안(3)	12	12

3. 교원·인프라·학사제도 등 대학의 지원 체계	10	10
3.1. 우수 교원 확보 및 인사운영 계획 • 전임교원 확보율(정량평가, 대학 전체, 1.5) • 우수 교원 확보 계획(PRIME 분야, 1) • 교육 및 산학협력 실적 등 교원업적평가 반영 현황 및 개선 계획(0.5)	3	3
3.2. 정원 조정과 교육과정 개편에 따른 교육인프라 지원 • 기존 시설을 활용한 공간 재배치 계획(1) • 시설 확충의 타당성, 활용 적합성(1) • 현장 맞춤 교육을 위한 실험실습기자재 등 확보 현황 및 계획(1)	3	3
3.3. 학생 중심, 사회수요 맞춤형 교육을 위한 학사제도 개편 • 엄격한 학사관리 및 제도의 내실화 방안(2) • 학습(전공)선택권 및 학습활동 지원을 위한 제도 실적 및 계획(1) • 우수학생 확보 및 선발–육성–사회진출의 전주기적 지원 계획(1)	4	4
4. 정원감소 분야 대책 및 대학 구성원 간 합의	6	6
4.1. 정원감소 분야에 대한 대책 • 폐과 또는 축소되는 학과를 위한 지원계획(1) • 학생의 학습권 보장 및 지원계획(1) • 교직원의 신분보장 및 교육·연구 등 지원계획(1)	3	3
4.2. 대학구성원 간 합의 및 참여 유도 방안 • 대학 학과개편 및 정원 조정에 대한 구성원 간 합의 및 참여	3	3
5. 재정집행계획의 적정성과 사업계획의 지속 가능성	10	10
5.1. 재정집행계획의 적정성 • 사업 목적 달성을 위한 연도별 재정집행 계획의 적정성(3) • 타 재정지원 사업과의 유기적 연계 방안(2)	5	5
5.2. 대학 사업계획의 지속성 및 자체재원 투자 방안 • 학과개편과 정원 조정 유지를 위한 대학의 중장기 계획(3) • 재정지원 종료 후, 계획 유지를 위한 대학의 자체 재원투자계획(2)	5	5

※ 가산점: 대학구성원참여제 운영(3점), 정원감축 이행(3점).
출처: 교육부(2015. 12.).

배점상에서 특기할 점으로는, 첫째, 첫 번째 영역인 대학 여건과 학과개편·정원 조정 계획과 두 번째 영역인 교육과정 혁신 및 진로교육 내실화에 도합 70점 이상의 배점을 부여하고 있다는 점을 들 수 있다. 특히 사회수요 선도대학(대형)의 경우에는 대학 여건과 학과개편·정원 조정 계획 영역의 배점이 42점으로 매우 높게 책정되어 있음을 확인할 수 있다. 이는 사회·산업 수요에 따른 인력 미스매치 해소를 위해 대학 전반적인 체질 개선 의지를 선정 기준으로 삼는 사회수요 선도대학(대형)의 특성을 고려하여 학과개편 및 조정계획의 타당성 등 대학 체제의 양적 재편에 주목하겠다는 교육부의 의지로 해석된다. 둘째, 대학구성원참여제 운영과 정원감축 이행을 각각 가산점 지표로 설정하여 3점씩 부여하였다는 점을 들 수 있다. 대학구성원참여제(사립대학의 경우 평의원회) 운영 여부의 경우에는 총장임용후보자 선정 시 직선제가 노정한 한계를 보완하고 교원, 직원, 학생 등 학내 제 구성원이 참여하는 방식으로, 대학 거버넌스 체제를 개혁하는 한 방안으로 간주되고 있다. 이와 함께 대학 구조개혁 평가 결과에 따른 정원감축 이행을 가산점 지표로 적용하였다는 것은 교육부가 대학 체제의 개편을 얼마나 중요하게 생각하는지를 방증하는 단서라 할 수 있다.

2) 정원 조정 인정 기준

평가지표 중 가장 높은 비중을 차지하는 정원 조정에 대하여 별도로 자세히 언급하면, 정원 이동은 총 입학정원 범위 내 모집단위(학칙 규정) 간 정원의 이동을 의미하며, 감축 정원이 증원 정원과 합치되는 경우에만 인정된다. 단순한 학과 통합 등은 인정되지 않으며, 정원의 실질적인 이동만 인정된다. 인정 시기는 2016학년도 입학정원 대비 2017학년도 입학정원을 대상으로 하며, 2016학년도까지의 정원 조정 실적은 정성적으로 평가하여 반영된다. 그리고 평가에서는 2017학년도 정원 조정 분야가 PRIME 사업 목적에 일치하는지의 여부를 중점적으로 평가한다. 단순 학과 통합, 단과대학 개편 등 형식적 조정은 이동 인정 범위에서 제외되며, 미스매치 해소를 위한 정원 이동만 인정된다. 이와 관련된 내용을 표로 정리하여 제시하면 〈표 5-4〉와 같다.

〈표 5-4〉 정원 이동의 인정 범위

구분	인정 여부	비고
기존 학과 정원을 축소·폐지하여 산업수요 중심 학과로 이동하는 경우	○	학칙에 독립된 모집단위로 정원이 규정되어 있는 경우 상호 간 이동 인정
모집단위는 아니지만, 학칙상 정원을 구분한 경우 (계열별 선발 후, 학과·전공 정원 구분)	○	

자율전공학부, 특성화학부 등의 정원이 이동하는 경우	○
한 모집단위 내의 야간과정을 타 모집단위(주간)로 이동하는 경우	1/2 인정
대계열 내 중계열 간 학과 조정	
전과, 복수전공, 부전공으로 인해 늘어나는 정원	×
「고등교육법」 제29조 제2항에 따른 별도 정원	×
단순히 모집단위를 통합하는 경우나 단과대학을 개편하면서 이동하는 정원	×
대학 구조개혁 평가 등 기존 재정지원사업에 의해 감축되는 정원	×
유사 모집단위에서 본교와 분교가 별도 운영되는 경우 이동 인정여부	×
총 정원만 명시되어 이동을 알 수 없는 경우	×
모집단위는 학부 또는 단과대학이지만, 개설전공별 정원이 구분되지 않는 경우의 전공 간 이동	×
동일 모집단위에서 주·야간과정으로 분리 되어 있는 학과에서 야간정원을 주간정원으로 이동하는 경우	×

비고:
- 정원 이동에 해당하지 않으므로 불인정 (전과~이동하는 정원)
- 감축 정원 불인정
- 별개 대학
- 모집단위 내 개설전공별 정원규정 제출 시 인정
- 동일학과, 모집단위 내 단순통합은 불인정

출처: 교육부(2015. 12.).

4 평가 과정 및 방법

1) 선정평가

PRIME 사업의 기본계획은 2015년 12월 30일에 확정 공고되었고, 2016년 1월 13일에는 사업설명회가 개최되었으며, 이후 권역별 설명회가 차례로 실시되었다. 이후 2016년 3월 30일까지 대형 27개교, 소형 48개교 등 총 75개 대학이 PRIME 사업 신청서를 제출하였으며, 1단계 서면평가 결과 51개 대학이 통과해 4월 18일부터 5일간 2단계 대면평가가 실시되었다. 2016년 5월 3일 최종심의에서는 선정대학과 사업비가 확정되었다(한국대학신문, 2016. 5. 3.).

기본계획 확정 · 공고	설명회 개최	사업계획서 작성 · 제출	선정평가	결과 발표
기본계획 확정 및 사업 공고	(권역별) 사업 설명회 개회	대학 사업계획 수립 · 제출	평가단 구성, 선정평가 실시	최종 선정대학 발표
'15. 12.	'16. 1.	'16. 1.~3.	'16. 4.	'16. 5. 3.

[그림 5-2] PRIME 사업 일정

※ 한국대학신문(2016. 5. 3.)을 참고하여 교육부(2015. 12.) 내용을 수정함.

선정평가 과정 및 방법에 대해 보다 자세히 살펴보면, 선정평가는 크게 3단계에 걸쳐 진행되었다. 1단계는 서면평가 단계로, 신청 대학이 제출한 사업계획서를 서면으로 심사하였다. 이를 통해 2단계 평가 대상을 확정지었는데, 패널별로 최종 선정대학 수의 약 3배수를 선별하였다. 이후 2단계인 대면평가 단계에서는 사업계획서를 심층 심사하는 과정을 거쳤는데, 심사 시간은 대형 유형 1팀당 90분 이내, 소형 유형 1팀당 60분 이내로 진행되었으며, 발표는 각각 20분씩 진행되었고 그 외 시간은 질의응답으로 구성되었다. 그리고 필요한 경우에 한하여 현장 점검을 실시하여 사업계획서를 정성적으로 심도 있게 평가하는 시간을 가졌다. 이후 3단계는 최종심의 단계로, 평가 결과를 기준으로 패널별 최종 지원 대학을 선정 · 조정하여 지원 규모를 확정하였다. 1, 2단계는 선정평가단에서 주관하였고, 3단계는 지원금조정위원회와 사업관리위원회에서 최종 조율을 담당하였는데, 선정평가단과 지원금조정위원회에 대한 설명을 덧붙이면 다음과 같다.

선정평가단은 교육 · 산업 · 연구계, 전문가 등 관련 분야 대표성을 갖춘 자 가운데 패널 내 신청 대학 현황 등을 고려하여 평가위원 수가 최종 확정되었다. 선정평가단 구성 시에는 피평가 대학의 최종 출신학교, 현 소속기관에 대한 상피제를 적용하여 평가 공정성을 확보하도록 하였고, 미래 산업 수요를 반영하기 위하여 실시되는 PRIME 평가 목적을 고려하여 총 평가위원 52명 가운데 약 23%를 차지하는 12명이 산업계 인사로 구성되었다(교육부, 2016. 5. 4.). 한편, 2단계 선정평가단 구성을 1단계 선정평가단에서 대부분 유지하되 1단계 선정평가단의 1/3 내외를 교체하여 평가 단계 간의 연계성과 연속성을 담보하는 동시에 평가 공정성을 확보하고자 하였다. 한편, 지원금조정위원회는 사업계획서의 우수성, 집행계획의 적절성 등을 고려하여 지원 규모를 조정하는 역할을 담당하였다. 이를 위해 별도의 전문가 위원회가 구성 · 운영되었다. 이상 내용을 그림으로 도식화하면 [그림 5-3]과 같다.

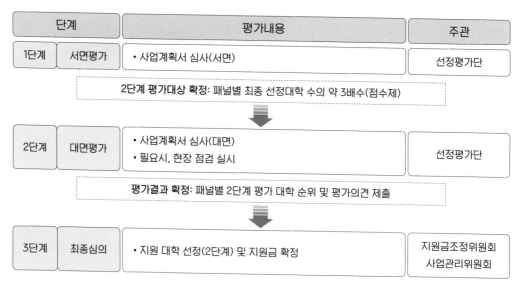

[그림 5-3] PRIME 사업 선정 평가 절차 및 방식

출처: 교육부(2015. 12.).

2) 컨설팅 형태의 상시 점검

교육부는 선정평가 이후에도 컨설팅단 구성·운영을 통해 추진 상황 및 실적을 상시 점검하여 사업의 내실화를 유도하고, 특히 진로교육, 취·창업 지원 등은 고용노동부·중소기업청 등과 협업하여 컨설팅을 지원하는 등 우수한 성과를 낼 수 있도록 지원할 예정이라고 밝혔다. 또한 재정지원이 종료되는 2018년 이후에도 지속적으로 대학 체질 개선이 이루어질 수 있도록 교육부 장관과 대학 총장 간 교육개혁협약(Educational Reform Agreement: ERA)을 체결하고, 2016년부터 총 8년간(예산 지원 3년, 성과관리 추가 5년) 성과목표 달성도 등을 매년 점검하여 사업이 차질 없이 추진되도록 성과관리에 만전을 기할 계획이라고도 언급하였다. 특히 매년 연차평가를 통해 예산남용, 심각한 운영부실의 경우가 적발되는 경우 사업 중단, 지원금 환수, 타 재정 지원 사업 참여 제한 등의 제재를 취한다고 밝혔다(교육부, 2016. 5. 4.).

5 평가결과 활용

선정평가 결과, 대형 유형에는 수도권 대학 3개교, 비수도권 대학 6개교가 선정되었고

(총 9개교), 소형 유형에는 사립대학 10개교, 국립대학 2개교가 선정되었다(총 12개교). 구체적인 내용은 〈표 5-5〉와 〈표 5-6〉과 같다.

〈표 5-5〉 PRIME 사업 선정 결과(대형)

대학명	주요 중점 분야	정원이동규모(명)
건국대	바이오(농수산 6차 산업, 의생명), ICT융합, 미래에너지	521
경운대	항공(서비스, 기계, 무인기)	262
동의대	기계 · 자동차 · IT융합, 신소재	485
숙명여대	ICT 융합공학, S/W, 기계시스템	250
순천향대	의료 융복합 웰니스, 빅데이터, 문화 콘텐츠	369
영남대	지능형 로봇, 미래 자동차, 융복합 소재, 화학	317
원광대	농생명, 스마트 기계, 디지털콘텐츠공학	535
인제대	의생명 헬스케어, 미래 에너지, 디자인 엔지니어링	420
한양대(ERICA)	S/W융합, 나노광전자학, 화학분자공학	247

출처: 교육부(2016. 5. 4.).

〈표 5-6〉 PRIME 사업 선정 결과(소형)

권역	대학명	주요 중점 분야	정원이동규모(명)
수도권	성신여대	융합보안공학, 서비스디자인공학, 바이오에너지	265
	이화여대	바이오헬스, S/W, 미래사회공학	193
대경 · 강원권	경북대	글로벌S/W융합	100
	대구한의대	화장품, 제약공학	170
	한동대	ICT융복합(창업)	70
동남권	동명대	조선해양시스템, 스마트모바일, 기계공학	110
	신라대	지능형 자동차, 융합기계	202
충청권	건양대	기업S/W, 의약바이오, 재난안전	170
	상명대(천안)	시스템반도체, 지능형 로봇, 태양광	273
호남 · 제주권	군산대	해양, 운송, 융합기술창업, 공간디자인	142
	동신대	에너지신산업, 전기차	145
	호남대	미래형 자동차, 전기공학	105

출처: 교육부(2016. 5. 4.).

교육부는 이들 대학이 선정된 공통된 이유를 다음과 같이 들었다. 첫째, PRIME 분야로 정원을 대폭 이동시켰다. PRIME 분야로의 정원 이동 규모는 5,351명으로, 이는 해당 대학의 전체 입학정원(48,805명)의 약 11%에 달하는 규모이다. 둘째, 사회 수요를 감안하고 대학의 강점을 살린 교육과정 개편 계획을 제시하였다. 이를 통해 교육부는 학생들이 PRIME 분야로 개편된 학과(부) · 전공을 최초로 졸업하는 2021년부터 인력 미스매치 문제와 청년실업 문제가 완화될 것으로 기대를 표하였다. 셋째, 작년 초 교육부 업무보고를 통해 사업 추진이 발표된 시점부터 학내 구성원들과 지속적인 논의 과정을 거쳤다. 구성원 간 합의까지 대형 유형은 평균 약 7.8개월, 소형 유형은 평균 약 5.9개월이 소요되었다. 넷째, PRIME 분야로 육성할 학과(부) · 전공의 핵심 지표를 도전적으로 수립하였다. 대표적으로 이들 대학들은 취업률을 2015년 대비 2018년까지 평균 약 3.1%p, 2023년까지 평균 약 7.7%p 향상시키겠다고 공약하였다. 선정된 대학 가운데 동의대학교 사례를 제시하면 [그림 5-4]와 같다.

한편, 교육부는 사업 기본계획 발표 당시 사업 목적 달성을 위한 정책적 목표와 대학의 자율성 및 지역 균형 발전을 고려하여 유형별 · 권역별로 구분하여 이들 대학에 재원을 배분할 계획임을 밝혔다. 다만, 사업관리위원회에 유형별 · 권역별 재원 배분의 조정 권한을 부여하여 권역별 신청 대학의 수, 사업계획의 우수성, 선정 과정에서의 탄력성과 유연성 등을 종합적으로 고려하고자 하였다. 이에 따라 당초 계획은 〈표 5-7〉과 같이 사회수요 선도대학 9개교에 총 1,500억 원, 창조기반 선도대학 10개교에 총 500억 원을 지원할 예정이었으나, 선정평가 결과 300억 규모의 예산에 부합하는 계획을 수립하거나 예산을 신청한 학교가 없어 당초 최고 300억까지 지원받는 사회수요 선도대학을 선정하려던 기존 목표를 변경하여 창조기반 선도대학을 2개교 추가로 선정하였다.

〈표 5-7〉 PRIME 사업 유형별 · 권역별 재원 배분 계획

구 분		사회수요 선도대학		창조기반 선도대학	비고
수도권		2개교(@150억)		2개교(@50억)	
지방	동남	4개교(@150억)	2개교(@150억) 1개교(@300억)	2개교(@50억)	1개교 1유형 신청
	대경/강원			2개교(@50억)	
	충청			2개교(@50억)	
	호남/제주			2개교(@50억)	
합계		9개교(1,500억)		10개교(500억)	

출처: 교육부(2015. 12.).

동의대학교 (051-890-1110)		사회수요 선도대학(대형)

〈프라임(PRIME) 분야〉

계열	인문사회	자연과학	공학	예체능	계
해당 학과	–	바이오응용공학부 (식품공학) 등	기계자동차로봇부품공 학부, 신소재공학부 등	디자인공학부 (제품디자인공학) 등	16개 학과(부)· 전공
이동 규모	–	50명	415명	20명	485명
관련 산업분야 (중점 분야)	기계·자동차·IT 융합, 신소재				

〈사업 목표〉 부품소재 제조혁신을 통한 4차 산업혁명 Innovator 양성

구분	2015년	2018년	2023년
취업률(대학 전체)	75.25%	79.15%	83.65%

☐ 학사구조 개편 및 정원조정 계획

- 사회수요 맞춤형 유망산업으로 선정된 기계자동차부품소재산업과 최근 제조산업의 트렌드인 스마트 제조기술을 통합 반영하여 동의대의 특성화 분야로 선정한 기계·자동차IT융합부품소재산업을 기반으로 학사구조 개편 및 정원조정 계획 수립
- 부산 및 동남권의 주요 산업기반인 기계·자동차IT융합부품소재 산업의 환경 및 패러다임 변화에 따라, 제조업 분야의 혁신 및 내실화 도모에 기여
- 기계자동차융합부품, 융복합 소재, 제조분야 로봇 등 제조업 혁신 메가 트렌드에 따른 인력 양성 및 제조과정의 스마트화를 추진할 예정임

△ 신소재공학부(전기전자소재공학)(40, 신설)	△ 산업융합시스템공학부(산업ICT기술공학)(40, 신설)
△ 신소재공학부(고분자소재공학)(40, 신설)	△ 디자인공학부(인간시스템디자인공학)(40, 신설)
△ 기계자동차로봇부품공학부(자동차공학)(60, 신설)	△ 디자인공학부(제품디자인공학)(20, 신설) 등

☐ 교육과정 혁신 계획
- NCS기반 직무역량 중심의 교육내용을 개편하여 산업체의 요구를 교육과정에 반영
- 산업체의 참여를 대폭 확대하여 대학/학생/산업체가 유기적으로 운영되도록 교육주체의 역할 강화
- 실천적 경험을 강조하는 현장중심 교육방법으로 전환·확대, 실천적 교육방법을 달성

☐ 진로, 취업, 창업 지원 계획
- 부울경창조경제혁신센터, 테크노파크, 자동차/부품 관련 협동조합, 재료연구소 등 전문가 도움을 받아 직무교육 방향 설정, 현장실습 지원 등을 통해 진로 및 취업관련 지원

[그림 5-4] 사회수요 선도대학(대형) 선정 대학 사례: 동의대학교

출처: 교육부(2016. 5. 4.).

6 평가 성과 및 개선방안

1) 평가성과

PRIME 평가의 사업 기획과 선정 과정에서 나타난 사항을 중심으로 간략히 성과를 짚어 보고자 한다.

첫째, 선정방식과 관련하여 사업 참여에 대한 학내 구성원 사이의 합의를 전제로 삼고 있는 점과 성과를 극대화하고 사업 참여에 대한 논란을 최소화하기 위하여 예비선정 방식을 도입 검토한 점은 사업과 관련하여 제기되는 교내 불평이나 불만을 해소하는 장치로 작용하고 있다는 점에서 긍정적이다.

둘째, PRIME 사업의 인력수급 기준과 관련하여 미래 산업 구조와 흐름에 대한 오차 허용범위를 최소화하기 위한 보완 방안을 고려하고 있다. 교육부는 현행 고용노동부·한국고용정보원의 중장기 인력수급전망(2013~2023)을 보완하여 전공 전망을 중분류 이하로 제시하는 방안을 고려하고 있다. 지금 방식은 인문사회, 예체능, 사범, 자연, 공학, 의학 등 6대 학문 대분류상의 전망으로 대학 정원 개편에 활용하기에는 한계를 드러내므로, 대학 학과·정원 조정 등에 유의미한 자료로 활용될 수 있도록 전공 중분류(35개)와 직업 중분류(51개) 수준에서 매칭 가능성을 검토하고자 하였다. 이와 더불어, 향후 전공별 인력수급전망의 질적 수준을 제고하기 위한 기초통계 정보로 활용할 수 있도록 고등교육기관 졸업자 취업통계(교육부, 한국교육개발원)의 조사항목 확대를 추진하고 있다.

셋째, 각 대학은 미래 기술과 관련된 공학계열 학과 정원을 증원하거나 관련 학과를 신설함으로써 미래 사회에 대비하고 있다. 선정 대학들은 인문사회·자연과학·예체능 계열 학과를 없애거나 정원을 감축해 정보통신기술(ICT), 소프트웨어, 미래 에너지, 빅데이터 등 미래 기술과 관련된 공학계열 학과의 정원을 늘리거나 관련 학과를 신설한 것으로 나타났다. 21개 대학의 전체 정원 이동 규모는 5,351명으로, 이 가운데 90.7%(4,856명)는 공학계열 학과로 이동한 것으로 나타났다. 2015년 기준으로 4년제 대학 공학계열 모집정원(8만 5,135명)은 사회계열(8만 5,151명)과 비슷한 수준이었다. 대학별로 보면 건국대는 기존 공학계열 모집인원(732명)의 절반에 달하는 395명을 공학계열로 이동시켜, 공학계열 모집정원(1,127명)이 전체 모집정원(3,014명)의 3분의 1에 달하는 것으로 나타났다. 숙명여대(250명), 성신여대(245명), 이화여대(193명) 등 기존에 공학계열 비중이 작았던 여대의 경우도 전체 모집정원의 10% 안팎에서 공학계열 모집정원이 늘어났다. 이와 같이 PRIME 평가의 결과로 미래 사회에 적합한 능력을 기르고자 하는 대학의 움직임이 갈수록 뚜렷해지고 있다.

한편, 대학 정원의 변화와 관련하여 최상한·김상철(2020: 30)은 PRIME 사업종료 이후 5년간의 성과관리 기간 동안에 인력 미스매치 문제 해결에 미치는 영향, 재학생 및 신입생 충원율과 취업률의 변화 등에 주시할 필요가 있음을 강조하였다. 그들은 대입정원이 대학 입학자원에 역전되는 2020년부터 학령인구 감소로 인한 PRIME 사업 선정학교의 재학생 및 신입생 충원율의 변화와 PRIME 사업의 수혜를 받은 학생들이 졸업하는 시점인 2021년부터 인력 미스매치 문제와 청년실업 문제에 사업이 미친 효과를 주의 깊게 살핌으로써 PRIME 사업에 대한 확연한 성과 분석이 가능함을 역설하였다.

2) 평가 개선방안

지금까지 PRIME 평가 배경 및 변천 과정, 목적 및 의의, 영역 및 지표, 과정 및 방법, 결과 활용, 성과를 논의하였다. 이상 논의한 내용을 바탕으로 PRIME 평가가 노정한 한계를 짚어 보고, 이를 근거로 개선방안을 논의하면 다음과 같다.

(1) 평가목적 측면: '산업수요'에 대한 재정의와 인력수요전망에 대한 검토 필요해

2015년 6월 「산업수요 맞춤형 고등교육 인재양성 방안(시안)」 발표 당시 교육부는 대학의 사회적 역할 중 '산업수요 맞춤형 인력양성'에 대한 종합 방안 마련을 통해 교육개혁 실현을 도모하기 위하여 해당 사업을 추진하게 되었다고 밝혔다. 이때 교육부는 '산업수요'를 '기업·산업체 수요뿐만 아니라 국내·외 환경변화, 경제·사회변화 등을 포괄'한다고 정의하였고, 그에 맞게 구체적인 추진 배경 역시 산업수요가 단순히 기업·산업체 수요에 국한되는 개념이 아니라 사회 전반적인 변화와 연관되어 해석될 필요가 있음을 강조하듯 ① 산업구조 변화에 따른 신산업 분야의 경쟁력 강화, ② 저출산·고령화로 인한 인구구조의 변화에 적극 대응, ③ 세계 경제흐름 변화에 부응하는 인재양성 전략 수립으로 제시하였다.

그런데 2015년 12월을 기점으로 기존에 「사회수요 맞춤형 고등교육 인재양성 방안」에 포함되어 있던 산업연계 교육활성화 선도대학(PRIME) 사업, 대학 인문역량 강화사업(CORE), 평생교육 단과대학 지원사업을 분리하여 각각 기본계획을 수립·발표하면서, PRIME 사업 추진 배경은 학계에서 우려한 바대로 기업·산업체 수요에 지나치게 초점이 맞추어지는 경향을 보였다. 학령인구 감소 현상을 언급하기는 하였으나 이는 기업·산업체 수요 수요에 대응하는 방향으로 학내 학사구조를 개편해야 한다는 수단적 논리로 활용되었고, 지역의 다양한 사회·문화적 수요는 차치한 채 지역별 경제 여건 및 주요 산업 분포를 고려한 인재양성을 강조하였다. 이로 인하여 PRIME 사업 시행 첫해 선정 대학 21개교의 정원 이동 추이를 살펴보면 자연과학, 인문사회, 예체능 계열 정원이 크게 줄고 공학계열 정원이 크게 급증한 사실을 확인할 수 있다.

〈표 5-8〉 PRIME 사업 선정대학 정원 이동 규모

구분	감소분야					증가분야				
대계열	인문사회	자연과학	공학	예체능	합계	인문사회	자연과학	공학	예체능	합계
정원 조정 규모(명)	2,626	1,479	427	819	5,351	126	329	4,856	40	5,351

출처: 교육부(2016. 5. 4.).

이와 같이 공학계열을 중심으로 대학 학사구조가 재편된 근본적인 원인은 2015년 6월 당시 포괄적으로 정의하였던 '산업수요'의 개념을 2015년 12월 3개 사업으로 분리하는 과정에서 '기업·산업체 수요' 차원으로 협소하게 정의하였다는 데서 찾을 수 있다. 이와 관련하여 '교육부 프라임 사업의 치명적 문제'라는 제목으로 경향신문에 기고한 김명환 서울대 교수의 의견은 새겨들을 가치가 있다. 그는 PRIME 사업 기획 및 선정에 근간이 된 '2014~2024 대학 전공별 인력수급 전망' 보고서가 다음과 같은 치명적인 문제를 안고 있다고 지적하였다. 첫째, 4년제 대학에서 향후 10년간 공학·의약계열만 인력이 부족하고 다른 계열은 공급 과잉이라고 예측하지만, 공학계열 취업률도 해마다 하락 추세라서 그 전망을 신뢰할 수 없다. 둘째, 전공별 인력 배출의 국제 비교를 누락했는데, 실제 주요 국가 중 학부 졸업자의 공학 전공 비율이 한국보다 높은 나라는 중국뿐이다. 셋째, 인력수급전망을 학사학위 취득자 통계로 따지고 있지만, 특히 이공계는 석박사 학위를 가진 고급인력 수요가 계속 커질 수밖에 없어 학사 학위자에 국한된 전망의 타당성은 떨어진다. 이를 근거로 그는 PRIME 사업이 입학정원 조정, 학과 통폐합과 신규 전공 설치 등 중대한 학사 결정을 전제로 하기 때문에 사업의 근간이 되는 보고서와 기준에 대한 철저한 검증과 타당도 및 신뢰도 마련이 필요하고 올바른 전망을 위한 폭넓은 의견수렴을 거쳐 다양한 요소들을 종합적으로 검토해야 한다고 제언하였다.

결과적으로 정부는 '산업수요' 개념을 보다 포괄적으로 정의하는 동시에 인력수요전망에 대한 폭넓은 의견수렴과 종합적 검토 과정을 가질 필요가 있다. 단순하게 생각하면 인력수급전망 보고서를 근거로 하나의 사업이 추진될 뿐이지만, 그로 인한 대학의 변화

를 생각해 보면 대대적인 학사구조 개편으로 인하여 학내 구성원이 경험하게 될 변화의 폭은 상당하다. 그럼에도 정부는 단순히 미래 인력수급전망 결과만 제시해 왔을 뿐 과거 제시한 인력수급전망이 실제로 현실화되었는지를 역으로 추적 검증하는 작업에는 소홀하였다. 이에 대한 부분은 정부 관계자뿐만 아니라 대학 관계자, 학계 및 산업계 전문가 등 각계 의견을 수렴해야 하는 부분이다. 따라서 정부는 대학 측이 학사구조 개편안을 마련하는 과정에서 미래 인력수급전망 결과를 보다 신뢰할 수 있도록 각계 의견을 수렴하는 자리를 반복해서 마련하고 그 결과를 토대로 미래 인력수급전망 결과를 보완하고 정교화할 필요가 있다.

(2) 평가 영역 및 지표 측면: '대학 구성원 간 합의' 영역 배점 높이고 가산점 폐지해야

앞서 살펴본 바와 같이 PRIME 평가 영역 및 지표 구성을 보면 첫 번째 평가영역인 '대학 여건과 학과개편·정원 조정 계획'과 두 번째 평가영역인 '교육과정 혁신 및 진로교육 내실화'에 70점 이상의 배점이 편중되어 있다. 이는 평가 비전 및 목표 체계도에서 확인할 수 있었듯 대학의 양적·질적 구조개혁을 강조하는 PRIME 평가의 특성이 고스란히 묻어 나온 결과로 볼 수 있다. 그런데 이로 인하여 다른 평가영역은 상대적으로 평가 절하되고 있어 추후 보완이 필요하다. 특히 네 번째 평가영역인 '정원감소 분야 대책 및 대학 구성원 간 합의'는 총 배점이 6점밖에 되지 않아 사문화될 가능성이 높다. 하지만 그 내용을 살펴보면 '폐과 또는 축소되는 학과를 위한 지원계획', '학생의 학습권 보장 및 지원계획', '교직원의 신분보장 및 교육·연구 등 지원계획', '대학 학과개편 및 정원 조정에 대한 구성원 간 합의 및 참여' 등의 내용을 담고 있어 결코 사문화되어서는 안 될 영역이며 더욱 배점이 강화되어야 할 부분이다. 실제로 이화여대의 경우에는 사업에 선정되었음에도 불구하고 총학생회를 중심으로 사업 신청 과정에서 학교 측이 충분한 소통 없이 진행한 점에 대해 강력하게 비판하고 학교의 사업 강행을 반대한다는 입장을 밝힌 바 있다(오마이뉴스, 2016. 1. 30.). 따라서 향후 교육부는 대학이 학사구조 개편안을 마련하는 과정에서 학내 구성원의 의견을 수렴하여 실질적인 합의에 이르렀는지를 비중 있게 평가하여야 한다.

한편, 전술한 바와 같이 PRIME 평가에서는 가산점 지표로 '대학구성원참여제 운영'과 '정원감축 이행'을 두고 있다. 배점은 각각 3점씩 총 6점으로 네 번째 평가영역인 '대학 학과개편 및 정원 조정에 대한 구성원 간 합의 및 참여'와 동일한 비중을 차지하고 있다. 소극적으로는 가산점 지표 비중을 줄이는 방법을 고려해 볼 수 있겠으나, 보다 적극적으로는 가산점 지표를 별도로 두는 것이 타당한지를 재차 고려해 볼 필요가 있다. 학부교육 선도대학 평가에서도 '대학구성원참여제 운영'과 '정원감축 이행'을 가산점 지표로 두고 있는데, 이에 대해 교육부는 정부가 추진하는 여타 대학재정지원사업과의 연계성과 효과성을 제고하기 위함이라고 설명한 바 있다. 그러나 정부의 사업 추진 편의성 도모가 가산점 지표 존치의 이유가 되어서는 곤란하다. 또한 '대학구성원참여제'는 '대학 학과개편 및 정원 조정에 대한 구성원 간 합의 및 참여' 영역의 비중을 올리는 것으로 대체 가능하며, '정원감축 이행'은 이미 '대학 여건과 학과개편·정원 조정 계획' 영역의 배점이 높게 책정되어 있어 별도로 가산점 지표를 두지 않아도 충분히 목표한 바를 달성할 수 있을 것으로 판단된다.

(3) 평가 과정 및 방법 측면: 강도 높은 구조조정을 전제하는 만큼 대학과 협의해야

PRIME 평가가 추진된 과정을 반추해 보면 그야말로 속도전에 가까웠다. 평가배경 절에서 언급한 바와 같이 PRIME 평가가 추진될 예정이라고 최초로 공표된 시점은 2015년 3월이었다. 이후 4개월 뒤인 7월에는 '산업수요 맞춤형 고등교육 인재양성 방안'이 확정·발표되었고, 3개월 뒤인 10월에는 이에 근거하여 '사회수요 맞춤형 인재양성 사업 기본계획' 시안이 발표되었다. 기본계획 시안이 발표된 시기는 10월 22일이었는데, 이에 대한 공청회는 10월 21일과 27일에 각각 지방(충남대)과 수도권(연세대)에서 잇달아 진행되었고, 최종 기본계획은 2015년 12월 30일 확정·발표되었다. 이후에도 PRIME 평가는 정신없이 진행되었다. 2016년 1월에는 권역별 사업 설명회가 개최되었고, 1월부터 3월까지 신청 희망 대학들이 사업계획서를 작성·제출하였으며, 4월에 선정평가가 진행되고 5월에 최종 선정대학이 발표되었다. 다시 말해, PRIME 평가가 실시될 예정이라고 최초 공표된 시점부터 지원 대상 대학이 확정되기까지 소요된 기간은 불과 1년 2개월에 불과하였다. 강도 높은 구조조정이 수반되는 사업의 성격상 대학사회와의 반복적인 소통이 필수적이었음에도 졸속으로 진행된 감을 지우기 어렵다.

대학사회와의 원활한 소통이 부재했던 결과, PRIME 평가가 시작되기 이전에 대학사회로부터 제기되었던 우려는 현실로 나타나고 있다. PRIME 평가 추진 예정이 공표된 지 얼마 지나지 않은 시점인 2016년 4월 5일에 한국대학신문에서는 PRIME 평가에 대한 대학 교수들의 의견을 기사화한 바 있다. 해당 기사에서 교수들은 정부가 제시하는 산업 수요 예측의 정확성과 신뢰성에 대한 의문을 제기하기도 하였고, 통섭형 인재가 강조되는 사회 분위기 속에서 학과 정원을 정확하게 산업 수요에 맞추겠다는 발상 자체에 대한 근본적인 회의감을 드러내기도 하였다. 아울러 산업 수요를 반영한다는 이유로 특정 학과로의 개편 편중 현상이 심화될 경우 인문학 붕괴와 같은 문제를 야기할 수 있다고 지적하기도 하였다. 실제로 평가가 추진된 이후에도 이와 같은 대학사회의 인식은 사라지지 않고 더욱 심화된 측면이 있다. 일례로 현행 대학재정지원사업에 대한 메타평가 연구를 진행한 변기용·안세근 외(2017)는 ACE, CK, LINC, BK 평가의 경우 응답자에 따라 효과적인 이유와 문제되는 이유가 두루 지적된 반면, PRIME 평가의 경우에는 문제가 있다는 의견이 주류를 이루었다고 분석하였다. 구체적인 이유로 PRIME 평가는 지나치게 단기간에 기획·평가되었고, 취업에 맞춘 전공인원의 감축·확대가 대학에 많은 변화를 요구할 뿐만 아니라 대학의 본질에 맞지 않는 근시안적 시각에 입각한 처사라는 것이었다.

앞서 언급한 한국대학신문 기사에서 서울의 한 사립대 부총장은 다음과 같이 언급하였다. 인력 수요 불균형과 미스매치 현상을 개선해야 한다는 점에 대해서는 동의하지만, 과거 IT 분야 인력이 부족하다는 정부의 인력 수급 예측에 따라 해당 분야 인력을 대거 육성한 결과 지금은 IT 분야 일자리가 부족해 학생들이 취업에 어려움을 겪고 있다는 이야기였다. 예측할 수 없는 속도와 방향으로 뻗어 나가는 제4차 산업혁명 시대의 진입로에서 교육부는 홀로 불확실성을 예측하려는 우를 범하지 말고, 불확실성에 대한 책임을 대학사회와 나누어 짊어지는 동시에 개별 대학이 자율적으로 변화하는 시대상에 대응해 나갈 수 있도록 정책 집행 과정에서 대학사회와 지속적인 소통을 이어 나가야 할 것이다. 그리고 사업 기본계획이 발표되고 최종 선정대학을 선정하기까지의 시간을 충분하게 확보하여 평가에 대하여 개별 대학이 학내 구성원들의 의견을 수렴할 수 있도록 배려해야 할 것이다. 그 길만이 정책 집행 오차를 줄일 수 있는 길임을 재차 명심할 필요가 있다.

제6장 두뇌한국 21 플러스(BK21+) 평가

1 평가 배경 및 변천 과정

1) 평가배경

두뇌한국 21 평가(Brain Korea 21 Program for Leading Universities and Students, 이하 BK21 평가)의 기본 아이디어는 한마디로 '세계적 수준의 연구중심대학원 육성'이라 할 수 있다. 아이디어의 기원은 문민정부 당시 대통령 직속 자문기구였던 교육개혁위원회가 발표한 제5차 대통령 보고서로 거슬러 올라간다(권혁주 외, 2010: 40). 1997년 6월 2일 발표된 「세계화·정보화 시대를 주도하는 新교육체제 수립을 위한 교육개혁방안(IV)」에는 고등교육 체제 개선을 위한 과제로 '수월성'과 '지방화'가 제시되었다(교육개혁위원회, 1997: 357). '수월성'은 국가간 경쟁이 갈수록 치열해지는 21세기 사회에 대비하여 연구와 개발에 전념할 창조적인 고급 인력이 양성될 수 있도록 세계 수준의 연구 중심 명문 대학을 집중 육성한다는 전략이었고, '지방화'는 현재 관행화되어 있는 인재의 수도권 집중 체제를 개선하여 인재양성과 배분의 지방 중심 체제가 구축될 수 있도록 지역별로 대학원을 다양하게 특성화·전문화시킨다는 전략이었다. 즉, 대학의 소재지를 불문하고 연구 중심 대학으로서 성장하기에 충분한 잠재력을 지닌 대학을 선정하여 집중 지원할 필요가 있다는 인식이 문민정부 말기부터 서서히 싹트기 시작하였다.

II. 교육개혁 방안

2. 초·중등교육의 혁신과 고등교육 체제의 개선

다. 고등교육의 수월성과 지방화를 위한 지원
- ○ 연구 중심 대학의 집중 육성
  - 국가간 경쟁이 치열해지는 21세기 사회에 대비하여 연구와 개발에 전념할 창조적인 고급 인력을 양성할 수 있도록 세계 수준의 연구 중심 명문 대학을 비교적 단기간 내에 집중 육성한다.

- ○ 인재양성의 지방화 체제 구축
  - 현재 관행화되어 있는 인재의 수도권 집중 체제를 개선하여, 인재양성과 배분의 지방 중심 체제를 구축한다.

- ○ 연구 중심 대학 및 지방대학 육성의 추진 방식
  - 학사과정은 거주지 인근 지역에서 이수하고, 대학원과정은 전국 단위에서 특성화된 대학원을 선택하여 이수하는 새로운 방식의 '고등교육 진로 모형'을 구상한다.
  - 이 모형의 틀 내에서 연구 중심 대학 및 지방대학 육성 방안을 구상한다.
  - 향후 공청회 등을 통하여 각계의 의견을 수렴한 후 구체안을 마련한다.
  - 기존의 대학 재정 지원 규모는 그대로 유지하면서, 추가 재원을 별도로 마련하여 연구 중심 대학과 지방대학 육성에 투입한다.

- ○ 대학의 특성화를 촉진하기 위한 대학평가 기준과 모형의 다양화
  - 대학의 발전 노력이 제대로 평가될 수 있도록 평가 기준과 모형을 다양화하여 획일적 기준에 의해서가 아니라 다양한 형태의 모형에 따라 평가가 이루어질 수 있도록 한다.

- ○ 전문대학 지원 사업의 내실화
  - 고등교육에서 전문대학이 차지하는 비중이 큰 점을 감안하여, 전문대학이 그 특성을 살려 명실상부하게 발전할 수 있도록 종합적 방안을 강구하며, 사회 변화와 요구에 기민하게 대응하여야 하는 전문대학의 속성에 따라 고유한 운영 방식이 제대로 자리 잡을 수 있도록 자율성을 보장하고 지원한다.

교육개혁위원회의 개혁안은 정권 말기에 발표된 탓에 청사진으로만 남을 가능성이 높았으나 다행히 논의는 지속되었다. 당시 김대중 대통령 후보는 '과외비와 입시난 해소를 통한 열린교육사회의 실현'을 교육부문 공약으로 제시하면서, 교육과열 현상이 야기되는 문제의 정점에 서울대학교가 있다고 지목하였다. 서울대학교로 진학하기 위하여 교육과열 현상이 빚어지고 있기 때문에 서울대학교를 대학원 중심 연구대학으로 전환시키

면 교육과열 양상을 잠재울 수 있고 동시에 서울대학교를 세계 수준의 연구중심대학으로 발전시킬 수 있게 된다는 해석이었다. 아울러 서울대학교를 대학원 중심 연구대학으로 전환시키면 서울대학교가 담당하고 있던 양질의 학부교육 기능은 지방대학이 담당할 수 있도록 지방대학의 질을 높이기 위한 대대적인 구조조정과 대폭적인 재정 지원을 함께 약속하였다(박부권, 2000: 24). 성장 잠재력이 큰 소수 대학을 선정하여 연구중심대학으로 육성한다는 교육개혁위원회의 안은 서울대학교를 우선적으로 연구중심대학으로 재편한다는 방향으로 수정되었으나, 고등교육 체제 개선 과정에서 '수월성'과 '지방화'를 지향하여야 한다는 기조는 유지되었다.

새 정부가 출범한 지 얼마 지나지 않은 시점인 1998년 5월 국민의 정부는 「세계수준의 대학원 중점 연구중심대학 육성 국책과제 추진계획」과 「국가경쟁력 제고를 위한 대학 구조조정 방안」을 잇달아 발표하였다(교육인적자원부, 2007: 4-5). 해당 문서에서 정부는 우리나라 교육의 현주소를 '대학의 국가경쟁력 및 질적 수준 악화'와 '연 10여조 원에 이르는 과중한 대입 과외비 등의 사교육비 부담 고통'으로 요약하면서, 이를 해결하기 위해서는 학부 수준의 일류학과·일류대학의 서열화 구조를 없애고 대학원 수준에서의 인기 전문대학원과 세계 일류 전공분야의 서열화 구조로 대치하여야 한다고 주장하였다. 이와 같이 국민의 정부 출범 초기에 발표된 두 문서는 과거 김대중 전 대통령이 대통령 후보였던 시절 공약한 내용을 정부의 공식 문건으로 문서화하였다는 점에서 의의를 찾을 수 있다.

1998년 5월 발표된 두 문서는 이후 1998년 8월 대통령 보고를 거쳐 본격적인 추진 절차를 밟게 되었다. 당시 대통령은 대학원 중심 대학 육성과 함께 지방대학 육성도 동시에 추진할 수 있도록 예산 확보를 당부하였고, 이에 따라 BK21 사업은 세계수준의 대학원 육성과 지방대학 육성으로 큰 틀이 결정되었다(교육인적자원부, 2007: 6). 교육인적자원부는 1998년 9월 11일 서울대 교수회관에서 서울대 개혁안에 대한 공청회를 개최하였는데, 자리에 참석한 약 250여 명의 교수들 대부분은 정부 개혁안에 반대 의견을 개진하였다. 정부주도 개혁으로 인한 대학의 자율성이 위축되는 문제뿐만 아니라, 학부와 대학원 분리가 학부교육의 부실과 연구기능의 약화로 귀결되었던 외국의 연구중심대학 정책 실패 사례를 답습해서는 안 된다는 지적이었다(교육인적자원부, 2007: 7). 결국 국민의 정부는 서울대를 중심으로 추진하려던 계획을 수정하여 교육개혁위원회의 안대로 공모경쟁 방식을 채택하기로 결정하였고, 1999년 10월 6일 '21세기 지식기반사회 대비 고등인력양성사업(Brain Korea 21)' 시행계획을 최종 공고하였다.

해당 계획에서 정부는 대내적으로 대학 진학을 향한 과잉 사교육 열풍을 잠재우고, 대외적으로 해외 선진국에 비해 떨어지는 고등교육 경쟁력을 제고하기 위하여 BK21 사업을 추진하게 되었다고 밝혔다(교육인적자원부, 2007: 2). 고등교육 경쟁력과 관련하여 정부는 우리나라 고등교육 수준이 선진국에 크게 못 미친다고 지적하였다. 단적인 예로, 정부는 당시 IMD에서 발표한 우리나라의 인적자원 국제경쟁력 순위가 경제규모 순위에 한참 못 미치는 22위로 나타났으며, 국제적 학문·연구 수준을 나타내는 지표 중 하나인 과학논문 인용색인(SCI) 게재 논문 수는 일본 상위 2개 대학(Tokyo, Tohoku)에서 발표한 논문 수의 82%에 불과하여 전체 순위 17위를 차지하였다고 밝혔다. 즉, BK21 사업은 "학부수준의 왜곡된 입시경쟁을 완화하여 초중등교육을 정상화시키고, 대학 간판에 의한 독과점적 서열화 구조를 타파하여 대학사회에 경쟁과 협력의 문화를 활성화시키며, 세계 수준의 대학원을 단기간 내에 육성하여 지식기반사회를 주도하려는 국가적 전략" 으로 시작되었다(교육인적자원부, 2007: 3).

2) 평가 변천 과정

(1) 1단계 BK21 평가(1999~2005)

사실 BK21 평가가 시행되기까지의 과정은 순탄치 않았다. 정부가 최초로 BK21 사업 시행계획을 발표한 시점은 1999년 6월 4일이었다. 그러나 시행계획이 발표되자 전국국공립대학교수협의회와 전국사립대학교수협의회를 주축으로 BK21 사업 철회를 주장하는 움직임이 대학가에서 거세게 일어났다. 반대 사유는 과거 서울대 개혁안 공청회에서 나온 의견과 대동소이하게 정책입안과정의 비민주성과 졸속성, 독과점적 대학구조의 고착화 및 지방대학의 쇠퇴 조장, 관료에 의한 대학과 학문의 통제 심화 등이었다. 결국 국회의 중재로 1997년 7월 공청회가 재차 개최되었다. 공청회에서 나온 의견을 수렴하여 교육인적자원부는 1999년 10월 6일 수정보완 대책을 발표하였고, 이때 발표된 시행계획을 토대로 1단계 BK21 평가가 실시되었다(교육인적자원부, 2007: 14-17).

평가는 1단계 BK21 사업 기간 7년에 걸쳐 선정평가('99년, '03년), 중간평가('02년, '05년), 연차평가('00년, '01년, '03년, '04년)가 실시되었다. 선정평가는 사업 시행 첫해인 1999년에 일차로 실시되었으며, 사업 시행 4년차에 실시된 중간평가 결과에 근거하여 재정 지원을 중단하기로 결정된 사업단 대신 추가로 지원할 신규 사업단을 선정하기 위하여 2003년에 추가로 실시되었다. 그리고 중간평가와 연차평가는 선정평가 당시 사업단들이 제출한 사업계획서의 목표를 달성하기 위하여 필요한 사업 추진 체계를 효율적으로 갖추고 있는지를 점검하고, 점검한 결과를 토대로 차년도 지원금 조정, 계약 해지, 경고 등의 조치를 취하고자 실시되었다. 평가기준은 사업단장 회의를 거쳐 평가기준에 대한 의견을 일차로 수렴하고, 평가위원회와 지원관리위원회에서 이차로 검토·수정하는 방식을 채택하였다(교육인적자원부, 2007: 101). 1단계 BK21 사업 기간 동안 실시된 모든 선정평가와 중간평가, 연차평가에 대한 자세한 설명은 2007년 교육인적자원부가 발간한 1단계 BK21 사업 백서에 제시되어 있으며, 1999년 실시된 최초 선정평가를 중점적으로 살펴보면 다음과 같다.

1단계 BK21 사업은 크게 세계수준 대학원 육성사업, 지역우수대학 육성사업, 대학원 연구력 제고사업으로 구분되었다(이귀로 외, 2005: 22). 세계수준 대학원 육성사업은 다시 과학기술분야와 인문사회분야로 구분되고, 대학원 연구력 제고사업은 다시 특화분야와 핵심분야로 구분되어 총 5개 분야별로 선정평가가 진행되었다. 심사기준과 배점은 분야마다 조금씩 차이가 있었으나, 공통적으로 요건심사, 서면심사, 대면심사 순으로 진행되었다. 요건심사와 서면심사는 사업 분야를 막론하고 400점 만점으로 환산되는 정량평가 형태로 실시되었으며, 과학기술분야와 특화분야의 경우에는 대면심사를 추가로 실시하는 등 정성평가를 병행하였다. 정성평가 배점은 50점이 배정되어 과학기술분야와 특화분야의 선정평가 총점은 450점으로 산출되었다. 선정평가 심사는 분야를 막론하고 기본적으로 다음의 세 가지 기준에 의거하여 실시되었다(교육인적자원부, 2007: 35). ① 지식기반사회를 주도할 창의적·국제적 고급 인력을 양성하기 위한 사업목표를 설정하고 이를 수행할 수 있는 수준의 인적자원과 체제를 사업단이 갖추고 있는가? ② 사업단의 취지에 부응하는 연구/교육 제도를 합리적이고 효율성 있게 개혁할 만한 구체적 계획을 갖추고 있는가? ③ 사업별 특성에 맞는 사업 목표 설정과 목표 달성을 위한 장·단기 계획이 충실하게 수립되어 있는가?

〈표 6-1〉 1단계 BK21 사업 선정평가 심사기준(요건심사 및 서면심사)

분야	심사부문	심사항목	주요 심사내용	배점
과학기술분야	요건 및 제도개혁심사 (100점)	사업단 요건 관련사항	• 주관대학교와 참여대학교간 연합의 적정성 • 사업단 교수구성의 적합성 • 대학원 학과 통합계획	20
		제도개혁 관련사항	• 학사과정 입학전형제도 개선 • 학사과정 학생정원 감축 • 대학원 문호개방 • 연구비 중앙관리제 • 학사과정 모집단위 광역화 • 사업성과의 사업화를 위한 지원체제 구축	80

		사업단 구성요건	• 사업단 구성원의 자격요건 • 사업단의 연구능력 • 예산 및 대응자금	140
	사업단 및 사업계획서 심사 (300점)	사업단 주요부문별 수행목표	• 벤치마킹의 적정성 • 교수/연구 부문 목표 구체성, 실현가능성 • 대학원생/교육 부문 목표의 구체성, 실현가능성 • 사업단 자립계획 • 사업단 교과과정 개편 내용 • Web-site 활용계획 • 외국대학원과 국제협력계획	80
		사업팀별 사업과제 수행계획	• 과제 수행 사업팀의 적정성 • 산학협동 등 과제내용의 중요성, 수요, 기대효과	80
인문 사회 분야	제도개혁 (100점)	제도개혁 관련사항	• 학사과정 입학전형제도 개선 • 학사과정 학생정원 감축 • 대학원 문호개방 • 연구비 등 중앙관리제 • 학사과정 모집단위 광역화 • 대학원 학사관리 개선 • 기타 제도개혁 사항	100
	교육연구 사업계획 (300점)	교육·연구단 구성 및 연구역량	• 교육·연구단 지도자의 적합성 • 교육·연구단의 연구역량	100
		교육·연구단 주요부문별 수행목표	• 주요 목표(1) • 주요 목표(2) • 기타 목표	65
		예산 및 대응자금	• 예산 및 대응자금	20
		교육·연구단 구성 관련사항	• 교수 구성의 적합성 • 대학원생 구성의 적합성 • 과제 구성의 적합성	30
		교육·연구팀별 과제평가	• 교육·연구팀별 과제평가(평균 평점)	85
지역 대학	요건 및 제도 개혁 심사 (150점)	신청분야 및 단위	• 신청분야의 적정성 • 연합의 적정성 • 자원 배분의 적정성 • 사업단의 규모	50
		제도개혁 관련사항	• 세부유사학과 통합 • 연구비 등 중앙관리제 • 기타 제도개혁 사항	100

사업단 및 사업계획서 심사 (250점)	사업단 구성	• 사업단 구성의 적정성 • 사업단장의 자격 등 • 사업팀장의 자격 등 • 산학협동위원회 구성 • 사업팀의 과제 선정		100
	사업단 목표	• 산학협동 교육과정 개편 • 산학공동 과제 선정 • 대응자금 • 학생/교육부문 수행 목표 • 국제협력 목표 • 특성화 부문 목표		150
특화 분야	사업단 구성 및 요건 (100점)	사업단 규모 적정성과 구성원 과제 수행능력	• 사업단교수 규모 및 구성 체제 • 사업단에 참여하는 교수의 연수업적 성과	100
	기반 조성 및 제도개혁 (180점)	전문대학원 체제 구축 계획	• 전문대학원 운영 규모 및 여건 확립 • 전문대학원 육성의 타당성 및 교과과정 운영 방안	130
		제도개혁 관련사항	• 학사과정 정원감축 계획 • 사업성과 산업화를 위한 지원체제 구축방안 • 연구비 중앙관리 제도 방안	50
	사업단 운영 및 사업계획 (120점)	사업계획	• 외국 대학 벤치마킹의 추진 및 적용 • 사업과제 설정 및 내용 • 사업단 수행목표 설정 및 추진 • 산학협동 추진 사항	120
핵심 분야	사업팀 구성 및 요건 (100점)	사업팀 규모 적정성과 구성원 과제수행 능력	• 사업팀교수 규모 및 구성 체제 • 사업팀에 참여하는 교수의 연수업적 성과	150
	기반 조성 및 제도개혁 (50점)	제도개혁 관련사항	• 연구비 중앙관리제도 방안 • 사업성과 산업화를 위한 지원체제 구축방안	50
	사업팀 사업계획 (150점)	사업계획	• 사업과제 설정 및 내용 • 사업팀 수행목표 설정 및 추진 • 산학협동 추진 사항	150
	사업팀 운영 (50점)	사업비 운영	• 사업팀 사업비 지출 및 운영	50
사업 분야별 총계				400

※ 교육인적자원부(2007: 42-46) 내용을 종합·재구성함.

(2) 2단계 BK21 평가(2006~2012)

2단계 BK21 평가는 참여정부 시기 중반부에 실시되었다. 2006년 1월 교육인적자원부는 「2단계 BK21 사업 기본계획」을 통해 2단계 사업 추진 필요성에 대해 크게 세 가지 이유를 들었다. 첫째, 1단계 BK21 사업이 이루어 낸 성과를 토대로 연구중심대학 체제의 안정적 정착을 가속화할 필요가 있었다. 둘째, 원천·핵심기술, 신성장동력 분야 등 미래 국부창출 핵심 분야 고급인력 양성에 집중할 필요가 있었다. 셋째, 학문 후속세대인 대학원생에 대한 인건비 지원을 확대할 필요가 있었다.

이와 같은 이유로 정부는 1단계 BK21 사업의 공과를 분석하여 2단계 BK21 사업 체계를 재편하였다. 구체적으로, 1단계 BK21 사업은 세계수준 대학원 육성사업, 지역우수대학 육성사업, 대학원 연구력 제고사업으로 구분하여 추진하였으나, 2단계 BK21 사업에서는 세계수준 우수 대학원 육성사업, 지역 우수대학원 육성사업, 국제 수준 고급 전문서비스 인력양성 사업(의료, 경영)으로 정비하였다. 즉, 세계수준 대학원 육성사업과 지역우수대학 육성사업의 골격은 전반적으로 유지된 반면, 대학원 연구력 제고사업은 의료(의학, 치의학)와 경영(금융, 물류, IT경영 등) 분야를 집중 지원하는 방향으로 개편되었다. 사업 분야별 선정평가 기준은 〈표 6-2〉와 같다.

〈표 6-2〉 2단계 BK21 사업 선정평가 기준

구분	주요 평가항목	세계수준의 우수 대학원 육성					지역우수대학원육성		
		과학기술		인문사회 (디자인·영상)	전문서비스 인력양성		지역우수대학원		
		기초	응용/융합		의료	경영	기초	응용/융합	인문사회
교육 영역	• 교육과정 구성 및 운영 • 대학원생 취업률 • 대학원생 논문·학회 발표 • 대학원 교육 국제화	35%	25%	38% (25%)	35%	40%	35%	25%	38%
R&D 영역	• 정부 R&D 수주(타 R&D와 연계 포함) • 참여교수연구(특허)	35%	25%	30% (25%)	40%	20%	35%	25%	30%
산학협력 영역	• 산업체 R&D 수주 • 산학협력 성과(기술료) • 산학 간 인적/물적 교류 • 산학연계 인력양성 등	-	25%	(25%)		15%	-	25%	

대학 특성화 영역	• 대학의 인·물적 자원 투자 • 연구중심 대학체제 구축 • 사업단 구성 운영 등	30%	25%	32% (25%)	25%	25%	30%	25%	32%
지역발전 기여도 (가점)	• 전략산업, 공공기관 이전 연계 • 지역산업체와의 연계 • 지역협력체제 구축	–	–	–	–	–	10%	20%	10%

※ 지역 우수 대학원 사업의 '지역발전 기여도'는 가점 부분임.
※ 전체평가 지표 배점 중 실적부문 평가 비중(70%) / 계획부문 평가비중(30%)
출처: 교육인적자원부(2006. 1.).

(3) BK21 플러스 평가(2013~2020)

BK21 플러스 평가는 박근혜 정부가 출범한 지 얼마 지나지 않은 2013년 5월에 사업의 기본계획이 발표되었다. 해당 문서에서 교육부는 BK21 사업과 WCU[1] 사업을 지속적으로 추진한 결과 대학 연구역량 및 국제경쟁력이 크게 향상되었다고 밝혔다. 그러나 교육·연구역량이 양적으로 크게 도약한 데 비하여 질적 경쟁력은 여전히 미흡하다고 밝히면서, 두 사업을 BK21 플러스 사업으로 통합·추진하여 사업의 효율성과 효과성을 동시에 제고하겠다고 밝혔다. 이에 따라 사업 분야는 미래기반창의인재양성형, 글로벌인재양성형, 특화전문인재양성형으로 대폭 정비되었다. 먼저 미래기반 창의인재양성형은 학문분야별 창의적 미래 핵심인재양성을 목표로 기초·응용·인문사회·융복합 분야별로 사업단과 사업팀을 각각 분리 선발하겠다고 밝혔다. 다음으로 글로벌인재양성형은 미래 국가발전 핵심분야의 대학 교육·연구역량을 글로벌 수준으로 강화하겠다는 목표 아래 융합형 R&D 분야를 중점적으로 지원할 계획임을 밝혔다. 마지막으로 특화전문인재양성형은 새롭게 부각되는 고부가가치 특화분야 및 국가전략분야 등의 고급 실무형 전문인력 양성을 목표로, 과학기술 및 인문사회 전 분야를 대상으로 하되 산업·공업·패션디자인, 디지털 멀티미디어, 문화콘텐츠, 관광, 정보보안, 특수장비 등 특화된 분야를 중심으로 한 대학원을 우선 지원하겠다고 밝혔다. BK21 플러스 사업의 개요 및 사업 절차도는 다음 〈표 6-3〉 및 〈표 6-4〉와 같으며, BK21 플러스 평가의 구체적인 사항은 이하 본문에서 계속해 다루도록 하겠다.

---

1) 세계수준의 연구중심대학(WCU) 육성사업은 연구 역량이 높은 해외 학자 유치를 통해 대학의 교육 및 연구 풍토를 혁신하여 세계 수준의 연구중심대학을 육성하고 이를 통해 창의적 실용지식 창출 역량을 제고함으로써 미래 국부의 원천을 확보하고자 하였다(국회예산정책처, 2011. 9.). 이에 따른 사업 목표는 2013년까지 200위권 내 1개 대학, 400위권 내 2개 대학 진입이었다.

〈표 6-3〉 BK21 플러스 사업 개요

구분	미래기반창의인재양성사업	글로벌인재양성사업	특화전문인재양성사업
인력 양성 방향	• 과학기술, 인문사회, 융복합 등 전 학문분야 후속세대 양성	• 과학기술 기반 융·복합 분야의 학문후속세대 양성	• 특화전문분야 고급 실무형 전문인재양성 – 디자인, 문화콘텐츠, 관광, 헬스케어, 정보보호 등
지원 내용	• 대학원생 연구장학금(유형별 40~60% 이상) – 석사 월 60만 원 / 박사 월 100만 원 이상 • 신진연구인력 인건비: 박사후연구원 등 월 250만 원 이상 • 국제화경비: 대학원생 국제학술대회 참여·활용 경비 등 지원 • 사업단 운영비(10% 이내) 등		
특징	• 2단계 BK21 후속	• WCU 사업 후속	• 박근혜 정부 신설
지원 규모	• 472개 사업단(팀) • 대학원생 13,000여 명	• 21개 사업단 • 대학원생 400여 명	• 54개 사업단 • 대학원생 600여 명

출처: 교육부(2014. 11.).

〈표 6-4〉 BK21 플러스 사업 절차도

주요일정	일시	대상 및 내용
신규선정 및 협약체결	'13. 9월	• 74개 대학 550개 사업단(팀)
중간평가 (성과평가+재선정평가)	'15. 10 ~12월	• 성과평가 대상: 503개 사업단(팀) * 사업중 협약해지된 사업단(6개) 및 세부패널내 단독 사업단(41개) 제외 • 재선정평가 대상*: 671개 사업단(팀) * 기 선정 193개 + 신규 신청 478개
사업단(팀) 재선정 및 협약체결	'16. 3월	• 67개 대학 545개 사업단(팀)
연차컨설팅 실시	'16년 '17년	• 자체평가 • (희망 시) 컨설팅 제공
성과점검	'18. 8~9월	• 67개 대학 542개 사업단(팀)
사업비 조정 및 협약체결	'19. 3월	• 상위 30% 사업단(팀) 증액 • 하위 30% 사업단(팀) 감액
종합평가	'19. 9 ~11월	• 65개 대학 525개 사업단(팀) * 성과점검 결과 과락, 부정비리로협약해지된 사업단 제외
사업종료	'20. 8월	

출처: 교육부(2019. 4.).

(4) 4단계 BK21 평가(2020~2027)

BK21 FOUR(Brain Korea 21 Fostering Outstanding Universities for Research, 이하 4단계 BK21) 평가는 BK21 플러스 사업 종료를 6개월 앞둔 2020년 2월에 사업의 기본계획이 발표되었다. 사업기간은 2020년 9월부터 2027년 8월까지 총 7년이며, 연간 4,080억 원, 총 2조 9천억 원의 사업비가 소요될 예정이다. 4단계 BK21 사업의 개요는 〈표 6-5〉와 같다. 주요 사업 유형은 미래인재양성사업과 혁신인재양성사업 두 가지로 나뉘며, 교육연구단을 기본 단위로 하고 교육연구팀은 미래인재양성사업에서만 운영된다.

〈표 6-5〉 4단계 BK21 사업 개요

구분	미래인재양성사업	혁신인재양성사업	대학원 혁신 지원
인력 양성 방향	• 기초 및 핵심 학문분야 연구역량 제고	• 혁신 성장 선도 신산업* 및 산업·사회 문제 해결을 선도하는 연구인력 양성	• 대학원 차원의 제도개혁 비용을 지원, 세계적 수준의 연구중심 대학으로서의 방향성 수립 및 체제 구축
지원 내용	• 연간 4,080억 원(총 2조 9천억 원) • 대학원생 연구장학금 전체 사업비의 60% 이상(인문사회, 의·치·한의학·간호학 분야, 교육연구팀은 50% 이상) 편성 － 석사 월 70만 원 / 박사 월 130만 원 / 박사수료 월 100만 원 이상 • 신진연구인력 인건비: 박사후연구원 등 월 300만 원 이상 • 국제화경비: 대학원생 국제학술대회 참여·활용 경비 등 지원 • 사업단 운영비(10% 이내) 지원		• (규모) 연간 52,896백만 원 • (분야) 대학 내 체제 개편, 대학원 교육 개선, 연구 환경 및 질 개선, 대학원 국제 경쟁력 강화
특징	• BK21 플러스 후속	• 문재인 정부 신설	• 문재인 정부 신설
지원 규모	• 194개 내외 교육연구단 • 174개 내외 교육연구팀 • 대학원생 12,600여 명	• 207개 내외 교육연구단 • 대학원생 6,400여 명	• 일정 수 이상 교육연구단이 선정된 대학 중, 교육연구단 수, 참여 교수 및 지원 대학원생 수 등을 고려하여 대학별 지원 규모 결정
	교육연구단 총 401개 내외, 교육연구팀 총 174개 내외 대학원생 총 19,000명 지원		

* 신산업: 8대 핵심선도산업(관계부처 합동, '17. 11.) － 스마트공장, 스마트팜, 핀테크, 에너지신산업, 바이오헬스, 스마트시티, 드론, 미래자동차 / 13대 혁신성장동력분야(관계부처 합동, '17. 12.) － 빅데이터, 차세대통신, AI, 맞춤형 헬스케어, 가상증강현실, 지능형 로봇, 지능형 반도체, 첨단소재, 혁신신약, 신재생에너지, 스마트시티, 드론, 자율주행차.
출처: 교육부(2020. 2.) 내용을 바탕으로 재구성함.

미래인재양성사업은 다음의 [그림 6-1]과 같이 다시 과학기술분야와 인문사회분야로 나뉘며 과학기술분야(80%)에 투자가 집중된다. 혁신인재양성사업은 신산업분야와 산업·사회문제해결분야로 나뉘며 신산업분야(80%)에 투자가 집중된다.

두 사업을 지원하기 위한 대학원 혁신 지원비는 신설된 것으로 대학원 혁신지원비는 일정 수 이상 교육연구단(팀)이 선정된 대학에 지원된다. 교육연구단(팀)을 신청하는 대학의 대학 본부가 별도로 계획(선정 평가지표 중 '대학원 혁신' 영역에 해당)을 수립하여 신청하고, 평가결과는 교육연구단의 경우 평가점수 총점 400점 중 100점이, 교육연구팀의 경우 총점 350점 중 50점이 대학원 혁신지원 점수로 반영되며, 지원 규모는 교육연구단 수와 참여교수 및 지원 대학원생 수 등을 고려하여 대학별 지원 규모가 결정되게 된다. 이에 대한 성과관리는 매년 연차평가를 통해 20% 범위 내에서 지원비를 조정받게 된다.

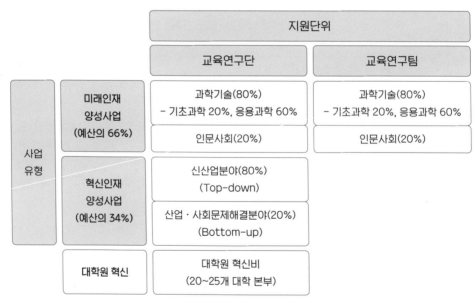

[그림 6-1] 4단계 BK21 사업 구조

출처: 교육부(2020. 2.).

4단계 BK21 사업을 주요 내용별로 BK21 플러스 사업(3단계)와 비교하면 〈표 6-6〉과 같다. 4단계의 사업비는 3단계 사업보다 1,380억이 증가하였으며, 선정 규모 역시 증가하였다. 사업 유형은 기존의 3개의 유형에서 2개의 유형으로 단순화되었으며, 그중 혁신인재양성사업이 신설되었다. 예산지원의 형태 또한 변화하였는데, 대학원 혁신지원비가 신설되면서 100% 사업단(팀) 지원비로 예산이 지급되던 것에서 교육연구단(팀) 87%

와 대학원 혁신지원비 13%로 양분되었다. 또한 대학원생 연구장학금 및 신진연구인력 지원비가 증가하였으며, 과학기술원의 참여를 제한하고, 허용하지 않았던 학교 간 연합을 허용하였다. 연구성과 평가 방식 또한 정량지표 중심에서 정성평가 중심으로 전환되었다. 4단계 BK21 사업 기본계획에 따르면 2023년에 실시될 중간평가는 100% 질적 평가를 통해 연구성과를 평가할 예정이다.

〈표 6-6〉 3단계 및 4단계 사업 주요 내용 비교

구분	3단계 사업	4단계 사업
사업기간	• '13. 9.~'20. 8. (7년)	• '20. 9.~'27. 8. (7년)
사업예산	• 연간 2,700억 원 (총 1조 9천억 원)	• 연간 4,080억 원(↑1,380억) (총 2조 9천억 원) ※ 정부안 기준
선정규모	• 사업단: 262개 • 사업팀: 260개	• 교육연구단: 약 401개(↑139) • 교육연구팀: 약 174개(↓86)
사업 유형	• 미래기반창의인재양성형 • 글로벌인재양성형 • 특화전문인재양성형	• 미래인재양성사업 • 혁신인재양성사업
신청단위 신청단위	• 사업단 – 학과 교수의 70% 이상 – 최소참여교수 수는 분야별 상이	• 교육연구단 – 학과 교수의 70% 이상 – 교육연구단 최소 교수 수: 7인
	• 사업팀 – 사업팀 최소 교수 수: 3인 – 전 분야의 사업팀 운영	• 교육연구팀 – 교육연구팀 최소 교수 수: 3인 – 미래인재양성사업에서만 운영
지역대학 지원비율	• 예산의 35% • 사업단(팀) 수의 45%	• 3단계 사업 이상 ※ 구체적인 비율은 사업 신청 및 선정평가 결과에 따라 결정
예산지원 형태	• 사업단(팀) 지원비(100%)	• 교육연구단(팀) 지원비(87%) • 대학원 혁신지원비(13%)
대학원생 연구장학금 지급기준	• 석사 월 60만 원 이상 • 박사 월 100만 원 이상 • 박사수료 월 100만 원 이상	• 석사 월 70만 원 이상 • 박사 월 130만 원 이상 • 박사수료 월 100만 원 이상
신진 연구인력 지급기준	• 박사후과정생, 계약교수 월 250만 원 이상	• 박사후과정생, 계약교수 월 300만 원 이상

과학기술원 참여제한	• 세부 분야별 참여 제한 없음 • 사업비의 30%만 지원 　(연구장학금 제외)	• 세부 분야별 최대 1개 교육연구단 　으로 제한 • 사업비의 25%만 지원 　(연구장학금 제외)
학교 간 연합	• 허용하지 않음	• 혁신인재양성사업 교육연구단 허용 　－공동학위 수여 융합전공 기반 학교 　　간 연합 교육연구단
연구성과 평가방식	• 논문의 양에 대한 정량지표 위주 평가	• 논문의 질에 대한 평가(80%)＋ 　양에 대한 정량평가(20%)

출처: 교육부(2020. 2.).

2 평가 목적 및 의의

1) 평가목적

　전술한 바와 같이 1단계 BK21 평가는 1999년 10월 6일 '21세기 지식기반사회 대비 고등인력양성사업(Brain Korea 21)' 시행계획이 발표되면서 시작되었다. 그러나 해당 문서에는 사업의 구체적인 목적과 달성 목표가 명확하게 제시되지 않았고 신청분야, 신청요건, 사업계획, 협약 및 중간평가, 신청서 제출사항 및 국고지원 안내 등에 관한 내용만이 담겨 있었다. 이와 관련하여 박정원(2000)은 1999년 3월 교육부가 발표한 「교육발전 5개년 계획 시안」을 근거로 1단계 BK21 평가 목적을 크게 세 가지로 추정한 바 있다. 첫째, 국가 경쟁력에 직결되며 국제적 비교우위 확보가 가능한 기초과학 및 첨단공학 등 핵심 육성분야를 중심으로 대(중)규모 연구사업단을 구성, 집중 지원한다. 둘째, 핵심육성분야에는 속하지 않으나 국내 산업계의 고부가가치화에 기여할 수 있는 분야와 관련하여 사립대의 대학원을 중심으로 자율적인 특화분야를 지원·육성한다. 셋째, 학문의 균형 발전 및 민족문화 계승 발전을 위해 절실하게 필요하면서도 현실적으로 소외되고 있는 인문·사회 기초과학분야의 교수 연구비, 대학원생 장학금 지원사업도 병행 시행한다(박정원, 2000: 192).

　이후 2단계 BK21 평가로 접어들면서 비전과 목표는 명확해졌다. [그림 6-2]와 같이

2단계 BK21 평가는 궁극적으로 인적자원 강국 건설을 위하여 분야별 세계 수준의 연구중심대학 육성을 목적으로 하였다. 평가목적을 달성하기 위한 세부 목표로는 세 가지가 제시되었다. 첫째, 세계수준의 연구집단을 집중 육성한다. 이를 위해 미래 유망 기술분야 핵심 고급인력을 양성하고, 기초과학/인문사회 학문 후속세대를 안정적으로 육성한다. 둘째, 대학 교육·연구력 제고 기반을 확충한다. 이를 위해 연구중심대학 육성을 위한 인프라를 구축하고, 산학협력 강화를 통하여 수요자 중심 인력양성체제를 구축한다. 셋째, 지역혁신을 선도할 지방대학원을 육성한다. 특성화를 통한 지역대학원의 연구력을 제고하고, 지역 R&D 인력 클러스터를 집중 육성한다.

　BK21 플러스 평가가 시작되면서 비전과 목표 체계도는 소폭 수정되었다. 2단계 BK21 평가 비전이 '인적자원 강국 건설'에 있었다면 BK21 플러스 평가 비전은 '창조경제 실현'이라 할 수 있다. 평가목적의 경우 과거에는 '(분야별 세계 수준의 연구중심대학 육성을 통한) 세계적 수준의 우수 인재양성'이었다면 현재는 '석박사급 창의인재양성'으로 표현되었다. 이어서 평가목표는 이전과 동일하게 세 가지 목표가 제시되었다. 다만, 과거 첫 번째 목표로 제시되었던 '세계수준의 연구집단 집중 육성'이 '창의에 기반한 고급 전문인재양성'으로 윤색되어 두 번째 목표로 제시되었고, 두 번째 목표로 제시되었던 '대학 교육·연구력 제도 기반 확충'이 '연구중심대학 기반 강화 및 글로벌 역량 제고'로 윤색되어 첫 번째 목표로 제시되었다. 세 번째 목표 역시 '지역혁신을 선도할 지방대학원 육성'에서 '지방대학원의 교육·연구역량 강화'로 윤색되었으나 지방우수대학을 육성한다는 의미는 예전과 동일하게 유지되었다.

人的資源 强國 建設

창조경제 실현을 위한 석박사급 '창의인재' 양성

사람·지식주도형
성장전략

사업의 질적 성과 중점

세계적 수준의 우수 인재 양성
"분야별 세계 수준의 연구중심대학 육성"

대학의 자율성 확대   대학의 책무성 강화

세계수준의 연구집단 집중 육성	대학 교육·연구력 제고 기반 확충	지역혁신을 선도할 지방 대학원 육성
• 미래 유망 기술 분야 핵심 고급 인력 양성 • 기초과학/인문 사회 학문 후속 세대안정적육성	• 연구 중심 대학 육성위한인프라 구축 • 산학협력 강화 통한수요자중심 인력양성체계 구축	• 특성화를 통한 지역 대학원의 연구력 제고 • 지역 R&D인력 클러스터 집중 육성

연구중심대학 기반 강화 및 글로벌 역량 제고	창의에 기반한 고급 전문인재 양성	지방 대학원의 교육·연구역량 강화
• 대학원 교육, 연구의질제고로 글로벌 수준의 인재양성 기반 구축 • 연구중심대학 육성을 위한 인프라 구축 지원	• 국가성장동력 및일자리창출에 기여할 분야의 고급 인재 양성 • 대학원생들이 교육, 연구에 전념할 수 있는 여건 조성	• 중소기업등지역 산업과 연계를 통한지역대학원 역량 강화 • 대학의 강점 분야 인 학과(부)를 중심으로 특성화 중점 지원

2단계 BK21사업('06~'12) 추진 목표

• '06년부터 매년 우수 석박사 인력 2만 명 이상 지원
→ 세계수준 우수 대학원: 年 약 15,000명 / 지역 우수대학원 年 약 5,500명
• '12년까지 세계 수준의 분야별 연구중심대학 10개 육성
→ '12년까지 국가 SCI급 논문 순위 10위권 진입(現 13위)
• '12년까지 대학 → 기업 지식이전 세계 10위권 도달 (現 21위, IMD)
→ 대학 보유 기술의 민간 이전 비율: 10.1%(04) → 20%(12)

BK21 플러스사업('13~'19) 추진목표

• 글로벌 연구중심대학 육성
- QS 대학평가 200위권 내 대학 수: 6개('12) → 11개 ('19)
   ※ '12년 QS 국내대학 평가결과: 200위권 내 6개, 300위권 내 8개, 400위권 내 11개
• 학문분야별 핵심 고급인력 및 융복합분야의 고급 전문인력 양성
- 7년간('13~'19) 매년 우수 석박사 인력 약 15,000명 및 신진연구인력 지원
• 국내 대학 교육·연구의 질적 수준 제고
- SCI급 논문 피인용지수 순위: 30위('11) → 20위 ('19)
- 창의적 교육과정 구성

[그림 6-2] 2단계 BK21 사업 비전도(좌측)와 3단계 BK21 플러스 사업 비전도(우측)

출처: 교육인적자원부(2006. 1.); 교육부(2013. 5.b).

마지막으로, 4단계 BK21 평가가 2020년 2월 발표되면서 비전 및 목표 체계도가 [그림 6-3]과 같이 수정되었다. 4단계 BK21 평가의 비전은 '세계적 수준의 연구중심대학 육성'으로, BK21 플러스 평가의 비전인 '창조경제의 실현'이라는 큰 틀의 비전에서 사업 본연의 비전으로 그 범위를 제한하였다. 이러한 비전을 실현시키기 위해 '핵심 학문분야 연구역량 제고 및 학문후속세대 양성'과 '대학원 체제 개편 및 대학원 교육 내실화'를 목표

로 제시하였으며, 목표 실현을 위해 다음의 네 가지 구체적 실현 방향을 설정하였다. 첫째, 연구 경쟁력을 강화하기 위해 연구성과의 질적 평가를 확대하고, 연구성과를 다양한 분야와 연계·기여하도록 지원한다. 둘째, 석·박사급 연구인력 양성을 위해 지원 석·박사생의 규모 확대와 연구장학금 증액한다. 셋째, 대학원 교육 및 연구내실화를 위해 교육과정 내실화 및 학사관리를 강화하고 대학원 혁신지원비를 신설한다. 넷째, 국가·사회적 필요 연구인력을 양성하기 위해 혁신인재양성 지원사업 및 국가 핵심산업 분야 연구인력 집중 양성한다.

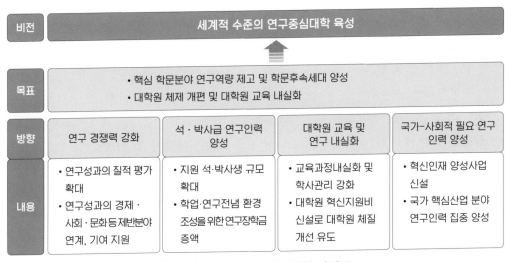

[그림 6-3] 4단계 BK21 사업 비전도

2) 평가의의

　BK21 사업이 노정한 한계도 뚜렷하게 존재하지만, 일반적으로 학계에서는 그러한 한계를 떠나서 이전까지 정부가 시행해 왔던 다른 대학재정지원사업과 차별화되는 지점이 BK21 사업에 존재한다고 입을 모은다(김병주 외, 2005; 김성수, 2013). 특히 이와 관련하여 김성수(2013)는 1단계 BK21 사업이 다른 대학원지원사업과 차별화되는 지점을 크게 네 가지로 요약한 바 있는데, 이를 참조하여 BK21 평가가 지닌 의의를 세 가지로 정리하면 다음과 같다.

　첫째, BK21 평가는 교수를 중심으로 연구비를 지원하는 기존 사업 방식과는 달리 창의적인 학문후속세대를 중점적으로 지원하는 방식을 택하였다는 점에서 차별화된다. 국가가 대학에 교부하는 예산의 절반 이상이 석·박사과정 대학원생, 박사후과정생, 계약교수 등 신진연구인력에 지원되는 구조이기 때문에 학문후속세대가 연구에 보다 전념할 수 있도록 기반을 조성한다는 평가가 지배적이다. 실제로 1단계 BK21 평가가 시행될 당시 신진연구인력에 지원되는 인건비는 월 기준으로 석사과정생 40만 원, 박사과정생 60만 원, 박사후과정생 125만 원, 계약교수 200만 원 수준이었다. 그런데 2단계 BK21 평가가 실시되면서 인건비는 석사과정생 50만 원, 박사과정생 90만 원, 박사후과정생 200만 원, 계약교수 250만 원으로 상향 조정되었다. BK21 플러스 사업이 실시되고 있는 2017년에도 인건비는 석사과정생 60만 원, 박사과정생 100만 원, 박사수료생 100만 원, 박사후과정생 및 계약교수 250만 원으로 소폭 상향되었다. 또한 곧 시행될 4단계 BK21 사업에서 역시 석사과정생 70만 원, 박사과정생 130만 원, 박사후과정 및 계약교수는 300만 원으로 인건비가 상향 조정되었다. 이와 같이 정부가 학문후속세대가 최대한 학습과 연구에 매진할 수 있는 재정적 여건을 마련하기 위해 노력을 경주해 왔다는 사실은 매우 고무적이다.

둘째, BK21 평가는 대학원에 재학 또는 재직 중인 신진연구인력을 재정적으로 지원하는 차원을 넘어서 미래 신진연구인력 양성 기관으로서 대학이 제 기능을 다 할 수 있도록 대학의 체질 개선을 지원하였다는 데 의의가 있다. 물론 정부지원과 대학 제도개혁의 연계는 정부가 재정 지원을 빌미로 대학에 개혁을 요구하면서 사업운영의 자율성을 침해한다는 이유로 학계의 비판이 끊이지 않는 대목이다. 그러나 우리나라 대학이 세계 수준의 연구중심대학으로 도약하기에는 제도적으로 미비한 측면이 많다는 정부의 강력한 문제제기로, BK21 평가는 다른 정부 주도형 대학평가(ACE, LINC, CK, 구조개혁, PRIME, 평생교육 단과대학 등)보다도 가장 먼저 그리고 가장 오래 추진될 수 있었다. 이와 같이 사업이 장기간에 걸쳐 지속되면서 BK21 평가는 대학의 연구 기능을 강화하고 대학이 연구중심대학으로 거듭나는 데 결정적인 도움을 제공하였다.

셋째, BK21 평가는 이미 충분히 우수한 대학을 선정하여 '집중 지원'하는 수월성 원칙과 잠재력이 충분한 대학을 선정하여 '균형 발전'을 꾀하는 형평성 원칙을 동시에 추구하고자 노력하였다는 점에서 의의가 있다. BK21 사업은 1997년 6월 2일 당시 교육개혁위원회가 고등교육 개혁 전략으로 제안한 '수월성'과 '지방화'의 원칙을 현재까지 지속적으로 유지해 오고 있다. 당시 교육개혁위원회는 관행화되어 있는 인재의 수도권 집중 체제를 개선하여 인재양성과 배분의 지방 중심 체제를 구축할 필요가 있음을 지적한 바 있는데, 그러한 기조가 햇수로 20년이 지난 현재에도 유지되고 있다는 점은 특기할 일이다. 학부교육 선도대학 육성사업(ACE)이 대학의 전반적인 교육 기능을 강화하기 위함이라면 BK21 사업은 대학의 전반적인 연구 기능을 강화하기 위한 사업으로서 그 기능을 공히 수행하고 있다.

3 평가 영역 및 지표

1단계 BK21 사업과 2단계 BK21 사업이 추진되던 당시에는 7년이라는 사업 기간 동안 매년 평가가 진행되었다. 1차년도에는 선정평가가 진행되었고, 7차년도에는 종합평가가 진행되었으며, 2차년도에서 6차년도까지는 연차평가가 진행되었다. 이때 4차년도 평가는 사업이 정확하게 중반기에 접어든 시점에 실시되는 만큼 중간평가로 불리며, 평가 결과를 근거로 지원 지속 여부를 결정하는 방식으로 진행되었기 때문에 선정평가와 함께 사업단(팀)이 철저하게 준비하는 평가였다. 현재 실시되고 있는 BK21 플러스 평가의 경우에는 2013년에 선정평가, 2015년에 중간평가(재선정평가), 2018년에 성과점검, 2019년에 종합평가가 실시되었고, 2014년에 연차평가가 실시된 바 있다. 다만 연차평가는 한국연구재단이 사업 추진 현황을 약식 점검하는 형태로 이루어졌고 성과평가, 종합평가는 중간평가 지표를 일부 수정하여 평가하였기 때문에, 본문에서는 선정평가, 중간평가를 중심으로 평가 영역 및 지표를 살펴보고자 한다. 단, 최근까지 운영된 BK21 플러스 평가를 중심으로 살펴보되, 선정평가에 있어서는 최근 4단계 BK21 평가계획이 발표됨에 따라 기존 평가지표와의 차이점을 추가로 살펴보고자 한다.

1) 선정평가

(1) BK21 플러스

BK21 플러스 사업 선정평가는 미래기반창의인재양성형, 글로벌인재양성형, 특화전문인재양성형 사업별로 진행되었다.

① 미래기반창의인재양성형

먼저, 미래기반창의인재양성형 선정평가는 크게 교육역량, 연구역량, 대학(원) 제도개선 및 지원 영역에 대한 평가가 이루어졌다. 평가는 1차로 과학기술분야와 인문사회분야를 구분하고, 2차로 전국 단위와 지역 단위를 구분하며, 3차로 대형 사업단과 소형 사업팀으로 평가 대상을 구분하여 진행하였으나, 평가 영역 및 지표의 전반적인 구성은 대동소이하다. 과학기술분야 사업팀이 미래기반창의인재양성형에서 절대적인 비중을 차지한다는 점을 감안하여 과학기술분야 사업팀 선정평가 영역 및 지표를 정리한 〈표 6-7〉을 기준으로 논의를 이어 가면 다음과 같다.

과학기술분야-인문사회분야, 전국단위-지역단위, 사업단-사업팀 구분에 따른 차이점은 크게 네 가지를 들 수 있다. 첫째, 과학기술분야와 인문사회분야의 평가지표별 배점에 차이를 두었다. 둘째, 인문사회분야와 달리 과학기술분야에는 연구역량 영역의 평가 항목으로 '산학협력 실적 및 계획'이 추가되었다. 셋째, 전국단위와 달리 지역단위에서는 '산학협력 실적 및 계획', '전략과 비전', '사업단 지원 및 육성' 지표를 평가함에 있어 지역사회와의 연계 수준을 중점적으로 고려하였다. 넷째, 사업단 평가와 달리 사업팀 평가에서는 교육역량 영역의 '교육과정 구성 및 운영' 항목과 대학(원) 제도개선 및 지원 영역의 '전략과 비전'과 '연구중심대학으로서 시스템 개선 방안' 항목을 종합하여 대학(원) 제도개선 및 지원 영역의 '대학 특성화 및 제도개선' 항목을 신설하여 평가하였다.

〈표 6-7〉 미래기반창의인재양성형 과학기술분야 선정평가 영역 및 지표

영역	항목	평가지표	평가기준
교육 역량 (43%)	교육비전 및 목표	1.1. 교육 목표 및 비전	정성
	교육과정 구성 및 운영	2.1. 교육과정 구성 및 운영 　① 교과과정의 구성 및 운영 계획의 우수성	정성
		② 학사관리제도 및 수준의 우수성	
	인력양성 계획 및 지원 방안	3.1. 대학원생 인력 확보/배출 및 지원 계획 　① 대학원생 확보 및 배출 실적	상대
		② 대학원생 확보 및 지원 계획	정성
		3.2. 대학원생의 취업률 현황 및 진로 개발 계획 　① 취업률	정량
		② 취업의 질적 우수성	상대
		③ 취업지도/진로 개발 실적 및 계획	정성
	대학원생 연구역량	4.1. 대학원생 연구 실적의 우수성 　① 대학원생 1인당 국제저명학술지 게재논문 환산 　　편수	정량
		② 대학원생 SCI(E) (SSCI 포함) 논문의 환산 보정 IF 　　(1인당 IF:1편당 IF=8:2)	
		③ 대학원생 1인당 학술대회 발표 논문 환산 편수	
		4.2. 대학원생 연구 수월성 증진의 우수성 　① 연도별 목표설정의 우수성	정성
		② 대학원생 학술활동 지원계획의 우수성	
		4.3. 우수 신진연구인력 확보 및 지원계획	

		5.1. 교육의 인프라 국제화 현황 　① 대학원 과목 외국어 강의비율	정량
	교육의 국제화 전략	② 외국인 교수 비율	
		③ 외국인 학생 비율	
		④ 학위논문 외국어 작성 비율	
		5.2. 교육 프로그램의 국제화 현황 및 계획	정성
연구 역량 (42%)	사업단의 연구비전 및 달성전략	6.1. 연구 역량 향상을 위한 비전	정성
		6.2. 연구 추진 전략 및 방법의 우수성	
	연구진 구성의 우수성	7.1. 참여연구진 구성의 우수성 　① 연구 비전에 맞는 연구진 구성	정성
	연구의 국제화 현황 및 계획	8.1. 참여교수의 국제화 현황 　① 국제적 학술활동 참여 실적	상대
		② 국제적 연구활동 참여 실적	상대
		8.2. 사업단 비전에 맞는 국제화 전략 및 계획의 우수성	정성
	참여교수 연구역량	9.1. 연구비	상대
		9.2. 논문 　① 참여교수 1인당 국제저명학술지 환산 논문 편수	정량
		② 참여교수 국제저명학술지 논문의 환산 보정 IF 　　(1인당 IF:1편당 IF=8:2)	정량
		③ 사업단 참여 교수 논문의 우수성	상대
		④ 사업단 국제저명학술지 우수 논문 향상 계획	정성
	산학협력 실적 및 계획	10.1. 특허 및 기술이전 　① 참여교수 1인당 특허 등록 환산 건수	정량
		② 참여교수 1인당 기술이전 실적	정량
		10.2. 산학협력 연구의 우수성	상대
		10.3. 산학 간 인적 및 물적 교류	정성

대학(원) 제도 개선 및 지원 (15%)	전략과 비전	11.1. 세계수준 연구중심대학 도약 전략 및 중장기계획 ① 연구중심대학으로서의 비전 및 전략	정성
		② 연구중심대학으로서의 체제 구축 계획	정성
		③ 대학원 재정투자 실적 및 계획의 구체성	상대
	연구중심대학으로서 시스템 개선 방안	12.1. 연구중심대학으로서의시스템 구성의 우수성 ① 대학원 중심 학사구조로 전환	정성
		② 체계적 학사관리 전환	정성
		③ 연구지원제도 개선방안	정성
		12.2. 세계수준의 교육/연구 여건 및 개선계획 ① 대학원 개설 강좌 중 전임교수 담당 강좌 비율	정량
		② 대학원 교육/연구 여건 개선을 위한 계획	정성
		12.3. 대학원생 장학지원 프로그램 ① 등록금 대비 대학원생 1인당 장학금 지급 비율	정성
		② 대학차원의 RA/TA 제도 구축 계획	정성
		12.4. 연구윤리 확보 계획	정성
	사업단 지원 및 육성	13.1. 선정 사업단 지원 및 육성 계획의 우수성	정성

※ 한국대학교육협의회(2014: 176-183) 내용을 종합 · 재구성함.

② 글로벌인재양성형

　글로벌인재양성형의 평가 영역 및 지표는 전반적으로 미래기반인재양성형의 그것과 동일하며 몇 가지 차이점만 존재한다. 첫째, 미래기반인재양성형과 달리 글로벌인재양성형은 1차 전공패널심사 이후 추가로 해외동료평가(International Peer Review)를 실시한다. 이에 따라 1차 전공패널심사 총점은 100점에서 80점으로 조정되었고, 2차 해외동료평가에 20점이 부여되었다. 둘째, 교육역량 영역에서 '교육의 국제화 전략' 항목을 평가하는 지표가 추가되었다. 구체적으로, '교육 프로그램의 국제화 현황 및 계획' 지표는 '대학원생 국제교류', '외국대학과의 교육콘텐츠 교류', '기타 교육의 국제화 현황 및 실적' 지표로 세분화되었고, '교육 프로그램의 국제화 계획' 지표가 신설되었다. 셋째, '해외학자 유치 · 활용 계획' 영역이 신설되었다. 하위 지표로는 '해외학자를 활용한 교육 · 연구 계획'과 '해외학자의 적합성 및 우수성'이 포함되었다. 구체적인 선정평가 영역 및 지표는 다음의 〈표 6-8〉과 같다.

〈표 6-8〉 글로벌인재양성형 선정평가 영역 및 지표

구분	영역	항목	평가지표	평가기준
1차 (전공 패널 심사) (80%)	교육 역량 (23%)	교육비전 및 목표	1.1. 교육 목표 및 비전	정성
		교육과정 구성 및 운영	2.1. 교육과정 구성 및 운영 ① 교과과정 구성 및 운영 계획의 우수성	정성
			② 학사관리제도 및 수준의 우수성	
		인력양성 계획 및 지원방안	3.1. 대학원생 인력 확보/배출 및 지원 계획 ① 대학원생 확보 및 배출 실적	상대
			② 대학원생 확보 및 지원 계획	정성
			3.2. 대학원생의 취업률 현황 및 진로 개발 계획 ① 취업률	정량
			② 취업의 질적 우수성	상대
			③ 취업지도/진로 개발 실적 및 계획	정성
		대학원생 연구역량	4.1. 대학원생 연구 실적의 우수성 ① 대학원생 1인당 국제저명학술지 게재논문 환산편수	정량
			② 대학원생 SCI(E) (SSCI 포함) 논문의 환산 보정 IF (1인당 IF:1편당 IF=8:2)	
			③ 대학원생 1인당 학술대회 발표 논문 환산 편수	
			4.2. 대학원생 연구 수월성 증진의 우수성 ① 연도별 목표설정의 우수성	정성
			4.3. 우수 신진연구인력 확보 및 지원계획	
		교육의 국제화 전략	5.1. 교육의 인프라 국제화 현황 ① 대학원 과목 외국어 강의비율	정량
			② 외국인 교수 비율	
			③ 외국인 학생 비율	
			④ 학위논문 외국어 작성 비율	
			5.2. 교육 프로그램의 국제화 현황 및 계획 ① 대학원생 국제교류	상대
			② 외국대학과의 교육콘텐츠 교류	상대
			③ 기타 교육의 국제화 현황 및 실적	상대
			5.3. 교육 프로그램의 국제화 계획	정성

연구 역량 (32%)	사업단의 연구비전 및 달성전략	6.1. 연구 역량 향상을 위한 비전	정성
		6.2. 연구 추진 전략 및 방법의 우수성	
	연구진 구성의 우수성	7.1. 참여연구진 구성의 우수성 ① 연구 비전에 맞는 연구진 구성	정성
	연구의 국제화 현황 및 계획	8.1. 참여교수의 국제화 현황 ① 국제적 학술활동 참여 실적	상대
		② 국제적 연구활동 참여 실적	상대
		8.2. 사업단 비전에 맞는 국제화 전략 및 계획의 우수성	정성
	참여교수 연구역량	9.1. 연구비	상대
		9.2. 논문 ① 참여교수 1인당 국제저명학술지 환산 논문 편수	정량
		② 참여교수 국제저명학술지 논문의 환산 보정 IF (1인당 IF:1편당 IF=8:2)	정량
		③ 사업단 참여 교수 논문의 우수성	상대
		④ 사업단 국제저명학술지 우수 논문 향상 계획	정성
	산학협력 실적 및 계획	10.1. 특허 및 기술이전 ① 참여교수 1인당 특허 등록 환산 건수	정량
		② 참여교수 1인당 기술이전 실적	정량
		10.2. 산학협력 연구의 우수성	상대
		10.3. 산학 간 인적 및 물적 교류	정성
해외학자 유치·활용 계획(10%)		11.1. 해외학자를 활용한 교육·연구 계획	정성
		11.2. 해외학자의 적합성 및 우수성	정성
대학 (원) 제도 개선 및 지원 (15%)	전략과 비전	12.1. 세계수준 연구중심대학 도약 전략 및 중장기계획 ① 연구중심대학으로서의 비전 및 전략	정성
		② 연구중심대학으로서의 체제 구축 계획	정성
		③ 대학원 재정투자 실적 및 계획의 구체성	상대
	연구중심 대학으로서 시스템 개선 방안	13.1. 연구중심대학으로서의시스템 구성의 우수성 ① 대학원 중심 학사구조로 전환	정성
		② 체계적 학사관리 전환	정성
		③ 연구지원제도 개선방안	정성
		13.2. 세계수준의 교육/연구 여건 및 개선계획 ① 대학원 개설 강좌 중 전임교수 담당 강좌 비율	정량

		② 대학원 교육/연구 여건 개선을 위한 계획	정성
		13.3. 대학원생 장학지원 프로그램 ① 등록금 대비 대학원생 1인당 장학금 지급 비율	정성
		② 대학차원의 RA/TA 제도 구축 계획	정성
		13.4. 연구윤리 확보 계획	정성
	사업단 지원 및 육성	14.1. 선정 사업단 지원 및 육성 계획의 우수성	정성
2차 (Int'l Peer Review) (20%)	참여교수 연구 역량	2.1. 참여연구진의 연구역량	상대
	세계수준과의 비교 및 달성 전략	2.2. 세계수준과의 비교 및 달성 전략	상대
	교육 및 연구 계획	2.3. 교육 및 연구 계획	상대

출처: 한국대학교육협의회(2014: 168-173).

③ 특화전문인재양성형

특화전문인재양성형은 창조경제를 이끌어 갈 고부가가치 특화 분야와 새롭게 대두되는 사회 문제를 해결하기 위한 고급 실무인력을 양성할 필요가 있다는 문제의식하에 BK21 플러스 사업 개편 과정에서 신설된 사업 유형이다. 지원 분야는 과학기술과 인문/예술 등 전 분야로 하되, 디자인(산업, 시각, 패션 등) 디지털 멀티미디어, 문화콘텐츠, 관광, 건강, 정보보호 등 특화된 분야를 중심으로 한 대학원을 우선 지원한다는 방침이었다.

특기할 점은, 첫째, 다양한 형태의 국내외 실적을 평가에 반영하였다. 특화전문인재양성형 사업은 고급 실무형 전문인력 양성을 목적으로 하기 때문에, 취·창업 실적, 창작물 실적, 수상 실적, 국내외 특화 사업단 육성을 위한 활동실적 등 다양한 형태의 활동실적을 평가에 포함시켰다. 둘째, 단위대학이 사회에서 요구하는 고급 실무형 전문 인재를 양성하기 위한 창의적 교육과정을 구성하여 운영하고 있는지를 비중 있게 평가하였다. 셋째, 산학협력을 활성화를 도모하기 위하여 참여교수 1인당 연구비 수주 실적, 특허 등록 환산 건수, 기술이전 실적 및 계획 이외에도 '산학협력 활성화를 위한 프로그램 운영 실적 및 계획의 우수성', '취·창업을 포함한 산학협력 지원체계의 우수성' 등을 평가하였다. 넷째, 대학의 특성화 전략과의 연계성을 평가하였다. 구체적인 선정평가 영역 및 지표는 다음의 〈표 6-9〉와 같다.

〈표 6-9〉 특화전문인재양성형 선정평가 영역 및 지표

평가영역	평가항목	평가지표
사업단 목표 및 구성 (60점)	사업단 목표 및 구성	1.1.지원 분야 및 사업목표의 적절성
		1.2. 사업단 구성의 타당성
		1.3. 참여교수 구성의 적절성 및 우수성
	사업단 교육 기본여건	2.1. 등록금 대비 대학원생 장학금 지급률 실적 및 계획 〈학과기준〉 ① 등록금 대비 대학원생 장학금 지급률 실적
		② 등록금 대비 대학원생 장학금 지급률 개선 계획
		2.2. 대학원생 인력 확보/배출 및 지원 계획 ① 대학원생 확보 및 배출 실적
		② 대학원생 확보 및 지원 계획
		2.3. 대학원생의 취업 및 창업 실적 및 계획 〈참여교수 지도학생 기준〉 ① 취업률 실적
		② 취업률 개선 계획
		③ 창업건수 실적
		④ 창업건수 개선 계획
		⑤ 취업 및 창업의 질적 우수성
창의적 교육 및 산학협력 (180점)	참여교수 및 대학원생 역량	3.1. 참여교수 국내외 활동실적 및 계획의 우수성 ① 참여교수 1인당 연구실적 및 창작물 실적
		② 참여교수의 대표실적
		③ 참여교수의 해당분야 역량제고 계획의 우수성
		3.2. 대학원생 국내외 활동실적 및 계획의 우수성 ① 참여교수 지도학생 1인당 연구실적 및 창작물 실적
		② 참여교수 지도학생의 1인당 학술대회 발표 실적
		③ 참여교수 지도학생의 대표실적
		④ 참여교수 지도학생의 해당분야 역량제고 계획의 우수성
	창의적 교육과정 구성 운영	4.1. 교육 목표 및 비전의 실현 가능성
		4.2. 특성화된 융 · 복합 교육과정 구성 운영 실적 및 계획
		4.3. 전문실무인재 양성을 위한 취 · 창업 교육과정 및 교육프로그램 실적 및 계획의 우수성
		4.4. 교육과정 및 교육프로그램의 국제화 실적 및 계획의 우수성

		5.1. 참여교수 1인당 연구비 수주 실적 및 계획
사업단 지원 (60점)	산학협력 실적 및 계획	① 참여교수 1인당 연구비 수주 실적
		② 참여교수 1인당 연구비 수주 개선 계획
		5.2. 참여교수 1인당 특허 등록(인사 및 예술:의장등록 포함) 환산 건수
		5.3. 참여교수 1인당 기술이전 실적 및 계획
		① 참여교수 1인당 기술이전 실적
		② 참여교수 1인당 기술이전 개선 계획
		5.4. 참여교수 사업화 실적 및 계획
		① 참여교수 사업화 실적
		② 참여교수 사업화 개선 계획
		5.5. 산학협력 활성화를 위한 인적교류 실적 및 계획의 우수성
		5.6. 산학협력 활성화를 위한 프로그램 운영 실적 및 계획의 우수성
		5.7. 취·창업을 포함한 산학협력 지원체계의 우수성
	사업단 지원	6.1. 대학차원의 특성화 계획과의 연계성
		6.2. 대학의 해당 분야 대학원 재정투자 실적 및 계획
		① 대학의 해당 분야 대학원 재정투자 실적
		② 대학의 해당 분야 대학원 재정투자 개선 계획
		6.3. 특성화 대학원 육성을 위한 대학차원의 제도개선 및 계획
		6.4. 체계적인 대학원 학위 및 학사 운영 관리 실적 및 계획
		6.5. 연구윤리 확보를 위한 제도화·운영실적 및 계획

출처: 한국대학교육협의회(2014: 173-175).

(2) 4단계 BK21

4단계 BK21 사업은 미래인재양성사업, 혁신인재양성사업 두 가지 유형으로 구분되며, 혁신인재양성사업은 신설되었다. 4단계 평가에서는 질적 평가가 80% 수준으로 확대되며, 향후 2023년에 있을 중간평가에서는 연구성과를 100% 질적으로 평가할 예정이다. 대학원 혁신지원비는 일정 수 이상 교육연구단(팀)이 선정된 대학에 지원된다. 두 유형의 사업 평가 지표 중 '대학원 혁신(100점)' 부분에 해당하는 계획을 학교 본부가 작성·제출하며, 평가결과는 해당 학교 소속의 각 교육연구단(팀)의 평가에 반영된다. 지원 규모는 대학별로 교육연구단 수와 참여 교수 및 지원 대학원생 수 등을 고려하여 결정된다.

① 미래인재양성사업

먼저, 미래인재양성사업의 선정평가는 크게 교육연구단의 구성·비전 및 목표, 교육역량, 연구역량, 대학원 혁신에 대한 평가가 이루어진다. 평가는 1차로 과학기술분야와 인문사회분야를 구분하며, 2차로 전국 단위와 지역 단위를 구분하고, 3차로 교육연구단과 교육연구팀으로 평가대상을 구분하여 진행하였으나 교육연구단(총점 400점)과 교육연구팀(총점 350점)의 총점 배점 차이를 제외하면 평가 영역 및 지표의 전반적인 구성은 대동소이하다. 과학기술분야 교육연구단(팀)이 미래인재양성사업에서 절대적인 비중을 차지한다는 점을 감안하여 과학기술분야 교육연구단 선정평가 영역 및 지표를 정리한 〈표 6-10〉을 기준으로 논의를 이어 가면 다음과 같다.

BK21 플러스 사업과 비교하였을 때 4단계 BK21 미래인재양성사업 평가지표의 변화는 크게 세 가지를 들 수 있다. 첫째, 교육연구단(팀)과 학교본부의 역할을 명확히 하여 실효성 및 효율성을 제고하였다. 구체적으로 BK21 플러스의 평가 영역이 '교육역량', '연구역량', '대학(원)제도개선 및 지원'의 세 영역으로 나뉘었다면, 4단계 BK21 평가 영역은 네 영역으로 구분된다. 추가된 영역은 '교육연구단의 구성, 비전 및 목표(25점)'로 기존에 세부 항목으로 제시된 것에서 하나의 독립 영역으로 분리되어 제시되었다. 또한 '대학(원)제도개선 및 지원 영역'을 '대학 혁신 영역'으로 변경하고 세부지표를 구체화하였는데 이와 관련하여 평가방법 역시 변경되었다. 구체적으로, '대학 혁신 영역'에 대한 계획서 작성 및 제출을 '대학본부'의 역할로 명시하고 이에 대한 평가결과를 해당 대학 소속의 교육연구단(팀) 평가점수에 반영하는 방식으로 변경되었다. 역할 구분은 '18년 성과평가에서 학문분야별 평가지표 적용을 사업단(팀)과 대학본부로 명시하여 구분하면서 시작되었으며 4단계 선정사업에서는 이에 그치지 않고 예산지원형태를 '사업단(팀) 지원비(100%)'에서 '교육연구단(팀) 지원비(87%)'와 '대학원 혁신지원비(13%)'로 양분하여 '교육연구단(팀)'과 '대학본부'의 역할을 명확히 하였다. 이를 통해 대학원 본부가 제도 혁신의 중심이 되도록 유도함으로써 사업 추진의 실효성 및 효과성을 높이고자 한 것으로 판단된다.

둘째, 평가항목을 재구조화하고 평가지표를 현실화·구체화하였다. 구체적으로 평가항목을 3개에서 5개 항목으로 세분화하였으며, '대학 현황 및 문제점 분석', '산학협력 및 국제화 플랫폼 현황 및 계획', '학문후속세대에 대한 강의·연구기회 제공', '예산집행 계획' 및 '성과관리 체계 구축과 실행방안' 등의 지표를 추가하여 평가지표를 현실화·구체화하였다. 특히 '학문후속세대에 대한 강의·연구기회 제공' 지표에 대해 박백범 교육부 차관은 2019년 8월에 시행된 「강사법」(개정 「고등교육법」)의 안착을 지원하기 위해 추가된 고용안정지표로서 강사 대량 해고를 방지하기 위한 조치임을 언급한 바 있다(유스라인, 2020. 2. 7.)

셋째, 공익을 위한 연구결과 창출을 강조하였다. '연구역량' 영역에 '산업 사회에 대한 기여도(20점)' 항목을 신설하여 사회에 긍정적인 영향을 미칠 수 있는 연구결과의 창출을 강조하였다. 이는 세계적으로 연구중심대학이 학자적 관심에서 나아가 지역사회, 국가, 글로벌 차원의 문제를 해결하는 역할을 담당하고 있는 추세이므로 이러한 연구중심대학의 역할 확대 상황이 지표에 반영된 것으로 판단된다.

〈표 6-10〉 미래인재양성사업 과학기술분야 교육연구단 선정평가 영역 및 지표

영역	항목	평가지표	평가점수
교육연구단의 구성, 비전 및 목표 (25점)	교육연구단 구성	• 교육연구단장의 교육 · 연구 · 행정 역량 • 대학원 학과(부) 소속 전체 교수 및 참여 연구진 • 교육연구단 대학원 학과(부) 현황	5
	교육연구단의 비전 및 목표	• 교육연구단의 비전 및 목표	20
교육 역량 (140점)	교육과정 구성 및 운영	• 교육과정 구성 및 운영 현황과 계획 • 과학기술 산업 사회 문제 해결과 관련된 교육 프로그램 현황 구성 및 운영 계획	40
	인력양성 계획 및 지원방안	• 최근 3년간 대학원생 인력 확보 및 배출 실적 • 교육연구단의 우수 대학원생 확보 및 지원 계획 • 대학원생의 취(창)업 현황	30
	대학원생 연구역량	• 대학원생 연구 실적의 우수성 • 대학원생 연구 수월성 증진 계획	35
	신진연구인력 운용	• 우수 신진연구인력 확보 및 지원 계획	10
	참여교수의 교육역량	• 참여교수의 교육역량 대표 실적	5
	교육의 국제화 전략	• 교육 프로그램의 국제화 현황 및 계획 • 외국인 교수 현황과 역할	20
연구 역량 (135점)	참여교수 연구역량	• 연구비 수주 실적 • 연구업적물[참여교수 대표연구업적물(정성), 국제저명학술지저널 논문(정량), 저서 · 특허 · 기술이전 · 창업 실적, 교육연구단의 학문적 수월성을 대표하는 연구업적물] • 교육연구단의 연구역량 향상 계획	90

	산업 사회에 대한 기여도	• 산업 사회 문제 해결 기여 실적 • 산업 사회 문제 해결 기여 계획	20
	연구의 국제화 현황	• 국제적 학술활동 참여 실적 • 국제 공동연구 실적 • 외국 대학 및 연구기관과의 연구자 교류 실적 및 계획	25
대학원 혁신 (100점)	대학의 목표와 전략	• 연구중심대학으로서의 대학의 비전 및 목표 • 대학 현황 및 문제점 분석 • 연구중심대학으로서의 체제 개편 방안	15
	교육 · 연구 체제 구축	• 교육과정과 학사관리 현황 및 계획 • 학생중심 교육 · 연구 체계 구축 현황 및 계획 • 교육여건과 연구역량 향상을 위한 지원체계 구축 현황 및 계획 • 산학협력 플랫폼 현황 및 계획 • 국제화 플랫폼 현황 및 계획	37
	학술연구 지원 및 환경 개선	• 학문후속세대에 대한 강의 · 연구 기회 제공 • 연구윤리와 연구환경 개선 계획 • 인력양성사업과 R&D사업 간 연계 방안	15
	교육연구단 지원 계획	• 교육연구단 경쟁력 강화를 위한 대학원생 신진 연구인력 지원 방안 • 교육연구단 경쟁력 강화를 위한 교수 지원 방안 • 교육연구단 지원 방안	18
	예산집행과 성과관리	• 예산집행 계획 • 성과관리 체계 구축과 실행 방안	15

출처: 교육부(2020. 2.).

② 혁신인재양성사업

혁신인재양성사업은 혁신성장 선도 신산업 분야의 경쟁력을 제고하고, 산업문제 및 사회문제 해결을 선도할 융복합형 연구인력을 양성하는 것을 목적으로 신설된 사업이다. 선정평가는 1차로 신산업 분야와 산업 · 사회문제해결 분야를 구분하고, 2차로 전국 단위와 지역 단위를 구분한다. 혁신인재양성사업에서 신산업분야가 예산의 절대적인 비중(80%)을 차지한다는 점을 감안하여 신산업분야 교육연구단 선정평가 영역 및 지표를 정리한 〈표 6-11〉을 기준으로 논의를 이어 가면 다음과 같다.

〈표 6-11〉 혁신인재양성사업 신산업분야 교육연구단 선정평가 영역 및 지표

영역	항목	평가지표	평가점수
교육연구단의 구성, 비전 및 목표 (50점)	교육연구단의 비전 및 목표	• 교육연구단의 필요성 • 교육연구단의 비전 및 목표 • 교육연구단의 구성 • 기대효과	50
교육 역량 (80점)	교육과정 구성 및 운영	• 교육과정 구성 및 운영 현황과 계획	40
	인력양성 계획 및 지원 방안	• 교육연구단의 우수 대학원생 확보 및 지원 계획 • 대학원생 학술활동 지원 계획 • 우수 신진연구인력 확보 및 지원 계획	15
	참여교수의 교육역량	• 참여교수의 교육역량 대표 실적	5
	교육의 국제화 전략	• 교육 프로그램의 국제화 계획 • 대학원생 국제공동연구 계획	20
연구 역량 (110점)	참여교수 연구역량	• 정부 및 해외기관 연구비 • 연구업적물[참여교수 대표연구업적물(정성), 국제저명학술지 논문(정량), 연구의 수월성을 대표하는 연구업적물] • 교육연구단의 연구역량 향상 계획	80
	연구의 국제화 현황	• 참여교수의 국제적 학술활동 참여 실적 및 현황 • 참여교수의 국제 공동연구 실적 및 계획 • 외국 대학 및 연구기관과의 연구자 교류 실적 및 계획	30
산학협력 (60점)	산학공동 교육과정	• 산학공동 교육과정 구성 및 운영 계획	10
	참여교수 산학협력 역량	• 국내 및 해외 산업체, 지자체 연구비 수주실적 • 특허, 기술이전, 창업 실적의 우수성 • 산학협력을 통한 (지역)산업문제 해결 실적의 우수성	40
	산학 간 인적/물적 교류	• 산학 간 인적 및 물적 교류 실적과 계획	10

대학원 혁신 (100점)	대학의 목표와 전략	• 연구중심대학으로서의 대학의 비전 및 목표 • 대학 현황 및 문제점 분석 • 연구중심대학으로서의 체제 개편 방안	15
	교육·연구 체제 구축	• 교육과정과 학사관리 현황 및 계획 • 학생중심 교육·연구 체계 구축 현황 및 계획 • 교육여건과 연구역량 향상을 위한 지원체계 구축 현황 및 계획 • 산학협력 플랫폼 현황 및 계획 • 국제화 플랫폼 현황 및 계획	37
	학술연구 지원 및 환경 개선	• 학문후속세대에 대한 강의·연구 기회 제공 • 연구윤리와 연구환경 개선 계획 • 인력양성사업과 R&D사업 간 연계 방안	15
	교육연구단 지원 계획	• 교육연구단 경쟁력 강화를 위한 대학원생 신진연구인력 지원 방안 • 교육연구단 경쟁력 강화를 위한 교수 지원 방안 • 교육연구단 지원 방안	18
	예산집행과 성과관리	• 예산집행 계획 • 성과관리 체계 구축과 실행 방안	15

출처: 교육부(2020. 2.).

　4단계 BK21 혁신인재양성사업은 미래인재양성사업 지표와 비교하였을 때 총점 400점으로 동일하나 평가영역 중 사업 추진 목적에 따라 '산학협력' 영역이 추가되었고, '교육역량' 영역의 평가항목 중 '대학원생 연구역량 및 신진연구인력 운용' 항목이 삭제되었으며, '연구역량' 영역의 평가 항목 중 '산업·사회에 대한 기여도' 항목이 삭제되었다. 또한 이에 따른 영역별 점수 배점의 조정이 있었다. 추가된 '산학협력' 영역에는 산학공동 교육과정, 참여교수 산학협력 역량, 산학 간 인적/물적 교류의 세부항목이 신설되었다. 이외에 산업·사회 문제 해결분야의 평가지표는 미래인재양성사업의 평가지표와 비교하여 총점과 평가 영역 구성이 동일하고, '교육역량' 영역의 평가항목 중 '대학원생 연구역량 및 신진연구인력 운용' 항목이 삭제되었으며, 영역별 배점에 다소 차이가 있다. '교육연구단의 구성, 비전 및 목표'에 대한 평가비중이 비교적 높게 책정되었다.

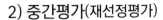

2) 중간평가(재선정평가)

2013년 5월 정부는 BK21 플러스 사업 기본계획을 통하여 대학원 교육·연구의 질을 보다 향상시킬 수 있는 방향으로 제도 개선 등을 포함한 평가지표를 마련한 후에 2015년 중간평가를 실시하여 2016년 이후부터 지원할 사업단을 재심사한다고 밝힌 바 있다. 이에 정부는 2014년 11월 「BK21 플러스 사업 평가 개선 및 중간평가 추진 계획(안)」을 통하여 평가 개선안이 마련되었음을 알리고 이를 토대로 중간평가를 실시할 계획임을 밝혔다.

(1) 미래기반창의인재양성형

정부가 밝힌 평가 개선안의 가장 큰 특징은 기존에 과학기술분야와 인문사회분야로 평가지표 유형을 구분하던 방식을 9개 학문 영역으로 보다 세분화하여 학문분야 고유의 특성이 평가에 더욱 잘 반영되도록 보완한 데 있다. 학문분야별 세부 평가 개선안은 〈표 6-12〉와 같으며, 정부는 이를 기준으로 지난 2년간('13. 9.~'15. 8.)의 사업성과에 대한 중간평가를 실시한다고 밝혔다. 중간평가 결과에 따라 상위 50% 사업단은 계속 지원 대상이 되고, 하위 50% 사업단은 신규 신청한 예비 사업단과의 재선정평가르 통하여 재진입 여부를 결정한다고 밝혔다. 그러나 성과평가 결과가 현저히 미흡한 경우, 즉 과락 또는 평가패널별 최하위 사업단(팀)이 바로 위 사업단(팀)보다 10점 이상 낮은 경우에는 사업 총괄관리위원회의 심의를 거쳐 총 사업단 수의 5~10% 이내에서 재선정평가 없이 탈락시킬 예정이라고 밝혔다(교육부, 2014. 11.).

〈표 6-12〉 학문분야별 세부 평가 개선안

2013 선정평가	구분	2015 재선정평가 개선안
• SCI 논문 수 등 양적 지표 중시 • 정량평가 영향력 큼 • 교수 연구실적 중시 • 국제학술논문 실적 가중치 부여	학문분야 공통	• 논문 수 등 양적 지표 축소 및 논문 영향력(Impact Factor) 등 질적 지표 강화 • 정성평가 영향력 제고 • 대학원 교육(학사구조), 대학원생 역량 강화 • 국내 우수학술지 논문 인정기준 강화 • (가칭)K-MOOC 참여, 대학 연구실 안전 등 대학 변화 유도 지표 신설

• 과학기술 지표	자연과학	• 최근 연구동향에 맞게 국제공동연구 지표 강화 • 과학 대중화 등 사회 기여 평가
	공학	• 특허, 기술이전, 산업체 연구비 수주 실적 등 산학협력 및 기술 사업화 강화 　* 주요 3개국(미ㆍ일ㆍEU) 해외특허 비중 강화 • 논문 수 지표 삭제 및 논문 영향력지수(IF) 배점 강화
	의약학	• 국민건강 증진을 위한 사회 기여 평가 • 기초의약학 연구지표 배점 강화
	농ㆍ생명ㆍ수산ㆍ해양	• 연구진 구성의 적절성 등 지표 배점 강화 • 특허, 기술이전 등 산학협력 강화
	과학기술 융ㆍ복합	• 학문간 새로운 융복합 외에도 기존 융복합 학문을 활성화할 수 있도록 지표 신설
• 인문사회 지표	인문사회 융ㆍ복합	• 학과의 전일제 대학원생 비율 등 신진 융ㆍ복합학자 양성체제 평가 • 융복합 연구의 사회 기여 평가 • 학문간 새로운 융복합 외에도 기존 융복합 학문을 활성화할 수 있도록 지표 신설 • 학과의 전일제 대학원생 비율 등 신진 융ㆍ복합학자 양성체제 평가 • 융복합 연구의 사회 기여 평가
	인문학	• '논문' 및 '저서' 지표 분리 • 논문은 매년 대표논문 2편을 기준으로 평가 • 국제저명학술지(A&HCI) 논문 비중 축소 및 국내학술지 논문 비중 강화 • 석사과정생 논문은 실적 산정 시 제외 허용 • 저서의 양적ㆍ질적 평가 강화 • 인문학 대중화 등 사회 기여 평가
	사회과학	• '논문' 및 '저서' 지표 분리 • 연구업적의 한국사회 발전 기여 평가
	디자인ㆍ영상	• 대학원생의 전시회ㆍ공모전ㆍ영화제ㆍ창작 등 지표 비중 강화

출처: 한국연구재단(2014. 11.).

먼저, 2013년 당시 과학기술분야에 포함되었던 자연과학, 공학, 의약학, 농·생명·수산·해양 분야 평가 개선안의 특징을 살펴보면 다음과 같다. 첫째, 산학협력을 활성화하고자 하였다. 특히 공학과 농·생명·수산·해양 분야에서 '연구진 구성' 항목에 '학과교수 중 참여교수의 비율' 지표를 신설함으로써 산학협력에 강점을 가진 교수를 배제하거나 연구 실적이 우수한 교수들로만 사업단(팀)을 구성하는 상황을 방지하고자 하였다. 공학 분야의 경우 산학협력을 활성화하기 위해 2013년 선정평가에서 통합되어 있던 '연구비 수주 실적'을 '정부 연구비 수주 실적'과 '산업체 및 해외기관 연구비 수주 실적'으로 분리하여 별도로 평가함으로써 산업체 및 해외기관이 발주하는 연구에 대한 대학의 관심을 유도하였다. 해외등록 특허와 기술이전 등 산학협력 지표 배점을 강화한 것도 특징적인 면모 중 하나이다. 기존에 해외특허와 국내 특허의 실적 가중치가 2 대 1이었던 것을 보다 세분화하여, 미국, 유럽, 일본 등 주요국의 특허의 경우 5의 가중치를, 기타 해외 특허의 경우 2의 가중치를, 국내 특허의 경우 1의 가중치를 두어 평가하였다. 농·생명·수산·해양 분야의 경우에도 학문의 특성을 반영하여 '특허' 및 '기술이전 실적' 등의 지표 배점을 강화하였다.

둘째, 국제화 및 국제공동연구를 유도하고자 하였다. 이를 위해 공학과 자연과학 분야에서는 우수강의 온라인 공개, 기관 간 공동 연구, 인적·물적 교류 등을 평가에 반영하기 위해 '대학 간 미래 지향적 교육', '국제 공동 연구 실적', '외국대학 및 연구 기관 간 교류 실적' 지표를 신설하였다. 이와 같은 평가지표를 통해 각 대학이 세계 연구 동향에 맞게 교육 및 연구를 국제화할 수 있도록 도모하고자 하였다.

다음으로 2013년 당시 인문사회분야에 포함되었던 인문학, 사회과학, 디자인·영상 분야 평가 개선안의 특징을 살펴보면 다음과 같다. 첫째, '논문' 지표와 '저서' 지표를 분리하여 평가하였다. 논문 못지않게 학술서, 번역서 등 저서로 평가되는 인문학과 사회과학의 학문적 특성을 반영하여 2013년 선정평가에서 '참여교수 1인당 학술지 및 저서 환산 논문 편수'로 통합되어 있던 지표를 '논문'과 '저서'로 별도로 분리하였다. 이중 '저서'의 경우, '참여교수 저서 환산 편수 실적'과 '대표저서의 질적 우수성' 등을 평가에 반영함으로써 양적인 측면뿐만 아니라 저서의 질적 우수성까지 평가에 반영하고자 하였다.

둘째, 국제학술지 논문, 연구비 등 양적 평가의 비중을 축소하고, 질적 우수성을 평가하고자 하였다. 인문학의 경우, 질적 수준을 제고하기 위해 논문 평가 시 양적 환산 편수 평가를 지양하고, 대표논문 위주로 우수성을 평가하였다. 뿐만 아니라, 국제저명학술지 논문에 대한 평가비중을 축소하고 '국내등재학술지' 논문의 비중을 강화하였다. 2013년 선정평가에서 국제저명학술지 논문에 3의 가중치를, 국내학술지 논문에 1의 가중치를 두었던 것에 반해, 개선안에서는 국제저명학술지 논문에 1.5의 가중치를, 국내학술지 논문에 1의 가중치를 두어 국제학술지와 국내 학술지 사이의 가중치의 차이의 폭을 다소 줄였다. 이 외에도 인문학의 경우 연구비의 규모가 작기 때문에 '연구비' 지표를 축소하였으며, 사업팀(단) 여건에 따라 석사과정생의 논문 실적 산정 여부를 선택적으로 결정할 수 있게 지표를 개선하였다.

마지막으로, 과학기술분야와 인문사회분야의 융·복합 분야 평가 개선안의 특징을 살펴보면 다음과 같다. 첫째, '융·복합의 비전' 및 '융·복합의 적합성과 당위성' 지표를 신설하여 기존 학문으로 해결 곤란한 문제에 대한 도전의지와 필요성을 평가하고자 하였다. 또한 '선행연구에 기반한 연구 주제의 실질적 융·복합성' 지표를 신설하여 보다 실질적이고 지속적으로 융·복합 사업을 진행할 사업단을 선정하고자 하였다. 이와 더불어, 전일제 대학원생의 확보를 장려하기 위해 '융·복합 학과 전일제 대학원생 비율'이라는 지표를 신설하였으며, 대학원생에 대한 융·복합 교육 및 연구 지원 제도의 개선을 유도하기 위해 '학문분야 간 교류 및 융·복합 활성화 제도 구축'이라는 지표를 신설하였다.

(2) 글로벌인재양성형 및 특화전문인재양성형

글로벌인재양성형과 특화전문인재양성형 역시 사업별 특성을 반영하여 평가 개선안이 마련되었다. 먼저, 글로벌인재양성형 평가 개선안의 주요 특징을 살펴보면, 첫째, 여러 영역에 분산되어 있던 국제화 관련 지표들을 '글로벌 역량 영역'으로 통합하였다. 교육역량 영역에서 '교육의 국제화 전략', 연구역량 영역에서 '연구의 국제화 현황 및 계획', 해외학자 유치·활용 계획 영역에서 '해외학자 유치·활용 계획' 지표가 글로벌 역량 영역 하위 지표로 이동하였다. 둘째, 신설된 글로벌 역량 영역에 '해외학자 유치·활용을 위한 제도적 인프라 구축 지표'를 추가하여 해외학자에 대한 제도적 지원을 유도하였다. 셋째, 중간평가인 점을 감안하여 심도 있는 질적 정성평가를 위해 해외동료평가를 국내동료평가로 대체하였다. 이에 따라 기존에 해외동료평가에 부여되었던 배점은 교육역량, 연구역량, 해외학자 유치·활용 영역으로 고르게 분산되었다. 넷째, 미래기반창의인재양성형 평가 개선안에서 신설되는 지표를 추가하였다. 이에 따라 '학사 단위 관리제도 및 학위수여 제도의 선진화계획', '전공학과 전체교수 중 참여교수 비율', '연구성과의 사회 기여' 지표가 새로 추가되었다.

다음으로 특화전문인재양성형 평가 개선안의 주요 특징을 살펴보면, 첫째, 과학기술, 인문/예술 2유형으로 구분되어 있는 기존 지표를 과학기술, 인문사회, 예술 3유형으로 세분화하고 평가배점을 달리 적용하였다. 과학기술분야의 경우 융·복합 연구실적, 연구비, 기술이전에, 인문사회분야의 경우 융·복합 교육과정, 취·창업 프로그램에, 예술분야의 경우 교육과정, 특허·의장등록, 사업화 실적 등에 배점을 강화하였다. 둘째, 미래기반창의인재양성형 평가 개선안에서 신설되는 지표를 추가하였다. 이에 따라 '학사단위 관리제도 및 학위수여 제도의 선진화계획', '전공학과 전체교수 중 참여교수 비율', '공동 연구 실적' 지표가 새로 추가되었다.

④ 평가 과정 및 방법

BK21 플러스 사업이 시작된 이래로 2013년 선정평가, 2015년 중간평가, 2018년 성과점검, 2019년 종합평가, 2014년, 2016년과 2017년에 연차평가가 실시되었다. 평가유형별로 평가 과정 및 방법을 살펴보면 다음과 같다.

1) 선정평가

BK21 플러스 사업 기본계획은 2013년 5월 16일에 발표되었다. 이후 5월 20일부터 6월 21일까지 사업설명회를 개최함과 동시에 사업 유형별로 신청서를 접수받았다. 이후 선정평가를 거쳐 미래기반창의인재양성형의 경우에는 2013년 8월 16일 사업단 선정 결과를 발표하였으며, 글로벌인재양성형의 경우에는 2013년 9월 10일 사업단 선정 결과를 발표하였다. 특화전문인재양성형은 2013년 8월에 별도로 시행계획을 발표하였고, 이후 사전접수와 본접수를 거쳐 2013년 9월 사업단 선정 결과를 발표하였다.

	사업계획 발표	사업 설명회 및 신청서 접수	사업단 최종 선정결과 발표
미래기반 창의인재 양성형	2013. 5. 16.	2013. 5. 20.~6. 21.	2013. 8. 16. (64개 대학 195개 사업단 및 280개 사업팀, 총 475개 사업단(팀) 선정)
글로벌인재 양성형	2013. 5. 16.	2013. 5. 20.~6. 17.	2013. 9. 10. (전국 16개, 지역 5개, 총 21개 사업단 선정)
특화전문인재 양성형	2013. 8. 23.	사전접수 2013. 8. 28.~9. 5. 본접수 2013. 9. 6.~16.	2013. 11. (54개 사업단 선정)

(심사)

[그림 6-4] BK21 플러스 사업 선정평가 과정

※ 관련 교육부 보도자료(2013. 8. 16.; 2013. 9. 12.; 2013. 11. 1.)를 종합·재구성함.

교육부는 선정평가 시 제기될 수 있는 공정성 시비를 사전에 차단하고 보다 객관적이고 공정하게 평가를 추진하기 위하여 심사원칙을 투명성, 공정성, 질 관리에 두고 사업단(팀) 선정을 추진하였다고 밝혔다(교육부, 2013. 8. 16.). 해당 보도자료에 따르면 선정평가는 사업총괄관리위원회와 선정평가실무위원회를 각각 구성·운영함으로써 심사패널 구성, 심사기준 마련 등 심사에 관한 중요 사항에 대하여 각계각층의 전문가 의견을 수렴하였다. 그리고 요건심사, 사업계획서 심사(정성 및 정량평가), 사업단장 면접심사 등 다단계 심사절차를 거침으로써 객관적이고 정밀한 심사가 이루어지도록 관리하였다.

글로벌인재양성형의 경우 미래기반창의인재양성형과 특화전문인재양성형과 동일하게 전공패널심사를 실시한 이후에 추가로 해외동료평가를 실시한 뒤 최종적으로 사업단을 선정하였기 때문에, 글로벌인재양성형을 중심으로 선정평가 과정 및 방법을 보다 자세히 살펴보면 다음과 같다.

글로벌인재양성형의 선정평가는 크게 세 단계를 거쳤다. 첫 번째 단계는 요건심사 단계이다. 기본계획 및 공고문에 명시된 신청자격을 충족하는지 여부를 점검하는 단계로, 각 사업단(팀)이 신청서와 증빙자료를 모두 온라인 시스템에 탑재하면 이를 확인·점검하는 방식으로 진행되었다. 요건심사 항목은 크게 ① 사업단 구성, ② 사업단장, ③ 참여교수, ④ 대학원생, ⑤ 기타로 구분되며, 세부 심사내용은 〈표 6-13〉과 같다.

〈표 6-13〉 요건심사 항목 및 내용

심사항목	심사내용
사업단 구성	1. 사업단 참여 교수 수가 사업단이 소속된 학과(부) 전체 교수의 70% 이상이 되는가? 2. 사업단 구성을 위한 최소 기준 교수 수를 충족하였는가? 3. 사업단 내 참여학과 소속의 박사학위 과정 등록생이 있는가?
사업단장	1. 사업단장은 국가주도 대형 연구개발사업의 책임자를 맡고 있는가? 　-6개월 이내 사임하는 경우는 인정 2. 사업단장의 최소 연구실적을 충족하는가? 　-최근 3년간 연구실적이 4편 이상(단, 수학분야는 3년간 1.2편 이상)
참여교수	1. 참여교수의 최소 연구실적을 충족하는가? 　-전체 교수의 1인당 평균 연구실적이 최근 3년간 4편 이상(단, 수학분야는 3년간 1.2편 이상) 2. 신임교원이 있을 경우, 신임교원의 70% 이상이 참여하고 있는가? 3. 참여교수 중 국가연구개발사업 참여제한자가 포함되어 있는가?

대학원생	1. 사업단에 참여한 대학원생들은 전일제 등록 학생인가? 　－ 주 40시간 이상 과제관련 연구/수업에 전념
기타	1. 연구중심대학에 필요한 연구비 중앙관리제도를 도입하였거나 사업개시 이전 　('13. 9.)까지 도입 완료 계획을 수립하였는가?

출처: 교육부(2013. 9. 12.).

　요건심사가 끝이 나면 두 번째 단계인 전공패널심사가 진행되었다. 미래기반창의인재양성형과 특화전문인재양성형의 경우에는 전술한 바와 같이 전공패널심사를 끝으로 최종 지원 사업단(팀)이 결정되었다. 전공패널심사는 크게 서면평가와 발표평가로 이루어졌다. 단 사업팀의 경우에는 서면평가만 실시하였다. 서면평가는 앞서 세부 사업 유형별로 제시한 평가 영역 및 지표에 맞게 각 사업단(팀)이 작성·제출한 사업신청서를 검토하는 작업이 진행되었다. 이어서 발표평가는 연구책임자가 사업 추진 계획 등을 5분간 발표하고 사업신청서 및 발표내용에 관한 질의응답이 10분간 이루어지는 것을 원칙으로 진행되었다. 심사는 심사위원별 개별평가 형태로 이루어졌으며, 심사위원은 각 항목별 평가기준에 따라 점수를 부여하고 온라인 의견서를 작성하였다.

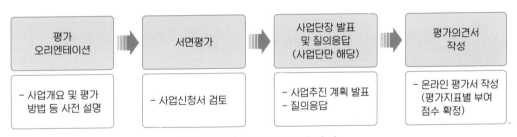

[그림 6-5] 전공패널심사 과정

　전공패널심사가 완료되면 세 번째 단계로 해외동료평가가 실시되었다. 각 사업단은 사전평가회의를 통해 사업내용 및 평가방법 등을 설명하고, 패널별 토론 평가를 통해 과제별 교육·연구 계획서와 대표 논문을 평가받았다. 평가는 해외평가용 영문보고서를 기준으로 서면평가로 실시되었으며, 전공패널심사와 동일한 방식을 거쳐 최종 점수를 산출하였다.

2) 중간평가

중간평가 추진계획은 2014년 11월 21일 발표되었다. 해당 보도자료에 따르면 중간평가는 크게 ① 사전준비 단계를 거쳐 ② 심사 및 심의, ③ 평가결과 처리, ④ 최종확정, ⑤ 사후조치 과정을 거쳤으며 구체적인 과정은 [그림 6-6]과 같다.

단계		일정(안)	내용
사전 준비	평가 세부계획 확정 (사업 총괄위 심의)	~'14. 11월 중	• 평가방식, 지표 최종 확정
	예비 사업단(팀) 가접수	~'15. 7월 말	• 예비 사업단(팀) 참여교수, 참여 대학원생 명단 포함해서 가접수
	성과평가·재선정평가 신청서 접수	'15. 8월 중~9월 중	• 기존 사업단: 성과평가 보고서/재선정평가 신청서 • 신규: 재선정평가 신청서
	평가 패널위원 구성	9월 초	• 가접수 시 자료 기준, 패널별 평가위원 구성
심사 및 심의	요건 심사	9월 중	• 사업단 구성요건 등 신청자격 확인(한국연구재단)
	사업 총괄위 심의	9월 말	• 요건심사 결과 확정
	중간평가: ① 성과평가	9월 말~10월 초	• 성과평가(패널별 2~3일, 3주)
	사업 총괄위 심의	10월 중	• 평가결과(재선정평가 대상 및 강제탈락 여부) 심의
	중간평가: ② 재선정평가	10월 말~11월 초	• 재선정평가(패널별 2~3일, 3주)
평가 결과 처리	평가결과 발표	12월 초	• 재선정평가 결과 공개
	이의제기 접수(1주일간)	12월 중	• 사업단(팀) 개별 점수 열람
	사업 총괄위 심의	12월 중	• 이의제기 처리결과 심의 • 사업단(팀) 보고서 공개 • 예비 사업단 현장점검 계획 심의
최종 확정	'16년 지원 사업단(팀) 최종 확정	12월 말	• 사업단(팀) 지원액 확정
사후 조치	신규 사업단(팀) 현장점검	12월 말~1월 중	• 참여대학원생 수 등 현장점검
	사업 총괄위 심의	2월 말	• 현장점검 결과 보고 • 사업단(팀) 지원액 최종 확정 • 2015년도 BK21 플러스 사업 운영·관리계획 심의

[그림 6-6] BK21 플러스 사업 중간평가 과정

출처: 교육부(2014. 11.).

심사 및 심의 단계를 보다 자세하게 살펴보면, 중간평가는 크게 기존 사업단(팀)에 대한 성과평가와 예비 사업단(팀)에 대한 재선정평가로 구분된다. 먼저, 성과평가는 2013년 선정평가를 통과하여 2013년 9월부터 2015년 8월까지 2년간 사업을 추진한 모든 사업단(팀)을 대상으로 진행되었다. 성과평가는 2013년 선정평가 지표를 기반으로 실적 향상 및 계획 이행 여부를 평가하였으며, 평가 패널별로 평가위원(7~11명 내외)이 사업단(팀)의 실적 증빙자료를 개별 검토한 후 실적 인정 여부를 결정하는 방식으로 진행되었다. 성과평가 결과에 따라 현행 사업단(팀)은 상위 50% 그룹과 하위 50% 그룹으로 나뉘었는데, 상위 50%에 속한 사업단(팀)은 계속해서 재정 지원이 확정되었고 하위 50%에 속한 사업단(팀)은 신규 신청 사업단(팀)과 함께 재선정평가를 받게 되었다. 즉, 평가 개선안을 현행 사업단(팀) 및 예비 사업단(팀)에 모두 적용함으로써 사실상 전면 재평가 수준의 중간평가가 실시된 셈이었다.

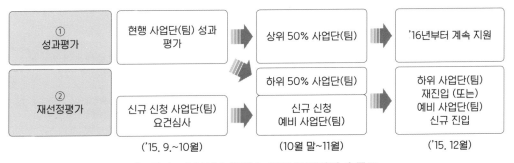

[그림 6-7] BK21 플러스 사업 중간평가 흐름도

출처: 교육부(2014. 11.).

3) 성과점검

교육부는 2018년에는 연차점검을 통해, 각 사업단의 '성과'를 점검하고 평가결과를 사업비와 연계하여 사업비 재조정에 활용함으로써 지속적으로 사업단의 질 관리를 도모할 계획이라 밝혔다(교육부, 2015. 12. 23.). 성과점검 평가 추진계획은 2018년 11월 21일 발표되었다. 성과평가는 크게 ① 사전준비 단계를 거쳐 ② 심사 및 심의, ③ 평가결과 처리, ④ 사후조치, ⑤ 최종확정 과정을 거쳤으며 구체적인 과정은 [그림 6-8]과 같다.

단계		일정(안)	내용
사전 준비	성과점검 기본계획 확정·공고 (사업 총괄위 심의)	~'18. 2월 중	• 평가방식, 지표 최종 확정
	성과점검 공고 (보고서 서식 공지 포함)	~'18. 2월 중	• 실적 보고서 서식 공지
	성과점검 보고서 접수	'18. 5월 중~6월 중	• 성과점검 보고서 접수
	평가 패널위원 구성	7월 중	• 패널별 평가위원 구성
심사 및 심의	성과점검	8월 중	• 성과점검(패널별 2~3일, 3주)
	사업 총괄위 심의	9월 중	• 평가결과(사업비 삭감 대상 및 강제탈락 여부) 심의
평가 결과 처리	평가 예비결과 발표	9~10월 중	• 평가결과 공개
	이의제기 접수(1주일간)	10월 중	• 사업단(팀) 개별 점수 열람
	사업 총괄위 심의	10월 중	• 이의제기 처리결과 심의 • 사업단 현장점검 계획 심의
사후 조치	사업단(팀) 현장점검	10월 말~12월 중	• 보관증빙(졸업생 취업실적 등) 실적 확인을 위한 현장점검
	사업 총괄위 심의 및 평가결과 확정	'19. 1~2월 중	• 현장점검 결과 및 평가결과 확정 • 2019년도 BK21 플러스 사업 운영·관리계획 심의
최종 확정	사업단(팀) 사업비 조정 최종 확정	'19. 2월 말	• 사업단(팀) 지원액 최종 확정

[그림 6-8] BK21 플러스 사업 '18 성과점검 과정

출처: 교육부(2018. 2.).

　심사 및 심의 단계를 보다 자세하게 살펴보면, 성과평가는 4~5차년도 성과평가로 2016년 3월부터 2018년 2월까지 2년간 사업을 추진한 모든 사업단(팀)을 대상으로 진행되었다. 성과평가는 2015년 중간평가(재선정평가) 지표를 기반으로 실적 향상 및 계획 이행 여부를 평가하였으며, 평가패널별로 평가위원(7~11명 내외)이 사업단(팀)의 실적 증빙자료를 개별 검토한 후 실적 인정 여부를 결정하는 방식으로 진행되었다. 성과평가 결과에 따라 현행 사업단(팀)은 상위 30% 그룹과 중위 40% 그룹, 하위 30% 그룹으로 나뉘었는데, 상위 30%에 속한 사업단(팀)은 계속해서 사업비 추가 교부가 확정되었고, 중위 그룹 40%에 속한 사업단(팀)은 사업비 조정이 없었으며, 하위 30%에 속한 사업단(팀)은 사업비가 삭감되었다.

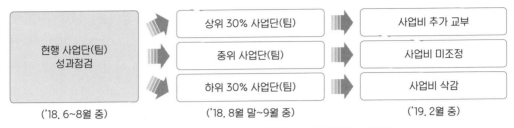

[그림 6-9] BK21 플러스 사업 '18 성과점검 흐름도

출처: 교육부(2018. 2.).

4) 컨설팅 중심의 연차평가

선정평가와 중간평가 이외에도 BK21 플러스 사업에서는 사업단(팀)의 사업 추진현황 전반을 매년 점검하는 연차평가를 진행하고 있다. 교육부·한국연구재단(2016. 9.)이 배포한 「BK21 플러스 사업 사업관리운영 매뉴얼」에 따르면 각 사업단(팀)의 장은 사업 목표를 효과적으로 달성하기 위하여 자체 평가 시스템을 구축하고 연 1회 이상 상시적으로 사업단 운영 전반에 관하여 자체평가를 실시하여야 한다. 사업단(팀)의 장은 자체평가 결과를 바탕으로 부진한 사항이나 문제점에 대해 조치를 취해야 하며 연차점검, 중간평가, 종합평가 실시 전에 사업단이 자체적으로 실시한 평가결과를 전문기관의 장에게 제출하여야 한다.

수시점검은 행·재정적 차원의 점검으로서 전문기관의 장인 한국연구재단의 장에 의해 이루어지는 평가이다. 전문기관의 장은 사업 추진현황 전반에 관한 사항을 수시로 점검할 수 있다. 수시점검 결과 중대한 과실로 인해 예산을 부당 집행하였거나 경미한 사유로 인한 예산 부당집행 사례가 반복될 경우, 총괄관리위원회[2]의 심의에 의하여 사업비를 삭감 또는 해지할 수 있으며, 전문기관의 장은 수시점검 결과에 따라 사업단의 장에게 개선 및 보완 조치를 요구할 수 있다.

BK21 플러스 사업에서는 사업단(팀)의 평가에 대한 부담을 완화하고, 대학의 자율적

---

[2] BK21 플러스 사업은 교육부가 기본적인 사업의 방향을 설정하고, 한국연구재단이 평가 및 사업비 집행업무 등을 수탁받아 수행하고 있으며, 사업총괄관리위원회가 사업 평가 및 관리에 관한 주요 사항을 심의·자문하는 역할을 수행한다. 즉, 사업총괄위원회는 BK21 플러스 사업 기본계획을 심의하고, 각종 평가(선정평가, 수시점검, 연차점검, 중간평가, 종합평가)에 대해 심의하며, 그 밖에 사업의 평가와 관리업무에 필요한 사항을 심의하는 역할을 수행한다(교육부·한국연구재단, 2016. 9.).

인 개혁 및 발전에 집중할 수 있도록 컨설팅을 추진하고 있다. 사업비를 지원받은 전체 사업단(팀)을 대상으로 '사업단 운영 컨설팅'과 '행·재정 컨설팅'이 운영되고 있다. '사업단 운영 컨설팅'은 사업단장 협의회를 활성화하여, 사업단 사이에 서로 비전을 및 인력 양성의 바람직한 방향에 대해 공유할 기회를 갖도록 운영된다. '행·재정 컨설팅'의 경우에는 사업단의 자체 제도 개선 내용, 행·재정적 요구사항 이행여부, 현장 점검 결과 사항에 대해 점검하는 방식으로 이루어진다.

5) 종합평가

교육부는 2019년에 2013년 9월부터 2020년 8월까지 약 7년간의 사업 운영성과 및 사업 전체에 대한 종합적인 평가를 실시하였다. 기본계획에 따르면 종합평가는 2018년에 실시된 성과평가의 과정과 같이 ① 사전준비 단계를 거쳐 ② 심사 및 심의, ③ 평가결과 처리, ④ 사후조치, ⑤ 최종확정 과정을 거쳤으며 구체적인 과정은 [그림 6-10]과 같다.

단계		일정(안)	내용
사전 준비	종합평가 기본계획 확정	'19. 4월	• 종합평가 기본계획 수립 • 사업 총괄위 기본계획 보고
	종합평가 공고 (보고서 서식 포함)	'19. 5월	• 실적 보고서 서식 공지
	종합평가 보고서 접수	'19. 8~9월	• 종합평가 보고서 접수 • 제출 자료 진위여부 사전 검토
	평가 패널 구성	'19. 8~9월 중	• 패널별 평가위원 구성
심사 및 심의	종합평가	'19. 9~10월	• 종합평가(패널별 2~3일, 3주)
	사업 총괄위 심의	'19. 11월	• 평가결과 및 포상 심의
평가 결과처리	평가 예비결과 발표	'19. 11~12월	• 평가결과 공개
	이의제기 접수(1주일간)	'19. 12월	• 사업단(팀) 개별 점수 열람
	사업 총괄위 심의	'19. 12월	• 이의제기 처리결과 심의 • 인센티브 지급 세부 기준 검토
사후조치	평가결과 확정	'20. 1~2월	• 인센티브 지급 기준 및 포상 사업단(팀) 확정
포상	우수 사업단(팀) 포상	'20. 2월 말	• 종합평가 결과 우수 사업단(팀) 포상

[그림 6-10] BK21 플러스 사업 종합평가 과정

5 평가결과 활용

　BK21 플러스 사업의 평가결과는 다음과 같이 활용되었다. 첫째, 평가 결과는 재정지원 여부를 결정하는 수단으로 활용되었다. BK21 플러스 사업은 경쟁에 입각하여 평가 결과를 근거로 재정지원 여부를 결정하였다. 이에 따라 2013년 선정평가를 통해 미래기반창의 인재양성형 472개 사업단(팀)의 대학원생 13,000여 명에게, 글로벌인재양성 21개 사업단(팀)의 대학원생 400여 명에게, 특화전문인재양성형 54개 사업단의 대학원생 600여 명에게 연구장학금과 인건비, 국제화 경비 등이 지급되어 우수한 대학원생이 안정적인 여건에서 교육받고 연구할 수 있도록 지원하였다.

　2015년 실시된 중간평가는 기존 사업단의 성과를 평가함과 동시에 새롭게 지원할 사업단을 선정하는 데 평가결과를 활용하였다. 교육부 훈령 제171호 「BK(두뇌한국) 21 플러스 사업 관리 운영에 관한 훈령」에 훈령 제22조 제1항에 따르면, 전문 기관의 장은 평가 결과 성과가 부진하거나 관계 법령 등을 위반한 사업단에 대하여 필요한 행·재정적 조치를 취할 수 있다. 이에 따라, 중간평가 결과를 활용하여 기존 사업단(팀) 중 성과평가에서 미흡함을 보였던 하위 50% 사업단을 대상으로 신규 예비사업팀과의 재선정 비교 평가를 실시하였다. 기존 사업단 중 평가결과 경쟁력이 떨어지는 127개의 사업단(팀)을 탈락시키고 127개의 신규 사업단(팀)을 선정하여 기존 사업단(팀)의 23.3%를 교체하였다(교육부, 2015. 12. 23.). 2018년에 실시된 성과점검의 결과는 사업비 조정에 활용되었다. 평가패널별 하위 30% 사업단(팀)의 사업비를 삭감하고, 이를 재원으로 상위 30% 사업단(팀)에게 사업비를 추가 교부하였다. 이와 같이 평가 결과를 바탕으로 BK21 플러스 사업은 가능성 있는 대학원에 정부 재정을 집중 투자함으로써 우리나라의 대학원의 연구력과 경쟁력을 향상시키고자 하였다.

　둘째, 평가결과를 활용하여 대학원 교육 및 연구의 질적 도약을 이끌어 내고자 하였다. BK21 플러스 평가지표는 각 대학이 연구중심대학으로서의 기반을 갖추고 있는지 여부와 창의인재를 길러 낼 수 있는 역량을 얼마나 보유하고 있는지를 측정하기 위한 지표들로 구성되었다. 이에 따라 평가 결과를 바탕으로 각 대학이 미흡한 부분을 보완하여 대학의 교육력과 연구력을 한 층 더 강화하게끔 유도하였다. 즉, 평가라는 도구를 활용하여 대학의 현황을 객관적으로 진단하고 그 결과를 공개함으로써 향후 대학이 교육력과 연구력을 제고하기 위하여 나아가야 할 방향을 구상하는 데 유의미한 정보를 제공하였다.

　셋째, 우수 성과를 확산시키고 정보 공유를 강화하는 데 활용되었다. 한국연구재단은 2015년에 실시된 BK21 플러스 사업 중간평가 결과를 바탕으로 교육부문 성과와 연구부문 성과를 종합적으로 평가해 총 26개 사업단(팀)을 우수 사업단으로 선정하여 시상하였다(교육부 · 한국연구재단, 2016. 9.). 중간평가에서 우수한 결과를 거둔 상위 사업단(팀)은 성과 발표를 통해 하위 및 신규 사업단에게 성과창출 모델을 안내하고 정보를 공유하여 전체 참여 대학의 연구역량의 질적 제고를 도모하고자 하였다(교육부, 2015. 12. 23.). 그 밖에도 BK21 플러스 사업은 지속적으로 웹진(Web-zine)을 발간하여 우수성과를 공유하고 확산하기 위한 체계를 안정화하기 위해 노력하고 있다. 뿐만 아니라, 학문 분야별로 BK21 플러스 사업단장 협의회 대표단을 운영하여 학문 분야별, 지역별 정보를 교환하고 있다.

이 외에도 평가결과를 공유함으로써 자원 낭비를 최소화할 수 있다. 정부는 중간평가와 종합평가를 제외하고 매년 실시되는 연차평가를 컨설팅 중심으로 약식 진행하고 있다. 컨설팅은 사업단 운영 컨설팅 부문과 행 · 재정 컨설팅 부문으로 나뉘어 진행되는데, 사업단 운영 컨설팅을 통해 사업단끼리 사업 운영 전반에 관한 정보를 공유할 수 있어 불필요한 시행착오를 예방하는 효과를 거두고 있다. 뿐만 아니라, 행 · 재정 컨설팅 결과를 바탕으로 BK21 플러스 사업 현장점검 사례집을 발행하여 사업 담당자의 단순 행정 실수로 자원이 낭비되는 것을 최소화하는 데 활용하고 있다(교육부 · 한국연구재단, 2016. 9.).

넷째, 전반적인 BK21 플러스 사업의 효과적이고 발전적인 방향을 모색하는 데 활용될 수 있다. 특히 2015년에 실시된 중간평가는 BK21 플러스 사업이 시작된 지 3년이 경과된 시점에서 이루어진 평가이기 때문에 사업이 안정적인 기반을 갖춘 채 효과적으로 운영되고 있는지, 사업 전반의 효과에 대해 점검해 볼 수 있는 계기가 될 수 있다. 각 대학의 평가 결과를 바탕으로 전반적인 BK 사업의 추진 상황을 점검하며, 사업 운영과정에서의 문제점을 발견하고 이에 대한 해결방안을 모색하여 사업의 효과적인 추진방향을 모색하는 데 활용할 수 있는 것이다. 뿐만 아니라, 안정적이고 지속적인 연구 성과 창출과 우수인력 양성을 위한 토대를 구축하는 데에도 평가 결과를 활용할 수 있다.

다섯째, 홍보 및 위상 제고 용도로 평가 결과를 활용할 수 있다. 우수 사례 및 수기를 홍보함으로써, 교육부와 한국연구재단의 경우에는 BK21 플러스 사업에 대한 국민의 관심을 유도하고 긍정적인 인식을 제고하는 데 평가 결과를 활용할 수 있다. 대학의 경우에도 BK21 사업 수혜 대학이라는 대외 홍보 효과를 통해 참여 대학의 위상을 높일 수 있다(김병주, 2007).

6 평가 성과 및 개선방안

1) 평가성과

2013년부터 진행되어 온 BK21 플러스 평가는 현재 진행 중이므로 BK21 플러스 평가의 성과를 정확히 분석하기에는 한계가 있다. 이에 따라 이전에 실시된 1, 2단계 BK21 평가를 포함하여 BK21 평가의 전반적인 성과를 논의하고자 한다. 이와 관련하여 한유경 외(2016)는 2단계 BK21 사업의 성과와 개선방향을 탐색하고자 2단계 BK21 사업 전문가(고등교육 전문가, BK21 참여교수, BK21 운영위원, 교육부 관련 전문가) 25명을 대상으로 델파이 조사를 실시한 바 있어 주목할 만하다. 조사 결과, 전문가들은 '대학원생의 연구 역량 강화', '연구 성과의 양적·질적 향상', '대학의 연구력 향상 및 연구중심 대학의 기반 강화'를 BK21 평가의 성과로 인식하고 있었다. 이를 중심으로 BK21 평가의 성과를 상세히 논의하면 다음과 같다.

첫째, 대학 내부에 면학 분위기를 조성하고 신진연구인력의 연구 의욕을 고취시켰다(김병주, 2007). 17년간 지속되고 있는 BK21 사업은 대학원생들에게 연구 장학금을 지원함으로써 우수대학원생들이 학업에 전념할 수 있는 안정적인 여건을 조성하였다. 1단계 BK21 사업에서 7년간 1조 4천억 원을 투자하여 3만 5천여 명의 석·박사 고급 인력을 배출하였다(교육인적자원부, 2007). 또한 2단계 BK21 사업을 통해 7년간 1조 8천억 원을 투자하여 4만 1천 명이 석·박사 학위를 취득하였다(교육부, 2016). 현재 진행 중인 BK21 플러스 사업에서도 연간 2,700억 원을 투자하고 있으며 15,500여 명의 신진연구인력을 지원하고 있어 학문후속세대가 연구에 몰두할 수 있는 환경을 조성하고자 노력하고 있다(교육부, 2014. 3.). 유현숙 외(2006)에 따르면 '장학금 혜택으로 안정적 연구에 기여했는가?'라는 질문에 사업 참여교수는 리커트 5점 척도를 기준으로 평균 4.25점, 참여학생의 경우에는 평균 4.03점의 높은 만족도를 보였다. 이를 통해서도 알 수 있듯이 BK21 사업은 학문후속세대 및 신진연구인력에게 연구 장학금을 지급함으로써 대학 내부에 안정적인 연구 분위기를 조성하였고 더 나아가 학문후속세대 양성에 기여하였다고 볼 수 있다.

둘째, SCI급 논문 수가 급증하고 IF 지수가 향상되는 등 국내 대학원의 연구역량을 향상시켰다. 교육과학기술부(2012. 9. 4.)에 따르면 2006년부터 2012년까지 진행된 2단계 BK21 사업 결과 과학기술분야 SCI(E)급 논문 수는 '참여교수'의 논문 실적은 ('06년) 20,418건 → ('11년) 23,619건으로 15.7% 증가하였고, '신진연구자'의 경우 ('06년) 1,619건 → ('11년) 2,235건으로 38.1% 증가하였으며, '참여대학원생'의 논문 실적은 ('06년) 8,976건 →

('11년) 14,613건으로 62.8% 증가하였다. 질적인 측면에서도 과학기술분야의 발표논문 1건당 IF(Impact Factor, 인용지수)는 참여교수의 경우 2.17('06년)에서 2.98('11년)로 37.3%, 참여대학원생의 경우 2.08('06년)에서 2.97('11년)로 42.8%, 신진연구자의 경우 2.32('06년)에서 3.04('11년)로 지난 6년간 31% 증가한 것으로 나타났다. 이러한 양상은 BK21 플러스 사업에서도 이어져 BK21 플러스 사업 참여 대학원생 논문 1건당 피인용 지수인 IF 지수는 2013년 선정평가 당시 3.02이었던 것에 반해, 2015년 3.50으로 나타나 2013년 대비 15.8% 증가한 것으로 밝혀졌다(교육부, 2015. 12. 23.). 이에 따라 2단계에 걸친 BK21 사업과 현재 진행 중인 BK21 플러스 사업이 대학원생뿐만 아니라 국내 대학원의 전체적인 연구역량을 향상시키는 데 기여한 것으로 볼 수 있다.

셋째, 인력 양성 측면에서 대학원생의 취업률을 높이는 데에도 긍정적인 영향을 주었다. 서영인·김미란(2015)은 대학정보공시 자료와 BK21 플러스 사업의 중간 평가 공통지표를 활용하여 BK21 사업 성과를 평가한 바 있다. 연구 결과, BK21 플러스 사업 수혜 대학의 대학원생 취업률이 유의하게 높은 것으로 나타났다. 취업률에 관한 성과는 2단계 BK21 사업에서도 찾아볼 수 있다. 교육부(2012. 9. 4.)에 따르면 전체 대학원생의 평균 취업률은 78% 수준인 것에 반해 2단계 BK21 사업 참여 대학원생의 취업률은 평균 90% 이상으로 드러나 BK21 사업이 사회가 요구하는 적절한 인재를 양성하는 데 기여하고 있다고 평가하였다. 이와 같은 사실은 2단계 BK21 사업 수혜 인력의 노동시장 이행과정 및 성과를 분석한 송창용·손유미(2010)의 연구에서도 밝혀진 바가 있다. 이와 같이 BK21 사업은 사회의 필요에 적합한 인력을 양성하여 사업의 성과를 다시 사회에 환원하고 있는 것으로 보인다.

넷째, 대학과 기업 간의 산학협력을 촉진하는 역할을 수행하였다. BK21 플러스 사업에서 건설 패널에 선정된 KAIST '창조적 사회기반시스템기술 사업단'의 경우, IT, BT 기술 기반 융복합 연구를 바탕으로 사우디아라비아 국영석유기업인 사우디 아람코, Microsoft사 등 해외 기업과 공동 연구를 수행하는 등 국내외 산학협력에서 우수한 성과를 거둔 것으로 알려졌다(교육부, 2015. 12. 23.). 이 외에도 특허 및 기술이전에서도 높은 성과를 보였는데, 교육부·한국연구재단(2016)에 따르면 2단계 BK21 사업 성과로 2012년 대학에서 기업으로의 지식 이전이 세계 10위권에 도달한 것으로 나타났다. 더불어, 대학 보유 기술 민간 이전 비율이 2004년 10.1%이었던 것에 반해, 2단계 사업이 마무리되는 시점인 2012년에는 20%로 향상된 것으로 밝혀졌다. 연차별 기술료 수입 실적의 경우에는 2단계 사업 1차년도에는 8,813백만 원이었던 것에 반해, 6차년도에는 20,668백만 원으로 234.5% 증가한 것으로 나타났다(교육과학기술부, 2012. 9. 4.).

2) 평가 개선방안

지금까지 BK21 평가 배경 및 변천 과정, 목적 및 의의, 영역 및 지표, 과정 및 방법, 결과 활용, 성과를 논의하였다. 이상 논의한 내용을 바탕으로 평가목적, 평가 영역 및 지표, 평가 과정 측면에서 BK21 평가가 노정한 한계를 짚어 보고, 이를 근거로 개선방안을 논의하면 다음과 같다.

(1) 평가목적 측면: '수월성'과 '지방화'의 병행 가능성 재검토해야

평가목적 측면에서 볼 때 BK21 평가는 사업의 성격과 목표를 보다 명확하게 할 필요가 있다. 앞서 평가 의의에서도 언급했듯 BK21 사업은 '대학원'에 관한 사업이라 하여 '연구중심대학 기반 강화 및 글로벌 역량 제고'과 '지방대학원의 교육 · 연구 역량 강화'라는 다소 상반된 두 가지 세부 목표를 함께 추구하고 있다. 하지만 전체적인 BK21 사업의 성격을 놓고 냉철하게 판단한다면, BK21 사업은 선택과 집중의 전략을 기반으로 대학원의 교육력과 연구력을 강화하려는 사업으로 지방대학 육성과는 다소 거리가 있는 사업이다.

BK21 플러스 사업에서는 지방대학원의 교육 및 연구 역량을 강화하기 위하여 전체 예산의 35% 내외, 전체 사업단(팀)의 45% 내외로 지방대학에 대한 지원 비중을 설정함으로써 이전 BK 사업[예산: 25%, 사업단(팀) 비중: 37%]이나 WCU 사업[예산: 19%, 사업단(팀) 비중: 24%]에 비해 지방대학에 대한 지원 비율을 높였다. 이에 따라 사업 선정 시 수도권 대학에 대한 역차별 논란이 제기되기도 하였다. 그러나 지방대학의 경우 '선정평가'에 제시된 기준이 재정구조 및 대학원생의 수준을 고려했을 때 문턱 자체가 높아, 대부분의 지방대학의 경우 지원할 엄두를 내지 못하는 경우가 많았다. 이에 신청 조건을 갖춘 일부 지방대학만 사업에 지원하게 되고, BK 사업에 지원한 지방대학의 경우에는 모두 선정되는 결과를 가져왔다. 단적인 예로, 미래기반창의인재양성형의 기타중점분야의 경우, 전국에서 5개 사업단을, 지역에서 4개 사업단을 선정하였는데, 전국단위에서는 10개 사업단이 지원하여 절반 가까이 탈락하였지만, 지역단위에서는 2개 사업단만 신청하여 모두 선정되었다(서울대 대학신문, 2013. 9. 18.). 이는 수도권 대학에 대한 역차별 논란과 동시에 지방대학들 사이의 연구 및 교육력 차이의 심화를 불러오는 문제를 야기하였다.

따라서 BK 사업이 지향하는 바를 보다 명확하게 설정하고 그에 맞게 평가체계를 정비할 필요가 있다. BK 사업 목적이 '대학원의 교육 및 연구 경쟁력'을 강화하는 데 있다면, '지방대학원 육성 정책'은 대학특성화(CK) 사업이나 2004년부터 2013년까지 추진된 지방연구중심대학 육성사업과 같이 별도로 독립시키는 편이 보다 적절해 보인다. 현재와 같이 '지방대학원 경쟁력 강화'와 '세계수준의 연구중심대학의 육성'이라는 목표가 공존할 경우, 최초 목표한 바대로 '선택과 집중' 원칙은 힘을 잃을 수밖에 없는 구조이기 때문이다.

(2) 평가 영역 및 지표 측면: 정성지표 산출 방식의 정교화 꾀해야

평가 영역 및 지표 측면에서 볼 때 평가기준을 보다 명확하게 정립하여 정성평가의 객관성을 제고하여야 한다. 개선된 평가기준안의 경우에는 양적 지표 위주 평가 방식에서 벗어나 질적 수준을 평가하고 제고하겠다는 좋은 취지하에 보완되었다. 하지만 정성평가의 특성상 평가기준이 명확하게 설정되지 않을 경우 평가의 객관성에 논란이 제기될 수 있다. 예를 들어, 의학 분야의 경우 과학의 대중화, 국민건강 증진에 기여 등 학문의 사회적 기여도가 평가 지표로 제시되어 있다. 하지만 평가지표가 의도한 좋은 취지로서 평가지표가 제시되었더라도 어떤 기준과 어떤 방법으로 '사회에 대한 학문의 기여도'를 객관적으로 평가할 수 있을지에 대한 해답이 필요하다. 이에 평가지표에 의거하여 구체적으로 어떤 기준에 의해 점수를 부여할 것인지에 대한 보다 구체적인 평가기준을 공개한다면, 평가자의 주관성을 최대한 배제할 수 있으며 선정 결과에 대한 잡음을 줄일 수 있을 것이다(박남기, 2006). 즉, 타당하고 객관적인 평가가 될 수 있도록 정성평가에 대한 구체적인 평가기준을 보다 명확하게 설정할 필요가 있다.

아울러 연구의 질적인 측면을 평가하기 위한 방법을 모색하여야 한다. 현재 논문의 영향력을 나타내는 수치로 IF(Impact Factor)를 이용하고 있으나, 전 세계 과학계 유력 인사들[3]은 IF로 연구의 질과 수준을 평가하는 관행을 중단해야 한다며 2013년 5월 '연구 평가에 관한 샌프란시스코 선언(San Francisco declaration on research assessment)'을 발표하기도 하였다. 이들의 주장에 따르면 톰슨로이터스사 IF의 경우 원래 도서관에서 어떤 학술지를 구입하는 것이 좋을지 판단하기 위한 도구로 개발된 것일 뿐, 논문의 과학적 질을 평가하는 수단으로 개발된 것이 아니라는 지적이었다(연합뉴스, 2013. 5. 20). 다시 말

---

3) 폴 너스 영국 왕립학회장, 브루스 앨버츠 사이언스 편집장 등 전세계 과학계 유력인사 155명과 미국 과학진흥협회(AAAS), 미국국립과학회보(PNAS), 미국 세포생물학회(ASCB) 등 78개 기관·단체·학술지는 '연구 평가에 관한 샌프란시스코 선언(San Francisco Declaration on Research Assessment)'을 통해 IF(Impact Factor)로 연구의 수준을 평가하는 관행을 중지해야 한다고 발표했다(연합뉴스, 2013. 5. 20.).

해, IF는 세계의 수많은 학술지의 우열을 가리는 데 적합한 지수이지, 연구자 개인의 연구력 평가에는 부적절하다는 것이다. IF 지수에 대한 논란은 국내 학계에서도 여러 차례 제기된 바가 있다. IF는 학문 간 특성을 고려치 않아 상호 비교가 어려우며, 많은 참고문헌을 포함하는 해설논문을 출판하는 학술지가 높은 IF를 나타내는 경향이 있다는 지적이었다(교수신문, 2013. 6. 10.; 2013. 6. 18.; 2013. 6. 24.; 2013. 7. 1.).

따라서 포럼이나 전문가 간담회를 개최하여 IF 이외에 연구의 질적 수준을 검증할 수 있는 평가 방법을 도입하기 위한 노력을 시도하여야 한다. 즉, 모든 분야의 논문 영향력을 IF로 평가하려고 하기보다는 각 학문 분야별 특성을 고려하여 논문의 질적인 수준 및 영향력을 어떻게 평가할 것인지 다원화된 평가기준을 고민하여야 할 것이다. 예컨대 IF를 보완 또는 대체하는 다양한 학술지 지수[4](SJR2, SNIP2, H index 등)를 도입하는 등 다차원적인 평가를 위해 노력할 필요가 있다(교수신문, 2013. 6. 10.). 이와 같은 노력을 통해 보다 타당한 평가가 이루어질 수 있을 것이며, BK21 플러스 사업을 통해 국내 대학원이 교육 및 연구 경쟁력을 강화하여 창조경제를 이끌어 갈 창의인재를 양성하는 데 기여할 수 있을 것이다.

(3) 평가과정 측면: 평가과정의 투명성과 공정성 제고해야

평가과정 측면에서 평가과정의 투명성을 제고하기 위한 노력이 필요하다. BK21 플러스 사업의 경우 선정 과정의 투명성 문제가 많은 논란이 되었다. 지난 2단계 BK21 사업에서는 상호이의제기 시스템이 존재했던 것에 반해, 이번 BK21 플러스 사업의 경우에는 초기에 미래기반인재양성형 사업단 선정 과정에서 선정 여부만 발표되고 선정 사업단의 평가 점수와 신청서 등의 구체적인 정보가 공개되지 않았다. 사업계획서의 온라인 검증 시스템이 상호 간 비방과 흠집 내기 등 부작용이 극심하다는 점과 사업 아이디어 공개로 인한 지적재산 침해를 이유로 상호이의제기 기간을 두지 않기로 결정되었기 때문이다(교육부, 2013. 8.). 이에 따라 상호이의제기가 불가능하다는 점과 평가결과를 보여 주는 구체적인 정보가 제시되지 않음으로써 평가의 투명성에 대한 논란이 제기되었다(국민일보, 2013. 8. 15.).

---

4) IF를 보완하기 위하여 Scopus 데이터베이스에 등재된 학술지를 대상으로 영향력을 측정하여 발표하는 SJR2(SClmago Journal Rank), SNIP2(Source Normalized Impact per paper) 등이 제시되고 있다.

사업 선정여부는 각 대학에게 민감한 사항인 만큼 평가의 구체적인 내용을 공개하여 선정 과정의 투명성을 높이기 위해 보다 많은 노력을 기울여야 할 것으로 보인다. 선정 여부에 대한 발표뿐만 아니라 정량, 정성 평가에 대한 항목별로 해당 대학이 얻은 점수와 선정된 사업단이 얻은 점수의 평균 및 표준 편차를 공개하고, 사업계획서에 대한 종합 진단적인 평가를 제시해 줄 필요가 있다(이인수 외, 2017). 구체적인 평가내용을 공개하여 탈락한 사업단(팀)이 평가결과를 수용할 수 있게 하고, 각 사업단이 자체적으로 진단하고 미흡한 점을 보완할 수 있는 기회를 제공하여야 한다. 많은 예산을 투입하여 실시한 평가임에도 불구하고 상세 내용을 공개하지 않는 것은 사회적 낭비에 대한 지적과 투명성에 대한 논란을 불러올 수 있다는 점에서 평가의 투명성을 높이기 위해 보다 많은 고민이 필요해 보인다.

다음으로, 사업단 선정 시 연구 윤리를 중요한 평가의 잣대로 삼아야 한다. BK21 플러스 사업 기본계획에서 '국가연구개발 참여제한자'의 참여가 불가능함이 명시되어 있음에도 불구하고, 미래기반창의인재양성형 사업에서 국가연구개발 참여제한 전력이 있는 교수 혹은 참여제한자가 포함된 사업단(팀)이 선정되었다는 의혹이 제기되었다(국민일보, 2013. 10. 7.). 과거에 연구 결과를 제출하지 않고 연구비를 횡령 유용한 연구 참여자 등 비실 부리 연구 전력자가 포함된 팀이 선정되는 등 선정과정에서 '부적격' 교수를 제대로 선별하지 못해 사업단(팀) 선정 과정의 공정성 및 윤리성이 사회적으로 논란이 되었다. 이에 뒤늦게 교육부는 〈BK21 플러스 사업의 참여제한자 처리 원칙〉을 마련하였으며, 「과학기술법」을 개정하여 국가연구개발사업에 대한 참여 제한 규정을 보다 강화하였다.

사업단 선정의 공정성을 제고하고 보다 책임감 있는 연구문화를 조성하기 위하여 정부는 한국연구재단에서 교수를 대상으로 실시하고 있는 연구 윤리 과목 이수 과정 운영을 보다 강화하여야 한다. 이와 더불어 대학 내 총괄 연구윤리심의기관(Institutional Review Board: IRB)을 구성·운영하는 등 연구 윤리 규정을 강화함으로써 우리 대학사회에 성숙한 연구 윤리 문화를 만들어 가기 위해 노력하여야 한다(송기창 외, 2007). 이 외에도 국가적인 시스템 측면에서는 미래부, 환경부, 교육부 등 관련 부서들이 '국가연구개발 참여제한자'에 대한 관리 시스템을 통합하여 보다 철저하게 관리 운영할 필요가 있다.

제**7**장 정부 대학평가의 쟁점과 과제

　대학의 발전과 고등교육재정 집행의 효율화를 동시에 꾀한다는 이유로 하나둘 도입되기 시작한 대학평가는 시나브로 기하급수적으로 증가하여 대학에 심각한 부담을 지우기 시작하였다. 과거 국민의 정부 시기에는 대학평가 결과에 따라 재정을 차등 지원하는 선별지원 방식과 함께, 평가결과에 관계없이 학생 수, 교원 수 등 학교 규모를 고려하여 재정이 지원되는 일반재정지원 방식이 병존하였으나, IMF 여파로 보다 대대적인 대학 구조개혁의 필요성을 절감하였던 참여정부 시기부터 일반재정지원 방식이 사라지게 되었다. 그리고 학령인구 감소에 따른 대학 입학정원 미달이 점차 현실화되자 박근혜 정부 시기에는 대학의 구조개혁 실적을 모든 대학 재정지원사업 평가와 연계하여 실시하기에 이르렀다. 과거 반값등록금 논쟁이 사회적으로 불거진 이후로 등록금 인상에 사실상 제약이 있는 대학 입장에서는 추가 재원을 확보하기 위하여 대학 재정지원사업 선정에 사활을 걸어야 하는 상황인데, 대학 구조개혁 실적과 연계되어 평가되는 구조이기 때문에 대학의 수준을 질적으로 제고하는 동시에 양적 감축을 모색해야 하는 역설적인 상황을 경험하고 있다.

　지금까지 이 책에서 살펴본 대학 자율역량 강화 지원 사업(이하 ACE 사업), 사회맞춤형 산학협력 선도대학 육성사업(이하 LINC 사업), 지방대학 특성화 사업(이하 CK-I 사업), 수도권 특성화 사업(이하 CK-II 사업), 대학구조개혁평가, 산업연계 교육활성화 선도대학 지원사업(이하 PRIME 사업), 두뇌한국 21 플러스 사업(이하 BK 사업)은 모두 대학의 구조개혁 실적에 따라 행·재정적 인센티브와 패널티가 차등 적용되는 구조로 운영되고 있는 대표적인 정부 주도형 대학평가이다. 사업이 시행된 지 2년이 채 되지 않았거나 예산 규모가 다른 재정지원사업에 비해 작아 이 책에서 다루지는 않았지만, PRIME 사업과 함께 그 시행계획이 발표된 대학 인문역량 강화사업(이하 CORE 사업)과 평생교육 단과대학 지원사업도 대학 입학자원 감소와 대학등록금 동결로 재정난이 가시화되고 있는 대학 차원에서 외면하기 어려운 대학 재정지원사업에 해당한다. 이처럼 4년제 대학을 대상으로 실시되고 있는 평가를 모두 합치면 그 수는 8개에 이른다.

그런데 문제는 이러한 대학평가마다 정책목표가 상이하게 제시되었음에도 불구하고 평가 영역 및 지표나 평가 과정 및 방법, 평가 결과 활용 방식 등이 대동소이하다는 데 있다. 박주호 외(2013)는 이와 같은 대학평가의 현실은 '노력하는 대학'이 아닌 '이미 자리 잡은 대학'에 보다 유리하게 작용할 수밖에 없어 실제로 중복 수혜의 문제를 낳고 있다고 지적한 바 있다. 교육부 역시도 문제의식을 느끼고 2016년 7월 「대학재정지원사업 개편 방안(시안)」을 발표하여 산발적으로 운영되고 있는 대학 재정지원사업 구조를 대대적으로 개편할 계획에 있음을 시사하였다(교육부, 2016. 7. 15.). 이에 따라 2016년 9월에는 전국교수노동조합·민주사회를 위한 변호사 모임·도종환 국회의원이 공동주최하여 교육부의 재정지원사업 문제에 대한 대학구성원 토론회가 개최되었고, 10월에는 한국대학교육협의회 고등교육연구소와 영남대학교 고등교육정책연구소(교육부 지정)가 공동주최하여 대학 재정지원사업의 개선 방향과 과제에 대한 탐색이 이루어지는 등 대학 재정지원사업의 개편 방향에 대한 논의가 사회적으로 뜨겁게 일었다. 이하 본문 역시 이러한 사회적 논의의 연장선상에서 앞서 논의한 정부 주도형 대학평가의 내용을 반추하고 향후 나아가야 할 방향과 과제를 탐색하고자 한다.

1 평가의 방향과 배경 논리

1) 평가방향

앞서 이 책에서 논의한 6개 대학평가 가운데 가장 먼저 실시된 평가는 BK 평가였다. 문민정부 당시 대통령자문기구였던 교육개혁위원회는 1997년 6월 『세계화·정보화 시대를 주도하는 新교육체제 수립을 위한 교육개혁방안(IV)』 문서를 통해 '연구중심대학의 집중 육성'과 '인재양성의 지방화 체제 구축'을 제안하였다. 정권 말기에 발표되어 그 실현 가능성이 불투명하였으나, 다행히도 그 기조는 국민의 정부에 일부 계승되고 참여정부에 이르러 온전히 계승되었다. 국민의 정부 시기인 1999년 10월에는 1단계 BK 사업 시행계획이 발표되고 사업 목적에 따른 선정평가가 실시되었는데, 국가 경쟁력과 직결되는 핵심육성분야(자연과학 분야), 국내 산업계의 고부가가치화에 기여하는 자율특화분야, 학문의 균형 발전을 위해 필요하나 현실적으로 소외되는 기초과학분야(인문사회과학 분야)를 고루 지원한다고 밝혀 '연구중심대학의 집중 육성'을 위한 첫 발을 내디뎠다. 이후 참여정부 시기인 2006년 1월에는 2단계 BK 사업 기본계획이 발표되었는데, 세계 수준의 연구중심대학을 육성함과 동시에 지역혁신을 선도할 지방대학원을 육성하겠다고 밝혀 '연구중심대학의 집중 육성'과 '인재양성의 지방화 체제 구축'을 동시에 꾀하였다.

한편, BK 평가와 비슷한 시기에 논의된 대학 구조개혁 평가는 문민정부 말기에 예기치 않게 찾아온 외환위기의 영향으로 시작되었다. 국민의 정부는 외환위기 극복을 위한 공공부문 개혁의 일환으로 1998년 12월 「국립대학 구조조정 계획」과 2000년 12월 「국립대학 발전계획」을 잇달아 발표하였으나, 외환위기 극복이라는 절실한 시대적 상황에도 불구하고 그 추진은 온건하여 별다른 성과를 거두지 못하였다. 이에 참여정부 시기에는 국민의 정부 시기 미진하였던 구조개혁 성과를 높이고자 국·공립대학뿐만 아니라 사립대학까지 강도 높은 구조개혁을 실시하였고, 이명박 정부와 박근혜 정부 시기에는 저출산에 따른 학령인구 감소와 대학 입학자원 감소로 고등교육 현장에 발생할 혼란에 선제 대응한다는 논리로 국·공립대학과 사립대학을 막론한 대학 구조개혁을 추진하였다. 이처럼 정부의 구조개혁 평가는 정권별로 이를 추진하는 방법론상의 차이가 있었으나, 기본적으로 대학 체제의 양적 감축과 대학교육의 질적 개선을 동시에 꾀하고자 한 점은 유사하다.

이후에 등장한 대학 재정지원사업 평가는 ACE 평가와 CK 평가였다. 문민정부 시기부터 고등교육에 대한 중앙정부의 투자 규모는 점진적으로 확대되어 왔고, 특히 참여정부 시기에 이르러서는 국가가 고등교육에 더 많은 재정을 투자하여야 한다는 사회적 요구가 정책 의제로 전환되어 「고등교육의 전략적 발전방안」(2007. 6.)이 발표되었다. 해당 문서를 통해 교육인적자원부는 다섯 가지 정책과제를 제시하였고, 이 가운데 교육력과 산업현장 적합성이 높은 대학을 지원하겠다는 세 번째 정책과제가 이후 ACE 평가와 CK 평가의 골격이 되었다. 최초에 ACE+ 평가와 CK 평가는 우수인력양성대학 교육역량강화 사업 아래 묶여 있었으나 2014년을 기점으로 분리되었다. ACE+ 평가는 교육력과 산업현장 적합성이 높은 대학을 지원한다는 목표 중에서 대학의 교육력을 강화하는 데 목적을 두고 실시되었고, CK 평가는 대학의 특성화 기반을 조성하여 산업현장 적합성을 높이는 데 목적을 두고 지방대학을 대상으로 한 CK-I 평가와 수도권 대학을 대상으로 한 CK-II 평가로 구분하여 추진되었다.

이어서 LINC 평가와 PRIME 평가는 각각 2011년과 2015년에 등장하였다. 산학협력을 위한 중앙정부의 재정 지원은 그 이전부터 지속되어 왔으나, 다수 정부부처에서 별도의 조정 과정 없이 개별적으로 사업을 추진해 온 탓에 사업의 지속성과 효율성이 담보되지 못한 측면이 컸다. 이에 2011년에는 기존의 산학협력 중심대학 육성사업, 지역거점연구단 육성사업, 광역경제권 선도산업 인재양성 사업을 LINC 사업으로 통합하여 운영하기 시작하였고, 2015년에는 대학이 보다 산업 수요를 반영한 학사구조를 갖출 수 있도록 유도한다는 목적으로 LINC 사업과 맞먹는 규모로 PRIME 사업을 신설하였다. 한편, 교육부는 2017년부터 기존 LINC 사업을 LINC+ 사업으로 확대 개편하여 운영 중인데, 기존 LINC 사업에서 '기술혁신형'과 '현장밀착형'으로 사업 유형을 구분하던 방식에서 '산학협력 고도화형'과 '사회맞춤형 학과 중점형'으로 구분하는 방식으로 변경되었다. 사회맞춤형 학과 중점형이라는 용어에서 나타나듯 새롭게 개편된 LINC+ 사업은 PRIME 사업과 추진 방향에서 결정적인 차이를 보이지 않는다.

2) 평가배경 논리

전술한 6개 대학평가의 배경 논리는 크게 세 가지로 정리된다. 첫 번째 배경 논리는 대학 경쟁력 제고를 통하여 국가경쟁력 강화를 꾀하여야 한다는 논리이고, 두 번째는 학령인구 감소에 선제 대응하여 고등교육에 발생할 혼란을 줄여야 한다는 논리이며, 세 번째는 산업의 인력 수요와 대학의 인력 공급 간 불일치 문제를 해소하여야 한다는 논리이다.

먼저, 급변하는 세계 산업 환경과 경제 흐름 속에서 국가 경쟁력이 후퇴되지 않도록 대학 경쟁력을 지속적으로 제고해 나갈 필요성이 갈수록 높아지고 있다. 최근 학계에서는 세계 산업 환경과 경제 흐름의 급격한 변화의 물결을 비유하는 용어로 제4차 산업혁명이 자주 거론된다. 제4차 산업혁명은 쉽게 말해 초연결(hyper-connectivity)과 초지능(super-intelligence)을 특징으로 하여 인공지능(AI), 사물인터넷(IoT), 클라우드 컴퓨팅, 빅데이터, 모바일 등 지능정보기술을 기존 산업과 융합시키거나 3D 프린팅, 로봇공학, 생명공학, 나노기술 등과 같은 여러 분야의 신기술과 결합시켜 실세계 모든 제품과 서비스를 네트워크로 연결하고 사물을 지능화하는 전 세계적인 흐름을 의미한다(클라우스 슈밥, 2016). 대학은 이와 같이 갈수록 고도화되는 산업 세계에 필요한 인재를 공급할 뿐만 아니라 제4차 산업혁명의 향방을 결정짓는 고급 인력을 배출한다는 점에서 그 역할론이 갈수록 크게 대두되고 있다. 우리나라 역시도 산업 역량을 fast follower에서 frontier로 전환하기 위하여 고등교육의 혁신을 통한 인재양성 체제를 마련하겠다고 밝히며 각종 평가를 추진 중에 있다(교육부, 2015. 6.).

구체적으로 대학 경쟁력 강화 논리가 대학평가에 어떻게 투영되고 있는지를 살펴보면, 먼저 ACE 평가는 대학의 교육과정 및 학사구조 개선, 교수·학습 역량 향상, 교육환경 및 시스템 개선 등과 같은 내학의 교육역량 제고 노력이 결과적으로 학부교육 선도 모델을 창출·확산시키고 학부교육의 총체적 선진화를 가져온다고 가정한다. 대학 경쟁력 강화가 곧 국가 경쟁력 강화로 이어진다는 신념이 사업 비전도 상에 명확하게 기술되지는 않았으나, '창의적 인재양성을 위한 혁신적 대학 교육'이라는 비전에서 결국 ACE 평가가 학부교육 내실화를 통해 국가 경쟁력을 강화하는 데 최종 목적이 있음을 유추할 수 있다. 한편, BK 평가는 학부교육 내실화에 초점이 맞춰져 있는 ACE 평가와 비교할 때 대학원 교육 경쟁력 강화에 초점이 맞춰져 있어 대학원 경쟁력 강화가 곧 국가 경쟁력 강화로 직결된다는 신념이 평가 추진 배경과 목적에 직접적으로 드러난다. '창조경제 실현을 위한 석박사급 창의인재양성'으로 표현된 비전은 ACE 평가 비전보다도 인재 양성과 국가 경쟁력 간 상관관계를 직접적으로 보여 준다.

다음으로, 저출산 기조의 지속화로 학령인구가 줄어들고 대학 입학자원이 감소함에 따라 향후 고등교육 생태계에 미칠 혼란을 미연에 방지할 필요성이 갈수록 커지고 있다. 통계청이 발표한 장례인구추계 자료에 따르면 우리나라 0~14세 인구는 1970년 당시 약 1,370만 명에서 1,295만 명(1980년), 1,097만 명(1990년), 9,911만 명(2000년), 8,013만 명(2010년)으로 1970년대부터 지속적으로 감소할 것으로 예측되었으며, 15~64세 인구 역시 2010년 기준 3,885만 명을 정점으로 3,583만 명(2020년), 3,189만 명(2030년)으로 계속해서 감소할 것으로 예측되었다(강신욱, 2005: 5). 이처럼 학령인구와 대학 입학자원의 동반 감소가 일찍이 예측되고 있었음에도 불구하고, 정부는 1995년 대학설립준칙주의를 발효시켜 고등교육의 양적 팽창을 야기하였다. 결국 대학 입학자원 감소와 직결되는 15~64세 인구의 첫 감소가 예측된 2020년이 가까워져서야 정부는 대학의 구조개혁 실적과 각종 대학 재정지원사업 평가를 연계하여 강도 높은 고등교육 구조조정을 단행하고 있다.

대표적으로, 박근혜 정부 시기 추진된 1주기 대학 구조개혁 평가는 대학 입학자원 규모 전망 및 입학정원 변화 추이를 고려하여 2014년부터 2023년까지 9년간 입학정원 16만 명을 단계적으로 감축하겠다는 목표를 내세우며 대학으로 하여금 해당 대학의 특성화 계획에 근거한 대대적인 구조조정을 유도하였다. CK 평가에서도 '구조개혁을 통한 대학 체질 개선과 특성화 기반 조성'을 정책목표로 내세우며 대학의 질적 개선을 전제로 한 양적 감축을 지향하고 있으며, PRIME 평가에서도 '사회수요 중심의 자율적인 대학 체질 개선을 통해 학생의 진로역량 강화와 인력 미스매치 해소'를 정책목표로 내걸며 중장기 인력수급 전망에 근거한 사회·산업수요 중심 학사구조 개편과 정원 조정을 추진하고 있다. 한편, 그 밖의 다른 대학 재정지원사업 평가에서도 입학정원 감축 등과 같은 구조개혁 관련 지표를 가산점 지표로 적용하고 있어 학령인구 감소에 정책적으로 대응하려는 정부의 의지를 쉽게 엿볼 수 있다.

마지막으로, 산업의 인력 수요와 대학의 인력 공급 간 불일치 문제가 갈수록 심화됨에 따라 이를 해결할 필요성이 증대되고 있다. 1996년 7월 「대학설립운영규정」을 제정 · 공포하여 대학설립 예고제에서 준칙주의로 전환함에 따라 대학 수는 1995년 당시 131개교에서 2016년 기준 189개교로, 학과 수는 4,931개에서 11,329개로 폭발적으로 증가하였다. 이처럼 대학설립준칙주의는 학교의 설립 목적에 맞게 다양한 유형의 대학이 설립될 수 있도록 유도하였다는 긍정적인 측면도 존재하였으나, 대학 설립에 필요한 최소 요건만 충족하고 이후 대학을 발전적으로 이끌어 갈 역량이 부족한 대학을 양산함과 동시에 일시적으로 유행하는 학과가 무분별하게 개설되는 부작용을 낳기도 하였다. 이로 인하여 학생들은 전공을 살려 취업하는 데 어려움을 겪고 있고, 기업들은 새로 채용한 사원을 재교육하는 데 상당한 시간과 비용을 투자하고 있으며, 정부는 국가 성장 동력인 고급 인력을 확보하는 데 만성적인 어려움을 경험하고 있다. 이에 정부는 대학 재정지원사업 평가를 통해 사회가 필요로 하는 인재를 양성하는 기능을 제대로 수행할 수 있도록 유도하고 있다.

LINC 평가, CK 평가, PRIME 평가는 바로 산업 및 사회 수요에 맞게 대학 체제를 개편하려는 대표적인 대학 재정지원사업 평가에 해당한다. LINC 평가는 지역대학과 지역산업의 공생 발전을 목표로, 지역의 산업 경제와 사회 요구에 적극적으로 반응할 의지와 역량을 갖춘 대학을 지원하는 데 목적을 두고 있다. CK 평가 역시 지역의 특성과 대학의 강점 분야를 종합적으로 고려하여 대학이 자율적으로 결정한 특성화 분야를 집중 지원하는 데 목적을 두고 실시되고 있다. PRIME 평가는 사업명에서도 나타나듯 산업의 인력 수요와 대학의 인력 공급 간 불일치를 가장 적극적으로 해결하고자 하는 평가이다. PRIME 평가는 사회 수요 중심으로 학과 개편과 정원 조정을 단행하여 양적으로는 인력 미스매치를 해소하고 질적으로는 학생의 진로역량을 강화한다는 전략하에 2016년부터 시작되었다. 이 밖에 BK 평가나 대학 구조개혁 평가 역시도 국가 경쟁력 및 대학 특성화와 직결되는 학문 분야를 중심으로 행 · 재정적 인센티브 또는 패널티를 차등 적용하는 형태를 일면 띠고 있다.

② 평가의 유형 및 특징

앞서 제1장부터 제6장에 걸쳐 살펴본 ACE 평가, LINC 평가, CK 평가, 대학 구조개혁 평가, PRIME 평가, BK 평가의 주요 내용을 표로 간략하게 정리하여 제시하면 〈표 7-1〉과 같다.

〈표 7-1〉 정부의 주요 대학평가 비교

구분	ACE	LINC, LINC+	CK	대학 구조개혁	PRIME	BK
평가 변천 과정	• '10년부터 '18년까지 9년간 추진 • '18년 기준 29개교에 510억 지원	• LINC: '12년~'16년까지 5년간 추진('16년 기준 57개교 2,240억 지원) • LINC+: '17년~'21년까지 5년간 추진 예정('19년 기준 75개교 2,092억 지원)	• '14년부터 '18년까지 5년간 추진 • '17년 기준 337개 사업단, 52개 우수학과에 2,138억 지원	• 2000년 국민의 정부부터 시작돼 2018년 문재인 정부 시기 '대학 기본역량 진단'으로 명칭 변경	• '15년부터 '18년까지 3년간 추진 • '16년 기준 21개 교에 2,012억 지원	• '99년 시작돼 '13년부터 '20년까지 7년간 추진 • '19년 기준 65교, 262개 사업단, 260개 사업팀에 연간 2,725억 지원
평가 목적	• 자율·창의·다양성에 기반한 대학 교육 역량 제고	• 청년 취·창업 확대, 중소기업 혁신 지원 등 국가 경쟁력 강화 • 학생 취업난 해소 기반 구인난 해소	• 구조개혁을 통한 대학 체질 개선과 특성화 기반 조성	• 모든 대학 정원 자동 감축 • 대학 특성화와 교육 질 제고 • 지속적·체계적 구조개혁을 위한 제도 기반 구축	• 사회수요 중심의 자율적 대학 체질 개선을 통한 인력 미스매치 해소와 학생의 진로역량 강화	• 글로벌 연구중심대학 육성 • 학문 후속세대·우수 학문 후계자 양성 • 고급인력 양성 • 국내 대학 교육·연구의 질적 수준 제고
평가 영역	• 대학의 비전과 발전목표(10) • 대학 혁신 전략(40) • 종합재정 투자 계획(20) • 성과 관리 방안(30)	• LINC+ 1단계 평가 기준 • (산학협력 고도화형) Vision(35), Infra(30), Action(30), Budget(5) • (사회맞춤형 학과 중점형) 비전(10), 투입(15), 과정(30), 성과관리(15)	• 기본여건(15) • 제도 혁신 및 사업단지원 계획(15) • 특성화여건(35) • 특성화계획(35)	• 발전 계획 및 성과(2) • 교육여건 및 대학운영의 건전성(21) • 수업·교육과정 운영(20) • 학생 지원(16) • 교육 성과(16) • 전공·교양 교육과정(11) • 지역사회 협력·기여(5) • 대학 운영 건전성(9)	• 대학 여건 및 학과개편·정원조정계획(대형 42, 소형 37) • 교육과정 혁신 및 진로교육 내실화(32, 37) • 교원·인프라·하드웨어 등 대학 지원 체계(10) • 정원감소 분야에 대한 및 대학 구성원 간 합의(6) • 재정집행계획 및 적정성과 사업계획 지속가능성(10)	• (미래기반 창의인재양성형) 사업목표·구성(43), 연구역량(42), 대학(원)제도개선 및 지원(15) • (글로벌인재양성형) 교육역량(23), 연구역량(32), 해외협력·자우·지원·용·제 회(10), 대학(원)제도개선및 지원(15), 해외동료평가(20) • (특화전문인재양성형) 사업단·목표·구성(60), 창의교육·산학협력(180), 사업단지원(60)
평가 지표	• 평가영역별로 3개, 4개, 3개, 3개 지표(총 13개)	• LINC+ 1단계 평가기준 • (산학협력 고도화형) 8개 정량지표, 23개 정성지표(총 31개) • (사회맞춤형 학과 중점형) 10개 정량지표, 23개 정성지표(총 33개)	• 평가영역별로 7개, 8개, 12개, 11개 지표(사업 유형에 따라 최소 33개 최대 38개 지표 적용) • 2개 가점 지표	• 평가영역별로 1개, 5개, 2개, 4개, 3개, 2개, 1개, 2개 지표(총 27개)	• 평가영역별로 8개, 6개, 9개, 4개, 4개 지표(총 31개) • 2개 가점 지표	• (미래기반창의인재양성형) 평가영역별로 19개, 12개 지표(총 46개) • (글로벌인재양성형) 평가영역별로 21개, 15개, 2개, 12개, 3개 지표(총 53개)

구분	내용
평가 과정	• '14년 선정 대학(총 13개교): 현장평가 및 패널평가 • '15년 및 '17년 선정 대학(총 26개교): 현장평가, 현장평가 진행 • '16년 선정 대학(총 3개교): 현장평가, 패널평가, 종합 심의 • 1개 가점 지표, 감점은 대학 재정지원사업 공동 운영관리 매뉴얼 기준 준수 • 서면평가, 현장평가 진행 (사회맞춤형 서면평가는 필요시에만 현장평가 진행) • 서면평가, 발표평가 진행 • (특화전문인/체양성형) 평가 영역별로 12개, 21개, 6개 지표(총 39개) • 요건심사, 전공폐업심사(서면+발표) 진행 폐업급로별 인체양성형은 해외이동료평가 추가 실시
평가 방법	• LINC+ 1단계 평가 기준 • 권역(수도/중청/호남권 주/대/경강원/동남), 사업유형별 패널단위평가 • 선정평가 이외에도 연차·중간·종합평가 실시 • 1단계 서면평가 시 1개팀이 평가그룹 내 모든 대학의 담당 지표만 평가 • 1단계 대면평가와 2단계 평가 사이에는 대학별 교체됨으로 전체에 평가 • 세부 분야별로 패널 구성 (총 104개 패널, 788명 평가위원 참여) • 선정평가 이외에도 연차·중간·종합평가 실시 • 사업유형별 패널단위평가 (단, 2단계 평가단 구성 시 1단계 평가단 1/3 교체) • 선정평가 이외에도 연도 대학별 성과평가 실시 • 서면평가, 발표평가 진행 (현장평가는 서면평가 결과 미흡 대학에 한해 진행)
결과 활용	• '14년 선정 대학(총 13개교): 연차점검 및 종합평가 • '15년 및 '17년 선정 대학(총 26개교): 연차점검 결과는 2, 4차년도 사업계획서 및 사업 운영에 반영 • '16년 선정 대학(총 3개교): 중간평가 결과에 따라 '18년 사업비를 차등 지원하고, 향후 사업 운영 실적이 미흡한 대학은 지원 중단 가능 • 사업비 차등 지급, 재정 지원 지속 여부 결정 등 행·재정적 조치 차별 적용 • 협의회 및 사업 실무자 교육 지원 • 컨설팅단 구성·지원 • 사례집 발간 및 포럼 개최 • 평가 등급별 정원감축 비율 및 정부 재정지원의 제한 범위 자동 적용 • 컨설팅단 구성·지원 • 워크숍, 심포지엄 추진 • 하문부야별 포럼 개최

먼저, 평가목적을 살펴보면 기본적으로 대학이 수행하는 교육, 연구, 사회봉사 기능 가운데 하나 내지 두 기능을 강화하는 데 평가의 초점이 맞춰져 있음을 확인할 수 있다. 예컨대, ACE 평가는 학부 수준의 대학 교육 역량을 강화하기 위하여 추진되어 온 교육 기능 강화 사업이고, BK 평가는 대학원 수준의 대학 교육 역량과 연구 역량을 동시에 강화하기 위하여 추진되어 온 교육 및 연구 기능 강화 사업으로 이해 가능하다. 또한 LINC 평가는 학생의 취업난과 기업의 구인난이라는 사회 문제를 해결하는 데 초점이 맞춰진 사회봉사 기능 강화 사업에 가깝다. CK 평가, PRIME 평가, 대학 구조개혁 평가의 경우에는 사회 수요를 감안하여 대학의 특성화와 체질 개선을 꾀한다는 점에서 대학의 교육 기능과 사회봉사 기능을 향상시키는 데 목적을 둔 사업이라 할 수 있다.

둘째, 평가 영역 측면에서 살펴보면 명칭에 소폭 차이가 있을 뿐 공통적으로 적용되고 있는 평가영역이 많다는 점을 확인할 수 있다. 상술하면, 이들 6개 평가는 공통적으로 대학(또는 사업단)의 기본 여건, 교육과정 구성 및 운영, 교육 · 연구 지원 시스템 구축 현황 및 개선 계획, 대학(또는 사업단)의 중장기 발전계획의 우수성을 판단하기 위한 평가 영역을 두고 있다. 그 밖에 지역사회 · 기업과의 협력 현황 및 계획에 대한 평가는 ACE 평가를 제외한 나머지 5개 평가에서 실시하고 있으며, 국제화 현황 및 계획에 대한 평가는 CK 평가와 BK 평가에서 일부 사업 유형에 한하여 실시하고 있다.

셋째, 평가지표의 경우 수치로만 보면 BK 평가 지표가 가장 많고 대학 구조개혁 평가가 가장 적게 나타났다. 지표의 수를 단순히 비교하는 차원을 넘어 그 내용을 비교해 보면, 공통된 평가영역이 많은 만큼 평가지표 역시 겹치는 부분이 많다. 예컨대, 대학(또는 사업단)의 기본 여건을 측정하는 지표로 재학생 충원율, 교육비 환원율, 전임교원 확보율은 CK 평가, 대학 구조개혁 평가, PRIME 평가에 공통적으로 적용되는 지표이다. 또한 학생의 입학부터 졸업까지 학생의 진로계발 및 취 · 창업 역량 강화를 돕는 종합지원체계를 구축하고 있는지 여부와 그 계획을 묻는 지표로서 이들 평가는 각각 교육의 질 관리 체계(ACE), 진로 및 취 · 창업 역량강화 종합지원체계 구축 계획(LINC), 학생 선발 · 양성 및 진로 · 취업 질 제고 등 계획(CK), 진로 · 심리상담 · 학습 · 취업 · 창업 지원(구조개혁), 우수학생 확보 및 전주기적 지원 계획(PRIME), 진로개발 및 취 · 창업 지도 실적 및 개선 계획(BK) 지표를 두고 있다.

한편, 대학과 사업단에 대한 평가를 병행하는 LINC 평가, CK 평가, BK 평가는 대학에 대한 평가만을 진행하는 ACE 평가, 구조개혁 평가, PRIME 평가와 달리 사업단 참여 인력의 구성과 역량의 적절성을 평가하는 지표를 포함하고 있다. 특히 대학원의 교육 · 연구 역량 강화에 초점이 맞춰져 있는 BK 평가는 다른 평가와 달리 대학원생과 교수의 연구 역량을 판단하기 위한 지표를 대거 포함하고 있다는 점에서 일면 차이를 보인다. 그 밖에 평가 지표 측면에서 특기할 사항으로는 대학 구조개혁 평가와 BK 평가를 제외한 나머지 4개 평가가 모두 가점 지표를 적용하고 있다는 점이다. 4개 평가가 공통적으로 정원감축 이행 실적 및 계획에 대한 가점을 적용하였다는 점은 특기할 만하다. 이 밖에도 ACE 평가와 PRIME 평가는 대학구성원참여제 운영 시 가점을 부여하였으며, ACE 평가의 경우에는 국가장학금 II유형에 참여하는 대학에 대하여 추가 점수를 부여하였다.

넷째, 평가과정을 살펴보면 6개 평가 모두 단계평가 형태를 취하고 있음을 확인 가능하다. 평가 첫 단계에는 대학(또는 사업단)이 제출한 평가보고서를 점검하는 서면평가가 진행된다. 이후 두 번째 단계에는 대학평가 담당자와 평가 심사위원이 대면하게 되는데, 그 방식은 사업에 따라 심사위원이 대학 현장에 직접 방문하여 대학평가 담당자와의 면담을 중심으로 현장점검을 실시하는 현장평가가 진행되기도 하고, 대학(또는 사업단)이 돌아가면서 심사위원 앞에서 발표하는 발표평가가 진행되기도 한다. 세 번째 단계는 최종심의 단계로, 평가결과에 따라 각 대학에 행·재정적 조치를 차등 적용하게 된다. 이는 표의 가장 하단에 있는 평가결과 활용에 관한 내용과 이어진다. 즉, 평가 결과 활용 측면에서 보면 기본적으로 정부는 평가결과에 따라 행·재정적 인센티브 내지 패널티를 차등 적용하는 방식을 취하고 있으며, 평가결과가 미흡한 대학이 보다 발전할 수 있도록 컨설팅단을 구성·지원하거나 우수 사례를 공유·확산시키려는 노력을 기울이고 있다.

다섯째, 평가방법에 있어 정부는 6개 평가 모두 공통적으로 평가 패널을 구성하여 이를 단위로 심사를 진행하는 방식을 취하고 있다. 평가 그룹은 대학 소재 권역, 대학 규모, 학문 분야, 세부 사업 유형 등을 종합적으로 고려하여 결정되고 있다. 그리고 이들 대학을 심사할 평가단은 신청 대학 소속 교수가 해당 대학이 소속된 패널 평가위원으로 참여할 수 없다는 상피제 원칙을 적용하여 평가 성격에 부합하는 전문가들로 구성되고 있다. 이와 같은 방식으로 평가 그룹 및 패널이 결정되면 ACE 평가의 경우에는 1단계 서면평가와 2단계 현장평가 간의 연계성·연속성 담보를 위하여 동일 평가단이 1·2단계 평가를 모두 실시하게 된다. 반면, PRIME 평가는 ACE 평가와 같은 이유로 동일 평가단이 1·2단계 평가를 모두 실시하도록 하면서도 평가의 공정성을 동시에 강화하기 위하여 1단계 선정평가단의 1/3 내외를 교체하였다는 점에서 차이를 보인다. 아울러 대학 구조개혁 평가의 경우에도 기본적으로 대학별 평가팀 체제를 유지하되 1단계 서면평가 시에만 지표별 평가팀을 운영한다는 점에서 다른 평가와 차별된다.

3 성과 및 문제점

1) 성과

　정부주도 대학평가가 거둔 가장 큰 성과는 대학을 둘러싼 대내외적 환경 변화에 알맞
게 대학이 변화해 나아가야 한다는 공감대를 정부와 대학 사이에 형성하였다는 점이다.
앞서 정부 주도형 평가의 배경 논리를 살펴본 바와 같이 대학을 둘러싼 환경은 예측하
기 어려운 방향과 속도로 변화하고 있다. 전 세계가 한 번도 경험해 보지 못한 제4차 산
업혁명이라는 미증유의 시대로 빠르게 진입하고 있고, 저출산 · 고령화 현상의 지속으로
과거에 경험해 보지 못했던 인구 구조로 급격하게 재편되고 있다. 이에 따라 학생들이
지금까지 한 번도 경험해 보지 못한 변화에도 유연하게 사고하고 대처할 줄 아는 역량을
갖출 수 있도록 대학의 교육이 변화할 필요성은 더욱 높아지고 있다. 이에 대해 대학 역
시도 공감을 표하면서, 정부가 위와 같은 목적으로 대학 재정지원사업을 시행할 수밖에
없는 상황에 대해서는 이견을 보이지 않고 있다. 이처럼 불확실성이 갈수록 높아져 가는
시대적 상황은 사회와 정부와 대학으로 하여금 변화의 필요성에 대한 공감대를 형성하
는 데 일조하였다.

　두 번째로, 정부주도 대학평가는 재정지원사업과 연계되어 있어 개별 대학으로 하여
금 위기의식과 그에 따른 변화의 필요성을 느끼는 수준을 넘어서 실질적으로 변화를 향
해 움직이게 만들었다는 점에서 의의가 있다. 해방 이후 급격한 경제성장과 더불어 진
행된 대학의 양적 팽창 일변도 사업은 그동안 대학으로 하여금 대학 교육 및 연구의 질
을 높이기 위한 유인을 제공하는 데 미흡하였다. 대표적으로 대학설립준칙주의는 대학
의 자율성을 보장한다는 기조 아래 대학이 무분별하게 난립하고 팽창하는 상황을 초래
한 측면이 없지 않다. 그러나 평가 결과에 근거하여 행 · 재정적 인센티브와 제재를 차등
적용하는 방식을 통해 기존에 노정하였던 정책의 비효율성을 일부 해소하였다. 이와 관
련하여 변기용 · 배상훈 외(2015)는 학령인구 감소와 같이 대학 외부에 객관적으로 존재
하는 현실을 직시하고 이를 학내 단결을 도모하는 매개체로 적절히 활용한 대학들이 학
부교육 우수대학으로 거듭날 수 있었음을 강조한 바 있다. 이처럼 정부주도 대학평가는
학내 구성원 간에 위기의식을 공유한 대학이 교육의 질을 제고하기 위한 노력을 경주하
는 데 행 · 재정적 지원을 제공함으로써 대학 내부에서 실질적인 변화가 일어날 수 있도
록 촉진하였다.

　세 번째로, 정부주도 대학평가는 평가 지표를 중심으로 대학의 변화를 가시적으로 보

여 주는 데 성공하였다. 일반적으로 교육의 성과는 단기간에 나타나지 않기도 하고, 어떤 기준을 적용하느냐에 따라 그 성과가 다르게 산출되기도 하는 등 측정이 어려운 측면이 있다. 다만, 정부주도 대학평가의 경우 예산 배정의 목적적합성과 운용의 효율성을 제고하기 위한 차원에서 평가성과 측정이 불가피하기 때문에, 재정지원사업에 선정된 대학들은 매년 실시되는 성과평가에 대비하기 위하여 평가 지표를 중심으로 대학의 기능을 제고하는 노력을 기울이고 있다. 이에 따라 재정지원사업 가운데 가장 오래 지속된 BK 평가의 경우에는 평가 실시 이후 SCI급 논문 수가 급증하고 논문 피인용지수가 향상되는 등의 가시적인 성과를 보이고 있다. 그 밖의 다른 평가에서도 정량지표를 중심으로 대학의 변화가 축적되어 수치로 나타나고 있어, 대학평가를 통한 재정 지원의 결과로 대학이 변화하고 있음을 객관적인 수치로 내보이고 있다.

2) 문제점

정부주도 대학평가의 근본적인 문제점은 대학이 평가의 객체로 전락하였다는 데 있다. 앞서 정부주도 대학평가의 성과를 밝히며 언급한 바와 같이 정부는 예산 배정의 목적적합성과 재정 운용의 효율성을 도모하고자 대학이 수행하는 역할을 분절하여 평가를 시행하고 있다. 그러나 분절된 평가방식은 대학의 평가 부담을 가중시키고 있을 뿐만 아니라, 대학이 자체적으로 수립한 중장기 발전계획에 근거하여 전체 학과의 균형 있는 발전을 점진적으로 도모하고 대학의 전반적인 교육 여건을 개선할 여유를 충분히 보장하지 못하고 있다. 다시 말해, 재정지원을 위한 대학평가는 전반적인 교육 여건을 향상시키기 위한 개별 대학의 노력보다는 타 대학보다 평가에서 비교 우위에 오르기 위해 일부 사업단에 투자를 집중하여 특정 학과에 한한 기형적인 발전을 조장하는 측면이 있다. 이는 투자 가치가 높으나 정부주도 대학평가 지원 대상에 포함되지 못한 학과 또는 대학의 도태를 낳을 수 있다는 점에서, 학문과 고등교육 생태계의 균형 발전을 도모하겠다는 정부의 의지에 역행하는 결과를 낳을 위험이 있다.

이와 같이 대학이 평가의 객체로 전락함에 따라 파생되는 문제는 우리나라 고등교육이 나아가야 할 방향이 오롯이 정부에 의해 결정된다는 점이다. 교육부 내부에서 평가의 틀이 대부분 확정된 이후에 진행되는 공청회는 향후 평가 추진 계획을 통보하는 자리의 성격이 강하며, 대학현장의 의견이 반영될 가능성은 대폭 제한된다. 이처럼 하향식으로 평가가 추진되는 상황에서도 일부 평가는 대학사회로부터 긍정적인 반응을 얻고 있기도 하다. 대표적으로 ACE 평가는 오랜 기간 도외시되어 왔던 학부교육 영역에 주목하여 그 중요성을 대학사회에 환기시켰다는 점에서 지원 대상 대학의 만족도가 비교적 높은 편이다. 그러나 정부주도 대학평가에 대한 일반적인 반응은 평가가 추진될 수밖에 없는 대내외적 상황에는 공감하나 추진 목적에서부터 근본적인 검토가 필요하다는 쪽에 가깝다. 즉, 사회 내 다양한 수요를 감안하여 대학 체질을 개선할 필요가 있다는 점에는 공감하나, 기업에 적합한 인재를 양성하여 공급하는 등 현 사회 체제에 순응하는 인재를 양성하는 일이 대학의 존재 이유인 것처럼 규정되는 작금의 상황이 결코 바람직하다고 할 수 없다.

이처럼 대학평가 장면에서 대학이 주체로 자리 잡지 못한 역설적인 상황은 평가목표, 내용, 방법, 결과 활용 등 평가 전반에 걸쳐 다양한 쟁점을 낳고 있다. 예컨대 평가내용 측면에서 정부는 평가의 특성을 감안하여 평가 영역 및 지표 구성을 차별화함과 동시에 타당성을 확보하기 위한 노력을 기울였다고 강조한다. 그러나 대학사회는 평가 영역 및 지표 구성이 대학 고유의 특성을 반영하는 데 미흡할 뿐만 아니라, 평가 간에 중복되는 지표나 평가와 직접적인 관련이 없는 지표가 적지 않게 포함되어 있어 오히려 역효과를 낳고 있다고 반박한다. 이와 같이 대학이 평가의 주체가 아닌 대상으로만 간주되는 상황이 배태한 각종 쟁점은 이하 본문에서 보다 자세히 논의토록 하겠다.

④ 평가의 쟁점

1) 평가 방향 측면: 대학의 존재가치를 기능 중심으로 분절하는 것이 옳은가

2016년 7월 교육부는 「대학재정지원사업 개편 방안」 시안을 발표하였다. 시안을 통해 교육부는 당시 추진 중인 대학재정지원사업이 대학의 재정 확보에는 일면 기여하였으나, 정부가 사업의 목적과 방식을 결정함으로 인해 대학의 이념과 특성을 충분히 살리지 못하고 있다고 시인하였다. 이에 향후에는 개별 대학이 고유의 건학이념과 특성을 살려 발전해 나갈 수 있도록 [그림 7-1]과 같이 사업을 단계적으로 재구조화해 나가겠다고 밝혔다. 주요 사업이 종료되는 2018년 이후에는 기존 대학 재정지원사업을 통합하여 ① 연구, ② 교육(특성화), ③ 산학협력, ④ 대학자율 역량강화로 사업구조를 단순화한다는 계획이었다.

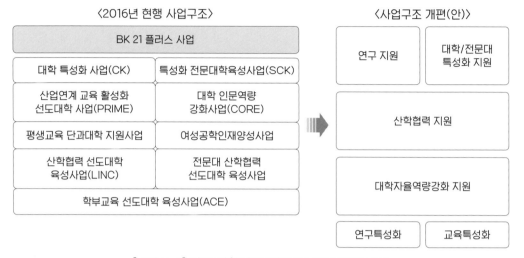

[그림 7-1] 정부 대학재정지원사업 구조 개편 방향

출처: 교육부(2016. 7. 15.).

　이에 대해 대학사회는 대체로 긍정적인 반응을 보이면서도 추가로 고려해야 할 사항을 언급하였다. 가령, 김민희 외(2016)는 대학의 고유한 기능과 역할을 중심으로 다양한 재정지원사업을 통합·조정할 필요성에 공감하며 크게 ① 교육, ② 연구, ③ 산학협력을 중심으로 사업을 단순화할 것을 제안하였다. 그러면서도 장기적인 관점에서 볼 때 대학의 가장 기본적인 역할이면서도 가장 중요한 역할인 교육 기능을 중심으로 주요 사업들이 통합되어 대학의 재정 운용 자율성을 높이는 방향으로 나아가야 한다고 제언하였다. 변기용·안세근 외(2017) 역시 교육부의 대학재정지원사업 개편 방향에 대해 기본적으로 동의를 표하면서도, 개선방안 시행의 실현가능성을 높이기 위한 차원에서 다섯 가지 개편 방안을 제시하고 각 방안별로 장·단점을 논의한 바 있다. 이 가운데 5번째 안으로 제시한 일반재정 지원사업 신설(경상비 지원) 안은 김민희 외(2016)가 장기적인 관점에서 나아가야 할 방향으로 제시한 안과 상당 부분 유사하다.

　한편, 전국교수노동조합, 민주사회를 위한 변호사 모임, 도종환 국회의원이 공동주최한 교육부 재정지원사업 문제에 대한 대학구성원 토론회에서는 교육부의 개편안을 비관적으로 바라보는 시선이 그대로 나타났다. 일부 재정지원사업이 흡수·통합되어 크게 개선된 듯 보이지만, 개편안 역시 대학의 존재가치를 기능 중심으로 분절하고 있다는 점에서 이전과 다를 바 없다는 비판이 제기되었다. 이처럼 교육부의 개편안에 대한 반응의 온도차는 존재하지만, 이들이 공통적으로 주창하는 바는 대학의 존재가치를 기능 중심으로 분절하여 재정지원사업을 실시하는 방식을 지양하고 궁극에 가서는 대학이 자체적으로 수립한 중장기 발전계획에 근거하여 대학 단위 재정 지원이 이루어져야 한다는 점이다.

이에 문재인 정부는 [그림 7-2]와 같이 박근혜 정부 시절 ① 연구, ② 교육/특성화, ③ 산학협력, ④ 대학자율역량강화로 사업 구조를 단순화한다는 계획을 부분 수정하여 연구 및 산학협력 관련 사업만 특수목적지원사업으로 운영하고 교육/특성화 및 대학자율역량강화 관련 사업을 일반지원사업으로 통합·전환하겠다고 밝혔다. 이는 한편으로 특수목적지원사업 대부분을 일반지원사업으로 통합하여 대학의 존재가치를 기능 중심으로 분절하는 문제점을 해소하려는 노력을 기울였다는 점에서 일면 긍정적으로 평가할 만하다. 그러나 다른 한편에서 대학교육연구소(2017. 12. 5.)는 ACE(2018년 예산 740억 원), PRIME(1,482억 원), CORE(425억 원), WE-UP(38억 원) 사업을 일반지원사업으로 전환하고 100개 내외 대학에 대학당 20~50억 원을 지원한다는 교육부 계획에 근거할 때 관련 예산은 3~4천억 원에 불과하여 입학금 폐지에 따른 사립대 재정 감소액을 상쇄할 만큼 일반재정지원사업이 안정적 재정지원책으로서 기능하지 못할 가능성이 높다고 우려를 표하였다. 송기창(2017) 역시 고등교육재정교부금제도와 같이 일반재정지원사업 예산을 안정적으로 뒷받침할 제도적 장치를 마련하지 않는 한 대학의 존재가치를 기능 중심으로 분절하여 접근하는 과거 관점으로 회귀할 가능성은 얼마든지 열려 있다고 지적하였다.

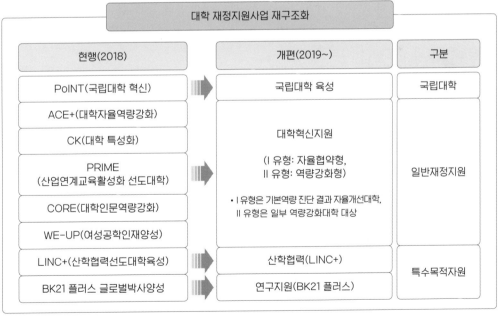

[그림 7-2] 문재인 정부 대학재정지원사업 구조 개편 방향

출처: 교육부(2018. 3.).

2) 평가내용 측면: 평가 유형별로 평가 지표를 완전히 차별화할 수 있는가

전술한 바와 같이 정부는 평가별 지표를 구성하여 각종 재정지원사업을 시행 중에 있다. 이에 대해 정부는 평가 관련 전문가를 섭외하여 평가목적을 달성하는 데 적합한 지표를 고안하고, 전문가협의회와 공청회 등과 같은 여론 수렴 과정을 거쳐 현재의 재정지원사업을 시행하고 있다고 말한다. 그러나 여러 선행연구에서는 평가지표에 대한 여론 수렴 과정을 거쳤다고는 하나 여전히 대학의 특성이 충분히 반영되지 못하고 있다고 지적하면서, 평가 내용과 관련된 여러 문제점을 지적한 바 있다.

관련 선행연구에서 공통적으로 지적된 문제점을 유목화하면 크게 네 가지로 요약된다 (김미란 외, 2014; 김민희 외, 2016; 박주호 외, 2013; 변기용 외, 2016; 서영인 외, 2014; 한유경 외, 2010). 첫째는 평가별 지표의 중복에 관한 문제로, 평가별 목표가 상이함에도 불구하고 평가 간 지표가 유사하여 중복 수혜 문제를 낳고 있다는 지적이다. 둘째는 정량지표에 관한 문제로, 정량지표 비중이 과도하고, 투입과 산출에 관한 지표 위주로 구성되어 있다는 지적이다. 셋째는 정성지표에 관한 문제로, 정성지표의 객관성이 떨어져 보완이 필요하다는 지적이다. 넷째는 가산점 지표에 관한 문제로, 사업과 무관한 지표가 정책 간 연계성을 높인다는 이유로 포함되어 있다는 지적이다. 이 가운데 평가별 지표의 중복 문제는 대학이라는 한 기관을 교육, 연구, 특성화, 산학협력 등과 같은 기능 중심으로 분절하여 평가하려고 했기 때문에 필연적으로 발생할 수밖에 없었던 문제였다는 점에서 더욱 주목할 필요가 있다.

〈표 7-2〉 평가별 지표 비교

구분		ACE	LINC	CK	구조개혁	PRIME	BK
기본여건				등록금 부담 완화 지수			
		교육비 환원율		(합)재학생 충원율	학생 충원율	재학생 충원율	
			학생 1인당 교육비	교육비 환원율	교육비 환원율	교육비 환원율	
			채용형 산학협력중점교수 현황	(합)전임교원 확보율	전임교원 확보율	전임교원 확보율	전임교수 담당 대학원 강의비율
					교사 확보율		
					(합)재정·회계·법인채무성		
				특성화분야 전임교원 강의비율			
			교원확보의 적절성			대학 여건 개선효과	
						우수교원 확보 계획	
			(합)교원 인사규정 및 업적 평가 개선 계획			교원업적평가 반영 현황 및 개선 계획	
			공간 및 장비활용 계획의 적절성			공간 재배치 계획	
						시설 확충 타당성, 활용 적합성	
						실험실습기자재 확보 현황 및 계획	
							대학원 교육/연구 여건 개선 계획
							연구윤리 확보 계획
교육과정/학사관리		학부교육 여건 개선		(합)학부교육/특성화분야 여건 개선 계획			
		(합)교양 교육과정			교양 교육과정		
		(합)전공 교육과정	(합)현장실습/캡스톤디자인 이수학생 비율	전공교과 질 제고 위한 행·재정 지원 계획	전공 교육과정		
			사회맞춤형학과(정규) 운영 실적				
		(합)비교과 교육과정					

교수학습지원체계					
	(함)산학협력 및 진로취업형 교육과정 개편 및 운영 계획	(함)특성화형 교육과정 구성·운영 실적 및 계획		사회변화·산업수요 반영 교육과정 운영 실적 및 계획	교과과정 구성·운영 계획
	특화인재양성을 위한 융·복합분야 등 교육과정 운영				
학사관리 및 교육과정 운영		학사관리 및 교육과정 운영		진로 맞춤형 교육과정 혁신 계획	
			교육과정·강의개선	교육과정 내실화 실적 및 계획	
(함)교육의 질 관리 체계		학부교육 내실화 및 체계적 학사관리	(함)수업관리 및 학생평가		
			교육 수요자 만족도 관리		
(함)학사제도 개선 및 구조 개편 등 실적·계획	(함)학사제도 개선 및 구조 개편 등 실적·계획	학사구조 개편 및 구조개혁 등 실적		엄격한 학사관리 및 제도 내실화 방안	대학원 중심 학사구조 개편 / (함)학사관리 현황 및 개선 계획
(함)학생지도 내실화	교육·제조·응·연계 통한 진로 및 취업률 관리 계획	학생 선발·양성 및 진로·취업 질 제고 계획	진로·심리 상담 지원	우수학생 확보 및 전주기적 지원계획	(함)우수대학원생/신진연구 인력 확보·배출·지원 계획
	사회맞춤형 교육과정에 부합되는 학생선발 계획				
	(함)진로 및 취·창업 역량 강화 종합지원체계 구축 계획	(함)교수학습 및 학생지원 실적·계획	진로·심리 상담 지원	진로개발 지원체계 구축 및 학습 계획	진로개발 및 취·창업지도 실적 및 개선 계획
(함)교수·학습 지원 체계	교수학습 지원 체계의 우수성		학습역량 지원	학습(전공)선택권 및 학습활동 지원 제도 설계 및 계획	연구지원체제 개선방안 / 대학원생 생활복지활동 지원계획
	(함)신학연계 교육과정 개편에 따른 교육인프라 지원 계획	취·창업 지원 실적	취·창업 지원	취·창업 지원 인프라 구축 현황 및 지원체계의 우수성	취·창업 포함 산학협력 구축 현황 및 지원체계의 우수성
	창업 지원 현황				RA/TA 제도 구축 계획
	장학금 지급률	장학금 지급률	장학금 지원	장학금 지급률	등록금 대비 대학원생 1인당 장학금 지급 비율
	취업률	(함)특성화분야 학부생 진로 현황 및 취업률	졸업생 취업률	취업률	취업률 및 창업건수 실적
					취·창업의 실적 우수성

중장기 발전 계획				계획/전략 수립·추진·성과	대학 중장기 계획	
목표의 현실적 구체성·타당성	(함)산학협력단 전체계획의 독창성, 타당성, 실현가능성	(함)대학/사업단 비전, 전략, 특성화 계획				(함)연구중심대학 도약 전략 및 중장기계획
전체 계획의 유기적·총체적 정합성	대학 비전과 산학협력단 발전계획 간 연계성	(함)사업단-대학 계획 간 정합성			특성화 등 대학 역량 및 기존 발전전략과의 연계성	(함)교육/연구 비전, 전략
성과지표 및 성과관리 체계의 적절성·타당성	(함)단위재정 성과관리 체계의 적절성					
대학 간 공유·확산 및 지속가능성	(함)산학협력단 성과의 확산 및 환류 계획					
					학과개편·정원조정 계획	
					정원조정 계획과 국가과정책·지역발전방향과의 부합성	
		대학 거버넌스 및 인사/행정 제도 혁신			폐과·축소 학과 지원계획	
				(함)구성원 참여·소통	학생 학습권 보장·지원계획	
					교직원 신분보장 및 교육·연구 등 지원계획	
					학과개편·정원조정 시 구성원 합의·참여	
	사업 예산 규모의 적절성, 예산 집행 계획의 적절성	사업단 재정집행 계획의 적정성(타사업과 연계 포함)			사업 목적 달성 위한 연도별 집행 계획 작성 적정성	
	(함)대학내 재정지원사업 구조 분석 및 LINC와의 연계 방안	사업단 재정지원이 대학 특성화와 연계 방안			타 재정지원사업과의 유기적 연계 방안	
	(함)산학협력단 선도모델의 지속가능성 및 자립성 확보 계획	특성화분야에 대한 대학 투자 실적			재정지원 종료후 계획 유지 위한 자체계획 및 투자계획	(함)대학원 재정투자 실적·계획
	지역사회 및 기업과의 쌍방향 협력 제고	지역사회·신입 기여도		지역사회 협력·기여	지역산업체, 지자체 관련 기관 등과 상호 협력 방안	산학 간 인적·물적 교류
	지역사회 및 기업 맞춤형 지원계획					

평가영역			
지역/사회/기업 교류·협력	지역사회 및 기업의 산학협력 참여 활성화 계획	(합)신학협력 실적 및 계획	산학협력 연구의 우수성
	기업과의 제휴·약정의 우수성		참여교수 1인당 특허 건수
	참여산업체의 건실성		참여교수 1인당 기술이전 실적
	내·외 산학협력 협업·연계 시스템 구축 계획		참여교수 사업화 실적, 계획
	산학협력 관련 조치 역량 강화 및 인력 안정화 계획		해외학자 활용 교육/연구 계획
	(합)공동 연구장비 운영 수익		해외학자 적합성 및 우수성
	(합)교수 1인당 공동연구 실적		외국인 교수 비율
	(합)교수 1인당 기술이전 실적		대학원생 국제교류
			외국인 학생 비율
국제화		외국인 전임교원 수/비율	
		해외 과정 학생 수/비율	
		국내 유치 교환학생 수/비율	
		외국인 유학생 순수충원 수 비율	
		외국인 유학생의 다양성	
		국제화와 대학 발전의 연계 정도	(합)국제화 현황·실적·계획
		다양한 국제화 프로그램 운영 실적	외국대학과의 교육콘텐츠 교류
		국제화 추진·관리 시스템의 질	

구분	지표		
학생/교원	대학원 과목 외국어 강의 비율		
	학위논문 외국어 작성 비율		
	참여교수의 국제적 학술/연구활동 참여 실적		
	대학원생 1인당 국제저명 학술지 게재논문 환산편수		
	대학원생 SCI(E)(SSCI포함) 논문의 환산 보정 IF		
	대학원생 1인당 학술대회 발표 논문 환산 편수		
	참여교수 지도학생 1인당 대학원생 창작물 실적		
	대학원생 연구수월성 증진 연도별 목표설정의 우수성		
연구역량	참여교수 연구비		
	참여교수 1인당 국제저명 학술지 환산 논문 편수		
	참여교수 국제저명학술지 논문의 환산 보정 IF		
	사업단 참여 교수 논문 우수성		
	참여교수 1인당 창작물 실적		
	(합)사업단 참여 교수 역량 제고 계획의 우수성		
	연구 비전에 맞는 연구진 구성	(합)사업추진체계 및 사업단 운영조직 구성의 적절성	
		(합)참여 인력의 구성과 역량	
		전임교원 확보의 적담보	
가산점	정원감축 이행	정원감축 이행 실적·계획	정원감축 규모 및 조기 감축 여부
	대학구성원참여제 운영	대학구성원참여제 운영	
		국가장학금 II유형 참여	

※ 평가지표 가운데 성격이 유사한 지표는 합친 후 지표명 앞에 '합'을 표기함.

구체적으로, 평가별 지표를 비교하여 제시한 〈표 7-2〉를 보면, 평가 목표가 상이함에도 불구하고 크게 기본여건, 교육과정/학사관리, 교수학습 지원체계, 중장기 발전계획, 지역사회/기업 교류 · 협력, 국제화, 학생/교원 연구역량, 가산점 등의 영역으로 유목화된다는 점을 확인할 수 있다. 국제화 영역이나 학생/교원 연구역량 영역의 경우에는 CK 평가나 BK 평가에 한하여 적용된다는 점에서 다른 평가와 차별화되는 측면이 있지만, 그 밖의 영역 대부분이 평가유형을 막론하고 공통적으로 적용되고 있는 영역이라는 점에서 평가유형별로 평가지표를 완전히 차별화할 수 있는지에 대한 근본적인 의문을 낳는다.

3) 평가절차 측면: 평가과정이 엄정하게 진행되었는가

전술한 바와 같이 6개 평가는 공통적으로 서면평가에서 대면평가(현장점검, 발표평가)를 거쳐 최종심의로 이어지는 단계평가 형태를 취하고 있으며, 평가 패널을 구성하여 이를 단위로 심사를 진행하고 있다. 이에 대해 정부는 대학의 특성을 최대한 반영하고자 대학 소재지, 대학 규모, 특성화 분야 등을 종합적으로 고려하여 평가 패널을 나누고 있다고 설명하였다. 또한 평가의 엄정성을 담보하기 위하여 평가단 구성 시 상피제를 적용하고, 평가위원의 소속 대학 소재지, 전공 분야, 주요 경력 등을 종합적으로 고려하며, 필요 시 평가의 연속성을 해치지 않는 범위 내에서 평가단 위원 일부를 교체하기도 하는 등의 노력을 기울이고 있다고 밝혔다. 그러나 대학사회는 평가절차를 체계적으로 고안했어도 이를 속성으로 추진하고 있는 탓에 계획한 바대로 내실 있게 진행되지 않고 있다고 입을 모은다.

앞서 평가내용 측면에서 언급한 선행연구에서도 평가 절차상에서 드러난 여러 가지 문제점을 언급하고 있으나, 이들이 공통적으로 지적하는 사항이자 평가절차상의 여러 문제점을 관통하는 핵심적인 문제는 추진 속도가 지나치게 빠르다는 점이다. 대표적으로, 변기용 · 안세근 외(2017)는 전반적인 평가 일정이 대학과 사업수행기관 그 어느 누구에게도 적절치 않다고 지적하였다. 대학의 경우, 학내 구성원의 의견을 수렴할 시간이 절대적으로 부족하여 충분한 협의 끝에 대학의 중장기 발전계획을 수립하기보다는 사업 수주를 위한 보고서를 작성하는 전략을 택하고 있고, 이마저도 상시 평가 준비 기구와 전문 인력을 갖추고 있는 대학이 유리한 고지를 점하는 상황이라고 진단하였다. 사업수행기관 역시도 여러 재정지원사업을 동시에 실시하기 어려운 탓에 평가일정이 촉박한 줄 알면서도 계획대로 절차를 강행하고 있는 상황이고, 대면평가의 경우 현장점검이든 발표

평가이든 시간이 부족한 탓에 평가위원별로 평가 영역을 나누어 심사하는 등 한 대학 또는 사업단에 대한 심층적이고도 종합적인 심사가 진행되지 못하고 있다고 지적하였다.

4) 결과 활용 측면: 평가결과 활용 방식은 대학의 발전에 기여하는가

기본적으로 정부는 평가결과에 따라 행·재정적 인센티브를 제공하거나 패널티를 부과하는 전략을 취하고 있다. 2016년 7월 발표된 재정지원사업 개편안에서도 교육부는 2주기 대학 구조개혁 평가결과와 연계하여 일정 수준 이상의 대학에는 재정 지원 규모를 확대하고, 2016년에 도입된 PRIME, CORE 사업 등은 사업기간뿐만 아니라 사업 종료 후에도 성과목표 달성도 등을 매년 점검하여 지원 중단, 사업비 환수, 타 재정지원사업 참여 제한 등의 조치를 취할 예정이라고 밝혔다. 이처럼 평가결과에 따라 행·재정적 인센티브와 패널티를 차등 적용하는 전략은 재정 운용의 효율성을 높이면서도 대학 간 생산적인 경쟁을 유도한다는 이유 아래 재정지원사업 개편 이후에도 지속될 것으로 전망된다.

그러나 이에 대해 대학사회 일각에서는 평가 내용과 방법, 절차가 대학 친화적인 방향으로 대대적인 개편이 이루어지지 않는 한, 교육부의 평가결과 활용 방식은 '노력하는 대학'보다는 '이미 자리 잡은 대학'을 더욱 지원하는 방향으로 나아갈 소지가 많다고 우려한다(박주호 외, 2013: 35). 이와 관련하여 김민희 외(2016)와 변기용·안세근 외(2017) 역시도 주요 사업과 관련한 대학의 사업비 결산자료를 분석한 결과, 재정지원사업 수혜액은 대학의 설립유형, 소재지, 규모에 따라 유의미한 차이가 발생하고 있다고 밝혔다. 특히 변기용 외(2017)는 다른 특성보다도 대학의 규모가 재정지원사업 수혜 금액에 절대적인 영향력을 끼치고 있다고 보고하고 있어, 지역균형발전 관점에서 보다 형평성 있는 재정 배분 방안을 마련할 필요성을 환기한다.

5 평가의 개선 과제

1) 평가방향 측면: 특정 기능보다 대학 자체 역량을 강화하는 방향이 주가 되어야

앞서 언급했듯 교육부는 주요 재정지원사업이 종료되는 2018년 이후에 기존 사업을 통합하여 ① 국립대학혁신지원(PoINT)사업, ② 대학혁신지원사업(일반재정지원사업), ③ 산학협력 관련 특수목적지원사업(LINC), ④ 연구지원 관련 특수목적지원사업(BK 사업)으로 사업 구조를 단순화한다고 밝혔다. 이는 분명 이전보다 대학의 존재가치를 기능 중심으로 분절하여 접근하는 문제점을 크게 완화하였다고 볼 수 있으나, 일반재정지원사업 예산을 안정적으로 확보할 제도적 장치가 마련되지 않았다는 점과 함께 정권 변동 이후 특수목적지원사업이 신설되어 과거와 동일한 문제가 반복될 소지가 여전히 존재한다는 점이 대학사회를 불안하게 만들고 있다. 따라서 정부는 대학현장의 혼란과 불안을 최소화하기 위하여 현재 시행되고 있는 재정지원사업을 사업 종료 기간까지 안정적으로 추진하면서도, 대학에 대한 재정 지원이 특정 기능을 강화하는 방향이 아닌 대학 자체의 역량을 강화하는 방향으로 이루어질 수 있도록 개편 방안을 중장기적인 관점에서 설계하고 이를 단계적으로 추진해 나가야 한다.

기본적으로 정부는 대학이 자체적으로 수립한 중장기 발전계획에 따라 대학 자체 역량을 강화해 나갈 수 있는 방향으로 사업이 진행될 수 있도록 현행 사업 구조를 전면 개편할 필요가 있다. 〈표 7-2〉에서 살펴본 바와 같이 6개 평가는 각기 다른 목표를 내걸고 있음에도 기본여건, 교육과정/학사관리, 교수학습 지원체계, 중장기 발전계획에 관한 평가 지표를 공통적으로 포함하고 있다. 해당 영역에 포함된 평가 지표를 비교해 살펴보면 평가별로 명칭에 소폭 차이가 있을 뿐 내용상으로는 큰 차이가 없음을 확인할 수 있다. 예컨대, 교수학습 지원체계 영역에서 학생지도와 관련하여 각 평가는 학생지도 내실화(ACE), 진로 및 취·창업 역량강화 종합지원체계 구축 계획(LINC), 학생 선발·양성 및 진로·취업 질 제고 계획(CK), 진로·심리상담·학습역량·취업 및 창업 지원(구조개혁), 진로개발 지원체제 구축 및 활용(PRIME), 진로개발 및 취·창업 지도 실적 및 개선계획(BK) 등으로 명칭만 달리 사용할 뿐 내용 면에서는 질적으로 큰 차이가 없다. 이와 같이 사업 간 공통된 영역과 지표를 중심으로 평가체계를 통합·정비하여 대학 기관 단위로 재정이 총액으로 배분되고 이를 대학이 자율적으로 편성할 수 있는 평가체계를 마련하여야 한다.

다만, 이와 관련하여 김민희 외(2016)는 교육 기능을 중심으로 기존 사업을 대폭 통합하여 대학기관 단위로 지원되는 재정 비중이 확대되어야 한다고 강조하면서도, 재정 여건이 나쁘지 않다면 연구 영역이나 특성화 사업을 중심으로 사업단 단위로 지원되는 사업을 함께 운영하여 대학이 추가 재정을 확보할 수 있는 길을 열어 두어야 한다고 주장하였다. 이를 고려할 때, 정부는 대학 기관 단위로 경상비 형태의 재정 지원이 이루어질 수 있도록 사업 간 중복되는 지표를 통합·보완하여 일반재정지원 사업 평가의 기틀을 마련하면서도, 이와 동시에 사업 간에 중복되지 않는 영역, 즉 지역사회/기업 교류·협력, 국제화, 학생/교원 연구역량의 강회를 촉진하기 위한 사업 구상을 이어나가야 할 것이다. 예컨대, 단순하게는 현재 시행 중인 LINC+, CK, BK 평가를 사업단 단위로 축소하여 운영할 수도 있겠고, 나아가서는 정부가 사회적 논의를 거쳐 국가적 차원에서 육성할 필요가 있는 분야를 선별하여 재정지원사업 평가를 실시할 수도 있겠다.

2) 평가내용 측면: 정성지표 확대와 자율지표 도입 등으로 대학 자율성 확대해야

앞서 평가 내용 측면에서 제기되고 있는 문제점으로 평가 간 지표의 중복, 정량지표 비중 과다와 투입·산출 중심 지표 구성, 정성지표 비중 부족과 주관성, 평가목표와 무관한 가산점 지표 포함 문제를 언급하였다. 이 가운데 평가 간 지표의 중복 문제는 평가 방향 측면에서 언급한 바와 같이 중복되는 영역과 지표를 중심으로 사업을 개편할 경우 대폭 개선되리라 짐작된다. 아울러 가산점 지표 문제는 평가와 직접적인 연관이 없으면서도 정책 간 연계성을 높인다는 이유로 포함된 지표라는 점에서 개편 시 삭제할 필요가 있다. 한편, 정량지표와 정성지표의 문제는 평가유형을 막론하고 공통적으로 제기되고 있는 문제로, 평가유형을 막론하고 대체로 정량지표는 축소하고 정성지표는 확대하는 방향으로 진전되어 왔으나 여전히 그 비중과 적절성에 대한 논쟁은 존재하는 상황이다.

그러나 정량지표와 정성지표 간 비중을 정함에 있어 모든 대학이 수용하는 적정 수준이란 존재하지 않으며, 정량지표인지 또는 정성지표인지 여부를 떠나 평가 목표와 평가 영역에 부합하는 지표라면 대학사회의 공감과 동의를 얻지 못할 이유가 없다. 다시 말해, 평가내용을 개선하기 위해서는 평가지표상에서 정량지표와 정성지표의 비중을 어떻게 정해야 한다는 식의 논의보다도 정부와 대학 모두 동의하는 방향으로 평가내용을 타당하게 결정짓는 구조에 관한 논의가 근본적으로 필요하다. 이와 관련하여 변기용·안세근 외(2017)는 파편화된 평가체계를 통합하고 연계할 수 있는 평가전담기구 설치를 제안하고 있다. 정부, 대학협의회와 독립된 제3자 평가전담기구를 설치하여 평가 전반을 체계적으로 관리하는 체제를 구축해야 한다는 구상으로, 평가를 담당하고 있는 한국연구재단과 한국대학교육협의회, 한국교육개발원 등의 평가 담당 인원 규모의 열악함이나 담당 인력의 신분 불안정성, 미흡한 공조 체계 등을 종합적으로 고려할 때 매우 타당한 제안으로 판단된다. 비록 설립이 중단되었지만 과거 참여정부 시절에도 고등교육평가원 설립을 시도한 바 있기 때문에 그 실현 가능성이 낮지 않다고 판단하여 제3자 평가전담기구 설치를 가정하고 그 구체적인 작동 방향에 대해 부연 설명하면 다음과 같다.

기본적으로 평가내용에 대하여 논의할 권한을 가진 주체는 정부, 대학, 평가전담기구가 되어야 하며, 평가내용에 대한 의견 조율권과 최종 결정권을 가진 주체는 평가전담기구가 맡는 편이 바람직할 것이다. 이때, 대학을 대표하는 주체는 대학 소재 권역(서울권, 경기·인천권, 대경·강원권, 동남권, 충청권, 호남·제주권)과 대학 규모(대규모, 중소규모), 학문 분야(인문, 사회, 자연, 공학, 예체능, 국제화) 등을 종합적으로 고려하여 균형 있게 선정할 필요가 있다. 평가내용을 협의할 주체가 확정되면 평가전담기구의 중재 아래 평가내용에 대한 정부와 대학 간 의견 교환 및 논의를 공식적으로 진행할 필요가 있다. 이때, 대학 특성에 관계 없이 두 주체가 모두 필요하다고 생각하는 지표는 필수지표로 확정하여 평가 시 모든 대학에 적용하고, 정부가 필요하다고 주장하나 대학 측 주체 간 의견이 나뉠 경우 선택지표로 분류하여 개별 대학마다 선택적으로 적용할 수 있도록 자율성을 보장할 수 있겠다. 한편, 개별 대학이 자체적으로 체계적인 성과 관리를 위해 필요하다고 판단하는 지표는 자율지표로 둘 수 있게 하고 그 체계성과 성과의 질에 따라 가점을 부여한다면, 정책 간 연계성을 높이기 위해 도입하였다는 가산점 지표 논란도 일면 해소할 수 있으리라 본다.

3) 평가절차 측면: 평가위원단의 체계적 관리와 충분한 평가기간 확보 필요해

평가방향과 평가내용이 결정되면 그 이후 평가의 성공적인 추진 여부는 평가를 수행하는 데 필요한 역량을 갖춘 평가위원을 확보했는가와 이들의 역량이 십분 발휘될 수 있는 물리적 조건을 갖췄는가에 의하여 결정된다.

먼저, 전문성을 갖춘 평가위원 확보 문제와 관련하여 교육부는 1주기 대학 구조개혁 평가 당시 평가위원 후보자 공모를 실시한 바 있다. 이에 대해 교육부는 이전까지 고등교육 관련 평가위원에 공모제를 도입한 경우는 전무하다고 밝히면서, 대학 현장을 잘 아는 교수가 평가에 참여하여 보다 현장 중심의 평가가 이루어질 것으로 전망하였다(교육부, 2015. 3. 19.). 그러나 이듬해 교육부 국정감사에서는 평가위원 공모제의 허술함이 수면 위로 떠올랐다. 대학구조개혁 평가위원 540명(평가위원 180명의 3배수)을 공모하는 과정이 비공개로 운영되어 공정성에 타격을 입었고, 자격기준 역시 대학 부교수급 이상으로 공무원 결격사유 없는 자와 평가진행 기간 동안 업무수행이 가능한 자 등 두 가지 요건만 제시되어 있어 전문성에 대한 기준을 찾아보기 어렵다는 지적과 함께 현직 교수가 구조개혁 평가위원으로 활동하는 상황이 바람직하지 않다는 우려가 이어졌다(한국대학신문, 2016. 9. 28.). 따라서 향후 대학 자체 역량을 강화하는 방향으로 대학 재정지원사업을 개편할 시에는 평가위원 공모제를 보다 투명하게 운영하여 공모제가 가진 이점을 살리고, 평가 과정에서 평가위원의 주관이 지나치게 개입되지 않도록 평가위원 연수 체계를 보강하는 등의 제도적 보완이 필요하다.

　아울러, 역량 있는 평가위원을 확보하여 평가위원단을 체계적으로 관리하는 일 또한 중요하지만, 정부는 우선적으로 평가 일정 전반에 여유를 두고 사업을 운영하여 평가가 내실 있게 진행될 수 있도록 해야 한다. 정부주도 대학평가 대부분은 사업 기본계획이 발표되고 최종 지원대학이 선정되기까지 평균 6개월이 채 소요되지 않았다. 사업 기본계획이 발표되어 사업설명회가 개최된 이후 대학들이 사업 대응팀을 꾸리고 사업계획서를 작성·제출하기까지 보장된 기간은 최대 3개월이 되지 않았고, 선정평가가 진행된 기간은 최대 2개월을 넘지 않았다. 사업을 신청한 대학을 대상으로 서면평가와 현장평가, 최종심의까지 3단계에 걸친 단계평가가 진행되는데 평가 기간이 절대적으로 부족하다 보니, 평가위원끼리 각자 평가할 지표를 나눠 심사하고 결과를 합산하는 등 개별 대학에 대한 종합적인 평정이 제대로 이루어지지 않고 있다. 따라서 정부는 대학이 오로지 평가만을 위한 보고서를 작성하는 것이 아니라 진정으로 대학의 발전을 위하여 중장기 발전계획을 수립하고 그에 근거하여 보고서를 작성할 수 있도록, 그리고 평가위원이 한 대학을 종합적으로 평정할 수 있도록 전반적인 평가 일정을 지금보다 더 여유 있게 운영해야 한다.

4) 결과 활용 측면: 일반재정지원 방식을 중심으로 선별재정지원 방식 병행해야

　국가 경쟁력을 강화하기 위하여 국가 발전의 동력을 창출하는 대학에 적극적인 지원이 필요하다는 주장은 이제 그 인과 관계를 실증적으로 증명하는 차원을 뛰어넘어 보편적으로 받아들여지고 있다. 이에 근거하여 학자들은 국가 경쟁력 강화를 위하여 대학에 대한 재정 지원이 보다 확대될 필요가 있음에도 불구하고 우리나라의 고등교육 공공투자 규모가 선진국에 비해 여전히 열악할 뿐만 아니라 이전에 비해 크게 개선되지 않고 있다고 지적한다. 대표적으로, 반상진(2015b)은 "국가 투자 우선순위에서 교육투자는 상수"라고 강조하면서, 대학에 대한 역대 정부의 재정 지원 노력이 소극적이었음을 비판하는 동시에 향후 고등교육에 대한 정부의 투자가 보다 확대될 필요가 있음을 지속적으로 주장해 왔다.

구체적으로, 반상진(2017)은 대학 재정지원정책의 향후 과제로 보완적인 방안과 근본적인 방안을 제시하였다. 보완적으로는 총괄지원 방식과 사업중심 지원방식을 병행하는 방향으로 대학 재정지원 방식을 개편하고, 근본적으로는 반값등록금과 대학 구조개혁 실현을 위한 고등교육재정교부금법(안)을 제정해야 한다는 주장이다. 보편적인 방안의 경우에는 관련 선행연구에서 공통적으로 주장하고 있는 방안이기도 하고, 국정기획자문위원회(2017. 7.)에서 대학 재정지원사업을 일반목적 사업과 특수목적 사업으로 전면 개편한다고 밝혔으며, 2019년부터 교육부 대학재정지원사업은 3개 유형(국립대학, 일반재정지원, 특수목적지원)과 4개 사업(국립대학 육성, 대학혁신지원, 산학협력, 연구지원)으로 재구조화되었다. 반면, 고등교육재정교부금법(안)에 대한 논의는 여전히 학계 일각에서만 이루어지고 있는 실정이다(송기창, 2005; 하봉운·김성기·황준성, 2010; 반상진, 2012; 2016a; 2016b; 김병주, 2015). 일각에서 고등교육재정교부금법(안) 제정을 주창하는 이유는 정권 변동에 따라 대학 재정 지원 방향과 규모가 큰 폭으로 변동되기 때문이다. 결국 고등교육에 대한 안정적인 공적 지원이 이루어지기 위해서는 지방교육재정교부금법과 같이 고등교육 부문 재정 지원에 대한 법적 토대를 구축할 필요가 있다는 지적이다. 따라서 중단기적으로는 일반재정지원 방식과 선별재정지원 방식을 병행하는 방향으로 사업을 개편하면서도, 장기적으로는 고등교육재정교부금법(안) 제정에 대한 법적 검토와 사회적 논의를 본격화할 필요가 있다. 다만, 법령을 제정하기 위해서는 "실제 대학의 경상비 지원에 대한 명시적 근거와 재정투입의 효과와 관련해 교육부, 대학, 고등교육재정 전문가들을 중심으로 기획재정부와 국회, 국민들을 상대로 설득할 수 있는 실증적 논거를 마련"할 필요가 있다(김지하 외, 2019: 492). 따라서 중단기적으로는 일반재정지원 방식과 선별재정지원 방식을 병행하는 방향으로 사업을 개편하면서도, 장기적으로는 고등교육재정교부금법(안) 제정에 대한 법적 검토와 사회적 논의, 그리고 실증적 논거를 마련하여 법령 제정을 본격화해야 할 것이다.

제**2**부 인증기관 주도형 평가

제**8**장 대학기관 인증 평가

1 평가 배경 및 변천 과정

1) 평가배경

대학은 인재를 양성하는 교육기관인 동시에 사회에서 요구하는 다양한 기능을 수행하는 사회적 기관이다. 전통적으로 대학은 학문의 전당으로서 지식을 창출하고, 인재를 양성하여 사회를 이끌어 온 영향력이 지대했으므로 다른 어떤 기관보다 국가차원의 관심과 지원이 많았다(서영인, 2013). 사회는 대학에 학문의 자율성을 보장함으로서 대학에 권위와 신뢰를 부여해 왔으며, 대학은 이에 대한 교육적 책무성을 이행하면서 교육의 질을 제고해 왔다. 그러나 1980년대에서부터 1990년까지 고등교육의 양적팽창기를 거치는 동안 대학의 질이 양적인 성장에 걸맞은 성장을 이루어왔는지에 대해서는 의문이 제기되고 있다(최정윤 외, 2016). 이는 대학 기관이 하나의 사회적 체제로서 주어진 기능을 수행하고 있는지, 사회적 교육기관, 연구기관 또는 사회적 봉사기관으로서 그 기능을 원활하게 수행하는지에 대한 의문이다.

이에 따라 고등교육기관의 사회적 책무 이행을 독려하고 고등교육의 질을 보장하기 위하여 대학기관평가의 도입이 논의되기 시작했다. 그러나 기존에 기관평가가 없던 것은 아니다. 전국대학의 운영 실태를 평가하기 위해 1982년 한국대학교육협의회의 대학종합평가[1](1982~1992년)가 도입되었고, 1987년에는 대통령자문 교육개혁심의회의 교육분야의 개혁과제 중 하나로 대학평가제의 강화가 제의되어 우리나라 최초의 평가인정제인 대학종합평가인정제(1994~2006년)로 평가가 전환되어 2006년까지 실시되어왔다. 대학종합평가인정제는 대학의 각종 자료(교수의 연구실적, 사회봉사실적 등)의 정리 및 대학의 제 규정 정비, 대학행정의 전산화, 대학개혁을 위한 기초 확립 등을 도모했다는 측면에서 의의가 있다. 그러나 평가의 결과가 적절히 활용되지 않고, 대학에 어떠한 형태의 혜택도 주어지지 않아 이해관계도 없는 평가 준비가 부담스럽다는 인식이 확산되었다. 또한 대학기관평가가 15년 동안 진행되어 왔음에도 불구하고 계속해서 대학의 특성을 충분히 반영하지 못한다는 점, 평가자의 낮은 전문성, 평가를 위한 평가라는 점이 문제로 제기됨에 따라 새로운 평가체제 도입에 대한 논의가 커져왔다(이영호, 2006; 이영학, 2008).

아울러 대학의 고등교육 경쟁력 및 질 보증 강화를 위해서도 새로운 평가체제 도입의 필요성이 강조되었다. 대학기관 인증 평가가 도입된 2011년 세계 경쟁력 연차보고서(IMD)[2]에 따르면, 우리나라 25~34세 인구의 고등교육 이수율은 58.0%로 총 59개 국가 중 2위였지만, 대학교육이 경쟁사회의 요구에 부합하는 정도[3]는 46위로 조사되었다.[4] 고등교육 이수율이 세계 최고의 수준임을 고려했을 때, 대학교육이 경쟁사회에 부합되는 정도가 낮다는 것은 대학교육이 산업계 등 사회에서 요구하는 수준의 인재를 양성하거나 수급하는 것이 충분하지 않음을 의미한다. 교육의 수월성을 통해 우수 인재를 양성해야 할 과제를 안게 된 상황이었던 것이다. 정부는 고등교육의 예산이 부족함에도 불구하고 공공비용의 효율성을 높여야 할 부담을 갖고 있던 차에, 기관평가인증을 바탕으로 최소비용 대비 최대성과를 도출하고, 대학의 서열화나 차별화를 지양하면서 대학교육의 질적 관리 및 향상을 모색할 수 있는 대학기관평가인증을 도입할 필요성을 갖게 되었다(곽병선 외, 2008; 이병기·김기오, 2013). 정부는 국제적 압력을 차치하고라도 고등교육기관들이 글로벌 경쟁력을 갖추고 우수한 인재를 양성하기 위해 교육의 질을 강화해 나가

---

1) 처음 실시할 때에는 대학기관평가라는 명칭을 사용하였으나, 1991년부터 대학기관평가는 종합평가로 명칭이 바뀌었음.

2) 국제경영개발원(International Institute for Management Development: IMD): 스위스 로잔에 위치한 비영리 기관으로 1989년부터 매년 5~6월에 전 세계 60여개 국가를 대상으로 국가경쟁력을 평가하여 「세계경쟁력연감(World Competitiveness Yearbook)」을 발간하고 있다.

3) IMD 교육경쟁력 중 '대학교육(경쟁 사회 요구에 부합정도)'의 지표는 기업인들을 대상으로 실시하며, 교육을 통한 인력 양성이 제대로 되고 있는지 정성지표를 통한 응답의 결과로 값을 추정한다.

4) http://www.index.go.kr/potal/main/EachDtlPageDetail.do?idx_cd=1526

아 한다는 필요성에 따라 대학기관평가인증을 도입하게 된 것이다.

해외에서는 국경을 넘는 고등교육(Cross-Border Higher Education) 현상이 확대되면서 국제사회의 교육에 대한 질 보증 요구가 확산되었고, 정부는 교육의 질 보증을 위한 평가체계의 수립을 요청받았다. 세계화의 영향으로 고등교육 수요자들은 다양한 교육을 받을 기회가 많아진 동시에 수많은 함량미달 고등교육에 노출되는 상황에 직면해 왔다. 이에 대한 대응으로 2005년 5월 EU 국가 교육부장관회의에서는 ENQA[5] 보고서 「유럽 고등교육권역 질 보장 지침(Standards and Guidelines for Quality Assurance in the European Higher Education Area)」이 채택되었다. 유럽 개별 국가와 대학들이 외부 전문가를 활용한 평가를 통해 고등교육의 질 보장을 꾀함으로써, 유럽 국가 간의 자유로운 고등교육 교류와 고등교육 인구 이동의 기반을 정비한 것이다. 2005년 OECD와 UNESCO에서도 교육수요자들을 보호하기 위해 고등교육에서 최소한의 질을 보장하는 장치를 마련할 필요가 있다는 취지에 따라 '국경을 넘는 고등교육의 질 보장 가이드라인'이 채택되었다. 이에 근거하여 각국 정부는 국경을 넘는 고등교육의 질 관리에 대한 책임자로서 관련 제도와 인프라를 재정비할 것을 요청받았다. 우리나라는 이러한 국제적 요구와 국제규범에 근거하여 교육수요자에게 허위정보가 제공되지 않도록 2007년 「고등교육법」을 개정하여 대학평가를 의무화하는 한편, 2008년에 제정된 「고등교육기관의 평가 · 인증 등에 관한 규정」을 통하여 새로운 평가인증제를 도입하였다. 이로써 인정기관은 법률에 의거하고 절차에 따라 고등교육의 질을 평가하고, 그 결과에 대한 인증심의를 거쳐 대학별 인증여부를 공개하게 된 것이다.

이와 같은 맥락에서 2011년 도입된 대학기관평가인증(accreditation)은 대학이 고등교육의 질 보장과 사회적 책무를 이행하도록 교육기관으로서의 기본요건을 충족하고 있는지를 판정하고, 그 결과를 사회에 공표함으로써 사회적 신뢰를 부여하는 제도이다. 대학기관평가인증에서는 대학이 대학경영과 교육을 구성하는 요소(대학이념 및 경영, 교육, 교직원, 교육시설 및 학생지원, 대학성과 및 사회적 책무)를 「대학설립 · 운영 규정」 등 고등교육 관계 법령에 따르며 대학이 구현하고자 하는 교육의 질을 보증할 수 있는 최소요건을 확보하고 있는지, 또한 지속적인 질 개선을 위해 노력을 하고 있는지를 평가한다. 대학

---

5) 유럽고등교육의 교류협력의 전제조건으로 고등교육에 있어서 질 인증에 관한 협력을 촉구한 유럽 정상회담(1998. 9. 24.)의 권고에 따라 창설된 ENQA(European Network of Quality Assurance in Higher Education)는 유럽지역 고등교육의 질 향상을 위한 구체적인 실행계획을 수립하고 이를 추진하고 있다(이영호, 2007: 126-127).

기관평가인증은 한국대학교육협의회의 부설기관인 한국대학평가원의 주도하에 2011년부터 5년간 1주기(2011~2015년) 대학기관평가인증제를 실시하였고, 2016년부터 5년간 2주기(2016~2020년) 평가를 시행하고 있다.

2) 평가 변천 과정

대학평가인증제도는 1982년 한국대학교육협의회[6]에서 실시한 대학종합평가에서 비롯되었다. 당시 대학종합평가는 대학의 현황, 강점과 약점 및 개선방안 등의 대학 전반을 진단할 목적으로 5년 주기로 1차(1982~1986년)와 2차(1988~1992년)에 걸쳐 실시되었다. 1987년 대통령자문 교육개혁심의위원회에서는 대학종합평가를 더욱 강화하여 대학종합평가인정제로 전환할 것을 건의하였다. 이에 따라 1994년부터 새로운 제도와 기준을 개발하였으며, 대학종합인정평가제로 개칭하여 7년 주기의 1주기 평가(1994~2000년)와 5년 주기의 2주기 평가(2001~2006년)를 시행하였다. 그러나 대학종합평가인정제의 평가인정 개념의 불명확성, 평가의 신뢰성 확보의 문제, 대학 간 과열 경쟁으로 인한 부작용, 자료축적의 미흡과 예산·인력의 부족 등 문제가 지속적으로 지적되었다. 또한 교육부와 언론사, 학문계열별 인증기관 평가 등 평가가 다양화됨에 따라 대학 측의 평가부담이 가중되면서 대학사회로부터 새로운 평가체제로의 전환을 강하게 요구받았다. 이에 따라 대학정보공시와 연계된 자체평가 제도에 대한 안이 구상되었다(박진형, 2014).

정부는 2007년부터 새로운 평가제도를 통해 고등교육 질 보장을 확보하기 위하여 법적 근거를 마련하기 시작했다. 2007년 5월에는 「교육관련기관의 정보공개에 관한 특례법」을 제정하여, 교육관련기관이 보유·관리하는 정보의 공개의무 및 공개에 필요한 기본적인 사항을 정하였다. 법의 목적은 국민의 알권리를 보장하고, 학술 및 정책연구를 진흥함과 아울러 학교교육에 대한 참여와 교육행정의 효율성 및 투명성을 높이기 위함이다. 10월에는 '고등교육기관의 평가 및 인증의 의무화'를 위해 「고등교육법」 제11조의2를 신설하여 ① 대학자체평가 및 평가결과공시, ② 인정기관의 대학 평가인증, ③ 인정기관의 지정, ④ 행·재정 지원으로의 결과 활용 등의 사항을 명문화하였다. 새로운 평가체제의 구축을 위해서는 대학기관평가인증에 대한 법적 근거를 명확하게 할 필요가

---

6) 대학교육협의회는 전국 4년제 대학이 회원이 되어 대학운영의 자주성을 높이고 공공성을 양양하며 대학의 상호협조를 통해 대학교육의 건전한 발전을 도모함을 목적으로 「한국대학교육협의회법」(법률 제3727호)에 의하여 설립된 기관이다(정용덕 외, 2004).

있었기 때문이다. 2008년 11월에는 「교육관련기관의 정보공개에 관한 특례법 시행령」을 제정하여 「교육관련기관의 정보공개에 관한 특례법」에서 위임된 사항과 그 시행에 필요한 사항을 자세히 규정하였다. 12월에는 「고등교육기관의 자체평가에 관한 규칙」을 제정하여 「고등교육법」 제11조의2 제1항의 자체평가제도를 시행하였다. 자체평가는 고등교육기관이 해당 기관의 교육·연구, 조직·운영, 시설·설비 등 학교운영 전반에 대하여 종합적으로 점검·분석·평정하는 것으로, 법적 근거에 따라 대학은 2년마다 1회 이상의 자체평가를 실시하도록 의무화되었다. 다만 인정기관이 해당 학교의 운영 전반에 대하여 종합적으로 평가를 한 경우에 한하여 이를 해당 연도 자체평가로 갈음할 수 있다.

또한 「고등교육기관의 평가·인증 등에 관한 규정」이 제정되어 정부로부터 인정받은 기관에 한하여 기관평가인증제를 시행할 수 있게 되었다. [그림 8-1]과 같이 교육부장관의 인정(Recognition)[7]을 받은 기관이 대학의 신청에 따라 대학 기관운영의 전반을 평가하는 인증(Accreditation)[8] 시스템이 구축되었다.

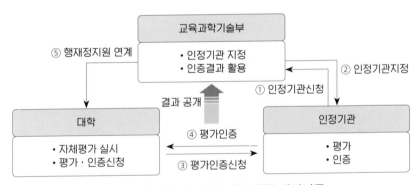

[그림 8-1] 대학평가인증제도 작동 메커니즘

출처: 교육과학기술부(2012: 3).

대학교육협의회는 2009년 고등교육평가인증제 시행기관 인정을 위한 계획에 근거하여 부설기관인 한국대학평가원을 기관평가인증제 시행기관으로 신청하였다. 그리고

---

7) 인정(recognition)은 정부가 전문 평가인증기관의 기본 적격성, 평가인증역량, 평가인증기준과 절차 등의 적절성 여부를 검토하여, 당해 기관이 평가인증을 수행할 수 있는 기본요건을 충족하였음을 확인하는 행위이다.

8) 인증(accreditation)은 전문 평가인증기관이 대학운영 전반 또는 교육과정에 대한 질 보증 및 질 개선을 위해 일정한 기준을 충족하였는지의 여부를 확인하는 것이다.

2010년 11월, 한국대학평가원은 교육과학기술부로부터 기관평가인증제 시행기관으로 인정받아 2011년부터 1주기 대학기관평가인증을 시작했다.

한국대학평가원의 1주기 대학기관 인증 평가는 각 대학의 신청을 받아 대학의 자체평가를 토대로 대학운영 전반에 대한 질 보장 여부를 심사하는 방식으로 진행되었다. 평가는 대학의 사명 및 발전계획, 대학구성원, 교육, 교육시설, 대학재정 및 경영, 사회봉사의 6개 영역과 17개 부문, 54개의 준거로 이루어졌다. 2014년 4차년도 평가부터는 대학기관평가인증 결과를 「고등교육법」 제11조의2 제4항에 근거하여 정부의 행·재정 지원 사업과 연계하게 되었으며, 2014년 특성화 대학 선정사업의 신청자격으로 활용되기도 했다(김정희 외, 2015. 4.). 2015년에는 한국대학평가원이 기관평가인증제 시행기관으로 재지정됨에 따라 2주기 평가도 1주기의 연속선상에서 시행할 수 있게 되었다. 2015년에는 1주기(2011~2015년) 대학기관평가인증 사업이 종료되었다. 1주기 결과 발표에 따르면, 총 193개 평가대상대학 중 173개 대학(89.6%)이 신청을 하였고, 그중 170개 대학이 인증을 받았으며(인증 167개교, 조건부인증 3개교), 2개 대학이 인증유예, 1개 대학이 불인증을 판정받았다.

2016년부터는 2주기(2016~2020년) 대학기관평가인증을 시행하고 있다. 다만, 1주기 평가가 대학교육의 질적 수준 보증과 대학교육에 대한 알권리 충족과 관련하여 소극적 정보를 제공하였다면, 2주기에서는 대학교육 질적 수준의 지속적 제고 및 대학교육에 대해 적극적인 책무성을 강조하며 사회적 공신력을 확보하는 데에 초점을 두었다. 2주기 평가는 대학교육의 질적 향상에 중점을 둔 대학기관 전반을 평가하기 위하여 평가 영역과 부문, 준거의 수를 축소하였다. 1주기의 6개의 평가영역과 17개의 평가부문, 54개 평가준거를 2주기에서는 5개의 평가영역과 10개 평가부문, 30개 평가준거로 조정한 것이다. 평가영역은 대학이념 및 경영, 교육, 교직원, 교육시설 및 학생지원, 대학성과 및 사회적 책무로, 1주기의 '사회봉사' 영역[9]이 대학성과 영역과 합쳐지며 개수가 줄어들었다.

---

9) 1주기의 봉사 영역은 준거 수의 부족으로 하나만 미흡을 받으면 영역 자체가 미흡을 받게 되는 구조였다. 사회봉사가 대학의 본질적인 책무임은 틀림없으나 이것이 별도의 독립된 영역으로 존재하고, 이 영역의 인증을 받지 못하면 전체가 불인증되는 결과를 낳는다. 따라서 개선이 필요하다는 의견하에 사회 봉사 영역은 대학 성과 영역과 합쳐졌다(김병주, 2014).

〈표 8-1〉 대학기관평가인증제도 추진 과정

시기	연도	추진 내용
준비기 (1982~ 2010)	1982~ 1993	• 대학종합평가 1차 평가(1982~1986년) 및 2차 평가(1988~1992년) 실시
	1994~ 2006	• 대학종합인정평가 1주기 평가(1994~2000년) 및 2주기 평가(2001~ 2006년) 실시
	2007	○ 기관평가인증제의 법적 기반 마련 　－「고등교육법」제11조의2(평가)(2007. 10. 신설) 　－「교육관련기관의 정보공개에 관한 특례법」(2007. 5. 제정)
	2008	－「교육관련기관의 정보공개에 관한 특례법 시행령」(2008. 11. 제정) －「고등교육기관의 자체평가에 관한 규칙」(교육과학기술부령 제21호: 2008. 12. 제정) －「고등교육기관의 평가·인증 등에 관한 규정」(대통령령 제21163호: 2008. 12. 제정)
	2009	○ 인정기관심의위원회 구성 　－ 인정기관 지정여부, 지정시 유효기간, 지정여부에 대한 이의신청 등의 심의를 위한 위원회 설치 및 운영
	2010	○ 대학교육협의회, 교육과학기술부로부터 기관평가인증제 시행기관 인정 획득
1주기 (2011~ 2015)	2011	○ 1주기 기관평가인증제 시행(2011~2015년) 　－ 평가 영역(6), 평가 부문(17), 평가준거(54)
	2014	○ 대학평가·인증 결과를 정부의 행·재정 지원 사업과 연계 　－「고등교육법」제11조의2 제4항에 근거 　－ 평가결과를 대학특성화 대학 선정사업에서 신청자격으로 활용
	2015	○ 11월 16일 기관평가인증제 시행기관으로 재지정 ○ 1주기 대학기관평가인증 결과 발표 　－ 2015년 총 193개 대상대학 중 173개 대학(89.6%)이 신청, 170개 대학이 인증(인증 167개교, 조건부인증 3개교), 2개 대학이 인증유예, 1개 대학이 불인증 판정을 받음
2주기 (2016~2020)	2016	○ 2주기 기관평가인증제 시행(2016~2020년) 　－ 평가영역(5), 평가부문(10), 평가준거(30) 수 축소

② 평가 목적 및 의의

1) 평가목적

대학은 인재양성과 체계적인 학문 활동 전개를 위해 사회가 요구하는 기본 요건과 최소한의 질적 수준을 확보할 책무가 있다. 또한 대학은 요구되는 일정 준거와 기준에 따라 사회적 책무를 이행하고 있는지, 교육 및 연구를 적절하게 하고 있는지 여부에 대해 인증(accreditation)을 받을 필요가 있다(김경수 외, 2012). 이러한 필요에 따라 대학기관평가인증은 대학이 교육기관으로서 기본요건을 충족하고 있는지 판정하고, 그 결과를 사회에 공표함으로써 사회적 신뢰를 부여하기 위하여 신설된 제도이다. 대학기관평가인증의 목적은 세계적인 고등교육 질 관리 체제에 부응하여 대학의 국내외 경쟁력을 강화하고, 고등교육의 질 제고에 대한 책무성을 확립하여 국제적 통용성을 제고하고 교류 협력 증진을 위한 고등교육 질 보증 체제를 구축하는 데에 있다. 특히 고등교육 경쟁력 강화와 질 제고를 위하여 다음의 네 가지 차원에서 대학기관평가인증의 기본 방향이 논의되었다.

첫째, 대학의 교육적 성과로서 학생의 학습성과(student learning outcomes)를 중시한다. 이에 따라 국가 간 학생상호교류 및 학점인정 등과 관련하여 국제적 통용성을 고려하고, 교육의 여건과 함께 학생교육의 질에 보다 초점을 둔 평가를 지향한다.

둘째, 대학의 자율적인 특성화 발전을 유도(true uniqueness)한다. 대학을 객관적인 평가기준에 의해 획일화시키기보다는 특성화를 유도하며, 우리나라 대학의 설립의 특성을 고려하여 최소기준충족 이외의 모범사례를 발굴하도록 한다.

셋째, 대학의 질보증과 질 개선을 지향(assurance & enhancement of quality)한다. 기관평가인증제의 본래 의미와 목적에 충실하도록 대학의 질을 기본적으로 보증할 수 있는가에 우선적인 초점을 두며, 대학의 질을 계속적으로 향상시키는 자율적인 질개선 평가체제의 정착을 유도한다.

넷째, 대학의 최소기본요건 충족 여부에 대한 사회적 공신력을 부여(requirement of minimum)한다. 대학의 최소기본요건이 충족되는지에 대한 인증과 최소기본요건의 충족 여부를 사회에 공표함으로써 대학교육의 질 보증을 획득하도록 하는 것이다.

이에 따라 대학이 인증판정을 받았다는 것은 대학이 구현하고자 하는 교육의 질을 보증할 수 있는 최소요건을 확보하고 있으며, 지속적으로 질 개선을 위하여 노력하고 있다는 의미로 연결된다(한국대학평가원, 2020). 또한 대학이 대학경영과 교육을 구성 요소인 대학이념 및 경영, 교육, 교직원, 교육시설 및 학생지원, 대학성과 및 사회적 책무에 있어「대학설립·운영 규정」등의 고등교육 관계 법령을 따르고 있음을 뜻한다.

2) 평가의의

대학기관평가인증의 평가의의는 다음과 같이 세 가지 측면에서 살펴볼 수 있다.

첫째, 대학기관평가인증은 대학교육의 질 보장과 질 개선을 위한 자율적 점검체계의 확립을 유도해 오고 있다. 한국대학평가원에서는 자율적이고 지속적 질 증진 체제를 표방하며, 다년간 자료에 근거하여 대학의 인증기준 충족 여부를 확인하고 결과에 따른 피드백을 제공해 오고 있다. 또한 인증을 획득한 후에도 인증자격 유지 여부에 대한 모니터링 및 컨설팅을 실시하여 자율적이고 지속적인 질 증진 체제를 구축하도록 돕고 있다. 자율적인 점검체계의 확립은 인정기관의 하향식 주도로만 이루어지기는 어렵다. 대학 당국이 대학의 질 개선에 대한 필요성을 인식하고, 자발적인 참여가 전제되어야만 그 목적을 달성할 수 있기 때문이다. 김병주(2014)는 대학기관평가인증제에 대한 구성원들의 중요도 및 달성도를 진단하며 대학기관평가인증이 실제 대학의 자율적인 점검체계 확립을 유도하는 데 도움이 되고 있다고 밝혔다. 1주기 평가의 시행을 통해 대학 구성원들은 평가에 대한 인지도 및 관심이 향상되었고, 평가인증에 대한 참여도가 상당히 높은 것으로 나타났기 때문이다. 또한 대학기관평가인증 및 이를 위한 자체진단평가를 준비하는 과정에서 구성원들은 해당 대학이 처한 현실을 제대로 파악할 수 있었다고 응답했다. 대학구성원들은 대학기관평가인증제가 보여 주기 식의 평가가 아닌 대학의 발전을 위한 내실 있는 평가가 되고 있다고 긍정적으로 인식하고 있었으며, 1주기 대학기관평가인증 준비 및 진행과정에 대한 만족도는 2주기 대학기관평가인증의 실시로까지 이어지고 있다.

둘째, 대학기관평가인증은 인증기준을 충족하는 대학 명단을 공포함으로써, 대학교육 질에 대한 국민의 알 권리를 충족시키는 동시에 대학의 책무성을 제고하는 효과가 있다. 한국대학평가원은 대학이 교육기관으로서 기본요건을 충족하고 있는지를 전문가의 판단을 통해 인증여부를 판정하고, 인증 결과를 매년 대학기관평가인증 홈페이지를 통해 대학과 사회, 정부, 국제사회 등에 공표하고 있다. 평가부문별로 모범사례와 특성화 대학을 선정하고, 우수한 사례와 프로그램은 공유함으로써 선정된 대학에 사회적 지위를 부여한다. 인증 결과와 관련된 대학의 지표 값도 홈페이지를 통해 제공하여, 타 대학과 지표 값을 비교·분석할 수 있도록 하고 있다. 특히 공표된 인증 대학 명단은 정부의 행·재정적 사업과 연계되어 대학의 책무성 확보를 위한 강력한 기제로 작동되고 있다.

이러한 결과값의 활용은 대학이 설립 목적과 존재의 이유에 맞는 교육적 성과를 달성하도록 유도함으로써 대학교육의 질을 보장하게 하고, 교육수요자에게는 대학교육에 대한 신뢰를 부여하게 함으로써 고등교육의 경쟁력을 높일 수 있는 효과를 낳는다(이병기·김기오, 2013).

셋째, 대학기관평가인증은 고등교육의 국제적 통용성 확대를 위한 기반을 구축하는 데에도 기여해 오고 있다. 고등교육의 국제적 통용성 확대를 위해 UNESCO와 OECD에서 채택된 「국경 없는 고등교육 질 보장 가이드라인」의 세 가지 핵심 방안은 대학 자체 및 외부의 질 보장체제를 갖추고, 질 보장과 관련된 활동과 정보를 투명하게 공개하며, 해당 지역 또는 국제적으로 관련된 이해당사자들과의 협력을 강화하는 것이다. 이에 근거하여 우리나라에서는 대학평가 시 「고등교육기관의 자체평가에 관한 규칙」에 따라 대학 자체평가보고서를 제출하고, 인정기관인 한국대학평가원에서 평가인증을 실시하고 있다. 인증평가 결과 및 관련 정보도 사회에 공표하여 대학에 사회적 책무성을 부과하고 있다. 또한 2주기 고등교육 평가·인증기구의 재인정 심사에는 평가·인증의 국제적 통용성 확보를 기본 방향 중 하나로 설정하였다. 심사 기준의 경우 평가·인증의 국제화가 제시되었고, 평가결과에 대한 국제적 상호인정의 기반정비 차원에서 평가·인증 국제기구와의 교류협력, 국외 평가전문가의 국내 평가기구 참여 촉진을 선정하였다. 대학기관평가인증제를 통해 고등교육의 국제적 통용성 확보를 위한 메커니즘을 구축해 오고 있다.

3 평가 부문 및 준거

1) 평가부문

대학기관평가인증은 대학교육의 질 평가를 통해 공신력을 부여하고자 도입되었기 때문에 평가방법은 대학교육의 질에 대한 평가를 할 수 있는 평가부문과 준거로 구성되어 있다. 대학운영의 주요 영역은 인증의 '평가영역'으로, 주요 영역을 구성하는 하위 요소는 '평가부문'으로 분류하고 있으며, 2주기 평가의 평가 영역 및 부문과 준거를 살펴보면 〈표 8-2〉와 같다.[10]

---

10) 2주기 평가부터는 대학교육의 질적 향상에 중점을 두고 대학기관 전반을 종합적으로 평가하기 위하여 평가 영역 및 평가부문, 평가준거의 수를 축소하고, 정성 평가의 범위를 확대하였다.

'대학이념 및 경영' 영역의 대학경영 부문은 대학경영부문에서 대학이 교육이념에 부응하는 교육목표와 인재상을 명료하게 설정하고, 실현가능한 발전계획과 특성화계획을 수립하여 대학 발전을 위해 노력하고 있는지, 대학경영 전반에 대하여 자체평가를 실시하고 그 결과를 대학운영에 반영하는지를 평가한다. 대학재정 부문에서는 대학이 교육목표 달성에 필요한 재원을 안정적으로 확보하고, 합리적이고 효율적으로 운영하고 있는지를 평가하며, 대학재정 운영이 투명하게 이루어질 수 있도록 관리를 강화하는지를 평가한다.

〈표 8-2〉 2주기 평가 부문 및 준거의 구성

평가영역	평가부문	평가준거
필수평가준거		전임교원 확보율
		교사 확보율
		정원내 신입생 충원율
		정원내 재학생 충원율
		교육비 환원율
		장학금 비율
1. 대학이념 및 경영	1.1. 대학경영	1.1.1. 교육목표 및 인재상
		1.1.2. 발전계획 및 특성화
		1.1.3. 대학 자체평가
	1.2. 대학재정	1.2.1. 대학재정 확보
		1.2.2. 예산 편성 및 집행
		1.2.3. 감사
2. 교육	2.1. 교육과정	2.1.1. 교양교육과정의 편성과 운영
		2.1.2. 전공교육과정의 편성과 운영
		2.1.3. 교육과정 개선 체제
	2.2. 교수 · 학습	2.2.1. 수업
		2.2.2. 성적관리
		2.2.3. 교수 · 학습 지원과 개선
3. 교직원	3.1. 교수	3.1.1. 교원 인사제도
		3.1.2. 교원의 처우 및 복지
		3.1.3. 교원의 교육 및 연구활동 지원

		3.2.1. 직원 인사제도 및 확보
	3.2. 직원	3.2.2. 직원의 처우 및 복지
		3.2.3. 직원 전문성 개발
4. 교육시설 및 학생지원	4.1. 교육시설	4.1.1. 강의실 및 실험·실습실
		4.1.2. 학생 복지시설
		4.1.3. 도서관
	4.2. 학생지원	4.2.1. 학생상담 및 취업지원
		4.2.2. 학생활동 지원 및 안전관리
		4.2.3. 소수집단학생 지원
5. 대학성과 및 사회적 책무	5.1. 대학성과	5.1.1. 연구성과
		5.1.2. 교육성과
		5.1.3. 교육만족도
	5.2. 사회적 책무	5.2.1. 사회봉사 정책
		5.2.2. 사회봉사 실적
		5.2.3. 지역사회 기여 및 산학협력

출처: 한국대학평가원(2020).

 '교육' 영역의 교육과정 부문은 대학이 교육목표 달성을 위하여 교양 및 전공교육과정을 편성하여 충실하게 운영하고 있는지, 사회적·학문적 요구를 반영하여 주기적으로 교육과정을 개선하고 있는지 여부를 평가한다. 교수·학습 부문은 대학이 수업운영, 수업평가, 성적관리 등 적절한 학사관리 체제를 갖추고 있는지, 교수·학습 지원 전담조직을 통해 다양한 프로그램을 제공하여 교육의 질을 높이기 위해 노력하고 있는지의 여부를 평가한다.

 '교직원' 영역의 교수 부문은 대학의 운영에 있어 대학이 교수와 직원을 공정하게 선발하여 적절한 처우와 다양한 복지를 제공하는지, 교수의 교육 및 연구역량과 직원의 업무역량을 높이기 위해 다양하게 노력하고 있는지에 초점을 두어 평가한다. 직원 부문은 대학이 합리적인 절차로 교원을 임용하고 그에 맞는 처우와 복지를 제공하는지, 교수의 교육과 연구의 질을 높이기 위하여 다양하게 지원하고 있는지 평가한다.

 '교육시설 및 학생지원' 영역의 교육시설 부문은 대학이 수업과 연구 활동에 필요한 시설을 갖추고 쾌적하게 관리·운영하는지, 학생의 복지증진을 위하여 기숙사 및 복지시설을 제공하고 있는지 평가한다. 학생지원 부문에서는 대학이 학생들의 대학생활 적응, 진로, 취업을 위한 지원체제를 마련하고 있는시, 소수집단(minority)학생들이 대학생활에서 어려움을 겪지 않도록 배려하고 있는지를 평가하며, 대학이 교내 학생활동을 지원하고, 학생 안전과 정보보호를 위해 노력하고 있는지를 묻는다.

'대학성과 및 사회적 책무' 영역의 대학성과 부문에서는 대학이 연구 성과를 제고하여 학문발전에 기여하고, 진학·취업·창업 등 졸업생의 사회진출을 촉진하며, 교육만족도를 높이기 위해 노력하고 있는지를 평가한다. 사회적 책무 부문에서는 대학이 교육목적에 부합하는 사회봉사 정책을 마련하여 추진하고, 지역사회 기여 및 산학협력을 통해 사회적 책무를 이행하는지를 평가한다.

2) 평가준거

평가준거는 필수평가준거와 일반평가준거로 구성된다. 필수평가준거에는 전임교원 확보율, 교사 확보율, 정원내 신입생 충원율, 정원내 재학생 충원율, 교육비 환원율, 장학금 비율이 해당된다. 필수평가준거는 대학의 사회적 책무 이행을 위한 기본적인 여건조성을 위한 것으로, 필수지표의 미흡 시 피평가대학이 인증결과를 비교적 쉽게 인정할 수 있다는 장점이 있다. 필수평가준거는 다음의 세 가지 목적을 위해 도입되었다.

첫째, 교육의 질 보장 및 질 제고를 위한 기초 진단을 하기 위해서이다. 교육여건, 교육만족도, 재정건전성, 학생지원에 관한 최소요구조건의 충족여부를 확인함으로써, 취약한 교육여건의 개선을 도모할 수 있다. 또한 교육 수요에 대한 진단을 통해 교육의 질 제고를 촉진하고 재정투자의 확충을 유도할 수 있다.

둘째, 인증 결과에 대한 신뢰도를 제고하기 위해서이다. 교육여건 및 교육의 질에 관한 정량지표로 필수평가준거를 구성하고, 필수평가준거의 충족여부를 인증의 전제조건으로 활용함으로써 인증 결과에 대한 신뢰도를 높일 수 있다.

셋째, 인증 결과와 정부의 고등교육 평가와의 제도적 연계 토대를 구축하기 위해서이다. 정부의 각종 고등교육 평가 및 해외의 대학평가에서 폭넓게 사용되고 있는 포퓰러 지표[11]를 인증의 기본 요건으로 활용함으로써, 인증 결과를 고등교육 재정지원사업의

---

11) 포퓰러 지표는 대학 교육역량 제고의 핵심이 되는 지표로 취업률, 재학생 충원율, 국제화수준, 전임교원 확보율, 학사관리 및 교육과정, 장학금 지급률, 학생 1인당 교육비, 등록금 인상수준, 대입전형 등 9개 지표로 구성된다.

제도적 연계 기반을 마련한다.

　1주기 대학기관평가인증에서 필수평가준거는 인증판정을 받기 위한 전제조건으로 일반평가준거와 함께 제시되었으나, 2주기에서부터는 일반평가준거에서 따로 분리되었다. 평가가 진행되기 전, 필수평가준거의 모든 기준값을 충족해야지만 평가대상대학으로 확정받을 수 있도록 인증 신청 자격으로 활용되고 있다. 1주기 대학기관평가인증에서는 필수평가준거가 최소요구수준의 80~100%의 범위 내에 있는 경우, 해당 준거의 질적 요소 평가결과를 고려하여 충족(P)으로 판단을 내릴 수 있었지만, 2주기 대학기관평가인증부터는 최소요구수준의 100%를 충족시키도록 변경되었다.

〈표 8-3〉 2주기 필수평가준거의 최소요구수준

필수평가준거	2주기 최소요구수준	산출식
전임교원 확보율	61%	$\dfrac{\text{전임교원 수(명)}}{\text{교원 법정정원(명)}} \times 100$
교사 확보율	100%	$\dfrac{\text{기본시설}(m^2)+\text{지원시설}(m^2)+\text{연구시설}(m^2)}{\text{기준면적}(m^2)} \times 100$
정원내 신입생 충원율	95%	$\dfrac{\text{정원내 입학자 수(명)}}{\text{정원내 모집인원(명)}} \times 100$
정원내 재학생 충원율	80%	$\dfrac{\text{정원내 재학생 수(명)}}{\text{학생정원}-\text{학생 모집 정지 정원(명)}} \times 100$
교육비 환원율	100%	$\dfrac{\text{총 교육비(천 원)}}{\text{등록금(천 원)}} \times 100$
장학금 비율	10%	$\dfrac{\text{장학금(천 원)}}{\text{등록금(천 원)}} \times 100$

출처: 한국대학평가원(2020).

　일반평가준거의 경우, 1주기에서는 54개 준거로 평가를 실시하였으나, 2주기부터는 대학이 달성해야 할 핵심요소를 중심으로 평가준거를 재선정하여 30개로 조정되었다. 2주기 평가부터는 평가부문별로 3개 준거가 제시되며, 모든 평가준거는 양적인 측면과 질적인 측면을 종합하고 대학의 특성을 반영하여 정성평가를 하도록 되었다. 앞에서 살펴본 내용을 토대로 대학기관평가인증 2주기의 평가영역 및 평가부문, 평가준거의 특징을 정리하면 다음과 같다.

첫째, 평가자료의 시점을 당해년도에서 최근 3년 평균으로 늘림으로써, 대학교육의 지속적인 질 보장 및 질 개선 체세를 도모해 오고 있다. 1주기 대학기관평가인증제에서는 평가 당해연도의 자료를 가지고 결과를 산정하였다. 특정한 시점을 기준으로 정량지표 값을 산출하면 평가대상 연도는 평가지표가 충족되지만, 평가전후의 연도의 지표 값은 크게 하락하는 등 부작용이 발생하였다. 이러한 문제를 보완하기 위하여 2주기 대학기관평가인증제에서부터는 최근 3년 평균 자료[12]를 활용하여 결과를 산출하도록 산정방식이 바뀌었다.

둘째, 평가영역별 평가부문 및 평가준거 수를 비슷하게 유지하여 평가의 타당성을 제고하고자 하였다. 사회봉사는 대학의 본질적인 책무임에 틀림없다. 그러나 1주기에서는 사회봉사가 별도의 독립된 영역으로 존재하였고 해당 영역의 평가부문은 2개로 구성되어 사회봉사영역의 평가준거 중 하나라도 충족하기 못하면 인증 판정을 받기 어려웠다. 평가부문에 속한 평가준거의 충족 개수가 인증 여부를 결정하게 되므로 평가부문별 평가준거의 개수를 비슷하게 유지할 필요가 있었던 것이다. 이러한 개선의 필요성으로 2주기에서는 사회봉사영역이 대학성과 및 사회적 책무의 평가부문으로 설정되어 특정 평가준거가 인증 여부에 결정적인 영향을 미치는 것이 방지되었다.

셋째, 평가지표를 간소화하여 평가대상기관인 대학의 부담을 감소하고자 했다. 1주기 대학기관평가인증 시 설정되었던 6개의 평가영역과 17개의 평가부문, 54개의 평가준거로 평가지표가 과다하다는 문제점이 지적되었다. 이에 따라 2주기 대학기관평가인증부터 대학교육의 질적 향상에 중점을 두고 대학기관 전반을 종합적으로 평가하기 위해 대학이 달성해야 할 핵심요소를 중심으로 평가내용을 선정하여 5개 평가영역, 10개 평가부문, 30개 평가준거로 수를 조정하여 평가 부담을 완화하고자 하였다.

---

12) 단, 교사 확보율은 평가당해년도 기준 정보공시 자료로 평가한다.

4 평가 과정 및 방법

1) 대학 자체진단 평가

대학기관평가인증은 인증을 신청한 대학 중에서 시행하는데 인증을 신청하고자 하는 대학은 서면평가 및 현지방문평가를 기준으로 7개월 전에 인증신청서를 제출한다. 평가 대상대학으로 확정통보를 받으면 해당 대학은 자체진단평가를 실시하여 그 보고서를 평가원에 제출하여야 한다. 자체진단평가는 각 대학이 대학의 발전계획과 교육목표의 달성 정도를 스스로 진단·규명하고 그 해결 및 개선방안을 모색하여 실천해 나감으로써 대학의 발전을 도모하려는 것으로 통상 사전준비, 계획수립 및 조직구성, 평가시행, 평가결과 활용 등의 4단계를 거쳐서 이루어진다. 자체평가는 스스로 분석하기 때문에 보다 정확한 정보를 바탕으로 해당 대학에 필요한 사항에 대하여 평가를 할 수 있다. 평가원에 제출할 자체진단평가보고서는 평가원이 제시한 평가영역, 평가부분, 평가준거에 대한 자체진단평가 실시 후 평가준거 및 인증기준을 충족하고 있음을 확인할 수 있도록 기술하고 이러한 기준 충족을 입증할 수 있는 자료를 첨부하여야 한다.

2) 한국대학평가원의 평가[13]

평가원은 대학 자체진단평가보고서를 접수한 후 서면평가와 현지방문평가를 하여 평가를 실시한다. 2주기 대학기관평가인증의 절차는 다음의 [그림 8-2]와 같다.

---

13) 미국도 HLC(Higher Learning Commission) 등에서 대학에 대한 기관평가인증을 하고 있다. 대학평가원의 평가인증방법을 미국의 HLC 기관평가인증제와 비교해 보면 우리나라 기관평가인증의 특징을 이해하는 데 도움이 될 수 있을 것이다. HLC는 미국의 6개 지역적 기관인증자의 하나로 189년에 설립된 독립된 법인이다. HLC는 미국의 19개 주를 포함하는 북중부지역에서 고등교육기관에 대한 등급인증을 한다(홈페이지: https://www.hlcommission.org/About-the-Commission/about-hlc.html

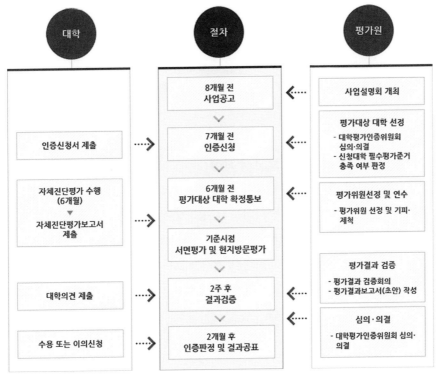

[그림 8-2] 대학기관평가인증 절차

출처: 한국대학평가원 대학기관평가인증 홈페이지(https://aims.kcue.or.kr/).

(1) 서면평가

서면평가는 인증을 받고자 하는 대학이 평가원에 제출한 자체진단평가보고서를 토대로 대학이 교육기관으로서 갖추어야 할 최소기준의 충족여부를 확인하고 현지방문평가 시 추가적으로 검토해야 할 사항을 도출하기 위해 실시한다. 대학 자체진단평가보고서를 검토하고, 대학 정보공시자료 확인 및 첨부자료를 검토하며, 평가준거별 제출 자료 확인 및 점검의 방법으로 이루어진다.

(2) 현지방문평가

현지방문평가는 직접 대학을 방문하여 자체진단평가보고서의 근거 자료를 확인하고 검증하기 위해서 실시한다. 구체적으로 우선 총장 예방과 평가단 및 대학의 자체진단평가위원과의 상견례를 통하여 대학현황을 청취하고 현지방문평가계획을 협의한다. 이어 평가위원들이 담당 평가영역별로 평가영역 전반에 대한 청취 및 질의응답, 대학이 제출한 증빙자료와 필요시 추가로 요청한 자료에 대한 확인, 대학구성원 면담, 대학시설 방문 등의 방법으로 실시한다. 평가단은 현지평가활동 및 평가결과보고서를 종합 정리하고 현지상호협의회를 가진다. 현지상호협의회는 평가결과를 해당 대학에 간략히 보고하고, 상호협의를 통하여 대학평가의 결과를 종합하고 정리하는 기회를 마련하여 대학과의 의사소통을 충분히 하고자 하는 것으로 평가결과에 대한 강평과 대학의 의견 및 건의사항을 청취하는 방법으로 실시된다.

(3) 평가결과 검증 및 평가결과보고서 작성

평가단 간, 평가위원 간 신뢰도 확보를 위하여 평가결과를 검증한다. 현지방문평가 이후 평가위원 전원이 참여하는 검증회의에서 평가준거별 평가결과를 확인하고, 평가기준에 대한 재검토 및 판정 조정을 하며, 대학의 추가 제출 자료 목록을 작성한다. 그리고 평가위원은 대학별평가단이 참여하는 평가결과보고서 작성 및 검토회의를 통해서 대학별 평가결과 판정 및 평가결과보고서 초안을 작성한 다음 평가결과검증회의 결과를 반영하여 초안을 수정·보완하게 된다.

(4) 대학의견 수렴

평가원은 대학별 평가결과보고서의 내용과 결과를 해당 대학에 송부하고, 해당 대학은 이의 사실 오류를 확인하고 추가의견이 있는 경우 그 의견을 평가원에 제출함으로써 평가결과보고서 및 그 결과에 대하여 관련 내용을 소명한다. 대학이 의견서를 제출하면 해당 대학의 평가단은 의견서 검토회의를 진행하여 대학에서 제시한 의견이 타당한 경우 평과결과보고서를 수정·보완하고 이후 평가결과보고서를 확정하여 대학평가인증위원회에 제출한다.

3) 인증판정 및 결과 공표

평가원의 대학평가인증위원회는 평가단의 평가결과보고서를 바탕으로 해당 대학의 인증여부를 판정하는데 인증 유형은 '인증', '조건부인증', '인증유예', '불인증'으로 구분된다. 기본적으로 인증과 조건부인증, 인증유예의 판정을 받기 위해서는 6개 필수평가준거는 모두 충족되어야 한다. 여기에 더하여 평가영역 중 5개 모두를 충족하면 '인증', 4개만 충족하고 1개가 미흡이면 '조건부인증', 4개를 충족하였으나 1개가 미충족이거나 3개를 충족하였으나 2개가 미흡인 경우에는 '인증유예'의 판정을 받게 된다. 인증판정을 받은 경우 인증기간은 5년인데 3년차에 인증자격 모니터링을 실시한다. 인증유예는 2년의 인증기간이 주어지는데 2년차에 보완평가를 실시하여 인증되면 처음 판정시점부터 5년간 인증하고 인증되지 않는 경우에는 인증유예를 하게 된다. 인증유예 판정을 받으면 2년 이내 보완평가를 하여 인증을 받으면 그 시점부터 인증을 받은 것으로 하고 인증을 받지 못하면 불인증으로 한다. 불인증 판정을 받으면 판정일로부터 2년 이내에는 재평가를 할 수 없고 2년 이후에 재평가를 신청할 수 있다. 구체적인 인증 판정기준과 인증기간 및 추가조치사항을 정리하면 〈표 8-4〉와 같다.

〈표 8-4〉 대학기관평가인증 판정 유형별 판정기준 및 조치사항

유형	인증 판정기준	인증기간 및 추가 조치사항
인증	• 기본교육여건을 일정수준 이상 갖추고 있고, 대학교육 및 운영 전반에서 인증기준을 만족함 - 6개 필수평가준거가 모두 충족(P), 5개 평가 영역 모두 충족(P)	- 인증기간 5년 - 인증판정 후 2개년 실적으로 인증 3년차에 인증자격모니터링 실시
조건부 인증	• 기본교육여건을 일정수준 이상 갖추고 있고, 대학 이념 및 경영, 교육, 교직원, 교육시설 및 학생 지원, 대학성과 및 사회적 책무 영역 중 한 영역이 미흡하나 단기간 내 개선이 가능함 - 6개 필수평가준거가 모두 충족(P), 4개 평가 영역 충족(P) 및 1개 평가 영역 미흡(W)	- 인증기간 2년 - 1개년 개선 실적으로 보완평가 실시 - 보완평가 결과 인증될 경우 첫 판정시점부터 5년간 인증 - 보완평가 결과 인증되지 않을 경우 인증유예 판정
인증 유예	• 기본교육여건을 일정수준 이상 갖추고 있으나, 전반적으로 교육의 질개선 노력이 요구되어 인증 판정을 유보함 - 6개 필수평가준거가 모두 충족(P), 4개 평가 영역 충족(P) 및 1개 평가 영역 미충족(F) - 6개 필수평가준거가 모두 충족(P), 3개 평가 영역 충족(P) 및 2개 평가 영역 미흡(W)	- 2년 이내 개선 실적으로 보완평가 실시 - 보완평가 결과 인증될 경우, 해당 시점부터 '5년-인증유예기간' 인증 - 보완평가 결과 인증되지 않을 경우, 불인증 판정
불인증	• 기본교육여건이 미흡하고, 대학교육 및 운영 전반에서 개선이 시급하여 대학교육의 질을 보증하기 어려움 - 인증, 조건부인증, 인증유예의 어떤 판정 기준도 충족하지 못함	- 불인증 판정으로부터 2년 경과 후 재신청 받아 평가 실시(2년 이내 신청 불가) - 2년의 경과 조치 기간 동안 해당 대학의 희망에 따라 컨설팅 실시

출처: 한국대학평가원(2020).

　해당 대학은 인증 판정을 번복할 수 있는 사안이 있는 경우에 한하여 인증결과 공표 후 14일 이내에 인증결과에 대한 이의제기신청서를 제출할 수 있다. 대학의 이의제기신청서가 접수되면 인증재심위원회를 구성하며, 인증재심위원회에서 대학의 이의제기 내용 및 근거에 대한 타당성을 심의한다.

5 평가결과 활용

　서두에서도 언급하였지만 대학평가의 본질적 목적은 평가를 통하여 대학의 경쟁력과 교육의 질을 개선하는 것이다. 하지만 기관평가인증결과가 활용되지 않는다면 기관평가가 평가를 위한 평가에 그치고 대학교육의 질을 개선하고자 하는 기관평가의 목적을 달성할 수 없게 된다(이영호, 2014: 91). 우선 인증요건을 충실히 한 다음 그 평가결과를 더욱 적극적으로 활용할 필요가 있다(이영학, 2014: 263). 평가원은 인증평가결과 활용을 돕기 위해 한국대학평가원 대학기관평가인증 홈페이지를 통해 인증 결과를 대학, 사회, 정부, 국제사회 등에 공표하고, 인증대학에 대한 정보를 제공한다. 또한 대학기관평가인증 홈페이지 통계마당에 인증 대상 대학의 지표 값을 제공하여 대학 스스로 지표를 점검하고, 타 대학과 지표 값을 비교·분석할 수 있게 함으로써 대학이 경쟁력을 갖출 수 있도록 지원하고 있다(한국대학평가원 홈페이지, https://aims.kcue.or.kr). 그렇다면 대학기관평가가 어떻게 활용될 수 있거나 활용되고 있는지 대학과 사회, 수요자, 정부, 국제사회 등 활용 주체별로 살펴보면 다음과 같다.

　첫째, 대학은 평가인증 결과를 활용하여 자기점검 및 자율평가 체제를 구축할 수 있다. 대학기관평가는 대학이 실시한 자체평가에 근거하여 평가가 진행된다. 특히 자체평가는 사전준비단계에서부터 자체진단평가를 추진하기 위한 대학구성원의 의견을 수렴하고, 평가를 위하여 자체적으로 대학 내 위원회가 구성·조직된다. 자체평가는「고등교육기관의 자체평가에 관한 규칙」제3조 제2항에 근거하여 2년마다 1회 이상 실시하게 되어 있어서, 매 2년마다 상시 평가체제를 구축하여 대학의 장단점을 분석해 당면한 문제점을 보완하여 지속적으로 발전방향을 모색하기 위한 평가체제를 갖출 수 있게 된다.

　둘째, 사회적으로는 대학기관평가인증이 대학교육의 질 보장에 관한 정보를 제공한다. 대학기관평가를 통해 대학이 고등교육기관으로서 기능을 하기 위한 최소기본요건을 충족하고 있는지를 체계적으로 평가하여 인증 결과를 공표하기 때문이다. 기관평가는 곧 대학에 책무성을 부여하며, 인증 대학에 대해서는 대학교육에 사회의 신뢰를 부여하는 기제로 작동하게 된다.

셋째, 대학의 수요자에 대해서는 평가결과의 공개를 통하여 대학의 질적 수준에 대한 알권리를 충족시켜 주고 그에 따라 적정한 선택을 할 수 있게 해 준다. 수험생과 학부모 등 대학교육 수요자에게는 대학 선택을 위한 판단 기준이 되며, 산업체에는 직원 채용 및 직원교육 위탁, 대학과의 공동·위탁연구를 진행하기 위한 근거 자료로 활용되는 것이다.

넷째, 정부차원에서는 고등교육의 질 보장을 위한 체제를 구축하고, 재정 지원을 위한 객관적 정보를 확보하여 정부의 행·재정 지원 사업과 연계할 수 있다. 「고등교육법」 제11조의2 제4항은 "정부가 대학에 행정적 또는 재정적 지원을 하려는 경우에는 제2항에 따른 평가 또는 인증 결과를 활용할 수 있다"고 규정하고 있다. 이에 근거하여 대학평가·인증 결과를 2014년부터 정부의 행·재정적 지원에 활용하게 되었다. 외국도 기관 평가결과가 각종 재정지원은 물론 학자금 대출 등의 전제조건으로 활용되고 있다. 일본은 국립대학법인은 문부과학대신이 교육 연구의 특성이나 법인 운영의 자주성·자율성을 배려하면서 중기목표(6년)를 설정하는데 국립대학평가를 통하여 이러한 중기목표, 중기계획 및 연도계획의 업무실적에 대하여 평가를 하고 평가결과를 각 법인의 차기 중기계획의 책정 및 운영비 교부금의 산정에 반영한다(한국대학교육협의회, 2010). 홍콩은 고등교육기관 평가를 기본적으로 국립대학의 재정배분을 위한 것이라고 한다(권동택 외, 2015: 136).

다섯째, 국제사회에는 인증대학 간 국제적 학력을 인정할 수 있게 함으로써 교류협력을 증진하는 기반으로도 활용된다. 국제사회에서는 학생들의 대학 간 교류 또는 프로그램 교류를 통한 이동에 있어 인증 결과의 국가 간 상호인정 체제가 필요하다. 인증획득을 통해서는 고등교육의 국제적 통용성을 확보하고 국내·외 인적자원의 이동을 촉진할 수 있다.

6 평가 성과 및 개선방안

1) 평가성과

한국대학교육협의회는 1984년 4월 10일에 제정된 「한국대학교육협의회법」(법률 제3727호)에 의해 한국대학교육협의회가 대학평가를 시작한 이래 대학평가를 계속해 왔다. 2016년

에는 대학평가인증위원회가 30개 신청 대학 중 26개 대학 '인증', 4개 대학 '조건부인증'
으로 인증 판정을 확정하였다. '인증' 대학은 5년간(인증기간: 2017. 2. 1.~2022. 1. 31.) 인
증이 유효하고, '조건부인증' 대학은 2년간(인증기간: 2017. 2. 1.~2019. 1. 31.) 인증이 유
효함에 따라 1년간 개선 실적으로 미흡한 평가영역에 대해 보완평가를 받아야 한다. 아
울러, 9개의 '우수사례'로 선정된 대학은 전 대학사회에 공유·확산하여 대학교육의 질
개선을 위한 자료로 활용할 계획이다(한국대학평가원 보도자료, 2016. 12. 23.). 이러한 대
학기관평가인증은 그 시행으로 인하여 적지 않은 성과를 거두었으며, 이는 다음과 같다.

첫째, 1주기 대학기관평가인증은 대학이 고등교육기관으로서 갖추어야 할 기본 요건
을 갖추고 있는지 6개 영역으로 평가하여, 질 보장을 위한 대학의 자율적 평가체제를 구
축할 수 있는 계기를 마련하였다. 둘째, 고등교육의 기본여건을 확보하고자 내세운 6개
필수평가준거 중 정원내 신입생 충원율을 제외한 5개 준거의 기준값을 충족하는 대학의
수가 〈표 8-5〉와 같이 2011년 이후 꾸준히 증가하였다.

〈표 8-5〉 2011~2016년 필수평가준거 공시대학 수 및 기준값 충족대학 수 (단위: 개교, %)

구분	기준값	2011년		2012년		2013년		2014년		2015년		2016년		
		공시 대학수	충족 대학수	공시 대학수	충족 대학수	공시 대학수	충족 대학수	공시 대학수	충족 대학수	공시 대학수	충족 대학수	공시 대학수	충족 대학수	2011 대비 상승률
전임교원 확보율	61%	201	116 (57.7)	198	152 (76.8)	197	168 (85.3)	193	173 (89.6)	191	177 (92.6)	190	178 (93.6)	35.9%p ↑
정원내 신입생 충원율	95%	201	185 (92.0)	197	173 (87.8)	197	175 (88.8)	193	166 (86.0)	191	169 (88.4)	190	169 (88.9)	-3.1%p ↓
정원내 재학생 충 원율	70%^{주)}	201	180 (89.6)	198	180 (90.9)	197	181 (91.9)	193	180 (93.3)	191	177 (92.6)	190	176 (92.6)	3%p ↑
교사 확보율	100%	201	146 (72.6)	196	151 (77.0)	197	157 (79.7)	193	159 (82.4)	191	174 (91.0)	190	178 (93.6)	21%p ↑
교육비 환원율	100%	189	145 (76.7)	186	171 (91.9)	184	181 (98.4)	185	184 (99.5)	180	180 (100)	183	183 (100)	23.3%p ↑
장학금 비율	10%	189	179 (94.7)	186	180 (96.8)	184	181 (98.4)	185	183 (98.9)	100	179 (99.4)	184	183 (99.4)	4.7%p ↑

주) 1주기에서는 정원내 재학생 충원율 기준값이 70%였음. 2주기부터 정원내 재학생 충원율 기준값
이 80%로 상향됨.

출처: 한국대학평가원 대학통계자료(https://aims.kcue.or.kr) 재구성.

좀 더 구체적으로 살펴보면 사립대학에서 인증대학과 비인증대학 모두 20명 이하의 소규모 강의 개설 비율이 지속적으로 증가하는 등 학생의 수업 환경 개선이 이루어졌다. 다만, 국립대학은 감소하는 경향을 보이고 있다. 교수의 역량도 강화되었다. 2011년 이후 특히 인증대학과 국공립대학을 중심으로 전임교원 1인당 논문 실적이 지속적으로 증가세를 보였고, 전임교원 1인당 연구비 실적도 지속적인 증가세를 보였다. 특히 교외연구비의 경우 인증대학은 2011년 이후 지속적인 상승공선을 보였으나 비인증대학은 하향곡선을 그리다가 2013년 조금 증가하여 인증대학과 비인증대학 간 차이를 보였다. 전임교원 확보율은 비인증대학이 더 높았으나 2011년 이후 그 증가세는 인증대학은 지속적으로 증가하는 반면, 비인증대학은 완만하게 증가하고 있다. 특히 사립대학은 전임교원 확보율이 급격한 증가세를 보이고 있다. 비전임교원의 강의담당 비율은 인증대학과 비인증대학 모두 2011년 이후 감소세를 보이고 있다. 인증대학은 학부와 대학원의 학생 수도 차츰 증가하는 추세를 보였다. 대학의 재정은 수익용 기본재산의 확보율은 조금 증가하는 데 그쳤으나 교육비 환원율은 인증대학과 비인증대학을 막론하고 2011년 이후 지속적인 증가세를 보이고, 장학금 비율도 모두 지속적인 증가추세를 보이고 있다(김병주, 2014). 적어도 대학기관평가인증제도가 대학의 양적인 측면의 개선을 이루고 있음을 확인할 수 있다. 그리고 이러한 양적 개선이 질적 개선으로 이어지는 개선도 가져올 수 있을 것으로 기대된다.

셋째, 구성원들의 대학에 대한 평가인증의 인지도 및 참여도가 높아졌고 대학도 자체진단평가 실시를 위한 체제도 구축되어 가동되고 있다. 이러한 성과는 지방의 사립대학에서 더 크게 나타났다. 대학의 자체평가를 담당하는 인력의 전문역량도 높아지고 있으며 대학의 구성원 간 협조도 원활하게 이루어지고 있다. 대학과 보직교수는 물론이고 평교수까지 자체평가와 기관평가인증을 준비하는 과정에서 스스로 처한 현실을 제대로 파악하게 되었다는 점도 큰 의미를 가진다. 이는 대학과 구성원들이 대학의 발전을 위해 노력할 수 있는 시발점이 될 수 있을 것이다. 자체진단평가도 구성원들의 적극적인 참여와 협조로 별다른 어려움 없이 진행되고 있으나 국공립에 비하여 사립대학은 자체진단평가 모형설계 및 실시과정에서는 어느 정도의 어려움은 느끼고 있는 것으로 나타났다. 평가결과는 대학발전을 위해 적절하고 유용하게 활용되고 있다. 국공립대학도 활용도가 높지만 특히 사립대학의 활용도가 더 높은 것으로 나타났다.

2) 평가 개선방안

(1) 적정한 평가준거의 마련

앞에서 밝힌 성과에도 불구하고 기관평가인증에는 일부의 문제점도 드러났다. 우선, 평가방법에 있어서는 손쉬운 정량평가의 비중이 크고, 연구력 중심의 평가가 대부분이며 대학의 교육철학과 비전, 성장과정 등에 대한 정성적 평가가 부족하였다. 이는 평가의 공정성이나 객관성과도 관련될 수 있고 후발대학의 성장을 촉진하고 유도하는 기능이 미흡하며, 오히려 기존의 서열화된 구조를 고착화하는 경향이 있다. 또한 평가결과의 환류기능이 다소 미흡하고, 평가결과가 평가개선에 적극적으로 활용되지 못했다. 2주기에도 평가영역과 평가부문 등에 일부 변동이 있었지만, 항목들의 자리 변동만 있었을 뿐 구체적인 내용에 대한 변동은 거의 없다.

이러한 문제점들을 개선하여 좀 더 공정하고 객관적인 평가가 이루어지기 위하여 특별하지 않고 일반적으로 적용될 수 있는 포괄적인 표준과 준거의 개발에 노력할 필요가 있다. 준거는 어떻게 수행해야 하는가가 아니라 무엇을 수행해야 하는지의 관점에서 마련되어야 한다(한국대학교육협의회, 2010). 그리고 기관평가제도가 대학의 질 개선에 실질적으로 이바지할 수 있도록 평가항목에 지난 평가 대비 개선 정도도 포함시킴으로써 대학으로 하여금 개선을 위한 노력을 할 수 있도록 유도하여야 한다.

(2) 현지방문평가의 개선

현지방문평가는 대학이 제출한 자료의 확인, 시설의 방문, 면담 등으로 이루어진다. 재학생 수가 1,000명 미만인 경우는 1일, 1,000명 이상~5,000명 미만인 경우에는 1박 2일, 5,000명 이상인 경우에는 2박 3일 동안 실시된다. 하지만 이러한 짧은 기간을 통한 현지방문평가가 정확하고 충분하게 이루어질 수 있을지에 대해서는 의문이다.

다른 어느 분야와 마찬가지로 인증평가의 경우도 현장의 사정을 충분히 살펴야 정확한 평가가 이루어질 수 있다. 면담의 경우 그 대상자가 대학의 어떤 위치에 있는 구성원인지에 따라 평가준거들을 달리 생각하고 달리 판단하고 있을 수 있다. 적확한 평가인증을 위해서는 다양한 구성원과 가능한 한 다수의 면담을 진행할 필요가 있다. 예컨대, 총장, 보직 교원, 일반 교원, 교직원, 학생, 동문, 나아가서는 학부모까지 다양한 면담을 할수록 더욱 정확한 평가가 이루어질 수 있을 것이다. 그리고 시설방문은 물론 때로는 직접 학생들에 대한 수업에 참관하는 것도 좋은 현지방문평가 방법일 수 있다. 그런데 이러한 보다 정확한 평가를 하기 위해서는 1~3일의 방문평가는 시일이 너무 짧은 것으로 생각되므로 좀 더 충분한 평가시간을 확보할 필요가 있겠다. 평가위원들이 개별적으로 평가행위를 한다면 대학에도 큰 부담을 주지는 않을 것으로 생각된다.

(3) 외부기관에 의한 평가의 의무화

「고등교육법」 제11조의2 제1항은 "학교는 교육부령으로 정하는 바에 따라 해당 기관의 교육과 연구, 조직과 운영, 시설과 설비 등에 관한 사항을 스스로 점검하고 평가하여 그 결과를 공시하여야 한다"고 하여 대학 자체평가는 의무사항으로 규정하고 있다. 반면에 외부의 평가에 대해서는 의학·치의학·한의학 또는 간호학에 해당하는 교육과정을 운영하는 학교를 제외한 대학의 경우는 신청에 의하여 할 수 있도록 하고 있다(「고등교육법」 제11조의2 제2항). 물론 대학의 여건과 대학의 특성을 반영하는 평가가 이루어지기 위해서는 대학의 여건과 대학의 특성을 파악하고 있는 내부자가 평가를 하는 것이 타당할 수 있다. 반면에 오늘날은 지식산업사회이면서 국가 간 경쟁이 치열한 상황에서 대학이 국가와 사회의 요구를 받아들여야만 하는 현실이므로 외부의 시각에서 바라본 객관적인 평가 또한 필요하다. 그리고 내부의 환경과 여건에 적응된 내부자가 내부의 사정에 대하여 객관적이고 비판적인 평가를 하는 것에는 한계가 있을 수밖에 없다. 실제 일본의 경우에는 구성원들의 소극적 참여를 통해 형식적으로 자기점검평가가 이루어지자, 이러한 문제를 해결하기 위하여 제3자 대학기관평가제도를 도입하였다(이영호, 2014: 90-91). 따라서 외부의 기관에 의한 평가를 하지 않을 수는 없게 되었다. 우리나라 또한 실질적인 대학의 질을 담보하는 차원에서 대학이 외부의 기관에 의한 평가를 선택하게 하기보다는 법령을 규정하여 의무화할 필요가 있다.

(4) 대학구조개혁평가와의 연계

법령상 다수의 대학에 대한 평가가 이루어지고 있는데 평가대상, 방법, 주체의 면에서 각 평가의 목적 및 특성이 모호하고 연계가 부족하기에, 대학기관평가인증은 대학구조개혁평가와 다를 바 없다는 지적이 있다. 대학구조개혁평가가 "사실상 대학기관평가인증 기준을 축소시켜 놓은 격"이며 "이미 대학협의체가 수행하고 있는 평가를 두 번 실시하는 이유는 대학들을 믿지 못하기 때문"이라는 이유에서이다(한국대학신문, 2014. 9. 30.). 그리고 1주기 평가결과가 공개된 뒤 평가인증 여부와 구조개혁평가 등급 간의 차이로 두 평가에 대한 신뢰도에 의문이 제기되기도 하였다. 이러한 문제들 때문에 대학평가인증과 대학구조개혁평가 연계를 통해 두 평가에 대한 신뢰성을 높이고 대학의 부담을 덜어야 한다는 논의가 발생하였다.

평가원의 평가위원회는 '대학기관평가인증'과 '대학구조개혁평가' 간의 연계 추진 방안을 심도 있게 논의하였다. 위원회는 두 평가에 대한 대학의 부담을 덜고, 지표 간의 연계를 통해 평가 간 교류와 협력이 필요하다는 점을 강조하고, 보다 합리적인 평가체제를 구축하여 대학교육의 질 개선을 위해 노력해 줄 것을 요구하였다. 이에 평가원은 기관평가인증과 구조개혁과의 구체적인 연계방안을 마련하고, 교육부 및 유관기관과의 지속적인 협의를 통해 대학발전을 위한 평가 방안을 도출할 계획이며, 이에 대한 대학 의견 수렴을 통해 평가결과의 신뢰도 제고와 대학의 평가 부담 완화를 위해 계속 노력할 예정이다.

구체적으로 전임교원 확보율, 교사 확보율, 재학생 충원율 등 두 평가의 정량평가 지표 산출식을 통일함으로써 구조개혁 평가 시 중복된 정량지표 값을 행정기관으로부터 받아 자체 평가하고, 대학에서도 해당 지표에 대한 평가보고서를 작성할 필요가 없게 간소화하는 방안이 제시된다. 활용에 있어서도 평가인증대학(인증 및 조건부 인정)은 정원조정, 불인증(인증유예, 불인증, 인증효력정지, 미인증) 대학은 구조조정 및 퇴출 대상으로 분류해 각기 다른 평가와 정책을 실시하는 '투트랙 연계'도 바람직할 것이다(한국대학신문, 2016. 9. 25.).

(5) 기관평가 총괄 기관의 설립

기관평가는 대학총장들의 연합체인 한국대학교육협의회 산하의 한국대학평가원에서 하고 있다. 그런데 이 기구가 대학으로부터 독립되어 자율적으로 객관적인 평가를 할 수 있는지에 대한 의문 제기가 있다(정용덕 외, 2004). 기관 자체가 전문기관이 아니라는 점도 문제이다. 한국대학평가원이 장기간 대학평가를 하여 상당한 노하우를 가지고 있다는 점을 부인할 수 없고, 한국대학교육협의회와 하위조직이 평가를 주관하는 것이 바람직하다는 것이 대학 구성원 다수의 의견이라고는 하나(신재철, 2004: 345), 평가의 공정성과 객관성을 담보하기 위해서는 대학평가를 전담하는 기구를 설립하고 한국대학평가원의 노하우를 전달받을 수 있도록 하는 것이 바람직하다고 생각된다. 한국대학평가원을 제도적으로 한국대학교육협의회에서 독립시켜서 별도의 기관으로 하는 것도 한 방법일 것이다. 평가자들의 전문성에도 문제가 있다. 평가가 정량평가에 의하여 이루어진다고 하더라도 그 평가의 객관성과 공정성 등은 평가자의 전문성, 도덕성 등에 의하여 좌우된다고 할 수 있다. 정성평가도 확대되어야 한다는 요구가 늘어나고 있는데 이러한 정성평가를 위해서는 더욱 평가자의 능력이 중요하게 된다. 그렇기 때문에 평가자들의 전문성에 대한 문제는 평가결과에 대한 타당성, 신뢰성에 대한 문제제기로 귀결된다. 평가

자체가 전문적인 지식과 경험을 필요로 하는 것이므로 전문적인 평가자를 육성할 수 있는 제도적 장치를 마련할 필요가 있다.

그리고 대학평가를 한 평가기관에서만 하는 것으로는 평가항목의 개발 등의 문제를 효율적으로 해결할 수 없을 것으로 보인다. 최소한 2개의 기관에서 함으로써 상호 간 경쟁을 하면서 보다 적절한 평가준거를 만들어 내고 보다 정확하고 요구에 부응하는 평가가 이루어질 수 있을 것이라 생각한다. 그러므로 최소한 1개 이상의 평가기관을 추가로 지정할 필요가 있다. 특히 분야별 전문성을 갖춘 소규모 대학평가 컨설팅 기관을 육성함으로써 해당 분야의 평가의 수준을 높일 수 있을 것이다.

(6) 대학의 특성화를 발전시킬 수 있는 평가방안의 마련

평가원은 대학의 특성화를 유도하기 위해 특성화대학 우수 대학을 선정하는 등의 노력을 하였으나 여전히 평가 자체에 있어서는 대학 여건에 치우쳐 대학별 특성화 유도를 적극적으로 하지 못하였다거나 대학으로 하여금 교육의 본위 추구와 교육자체의 질 개선을 적극적으로 유도하지 못한 아쉬움이 있다. 대학기관평가가 평가준비에 많은 에너지를 소모하게 되고 대학들이 평가항목 위주로 교육을 하다 보면 대학들이 획일적이게 되고 대학의 자율성이나 대학의 다양성이 손상되는 마이너스 환경으로 작용할 수도 있다고 한다(곽진숙, 2012: 11). 그 결과 대학평가인증을 통하여 양적 성장은 이루었으나 각 대학의 특성이 사라져 갔고, 어느 분야에서도 특별한 성과를 내는 것이 어려워졌다.

이러한 문제점들과 관련하여 곽진숙(2012: 24)은 교육의 발전을 위해서는 외부평가자들의 관점이나 평가보다 교육주체의 자기 점검 및 평가를 존중할 필요가 있다고 한다. 이에 대한 방안이 대학 내부와 외부에서 각각 평가를 하되 대학의 목표달성을 평가하는 항목을 충분하고 다양하게 만드는 것이다. 그리고 평가항목과 기준이 특정 대학에 맞지 않는다면 해당 대학의 특성화를 반영한 적정한 평가가 나올 수 없다. 대학마다 다른 특성화를 평가하기 위해서는 다양한 평가항목과 기준을 통해 대학에 적합한 유형을 선택하도록 하거나, 평가편람을 여러 가지로 형태로 다양화하는 방법을 생각해 볼 수 있다(신재철, 2004: 342).

그리고 백화점식 평가항목보다는 각 대학의 특성화에 대한 강화가 이루어질 수 있는 평가를 할 필요가 있다. 대학의 특성화를 유도하기 위해서는 대학의 특성에 의거하여 차등 적용이 가능한 평가지표와 평가방식을 개발 및 활용할 필요가 있다. 획일적으로 연구성과 등을 합산하는 방식보다는 각 대학의 특성이 반영될 수 있는 '적정연구산출지표'를 개발할 필요가 있는 것이다(한유경 외, 2010: 139). 특히 일반대학과는 다른 특성을 갖는 중소 규모의 대학들은 스스로의 특성을 반영할 수 있는 별도의 평가항목이나 평가기준에 대한 적용 방법 또한 모색할 필요가 있다.

대학의 자체평가를 중심으로 대학의 고유한 목표를 설정하게 한 다음 그 목표의 달성도를 평가하는 항목을 다양하고 심도 있게 설정함으로써 해당 대학의 특성화를 상당 부분 반영할 수 있을 것이며, 여러 가지 여건이 다른 대학들에게는 공정한 평가가 가능할 것이라 생각된다. 교육평가의 가장 중요한 목적은 다음 교육에 피드백하여 다음 교육을 개선하는 데 있어야 하고(곽진숙, 2012: 28), 이러한 기능을 수행할 수 있도록 하기 위한다는 점에서도 이러한 평가항목을 포함시키는 것이 바람직하다. 평가준거가 표준화되어 있다면 특정대학의 특성에 따라 특성을 반영할 수 있는 평가지표를 세분화, 다양화하는 방법도 고려해 볼 수 있을 것이다.

한편, 대학 고유의 비전과 교육목표가 제시되어 있지만 실제 대학의 교육 및 연구 활동과 연계되어 있는 상황을 파악하기 어려운 상태이고, 대학의 특성화를 강조해 왔으나 자주 변경되는 정부 지원 사업의 성격과 평가방식으로 인해 특성화의 성격이 자주 변경되는 문제와 함께 획일적인 특성화로 실질적인 특성화가 이루어지는 것이 용이하지 않은 상황이다. 그러므로 대학이 설정한 비전과 교육목표, 인재상, 그리고 특성화 목표 등이 교육성과와 어떻게 연결되는지를 확인하는 장치가 마련될 필요가 있다(김정희 외, 2015. 4.).

(7) 평가자의 평가역량 강화

대학의 특성과 다양성을 유지·발전시키고 이들을 반영하는 평가를 위해서는 대학 자체평가의 내실화를 기하는 것이 필요하다. 그런데 연구와 교육에 전념해 온 대학의 내부 교수들이 대학의 자체평가를 하는 것은 한계가 있다. 이 외에도 정성적 평가는 평가자의 전문성에 의해 판단하도록 하고 있는데 점검사항들이 명확하지 않거나 점검사항의 수가 적을 경우 평가자와 피평가자의 견해 차이가 발생할 가능성이 있고, 평가자의 전문성이 충분하지 않으면 양질의 평가 수행이 어려울 수 있다.

따라서 자체평가역량이 충분하지 않은 대학에 대해서는 다양한 지원이 필요하고 대학에 대한 평가를 담당하고 있는 한국대학평가원에 이러한 대학의 자체평가역량을 강화시켜 줄 수 있는 지원기구도 설치하는 것이 필요하다(이영학, 2008: 64).

(8) 기관평가인증결과의 실효성 및 활용성의 제고

1주기 현황을 보면, 일반대학 및 산업대학의 인증은 신청대학의 92.5%로 매우 높게 나타나고 있다. 이는 필수평가준거 최소요구 수준과 함께 한국대학평가원이 정한 평가영역을 충족하는 대학이 대부분임을 의미한다. 조건부 인증대학 1개교, 인증유예 대학 2개교를 제외하면 거의 모든 대학이 인증평가를 받은 대학으로 나타났다. 그럼에도 국내대학의 평가ㆍ인증 결과가 국제적으로 통용되지 못하는 측면이 있다. 국제화 시대의 인적 교류 및 이동, 학위 인정을 위해 평가 결과의 상호인증 등 국제적 통용성을 확보하는 것이 필요하므로 1주기에서 설정한 기본방향 가운데 '국제적 통용성' 확대를 위한 실질적 노력을 포함시킬 필요가 있다. 당분간이라도 외국의 평가전문가를 국내 평가기구에 참여시키는 방안도 고려할 수 있다.

　평가ㆍ인증 결과를 바탕으로 정부의 재정지원 사업(예: 2014년도에 대학특성화 대학 선정 사업에서 신청자격으로 활용된 경우나 2014년도 전문대학특성화 대학 선정사업에서 참여자격으로 활용된 경우)에 활용되는 경우에는 단기적 사업 획득의 목표로 대학이 비합리적 의사 결정 혹은 그러한 운영을 하는 사례가 발생하게 되었다. 특히 대학평가가 추진되고 있는 상황에서 질 보장 및 개선을 위한 평가ㆍ인증의 효과가 경감될 가능성이 있다. 따라서 추후의 평가ㆍ인증 결과를 장기적ㆍ국가적 수준에서 고등교육 발전을 위한 기초자료로 활용될 수 있는 방안을 탐색하고, 예고되어 있는 제재를 기반으로 한 고등교육기관 평가 결과와 조정 가능성을 탐색할 필요가 있다(김정희 외, 2015).

제9장 **공학교육 인증 평가**

1 평가 배경 및 변천 과정

1) 평가배경

(1) 한국공학교육인증원(ABEEK)의 설립 배경

80년대까지 우리나라 공과대학들은 산업인력을 배출하고 우리나라 산업발전을 위해 중추적인 역할을 담당하였으나, 최근 들어 4차 산업혁명 시대를 맞이하여 국가경쟁력 강화를 위한 인재 육성을 위해 개혁의 필요성이 요청되고 있다. 하지만 공학교육[1]의 여러 문제로 인해 이러한 개혁에 걸림돌이 되어 왔다. 먼저, 이론 위주의 실습이 부족한 교육, 무분별한 교과과정 편성, 백화점식 학과운영, 산업체와의 연계가 부족하여 공과대학이 국제적인 경쟁력을 갖추기에는 부족하였다. 전공교육이 강의 중심으로 진행되면서 현장 실습과 실험을 통한 문제해결능력과 산업체 현장의 적용 능력을 함양하지 못하였으며, 엔지니어로서 지식산업사회에서 요구되는 전문적인 기술 역량을 육성하지 못해 기업들로부터 상당한 비용과 시간이 재투입된다는 지적을 받아 왔다. 둘째, 교양교육은 단순히 비공학계 학문분야에 대한 소개 정도로 진행되고 있고, 엔지니어로서 함양할 필

---

1) 공학교육은 공과대학에서 공학 인재를 양성하기 위해 공학 분야의 관련 지식, 기능, 태도를 습득하는 교육으로, 공학교육인증 프로그램을 운영하는 공과대학의 교육을 포함하여 지칭함.

요가 있는 경영 마인드와 경제적 접근 능력을 교육시켜 주지 못하였으며, 미래의 리더로서 혁신에 대한 의식과 기술윤리에 대한 인식을 일깨워 주는 데 미흡하였다. 셋째, 국내의 공학교육은 최첨단 신기술 환경에 부합하는 첨단인력양성 시스템 미비, 이공계 진학 기피 등의 문제로 인해 글로벌 스탠더드를 충족시키지 못하고 지식산업사회에 필요한 엔지니어를 양성하는 데에 역부족이었다. 넷째, 공학교육 전공자에 대한 질적인 보증 요구가 이어지고 있지만, 인증·자문을 통한 지속적인 교육 개선 방안과 공학교육 프로그램 기준 및 지침을 제시하지 못했다(강소연 외, 2007; 박기문 외, 2011; 송동주·이상천, 1999; 이장무, 2000; 한국공학교육인증원, 2016).[2] 이러한 여러 가지 문제점을 안고 있어 새로운 차원의 공학교육 체제 개선이 요구되었다.

공학교육의 문제는 국내뿐만 아니라 국외에서도 당면하고 있는 실정이다. 미국, 영국 등 선진국도 우리보다 앞서서 이공계 인력 수급 문제를 겪었고, 이를 해결하기 위한 혁신의 자구책을 내놓고 있다. 미국은 1932년부터 공학교육 혁신 방안 중의 하나로서 '순환적 자율 개선형 공학교육 모델'인 공학교육인증제를 도입하여 전체 400여 개 공과대학 가운데 379개 대학에서 운영하고 있으며, 기업에서도 공학교육인증제에 적극 참여하고 있다(매일경제, 2010. 9. 24.). 영국도 1990년대에 창의적인 공학인력 양성을 위해 기술 융·복합 교육시스템을 운영하는 공학인증기관으로 영국공학심의회(Engineering Council UK: ECUK)를 설립하여 운영하고 있다(박기문 외, 2011). 20세기 말부터 급속하게 진행되어 온 정보화와 기술주도형 경제체제하에서 공학의 중요성은 더욱 커지고 있으며 공학교육은 글로벌 경쟁력 확보라는 차원에서 국가혁신체제의 핵심으로 자리 잡고 있다. 이와 같이 공학교육에 대한 국제적인 시류에 부합해 나가면서, 국내에서 제기되고 있는 여러 가지 문제를 극복하고 공학교육의 국제적 경쟁력을 갖추기 위해 1999년 한국공학교육인증원(Accreditation Board for Engineering Education of Korea: ABEEK)의 설립이 추진되었다(강소연 외, 2007; 홍의석 외, 2009). 이듬해인 2000년 6월에 한국공학교육인증원의 사단법인 설립에 대한 인가가 나게 되어 순수 민간기구로서 공과대학 교육의 자율성과 평가의 독립성이 담보된 한국공학교육인증원이 출범하였다(김정식, 2008: 55). 한국공학

---

2) 우리나라 공대 졸업생의 능력과 자질은 미국 공대 졸업생의 능력과 자질에 비해 상당히 뒤떨어지는 것으로 나타났다. 서울대학교 전기공학부와 미국 UCLA 기계항공공학부에서 시행한 졸업생 설문조사(Alumni Survey) 결과, 서울대학교의 경우 팀워크, 의사소통능력 등 비기술적 자질이 산업체 요구의 30% 내외 수준이고, 설계능력도 산업체 요구의 50% 수준이었다. 반면, UCLA는 대학에서의 교육정도가 산업체의 요구에 근접하고 있는 것으로 나타났다(김정식, 2008: 113–114).

교육인증원은 한국공학교육학회, 전국공과대학장협의회, 전문학회, 정부기관, 공학한림원, 산업체 등이 모여 한국 공학교육의 발전을 위해 창립된 민간기구이다(민동균 외, 2007; 기정훈 외, 2011). 한국공학교육인증원은 다음과 같은 조직으로 구성되어 있다.

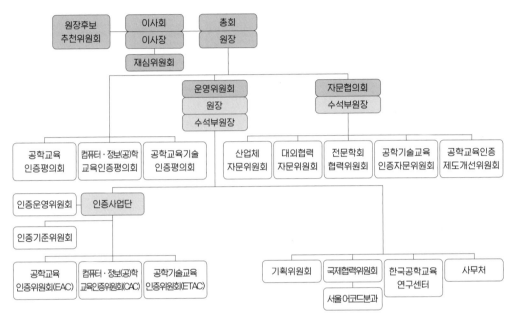

[그림 9-1] 한국공학교육인증원 조직도

출처: 한국공학교육인증원 홈페이지(http://www.abeek.or.kr/abeek/organization).

창립된 이래로 현재의 ABEEK은 대학의 공학 및 관련 교육을 위한 교육프로그램 기준과 지침을 제시하고, 이를 통해 인증 및 자문을 시행함으로써 공학교육의 발전을 촉진하고 실력을 갖춘 공학기술 인력을 배출하기 위해 이사회, 운영위원회, 서울어코드위원회, 자문협의회, 공학교육인증평의회(EAC), 컴퓨터 · 정보(공)학교육인증평의회(CAC), 공학기술교육인증평의회(ETAC) 등의 기구를 가지며, 운영위원회 산하에는 인증사업단, 기획위원회, 국제협력위원회, 한국공학교육연구센터, 사무처가 있다(한국공학교육인증원 홈페이지, http://www.abeek.or.kr/abeek/organization).

(2) 공학교육인증제의 도입 배경

한국공학교육인증원의 설립 배경은 공학교육인증제의 도입 배경과 같은 맥락에서 살펴볼 수 있으며, 이는 크게 다음과 같이 네 가지로 살펴볼 수 있다. 먼저, 공학교육에의 관심 촉구를 통해 인증제가 촉발되었다. 인증제의 경우 1997년에 한국공학교육학회(구 한국공학기술학회) 내의 공학교육연구회 모임을 통해 공학교육의 문제점과 개선방향이 논의되던 가운데, 미국 ABET 주관의 인증제 조사와 더불어 ABET의 인증기준을 번역하면서 우리나라의 인증제 도입에 대한 논의가 시작되었다. 다시 말해, 공학교육의 관심에 대한 촉구는 연구와 교육 모두를 중시해 온 일군의 교수진들의(공학교육연구회 등의) 모임 등에서 비롯되었고, 교육에 대한 중요성을 자각하고 있던 공학도들을 중심으로 공학교육인증제의 도입과 정착에 대한 노력이 시대적 흐름에 부합되어 제도가 탄생하게 된 것이다.

둘째, professional school에 걸맞은 커리큘럼으로의 재편이 요청되었다. 인증제 도입 당시 커리큘럼에 대한 문제가 심각하게 제기되었다. '90년대 당시 국내 대부분의 대학에서는 학부제를 실시하고 있었고, 정부가 전공 이수 학점 기준을 36학점에 맞추도록 한 것에 대한 반발이 발생하고 있었다. 일률적으로 36학점 제도를 사용하게 되면 학생들이 엔지니어라고 하기 어려울 정도로 굉장히 체계적이지 않은 교육을 받고 나가게 되는 것이라는 판단에 따라, 이러한 문제를 해결할 수 있는 방안이 인증제이며, 이를 통해 전공교육을 강화할 수 있는 전략을 수립할 수 있게 된 것이다.

셋째, 자기 규제를 통한 구조조정과 교육의 질 관리 차에서 인증제 도입 의도를 찾을 수 있었다. 당시 각 학문분야별로 인증제 도입이 논의되었고, 이는 대학평가의 주체인 한국대학교육협의회의 학문분야별 평가에 대한 반발로 이어졌다. 기존의 평가가 정량적인 평가, 서열화된 평가, 보여 주기 식 평가, 현상 기술적 평가, 일회성 평가와 같은 방식이었다면 인증제는 어떤 방식으로 진행되는지에 대한 과정에 관한 평가, 절대적 평가, 지속적인 평가를 의도하였다. 즉, 각 학문분야별로 자기 규제를 하는 것이 기존의 학문분야 평가와 다른 점이라 할 수 있다. 이러한 자기 규제의 기능은 각 학문분야의 자율적 구조조정과 교육의 질 관리가 가능해지도록 할 수 있을 것이다.

넷째, 공학교육에 관한 체계적 접근은 인증제 도입의 중요한 배경이 되었다. 공학교육인증제는 최적의 교육목표와 학교의 특성에 부합하는 교육목표 및 비전을 수립하고, 그 교육목표에 적합한 커리큘럼을 구성함으로써, 그에 따라 인재를 양성해 나갈 수 있다. 이러한 교육을 받은 학생을 산업체에서 수용하고, 그러한 교육체계를 현장에서 검증하고 학교에 피드백함으로써 교육목표부터 교육과정 전반을 점검하고 새롭게 구성하면서 개선해 나가는 체계적 접근이 공학교육에 필요하였다(곽진숙, 2011; 홍의석 외, 2009).

상술된 내용에서 알 수 있듯이, 공학교육인증제는 공학교육에 대한 열망과 그에 대한 관심이 증폭됨으로써 교육과정에 대한 재편과 더불어 자기 규제에 대한 성찰을 통해 공학교육에 체계적으로 접근하고자 했던 시대적 요청이 있었기에 도입이 가능했음을 확인할 수 있다.

2) 평가 변천 과정

　　한국공학교육인증원에서는 기존의 공학교육체계에서 문제점을 발견하고 공학교육인
증체계를 새롭게 재편함으로써 한국의 공학인재들을 육성하기 위한 발판을 마련하고자
노력하였다. 기존의 공학교육체계는 교과교정의 자율 개선과정이 없어서 소요 학생능력
기준과 학습성과 평가과정이 결여되었고, 공학소양 · 설계능력 · 발표력 · 팀워크기술이
부족했으며, 국제기준에 미달된 인재교육으로 점철된 양상이었다. 반면에 공학교육인증
체계가 마련되면서 순환적 자율 개선형 공학교육 모델을 바탕으로 국가 · 사회 · 기업 ·
졸업생이 요구하는 사항을 교과과정에 도입하였고, 학습 성취평가와 학생 능력 평가를
시행하며 적정기간마다 자율개선이 이루어졌다. 이는 다음의 순환적 자율 개선형 공학
교육체계의 기본 개념도를 통해 확인할 수 있다.

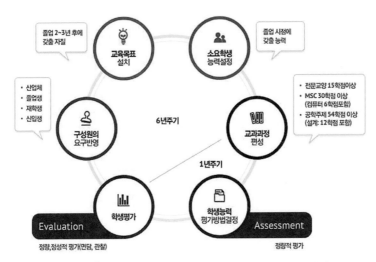

[그림 9-2] 순환적 자율 개선형 공학교육체계의 기본 개념도

출처: 한양대학교 공학교육혁신센터 홈페이지(http://abk.hanyang.ac.kr).

　　순환적 자율 개선형 교육과정은 전체적으로 3단계 과정(목표확립과정, 평가과정, 개선과
정)으로 구성되어 있으며, 평가과정과 개선과정은 1년 주기로 운영되고, 목표확립과정을
포함한 개선은 3~6년 주기로 운영되며 유관자로서 산업체(고용주), 졸업생, 재학생이 포
함되어 있다는 특징이 있다(김정식, 2008). 이러한 특징을 가지고 있는 한국공학교육인증
원의 평가는 기존의 공학교육평가와 상당한 차이가 있으며, 이를 항목별로 비교해 보면
다음과 같다.

〈표 9-1〉 기존의 공학교육평가와 한국공학교육인증원의 평가 차이

구분	기존의 공학교육평가	한국공학교육인증원의 평가
평가주체	정부기구/위원회 업무적, 권위적	자발적 민간기구 서비스 차원
평가성격	평가 일방적 평가자-평가대상 구분	평가와 자문 쌍방적(교류 및 상호평가) 동반자 관계
평가목표	평가에 따라 다름 (지원금 수혜대상 선별)	공학교육 체질 강화
평가결과	평가에 따라 다음(지원금) 서열, 등급 중요 공공 발표	인증 서열화 배제 대외비(당사자, 산업체 제외)
평가기준	정부기구/위원회 도출 특수임무그룹(제한적)	산업체/공학공동체 도출 ABEEK 추진위(개방적)
평가시기 유효기간	필요시/일시적 평가 당시/단기적 (단기적 성과)	상시/지속적 장기적(6년까지?) (단기적 성과)
평가관점	'여태껏 무엇을 이루었나?' 효율성 중시	'앞으로 어떻게 잘할 것인가?' 효과성 중시
평가방법	정량적 점수화	정성적 평가 (제반요소를 조화롭게 고려한 미래지향적 결론)
평가대상	교육＋연구 교육여건＋연구 성과 학사과정＋대학원과정	교육 교육 프로그램 학사과정
평가내용	지표적인 평가 치중 (무엇을 갖추고 있는가?)	교육내용 평가 치중 (어떤 자질을 교육할 수 있는가?)

출처: 김정식(2008).

　기존의 공학교육평가는 정부기구/위원회가 권위적으로 평가함으로써 일방적인 성격이 강했으며, 평가대상을 서열화하고 정량적인 형식으로 지표적인 평가를 지향함으로써 평가를 위한 평가에 머물러 있었던 반면, 한국공학교육인증원의 평가는 자발적 민간기구로서 평가와 자문을 통해 쌍방적 교류를 지향하며 서열화를 배제하고 정성적인 형식으로 교육내용에 대한 평가에 치중함으로써 평가대상의 개선을 도모하고자 했다. 이러

한 공학교육인증제의 쌍방향적 교류와 동반자 관계에 대한 철학은 다음의 그림을 통해 확인할 수 있다.

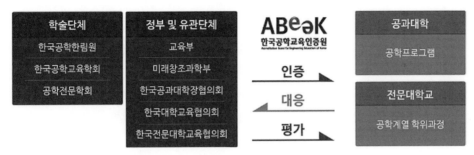

[그림 9-3] 한국공학교육인증원과 유관기관

출처: 한국공학교육인증원 홈페이지(http://www.abeek.or.kr/abeek/organization).

　한국공학교육인증원은 학술단체/정부 및 유관단체와 유기적인 관계를 형성함으로써 공과대학의 공학프로그램과 전문대학교의 공학계열 학위과정을 인증 및 평가하며 대응하고 있음을 알 수 있다. 이러한 한국공학교육인증원의 노력은 스스로의 성찰을 통해 인증기준에 대한 변모로 나타났다. 이는 크게 세 가지 단계로 구분하여 살펴볼 수 있다. 첫 번째 단계는 KEC2000 인증시기이다. 공인원이 1999년에 공학교육인증제도를 도입한 후, 2001년에 첫 번째 시범인증평가가 시작되었다. 인증평가에 사용되는 인증기준에는 공학교육인증(Engineering Accreditation Criteria: EAC)/컴퓨터·정보(공)학교육인증(Computing Accreditation Criteria: CAC)/공학기술교육인증(Engineering Technology Accreditation Criteria: ETAC) 기준이 있고, 미국 ABET의 EC2000(EAC/CAC) 기준에 기초하고 참조하여 KEC2000/CAC2000이 제정되었고, 특히 CAC는 (전)정보통신부의 지원을 받았다.

　두 번째 단계는 KEC2005 인증시기이다. KEC2005는 미국형 인증기준을 참고했었던 KEC2000을 탈피하여 한국형 인증기준으로 새롭게 거듭나고자 했던 인증기준이다. 동시기에 KCC2005도 함께 개정되고 공포되었고, KCC2010은 Seoul Accord 출범 이후 공표되었다. KTC2009 또한 미국의 ABET TAC을 참조하여 2년제(전문기술인: Technician), 3년제 이상(공학기술인: Technologist) 대학에서 학사학위 전공심화과정(2+2, 3+1)을 대상으로 인증기준이 만들어졌다.

　세 번째 단계는 바로 현재의 KEC2015 인증시기이다. 그동안 EAC 인증기준은 KEC2005로, CAC 인증기준은 CAC2005, CAC2010으로 개정되었으나 큰 틀에서 기존의 인증평가 관점을 대부분 유지하는 수준이었다. 그러나 지난 15년간의 인증현황을 돌이켜 볼 때,

인증평가 방향 전환의 필요성, 국제 교육어코드 요건만족, 교육부의 인정기관 지정에 따른 이행권고사항 실행이라는 개정의 필요성이 대내외적으로 제기되었고 최소한 향후 15년 동안의 인증평가에 적용될, 그로 인하여 한국공학교육의 선진화 및 국제적 수준의 교육 품질 확보에 기여할 수 있도록 인증기준의 제정 및 판정가이드의 개발이 요구되었다. 이를 위하여 한국공학교육인증원에서는 2013년 8월에 인증기준 2015개정 TFT를 구성하였고 1여 년이 지난 2014년 7월에 KEC/KCC2015 인증기준과 판정가이드를 제정하였다 (김차종 외, 2014). 이는 '교육환경 변화 및 교육현장의 수요에 맞춰 개정된 한국형 인증기준으로서의 정체성 확립 및 주체성 회복'이라는 의미를 가진다고 볼 수 있다.

2 평가 목적 및 의의

1) 평가목적

평가목적은 평가를 하는 이유와 관련되는 것으로 평가를 시행하게 된 기본적 요인이다. 평가목적은 평가주체에 의해서 구성될 수도 있고 외부로부터 평가주체에 부과될 수도 있다. 평과목적은 평가를 통해서 달성하고자 하는 결과 및 효과에 대한 진술로서 평가를 실시하게 해 주는 동시에 평가주체, 평가대상, 평가기준, 평가방법, 결과활용에 이르기까지 평가 전반에 걸쳐 직간접적인 영향을 미친다. 따라서 평가활동이 효율적이기 위해서는 평가목적이 합리적이고 명확하게 설정되어야 하고, 측정될 수 있는 구체적인 목표로 명료하게 진술되어야 한다(신동은 · 최금진, 2011). 공인원 인증의 기본방침은 대학의 공학 및 관련 교육을 위한 교육 프로그램 기준과 지침을 제시하고, 이를 통해 진증 및 자문을 시행함으로써 공학교육의 발전을 촉진하고 실력을 갖춘 공학기술 인력을 배출하는 데 기여하기 위한 것으로 인증의 목적은 다음의 네 가지로 정리할 수 있다.

첫째, 인증 프로그램을 이수한 졸업생이 실제 공학 현장에 효과적으로 투입될 수 있는 준비가 되었음을 보증하는 것이며, 나아가 국제적으로 인정받는 엔지니어로 활동할 수 있음을 보장하고자 한다. 이러한 공학교육인증제는 성과기반 공학교육과 공학교육의 국제 표준화를 지향하고, 공학교육인증 프로그램을 이수한 학생들은 이러한 자신의 능력을 보장받게 된다. 둘째, 해당 교육 기관이 인증기준에 부합되는지의 여부와 세분화된 공학교육 프로그램이 인증기준에 부합되는지의 여부를 식별할 수 있게 한다. 이를 통해 대학에 진학하는 학생이나 학부모, 대학 졸업자를 고용하는 기업 등에서는 인증 여부를 중요한 판단의 기준으로 삼을 수 있다. 셋째, 공학교육에서 새롭고 혁신적인 방법을 도입하도록 장려하며, 공학교육 프로그램에 대한 지침을 제공 및 이에 대한 자문에 응하고, 공학교육의 지속적인 품질 개선(Continuous Quality Improvement, CQI라 한다)을 도모하고자 한다. ABEEK 인증의 기본 이념 중 하나는 순환적 자율 개선형 공학교육 모델의 수립에 있으며, 대학은 공학교육인증제를 통하여 자율적이고 주기적인 교육 개선을 이룰 수 있다. 넷째, 공학교육의 발전을 촉진하고 산업과 사회가 필요로 하는 실력을 갖춘 공학 기술 인력을 배출할 수 있도록 기여하고자 한다. 공학교육인증제는 수요자 중심의 공학교육 모델로서, 산업체 등에서는 공학교육인증 프로그램을 이수하여 실무 능력을 갖춘 인재를 고용할 수 있다(한국공학교육인증원 홈페이지, http://www.abeek.or.kr/abeek/vision).

　상술된 인증제도의 목적은 다음과 같은 특징을 내포한다. 첫째, 수요지향 교육(Demand-driven Education)이다. 학교와 교수 등 공급자 중심의 교육보다는 산업체와 사회 등의 요구를 반영하는 수요자 중심의 교육을 지향한다. 둘째, 성과중심 교육(Outcomes-based Education)이다. 학생이 교육과정을 통해 무엇을 배웠느냐라는 것보다 졸업시점에 엔지니어로서 필요한 지식과 능력을 갖추었음의 보장을 추구한다. 셋째, 지속적인 품질개선(Continuous Quality Improvement)이다(김정식, 2008). 자체교육목표설정 → 교육목표달성을 위한 교육과정 수립 및 운영 → 결과 측정 및 평가 → 개선으로 이어지는 순환구조를 바탕으로 교육의 지속적인 품질 개선을 추구한다. 넷째, 국제수준 교육추구(Global Standards)이다. 인증프로그램으로 교육받은 졸업생이 국제적 수준의 엔지니어가 될 수 있다는 점과 엔지니어의 국가 간 이동성(mobility)을 보장한다. 이러한 특징은 공학과 관련 분야의 교육 프로그램 인증을 통해 지속적인 교육 개선과 공학인의 자질 향상을 추구한다는 한국공학교육인증원의 비전과 궤를 함께한다. 그리고 이러한 인증원의 비전은 [그림 9-4]와 같이 여섯 가지 미션을 통해 알 수 있다.

[그림 9-4] 한국공학교육인증원의 비전 및 미션

출처: 한국공학교육인증원 홈페이지(http://www.abeek.or.kr/abeek/vision).

한국공학교육인증원은 다양한 수요를 반영하는 인증기준의 제정과 공표를 시작으로 효과적인 인증 활동, 공학교육 개선과 지속적 품질 향상을 위한 인프라 구축, 인증에 대한 사회적 인식 제고, 인증기구로서 독립성과 권위 확보, 공학교육에 대한 국제적 리더십 확립에 대한 미션을 가지고 있다. 이는 인증원의 설립 배경이 인증제도의 도입 배경과 유기적인 관계를 형성하고 있으므로, 인증제도의 목적 또한 인증원이 지향하는 비전에 부합하고 있음을 알 수 있다.

한편, 공학교육인증은 수요지향 교육, 성과기반 교육, 지속적인 품질개선, 국제수준 교육추구를 목적으로 삼고 있음을 살펴보았다. 이를 위한 교육목표는 교육의 전체 과정에서 방향을 설계하고 규제하는 것이며, 프로그램 교육목표는 학생이 졸업 후에 산업체에서 기대하는 역량과 능력을 의미하고, 이러한 공학교육 프로그램을 이수한 학들은 국제적 경쟁력을 갖췄다는 것을 증명해야 한다(한국공학교육인증원, 2013). 프로그램 교육목표를 설정하는 것은 학생, 교수, 산업체의 요구가 모두 반영될 필요가 있으며, 교육과정과 학습성과와의 유기적인 관계가 형성되어야 한다. 또한 프로그램 교육목표 평가는 공학교육 프로그램 운영 전반에 대한 내용과 더불어 학생, 교수, 산업체 등을 대상으로 정기적으로 성취정도를 측정해야 한다(이영태·박진석, 2014). 결국 이러한 프로그램의 교육목표는 인증제의 목적에 부합하는 방향으로 설정되어야 할 것이다.

2) 평가의의

공학교육인증제는 학생, 대학, 산업체, 그리고 국가와 사회를 대상으로 상당한 영향을 미쳤으며, 그에 대한 의의는 다음과 같다. 먼저, 학생은 기본소양 및 전공기반 실력과 자질을 갖추게 되었고, 적성에 맞는 전문능력을 발전시킬 수 있었으며, 엔지니어 자격시험 (기사, 기술사 시험)에서 유리해졌을 뿐만 아니라, 사회 진출 시 취업에도 유리해졌고, 국제적인 엔지니어가 될 수 있는 입문 자격이 주어지게 되었다.[3] 둘째, 대학은 특성화된 교육목표를 설립하여 운영하고, 교육프로그램 개발과 이를 평가 및 검증할 자체 평가시스템을 구비하였으며, 실험실습 및 학술활동 시스템의 확충을 통해 인증받은 대학은 졸업생의 취업 기회가 확대되었고 우수한 신입생 또한 선발 가능해졌다. 셋째, 산업체는 전문 능력과 자질을 갖춘 졸업생을 채용하여 경쟁력이 강화되고, 사내교육기간 감소 및 경비 절감 효과를 보았으며, 업무처리에 효율성을 향상시켰고, 부서 간 업무 협조의 활성화와 대외활동에 유리해지게 되었다. 넷째, 국가와 사회는 현실성 있는 교육을 제공하여 공과대학 교육이 국제적으로 인정받게 되었으며, 공학프로그램이 체계화되면서 공학교육의 효율성을 향상시켰으며, 나아가 국가 교육정책 수립에 이바지하게 됨으로써 산업체의 경쟁력이 제고되고 국가적 경쟁력까지 향상시키게 되었다(한유경 외, 2010). 실제로 공학교육인증을 받으려는 대학들은 공인원에서 제시한 평가인증기준을 충족시키고 공학교육을 질적으로 향상시키기 위해 다양한 노력을 경주하고 있다. 공학교육인증제는

---

3) 한국공학교육인증원의 Washington Accord(워싱턴어코드, WA) 정회원 가입(2007. 6.) 후 인증 졸업생은 정회원국 간 법적, 사회적 모든 영역에서 회원국 졸업생과의 동등성이 확보되었다. WA에서 말하는 인증이란 졸업생들이 특정한 능력을 갖게 하는 프로그램임을 구별하기 위한 일종의 품질 보증제(quality assurance)이다. WA의 회원국들은 자신이 인증한 공학프로그램들이 다른 나라에서도 통용이 될 수 있으며, 전문가 수준의 공학행위(practice of engineering at profession level)를 위한 학문적 기본 요구사항에서 substantial equivalent 함을 보장하는 약속인 것이다. 여기서 특정한 능력이란 ① 시스템, 공정, 기계장치의 설계, 운영 및 개선을 위해 수학, 기초과학 등을 응용할 수 있는 능력, ② 복잡한 공학 문제를 공식화하고 해결할 수 있는 능력, ③ 환경, 경제, 사회에 미치는 공학적 주제를 이해하고 해결할 수 있는 능력, ④ 효율적으로 의사를 전달할 수 있는 능력, ⑤ 평생교육과 전문가 개발에 참여할 수 있는 자질, ⑥ 전문 공학인으로서의 윤리의식, ⑦ 동시대적 문제에의 인지능력 등을 의미한다고 정의하고 있다. WA는 공학학부교육 수준의 상호 인증을 의미하며 공학 대학원급의 수준을 대상으로 하지는 않는다. 이는 기능사급(technology)의 교육과 이들을 대상으로 국가 간 인적교류를 목적으로 하는 Sydney Accord와 단순 기능인급(technician)의 교육과 이들을 대상으로 정한 Dublin Accord와 구별될 수 있다(윤우영, 2003).

다른 학문분야의 대학평가와는 다르게 개별 대학의 특성에 부합하는 교육프로그램의 운영 및 평가와 자발적인 대학의 참여를 통해 공학교육의 질을 제고하고 개선하려는 목적에서 시행되고 있으므로, 공학교육의 발전에 상당한 기여를 하고 있다(강소연 외, 2007). 하지만 공학인증제 도입을 통한 직업능력의 향상이 취업이나 자격증 취득에 주는 영향력은 매우 약한 것으로 드러나 인증제의 효과성에 의문을 제기하기도 한다(기정훈 외, 2011).

공학교육인증제는 한국공학교육인증원의 필요에 의해 만들어진 공학교육을 위한 인증도구이지만, 한국공학교육인증원 또한 공학교육인증제가 필요하지 않았다면 설립될 수 없는 불가분의 관계를 형성하고 있다. 다시 말해, 공학교육인증제는 한국공학교육인증원이 추구하는 공학인력의 가치를 제고시키기 위한 제도적 장치지만, 그 제도적 장치가 한국공학교육인증원의 존립 근거가 된다는 의미이다. 따라서 한국공학교육인증원이 공학교육인증제를 통해 공학교육에 미친 영향과 그 의의는 다음과 같이 살펴볼 수 있다. 먼저, 학습성과 중심의 교육내용과 지속적인 교육개선(CQI) 체계를 구축함으로써 졸업생 역량 중심의 교육체계가 도입될 수 있었다. 둘째, 기초교육(MSC, 전문교양), 전공 및 설계교육, 학생상담 등의 활성화를 통해 공학교육의 질을 한층 더 향상시킬 수 있었다. 셋째, 대기업 공채의 80% 정도가 공학 전공자로서 수요자 중심 교육의 실천을 통한 취업률 향상에 일조할 수 있었다. 넷째, 교육부가 인정기관으로 한국공학교육인증원을 지정함에 따라 정부 공인의 ABEEK 인증이 되어 신뢰성과 타당성을 확보하게 되었다. 다섯째, 공학한림원, 공과대학 학장협의회, 전공분야별 학회, 산업체, 기술사회 등의 공학 공동체와 협력 체제를 구축함으로써 공학교육 인재양성을 위한 인프라를 형성시킬 수 있었다. 여섯째, Washington Accord, Seoul Accord, Sydney Accord, Dublin Accord의 회원국이 됨으로써 한국 공학교육의 국제화를 이룩하게 되었다. 결국 한국은 2007년에 워싱턴어코드에 가입하면서 국내 인증이 해외에서도 효력을 갖기 시작했고, 국제적인 엔지니어로서 자격을 인정받을 수 있게 되었다.

③ 평가 항목 및 지표

1) 평가항목

2000년도부터 우리나라에 적용되기 시작한 공학교육인증제도는 공학계열 학부교육의 내실화에 크게 기여했고, 십여 년의 짧은 역사에도 불구하고 Washington, Seoul,

Sydney, Dublin Accord 등의 국제적인 공학교육협의체를 통해 학위의 등가성을 인정받는 등 많은 발전과 성과를 이루었다. 그럼에도 공학교육 현실과 인증기준의 괴리, 교육보다 연구에 치중하는 대학평가 정책 등으로 인해 인증제도가 실효성을 인정받으며 확산되지 못하고 있고, 인증프로그램 운영이 힘들고 어려우며 실익이 없다는 인식이 퍼져 있는 실정이었다(이희원 외, 2014). 제기된 이러한 문제 개선을 위해 한국공학교육인증원은 2005년에 공포한 평가기준 2005를 개정하여 2014년 7월에 새로운 평가기준 2015를 확정하였다. 한국공학교육인증원 인증사업본부 산하의 공학인증평의회 EAC(Engineering Accreditation Commission)는 컴퓨터 정보기술을 제외한 공학교육 인증사업 전반에 관한 최종심의를 수행하며 이 분야에 대한 개정된 평가기준을 KEC2015(Korea EAC Criterion 2015)라고 한다. 또 다른 평의회인 컴퓨터정보기술인증평의회 CAC(Computing Accreditation Commission)는 컴퓨터 정보기술교육 인증사업 전반에 관한 최종심의를 수행하며 이 분야에 대한 개정된 평가기준을 KCC2015(Korea CAC Criterion 2015)라고 한다. 그리고 공학기술교육인증평의회 ETAC(Engineering Technology Accreditation Commission)는 전문대학 2, 3년제의 공학계열 학위과정과 학사학위 전공심화과정의 인증평가를 수행하며, 이 분야의 개정된 평가기준은 KTC2015라고 한다. 통상적으로 EAC, CAC, ETAC는 인증제를 지칭하기도 한다. 각 인증기준을 비교하여 드러난 유사점과 차이점을 정리하면 〈표 9-2〉와 같다.

〈표 9-2〉 인증평가별 기준 비교

구분		공학교육인증 (EAC)	컴퓨터 · 정보공학교육인증 (CAC)	공학기술교육 인증 (ETAC)
교육과정 연한		4년 이상	4년 이상	2년 이상
교육체계		수요지향 · 성과중심	수요지향 · 성과중심	수요지향 · 성과중심
항목개수		8개	8개	7개
기준	1	프로그램 교육목표	프로그램 교육목표	학위과정 교육목표
	2	프로그램 학습성과	프로그램 학습성과	학위과정 학습성과 (졸업생 역량)
	3	교과과정	교과과정	교과과정
	4	학생	학생	학생
	5	교수신	교수진	교수진
	6	교육환경	교육환경	교육환경
	7	프로그램 개선	프로그램 개선	
	8	전공분야별 인증기준	전공분야별 인증기준	전공분야별 인증기준

평가의 주 대상인 4년제 학사과정프로그램은 공학교육인증(이하 EAC), 컴퓨터 · 정보공학 프로그램은 컴퓨터 · 정보(공)학교육인증(이하 CAC), 2년제나 그 이상의 학사과정 프로그램은 공학기술교육 인증(이하 ETAC)을 받는다. ETAC 인증은 7개의 기준항목을, EAC와 CAC는 8개의 기준항목을 토대로 인증이 진행된다. CAC와 EAC 인증기준 간 괄목할 만한 차이는 없으나 프로그램 학습성과와 교과과정에서는 학과별 특성에 따른 차이가 드러난다. 그러나 공통적으로 공학교육 인증 평가는 CQI(Continuous Quality Improvement) 체계를 구축하고 운영할 것을 기본골자로 하여 수요자 중심교육, 성과중심 교육, 그리고 지속적 개선을 지향한다. 따라서 인증기준들 중 프로그램 교육목표, 프로그램 학습성과, 프로그램의 개선이 핵심기준이라고 볼 수 있다.

2) 평가지표

인증평가 판정은 각 인증기준에 따라 S, C, W, D를 받게 되는데 각 인증기준별 부족(W), 결함(D) 판정에 따라 인증판정 결과와 인증유효기간이 달라지며 최대 6년까지 인증이 가능하다. 평가판정별 평가지표의 종류는 〈표 9-3〉과 같다.

〈표 9-3〉 평가지표의 종류

평가판정 종류	내용
만족(S: Satisfaction)	인증기준을 전반적으로 만족함
보완(C: Concern)	현재는 인증기준을 만족하나 가까운 미래에 이를 만족시키지 못할 가능성이 존재함
미흡(W: Weakness)	인증기준의 만족 정도가 미흡하여 프로그램의 질이 보장될 수 없음 차기 평가 전에 미흡사항의 개선이 필수적으로 요구됨
결함(D: Deficiency)	인증기준을 만족하지 못하므로 프로그램은 해당 사항을 즉시 개선하여야 함

출처: 한국공학교육인증원 홈페이지(www.abeek.or.kr).

(1) 프로그램(학위과정) 교육목표

공학교육 프로그램은, 첫째, 프로그램 교육목표를 설정하고 관리하여야 하며, 둘째, 프로그램 교육목표의 적절성을 검토해야 한다. 구체적인 내용은 〈표 9-4〉와 같다.

〈표 9-4〉 프로그램(학위과정)의 인증기준, 주요점검항목, 지표

구분		프로그램 교육목표 설정	프로그램 교육목표의 적절성 검토
인증기준		프로그램은 산업체를 포함한 구성원의 요구와 사회 환경 변화를 반영하여 교육기관의 특성에 부합하도록 프로그램 교육목표를 설정하고, 공개하여야 함	프로그램 교육목표의 적절성을 정기적으로 검토하고 필요시 개정하여야 함
주요 점검 항목		• 교육기관의 특성과 프로그램 교육목표의 부합 • 산업체를 포함한 구성원의 요구를 수집한 실적 • 사회 환경 변화를 교육목표에 반영한 실적 • 프로그램 교육목표를 공식적으로 공개한 자료	• 프로그램 교육목표의 적절성 검토를 위한 문서화된 체계 • 수립된 체계에 따라 교육목표의 적절성을 검토한 실적
지표	결함	• 프로그램 교육목표가 기관의 특성과 부합하지 않음 • 프로그램 교육목표를 설정하거나 개정하는 과정에서 구성원의 요구와 사회 변화를 반영하지 않음	• 프로그램 교육목표의 적절성을 정기평가 주기(6년) 이내에 검토한 실적이 없음
	미흡	• 프로그램 교육목표와 교육기관의 특성 간의 연계 분석이 미흡함 • 프로그램 교육목표를 설정하거나 개정하는 과정에서 주요 구성원(특히 산업체)의 요구반영이 미흡함 • 프로그램 교육목표를 설정하거나 개정하는 과정에서 사회 환경 변화의 반영(조사, 분석 등)이 미흡함 • 프로그램 교육목표가 구성원에게 공개되지 않음 • 프로그램 교육목표가 공개된 자료마다 상이하거나 확인하기 어려움	• 프로그램 교육목표의 적절성을 정기적으로 검토하는 문서화된 체계가 없음 • 프로그램 교육목표의 적절성을 검토한 실적이 있으나 개선에 활용하기에는 부족함

※ 한국공학교육인증원(2015) 내용을 재구성함.

　인증기준 1(프로그램 교육목표)이 지니고 있는 특징은 다음과 같다. 첫째, 프로그램 교육목표를 설정하거나 개정하는 과정에서 구성원의 의견뿐만 아니라 사회 환경 변화를 반영하였다. 프로그램 교육목표는 배출하고자 하는 인재상, 즉 소속 학생이 졸업 후 수년 내에 성취하기를 기대하는 성과를 포괄적으로 기술한 문구로서 구성원의 요구와 사회 환경 변화를 반영하여 교육기관에 특성에 부합하도록 설정하고 공개하여야 한다. 여기에서 사회 환경은 프로그램과 관련된 산업계 및 기술의 동향, 지역 및 국가 그리고 사회여건, 프로그램의 자체역량 평가결과를 말한다. 둘째, 구성원의 요구반영을 중요시한다. 구성원은 산업체 인사, 졸업생, 재학생, 교수 등이 포함될 수 있으며 프로그램의 특성을 고려하여 주요 구성원을 선정하고 그들의 의견을 수집하여 교육목표 설정에 반영해야 한다. 특히 졸업생들이 진출한 산업체의 고용주나 상사는 대부분의 프로그램에서 중요한 구성원의 하나이다. 셋째, 문서화된 체계를 강조한다. 문서화된 체계는 프로그램의 효율적이고 지속적인 운영을 위한 절차를 구체적이고 합리적으로 규정한 내규나 운영 매뉴얼, 자체평가보고서 등 공식문서를 의미하며 이러한 문서화된 체계로 제도화되어야만 교육목표의 적절성 검토가 정기적으로 실행될 수 있음을 분명히 한다.

(2) 프로그램(학위과정) 학습성과

공학교육 프로그램은 학생이 졸업하는 시점까지 갖추어야 할 지식, 기술 그리고 태도를 나타내는 프로그램 학습성과를 프로그램 교육목표와 부합하도록 설정하고, 적합한 절차에 따라 성취도를 평가하여야 한다. 구체적인 내용은 〈표 9-5〉와 같다.

〈표 9-5〉 프로그램 (학위과정) 학습성과 인증기준

구분	프로그램 교육목표와 인증기준에 부합하는 프로그램 학습성과 설정	프로그램 학습성과 성취도 평가체계	수립된 평가체계에 따른 프로그램 학습성과 성취도 측정
인증 기준	프로그램은 프로그램 교육목표와 부합하도록, 다음 내용을 포함하여 프로그램 학습성과를 설정하여야 하며 필요한 경우 자체적으로 정의한 프로그램 학습성과를 추가할 수 있음	프로그램은 설정된 프로그램 학습성과별로 성취도를 평가할 수 있는 적절한 체계를 수립하여야 함	프로그램은 수립된 평가체계에 따라 프로그램 학습성과 성취도를 측정하여야 함

※ 한국공학교육인증원(2015) 내용을 재구성함.

인증기준 2(프로그램 학습성과)의 특징은, 첫째, 프로그램 교육목표와 연계되고 인증기준에 부합하도록 자체적으로 수립하여 특성화된 프로그램 학습성과를 설정하도록 한다는 점이다. 이때 설정된 프로그램 학습성과는 프로그램 교육목표와 상호 연관성이 있어야 한다. 둘째, 공학교육인증원에서 지정한 10가지 학습성과가 있으나 필요한 경우 프로그램 자체적으로 수립하여 인증기준과 동일하지 않은 학습성과를 추가하여 체계를 구성할 것이 권장된다. 셋째, 문서화를 중요시한다는 점이다. 프로그램은 학습성과별 달

성 목표를 설정하고 이를 평가하기 위한 평가도구와 채점기준을 문서화하여야 하며, 문서화된 절차에 따라 평가가 이루어지고 졸업생들이 모든 학습성과를 만족하는지 입증할 것이 요구된다.

평가도구는 공인시험, 자체시험, 구두시험, 학생 포트폴리오, 종합설계 보고서나 발표 등이 있으나 그 밖에 학생들이 보유하고 있는 능력을 적절하게 측정할 수 있는 다양한 평가도구가 사용될 수 있다. 공학교육인증원에서는 교과목에서의 시험이나 과제물 평가, 수행평가 결과를 활용하여 프로그램 학습성과 성취도를 교과기반 평가(Course Embedded Assessment)를 권장하고 있다.

인증기준에서 제시한 학습성과 항목은 모든 공학 분야에 공통적으로 적용할 수 있도록 포괄적으로 정의되어 있어 그 성취도를 정량적으로 측정하기 어렵다. 따라서 학습성과 성취도를 구체적으로 나타낼 수 있는 정량적 성과지표이자 하위 구성요소로서 수행준거를 정의해야 하며, 수행준거는 내용과 행위동사가 합해진, 즉 '학생들은 ~을 ~할 수 있다'의 문장형식으로 기술해야 한다.

학습성과는 ① 기초지식, ② 실험수행, ③ 자료조사, ④ 도구 활용, ⑤ 설계구현, ⑥ 팀워크, ⑦ 의사소통, ⑧ 사회적 영향, ⑨ 직업윤리, ⑩ 평생학습 총 10가지로 분류된다. 각 평가별로 규정한 학습성과는 〈표 9-6〉과 같다.

〈표 9-6〉 프로그램별 학습성과

EAC	CAC	ETAC
① 수학 기초과학 공학의 지식과 정보기술을 공학문제 해결에 응용할 수 있는 능력	① 수학 기초과학 인문 소양 및 컴퓨터 정보 (공)학 지식을 컴퓨팅 분야의 문제 해결에 응용할 수 있는 능력	① 수학, 기초과학, 공학의 지식과 정보기술을 공학기술 기본문제 해결에 활용할 수 있는 능력
② 데이터를 분석하고 주어진 사실이나 가설을 실험을 통하여 확인할 수 있는 능력	② 이론이나 알고리즘을 수식 또는 프로그래밍 등을 통해 검증할 수 있는 능력	② 공학기술기본문제(기술 학위과정), 공학기술실무문제(공학기술 학위과정), 공학기술 심화문제[공학(학사학위 전공심화)학위과정]를 해결하기 위해 실험실습을 계획하고 수행하여, 그 결과를 활용할 수 있는 능력
③ 공학문제를 정의하고 공식화할 수 있는 능력	③ 컴퓨팅 분야의 문제를 정의하고 모델링할 수 있는 능력	
④ 공학문제를 해결하기 위해 최신 정보 연구 결과 적절한 도구를 활용할 수 있는 능력	④ 컴퓨팅 분야의 문제를 해결하기 위해 최신 정보 연구 결과 프로그래밍 언어를 포함한 적절한 도구 등을 활용할 수 있는 능력	③ 공학기술기본문제를 이해하고 주어진 자료를 선택하여 활용할 수 있는 능력
⑤ 현실적 제한조건을 고려하여 시스템 요소 공정 등을 설계할 수 있는 능력		

⑥ 공학문제를 해결하는 프로젝트 팀의 구성원으로서 팀 성과에 기여할 수 있는 능력
⑦ 다양한 환경에서 효과적으로 의사소통할 수 있는 능력
⑧ 공학적 해결방안이 보건 안전 경제 환경 지속가능성 등에 미치는 영향을 이해할 수 있는 능력
⑨ 공학인으로서의 직업윤리와 사회적 책임을 이해할 수 있는 능력
⑩ 기술환경 변화에 따른 자기계발의 필요성을 인식하고 지속적이고 자기주도적으로 학습할 수 있는 능력

⑤ 사용자 요구사항과 현실적 제한조건을 고려하여 하드웨어 또는 소프트웨어 시스템을 설계할 수 있는 능력
⑥ 컴퓨팅 분야의 문제를 해결하는 과정에서 팀 구성원으로서 팀 성과에 기여할 수 있는 능력
⑦ 다양한 환경에서 효과적으로 의사소통할 수 있는 능력
⑧ 컴퓨팅 분야의 해결방안이 안전 경제 사회 환경 등에 미치는 영향을 이해할 수 있는 능력
⑨ 컴퓨터정보 (공)학인으로서의 직업윤리와 사회적 책임을 이해할 수 있는 능력
⑩ 기술환경 변화에 따른 자기계발의 필요성을 인식하고 지속적이고 자기주도적으로 학습할 수 있는 능력

④ 공학기술기본문제(기술 학위과정), 공학기술실무문제(공학기술 학위과정), 공학기술 심화문제[공학(학사학위 전공심화)학위과정]를 위해 최신 기술 및 도구를 선택하여 활용할 수 있는 능력
⑤ 공학기술기본문제를 해결하기 위해, 현실적 제한조건을 고려하여 시스템, 요소, 공정 등을 설계할 수 있는 능력
⑥ 공학기술기본문제(기술 학위과정), 공학기술실무문제(공학기술 학위과정), 공학기술 심화문제[공학(학사학위 전공심화)학위과정]를 해결하는 프로젝트 팀의 구성원으로서 팀 성과에 기여할 수 있는 능력
⑦ 효과적으로 의사소통할 수 있는 능력
⑧ 공학기술적 해결방안이 보건, 안전, 경제, 환경, 지속가능성 등에 미치는 영향을 이해할 수 있는 능력
⑨ 공학기술인으로서의 직업윤리와 사회적 책임을 이해할 수 있는 능력
⑩ 공학기술 환경 변화에 따른 평생학습의 필요성을 인식하고 이를 실행할 수 있는 능력

※ 한국공학교육인증원 KEC2015, KCC2015, KTC2015를 재구성함.

공학기술교육인증기준도 동일하게 10개의 성과를 규정하고 있으나 다양한 학위과정에 따라 여러 학습성과가 명시되어 있다. EAC와 CAC의 차이를 기술하자면 EAC 학습성과에서는 '공학문제의 해결'로 포괄적으로 제시하고 있다면 CAC 학습성과 에서는 '컴퓨

팅 분야의 문제해결'이라고 컴퓨터분야로 한정하여 구체적으로 명시하고 있다. 또한 학습성과 ②에서 EAC는 실험을 통한 데이터 분석이나 가설검증을 제시하고 있으나 CAC에서는 이론이나 알고리즘을 수식 또는 프로그래밍 등을 통해 검증할 수 있는 능력으로 차별화하고 있다. 학습성과 ③에서 EAC는 공학문제를 정의하고 공식화할 수 있는 능력을 제시하고 있으나 CAC에서는 컴퓨팅 분야의 문제를 정의하고 모델링할 수 있는 능력을 제시하고 있다. 학습성과 ⑤에서 EAC는 현실적 제한조건을 고려하여 시스템, 요소, 공정을 설계할 수 있는 능력이지만 CAC에서는 사용자 요구사항과 현실적 제한조건을 고려하여 하드웨어 또는 소프트웨어 시스템을 설계할 수 있는 능력으로 컴퓨팅 분야의 시스템 설계로 명시하고 있다(한지영 · 강소연 · 전주현, 2016). ETAC의 경우 과정 간 항목별 내용은 동일하며 ② 실험수행, ④ 도구 활용, ⑥ 팀워크 항목에서 기술 학위과정은 기본 문제 해결을, 공학기술 학위과정에서는 실무문제를, 공학(학사학위 전공심화) 학위과정에서는 심화문제를 해결할 것을 목표로 삼고 있다는 차이가 있다. 학습성과의 평가지표는 〈표 9-7〉과 같다.

〈표 9-7〉 학습성과 평가지표

구분		프로그램 교육목표와 인증기준에 부합하는 프로그램 학습성과설정	프로그램 학습성과 성취도 평가체계	수립된 평가체계에 따른 프로그램 학습성과 성취도 측정
주요 점검 항목		• 프로그램 교육목표와 프로그램 학습성과의 유기적 연관성 • 프로그램 학습성과의 내용과 수준의 정당성	• 프로그램 학습성과 항목별 합리적인 평가체계	• 평가체계에 따라 프로그램 학습성과 성취도를 측정한 실적 • 프로그램 학습성과 성취도의 내용과 수준
지표	결함	• 프로그램 학습성과가 프로그램 교육목표와 부합하지 않음 • 프로그램 학습성과에 인증기준에서 제시한 10개 항목의 일부 내용이 누락되어 있음	• 프로그램 학습성과별 성취도 평가체계가 측정 가능한 내용과 수준으로 수립되어 있지 않음	• 수립된 평가체계에 따라 프로그램 학습성과 성취도를 측정한 결과가 없음 • 프로그램 학습성과 성취도를 측정한 자료의 내용과 수준이 4년제 공과대학 졸업예정자/컴퓨터 정보 공학인에게 요구되는 공학문제수준설명에 부합함을 입증하는 결과를 제시하지 않음

미흡	• 프로그램 학습성과와 프로그램 교육목표와의 연관성이 부족함 • 프로그램 학습성과에 인증기준에서 제시한 10개 항목의 모든 내용이 반영되어 있으나, 내용과 수준이 공학문제수준에 부합하지 않는 부분이 있음	• 프로그램 학습성과별 성취도 평가체계에 적절하지 않은 요소가 포함되어 있음	• 프로그램 학습성과 성취도를 매년 측정하지 않음 • 프로그램 학습성과 성취도 측정 자료의 관리가 부실함 • 프로그램 학습성과 성취도를 측정한 자료의 내용과 수준이 4년제(또는 2년제) 공과대학 졸업예정자[컴퓨터·정보(공)학인]에게 요구되는 공학문제수준설명에 부합하지 않음

※ 한국공학교육인증원(2015) 내용을 재구성함.

여기에서 4년제 공과대학 졸업예정자가 해결할 수 있어야 하는 공학문제수준설명(EAC Level Descriptor)과 컴퓨터·정보(공)학인이 해결할 수 있어야 하는 컴퓨팅문제수준설명(CAC Level Descriptor)은 공학 기초지식과 전공지식의 개념과 원리에 대한 이해를 기반으로 분석적인 해석을 필요로 하는(컴퓨팅 분야의 기초지식과 전공지식의 개념과 컴퓨팅 원리에 대한 이해를 기반으로 분석적인 해석을 필요로 하는) 높은 수준의 개방형 문제로서, 복합적, 독창적 사고를 요하고 다양한 관점과 접근방식에 따라 다수의 해가 존재하며, 상충되는 공학적 요건과 다양한 현실적 제한조건, 다양한 이해당사자의 요구 등을 고려해야 하는 문제이다. 공학문제수준설명에 부합함을 증명하기 위해서 각 프로그램은 성취도 측정에 활용된 자료(시험답안지, 설계 과제 결과물 등)의 수준을 증빙하는 결과를 제시해야 하며 평가자는 인증단별 인증기준의 적용을 받는 프로그램의 졸업생이 해결할 수 있어야 하는 문제의 특성과 수준을 설명한 '공학문제(컴퓨팅문제)수준설명'[EAC(CAC) Level Descriptor]과 비교하여 학습성과 측정 자료의 내용과 수준을 평가한다.

(3) 교과과정

교과과정(공학교육 프로그램)은 프로그램 학습성과를 달성할 수 있도록 교과과정을 체계적으로 편성하고 운영하여야 한다. 각 평가별 교과과정 기준은 〈표 9-8〉과 같다.

⟨표 9-8⟩ 각 평가별 교과과정 기준

EAC/CAC	ETAC
• 공학교육 프로그램은 프로그램 학습성과를 달성할 수 있도록 교과과정을 체계적으로 편성하고 운영하여야 함 • 수학 기초과학(일부 교과목은 실험 포함) 및 전산학 관련 교과목(MSC)을 30학점 이상(KEC 2015), 수학과 기초과학 교과목(BSM)을 18학점 이상(KCC2015) 이수하도록 편성하여야 함. 단, 전산학 교과목의 경우 6학점까지만 인정함 • 공학주제 교과목을 설계 및 실험 실습 교과목을 포함하여 54학점 이상(KEC2015), 컴퓨터 정보·(공)학주제 교과목을 설계 및 실험 실습 교과목을 포함하여 60학점 이상(KCC2015) 이수하도록 편성하여야 함. 단, 설계교과목에는 기초설계 및 종합설계 교과목을 포함하여야 함 • 프로그램 학습성과를 달성하는 데 필요한 전문교양 교과목을 이수하도록 편성하여야 함	• 기술 학위과정은 학위과정 학습성과를 달성할 수 있도록 교과과정을 체계적으로 편성하여 운영하고, 개선이 이루어질 수 있도록 관리하여야 함 • 수학, 기초과학 및 전산학 관련 교과목을 10학점 이상(기술 학위과정), 15학점(공학기술 학위과정), 공학기술주제 교과목을 심화현장실습(4주 이상 3학점 이하) 및 종합설계 교과목을 포함하여 15학점[공학(학사학위 전공심화 1년과정)학위과정], 수학, 기초과학 교과목을 각 1개 과목 이상으로 최소 5학점 이상[공학(학사학위 전공심화 2년과정) 학위과정] 이수하도록 편성하여야 함. 단, 수학, 기초과학 분야는 1개 교과목 이상을 이수하여야 하며 전산학 교과목의 경우 최대 3학점까지만 인정함 • 공학기술주제 교과목을 현장실습(2주 이상) 및 졸업프로젝트형식의 교과목을 포함하여 54학점(기술 학위과정), 80학점(공학기술 학위과정), 15학점[공학(학사학위 전공심화 1년과정)학위과정], 41학점[공학(학사학위 전공심화 2년과정) 학위과정] 이상 이수하도록 편성하여야 함 • 학위과정 학습성과를 달성하는 데 필요한 전문교양 교과목을 이수하도록 편성하여야 함

※ 한국공학교육인증원 KEC2015, KCC2015, KTC2015를 재구성함.

EAC와 CAC는 이수학점의 요구가 다른데 CAC는 BSM 18학점과 컴퓨터·정보(공)학주제 교과목 60학점을 합하면 78학점을, EAC는 MSC 30학점과 공학주제 교과목 54학점을 합치면 84학점을 최소 이수학점으로 요구하고 있기에, EAC가 CAC에 비해 수학과 과학 전공에 대한 요구가 상대적으로 더 높다. 이러한 사실로 인해 CAC 인증을 받는 프로그램 졸업생이 EAC 인증을 받는 학생들에 비해 수학과 과학 역량이 부족할 것이라는 염러가 제기되기도 하였다. 그럼에도 CAC 인증은 설계 및 실험 실습 교과목을 포함하여 전공과목 60학점을 이수하도록 하고, 프로그래밍 과목을 확대함으로써 현장에서 활용 가능한 실제적인 문제해결능력을 향상시키는 데 기여하였다(한지영 외, 2016).

세 평가 모두 학습성과의 달성을 위한 교과과정의 체계적 편성을 요구하며 이는 성과 중심 모형 평가의 성격과 일치한다. 교과운영 후에는 그 성취도를 측정·분석하여 지속적인 품질개선(CQI) 활동이 시행되고 강의개선보고서에 제시되어야 한다. 이때 각 학습성과에 연관된 교과목이 지정되어 있어야 하며 학습성과의 배양이 미흡하다고 판단될 정도로 학습성과와 연관된 교과목이 매우 적어선 안 된다. 학점 배분의 차이는 있으나 세 평가 모두 기초 과목과 공학 주제 교과목, 그리고 덧붙여 공학주제 교과목만으로는 달성하기 힘든 프로그램 학습성과를 보완하는(전문)교양 교과목의 이수가 필요함을 규정하고 있다. 교양 교과과정은 교육기관 차원에서 공통적으로 편성하고 관리되지만 프로그램 교육목표 달성에 기여하는 전문교양 교과과정을 적절히 개설하여 이수하고 있음을 제시하는 것이 요구된다. 교과과정의 평가지표는 〈표 9-9〉와 같다.

〈표 9-9〉 교과과정의 평가지표

구분		프로그램 학습성과를 달성할 수 있는 교과과정의 편성과 운영	수학, 기초과학, (전산학) 교과목
주요 점검 항목		• 프로그램 학습성과를 달성할 수 있는 교과목 편성 • 교과과정 이수체계 • 이수체계 준수를 보장하는 규정과 이수 실태	• MSC/BSM 교과목의 최소학점을 이수하도록 편성 • 기초과학 교과목 중 한 과목 이상은 실험을 포함하여 이수하도록 편성(EAC에만 해당) • 모든 교과목이 MSC분야의 교과목으로 인정하기에 적절함 • MSC/BSM교과목 운영실적과 관리 • MSC/BMS 교과목의 CQI
지표	결함	• 일부 프로그램 학습성과의 달성을 위한 교과과정이 편성되어 있지 않음 • 교과과정의 이수체계가 수립되어 있지 않음 • 이수체계의 준수 실태가 매우 부실함	• MSC/BSM 교과목을 최소 30학점을 이수하도록 편성되어 있지 않음(전산학 분야의 교과목은 6학점까지만 인정됨) • 기초과학 교과목 중 한 과목 이상은 실험을 포함하여 이수하도록 편성되어 있지 않음 • MSC/BMS 교과목 운영실적 관리가 매우 부실함

		설계 및 실험 실습 교과목을 포함한 공학주제 교과목	프로그램 학습성과 달성에 필요한 교양 교과목
	미흡	• 일부 프로그램 학습성과의 달성을 위한 교과과정의 편성이 매우 부족하거나 교과과정 편성이 적절하지 않음 • 프로그램 학습성과를 달성하는 데 이수체계가 적절하지 않음 • 제시된 이수체계의 준수 실태가 부실함 • 이수체계 준수를 보장하는 규정이 없음	• MSC/BMS 교과목으로 인정하기에 부적절한 교과목을 편성하고 있음 • MSC/BMS 교과목의 운영실적 관리기 미흡 • MSC/BMS 교과목에서 지속적 품질개선(CQI) 활동이 부실함
구분		설계 및 실험 실습 교과목을 포함한 공학주제 교과목	프로그램 학습성과 달성에 필요한 교양 교과목
주요 점검 항목		• 공학주제 교과목[컴퓨터 · 정보(공)학주제 교과목]은 최소학점을 이수하도록 편성 • 설계 교과과정에 기초설계 및 종합설계 교과목 포함 • 기초설계 교과목의 운영실적 • 종합설계 교과목의 운영실적 • 기초설계 및 종합설계를 제외한 개별 설계 교과목의 운영실적 • 설계 교과목을 제외한 공학주제 교과목의 운영실적과 관리 · 공학주제[컴퓨터 · 정보(공)학주제] 교과목의 CQI	• 프로그램 학습성과를 달성하기 위한 교양 교과목 • 교양 교과목 운영실적과 관리 • 교양 교과목의 CQI
지표	결함	• 공학[컴퓨터 · 정보(공)학]주제 교과과정이 설계 및 실험 · 실습 교과목을 포함하여 최소 학점이상 이수하도록 편성되어 있지 않음 • 기초설계와 종합설계 교과목을 이수하도록 공학[컴퓨터 · 정보(공)학]주제 교과과정이 편성되어 있지 않음 • 공학[컴퓨터 · 정보(공)학]주제 교과목의 운영실적 관리가 매우 부실함 • 공학[컴퓨터 · 정보(공)학]주제 교과목에서 프로그램 학습성과를 달성하기 위한 지속적 품질개선(CQI)활동(설명이 매우 부실함) • 기초 및 종합설계 교과목을 수강한 학생들의 설계 결과물에서 설계교육 내용을 확인할 수 없음 • 요소설계 교과목에서 설계교육이 전혀 이루어지지 않음	• 프로그램 학습성과 달성에 필요한 전문교양 교과목을 이수하도록 교과과정이 편성되어 있지 않음 • 전문교양 교과목의 운영실적 관리가 매우 부실함

미흡	• 공학[컴퓨터 · 정보(공)학]주제 교과목의 운영실적 관리가 미흡함 • 공학[컴퓨터 · 정보(공)학]주제 교과목의 지속적 품질개선(CQI) 활동이 프로그램 학습성과를 달성하기에 미흡함 • 요소설계 교과목을 수강한 일부 학생들의 설계 결과물에서 설계교육 내용을 확인할 수 없음 • 설계 교과목에서 의사소통기술이나 팀워크를 전혀 다루고 있지 않음	• 전문교양 교과목의 운영실적이 연관된 프로그램 학습성과를 달성하는 데 미흡함 • 전문교양 교과목에서 지속적 품질개선(CQI) 활동이 부실함

※ 한국공학교육인증원(2015) 내용을 재구성함.

평가상 특징은 다음과 같다. 첫째, 교과목의 운영 실적은 구체적인 실적물로 관리되어야 한다. 교과목별 강의계획서, 과제물과 시험 내용, 성적평가 방법 및 결과, 강의개선 보고서 등 교과 운영의 내용과 수준을 파악할 수 있는 형식으로 작성되어야 한다. 둘째, 설계 평가시점에 따라 평가대상이 다르다. 설계 교과목의 평가 시, 평가자들은 그 적절성을 방문 전에는 강의계획서(설계교육 계획 포함), 방문 시에는 수강생들의 설계과제 수행 결과물(예: 보고서, 발표자료, 작품, 설계발표회 동영상 등)을 근거로 판정한다. 단, 설계문제는 설계 절차에 따라 현실적 제한조건을 반영하여 개방형 설계문제를 해결한 내용을 확인할 수 있어야 한다.

(4) 학생
공학교육 프로그램은 프로그램 학습성과를 달성할 수 있도록 학생을 충실하게 지도해야 한다. 지도의 충실성은 학생 평가의 체계성, 교과목 이수와 학습 차원에서의 학생지도, 인증기준에 부합하는 졸업기준 준수가 그 평가대상이 된다. 세부평가항목과 지표는 〈표 9-10〉과 같다.

〈표 9-10〉 학생기준과 지표

구분		학생 평가	학생 지도	졸업 기준
인증기준		학생에 대한 체계적인 평가가 이루어져야 함	교과목 이수와 학습을 포함한 학생 지도가 이루어져야 함	프로그램의 모든 요구사항을 충족하도록 졸업사정이 이루어져야 함
주요 점검 항목		• 신입생과 재학생에 대한 평가 • 전입생에 대한 평가	• 교과목 이수, 학습에 대한 학생 지도	• 인증기준에 부합하는 프로그램의 졸업기준 및 절차 • 프로그램의 학위명칭
지표	결함	• 학생에 대한 평가가 이루어지지 않음	• 교과목 이수, 학습에 대한 학생지도가 매우 부실함	• 인증기준에 부합하는 프로그램의 졸업기준과 절차가 규정화되어 있지 않음 • 프로그램의 졸업기준을 만족하지 못하는 졸업생이 배출됨 • 인증 프로그램과 비인증 프로그램의 학위명칭이 국문 및 영문 졸업(예정)증명서와 졸업생 성적증명서 등에서 명확하게 구분되지 않음 • 단일인증제 시행에 관한 규정이 없음
	미흡	• 학생에 대한 평가가 부실함	• 교과목 이수, 학습에 대한 학생지도가 부실함	• 프로그램의 졸업기준과 절차가 명확하지 않음 • 비인증 프로그램으로의 이동을 4학년 진학 이전으로 제한하는 규정의 운영이 부실함

※ 한국공학교육인증원(2015) 내용을 재구성함.

　인증기준 4(학생)의 특징은, 첫째, 모든 학습성과의 성취도를 평가대상으로 삼는 것이 아닌 학업성취도(지식수준)를 주요 대상으로 한다는 점이다. 둘째, 학생지도의 부실함은 인증 프로그램에 소속된 학생 수, 교과 이수 및 학습에 대한 지도, 프로그램 교수진에 의한 학생지도가 부진함에도 관련 기구 또는 전문가의 활용을 통해 학생지도가 보완되지 않는지의 여부로 판단한다. 셋째, 학위 명칭의 경우 공학교육인증원 인증규정에 따라 비인증 프로그램은 인증 프로그램과 명확히 구별되는 명칭을 사용해야 할 것이 요구된다.

넷째, 단일인증제 시행이 요구되는데, 단일인정 프로그램은 인증제도를 운영하는 프로그램에 입학한 모든 학생이 프로그램에서 정한 졸업요건(인증요건 포함)을 충족하여 졸업할 수 있도록 프로그램을 운영하는 것이다.

(5) 교수진

교수진은 전문가적인 자질을 갖추고, 프로그램 운영에 적극적으로 참여하여야 한다. 교수진은 교과과정을 다루기에 충분한 크기여야 하고 교육개선 활동에 적극적으로 참여해야 하며, 그 개선활동은 업적평가에 반영되어야 한다. 세부평가항목과 지표는 〈표 9-11〉과 같다.

〈표 9-11〉 교수진기준과 지표

구분		교수진의 규모	교수진의 교육개선 활동	교수업적평가
인증기준		교수진은 교과과정을 충분히 다룰 수 있어야 하며, 학생들을 충실히 지도할 수 있도록 구성되어야 함	교수진은 프로그램의 교육개선 활동에 적극적으로 참여하여야 함	교육기관은 교수의 교육개선 활동을 업적평가에 반영하여야 함
주요 점검 항목		• 교과과정을 다룰 수 있는 교수진 구성 • 강의 담당 현황 • 학생들을 지도할 수 있는 교수진 규모	• 교육개선 활동에 참여	• 교수진의 다양한 교육개선 활동이 교수업적평가에 반영
지표	결함	• 전임교수 수가 3명 이하임 • 전임교수 1인당 학생 수가 과다함	• 교수진의 교육개선 활동참여가 매우 부족함	• 교육개선 활동의 업적평가 반영이 매우 부족함
	미흡	• 전임교원의 연평균 강의부담이 과다함 • 비전임교수의 강의 비율이 높음 • 학생을 충실히 지도하기에는 교수진의 규모가 부족함	• 교수진의 교육개선 활동 참여가 부족함	• 교육개선 활동의 업적평가 반영이 부족함

※ 한국공학교육인증원(2015) 내용을 재구성함.

인증기준 5(교수진)의 특징은, 첫째, 적합한 교수진의 규모가 수치로 정확히 명시되어
있다는 점이다. 강의부담과 비전임교수 강의분담률, 학생과 교수비율을 고려하여 전임
교수 3명 이하, 교수 1인당 학생 수 50명 초과 시 결함 및 신청 부적격 판정을 내린다. 교
수 1인당 학생 수는 전임교수 1인당 학생 수가 50명 초과 시 결함, 40명 초과 시 미흡으
로 판정하고, 과다한 강의부담은 대학원을 포함한 교수진의 연평균 강의 부담이 학기당
15학점을 초과한 경우로 규정하였다. 마지막으로 비전임교수의 강의 비율은 공학주제
교과영역에서 비전임교수의 강의 분담률이 연평균 40%를 초과하는 경우를 미흡으로 지
정하였다. 둘째, 교육개선활동은 교육개선 활동 실적과 산학연계 교육실적을 통합한다.
교수업적평가는 다양한 교육개선 활동을 반영하도록 요구하고 있으며 전반적인 참여실
적은 정성적으로 평가된다. 교육개선활동은 교수학습법의 개선을 위한 노력(교수법, 교
안 및 학습자료 개발, 교과목 CQI 활동 등), 공학교육 관련 학회 참석 및 논문발표 등 공학교
육의 질 향상을 위한 일련의 역량 강화 활동, 공학교육인증 평가 활동, 교·내외 관련 세
미나/워크숍 참여, 산학연계 교육활동 등을 들 수 있다. 셋째, 교수업적 평가 시 각 프로
그램이 단순히 강의시수나 지도학생 수만 반영하는 경우엔 결함으로 판정을 내리도록
한다.

(6) 교육환경

공학교육 프로그램은 충실한 교육에 필요한 환경을 구축하여야 하고, 교육기관은 이
를 지원하여야 한다. 교육환경에는 원활한 프로그램의 운영을 위한 행정체계, 공간, 시
설, 장비, 재정, 그리고 행정 및 교육보조 인력이 포함된다. 세부평가항목과 지표는 〈표
9-12〉와 같다.

〈표 9-12〉 교육환경의 기준과 지표

구분	행정체계	공간, 시설, 장비, 재정	행정 및 교육지원 인력
인증기준	프로그램 운영을 위한 행정체계가 있어야 함	프로그램 운영을 위한 재정, 공간, 시설, 장비가 확보되고 관리되어야 함	프로그램 운영을 위한 행정 및 교육보조 인력이 적절하여야 함
주요 점검 항목	• 공학교육인증제도 운영을 위한 행정체계 • 행정체계의 운영 실적	• 프로그램 운영에 필요한 공간, 시설 및 장비 현황 • 공간, 시설, 장비의 유지보수 및 관리 • 프로그램 운영을 위한 재정지원	• 프로그램 운영을 위한 행정지원 인력 • 프로그램 운영을 위한 교육보조 인력

지표	결함	• 공학교육인증제도 운영을 위한 행정조직과 규정체계가 없음	• 프로그램 운영을 위한 공간, 시설, 장비가 매우 부족함 • 시설과 장비의 유지보수와 확충, 실험·실습과 설계교육 등 프로그램 운영을 위한 재정지원이 매우 부족함	• 프로그램 운영을 위한 행정전담인력이 매우 부족함 • 프로그램 운영을 위한 교육보조인력이 매우 부족함
	미흡	• 공학교육인증제도 운영을 위한 행정조직과 규정체계가 미흡함 • 공학교육인증제도 운영을 위한 행정조직의 운영실적이 부족함	• 프로그램 운영에 필요한 공간, 시설, 장비가 부족함 • 프로그램 운영에 필요한 공간, 시설, 장비의 유지보수 및 안전 등의 관리가 부실함 • 시설과 장비의 유지보수와 확충, 실험·실습과 설계교육 등 프로그램 운영을 위한 재정지원이 부족함	• 프로그램 운영을 위한 행정전담 인력이 부족함 • 프로그램 운영을 위한 교육보조 인력이 부족함

※ 한국공학교육인증원(2015) 내용을 재구성함.

여기에서 행정조직과 규정체계는 공학교육인증 프로그램 운영을 위한 대학본부 조직, 프로그램 내 제반 위원회와 관련 규정을 의미한다. 행정전담 인력은 학부생(근로학생)을 제외한 행정조교 또는 직원을 의미하며, 프로그램 소속이 아니고 본부 또는 센터에 소속된 경우에는 프로그램당 평균 인원수로 산출하는데, 1명 미만인 경우에는 결함으로, 1.5명 미만인 경우 미흡으로 판정한다. 교육보조 인력은 교육보조 활동을 입증할 수 있는 대학원생 TA 등을 포함한 교수 1인당 교육보조 인력을 의미하며, 0.2명 미만인 경우에는 결함으로, 0.5명 미만은 미흡으로 판정한다.

(7) 프로그램 개선

공학교육 프로그램에서는 지속적인 개선 활동이 이루어져야 한다. 학습성과, 평가결과, 교과과정 운영결과가 분석되어야 하며, 그 과정에서 도출된 내·외부 의견을 종합적으로 분석하고 이를 반영하여 프로그램을 개선해야 한다. 세부평가항목과 지표는 〈표 9-13〉과 같다.

〈표 9-13〉 프로그램 개선의 기준과 지표

구분		학습성과 평가결과와 교과과정 운영결과 분석	프로그램 운영결과에 대한 내·외부 평가결과 종합분석	분석결과를 종합적으로 반영한 프로그램 개선
인증기준		프로그램 학습성과 평가결과와 교과과정 운영결과를 분석하여야 함	프로그램 운영결과에 대한 내외부 의견을 종합적으로 분석하여야 함	분석 결과를 종합적으로 반영하여 프로그램을 개선하여야 함
주요 점검 항목		• 프로그램 학습성과의 성취도 측정 결과 분석 • 교과과정의 운영결과 분석	• 프로그램 운영결과에 대한 내·외부 평가 결과 분석	• 종합적인 분석 결과를 반영한 프로그램 개선 방안 및 실적
지표	결함	• 프로그램 학습성과별 성취도 측정자료를 분석하지 않음 • 교과과정의 운영결과를 분석하지 않음	• 프로그램 운영결과에 대한 내·외부 평가 자료를 종합분석하지 않음	• 분석 결과를 종합적으로 반영한 프로그램 개선 실적이 매우 부족함
	미흡	• 프로그램 학습성과별 성취도 측정자료를 분석한 결과가 프로그램 개선방안을 도출할 수 있을 만큼 유의미(meaningful)하지 않음 • 교과과정의 운영결과를 분석한 자료가 프로그램 개선방안을 도출할 수 있을 만큼 유의미하지 않음	• 프로그램 운영결과에 대한 내·외부 평가자료를 종합 분석한 결과가 프로그램 개선 방안을 도출할 수 있을 만큼 유의미(meaningful)하지 않음	• 프로그램 개선 실적이 부족함 • 프로그램 개선 실적이 분석 결과와 무관함

※ 한국공학교육인증원(2015) 내용을 재구성함.

　개선의 대상은 프로그램 학습성과의 달성에 중요한 교과과정과 교육내용, 교수법 등이며, 프로그램 교육목표와 프로그램 학습성과의 개정, 구성원 의견 수렴 방안 및 프로그램 학습성과 평가체계의 개선, 학생지도, 교수진, 교육환경의 개선 등이 포함될 수 있다.

　인증기준 7(프로그램 개선)의 첫 번째 특징은 이 항목은 ETAC는 포함되어 있지 않다는 점이다. 그러나 이것만을 근거로 공학기술교육인증이 프로그램 개선의 중요성을 간과한다고 판단해선 안 되며, 오히려 ETAC는 프로그램 개선의 중요성을 앞서 살펴본 다른 기준의 세부사항으로 포함시킨 바 있다. 둘째, 성취도의 유의미한 분석을 중시한다는 점이다. 이를 위해서는 프로그램 차원에서 모든 학습성과별 성취도를 달성하기를 기대하는 수준(목표치)과 비교하여 분석하는 것이 필요하며 이러한 분석의 결과는 다른 자료들과 함께 프로그램의 개선을 위해 활용되어야 한다. 목표 달성에 실패한 항목이 있는 경우에는 면밀한 분석을 통하여 근본적인 원인 분석과 개선방안 도출이 필요하다. 만약 모든 성취 목표가 달성된 경우라도 프로그램의 개선이 목적이므로 평가체계나 목표의 적절성을 분석하여 개선점을 도출해야 한다. 셋째, 인증기준 3(교과과정)에서 교과목의 지속적 품질개선(CQI)을 평가한 데 반해, 인증기준 7에서는 그 내용을 종합적으로 분석하여 프로그램 개선에 반영한 실적을 평가한다. 각 교과목과 관련된 성취도를 종합하여 교과과정의 운영결과를 최종적으로 분석하여 교과과정의 편성·운영상 개선점을 도출하는 것이 목적이다. 넷째, 내·외부 평가가 모두 포함된다는 것으로 프로그램 교육목표 설정하거나 적절성 검토 과정에서 수집된 구성원의 의견과 프로그램 운영과정에서 수집된 교수, 학생의 의견 등이 여기에 해당한다. 또한 간과되어선 안 되는 것은 산업계의 의견, 전공 분야 산업 및 기술 동향, 재학생들의 희망진로, 자체 역량 평가 결과 등도 중요하게 다루어져야 한다는 점이다.

(8) 전공분야별 인증기준

각 프로그램은 적용 대상이 되는 전공분야별 인증기준을 만족시켜야 한다. 적용 대상이 되는 프로그램은 대분류로 분류할 수 있으며, 이 대분류는 상황에 따라 변경이 가능하다. 대분류에 속하지 않은 프로그램도 인증 가능하며, 각 교육기관에 따라 교육 프로그램과 학사행정단위가 일치하지 않는 경우에는 소프로그램 단위로 인증이 가능하다. 프로그램은 두 개 이상의 전공분야별 인증기준을 적용하여 인증평가를 신청할 수 있으며, 그 프로그램은 각각의 전공분야별 인증기준을 만족시켜야 한다. 단, 중복되는 요구사항들은 한 번만 만족시키면 된다. 세부평가항목과 지표는 〈표 9-14〉와 같다.

〈표 9-14〉 전공분야별 인증기준과 지표

구분		1. 적용	2. 교수진	3. 교과과정
인증기준		• 본 전공분야 인증기준은 공학을 중심으로 한 복합 공학 프로그램에 적용하며, 프로그램을 주관하는 학사행정단위가 존재하여야 함	• 프로그램의 교수진은 해당 전문 공학 분야의 업무를 이해하고 현재의 기술 수준을 유지하고 있어야 함 • 프로그램의 교수진은 프로그램의 교육목표를 정의하고, 수정하고, 적용하고, 성취할 수 있는 책임감과 권위를 가져야 함	• 공학주제 학점을 포함하여 공통기준에서 요구하는 관련 요건을 만족하여야 함 • 기초설계와 종합설계 교과목을 포함하여 최소 12학점 이상의 설계교육을 이수하여야 함
주요 점검 항목		• 전공분야별 인증기준에서 요구하는 인증기준	• 전공분야별 인증기준에서 요구하는 교수진 구성의 적절성	• 전공분야별 인증기준에서 요구하는 내용을 모두 만족 • 설계 교과과정
지표	결함	• 프로그램 명칭과 학위 명칭이 전공분야별 인증기준에 명시된 명칭과 부합하지 않음	• 전공분야별 인증기준에서 요구하는 역량, 경력 및 자격을 갖춘 교수의 수가 매우 부족함	• 전공분야별 인증기준에서 개설 또는 이수를 요구하는 교과영역의 교과목을 이수하도록 편성되어 있지 않음 • 반드시 이수하여야 하는 교과목을 이수하지 않은 졸업생이 배출됨 • 반드시 이수하여야 하는 설계교과목 및 설계학점을 이수하지 않은 졸업생이 배출됨
	미흡		• 전공분야별 인증기준에서 요구하는 역량, 경력 및 자격을 갖춘 교수의 수가 부족함	• 전공분야별 인증기준에서 개설 또는 이수를 요구하는 교과영역의 교과목으로 인정하기에 부적절한 교과목을 편성하고 있음

※ 한국공학교육인증원(2015) 내용을 재구성함.

공학교육[컴퓨터·정보(공)학교육] 프로그램은 적용 대상이 되는 전공분야별 인증기준을 만족시켜야 한다. 각 주관학회의 책임하에 17개(KCC의 경우 5개) 분야의 전공분야별 인증기준이 작성되고 유지되고 있으나 분야에 속하지 않은 비전공적인 공학프로그램도 인증은 가능하다. 전공분야는 〈표 9-15〉와 같다.

〈표 9-15〉 평가별 전공분야

EAC	CAC
• 건축공학 및 유사 명칭 공학 프로그램에 대한 인증기준 • 기계공학 및 유사 명칭 공학 프로그램에 대한 인증기준 • 농공학 및 유사 명칭 공학 프로그램에 대한 인증기준 • 산업공학 및 유사 명칭 공학 프로그램에 대한 인증기준 • 생물공학 및 유사 명칭 공학 프로그램에 대한 인증기준 • 섬유공학 및 유사 명칭 공학 프로그램에 대한 인증기준 • 원자력, 방사선공학 및 유사 명칭 공학 프로그램에 대한 인증기준 • 자원공학 및 유사 명칭 공학 프로그램에 대한 인증기준 • 재료공학 및 유사 명칭 공학 프로그램에 대한 인증기준 • 전기, 전자공학 및 유사 명칭 공학 프로그램에 대한 인증기준 • 조선해양공학 및 유사 명칭 공학 프로그램에 대한 인증기준 • 컴퓨터공학 및 유사 명칭 공학 프로그램에 대한 인증기준 • 토목공학 및 유사 명칭 공학 프로그램에 대한 인증기준 • 항공우주공학 및 유사 명칭 공학 프로그램에 대한 인증기준 • 화학공학 및 유사 명칭 공학 프로그램에 대한 인증기준 • 환경공학 및 유사 명칭 공학 프로그램에 대한 인증기준 • 융·복합 공학 프로그램에 대한 인증기준 • 기타(비 전통적인 공학 프로그램)	• 컴퓨터(공)학 및 유사 명칭 프로그램에 대한 인증기준 • 멀티미디어(공)학 및 유사 명칭 프로그램에 대한 인증기준 • 정보기술(공)학 및 유사 명칭 프로그램에 대한 인증기준 • 정보보호(공)학 및 유사 명칭 프로그램에 대한 인증기준 • 융·복합 공학 프로그램에 대한 인증기준

※ 한국공학교육인증원 KEC2015, KCC2015, KTC2015를 재구성.

4 평가 과정 및 방법

평가절차는 인증평가 수행 전년도에 있는 인증 설명회에서부터 시작되며, 이후 인증평가 신청을 받아 대상 교육기관을 선정한다. 인증평가 절차는 매년 일부 차이는 있으나 다음과 같이 도식화된 순서로 진행된다.

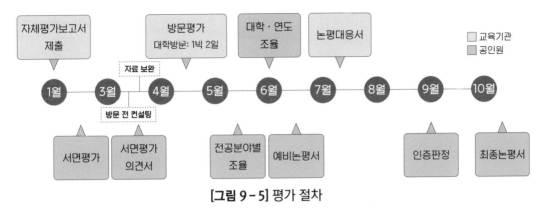

[그림 9-5] 평가 절차

출처: 공학교육인증원 홈페이지(www.abeek.or.kr).

1) 인증평가 신청 및 선정

공학교육인증원은 매년 5~6월에 평가에 적용할 인증기준, 절차, 일정을 안내하는 설명회를 개최하며 이는 차년도 인증과정 과정의 첫 단계이다. 설명회에서는 차기년도 평가에 적용할 인증기준, 절차, 일정 등에 관해 안내하고, 판정가이드, 자체평가보고서 양식 등 인증평가 대비에 필요한 양식을 각 대학에 제공한다. 인증평가신청 기간 동안 전국의 공과대학과 전문대학 중 신규 또는 중간방문 예정 대학들은 인증평가 신청서를 제출한다. 인증평가의 종류는 신규평가(Initial Program Review: IPR), 정기평가(General Review: GRv), 중간평가(Interim Review: IRv), 조건부인증평가(Conditional Accreditation Review: CAR)가 있으며 중간평가의 경우 이전 평가에서 부족사항으로 지적된 항목에 대해 개선된 실적과 인증기준에서 변경된 사항을 중심으로 평가가 진행된다. 신청이 완료되면 선정기준에 맞춰 차년도 인증평가대상 대학을 선정하는데 그 기준은 다음과 같다. 첫째, 신청한 프로그램이 신청조건을 충족한 경우, 둘째, 신청대학의 모든 인증대상 프로그램이 인증평가를 신청한 경우, 셋째, 절대적으로 다수의 인증대상 프로그램이 인증평가를 신청한 경우, 넷째, 기타 공인원의 정책적인 판단에 의해 우선적으로 고려할 필요성이 있는 경우이다(공학교육인증원 홈페이지, www.abeek.or.kr).

2) 평가단 구성

공학교육인증원은 소정의 선정기준에 입각하여 당해 연도 평가대상을 선정하고 그에 따라 평가단을 구성한다. 평가단은 단장 1인과 평가위원들로 구성되며 프로그램당

1~ 2인으로 공인원 소정의 교육을 이수하여 자격을 인정받은 평가자 중 내부 규정에 따라 절차를 거쳐 위촉된다. 평가단장은 기관당 1인을 임명하며 평가기관과 공학교육인증원의 의견교환을 담당하고 전반적인 과정의 조율 역할을 수행한다. 평가위원은 평가자 교육을 이수할 것이 요구되며 3배수 이상을 후보자로 각 기관에 추천하면 각 학위과정당 1~2인의 평가위원을 임명한다. 평가위원은 교수, 산업체, 연구소 출신 인력으로 구성되며 그 현황은 〈표 9-16〉과 같다.

〈표 9-16〉 EAC, CAC 평가자 pool 현황

구분	대학교		산업체		연구소		기타		총계	
	EAC, CAC	ETAC	EAC, CAC	ETAC	EAC, CAC	ETAC	EAC, CAC	ETAC	EAC, CAC	ETAC
2012	860	143	280	14	32	0	16	0	1,188	157
2013	695	52	181	0	72	0	0	0	948	52
2014	822	140	177	17	32	2	28	0	1,059	159
2015	354	23	76	4	17	0	10	0	457	27
2016	821	98	197	6	42	2	22	0	1,082	106
2017	791	97	188	12	41	3	21	1	1,041	113
2018	716	615	132	74	27	14	17	9	892	712
2019	615	29	74	1	14	0	9	0	712	30
2020	638	18	57	0	17	0	4	0	716	18

※ 한국공학교육인증원(www.abeek.or.kr)의 평가인력현황을 재구성.

　아시아권의 일본과 대만의 공학교육과 비교하자면 일본의 경우 최근 3~4년간의 평가위원 중 산업체 인사가 30%를 차지하고, 대만은 산업체 인사와 교수가 함께 심사단으로 구성되어 프로그램을 평가한다. 이에 비한다면 한국은 평가위원 중 산업체 인사의 비율이 낮아 교수와 산업체 인사가 함께 프로그램을 평가하기에는 어려움이 있다(신동은·최금진, 2011: 330).

3) 개별 대학의 자체평가연구 실시 및 보고서 제출

개별 대학의 교육기관과 프로그램(학위과정)을 담당하는 교수진은 공학교육인증원에서 요구하는 항목과 평가방법에 의거하여 자체평가를 실시하고 그 결과를 공인원이 제공하는 목록과 서식을 바탕으로 보고서를 작성하여 제출한다. 이때 공인원에서 구체적으로 보고서에 포함할 것을 명시한 사항들과 기관에서 자체적으로 기술, 편집한 내용이 모두 포함된다. 현지방문에 앞서 평가단은 보고서를 검토하고 이에 관한 의견을 교육기관에 제시한 후 방문 시 설명할 것을 요청한다.

4) 서면평가

기관에서 앞서 설정한 평가기준에 근거하여 평가단은 각 대학의 자체평가보고서를 평가한다. 평가단이 작성한 평가항목에 대한 평가결과는 서면평가의견서로 각 대학에 제공되며 보고서에 포함된 자료가 미흡한 경우 보완이 요구될 수 있다. 서면 제시가 여의치 못한 경우 방문평가 시 현장에서 제출해야 한다.

5) 방문평가

인증평가는 정량적 요소뿐만 아니라 정성적 요소들도 충분히 반영할 수 있도록 하므로 방문평가는 서류에서 누락되었을 수 있는 사항들이 검토되는 방문평가는 가장 핵심이 되는 과정이라 할 수 있다(「한국공학교육인증원 인증규정」 제3장 인증기준 제7조 인증지침 4). 방문평가는 1박 2일간 진행되며 8가지 평가기준 중 두 번째인 프로그램 학습 성과에 대한 대학 자체의 평가도구와 자율 순환적 평가시스템 구축여부에 초점을 두고 진행된다. 서면평가에서 간과되었을 수 있거나 불확실하게 기술된 것, 그리고 서면으로 설명하기 어려운 교육환경, 교수진과 학생들의 사기, 교수진과 학생들의 안정성과 계속성, 직원 및 학생단체의 수준, 교육성과와 같은 질적 요소들이 주된 평가요소가 된다. 평가단은 증빙자료와 보고서와 실제가 일치하는지 검토하는 것과 더불어 학생, 산업체, 졸업생, 교수를 비롯한 프로그램 구성원과 행정 지원 책임자의 면담, 시설 참관을 진행한다.

방문 1일차에 평가단은 교육기관을 방문하여 상견례 후 종합설계 포트폴리오 공동 점검 및 프로그램별 평가를 실시하며, 이 과정에서 평가단과 교육기관은 평가에 필요한 의견 교환을 위한 회의를 가질 수 있다. 평가단장은 교육기관장과 학장을 방문하여 공학교육인증에 대한 지원의지와 의견을 청취한다. 평가단장은 필요시 저녁시간에 평가단 회의를 소집하여 방문 1일 평가에 대비한 프로그램(학위과정)별 의견조율을 가질 수 있다.

　방문 2일차에 교육기관을 방문하여 중점적인 현지 평가를 실시한다. 평가단은 프로그램(학위과정) 교육목표와 프로그램 학습성과(졸업생 역량)를 달성할 수 있도록 교육이 시행되고 있는지를 평가하기 위해 교육현장과 교육 지원시설을 확인한다. 점심식사는 평가단 조율을 위해 평가단 구성원 외 참석이 불허된다. 오후에는 현지에서 살펴본 내용 중 불충분한 부분에 대한 재확인을 하거나 미처 수행하지 못한 내용을 살펴보는 시간을 갖은 후 평가단과 교육기관 관계자들이 마무리 면담 회의를 갖는 것으로 방문평가가 종료된다(한국공학교육인증원 홈페이지, www.abeek.or.kr).

6) 예비논평서의 완성 및 발송

　평가단장은 프로그램(학위과정)의 전공분야별 조율을 기초로 교육기관 전체에 대한 예비논평서(초안)를 완성하고 이를 공인원 인증사업단장에게 제출한다. 인증사업단장은 제출된 모든 자료를 종합적으로 검토하고 해당 평가단의 의견수렴을 거쳐 예비판정을 확정하고, 예비논평서를 편집하여 교육기관으로 발송한다.

7) 논평대응서의 제출

　교육기관 및 학위과정 프로그램은 접수한 예비논평서상의 내용 및 평가결과에 이의가 있을 경우 소명하기 위한 논평대응서를 인증원 인증사업팀에 제출한다. 기한은 예비논평서 접수 후 14일 이내까지이며 논평대응서는 인증사업단장과 해당 평가단장 및 평가위원에게 전달된다.

8) 인증평가(전공분야별, 대학별, 연도별) 조율위원회 개최

　공인원의 인증평가는 이전의 교육기관 평가들과 달리 대부분의 평가항목이 정성적 평가로 되어 있기 때문에 평가자의 주관에 따라 평가결과가 다르게 나타날 수 있다. 따라서 평가자에 관계없이 동일한 사항에 대하여 동일한 평가가 도출될 수 있도록 하는 평가의 일관성을 유지하기 위한 시스템 구축은 인증평가의 필수요소이다. 이 같은 목적을 위해 공인원은 전공분야별, 대학별, 연도별 조율위원회를 두고 프로그램(학위과정) 평가자가 내린 인증평가결과를 조율한다. 전공분야별 조율위원회는 교육기관 방문평가 이후에 개최하며, 예비논평서(초안)의 평가결과에 대한 유사 학문 분야 프로그램(학위과정) 간 평가의 일관성을 조율한다. 또한 대학연도조율위원회는 교육기관의 논평대응서가 제출된 후 이를 토대로 평가단장이 교육기관 인증평가최종논평서의 초안을 작성하여 인증사업단장에게 제출하면 인증사업단장은 대학연도조율위원회를 개최하여 최종논평서 초안의 평가결과에 대한 대학별, 연도별 일관성을 조율한다.

9) 인증판정의 확정 및 결과 통보

　평가단장은 대학연도조율위원회 결과를 반영하여 최종논평서 초안을 수정하고 이를 인증사업단장에게 제출한다. 인증사업단장은 작성된 최종논평서 초안을 종합적으로 검토하여 인증판정(안)을 마련하고 이를 공학인증평의회(EAC), 컴퓨터 · 정보(공)학교육인증평의회(CAC) 및 공학기술교육인증평의회(ETAC)에 상정하며, 각 평의회는 인증판정을 최종 확정한다. 인증판정이 확정된 후에 그 결과를 공인원 이사회에 보고하고, 최종논평서와 인증서를 교육기관으로 발송함으로써 인증 결과를 통보한다. 확정된 결과는 인증원 이사회 보고와 승인을 거쳐 최종 논평서와 인증서 형식으로 각 피평가기관에 통보된다. 인증판정의 종류 및 유효기간은 〈표 9-17〉과 같다.

〈표 9-17〉 공학기술교육의 인증판정 및 유효기간

인정판정 종류	인증기간(년)
차기정기평가(Next General Review: NGR)	6
중간보고(Interim Report: IR)	3
중간방문(Interim Vistit: IV)	3
조건부인증(Conditional Accreditation: CA)	3(2년 내 재평가)
중간보고필(Report Extended: RE)	GR시점까지
중간방문필(Visit Extended: VE)	GR시점까지
조건부인증해소(Conditional Accreditation Settled: CAS)	1
인증불가(Not to Accredit: NA)	-

※ 한국대학교육협의회(2014: 96)의 표를 재구성.

10) 항소 및 재심

최종판정에서 인증불가(NA)를 받은 학위과정은 인증 판정에 대한 이의가 있을 경우에 이의신청을 할 수 있다. 공학교육인증원은 이사장이 주관하는 재심위원회를 구성하며, 이때 원장 주도 위원은 참여하지 못한다. 재심위원회에서 '이유 있음' 판정을 받을 경우에는 인증평의회에 재심을 요구할 수 있다.

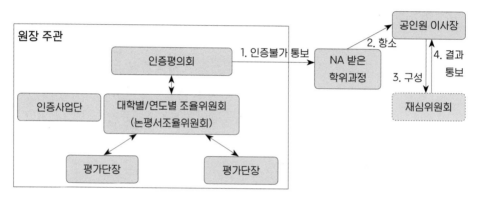

[그림 9-6] 항소 및 재심 절차

출처: 한국공학교육인증원(2014b: 45).

5 평가결과 활용

1) 인증 현황

2001년 시범인증평가사업으로 동국대 8개 프로그램, 영남대 3개 프로그램 인증을 시작한 이래로, 2020년 3월을 기준으로 총 84개 대학 453개 프로그램(EAC: 78개 대학 460개 프로그램, CAC: 34개 대학 43개 프로그램, ETAC: 4개 대학 4개 프로그램)이 인증을 받았다.

〈표 9-18〉 EAC, CAC, ETAC 인증평가 대학 및 프로그램 현황(2020. 3. 기준)

연도	공학교육(EAC)				컴퓨터·정보공학교육(CAC)				공학기술교육(ETAC)				계	
	신규		중간		신규		중간		신규		중간			
	대학	프로그램	대학	프로그램	대학	프로그램	대학	프로그램	대학	학위과정	대학	학위과정	대학	프로그램
2001	2	11											2	11
2002	3	17											3	17
2003	4	28	3	5									7	33
2004	6	33	4	8									9	41
2005	7	40	10	35									15	75
2006	8	52	16	65	8	9	2	2					25	128
2007	17	130	15	81	5	6	1	1					30	218
2008	29	206	21	119	1	1	2	2					42	328
2009	13	65	27	169	1	3	5	6					36	243
2010	23	92	39	286	9	9	8	8	11	36			68	431
2011	19	44	28	198	4	5	11	13	4	10			41	270
2012	10	18	44	309	1	1	23	26	5	14	9	25	63	393
2013	11	23	36	207	3	3	14	17	1	3	3	9	42	262
2014	9	14	39	252	1	1	24	28	5	8	9	34	54	337
2015	3	7	30	132	1	1	11	13	3	3	4	5	38	161
2016	1	1	36	180	1	1	19	21			2	14	41	217
2017	2	2	23	155	1	1	9	16			4	11	29	185
2018	6	14	33	127	2	2	13	15	1	1	1	1	41	160
2019	5	12	27	131			14	15					31	158
2020	5	16	25	130	2	2	9	14			2	2	28	164

출처: 한국공학교육인증원 홈페이지(http://www.abeek.or.kr/program/total).

　공학 및 컴퓨터·정보공학 전공별 관련 학과 수는 2,828개이며, 학과 수 대비 인증 프로그램 수는 549개이고 비율은 19.4%인 것을 〈표 9-19〉에서 확인할 수 있다.

〈표 9-19〉 EAC, CAC 전공별 관련 학과 수 대비 인증 프로그램 수와 비율

구분		1	2	3	4	5	6	7	8	9	10	11	12	13	14	15	16	17	
학과명		건축공학	기계공학	농공학	산업공학	생물공학	섬유공학	원자력·방사선	자원공학	재료공학	전기·전자	조선공학	컴퓨터공학	토목공학	항공우주공학	화학공학	환경공학	기타	계
관련 학과 수		325	241	23	110	111	18	111	105	176	542	59	334	191	45	102	156	179	2,828
인증 프로그램	수	45	84	3	24	3	4	2	5	39	112	9	72	48	7	50	26	16	549
	비율	14%	35%	13%	22%	3%	22%	2%	5%	22%	21%	15%	22%	25%	16%	49%	17%	9%	19.4%

출처: 한국공학교육인증원 홈페이지(http://www.abeek.or.kr/program/total).

공학기술 전공별 관련 학과 수는 1,620개이며, 학과 수 대비 인증 프로그램 수는 37개이고 비율은 2.28%인 것을 〈표 9-20〉에서 확인할 수 있다.

〈표 9-20〉 ETAC 전공별 관련 학과 수 대비 인증 프로그램 수와 비율

구분		1	2	3	4	5	6	7	
학과명		건축공학 기술	기계공학 기술	전기·전자 공학기술	컴퓨터 공학기술	토목공학 기술	화학공학 기술	기타	계
관련학과 수		206	252	214	569	118	13	248	1,620
인증 프로그램	수	5	12	10	3	1	3	3	37
	비율	2%	5%	5%	1%	1%	23%	1%	2.28%

출처: 한국공학교육인증원 홈페이지(http://www.abeek.or.kr/program/total).

2015년 공학과 컴퓨터·정보공학 인증 졸업생 수는 19,189명이며 누적 졸업생 수는 99,552명이다. 같은 해의 공학기술 인증 졸업생 수는 697명이며, 누적 졸업생 수는 2,098명이다. 연도별 인증 졸업생 수는 〈표 9-21〉에서 확인할 수 있다.

〈표 9-21〉 연도별 인증 졸업생 수

분야	구분	2004	2005	2006	2007	2008	2009	2010	2011	2012	2013	2014	2015
EAC CAC	인증	129	307	616	1,515	2,916	5,656	8,865	13,020	14,382	15,906	17,053	19,187
	누적	129	436	1,052	2,567	5,483	11,139	20,004	33,024	47,406	63,312	80,365	99,552
ETAC	인증								71	350	373	607	697
	누적								71	421	794	1,401	2,098

출처: 한국공학교육인증원 홈페이지(http://www.abeek.or.kr/program/total).

2) 인증결과 활용

인증결과에 대한 활용은 학생, 대학, 산업체, 국가·사회 차원에서 각각 살펴볼 수 있으며, 이는 다음과 같다. 첫째, 학생 차원으로서 학생들은 인증프로그램에 의한 내실 있는 공학교육을 통해 기본소양과 전공기반 실력과 자질을 갖추고, 해당 전공의 전문능력을 발전시킬 수 있다. 이를 바탕으로 기사, 기술사 시험 등 엔지니어 자격시험에 응시할때 준비된 실력을 발휘하여 좋은 성과를 내는 데 활용할 수 있다. 무엇보다도 사회 진출 시 검증된 프로그램을 통해 익히고 다진 실력을 기초로 하여 취업경쟁에서 우위를 확보하는 데 활용할 수 있고, 이는 특히 인증프로그램 졸업생의 국내기업 취업 시 가산점 및 서류전형 우대가 일부 이루어지고 있기 때문이다. 2005년 안철수연구소와 2006년 삼성전자에서 공학교육 인증을 받은 대학의 졸업생에 대한 10% 가산점을 부여한다는 인사정책을 도입한 데 이어 2007년 삼성그룹 계열 9개사, LG−Nortel(현 Ericsson-LG)에서도 인증 졸업생을 우대하는 인사정책을 발표한 이래로 2015년 기준으로 총 180개 업체에서 인증 졸업생에 대한 혜택을 주고 있다. 나아가 국제적인 엔지니어가 될 수 있는 입문 자격으로도 활용할 수 있는데, 이는 한국공학교육원이 국제적 공학교육인증 협의체인 워싱턴어코드(Washington Accord: WA) 가입 후(2007. 6.), 인증 졸업생은 정회원국 간 법적, 사회적 모든 영역에서 회원국 졸업생과의 동등성이 확보되었기 때문이다. 예를 들면, 인증 졸업생들은 미국 진출을 위해 FE[4]를 볼 수 있는 자격이 부여되는 혜택을 받게 된다.

둘째, 대학 차원으로서 우선 대학은 산업계와 학생들의 요구조사 결과와 해당 대학의 기존 인적·물적 자원, 학과 성격 및 교육과정의 특장점 등을 분석함과 동시에 공학교육인증제가 제시하는 교육 프로그램과 기준 등을 활용함으로써 특성화되고 차별화된 공학교육 목표를 설정하는 데 있어 공학교육인증제로부터 큰 도움을 얻을 수 있다. 나아가 세부 프로그램 개발, 운영 및 평가 과정 전반에서 공학교육인증제의 전공 또는 프로그램별 인증기준과 그 내용을 적용하고 활용할 수 있다. 또한 공학교육인증제를 통해 도출된 프로그램 학습성과 등을 포함한 최종 인증 결과를 학과 및 전공교육의 질을 검증할 수 있는 자체 평가 시스템으로 활용할 수 있다. 인증기준은 각 대학의 해당 분야 프로그램 교육과정 개편과 졸업학점 기준에 중요한 영향을 주었으며(조성희·강소연, 2012; 강소연 외, 2015; 박민정·홍성조, 2015), 인증을 받은 프로그램들은 이전보다 공학/공학기술

---

4) Fundamentals of Engineering: 미국기술사가 되기 위한 입문 시험

에서는 MSC(Math, Science & Computer)를 컴퓨터 · 정보공학에서는 BSM(Basic Science, Mathematics) 교육과 전공교육이 강화되었고, 설계 및 프로젝트 과목이 강화 및 신설되는 결과를 가져왔다(한지영 외, 2016; 김영욱 외, 2014). 공학교육인증제 프로그램은 학습자가 달성해야 하는 학습성과를 명확히 규정하고, 이를 측정할 수 있는 평가체계를 갖출 뿐만 아니라, CQI를 통해 학습성과가 효율적으로 달성될 수 있도록 교육내용, 교수법, 평가방법 등을 지속적으로 개선하는 데 활용함으로써 공학교육의 혁신을 기할 수 있다는 평가도 있다(송동주 · 강상희, 2012; 박민정 외, 2015). 인증 과정 및 인증 결과 등을 통해 개선 및 확충이 필요한 분야를 발견하여 인적, 물적 자원 확보와 배분 등의 근거 및 자료로서 활용할 수 있는데, 특히 공학교육에서 중요한 실험실습 기자재 및 교수–학습지원 활동 시스템을 확충할 수 있는 직접적인 데이터로 유용하게 활용할 수 있을 것이다. 무엇보다도 인증 제도에 부합하는 교육과정 점검 및 이에 따른 교육 프로그램 개선을 가져와 해당 대학의 경쟁력 제고 및 책무성을 담보하는 데 크게 기여할 수 있다. 아울러 인증받은 교육 프로그램 운영에 대한 홍보를 통해 우수 신입생을 유치하는 데 유리하고, 인증 졸업생들의 취업기회가 확대될 가능성이 커짐에 따라 취업률이 높아지며, 배출 졸업생에 대해 산업계로부터의 좋은 평판을 얻을 수 있는 결과도 있고, 이는 다시 대외적으로 해당 학교의 전체적인 위상 강화에도 긍정적인 영향을 미치는 결과를 가져올 수 있을 것이다. 마지막으로 국제 통용성을 갖춘 프로그램 운영 등 글로벌 스탠더드를 준수하는 교육체계 구축을 통해 해외 유학생을 유치하는 데도 활용할 수 있다.

셋째, 산업체 차원으로서는, 우선 인증 프로그램을 이수한 전문 능력과 자질을 갖춘 우수한 졸업생을 채용하는 데 활용하고 이를 통해 기업 경쟁력 강화를 기할 수 있다. 인증 프로그램을 이수한 졸업생은 실제 공학 현장에 효과적으로 투입될 수 있는 자격이 있음이 보증된 것인 바, 산업체에서는 자격을 갖춘 검증된 우수 인력을 용이하게 공급받는 데 활용할 수 있다. 또한 인증 프로그램을 참고하여 신입생 재교육 교육과정 마련을 위한 기초 분석 자료로 활용하는 방안도 있을 수 있다고 제안하는 바이다. 현재 산업계는 공학인재상으로, 첫째, 전공용어와 기본원리에 대한 명확한 이해, 둘째, 소통 및 팀워크 역량, 셋째, 문제해결 마인드와 자기주도성을 꼽고 있는데(한국공학한림원 차세대공학교육위원회, 2015), 검증된 공학인증 프로그램을 이수한 학생들이 계속 증가하기 때문에 산업체에서는 이러한 우수 인재를 선발하여 적재적소에 배치, 활용함으로써 공학교육인증제의 과실을 함께 나누어 가질 수 있을 것이다. 아울러 해외 파견 직원 선발 시, 인증 졸업생을 활용하는 이점도 있을 것이다.

넷째, 국가 · 사회 차원으로서는, 대학 공학교육 내실화 정책, 산학협력 정책 수립 등에 활용할 수 있을 것이다. 또한 고등교육 예산 등 자원 배분의 기초자료 중 하나로서 학문별, 전공별 인증 현황 자료 등을 활용할 수 있을 것이다. 대학의 산업체 맞춤형 교육과정 운영 유도를 통한 사회수요 맞춤형 인재양성 등 해당 분야 인적 자원 확보 및 인력 수급 정책에도 유용하게 활용할 수 있을 것이다. 정부의 재정지원사업(BK, LINC 등) 등의 평가 지표 등과 비교·분석 및 해당사업 개선 등에 참고할 수 있을 것이다. 아울러 역사가 오래된 미국의 ABET를 벤치마킹하여 개발되고 국제적 통용성까지 갖춘 인증 제도이므로 추후 타 학문 분야 인증 제도를 구안할 경우, 참고·활용할 수 있을 것이다.

대학교육의 책무성, 인증을 통한 교육품질 운동의 전 세계적 전개와 연계해 볼 때 실용 학문으로서 공학교육에 대한 인증제 도입은 시의적절하다고 할 수 있다. 또한 글로벌 경제 가속화에 따라 엔지니어들의 '국제적 이동성'이 점증되고, 워싱턴어코드(WA)를 필두로 여러 국제적 공학교육 인증협의체 가입을 통해 공학교육의 '국제적 통용성'을 확보하게 된 것도 공학교육인증제 도입에 따른 성과로 볼 수 있다. 국제사회에서 인정받는 우리나라 공학교육인증제가 대학 및 산업현장에서 더욱 실효성 있게 활용될 수 있도록 정부 및 산업체 등 관계기관의 협력과 모범 사례 창출이 기대된다.

6 평가 성과 및 개선방안

1) 평가성과

21세기 공학교육의 경향은 인증을 통한 공학교육의 질 보장 및 지속적 개선 시스템의 구축, 인증을 통한 공학교육의 국제적 동등성 및 통용성 확보, 국제적으로 공동 추구하는 졸업생의 기본 역량 기준 강화 등으로 요약될 수 있다. 공학교육인증제의 기본 취지는 평가를 통한 공학교육의 품질 및 졸업생의 능력과 자질을 보장하는 데 있고 이러한 취지로 우리나라 공학교육 발전을 위해 공학공동체가 만든 공학교육 인증 평가는 공학교육이 앞서 나가는 데 큰 역할을 수행해 왔고, 다른 학문 분야 인증제도의 도입으로 파급되는 효과까지 낳았다(송동주·강상희, 2012; 권오양, 2009). 대학에서 공학교육인증제에 따른 학생 중심의 체계적인 교육을 실시하게 되고, 인증과정 졸업생은 국제적·전문적인 수준의 공학현장 실무능력을 갖추었음이 객관적으로 보증되고 취업에서 우위를 차지하는 성과를 거두고 있는 것이다. 다음에서는 이를 구체적으로 살펴보고자 한다.

(1) 공학교육 수요자 측면

인증 평가의 성과를 공학교육의 수요자 측면에서는 학생과 산업체의 차원에서 각각 살펴볼 수 있으며, 이는 다음과 같다. 첫째, 공학교육인증제도의 성과는 무엇보다도 학생 측면에서 졸업생의 자질 향상이다. 공학교육인증제에 따른 대학 공학교육의 개선 성과는 직접적으로는 학생 자질, 역량 향상으로 집약되어 나타난다고 볼 수 있다. 허돈 (2009)은 인증 프로그램을 이수 및 비이수한 학생들 간의 학습성과를 비교분석하여 이수자들이 전체적인 학습성과가 높음을 확인하였고, 전효진 외(2013)도 공학교육 인증 이수를 통해 기업이 요구하는 역량을 함양하고 학업성취도가 높아지며 적극적인 진로 활동으로 취업률을 높였다는 결과를 밝히고 있다. 주재현 외(2010)에 따르면, 공학교육인증 과정을 이수한 졸업생들은 직업능력이 향상되었다고 인식하고 있었다. 특히 팀 구성 및 협업능력(61%)과 독립적 과제 수행능력(54%)이 상대적으로 높은 긍정도를 보였고, 과학 및 공학지식 응용능력(46%), 도구사용능력(43%), 독립적 실험계획 수립능력(42%), 시스템 설계능력(39%) 등이 뒤를 이었다. 또한 학생 포트폴리오 활용을 통해 학습자의 자기주도적인 학습능력을 키우고 학습과정에서도 자기성찰 능력을 높였고(한지영 외, 2009), 지도교수 상담 및 진로활동에도 적극적으로 참여했다(전효진 외, 2013).

인증 프로그램 졸업생은 비인증 졸업생에 비해 설계과목과 MSC(Math, Science & Computer) 과목을 더 많이 이수하였는데 이것은 창의성과 문제해결능력, 소통능력, 대인관계, 리더십, 과학지식, 컴퓨터 능력, 논리적 사고능력, 팀 협업능력을 통한 논리적 사고능력, 공학시스템 고안, 공학문제해결과 발견 등의 능력을 개발하여 여러 취직시험이나 인터뷰에서 좋은 성적을 거두는 데 이점으로 작용하는 것으로 나타났다(김영욱 외, 2014; 전효진 외, 2013). 인증졸업생, 산업체, 대학관계자들은 공학인증교과목, 졸업생의 조직 내 활동과 업무수행능력에 대해 긍정적으로 평가하였으며, 인증 프로그램 졸업생의 월 평균 임금수준은 4년제 대졸자 또는 공학전공자보다 높은 것으로 나타났다(성지미 외, 2009). 취업률에서도 비인증 프로그램의 졸업생에 비해 각각 4.8%(2009년), 7.3%(2010년), 8.47%(2011년)가 높은 것으로 나타났다(송성진 외, 2011). 졸업생은 인증이 산업체의 실무능력 및 현장에서의 수행능력 향상에 도움이 되고, 특히 경영, 공학 글쓰기, 특허, 공학윤리 등의 전문교양교과목 이수로 업무 수행에 있어 기초역량 함양에 도움이 된다고 인식하고 있다(강소연 외, 2015). 특히 공인원이 국제적 공학교육의 실질적 등가성을 보장하는 워싱턴어코드(WA) 등의 회원이 됨으로써 해외 취업 및 국내 다국적 기업에 취업하고자 하는 인증 프로그램 졸업생이 유리한 입지를 점유하는 결과와 성과를 얻게 되었다.

이와 같이 학생들은 공학교육인증 프로그램을 통해 산업현장에서 필요한 전공 전문성 및 업무 수행 관련 기초역량을 배양하고, 이를 바탕으로 취업에서 보다 우위를 차지할 수 있었으며, 자기주도적 학습능력 및 진로개척 의지 등 미래사회를 주도해 나가는 데 필요한 태도를 함양하게 되었다는 데서 공학교육인증제가 학생들에게 장·단기적으로 긍정적 효과를 미친 것으로 분석된다.

둘째, 산업체 측면에서 살펴보면, 공학교육인증제 성과의 최대 수혜자는 산업체일 것이다. 산업체 수요와 대학 공학교육 간의 미스매치 해소, 전문능력과 자질을 갖춘 졸업생을 확보하여 실무에 바로 투입 가능한 전문 인력으로 채용할 수 있으며 공대출신 신입사원의 재교육비 감소 및 경비 절감 효과를 가져올 수 있다. 또한 공대와 유기적인 의사소통을 통한 맞춤인력을 확보하는 데 있어서의 성과도 기대된다. 아울러 그간 대학은 선(先) 양성, 산업체는 후(後) 활용이라는 이분법적, 순환론적 역할구분이 되어 있었는데(한국공학한림원 차세대공학교육위원회, 2005), 공학교육인증제를 통해 대학과 산업체가 보다 긴밀한 관계를 유지할 수 있는 시스템이 마련됨으로써 동반자적, 상호주의적 관계 유지라는 성과도 기할 수 있게 되었다.

(2) 공학교육 공급자 측면

인증 평가의 성과를 공학교육의 공급자 측면에서는 대학과 공학학회의 차원에서 각각 살펴볼 수 있으며, 이는 다음과 같다. 첫째, 대학 측면에서 살펴보면, 공학교육인증제는 공학교육의 내실화와 공학교육의 혁신을 이뤄 내고 있다고 할 수 있다. 또한 자체 교육평가 체제 구축을 통한 대학 공학교육의 수월성과 경쟁력도 확보하는 성과를 얻고 있다. 구체적으로 살펴보면, 산업체가 필요로 하는 우수 졸업생 배출 프로그램별로 특성화된 교육의 지속적인 자체평가시스템을 활용한 양질의 교육시스템을 완비하며, 실험·실습·설계 학습활동 시스템 확충을 기하였고, 교과목 포트폴리오를 통한 수업개선 성과도 크다. 그간 공대교육의 주요 문제점으로는 일방적 이론 지향성, 기초 답습 위주의 실습과정, 교과과정 외의 학생 관찰 및 지도 체계 부족, 그리고 수요자 측과의 신뢰 형성을 위한 인프라 부족 등이 지적되어 왔는데 여러 연구에서 공학교육인증제도의 도입으로 이런 문제에 대한 실질적인 개선이 이루어진 것으로 나타났다.

우선 조성희·강소연(2012)은 공학교육인증제도의 도입을 통한 교육목표의 구체화, 교육과정의 편제, 공학전문교양교육의 강화로 공학교육의 질적 변화가 있었다는 연구결과를 제시하고 있다. 박민정·홍성조(2015)는 교과과정의 체계적인 구조화가 이루어진 것을 구체적으로 제시하고 있다. 그들은 공학주제 교과목을 설계, 실험, 실습 교과목을 포함하여 54학점 이상 이수하도록 편성하는 것, 전공지식에 필요한 기초지식 습득을 위해 수학, 기초과학 및 전산학 관련 교과목을 30점 이상 편성한 것, 전문교양 교과목 운영 및 설계 교육 강화 등의 성과를 가져온 것으로 보았다. 한지영 외(2016)는 CAC(컴퓨터 · 정보공학) 인증제도 운영 성과 분석 결과, 그 성과로는 전공교육 강화, 설계교육 강화, 교과목 이수 체계에 따른 체계적 교육, 학생상담 및 지도 강화, 교육목표 구체화 등을 꼽았으며, CAC 인증제도 학과의 교육프로그램 운영 및 개선과 우리나라 컴퓨터 · 정보기술 교육의 전반적인 질 향상에 긍정적인 영향을 미쳤다고 생각하고 있었다. 한편, 이희원 외(2008)는 교과과정만으로는 공학교육인증제가 목표로 하는 학습성과의 달성이 쉽지 않기 때문에 전공 동아리 운영, 현장실습 운영, 각종 특강 개최 등 다양한 비교과과정 운영 활성화라는 부수적인 성과도 가져온 것으로 분석하였다.

그간 많은 대학에서는 대학의 세 가지 사명인 교육, 연구, 봉사 중에서 연구에 과도한 무게 중심의 쏠림 현상이 만연하였고, 이는 특히 과거와 달리 대학진학률이 70% 이상을 상회하여 대학교육의 일반화가 이루어지고, 대부분의 학부 졸업생들이 학문의 길보다는 취업을 목표로 하는 최근의 상황에 비추어 볼 때 학생 니즈 및 사회 수요에 부응하지 못하는 대학교육이라는 비판의 초래할 수밖에 없었다. 이에 대학 내 · 외부에서 논의되어 왔던 '연구와 교육의 균형', '교육에의 관심 촉구'는 당연한 현상이며, 이와 같이 공학교육 인증제를 필두로 한 여타 학문 분야 인증제가 대학교육에서 '교육에 무게를 두는 것'을 환기시키고, 제도적으로 그러한 장치를 마련하였다는 것에 큰 성과가 있을 것이다. 한편, 평가인증제가 요구하고 있는 교육에 관한 지속적 개선 요구는 수업장면을 넘어서서, 학생들의 학부교육에 관한 관심과 학업상담, 진로지도 등의 학생지도 권장 등의 성과를 가져왔는데, 이는 인증제 도입의 잠재된 성과라고 볼 수 있다(전효진 외, 2013; 이희원 외, 2008).

인증제 도입 후 대학가에서는 괄목할 만한 변화가 있었다. 먼저, 학문 분야별 교수들 간 의사소통이 활성화되고, 공동체 의식이 증대되며, 교육공동체라는 하나의 협동 체제가 구축되기도 하였다. 또한 교수의 편의대로 교과목이 개설됐다거나 기존의 주입식 이론 위주의 방식대로 교육하던 교수진들에 대한 지속적인 자극과 문제제기 요소로도 작용하였다. 더 나아가 좋은 학과와 프로그램은 살리고 미흡한 학교들을 걸러내는 자율적 구조조정 작동 등의 성과를 낳는 데도 기여할 것이며, 우수한 졸업생 배출 및 취업률 증가로 대학 인지도 상승효과를 가져오는 성과로도 작용할 수 있을 것이다(곽진숙, 2011).

둘째, 공학학회 측면에서는 인증평가제도를 공학교육계의 자체 점검 시스템으로 활용할 수 있고, 교육현장에 인증에 관련된 전문성을 갖춘 교수들이 늘어남으로써 저변이 넓어지는 성과도 얻고 있다. 특히 현장에서 바로 쓸 수 있는 졸업생 배출에 대한 산업체의 요구를 수용하여, 미국 ABET를 벤치마킹하여 정부 주도가 아닌, 공과대학장협의회를 중심으로 한 공학 소사이어티에서 자발적으로 공인원을 만들고 인증제도를 실시하였다는데 큰 의의와 성과가 있다고 평가된다. 한편, 학회 규정에 공학인증 관련 사항을 포함[예를 들면, 대한산업공학회의 공학교육위원회 규정 제3조(기능) 4항 '한국공학교육인증원 공학교육인증기준 제정 및 개정에 관한 연구' 명시]하기도 하였고, 학회 차원에서 자체 공학교육인증 평가자 교육 및 평가자 풀을 관리하고 인증기준에 대한 해석과 적용에 대한 공감대 형성 등을 논의하는 노력도 보인다(홍성조, 2013). 또한 한국공학교육인증원이 워싱턴어코드(WA) 등 국제적 통용성과 등가성이 확보된 공학교육 관련 협약에 가입함으로써 한국공학교육의 국제화가 이루어진 것도 공학학회의 계속된 발전을 위한 큰 성과물이라고 평가된다.

이와 같이 공학교육인증제를 통해 대학과 공학학회는 공학대학 교육과정을 개선하고 이를 평가 · 인증함으로써 지속적인 공학교육 품질을 관리할 수 있으며, 국제적 기준에 부합하는 공학 교육과정을 운영함으로써 우리나라 공학교육의 세계화와 세계 속의 우리나라 공학교육의 우수성을 인정받는 성과를 갖게 되었다고 할 수 있다.

(3) 공학교육 인증 및 조정자 측면

인증 평가의 성과를 공학교육 인증 및 조정자 측면에서는 인증기관과 국가의 차원에서 각각 살펴볼 수 있다. 학교교육 질 제고라는 문제에 있어서 교육기관으로서의 학교와 학교에서 수행하는 교육활동을 분리해서 생각하기 어려운 것처럼 인증기관과 그 기관이 행하는 인증활동도 떼어 놓고 볼 수 없다. 이에 공학교육 질 제고를 위해 인증기관으로서 한국공학교육인증원이 설립되고 거기에서 공학교육인증제를 도입, 시행하여 왔기에 이 양자를 함께 묶어 먼저 논의하고자 한다.

먼저, 공학교육인증원은 우리나라 공학교육의 혁신을 이끌어 왔다. 공학교육 대내외의 필요성에 의해 미국 ABET를 모델로 하여 정부 주도가 아닌, 공과대학장협의회 및 공학학회를 중심으로 한 공학 소사이어티에서 자발적으로 한국공학교육인증원을 만들고 2001년 시범인증평가 사업을 시작한 이래로 오늘날과 같은 괄목할 만한 성장을 하면서 우리나라 공학교육의 혁신을 이끌어 왔다는 것이 무엇보다도 큰 성과일 것이다. 공학교육인증원의 인증 규모의 양적 성장은 다른 학문 분야 인증제도로 그 파급효과가 나타났는데(송동주 · 강상희, 2012; 권오양, 2009), 즉 공학교육인증원은 의학, 간호학, 건축학, 경영학 등 타 학문 분야 인증기관들의 벤치마킹 대상이 되어 오는 등 학문 분야 인증제도에 있어서 선도적 역할을 수행했다고 할 수 있다. 공학교육인증원은 2005년 워싱턴어코드(Washington Accord: WA) 준회원 가입에 이어 2007년 정회원으로 승격됨으로써 한국 공학교육의 질에 대한 국제적 동등성을 확보하였다. 특히 공인원은 IT 분야의 국제협의체인 서울어코드(Seoul Accord: SA)[5]의 출범에 주도적인 역할을 수행하여 우리나라의 국가 위상을 높이는 데도 이바지하였다. 이후 전문대학 수준의 국제협의체인 시드니어코드(Sydney Accord: SA), 더블린어코드(Dublin Accord: DA)에 준회원으로서 가입함으로써 공인원은 공학교육 관련 국제협의체에 모두 가입한 인증기관이 되었다. 우리나라가 워싱턴어코드(WA)에 정회원으로 가입됨에 따라 국제간 공학교육의 등가성이 보장되었고, 외국의 기술사 시험을 볼 수 있는 자격을 부여받았다[한국공학교육인증원 홈페이지(http://www.abeek.or.kr) 참고].

둘째, 공학교육인증원은 공학교육 평가·인증기관으로 활동하게 되었다. 한편,「고등교육법」제11조의2에 따라 고등학교의 자율적인 질 관리 및 책무성 강화를 위해 2008년 도입된 평가·인증기관에 대한 인정기관 지정 제도와 관련하여 2013년 1월에 한국공학교육인증원이 교육과학기술부(현 교육부)로부터 공학교육 평가·인증기관으로 지정되어 이후 5년간(2018. 1. 6.까지) 활동하게 되는 성과를 거두었다. 이와 같이 국내외 공학계 및 정부로부터 권위와 리더십을 인정받게 된 공학교육인증원의 공학교육인증제는 다음과 같은 방향으로 공학교육을 개선시키는 성과를 도출하였다. 특히 교육내용의 혁신, 교수법의 혁신 관련해서는 크게 보았을 때 설계·실험실습 교육 강화(설계 18학점), 실무중심 교육, 산업체 연계 교육(산학팀티칭, 산업체 특강 등), 인턴십 등 도입(현장실습 필수화), 전문 교양교육 강화(팀워크, 글쓰기 및 의사소통, 공학윤리, 리더십커뮤니케이션 등) 등으로

---

5) 서울어코드는 4년제 컴퓨터·정보기술 관련 전공 졸업자들이 참가 회원국 내에서 동등성을 인정받아 자유롭게 취업하고 활동할 수 있도록 상호 보장하는 국가들 간의 국제협약으로 이의 설립에 한국공학교육인증원이 주도적인 역할을 하였다. 미국, 일본, 영국, 캐나다, 호주, 한국 등 6개 국가의 인증기구는 2007년 11월 국제 심포지엄, 2008년 6월 중간회의를 거쳐 2008년 12월 제1차 정기총회를 갖고 서울어코드 출범을 공식적으로 선포했다. 2009년 6월 제2차 서울어코드 정기총회에서 대만과 홍콩이 정회원으로 가입함에 따라, 서울어코드의 규모가 확대되었고, 서울어코드가 향후 컴퓨팅 및 IT 관련 교육의 인증을 선도하는 국제협약으로서 그 위상을 보다 확고히 하는 계기가 마련되었다. 한국공학교육인증원은 서울어코드의 창립회원이자 사무국 역할을 담당함으로써 공학 분야는 물론 컴퓨팅 및 IT 관련 분야에서도 국제적 위상을 높이고 있다. 2019년 6월 기준으로 정회원 기구에는 한국, 미국, 호주, 영국, 캐나다, 일본, 홍콩, 대만이, 준회원 기구에는 아일랜드, 뉴질랜드, 필리핀, 멕시코, 스리랑카, 말레이시아가 가입되어 있다(한국공학교육인증원 홈페이지, http://www.abeek.or.kr).

인증 프로그램 대학의 교육을 변화시키는 성과를 가져온 것으로 평가된다. 공학의 핵심 요소라 할 수 있는 설계교육의 도입 및 확산, 교육시스템의 강조 등 공학교육인증제도를 통해 공학교육인증원이 공학교육의 토양을 바꾸어 가고 있다(송동주·강상희, 2012)는 평가결과도 있다.

셋째, 공학교육인증원은 개별 대학의 자체적인 노력과 성찰을 통해 프로그램을 지속적으로 개선하도록 유도하는 성과를 얻고 있다. 해당 대학/프로그램에서의 문제 또는 결함사항에 대한 전문적인 컨설팅을 통해서 이의 해소 방안에 대한 자문을 하고, 대학은 당면 문제에 대한 해결책을 찾음으로써 교육의 질이 더욱 향상되었다. 이러한 동료평가 방식은 공학인증에서의 정성평가에 대한 장점을 부각시키기도 하였다(최금진, 2011). 이는 정부에서도 차용하려는 방법으로 교육부(2016)는 평가방식을 정량평가에서 정성적 판단을 중시하는 동료평가(Peer Review)로 단계적 전환하여 도전적·창의적 기술혁신을 지원할 예정이고, 이를 파급력이 높은 주요 대학재정지원사업 과제평가에 시범적용 후 확대할 계획이라고 밝혔다.

마지막으로, 한국공학교육인증원은 정부의 공학교육 평가·인증기관으로 지정되어 우리나라 공학교육 혁신을 추동하고 인증제 운영 방식에서 타 대학평가 방식에 시사점을 제시함으로써 우리나라 대학교육 전반의 경쟁력을 향상시키고 내실화를 기하게 했다는 데 그 성과가 있을 것이다. 그리고 국가 측면에서 살펴보면, 공학 프로그램의 체계화, 공학교육의 효율성 향상, 국가공학교육경쟁력 향상, 체계적·효율성·현실성 있는 교육을 제공하며 국내인증이 국제적으로 인증됨으로써 국제적인 경쟁력을 확보하고, 국가교육정책 수립에 이바지하며 산업체의 경쟁력 향상에 따른 국가경쟁력을 제고할 수 있는 성과를 갖게 된다고 볼 수 있다(민동균 외, 2007).

2) 평가 개선방안

그동안 공학 분야 인증평가의 철학과 취지에 많은 대학이 동의함으로써 인증제 운영 프로그램 수는 지속적으로 증가하였고 그에 따른 성과들이 공유되고 있다. 무엇보다도 21세기 엔지니어의 자질 공유, 전공교육의 합리적 기준 마련, 교육기관의 책무성 증대 등은 공학교육 인증의 효과라고 할 수 있다. 그러나 이러한 긍정적 효과 못지않게 특히 인증제 운영 면 등에서 일부 비판이 제기되기도 하였다. 이하에서는 공학교육의 본질적 개혁을 견인하면서도 합리적인 인증제도가 운영될 수 있도록 하기 위한 개선 방안을 제시해 보고자 한다.

(1) 평가주체 측면

개선 방안에 대한 평가주체 측면에서 살펴보면 다음과 같다. 먼저, 한국공학교육인증원은 공학평가인증의 전문성을 보유한 자율적 민간기구이므로, 자율성의 바탕으로 공정성과 객관성을 지속적으로 유지하여 평가를 실시할 수 있는 체제 구축이 필요하다. 이를 위해서는 인증원 자체의 실천력 확보와 더불어 정부는 인증기관에 대해 실질적으로 자율성과 전문성, 그리고 독립성을 보장해 주려는 노력이 병행되어야 할 것이다.

둘째, 공인원 자체의 자기평가도 강력히 요구된다. 평가기관 스스로가 평가행위와 평가수행 결과 등에 관해 메타평가 및 자기평가를 진행함으로써 자신이 수행하는 평가의 타당성과 신뢰성을 확보하고, 피평가집단과의 가치 공유를 해 나갈 필요가 있다. 관련자, 이해당사자들의 목소리를 적극적으로 경청함으로써 평가인증 개선을 도모해야 할 것이다. 피평가집단이 인증 과정과 결과를 신뢰하고 받아들일 수 있도록 평가지표, 평가기관, 평가체계에 대한 지속적인 점검과 개선을 하는 등 인증기준에 대한 연구를 지속적으로 수행함으로써 인증제도가 고착화되지 않도록 노력해야 할 것이다(권오양, 2009).

셋째, 교육기관으로 하여금 프로그램이 인증제도를 수행하는 데 필요한 것들을 제도적으로 지원할 수 있도록 유도할 필요성이 있다. 교수업적평가 제도가 연구업적 위주로만 되어 있는 것을 타파하여 교수의 교육관련 업적도 대등하게 평가받을 수 있도록 개선을 적극적으로 유도해야 한다는 의견이 있다. 평가 주체 확대 측면에서 산업체와 연계한 교육인증제에 대한 평가 주체는 자격 인증기관, 교육 수행기관 그리고 인증의 최종 수혜자인 산업체 모두가 균등하게 포함되어야 할 것이다(이승희, 2011).[6]

넷째, 무엇보다도 공학교육인증원이 비영리 공익단체, 비정부기구로서 교육기관에 대하여 충분한 권위를 확보하고 유지할 수 있도록 지속적으로 노력해야 할 것이다. 공학교육인증원의 권위는 다른 데서 나오는 것이 아니라 일관성 있는 인증정책, 일체의 외부 영향을 배제한 엄정한 인증 판정, 지속적인 인증제도의 개선에서 찾을 수 있다. 한번 정해진 기준이나 정책이라 하더라도 사회적인 요구나 기술 수준의 급격한 발전에 따른 공학교육의 패러다임의 변화에는 항상 능동적으로 대처할 필요가 있기 때문이다(권오양, 2009). 인증활동 및 공학교육인증원 자체의 합리적인 권위와 정당성 확보를 위한 노력은 계속되어야 할 것이다.

---

6) 2020년 공학교육인증제 평가위원 구성의 경우, 전체 217명의 평가위원 중 대학교수 185명(85%), 산업체 전문가 27명(13%), 연구소 등 5명(2%)으로 확인되며, 대학교수가 가장 많은 것으로 나타남 (한국공학교육인증원 홈페이지).

(2) 인증평가 기준 · 과정 · 방법 측면

개선 방안에 대한 인증평가 기준 · 과정 · 방법 측면에서 살펴보면 다음과 같다. 먼저, 정부의 여러 평가 간의 관계 정립과 일관성 확보가 필요하다. 이는 대학의 평가 준비 부담 및 업무 가중과도 연계되기 때문이다. 인증 평가 시 과도한 증빙자료 요구 자제가 필요하고 소모적인 문서화 작업이나 형식을 과감히 탈피하여 실질적인 질 개선이 되는 방향으로의 인증제 실시가 필요하다. 이와 관련하여 공학교육인증 표준 자체평가 보고서 양식을 각 개발하여 각 대학에 제공하면 올바른 자체평가 보고서를 작성할 수 있고 작성 시간을 절약할 수 있을 것이다. 평가비용과 관련해서는 현재는 인증평가 대학에서 주로 부담하는데 향후 인증제의 수요자인 산업체 등으로부터의 기부를 통한 비용 마련도 검토할 수 있으리라 본다.

둘째, 평가위원의 자질 함양과 윤리성 확립을 위한 전문가 교육과정 개발이 필요하다. 이러한 대학평가 전문가 교육과정 개발과 연계하여 평가 전문가 인증서 제도를 도입하고 전문평가인증을 받은 평가자의 관리를 위한 평가위원 Pool 제도를 구축하는 방안도 검토할 수 있다. 특히 평가자에 따른 평가의 오차를 줄이기 위해 양질의 평가위원 확보와 교육 강화가 이루어져야 하며, 평가관련 문제가 제기된 평가위원에 대한 조치 등이 필요하다.

셋째, 인증기준의 측면에서는 광범위한 인증기준에 대한 선택과 집중이 요구된다(신동은 · 최금진, 2011). 인증항목 및 방법 등이 공학교육 프로그램의 수월성과 경쟁력에 관한 항목들을 측정하는 데 적합하게 구성되도록 하고, 인증 항목 및 결과 등이 국제적인 비교가 가능하면서도 호환이 가능하도록 설정될 필요가 있다.

넷째, 각 대학의 자율성을 부여하고 자기평가를 지속적으로 지원 및 점검할 필요가 있다. 곽진숙(2011, 2012)은 교육본위, 교육의 원리에 근거한 평가가 되어야 한다고 주장하면서 교육주체의 자기평가 권장을 제안하고, 또한 각 대학의 현실을 고려한 방안을 모색하며 그 교육 구성원들이 나름대로 고민한 결과로 교육을 실시하고 있다는 점을 이해하고 고려할 필요가 있다고 보았다. 대학교육 평가나 인증도 교육본위적 가치, 교육본질 등을 무시하고 이루어져서는 안 되므로 대학의 자율성과 책무성 간의 균형을 도모하고, 국가 · 사회의 요구와 어떻게 균형을 맞추어서 기본방향을 정하고 실시할 것인가에 대한 고민과 성찰(reflection)이 계속 있어야 할 것으로 사료된다.

다섯째, 실제 학습성과를 평가할 수 있는 보다 적절한 기준을 제시할 필요가 있다. 인증평가가 기반하고 있는 학습성과 중심 평가 방향 및 OECD에서 최근 강조하는 고등교육의 학습성과 평가(Assessment of Higher Education Learning Outcome: AHELO) 방향과 연계하여 학습자의 실제 역량을 평가하는 것에 중점을 둘 필요가 있다. 이는 타 학문분야 인증제에서 필요한 부문을 취사선택할 것을 제안한 최금진·신동은(2012)[7]의 제안을 참고할 수 있을 것이다.

결론적으로, 대학의 자율성을 존중하고 자체평가를 유도하면서 급변하는 환경변화에 대응하며 국제경쟁력을 제고하기 위해서는 평가 주체인 한국공학교육인증원 등 평가기구들이 우리나라에 적합한 평가인증기준의 개발 및 정교화 작업에 노력을 기울일 필요가 있다고 할 것이다.

(3) 평가결과 활용 및 공개 측면

개선 방안에 대한 평가결과 활용 및 공개 측면에서 살펴보면 다음과 같다. 프로그램의 정기적인 평가결과가 모든 교수들에게 피드백되고, 교과 운영의 방향 수립에 반영됨으로써 인증평가 후 실질적인 교육과정 개선이 이뤄지도록 해야 할 것이다. 평가결과 활용에 있어 우선 학생 혜택과 관련해서는 소수 대기업을 중심으로 졸업생에 대한 인센티브가 있어 산업체와의 연계와 관련한 실질적인 실효성은 떨어지는 것으로 보이므로 개선이 필요하다. 한지영 외(2016)는 이수 졸업생에 대한 취업 우대 전략 명시가 필요하다고 보고 인증 엔지니어(졸업생)와 공학교육 프로그램에 혜택을 부여하는 활동으로 다음 세 가지를 제안하였다. 첫째, 인증 졸업생에게 차별적 혜택 부여방안으로 우수한 엔지니어를 구별하고 이들에게 분명한 혜택을 줌으로써 인증제를 정착하도록 한다. 둘째, 인증 프로그램에게 혜택 부여로서 우수한 교육프로그램을 운영하는 교수와 학교에 대한 차별적 혜택을 줌으로써 인증제를 정착한다. 셋째, 정부, 산업체, 언론 등에서의 인증에 대한 이해와 지원 촉구 활동을 한다. 이와 같이 인증결과에 따라 교육의 질 개선에 직접적으로 활용되고, 인증으로 인한 많은 혜택이 제도화되도록 인증받은 대학 및 프로그램의 경우, 정부기관, 재단, 기업체, 사회로부터 직간접 지원을 받도록 하는 방안 마련이 필요해 보인다.

---

7) 최금진·신동은(2012)은 타 학문분야 인증제를 필요한 부문을 다음과 같이 취사선택하여 참고할 것을 제안함.
  • 필수(최소), 권장, 우수 등으로 달성 기준을 제시하고, 우수 기준 추가 설정을 통한 탁월한 프로그램의 질적 발전 유도(의학 계열 참고)
  • 학습성과의 효율적 활용을 위한 내용과 수행 기준 병행 제시(건축 계열 참고)
  • 학습성과 평가 방법으로 교과를 통한 평가(course-embedded evaluation) 방법 활용
  • 학생들의 학습성과 최소달성 기준에 대한 검토, 국가적 차원의 자격체계 정립, 활용 등

다만, 결과의 공개와 관련해서 평가결과에 대한 지나친 집착은 대학의 자원의 흐름을 왜곡할 수 있다. 예를 들면, 사립대학의 경우 자원은 한정되어 있는데, 특정평가를 위하여 그 부분에 자원을 집중시키면, 다른 부분에 대한 투자가 소홀해진다. 이것은 대학의 발전에 장애로 작용할 수 있다. 결과에 대한 집착의 원인은 어떤 형태로든지 평가결과가 공표되기 때문이다. 따라서 대학의 건전한 발전을 위해서 대학평가의 결과는 비공개로 하는 것이 바람직하다. 대학평가의 비공개는 외국의 사례에서도 볼 수 있듯이 언론사에 의한 평가를 제외하고는 모두가 비공개를 원칙으로 하고 있다. 그러나 교육수요자의 알 권리를 충족시키기 위해 제한적으로 어디까지 공개할 것인가는 향후의 연구과제이다(허귀진, 2002).

(4) 관련기관 간 협업 및 역할 재정립 측면

공학교육인증제를 수행하는 한국공학교육인증원을 둘러싼 정부-대학-공학학회-산업체 등이 한국 공학교육 발전을 위해 협업 및 각자 임무를 인식하여 수행하고 시대변화에 따른 역할 재정립이 필요하다. 공학교육인증의 제일 목적이 한국공학교육의 질 제고이므로 이러한 목적을 훼손하지 않기 위해서는 실질적인 공학교육 분야의 질이 개선될 수 있도록 각 대학과 학과, 프로그램의 특성과 다양성을 인정하면서 교수의 교육역량 강화와 학생의 공학 분야 역량과 실력 증대를 위한 다양한 지원책이 요구된다. 따라서 관련기관과의 협업과 역할을 살펴보면 〈표 9-22〉와 같다.

〈표 9-22〉 공학교육인증 관련 각 기관의 역할

구분	기관별 역할
정부	• 평가비용 국가 지원 확대 • 인증기관 독립성, 전문성, 자율성 증대를 위한 지원 • 대학이 평가인증을 소홀히 하지 않도록 평가인증을 받은 대학에 재정적 지원 및 학생 선발에 대한 지원을 확대하는 제도적 장치 마련 • 공학교육인증 프로그램을 이수하는 우수 공대 학생에 대한 국가 장학금 지급제도 마련 • 인증 졸업생에 가산점을 주는 산업체에 혜택 부여 및 시행여부 지속적 모니터링 • 산학교육 지원 강화[8] • 국제적 기준에 부합하는 공학교육과정 혁신을 위해 공학교육인증제와 기술사제도 연계 추진 적극 검토(외국 사례 참고)[9] • 정부재정지원사업(BK, LINC 등)에 공학교육인증프로그램 우선 선정 제도화 및 가산점 부여 • 학생들의 학습성과 최소달성 기준에 대한 검토, 국가적 차원의 자격체제 정립, 활용 등에 대한 연구 및 시행(NCS[10]/NQS[11]와의 연계)

대학	• 공학교육 관련 대학의 자율성과 책무성 간의 균형 도모 • 대학이 인증결과를 적극 반영하고 활용할 수 있도록 지속적인 환류(교과, 프로그램 개선). 다음 교육에 피드백하여 교육을 개선해 나가도록 유도하는 것 • 인증 결과 등에 따라 공학교육 발전에 필요한 지원에 대해 국가에 요구할 때 요구 자료, 데이터, 근거 등으로 활용 • 인증 참여 교수에 대한 교수업적평가에의 실질적 반영 및 인센티브 제공
공학 학회	• 한국공학교육인증원 이사회 멤버로 참여 • 인증 평가자 및 학문분야별 조율위원 추천 • 전문학회 운영위원회 참여 • 학회 연구 및 공학교육 개선 자료로 활용
산업체	• 인증 대학/프로그램 이수 졸업생에 대한 입사 시 혜택, 가산점 등 확대 • 기업들이 산업계가 원하는 인재상과 전공역량을 사전에 명확히 공지 • 정부 정책과 연계하여 스펙 초월 직무역량 중심 인재 선발 확대 • 공학교육 및 인증 관련 대학 및 인증원에 대한 재정적 지원 강화를 먼저 실천한 후 산업수요 맞춤형 인재양성 및 학과 프로그램 개선 사항 등을 대학에 요구

살펴보았듯이, 정부, 대학 및 공학학회, 그리고 관련 산업체는 공학교육인증제의 지속 가능한 성공 운영을 위해 적절한 역할 수행과 관련 지원 확대가 필요하다. 특히 초기에 미국의 제도를 거의 그대로 도입하여 운영하였으나, 앞으로는 우리의 사회와 대학 환경의 요구를 반영하여 지속적으로 발전하도록 산업체와 대학, 정부, 공학교육 관련 기관 간의 공동 노력(박기문 외, 2011)이 절실히 요구된다.

현재 우리나라 공과대학의 수준은 상당하기에 앞으로 한국공학교육인증원은 인증 자

---

8) 스위스 국제경영원(International Institute for Management Development: IMD)이 주요국에 대해 대학교육의 경제사회요구 부합도를 평가한 결과(2014)에 따르면 한국의 순위는 전체 60개국 중 53위이다. 여기에는 그간 우리의 산학협력관계가 별로 긴밀하지 못했던 점, 산학이 각자의 관심분야에만 주목했던 점이 주요 요인으로 작용했을 것이다. 이공계기피현상과 공학교육의 산업 현장과의 괴리 문제 등의 따가운 질책과 연계해서 볼 때, 특히 산학협력이 중요한 공대교육과 관련해서도 이런 결과는 시사점이 크다 할 것이다(한국공학한림원 차세대공학교육위원회, 2015).

9) 공학교육인증 졸업자에 대해 기술사 1차 시험 면제(일본), 기술사 응시자격 부여(미국), 졸업과 동시에 공학기사 자격 부여(호주) 등(민동균 외, 2007).

10) 국가직무능력표준(National Competency Standards: NCS)

11) 국가역량체계(National Qualification Framework: NQS)

체에만 중점을 두기보다는 인증을 통해 교육의 질을 향상시킬 수 있는 방법에 중점을 두어야 할 것이다. 세계화의 관점에서 외국의 선진 공학교육방법을 검토하여 우리나라 실정에 적합하게 방향을 잡아 주는 역할을 한국공학교육인증원에서 수행할 것이 요청된다. 그리고 한국공학교육인증원이 서울어코드를 주도적으로 출범한 것을 시작으로 향후 여러 국가를 대상으로 인증제를 이끌 수 있는 역량을 발휘하여 공학교육 분야의 국제적 네트워킹에서 선도적 역할을 수행함으로써 한국의 공학교육에 대한 위상 제고 및 글로벌 공학교육공동체에서의 리더십 발휘를 기대해 본다.

10 장 # 의학교육 인증 평가

1 평가 배경 및 변천 과정

　의학교육 인증 평가는 평가대상 의과대학에 대해서 그 의과대학의 교육과정이나 교육여건, 그리고 교육관련 제반 활동들이 사회에서 요구하는 수준의 의사를 양성하기에 충분한지 어떤지를 판단해서 그 의과대학의 전반적 교육 프로그램에 대한 사회적 인정 여부를 결정해 주는 제도이다(맹광호, 2004). 이와 같은 의학교육 인증 평가는 의과대학들로 하여금 일정 수준 이상의 교육여건과 교육과정을 유지하도록 함으로써, 의학교육의 질을 향상시키는 제도라고 할 수 있다.

1) 평가배경

　의학과 같은 전문직 분야의 면허는 독점적·배타적 권리를 가지고 있어 교육과정에 대한 질 관리가 필수적이다. 특히 의학교육은 국민의 생명과 건강에 직접적인 영향을 미치므로, 이를 수행하게 되는 공인기관에 대한 평가와 관리가 무엇보다도 필요하다(박은수, 2011: 68). 지금까지 우리 경제가 발전해 오면서 의료수요 또한 증가하였지만, 의학교육에 대한 체계적인 질 관리가 가능한 시스템은 미흡하였고, 이로 인해 의학교육의 질적인 수준에 대한 국민적 신뢰의 문제와 질적 수준 제고에 대한 요구가 함께 제기되었다(한국의학교육평가원, 2009). 의료인과 의료기관에 대한 국민의 신뢰를 제고하기 위해서는 의료분야의 교육과정에 대한 질을 먼저 확보할 필요가 있으며, 교육의 질을 유지, 관리,

발전시킬 수 있도록 체계적인 관리와 평가가 실시되어야 할 것이다. 결국, 교육의 질을 확보하는 방안을 도출하는 것이 관건이 됨에 따라 의학교육의 평가에 대한 필요성이 제기되었다.

의학교육 인증 평가의 도입에는 사회적, 시대적 배경이 크게 작용하였다고 볼 수 있다. 우리나라는 1970년대 이후 산업화와 경제 발전으로 인해 신설의과 대학이 증가하였다. 산업화와 경제 수준의 발전에 따라 급증한 고등교육의 수요는 대학에 규모 경쟁을 유발하였으며 대학의 위상 제고를 위해 의학대학을 갖는 것이 필수적인 것처럼 의과대학 신설 붐이 일어났다(서덕준, 2000: 58). 이러한 의과대학의 급격한 증가는 전임교수 수의 부족으로 인한 높은 외래 강사 의존도, 부속병원의 부재로 인한 실습과 임상교육의 부실을 초래하였으며, 의과대학을 의사국가시험 이론 대비 학원으로 전락시키는 결과로 이어지게 되었다(한국의학교육평가원, 1998).

한편, 이와 같은 의과대학 설립배경에는 고등교육의 수요 증가와 지역경제 활성화라는 시대적 요구 및 정치적인 역학관계가 내재되어 있다고 볼 수 있다. 정치권에서는 정치공약을 내세워 의과대학 신설을 무원칙하게 남발하여 규모 면에서 최소 20명 단위의 의과대학을 인가하였다(서덕준, 2000: 58). 적법한 자격과 재원을 갖추지 못한 대학도 의과대학 설립을 할 수 있게 된 것이다. 특히 문민정부가 규제개혁 차원에서 대학설립 준칙주의를 내세우며 대학설립을 자유화하는 과정에서 선인가, 후시설을 조건으로 의대 설립 인가조치를 시행한 결과 의과대학의 수가 급증하였다(한국의학교육평가원, 2006: 4). 이러한 문제는 의학교육의 질 관리에 대한 관심을 고조시켰으며, 의학교육 평가인증의 도입에 중요한 배경으로 작용하였다. 이와 함께 의학교육에 대한 국제적 표준을 반영하여 의학교육의 질을 제고하고, 의료 인력과 의료 수준을 국제화할 필요가 있음에 따라 우리의 의료 교육 역시 국제적인 수준의 의료 교육을 지향하게 되었다. 왜냐하면 세계화와 국제화의 흐름에 따라 고등교육의 평가 및 인증에 대한 국가 간 연계 및 협력 체제 구축의 필요성이 증대되고 있고, 국내 학위에 대한 국제 인증과 외국학위에 대한 국내 인증을 위해 국제적 기준이자 표준의 대학평가 기준 개발이 요청되고 있기 때문이다(이영미, 2008: 3).

세계의 의학교육계에서는 나라와 지역에 관계없이 모든 의사가 갖추어야 하는 기본적인 자질을 규명하는 국제적 표준의 개발에 박차를 가하고 있으며 세계의학교육연합회(World Federation of Medical Education: WFME)는 의학교육의 적극적인 변화와 개혁을 위해 1997년 Global Standards Programme이라는 국가 간 의학교육 질적 표준화 지침을 만들었다. 이를 통해 의학교육의 질적 수준을 보장하는 국가적, 국제적인 평가와 인정체

계를 확립하고자 한 것이다.[1]

이 밖에 2001년 세계무역기구의 도하이젠다(Doha Development Agenda: DDA)에 따라 보건의료인력 및 의료서비스에 대한 세계화의 요구에 직면하고 있다. 이런 상황에서 국내 의과대학이 국제적인 인정을 받을 수 있도록 국제적 수준의 의과대학 평가체제를 확립하는 것은 당면한 과제였다(이영미, 2008: 91). 이러한 과제들을 해결하고자 우리나라에서 의학교육 평가인증 제도를 마련하게 되었다.

2) 평가 변천 과정

우리나라의 의학교육 평가인증 제도는 대학평가의 변천 과정과 비슷한 흐름을 보인다. 현재까지의 대학평가 발전 과정은 평가주체에 따라 3단계로 분석할 수 있는데, 1단계는 1964~1981년까지 정부주도적인 평가가 이루어진 시기이며, 2단계는 1982~1992년까지 1982년 한국대학교육협의회의 발족한 이후 대학의 자율적 평가가 시작된 시기이다. 그리고 3단계는 1992년 이후 현재에 이르는 기간으로 민간자율 평가기구가 나타나기 시작하여 대학평가가 다양화되는 시기이다. 이러한 대학평가제도의 변화와 전술한 의학교육에 대한 문제의식하에 의학교육계에서는 평가인증에 대한 논의가 지속되었다(이종성 · 이무상, 2000: 4).

(1) 문교부의 의학계대학평가(1981년)

의학계열에 대한 체계적인 평가가 시작된 것은 1981년 문교부의 지원으로 이루어진 의학대학 평가가 최초이다(이종성 · 이무상, 2000: 5). 당시 평가는 의학계열에 속하는 의학과, 의예과, 치의학과, 치의예과, 한의학과, 한의예과, 간호학과 및 보건학과의 8개 대학을 대상으로 하였으며, 의학과 총 19개, 의예과 총 22개 대학을 평가대상으로 하였다(신동훈 외, 1981). 이는 최초의 의학교육에 대한 평가라는 점에서 그 의의를 찾을 수 있으나 꾸준히 진행되지 못하였다는 한계가 있다. 이후 한국의학교육학회와 한국의과대학장협의회 및 의학교육 전문가들에 의해 의과대학 신임문제가 꾸준히 제기되고 검토하는 과정을 거치게 되었다.

---

1) 이를 위해 WFME는 각 국가별 적합한 기준 설정을 위한 논의를 계속하였고, 2001년 우리나라가 속한 서태평양지역 의학교육 질적 보장을 위한 지침서가 발간되어 2002년 한국어판도 출간되었다.

(2) 의과대학 예비평가(1993년)

한국대학교육협의회는 1992년 학과평가 인정제도를 도입한 이후 1993년부터 전국대학의 학문계열별 평가를 시작하였다. 이러한 한국대학교육협의회의 평가활동에 대한 준비와 의학교육 현황에 대한 점검을 위해 한국의과대학장협의회는 1993년 2월부터 1994년 4월까지 의과대학 자체로 예비평가[2]를 실시하였다(최삼섭 외, 1993). 의과대학 예비평가의 목적은 1996년에 있을 한국대학교육협의회의 본 평가에 대비하여 의과대학이 자체적으로 예비평가를 시행함으로써 각 대학이 가지고 있는 정보를 교환하고 한국대학교육협의회의 평가에 대한 준비를 갖출 수 있도록 하는 것이다. 뿐만 아니라 의학과의 자체적인 분석과 평가를 통해 대학 스스로 문제를 진단하고 해결 및 개선 방안을 찾아 실천하도록 하는 데 그 목적이 있다.

의과대학 예비평가는 평가 도구의 평가 인정 기준이 짧은 시일 안에 개발되었기 때문에 평가의 핵심을 측정하지 못한 부분이 많았고, 시행 절차에도 어려움이 많았다는 지적을 받았다. 또한 평가결과가 자체평가 연구보고서 형식이었기 때문에 평가에 대한 관심이나 시각에 따라 실제보다는 상향 평가한 대학도 있고 의도적으로 하향 평가한 대학도 있을 가능성을 전혀 배제할 수 없으며, 대학방문 평가를 통한 실사가 이루어지지 않은 점을 고려할 때 평가 결과가 실제 결과와 차이가 날 수 있다는 문제가 제기되었다(백상호, 1999).

(3) 한국대학교육협의회의 의학계열 학과 평가(1996년)

1996년 한국대학교육협의회가 주관한 의학계열 학과 평가는 의학교육 평가에서 큰 전환점을 이루었다고 평가받는다. 당시의 의학과 평가인증은 학문분야에 대한 교육의 수월성 제고와 경영의 효율성 제고, 학문분야의 책무성 향상, 학문분야 운영의 자율성 신장, 학문 분야 간 협동성 진작, 대학재정지원의 확충 등을 목적으로 실시하였다. 그러나 평가대상을 설립한 지 6년 이상 된 대학만을 대상으로 하고 있어 신설대학의 교육의 질을 보장할 수 없다는 문제가 제기되었으며, 획일화된 평가기준과 항목을 적용하여 각 대학의 특성을 반영하지 못했다는 지적을 받았다. 또한 평가결과 우수 대학만을 발표하여 상대평가의 성격을 띠게 되었고, 학력주의가 팽배한 우리 현실에서 대학의 서열화를 조장한다는 비판도 받았다. 뿐만 아니라, 전문 학문 영역에 대한 평가의 전문성에 관한 문

---

2) 1993년 의과대학 예비평가에 참여한 대학은 국립 7개, 사립 16개, 총 23개교이다.

제점이 지적되는 등 진정한 학문계열 평가인정제의 목적을 달성하지 못하였다는 비판이 계속되었다.

(4) 한국의과대학인정평가위원회의 평가인증(1998~1999년)

한국대학교육협의회의 의학계열 학과평가 이후 평가에 대한 비판이 고조되었고, 의학의 사회적 책무성을 고려하였을 때 외부의 타율적인 평가로는 윤리적이고 책임 있는 평가와 질적 개선이 어려울 것이라는 의학계의 판단하에 해당 전문가 집단의 민간자율 평가기구가 출현하게 되었다. 1996년 한국의학교육협의회는 의과대학 신임평가제도 추진위원회를 구성하고 의과대학 인정평가를 준비했고, 이후 1998년 한국의과대학인정평가위원회가 공식 출범하게 된다. 즉, 의과대학 인정평가는 기존의 정부중심의 서열화된 평가에서 벗어나 의학 전문가 집단이 자발적으로 평가하여 전문성을 높이겠다는 취지에서 시작되었다. 한국의과대학 인정평가는 의과대학의 전문성과 사회적 책무성을 가진 질적 평가의 필요성을 강조하였으며, 이러한 목적하에 한국의과대학 인정평가위원회는 한국대학교육협의회 평가와의 차이를 〈표 10-1〉과 같이 제시하였다.

〈표 10-1〉 한국대학교육협의회 학과 평가와 한국의과대학 인정평가 비교

	한국대학교육협의회 학과 평가	한국의과대학 인정평가
주체	정부기구: 권위적, 업무적	자발적 민간기구, 서비스 차원
성격	일방적, 상대평가	쌍방적, 절대평가
목표	평가에 따라 다름, 재정지원	의학교육 질 향상
결과	서열, 등급	서열화 배제
기준	정부기구, 위원회 도출	의료계, 의학교육계 합의
시기	필요시 일시적	상시 지속적
방법	정량적	정성적
대상	교육여건, 연구성과	교육 프로그램
내용	지표적인 평가(무엇을 가지고 있나?)	교육내용 평가(어떤 자질을 교육할 수 있나?)

※ 이종성 · 이무상(2000: 8) 재구성.

한국의과대학인정평가위원회는 1998년 9월 평가기준 개발 실무위원회를 구성하고 자체회의, 워크숍, 각 의과대학 및 의료계의 의견을 수렴 · 반영하여 인정평가를 위한 평가항목 및 기준을 개발하였다. 1999년 5월 31일 「1999년 의과대학 평가인정 시행계획」을

발표하였고, 6월 의과대학 인정평가 기준이 인준되었다. 이 기준은 1999년 8개 의과대학을 대상으로 한 의과대학 예비평가에 적용되었다. 당시 평가결과 인정여부는 판단하지 않았고 평가영역별 장·단점과 개선방안을 제시하는 자문 역할만 하였다.

(5) 제1주기 의과대학 평가인증(2000~2004년)

전술한 준비과정을 거쳐 한국의학교육인정평가위원회는 제1주기 의과대학 평가인증을 시행한다. 평가인증 기간은 2000년부터 2004년까지지만 실제 1주기는 2000년부터 2006년까지 시행된 것으로 볼 수 있다. 이는 1주기 종합평가와 2주기 평가를 위한 준비과정이 필요했기 때문이다. 한국의학교육인정평가위원회는 2004년 한국의학교육평가원 산하 인정평가사업단으로 발전한다. 2000년부터 5차에 걸쳐 이루어진 평가기간 동안 41개 대학 모두 평가에 참여하였으며, 32개 대학이 완전 인정, 9개 대학이 조건부 인정을 받았다(한국의학교육평가원, 2009).

한국의과대학인정평가위원회의 제1주기 평가의 목적은 의학교육의 표준화이다. 이러한 목적 달성을 위해 한국의과대학인정평가위원회는 WFME가 제시한 국제기준을 가이드라인으로 하되, 대학교육법 의학과 평가기준을 따라 평가인증 기준을 정하였다. 제1주기 의과대학 평가인증은 의학교육의 질적인 향상과 의과대학의 사회적 책무성 수행을 강화하는 데 큰 기여를 했다고 평가받는다(한국의학교육평가원, 2006). 제1주기 평가결과를 국내 모든 의과대학과 공유하는 한편, 우리의 경험을 세계의학교육연합회(WFME)나 아시아지역 의학교육 관련 학술대회 등에서 발표함으로써 좋은 평을 듣기도 했다.

반면, 평가결과는 각 대학에 권고나 조언의 자료로 활용할 수는 있으나 평가대학에 대한 법적 강제성이 전혀 없으며, 각 대학 간 경쟁관계 조성이나 서열화를 우려하여 평가결과를 외부에 공개하지 않았다는 문제점을 가지고 있다.

(6) 제2주기 의과대학 평가인증(2007~2011년)

전술한 바와 같이, 한국의학교육평가원(KIMEE)은 2004년 2월 27일 보건복지부로부터 법인설립허가를 받음으로써, 의학분야 유일의 평가 전문기관의 역할을 공고히 하게 되었다. 제1주기 평가가 의학교육 평가의 기본 구조를 완성하는 시기였다면 제2주기 평가는 의학교육의 선진화를 위한 도약의 시기라 할 수 있다(한국의학교육평가원, 2009).

제2주기 평가의 목적은 의학교육의 선진화이다(서덕준, 2009). 이러한 목적을 달성하기 위해 세계의학교육연맹(WFM7E)의 국제 평가기준 등을 참고로 새로운 인정평가 기준을 개발하였고 세계적인 수준으로 의학교육의 질을 향상시키기 위해 평가기준을 국제적 기준에 부합시키고자 하였다. 그 결과 제2주기 평가는 의료의 질적 향상 및 책무성 강화를 전제로 개발되었고 타당성이 높은 평가기준이었다는 평가를 받는다(김성훈·채수진, 2011; 한국의학교육평가원, 2016a: 10 재인용). 또한 이와 관련하여 각 대학은 사회적 책무성 달성과 국제 표준화를 위한 자체평가와 연구가 필요하게 되었다. 제2주기 평가인증과 관련하여 한국의학교육평가원에서는 의학교육을 위한 제반 교육환경과 기본교육에 관한 교육과정 등이 대부분의 대학에서 기준 이상이었다고 평가한다(임기영 외, 2011: 55).

반면, 평가인증이 1주기부터 매주기 1회성으로 진행되어 온 만큼 주기별로 수행해야 하는 행사라는 비판을 받기도 했으며, 평가 이후 의과대학들이 교육상황 변화에 제대로 대처하지 못한다는 점, 평가에서 드러난 미비점이나 개선조치에 대해 사후 추적과 관리가 되지 않는다는 점이 문제로 제기되었다. 또한 자율원칙에 따라 이루어지고 있는 평가인증의 성격을 이용하여 일부 대학에서는 평가인증을 기피하는 등의 부정적 사례를 야기하기도 했다(박은수, 2011: 68).

(7) post-2주기 의과대학 평가인증(2012~2018년)

의학교육평가원의 제도 위원회에서는 앞선 평가인증에서 드러난 문제점을 보완하고 제도를 개선하기 위해 제2주기 평가인증이 끝난 후부터는 2년마다 자체 보고서를 의무적으로 제출하도록 하는 계획을 세웠다. 평가인증을 상시적, 계속적으로 운영하고 학교의 변화 과정을 더욱 빨리 인지하고 대비하기 위함이다. 따라서 주기의 개념을 없애기 위해 새로운 인증기준을 제3주기가 아닌 post 2주기로 칭한다. post 2주기의 평가인증은 평가인증의 국제화를 목적으로 2012년부터 진행되고 있으며, 2018년 의학교육 인정평가는 post 2주기에 속한다.

post 2주기는 평가인증은 평가인증의 국제화를 목적으로 하여 실시되었다. 우리나라 의과대학도 세계화, 국제화 시대의 경향에 맞추어 경쟁력을 확보하기 위한 노력이 필요하게 되어 post 2주기의 인증기준 설정 과정에서도 다양한 내용의 교육 여건과 프로그램 항목들을 평가하는 국제적 수준의 기준을 마련하려는 노력이 존재하였으며, 한국의학교육평가원 인증기준위원회는 post 2주기의 새로운 인증기준을 만드는 데 있어서 다음과 같은 개정원칙을 활용하였다(임기영 외, 2011: 61).

- 전국 의과대학 기본교육의 질 향상을 위해서 어느 수준 이상의 교육여건과 교육프로그램에 대한 표준화(standardization) 기준을 개발한다.
- 세계화와 국제화에 따른 의학교육의 선진화를 위하여 국내 수준의 표준화를 넘어서

국제기준 trend에 맞추는 기준을 개발한다(global standard).

- 각 의과대학에서 수행하고 있는 교육의 특성화 및 수월성을 추구하면서 다양성을 존중할 수 있는 기준을 개발한다(excellence and diversity).
- 장기적이고 미래 지향적인 기준을 개발한다(future-oriented criteria).
- 교육의 질 평가를 위한 정성적 기준을 강화하는 기준을 개발한다(qualitative criteria).
- 사회가 바라는 의사, 즉 인성교육을 강화할 수 있는 기준을 개발한다(medical humanity and professionalism).
- 교과부 '고등교육 평가인증 인정기관' 지정에 대비하기 위한 대학 기본교육, 대학원 교육 및 평생교육에 관한 기준 등도 고려하여 개발한다(BME, GME, CME).[3]

이를 바탕으로 2012년부터 적용되는 기준은 의사로서 수행할 수 있는 자질 함양을 위한 역량중심 교육과정과 학습 성과를 바탕으로 개정되었다.

(8) 한국의학교육평가원 기본의학 평가인증기준(2019~)

의학교육 인증 평가의 세계화를 위한 오랜 노력의 결과로 한국의학교육평가원은 2016년 9월 세계의학교육연합회(WFME)로부터 10년간 의학대학과 의학교육과정의 평가인증기관으로 인정받았다. WFME가 실시하는 기관 인정은 개별 대학이 아닌 국가별 평가인증 전문 기구를 대상으로 하며, 2014년 미국 LCME(Liaison Committee on Medical Education)에 이어 전 세계에서는 네 번째, 아시아에서는 첫 번째 사례이다. 지난 9월 호주 멜버른에서 열린 WFME 인정위원회는 한국의학교육평가원이 기본의학교육의 질(quality) 보장을 위해 의과대학과 교육프로그램을 평가하는 데 적절하고, 신뢰할 만한 평가인증 정책(policy)과 과정(process), 그리고 평가기준(standards)을 갖추고 있다고 판정하였다. 이번 인정을 통해 우리나라 의사인력과 평가인증의 우수성이 대외적으로 인정받은 한편, 국제적인 질적 수준을 보장할 수 있는 발판이 마련되었다고 볼 수 있다(Medical Observe, 2016. 10. 10.).

한국의학교육평가원은 기본의학 교육의 질적 향상을 목적으로 2019년부터 적용할 새

---

3) 의사양성교육을 뜻함. 의과대학·의학전문대학원 입학 후 의사면허 취득까지의 '기본의학교육(Basic Medical Education: BME)', '의사면허 취득 후 전문의자격 취득까지의 전공의 수련과정에서 진행되는 졸업 후 의학교육(Graduate Medical Education: GME)', '전문의자격 취득 후 각 전문학회를 중심으로 이루어지는 평생의학교육(Continuos Medical Education: CME)'

기준안 Accreditation Standards for KIMEE(ASK2019)을 만들었다. 새 기준안은 세계의학교육연합회(World Federation for Medical Education: WFME)에서 제시한 Basic Medical Education WFME Global Standards for Quality Improvement(The 2015 Revision)를 바탕으로 우리나라의 기본의학교육 상황을 고려하여 2019년부터 전면 시행할 의학교육 평가인증 기준이 마련됐다. 이 기준안에 따르면 기존 6개 평가 영역 및 21개 평가 부문에서 9개 평가 영역 및 36개 평가 부문으로 증가하였다. 구체적인 평가 영역(괄호안의 숫자는 평가부문의 개수)은 '사명과 성과(4)', '교육과정(8)', '학생평가(2)', '학생(4)', '교수(2)', '교육자원(6)', '교육평가(4)', '대학운영체계와 행정(5)', '지속적 개선(1)'이다. 평가기준은 우리나라 기본의학 교육상황을 고려하여 만들어졌다. 따라서 WFME 기준 중 우리나라 의학교육 상황에 맞지 않는 것은 사용하지 않았으며, 일부는 우리 교육 상황에 맞추어 추가하거나 수정하였다. 또한 WFME 의학교육평가인증 기준 중 기본의학교육과정이 아닌 것은 사용하지 않았는데, 이는 평가의 국제적인 기준은 따르되 기본의학교육을 중시함으로써 우리 의학교육의 목적에 충실하기 위한 것으로 해석된다.

2 평가 목적 및 의의

의학교육 평가인증은 의학교육의 사회적 책무성 수행을 확인하고 평가하는 일종의 점검 장치 역할을 한다. 특히 의학교육은 국민의 건강과 의료서비스와 직접적인 관련이 있기 때문에 해당 전문가들의 윤리적, 직업적 전문성이 중요하게 여겨지며, 이에 대한 사회의 기대와 요구에 부응할 책임을 갖고 있다. 즉, 의과대학 평가인증은 의과대학 발전과 개선을 위한 중요한 제도적 장치라고 할 수 있다.

1) 평가목적

의과대학 평가인증은 국내의 모든 의과대학과 의학전문대학원을 대상으로 하며 의학교육프로그램, 의학교육 기본과정, 대학원교육, 졸업후 의학교육 등 의학교육과 관련한 전반에 대한 평가 인증 기능을 수행한다. Gelomon(1996)은 의학교육 평가인증의 목적을 다음과 같이 설명한다(이종성·이무상, 2000: 11 재인용). 첫째, 사회적 책무성의 측면에서 평가를 위한 적절한 기준 설정, 둘째, 기준에 따른 내부 평가와 의학교육의 질적인 수준 개선 및 유지, 셋째, 의과대학이 평가인증 기준에 따라 교육을 하고 있는지의 여부 검승, 넷째, 평가인정 결과에 따라 지속적인 자문과 협력을 유지하는 것이다. 이와 관련하여 한국의학교육평가원은 의과대학 평가인증의 목적을 다음과 같이 밝히고 있다. "의학교육의 질적인 발전과 의학교육의 수월성을 추구하기 위하여 의학교육기관에 대한 인정평가활동을 수행하고 해당교육기관의 발전을 위한 자문을 하며, 평가결과를 대외적으로 공포함으로써 의학교육의 질적인 향상을 추구하고 사회적 책무성을 담당하고자 한다(한국의학교육평가원 홈페이지, http://www.kimee.or.kr)." 평가인증의 이러한 목적은 각 의과대학들은 보완·개선해야 할 점을 파악하고 평가인증기관의 권고, 조언에 따라 발전 노력을 함으로써 의학교육의 질적 발전을 도모하겠다는 의미이다. 또한 평가결과의 공개를 통해 의과대학을 선택하는 학생, 학부모 등 교육수요자의 선택권을 보장하고 의료 수혜자인 국민에게 의학교육의 질과 의과대학의 교육능력에 대한 정보를 제공함으로써 의학교육의 사회적 책무성을 높이겠다는 것으로 해석할 수 있다.

의학교육평가원은 의과대학 평가인증의 목적을 달성하기 위해 다음과 같은 구체적인 목표를 수립하였다. 첫째, 의과대학의 교육여건과 교육과정의 질적 수준에 대한 표준을 설정함으로써 국가적인 의학교육의 표준화를 이룩한다. 둘째, 의과교육의 질적인 향상을 위한 평가기준과 준거들을 개발함으로써 의과대학 교육의 수월성을 이룩한다. 셋째, 의과대학 스스로 자체평가를 통해 대학의 장점과 가치를 발견하고 단점을 개선하도록 한다. 넷째, 의과대학의 교육여건과 교육과정 개선을 위한 조언과 협력을 제공함으로써 의학교육기관의 다양화, 특성화, 효율화를 이룩한다. 다섯째, 의사를 양성하는 의학교육과정이 사회가 원하는 의료인을 양성하고 있다는 것을 확인시켜 준다(한국의학교육평가원 홈페이지, http://www.kimee.or.kr).

2) 평가의의

의과대학 평가인증은 그 목적이 의학교육의 질적 발전과 수월성 추구에 있듯이 의사 양성 및 의학 발전을 위한 의과대학 교육이 평가기준에 부합되는 것인가를 양적 및 질적으로 확인하고 증명하는 절차이며 사회적 책무성을 이행하는 과정이기도 하다. 이러한 의과대학 평가인증제가 지니는 의의를 대학, 국민, 국가 및 사회로 나누어 살펴보면 다음과 같다.

우선, 각 의과대학의 경우 평가를 통해 해당 교육기관의 교육 여건을 스스로 점검해 봄으로써 자체적으로 교육을 개선하고자 하는 노력을 도모할 수 있다. 예를 들어, 전임교수 확보율 및 연구활동을 평가에 반영하여 각 대학이 보다 많은 수의 교수를 채용하게 하고 교육을 담당하게 함으로써 교수 학습 조건을 개선하게 한다. 또한 교육과정 점검을 통해 교육과정을 개발, 평가 및 개선하게 하여 보다 더 질 높은 교육을 제공하는 데 노력하게 한다. 특히 임상실습에 관한 평가를 포함시켜 의학교육에서의 실습교육이 필수적으로 확보되게 하였으며 의사로서 이론적 기초지식뿐만 아니라 실제적인 역량을 갖추도록 교육하게 한다. 이와 더불어 학생의 복지와 안전 및 졸업 후 진로에 관한 내용을 평가에 포함시켜 교육을 받는 학생들에 대한 지원도 이루어지게 한다. 이 외에도 의과대학의 시설·설비와 같은 항목을 점검하게 함으로써 교육을 위한 물리적 환경을 개선하게 한다. 이에 따라, 우리나라에서 의학교육 평가인증이 시행된 약 20여 년의 기간 동안 의학교육을 위한 여건, 환경의 개선은 물론이고 교육과정의 질적 수준 향상을 이룰 수 있었다.

국민의 입장에서 의과대학 평가인증은 의료서비스에 대한 신뢰도를 높이고 국민의 요구를 반영할 수 있는 계기가 되었다고 볼 수 있다. 평가결과는 의과대학 교육과정의 질적 수준과 교육여건이 국가적 표준을 달성하도록 조언하고 권고하는 자료로 활용되고 있다(이병두, 2007: 100). 즉, 각 의과대학은 평가결과를 통해 교육의 질적 수준을 향상시킴으로써 의료서비스에 대한 국민의 요구와 신뢰를 높이고 있다. 또한 의과대학 또는 의학전문대학원을 지원하고자 하는 학생과 학부모의 경우, 의학교육 평가인증은 의과대학의 교육능력과 교육의 질에 대한 정보를 제공하며 교육수요자의 선택권을 보장한다는 의의를 가진다.

국가 및 사회의 경우에는 평가인증을 통해 의료 인력의 전문성과 질적 수준을 보장할 수 있게 되었다. 평가를 통해 의학교육의 질적 수준을 일정 수준 이상으로 유지할 수 있으며, 인증기관을 통해 배출되는 의료 인력의 전문성과 사회적 공신력을 확보할 수 있었다. 또한 평가인증 기준을 국제적 기준에 부합시켜 인증의 국제화를 이루고자 한 노력으로 우리나라 의사인력의 수준과 평가인증의 우수성을 대외적으로 인정받았으며 향후 의사인력의 해외진출과 국제적 이동에 대비한 기반을 마련하였다.

③ 평가 영역 및 준거

의과대학 인증 평가는 의과대학과 의학 교육과정에 대한 해당 기관의 교육 역량과 능력을 평가하고, 교육적 질을 증명함으로써 의학교육의 질적인 향상과 의학교육의 수월성 추구를 목적으로 삼았으며, 이러한 목적을 달성하기 위해 구체적으로 평가항목을 투입-과정-산출의 환류모형으로 설정하였다(서덕준, 2000). 2012년부터 활용되고 있는

post 2주기 의학교육인정평가의 평가영역 및 평가준거는 지속적인 변천과정을 거쳐 변화해 온 것으로, 양적인 평가지표를 활용하지 않으며, 질적인 평가준거를 통해 정성적 평가를 실시한다는 점에서 기타의 대학평가와 차별성을 가진다. 2019년 이후에는 세계의학교육연합회(WFME)의 인정을 받은 9개 영역의 새로운 평가준거가 사용되고 있다. 여기서는 post 2주기의 평가 영역 및 준거에 대해 보다 심층적으로 살펴보고자 한다.

1) 평가 영역 및 항목

ASK2019 의학교육 평가인증 기준(2020. 2. 7. 일부수정)의 평가영역은 사명과 성과, 교육과정, 학생평가, 학생, 교수, 교육자원, 교육평가, 대학운영체계와 행정, 지속적 개선의 9가지이며, 구체적인 내용은 〈표 10-2〉와 같다.

〈표 10-2〉 ASK2019 의학교육 평가인증 영역 및 평가항목

평가영역	평가부문	평가인증기준 수		
		기본기준	우수기준	합계
1. 사명과 성과	1.1. 사명	3	1	4
	1.2. 대학의 자율성과 학문의 자유	1	–	1
	1.3. 교육성과	3	1	4
	1.4. 사명과 교육성과 수립	1	1	2
	소계	8	3	11
2. 교육과정	2.1. 교육과정	3	1	4
	2.2. 과학적 방법	3	–	3
	2.3. 기초의학	2	1	3
	2.4. 의료인문학	1	1	2
	2.5. 임상의학과 술기	4	3	7
	2.6. 교육과정의 구조, 구성, 기간	2		4
	2.7. 교육과정 관리	2	–	2
	2.8. 의료행위와 보건의료분야의 연계	1	1	2
	소계	18	9	27
3. 학생평가	3.1. 평가방법	4	1	5
	3.2. 평가와 학습의 관계	4	2	6
	소계	8	3	11

4. 학생	4.1. 입학정책과 선발	1	3	4
	4.2. 입학정원	1	–	1
	4.3. 학생상담과 지원	6	3	9
	4.4. 학생대표	2	–	2
	소계	10	6	16
5. 교수	5.1. 채용과 선발정책	6	1	7
	5.2. 교수활동과 개발 정책	6	1	7
	소계	12	2	14
6. 교육자원	6.1. 시설	8	1	9
	6.2. 임상실습자원	3	1	4
	6.3. 정보기술	1	2	3
	6.4. 의학연구와 의과학자 양성	3	1	4
	6.5. 교육 전문성	2	3	5
	6.6. 교육적 교류	1	1	2
	소계	18	9	27
7. 교육평가	7.1. 교육 모니터링과 평가에 대한 체제	3	1	4
	7.2. 교육자와 학생의 피드백	1	1	2
	7.3. 학생과 졸업생의 수행능력	1	1	2
	7.4. 이해관계자의 참여	1	–	1
	소계	6	3	9
8. 대학운영체계와 행정	8.1. 대학운영체계	4	2	6
	8.2. 학장과 보직자	1	1	2
	8.3. 교육예산과 자원 할당	2	–	2
	8.4. 행정직원과 관리	1	1	2
	8.5. 보건의료분야와의 상호작용	1	1	2
	소계	9	5	14
9. 지속적 개선	9.0. 지속적 개선	3	11	14
	소계	3	11	14
합계		92	51	143

출처: 한국의학교육평가원(2020).

평가영역별 관련 항목을 살펴보면 다음과 같다. '사명과 성과' 영역은 사명, 대학의 자율성과 학문의 자유, 교육성과, 사명과 교육성과 수립의 네 가지 항목으로 구성되어 있다. '교육과정' 영역은 교육과정, 과학적 방법, 기초의학, 의료인문학, 임상의학과 술기, 교육과정의 구조, 구성, 기간, 교육과정 관리, 의료행위와 보건의료분야의 연계가 포함되어 있으며, '학생평가' 영역에는 평가방법, 평가와 학습의 관계에 대한 항목이 포함되어 있다. '학생' 영역에는 입학정책과 선발, 입학정원, 학생상담과 지원, 학생대표가 포함되어 있고, '교수' 영역에는 채용과 선발정책, 교수활동과 개발 정책이 평가항목으로 포함되어 있으며, '교육자원' 영역에는 시설, 임상실습자원, 정보기술, 의학연구와 의과학자 양성, 교육 전문성, 교육적 교류의 평가항목이, '교육평가' 영역에는 교육 모니터링과 평가에 대한 체제, 교육자와 학생의 피드백, 학생과 졸업생의 수행능력, 이해관계자의 참여 항목이 포함되어 있다. '대학운영체계와 행정' 영역에는 대학운영체계, 학장과 보직자, 교육예산과 자원 할당, 행정직원과 관리, 보건의료분야와의 상호작용 항목이, '지속적 개선' 영역에는 지속적 개선 항목이 포함되어 있다.

ASK2019 의학교육 평가인증에서 주목할 만한 것은 post 2주기 평가에 비해 평가문항 수가 상당히 증가했고, 평가영역과 평가부문에서 많은 변화가 있다는 점이다. ASK2019 의학교육 평가인증 평가영역은 post 2주기 평가에 비해 3개가 증가한 9개이다. 평가인증 기준을 기본기준과 우수기준으로 구분하고 있다는 점은 post 2주기 평가와 동일하지만, ASK2019 의학교육 평가인증에서는 평가인증기준 수가 총 143개로 post 2주기 평가보다 43개가 증가하였다. 이는 앞서 언급하였듯이 세계의학교육연합회(WFME)의 인정기준에 부합하고자 선진국 수준에 맞추되, 우리나라의 문화 및 의학교육 환경이 적절하게 반영되도록 하였다.

post 2주기 평가 이전까지는 평가기준이 필수, 권장, 우수 기준으로 구분하였으나, post 2주기 평가 이후부터는 기본과 우수로 간소화되었다. 기본기준(basic standard)은 모든 의과대학이 교육의 수월성을 확보하기 위하여 반드시 갖추어야 하는 기본항목으로 2주기의 필수기준과 권장기준이 합쳐진 것이다. 우수기준은 의학교육의 질 향상과 국제적 수준의 평가를 위해 도입된 것으로 일부항목에만 두었다. 우수기준은 평가결과 판정에는 영향이 없지만 충족률을 평가하여 대학별로 발전을 위한 지속적인 노력을 촉구하기 위한 항목이다.

2) 평가준거[4]

(1) 사명과 성과

'사명과 성과' 평가영역에는 4개의 평가부문이 있다. 먼저, '1.1. 사명'에 관한 평가부문을 살펴보면 다음과 같다. 사명은 대학교의 설립이념을 바탕으로 의과대학이 추구하는 교육이념이 기술된 것을 의미한다. 평가 대상 의과대학의 사명에서 기본 수준의 진료역량, 다양한 의학 분야 활동에 필요한 기본적인 조건, 졸업 후 교육과 평생학습하는 의사양성을 위한 내용과 의학연구 및 국제보건의료 관련 내용 등을 평가한다. 둘째, '1.2. 대학의 자율성과 학문의 자유'에서는 의과대학이 외부로부터의 자율성이 보장되고 있는지 확인하고, 사명에 근거한 졸업성과의 개발 절차가 적절한지, 졸업성과와 졸업 후 교육성과와의 연계를 규정하고 있는지에 대해 평가한다. 셋째, '1.3. 교육성과'에서는 사명에 근거한 졸업성과의 개발 절차가 적절한지, 학생이 동료 학생, 교수진, 기타 보건의료인력, 환자와 보호자를 존중하고 적절하게 행동할 수 있도록 명시되어 있는지 등을 평가한다. 넷째, '1.4. 사명과 교육성과 수립'에서는 사명과 졸업성과 수립에 주요 이해관계자가 참여하고 있는지, 사명과 졸업성과 수립에 기타 이해관계자가 참여하고 있는지를 평가한다.

〈표 10-3〉 사명과 성과 영역 평가준거

평가부문		평가준거
1.1. 사명	기본기준	K.1.1.1. 의과대학은 대학의 사명을 정하고, 이를 구성원들과 보건의료분야의 관계자들이 인지하도록 노력하고 있다. K.1.1.2. 의과대학의 사명에는 기본 수준의 진료역량, 다양한 의학 분야 활동에 필요한 기본적인 조건, 그리고 졸업 후 교육과 평생학습하는 의사양성을 위한 내용 등이 명시되어 있다. K.1.1.3. 의과대학은 사명에 대학의 사회적 책무를 명시하고 있다.
	우수기준	H.1.1.1. 의과대학은 사명에 의학연구와 국제보건의료와 관련된 내용을 포함하고 있다.
1.2. 대학의 자율성과 학문의 자유	기본기준	K.1.2.1. 의과대학은 자율성이 보장되고, 교수와 교직원이 교육과정의 설계와 실행, 그에 필요한 자원 활용 등에 있어 자율성을 보장하고 있다.

4) 한국의학교육평가원(2020).

1.3. 교육성과	기본기준	K.1.3.1. 의과대학은 사명에 근거하여 졸업성과를 규정하고 있다.
		K.1.3.2. 의과대학은 학생이 동료 학생, 교수진, 보건의료인력, 환자와 보호자를 존중하고 이에 따라 적절하게 행동할 수 있도록 명시하고 있다.
		K.1.3.3. 의과대학은 의도한 교육성과를 공개하고 있다.
	우수기준	H.1.3.1. 의과대학은 졸업성과와 졸업 후 교육성과 간의 연계, 의학연구에 있어 학생 참여, 국제보건의료와 관련된 성과를 규정하고 있다.
1.4. 사명과 교육성과 수립	기본기준	K.1.4.1. 의과대학은 주요 이해관계자를 대학의 사명과 졸업성과의 수립에 참여하도록 하고 있다.
	우수기준	H.1.4.1. 의과대학은 기타 이해관계자를 대학의 사명과 졸업성과의 수립에 참여하도록 하고 있다.

출처: 한국의학교육평가원(2020).

(2) 교육과정

'교육과정' 평가영역에는 8개의 평가부문이 있다. 먼저, '2.1. 교육과정'에 관한 평가부문을 살펴보면, 의과대학이 자체적으로 개발한 교육과정의 원리와 원칙을 확인하고, 능동적인 학습참여가 가능한 교육과정을 가지고 있는지, 학생이 평생학습을 준비하는 교육과정을 운영하고 있는지를 평가한다. 둘째, '2.2. 과학적 방법'에서는 교육과정에 분석과 비판적 사고를 포함한 과학적 방법의 원칙이 제시되어 있는지, 의학연구방법을 가르치고 있는지, 근거중심의 사고와 의사결정역량을 학습하고 있는지를 평가한다. 셋째, '2.3. 기초의학'에서는 과학적 지식, 개념과 원리를 학습할 수 있는 기초의학 교육과정을 적절히 운영하고 있는지, 현재와 미래의 의료환경변화에 맞추어 기초의학 교육과정을 수정보완하고 있는지 등을 평가한다. 넷째, '2.4. 의료인문학'에서는 의료인문학, 행동과학, 사회과학, 의료윤리, 의료법규 등의 교육과정을 적절하게 운영하고 있는지, 현재와 미래의 의료환경변화에 맞추어 행동과학, 사회과학, 의료윤리, 의료법규의 내용을 수정보완하고 있는지를 평가한다. 다섯째, '2.5. 임상의학과 술기'에서는 졸업 후 일차진료가 가능한 임상의학 및 임상실습 교육과정을 가지고 있는지, 임상실습 기간이 적절한지, 환자안전을 강조한 교육을 하고 있는지, 의료환경변화에 따라 임상의학 교육과정을 수정보완한 실적이 있는지 등을 평가한다. 여섯째, '2.6. 교육과정의 구조, 구성, 기간'에서는 기초의학, 의료인문학, 임상의학 간의 적절한 조화를 이루고 있는지, 수평ㆍ수직 통합된 교육과정을 전체 교육과정에서 운영하고 있는지 등을 평가한다. 일곱째, '2.7. 교육과정

관리'에서는 교육 관련 위원회를 운영하고 있는지, 교육 관련 위원회에 교직원과 학생대표가 참여하고 있는지 등을 평가한다. 여덟째, '2.8. 의료행위와 보건의료분야의 연계'에서는 졸업 후 교육 단계에 연계되는 교육과정을 운영하고 있는지, 지역사회의 의견을 고려하여 교육과정을 수정보완하고 있는지 등을 평가한다.

〈표 10-4〉 교육과정 영역 평가준거

평가부문		평가준거
2.1. 교육과정	기본기준	K.2.1.1. 의과대학은 교육과정의 원리와 원칙에 근거한 전체 교육과정 체계를 가지고 있다.
		K.2.1.2. 의과대학은 학생들이 능동적으로 학습에 참여할 수 있도록 교육과정과 다양한 교수학습방법을 운영하고 있다.
		K.2.1.3. 의과대학은 평등원칙에 따라 교육과정을 수행하고 있다.
	우수기준	H.2.1.1. 의과대학은 학생들이 평생학습을 준비할 수 있도록 교육과정을 운영하고 있다.
2.2. 과학적 방법	기본기준	K.2.2.1. 의과대학은 학생들이 분석과 비판적 사고를 포함하는 과학적 방법의 원칙을 학습할 수 있도록 하고 있다.
		K.2.2.2. 의과대학은 학생들이 의학연구방법을 학습할 수 있도록 하고 있다.
		K.2.2.3. 의과대학은 학생들이 근거중심의학을 학습할 수 있도록 하고 있다.
2.3. 기초의학	기본기준	K.2.3.1. 의과대학은 인체의 구조와 기능 이해에 필요한 과학적 지식, 개념과 원리를 학습할 수 있도록 기초의학 교육과정을 운영하고 있다.
		K.2.3.2. 의과대학은 기초의학에서 학습한 지식, 개념 및 원리가 임상의학의 학습에 연계될 수 있도록 기초의학 교육과정을 운영하고 있다.
	우수기준	H.2.3.1. 의과대학은 현재와 미래의 의료환경변화에 맞추어 기초의학 교육과정을 수정보완하고 있다.
2.4. 의료인문학	기본기준	K.2.4.1. 의과대학은 의료인문학 교육과정을 적절하게 운영하고 있다.
	우수기준	H.2.4.1. 의과대학은 현재와 미래의 의료환경변화에 맞추어 의료인문학의 내용을 수정보완하고 있다.

2.5. 임상의학과 술기	기본기준	K.2.5.1. 의과대학은 졸업 후 진료가 가능하도록 임상의학과 임상실습 교육과정을 운영하고 있다. K.2.5.2. 의과대학은 교육과정에 임상실습 전 준비교육을 운영하고 있다. K.2.5.3. 의과대학은 적절한 임상실습 교육기간을 운영하고 있다. K.2.5.4. 의과대학은 환자안전을 강조한 임상실습 교육과정을 운영하고 있다.
	우수기준	H.2.5.1. 의과대학은 현재와 미래의 의료환경변화를 고려하여 임상의학 교육과정을 수정보완하고 있다. H.2.5.2. 의과대학은 모든 학생이 환자돌봄참여를 포함하여 조기에 임상상황을 접할 수 있도록 하고, 학습프로그램 단계에 따라 다양한 임상술기를 교육하고 있다. H.2.5.3. 의과대학은 임상실습교육에 참여하는 전임교원 외 의사에게 학생의 지도와 피드백에 관련한 교육과 훈련을 실시하고 있다.
2.6. 교육과정의 구조, 구성, 기간	기본기준	K.2.6.1. 의과대학은 기초의학, 의료인문학, 임상의학 간에 적절한 조화를 이룬 교육과정이 있다. K.2.6.2. 의과대학은 관련 학문, 학과, 과정이 수평 통합된 교육과정을 운영하고 있다.
	우수기준	H.2.6.1. 의과대학은 임상의학과 기초의학, 의료인문학이 수직 통합된 교육과정을 운영하고 있다. H.2.6.2. 의과대학은 교육과정에 선택과목을 운영하고 필수과목과 선택과목 간의 균형을 적절하게 유지하고 있다.
2.7. 교육과정 관리	기본기준	K.2.7.1. 의과대학은 교육과정위원회를 운영하고 있고, 교육과정위원회는 의도한 교육성과를 달성하기 위해 교육과정을 계획하고 실행하기 위한 책임과 권한을 가지고 있다. K.2.7.2. 의과대학은 교육과정위원회에 교직원과 학생대표를 참여시키고 있다.
2.8. 의료행위와 보건 의료분야의 연계	기본기준	K.2.8.1. 의과대학은 졸업 후 교육을 감안한 교육과정을 갖추고 있다.
	우수기준	H.2.8.1. 교육과정위원회는 졸업 후 예측되는 의료환경의 변화와 지역사회의 의견을 고려하여 교육프로그램을 수정보완하고 있다.

출처: 한국의학교육평가원(2020).

(3) 학생평가

'학생평가' 평가영역에는 두 개의 평가부문이 있다. 먼저, '3.1. 평가방법'에 관한 평가부문을 살펴보면, 학생평가의 원칙, 방법과 관련된 규정을 교직원과 학생이 인지하고 있는지, 새로운 평가방법의 도입배경과 이에 적합하게 개선한 새로운 방법인지, 학생이 평가결과에 이의를 제기할 수 있는 규정과 절차가 있는지, 실제 적절하게 활용하고 있는지 등을 평가한다. 둘째, '3.2. 평가와 학습의 관계'에서는 의도한 교육성과와 교육방법에 적합하게 학생평가를 하고 있는지, 학생의 학습을 증진시킬 수 있도록 학생평가를 하고 있는지, 기본지식습득과 통합학습 모두를 장려하기 위해 교육과정 요소로서 시험횟수와 유형을 사전에 계획하고, 계획에 따라 운영하고 있는지를 평가한다.

〈표 10-5〉 학생 영역 평가준거

평가부문		평가준거
3.1. 평가방법	기본기준	K.3.1.1. 의과대학은 학생평가의 원칙, 방법을 규정하고 있다. K.3.1.2. 의과대학은 학생평가에 지식, 술기, 태도 영역을 포함하고 있다. K.3.1.3. 의과대학은 다양한 평가방법과 형식을 사용하여 학생평가를 하고 있다. K.3.1.4. 의과대학은 학생평가 결과에 이의를 제기할 수 있는 제도를 운영하고 있다.
	우수기준	H.3.1.1. 의과대학은 학생평가방법의 신뢰성과 타당성을 평가하고 새로운 평가방법을 적절하게 활용하며, 외부평가자를 활용하고 있다.
3.2. 평가와 학습의 관계	기본기준	K.3.2.1. 의과대학은 의도한 교육성과와 교육방법에 적합하게 학생평가를 하고 있다. K.3.2.2. 의과대학은 의도한 교육성과에 도달할 수 있도록 학생평가를 하고 있다. K.3.2.3. 의과대학은 학생의 학습을 증진시킬 수 있도록 학생평가를 하고 있다. K.3.2.4. 의과대학은 형성평가와 총괄평가를 균형 있게 실시하고 있다.
	우수기준	H.3.2.1. 의과대학은 기본지식습득과 통합학습 모두를 장려하기 위해 시험횟수와 유형을 조정하고 있다. H.3.2.2. 의과대학은 평가결과를 근거로 학생에게 적절한 피드백을 하고 있다.

출처: 한국의학교육평가원(2020).

(4) 학생

'학생' 평가영역에는 네 개의 평가부문이 있다. 먼저, '4.1. 입학정책과 선발'에 관한 평가부문을 살펴보면, 학생선발 과정에서 객관성 원칙에 기초한 입학정책이 있는지, 지역사회와 사회의 건강 요구에 따라 관련 사회적, 전문적 자료를 바탕으로 한 입학 정책이 있고, 이를 정기적으로 검토하고 있는지 등을 평가한다. 둘째, '4.2. 입학정원'에서는 특별전형에 의한 선발기준이 있는지를 평가하며, 특별전형은 지역사회와 사회의 건강 요구, 잠재적 요구, 불우학생, 성별, 인종, 다른 사회적인 요구에 따른 입학생에 대한 고려를 포함한다. 셋째, '4.3. 학생상담과 지원'에서는 자율적으로 학업상담을 받을 수 있는 상담시스템이 있는지, 학생의 진로지도를 위한 프로그램과 실적이 있는지, 학생의 학업 진척도 모니터링을 바탕으로 한 학업상담이 이루어지고 있는지 등을 평가한다. 넷째, '4.4. 학생대표'에서는 사명, 교육과정설계, 관리, 평가와 기타 학생 관련 문제들에 대한 학생대표의 적절한 참여를 보장하는 정책을 수립하고 시행하고 있는지, 학생활동에 대한 지도와 지원이 있는지 등을 평가한다.

〈표 10-6〉 학생 영역 평가준거

평가부문		평가준거
4.1. 입학정책과 선발	기본기준	K.4.1.1. 의과대학은 객관적인 원칙에 근거한 입학정책을 수립하고 시행하고 있다.
	우수기준	H.4.1.1. 의과대학은 대학의 사명, 교육과정과 졸업생이 갖추어야 할 자질 등의 연계를 고려하여 학생선발을 하고 있다.
		H.4.1.2. 의과대학은 입학정책을 정기적으로 검토하고, 질적 향상을 위한 개선노력을 하고 있다.
		H.4.1.3. 의과대학은 장애학생 입학에 대한 정책을 시행하고 있다.
4.2. 입학정원	기본기준	K.4.2.1. 의과대학은 특별전형 모집요강에 입학정원과 선발기준을 명시하고 있다.
4.3. 학생상담과 지원	기본기준	K.4.3.1. 의과대학은 학생들의 학업상담제도를 갖추고 있으며 이를 활용하고 있다.
		K.4.3.2. 의과대학은 학생들의 진로지도를 위한 프로그램을 제공하고 있다.
		K.4.3.3. 의과대학은 학생의 사회적, 재정적, 개인적 요구를 다루는 학생지원 프로그램을 제공하고 있다.
		K.4.3.4. 의과대학은 학생지원을 위한 인적, 물적 자원을 할당하고 있다.

		K.4.3.5. 의과대학은 학생들의 주거현황을 파악하고 있으며, 기숙사를 적절하게 운영하고 있다.
		K.4.3.6. 의과대학은 학생상담과 지원에 관련한 비밀을 보장하고 있다.
	우수기준	H.4.3.1. 의과대학은 학생의 학업진척도를 모니터링하고 진로지도 및 계획을 포함한 학업상담을 시행하고 있다.
		H.4.3.2. 의과대학은 입학, 의학과 진입, 임상실습 진입 시기에 건강검진을 실시하고, 임상실습 전 성인예방접종을 시행하고 있다.
		H.4.3.3. 학생이 정신과 또는 심리치료를 받을 수 있는 외부 의료기관과의 연계체계를 갖추고 있고, 의과대학 내에는 전임상담원이 활동하는 상담실이 있다.
4.4. 학생대표	기본기준	K.4.4.1. 의과대학은 사명, 교육과정설계, 관리, 평가와 그 외 학생과 관련된 문제에 대한 학생대표의 적절한 참여를 보장하고 있다.
		K.4.4.2. 의과대학은 학생활동과 학생의 자치활동을 장려하고 있다.

출처: 한국의학교육평가원(2020).

(5) 교수

'교수' 평가영역에는 두 개의 평가부문이 있다. 먼저, '5.1. 채용과 선발정책'에 관한 평가부문을 살펴보면, 기초의학 전임교수가 분야별로 적절하게 확보되어 있는지, 전담교수는 의료인문학 분야 교육과정의 설계, 실행, 및 평가에 적극적으로 참여하고 있는지, 교육, 연구, 봉사의 균형을 이루는 교수채용정책을 수립하여 시행하고 있는지 등을 평가한다. 둘째, '5.2. 교수활동과 개발 정책'에서는 업적평가나 승진규정을 통해 교육, 연구, 봉사활동 간의 균형을 이루는 활동을 교수에게 권장하는지, 교수업적평가제도를 시행하고, 이를 승진 등에 반영하고 있는지, 교수업적평가기준에 사회봉사활동 관련 기준이 마련되어 있는지, 직급별로 세분화된 교수업적평가제도가 있고, 이에 따른 교수승진정책을 시행하고 있는지 등을 평가한다.

〈표 10-7〉 교수 영역 평가준거

평가부문		평가준거
5.1. 채용과 선발정책	기본기준	K.5.1.1. 의과대학은 세계의학교육연합회가 권고하는 기초의학 분야별로 적절한 수의 교수를 확보하고 있다. K.5.1.2. 의과대학은 의학교육 담당기구가 있고 의학교육을 담당하는 전임교수가 있다. K.5.1.3. 의과대학은 의료인문학 분야에 전임 교수 또는 전담 교수를 적절하게 확보하고 있다. K.5.1.4. 의과대학은 각 임상의학 전공과목별로 적절한 수의 전임교수를 확보하고 있다. K.5.1.5. 의과대학은 교수를 채용할 때 연구, 교육, 임상분야 업적에 대한 기준이 있고, 이를 시행하고 있다. K.5.1.6. 의과대학은 기초의학, 의학교육학, 의료인문학, 임상의학 교수의 책무를 구체화하는 채용 정책을 수립하여 시행하고 있다.
	우수기준	H.5.1.1. 의과대학은 교육, 연구, 봉사기능 간의 균형을 이루어 교수를 채용하는 정책을 수립하여 시행하고 있다.
5.2. 교수활동과 개발 정책	기본기준	K.5.2.1. 의과대학은 교수가 교육, 연구, 봉사활동 간의 균형을 이룰 수 있도록 정책을 수립하여 시행하고 있다. K.5.2.2. 의과대학은 교수업적평가제도를 수립하여 시행하고 있다. K.5.2.3. 의과대학은 신임교수를 위한 의학교육연수과정에 신임교수가 의무적으로 참여하도록 하고 있다. K.5.2.4. 의과대학은 교수업적평가기준에 학생교육이나 학술활동 이외의 학회활동이나 공공 목적의 사회봉사활동에 대한 평가기준을 가지고 있다. K.5.2.5. 의과대학은 교수 모두가 전체 교육과정을 숙지할 수 있는 정책이 있고 이와 관련된 교수활동을 지원하고 있다. K.5.2.6. 의과대학은 교육을 위한 연수와 교수개발에 교수가 참여할 수 있도록 지원하는 정책을 수립하여 시행하고 있다.
	우수기준	H.5.2.1. 의과대학은 교수승진정책을 수립하여 시행하고 있다.

출처: 한국의학교육평가원(2020).

(6) 교육자원

'교육자원' 평가영역에는 여섯 개의 평가부문이 있다. 먼저, '6.1. 시설'에 관한 평가부문을 살펴보면, 교육과정을 고려할 때, 강의실의 시설과 기자재가 적절한지, 시설·설비의 관리·유지·운영을 위한 전담인력과 운영 규정이 있는지, 전임교수 이상의 개인교수실 확보율이 적절한지, 적절한 수준의 연구기자재가 있고, 관리상태가 양호한지 등을 평가한다. 둘째, '6.2. 임상실습자원'에서는 학생이 필수환자군을 경험하기에 충분한 환자를 확보하고 있는지, 병원을 이용하는 사람들에게 불편을 주지 않으면서, 임상실습 시설을 개선한 실적이 있는지 등을 평가한다. 셋째, '6.3. 정보기술'에서는 교육과정에서 적절한 정보통신기술이 효과적으로 사용되는지, 자율학습을 위해 정보통신기술을 사용할 수 있는지 등을 평가한다. 넷째, '6.4. 의학연구와 의과학자 양성'에서는 학생의 의학연구에 적합한 연구시설이 있는지, 교육적인 목적에 의해 의학연구가 진행된 실적이 있는지 등을 평가한다. 다섯째, '6.5. 교육 전문성'에서는 의과대학이 학생, 교수가 요구하는 분야에 대한 교육 전문가들을 확보하고 있는지, 교육평가 및 의학교육학 연구 분야의 전문성을 개발한 실적이 있는지 등을 평가한다. 여섯째, '6.6. 교육적 교류'에서는 교직원과 학생이 국내외의 교육기관과 교류할 수 있도록 적절하게 지원하고 있는지, 여러 교육기관과 협력을 도모한 실적이 있는지 등을 평가한다.

〈표 10-8〉 교육자원 영역 평가준거

평가부문		평가준거
6.1. 시설	기본기준	K.6.1.1. 의과대학은 학생교육을 위한 교육기본시설을 적절하게 갖추고 있다. K.6.1.2. 의과대학은 학생교육을 위한 교육지원시설을 적절하게 갖추고 있다. K.6.1.3. 의과대학은 학생복지시설 및 편의시설을 적절하게 갖추고 있다. K.6.1.4. 의과대학은 학생의 교육과 복지를 위한 시설을 관리하는 인력이 있고 그에 대해 적절한 예산이 배정되어 있다. K.6.1.5. 의과대학의 학생 1인당 연간 등록금 대비 학생교육 관련 직접비용이 적절하다. K.6.1.6. 의과대학은 개인교수실이 적절히 확보되어 있고, 적절한 행정지원체계를 갖추고 있다. K.6.1.7. 의과대학은 교수들의 연구를 위한 적절한 공간과 시설 설비를 갖추고 있다. K.6.1.8. 의과대학은 교직원, 학생, 환자에게 안전한 학습환경을 보장하고 있다.
	우수기준	H.6.1.1. 의과대학은 교육활동의 변화에 맞추어 시설의 변경 또는 확장 등 학습환경을 개선하고 있다.
6.2. 임상실습자원	기본기준	K.6.2.1. 의과대학은 학생들이 적절한 임상경험을 할 수 있도록 다양한 질환의 환자와 충분한 수의 환자를 확보하고 있다. K.6.2.2. 의과대학은 학생들이 적절한 임상경험을 할 수 있도록 충분한 임상실습시설을 확보하고 있다. K.6.2.3. 의과대학은 학생들이 적절한 임상경험을 할 수 있도록 학생진료행위에 대한 관리체계가 있다.
	우수기준	H.6.2.1. 의과대학은 병원을 이용하는 사람들에게 불편을 주지 않으면서, 임상실습을 하는 데 필요한 시설을 평가, 조정, 개선하고 있다.
6.3. 정보기술	기본기준	K.6.3.1. 의과대학은 교육활동에 정보통신기술을 사용하고 있으며, 구성원이 전자교육매체를 활용할 수 있도록 지원하고 있다.
	우수기준	H.6.3.1. 의과대학은 교육자와 학생들이 자율학습을 위해 정보통신기술을 사용할 수 있도록 지원하고 있다. H.6.3.2. 의과대학은 학생들이 환자의 자료와 관련된 병원정보시스템에 접근할 수 있도록 지원하고 있다.

6.4. 의학연구와 의과학자 양성	기본기준	K.6.4.1. 의과대학은 의학연구역량을 개발하는 정책이 있다.
		K.6.4.2. 의과대학은 연구역량을 개발할 수 있는 교육과정을 운영하고 있다.
		K.6.4.3. 의과대학은 학생의 연구시설 사용에 대하여 규정하고 있다.
	우수기준	H.6.4.1. 의과대학은 의학연구와 교육 간의 상호작용이 가능하도록 지원하며, 학생의 의학연구참여를 장려하고 있다.
6.5. 교육 전문성	기본기준	K.6.5.1. 의과대학은 필요한 분야에 대한 교육 전문성을 확보하고 있다.
		K.6.5.2. 의과대학은 교육과정개발, 교수법과 평가방법 개발에 대한 교육 전문성 활용에 관한 정책을 수립하고 실행하고 있다.
	우수기준	H.6.5.1. 의과대학은 교직원의 역량개발을 위해 교내외의 교육 전문성을 활용한 실적이 있다.
		H.6.5.2. 의과대학은 교육평가와 의학교육학의 연구 분야에서의 전문성을 개발하고 있다.
		H.6.5.3. 의과대학은 교수들이 의학교육 연구에 관심을 갖도록 지원하고 있다.
6.6. 교육적 교류	기본기준	K.6.6.1. 의과대학은 교직원과 학생이 국내외의 교육기관과 교류가 이루어질 수 있도록 적절하게 지원하고 있다.
	우수기준	H.6.6.1. 의과대학은 국내외 여러 교육기관과의 협력을 도모하고 타 교육기관에서 취득한 학점을 인정하는 정책을 수립하고 실행하고 있다.

출처: 한국의학교육평가원(2020).

(7) 교육평가

'교육평가' 평가영역에는 네 개의 평가부문이 있다. 먼저, '7.1. 교육 모니터링과 평가에 대한 체제'에 관한 평가부문을 살펴보면, 입학에서 졸업까지의 교육의 과정(educational process)을 정기적으로 모니터링하고 있는지, 교육의 과정(educational process)에 대한 평가결과를 교육의 과정에 반영한 실적이 있는지 등을 평가한다. 둘째, '7.2. 교육자와 학생의 피드백'에서는 교육자와 학생의 피드백을 체계적으로 조사, 분석하여 대응하고 있는지, 피드백 결과를 바탕으로 교육프로그램개발에 활용하고 있는지를 평가한다. 셋째, '7.3. 학생과 졸업생의 수행능력'에서는 학생과 졸업생 코호트를 관리하는 제도가 있는지, 학생 수행능력 내용을 분석하여 학생선발, 교육과정기획, 학생상담 관련 위원회에 피드백을 하는 제도가 있는지 등을 평가한다. 넷째, '7.4. 이해관계자의 참여'에서는 교육 모니터링과 교육평가 활동에 주요이해관계자를 참여시킨 실적이 있는지를 평가한다.

〈표 10-9〉교육평가 영역 평가준거

평가부문		평가준거
7.1. 교육 모니터링과 평가에 대한 체제	기본기준	K.7.1.1. 의과대학은 교육의 과정에 대한 정기적인 모니터링을 하고 있다. K.7.1.2. 의과대학은 교육평가체제를 수립하여 시행하고 있다. K.7.1.3. 의과대학은 교육평가 결과를 교육과정개선에 활용하고 있다.
	우수기준	H.7.1.1. 의과대학은 교육의 과정 맥락, 교육과정의 특정 구성 요소, 장기성과, 대학의 사회적 책무성을 반영하여 주기적으로 교육평가의 체제를 수립하고 적용하고 있다.
7.2. 교육자와 학생의 피드백	기본기준	K.7.2.1. 의과대학은 교육자와 학생으로부터의 피드백을 체계적으로 조사, 분석하여 대응하고 있다.
	우수기준	H.7.2.1. 의과대학은 피드백 결과를 교육프로그램개발에 활용하고 있다.
7.3. 학생과 졸업생의 수행능력	기본기준	K.7.3.1. 의과대학은 학생과 졸업생 코호트에서 사명, 의도한 교육성과, 교육과정, 투입한 자원에 관련된 수행능력을 분석하고 있다.
	우수기준	H.7.3.1. 의과대학은 학생의 수행능력 내용을 분석하여 학생선발, 교육과정기획, 학생상담 관련 위원회에 피드백을 하고 있다.
7.4. 이해관계자의 참여	기본기준	K.7.4.1. 의과대학은 교육 모니터링과 교육평가 활동에 주요 이해관계자를 포함하고 있다.

출처: 한국의학교육평가원(2020).

(8) 대학운영체계와 행정

'대학운영체계와 행정' 평가영역에는 다섯 개의 평가부문이 있다. 먼저, '8.1. 대학운영체계'에 관한 평가부문을 살펴보면, 대학행정업무가 구분되어 있는지, 보직 해당분야의 전문성 확보를 위한 제도와 실적이 있는지, 대학운영을 위한 위원회에 교육과 연구지원 직원을 포함하고 있는지 등을 평가한다. 둘째, '8.2. 학장과 보직자'에서는 의학교육의 전반적인 관리를 위해 의과대학 학장과 보직자의 책임을 명시하고 있는지, 교육, 학생, 교수, 연구 분야를 포함한 리더십 개발 경력을 학장 선임대상자 자격 요건으로 규정하고 있는지 등을 평가한다. 셋째, '8.3. 교육예산과 자원 할당'에서는 확보된 교육예산을 포함한 교육 관련 재정에 대한 분명한 책임과 권한을 가지고 있는지, 교육과정의 실행을 위해 필요한 자원을 확보하고, 교육적 요구에 필요한 자원을 할당하고 있는지 등을 평가한다. 넷째, '8.4. 행정직원과 관리'에서는 행정업무가 교육, 교수, 학생, 연구, 졸업 후 교육, 입학, 재정 등으로 구분되어 있는지, 행정관리의 질 향상을 위한 자체 프로그램을 수립하고 실행하고 있는지 등을 평가한다. 다섯째, '8.5 보건의료분야와의 상호작용'에서는 보건의료분야 및 보건의료 관련 분야와 건설적인 상호작용을 하고 있는지, 교직원과 학생의 참여를 포함하여 보건의료 분야의 관계자와의 협력을 공식화하고 있는지를 평가한다.

〈표 10-10〉 대학운영체계와 행정 영역 평가준거

평가부문		평가준거
8.1. 대학운영체계	기본기준	K.8.1.1. 의과대학은 교육, 교수, 학생의 업무가 분장되어 있으며 별도의 보직자가 임명되어 있다. K.8.1.2. 의과대학은 학장과 보직자가 직무 관련 전문성을 확보할 수 있는 체제와 실적이 있다. K.8.1.3. 의과대학은 대학운영을 위한 적절한 정책결정 구조와 절차를 갖추고 있다. K.8.1.4. 의과대학은 지리적으로 떨어져 있는 교육병원마다 학생교육과 연구를 총괄하는 보직자가 있고 교육과 연구를 지원하는 행정체계를 갖추고 있다.
	우수기준	H.8.1.1. 의과대학은 대학운영을 위한 위원회에 주요 이해관계자, 기타 이해관계자의 대표를 포함하고 있다. H.8.1.2. 의과대학은 대학운영의 전문성을 확보하고 의사결정과정에서 투명성을 보장하고 있다.
8.2. 학장과 보직자	기본기준	K.8.2.1. 의과대학은 교육의 전반적인 관리에 관한 학장과 보직자의 책임을 명시하고 있다.
	우수기준	H.8.2.1. 의과대학은 학장 선임규정이 있고 선임된 학장과 보직자를 주기적으로 평가하고 있다.

8.3. 교육예산과 자원 할당	기본기준	K.8.3.1. 의과대학은 교육예산을 포함한 교육 관련 재정에 관한 책임과 권한을 명시하고 있다. K.8.3.2. 의과대학은 교육과정의 실행을 위해 필요한 자원을 확보하고 교육적 요구에 필요한 자원을 할당하고 있다.
8.4. 행정직원과 관리	기본기준	K.8.4.1. 의과대학은 행정업무가 구분되어 있고, 적정 수의 행정업무 담당직원을 확보하고 있다.
	우수기준	H.8.4.1. 의과대학은 행정관리의 질 향상을 위한 자체 프로그램을 수립하고 실행하고 있다.
8.5. 보건의료분야와의 상호작용	기본기준	K.8.5.1. 의과대학은 보건의료분야 및 보건의료 관련 분야와 건설적인 상호작용을 하고 있다.
	우수기준	H.8.5.1. 의과대학은 교직원과 학생의 참여를 포함하여 보건의료분야 관계자와 협력을 공식화하고 있다.

출처: 한국의학교육평가원(2020).

(9) 지속적 개선

'지속적 개선' 평가영역에는 한 개의 평가부문이 있다. '9.0. 지속적 개선'에 관한 평가부문을 살펴보면, 대학발전계획에 대학본부 또는 학교법인의 지원과 발전계획의 진행이 적절한지, 자체평가업무를 수행하는 상설기구를 갖추고 적절한 예산을 확보하고 있는지, 전향적인 연구와 분석을 통해 대학운영을 지속적으로 개선하고 있는지 등을 평가한다.

〈표 10-11〉 지속적 개선 영역 평가준거

평가부문		평가준거
9.0. 지속적 개선	기본기준	K.9.0.1. 의과대학은 대학발전계획이 있고, 대학발전기금을 운용하며, 동문 또는 지역사회의 참여를 유도하는 노력을 하고 있다. K.9.0.2. 의과대학은 지속적인 질 관리와 개선을 위해 자체평가업무를 수행하는 상설기구를 갖추고 있고, 관련 예산을 편성하여 적절하게 운영하고 있다. K.9.0.3. 의과대학은 평가인증 결과를 대학운영에 반영하여 지속적으로 개선한 실적이 있다.

우수기준	H.9.0.1. 의과대학은 대학 발전 관련 전향적 연구와 분석, 지역사회 평가 결과와 의학교육 관련 문헌에 근간하여 대학운영을 지속적으로 개선하고 있다. H.9.0.2. 의과대학은 대학운영과 관련하여 과거에 도출된 개선사항을 현재와 미래 전망에 따라 대학의 정책과 실행에 반영되도록 보장하고 있다. H.9.0.3. 의과대학은 지속적 개선 시에 지역사회의 과학, 사회경제, 문화 등의 발전에 맞추어 사명과 졸업성과를 수정하고 있다. H.9.0.4. 의과대학은 졸업생이 처하게 될 환경변화에 따라 지속적으로 졸업성과를 수정하고 있다. H.9.0.5. 의과대학은 교육과정, 교육방법의 적절성과 이들의 관련성을 보장하기 위해 지속적으로 교육과정과 교육방법을 수정하고 있다. H.9.0.6. 의과대학은 교육환경의 변화를 적절하게 반영하여 지속적으로 교육과정을 개선하고 있다. H.9.0.7. 의과대학은 의도한 교육성과와 교육방법의 변화에 따라 지속적으로 평가원칙과 방법을 수정하고 있다. H.9.0.8. 의과대학은 사회적 요구의 변화에 따라 지속적으로 교수채용방식과 교수개발정책을 수정하고 있다. H.9.0.9. 의과대학은 변화하는 사회적 요구를 바탕으로 교육자원을 지속적으로 조정하고 있다. H.9.0.10. 의과대학은 전체 프로그램 모니터링과 평가과정을 지속적으로 개선하고 있다. H.9.0.11. 의과대학은 의료환경의 변화와 이해관계자의 요구에 따라 대학운영체계를 지속적으로 개선하고 있다.

출처: 한국의학교육평가원(2020).

④ 평가 과정 및 방법

의학교육 평가인증은 한국의학교육평가원에 의해 시행되며, 서면평가와 방문평가 등의 방법으로 실시된다. 평가는 평가목적에 따라 다시 평가인증과 중간평가로 구분되는데, 평가인증을 통과한 대학은 2년 뒤 다시 중간평가를 받게 된다. 그리고 신설 의과대학의 경우 신설대학 평가인증을 받게 된다.

1) 평가인증기관

(1) 한국의학교육평가원

현재 우리나라 의학교육의 평가인증은 재단법인 한국의학교육평가원(이하 의평원)에서 담당하고 있다. 한국의학교육평가원은 의학 분야 유일 평가전문기관으로 의학 전 교육부터 평생교육에 이르기까지 의학교육 과정의 전반(교육부와 협의된 의학 전 교육, 교육부와 협의된 의학기본교육, 졸업 후 의학교육, 평생교육 등), 기관 및 프로그램 측정 평가에 관한 사항에 대한 총체적인 역할을 수행하고 있다.

〈표 10-12〉 한국의학교육평가원 주요 업무

주요 업무	내용
의과대학 평가인증	• 평가인증 시행 • 평가인증 기준 개발 및 정비 • 평가자 교육 및 평가단 전문성 향상 • 교육부, 대학교육협의회 등 관계 구축 및 교류 • 국제기구(WFME, AME, IME) 교류
의학교육 연구	• 의사국가시험 관련 현안 및 발전 방안 연구 • 수련교육 관련 현안 및 발전 방안 연구 • 의사연수교육 관련 현안 및 발전 방안 연구
대외협력	• 보건의료인 교육평가기구협의회 활동 • 전문교육평가기구협의회 활동 • 정부기관, 대학교육협의회 등 대외협력 모색 • 국제 평가관련 기구 참여

출처: 한국의학교육평가원 홈페이지(http://www.kimee.or.kr).

(2) 의학교육인증단

한국의학교육평가원은 의학교육인증단(이하 인증단)을 구성, 운영하여 의과대학 및 의학전문대학원에 대한 인증을 수행한다. 인증단은 의학교육의 질적 향상과 수월성 추구를 위해 의학교육 프로그램과 교육환경의 인증을 위한 평가기준과 준거 개발, 평가기준과 준거에 근거한 의학교육 프로그램과 교육환경 평가, 인증유지를 위한 의학교육 프로그램과 교육환경 평가, 신설 대학의 의학교육 프로그램과 교육환경 평가를 수행한다. 인증단의 조직구성은 다음의 [그림 10-1]과 같다.

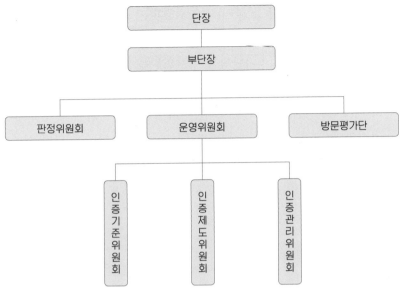

[그림 10-1] 의학교육 인증단 조직 구성도

출처: 한국의학교육평가원(2016a).

인증단은 상설기구로서 운영위원회와 전문위원회, 판정위원회를 두며, 운영위원회는 의평원장이 임명한 인증단장이 운영하는데, 인증단의 운영에 관하여 인증단장을 보좌한다. 전문위원회는 다시 제도위원회, 기준위원회와 관리위원회로 구성되며, 의학교육의 질적 향상과 수월성을 추구하기 위하여 대학의 기본의학교육과정과 교육환경을 평가하고 인증함을 목표로 한다. 이를 위해 인증단은 기본의학교육과정과 교육환경의 인증을 위한 평가기준과 준거 개발, 평가기준과 준거에 근거한 기본의학교육과정과 교육환경 평가, 인증유지를 위한 기본의학교육과정과 교육환경 평가, 신설 대학의 기본의학교육과정과 교육환경 평가, 기본의학교육과정과 교육환경에 관한 자문 등을 수행한다(한국의학교육평가원, 2020. 2. 5.).

각 위원회별로 살펴보면 다음과 같다. 먼저, 판정위원회는 대학의 기본의학교육과정과 교육환경에 대하여 인증유형, 인증기간, 후속조치 등을 결정하고, 위원장을 포함하여 15명 이내로 구성된다. 인증단은 판정위원회의 판정결과와 최종평가보고서를 판정일로부터 7일 이내에 해당 대학에 통보하여야 한다. 둘째, 운영위원회는 인증단장, 인증부단장 및 전문위원회의 위원장으로 구성하며, 인증단장은 위원장이 되고 인증단의 운영에 관한 사항을 심의하며, 인증단은 원활한 평가인증 업무를 달성하기 위한 전문위원회로 제도위원회, 기준위원회, 관리위원회를 둔다. 제도위원회는 평가인증 업무 전반에 대한 기획, 연구, 성책 및 규정 개발 등을 하며, 기준위원회는 평가인증을 위한 평가기준을 개발하고 수정·보완하고, 관리위원회는 평가인증에 대한 질 관리와 인증유지에 관한 평가를 한다. 셋째, 방문평가단은 평가단장과 평가위원을 포함하여 7인 내외로 구성하며, 인증단장이 추천하고 의평원장이 임명하며, 평가단장은 의학교육과 평가인증에 대한 경험이 풍부하고 지도력이 있는 전문가로 하며, 평가위원은 전·현직 대학 교수와 외부 평가전문가로 구성한다. 또한 방문평가단은 전문성과 신뢰성 향상을 위해 인증단에서 실시하는 교육을 받아야 한다(의학교육평가인증 규정, 2020. 2. 5. 개정).

2) 평가인증

의과대학은 인증기간 종료 1년 전에 차기 평가인증을 신청하여야 하며, 인증기간이 종료되는 해에 평가인증을 받아야 한다. 인증유예를 받은 대학은 차기 년도에 재평가를 받아야 하며, 대학이 평가인증을 받을 수 없는 중대한 사유가 발생하여 연기를 신청하면 운영위원회의 심의를 거쳐 평가를 1년 연기할 수 있다. 또한 대학은 인증기간이 만료되기 전이라도 차기 평가인증을 신청할 수 있다. 의과대학 평가인증의 절차는 신청, 자체평가, 평가 실시, 판정의 네 단계로 구분되며, 그에 따른 상세 평가활동은 다음의 그림과 같다.

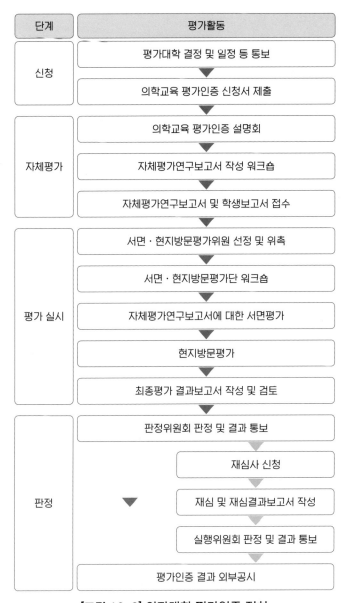

단계	평가활동
신청	평가대학 결정 및 일정 등 통보
	의학교육 평가인증 신청서 제출
자체평가	의학교육 평가인증 설명회
	자체평가연구보고서 작성 워크숍
	자체평가연구보고서 및 학생보고서 접수
평가 실시	서면 · 현지방문평가위원 선정 및 위촉
	서면 · 현지방문평가단 워크숍
	자체평가연구보고서에 대한 서면평가
	현지방문평가
	최종평가 결과보고서 작성 및 검토
판정	판정위원회 판정 및 결과 통보
	재심사 신청
	재심 및 재심결과보고서 작성
	실행위원회 판정 및 결과 통보
	평가인증 결과 외부공시

[그림 10-2] 의과대학 평가인증 절차

출처: 한국의학교육평가원(2018a).

평가절차를 시기별로 구분하면 자체평가 활동시기, 서면평가 활동시기, 방문평가 활동 시기, 최종 보고서 확정 및 제출 시기, 인증 판정 및 공표 이후 활동으로 구분되는데, 그 내용은 다음의 〈표 10-13〉과 같다.

〈표 10-13〉 시기별 의학교육 평가인증 평가절차

구분	시기	내용
대학자체 평가 활동	인증기간 종료 1년 전	• 대학: 인증기간 종료 1년 전에 차기 평가인증 신청서를 의평원에 제출
	평가년도 8월 이전	• 대학: 8월 말(또는 의평원이 지정한 보고서 제출일)까지 자체평가 보고서 완성 및 제출 • 의평원: 평가대학을 대상으로 평가인증 설명회 및 자체평가위원 워크숍 개최
서면평가 활동	방문평가 4주 이전	• 의평원: 평가편차 해소 방안 및 평가의 주요사항 검토를 위한 평가단 워크숍 개최 및 해당 대학과의 협의를 통해 방문평가일정 확정 • 평가단: 자체평가보고서에 대한 서면평가 실시, 서면평가 결과를 토대로 평가대상 대학별 추가제출자료 작성을 위한 평가단별 회의, 대학별 추가 자료 목록을 작성하고, 의평원은 각 대학에 추가 요청 자료를 통보함 • 대학: 방문평가를 위한 비치자료 등 제반사항 준비 및 검토
방문평가 활동	방문평가 직전	• 평가단: 대학별 추가 제출 자료 검토, 방문평가 주요 확인 사항 정리, 방문평가를 위한 인증단 최종 회의 • 대학: 방문평가를 위한 제반사항을 최종 검토
	방문평가	• 방문평가 기간: 3박 4일 • 평가단: 팀 평가 및 영역별 평가 실시, 방문평가 종료 후 최종보고서(안)파일을 의평원 사무국에 제출
최종 평가보고서 확정 및 제출	방문평가 이후	• 의평원: 최종평가보고서(안)을 검토 후 대학에 송부 • 대학: 최종평가 보고서에 대한 의견서를 의평원에 제출 • 평가단: 대학의 의견 반영 여부 논의 및 수정, 최종평가보고서 확정 및 의평원 제출
인증 판정 및 공표 이후 활동	인증 판정	• 판정위원회의 판정 및 인증결과를 공지 • 의평원: 대학별 최종평가보고서 송부 ※ 대학은 인증결과에 대해 재심 신청이 가능하며, 재심 결과 완료 후 결과를 공지함
	인증 대학	• 모니터링 －개선에 대한 보고서 제출: 평가결과보고서의 개선점에 대한 개선계획을 서술한 보고서 제출 －인증유지를 위해 2년마다 개선결과를 포함한 중간평가연구 보고서 제출
	조건부 인증, 인증유예대학	• 1년 이내에 재평가를 받아야 함
	불인증대학	• 고등교육기관의 평가·인증 등에 관한 규정과 고등교육법 시행령에 따름

출처: 한국의학교육평가원(2018a).

(1) 대학 자체평가

대학은 평가를 받고자 하는 연도의 8월 말 또는 의학교육평가원이 지정한 보고서 제출일까지 자체평가보고서를 작성하여 제출하여야 하며, 의학교육평가원은 평가대상을 대상으로 평가인증 설명회 및 자체평가위원 워크숍을 개최하여 의과대학의 자체평가보고서 작성의 가이드라인을 제시한다.

① 자체평가 의미

자체평가는 평가대상의 되는 의과대학이 주체적으로 의학교육평가원이 제시한 평가인증 기준의 충족 여부를 자체적으로 심층 분석·평가하는 활동이다. 이 자체평가는 대학의 교육여건과 교육과정을 체계적으로 분석하고 평가하여 문제를 밝혀내고, 그에 대한 해결방안을 찾아 이를 실천하는 것이 목적이다. 자체평가의 주요 평가내용은 다음과 같다. 첫째, 의과대학이 스스로 설정한 교육목적 달성 여부에 대한 평가, 둘째, 교육목적을 달성하는 데 있어서 대학의 자원 배분 및 효율성에 대한 평가, 셋째, 의과대학에서 수여하는 학위가 요구하는 조건에 합당한 학생 성취도의 도달 여부 평가, 넷째, 대학의 목적 달성을 위한 모든 활동관계에 대한 평가, 다섯째, 대학의 교육프로그램과 교육여건의 개선방안 모색, 여섯째, 대학의 단기·장기적 발전계획 등 학사 기획을 위한 기초자료 작성이다(한국의학교육평가원, 2016a).

② 자체평가 절차

자체평가의 절차는 크게 평가의 준비, 평가의 실시, 연구보고서 작성, 평가의 활용의 네 단계로 구분된다. 자체평가의 단계별 업무 추진 내용은 〈표 10-14〉와 같다.

〈표 10-14〉 자체평가 단계별 업무 추진 내용

단계	주요 업무 추진 내용	추진/유관 부서 및 관련자
준비단계	• 평가를 위한 소요예산 계획 및 확보 • 자체평가 추진 조직 구성: 기획위원회 및 영역별 연구위원회 구성, 위원회별 역할과 업무분장 • 자체평가 연구 계획 수립: 평가 연구의 기본방침, 목적 설정, 범위와 대상 설정, 추진 일정 계획, 자료수집방법 및 평가 방법 수립 등	• 자체평가 담당부서

평가실시	• 기본계획 전반에 대한 검토 • 인증 기준에 대한 검토 • 자료 수집 및 분석 • 평가위원별 평가활동 • 대학본부와의 평가추진관련 지속적 협의 • 해당 부서와 평가관련 사항에 대한 지속적 협의	• 자체평가 담당 부서 • 연구위원회 및 기획위원회 • 대학의 해당 부서
보고서 작성	• 자체평가연구보고서 작성 • 자체평가연구보고서에 대한 의견 수렴 • 자체평가연구보고서 의평원에 제출	• 자체평가 담당부서 • 연구위원회 및 기획위원회 • 대학의 해당 부서
평가결과 활용	• 대학별 자체평가결과 활용 • 자체평가결과 대학발전 계획에 반영	• 자체평가 담당 부서 • 대학의 해당 부서

출처: 한국의학교육평가원(2018a).

평가의 준비단계에서는 자체평가기획위원회(이하 기획위원회) 구성과 예산 확보가 선행되어야 한다. 의평원은 기획위원회에 평가사업을 지원하는 대학의 주요 보직자들이 구성되도록 권장하고 있다(한국의학교육평가원, 2018a). 여섯 개의 평가영역(대학 운영 체계, 기본의학 교육과정, 학생, 교수, 시설ㆍ설비, 졸업 후 교육), 또는 아홉 개의 영역(ASK2019 적용 대학은 사명과 성과, 교육과정, 학생 평가, 학생, 교수, 교육 자원, 교육평가, 대학 운영 체계와 행정, 지속적 개선)을 고려하여 각 영역별 연구위원회를 구성한다. 각 연구위원회에서는 평가계획을 수립하여 자료를 수집하고 평가를 실시하기 위해 자체평가 연구계획을 수립해야 한다. 평가의 실시단계에서는 연구위원회와 관계자를 대상으로 자체평가에 대한 설명회를 실시한 후 구체적인 자료를 수집하며, 자체평가 지침을 참고로 자료를 수집한다. 연구보고서 작성 단계에서 대학은 자체적으로 평가한 결과를 수집하여 보고서를 작성하는데, 보고서는 평가영역별 위원회에서 서식에 맞게 작성하여 최종 수집한 후 수정 및 보완하여 의평원 사무국에 제출한다. 평가의 활용 단계에서는 평가과정에서 발견된 사실들을 토대로 대학의 특성을 파악하고, 해당 대학의 교육활동이 적합한지를 분석하여 개선을 실시하여 의과대학 교육의 질적 향상을 추구한다. 자체평가가 연구보고서를 제출하여 의평원의 서면 및 방문평가 자료로 활용되는 수준에 그치는 것이 아니라, 대학 내부적으로 교수, 학생, 및 대학 관계자들에게 의과대학 교육에 대한 인식을 제고하고, 대학의 교육여건과 교육과정을 개선하기 위한 기초자료로 활용된다(한국의학교육평가원, 2018a).

③ 자체평가기획위원회 구성과 예산 확보

자체평가 기획위원회는 대학의 실정에 맞게 다소 조정이 가능하지만, 평가영역에 관한 전문성을 지닌, 대학의 주요 보직자를 포함한 10명 내외의 인원으로 구성하며, 자체평가를 위한 기본 방향과 전략을 세우고, 자체평가 예산을 확보하며, 자체평가위원회가 자체평가를 원만히 수행할 수 있도록 지원하고, 평가결과에 따라 대학교육을 개선해 나갈 수 있도록 총장을 보좌하고 자문의 역할을 담당하며, 전체 대학 구성원들이 자체평가에 대해 충분한 인식을 갖고 참여하도록 유도하는 역할을 담당한다(한국의학교육평가원, 2018a).

④ 학생보고서

학생대표는 의학교육평가원이 제시한 학생보고서 관련 규정과 작성 지침에 따라 학생보고서를 작성한다. 학생보고서는 대학의 특성에 따른 다양한 접근방법을 통해 수집한 자료를 근거로 자율적으로 작성되며, 대학에 지출하기 전에 반드시 온라인을 통해 의평원에 직접 제출하는 것이 특징인데, 이는 대학에 의해 임의로 학생보고서의 내용이 수정 및 변경되는 것을 방지하기 위함이다. 기초자료로 설문조사를 활용할 경우 대상 학년과 회수율을 명시하고, 학년별로 분석하며, 80% 이상의 회수율을 권장한다. 학생대표는 보고서의 영역별로 분석결과 및 결론을 도출하며 건의사항을 제시한다.

(2) 서면평가 활동시기

의학교육평가원은 방문평가 4주 이전에 평가위원 간 편차 해소 방안 및 평가의 주요사항 검토를 위한 평가단 워크숍을 개최하며, 평가대상대학과의 협의를 통해 방문평가 일정을 확정한다. 방문평가단은 대학이 제출한 자체평가보고서를 바탕으로 정해진 양식에 맞춰 서면평가를 실시하고, 대학별 추가 제출 자료를 작성하여 의평원에 전달하며, 의평원은 대학에 추가 요청자료 목록을 대학에 통보한다. 이후 대학은 방문평가를 대비하여 자체평가보고서에 근거하여 비치자료 등 제반 사항을 준비하고 검토한다.

(3) 방문평가 활동시기

방문평가 직전 방문평가단은 대학별 추가 요청 자료를 검토하고, 최종 회의를 실시하여 방문평가 시 주요 확인 사항을 정리하고 검토한다. 방문평가가 시작되면 4일 동안 평가위원은 팀 평가와 영역별 평가를 실시하며, 1일 동안 방문평가 결과에 대한 강평을 실시한다. 방문평가는 영역별 해당 보직자와 자체평가위원, 직원 등이 참여하여 진행되며,

팀평가, 견학, 면담의 형태로 진행되는데, 팀평가 시 영역별 평가항목을 공동평가한다 (임상실습 병원이 복수일 경우에만 분산평가). 평가인증 여부와 유형의 결정은 판정위원회의 소관이므로 방문평가단은 평가인증기준의 충족 여부만을 전원합의제로 결정하게 된다. 평가단은 방문평가가 종료되면 최종보고서 초안을 의평원 사무국에 제출한다.

(4) 최종 평가보고서 확정 및 제출

의평원은 평가단이 제출한 최종평가보고서(안)을 검토 후 대학에 송부하여 의견서를 받는다. 의평원은 의견서를 평가단에 전달하고, 평가단은 대학의 의견 반영 여부를 논의한 후 그 결과를 반영한 최종평가보고서를 의평원에 제출한다.

(5) 인증 판정 및 공표 이후 활동

판정위원회는 평가단의 최종평가보고서를 토대로 판정하고 인증결과를 공지하며, 의평원은 대학으로 최종평가 보고서를 송부한다. 인증을 받은 대학은 판정통보일로부터 3개월 이내에 평가인증 결과에 따른 개선계획서를 작성하여 제출하며, 인증유지를 위해 2년마다 개선결과를 포함한 중간평가연구보고서를 제출한다. 조건부 인증, 인증 유예를 받은 대학은 1년 이내에 재평가를 받으며, 불인증 판정을 받은 대학은 고등교육기관의 평가·인증 등에 관한 규정과 「고등교육법 시행령」에 따른다.

3) 중간평가

평가인증을 받은 의과대학은 그로부터 2년 뒤 중간평가보고서를 제출하여 평가인증을 받은 뒤 대학교육이 어떻게 개선되고 변화하였는지를 점검하는 기회로 삼게 된다. 평가의 목적은 인증 평가 뒤에도 교육의 질 관리를 지속적으로 시행하기 위해 이루어지며, 필요한 경우에 한해 추가적으로 현장평가를 실시한다. 중간평가보고서에는 인증 또는 인증 유지 확인 후 최근 2년간 해당 대학에서 일어난 운영 전반에 대한 변화와 개선사항 등을 기술한다.

중간평가보고서에는 의과대학 현황, 중간평가 연구결과에 대한 내용이 포함되는데, 의과대학의 현황은 행정조직 및 기구표, 연혁, 학생과 교수 및 직원의 현황, 주요 시설 및 설비, 예산 현황 등에 대한 내용으로 구성된다. 중간평가 연구결과는 자체평가 보고서와 동일하게 문항별로 작성되며, 개선계획서에 포함된 문항에 대한 구체적인 개선 결과를 반드시 기술하여야 하는 점과, 방문평가 후 의평원으로부터 받은 대학 평가보고서의 '미비점 및 개선점'에 대한 2년 동안의 개선 실적 또는 변화 내용을 기술하여야 하는 점, 그리고 개선계획서에 포함되지 않았더라도 대학에서 자체적으로 개선한 사항이 있는 경우 그 내용을 기술하도록 되어 있는 점이 특징이다. 또한 평가인증 기준에 정량적 평가지표가 포함되어 있었던 평가문항은 2년간의 정량적 지표의 변화 내용을 알 수 있게 기술한다.

평가관리위원회는 중간평가보고서를 인증 또는 인증 유지 확인 당시의 평가보고서의 내용과 비교 검토하여 평가를 실시하며, 인증 또는 인증 유지 확인 평가에서 지적된 필수 사항과 제안에 대해 기술하고 있는지, 개선 사항을 입증할 증빙 자료 등 보고서 내용에 대한 신빙성의 유무, 인증 또는 인증 유지 확인 시의 지적 사항에 대한 대학의 확실한 해결 방향의 제시 여부에 따라 평가를 실시한 후 대학에 결과를 통보한다. 2019년에 실시된 평가 일정 및 경과는 다음의 〈표 10-15〉와 같다.

〈표 10-15〉 2019년 평가 일정 및 경과

순서	내용	일정
1	의학교육 평가인증 신청서 접수	~ 2019. 2. 28.
2	2019년도 의학교육 평가인증 설명회 평가인증기준 및 자체평가연구 가이드 안내	2019. 2. 22.
3	평가대학 자체평가연구 및 보고서 제출 학생보고서 제출	2019. 2. 22. ~ 7. 31.
4	방문평가단 워크숍 자체평가연구보고서 서면평가	2019. 8. 3. 2019. 8. ~ 9.
5	대학별 방문평가 최종평가보고서 작성	2019. 10. 14. ~ 11. 7.
6	대학별 최종평가보고서 제출	2019. 11.
7	판정위원회 개최 판정 결과 통보	2019. 12. 13. 2019. 12. 19.
8	2019년도 의학교육 평가인증 결과 발표	2020. 1. 3.

출처: eMD Medical News (2020. 1. 3.).

4) 신설대학 인증

인증단은 신설대학 평가인증을 통해 정부의 설립허가를 받은 신설 대학의 의학교육 프로그램과 교육환경을 평가한다. 신설대학의 인증유형은 예비인증, 예비인증 불가, 임시인증, 임시인증 불가의 4단계로 구성된다. 예비인증은 신설대학이 예비인증 평가기준을 충족한 경우에 해당하며, 예비인증 불가는 예비인증 평가기준을 충족하지 못한 경우에 해당되는데, 이 경우 학생을 모집할 수 없다. 임시인증은 예비인증을 받고 학생 교육을 시작한 신설대학이 평가인증기준을 충족한 경우 해당되며, 임시인증 불가는 신설대학이 평가인증기준을 충족하지 못한 경우에 해당한다. 임시인증 불가를 받은 대학은 학생을 모집할 수 없으며 학생을 진급시킬 수도 없다.

정부의 설립허가를 받은 신설대학은 학생모집 전에 예비인증을 위한 평가를 신청하여야 하며, 예비인증을 받은 신설대학은 학생 모집 후 첫 졸업생을 배출할 때까지 임시인증을 위한 평가를 매년 신청하여야 한다. 예비인증 기간은 2년이며, 임시 인증 기간은 1년이다. 여기에 소모되는 모든 제반 비용은 대학이 부담한다(한국의학교육평가원, 2016a).

5 평가결과 활용

의과대학들은 의학교육평가인증의 평가결과를 바탕으로 유형에 맞는 인증을 획득한다. 인증유형은 제1, 2주기 평가인증과 같이 기존의과대학과 신설의과대학을 구분하여 평가주기와 유형을 다르게 적용된다. 기존의과대학의 경우 인증기준의 충족 정도에 따라서 인증, 인증유예, 불인증으로 판정하며, 인증유예를 받은 대학은 차기년도에 재평가를 받아야 한다. 인증기간은 기본기준 충족률에 따라 4년 또는 6년으로 구분된다. 신설의과 대학의 경우 예비인증, 인증불가, 임시인증, 임시인증 불가로 구분된다. post 2주기 평가에서 실시되는 인증유형을 정리하면 다음의 〈표 10-16〉과 같다.

〈표 10-16〉 post 2주기 인증유형

구분	인증유형	내용
기존의과 대학	인증	인증기준을 충족한 경우
	조건부 인증	한시적 인증에 해당하며, 인증기준을 충족하지 못하였으나 1년 이내에 개선이 가능한 경우

	인증유예	불인증 유형에 해당하며, 인증기준을 충족하지 못하였으나 단기간에 개선이 어려운 경우
	불인증	인증기준을 충족하지 못하거나 정당한 사유 없이 평가인증에 응하지 않는 경우, 인증을 받은 후에도 의도적인 허위사실이 밝혀지는 경우
신설의과 대학	예비인증	신설대학이 '예비인증 평가인증기준'을 충족한 경우
	예비인증 불가	신설대학이 '예비인증 평가인증기준'을 충족하지 못한 경우
	임시인증	기본의학교육을 시작한 신설 대학이 '평가인증기준'을 충족한 경우
	임시인증불가	기본의학교육을 시작한 신설 대학이 '평가인증기준'을 충족하지 못한 경우

출처: 한국의학교육평가원(2018a).

Post 2주기 평가인증의 결과 2012년도에 6개 대학, 2013년도에 8개 대학, 2014년도에 13개 대학, 2015년도에 12개 대학, 2016년도에 7개 대학, 2017년도에 3개 대학, 2018년에 13개 대학이, ASK2019 평가인증 결과 2019년도에 10개 대학이 각각 평가를 받았으며 그 평가결과는 다음의 〈표 10-17〉과 같다.

〈표 10-17〉 Post 2주기 및 ASK2019 평가인증 결과

평가년도	평가대학	평가결과			
		6년인증	4년인증	인증유예	불인증
2012	6개 대학	3개 대학	3개 대학	–	–
2013	8개 대학	4개 대학	3개 대학	1개 대학	1개 대학
2014	13개 대학	6개 대학	7개 대학	–	–
2015	12개 대학	7개 대학	4개 대학	1개 대학	–
2016	7개 대학	–	6개 대학	–	1개 대학
2017	3개 대학	–	–	3개 대학	–
2018	13개 대학	–	11개 대학	2개 대학	–
2019	10개 대학	1개 대학	8개 대학	1개 대학	–

출처: 한국의학교육평가원(2016a; 2018a); 한국의학교육평가원 홈페이지(https://kimee.or.kr).

의학교육 평가인증 결과는 의과대학 교육과정의 질적 수준과 교육여건이 국가적 표준을 달성하도록 조언하고 권고하는 자료로 활용되며, 의과대학의 인정 상황과 평가결과를 바탕으로 관련기관이 최적의 지원 계획을 수립할 수 있도록 권고할 근거 자료로 제공되기도 한다. 또한 이는 교육의 수혜자인 학생과 학부모에게 올바른 선택과 판단의 기회를 보장하고, 의료의 수혜자인 국민들에게 의과대학의 교육의 질과 의학교육 능력에 대한 정확한 정보를 제공할 수 있게 되었다(서덕준, 2009).

또한 의학교육 평가인증이 결과는 앞으로 의료인 양성을 위한 교육기관의 신입생 모집 및 학과의 존폐를 결정짓는 역할을 할 예정이다. 이병두(2007)는 평가결과를 대학에 대한 정부의 행정적, 재정적 지원이나 의과대학/의학전문대학원 신입생과 인턴 및 전공의 선발, 의사국가시험 응시자격과 연계하는 방안을 주장하였는데, 이와 관련하여 2016년 11월 「고등교육법 시행령」의 일부 개정안[5]이 통과됨으로써 향후 의대, 치의대, 한의대, 간호대 등 의료인 양성 학과 또는 학부가 있는 학교는 교육부 지정 인정을 받은 한국의학교육평가원과 같은 인정기관으로부터 평가·인증을 받지 못하면 해당 학과 신입생을 모집할 수 없게 되었다(한겨레신문, 2016. 11. 22.). 다시 말해 의학, 치의학, 한의학, 간호학 등 의료과정 운영학교가 평가·인증을 신청하지 않거나 평가·인증을 받지 않으면, 1차 위반 시에는 해당 학과, 학부 또는 전문대학원 입학정원의 100% 범위에서 모집정지 처분이 내려질 수 있다. 2차 위반 시에는 학과나 학부 자체가 폐지된다.

결론적으로, 의과대학 인정평가는 각 대학/전문대학원 자체평가와 연구를 통해 의학교육 개선과 질 향상을 위한 지속적인 노력을 유도하게 될 것이며, 이러한 결과는 우리 사회 및 국제 사회가 필요로 하는 좋은 의사(good doctors)를 양성하고, 이들이 우리 국민은 물론 인류의 질병 예방과 건강 증진에 효과적인 기여를 할 수 있게 해 줄 것으로 판단된다(이병두, 2007). 이와 더불어 자발적인 민간기관에 의한 평가인 의과대학 인정평가의 결과는 의학교육 및 의료계의 전문성에 대한 국민의 신뢰도를 높이고, 경제적 또는 정치적인 간섭을 사전에 방지하는 역할을 수행하고 있는 것으로도 분석된다. 또한 평가결과의 누적은 그 자체로 평가제도의 발전을 위한 근거자료로서 활용되고 있으며, 평가결과에 대한 지속적인 연구와 개선에 대한 노력은 궁극적으로 의학교육이 미래사회의 변화에 대비할 수 있는 동력으로서 작용하고 있는 것으로 분석된다.

---

5) 2012년에는 「의료법」 개정을 통해 평가/인증기구로부터 인증을 받은 의/치의/한의/간호학 전공 학교를 졸업한 자에게만 국가시험 응시자격을 부여하도록 했다. 2020년 기준으로 교육부 지정 평가인증 기관은 한국의학교육평가원, 한국치의학교육평가원, 한국한의학교육평가원, 한국간호교육평가원 등이다.

6 평가 성과 및 개선방안

1) 평가성과

우리나라 맥락에서의 의학교육 평가인증은 민간에서 자발적으로 시작된 평가가 제도적인 구속력을 갖게 되면서 공신력을 인정받은 것을 가장 큰 성과로 꼽을 수 있다. 권복규(2007: 94)는 인증[6]과 인정[7] 개념의 차이를 설명하며, 우리나라에서 인정평가, 평가인정, 평가·인정 등으로 다양한 용어가 혼용되어 쓰이고 있음을 지적하였는데, 외국의 경우 전문직의 프로페셔널리즘이 발달되어 있어 특정 교육기관이나 피교육자를 검증하여 '인증 및 인정'을 할 수 있는 반면, 우리나라의 경우 '인증'과 '인정'의 최종 주체가 모두 국가이기 때문에 용어 사용이 근본적으로 혼동될 수밖에 없음을 피력하였다. 이는 곧 모든 의과대학은 그 설립시기에 정부로부터 '인가', 즉 '인증'을 이미 받았기 때문에 이전의 의과대학 인정평가위원회가 실시하였던 평가들은 모두 '인정'에 그칠 뿐, 의과대학의 승인을 취소할 만큼의 구속력이 없으며, 이로 인해 민간의 자율적인 통제능력에 한계가 발생한다는 것을 의미한다. 이는 정부 주도로 민간기구가 운영되는 평가들이 가지고 있는 공통적인 한계로 볼 수 있다. 박은수(2011)는 서남대 등 부실의대의 출현에 대해 의학 계열 고등교육기관들의 교육과정에 대한 국민적 신뢰를 확보하고 국민건강을 위한 전제적 제도 기반을 마련할 필요성을 제기하였고, 안덕선(2013: 1052)도 의학교육에 대한 교육부의 전문성 결여와 제도의 미비함을[8] 틈타 의과대학 설립을 이차적인 이득을 얻기 위한 수단으로 악용하려는 설립 주체에 대한 정치적 배려나, 부패에 의한 기전으로 주어진 특혜로 인해 부실의대가 등장하였다고 주장하며 이에 대한 대책을 촉구하였다.

우리나라의 의학교육 평가인증은 일부 대학의 부실한 의학교육 문제를 해결하고, 민간자율평가의 한계를 극복할 수 있도록 법적 권위를 부여받았다. 이는 의료과정 운영학교의 책임과 의무를 강화하기 위한 정부의 노력이기도 하지만, 민간기관에 의해 이루어진 자율적인 평가가 권위 있는 정부기관에 의해 법적인 구속력을 부여받았다는 점에서 그동안 의학교육평가 발전을 위해 지속되어 온 노력에 대한 인정의 결과이자 의학교육

---

6) 문서나 행위가 정당한 절차로 이루어졌다는 것을 인정하여 증명함(authentication or certification).

7) '국가나 지방자치단체가 어떤 사실의 존재 여부나 옳고 그름을 판단하여 결정하는 것' 또는 '확실히 그렇다고 여김'(authorization, acknowledgement, approval)

8) 법적 구속력을 갖지 못하는 평가인증의 한계

발선에의 큰 성과라고 할 수 있다.

같은 맥락에서, 의학교육평가의 성과는 국내에서의 공신력을 획득한 것에 그치지 않고, 국제적인 신뢰와 인정을 받고자 노력하였으며, 결과적으로 한국의학교육평가원은 국제적 인증을 획득하는 데 성공하였다. 한국의학교육평가원은 기본의학 교육의 질적 향상을 목적으로 세계의학교육연합회(WFME)에서 제시한 Basic Medical Education WFME Global Standards for Quality Improvement(The 2015 Revision)를 근간으로 하여 2019년부터 시행될 Accreditation Standards for KIMEE(ASK2019)라는 새로운 평가인증 기준을 수립하였는데, 우리나라의 기본의학교육 상황을 고려함과 동시에 WFME Global Standards의 기준을 충족하게 됨에 따라 다음과 같은 추가적인 성과가 기대된다.

첫째, 의학교육에 대한 책임을 가진 정부, 기구, 기관 등이 국제적인 권고에 따라 의학교육의 질 향상과 변화를 계획하도록 촉진할 수 있다. 둘째, 의학교육과정에 대한 최소한의 질적 기준을 보장하기 위한 의과대학과 의학교육과정의 국제적 평가 인증 및 인정 체제가 구축된다. 셋째, 국제화가 증가하는 환경에서 국제 기준에 부합하는 의학교육을 통해 우리나라 의료 인력의 국제적 활동 범위를 넓힐 수 있을 것으로 예상된다.

결론적으로, 의학교육 인증 평가의 성과는 이제 국내뿐만 아니라 국제적으로 우리나라 의학교육의 공신력을 확보하였다는 점에서 큰 의의를 가지며, 국제화 시대에 우리나라 의학교육의 세계화를 위한 밑거름으로서의 역할을 충실히 수행하고 있는 것으로 분석된다.

2) 평가 개선방안

의대 평가인증제도는 의학교육의 질적 표준 수립과 수준향상을 목표로 자율적으로 실시되어 왔다. 이 평가인증 제도는 오랜 시간에 걸친 노하우와 더불어 다양한 연구에서 제시된 개선사항을 대부분 수용하면서 지속적으로 발전해 왔다. 그러나 앞으로의 계속적인 발전을 위해서는 아직도 현행 평가제도의 개선, 한국의학교육평가원의 변화, 의학교육의 질적 보장 측면에서의 개선 등의 노력이 추가적으로 필요하다(임기영 외, 2011).

(1) 현행 평가제도의 개선

① 평가준거의 개선

먼저, 주로 교육 및 학습과 관련된 현행 평가준거에 윤리성과 관련된 항목을 신설할 필요가 있다. 의학교육 평가인증은 민간에 의한 자율적 평가이므로 전문성을 보장받을 수 있다는 장점이 있지만, 내부적으로 도덕적 해이 등의 문제가 발생할 경우 의학계 외부로부터의 발견을 더욱 어렵게 한다는 단점도 존재한다. 의학대학 및 병원에서 발생하는 각종 윤리적 문제 상황(폭언, 폭행, 의료범죄 등)과 관련된 사례들이 수차례 언론에 보도되고 있지만, 이와 관련된 평가는 의학교육 평가인증과정에서 전혀 이루어지지 않고 있다. 최근의 사회적 상황에 대해 살펴보면, 윤리성에 대한 문제가 제기되면 모든 분야에 대한 신뢰가 바닥으로 추락하는 것을 충분히 확인할 수 있다. 평가에서의 도덕적 해이 상황을 사전에 방지하고 평가의 공신력을 높이기 위해서는 교육 활동뿐만 아니라 대학 운영 전반에 있어서의 윤리성에 대한 평가를 평가준거에 포함시킬 필요가 있다.

다음으로는, 현재 시행되고 있는 평가에 대해 살펴보면 대부분의 평가항목에서 주로 적절성만을 준거로 삼고 있음을 발견할 수 있다. 그런데 적절성은 내적인 평가준거들 중 하나의 평가준거일 뿐이며, 적절성 이외에도 평가에 정확성, 유기성 등의 다른 내적인 평가준거와 더불어 신뢰성, 공정성, 효용성 등의 외적인 평가준거들이 존재한다. 다양한 평가준거를 적재적소에 맞게 활용할 때 보다 실제적인 평가가 이루어질 수 있으며, 평가의 신뢰도도 더욱 높아질 것으로 기대된다.

② 평가영역의 확대

최근 WFME의 인증을 받기 위해 평가인증을 국제화하는 과정에서 평가영역의 범위가 다소 넓어졌지만, 아직도 학생 교육의 질적 측면, 교직원에 대한 평가강화, 평가대상을 외국인 유학생까지 확대하는 등의 다양한 해결과제가 남아 있다.

먼저, 학생영역의 평가에 있어서 교육활동과 교육성과뿐만 아니라 정신건강에까지 그 범위를 확대할 필요가 있다. 다수의 의과대학 학생들은 주당 40시간에 달하는 강의 및 잦은 평가와 학습 분량에 대한 부담으로 인해 심리적인 스트레스와 부담감에 시달린다. 2006~2007년 함봉진 서울대의대 교수팀의 연구결과[9] 의과대학생들은 과중한 학습량이나 치열한 경쟁 등으로 30% 정도가 학습에 대한 심한 부담을 느끼고 있으며 60%는 스트레스를 받고 있는 것으로 나타났다(의협신문, 2007. 6. 8.). 또한 서울대학교 심리학과

---

9) 이 조사는 전국 7,135명 의대생을 대상으로 한 것으로, 최근 1년 동안 우울증을 겪었다고 대답한 학생의 비율이 6.4%로 나타났고 현재 정신과적 진료를 받아야 하는 학생도 2.9%로 나타났다. 또한 최근 한 달간 전체의 2.9%, 최근 6개월간 4.8%, 1년간 6.4%, 평생 동안 10.2%의 학생이 주요 우울장애를 경험한 적이 있다고 답했다. 더불어 전체 의과대학생의 0.8%인 약 100명이 현재 자살계획을 세우고 있으며 0.2%인 약 30명이 최근 자살을 시도한 것으로 조사됐다.

이훈진 교수의 '서울의대 연건캠퍼스 상담실' 방문자 77명(의대생 54명, 전공의 10여 명을 포함)에 대한 조사결과 41%의 방문 원인이 우울증이었으며, 학습부진과 휴학, 자살위험 등의 후유증이 많은 것으로 나타났다(뉴시스, 2006. 10. 23.). 의대생 및 전공의들의 정신건강 개선은 이들의 사회적 위치와 역할을 고려할 때 중요하게 고려되어야 할 부분이다. 이를 위해 현재 학생 영역의 평가 시 고려되는 학업 성적 및 취업률 등과 같은 양적 변수 이외에도 소진감, 만족도 등 정신건강과 관련된 질적인 평가가 도입될 필요성이 있으며, 이에 대한 심도 깊은 고찰이 필요하다.

둘째, 학생 평가 시 외국인 유학생의 교육 실태에 대한 평가가 필요하다. 현재 장기 수학하는 외국인 의대생들의 경우 언어능력 등 수학 능력 부족으로 인해 수년 이상 장기적으로 졸업요건을 충족하지 못하는 경우가 자주 발생한다. 이는 국제화에 맞춰 외국인 학생들이 적절하게 교육받을 수 여건이 충족되고 있지 않다는 것을 의미한다. WFME 규정에 따라 평가기준의 세계화를 지향하고, 교육과정의 세계화를 위해 외국인 유학생 적응 및 수학능력 강화 교육 실태와 더불어 외국인 학생들의 성적 관리, 입학생 대비 졸업생 비율, 졸업 후 진로에 대한 평가가 실시될 필요가 있다.

셋째, 교직원 평가영역을 확대하고, 그 역할의 중요성에 대한 인식이 강화되어야 한다. 대학교수들의 연구와 교육활동을 지원하는 대학 교직원들의 역할은 매우 중요하다(박성민, 2010). 하지만 교수, 학생과 함께 대학의 3주체 중 하나인 대학 교직원들에 대한 체계적인 연구와 학문적 성과는 거의 전무한 실정이다(조상덕, 2008). 의과대학 평가인증 과정에서도 항상 교직원은 평가대상에서 제외되어 왔으며, 최근에서야 WFME 기준에 부합하도록 평가기준이 변경되면서 교직원에 대한 평가영역이 추가되었다. 그러나 개정된 평가기준에서도 교직원의 질적 수준이 언급된 우수 기준[10]이 평가인정의 필수요소가 아님을 고려할 때, 기본 기준[11]에서 단지 담당 직원의 수만을 평가하는 것은 현행 의과대학 평가에서 교직원의 중요성을 상당히 낮게 인식하고 있음을 추론할 수 있다. 지금까지 상대적으로 경시되어 온 교직원 역할의 중요성에 대한 인식 제고가 필요하다. 박성민(2010)은 대학이 지식 경영을 실천하며 신지식을 창출하기 위해 의과대학 교직원의 지식근로자화가 이루어질 필요가 있다고 주장하였는데, 단순히 현상 유지 및 사업의 수행을 위한 지시하달만을 받는 존재로 간주해서는 효과적인 의학교육의 발전을 기대할 수 없

---

10) H.8.4.1. 의과대학은 행정관리의 질 향상을 위한 자체 프로그램을 수립하고 실행하고 있다.

11) K.8.4.1. 의과대학은 행정업무가 구분되어 있고, 적정 수의 행정업무 담당직원을 확보하고 있다.

으며, 전문적인 교직원 확보와 더불어 체계적 양성 및 관리가 필요한 것으로 여겨진다.

(2) 의학교육평가원의 발전

① 의학교육평가원의 위상 제고
임기영 외(2011)는 한국의학교육평가원의 변화를 위해서는 새로운 비전 제시, 의평원 조직 활성화 및 의평원의 독립성 확보, 평가인증 행정지원의 전문화, 국제화 등의 한국 의학평가원의 구조적 변화가 선행되어야 한다고 주장하였다. 또한 안덕선(2015a)은 의학교육평가원이 의사협회의 예정에 없던 재정지원 감소조치로 인해 학교당 3천만 원 이상의 평가비용이 요구되는 구조를 문제로 지적하고 있다. 세계 의학교육 연합회는 평가 기구가 복지부나 교육부, 의과대학연합, 전문직단체 모두로부터 독립성을 강화할 것을 권고하고 있다. 이러한 측면에서 한국의학교육평가원의 안정적인 재무구조 확보가 시급하며, 의학교육평가원이 제3자적 입장에서 정부가 자율권을 최대한 부여하여 공정하면서도 독립적인 평가인증을 수행할 수 있도록 제도적 지원과 관계기관의 협조가 필요하다.

② 평가역량 강화
의학교육평가원의 평가 역량 강화를 위해서는 소속 평가자들의 전문성 제고가 우선적으로 선행되어야 한다. 평가자들은 타당성을 바탕으로 합리적이며 합목적적이어야 하고 평가를 받는 대학들의 지지를 받으면서도 이해단체들로부터 적절한 독립성을 유지하며, 정부를 비롯한 의학교육 당사자들의 간섭은 배제하면서도 적절한 지원도 수용하는 이율배반적이면서도 복합적인 평가업무를 수행하여야 한다. 이 과정에서 균형감각을 유지하기 위해서는 기관 수준에서의 고도의 훈련과 투자가 필요하다. 또한 한국의학교육평가원에 소속된 평가자들에게 외국의 평가인증기구와 교류할 수 있는 기회를 제공할 필요가 있는데, 이는 우리나라 평가인증의 국제성과 평가자 역량의 상호 보완적 발전을 위함이다. 평가의 전문성 제고를 위한 평가자의 양성 및 관리는 곧 소속 대학 교육의 발전과 질 관리에도 크게 기여할 것으로 판단된다.

(3) 의학교육 질 결정요인 및 결정과정 탐색
의학교육의 질은 곧 의학과 졸업생들의 진료 역량을 의미하는데, 현존하는 모든 평가인증의 초점은 주로 과정(process)에만 맞추어져 있으며, 인증과 학습 성과의 연관성을 밝힌 선행연구는 존재하지 않는다(임기영 외, 2011). 물론 아직 가시적으로 관계가 규명되지 못하였을 뿐, 실제 상관관계가 존재할 가능성도 존재하지만, 성과와의 관련성을 입증하지 못한 채 교육의 효과성이나 질적 제고를 논하는 것은 설득력이 떨어질 수밖에 없다. 의학교육 성과의 질적 보장을 위해서는 현재 실시되는 의학교육과 학습결과 간의 상관관계를 보다 명확히 규명하는 것이 무엇보다 선행되어야 할 것이며, 그 과정에서 과목과 학생의 특성에 적합한 효과적인 교수 방법 및 교육 내용에 대한 연구가 병행되어야 한다.

또한 의학대학의 특성별로 교육자원의 투입과 산출의 관계에 대한 연구도 병행되어야 한다. 양은배(2002)는 의학교육에 투입되는 자원의 양과 교육성과에 따라 32개 의과대학을 분석한 결과 선도형 2개 대학, 투자성과형 7개 대학, 특수성과형 3개 대학, 평균형 6개 대학, 성과형 10개 대학, 성과저조형 1개 대학, 방관형 3개 대학 등으로 분류하였는데, 특수성과형과 투자성과형 및 성과형 대학이 의학교육에 투입되는 자원량에 비해 교육성과가 높은 것으로 나타났으나, 선도형, 평균형, 방관형 대학과 동일한 평가기준을 적용할 경우 평가인정 기준이 효과적이지 않을 수 있음을 지적하였다. 그리고 성과 저조형 대학 한 곳은 의학교육 투입 자원량에 비해 교육성과가 저조할 뿐만 아니라 평가인정 기준이 타당하게 적용되지 않는 것을 발견하여 대학 특성별로 양적 투입효과의 차이가 존재함을 발견하였다. 이와 더불어 양은배(2001)는 평가인정 기준의 예측타당도 분석을 실시하여 의사국가시험 합격률을 예측하는 변수로 입학정원, 학생 1인당 저널 구입 종수 및 수능성적을 추출하였고, 학생 만족도를 예측하는 변수로 총 강의시간, 학생 1인당 교육시설 면적 및 수능성적을 추출하였다. 분석결과 수능성적이 높을수록 국가시험 합격률과 교육에 대한 학생 만족도는 낮아지는 것으로 나타났으며, 총 강의시간이 많을수록 교육에 대한 학생 만족도가 낮아지는 것을 발견하였다. 이 연구들은 의학교육의 발전을 위한 의학교육 인증 평가에서 신뢰도와 타당도의 제고와 보다 정확한 평가결과의 해석을 위해 교육의 질 결정요인과 결정과정에 대한 규명 및 요인 간의 다각적인 관계 검증이 병행되어야 할 필요성이 있음을 시사하고 있다.

사회 전반에 걸쳐 점차 강화되고 있는 평가에 대한 요구의 존재 이전에 미리부터 자발적으로 이루어진 의학교육 전문성에 대한 인정 및 사회적 신뢰 획득을 위한 노력은 많은 시사점을 남기고 있다. 의학교육 인증 평가는 정부의 역량이 미치지 못하는 전문적인 영역에서 자체적인 질 관리 및 발전을 위한 의학교육계의 자발적인 노력에 의해 도입되고 발전해 왔으며, 현재 평가의 공신력을 인정받으며 국제화를 상당 부분 달성하고 있는데, 그 발전 과정에서 축적된 평가 개선에 관한 연구 및 시행결과는 비단 의학교육계뿐만 아니라 교육계 및 사회의 각 분야의 평가영역에서 적용이 가능할 것으로 판단된다.

제11장 법학전문대학원 평가

1 평가 배경 및 변천 과정

1) 평가배경

정부 차원에서 법학전문대학원에 대한 논의가 시작된 시점은 문민정부로 거슬러 올라간다(김창록, 2015). 당시 문민정부에서는 사법제도 분야에서 지속적으로 제기되는 변호사의 과다한 수임료, 법조 인력의 부족, 권위적이고 차별적인 법 집행 등의 문제를 해결하기 위해 대법원에서는 근대사법 100주년이 되는 1995년에 각계의 의견을 수렴한 후 제도개선방안을 마련하기 위하여 준비 중인 가운데(대법원 · 세계화추진위원회, 1995), 당시 대통령자문기구인 '세계화추진위원회'에서 세계화를 위한 중점추진과제의 하나로 사법개혁을 채택하고 '법률서비스 및 법학교육의 세계화' 방안을 마련하였다(정병석 외, 2009). 같은 해 3월 18일에 대법원과 세계화추진위원회는 공동으로 법조인 양성 등 법조 전반에 대해 비합리적인 제도와 관행을 개혁하기 위한 법조개혁을 추진하기로 합의한 후 4.25 사법개혁안을 대통령에게 보고하였다(대법원 · 세계화추진위원회, 1995). 당시 사법개혁안의 기본방향과 이를 통한 기대효과는 그동안 양질의 법률서비스 제공과 사법제도 개혁 등 사법부에 제기되고 있던 다양한 문제를 개선하기 위해 추진하는 것을 기본으로 하였다.

이와 같이 법학전문대학원은 기존의 법조인 양성체제의 문제점을 극복하기 위해 도입되었으며, 기존 법조인 양성체제의 이러한 문제점으로는 기존 법학교육의 방법이 법조인 선발에 초점을 두고 있어 법조인 양성을 위한 기초 교육이 부실하였고, 사법시험 응시요건이 간소하여 법적 논리나 사고력을 확인하기보다는 암기력을 시험하는 시험문제가 다수 출제되어 법조인의 자질과 전문성을 평가하는 데 한계가 있었으며, 사법연수원 제도가 법원 및 검찰 외의 법조인 양성에 적합하지 않은 점을 들 수 있다(장덕호 · 김한나, 2014). 이러한 점을 반영하여 도입된 법학전문대학원은 다양한 학문적 배경을 지닌 자를 대상으로 법률교육을 실시하여 유능한 법조인을 양성하는 데 있다. 그러나 이와 같은 취지에도 불구하고 2009년 법학전문대학원이 개원하기 전까지 지속적으로 법학전문대학원을 도입을 통해 법조인의 수를 확대하고자 하는 정부와 법조인 공급을 가능한 한 줄이고자 하는 법조계(황해봉, 2007)의 첨예한 대립이 있었다. 그럼에도 사법제도 개선의 노력은 그동안 변호사라는 직업을 선택하기 위해서는 사법시험에 합격한 후 사법연수원에서 소정의 과정을 이수한 자를 대상으로 그 자격요건을 부여하고 있어 '시험을 통한 법조인 선발'에서 법학전문대학원이 도입됨에 따라 비록 변호사시험의 형식을 도입하여 자격을 부여함에도 불구하고 고등교육의 범주 내에서 '교육을 통한 법조인 양성'이라는 변호사 양성체계의 패러다임 전환을 가지고 왔다.

2) 평가 변천 과정

우리나라의 법학전문대학원에 대한 평가는 2008년 설립인가 심사를 위한 평가를 시작으로 이루어지기 시작했으며, 변천과정을 입체적으로 기술하기 위해 평가주체로서의 법학전문대학원 도입의 연혁과 평가 단계별 변천으로 나누어 분석하고자 한다.

(1) 법학전문대학원 도입 연혁

법학전문대학원은 세계화를 국가적인 과제로 제시하였던 문민정부 시절인 1995년 1월 25일에 정부 차원에서의 논의로 시작하였다(김창록, 2015). 당시 문민정부에서는 사법제도 분야에서 지속적으로 제기되는 변호사의 과다한 수임료, 법조 인력의 부족, 권위적이고 차별적인 법 집행 등의 문제를 해결하기 위해 대법원에서는 근대사법 100주년이 되는 1995년에 각계의 의견을 수렴한 후 제도개선방안을 마련하기 위하여 준비 중인 가운데(대법원 · 세계화추진위원회, 1995), 당시 대통령자문기구인 '세계화추진위원회'에서 세계화를 위한 중점추진과제의 하나로 사법개혁을 채택하고 '법률서비스 및 법학교육의 세계화' 방안을 마련하였다(정병석 외, 2009). 같은 해 3월 18일에 대법원과 세계화추진위원회는 공동으로 법조인 양성 등 법조전반에 대해 비합리적인 제도와 관행을 개혁하기 위한 법조개혁을 추진하기로 합의한 후(대법원·세계화추진위원회, 1995), 4월 25일에 사법개혁안을 대통령에게 보고하였다. 당시 사법개혁안의 기본방향과 이를 통한 기대효과는 그동안 양질의 법률서비스 제공과 사법제도 개혁 등 사법부에 제기되고 있던 다양한 문제를 개선하기 위해 추진하는 것을 기본으로 하였고 사법개혁안의 기본방향과 기대효과에 대한 구체적인 내용은 [그림 11-1]과 같다.

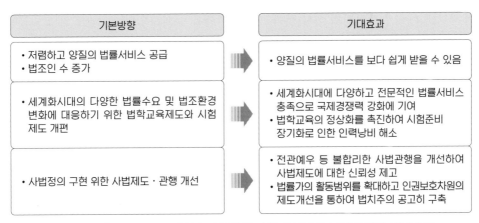

[그림 11-1] 대법원·세계화추진위원회 사법개혁안의 기본방향과 기대효과

※ 대법원·세계화추진위원회(1995) 재구성.

　한편, 법학교육학제 개편과 그에 따른 시험제도 및 연수제도를 추가검토하기 위하여 대법원과 세계화추진위원회에서 각각 3명의 위원을 선발하여 '법조학제위원회'를 구성하고(김창록, 2015), 1995년 7월까지 최종안을 마련하기로 하였으나(정병석 외, 2009), 기존학제의 연장(2년의 교양교육과정과 3~4년의 전문법학교육과정으로 구성된 5~6년제 법과대학)을 주장하는 대법원의 의견과 전문법과대학원의 설치를 주장하는 세계화추진위원회의 안이 대립된 결과, 같은 해 12월 '법학교육 제도의 개편은 대학교육 개혁의 차원에서 법학교육계가 필요한 개편을 자율적으로 추진해 나가도록 하고, 사법연수원은 대법원이 그동안의 사법연수원 운영경험을 토대로 대폭적인 제도개편을 추진해 나가도록 한다'라는 논의가 도출됨으로써 사실상 합의점을 찾지 못하였다(정병석 외, 2009). 이후, 법조학제위원회의 논의대로 문민정부하에서 교육정책을 전담하는 교육개혁위원회에서 법학교육 제도 개편을 추진하게 되었고, 1996년에 법학교육 제도 개편을 위한 방안을 마련하기 위해 '법학교육개혁을 위한 특별위원회'를 설치하였다. '법학교육개혁을 위한 특별위원회'에서 법학교육 개편을 위해 단기적으로는 전문대학원 졸업자에게 사법시험 1차를 면제하는 한편, 장기적으로는 사법시험 응시자격을 전문대학원을 수료한 자로 제한하는 것으로 방침을 정하였고, 교육부에서는 이러한 방안을 구체적으로 마련하기 위해 '법학교육위원회'를 설립하여 운영하고자 하였으나 법조계의 반대로 본격적으로 논의하지는 못하였다(정병석 외, 2009).

이후 국민의 정부에서는 1998년에 교육제도 개혁을 위해 대통령 자문위원회로 설치된 '새교육공동체위원회'에서 법학교육의 문제를 다루었고, 이후 1999년 대통령자문기구로 설치된 '사법개혁추진위원회'에서 법학교육 개선안을 논의하였다. 그러나 '새교육공동체위원회'에서 주장하는 법학대학원 설치안은 법조계의 반대로 무산되었고, '사법개혁추진위원회'에서 주장하는 개혁방안은 구체적인 제도화에 이르지 못하였다(김창록, 2015). 그 결과, 법조인 양성도 사법시험과 사법연수원 제도를 그대로 유지한 채 시험 관장기구를 법무부로 이관한 「사법시험법」 및 같은 법 시행령을 2001년에 제정하는 데 그치고 로스쿨 제도 도입 등 법조개혁에 대해서는 더 이상 논의를 진행하지 못하였다.

그런데 당시 우리나라의 사법개혁 추진에 자극을 받은 일본이 1997년 사법제도개혁심의위원회를 구성하고 2004년 법과대학원 개교를 추진한 일련의 과정을 목도한 참여정부에서는 2003년 4월에 교육인적자원부의 대통령 업무보고를 통하여 핵심전략과제의 하나로 법학전문대학원 제도의 도입을 제안한 이후, 같은 해 7월에 교육부총리가 '참여정부의 고등교육 정책방향'에서 법학전문대학원 제도 도입 논의를 재개할 것을 언급하였고, 대법원에서도 비슷한 시기인 2003년 8월 22일에 당시 대법관 제청파동 사건을 계기로 대통령과 대법원장은 법조인 선발 및 양성제도 등 사법제도 전반에 대한 개혁의 필요성을 공감하였다. 이에 행정부와 사법부는 공동으로 사법개혁을 추진하기로 하였고, 사법개혁 공개토론회를 통해 법학전문대학원 도입을 신중하게 검토하기 시작하였다(정병석 외, 2009). 이후 같은 해 10월 24일에 대법원 산하에 대법원장 자문을 위한 심의기구로 '사법개혁위원회'를 설치하고(정병석 외, 2009), 위원회에서 2004년 12월 법학전문대학원 제도 도입에 대한 합의를 포함한 개혁안을 대법원장을 통해 대통령에게 제출하였으며, 개혁안을 보다 구체적이고 체계적으로 추진하기 위하여 2005년 1월 18일에 대통령 산하의 국무총리와 국무총리급의 민간인을 공동위원장으로 하고 관계부처 장관과 민간위원 등 총 20명으로 사법제도개혁추진위원회가 설립되어 2006년 12월 31일까지 활동하였다(정병석 외, 2009). 사법제도개혁추진위원회에서는 사법개혁위원회에서 건의한 법학전문대학원 제도 도입방안을 구체화하기 위해 각계의 여론을 수렴하기 위한 공청회 등을 실시하여 2005년 5월 16일에 "국민의 다양한 기대와 요청에 부응하는 양질의 법률서비스를 제공하기 위하여 풍부한 교양, 인간과 사회에 대한 깊은 애정과 이해 및 자유 ·

평등·정의를 지향하는 가치관을 바탕으로 건전한 직업윤리관과 복잡다기한 법적분쟁을 전문적·효율적으로 해결할 수 있는 지식과 능력을 갖춘 법조인을 양성하기 위하여" 「법학전문대학원 설치·운영에 관한 법률안」 및 같은 법 시행령안을 심의·의결하였다 (정병석 외, 2009). 이러한 사법개혁추진위원회의 안은 기본적으로 사법개혁위원회의 안을 토대로 법안의 형식으로 확정한 데 그 의의가 있으나, 시민단체나 법학교수들은 법학전문대학원의 총 정원의 미규정, 법학전문대학원평가위원회를 대한변호사협회의 산하에 두는 것이 문제라고 주장하였고, 대한변호사협의회는 총 입학정원이 법조계의 의사가 반영될 수 없는 점 때문에 법안의 전면개정을 요구하기도 하였다(정병석 외, 2009). 이러한 대립으로 인하여 법률안을 마련하고도 5개월 이상 법안을 확정시키지 못한 상황에서 국회 차원에서도 이를 해소하고자 지속적으로 논의하던 중 2005년 10월 27일에 정부에서 「법학전문대학원 설치·운영에 관한 법률안」을 확정하여 국회에 제출하였고(정병석 외, 2009), 같은 해 11월 22일에 이 법률안이 국회교육위원회에 상정되었다. 그리고 제268회 제10차 국회본회의에서 당초 발의된 후 1년 9개월여가 경과함에 따라 발의된 시점과 다른 사정을 반영하는 한편, 법안 심사 시 불합리한 내용을 수정한 법률안을 2007년 7월 3일 국회의장(임채정) 직권으로 상정·가결시킨 후 2007년 7월 27일에 공포 후 9월 28일부터 시행됨에 따라 2009년 3월 전국 25개 법학전문대학원이 개원하였고, 이후 2010년 2월 11일에 「법학전문대학원 설치·운영에 관한 법률」 제27조 및 제28조의 규정에 따라 법학전문대학원의 교육·조직·운영 및 시설 등에 대한 평가와 적정한 평가를 위한 평가기법의 개발 및 평가기준의 수립을 위해 사회 각계의 인사 11인으로 대한변호사협회 내 법학전문대학원평가위원회(이하 '평가위원회'라 한다)를 구성하였다.

(2) 평가 변천 과정

　법학전문대학원은 「법학전문대학원 설치·운영에 관한 법률 시행령」 제18조 제1항의 규정에 따라 법학전문대학원에 학생이 처음으로 입학한 해인 2009년으로부터 4년이 되는 해인 2012년에 최초 평가(1주기 평가)를 받아야 하며, 최초 평가를 받은 때로부터 5년마다 평가를 받아야 한다. 이에 따라 법학전문대학원에 대한 평가는 최초 설립 시의 인증평가, 1주기 평가, 2주기 평가 등 크게 3단계로 구분할 수 있으며, 세부적으로 각 주기별 평가 2년 전 각 법학전문대학원으로 하여금 각 법학전문대학원이 지닌 문제점에 대해 스스로 진단 및 규명하고 그 해결 및 개선방안을 모색하여 실천해 나감으로써 대학원 발전을 도모하기 위해 자체평가를 실시하도록 하였다.

[그림 11-2] 법학전문대학원 평가의 변천단계

먼저, 설립인증평가는「법학전문대학원 설치·운영에 관한 법률」제10조의 규정에 따라 법학전문대학원의 설치인가에 관한 사항 등을 심의하기 위해 2007년 10월 5일에 구성된 법학교육위원회에서 교육인적자원부가 2007년 10월 11일에 법학교육위원회 제2차회의 심의 안건으로 상정한 법학전문대학원 설치인가 심사 및 평가지표 안에 대하여 6회의 회의를 거친 후 2007년 10월 27일에 실시된 회의에서 총 9개 평가영역, 66개 평가항목 및 132개 평가세부항목과 각 항목별 배점으로 구성된 설치인가 심사기준을 의결하였다(정병석 외, 2009). 법학전문대학원의 성공 여부는 처음 교육을 통한 법률전문가 양성이라는 취지에 따라 우수한 법조인을 양성할 수 있는 교육체계에 달려 있다고 판단하여 교육의 질을 담보하는 교육과정 및 교원 분야에 전체 점수의 절반 이상을 배점하고, 예비인가 제도를 도입하여 예비인가를 받은 대학에 한해 교원 및 시설 등에 투자를 하도록 하였다(정병석 외, 2009).

1주기 평가에서는 인가주의를 바탕으로 인가기준의 상당한 충족을 요구받아 법학전문대학원을 설립할 수 있게 되었기에, 설치인가 이후부터 평가시점까지 설치인가기준을 유지하고 향상시키기 위한 필요 최소한의 요건(minimum requirements)을 견지하고 있는지가 관건이었다(법학전문대학원평가위원회, 2010b). 또한 인가 당시에 중요한 평가요소였다고 하더라도 실제 운영과정에서 평가기준으로 문제가 있을 경우에는 기준을 재검토하거나 완화하는 방안이 강구되었다. 아울러 설치인가와 다르게 실제 평가결과를 측정하여 점수화하는 방안이 아닌, 최소한의 요건 충족 여부를 확인하여 모든 영역을 충족한 경우에 대해서만 인증되었다. 다만, 영역별로 우수한 부분이 있는 경우에는 적합하다는 취지와 함께 우수한 점도 함께 명시하고, 상세한 평가보고서를 공개함으로써 각 법학전문대학원으로 하여금 실질적이고 자율적인 경쟁을 유도할 수 있도록 하였다(법학전문대학원평가위원회, 2010b).

2주기 평가에서는 1주기 평가기준과 설치인가 심사기준을 원칙으로 하되, 법학전문대학원 설립 9년차인 2017년에 시행된다는 점을 고려함으로써 법학전문대학원의 현실을 반영한 평가기준을 개발하기 위해 노력하였다. 그리고 각 법학전문대학원의 평가부담을 덜어 주기 위해 평가기준의 구성 체계를 최대한 단순화하고, 현실성이 결여되었거나 상호 유사점이 있는 평가기준은 삭제(관련학위과정) 또는 통합(교육목표 등)하였다(법학전문대학원평가위원회, 2015).

3주기 평가는 「법학전문대학원 설치·운영에 관한 법률」 제2조 교육이념을 구현하고 법학전문대학원 설립 본연의 목적 달성을 촉진하기 위해 설치인가기준, 1주기 및 2주기 평가기준에 '교육성과 평가' 기준을 추가 보완하였다. 특히 이행점검사항의 교육부 평가 결과의 활용, 정량평가요소의 시스템 탑재 및 상시 모니터링으로 평가 업무 완화, 법전원의 평가 대비 업무 부담 경감 등을 통해 보완하고자 하였으며, 이에 관한 상세 사항은 후술하도록 하겠다(법학전문대학원평가위원회, 2019a).

법학전문대학원 평가를 수행하는 주체로는 2010년 2월 11일에 발의된 「법학전문대학원 설치·운영에 관한 법률」 제27조 및 제28조의 규정에 따라 법학전문대학원의 교육·조직·운영 및 시설 등에 대한 평가와 적정한 평가를 위한 평가기법의 개발 및 평가기준의 수립을 위해 사회 각계의 인사 11인으로 구성된 대한변호사협회 내 평가위원회가 있으며, 법학전문대학원 평가위원회의 조직구성은 [그림 11-3]과 같다.

[그림 11-3] 법학전문대학원 평가위원회 조직도

출처: 법학전문대학원 평가위원회 홈페이지(http://www.lsec.or.kr).

2 평가 목적 및 의의

1) 평가목적

법학전문대학원의 설립 목적은 기존의 '법조인 양성제도는 법학교육과 사법제도와의 연계가 부족하여 대학에서 충실한 법학교육이 이루어지기 어렵고, 복잡다기한 법적 분쟁을 전문적·효율적으로 예방하고 해결하는 능력을 갖춘 법조인을 양성하는 데에 미흡하다는 지적에 따라 다양한 학문적 배경을 가진 자에게 전문적인 법률이론 및 실무에 관한 교육을 실시하는 법학전문대학원제도를 도입함으로써 국민의 다양한 기대와 요청에 부응할 수 있는 법률서비스를 제공'하기 위해 도입하였다. 이를 바탕으로 법학전문대학원 평가의 목적을 구체적으로 설명하면 다음과 같다(김창록, 2015).

첫째, 사법시험과 사법연수를 기본으로 하는 기존의 법률가 양성제도가 제대로 작동하지 않은 상황에서 경쟁력을 갖춘 새로운 법률가 양성 요구에 부응하고자 한다. 응시자격을 요구하지 않는 사법시험의 특성으로 인하여 비법학 전공자들 중 고시학원에서 시험기술을 습득한 수험생이 법률가가 되는 경우가 발생함에 따라 다양한 문제해결 능력을 갖춘 법률가가 양성되지 못한 기존 제도의 한계에 따라 법학전문대학원은 '새로운 법률가' 양성을 목표로 한다. 「법학전문대학원 설치·운영에 관한 법률」 제2조의 교육이념에서는 이와 같은 내용이 잘 구현되어 있는데, 이 법률 제2조의 규정에 따르면 "법학전문대학원의 교육이념은 국민의 다양한 기대와 요청에 부응하는 법률서비스를 제공하기 위하여 풍부한 교양, 인간 및 사회에 대한 깊은 이해와 자유, 평등, 정의를 지향하는 가치관을 바탕으로 건전한 직업윤리관과 복잡다기한 법적 분쟁을 전문적·효율적으로 해결할 수 있는 지식 및 능력을 갖춘 법조인의 양성에 있다"라고 규정하고 있어 국민에게 효율적인 법률서비스를 제공할 수 있도록 우수한 법조인을 양성하는 것이 법학전문대학원의 목적이라는 것을 확인할 수 있다. 법학전문대학원은 전문적인 법률이론 및 실무에 관한 교육과 연구를 수행할 수 있는 교원, 시설 교육과정 등을 갖추어야 하며, 「법학전문대학원 설치·운영에 관한 법률」에서는 일정 설치기준을 충족하는 대학에 한하여 설치를 인가하도록 규정하고 있다. 법학전문대학원 평가는 법학전문대학원을 두고 있는 대학이 그 목적을 달성하기 위해 필요한 요건을 지속적으로 충족하고 있는지를 점검하기 위해 「법학전문대학원 설치·운영에 관한 법률」 제27조의 규정에 따라 대한변호사협회에 설치되는 법학전문대학원평가위원회에서 실시하고 있다.

둘째, 기존 법조인의 양성의 중심이었던 '시험에 의한 선발'에서 '교육을 통한 양성'으로 그 중심을 옮기는 데 기여한다. 사법시험에 합격하는 경우 사법연수원에서의 연수를 거쳐 법률가로서의 자격을 부여하는, 즉 사법시험을 중심으로 법조인을 선발하는 기존 제도와 달리 대학원에서 체계적인 교육을 통한 법률전문가 양성을 지향하고 있으므로 법학전문대학원의 평가는 이러한 취지를 잘 살릴 수 있도록 교육의 질을 보장할 수 있어야 한다(신양균 외, 2009). 이러한 내용을 구현하기 위해 「법학전문대학원 설치·운영에 관한 법률」 제5조의 규정에 따라 설치하는 법학교육위원회에서는 법학교육수준의 제고와 교육여건의 개선을 염두에 두고 교육목표, 입학전형, 교육과정 등 9개 영역과 66개 항목으로 구성된 인가 심의를 위한 인가기준을 마련하고 평가를 실시하였다(교육인적자원부, 2007b).

2) 평가의의

법학전문대학원 평가는 법학전문대학원의 도입에 따라 기존의 법조인 양성체계에 중대한 변화를 가지고 왔으며, 이러한 체계가 효과적으로 정착되었는지를 확인하는 데 그 의의가 있으며 이러한 법학전문대학원에 대한 평가의 의의에 대해 살펴보면 다음과 같다(신양균 외, 2009; 법학전문대학원평가위원회, 2015).

첫째, 법학전문대학원의 교육, 연구, 학생지원 등 평가영역 전반에 대한 기본요건을 충족하고 있는지를 5년 주기로 평가하여(「법학전문대학원 설치 · 운영에 관한 법률 시행령」 제18조 제1항) 법조인 양성교육의 질을 보장한다. 이러한 평가는 법학전문대학원 설립인가 당시의 운영계획 대비 이행실적에 대한 모니터링의 실시를 통해 법학전문대학원이 법조인을 양성하는 전문대학원으로서의 기능을 수행하기 위한 최소 수준의 충족여부를 판정함으로써 법학전문대학원이 스스로 설정한 교육목적을 달성하고 있는지를 확인하는 한편, 교육목적의 달성을 위한 자원 배분 및 효율성을 분석할 수 있도록 할 수 있다.

둘째, 법학전문대학원의 경영 개선에 필요한 정보를 지속적으로 제공하여 법학전문대학원 운영의 효율성을 제고한다. 구체적인 근거에 기반한 자료를 평가에 활용함에 따라 법학전문대학원의 교육프로그램 및 교육여건의 개선방안을 모색하는 데 기여할 수 있다.

셋째, 법조인 양성 교육수요자에게 법학전문대학원의 질적 수준 및 현황에 관한 정보를 제공하여 수요자들로 하여금 법학전문대학원 선택에 필요한 정보를 제공한다. 법학전문대학원평가위원회에서는 개별 대학의 인증평가결과를 홈페이지 등에 공지하고 각 대학별로 우수 사례를 공개함으로써 책무성 확보에 기여하는 한편, 교육 수요자의 알 권리를 보장하고 있다.

③ 평가 영역 및 지표

법학전문대학원의 평가는 크게 자체평가와 정기평가로 구성되어 있으며, 자체평가의 경우 정기평가를 치를 준비가 되었는지를 대학 자체적으로 확인하는 평가이므로 실제는 정기평가만 그 의미가 있다고 할 수 있다.

1) 설치인가 심사평가

당초 평가기준은 설치인가 기준으로 9개 항목을 기초로 설정하고자 하였으나 법학전문대학원이 설치된 대학 전체 대한 평가를 그 내용으로 하는 '대학경쟁력 및 사회적 책무성' 항목은 제외하고 8개 항목으로 평가하였으며(법학전문대학원평가위원회, 2010b), 인가심사기준과 법학전문대학원 평가기준의 구체적인 평가 영역 및 항목은 〈표 11-1〉과 같다.

〈표 11-1〉 법학전문대학원 인가심사기준과 평가기준

인가심사기준				평가기준	
영역	평가항목 수	배점	비율	영역	평가항목 수
계	66	1,000	100.0	계	29
1. 교육목표	3	40	4.0	1. 교육목표	2
2. 입학전형	7	60	6.0	2. 입학전형	2
3. 교육과정	16	345	34.5	3. 교육과정	6
4. 교원	10	195	19.5	4. 교원	3
5. 학생	6	125	12.5	5. 학생	4
6. 교육시설	11	102	10.2	6. 교육시설	3
7. 재정	5	55	5.5	7. 교육연구지원	6
8. 관련 학위과정	3	30	3.0	8. 관련학위과정	3
9. 대학경쟁력 및 사회적 책무성	5	48	4.8		

출처: 법학전문대학원 평가위원회(2010b); 정병석 외(2009).

이러한 심사를 위해 적용하였던 설치인가 심사기준의 주요 내용은 각 영역별로 규정되어 있으며, 심사기준의 주요 내용은 〈표 11-2〉와 같다.

〈표 11-2〉 법학전문대학원 설치인가 심사기준의 주요 내용

영역	특징
교육목표	다양한 영역에 특화된 법조인을 양성할 수 있도록 개별 법학전문대학원의 특성화 목표 및 전략을 심사기준에 포함
입학전형	사회적 취약계층의 법학전문대학원으로의 진학을 배려하기 위한 특별전형 비율(5% 이상 만점)을 평가
교육과정	국제경쟁력을 갖춘 법조인의 양성을 위하여 외국어 강의 수와 외국어 강의 능력 적합성을 심사기준에 포함
교원	교원구성의 다양성 확보를 위해 신규 채용 교수 중 특정대학 출신의 비율(50% 미만 만점), 여성교수 채용실적(10% 이상 만점) 등 평가
학생	경제적 약자가 법조인으로 진출하는 데 지장이 없도록 전액 장학생 비율 및 장학생 선발기준(사회적 취약계층 배려 여부)과, 그간의 법학 관련 학생교육 성과 평가를 위해 최근 5년간 사법시험 합격자 수를 심사기준에 포함
교육시설	법학전문도서관에 충분한 규모와 종류의 장서 확보 실적 및 계획에 대해 평가(P/F평가)
재정	건전한 대학 재정운영을 평가하기 위하여 등록금 의존비율(40% 미만 만점) 등 법학전문대학원 재원 조달계획의 적정성을 심사기준에 포함
관련 학위과정	폐지되는 법학 학사학위과정 학생의 학습권 보호를 위한 대책 평가
대학경쟁력 및 사회적 책무성	대학의 경쟁력 강화 노력을 평가하기 위하여 구조개혁, 특성화, 국제화 실적을, 대학의 사회적 책무성 확보 노력을 평가하기 위해 연구윤리·학교교육 정상화 실적을 심사기준에 포함

출처: 정병석 외(2009).

2) 1주기 평가

2012년 1주기 평가에서는 인가주의를 바탕으로 인가기준의 상당한 충족을 요구받아 법학전문대학원을 설립할 수 있게 되었기에, 설치인가 이후부터 평가시점까지 설치인가 기준을 유지하고 향상시키기 위한 필요 최소한의 요건(minimum requirements)을 견지하고 있는가에 그 초점을 두고 있다(법학전문대학원평가위원회, 2010b). 이는 총 8개 영역, 29개 항목, 60개 세부항목 및 148개 지표로 구성되며 구체적인 평가영역 및 평가항목은 〈표 11-3〉과 같다.

〈표 11-3〉 1주기 평가 영역 및 지표

평가영역	평가지표
1. 교육목표	1.1. 교육목표의 적절성
	1.2. 자체평가
2. 입학전형	2.1. 입학전형계획의 타당성 및 공정성
	2.2. 입학자격 및 선발
3. 교육과정	3.1. 교육과정 편제
	3.2. 교육과정 운영체계의 효율성
	3.3. 수업의 효율성
	3.4. 학사관리의 엄정성
	3.5. 실무필수과목의 적절성과 충실성
	3.6. 국제화 및 특성화
4. 교원	4.1. 전임교원 확보 및 교원의 다양성
	4.2. 교수개발지원
	4.3. 전임교원 연구성과
5. 학생	5.1. 학생상담 및 지도
	5.2. 학생복지
	5.3. 장학제도
	5.4. 졸업생의 사회진출
6. 교육시설	6.1. 교육시설 일반
	6.2. 필수기본시설의 확보
	6.3. 도서관 및 학술정보 확보
7. 교육연구지원	7.1. 재정조달계획의 적절성
	7.2. 재정분배의 적절성
	7.3. 행정지원
	7.4. 연구소 지원
	7.5. 리걸클리닉 지원
	7.6. 규정 제정 및 위원회 설치
8. 관련학위과정	8.1. 법학사 학위과정의 폐지
	8.2. 관련학위과정 운영
	8.3. 기존 법학부 과정의 교육

출처: 법학전문대학원 평가위원회(2010b).

이와 같은 영역에 대하여 법학전문대학원 평가기준은 평가영역, 평가항목, 세부평가항목, 평가지표 4단계로 구성되어 있다. 평가인증을 위한 판정은 평가기준의 위계상 하위단계의 평가결과를 종합한 후 그 상위단계를 평가하는 상향식 평가방법을 활용하여 실시하고 있으며(법학전문대학원평가위원회, 2012), 평가기준별 판정요건 및 평가인증유형 및 판정기준은 〈표 11-4〉, 〈표 11-5〉와 같다.

〈표 11-4〉 평가기준별 판정 요건

구분	판정을 위한 활용방법
평가 영역 판정	• 평가영역에 대한 판정은 해당 평가영역을 구성하는 평가항목별 우수, 양호, 보통 등의 평가결과를 종합하여 평가영역별 평가기준 충족 여부를 적합/부적합(P/F) 및 우수 등으로 평가함 • 우수 평가영역에 대한 판정기준(2010년 자체평가 시에는 적용하지 아니함) - 해당 평가영역을 구성하는 평가항목별 평가결과가 전체 법학전문대학원의 상위 10%(3개 대학원 이내) 이내인 평가항목을 포함하는 경우 • 평가영역별 적합/부적합(P/F) 및 우수 판정결과는 공표함

평가
항목
판정
	• 평가항목에 대한 판정은 해당 평가항목을 구성하는 세부평가항목에 대한 적합/부적합(P/F), 우수, 양호, 보통 등의 평가결과를 종합하여 적합/부적합(P/F), 우수, 양호, 보통 등으로 평가
	• 평가항목의 적합/부적합(P/F) 판정의 전제조건
	   - ★와 ◎ 표시의 평가지표를 포함하는 세부평가항목은 기본적으로 충족되어야 함
	   - ○ 표시의 평가지표를 포함하는 세부평가항목의 경우에도 최소 요구수준을 충족해야 함
	• 우수 평가항목에 대한 판정 기준(2010년 자체평가 시에는 적용하지 아니함)
	   - 해당 평가항목을 구성하는 세부평가항목별 평가결과가 전체 법학전문대학원의 상위 10%(3개 대학원 이내) 이내인 세부평가항목을 포함하는 경우
	• 평가항목별 적합/부적합(P/F) 및 우수 판정결과는 공표함

세부
평가
항목
판정
	• 해당 세부평가항목의 평가지표에 대한 평가결과를 종합하여 적합/부적합(P/F), 우수, 양호, 보통 등으로 판정하여 차상위 단계인 평가항목의 평가기준에 대한 충족 여부를 판정하는 데 활용함
	• 세부평가항목의 적합/부적합(P/F) 판정의 전제조건
	   - ★와 ◎ 표시의 평가지표를 포함하는 세부평가항목의 경우, 해당 평가지표 모두가 충족될 때, 해당 세부평가항목을 적합(Pass)으로 판정함
	   - ★와 ◎ 표시의 평가지표 어느 하나라도 충족하지 못할 경우 해당 세부평가항목은 부적합(Failure)로 판정함

	• ○ 표시의 평가지표에 대한 점검 및 진단결과는 이를 종합하여 세부평가항목의 우수 또는 특성화 등을 판정할 경우와 세부평가항목의 차상위 평가단계인 평가항목의 인증판정에 활용
	• 우수 세부평가항목에 대한 판정기준(2010년 자체평가 시에는 적용하지 아니함)
	  − 해당 세부평가항목을 구성하는 평가지표에 대한 점검 및 진단결과가 전체 법학전문대학원의 상위 10%(3개 대학원 이내) 이내인 평가지표를 포함하는 경우
	• 해당 세부평가항목에 대한 적합/부적합(P/F), 우수, 양호, 보통 등에 대한 판정결과는 공표하지 않으며, 차상위 단계인 평가항목 판정의 근거로 활용함
	  ※ 우수는 강점으로 보고서에 제시하고, 보통은 개선 요망 사항으로 보고서에 제시

평가
지표
판정
	• 세부평가항목을 아래 세 가지 유형으로 분류
	  − ★: 법령사항으로 반드시 충족해야 할 평가지표
	  − ◎: 법령사항은 아니지만 반드시 충족해야 할 평가지표
	  − ○: 법령사항도 아니고 반드시 충족해야 할 것은 아니지만 충족하는 것이 바람직한 평가지표
	  ※ 평가지표는 하나 이상의 평가요소로 구성되며, 각 평가요소에 대한 판정기준인 평가척도의 충족 여부에 따라 해당 평가요소 충족 여부를 판정함. 평가요소가 복수인 경우 그중 일정 수 이상의 평가요소를 충족하여야 해당 평가지표를 충족한 것으로 평가함

출처: 법학전문대학원 평가위원회(2010b).

〈표 11-5〉 평가인증 유형 및 판정기준

구분	판정기준	인증기간 및 추가조치사항
인증	• 8개 영역 모두 적합(Pass)으로 받은 경우에 인증 ※ 적합(Pass)은 평가기준을 모두 충족하는 것으로 판정되었음을 의미함	• 인증 유효기간: 5년
인증 유예	• 적합(Pass) 판정을 받은 평가영역은 6개 이상이고, 부적합(Failure)으로 판정을 받은 평가영역은 2개 이하인 경우 ※ 단, 부적합(Failure) 판정 시 평가영역이 1년 이내 단기 개선이 가능해야 함	• 1년 이내 미충족 사항을 개선하고, 해당 부분에 대한 보고서 제출 후 추가평가 실시 • 추가평가 결과 인증될 경우, 해당 시점부터 잔여기간 인증

재평가	• 다음 각 1에 해당하는 경우
	  − 평가영역 3개 이상이 부적합(Failure) 판정인 경우
	  − 평가영역 2개 이하가 부적합(Failure) 판정이나, 1년 이내에 개선이 불가능한 경우
	  − 인증유예 판정 이후 1년 이내 개선하지 못한 경우
		• 부적합(Failure) 판정으로부터 2년 경과 후 3년째에 재평가 실시

출처: 법학전문대학원 평가위원회(2010b).

3) 2주기 평가

　2주기 평가가 2017년의 평가의 경우 기본적으로 법학전문대학원 설립 9년차에 이루어지는 현실을 반영하여 2007년에 수립된 설치인가 심사기준과 2012년에 이루어진 1주기 평가기준을 원칙으로 하여 평가기준을 개발하였다. 2주기 평가는 1주기 평가와 마찬가지로 평가결과를 실제 점수화하는 방안을 채택하지 않고 평가요소에서 제시하고 있는 최소요구조건의 '충족·불충족' 여부를 평가하였으며, 1주기 평가 대비 2주기에서의 변경된 점으로는 다음과 같다. 첫째, 개별 법학전문대학원 평가부담을 경감하는 차원에서 평가기준의 구성체계를 단순화하여, 1주기 평가기준은 평가영역, 평가항목, 세부평가항목 및 평가지표의 4단계로 구성되어 있고, 각각의 평가지표의 충족여부를 판정하기 위하여 평가요소와 평가척도로 구성하였으나, 2주기 평가기준은 평가영역, 평가항목, 평가지표의 3단계로 구분하고 평가지표의 충족여부를 판정하기 위한 평가요소를 제시함으로써 구성체계의 단순화를 도모하였다. 둘째, 현실성이 결여되었거나 상호 유사점이 있는 평가기준은 삭제하거나 통합하였다. 그 결과 1주기의 평가영역은 총 8개였으나 2주기 평가는 총 5개 평가로 그 구성 체계를 달리하고 있었으며, 주요 1주기 평가 대비 변경된 평가영역의 내용과 평가항목, 평가기준별 판정요건 및 판정기준의 구체적인 내용은 〈표 11-6〉, 〈표 11-7〉, 〈표 11-8〉, 〈표 11-9〉와 같다.

〈표 11-6〉 1주기 평가 대비 2주기 평가의 평가영역 변경 내용

1주기 평가(2012)		2주기 평가(2017)		비고
영역	평가항목(개)	영역	평가항목(개)	
계	29	계	18	
① 교육목표	2	① 학생	4	1주기 평가의 ② '입학전형'과 ⑤ '학생'은 ① '학생'으로 통합
② 입학전형	2	② 교원	3	
③ 교육과정	6	③ 교육과정	7	1주기 평가의 ① '교육목표'는 ③ '교육과정'에 흡수·통합하고 ⑧ '관련학위과정' 삭제
④ 교원	3	④ 교육환경	2	1주기 평가의 ⑥ '교육시설'과 ⑦ '교육연구지원'은 ④ '교육환경'으로 통합
⑤ 학생	4	⑤ 교육성과	2	법학전문대학원 설립 목적을 구현하는 법학교육이 실시되는가를 평가하기 위해 신설

⑥ 교육시설	3		–	
⑦ 교육연구지원	6		–	
⑧ 관련학위과정	3		–	

※ 법학전문대학원 평가위원회(2010b; 2015)를 재구성함.

〈표 11-7〉 제2주기 평가영역 및 평가항목

평가영역	평가항목
① 학생	1.1. 입학전형계획의 타당성 및 공정성과 학생선발의 다양성
	1.2. 학생상담 및 지도
	1.3. 학생복지
	1.4. 장학제도
② 교원	2.1. 전임교원 확보 및 교원의 다양성
	2.2. 교수의 수업부담
	2.3. 전임교원 연구성과
③ 교육과정	3.1. 교육과정 편제
	3.2. 교육과정 운영체계의 효율성
	3.3. 수업의 효율성
	3.4. 학사관리의 엄정성
	3.5. 실무필수과목 등의 적절성과 충실성
	3.6. 리걸클리닉 등의 개설 및 운영의 내실화
	3.7. 국제화 및 특성화
④ 교육환경	4.1. 교육시설
	4.2. 교육여건
⑤ 교육성과	5.1. 변호사시험 합격률 및 취업률
	5.2. 학습성과 및 교육의 질 개선

출처: 법학전문대학원 평가위원회(2015).

〈표 11-8〉 2주기 평가기준 상 판정요건

구분	판정을 위한 활용방법
평가 영역	• 평가영역에 대한 판정은 해당영역에 포함된 평가지표를 종합하여 판단하는데, ★와 ◎의 평가요소의 충족 여부와 더불어 ○의 평가요소의 불충족 개수로 적합 · 부적합을 판정하고, 적합한 경우 평가지표를 종합하여 우수, 양호, 보통을 판정함

평가 항목	• 평가항목은 판정하지 아니함	
평가 지표	• 평가지표는 최소요구조건으로 제시되는 평가요소로 구성됨 • 평가요소 중 일정 수 이상의 충족 여부에 따라 평가지표의 충족·불충족을 판정하고, 충족한 경우 우수, 양호, 보통의 등급을 판정함	
	우수	• 평가지표별 높은 수준의 평가요소의 수와 정량적 현황과 질적 수준을 종 합하여 우수 판정함
	양호	• 평가지표별 상당한 수준의 평가요소의 수와 정량적 현황과 질적 수준을 종합하여 양호 판정함
	보통	• 평가지표별 평가요소를 기본적으로 충족하는 경우에 판정함

평가
요소
	• 평가요소는 다음 세 가지 유형으로 분류
	  – ★: 법령사항으로 반드시 충족해야 할 평가요소
	  – ※ 비록 법령사항이더라도 중요도가 상대적으로 낮다고 판단되는 예외적인 경우
	   ◎ 또는 ○로 분류하였음
	  – ◎: 법령사항은 아니지만 반드시 충족해야 할 평가요소
	  – ○: 법령사항도 아니고 충족해야 하는 것은 아니지만, 충족하는 것이 바람직한 평
	  가요소	

	높은 수준	• 평가요소에 관한 정량적 현황과 질적 수준을 감안하여 상위 10% 이내인 경우 높은 수준으로 판정함
	상당한 수준	• 평가요소에 관한 정량적 현황과 질적 수준을 감안하여 상위 10% 내지 30%인 경우 상당한 수준으로 판정함

출처: 법학전문대학원 평가위원회(2015).

〈표 11-9〉 2주기 평가기준의 평가인증 유형 및 판정기준

구분		판정기준	인증기간 및 추가조치사항
인증	인증	• 5개 영역 모두 적합으로 판정받은 경우 • 평가대상기간 중에는 평가기준을 충족하지 못하였지만, 현지조사에 서 개선사실이 확인된 경우	• 인증 유효기간: 5년
	조건부 인증	• 부적합으로 판정받은 영역이 1개 이고, 1년 이내에 개선이 가능한 경우	• 1년 이내에 추가평가 실시 • 인증 유효기간: 5년 – 추가평가 기간도 인증기간에 산입

불인증	한시적 불인증	• 부적합으로 판정받은 평가영역이 1개이고, 1년 이내에 개선이 불가능한 경우 • 부적합으로 판정받은 평가영역이 2개 이상이고 모두가 1년 이내에 개선이 가능한 경우	• 2년 이내에 모든 영역에 대한 재평가 실시 • 재평가를 통해서 인증을 받을 경우 인증시점부터 2주기 평가의 잔여기간에 한해서 인증 부여 • 정부의 재정지원 배제 등 제재조치 건의
	불인증	• 부적합으로 판정받은 평가영역이 2개 이상이고, 그중 1개 이상이 1년 이내에 개선이 불가능한 경우	• 2년 경과 후 재평가 신청 가능 • 학생 수 감축 등 제재조치 건의

출처: 법학전문대학원 평가위원회(2015).

4) 3주기 평가

3주기 평가는 2주기 평가와 다음과 같은 차이가 있다. 첫째, 이행점검사항을 교육부 평가결과에 활용하고자 하였다. 이행점검사항(이행점검사항이 본 평가의 정량평가요소와 내용이 일치하는 경우)과 중복되는 평가요소는 중복평가에서 오는 법학전문대학원의 평가부담을 경감하기 위하여 매년 실시하는 이행점검 결과를 인증평가에 활용하고자 하였다. 다만, 이행점검사항이 본 평가의 정량평가요소와 내용이 일치하는 경우는 해당 이행점검사항을 법학전문대학원 평가시스템에 매년 입력(입력·탑재방법: 엑셀파일 제출 방식, 증빙을 스캔하여 pdf 파일 제출)하도록 하여 관리하게 하였다.

둘째, 정량평가요소의 시스템 탑재 및 상시 모니터링으로 평가 업무를 완화하고자 하였다. 개별 법학전문대학원의 평가부담을 경감한다는 차원에서 평가요소 중 정량평가요소들은 법학전문대학원 평가시스템에 매년 입력(입력·탑재방법: 엑셀파일 제출 방식, 증빙을 스캔하여 pdf 파일 제출)하게 하여 상시평가 모니터링을 실시하고 자기점검보고서와 현지조사 대상에서 제외하도록 하였다(평가에서 제외되는 것은 아님).

셋째, 법전원의 평가 대비 업무 부담을 경감하고자 하였다. 법학전문대학원 설립 10주년의 현실을 감안하여 이행점검사항이 아닌 평가요소의 최소 요구 충족기준을 현실화하였고, 그 내용이 서로 중첩되는 평가요소들은 상호 통합하여 단순화하였다. 이에 관해 그림으로 나타내면 다음과 같다(법학전문대학원평가위원회, 2019a).

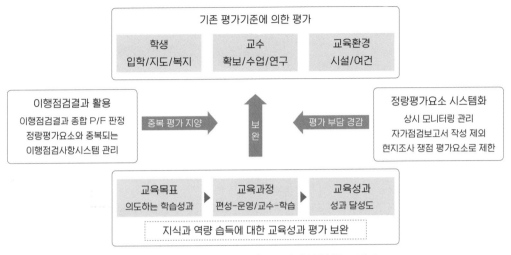

[그림 11-4] 법학전문대학원 평가위원회 조직도

출처: 법학전문대학원 평가위원회(2019a).

평가절차는 법학전문대학원 자기점검보고서 제출, 자기점검보고서에 대한 서면평가, 서면평가 결과에 대한 현지조사, 현지조사결과에 대한 인증판정의 4단계 절차를 기본으로 하며, 평가방법은 최소 요구조건에 대한 충족여부를 판정하는 인증평가를 원칙으로 하고, 평가영역 및 평가항목, 평가기준별 판정요건 및 판정기준의 구체적인 내용은 〈표 11-10〉, 〈표 11-11〉, 〈표 11-12〉와 같다.

〈표 11-10〉 제3주기 평가영역 및 평가항목

평가영역	평가항목
① 학생	1.1. 입학전형계획
	1.2. 학생 선발
	1.3. 학생 지도
	1.4. 학생 복지
② 교원	2.1. 전임교원 확보
	2.2. 연구 및 강의
③ 교육환경	3.1. 교육시설
	3.2. 교육여건

④ 교육과정	4.1. 교육목표
	4.2. 교육과정 편제
	4.3. 학사관리
	4.4. 실무과목
	4.5. 국제화 및 특성화
⑤ 교육성과	5.1. 기본과목
	5.2. 실무과목
	5.3. 교육만족도 및 개선

출처: 법학전문대학원 평가위원회(2019a).

〈표 11-11〉 3주기 평가기준 상 판정요건

구분	판정을 위한 활용방법		
평가영역	• 평가지표의 평가결과를 종합, 충족여부와 우수 · 보통 · 미흡 등급으로 판정함		
	등급	평가지표 수 2~3개	평가지표 수 4개 이상
	우수	우수 2개 이상	우수 3개 이상
	보통	우수 1개	우수 2개
	미흡	우수 없음	우수 1개
	• 법령사항 평가요소(★ 표시), 법령사항은 아니지만 중요한 평가요소(◎ 표시)를 충족하지 못한 경우 불충족으로 판정함		
평가항목	• 평가항목은 판정하지 아니함		
평가지표	• 평가요소의 평가결과를 종합, 충족여부와 우수 · 보통 · 미흡 등급으로 판정함		
	우수	• 평가지표별 높은 수준의 평가요소의 수와 정량적 현황과 질적 수준을 종합하여 우수 판정함 ※ 높은 수준: 평가요소에 관한 정량적 현황과 질적 수준을 감안하여 상위 10% 미만인 경우	
	보통	• 평가지표별 상당한 수준의 평가요소의 수와 정량적 현황과 질적 수준을 종합하여 보통 판정함 ※ 상당한 수준: 평가요소에 관한 정량적 현황과 질적 수준을 감안하여 상위 10% 내지 30%인 경우	
	미흡	• 평가지표별 평가요소를 기본적으로 충족하는 경우에 미흡 판정함	
	• 법령사항 평가요소(★ 표시), 법령사항은 아니지만 중요한 평가요소(◎ 표시)를 충족하지 못한 경우 불충족으로 판정함. 단, 평가척도에서 따로 정한 경우는 예외로 함		

평가요소	• 정량평가요소는 평가자료에 대한 최소요구조건 충족 여부를 판단함 • 정성평가요소는 평가자료에 대한 질적 평가의 객관성을 높이기 위해 해당 평가자료의 성격과 특징을 고려하여 세부 점검사항 목록을 작성하고, 각 점검항목별 그 상태 또는 정도를 상(3점), 중(2점), 하(1점)로 점수를 부여하며, 이를 종합하여 해당 정성평가요소의 충족여부를 판단함

출처: 법학전문대학원 평가위원회(2019a).

〈표 11-12〉 3주기 평가기준의 평가인증 유형 및 판정기준

구분		판정기준	인증기간 및 추가조치사항
인증	인증	• 5개 영역 모두 적합으로 판정받은 경우 • 평가대상기간 중에는 평가기준을 충족하지 못하였지만, 현지조사에서 개선사실이 확인된 경우	• 인증 유효기간: 5년
	조건부 인증	• 부적합으로 판정받은 평가영역이 1개이고, 1년 이내에 개선이 가능한 경우	• 1년 이내에 추가평가 실시 • 인증 유효기간: 5년 − 추가평가 기간도 인증기간에 산입
불인증	한시적 불인증	• 부적합으로 판정받은 평가영역이 1개이고, 1년 이내에 개선이 불가능한 경우 • 부적합으로 판정받은 평가영역이 2개 이상이고 모두가 1년 이내에 개선이 가능한 경우	• 2년 이내에 모든 영역에 대한 재평가 실시 • 재평가를 통해서 인증을 받을 경우 인증시점부터 3주기 평가의 잔여기간에 한해서 인증 부여 • 정부의 재정지원 배제 등 제재조치 건의
	불인증	• 부적합으로 판정받은 평가영역이 2개 이상이고, 그중 1개 이상이 1년 이내에 개선이 불가능한 경우	• 2년 경과 후 재평가 신청 가능 • 학생 수 감축 등 제재조치 건의

출처: 법학전문대학원 평가위원회(2019a).

4 평가 과정 및 방법

1) 1주기 자체평가(2010년)

자체평가는 법학전문대학원평가위원회의 최초평가가 이루어지는 2012년의 2년 전에 법학전문대학원평가위원회에서 제시한 평가기준에 따라 각 법학전문대학원이 자체적으로 평가사항에 대해 심층적으로 분석·평가하는 활동으로 자체평가를 통해 각 법학전문대학원이 지닌 문제점에 대해 스스로 진단·규명하고 그 해결 및 개선방안을 모색하여 실천해 나감으로써 대학원 발전을 도모하기 위해 실시한다(교육과학기술부, 2009a). 구체적으로 자체평가를 통해, 첫째, 법학전문대학원의 평가인정에 필요한 자료를 제공한다. 둘째, 법학전문대학원의 교육프로그램과 교육여건의 개선방안을 모색한다. 셋째, 법학전문대학원의 장·단기 발전계획 등 학사기획을 위한 기초자료를 작성한다. 넷째, 법학전문대학원 소속 교직원의 전문성 개발의 기회를 부여하는 기능을 수행한다. 자체평가는 자체평가 준비, 자체평가 실시, 자체평가의 보고, 자체평가 결과의 활용의 단계로 구성되며 자체평가의 절차는 [그림 11-5]와 같다.

<table>
<tr><td>자체평가
준비</td><td>• 자체평가기획위원회의 구성과 예산확보
• 자체평가연구위원회 조직과 운영
• 자체평가연구 계획 수립</td></tr>
<tr><td>자체평가
실시</td><td>• 법학전문대학원평가위원회에서 제시한 평가기준의 내용 숙지
• 평가업무 관계자에 대한 오리엔테이션 실시
• 자료 수집을 위한 서식 개발 및 교직원과 학생으로부터의 자료수집
• 필요시 외부 평가전문가의 자문 활용
• 수집된 자료를 바탕으로 자체평가연구위원은 담당 영역별로 자체평가연구 실시</td></tr>
<tr><td>자체평가
보고</td><td>• 자체평가연구위원회는 법학전문대학평가위원회가 제시한 보고서 서식에 따라 담당 영역별로 보고서 내용을 집필하여 종합한 후, 자체평가평기획위원회의 심의를 거쳐 총장에게 보고하고, 최종보고서를 인쇄하여 법학전문대학원평가위원회에 제출</td></tr>
<tr><td>자체평가
결과 활용</td><td>• 자체평가 결과 발견된 문제점에 대해 개선방안 마련</td></tr>
</table>

[그림 11-5] 자체평가 절차

출처: 교육과학기술부(2009a).

2) 1주기 평가(2012년)

「법학전문대학원 설치 · 운영에 관한 법률 시행령」 제18조 제1항의 규정에 따라 법학전문대학원을 둔 대학은 학생이 처음 입학한 해인 2009년으로부터 4년이 되는 2012년에 「법학전문대학원 설치 · 운영에 관한 법률」 제28조의 규정에 따라 법학전문대학원 평가위원회의 평가를 받아야 하고, 최초의 평가를 받은 때로부터 5년마다 법학전문대학원 평가위원회의 평가를 받아야 하며, 법학전문대학원에 대한 평가일정 및 구체적인 절차는 [그림 11-6], [그림 11-7]과 같다.

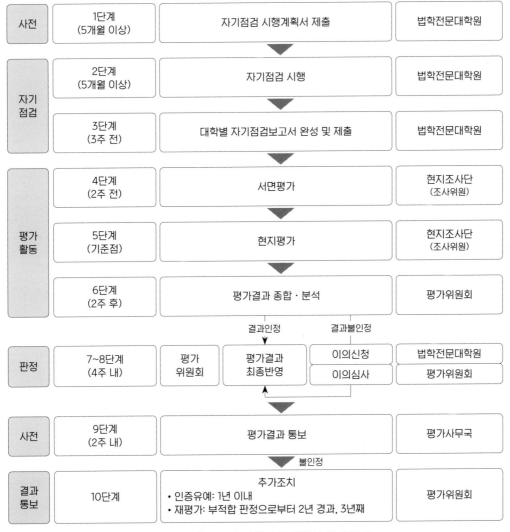

[그림 11-6] 1주기 법학전문대학원 평가단계

출처: 법학전문대학원 평가위원회(2010c).

자기점검계획 수립	• 평가설명회를 기초로 각 법학전문대학원은 2012. 2. 29.까지 자기점검 시행계획서를 평가위원회에 제출

대학별 자기점검 시행	• 평가기간: 개원 후 ~ 2012. 2. 29.

대학별 자기점검보고서 접수	• 2012. 8. 20.까지 제출

대학별 자기점검 보고서 데이터 입력	• 2012. 8. 24.까지 입력 • 자기점검보고서 중 정량지표 전산입력기간(평가위, 대학관계자)

서면평가 수행	• 2012년 9월 실시 • 현지조사팀에 의한 자기점검보고서 평정 • 평가 대학별 현지조사팀 회의

현지평가 수행	• 2012년 10~11월 실시 • 학교별 2박 3일 소요 • 서면평가 자료에 대한 검증활동, 면담, 수업참관, 관계자 회의 개최

평가의견서 초안 마련	• 2012년 11월 말~12월 초까지 • 평가의견서 초안 작성

대학 의견 수렴	• 2012년 12월~2013년 1월경 해당 대학에 개략의 평가결과를 통보한 후 대학의 의견을 수렴

평가의견서 최종 확정	• 평가위원회가 평가의견서 내용을 최종 확정

평가결과 통보	• 2013년 초 교과부 장관 및 각 대학에 통보 • 평가위원회 정보공시시스템에 자기점검의견서와 별도 양식으로 공시

[그림 11-7] 1주기 평가의 기본 절차

출처: 법학전문대학원 평가위원회(2012).

제1주기 평가의 경우 평가기간 산정의 기준일은 달리 정함이 없는 경우에는 과거 기간을 계산할 때, 평가개시일이 포함된 학기가 제1학기인 경우 그해 2월의 마지막일로부터, 제2학기인 경우 그해 8월 31일로부터 역산하고, 장래 기간을 계산함에 있어서는 평가개시일이 포함된 학기가 제1학기인 경우 3월 1일로부터, 제2학기인 경우 9월 1일로부터 계산하며, 예외적으로 명확한 해석이 공개되지 아니한 교수강의 부담 시수(평가지표 4.2.1.1.) 및 평가기준에 새롭게 도입된 교원의 강의적합성 중 개별교원의 각 과목별 최소 충족 기준 으로 정한 부분(평가지표 3.3.1.1. 중 150%)과 리걸클리닉 관련 항목에 대해서는 일정 유예 기간을 인정하여 2011년부터 평가산정을 하는 것으로 결정하였고(법학전문대학원평가위원회, 2010b), 대상기간 내에 평가할 수 없는 졸업생의 사회진출(평가지표 5. 4.) 항목에 한하여 2012년 7월 말까지 평가기간으로 하였다.

　그리고 각 법학전문대학원은 '2010년 자체평가 결과보고서'를 법학전문대학원평가위원회에 제출·보고함에 있어서 「법학전문대학원 설치·운영에 관한 법률 시행령」 제18조 제3항 11호의 규정에 따라 '법학전문대학원의 인가신청 시 발전계획과 그 이행결과 및 향후 발전계획'을 담은 이행실적 자료를 함께 제출하도록 하였다.

3) 2주기 자체평가(2015년)

　2주기 자체평가는 법학전문대학원평가위원회의 2주기 평가가 이루어지는 2017년의 2년 전인 2015년에 법학전문대학원평가위원회에서 제시한 평가기준에 따라 각 법학전문대학원이 자체적으로 학생, 교원, 교육과정, 교육환경, 교육성과 등의 평가사항에 대해 심층적으로 분석·평가하는 활동으로 자체평가를 통해 향후 인증평가에 대비하여 각 법학전문대학원이 지닌 문제점에 대해 스스로 진단·규명하고 그 해결 및 개선방안을 모색하여 실천해 나감으로써 대학의 역량을 강화하기 위해 실시하며(법학전문대학원평가위원회, 2015). 구체적으로 다음과 같은 기능을 수행한다.

　첫째, 법학전문대학원이 스스로 설정한 교육목적을 달성하고 있는지와 교육목적을 달성하기 위한 자원 할당 및 효율성에 대한 분석을 실시한다. 둘째, 해당 법학전문대학원이 수여하는 학위 또는 기타 수료증에서 요구하는 합당한 성취를 보이고 있는지에 대한 분석을 실시한다. 셋째, 법학전문대학원의 목적을 달성하기 위해 이루어지는 모든 활동 간의 관계에 대한 평가를 실시한다. 넷째, 평가인증에 필요한 자료를 제공하고 법학전문대학원의 교육프로그램과 교육여건의 개선방안을 모색하는 한편, 법학전문대학원의 장·단기 발전계획 등 학사 기획을 위한 기초자료를 작성한다. 다섯째, 법학전문대학원

교식원의 전문성 개발을 위한 기회를 부여한다.

이러한 자체평가를 실시하기 위해 각 법학전문대학원에 자체평가위원회를 조직하고, 자체평가위원회는 학생, 교원, 교육과정, 교육환경, 교육성과 등 각 평가영역별 전문성이 있는 교수와 자체평가위원회를 이끌어 나갈 위원장 등으로 구성하되 영역에 따라 1~2명을 선정하여 역할을 분담할 수 있도록 하고, 이러한 운영은 각 대학의 규모, 전문인력 및 재정사정에 따라 형편에 맞게 구성할 수 있도록 하였다(법학전문대학원평가위원회, 2015). 자체평가보고서는 '법학전문2주기 제2주기 평가기준'을 원칙으로 작성하되, 전체 159개 평가요소 중 자체평가 대상기간 이후인 2015학년도부터 적용되는 43개 평가요소에 관해서는 〈표 11-13〉과 같이 평가기준의 적용원칙을 정하여 운용하며, 2주기 평가기준 개정 시 유형은 강화되었으나(예: 1주기 ○ → 2주기 ◎) 요건이 완화된 경우, 또는 반대로 유형은 완화되었으나 그 요건이 강화된 경우에는 해당 요소의 유형과 요건을 각자 판단하여 대학에 유리한 기준을 적용하도록 하고, 복합적으로 개정되어 완화 내지 강화로 단정하여 판단할 수 없는 경우에는 별도의 일람표를 통해 평가요소별로 적용기준을 분류하였다. 2주기 자체평가의 구체적인 절차는 1주기 자체평가와 거의 동일하며 구체적인 절차는 [그림 11-8]과 같다.

〈표 11-13〉 평가기준의 자체평가 대상기간 적용 원칙

평가기준 유형	평가기준 적용 기본원칙
신설	자체평가 대상기간의 시범평가를 권장
강화	내용에 준하는 '제1주기 평가기준'으로 평가
완화	'제2주기 평가기준'을 소급하여 평가

자체평가 시행계획서 제출	• 2015년 자체평가 설명회를 기초로 각 법학전문대학원은 2015. 2. 28.까지 자체평가 시행계획서를 평가위원회에 제출
대학별 자체평가 시행	• 평가대상기간: 2012. 3. 1.~2015. 2. 28. • 평가위원회 지원: 서면 검토 및 현지방문 컨설팅 지원
대학별 자체평가보고서 제출	• 2015. 9. 11. 제출
평가결과 공시	• 2015년 10월 말 각 대학 홈페이지에 일반인의 접근이 용이하도록 공시

[그림 11-8] 2주기 자체평가 절차

출처: 법학전문대학원 평가위원회(2015).

4) 2주기 평가(2017년)

　2주기 평가의 경우 2014년 11월 28일에 교육부로부터 법학전문대학원 제2주기 평가
기준에 대하여 승인받은 후 2015년 1월에 법학전문대학원 평가기준이 마련되어 2017년
에 실시되었으며, 기본적인 절차는 자체평가 이후 자기점검보고서를 제출하고 이에 대
한 평가를 실시하는 1주기 평가와 거의 동일하게 구성되어 있다. 구체적인 절차는 [그림
11-9]와 같다.

　제2주기 평가의 경우 대상 평가기간은 2012년 3월 1일부터 2017년 2월 28일로 하며,
법학전문대학원 평가기준에서 달리 정함이 없는 경우에는 과거 기간을 계산하면서, 평
가개시일이 포함된 학기가 제1학기인 경우 그 해 2월 말일로부터, 제2학기인 경우 그해
8월 31일부터 역산하며, 장래 기간을 계산함에 있어 평가개시일이 포함된 학기가 제1학
기인 경우 3월 1일부터, 제2학기인 경우 9월 1일부터 계산한다. 그리고 2주기 평가기준
에서 불리하게 제정되거나 변경된 평가기준 및 교육성과와 같이 신규 포함되는 평가기
준의 경우 해석지침에 별도로 정한 경우 이외에는 소급 적용하지 않는 것으로 하였다(법
학전문대학원평가위원회, 2015).

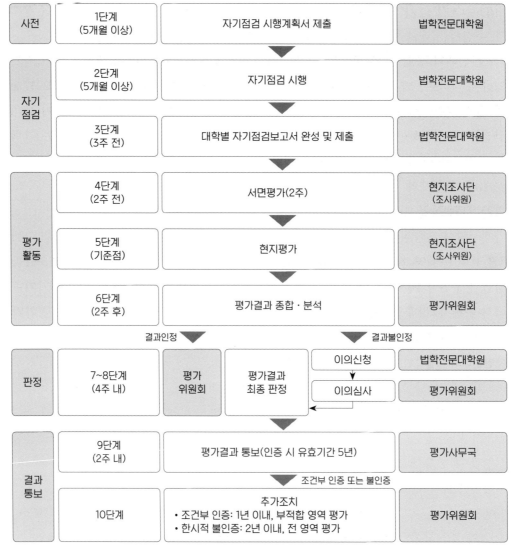

사전	1단계 (5개월 이상)	자기점검 시행계획서 제출	법학전문대학원
자기 점검	2단계 (5개월 이상)	자기점검 시행	법학전문대학원
	3단계 (3주 전)	대학별 자기점검보고서 완성 및 제출	법학전문대학원
평가 활동	4단계 (2주 전)	서면평가(2주)	현지조사단 (조사위원)
	5단계 (기준점)	현지평가	현지조사단 (조사위원)
	6단계 (2주 후)	평가결과 종합 · 분석	평가위원회

결과인정 ▼　　　　　　　　　　▼ 결과불인정

판정	7~8단계 (4주 내)	평가 위원회	평가결과 최종 판정	이의신청 → 이의심사	법학전문대학원 평가위원회

결과 통보	9단계 (2주 내)	평가결과 통보(인증 시 유효기간 5년)	평가사무국
	10단계	추가조치 • 조건부 인증: 1년 이내, 부적합 영역 평가 • 한시적 불인증: 2년 이내, 전 영역 평가	평가위원회

조건부 인증 또는 불인증

[그림 11-9] 2주기 법학전문대학원 평가단계

출처: 법학전문대학원 평가위원회(2015).

5) 3주기 평가(2022년)

3주기 평가의 경우, 법학전문대학원을 둔 대학은 법률 시행령 제18조 제1항에 의거하여 학생이 처음으로 입학한 2009년부터 4년이 되는 2012년에 최초의 평가를 실시하였으며(제1주기 인증평가), 최초의 평가를 받은 때부터 5년마다 평가위원회의 평가를 받는다는 규정에 따라 2017년 제2주기 인증평가를 실시하였고, 이제 2022년 제3주기 인증평가를 실시할 계획이다. 평가절차는 기본적으로 자기점검평가 시행, 서면평가, 현지조사평가, 판정을 기본으로 하며, 그 세부절차는 [그림 11-10]과 같다.

　제3주기 평가의 경우 대상 평가기간은 2017년 3월 1일부터 2022년 2월 28일로 하며, 법학전문대학원 평가기준에서 달리 정함이 없는 경우에는 과거 기간을 계산하면서, 평가개시일이 포함된 학기가 제1학기인 경우 그해 2월 말일로부터, 제2학기인 경우 그해

사전	1단계 2022. 5.	자기점검 시행계획서 제출	법학전문대학원

자기 점검	2단계 2022. 5.~2022. 10.	자기점검 시행	법학전문대학원
	3단계 2022. 10.	대학별 자기점검보고서 완성 및 제출	법학전문대학원

평가 활동	4단계 2022. 10.	서면평가(2주)	현지조사단 (조사위원)
	5단계 2022. 11.	현지조사평가	현지조사단 (조사위원)
	6단계 2022. 12.	평가결과 종합ㆍ분석	평가위원회

결과인정　　　　　　　　결과불인정

판정	7~8단계 2023. 1.	평가 위원회	평가결과 최종 판정	이의신청	법학전문대학원
				이의심사	평가위원회

결과 통보	9단계 2023. 1.	평가결과 통보(인증 시 유효기간 5년)	평가사무국

조건부 인증 또는 불인증

결과 통보	10단계 2023.	추가조치 • 조건부 인증: 1년 이내, 부적합 영역 추가평가[1] • 한시적 불인증: 2년 이내, 전 영역 재평가[2]	평가위원회

1) 추가평가 후 인증을 받게 되면, 소급하여 해당 평가기간 5년을 인증받은 것으로 봄(유효기간 5년).
2) 재평가 후 인증을 받게 되면, 재평가 인증 시점부터 잔여기간을 인증받은 것으로 봄.

[그림 11-10] 3주기 법학전문대학원 평가단계

출처: 법학전문대학원 평가위원회(2019b).

8월 31일부터 역산하며, 장래 기간을 계산함에 있어 평가개시일이 포함된 학기가 제1학기인 경우 3월 1일부터, 제2학기인 경우 9월 1일부터 계산한다. 그리고 2주기 평가기준에서 신규 포함된 평가기준은 해석지침에서 별도로 정하고 있는 경우를 제외하고는 소급하지 않고, 불리하게 제정되거나 변경된 평가기준 또한 소급 적용하지 않는 것으로 하였다(법학전문대학원 평가위원회, 2019a).

5 평가결과 활용

법학전문대학원에 대한 평가결과의 활용은 평가의 목적과 맥락을 같이한다. 따라서 법학전문대학원 평가의 목적을 달성하는 데 평가가 어떻게 활용되고 있는지를 살펴보면 다음과 같다.

첫째, 법학전문대학원 자체와 관련된 것으로 법조인 양성교육의 질 보장, 법학전문대학원 운영의 효율성 제고, 법학전문대학원의 책무성 제고 등의 평가목적 달성을 위해 활용되고 있다(교육과학기술부, 2009a: 30-31). 특히 법학전문대학원은 오랫동안 계속되어 온 사법시험제도에서 크게 변화된 법조인 양성제도로 시행의 초기라고 할 수 있다. 따라서 현재는 법학전문대학원의 교육의 질이나 운영의 효율성이 상대적으로 낮을 수 있으므로 법학전문대학원의 평가를 통하여 시행 초기의 법학전문대학원 교육과정 운영, 교육내용과 교육방법, 학사관리, 학생선발의 적정성과 공정성, 관리와 운영상의 문제점들을 파악하여 이에 대한 해결책을 고민하게 함으로써 향후 법학전문대학원의 성공적 정착에 기여하는 데 활용되고 있다. 또한 인증제도가 대학원으로 하여금 스스로 교육의 질을 개선하려는 노력을 유도하고, 대학 내에서 편파적으로 자원을 분배하려는 행정가에게 그 부당함을 제시할 수 있게 할 수도 있다. 즉, 법학전문대학원은 평가결과를 분석하여 이를 토대로 문제점을 파악하여 그 해결과 개선방안을 모색하고, 좋은 점들은 더욱 발전시켜 나감으로써 향후 지속적인 교육의 질 관리와 개선을 도모할 수 있는 것이다. 이를 위해 평가위원회는 평가결과를 법학전문대학원에 통보한다. 이미 정착된 다른 대학이나 대학원제도와는 달리 새로 시행되는 제도인 만큼 평가가 제도의 정착을 위해, 그리고 법학전문대학원의 발전을 위해 활용되는 면이 많을 수밖에 없을 것이다.

실제 제1기 법학전문대학원의 평가가 법학전문대학원 교육의 발전을 위해 활용된 예를 살펴보면 제1기 평가에서 7개 법학전문대학원이 인증유예 평가를 받았는데, 2012년의 인증평가에서 인증유예 판정을 받은 대학별로 불충족 사유를 살펴보면 다음의 〈표 11-14〉와 같다.

〈표 11-14〉 2012년도 인증유예 법학전문대학원의 불충족 사유

연번	대학	불충족 사유
1	강원대	• 평가대상 기간 6개 학기 중 1개 학기를 강의한 교원 1인의 연구실적 중 논문이나 저서의 업적이 없음
2	고려대	• 교원 1인이 강의부담 시간을 초과하였음. 해당 교원은 2011년 1학기에 연구년으로 인하여 강의가 없었고, 2011년 2학기에 11시간을 강의하여 2시간의 강의부담 시간을 초과하였음. 해당 교원이 담당한 강의는 수강신청 인원 부족(수강인원 2명)으로 폐강 대상이나, 수강신청 학생들의 요청에 따라 수업을 진행하고 수강학생들에게 학점을 부여한 것임
3	동아대	• 장학금을 지급함에 있어 경제적 환경을 고려하였다고 보기 어려움. 장학금액과 학점을 비교 대조한 결과 성적순으로 장학금액을 차별하여 지급한 것으로 보임 • 전체 운영수입 중 등록금 의존율이 35.9%로서 평가기준인 35%를 초과함. 그리고 법인전입금 및 기부금이 운영수입에서 차지하는 비율이 0.5%, 외부자금(법인전입금과 기부금을 합한 금액) 비율이 2.8%로서 평가기준인 10%와 20%에 각각 미달함
4	성균관대	• 2009~2011학년도까지 본인이 아닌 부모의 장애사유로 총 4인의 특별전형 학생을 선발함
5	전남대	• 경제적 환경을 고려하여 지급된 장학금의 비율이 평가기간 3년 평균 46.4%로서 평가기준인 50%에 미달함 • 학생 1인당 투자된 교육비가 25.9백만 원으로 평가기준인 30백만 원에 미달하고, 등록금 대비 학생 1인당 교육비 투자율이 254%로서 평가기준 300%에 미달함 • 연구소 운영조직에 있어 유급연구원 3인 이상, 전담사무직원 2인 이상을 확보하여야 하나, 석사학위 이상 소지 근무기간 3년에 미달하는 연구원 3인이 있어 불충족함. 그리고 사무전담직원은 2인이 있으나, 이중 사무국장 1인은 겸임을 하고 있으므로 전담사무직원은 2인으로 인정되어 불충족함. 아울러 연구소 운영예산을 확보함에 있어, 이월금을 제외한 집행액이 2009년과 2010년 모두 평가기준의 1억 원에 미달. 다만, 2011년은 1억 원 이상의 예산을 확보하여 학술행사 등 각종 연구소 운영비에 지출하고 있음 • 리걸클리닉의 유급담당직원의 고용기간이 1년 미만이고, 운영예산이 26백만 원으로 기준인 30백만 원에 미달함

6	충북대	• 교원 강의부담 시간과 관련하여 2011학년도 1학기 11시간, 2학기 9시간 강의하여 연간 총합 18시간 기준을 총 2시간 초과한 교원이 있으며, 그 외에도 2인의 교원이 총 5시간 초과한 것으로 산정되어 평가기준을 충족하지 못함 • 전임교원 1인이 연구실적 최저기준인 300% 이상을 충족하지 못함 • 연구소 국제학술행사가 연평균 0.6회로 연평균 1회 기준에 미달하고, 특성화반영 연구지를 연평균 1회 발간하여 연평균 2회인 기준에 미달
7	한양대	• 교원 2명이 2011학년도에 21학점 22시간을, 27학점 29시간을 각각 강의하여 평가기준이 정하고 있는 교원 강의부담 시간을 초과함 • 교원 1명(외국인, 2012학년도 퇴직)의 연구실적이 없음

이들 불충족사유는 극히 일부 교원의 연구실적 미비, 극히 일부 교원의 강의 부담 시간의 초과, 일부 법정전입금 비율의 부족, 장학생이나 특별전형학생의 부적정, 부설 연구소 운영의 부적정 등이었다. 모두 1년 이내에 쉽게 해소할 수 있는 문제점들이었다. 그리고 이들 불충족사유는 다음의 추가평가에서 모두 개선되어 '인증' 평가를 받게 된 것으로 볼 때(법학전문대학원평가위원회 2013. 12. 2. 보도자료), 법학전문대학원의 인증평가가 실제로 미비점을 개선시켜 나가는 데 활용되고 있음을 알 수 있다.

둘째, 이와 같은 법학전문대학원의 교육의 질과 운영의 효율성 제고 등을 통하여 인증제도는 '공인(certification)'의 한 형태로서 일정 수준의 교육에 대한 질을 담보하고 있다는 것을 공식적으로 인정하는 역할을 하게 된다(이영호, 2012). 법조인 양성기관으로서의 기본요건을 충족하고 있는지 전문가의 판단을 통하여 판정을 함으로써 인증된 법학전문대학원이라는 사회적 지위를 부여하는 것이다.

셋째, 평가결과는 법학전문대학원과 그 졸업자에 대한 정보를 제공하는 목적을 달성하는 데 활용된다. 이를 위해 각 법학전문대학원에 대한 자세한 인증평가결과를 평가위원회 홈페이지에(http://www.lsec.or.kr)에 공개하고 있다. 다만, 특정 법학전문대학원에 대한 평가결과는 해당 대학원 자체에 관한 정보와 그 법학전문대학원을 통하여 양성된 법조인에 대한 정보를 제공하지만, 해당 대학원의 입학성적을 공개하지 않고 있다. 따라서 법학전문대학원에 입학하고자 하는 지원자는 법학전문대학원 졸업자의 변호사시험 합격률이나 주위의 평판에 근거하여 입학할 대학원을 선택하게 된다. 하지만 법학전문대학원에 대한 평가가 최선의 평가방법으로 공정하고 객관적으로 이루어진다면, 지원자들은 그 평가결과에서 대학원 선택을 위한 중요한 정보를 얻을 수 있을 것이며, 법조인에 대한 수요자 또한 평가결과에서 정보를 얻을 수 있을 것이다.

한편,「변호사시험법」제18조에 의하여 본인 외에는 변호사시험 성적이 공개되지 않고 있다.[1] 따라서 법학전문대학원을 졸업한 학생들에 대한 수요자인 법조기관 및 기업체 등은 우수한 인재를 선발하기 위한 정보가 제한될 수밖에 없다. 이 때문에 변호사시험 합격자나 법학전문대학원 졸업자를 선발하는 데 있어서 법학전문대학원에 대한 평가결과의 공개는 더욱 유용하게 활용될 수 있는 것이다. 또한 법학전문대학원의 평가기준이 적정하게 마련되고 평가가 정확하고 공정하게 상황에서 우수한 성적을 받은 법학전문대학원 출신의 졸업자는 상대적으로 낮은 평가를 받은 법학전문대학원 출신의 졸업자보다 선호도가 높게 나타날 수 있다. 그러나 현실적으로 법학전문대학원이 평가에서 우수한 평가를 받은 것과 해당 대학원의 졸업자에 대한 수요자의 선호도가 반드시 정확하게 일치할 것으로 보이지는 않는다. 이는 물론 교육을 잘하였는지의 문제가 아니라 우수한 학생을 선발하였는가라는 선발의 문제 때문에 발생하는 것일 수도 있으나 법학전문대학원의 평가가 정량적 평가를 위주로 이루어지기 때문에 평가의 결과가 졸업자의 우수성을 담보하지 못한다는 점도 원인 중 하나일 것이다. 이는 결국 법학전문대학원 평가의 한계일 수도 있다.

넷째, 법학전문대학원 설립인가 당시의 운영계획 대비 이행실적에 대한 모니터링을 하고자 하는 목적의 달성을 위해 활용된다. 법학전문대학원을 설립하고자 하는 공리 또는 사립대학의 설립경영자는 교육부장관에게 법학전문대학원의 설치인가를 신청하여야 한다(「법학전문대학원법 시행령」제2조 제1항). 그리고 이때 교원의 확보계획, 교육시설의 확보계획, 재정운용계획, 법학에 관한 석·박사 학위과정 운용계획, 발전계획 등을 적은 서류를 첨부하여야 한다. 법학전문대학원에 대한 기관평가는 이와 같은 설치인가 시에

---

1) 헌재 2015. 6. 25. 2011헌마769 결정을 통해 기존에 변호사시험 성적을 합격자에게 공개하지 않도록 규정한 「변호사시험법」제18조(2011. 7. 25. 법률 제10923호로 개정된 것)는 응시자들의 알 권리를 침해한다는 이유로 위헌으로 판결되었다. 이에 따라 응시자들에게는 변호사 시험성적이 공개되고 있다. 헌법재판소는 위 결정에서 "변호사시험 성적 비공개로 인하여 변호사시험 합격자의 능력을 평가할 수 있는 객관적인 자료가 없어서 오히려 대학의 서열에 따라 합격자를 평가하게 되어 대학의 서열화는 더욱 고착화된다"고 하였다. 또한 "변호사 채용에 있어서 학교성적이 가장 비중 있는 요소가 되어 다수의 학생이 학점 취득이 쉬운 과목 위주로 수강하기 때문에 학교별 특성화 교육도 제대로 시행되지 않고, 학교 선택에 있어서도 자신이 관심 있는 교육과정을 가진 학교가 아니라 기존 대학 서열에 따라 학교를 선택하게 되며, 법학전문대학원도 학생들이 어떤 과목에 상대적으로 취약한지 등을 알 수 없게 되어 다양하고 경쟁력 있는 법조인 양성이라는 목적을 제대로 달성할 수 없게 된다"고 하였다.

제출된 계획 등이 이행되었거나 이행되고 있는지를 모니터링 하는 데 활용될 수 있는 것이다. 한편, 나중에 법학전문대학원의 추가 설립인가를 할 때에 평가결과가 활용될 수도 있을 것이다. 따라서 향후 법학전문대학원의 추가 설립과 인가를 하는 경우에 그동안의 법학전문대학원에 대한 평가 과정에 누적된 법학전문대학원의 성공을 위한 요소들을 설립인가 시 인가의 조건으로 평가를 할 수 있을 것이다. 나아가 향후 도태되는 법학전문대학원도 발생할 가능성이 있는데, 자의에 반하는 폐교가 이루어지는 경우에는 이러한 그동안의 평가결과가 활용될 수 있을 것이다.

다섯째, 평가결과는 정부의 법학전문대학원에 대한 정책을 집행하는 데에도 활용될 수 있다. 앞에서도 살펴본 바와 같이 법학전문대학원은 시행초기이기 때문에 정부에서도 제도의 정착을 위하여 보다 많은 지도감독과 지원이 필요하다. 법학전문대학원에 대한 관할청인 교육부는 법학전문대학원의 설치인가 이후에 이들 법학전문대학원에 대하여 시정명령을 할 수 있고(「법학전문대학원 설치 · 운영에 관한 법률」 제38조), 학생정원의 감축이나 학생모집정지 처분을 할 수 있으며(「법학전문대학원 설치 · 운영에 관한 법률」 제39조), 심지어는 법학전문대학원에 대한 인가취소처분도 할 수 있다(「법학전문대학원 설치 · 운영에 관한 법률」 제40조). 이러한 지도감독권을 행사하는 데에도 법학전문대학원에 대한 평가결과가 활용될 수 있을 것이다. 나아가 교육부의 법학전문대학원에 대한 행정적, 재정적 지원에도 평가결과가 활용될 수 있다. 재정지원의 경우 법학전문대학원이 설치되지 않고 법과대학이나 법학과가 설치된 대학의 입장에서는 법학전문대학원에 대한 지원이 부당한 것으로 보일 수도 있으나 많은 투자가 필요한 시행초기에는 정부의 재정적지원이 필요하며 이러한 지원을 위한 기준으로 활용될 수 있다.

6 평가 성과 및 개선방안

1) 평가성과

우리나라의 법학전문대학원은 설치인가제를 시행하고 있다. 설치인가를 받기 위해서는 법학전문대학원 설치운영에 관한 법률이 정하는 교원 · 시설 및 교육과정 등 법학전문대학원의 설치기준을 갖추어야 한다. 따라서 이미 설치 시부터 법학전문대학원의 운영을 위한 요건들을 대부분 구비하고 있기 때문에 이후에 이루어지는 평가가 큰 의미를 가지지 못하고 사실상 기존에 설치인가 당시에 구비한 조건들을 유지하는지, 설치인가 당시에 밝힌 계획들을 이행하고 있는지 점검하는 의미가 강하다고 할 수 있다. 그럼에도 법학전문대학원에 대한 평가는 일부 성과를 거두고 있다.

먼저, 법학전문대학원제도가 도입되어 첫 졸업생을 제출한 3년 동안의 전국 25개 법학전문대학원에 대한 교육과정, 교원, 시설, 재정지원 등에 관한 인증평가가 2012년에 실시되었다. 그 결과, 18개 법학전문대학원은 인증, 7개 법학전문대학원은 인증유예로 평가되었고, 재평가 대상인 법학전문대학원은 없었다. 이때의 인증유예 평가를 받은 대학원들이 불충족 판정을 받은 항목들도 1년 내에 개선이 가능한 사항들로서, 추가평가를 통하여 인증을 받게 되었다(법학전문대학원평가위원회 2013. 1. 21. 보도자료). 법학전문대학원에 대한 평가를 통하여 당초의 설립인가 당시의 기준을 유지하고 있는지 점검을 함과 동시에 초기에 있는 법학전문대학원의 미비점을 찾아내고 이를 보완하도록 할 수 있었던 것이다.

한편, 1주기 인증평가를 통하여 교육과정 운영의 면에서 실무능력의 배양을 위한 법문서 작성, 모의재판을 통한 재판 실무 경험 기회 제공, 국제화 및 특성화 관련 과목 운영을 하도록 하는 성과를 이루어냈다(백경희·김자영, 2016). 설립인가 당시에는 평가기준에 없었던 리걸클리닉 지원을 7영역 교육연구지원의 평가항목으로 추가하는 등의 법학전문대학원으로 하여금 실무교육을 강화하도록 유도할 수 있었던 것이다. 2주기의 평가에서도 법문서 작성의 평가요소를 실질적으로 실무능력을 배양할 수 있도록 하기 위해 과목운영의 적절성, 첨삭지도나 강평과 같은 피드백 시스템의 활용 등을 포함시킴으로써 향후에도 법학전문대학원의 평가는 재학생의 실무능력 향상에 더 큰 성과를 낼 것으로 기대된다.

2) 평가 개선방안

법학전문대학원은 사회현상에 대한 깊은 이해와 풍부한 교양을 갖추었으며, 민·형사 등의 전통적 분야와 더불어 의료·환경·조세 등의 다양한 분야에 대한 법률서비스 제공이 가능하고, 국제적인 안목과 외국어능력을 보유하였으며, 법률서비스시장 개방화·국제화·다원화시대에 능동적으로 대비할 양질의 법률서비스를 제공할 수 있는 경쟁력 있는 법조인을 양성하기 위해 설립되었다. 따라서 법학전문대학원에 대한 평가도 이러한 목적의 달성에 이바지하기 위하여 이루어지는 것이다. 그렇기 때문에 법학전문대학원 평가가 매우 중요한 것임에도 아직까지 국내에서 법학전문대학원 평가에 대한 연구는 거의 이루어지지 않고 있다. 이는 법학전문대학원의 이해관계인의 범위가 한정되어 있고, 법조인도 다른 직업군과 달리 일상적으로 접하는 것이 아니어서 연구자들의 관심에서 벗어나 있기 때문일 것이다. 또한 법학전문대학원의 시설이나 교육과정 등의 평가요소의 충족여부보다는 모든 것을 법학전문대학원 졸업생의 변호사시험 합격률로 평가하고 판단해 버리는 풍토도 법학전문대학원에 대한 평가에 연구가 없는 큰 이유 중의 하나일 것이다. 그에 따라 법학전문대학원 평가의 문제점에 대해서도 연구가 빈약하다. 하지만 시행초기인 만큼 국내의 실정에 맞는 법학전문대학원으로 발전하기 위해서는 문제점의 발굴과 개선에 관한 연구가 필요하다. 현재까지 이루어진 평가의 개선과 관련된 연구를 살펴보고 몇 가지 문제점과 개선방안을 제시하고자 한다.

(1) 대학원의 정원 및 시설을 반영하는 평가지표의 개발

우리나라에는 25개의 법학전문대학원이 있으며, 총 정원은 2,000명이고, 학교별로 최저 40명부터 최고 150명까지 정원수가 3배 이상의 차이가 나는 경우도 있다. 정원수를 최대한 많이 확보하기 위해 개별 법학전문대학원에서는 교육시설 등에 과도한 투자를 한 경우도 있었다(정재영, 2013: 17). 따라서 향후에 평가지표를 개발할 시에 현재의 입학정원과 법학전문대학원의 규모 및 제반 시설이 적절히 반영 및 활용될 수 있는 방안을 고려할 필요가 있다.

(2) 공정성과 투명성을 확보할 수 있는 입학전형방법을 평가할 수 있는 지표 개발

지금까지 고위층의 자녀들이 부모의 후광으로 법학전문대학원에 부정입학하였다는 논란이 끊이지 않고 있다. 그런데 법학전문대학원 입학시험에서의 공정성은 현재의 환경에서 사실상 법학전문대학원의 성공 여부를 달리할 수 있는 중요한 요소이다. 따라서 법학전문대학원의 신입생 선발에서의 공정성 확보를 위한 방안이 절실하게 요구된다. 이러한 목적 달성을 위해서 법학전문대학원에 대한 인증평가도 기여해야 한다. 현재 입학전형계획의 공시와 구체성 및 공정성의 평가지표에 위 규정의 공개 및 조직 등의 적절성, 입학전형의 공정성 확보를 위한 규정 존재여부, 입학전형계획 등의 사전 공시 등에 대한 평가요소를 평가하고 있다. 그러나 입학전형의 공정성 확보를 위한 규정이 있음에도 입학부정은 자행되었다. 따라서 이러한 규정 이외에도 입학전형의 공정성을 확보할 수 있는 제도를 연구하여(서울신문, 2016. 5. 3.) 이러한 제도를 시행하고 있는지도 평가요소에 포함시키는 것이 바람직하다.

(3) 법학전문대학원 졸업생의 실무능력을 제고할 수 있는 평가지표 개발

법학전문대학원의 존재 이유는 법조인을 양성하는 것이고 이러한 법조인은 법률분야의 업무를 수행하는 전문가이다. 따라서 이들의 실무능력은 매우 중요하고 법학전문대학원에서 실무능력을 향상시킬 수 있는 충실한 교육이 이루어져야 한다. 그러나 현실에서는 법학전문대학원과 재학생들이 변호사시험의 합격에 중점을 두고 있어 모든 수업과 교육과정이 변호사시험의 합격만을 위해 계획되고 운영되는 경우가 있다. 일부 변호사시험과 직접적인 관련이 없는 선택과목들이 배제되며 폐강으로 이어지고 있고 실제 실무능력을 향상시키기 위한 교육도 부실하게 이루어진다(이호선, 2015; 홍태석, 2017; 표명환, 2018). 이에 따라 법학전문대학원 졸업생의 실무능력이 미흡하다는 지적이 있다. 현재 법학전문대학원 인증평가의 평가지표에는 실무능력의 향상 정도를 평가할 수 있는 지표가 있지만, 이러한 정량적인 지표만으로 실무능력을 향상시키기 위한 교육이 적절하게 이루어지고 있는지를 정확하게 평가하기는 어렵다. 따라서 실무능력을 향상시키기 위한 교육을 적정하게 평가 가능한 평가지표 및 평가방법의 개발이 필요하다. 또한 법학전문대학원의 교육과정을 이수한 졸업생들이 함양해야 할 역량과 지식에 대한 교육성과 평가에 관해 이해가 부족하다는 비판이 있다. 2022년에 시행 예정인 3주기 평가에서는 성과분석에 대한 평가를 강화하고, 그에 대한 컨설팅도 추진하는 방향으로 평가를 실시하는 것이 본래의 법학전문대학원의 평가목적에 부합하는 것일 것이다(노명선, 2018: 372).

(4) 법학전문대학원의 특성화를 발전시킬 수 있는 평가방안 마련

대학과 마찬가지로 법학전문대학원도 대학원별 특성화를 유도하는 것이 바람직하다 (김창록·김종철·이국운, 2007). 법학전문대학원 제도 도입 취지의 하나가 법학전문대학원 내부에서 자체적으로 교육과정을 혁신하고 이를 통해 유능한 법조 인력을 양성하는 것이라고 할 수도 있다(장덕호·김한나, 2014). 각 법학전문대학원에서는 국제법무분야, 의료분야, 환경분야 등의 다양하게 특성화된 분야를 표방 및 강조하고 있다. 그러나 현실적으로 개별 법학전문대학원은 학생의 변호사시험 합격에 중점을 두고 있기에, 법학전문대학원의 법학이 과거와 별반 차이가 없이 수험법학화가 되어 각각의 법학전문대학원의 특성을 살릴 수도 없고, 법학전문대학원의 설립 취지와도 유리된 양상을 보이고 있다. 이에 더하여 일반 고등교육기관과 마찬가지로 법학전문대학원을 균일한 평가항목 위주로 평가하다 보면 이러한 평가가 대학원을 획일화시키고 대학원의 자율성이나 대학원의 다양성을 훼손하는 마이너스 환경으로 작용할 수도 있다(곽진숙, 2012: 11). 그 결과 법학전문대학원의 평가인증을 통하여 양적 성장은 이룰 수 있으나 각 대학원의 특성화가 사라지고, 각 법학전문대학원이 표방하는 특성화를 이루어 내는 것이 어려워질 수 있다. 이러한 문제점들을 방지하기 위해 법학전문대학원별 특성화된 분야를 강화하는 평가를 할 필요가 있다. 대학원의 특성화를 유도하기 위해서 대학원의 특성에 따라 차등적으로 적용되는 평가지표 및 평가방식을 개발 및 활용해야 할 것이다(한유경 외, 2010: 139).

(5) 평가기준의 단순화

법학전문대학원 평가기준을 살펴보면 평가기준의 내용이 상세하게 구조화되어 있으므로, 교육여건에 대한 평가를 용이하면서도 자세하게 할 수 있도록 되어 있다. 이러한 점들로 인해 평가의 순기능을 기대할 수 있을 것으로 보인다. 하지만 평가기준이 지나치게 상세한 데다가, 평가할 내용이 미국 로스쿨 평가기준과 비교했을 때 상당히 많은 수준이어서 개별 법학전문대학원에서는 많은 부담을 안고 있다(법학전문대학원평가위원회, 2012). 물론 우리나라 법학전문대학원 설립인가 과정에서 치열한 경쟁을 통해 설립인가를 받은 학교들이 설립인가 기준의 연장선을 벗어나게 된다면, 당시 상당한 투자를 했음에도 불구하고 설립인가를 받지 못한 대학과 여론의 불편한 지적과 비난을 피할 수 없다는 문제가 있다는 것은 부정하기 어려울 것이다. 하지만 인증평가의 당초 취지와 목적을 고려해 본다면 이를 재고해 볼 필요가 있을 것이다(이영호, 2012).

(6) 인증평가의 활용

미국의 인증제도는 오랜 역사를 이어 오며 로스쿨 간의 비교 혹은 개별 로스쿨에 대한 정보제공을 하려는 취지에서 운영되는 것이 아니다. 미국의 인증제도는 인증을 받은 로스쿨에서만 대부분의 주에서 변호사 자격을 취득할 수 있도록 하므로 상당한 구속력을 갖고 있다. 그리고 미국의 인증제도를 통해 인증을 받은 로스쿨은 현재의 인증제도가 강요(extortion)의 한 유형으로 볼 수 있다(Cass, 1995: 418-421; 이영호, 2012). 반면에 우리나라의 경우에는 2,000명을 정원으로 25개의 법학전문대학원이 설립인가를 받아 운영되고 있다. 그리고 이처럼 설립인가를 받은 법학전문대학원의 학생은 법학전문대학원 평가위원회의 인증 여부와 상관없이 변호사시험 응시자격이 주어진다.[2] 따라서 우리나라의 인증평가는 미국보다는 구속력이 떨어진다고 할 수 있다. 그리고 앞에서 살펴보았듯이 법학전문대학원에 대한 평가에서 모두 인증을 받아서 더더욱 그 중요성이 작다. 그럼에도 우리나라의 법학전문대학원 또한 인증을 받은 법학전문대학원을 대상으로 해당 학교 출신의 학생들에게만 변호사시험 자격을 부여하는 방안을 검토해 볼 수 있을 것이다.

물론 미국의 경우처럼 구속력 있게 인증제도를 실시하더라도 설치인가 기준 유지 요건과 관련하여 이미 인증받은 법학전문대학원이 인증받지 못하게 되는 경우는 현실적으로 거의 없을 것이다. 하지만 인증평가의 중요성을 제고하고 이에 따라 법학전문대학원으로 하여금 교육의 질을 개선하는 노력을 유도할 수 있다면, 그러한 방식을 시도해 볼 가치는 있을 것이다. 만약 인증 여부에 따라 변호사시험 응시자격을 부여하는 것이 어렵다면 적어도 법학전문대학원의 정원을 조정하는 데에 활용함으로써 이러한 목적을 달성할 수 있을 것으로 사료된다.

---

2) 법령상으로는 추가적인 법학전문대학원의 인가도 가능하다(「법학전문대학원 설치 · 운영에 관한 법률」 제5조). 그리고 일정한 경우에는 교육부장관이 법학전문대학원의 학생정원의 감축이나 학생 모집 정지를 할 수 있고(동법 제39조), 정상적인 학사운영이 불가능한 경우에는 당해 법학전문대학원에 대한 인가를 취소할 수도 있다(동법 제40조). 그러나 현실적으로는 새로운 법학전문대학원의 설치인가가 거의 불가능하고, 이미 인가받은 대학원이 인가취소를 당하는 경우도 발생하기 어렵다.

제 12 장 교원양성기관 평가

1 평가 배경 및 변천 과정

1) 평가배경

교육은 앞으로 우리 사회를 이끌어 갈 학생을 대상으로 한다는 점에서 백년지대계(百年之大計)라 한다. 교원교육은 그 자체가 독립적인 교육이면서, 양성된 교원이 학생을 가르치는 일에 종사한다는 점에서 학생교육에도 상당한 영향을 미치는 이중적 중요성을 지닌 활동이라 볼 수 있다(김갑성 외, 2008). 교원의 질은 교육의 질을 결정하는 핵심요소이므로, 교원 교육은 국가에서 관심을 가져야 할 중대한 사항 중 하나이다. 특히 예비교사의 전문성은 교원양성기관에서의 체계적이고 전문적인 교육을 통해 개발되므로, 전문성을 갖춘 교사를 양성하기 위해 교원양성과정에 대한 질 관리는 필수적이다(백순근, 2007). 교원양성기관이 지니는 중요성에도 불구하고 과연 실제로 교원양성기관들이 전문성을 갖춘 우수한 교사를 양성하고 있는지에 지속적인 의문이 제기되어 왔다(김이경, 2003; 조동섭, 2005). 현재 우리나라 교원양성체제의 문제점을 살펴보면 다음과 같다.

첫째, 교원 자격 소지자의 과잉 공급으로 인해 교원 수급의 불균형이 초래되었다. 대학설립준칙주의 등에 의해 중등교원 양성기관의 수가 급증하였으며, 이에 따라 임용되는 인원보다 양성되는 인원이 현저하게 많게 되는 결과를 낳았다. 고령화, 저출산 시대를 맞이하여 앞으로 학생 수가 더욱 급감할 것으로 예상됨에 따라, 교원 수급 불균형 문제가 더욱 심각해질 것으로 예상해 볼 수 있다. 이는 교직에 대한 매력도를 감소시켜 우수한 인재들로 하여금 교직을 선택하는 것을 주저하게 하여 우수한 교원을 확보하는 데 장애가 될 수 있다. 또한 필요 이상의 교원을 양성하는 것은 국가인적자원 관리 차원에서 낭비를 초래하게 되므로 양적인 조정을 통해 교원양성 규모의 적정화가 이루어져야 한다(백순근, 2007; 임연기, 2009a).

둘째, 교원양성교육의 질 관리가 제대로 이루어지고 있지 못하다. 현행 교원양성기관의 교육은 대부분 해당 기관의 자율적 운영에 맡겨져 있다. 「교원자격검정령 시행규칙」 제12조 제1항은 자격종별 전공과목 및 교직과목의 최소 이수학점 기준만을 제시하고 있을 뿐, 교육과정에 어떤 내용이 포함되어야 하며 어떤 수준까지 지도되어야 하는지 구체적인 기준이 마련되어 있지 못하다. 이와 같이 우리나라의 경우 교사 자격[1]에 대해 명확하게 합의된 구체적인 수행기준이 존재하지 않기 때문에, 많은 교원양성기관에서 예비교사에게 필요한 전문적인 지식, 기능, 태도를 제대로 교육하였는지를 확인하는 데에는 어려움이 있다(백순근, 2007). 또한 교육과정 편성에 관한 구체적인 기준이 마련되지 못한 현 상황에서는 교원양성기관의 교육 내용이나 교육 방법에 많은 차이가 존재할 수밖에 없다. 이에 따라, 교원양성기관 평가를 통해 교원양성기관의 프로그램 및 운영 전반을 평가함으로써 교원교육의 질을 보다 체계적으로 관리할 필요가 있는 것이다.

교원양성기관 평가의 도입에는 사회적, 시대적 배경이 크게 작용하였다고 볼 수 있다. 1980년대 이후 중등교원 양성의 다양화, 개방화 정책은 교원 공급의 과잉을 초래하였고, 이는 교원양성기관 평가 도입에 중요한 배경으로 작용하였다. 1985년 한국교원대학교가 설립되고 일반 대학에 설치되는 교직과정과 교육대학원의 수가 늘어남에 따라, 교원양성기관이 다양화되었으며 자연스럽게 교원양성기관의 수와 양성 인원이 급격하게 증가하였다. 이에 따라, 교원 양성기관 사이의 질적 수준 차와 불균형이 발생하게 되었고, 교원양성기관의 질을 관리하고 교원의 전문성을 강화하기 위한 장치로서 교원양성기관 평가의 필요성이 대두되었다(김기수, 2012). 이와 같은 맥락에서 1991년 대통령자문기구인 교육정책자문회의에서는 "우리나라 초·중등학교 교원은 교원양성체제의 미흡한 구조적 성격과 직전교육의 비효율적 체계 속에서 교직의 전문성을 스스로 약화시키고 있

---

1) 현재 우리나라의 경우에는 교원의 자격 기준이 구체적으로 설정되어 있지 못하다. 우리나라의 교원자격에 관한 법률적 규정은 「초·중등교육법」 제21조, 「교육공무원법」 제3조, 「사립학교법」 제52조와 이들 법률을 근거로 제정된 관련 법령, 교원자격 검정령, 동령 시행령 규칙 등에 근거하고 있다. 관련 조항에 따르면 교원 자격 요건은 정규 교사양성대학 졸업자와 대학 교직과정 이수자로 명시되어 있을 뿐, 그 자격기준이 구체적이지 못하며 너무 낮게 책정되어 있다(임연기, 2009a).

다"고 진단하였고, 교원양성기관의 책임의식을 고취하면서 궁극적으로 교원교육의 질적 향상을 촉진할 수 있는 새로운 제도적 장치의 필요성이 제기된 것이다(교육정책자문회의, 1991).

한편, 이와 같은 논의의 배경에는 국립사대우선임용제도의 위헌결정, 사범대학의 임용률 저하와 같은 시대적 배경 및 정치적인 역학 관계가 내재되어 있다고 볼 수 있다. 교원양성기관의 다양화로 인해 필요 이상의 교원이 양성되는 상황 속에서 국립대학 교원양성기관 졸업자마저 임용적체 현상을 보이기 시작하였다. 국립 사대 졸업생의 경우 1980년에 292명에 불과하던 미임용자 수가 1988년 9,187명에 이르자, 정부는 국립 교원양성기관 재학생에 대한 각종 장학혜택과 졸업생의 의무복무제를 폐지하였다(박남기, 2002). 더불어, 그 당시 「교육공무원법」 제11조 제1항, 국립교원양성기관 출신자의 우선임용을 보장하는 법에 대한 위헌 판결이 내려졌다(憲裁 90.10.8 決定, 89헌마 89).

이와 같은 상황에서 위상이 위축된 국립 사대는 상대적으로 취약한 여건을 지니고 있는 사립 사대를 압박하기 위한 수단으로 교원양성기관 평가 인정제 도입을 촉구하였다. 1992년 국립사대학장협의회는 교원교육기관의 질 관리를 위해 기관 평가가 필요하다는 것을 정부에 건의하였고, 1994년에는 교원양성기관 평가 인증제 도입을 통해 교원의 과잉 배출을 억제하고 교원양성기관의 질을 관리를 할 필요가 있다는 내용을 담은 건의서를 제출하였다. 이러한 국립사대학장협의회의 움직임이 정부로 하여금 교원양성기관 평가의 도입을 적극적으로 검토하게 하는 데 어느 정도 기여하였을 것으로 볼 수 있다. 국가 차원에서 본격적으로 교원양성기관 평가의 도입을 검토하게 된 것은 1996년 대통령자문기구인 교육개혁위원회에서 발표한 제3차 교육개혁방안(1996. 8. 20.)이라 볼 수 있다. 세계화, 정보화 시대를 주도하는 신교육체제 수립을 위한 교육개혁방안(III, 제4차 대통령 보고서)에서는 "교원양성기관의 질을 관리할 여유 없이 난립됨으로써 양성과정의 질에 대한 회의를 심화시켜왔고, 양성기관의 난립이 초래한 교원수급의 지나친 불균형은 양성과정의 유인가를 떨어뜨리고 있다(교육개혁위원회, 1996: 7.)"라고 언급하며 당시 교원양성기관이 직면한 문제점에 대해 언급하였다. 이를 통해, 교원양성기관에 대한 평가 도입이 교원양성기관의 난립으로 인한 양성기관의 질 저하와 교원 과잉 공급 문제에 대처하기 위한 조치였음을 유추해 볼 수 있다.

1996년 8월 교육부는 '교원양성기관 평가 인정제 실시 방안 연구'를 발주하여 제도의 도입을 준비하였다. 이 연구에서는 우수한 대학에 대해서는 중점적으로 행·재정 지원을 하고, 미흡한 대학에 대해서는 일반대학으로의 전환을 유도하겠다고 평가결과 활용 방안을 밝힘으로써 교원양성기관 평가의 목적이 양성교육의 질을 관리함과 동시에 양성

규모를 적정화하기 위함이었음을 명시하였다. 이와 같은 상황 속에서 개별 교원양성기관은 각 기관의 위상에 따라 자발적으로 경쟁력이 없는 일부 학과들은 일반대학으로 전환하고, 사범대학의 교육 여건을 개선하는 등 다가올 평가에 대응하는 모습을 보였다.

이후 IMF 시대가 도래함에 따라 한국대학교육협의회(대교협)는 평가에 따른 대학의 재정 부담을 이유로 사대평가를 유보할 것을 건의하였다. 이에 국립사대학장협의회는 IMF 시대일수록 더욱 철저한 변혁을 시도해야 한다는 점과, 이미 많은 대학이 평가를 준비하며 질적 혁신을 모색하기 위한 노력을 경주하고 있는 상황에서 평가를 유보하는 것이 오히려 일선 대학에 혼선을 야기할 수 있다는 점을 이유로 대교협을 비판하였다. 사대평가 사업이 추동력을 잃고 추진되지 못하던 와중에 1998년 7월 진행된 교육부 내부의 '교원양성체제 개선 방안 정책 토론'에서 평가사업의 재개가 결정되었으며, 다시 교원 교육기관에 대한 평가사업이 진행되었다(박남기, 2002; 김갑성 외, 2008).

평가주관기관 선정을 두고도 많은 논란이 제기되었다. 기존의 대학평가를 담당해 왔던 대교협은 교원양성기관에 대한 별도의 평가가 논의되기 이전부터 교대 및 사대평가를 위한 준비 작업을 진행하고 있었다. 그러나 교육부는 대학 간 협의체이자 공급자 조합인 대교협이 평가결과에 따라 개별대학에 강력한 조치를 내리기에 부적절한 기관이라 판단하였다. 교육부가 교원양성기관에 대한 평가업무 추진 기관으로 한국교육개발원을 지정함에 따라, 대교협의 사대평가계획은 중단되었다(김갑성 외, 2008).

'사회적 책무'를 중시하는 사회 전반의 분위기 또한 교원양성기관에 대한 평가를 실시하게 된 중요한 배경 중 하나라 볼 수 있다. 지식 정보화 시대가 도래함에 따라 국가 간 두뇌 경쟁이 심화되었고, 이에 따라 우수 인력 확보에 국가적 관심이 한층 더 고조되었다(김갑성 외, 2008). 우수한 인력을 확보하기 위해서는 이들을 교육할 우수한 교원의 확보가 우선되어야 하며, 우수한 교원의 확보를 위해서는 교원양성기관에서 제공하는 교육의 질이 먼저 보장되어야 한다. 교원양성기관에 대한 질적 우수성을 보장하기 위해, 정부는 국가가 직접적으로 통제하고 관리하기보다는 '평가'라는 수단을 이용하여 한국교육개발원을 통해 간접적으로 통제하는 방식을 선택하였다. 즉, 개별 교원양성기관에 '자율'과 '책임'을 부여함으로써, 각 기관에서 자율적인 기관 운영을 허용하고, 평가결과를 공개하거나 평가결과를 바탕으로 차등적으로 행·재정 지원을 하는 것과 같은 방법을 활용하여 각 기관의 책무성을 확보하고자 하였다.

교원양성기관의 사회적 책무성을 확보함에 있어서 시장경제의 원리를 차용하는 것은 시대적으로 사회 전반을 풍미했던 수요자 중심주의, '신자유주의' 물결이 교육계에까지 확산된 결과라 볼 수 있다. 당시 만연해 있던 신자유주의, 시장의 논리가 1995년 5.31 교육개혁방안의 주요한 기조 중 하나가 되며, 교원양성기관에 대한 평가에까지 적용된 것이다(김갑성 외, 2008). 교원양성기관을 양성교육의 공급자로 보고 양성교육을 받기를 희망하는 사람을 수요자로 간주하여, 평가결과를 공개함으로써 수요자인 학생들의 선택을 돕도록 해야 한다는 움직임이 등장한 것이다(김갑성 외, 2008). 이와 같이 신자유주의에 따른 책무성을 강조하는 사회적 분위기가 교원양성기관 평가를 도입하게 되는 또 다른 사회적 배경으로 작용하였다.

이 외에도 국내외적으로 고등교육 전반의 기관평가가 교육적으로 확산된 것 역시 교원양성기관 평가가 시행된 주요한 배경 중 하나라고도 볼 수 있다. 국제적으로 미국의 경우에는 민간단체인 NCATE(The National Council for Accreditation of Teacher Education)를 통해, 영국의 경우에는 국가수준에서 교육부(Department for children, schools and Families: DCSF), 교육개발청(Teaching and Developing Agency for schools: TDA)과 교육기준청(Office For Standards in Education: Ofsted)을 통해 교원양성기관 평가를 실시하여 질적 수준을 관리하고 있다. 일본의 경우에는 독립행정법인인 '대학평가-학위수여기구', 재단법인인 '대학기준협회'와 '일본고등교육평가기구'에 의해 교원양성기관 평가가 이루어지고 있다(구자억 외, 2009). 국내적으로도 고등교육기관에 대한 평가가 시행되고 있었다. 우리나라에서도 1992년 대학평가인정제가 도입되었고, 대교협을 중심으로 하는 대학 종합평가와 학문분야별 평가가 진행되어 왔다. 이와 같이 대학에 평가가 확산되는 풍토 속에서 교원양성기관에 대한 별도의 전문적 평가의 필요성이 역시 제기되었다고 볼 수 있다.

정리하자면, 앞에서 살펴본 바와 같이 중등교원 양성의 다양화, 개방화 정책은 교원양성기관의 난립을 초래하였다. 이는 교사의 자격기준이나 교육과정 편성 기준이 구체적으로 제시되어 있지 않은 상황에서 교원양성과정 간의 질적 수준의 차이를 발생시켰으며, 다른 한편으로는 교원수급 조절에 실패하는 결과를 낳았다. 이와 더불어 사회 전반에 걸친 신자유주의 열풍이 교육계에까지 확대되며, 교육에서도 '책무성'이 강조되었다. 이와 같은 상황 속에서 교원양성기관 평가를 도입하여 교육의 질을 관리함으로써 양성교육에 대한 사회적 신뢰를 회복해야 할 필요성이 제기된 것이다. 1996년 제3차 교육개혁방안에서 '교원양성기관 평가의 도입'이 제안됨에 따라 본격적으로 교원양성기관 평가가 도입되었다. 교육부는 1998년부터 한국교육개발원에 위탁하여 교원양성기관 평가를 실시하고 있으며, 2020년 기준으로 5주기 평가가 진행 중에 있다.

2) 평가 변천 과정

교원양성기관에 대한 평가는 박도순 외(1987)가 수행한 '사범계 대학 평가를 위한 기초 연구'를 바탕으로 1988년 한국대학교육협의회에서 실시한 '사범계 대학에 대한 평가'에서 부터 시작되었다고 볼 수 있다. 이 평가의 경우, 추진과정에서 회수 후 분석도 하지 않고 즉시 현지 방문 평가를 실시하는 등 여러 문제점을 노정하였으나, 대학평가 자체가 뿌리 내리지 못한 상황에서 이루어진 최초의 사범대학 평가였다는 점에서 의의를 찾을 수 있다(박남기, 2002). 이후 교원양성기관에 대한 체계적인 평가의 필요성이 지속적으로 제기 됨에 따라, 1989년에는 중앙교육심의회 세미나에서 교원교육 평가인정제 실시방안에 관한 연구가 이루어졌으며, 1991년에는 한국교육개발원에서 교사교육 평가인정제도 도입 방안 연구(정일환·김용우·조준래, 1991)가 이루어졌다. 이 외에도 1990년대 전반부까지 한국교원정책연구회, 한국교원단체총연합회, 한국교사교육협회 등과 같은 기관 차원에서 교원양성기관을 어떻게 평가할 것인지 지속적인 연구가 이루어졌다(김갑성 외, 2008).

이후 문민정부의 대통령 자문기구인 교육개혁위원회의 '제3차 교육개혁 방안(1996. 8. 20.)'에서 교직 활성화를 위한 교원양성제도 개혁 방안의 하나로 '교원양성기관 평가제도'의 도입이 제안되었다. 교육인적자원부는 교원양성기관 평가의 도입을 위해 '교원양성기관 평가제도 시행방안(1997. 5. 23.)'을 마련하였으며, 1997년 한국교육개발원을 평가 주관 기관으로 지정하여 1998년 전국의 모든 사범대학을 평가하였다. 1주기 교원양성기관 평가는 1998년부터 2002년까지 5년간 사범대학을 시작으로 연차적으로 교육대학원, 교육대학교, 일반대학 교육과, 교직과정 설치학과를 대상으로 시행되었다. 2주기 평가는 2003년부터 2009년까지 7년간 사범대학, 교육대학원, 교육대학교, 일반대학 교육과, 교직과정 설치학과 순으로 평가가 연차적으로 진행되었다. 다만, 기관 수가 많은 교육대학원과 교직과정은 각각 2년에 걸쳐 평가를 실시하였으므로, 2주기 평가는 총 7년에 걸쳐 실시되었다.

1, 2주기 교원양성기관 평가는 프로젝트 형식의 시범사업의 성격을 띠었으며, 평가전담기관이 설치되지 않았고 평가사업 담당자가 매년 바뀜에 따라 평가지표, 평가모형이 일정하지 못하고 자주 변동되는 한계를 보였다. 또한 평가결과를 활용하여 행·재정적 지원이나 제재를 가하는 후속조치를 취하지 못하였기 때문에 평가의 실효성이 떨어진다는 비판이 제기되기도 하였다. 이에 따라 3, 4주기 평가에서는 보다 체계적인 평가사업의 추진을 위하여 '교원양성기관 평가센터'를 설치하여 운영하는 등 이전보다 많은 개선을 통해 평가가 이루어졌다. 3주기 평가는 2010년부터 2014년까지, 4주기 평가는 2015년부

터 2017년까지 진행되었으며, 5주기 평가는 2018년부터 2021년까지 추진될 예정이다.
4주기 평가는 3년을 주기로 추진된 반면, 5주기 평가는 4년 주기로 추진될 예정이며, 국
가 수준의 진단과 교원양성기관의 자율 개선 노력이 선순환될 수 있도록 수직적 '평가'에
서 수평적 '역량진단'으로의 전환을 모색하고자 '평가'가 아닌, '역량진단'으로 정책명을
변경하여 진행 중이다. 교원양성기관 평가의 추진과정을 간략하게 정리해 보면 다음
〈표 12-1〉과 같다.

〈표 12-1〉 교원양성기관 평가의 추진과정

1980년대 후반	• 교원양성기관 평가 필요성 주장 제기 • 박도순 외(1987). 사범계 대학 평가를 위한 기초 연구 • 1988년 한국대학교육협의회 '사범계 대학에 대한 평가' 실시	
1991. 2.	• 정책자문위원회에서 '평가인정체제' 확립 제안	
1996. 8. 20.	• 교육개혁위원회 제3차 교육개혁방안에서 교원양성기관 평가 실시 건의	
1997. 5.	• 교육부, 교원양성기관 평가 인정계획 수립	
1998~ 2009년 (1, 2주기)	• 한국교육개발원에 위탁 • 매년 교원양성과정별 연차적인 시범평가 실시 • 1998~2002년: 1주기 평가 실시 • 2003~2009년: 2주기 평가 실시	평가대상(기관수) 〈1주기〉 • 1998년: 사범대학(40개) • 1999년: 교육대학원(69개) • 2000년: 교육대학교(11개), 교대 교육대학원(10개) • 2001년: 일반대학 교육과(30개) • 2002년: 일반대학 교직과정(122개) 〈2주기〉 • 2003년: 사범대학(40개) • 2004~2005년: 교육대학원(112개) • 2006년: 교육대학교, 교대 교육대학원(11개) • 2007년: 일반대학 교육과(53개) • 2008~2009년: 일반대학 교직과정(160개)
2010~ 2014년 (3주기)	• 한국교육개발원에 위탁 • 교원양성기관 평가센터 설립 • 대학 내 설치된 모든 교원양성과정에 대한 동시 평가 실시 ※ 평가 결과 미흡한 대학을 중심으로, 차후년도 재평가 실시	〈3주기〉 • 2010년: 사범대학이 설치된 대학(45개), 교육대학교(10개) • 2011년: 일반대학 교육과 설치된 대학(54개) • 2012년: 일반대학 교육과가 설치된 대학(54개) • 2013~2014년: 전문대학(140개)

		〈4주기〉
2015~2017년 (4주기)	• 한국교육개발원에 위탁 • 교원양성과정을 운영하고 있는 전국 모든 대학을 대상으로 '3년 주기' 평가 실시	• 2015년: 사범대학이 설치된 대학 및 교육대학(62개) • 2016년: 사범계학과 및 교직과정이 설치된 대학(107개) • 2017년: 전문대학 등(117개)
2018~2021년 (5주기)	• 한국교육개발원에 위탁 • 교원양성과정을 운영하고 있는 전국 모든 대학을 대상으로 '4년 주기' 역량진단 실시	〈5주기〉 • 2018년: 대학 전체가 교원양성기관인 대학(교대, 교원대) • 2019년: 사범대학 설치 대학 • 2020년: 사범대학 미설치 대학 • 2021년: 전문대학, 한국방송통신대학, 실기교사 양성과정

출처: 김기수(2012); 오세희 외(2013); 교육부 · 한국교육개발원(2017b; 2018)을 재구성함.

(1) 1주기(1998~2002) 및 2주기(2003~2009)

1주기 평가는 대체로 교원양성기관의 교육여건과 운영실태를 파악하는 데 중점을 두고 진행되었다. 즉, 평가를 통해 교원양성기관이 본연의 기능을 제대로 수행하고 있는지, 정부에서 설정한 기준을 준수하고 있는지, 대학이 교원양성기관을 발전시킬 의지가 있는지 등을 확인하고자 하였다(김기수, 2012). 1주기 교원양성기관 평가에서는 각 대학에 설치된 다양한 유형의 교원양성기관에 대해 매년 같은 유형의 기관들끼리 연차적으로 평가를 진행하였으므로, 다섯 가지 유형의 교원양성기관을 모두 평가하는 데 총 5년이 걸렸다. 즉, 1998년에는 전국 모든 사범대학 40개, 1999년에는 교육대학원 69개, 2000년에는 교육대학교 11개와 교육대학원 10개, 2001년에는 일반대학 교육과 30개, 2002년에는 일반대학 교직과정 122개에 대한 평가를 실시하였다(한국대학교육협의회 · 한국대학평가원, 2014).

평가영역은 매년 평가 대상 기관에 따라, 조금씩 차이가 있지만, 대체로 '교육과정과 프로그램', '교수 · 강사 및 학생', '행 · 재정 및 시설 설비' 등을 중심으로 평가가 이루어졌다. 평가결과를 판정하는 방식 또한 평가 연도와 대상 기관에 따라 다소 차이가 있다. 사범대학과 교육대학, 교대교육대학원의 경우에는 4단계(최우수, 우수, 양소, 개선요망)로 평가하였고, 이 외의 교육대학원, 일반대학 교육과, 일반대학 교직과정의 경우에는 3단계(우수, 보통, 개선요망)로 평가하였다. 평가방법의 경우에도 사대와 교육대학원은 상대평가를 실시하였으며, 나머지 기관에 대해서는 절대평가를 실시하였다. 이와 같이 1주기 평가는 매년 평가 담당자가 바뀌고, 유형에 따라 평가 기준 및 방법이 변동되는 등 평가의 내용과 방법적인 측면에서 안정성이 부족하였다는 문제점을 보였다. 그럼에도 1주기 평가는 교원양성기관의 운영실태를 파악하고 개선하기 위한 노력에 관심을 기울이는 계기가 되었다는 점에서, 그리고 정부 차원에서는 교원양성기관의 질을 체계적으로 관리할 수 있는 제도적 장치를 마련하였다는 점에서 의미를 둘 수 있다.

2주기 교원양성기관 평가는 기관의 수가 많은 교육대학원과 일반 교직과정에 대한 평가는 각 2년씩 실시했기 때문에 2003년부터 2009년까지 총 7년에 걸쳐 진행되었다. 2주기 평가 역시 교원양성기관의 운영실태를 파악하고, 교원양성기관의 책무성 및 사회적 공신력을 제고함과 동시에 양성교육의 수월성 향상을 도모하고자 하는 목적하에 수행되었다. 2주기 평가는 평가내용 및 방법적인 측면에서 1주기에 비해 안정된 경향을 보였다. 먼저, 평가영역은 대부분 '교육과정 및 수업', '교수 및 학생', '교육여건'의 3개 영역 대한 평가가 이루어졌으며, 교육대학원이 경우에는 '교육프로그램', '인적구성', '교육여건'을 중심으로 평가가 이루어졌다. 평가결과 역시 최우수, 우수, 양호, 미흡의 4등급 판정이 일관성 있게 진행되었으며, 사대, 교대, 교육과를 대상으로는 상대평가가 이루어졌고, 상대적으로 평가대상기관이 많아 2년간 평가가 진행된 교육대학원과 일반대학 교직과정의 경우에는 매년 평가 결과를 산출해야 하는 구조적 특성 때문에 절대평가가 이루어졌다(김기수, 2012). 또 한 가지 특징적인 점은 2주기 평가에서부터는 '교육수요자 만족도 조사'가 평가방법 중 하나에 포함되었다는 점이다.

1, 2주기 교원양성기관 평가는 교원양성기관의 교육의 질을 점검함으로써 교원양성교육의 중요성에 대한 인식을 제고하고, 교원양성교육 개선을 위한 대학의 재정 투자와 관심을 증대시키는 등 교육의 질적 수준을 높이고자 하는 노력을 촉진하는 계기가 되었다(이승희·최금진·박은실, 2005). 1주기에 비해 2주기에 사범대학과 교육대학의 경우 최우수 및 우수대학의 수가 증가하였다는 점은 교원양성교육기관에서 제공하는 교육의 질이 개선되었음을 증명해 준다. 그럼에도 1, 2주기 교원양성기관 평가는 평가의 안정성 및 실효성에서 문제점이 제기되었다.

첫째, 교원양성기관 평가는 예산이 충분하게 마련되지 못함에 따라 평가가 안정적, 체계적으로 시행되지 못하였다. 충분하지 못한 예산으로 인해 인력이 안정적으로 확보되지 못하였고 매년 연구진 및 평가단이 새롭게 구성되어 운영됨에 따라, 평가모형, 내용, 등급판정 기준 등 평가의 일관성이 보장되지 못하였다. 서면 평가의 경우 대부분 평가위원 개인이 독립적으로 실시하여 평가의 신뢰성이 저하되었으며, 적은 수의 평가위원이 많은 수의 기관을 방문하여 평가해야 했기 때문에 평가위원의 정신적, 육체적 부담이 가중되었다. 뿐만 아니라 평가위원에 대한 사전교육 및 연수체제가 미흡하여 체계적이고 전문적인 평가가 이루어지지 못하였다.

둘째, 평가등급 판정 결과만이 공개될 뿐 평가결과가 재정지원과 연계되지 않는 등 평가결과 활용방안이 구체적으로 제시되지 않아 평가의 실효성이 확보되지 못하였다. 이 외에도 평가대상기관의 평가 부담 역시 문제점 중 하나로 제기되었다. 1, 2주기 평가의 경우, 같은 유형의 교원양성기관을 묶어서 평가하였다. 이와 같은 방식은 같은 유형의 교원양성기관을 비교하는 데에는 용이하지만, 대학의 입장에서는 대상만 바꾸어 매년 평가를 받게 되므로 평가에 대한 부담이 가중되는 상황이 발생하게 된다. 한 대학 내에 설치된 여러 유형의 교원양성과정들이 서로 연계되어 통합적으로 운영됨에도 불구하고, 이들을 별도로 떼어서 탈맥락적으로 평가하는 것은 하나의 대학에서 이루어지고 있는 교원양성교육을 온전하게 이해하는 데 어려움이 따른다. 이에 따라, 3주기에는 이와 같은 문제점을 개선하기 위하여 단위 대학에 설치된 모든 유형의 교원양성기관을 동시에 평가하는 방식으로 진행하게 된다.

(2) 3주기(2010~2014)

앞서 언급된 바와 같이 1, 2주기 평가와 달리, 3주기 평가에서 각 대학에 설치된 모든 유형의 교원양성기관들을 동시에 평가하였다. 즉, 3주기에는 대학, 양성과정, 학과(전공) 수준의 평가 방식을 도입하여, 교원양성 규모가 큰 대학부터 연차적으로 각 대학에 설치된 사범대학, 교육대학원, 일반대학 교직과정을 동시에 평가하였다. 이 외에도 지난 1, 2주기 평가에서 지적된 '평가 추진 체계의 미흡(서정화, 2006)', '평가 기준 및 내용의 일치도 부족(김병주, 2004; 홍영란·이원규, 2005)', '평가결과 환류 미흡(김이경 외, 2004; 홍영란·이원규, 2005)' 등의 문제점을 보완하여 평가를 강화하는 방향으로 이루어졌다.

3주기 교원양성기관 평가의 기본방향을 살펴보면 다음과 같다(구자억 외, 2009). 첫째, '교원양성기관의 질적 수준 제고'라는 목적 지향적 평가의 성격을 견지하도록 하였다. 둘째, 책무성을 강화하기 위하여 '성과'를 평가하는 지표를 추가하였다. 셋째, 대학 내 모든 교원양성과정을 동시에 평가하도록 하였다. 넷째, 평가에 대한 공신력을 확보하고자 객관적인 평가모형을 개발하고 평가위원의 구성을 확대하였다. 공인회계사 등이 현장 방문평가단에 포함되었으며, 이에 따라 평가전문성 향상을 위한 연수를 보다 강화하였다. 다섯째, 평가결과 활용을 강화하기 위해 평가결과를 행·재정적 조치와 연계하고 평가결과를 일반에게 공개하였다. 여섯째, 전문적이고 체계적인 평가 시스템 구축을 위해 한국교육개발원 내에 교원양성기관 역량진단을 위한 전담 부서를 설치하여 운영해 오고 있다.

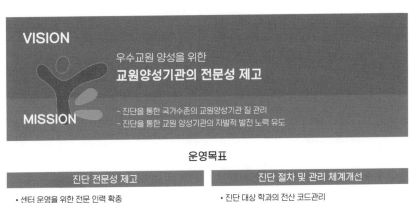

[그림 12-1] 한국교육개발원 교원정책연구실의 비전, 미션, 목표

출처: 교원양성기관 역량진단 홈페이지(https://necte.kedi.re.kr).

한국교육개발원에서는 교원양성기관 평가가 추구하는 바와 같이 우수한 교원을 양성하기 위해 '교원양성기관의 전문성을 제고'하는 것을 조직의 최종적인 비전으로 삼고 있다. 교원양성기관 평가를 통해 국가 수준의 체계적인 교원양성기관 질 관리 체제를 확립하고 이와 더불어 교원양성기관의 자발적인 발전 노력을 유도하고자 하는 목적하에 설립되어 운영되고 있다. 이와 같은 목적을 달성하고자 한국교육개발원에서는 다음과 같은 세부 운영 목표를 설정하였다. 첫째, 전문인력 및 평가위원의 인력풀을 확충하여 평가의 전문성을 제고하고자 한다. 둘째, 평가단 규모를 적정화하고 현장실사 평가와 수업 시연 평가를 동시에 운영함으로써 효율적으로 평가를 운영하고자 한다. 셋째, 평가 시스템 DB를 개선하여 평가절차 및 관리체제를 효과적으로 개선하고자 한다. 넷째, 평가결과 검증 절차를 강화하여 궁극적으로 평가 결과에 대한 신뢰도를 향상시키고자 한다. 이와 같은 비전, 목적, 목표를 바탕으로 한국교육개발원 내의 '교원양성기관 평가센터'가 운영되어 왔으며, 현재는 '교원정책연구실'로 명칭이 변경되었다.

[그림 12-2] 교원양성기관 평가센터의 조직도(4주기 기준)

출처: 교원양성기관 역량진단 홈페이지(https://necte.kedi.re.kr).

   3주기 평가는 교원양성 교육의 질적 수준을 제고하고, 법적 책임을 확보하며 교직 희망자 및 시도교육청, 학교 등에 교원양성기관 평가 결과를 제공하는 것을 목적으로 수행되었다. 평가주기는 5년으로 '경영 및 여건', '프로그램', '성과' 3개의 영역에 대한 평가가 이루어졌으며, '성과'에 대한 평가가 지표수준이 아닌 하나의 평가 영역으로 설정되어 이루어졌다는 점이 특징적이다. 서면평가, 현장방문평가와 더불어 재학생을 대상으로 한 '만족도 조사'와 '수업시연'에 대한 평가가 이루어졌으며, 평가결과에 대한 활용이 보다 강화되어 C, D등급을 받는 교원양성과정에 대해서는 1년 후 재평가를 받을 수 있도록 하였다.

(3) 4주기(2015~2017)

   4주기 평가의 배경은 다음과 같다. 먼저, 교원양성기관의 교육여건, 교육과정, 성과 등을 종합적으로 평가하여 교원양성교육의 질을 국가 수준에서 체계적으로 관리한다. 둘째, 전문적인 평가를 통해 평가대상대학에 각 교원양성기관의 강점과 약점 파악 및 타 기관과 비교기회를 제공하여 자기발전 노력을 유도한다. 셋째, 평가결과 공개를 통해 교직 희망자, 학부모 등에게 신뢰도 높은 참고자료를 제공하고, 교원양성기관에 대한 사회적 신뢰를 확산한다. 이러한 평가배경과 더불어 4주기 평가의 추진 방향은 교원양성기관(294개교, 697개 양성기관)을 대상으로 한국교육개발원을 통하여 체계적이고 전문적인 평가를 실시하는 것이다(교육부·한국교육개발원, 2017a).

   4주기 평가에서는 2015년부터 2017년까지 연차적으로 평가대상 대학을 선정하여 평가를 실시하였다. 2015년에는 사범대학 설치 대학교, 교육대학교(62개교, 206개 기관)를, 2016년에는 일반대 교육과·교직과정 설치 대학교(107개교, 285개 기관)를, 2017년에는 방송통신대학교와 실기교사 양성학과를 운영 중인 일반대학 4개교를 포함하여 교원양성과정을 운영하고 있는 전문대학 등 117개교(193개 기관)를 평가대상으로 계획하였다. 이들을 대상으로 평가영역은 공통으로 적용하되, 양성학과 유형에 따라 교육여건·교육과정·성과영역·특성화영역 등 해당 영역 내 지표를 차별적으로 적용하였다(교육부·한국교육개발원, 2017a). 예를 들어, '사범대학·일반대학 교육과'는 4개 영역, 9개 항목, 13개 준거, 22개 지표, '교직과정'은 4개 영역, 8개 항목, 11개 준거, 19개 지표, '양성 기능 교육대학원'은 4개 영역, 9개 항목, 13개 준거, 22개 지표, '재교육 기능 교육대학원'은 4개 영역, 8개 항목, 9개 준거, 14개 지표를 평가대상 대학 유형별로 평가체계를 적용하였다(교육부·한국교육개발원, 2017b). 이에 따른 평가 방법으로 서면평가, 현장방문 평가(현장실사 및 수업실연 평가), 재학생 만족도 및 교원 임용률 조사를 실시하였다(교육부·한국교육개발원, 2017a).

4주기 평가의 방향은 다음과 같다. 먼저 '미흡(C)' 이하 등급의 기관에 대해 실시하던 재평가를 폐지하고, 이의신청 심의제도를 내실 있게 운영하여 평가의 실효성을 제고하고자 하였다. 둘째, 다양한 정성지표(예시: 발전계획 및 추진실적 등)를 도입하여 교원양성기관의 질적 측면까지 종합적으로 평가하고자 하였다. 셋째, 제3주기 평가부터 평가결과를 행·재정조치와 연계하여 평가의 실효성을 강화하고자 하였다. 기존 지표 중 중요도가 낮거나 부분적으로 중복되는 지표를 삭제하는 등 핵심지표 위주로 평가지표를 간소화하여 평가 대상기관의 부담 완화하고자 하였다. 사범대 및 일반대학 교육과 기준으로 평과지표가 3주기 평가에서 43개였으나, 4주기 평가에서는 22개로 간소화하였다(교육부·한국교육개발원, 2017b).

(4) 5주기(2018~2021)

2018년부터 5주기 평가가 시작되었으며 그간의 성과를 살펴보면 다음과 같다. 먼저, 교원양성 교육의 질을 국가 수준에서 체계적으로 진단했다. 핵심 지표 중심으로 정비하여 대학 부담 완화 및 본질적 목적에 충실하고자 하였고, 교원양성기관 유형별(교대, 사범대, 사범계학과, 교직과정, 교육대학원) 지표의 차별 적용 등을 통해 맞춤형 평가를 실현하였다. 둘째, 대학의 개선 노력을 유도하였으며, 부실과정을 축소 및 폐지함으로써 내실화를 기했다. 교육과정 개선, 학교 현장과의 연계, 교육여건 개선 등의 관심과 투자를 견인하였고, 부실 운영 기관에 대해 객관적 평가 결과에 따른 정원을 감축 및 폐지하였다. 다만, 이제까지 평가에서는 자율적 환류 체계 구축이 미흡했고, 대학의 예측성 저하, 충분한 준비 기간 확보 미흡 등 현장의 부담이 있었으며, 유치원, 특수, 비교과에 대한 고려가 부족했고, 고등교육 정책과 유기적으로 연계하여 정책을 추진하지 못한 한계를 드러냈다. 따라서 5주기 평가는 이러한 문제점을 극복하고 개선하는 방향으로 계획되었다.

5주기 평가는 교대, 사범대, 사범계학과, 교직과정, 교육대학원(양성, 재교육) 등의 모든 교원양성기관을 대상으로 2018년부터 2021년까지 4년간 연차적으로 진단할 계획이다. 2018년에는 대학 전체가 교원양성기관인 대학인 교대와 교원대, 2019년에는 사범대학 설치 대학, 2020년에는 사범대학 미설치 대학, 2021년에는 전문대학, 한국방송통신대학, 실기교사 양성과정을 대상으로 역량을 진단할 예정이다. 5주기에서는 국가 수준 진단과 기관 자율 개선 간의 선순환 관계를 구축하고, 교원양성기관 '평가'가 아닌, 교원양성기관 '역량진단'으로 정책명을 변경하였다.

교원양성기관에 대한 국가 수준의 점검 및 관리 차원에서도 기존의 평가와 차이를 두었다. 첫째, 질적 수준 제고를 위해 배점 확대 및 지표 추가를 통해 교육과정 영역을 강화하고, 기관 유형을 고려하면서 자격 종류별(유치원, 특수, 비교과 등) 특수성을 반영하고자 하였다. 둘째, 양적 규모 조성을 위해 교원 수급 상황을 고려하여 교원 양성정원을 조정하고자 하였다. 기준 미달 시에 교원 양성정원을 감축 및 폐지하고, 예외적으로 양성 규모 확대가 필요한 영역에는 증원을 검토하고자 하였다.

교원양성기관의 능동적 개선 노력 차원에서도 기존의 평가와 차이를 보였다. 첫째, 자율개선지원과 관련하여 진단 주기와 대학의 수업연한을 일치(4년)시켰고, 하위(C, D) 등급 기관 및 희망 기관에 컨설팅을 제공함으로써 역량진단과 기관운영 간 체계적 환류 체계를 구축하였다. 또한 현장 자율성을 고려하여 자율 기술 지표를 도입하였다. 둘째, 현장 부담 완화와 관련하여 진단 최소 1년 전에 지표를 사전 안내하고, 신규 지표는 가급적 도입 이후 실적으로 한정하며, 이의신청 시 주요 심의기준을 사전 안내함으로써 현장에서의 예측성을 확보하였다. 또한 평가 결과를 통해 교대 및 교원대에서는 '대학기본역량진단' 및 자체평가 결과로 갈음하고, 교육대학원에서도 자체평가로 갈음함으로써 고등교육정책과의 연계성을 도모하고자 하였다.

1998년부터 시행되어 온 교원양성기관 평가를 1주기부터 5주기까지 특징적인 점을 중심으로 정리하면 다음 〈표 12-2〉와 같이 정리할 수 있다.

〈표 12-2〉 1~4주기 교원양성기관 평가 내용과 결과 비교

구분	평가목적	평가내용	평가방법	평가결과	특징
1주기 (1998 ~ 2002)	• 교육 여건과 운영 실태 파악 • 교원양성기관 간 선의의 경쟁 유도 • 교원양성 정책의 기초 자료 제공 • 교원 교육의 질 개선	• (사대) 교육과정, 수업, 교수, 학생, 행·재정 및 시설·설비, 특성화 종합 • (교대원) 교육목적과 교육목적의 기준 프로그램, 인적 구성과 지원 • (교대) 교육프로그램, 교수·강사 및 학생, 행·재정, 대학발전 노력	• 대학교수 등 전문가 중심 평가지표 개발과 각 관련 구성성 검증 노력 • 대학별 자체평가, 서면평가, 현장방문평가	• 최우수, 우수, 양호, 미흡의 4등급 또는 우수, 보통, 개선요망의 3등급으로 평정 • 사대와 교육대학원은 상대평가, 나머지는 절대평가 • 평가결과에 따른 행·재정적 조치 없음	• 투입, 과정 중심 평가
2주기 (2003 ~ 2009)	* (1주기 목적에 다음 내용 추가) • 교원양성기관의 책무성 및 사회적 공신력 제고 • 교원양성 교육의 수월성 제고	• (공통) 교육과정 및 수업, 교수 및 학생, 교육여건 및 지원체제(교대는 발전노력 추가) • (교대원) 교육프로그램, 인적 구성, 교육여건	• 평가사업 대폭 간소화 노력 • 평가영역별 관련 전공교수 및 외부 전문가로 구성 • 성보 영역 및 지표 개발 • 교육수요자 만족도 조사	• 최우수, 우수, 양호, 미흡의 4등급으로 판정 • 사대, 교대, 교육과는 상대평가, 나머지는 절대평가 • 평가결과에 따른 행·재정적 조치 없음	• 투입, 과정 중심 평가 • 교육수요자 만족도 조사 실시
3주기 (2010 ~ 2014)	• 교원양성 교육의 질적 향상 • 교원양성기관의 법적 책무 확보 • 교원양성체제 개편의 참고자료 제공 • 교직 희망자, 시·도교육청, 학교 등에 정보 제공	• (모든 교원양성기관 공통) 경영 및 여건, 프로그램, 성과의 3개 영역	• 사대, 교육대학원 교직과정 동시 평가 • 행·재정적 조치를 위해 대학, 양성과정, 학과 수준으로 평가하고 수업시연, 학과별 이용률을 계량화	• 학과별, 양성과정별로 A, B, C, D 4등급으로 판정 • 모든 교원양성기관 절대평가 • 평가결과에 따라 제재 가 후 행·재정적 조치 시행	• 투입, 과정, 산출 평가 • KEDI 내에 교원양성기관 평가센터 상설기구화 • 수업시연 포함 • 평가결과 활용(구체적 제재와 지원)

주기					
4주기 (2015~2017)	• 모든 교원양성과정(사범대학, 일반대학 교직과, 일반대학 교직과정, 교육대학원)의 종합적인 운영 실태 평가 • 타 기관과 비교 기회 제공함으로써 자기 발전 노력 유도 • 평가결과를 공개함으로써 교직 희망자, 학부모 등에게 신뢰도 높은 교직자료 제공	• 양성학과 유형에 따라 교육여건·교육과정, 성과영역·특성화 영역 등 해당 영역 내 지표를 적용하여 평가 실시	• 서면평가, 현장방문 평가(현장실사 및 수업실연 평가), 재학생 만족도 및 교원 임용률 조사	• 학과별, 양성과정별로 A, B, C, D, E5등급으로 판정 • A등급(800점 이상)은 교육부 장관표창 수여를 통해 인센티브 부여, B등급(800점 미만~700점 이상)은 현행 유지 • C등급(700점 미만~600점 이상), D등급(600점 미만~500점 이상), E등급(500점 미만)은 정원·승인인원·양성기관의 일정 비율 감축	• 투입, 과정, 산출 평가 • 재평가 폐지로 평가 효율성 제고 • 다양한 정성지표까지 도입하여 질적 측면까지 종합적으로 평가 • 평가지표 간소화를 통한 내성기관의 부담 완화
5주기 (2018~2021)	• 교원양성기관의 역량을 종합적으로 진단하여 교육의 질 제고 • 학생 수 급감에 따른 교원수급을 고려하여 양성규모 적정화 • 교원양성기관의 자기 발전 유도 및 교직 희망자에게 참교자료 제공	• 4주기 지표를 큰 틀에서 유지하되, 교육과정 영역 강화 • 진단 자료: 4주기 평가 대상 자료 이후의 실적 • 지표 추가: '교육과정 개선 노력 및 실적', '교·사대 교육과정 개편' 관련 • 교원양성기관 자율 기술지표 도입: 특색사업, 특화전략 등 • 교원 자격 종류별 특수성 반영: 유치원, 특수, 비교과 등 • 교수자에 현장 교원 포함, 소재지 현장과 폐지 등 지표별 세부 개선	• 자체 역량진단, 현장방문 역량진단, 제한생 만족도 및 교원 임용률 조사	• 학과별, 양성과정별로 A, B, C, D, E5등급으로 판정 • A등급(800점 이상)은 부총리 표창 및 요청 시 컨설팅 제공, B등급(800점 미만~700점 이상)은 현행 유지 및 요청 시 컨설팅 제공 • C등급(700점 미만~600점 이상)은 교원양성 정원 30% 감축 및 컨설팅 필수 제공, D등급(600점 미만~500점 이상)은 교원 양성 정원 50% 감축 및 컨설팅 필수 제공, E등급(500점 미만)은 교원양성기관 폐지	• 투입, 과정, 산출, 환류 평가 • 국가 수준 진단과 기관 자율 개선 간의 선순환(정체명 변경) 교원양성기관 '평가' → '역량진단' • 교원양성기관에 대한 국가 수준의 점검·관리 • 교원양성기관의 능동적 개선 노력

출처: 김기수(2012); 김순남 외(2008); 오세희 외(2013); 교육부·한국교육개발원(2017a; 2017b); 한국교육개발원(2019)의 내용을 토대로 재구성.

2 평가 목적 및 의의

1) 평가목적

　교원양성기관을 평가하는 목적은 교원양성기관의 교육여건 및 운영실태를 확인하고 그 결과를 공표함으로써 양성기관들 간의 선의의 경쟁을 유도하는 데 있다. 이를 통해, 궁극적으로 교원양성 교육의 질적 수준을 높이고, 교원양성기관의 전문성을 제고하여 교원양성체제의 경쟁력을 강화하고자 한다(신현석, 2009; 김기수, 2012). 이러한 교원양성 기관 평가의 목적을 보다 세분화하면 다음과 같이 다섯 가지로 나누어 볼 수 있다.

　첫째, 교원양성교육의 질적 수준의 향상을 도모하고자 한다. 1, 2주기 평가는 교원양 성기관의 교육여건과 운영실태를 파악하는 데 주된 목적을 두었다. 3, 4주기의 경우에는 더 나아가 교원양성교육의 질적인 향상을 도모하기 위해 평가를 실시한다고 볼 수 있다. 각 개별 교원양성기관은 자체평가를 통해 내부적으로 교육의 질을 점검하게 되며, 외부 에 의한 서면평가와 방문평가를 통해 외부인의 시각에서 교육의 질을 다시 한번 점검할 수 있게 된다(구자억 외, 2009). 이 과정에서 각 교원양성기관들은 자신의 취약한 점과 개 선해야 할 점에 대한 정보를 획득하게 되며, 다른 기관과의 비교하여 각 개별 기관의 장 점과 약점에 대한 파악이 가능하게 된다. 즉, 평가를 통해 앞으로 어떻게 기관을 운영해 야 하는지에 대한 진단적인 정보를 제공받을 수 있으며, 이를 통해 개별 교원양성기관은 약점을 개선하고 장점을 보다 강화하기 위한 노력을 기울일 수 있다. 이와 더불어, 평가 를 통해 사회 전반에 교원양성교육의 중요성에 대한 인식을 제고하여, 교원양성기관에 대한 정책적 지원과 재정투자를 이끌어 내어 궁극적으로 교원양성 교육의 질적 향상을 도모할 수 있는 것이다.

　둘째, 교직의 전문성에 대한 사회적 신뢰를 제고하고자 한다. 교원양성기관을 대상으 로 실시한 평가결과를 공개함으로써 교원양성기관에서 이루어지고 있는 교육에 대한 사 회적 공신력을 향상시킬 수 있으며, 공신력 있는 기관에서 양성되는 교원의 전문성에 대 한 신뢰 또한 제고될 수 있다. 오세희 외(2013) 「4주기 교원양성기관 평가 방향 연구」에 따르면, 3주기 평가에 참여했던 평가위원들은 4주기 교원양성기관 평가가 '교원양성기 관의 질적 수준 향상'과 더불어 '교직전문성 신장'에 목적을 두어야 한다고 인식하는 것 으로 드러났다. 즉, 교원을 양성하는 기관에 대한 평가를 통해, 양성기관의 운영실태를 개선하고 교육 프로그램의 질을 제고함으로써, 궁극적으로 교직의 전문성을 신장시키는 데 기여할 수 있다.

셋째, 교원양성기관의 법적 책임을 확보하고자 한다. 법적 요건의 준수는 국가 자격증을 발급하는 교원양성기관이 갖추어야 할 최소한의 책무성 요건에 해당한다. 이에 따라, 평가를 통해 교원양성교육기관이 법에 명시된 요건들을 충족하고 있는지 확인함으로써 교원양성교육의 질을 일정 수준 이상으로 유지할 수 있다. 「고등교육법」 제11조의2는 "학교는 교육부령으로 정하는 바에 따라 해당기관의 교육과 연구, 조직과 운영, 시설과 설비 등에 관한 사항을 스스로 점검하고 평가하여 그 결과를 공시하여야 한다"라고 제시하고 있다. 이 규정은 교원양성기관을 평가하는 법적 근거[2]로 활용될 수 있다. 또한 「대학설립·운영 규정」에서는 전임교원 확보율 등 고등교육기관이 갖추어야 할 최소한의 요건들에 대해 규정하고 있다. 뿐만 아니라, 「교원자격검정령 및 시행규칙」에서는 교원자격 취득자의 검정 조건을 제시하고 있다. 이와 같은 요소들의 준수 여부를 평가함으로써, 교원양성기관의 법적 책임을 확보할 수 있다. 특히 교원양성기관의 경우에는 교원자격증이라는 국가 자격증을 발급하는 기관인 만큼 고등교육기관이 갖추어야 할 요건을 갖추고 있는지, 교원으로서의 자질 향상을 위한 적절한 교육을 제공하고 있는지를 평가함으로써 법적 책무성을 확보할 필요가 있다.

넷째, 교원양성기관에 대한 합리적인 행·재정 지원 정책을 추진하는 데 중요한 근거자료를 마련하고자 한다. 평가를 통해 다양한 형태에서 이루어지고 있는 교원양성교육의 실태와 양상을 명확하게 드러냄으로써 보다 유능한 교원을 양성하기 위해 필요한 행·재정적 조치 및 정책마련을 위한 참고자료로 활용할 수 있다. 학령인구의 감소와 더불어 중등의 경우에는 양성규모의 적정화가 절실한 과제로 부각되고 있다. 이에 3주기 평가부터는 평가결과를 교원양성 정원 조정과 연계하여 활용하고 있다. 평가결과 미흡하다고 여겨지는 대학의 경우에는 양성정원을 감축하는 실제적인 행·재정적 조치가 취해졌으며, 4주기 평가에서도 평가결과를 활용하여 행·재정적 후속 조치를 취할 예정이다.

다섯째, 교원양성을 위한 정책 방향을 설정하는 데 있어서 타당한 근거를 마련하고자

---

2) 교원양성기관 평가의 근거는 「고등교육법」 제5조 정부의 고등교육기관에 대한 '지도 감독권'과 '자료 제출 요구권', 「고등교육법」 제11조의2, 「대학설립·운영 규정」 제10조 '기준 등 충족 여부에 대한 평가', 「행정 권한의 위임 및 위탁에 관한 규정」 제6조 정부의 위임 위탁 사무에 대하여 수임 및 수탁기관에 대한 '지휘 감독권' 등 이상의 법령 및 규정은 현행 교원양성기관 평가의 기준이나 절차, 결과 활용 등에 관하여 직접 규정하지 않았으나, 교원양성기관의 평가근거로 유추하여 활용될 수 있다(한국대학교육협의회, 2014).

한다. 교원양성기관 평과결과는 교원양성과 관련된 정책의 방향을 결정하고 관련 정책을 추진하는 데 타당한 근거로 작용할 수 있다. 교원양성체제개편과 관련하여 교육대학-사범대학 통합 및 교원전문대학원 제도 도입 등에 대한 논의가 끊임없이 제기되고 있다. 현재 초등교원양성기관은 교육대학의 영세성에서 기인한 문제가 발생하고 있으며, 중등교원양성은 수급의 극심한 불균형으로 인한 문제가 발생하고 있다. 이와 같은 시점에서 교원양성기관에 대한 신뢰성 있는 정보는 향후 교원양성체제를 개편하는 정책을 마련하는 데 합리적이고 객관적인 정보로 활용될 수 있다(김갑성 외, 2008).

2) 평가의의

전 국민이 교육에 관심을 가지고 있는 현실을 고려해 볼 때, 교육은 상당한 중요성을 지니며 교원양성기관에 대한 평가는 개인뿐만 아니라, 사회, 국가적으로도 중요한 의미를 지닌다. 교원양성기관 평가가 지니는 의의를 교직을 희망하는 학생, 시·도교육청 및 일선 학교, 대학, 국가와 사회로 나누어 살펴보면 다음과 같다.

먼저, 교직을 희망하는 학생의 경우 교원양성기관 선택에 필요한 자료를 확보할 수 있다. 학생은 공개된 평가 결과를 통해 개별 교원양성기관이 어떠한 교육 여건을 갖추고 있으며, 어떻게 교육과정을 운영하고 있는지, 교육의 성과는 어떠한지에 대한 종합적인 정보를 얻을 수 있다. 이러한 정보는 교직 희망자로 하여금 어떤 기관을 선택할 것인지 결정할 때 중요한 참고자료로 활용될 수 있으며, 교육 수요자의 학교 선택권을 투명하게 보장하는 데 기반이 된다.

시·도교육청 및 일선 학교에서는 임용된 교원의 질을 보장받을 수 있다. 이에 따라, 각급 학교는 학생들에게 어느 정도 질적으로 보장된 교원으로부터 수준 높은 교육을 제공할 수 있게 된다. 이를 통해, 학교 교육력을 제고하여 학생 및 학부모 등 수요자의 학교교육에 대한 신뢰도와 만족도를 향상시킬 수 있다.

각 대학의 경우에는 평가를 통해 해당 교육기관의 교육여건을 점검해 봄으로써, 자체적으로 교육여건을 개선하고자 하는 노력을 도모할 수 있다. 예를 들어, 전임교원 확보율을 평가에 반영함으로써 각 대학은 보다 많은 교원을 채용하게 되며, 이들로 하여금 교과목을 담당하게 하여 교육 여건을 개선하는 데 힘쓰게 된다. 또한 교육과정을 점검하고 재편성함으로써 보다 양질의 교육을 제공하는 데 노력을 기울이게 되며, 양성교육의 현장적합성을 검토하게 된다. 더불어, '예비교사의 수업 수행능력'을 교원양성기관 평가에 반영함에 따라, 교원에게 필요한 실제적인 역량을 길러 주는 방향으로 교육을 진행하게 된다. 이 외에도 '졸업생의 임용률'과 '재학생 만족도 조사' 결과를 평가에 반영함에 따라, 해당 기관의 교육의 효과성을 점검하고 교육 전반에 대한 학생들의 인식을 확인하는 기회를 가질 수 있다.

국가 및 사회의 경우에는 평가를 통해 교원양성교육기관에서 제공하는 교육의 수준과 질을 확인하고 점검함으로써 교원의 전문성과 질적 수준을 보장할 수 있다. 즉, 평가를 통해 교원양성교육의 질을 일정 수준 이상으로 유지할 수 있으며, 더 나아가 이러한 기관을 통해 배출되는 교원들의 전문성과 사회적 공신력을 확보할 수 있다. 이와 더불어, 교원양성규모를 적정화하는 데에도 기여할 수 있다. 평가결과를 양성인원과 연계하여, 미흡한 것으로 여겨지는 기관의 경우 양성인원을 감축하게 하는 제재 조치를 취함으로써 양성 규모의 적정화를 추구할 수 있다. 이와 같이, 교원양성기관 평가는 개인뿐만 아니라, 각급 일선 학교 및 시·도 교육청, 대학, 국가 및 사회에 중대한 영향을 끼치고 있는 의미 있는 평가이다.

3 평가 영역 및 지표

5주기 교원양성기관 평가는 교직 전문성과 미래 역량을 갖춘 예비교원 양성을 위해 교원양성기관의 역량을 종합적으로 진단하여 교육의 질을 제고하고, 학생 수 급감에 따른 교원 수급을 고려하여 교원 양성규모를 적정화하는 데 주된 목적이 있다(한국교육개발원, 2019). 가장 최근에 진행 중인 5주기 2·3차년도 역량 진단 대상은 일반대학(교대·교원대 제외)에 설치된 교원양성기관 총 158개교로, 사범대 설치대학 45개교, 사범대 미설치대학 113개교로 분리하여 진단이 실시되었다. 다만, 신설·전환·통폐합 등으로 진단 시점에 편제완성 후 2년이 도래하는 기관의 경우에는 진단 대상 여부에 대한 선택권을 부여하도록 하였다.

5주기 교원양성기관평가는 평가영역, 평가항목, 평가준거, 평가지표 4단계로 구성되어 있다. 평가영역은 '교육여건', '교육과정', '성과' 영역이 공통 적용되었으나 평가항목, 평가준거 지표는 기관 유형별로 차등 적용된다. 이에 따라, 사범대학과 일반대학 교육과의 경우에는 3개 영역, 11개 항목, 13개 준거, 26개의 지표에 의해 평가되고, 교직과정의 경우에는 3개 영역, 10개 항목, 12개 준거, 23개 지표에 의해 평가되었다. 양성기능을 수행하는 교육대학원의 경우에는 3개 영역, 11개 항목, 13개 준거, 28개의 지표에 의해, 재교육 기능을 수행하는 교육대학원의 경우에는 3개 영역, 10개 항목, 11개 준거, 17개 지표에 의해 평가되었다.

대표적으로 사범대학 및 일반대학 교육과를 평가하는 데 활용된 평가지표를 토대로 교원양성기관 평가 항목 및 지표를 살펴보면 다음의 〈표 12-3〉과 같다.

〈표 12-3〉 사범대학 · 일반대학 교육과 평가지표 및 배점

영역	항목	준거	지표	구분	배점
1. 교육 여건 영역 (350)	1.1. 발전계획 (40)	1.1.1. 발전계획의 적합성 (40)	1.1.1.1. 발전계획(특성화 포함)	정성	40
	1.2. 교원 (250)	1.2.1. 교원 확보의 적절성(180)	1.2.1.1. 전공과목 전임교원 확보율	정량	50
			1.2.1.3. 교과교육과목 전임교원 확보율	정량	30
			1.2.1.4. 교과교육과목 교수자 전공 일치도	정량	30
			1.2.1.5. 교직이론과목 전임교원 확보율	정량	40
			1.2.1.6. 교직이론과목 교수자 전공 일치도	정량	30
		1.2.2. 전임교원 활동의 적절성(70)	1.2.2.1. 전임교원 연구실적 최소기준 충족률	정량	40
			1.2.2.2. 강의 만족도 및 강의평가 운영 의 적절성	정량	20
				정성	10
	1.3. 행 · 재정 (50)	1.3.1. 행 · 재정운영의 적절성(50)	1.3.1.1. 교육비(장학금 등) 환원율	정량	20
			1.3.1.2. 행정지원의 충실성	정량	20
				정성	10
	1.4. 수업환경 (10)	1.4.1. 수업환경의 적절성(10)	1.4.1.1. 시설 활용의 적절성	정성	5
			1.4.1.2. 장애학생 선발 비율 및 장애학 생에 대한 지원 노력	정량	0
				정성	5
2. 교육 과정 영역 (500)	2.1. 교육과정 (160)	2.1.1. 교육과정 편성 · 운영의 적절성 (160)	2.1.1.1. 교원자격 취득자의 검정기준 충족	정량	P/F
			2.1.1.2. 교과 교육과정 운영 실적 및 개선 계획	정성	90
			2.1.1.3. 비교과 교육과정 운영 실적 및 개선 계획	정성	70

		2.2.1.1. 수업 규모의 적절성	정량	40
2.2. 수업 (200)	2.2.1. 수업의 충실성 (200)	2.2.1.2. 수업 운영의 현장성	정량	30
			정성	30
		2.2.1.3. 학생 수업 역량 제고 노력	정량	10
			정성	30
		2.2.1.4. 교수자 역량 개발의 충실성	정성	60
2.3. 학생 (70)	2.3.1. 학생 선발 및 지도의 적절성(70)	2.3.1.2. 학생지도체제 구축 및 운영 실적	정성	65
		2.3.1.3. 학생 성폭력·성희롱 예방교육 실적	정성	5
2.4. 교육실습 (70)	2.4.1. 교육실습 운영의 체계성(70)	2.4.1.1. 교육실습체제 운영 실적 및 개 선 노력	정성	70
3. 성과 영역 (150)	3.1. 운영성과 (30)	3.1.1. 학생 유지 성과 (30)	3.1.1.1. 신입생 충원율 및 중도탈락 학 생비율	정량	30
	3.2. 교육성과 (110)	3.2.1. 교원임용 및 취업 성과(70)	3.2.1.1. 교원임용률 및 관련 분야 취업률	정량	70
		3.2.2. 교육만족도(40)	3.2.2.1. 재학생 만족도	정량	40
	3.3. 환류성과 (10)	3.3.1. 환류노력 (10)	3.3.1.1. 환류노력	정성	10

출처: 한국교육개발원(2019).

　평가영역별로 보다 자세히 살펴보면, '교육여건' 영역에서는, 먼저 첫 번째 항목에서는 각 대학의 '발전 계획'을 평가하게 된다. 교원양성기관에서 양성교육의 질적 향상을 위하여 자체적으로 수립한 발전계획이 사명에 비추어 타당한지, 실행 가능한 것인지를 평가하게 된다. 두 번째 평가항목에서는 '교원'에 대해 평가하게 되는데, '교원 확보의 적절성'과 '전임교원활동의 적절성'을 평가한다. '교원 확보의 적절성'에서는 전공과목, 교과교육과목, 교직이론과목에서 전임교원을 어느 정도 확보하고 있는지, 교과교육과목 교수자와 교직이론과목 교수자의 전공 일치도는 어떠한지에 대해 평가하게 된다. '교원활동의 적절성'에서는 진임교원의 연구 실적과 강의만족도 및 강의평가 운영의 적절성을 평가에 반영하게 된다. 세 번째 평가항목에서는 '행·재정'적인 측면을 평가하게 되는데, '교육비(장학금 등) 환원율'과 '행정지원의 충실성'을 평가한다. 네 번째 평가항목인 '수업 환경' 측면에서는 '수업환경의 적절성'을 평가하며, 구체적으로 시설 활용의 적절성과 장애학생 선발 비율 및 장애학생에 대한 지원 노력을 평가하게 된다. 이는 4주기 평가에는 없었던 새로운 평가준거이자 평가지표로서 교원양성기관이 수업환경의 중요성을 인식하고, 이에 대한 준비를 할 필요가 있음을 시사한다.

  '교육과정' 영역에서는 각 교원양성기관이 교원자격취득 검정 기준을 충족할 수 있도록 교육과정을 적절하게 편성하였는지, 학교 현장의 변화와 요구를 반영하여 교육과정을 지속적으로 개선하고 있는지, 학생을 선발하고 지도하는 데에 어떤 노력을 하고 있는지, 그리고 교육실습 운영이 체계적인지 정도를 평가하게 된다. 먼저, 첫 번째 평가항목에서는 '교육과정'에 대해 평가하게 되는데, 교육과정이 교원자격 취득 검정기준을 충족하는지, 교과 교육과정 운영 실적 및 개선 계획과 비교과 교육과정 운영 실적 및 개선 계획은 어떠한지를 평가에 반영한다. 두 번째 평가항목에서는 '수업'에 대해 평가하며, 이 평가항목에 따른 평가지표에서는 수업 규모가 적절한지부터 수업 운영의 현장성, 학생 수업 역량 제고 노력, 교수자 역량 개발의 충실성 정도를 평가한다. 세 번째 평가항목에서는 '학생'에 대해 평가하며, '학생 선발 및 지도의 적절성'과 관련하여 학생지도체제가 어떻게 구축되어 운영되었는지에 대한 실적과 학생 성폭력·성희롱 예방교육은 어느 정도로 실시하였는지에 대한 실적을 평가한다. 네 번째 평가항목에서는 '교육실습'에 대해 평가하며, '교육실습 운영의 체계성'과 관련하여 교육실습체제의 운영 실적과 이에 대한 개선 노력을 평가한다. 4주기 평가에서는 '특성화' 영역을 통해 학생상담 및 진로지도 활동 실적을 진단했으나, 5주기 평가에서는 '특성화' 영역이 제외되었다. 다만, '특성화' 영역에 해당되는 '학생' 항목이 5주기 평가에 새롭게 추가되었다. 이는 학생의 학습, 진로, 인·적성에 대한 교직원의 지도, 상담 체제가 구축되었는지, 실제로 어떻게 운영되었는지와 학과(전공)별로 특색 있는 지도체제가 있는지에 대한 진단을 통해 4주기 '특성화' 영역에 비해 구체화되었으며, 학생 중심 교육이 강조되고 있음을 알 수 있다.

  '성과' 영역에서는 교원양성기관이 학생 확보를 위해 노력하고, 교육력을 제고하기 위해 얼마나 노력하고 있는지를 평가하고자 하였다. '성과' 영역에서는 '운영성과', '교육성과', '환류성과'를 평가하는데, 첫 번째 평가항목에서는 '운영성과'의 측면에서 '학생 유지 성과'를 평가한다. 즉, 신입생 충원율은 어느 정도 되는지, 어느 정도 비율의 학생이 중도 탈락하는지를 평가하게 된다. 두 번째 평가항목인 '교육성과'에서는 교원임용 및 취업 성과와 관련하여 교원임용률 및 관련 분야 취업률을 평가하고, 교육만족도 측면에서 우수한 교원양성을 위해 교육여건, 교육과정 및 성과에 대한 재학생들의 만족도를 평가에 반영하고자 하였다. 세 번째 평가항목인 '환류성과'에서는 환류 노력을 평가한다. 환류 노력이란 '양성기관별 자체진단(교원양성기관 역량진단 포함)을 통해 얻어진 진단(평가) 결과를 교원양성기관 역량강화를 위해 활용한 실적'을 의미하며, 자체진단(교원양성기관 역량진단 포함) 결과에서 도출된 개선 및 보완 사항에 대비책을 수립하여 환류(반영)하였는지를 평가하게 된다.

앞에서 살펴본 내용을 토대로 5주기 평가항목 및 지표의 특징을 정리해 보면 다음과 같다.

첫째, 평가영역의 일관성을 유지하는 동시에 유형별 양성기관의 특수성을 평가에 반영하여 평가의 타당성을 제고하고자 하였다. 5주기 교원양성기관평가는 평가영역을 '교육여건', '교육과정', '성과' 영역으로 공통 설정함으로써 평가의 일관성을 유지하고, 이를 통해 평가의 체계성과 안정성을 확보하고자 하였다. 이와 동시에 교원양성기관별 특성화 지표를 별도로 설정하여 각 기관 유형에 맞는 맞춤형 평가를 실시하고자 하였다. 3주기 평가에서는 다양한 유형의 교원양성기관에 동일한 평가지표를 적용함에 따라, 다양한 기관별 특성을 평가에 반영하지 못했다는 문제점이 제기되었다. 이와 같은 문제점을 보완하고자 4주기 평가에서는 교원양성기관별 특성화 지표를 별도로 적용하여 동일한 평가준거일지라도 기관 유형에 따라 차별화된 평가지표를 활용하였다. 5주기 평가에서는 4주기 평가의 '특성화' 영역이 삭제되었지만, 이를 '학생' 항목에서 구체화하였고, 사범대학, 일반대학 교육과를 비롯하여 일반대학 교직과정, 교육대학원(양성기능), 교육대학원(재교육기능) 간의 영역, 항목, 준거를 최대한 공통적으로 적용하되, 각 양성과정별 특성에 적합하게 평가지표를 설정하였다.

둘째, 정성적인 요소를 평가에 반영하여 질적인 측면에 대한 평가비중을 확대하였다. 3주기까지의 평가는 정량지표를 중심으로 평가가 이루어짐에 따라, 교원양성기관의 '중장기 발전계획'이나 '특성화 방안'과 같은 질적인 측면에 대한 평가가 제대로 이루어지지 못하였다. 이에 반해, 4주기 평가에서는 '발전 계획 및 추진 실적' 등 다양한 정성 지표를 도입하여 각 교원양성기관에서의 교원양성 교육의 질 관리를 위해 장·단기적으로 어떤 발전 계획을 세우고 있는지 평가하고자 하였다. 또한 '교육과정'에서는 강의계획이 얼마나 충실히 이루어졌는지, 강의평가 결과를 어떻게 활용하였는지를 정성적으로 평가함으로써 '수업의 질 관리' 정도를 평가하고자 하였다. 그 결과 사범대의 경우 12개의 정량지표, 7개의 정성지표, 3개의 정량 및 정성지표가 설정되었으며 이전에 비해 정성적인 측

면을 강화하여 평가하고자 하였다. 5주기 평가에서는 4주기에서의 정성평가보다 비중
을 더욱 확대하였다. 특히 '교육과정' 영역에서 전반적으로 정성평가가 강화되었고, '수
업 운영의 현장성'과 '학생 수업 역량 제고' 지표는 정량평가가 병행되었다. 또한 '성과'
영역에서의 환류노력에 대한 정성평가 또한 4주기 평가에는 없었던 정성평가 지표로서
5주기 평가지표가 정성평가에 상당한 비중으로 두고 있음을 확인할 수 있다.

  셋째, 수업환경에 대한 진단을 추가함으로써 4차 산업혁명에 대비한 예비교원의 ICT
역량을 제고하고자 하였다. 4주기 평가까지는 수업환경에 대한 고려가 없었으며, 이는
교원양성기관에서 교원의 ICT 역량을 제고하기 위한 환경을 적극적으로 구축하거나 관
련 교육과정을 개설하는 데에 미흡했을 것으로 추측된다. 반면에 5주기 평가에서는 '교
육여건' 영역에서 '수업환경' 항목이 추가됨으로써, 시설활용의 적절성을 진단하였다. 시
설활용의 적절성이란 '교원양성기관이 예비교사의 다양한 수업활동을 유도하고 교육
역량 제고를 위해 수업환경(모의수업 환경, 디지털수업 환경, 실험 · 실습 수업 환경)을 얼마
나 적절하게 갖추고 효과적으로 활용하고 있는가'를 의미한다. 여기서 '모의수업 환경'은
'수업의 시연과 관찰, 녹음 및 녹화가 이루어지는 공간으로서, 최소한 마이크로티칭이 가
능한 규모의 좌석과 녹음 · 녹화 및 시청 관련 장비가 부착된 시설(예: 수업행동분석실)'을,
'디지털수업 환경'은 '스마트 기술을 활용할 수 있는 여건(디스플레이 기기, 전자교탁, 무선
AP, 미러링 도구 등)을 모두 갖추고 있는 시설(예: 스마트강의실)'을, '실험 · 실습수업 환경'
이란 '강의에서 필요한 실험과 실습이 원활히 진행될 수 있도록 관련 도구가 구비되어
있는 시설(예: ○○실험실, ○○작업실, 무용실, 음악실 등)'을 의미한다. 이는 예비교사의
미래 역량 함양을 위해서 교원양성기관의 수업 환경이 적절히 구축되어야 하며, 다양한
수업활동이 가능해야 한다는 것을 시사한다. 이러한 환경 조성을 통해 예비교사의 ICT
역량이 제고됨으로써, 4차 산업혁명시대와 재난상황에서의 원격교육에 대한 대비가 가
능할 것으로 사료된다.

  넷째, 장애학생 선발 비율을 확인하고 장애학생 지원에 대한 진단을 추가함으로써 장
애대학생 수 증가에 따른 맞춤형 교육에 대한 요구를 수용하고 장애대학생의 학습권을
보장하고자 하였다. 5주기 평가에서는 '교육여건' 영역, '수업환경' 항목에 '장애학생 선
발 비율 및 장애학생에 대한 지원 노력'에 대한 지표가 추가되었다. 여기서 장애학생 선
발 비율이란 '선발 학생 대비 선발된 장애학생의 비율'을, '장애학생에 대한 지원 노력'
이란 '장애학생에 대한 교원양성기관 차원의 '교수 · 학습 지원[장애학생을 위한 별도의 수
강신청 지원프로그램의 구축, 학습 활동(대필, 강의자료 제작 등)], 도우미 지원, 학생 및 교직
원 대상 장애 이해 프로그램 실시 등'을 의미한다. 이러한 지표의 신설 배경은 최근 교육

부에서 장애대학생 수가 지속해서 증가하고 있지만, 대학의 교육복지지원 수준이 여전히 부족하여, 이들의 학습권을 보장하고 자기보호역량 등의 성장을 지원하기 위해 '장애대학생 교육복지지원 활성화 방안('20~'22)'을 발표한 것에서 기인한다(교육부, 2020. 2. 19.). 장애학생을 위한 지표 신설을 통해 장애학생의 진로 및 취업에 상당한 영향을 미칠 것으로 전망된다.

다섯째, 성과를 평가함으로써 교원양성기관의 실질적인 '책무성'을 강화하고자 하였다. 3주기 때부터는 '성과'를 하나의 평가영역으로 설정하여, 개별 교원양성교육기관이 적절한 프로그램을 운영하여 실제 성과를 내고 있는지를 평가하고자 하였다. 즉, 학생의 교육성과를 평가함으로써, 교원양성기관이 예비교사들을 교원자격기준에 도달시킬 수 있는 역량과 조건을 갖추고 있는지를 평가하였다. 이를 위해, '예비교사의 수업 수행능력'을 평가함으로써 재학생들이 교사로서의 자질을 함양하고 있는지 여부를 평가하고자 하였으며, 논란의 소지가 있지만 '교원임용률'을 통해서 교원양성교육의 성과를 평가하고자 하였다. 특히 5주기 평가에서는 '환류 노력' 지표를 신설하여 교원양성기관 역량진단 등의 각종 진단·평가 결과를 활용하여 교육 역량을 강화할 수 있도록 하였다. 이와 같이 교원양성교육의 교육적 산출물을 평가하고 평가결과에 대한 활용 실적을 진단함으로써 평가를 위한 평가, 진단을 위한 진단에 머물지 않고 교원양성교육기관의 실제적인 책무성이 강화될 수 있도록 하였다.

여섯째, 학생 성폭력·성희롱 예방교육에 대한 실적을 평가함으로써 예비교원의 성에 대한 인식을 제고하고 성폭력·성희롱 사건이 발생되지 않도록 사전에 대비하고자 하였다. 학생 성폭력·성희롱 예방교육이란 "「성폭력방지 및 피해자 보호 등에 관한 법률」제5조 및 「양성평등기본법」제31조에 의거한 1) 건전한 성의식 및 성문화의 창달에 관한 사항, 2) 성인지(性認知) 관점에서의 성폭력 예방에 관한 사항, 3) 성폭력 방지를 위한 법령의 소개 및 보호에 관한 사항, 4) 그 밖에 성에 대한 건전한 가치관 함양과 성폭력 예방에 필요한 사항 등에 대한 교육"을 의미한다. 이러한 학생 성폭력·성희롱 예방교육의 실적은 상기 내용을 바탕으로 매년 1회 이상, 1시간 이상의 교육이 실시되었을 경우 인정되도록 하였다. 따라서 '학생' 항목, '학생 선발 및 지도의 적절성' 준거에 신설된 '학생 성폭력·성희롱 예방교육 실적' 평가지표를 통해 교원양성기관에서는 예비교원으로서 반드시 이수해야만 하는 필수 교육과정을 마련하도록 하였다(한국교육개발원, 2019).

4 평가 과정 및 방법

　거시적 측면에서 교원양성기관 평가의 추진체계를 살펴보면 [그림 12-3]과 같다. 교육부가 평가의 기본계획을 수립하면 한국교육개발원이 평가 세부 시행계획을 수립하고 전반적인 평가 과정을 운영한다. 교원양성기관인 대학에서는 자체평가를 실시하여 한국교육개발원에 제출하면, 한국교육개발원이 해당 내용을 종합하여 교원양성기관 평가결과 보고서를 작성하여 교육부에 제출한다. 교육부는 이를 승인하고 평가결과를 활용하여 각 양성기관에 후속조치를 시행하는 과정이다.

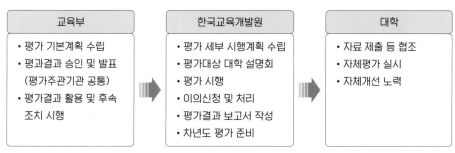

[그림 12-3] 교원양성기관 평가의 추진체계

출처: 교육부 · 한국교육개발원(2017b).

　이와 같은 추진체계를 기반으로 평가체계를 더욱 구체화시켜 보면 [그림 12-4]에 제시된 바와 같다.

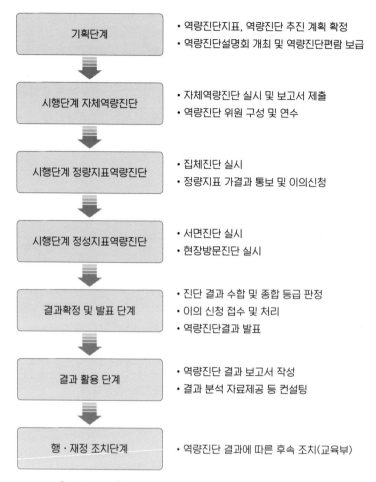

기획단계	• 역량진단지표, 역량진단 추진 계획 확정 • 역량진단설명회 개최 및 역량진단편람 보급
시행단계 자체역량진단	• 자체역량진단 실시 및 보고서 제출 • 역량진단 위원 구성 및 연수
시행단계 정량지표역량진단	• 집체진단 실시 • 정량지표 가결과 통보 및 이의신청
시행단계 정성지표역량진단	• 서면진단 실시 • 현장방문진단 실시
결과확정 및 발표 단계	• 진단 결과 수합 및 종합 등급 판정 • 이의 신청 접수 및 처리 • 역량진단결과 발표
결과 활용 단계	• 역량진단 결과 보고서 작성 • 결과 분석 자료제공 등 컨설팅
행 · 재정 조치단계	• 역량진단 결과에 따른 후속 조치(교육부)

[그림 12-4] 교원양성기관 5주기 평가 절차 및 방법

출처: 교원양성기관 역량진단 홈페이지(https://necte.kedi.re.kr).

현재 진행 중인 5주기 교원양성기관 평가를 중심으로 평가 모형의 각 단계별 시행 방법 및 과정을 보다 자세히 살펴보면 〈표 12-4〉와 같다.

〈표 12-4〉 5주기 교원양성기관 2 · 3차년도 운영 일정

내용	주관	일정	
		사범대 설치 대학	사범대 미설치 대학
▸ 역량진단 연도별 시행계획 수립	교육부	'19. 3월	
▸ 역량진단 세부 운영계획 수립	한국교육개발원	'19. 3월	
▸ 진단도구 (지표) 편람 마련	한국교육개발원	'19. 3~4월	

▸ 대학별 자체진단 실시 및 결과 제출	교원양성기관	～ '20. 3월	～ '20. 5월
▸ 역량진단 실시 － 진단위원회 구성 및 연수 － 서면 검토 및 집체·현장 점검 － 교원 임용률, 재학생 만족도 조사 － 잠정 결과 안내 및 이의심사	한국교육개발원	～ '20. 6월	～ '20. 11월
▸ 역량진단 결과 확정 및 발표	교육부, 한국교육개발원	～ '20. 7월	～ '20. 12월
▸ 결과 분석자료 제공 등 컨설팅	한국교육개발원	～ '21년 상	
▸ 자체 개선 노력	교원양성기관	'21년 ～	
▸ 진단 결과에 따른 후속 조치	교육부	'21년 ～	

출처: 한국교육개발원(2019).

역량진단 기획단계에서는 평가의 추진 계획 전반을 기획하고 평가영역, 평가항목, 평가준거, 평가지표의 4단계 구성 체계를 확립하며, 역량진단 설명회 개최를 통해 다양한 의견을 수렴·반영 후 역량진단편람을 제작한 후 보급한다.

시행단계에서는 자체역량진단, 정량지표 역량진단, 정성지표 역량진단, 재학생 만족도 조사 등이 실시된다. 자체역량진단단계에서는 각 양성기관 내에 진단위원회를 구성하여 자체적으로 평가를 실시한 후, 그 진단 결과보고서를 평가 주관기관(한국교육개발원)에 제출한다. 동시에 주관기관인 한국교육개발원은 대학교수, 공공연구기관 연구원, 유·초·중·고 교원 등 각계 전문가로 구성된 역량진단 위원회를 구성하는데, 이때 위원회의 규모는 평가 대상 대학 규모에 비례하여 1개 대학당 9～12명으로 구성한다. 이렇게 구성된 평가단은 의무적으로 현장방문평가 1～2주 전, 평가위원의 전문성 및 평가결과의 신뢰성 확보를 위해 연수를 실시한다.

정량지표 역량진단 단계에서는 역량진단위원회가 평가 대상기관에서 제출한 자체평가보고서에 대하여 평가 DB 시스템을 활용하여 평가하며, 역량진단 위원 간 편차를 줄이기 위해 집체진단 방식을 채택한다. 진단위원회는 정량지표 역량진단 과정에서 자체평가보고서의 충실성, 양적 지표 적용의 적합성, 계량화의 오류 여부, 기술 내용의 적절성 등을 중점적으로 평가를 실시한다. 정성지표 역량진단 단계에서는 서면진단과 1일 1대학 평가를 원칙에 바탕한 현장방문 진단을 실시하고, 이를 통해 발견한 문제점, 허위·오류로 의심되는 내용, 증빙자료나 대학 관계자 설명을 통해 확인해야 할 사항 등을 점검한다. 또한 교원임용률 등 조사를 위해 NEIS 자료, KEDI 국가교육통계센터 교원임용자 정보 등의 정보를 수집하여 대학이 제출한 명단을 검증한다. 아울러 재학생을 대상으로 리서치 전문기관을 통한 표집조사를 실시함으로써 재학생의 만족도를 진단한다.

　평가결과 확정 및 발표단계에서는 점검위원별 평가점수를 수합한 후, 한국교육개발원에서 검증 작업을 통해 잠정적 결과를 산출한다. 이렇게 산출된 잠정 평가결과를 평가대상기관에 통보한다. 한국교육개발원에서 각 양성기관으로 평가결과를 통보한 후, 이의 신청 접수 및 처리 과정(역량진단 심의위원회 구성)까지 종결되면 교육부의 승인을 통해 최종 평가결과를 발표하게 된다.

　평가결과 활용 단계에서는 평가결과 보고서를 작성하고, 그에 따라 교육부의 행·재정적 후속조치가 시행된다. 후속조치의 기준을 살펴보면, 다음의 〈표 12-5〉와 같다.

〈표 12-5〉 5주기 교원양성기관 2·3차년도 후속조치 기준

등급	기준(1,000점 만점)	후속조치
A	800점 이상	부총리 표창, 요청 시 컨설팅 제공
B	700점 이상 ~	현행 유지, 요청 시 컨설팅 제공
C	600점 이상 ~	양성정원 30% 감축,* 컨설팅 필수 제공
D	500점 이상 ~	양성정원 50% 감축,* 컨설팅 필수 제공
E	500점 미만	폐지

* 초등교원 양성정원의 경우 교원 수급 상황 등을 고려하여 감축 비율 결정.
출처: 한국교육개발원(2019).

5 평가결과 활용

　교원양성기관 평가는 교원교육의 질을 향상시키고 교원양성 규모를 적절하게 조정하기 위한 목적으로 시행되고 있다. '교원교육의 질 향상'과 '교원양성 규모의 조정'이란 두 가지 목적은 교원양성기관 평가제도의 도입을 검토하던 1990년대부터 최근까지 변함없이 교원교육 분야의 중요한 관심사로 자리 잡고 있다. 이 중 '교원교육의 질 향상'은 교원양성기관의 본질적인 목적으로서, 교원양성기관 평가를 시작한 1998년부터 추구되어 왔다. 반면에 '교원양성 규모의 조정'은 교원양성기관이 직접 추구해야 할 목적이라기보다는 교원양성기관의 설치와 운영을 관리하는 정부의 정책과제라고 할 수 있다. 정부는 교

원양성기관 평가를 시작한 때부터 명시적으로 표명되었지만, 교원양성 규모의 조정이란 목적은 3주기 평가가 시작되기 직전 해인 2009년에 와서야 분명하게 제시되었다(교육과학기술부, 2009b). 따라서 교원양성기관 평가의 결과가 어떠한 방식으로 활용되었는가를 분석하기 위해서는 교원양성평가의 결과가 참고자료로만 활용되었던 1~2주기, 본격적으로 행·재정적 조치가 취해지기 시작한 3주기, 그리고 비교적 최근에 완료된 4주기로 나누어 살펴볼 필요가 있다.

1) 1주기(1998~2002) 및 2주기(2003~2009)

1주기와 2주기 교원양성기관 평가는 서면평가, 현장방문평가, 현장만족도 설문평가 등의 세 가지 방법을 통하여 수집한 자료를 토대로 종합 평가와 영역별 평가의 두 가지 형태로 결과가 공개되었다. 1~2주기 평가는 교원양성기관 간 선의의 경쟁을 통해 교원양성기관과 교원 교육의 질 개선을 목적으로 삼았는데, 이를 달성하기 위해 〈표 12-6〉과 같이 평가결과를 교원양성기관에 통보하고 평가등급을 공개하였다. 평가결과에 따른 별도의 보상이나 제재는 없었다. 교원양성기관이 평가결과를 활용하여 스스로 개선해 나갈 것을 기대하였다. 이에 따라 평가의 실효성이 미흡하다는 진단도 있었다(교육과학기술부, 2009b).

〈표 12-6〉 1~2주기 교원양성기관 평가결과

주기	연도	양성기관(수)	평정등급				평정종류	평가방법
1주기	1998	사범대학(40)	최우수	우수	양호	미흡	영역별/종합	상대
			4개교	9개교	17개교	10개교		
	1999	교육대학원(90)	우수	보통		개선요망	영역별/종합	상대
			10개교	34개교		25개교		
	2000	교육대학교(11)	최우수	우수	양호	미흡	영역별/종합	절대
			–	4개교	7개교	–		
		교대교육대학원(10)	–	9개교	1개교	–		
	2001	일반대학 교육과 (33개교, 55과)	우수	보통		개선요망	종합	절대
			13개 학과	35개 학과		7개 학과		
		일반교과교육	3개 학과	11개 학과		4개 학과		
		유아교육	2개 학과	8개 학과		1개 학과		
		특수기독교육	3개 학과	8개 학과		1개 학과		
		예체능 기술교육	5개 학과	8개 학과		1개 학과		

2주기	2002	일반대학 교직과정 (122)	우수		보통		개선요망	종합	절대
			40개교		72개교		10개교		
	2003	사범대학(40)	최우수	우수	양호	미흡	영역별/종합	상대
			5개교	23개교	9개교	3개교		
	2004	교육대학원(61)	우수		보통		개선요망	영역별/종합	
			2개교		49개교		10개교		절대
	2005	교육대학원(50)	최우수	우수	양호	미흡	영역별	
		• 교육프로그램	1개교	12개교	37개교	–		
		• 인적구성	3개교	32개교	15개교	–		
		• 교육여건	1개교	6개교	42개교	1개교		
	2006	교육대학교(11)	최우수	우수	양호	개선요망	영역별/종합	상대
			2개교	4개교	5개교	–		
		교대교육대학원(11)	2개교	4개교	5개교	–		
	2007	일반대학 교육과 (53개교, 96과)	최우수	우수	보통	개선요망	영역별/종합	상대
			17개 학과	26개 학과	33개 학과	9개 학과		
		교육학	2개 학과	3개 학과	3개 학과	1개 학과		
		유아교육학	6개 학과	9개 학과	11개 학과	3개 학과		
		교과교육학	5개 학과	8개 학과	10개 학과	3개 학과		
		특수교육학	4개 학과	6개 학과	9개 학과	2개 학과		
	2008~2009	일반대학 교직과정 (160)	최우수	우수	보통	개선요망	영역별/종합	절대
			5개교	90개교	62개교	3개교		

출처: 김기수(2012)에서 재구성.

1주기 평가에서는 각 유형의 교원양성기관들에 대해 처음으로 평가를 실시하였으므로, 대체로 교육여건과 운영 실태를 파악하는 데 중점을 두었다. 즉, 평가를 통해 교원양성기관으로서 본연의 기능을 제대로 하고 있는지, 정부에서 정한 교원양성 기준을 준수하고 있는지, 대학이 교원양성기관을 발전시킬 의지가 있는지 등을 확인하고자 하였다. 또한 평가결과를 활용해 각 교원양성기관에 대한 정보를 모아 데이터베이스를 구축하고자 했다. 이런 의도는 대체로 성취된 것으로 분석되지만, 평가정보를 모아 데이터베이스를 구축하려는 의도는 제대로 성취되지 못했다. 그 이유는 데이터베이스를 구축할 만한 예산이 제대로 확보되지 못했고, 매년 평가지표가 바뀌었을 뿐만 아니라, 평가결과 처리

방식도 바뀌었기 때문이다(김기수, 2012).

한편으로 2주기 평가는 1주기 평가에 비해서 평가의 배점, 영역, 등급의 구분 등이 보다 세분화되고 상대평가로서 그 결과가 확연히 구분되어 제공되는 방향으로 개선되었다. 따라서 학생이나 학부모 등 교육기관을 선택하고자 하는 수요자의 입장에서는 교원양성기관으로서 상대적인 우수성을 한눈에 파악할 수 있는 정보를 얻을 수 있는 효과가 나타났다. 또한 교육기관의 입장에서는 정부 차원에서 구체적인 부적 벌점, 예컨대 정원 축소나 재정 지원 패널티 등이 주어지지는 않았지만 하위 10%에 해당하는 '개선요망'이라는 평가판정을 받을 경우 개선노력을 하지 않을 수 없는 분위기가 형성되었다(김갑성 외, 2008).

2) 3주기(2010~2014)

3주기 평가결과 활용은 A, B, C, D등급에 따라 이루어졌으며 평가 등급에 따른 후속조치 기준은 〈표 12-7〉과 같다.

〈표 12-7〉 3주기 교원양성기관 평가결과에 따른 후속 조치기준

대학 구분	구분 (1,000점 만점)	양성과정		
		사범대학/교육대학/ 일반대학 교육과	일반대학 교직과정	교육대학원
4년제 대학교	A등급 (800점 이상)	• 학과 간 입학정원 조정 자율권 부여 • 교사양성 특별과정, 교장양성과정 설치	• 교직과정 간 입학정원 조정 자율권 부여	• 전공 간 입학정원 조정 자율권 부여 • 복수전공제 운영 자격 부여
	B등급 (700점 이상)	현행유지		
	C등급 (600점 이상)	• 사범계 학과 입학정원 20% 감축	• 교직과정 승인인원 20% 감축	• 양성기능 50% 축소
	D등급 (600점 미만)	• 사범계 학과 입학정원 50% 감축	• 교직과정 승인인원 50% 감축	• 양성기능 폐지

출처: 교육과학기술부 보도자료(2010. 8. 27.)를 바탕으로 재구성.

평가결과 A등급(800점 이상)을 받은 대학에 대해서는 학과 간 입학정원 조정 자율권 부여, 교원양성 특별과정, 교원양성과정 설치, 교직과정 간 입학정원 조정 자율권 부여, 교육대학원 전공 간 입학정원 조정 자율권 부여, 복수전공제 운영 자격 등을 부여하였다. B등급(700점 이상)을 받은 대학은 해당년도 교원양성과정의 규모를 유지하도록 하였다. C등급(600점 이상)을 받은 사범대학은 입학정원 20% 감축, 교육대학원 양성기능 50% 축소 조치를 하였다. 평가결과 D등급(600점 미만)을 받은 대학에 대해서는 사범계 학과 전체 입학정원 50% 감축, 교직과정 승인인원 50% 감축, 교육대학원은 교원양성기능을 폐지하였다. 추가적으로 유치원교사 · 보건교사 양성과정 및 실기교사 양성과정은 별도의 기준을 마련하여 행정적 조치를 취했다.

3주기 평가에서는 최초로 평가 결과를 재정적 조치와 연계하였는데 교육부는 2010년 평가에서 A등급을 받은 8개 사범대학(고려대, 공주대, 대구대, 동국대, 성신여대, 이화여대, 중앙대, 충남대)을 '교원양성 선도 사범대학'으로 지정하고, 2011년부터 4년간 매년 약 10억 원씩(총 40억 원) 지원하기로 하였다. 이를 통해 사범대학의 교육과정을 미래형 · 융합형으로 개발하도록 하고, 성과보고회를 통해 선도 사범대학 지원사업의 성과를 확산할 수 있도록 유도하였다(교육과학기술부 보도자료, 2012. 2. 10. 참조). 반면에 평가결과가 미흡한 교원양성기관에 대해서는 정원 감축 조치를 취하였는데, 전술한 바와 같이 원평가에서 C(미흡)등급 이하를 받은 교원양성기관은 1년 후 재평가를 받도록 했고, 재평가에서도 여전히 C(미흡)등급 이하인 기관에는 정원감축 조치를 취하였다. 3주기 평가 동안, 4년제 대학에 설치된 교원양성기관의 정원 감축 인원을 정리하면 〈표 12-8〉과 같다(김기수, 2013). 결과적으로 3주기 교원양성평가를 통해 전문대학의 유아보건실기교사 양성학과 29,429명을 비롯해 총 38,584명의 인력이 감축되었다(한국대학신문, 2015. 2. 3.).

〈표 12-8〉 3주기 교원양성기관 평가에 따른 교원양성 정원 감축 인원(4년제 대학)(단위: 명)

양성과정	교원양성 입학정원 (3주기 시점 기준)	교원양성기관 평가에 따른 감축 후 입학정원		
		자체 감축	결과에 따른 감축	전체
사범대학	11,048	38	0	38
일반대학 교육과	3,300	85	28	113
일반대학 교직과정	15,228	2,174	1,191	3,365
교육대학원	20,424	3,179	2,460	5,639
계	50,000	5,476	36,802	9,155

* 교육대학은 교육부 정책에 따라 정원을 조정하였으므로, 평가결과에 따른 정원 감축이 없음.
출처: 김기수(2013)와 교육부 보도자료(2013. 8. 30.)를 바탕으로 재구성.

3) 4주기(2015~2017)

교육부는 4주기 교원양성기관 평가를 시행하면서 교원양성기관 평가의 결과활용 원칙을 다음과 같이 제시하고 있다. "국가는 교원양성기관 평가의 결과를 교원양성기관의 질 제고 및 교원양성체제 개편자료로 활용하고, 교원양성기관은 평가의 결과를 해당 기관의 문제 진단 및 개선 근거로 활용하며, 교직 희망자는 평가의 결과를 대학 및 학과 선택의 참고자료로 활용한다." 이 원칙에서 밝힌 바와 같이, 평가의 결과를 교육부는 교원양성기관의 질적 수준 제고 및 양성체제 개선을 위한 교원양성 정책의 근거로서 활용이 가능하며, 교원양성기관인 각 대학은 평가결과에 따라 교원양성교육 시스템의 미진한 부분을 자체적으로 개선하기 위한 계획을 수립하고 실천하는 데 활용할 수 있다. 또한 평가주관기관인 한국교육개발원은 평가편람, 평가시행과정 등에 대한 자체진단, 평가단의 건의사항 등을 수렴하여 차기 평가반영사항을 정리하는 데 평가결과를 활용할 수 있을 것이다.

이와 같은 평가결과의 활용을 위해 마련된 4주기 교원양성기관 평가에 따른 후속조치 기준(안)을 살펴보면 다음과 같다. 각 양성기관은 평과결과에 따라 A, B, C, D, E등급으로 평가결과를 부여받으며, 이 평가등급에 따른 후속조치가 취해진다. 평가결과 A등급(800점 이상)을 받은 양성기관에 대해서는 교육부장관표창을 수여하고, B등급(800점 미만~700점 이상)을 받은 대학은 당해년도 교원양성과정의 규모를 유지할 수 있게 된다. C등급(700점 미만~600점 이상)을 받은 양성기관은 정원·승인인원·양성기능을 30% 감축하게 되고, D등급(600점 미만~500점 이상)을 받은 양성기관은 정원·승인인원·양성기능을 50% 감축하게 되며, E등급(500점 미만)을 받은 양성기관은 폐지 조치를 하게 된다.

〈표 12-9〉 4주기 교원양성기관 평가 결과에 따른 조치 기준(안)

등급	점수기준(1,000점 만점)	후속조치기준
A	800점 이상	교육부장관표창 수여
B	800점 미만~700점 이상	현행 유지
C	700점 미만~600점 이상	정원·승인인원·양성기능 30% 감축
D	600점 미만~500점 이상	정원·승인인원·양성기능 50% 감축
E	500점 미만	폐지

출처: 교육부·한국교육개발원(2015b).

2015년에는 제4주기 평가(2015~2017)의 1차년도 평가가 실시되었는데, 이는 사범대학 설치 대학교 및 교육대학교 62개교에 설치된 206개 기관을 대상으로 진행되었다. 사범대학 45개교를 대상으로 한 평가에서 16개교(36%)가 A등급을 받았고, 23개교(51%)가 B등급, 5개교(11%)가 C등급, 1개교(2%)가 D등급을 받았다. 일반대 교육과 5개 학과를 대상으로 한 평가에서 2개 학과(40%)가 A등급을 받았고, 1개 학과(20%)가 B등급, 2개 학과(40%)가 C등급을 받았다. 교직과정 설치 대학교 51개교를 대상으로 한 평가에서 A등급은 없었으며, 4개교(8%)가 B등급, 26개교(51%)가 C등급, 19개교(37%)가 D등급, 2개교(4%)가 E등급을 받았다. 교원양성 기능을 수행하고 있는 교육대학원 39개교를 대상으로 한 평가에서 A등급은 없었으며, 7개교(18%)가 B등급, 24개교(62%)가 C등급, 8개교(20%)가 D등급을 받았다. 교육대학교 11개교를 대상으로 한 평가에서 5개교(45%)가 A등급을 받았고, 6개교(55%)가 B등급을 받았다. 구체적인 평가의 결과는 〈표 12-10〉과 같다.

〈표 12-10〉 2015년 4주기 교원양성기관 신규평가 결과

구분	평가대상	A등급	B등급	C등급	D등급	E등급
사범대학	45	16	23	5	1	0
		(36%)	(51%)	(11%)	(2%)	(0%)
일반대학 교육과	5	2	1	2	0	0
		(40%)	(20%)	(40%)	(0%)	(0%)
교직과정	51	0	4	26	19	2
		(0%)	(8%)	(51%)	(37%)	(4%)
교육대학원(양성)	39	0	7	24	8	0
		(0%)	(18%)	(62%)	(20%)	(0%)
교육대학교	11	5	6	0	0	0
		(45%)	(55%)	(0%)	(0%)	(0%)

※ 교육대학원(재교육)은 55개교 중 B등급 7개교(13%), C등급 21개교(38%), D등급 25개교(45%), E등급 2개교(4%)

출처: 교육부 보도자료(2016. 3. 23.).

실제로 교육부는 앞서 밝혔던 4주기 교원양성기관 평가결과에 따른 조치 기준(안) 및 〈표 12-8〉의 평가결과를 적용, 해당 교원양성기관의 '17학년도 입학 정원 기준으로 C등급(700점 미만~600점 이상)을 받은 57개 기관의 교원양성 정원을 30% 감축하고, D등급(600점 미만~500점 이상)을 받은 28개 기관의 교원양성 정원을 50% 감축하며, E등급(500점

미만)을 받은 2개 기관(교직과정)은 폐지할 계획이라고 밝혔다. 이에 따르면 사범대 및 일반대 교육과 418명, 교직과정 1,368명, 교육대학원 1,434명 등 총 3,220명의 교원양성 정원 감축이 이루어질 것으로 예상되었다. 이번 평가로 2015년 평가 대상 4년제 대학의 교원양성 정원은 총 21,530명(초등 제외)에서 18,310명으로 감소(15%)하며, 2016년 평가결과에 따라 추가로 교원양성정원이 감소할 것으로 예상되었다. 구체적인 교원양성 정원의 감축현황은 〈표 12-11〉과 같다.

〈표 12-11〉 2015년 평가대상 기관 교원양성 정원 감축현황

구분	평가 대상	교원양성 정원 (A)	감축 정원 (B)	감축 후 교원양성 정원(A-B)
사범대	45개교	10,476명	396명(4%)	10,080명
일반대 교육과	5개 학과	182명	22명(12%)	160명
교직과정	51개교	4,932명	1,368명(28%)	3,564명
교육대학원(양성)	39개교	5,940명	1,434명(24%)	4,506명
총계		21,530명	3,220명(15%)	18,310명

출처: 교육부 보도자료(2016. 3. 23.).

2016년에 실시된 4주기 2차년도 사범대학 미설치 대학교(107개교, 285개 기관)를 대상으로 한 평가결과는 다음과 같다. 일반대 교육과 97개 기관을 대상으로 한 평가결과, 24개 기관(25%)이 A등급, 50개 기관(51%)이 B등급, 20개 기관(21%)이 C등급, 3개 기관(3%)이 D등급이었다. 교직과정 설치대학교 95개 기관을 대상으로 한 평가 결과, 3개 기관(3%)이 A등급, 11개 기관(11%)이 B등급, 32개 기관(34%)이 C등급, 35개 기관(37%)이 D등급, 14개 기관(15%)이 E등급이었다. 교육대학원 양성과정 32개 기관을 대상으로 한 평가 결과, 3개 기관(9%)이 A등급, 7개 기관(22%)이 B등급, 13개 기관(41%)이 C등급, 7개 기관(22%)이 D등급, 2개 기관(6%)이 E등급이었다(교육부 보도자료, 2017. 1. 24.). 구체적인 평가의 결과는 〈표 12-12〉와 같다.

〈표 12-12〉 2016년 4주기 교원양성기관 평가결과

구분	평가대상	A등급	B등급	C등급	D등급	E등급
일반대학 교육과	97	24	50	20	3	0
		(25%)	(51%)	(21%)	(3%)	(0%)

일반대학 교직과정	95	3	11	32	35	14
		(3%)	(11%)	(34%)	(37%)	(15%)
교육대학원(양성)	32	3	7	13	7	2
		(9%)	(22%)	(41%)	(22%)	(6%)
사범대학교	1	1	0	0	0	0
		(100%)	(0%)	(0%)	(0%)	(0%)

※ 교육대학원(재교육)은 60개 기관 중 A등급 1개 기관(1%), B등급 7개 기관(12%), C등급 16개 기관(27%), D등급 20개 기관(33%), E등급 16개 기관(27%)

출처: 교육부 보도자료(2017. 1. 24.).

교육부는 이번 평가결과 C등급(700점 미만~600점 이상)을 받은 65개 기관은 교원양성 정원을 30% 감축하고, D등급(600점 미만~500점 이상)을 받은 45개 기관은 교원양성 정원을 50% 감축하며, E등급(500점 미만)을 받은 16개 기관[교직과정: 14개 기관, 교육대학원(양성과정): 2개 기관]은 폐지할 계획이라고 밝혔다. 평가결과에 따라 일반대 교육과 263명, 교직과정 1,488명, 교육대학원 758명 등 총 2,509명의 교원양성 정원 감축이 이루어질 것으로 예상되었다. 이번 평가로 2016년 평가대상 4년제 대학의 교원양성 정원은 총 10,582명(초등 제외)에서 8,073명으로 감소(24%)하며, 2017년 평가결과에 따라 추가로 교원양성정원이 감소할 것으로 예상되었다(교육부 보도자료, 2017. 1. 24.). 구체적인 교원양성 정원의 감축현황은 〈표 12-13〉과 같다.

〈표 12-13〉 2016년 평가대상 기관 교원양성 정원 감축현황

구분	평가대상	교원양성 정원 (A)*	감축 정원 (B)	감축 후 교원양성 정원(A-B)
일반대학 교육과	97	3,206명	263명(8%)	2,943명
일반대학 교직과정	95	3,831명	1,488명(39%)	2,343명
교육대학원(양성)	32	3,427명	758명(22%)	2,669명
사범대학교	1	118명	0명(0%)	118명
총계	225(60**)	10,582명	2,509명(24%)	8,073명

* 교원양성 정원은 '17학년도 기준임. / ** 교육대학원(재교육) 기관 수임.

출처: 교육부 보도자료(2017. 1. 24.).

교육부는 "이번 평가가 교원양성 기관의 책무성을 강화함과 동시에, 과잉양성[17학년도 공립 중등교원 4,066명 모집에 46,530명 응시(경쟁률 11.5:1)]되고 있는 교원양성 규모를 적정화하는 데 기여할 것이며, 평가결과를 바탕으로 교직과정, 교육대학원 등과 같이 교육의 질이 열악한 기관에 대한 관리를 더욱 강화해 나갈 것"(교육부 보도자료, 2017. 1. 24.)이라고 밝혔다.

2017년에 실시된 4주기 3차년도 전문대학 108개교 및 일반대학 9개교를 대상으로 한 평가 결과는 다음과 같다. 유치원교사 양성학과 전문대학 유아교육과 · 보육과 총 93개교를 대상으로 평가한 결과, A등급 38개교, B등급 41개교, C등급 13개교, E등급 1개교였다. 보건교사 양성학과 전문대학 간호학과 중 교직과정을 운영하는 45개교 대상으로 평가한 결과, A등급 5개교, B등급 27개교, C등급 12개교, D등급 1개교였다. 실기교사 양성학과 실기교사 양성과정을 운영하는 34개교를 대상으로 평가한 결과, A등급 16개교, B등급 11개교, C등급 6개교, D등급 1개교였다. 일반대학 신설 · 전환 · 통폐합으로 평가가 유예되었던 일반대학과 한국방송통신대학교 대상으로 평가한 결과, 교육과는 A등급 2개교, B등급 3개교, 교직과정은 B등급 1개교, C등급 1개교, D등급 1개교였다(교육부 보도자료, 2018. 3. 21.). 구체적인 평가의 결과는 〈표 12-14〉와 같다.

〈표 12-14〉 2017년 4주기 교원양성기관 평가 결과

구분		평가대상	A등급	B등급	C등급	D등급	E등급
전문대학	유아교육과	91	36 (40%)	41 (45%)	13 (14%)	0 (0%)	1 (1%)
	보육과(교직과정)	2	2 (100%)	0 (0%)	0 (0%)	0 (0%)	0 (0%)
	간호학과(교직과정)	45	5 (11%)	27 (60%)	12 (27%)	1 (2%)	0 (0%)
실기교사 양성학과 (전문대 · 일반대 모두 포함)		34	16 (47%)	11 (32%)	6 (18%)	1 (3%)	0 (0%)
일반대학	교육과	5	2 (40%)	3 (60%)	0 (0%)	0 (0%)	0 (0%)
	교직과정	3	0 (0%)	1 (33%)	1 (33%)	1 (33%)	0 (0%)
	교육대학원(재교육)	3	0 (0%)	0 (0%)	2 (67%)	0 (0%)	1 (33%)

출처: 교육부 보도자료(2018. 3. 21.).

　　교육부는 이번 평가결과에 따라, C등급은 교원양성정원의 30%, D등급은 50% 감축하고, E등급은 폐지할 계획이며, 교육대학원(재교육)은 교원양성 기능이 없으므로 정원감축 대상에서 제외한다고 밝혔다(교육부 보도자료, 2018. 3. 21.). 구체적인 교원양성 정원의 감축 예상 인원은 〈표 12-15〉와 같다.

〈표 12-15〉 2017년 평가대상 기관 교원양성 정원 감축 예상 인원

구분		평가대상기관 교원양성 정원(A)*	감축 정원 (B)	감축 후 정원 (A-B)
전문 대학	유아교육과	6,951	363	6,588
	간호학과	605	49	556
실기교사 양성학과		5,063	352	4,711
일반 대학	교육과	2,835	0	2,835
	교직과정	22	6	16
총계	정원	15,476	770	14,706
	비율	100%	5%	95%

* 교원양성 정원은 '17학년도 기준임.
출처: 교육부 보도자료(2018. 3. 21.).

6 평가 성과 및 개선방안

1) 평가성과

　　1998년부터 시작된 교원양성기관 평가는 광복 이후 처음으로 교원양성기관의 교육의 질을 점검함으로써 교원양성 교육의 중요성에 대한 인식을 제고하고, 교육의 질적 수준을 높이고자 하는 노력을 촉진하는 계기가 되었다(이승희 외, 2005). 교원양성기관 평가는 다음과 같은 성과를 거둔 것으로 분석되었다(박남기, 2002; 이승희 외, 2005; 임연기, 2009a; 오세희 외, 2013).

　　첫째, 교원양성기관 평가를 통해 교원양성교육기관의 교육의 질을 대내·외적으로 점검할 수 있는 계기가 마련되었다. 교원양성기관 평가는 해방 이후 처음으로 전국 교원양성기관의 질을 점검하는 최초의 제도라는 점에서 의미가 있다. 교원양성기관 평가가 자

체평가와 서면평가 및 방문평가로 이루어짐으로써 교원양성기관들은 자체평가를 통해 자신들이 제공하는 교육의 질을 대내적으로 점검하고, 그에 대한 서면평가와 방문평가를 통해 외부인의 시각에서 교육의 질을 다시 한번 점검할 수 있게 되었다. 그 결과 교원확보를 비롯하여 교원양성기관의 교육여건이 보다 개선되는 등 소기의 성과를 도출하였다.

둘째, 현장과의 연계성이 강화되는 등 교원양성학과의 정체성을 보다 명확히 하는 계기가 되었다. '현장역량중심 교육과정 운영' 여부, '학교현장 실습의 충실도' 등 학생들이 '교사로서의 자질'을 성취하였는지를 평가에 반영하게 됨에 따라, 교육과정의 측면에서 일반 학과와 차별화되는 교원양성학과만의 정체성을 보다 분명하게 정립하게 되었다. 즉, 평가를 계기로 교과교육의 필요성과 중요성이 강조되는 등 교원양성과정의 본래적 목적에 부합하도록 교육과정을 구성하게 되었으며, 이 과정에서 교원양성 학과의 정체성이 보다 명확하게 자리 잡게 되었다.

셋째, 교원양성 규모의 적정화에 기여하고자 노력하였다. 타당성에 대한 논의에서 벗어나, 3주기 교원양성기관 평가에서부터는 평가 결과를 행정적 조치와 연계함으로써, 교원양성규모의 적정화를 도모하고자 하였다. 그 결과, 대학의 자구적인 노력과 평가결과에 따른 감축 조치를 통해, 3주기에 4년제 대학의 경우에는 9,155명의 정원을 감축하였으며, 전문대학의 유아실기보건 교사의 경우 29,429명을 감축하여, 총 28,584명을 감축한 것으로 나타났다(김기수, 2013; 한국대학신문, 2015. 2. 3.). 4주기 평가에서도 6,499명의 교원양성기관 정원이 감축되었다(교수신문, 2019. 4. 25.). 이에 따라, 교원양성기관에 대한 평가는 교원양성규모를 적정화하고, 교원 수급 불균형을 해소하기 위해 노력하였다고 볼 수 있다.

넷째, 교원양성교육의 중요성에 대한 인식을 제고할 수 있게 되었다. 인적자원에 대한 의존도가 높은 우리나라의 경우, 교육이 중요하다는 것은 누구나 인정하는 사실일 것이다. 그럼에도 교육은 '백년지대계'라는 말이 있듯이 교육의 결과가 단기간에 가시적으로 분명하게 드러나는 것이 아니기 때문에 다른 분야에 비해 상대적으로 그 중요성이 잊히기 쉽다. 하지만 교원양성기관에 대한 평가를 통해 각 개별 교원양성기관의 운영 실태를 분명하게 드러냄으로써, 교수를 포함한 모든 대학 구성원으로 하여금 교원양성 교육의 중요성을 재인식하는 계기를 갖게 된 것이다. 평가결과 공개를 통해 양성교육의 중요성에 대한 사회적 인식 또한 제고하였으며, 이는 교원양성교육의 질적 수준을 제고하기 위한 노력을 촉발하는 계기가 되었다.

다섯째, 교원양성교육의 개선을 위한 대학의 재정투자와 관심을 증대시켰다. 3주기의 경우에는 각 대학에 평가결과를 제공해 '미흡' 또는 '부적합' 판정을 받은 교원양성과정에 대해 자구계획서를 제출하도록 하고, 재평가를 통해 교원양성과정의 개선을 유도하였다. 또한 평가에서 '미흡' 또는 '부적합' 판정을 받은 교원양성기관의 경우, 양성 인원을 감축하는 행정적 조치를 취함에 따라 각 대학이 교원양성교육에 주목하게 된 것이다. 4주기부터는 행정적 조치가 보다 강화되어 'E등급'을 받은 양성기관의 경우 아예 '폐지' 하겠다는 강력한 방안이 발표되었고, 이에 각 대학이 교원양성기관의 여건 개선에 보다 많은 노력을 기울이게 되었다. 즉, 교원양성기관 평가를 통해 대학 경영진을 비롯한 대학 사회의 교원양성교육에 대한 관심을 제고하여, 교원양성기관에 대한 정책지원과 재정투자를 적극적으로 유도하는 계기가 된 것이다.

이와 같이 교원양성기관 평가를 통해 교원양성기관의 질을 점검할 수 있는 체계를 갖추게 되었으며, 이와 더불어 부수적으로 양성규모의 적정화를 도모하고자 노력하였다. 또한 평가결과를 대외적으로 공개함으로써 교원양성교육의 중요성에 대한 인식을 제고하였으며, 대학 경영진을 비롯한 대학사회에서 교원양성교육에 관심을 가지고 정책적, 제도적으로 지원하게 되는 계기를 마련하는 성과를 거두었다고 볼 수 있다.

2) 평가 개선방안

교원양성기관 평가의 문제점과 그에 따른 개선방안을 살펴보면 다음과 같다.

첫째, 교원양성기관 평가의 목적을 달성하기 위한 합리적 결과활용(정책 수단)이 필요하다. 교원양성기관 평가의 최우선적인 목적은 교원양성기관의 질적 수준을 개선하는 데 있다. 그러나 교원양성기관 평가의 결과는 교원양성 정원의 감축을 위한 징벌적 행정조치 중심으로 활용되기도 하였다.[3] 교원양성기관 평가결과에 따른 정원 감축 및 구조조정 정책이 교육의 질 관리 측면에서 대학의 발전에 긍정적으로 기여하고 있다는 것은 부인할 수 없는 사실이지만, 정원 감축과 같은 행정적 조치가 교육의 질 개선을 위한 근본적인 해결책은 아닐 것이다. 실제로 대다수의 교원양성 기관에서는 정원감축이나 구조조정은 대학 자율에 맡겨야 한다는 주장을 하였다. 3~5년의 유예기간을 둔 후에 정원 감축 조치를 시행하자는 주장도 하였다. 행·재정적 조치를 취하기 전에 의견 조율 장치를 마련하고 현장과 충분한 조율을 통해 조치를 시행하라는 제안도 하였다(김기수, 2012). 이러한 점에서 볼 때, 교원양성기관 평가의 결과를 '관리'와 '제재'의 측면에서 활용하기보다는 교육력 제고를 위한 '조성'과 '조장'의 측면에서 활용할 필요가 있는 것이다(오세희 외, 2013). 이러한 문제를 해결하기 위한 방안으로 5주기 역량진단에서부터는

C · D등급의 기관이나 희망기관을 대상으로 컨설팅 지원(교육부 · 한국교육개발원, 2018)
이 수반되기 시작했다.

부정적인 평가를 받은 기관에 대해 지원을 강화하고 주기적으로 전문적인 컨설팅을
제공한다면 각 기관의 자체 노력과 함께 시너지를 창출하여 교원양성 교육의 질 개선 효
과를 기대할 수 있을 것이다. 그러므로 정부는 컨설팅 전문 인력과 관련 예산 확보를 위
한 노력을 해야 한다. 이와 함께 평가결과 우수 기관에 대해서는 인센티브를 더욱 강화
하여 그 성과를 공유하고 확산시킬 수 있는 정책적 노력 역시 요구된다.

둘째, 교원양성기관에서 교육의 질을 개선하고, 그 개선사항을 평가에 반영할 수 있는
방향으로 평가모형을 개선해야 한다. 현재 교원양성기관 평가모형은 양성기관의 교육과
정이나 프로그램 운영 등 교육의 실제적인 내용을 들여다보지 못하고, 교원양성기관의
외적인 조건과 성과를 확인하는 데 그치고 있다는 지적이 많다. 이는 지금까지 시행되어
온 평가가 교원양성기관들의 교육이념이나 특수성을 간과한 채, 운영 현황과 실적을 확
인하는 데 중점을 두었기 때문이다. 앞으로 시행될 평가는 현황과 실적에 대한 평가는
물론, 미래에 교원양성기관들의 발전방향을 제시하는 기능에도 관심을 기울일 필요가
있다. 또한 최근 교원의 핵심 역량에 관한 관심이 높아지고 있는 경향을 반영하여, 교원
양성기관에서 미래의 교원들에게 요구되는 핵심 역량을 길러 주고 있는지, 교원양성체
제의 발전 방향을 분명하게 제시하고 있는지를 평가요소에 포함시켜야 한다.

교육대학교, 사범대학, 일반대학 교육과, 일반대학 교직과정, 교육대학원 등 각 유형별
특성을 반영하는 평가모형을 고려할 필요가 있다. 5주기까지 평가가 진행되는 동안 평
가대상기관에서는 각 유형별 특수성을 반영하여 각기 다른 평가방식을 요구하거나, 각
기 처한 형편에 따라 유 · 불리를 계산하여 평가지표를 반영하자는 요구가 많았다. 그러
므로 교원양성기관의 공통된 특성을 평가함과 동시에 유형별 특성을 반영할 필요가 있
다. 이를 위해서는, 평가지표를 구성할 때 공통지표와 유형별 지표의 이원적인 구조로
구성하는 방법을 모색해야 한다(김기수, 2013).

셋째, 평가지표는 타당성, 효율성을 확보하여 현장에 적합하도록 구안되어야 한다. 김
운종(2012)은 교원양성기관 평가의 일부 평가척도가 대학의 실제와 상당한 격차가 있다
고 주장하였으며, 김용진(2010)은 교원양성기관 평가의 영역과 지표에 대한 다양한 문제

---

3) 교원양성기관 평가 3주기(2010~2014)에는 3,929명이, 4주기(2015~2017)에는 6,499명의 교원양
　성기관 정원이 감축되었다(교수신문, 2019. 4. 25.).

섬을 수검기관의 입장에서 구체적으로 분석하여 제시하였다. 이처럼 일부 평가지표 및 배점이 교원양성기관의 현실과 부합하지 않는다는 지적이 수검기관(대학)과 학계를 통해 여러 차례 지적되었다. 예를 들면, '국·공·사립학교 교원임용률'은 양성기관의 노력과 무관하게 시·도교육감의 교원임용 계획에 따라 좌우되는 경향이 있으며, 일부 중등교과목은 수년간 교원을 임용하지 않았다는 점이 이슈가 되기도 했다. 게다가 ○○대 사범대학이 일부 평가지표에서 감점을 면하기 위해 교수의 소속을 한시적으로 변경하는 등, 꼼수 논란이 일어나기도 했다(교수신문, 2016. 7. 4.).

이와 같은 문제점을 개선하기 위해 평가지표의 타당성을 높이기 위한 노력이 필요한 것이다. 교원양성기관의 현황, 실적, 발전노력을 정확하게 반영할 수 있는 지표를 개발해야 한다. 지나치게 많은 정량적 지표를 최소화할 필요가 있으며, 교원양성기관의 특성을 반영할 수 있는 정성적 지표의 개발 및 보완도 필요하다. 이와 함께 평가항목이나 평가지표의 배점을 적절히 조정하고, 최종 평가점수를 산출하는 방법도 더 합리적으로 개선할 필요가 있다(김기수, 2013). 실제로 4주기 평가에서는 이러한 각계의 요구가 일부 적용되어, 교원양성기관별 특성화 지표를 별도로 적용하고 동일한 지표라도 기관 유형에 따라 차등적으로 적용하는 방식을 채택하였다. 또한 5주기 평가에서는 '강의 만족도 및 강의평가 운영의 적절성', '행정지원의 충실성', '장애학생 선발 비율 및 장애학생에 대한 지원 노력', '수업운영의 현장성', '학생 수업 역량 제고 노력' 등의 지표에서 정성 및 정량평가를 병행하였고, 그 외 지표에서도 정성적 지표가 확대된 것을 확인할 수 있다.

넷째, 교원양성기관 평가를 체계적으로 추진하기 위해 평가 운영시스템을 개선해야 한다. 교원양성기관 평가에 대한 다양한 불만이 대학을 중심으로 제기되었다. 평가주기, 평가지표, 평가계획과 일정이 자주 변경되다 보니 대학현장에서 불만이 잇따랐다. 한국대학신문의 관련 보도에서 지방의 한 국립대 사범대학장은 "사전에 평가지표를 미리 제시하고 이를 통해 양성기관이 교육을 제대로 했는가를 평가해야 하는데 평가지표, 계획 등이 계속 미뤄졌다. 지표를 모르는 상태에서 3주기 지표를 기준으로 4주기 평가를 준비해 전체적으로 정책에 대한 장기적이고 균형 잡힌 조정이 어려웠다(한국대학신문, 2016. 2. 18.)."라고 밝혔다. 교원양성기관 평가에서 대부분의 평가지표들이 최근 3년간의 실적을 평가하도록 되어 있는데, 평가 계획은 약 6개월 전에 발표되었다. 평가 대상 기관에서는 그동안 특정 평가지표를 의식하지 않고 교원교육을 운영해 왔는데, 예상하지 못한 내용이 평가되기 때문에 불합리하다는 문제를 제기할 수밖에 없는 것이다. 평가의 목적으로서 교원양성기관의 질적 수준을 향상시키기 위해서는 평가지표를 사전에 고지한 후 몇 년의 기간을 주어 실질적인 개선을 유도하는 것이 필요하다. 이는 5주기 역량진단에서부터 '지표 사전 예고제'(교육부 · 한국교육개발원, 2018)가 실시됨으로써 다소 해결되었을 것으로 보인다.

평가인력의 전문성을 향상시키며, 평가관련기관 간의 협력을 강화해야 한다. 평가시스템 운영과 관련된 문제는 정부의 평가정책과 평가 시스템의 미비로 인해 발생한 구조적인 문제이다. 따라서 평가기구를 안정적으로 운영하고 평가를 미리 준비할 수 있도록 정책적으로 지원하면 어느 정도 해결이 가능할 것으로 예상된다. 이를 위해 정부는 평가인력의 전문성을 향상시키고, 평가대상기관에 대한 서비스를 강화해야 한다. 더불어, 교육부, 대학, 한국교육개발원 등 평가관련기관들은 상호 밀접하게 소통하며 협력을 강화하여, 평가가 안정적으로 이루어질 수 있는 기반을 조성할 필요가 있다(김기수, 2013).

다섯째, 교원양성기관 평가가 대상기관 운영에 실질적인 정보와 조언을 제공하는 경영 컨설팅 역할을 할 수 있도록 전반적인 체질 개선이 필요하다. 대학평가와 관련된 세계적인 추세는 대학평가를 재정지원 수단이나 제재 수단으로 활용하기보다는 대학에 컨설팅을 제공하기 위한 목적으로 활용하고 있다. 이러한 사항을 염두에 두고 평가대상 대학의 이념과 목표에 적합한 평가를 실시하되, 대학이 자체적으로 설정한 목적과 유리된 평가가 되지 않도록 해야 할 것이다. 즉, 개별 대학이 수립한 비전과 목표에 대한 계획을 점검하고 직면한 문제를 찾아 해결책을 모색할 수 있도록 하는 등의 목적으로 평가가 이루어져야만 대학의 자율성과 책무성을 강화시키고 고등교육의 질적 제고를 기대될 것이다. 하지만 이러한 방식은 현재 우리나라의 대학평가에서 찾아보기 어렵다(박남기, 2002). 따라서 대학을 대상으로 제재를 위한 평가가 아니라, 문제를 해결하는 데 일조할 수 있는 평가로 거듭나게 하는 방안을 모색하여 교원양성기관의 체질을 개선해 나갈 필요가 있다.

제13장 간호교육 인증 평가

1 평가 배경 및 변천 과정

1) 평가배경

간호학은 과학적 지식을 바탕으로 사회에 대한 윤리와 책임을 가지고, 실무상황에서 자율적 의사결정능력을 갖춘 인재를 양성하는 학문(Liaschenko & Peter, 2004)이며, 가족과 조직, 그리고 지역사회와의 관계를 바탕으로 모든 이의 건강을 촉진하고 전인적 간호(Bishop & Scudder, 1999)를 행해야 하는 특성이 있다. 따라서 간호교육의 궁극적인 목표는 대학에서 학생들이 교육과정을 수료한 후에 전문직 간호사로 종사하며 자신의 역할을 효과적으로 발휘할 수 있게 하기 위한 이론과 기술을 함양하게 하는 데 있다. 즉, 간호교육의 목적은 간호 이론과 기술을 익혀서 이론과 실제를 통합 및 적용함으로써 간호와 관련한 현상을 예측 및 설명하고, 간호 지식체를 창조해 내는 것이며, 이를 통해 비판적 사고력과 임상실무능력 함양이라는 성과를 달성할 수 있게 한다(안양희, 2004). 그러므로 이러한 간호교육의 목적과 목표를 달성할 수 있도록 이에 관한 적절하면서도 적합한 교육과정과 인프라가 구축 및 마련되어 있는지에 대한 평가가 실시되어야 되기에, 간호교육 평가에 대한 필요성이 대두되었다(김조자 외, 2006).

간호교육의 목적과 목표를 달성하기 위해 평가의 필요성이 요구되기 시작했으나, 이와 더불어 간호교육의 질적 저하 문제 또한 평가의 중요한 배경으로 제기되었다. 1990년대 중반(1995~1998) 간호교육기관 설립기준도 없이 최소한의 조건만으로 우후죽순처럼

42개의 간호교육기관들이 신설됨에 따라 국가시험 합격위주의 부실한 수업운영, 실습
장소와 전임교수의 부족 등 간호교육의 질적 저하를 가져오는 문제점들이 심각하게 대
두되었다. 이러한 대학교육에 대한 질적 저하의 문제는 간호학분야뿐 아니라 다른 학문
분야도 비슷한 상황이어서 1982년 한국대학교육협의회(이하 대교협)가 설립되고 1992년
학과평가인정제가 실시되어 1997년에 간호학사과정 평가가 실시되었는데, 이 평가는 본
격적인 4년제 간호교육기관 평가로 실태 파악과 자체 개선의 노력을 유도하는 긍정적인
효과를 거두었으나, 외부기관에 의한 정량적 지표중심의 평가였기 때문에 간호교육의
특성을 충실하게 반영하는 전문적인 평가가 되지 못했다는 문제점이 지적되었다. 또한
3년제 전문대학도 1999년 한국전문대학교육협의회(이하 전문대학교육협의회)로부터 10개
간호과가 특성화평가를 받았다. 그러나 전문대학교육협의회의 특성화 평가도 모든 간
호과를 대상으로 시행되지 않았으며, 간호과의 특성이 반영되지 않은 채 전체 전문대학
의 평가 틀에 의해 시행되었다는 한계점을 가지고 있었다. 이와 같이 간호교육기관 평가
는 간호학제에 따라 평가주체가 이원화되어 있어서 평가목적, 평가기준 및 방법이 달라
간호교육에서 충족시켜야 할 교육목표와 교육의 질을 확보하기 어려웠다. 이러한 문제
점을 극복하고 간호교육의 질적 향상과 전문성을 높이기 위해서는 간호계의 전문기구에
의한 간호교육기관 인정평가제도(accreditation system)가 도입되어 학제 이원화되어 있는
간호교육의 현실을 반영한 간호교육기관 전반에 걸친 평가(3년제 간호교육기관 포함)가
실시되어야 한다는 필요성이 강조되었던 것이다(오성삼 외, 2005).

간호교육 인증 평가가 시행된 또 다른 배경으로, 간호학이라는 전문 분야에 대한 평가
가 일반교육단체인 한국대학교육협의회에서 일률적인 기준으로 추진되었다는 문제점
을 꼽을 수 있다. 다시 말해, 간호학 분야의 특성을 반영한 평가기준이 아니라 일반학문
과 차별이 없는 평가기준에 따라 평가되어 온 것은 개선되어야 할 중요한 문제이다. 즉,
한국대학교육협의회에서 추진한 평가는 간호교육만의 특수성을 고려한 것이 아니며 일
반적인 교육과정에 역점을 둔 양적평가이므로 간호교육의 질적인 제고를 기대할 수는
없다. 그래서 대한간호협회에서는 2000년에는 간호교육 관련 제반 사업을 총괄적으
로 추진하기 위해 간호교육평가원 설립준비위원회를 구성하여 간호교육평가원 설립의
필요성과 목적, 운영규정 및 간호교육기관 인정평가의 기본 방향을 설정하였으며, 간호
교육의 질적 제고와 발전을 도모하고자 2001년 5월에 '간호교육평가원'을 발족하게 되
었다. 간호교육평가원은 2003년 9월에 공공성과 중립성이 확보된 자율조정기구로서의
역할을 부여받아 이를 더욱 효과적으로 수행하기 위해 '한국간호평가원'으로 개칭하고,
2004년 2월에 보건복지부로로부터 정식 설립인가를 받아 독립 재단법인으로 거듭나게

되었다(김조자 외, 2006; 안양희 외, 2005). 그리고 한국간호평가원은 2012년에 간호교육인 증평가 2주기를 시작하며 '한국간호교육평가원'으로 기관명을 변경하여 오늘에 이르게 된 것이다.

[그림 13-1] 한국간호교육평가원 조직도

출처: 한국간호교육평가원 홈페이지(http://www.kabone.or.kr).

한국간호교육평가원의 간호교육 인증 평가는 교육기관 또는 간호교육프로그램의 기본요건 충족여부를 판정하여 그 결과를 사회에 공표함으로써 간호교육의 질에 대한 사회적 신뢰를 부여하기 위한 제도이다. 이러한 간호교육 인증 평가가 추진된 배경은 수요자 중심의 고등교육 혁신에 대한 요구와 WTO/FTA에 따라 고등교육 시장이 개방되면서 교육의 질 보장에 대한 국제사회의 요구가 증대되었기 때문이다(교육부, 2012; 이태화 외, 2012). 그리고 의료관리의 복잡성을 고려하고 다양한 수준의 의료인력 수가 증가됨으로써 보다 균등한 의료 서비스의 제공을 위하여 간호교육의 평가 · 인증 시스템 구축이 요구되었다. 또한 간호 인력의 유동성 증가와 지역별 수요증가로 인해 표준화된 간호인력 양성을 위한 간호교육의 평가 · 인증 기준이 요청되었고, 세계보건기구(WHO)는 2009년에 간호사 및 조산사 교육의 세계적 기준(Global standards for the initial education of professional nurses and midwives)을 공표하였으며(이영호 외, 2011), 이를 토대로 한국간호교육평가원에서도 국제 수준의 간호교육 인증 평가를 시행하고자 했던 것이다.

2) 평가 변천 과정

한국간호교육평가원에서 간호교육에 대한 인증평가를 시행하기 전에는 대교협에서 간호교육 인증 평가를 주관하였다. 대교협에서는 간호교육을 양적 평가 위주로 시행하며 평가의 한계를 드러냈다. 한국간호교육평가원은 대교협의 양적 평가에 대한 한계의 대안으로 간호교육의 인증평가를 추진하고자 했다. 즉, 한국간호교육평가원은 대교협의 양적 평가에 비해 간호학적 특성을 살린 질적 평가(정성항목)를 시도했으며, 이를 구체적으로 살펴보면 다음과 같다.

첫째, 평가항목이 83개에서 62개로 20여 개 감소되었다. 둘째, 필수항목과 권장항목으로 구분하여 서열적 평가를 지양하고 필수항목에 의한 최소한의 기준충족으로 인정평가를 지향하였다. 셋째, 의료인으로서의 기본적인 윤리의식 강화를 위해 인성과목을 간호학 교육과정 틀에 삽입하고 임상교육을 강조하였다. 넷째, 장기적 비전을 가지고 간호교육의 질적 유지 및 향상을 위해 대학발전계획을 추가하였다.

한국간호교육평가원은 대교협에서 추진해 온 간호교육 인증 평가에 대한 한계를 분석하고 새로운 인증평가를 준비함으로써 2004년부터 본격적으로 1주기 간호교육 인증 평가를 추진했다. 한국간호교육평가원에서는 간호교육의 환경 변화에 따라 간호교육의 평가인증주기를 5년 단위로 설정했으며, 전면 검토 후 개정해야 할 필요성을 주기 개념을 통해 제도화하고자 하였다. 그래서 간호교육기관 인정평가주기는 5년이며, 1주기는 2004년부터, 2주기는 2012년부터 시행됐으며, 3주기는 2017년부터 시행되었다. 한국간호교육평가원에서의 간호교육 인증 평가 추진 과정은 〈표 13-1〉과 같다.

〈표 13-1〉 한국간호교육평가원의 간호교육 인증 평가 추진 과정

연도	추진 내용
2001	전문직 간호교육기관(3 · 4년제) 인정평가기준 개발
2002. 1.~5.	전문직 간호교육기관(3 · 4년제) 인정평가 세미나, 워크숍 개최
2002. 11.	간호교육기관 4개교 시범평가 실시
2003. 10.	시범평가 보고회
2003. 12.	간호평가원 평가 설명회(전문대학 간호과 대상)
2004. 2.	평가전문위원 pool 대상 교육 실시(전국 간호대학 교수 97명)
2004. 5.	평가단 구성 및 교육
2004. 3.	간호학과 인증평가 첫 시행(1주기 간호교육 인증 평가 시작)
2004. 6.~7.	간호전문대학 2개교 평가 실시
2004. 9.~ 2005. 2.	2주기 간호학 평가 대비 '간호학의 학문적 특성 평가기준 개발' 연구 수행

2006. 12.	내교협 위탁 간호학과 인증평가 실시(33개교)
2008.	2008년도 간호학과 인증평가 시행(3년제 6개 대학, 4년제 3개 대학)
2008. 10.	2008년도 전문간호사 교육기관 평가(8개교 3개 과정)
2009. 1. 22.	간호사−학사 특별편입과정(Registered Nurse-Bachelor Science of Nursing: RN−BSN) 서면평가(6개 대학)
2009. 2. 10.~12.	제2회 평가전문가교육(수료 20명)
2009. 3. 6.	간호사−학사 특별편입과정 서면평가(1개 대학)
2009. 10.	2009년도 전문간호사 교육과정 평가(4개 기관 4개 과정)
2011. 6.	'전문대학 수업연한 4년제 간호과 지정 심사' 평가기관으로 지정(교육과학기술부)
2011. 11.	'간호대학 평가·인증 인정기관' 지정(교육과학기술부)
2012. 4.	2012년도 상반기 간호교육 인증 평가 시행(2개 학사학위 프로그램 인증) 2주기 간호교육 인증 평가 시작
2012. 9.	2012년도 하반기 간호교육 인증 평가 시행(9개 학사학위 프로그램 인증)
2013. 3.	2013년도 상반기 간호교육 인증 평가 시행(12개 학사학위 프로그램 인증)
2013. 9.	2013년도 하반기 간호교육 인증 평가 시행(9개 학사학위 프로그램, 1개 전문학사학위 프로그램 인증)
2014. 3.	2014년도 상반기 간호교육 인증 평가 시행(24개교 학사학위 프로그램 인증)
2014. 9.	2014년도 하반기 간호교육 인증 평가 시행(43개 학사학위 프로그램, 4개 전문학사학위 프로그램 인증)
2015. 3.	2015년도 상반기 간호교육 인증 평가 시행(33개교 학사학위 프로그램 인증)
2015. 5.	2017학년도 전문대학 수업연한 4년제 간호학과 지정 심사 시행(5개교 지정)
2016. 11. 28.	'간호교육 평가·인증 인정기관' 정부 재지정(교육부)
2017. 2. 27.	간호조무사 교육훈련기관 지정평가 전문기관 선정
2018. 6. 26.	간호대학 실습교육 지원사업 위탁기관 선정(보건복지부)
2019. 8. 23.	고등교육 프로그램 평가·인증 인정기관 재지정
2020. 1. 23.	간호조무사 교육훈련기관 지정평가 위탁기관 선정

출처: 오성삼 외(2005)와 한국간호교육평가원 홈페이지의 내용을 재구성함.

한국간호평가원은 인정평가사업을 준비하기 위해 2001년부터 전국 113개 간호교육기관의 간호학 교수들을 대상으로 수차례의 세미나, 설문조사, 워크숍을 통해 타당도 검증을 거치고 다양한 의견을 수렴하여 간호교육기관 인정평가기준(안)을 마련하였다. 인정평가기준(안)은 3, 4년제 간호교육의 공통수준을 기준으로 하여 모든 3년제, 4년제 간호교육기관을 평가할 수 있도록 개발하였다. 기준(안)은 사회적으로 요구되는 간호교육의 전문성을 충족하는 데 필요한 최소한의 기본수준(minimum basic standard)을 중심으로 설정하였으며, 실제 사용에 앞서 기준의 타당도를 높여 보다 객관적이며 합리적인 인정평가기준으로 수정·보완하기 위해 2002년에 4년제 2개교, 3년제 2개교를 대상으로 시범평가를 시행하였다. 2003년에 시범평가 보고회와 간호평가원 평가 설명회(전문대학 간호과 대상)를 거쳐 2004년에 평가전문위원인 전국 간호대학 교수 97명을 대상으로 교육을 실시한 후, 평가단을 구성 및 교육함으로써, 간호학과 인증평가를 처음으로 시행할 수 있었다. 이것이 1주기 간호교육 인증 평가의 시작이 되었다.

1주기 인증평가기간은 2004년부터 2008년까지로 봐야 하지만, 실제로 2주기는 2012년부터 추진되었다. 1주기는 2004년부터 2011년까지 8년간 시행된 것으로 볼 수 있으며, 신청한 학교에 따라 시작년도는 다르다. 예를 들어, 2006년에 인증평가를 신청한 학교는 2011년까지, 2009년에 신청한 학교는 2014년까지, 2011년에 신청한 학교는 2016년까지 1주기 인증평가에 적용되며, 이는 신청년도가 2011년 이내이면 모두 1주기 평가인증기관으로 볼 수 있다. 1주기가 2008년이 아닌 2011년까지 이어진 이유는 실제로 2010년에 2주기 시범평가 및 준비과정을 거쳐야 했고, 평가과정에 대한 법제화(「고등교육법」 제11조의2)도 필요했다. 한국간호평가원은 2010년 11월 인정기관 지정을 신청하여 2011년 11월 초까지 1년에 걸쳐 기관의 인프라, 평가·인증 기준 및 방법, 평가·인증 실적의 활용 측면에서 인정기관심의위원회(위원장 이준승, 한국과학기술기획평가원장)의 심사를 거쳤으며, 이를 교육과학기술부장관이 최종 확정하여 '간호학과 프로그램 평가·인증 인정기관'[1]으로 지정되었다(교육과학기술부, 교육과학기술부, 2011. 11. 28.). 이와 관련하여 2011년 12월에는 의료법 개정안이 국회 본회의를 통과함으로써 앞으로 인정기관의 인

---

[1] '간호학과 프로그램 평가·인증 인정기관'에서 평가(evaluation)란 평가기구가 대학운영의 전반 또는 교육과정(학부, 학과, 전공 포함)의 운영을 점검·분석·평정하는 것을 지칭하고, 인정(recognition)이란 정부가 전문 평가·인증기관의 기본 적격성, 평가·인증 역량, 평가·인증 기준과 절차 등의 적절성 여부를 검토하여, 당해 기관이 평가·인증을 수행할 수 있는 기본요건을 충족하였음을 확인하는 행위를 의미하며, 인증(accreditation)이란 전문 평가·인증기관이 대학운영 전반 또는 교육과정에 대한 질 보증 및 질 개선을 위한 일정기준의 충족 여부를 확인하는 것을 뜻한다(최금진, 2011; 교육부, 2015).

증을 받은 간호학 전공의 대학·전문대학을 졸업해야 국가면허시험의 응시자격이 주어지게 되었다(이태화 외, 2012). 이는 「의료법」 제5조와 「고등교육법」 제11조의2, 「고등교육기관의 평가·인증 등에 관한 규정」에 의거한 것이며, 이러한 근거 법령을 통해 간호교육 인증 평가를 2012년부터 2주기로 새롭게 시행할 수 있게 된 것이다. 2주기인 2016년 정부인정 간호교육인증평가 인증 프로그램은 대학 학사학위프로그램이 115개 기관, 전문대학 학사학위프로그램이 70개, 전문학사 학위프로그램이 12개 기관에서 인증받았다(한국간호교육평가원 홈페이지, http://www.kabon.or.kr).

2주기(2012~2016)와 3주기(2017~2021)의 평가·인증 절차의 전체적인 흐름은 같으며, 인증유형 일부를 변경하였다. 2주기 평가의 인증유형은 인증(5년), 조건부인증(2년 이내 보완평가), 인증불가로 구성되어 있으며, 3주기 평가의 인증유형은 인증(6년, 3년), 인증유예(한시적 인증, 1년), 인증불가로 구성된다.[2] 2017년부터 시행된 3주기 인증평가 정책 방향은, 먼저 학습성과 기반 교육체제를 운영하고 임상실무 역량을 강화하며 프로그램의 질 관리를 강화하고자 한다. 이를 위한 개선 방향으로 지속적이고 주기적인 성과관리를 통한 2주기 인증평가의 성과를 지속하고, 성과기반 교육과정 질 관리를 강화한다. 또한 임상실습 관련 기준을 개선 및 구체화하고 인성교육을 강화하며, 질 관리 주체로서 학생을 참여시킨다. 이를 상세히 살펴보면 다음과 같다.

---

2) 〈표 13-2〉 3주기 평가·인증의 판정유형별 판정기준

유형	내용
인증(6년)	▷ 항목과 영역에서 다소 보완할 사항이 있어도 프로그램의 질에 크게 영향을 끼치지 않는 경우 ※ 졸업생 미배출 대학의 경우, 1년 인증을 부여하고 보완평가를 통해 인증을 연장할 수 있음
인증(3년)	▷ 일부 항목과 영역에서 인증기준을 충족하지 못하고 있으나, 최근 이를 개선하기 위한 대학의 노력과 의지가 확인되어 일정기간 내에 프로그램의 질이 안정적으로 유지되고 있는지 평가·인증을 통해 이의 개선 결과를 확인할 필요가 있는 경우 ※ 졸업생 미배출 대학의 경우, 1년 인증을 부여하고 보완평가를 통해 인증을 연장할 수 있음
인증유예 (한시적 인증, 1년)	▷ 영역과 항목에서 교육의 질에 심각한 영향을 미칠 정도로 인증기준을 충족하지 못한 부분이 다수 있으며, 대학의 개선방향이나 노력이 확인되지 않으나 대학에게 일부 개선할 수 있는 기회를 1회 제공할 필요가 있는 경우
인증불가	▷ 영역과 항목에서 교육의 질에 심각한 영향을 미칠 정도로 인증기준을 충족하지 못한 부분이 다수 있으며, 단기간 내에 시정하기 어렵고, 대학의 개선방향이나 노력이 확인되지 않는 경우

첫째, 2주기 인증평가의 성과를 지속하고자 한다. 6개 영역과 부문, 항목의 주요 평가 내용을 유지하고 체계 구축 중심의 평가내용에 운영 세부 기준을 보강한다. 둘째, 성과 기반 교육과정 질 관리를 강화한다. 프로그램 학습성과를 비전과 교육목표로 끌어올리고, 학과 운영 개선과 지속적인 교육과정 개선 체계를 구분하며, 교과목 운영, 학업성취 평가에서 성과 기반 교육과정 운영을 강조한다. 셋째, 임상실습 관련 기준을 개선하고 구체화한다. '임상실습 교육'과 '임상실습 지도' 항목을 분리하고 '임상실습 지도'에서 원거리 실습 지원에 대한 적절성 평가를 하며, 임상실습지도교원의 현장 전문성 관련 자격기준을 강화시킨다. 또한 '임상실습기관 확보'에서 주 임상실습기관 확보 기준을 제시하고 임상실습에서 학생 안전에 관한 기준을 신설하며, 시뮬레이션 실습교육 운영기준을 제시한다. 넷째, 인성교육을 강화한다. '학생지도 내용'에 인성함양 프로그램 운영에 대한 기준을 추가한다. 다섯째, 질 관리 주체로서 학생을 참여시킨다. '학생보고서'를 신설하여 자체평가보고서와 함께 제출하도록 한다.

이상의 내용을 통해 간호교육 인증 평가는 대교협에서 한국간호교육평가원으로 이어지며 1주기에서 3주기의 변천과정을 거쳐 발전해 가고 있음을 확인할 수 있다. 2016년 간호교육인증평가는 2주기에 해당되며 이에 대한 상세한 내용은 다음 절을 통해 살펴보도록 하겠다.

2 평가 목적 및 의의

1) 평가목적

간호교육 인증 평가는 간호교육의 질적 발전을 도모하고 간호학생의 성과를 지원, 관리하기 위하여 교육성과와 교육과정 운영 및 교육 여건 등이 국가, 사회, 간호전문직의 요구 수준에 부합하는지의 여부를 판단하여 공식적으로 확인·인정하는 제도이다. 간호교육 인증평가를 통해 인증받은 프로그램은, 첫째, 프로그램 학습성과 중심의 교육체제를 통해 졸업학생이 학과가 설정한 능력과 자질을 갖추고 있고, 둘째, 간호교육기관 운영과 교육과정 운영의 제 요소들이 간호교육의 질을 보장할 수 있는 최소한의 요건을 확보하고 있으며, 셋째, 지속적인 교육과정 개선을 위한 체계를 바탕으로 간호교육의 질 개선을 위해 노력하고 있음을 의미한다. 따라서 간호교육 인증 평가의 목적은 간호교육 프로그램이 국내외 보건의료 현장에서 요구하는 간호사 역량을 갖춘 학생을 배출할 수 있도록 성과 중심 교육체제를 바탕으로 지속적인 프로그램 개선을 통해 간호교육의 질을 관리할 수 있도록 지원하는 데 있다. 간호교육 인증 평가의 중요한 목적인 교육의 질 관리는 간호학 분야의 전문가가 신뢰도 및 타당도를 갖춘 평가기준과 도구를 통해 간호대학 출신의 학생이 최종적으로 갖추어야 할 핵심역량과 능력, 그리고 교육 전반에 대한 계획을 규명 및 검증하고 학생의 성취 결과를 평가함으로써 이루어진다. 특히 평가는 일회성이 아니라 정기적으로 이루어져야 하며, 그 결과를 교육계획 수립의 근거로 활용함으로써 개개인의 학생에게 제공되는 교육의 질 향상에 기여할 수 있어야 한다(김영곤 외, 2012; 박정혜, 2012).

따라서 간호교육 인증 평가의 목적을 구체적으로 살펴보면, 첫째, 간호교육의 질 제고를 위한 자율적인 질 관리 체제 구축, 둘째, 국제수준의 간호인력 양성을 위한 간호교육 프로그램 책무성 제고, 셋째, 간호교육 수요자에 대한 신뢰성 있는 정보 제공, 넷째, 국제수준에서 요구하는 간호교육의 질 보증 체제 확보라는 네 가지 사항을 확인할 수 있다(최금진, 2011; 이태화 외, 2012; 한국대학교육협의회, 2014; 남성미, 2015; 한국간호교육평가원 홈페이지, http://www.kabon.or.kr).

간호교육 인증 평가의 목적은 학문분야(프로그램) 평가·인증기관에 대한 인정의 목적인 '학문분야 교육의 질 개선을 위한 성과 중심 평가·인증 체제 구축'과 궤를 함께한다. 이는 학문분야에 대한 학습 성과 중심평가의 전문화, 학문분야(프로그램)에 대한 평가·인증 결과의 국제적 통용성 제고, 학문분야(프로그램)에 대한 평가·인증기관의 책무성 제고로 삼등분하여 살펴볼 수 있다. 그리고 이러한 학문분야(프로그램) 평가·인증기관의 목적은 세계화의 추세에 발맞춰 적용된 것이며, 이는 간호교육 인증 평가의 목적이 세계보건기구(WHO)의 간호교육 평가·인증에 대한 목적인 "간호교육 인증의 세계화 기준 설정을 통해 간호교육 및 연관된 평생교육의 발전을 촉진하고 간호업 종사자가 숙련된 기술로 공공보건 증진에 기여할 수 있도록 하는 것(이영호 외, 2011)"을 지향하고 있음을 알 수 있다. 결국 이는 "간호교육이 일정수준에 도달하여 간호의 사회적 책무를 다할 수 있는 간호사를 양성하기에 충분한지를 판단하고, 교육기관 스스로 꾸준히 자체 교육 여건과 교육프로그램을 평가함으로써 자체발전을 추구하도록 하기 위함"이라는 간호교육인증평가의 사업목적으로부터 추진된 것임을 확인할 수 있다(한국간호교육평가원 홈페이지, http://www.kabon.or.kr). 현재 간호교육 인증 평가는 국제수준의 간호교육을 통해 세계수준의 간호인력을 육성하고자 하는 데 있음을 알 수 있으며, 이러한 노력은 간호교육 인증 평가 초기의 목적 및 목표와 크게 다르지는 않지만, 초기에는 국제수준의 교육이나 인력 양성보다는 면허간호사의 자격과 능력 배양에 좀 더 중점을 두고 있음을 다음과 같이 살펴볼 수 있다.

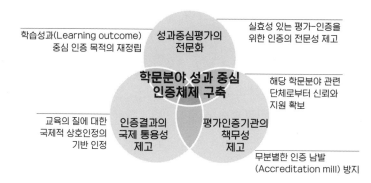

[그림 13-2] 인정사업의 목적

출처: 이영호 외(2011).

  간호교육 인증 평가 초기(2006년 기준)에는 개별 학문분야 교육의 수월성, 효율성, 책무성, 자율성, 협동성을 제고하고 아울러 재정의 확충을 통하여 학문분야를 발전시키고자 하는 교육인적자원부의 학문분야 평가인정제의 취지를 바탕으로 해당 분야 전문평가기관이 평가의 목적을 충분히 달성할 수 있도록 최대한 자율성을 보장하는 원칙에서 계획되었다. 한국간호평가원 인정평가 사업의 목적은 간호교육기관의 교육과정 및 교육여건과 교육활동에 대한 최소한의 기준을 설정하여 제시하고, 이를 기초로 주기적인 평가를 실시함으로써 양질의 간호인력 양성을 위한 사회적 책무성을 제고하고, 간호교육의 질적 향상을 도모하며, 간호교육기관 스스로 교육여건과 교육프로그램을 개선해 가도록 유도하고 지원하는 데 있다. 간호교육기관은 간호학문의 전달과 발전뿐 아니라 간호사를 양성해야 하는 책무성을 동시에 가지고 있다. 즉, 모든 간호교육기관은 우리나라 면허간호사를 길러 내는 공동의 목적을 가지고 있고 국가 및 사회가 요구하는 면허간호사의 역할을 다할 수 있는 능력을 준비시키는 것에 일차적으로 집중해야 한다. 따라서 간호학과 인정평가 제도는 이러한 기본적 책무성의 제고와 간호학문의 발전에 기여할 수 있는 기제로 정착되어야 할 것이며, 이와 같은 목적을 달성하기 위해 한국간호평가원은 간호학분야 인정평가의 기본 방침을 다음과 같이 설정하였다.

  첫째, 대학과 평가원은 평가자와 피평가자라는 이분법적인 위치가 아니라 간호교육의 발전이라는 공동의 목적을 위한 동행자가 된다. 대학은 평가기구에 의한 평가가 공통적인 기준에 의한 타율적인 강제로 여겨질 수도 있으나, 우선적으로는 스스로 냉정하게 평가자로서의 입장을 견지하여 자체평가를 시행하는 한편, 피평가자로서의 입장을 함께 가지도록 한다. 또한 평가원은 평가주체로서 평가의 객관성에 우선하여 대상 대학에 대한 정확한 이해에 더 가치를 두고 해당 대학의 자체평가를 최대한 인정하면서 이를 보완하는 방법으로 동료평가를 시행한다. 평가원은 대학이 자체평가를 함에 있어 필요한 여러 사항에 대하여 지원하고 자문하는 역할을 한다.

둘째, 평가원과 대학 및 소속 학과 교수들이 서로 평가의 목적과 기대결과를 올바르게 이해함으로써 대학이 평가를 위협적으로 받아들이지 않고, 사실과 다른 허위평가자료의 작성에 에너지를 낭비하지 않도록 하며, 평가가 주는 이익, 평가결과에 따라 교수 자신과 학과의 발전에 어떤 긍정적 영향이 있는지를 인식할 수 있도록 충분한 의사소통 과정을 갖고 이를 위한 효율적인 정보교류 체계 구축을 위해 노력한다.

셋째, 평가원은 전문평가기구로서 일시적이 아닌 상시 사업으로 평가를 진행하며, 평가시행과 아울러 구체적인 평가기준 개발연구, 평가전문위원의 전문성 향상, 대상 대학에 대한 자문, 간호교육의 질 향상 관련 사업을 지속적으로 시행한다. 또한 평가대학의 정보를 체계적이고 지속적으로 축적하고 관리함으로써 교육기관이 적절히 활용할 수 있도록 지원하고, 추후 계속되는 평가업무(준비)의 효율화를 도모한다.

넷째, 평가원은 모든 간호교육기관이 전문직 교육으로서 최소한의 기준을 충족하도록 유도하는 것과 동시에 이를 충족한 대학에 대해서는 국제 수준의 평가기준을 적용한 평가를 실시함으로써 세계 수준의 우수한 대학으로의 발전을 유도하고자 한다. 이에 따라, 간호학과로서의 인정여부뿐 아니라 각 평가영역별로 선도 대학을 발굴하고 우수 사례를 확대하기 위한 장을 마련한다.

다섯째, 평가원은 평가를 통해 얻은 결과가 교육정책에 반영될 수 있도록 노력한다. 대학에서는 평가가 단지 좋은 성적을 받기 위해 치르는 힘겨운 시험이 아니라 평가를 통해 스스로를 점검하고 개선하기 위한 지속적인 과정으로 이해하고, 이를 통해 간호교육이 발전할 수 있다는 확신을 가지고 적극적으로 평가에 참여해야 한다(신경림 외, 2006; 강일규 외, 2010).

2) 평가의의

간호교육 인증 평가는 상술한 목적과 목표를 통해 다음과 같이 크게 네 가지 의의를 가진다.

첫째, 간호교육 인증 평가는 학습성과에 기반한 교육체제를 구축하고 강화시켰다. 간호학과는 학생의 학습성과를 관리할 수 있도록 교육과정을 운영하여야 하며, 이를 위해 간호교육 프로그램에서 규정한 교육목표가 간호사 역량 수준과 연계되도록 하고, 이것들이 교육과정에 반영됨으로써 졸업 시에 요구되는 프로그램 학습성과를 구비할 수 있도록 유기적으로 연계 및 순환될 수 있도록 했다. 간호교육 인증 평가는 간호교육 프로그램을 운영하기 위한 교육여건과 교육과정 운영에 대한 평가를 통해 학습자의 학습성과가 지속적이고 체계적으로 관리되고 있는지를 점검하고 있다. 간호교육 인증 평가는 경쟁 논리에 입각한 규준지향 평가를 지양하고 내실 있는 간호교육 체제의 구축을 위해 프로그램이 갖추어야 할 수준으로서 인증기준을 제시하여 자발적인 노력에 따른 목표지향의 평가를 실시하고 있다. 따라서 이러한 학습성과를 반영한 교육과정을 구축하기 위한 체제를 다음의 [그림 13-3]으로 나타낼 수 있다.

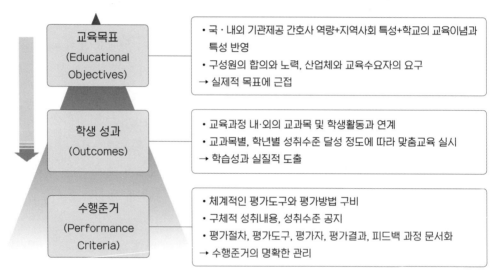

[그림 13-3] 학습성과 중심의 교육 운영을 위한 체제

출처: 한국간호교육평가원(2016).

　학습성과 중심의 교육 운영을 위한 체제를 바탕으로 간호학과는 대한간호협회와 국제간호협의회(International Council of Nurses: ICN), WHO 등 간호 관련 국내외 기관에서 제공하는 간호사 역량을 반영하여 학과수준의 교육목표를 설정하며, 교육목표는 간호사 핵심역량을 비롯하여, 지역사회 특성, 학교의 교육이념과 특성 등을 반영하였다. 교육목표의 설정과정에는 구성원의 합의 과정과 노력이 필요하며, 산업체 요구와 교육수요자의 요구를 반영하여 구성원이 공유할 수 있도록 함으로써 소통과 협력을 통해 실제적인 목표에 근접할 수 있었다. 그리고 간호학과의 교육목표를 실현하기 위해 교육과정을 이수한 졸업 학생이 갖추어야 할 역량으로서 프로그램 학습성과를 설정하되, 프로그램 학습성과는 한국간호교육평가원에서 제시하는 프로그램 학습성과와 학교가 양성하고자 하는 인재상을 반영하여 설정하도록 했다. 프로그램 학습성과는 교육과정 내외의 교과목 및 학생활동과 연계할 수 있어야 하며, 이를 위해 교과목별 또는 학년별로 달성되어야 할 학습성과를 설정하여 성취수준에 따라 구체적으로 교육되고 평가될 수 있도록 함으로써 학습성과가 실질적으로 도출될 수 있게 되었다. 학습성과는 구체적으로 측정 가능하도록 학습단계별로 수행 내용과 성취수준 등 달성해야 할 목표수준을 설정할 필요가 있기에, 학과에서는 교과목별 또는 학년별 등 각 단계별 학습자가 달성해야 할 학습성과와 졸업시의 프로그램 학습성과가 달성되었는지 여부를 판단할 수 있도록 평가도구와 평가방법 등 평가체계를 갖추고, 학습성과에 대해 학생이 달성해야 할 구체적인 성취내용, 성취수준 등을 학생이 알 수 있도록 공지하며, 평가절차, 평가도구, 평가자, 평가결과, 평가결과의 피드백 과정 등에 대한 체제를 갖춰 문서화함으로써 수행 준거를 명확하게 관리할 수 있게 되었다.

둘째, 간호교육 인증 평가는 프로그램의 지속적 개선을 위한 체제를 강화시켰다. 먼저, 간호교육 인증 평가는 학과가 간호교육의 질을 담보할 수 있도록 교육의 질을 점검하고, 보완점과 문제점을 발견함으로써 이를 개선하기 위한 체계를 확립하여 지속적으로 노력할 것을 요구했다. 그리고 간호교육 인증 평가는 학과가 간호교육 프로그램을 바탕으로 학생들이 간호사 핵심 역량과 기술을 함양할 수 있도록 학생의 학습성과를 설정하여 교육과정을 운영했다. 또한 간호교육 인증 평가는 그러한 학습성과를 평가하고 그에 따른 결과를 활용하여 교육개선을 실시하는 것과 같은 교육의 질에 대한 부분과 학생의 학습성과를 관련지어, 순환적인 관리 체제인지를 평가·인증할 수 있도록 평가·인증 기준을 마련 및 제시함으로써 간호교육 프로그램의 지속적인 개선을 요구할 수 있었다.

셋째, 간호교육 인증 평가는 간호교육의 성장 모델을 제시하였다. 간호교육 인증 평가에서 인증받은 간호교육 프로그램은 의료인으로서 간호활동을 수행하는 데 필요한 충분한 지식과 기술, 가치관 등을 갖추고 있는 간호사를 배출하고 있음을 보장하였다. 간호교육인증평가는 간호교육의 기본적 원리와 교육 목표에 따른 교육 계획의 중요성과 아울러 교육기관의 특성과 질적 수준 및 역사성 등을 고려하여 교육과정을 구성하고 있는지, 그리고 이에 근거한 운영 결과의 효과성을 함께 점검하기 위해 정량적 평가와 정성적 평가를 동시에 진행하며 다양한 우수 사례를 발굴하고 지지함으로써 간호교육의 미래지향적 성장 모델을 제시할 수 있게 되었다.

넷째, 간호교육 인증 평가는 핵심기본간호술 평가를 통한 현장실무능력을 강화시켰다. 간호교육 인증 평가는 간호교육의 내실화를 위하여 이론교육뿐 아니라 실습교육의 운영체제, 실습교육의 목표 및 교육내용, 실습교육 평가 등에 대한 평가·인증 기준을 제시하여 실습교육의 질을 제고하고 간호교육 프로그램이 현장실무능력을 갖춘 인력 양성 과정이 될 수 있도록 평가하였다. 따라서 간호교육 인증 평가는 간호교육 프로그램이 학습성과의 평가와 임상실습 운영에 대한 명확한 목표수준을 설정하고 관리할 수 있도록 평가·인증 기준을 제시하기 위해 신규간호사의 직무분석 연구결과를 바탕으로 신규간호사에게 요구되는 술기역량으로서 '핵심기본간호술'을 제시했다. 핵심기본간호술은 간호교육 프로그램을 이수한 학생이 졸업 시 갖추어야 할 기본적인 술기역량으로 총 20개 항목으로 구성된다. 간호교육 인증 평가는 간호교육 프로그램의 실습교육에 핵심기본간호술을 반영하여 운영하고 있는지, 그리고 학생들의 성과를 평가·관리하고 있는가를 평가(한국대학교육협의회, 2014; 한국간호교육평가원, 2016)함으로써 학생들의 현장실무능력을 강화시킬 수 있었다.

3 평가 항목 및 지표

1) 평가항목

교육과학기술부는 각 학문별 프로그램 평가와 인증의 전문성을 향상시키고 평가·인증 기준 및 절차를 국제적 수준으로 끌어올려 고등교육 경쟁력을 강화시키고자 학문분야별 평가·인증기관 인정을 추진하였다. 교육부는 간호학 분야에서는 기관 인프라와 그동안의 평가·인증 실적 등에 대한 인정심사위원회 심사를 거쳐 2011년에 한국간호평가원을 간호교육 운영 학교의 공식 평가·인증기관으로 인정하였다. 이를 통해 한국간호평가원은 2012년에 6개 평가영역, 18개 평가부문, 37개 평가항목으로 구성된 지금의 간호교육 인증 평가 체제를 확립하였다. 2012년 당시 한국간호평가원 교육인증평가위원회 김희순 위원장은 "평가·인증의 목적은 국내외 보건의료 현장에서 요구하는 간호사 역량을 갖춘 학생을 배출할 수 있도록 학습성과 기반 교육체제를 구축하고, 현장실무능력을 강화하며, 간호교육프로그램의 지속적인 개선 체제를 마련하는 데 있으며, 학습성과 중심의 평가가 이뤄질 수 있도록 간호사 핵심역량을 기반으로 간호교육프로그램 학습성과 및 핵심기본간호술을 도출해 인증기준에 반영했다(간호신문, 2012. 3. 20.)"고 밝힘으로써 간호교육 인증 평가에서 학습성과를 무엇보다 강조하였다.

간호교육 인증 평가는 간호교육 운영학교에서의 학습성과를 기반으로 한 교육과정 운영 및 평가체계 적용을 요구한다. 이에 따라 간호학 학사학위 교육기관은 학생들이 '일반간호사의 직접간호 수행능력을 갖추기' 위하여 반드시 갖추어야 할 7가지의 핵심역량과 프로그램을 이수하는 학생이 졸업 시 갖추어야 할 능력과 자질을 의미하는 교육의 직접적 목표인 프로그램 학습성과(Program Outcome) 12가지를 달성하여야 하고, 이를 위한 구체적인 교육과정 운영 및 성과 평가체계를 갖추어야 한다.

〈표 13-3〉 각 기관에서 제시한 핵심역량

한국간호교육평가원 간호사 핵심역량	한국직업능력개발원 대학생 핵심역량	한국교육과정평가원 고등교육 분야 핵심역량
• 전인간호 제공을 위한 교양 및 전공지식과 간호술의 통합적용 능력 • 대상자 건강개선을 위한 전문분야 간 의사소통과 협력능력 • 간호문제 해결을 위한 비판적 사고능력 • 간호전문직 발전을 위한 법적, 윤리적 책임인식 능력 • 간호목표 달성을 위한 리더십 능력 • 간호실무의 과학적 발전을 위한 연구수행능력 • 글로벌 보건의료 정책변화에 대응능력	• 종합적 사고력 • 정보자원기술 활용능력 • 대인관계능력 • 의사소통능력 • 글로벌 역량 • 자기관리능력	• 사고력 • 문제해결능력 • 의사소통능력 • 정보처리 및 기술활용 능력 • 대인관계능력 • 자기관리능력 • 시민의식 • 국제이해능력 • 문화감수성 • 직무태도 • 기초 및 전문지식

출처: 강수진 · 전은영(2015).

또한 간호교육 인증 평가는 프로그램의 지속적인 개선을 위해 체제를 강화하고 핵심기본간호술 평가를 통한 현장실무능력을 강화하도록 하고, 평가를 위해 평가항목별로 인증기준을 제시하여 해당 부문에서 바람직한 교육운영 상황이 어떠해야 하는지, 교육기관의 역할과 책무성이 무엇인지 등을 제시하고 있다. 이러한 간호교육 인증 평가는 2017년에 6개 평가영역과 14개 평가부문, 그리고 28개의 평가항목을 통해 다음 표와 같이 살펴볼 수 있다.

〈표 13-4〉 간호교육 인증 평가의 평가영역과 및 부문별 평가항목

영역	부문	항목
I. 비전 및 운영체계	1.1. 비전과 교육목표	1.1.1. 교육목적과 목표
		1.1.2. 프로그램 학습성과 설정
		1.1.3. 발전계획 수립과 추진
	1.2. 행정과 재정	1.2.1. 운영 체계와 지원
		1.2.2. 재정 확보와 운용
	1.3. 운영 개선	1.3.1. 운영 개선 노력
II. 교육과정	2.1. 성과기반 교육과정 구성과 체계	2.1.1. 학습성과 기반 교육과정 구성
		2.1.2. 교과목 이수체계 및 이수학점
	2.2. 성과기반 교육과정 운영과 학업성취 평가	2.2.1. 이론 교육
		2.2.2. 실습실 교육
		2.2.3. 임상실습 교육
		2.2.4. 임상실습 지도
	2.3. 교육과정 개선	2.3.1. 교육과정 개선 노력
III. 학생	3.1. 학생 지도	3.1.1. 학생 지도 체계
		3.1.2. 학생 지도 프로그램
	3.2. 학생 지원과 안전 관리	3.2.1. 학생 지원
		3.2.2. 임상실습 안전 관리
IV. 교수	4.1. 교수 확보	4.1.1. 전임교원 확보
		4.1.2. 전임교원 수업시수와 전공교과목 담당
		4.1.3. 임상실습지도교원과 현장지도자 확보
	4.2. 교수 업적과 개발	4.2.1. 교수 업적과 역량 개발 지원
V. 시설 및 설비	5.1. 교육 시설 설비	5.1.1. 교육 기본시설과 편의시설 확보
	5.2. 실습 시설과 설비	5.2.1. 실습실과 실습기자재 확보
		5.2.2. 임상실습기관 확보
VI. 교육성과	6.1. 재학생 역량 평가	6.1.1. 프로그램 학습성과 평가
		6.1.2. 핵심기본간호술 평가
		6.1.3. 간호사국가시험 합격률 및 취업률
	6.2. 졸업생 역량 평가	6.2.1. 졸업생 역량 및 만족도 평가

출처: 한국간호교육평가원(2017).

이 기준은 간호교육 인증 평가에 참여하여 인증을 받고자 하는 4년제 학사학위 프로그램을 운영하는 간호교육기관과 3년제 전문학사학위 프로그램을 운영하는 간호교육기관을 대상으로 한다. 미국의 간호교육평가와 비교하자면, 미국의 간호교육기관 평가기관인 NLNAC(National League for Nursing Accrediting Commission)는 임무와 관리, 교수, 학생, 교과과정과 지도, 자원, 교육의 효과성, 통합성의 7가지 영역을 평가대상으로 선정하였으며, 여기에서 한국의 간호교육평가에 포함되어 있지 않은 '통합성'과 '교육의 효과성'이 추가되어 있음을 확인할 수 있다. 이는 교육결과의 평가를 중시하면서 보다 포괄적이고 통합적인 평가를 지향하는 것이라고 할 수 있으며(유일영 외, 1999), 한국의 간호교육인증 평가 또한 3주기를 맞이하여 검토해 볼 만한 평가대상이라 할 수 있다.

2) 평가지표

간호교육 인증 평가는 각 영역마다 관련되는 주제별로 평가기준이 제시되고 있으며 평가 기준에 따른 세부적인 평가항목과 평가자료를 제시하고 있다(유일영 외, 1999). 과거 대교협 차원에서 이루어지던 4년제 대학평가와 비교했을 때 현재 간호교육 인증 평가 기준집은 각 대학별 용어의 자의적 해석을 방지하기 위해 용어집에서 용어를 명확하게 정의하고 있어 동일한 기준에서 평가준비와 평가가 이루어질 수 있도록 유도하고 있다.

(1) 비전 및 운영체계

학과는 국내외 간호전문직에서 요구하는 역량과 간호전문직의 보편적 특성, 대학 특성, 이해당사자의 의견 등을 반영하여 학과의 비전 및 교육목표를 체계적으로 설정하고 있다. 그리고 학과의 비전과 교육목표 달성을 위하여 행·재정적 지원과 책임 있는 운영 체계를 갖추고 있으며 효율적인 학과 운영을 위해 지속적인 개선 노력을 기울이고 있다.

〈표 13-5〉 비전 및 운영체계의 인증기준

부문	평가부문	인증기준
1.1. 비전 및 교육목표	1.1.1. 교육목적과 목표	학과의 간호교육 목적과 목표는 대학의 비전과 교육목표, 지역사회의 특성, 보건의료 환경변화와 국내외 간호전문직에서 요구하는 간호사 핵심역량 등을 반영하여 명문화되어 있으며 구성원과 일반 대중이 알 수 있게 공지되고 있다.

	1.1.2. 프로그램 학습성과 설정	학과의 프로그램 학습성과는 교육목적과 목표를 달성할 수 있도록 조직적 노력과 구성원의 합의과정을 거쳐 명문화되어 공지되어 있다.
	1.1.3. 발전계획 수립과 추진	학과는 교육목적과 목표에 부합하는 비전과 장단기 발전계획을 수립하고, 이를 추진하기 위해 학과 내외의 다양한 구성원이 참여하여 조직적인 노력을 하고 있다.
1.2. 행정과 재정	1.2.1. 운영 체계와 지원	학과는 대학의 학칙에 따른 학과 운영을 위하여 규정과 행정 체계를 갖추고 학생 규모에 비례하는 적정한 학과 운영 지원 인력을 안정적으로 확보하고 있다. 학(과)장은 간호교육에 대한 전문성을 갖추고 학과 운영에 관한 자율성과 책무성을 가지고 있으며, 대학의 정책결정 과정에 참여하고 있다.
	1.2.2. 재정 확보와 운용	학과는 학생 규모, 등록금 수입에 비례하여 학과 운영 및 교육에 필요한 예산을 안정적으로 확보하고 있다. 실습교과목의 학습성과를 효과적으로 달성하기 위하여 학생 1인당 적정수준 이상의 실험실습비를 교비 회계에서 안정적으로 확보하고 있다. 또한 학과 구성원의 의견을 반영하여 예산을 편성하여 적정 수준으로 집행하고, 예산 집행의 투명성과 충실성을 유지하고 있다.
1.3. 운영 개선	1.3.1. 운영 개선 노력	학과는 학과 운영을 개선하기 위해 조직 또는 기구를 구성·운영하고 이를 위한 예산을 확보·집행하고 있다. 또한 학과 내·외부의 요구를 수렴한 결과와 자체평가, 인증평가 결과 등을 종합적으로 분석, 반영하여 주기적으로 학과 운영의 질 개선을 위해 노력하고 있다.

※ 한국간호교육평가원(2017) 재구성.

1.1.1. 기준에서 국내·외 간호전문직이 요구하는 간호사 핵심역량은 국제간호협의회(International Council of Nurses: ICN), WHO, 대한간호협회 등에서 제시하는 간호사 핵심역량을 지칭하며 간호교육의 목적과 목표는 구성원과 일반 대중들이 열람할 수 있도록 다양한 매체를 통해 공개하는 것이다. 1.1.2.의 프로그램 학습성과 설정 기준은 학과의 교육목적과 목표를 달성할 수 있도록 한국간호교육평가원이 제시한 프로그램 학습성과를 기반으로 학과의 프로그램 학습성과를 명문화하고 있는지가 요구된다. 그 외 프로그램 학습성과 설정(개정)의 합리적 근거를 마련하기 위한 조직적 노력 및 구성원의 합

의과정과 프로그램 학습성과를 학과 구성원이 알 수 있도록 공지하는 것이 필요하다.
1.1.3. 발전계획 수립과 추진 기준에서는 학과의 교육목적과 목표, 학과 특성에 부합하는 비전과 장단기 발전계획 수립 여부, 장단기 발전계획 추진을 위한 예산 수립 여부, 특히 발전기금이 있는 경우, 발전기금의 목적과 계획에 맞게 집행한 실적 여부, 발전계획을 추진할 수 있는 학과 내외의 다양한 구성원이 참여하는 조직과 활동 내용 여부, 발전계획이 추진된 실적 여부가 중요하다.

1.2.1. 기준에 따르면 대학은 학칙에 부합하는 학과 운영에 관한 규정, 기구표, 인력 등에 관한 문서화된 체계를 갖추고 있어야 하며 그에 따라 학과를 운영해야 한다. 학과를 운영하는 인력은 행정 및 교육(실습)을 지원하기 위한 직원뿐만 아니라 조교가 학생 규모에 비례하게 확보되어 안정적으로 유지되어야 한다. 학장 또는 학과장은 간호교육에 대한 전문성을 갖춘 간호학 전공자일 것이 요구되며 학과의 교수 인사, 예산 책정 등을 포함하여 학과 운영에 관한 자율성과 책무성을 가지고 대학의 정책 결정 과정에 참여해야 한다. 1.2.2. 기준에 따르면 간호학과는 대학 전체 재학생 수 대비 학과 재학생 수 또는 등록금 변동에 비례하여 학과 예산을 적정수준 이상 안정적으로 확보해야 하며, 동시에 예산 집행의 투명성과 충실성을 유지해야 한다.

1.3.1. 기준에 따르면 학과는 학과 운영 개선을 추진할 수 있는 조직을 구성하여 활동해야 하고, 학과 운영 개선을 위해 학과 내·외부의 요구(설문조사, 자체평가, 인증평가 결과 분석 등)를 수렴하며, 학과 운영의 질 관리를 위해 수렴된 요구를 반영하여 주기적인 개선 노력을 해야 한다.

(2) 교육과정

간호교육 프로그램의 교육과정은 한국간호교육평가원에서 제시하는 프로그램 학습성과를 기반으로 학과가 자체적으로 설정한 학습성과와 연계하여 체계적으로 구성되어 있으며, 교과목 이수체계와 이수학점을 운영하고 있다. 이론 교육, 실습실 교육 및 임상실습 교육은 성과기반 교육과정에 따라 운영되며, 임상실습은 임상에서 실질적인 지도가 가능하도록 임상실습 운영 규정에 따라 안정적으로 운영하고 있다. 또한 교육과정 개선을 위한 질 관리 체계를 갖추고 교육과정 개선 노력을 체계적이고 지속적으로 하고 있다.

3년제 전문학사학위와 4년제 학사학위 과정의 프로그램에서 보장해야 하는 학습성과는 그 개수와 내용에서 차이를 보이는데 둘을 비교하면 다음과 같다.

〈표 13-6〉 각 프로그램별 학습성과

간호학 학사학위 프로그램 학습성과	간호학 전문학사학위 프로그램 학습성과
1. 다양한 교양지식과 전공지식에 근거한 간호술을 통합적으로 실무에 적용한다.	1. 교양지식과 전공지식에 근거한 간호술을 통합적으로 실무에 적용한다.
2. 대상자의 간호상황에 따른 핵심기본간호술을 선택하여 실행한다.	2. 대상자의 간호상황에 따른 핵심기본간호술을 선택하여 실행한다.
3. 언어적, 비언어적 상호작용을 통한 치료적 의사소통술을 적용한다.	3. 언어적, 비언어적 상호작용을 통한 치료적 의사소통술을 적용한다.
4. 건강문제 해결을 위한 전문분야 간 협력관계를 설명한다.	4. 건강문제 해결을 위한 전문분야 간 협력관계를 설명한다.
5. 보건의료 팀 내 업무조정 역할의 중요성을 설명한다.	5. 비판적 사고에 근거한 간호과정을 적용한다.
6. 비판적 사고에 근거한 간호과정을 적용하고 임상적 추론을 실행한다.	6. 간호전문직의 표준을 이해하고 확인한다.
7. 간호전문직 표준을 이해하고 확인한다.	7. 간호실무의 법적, 윤리적 기준을 이해하고 간호실무에 통합한다.
8. 간호실무의 법적, 윤리적 기준을 이해하고 간호실무에 통합한다.	8. 간호리더십의 원리를 이해한다.
9. 간호리더십의 원리를 비교·분석한다.	9. 간호연구의 필요성 및 기본절차를 이해한다.
10. 간호 팀 내 리더십을 발휘한다.	10. 국내외 보건의료 정책 변화를 인지한다.
11. 간호연구를 기획하고 직접 수행한다.	
12. 국내외 보건의료 정책변화를 인지한다.	

※ 한국간호교육평가원(2014a; 2014b) 재구성.

학사학위 프로그램의 경우 보건의료 팀 내 업무조정 역할의 중요성을 이해하고 간호리더십의 원리를 비교·분석하며 간호연구를 기획하고 직접 수행한다는 5, 10, 11의 항목이 있다는 점이 전문학사학위 프로그램과 다른 점이다. 이에 근거에 추론해 볼 때 학사학위 프로그램은 업무를 조정하고 연구를 수행하는 연구자와 중간관리자의 육성에 초점을 맞추고 있다고 볼 수 있다.

〈표 13-7〉 교육과정의 인증기준

부문	평가부문	인증기준
2.1. 성과기반 교육과정 구성과 체계	2.1.1. 학습성과 기반 교육 과정 구성	학과의 교육과정은 구성 원리에 따라 학과가 설정한 프로그램 학습성과와 핵심기본간호술 등을 반영하여 체계적으로 편성되어 있다.
	2.1.2. 교과목 이수체계 및 이수학점	학과의 교과목 이수체계와 이수학점은 학생이 교양인과 전문인으로서의 간호사 역량을 갖출 수 있도록 균형 있고 적절하게 편성되어 있다. 또한 학생이 인간과 사회에 대한 이해를 도모할 수 있도록 인문사회과학 교과목을 이수하도록 지도하고 있으며, 대학 및 학과의 졸업이수 규정을 갖추어 이를 적용하고 있다.
2.2. 성과기반 교육과정 운영과 학업성취 평가	2.2.1. 이론교육	학과는 이론교과목의 프로그램 학습성과를 강의계획서에 명료하게 진술하고 있으며 학생의 학업 성취를 높이기 위하여 다양한 교수학습방법을 적용하고, 교과목 특성에 따라 적정한 학생 규모로 강좌를 운영하고 있다. 또한 학과는 교육성과를 달성하기 위하여 교과목별 학습성과에 근거하여 학생 개개인의 학업성취를 평가하고 관리하며, 그 결과를 분석하여 수업 개선에 반영하고 있다.
	2.2.2. 실습실 교육	학과는 프로그램 학습성과 및 핵심기본간호술을 반영하여 실습실 교육의 교과목별 학습성과를 설정하고 강의계획서에 명료하게 제시하고 있다. 또한 실습실 교육 운영을 위한 세부적인 규정을 갖추고 있으며, 전문성을 갖춘 교원이 지도하고 있다. 교과목별 실습지침서를 체계적으로 구성하여 활용하고 있으며, 자율실습과 시뮬레이션 실습을 적절하게 운영하고 있다. 실습교과목별 학습성과에 근거하여 학생 개개인의 학업성취를 평가하고 관리하며, 그 결과를 분석하여 수업 개선에 반영하고 있다.
	2.2.3. 임상실습 교육	학과는 프로그램 학습성과 및 핵심기본간호술을 반영하여 임상실습 교과목별 학습성과를 설정하고 강의계획서와 실습지침서에 명료하게 제시하고 있으며, 실습지침서를 체계적으로 구성하여 활용하고 있다. 임상실습교과목 운영 규정에 근거하여 충분한 임상실습시간을 확보하고, 학습성과 달성에 적합한 임상현장에서 실습이 이루어지고 있다. 또한 학생 개개인의 학업성취도를 평가하고 관리하며, 그 결과를 분석하여 임상실습 개선을 위한 노력을 기울이고 있다.

	2.2.4. 임상실습 지도	학과는 임상실습교육 운영규정 및 지침에 따라 실습단위 당 적정 학생 수를 유지하고 있으며, 전임교원을 포함한 임상실습지도교원이 일정 기준 시간 이상 참여하여 적절한 내용과 방법으로 지도하고 있다. 또한 원거리 실습이 있는 경우 이에 대한 지원체계를 갖추고 안정적으로 지원하고 있다.
2.3. 교육과정 개선	2.3.1. 교육과정 개선 노력	학과는 교육과정 개선을 위한 질 관리 체계를 갖추고 있으며, 학과 내외의 요구를 수렴하고 교육목표 및 프로그램 학습성과 평가와 교육과정 운영 평가 등의 결과를 반영하여 주기적으로 교육과정을 개선하고 있다.

※ 한국간호교육평가원(2017) 재구성.

   2.1.1. 기준에서 학과의 교육과정은 교육과정 구성 원리에 따라 타당하게 구성되어 있어야 한다. 또한 학습성과는 교과목 또는 교과 외 활동과 연계되어 있고, 핵심기본간호술은 실습교과목과 연계되어 있는 것이 필요하다. 2.1.2.의 기준은 교과목 이수체계는 적절해야 하며, 교양교과목을 최소 25학점 이상, 전공기초 인문사회과학 교과목을 8학점 이상 이수하고, 졸업을 위한 이수학점 등의 관리 규정을 갖추어 이를 적용해야 한다.

   2.2.1. 기준에서 이론교과목별 학습성과는 프로그램 학습성과를 반영하고 있으며, 이를 강의계획서에 제시하고 있어야 한다. 또한 이론교과목별 학습성과를 달성할 수 있도록 다양한 교수학습방법을 적용하고 있고, 학생의 교과목별 학업성취를 평가하고 관리하며, 그 결과를 분석하여 교과목의 수업개선에 반영하는 것이 필요하다. 2.2.2. 기준에서 실습지침서는 프로그램 학습성과 및 핵심기본간호술을 반영하여 실습실 교육의 교과목별 학습성과가 설정되고 강의계획서에 제시되어 있어야 하며, 실습실 교육의 교과목별 학습성과를 평가하고 관리하며, 그 결과를 분석하여 교과목의 수업 개선에 반영되어야 한다. 2.2.3. 기준에서 프로그램 학습성과와 핵심기본간호술을 반영하여 임상실습 교과목별 학습성과가 설정되고 강의계획서와 실습지침서에 제시되어 있어야 하고, 학생의 임상실습 교과목별 학업성취를 평가하고 관리하며, 그 결과를 분석하여 임상실습 개선에 반영되어야 한다. 2.2.4. 기준에서 임상실습교육 운영 규정이 있어야 하며, 임상실습 지도내용과 방법이 적절해야 한다.

   2.3.1. 기준에서 교육과정 개선을 위한 규정, 조직, 예산을 포함한 질 관리 체계와 교육과정 개선을 위한 학과 내외의 의견수렴 절차와 제도가 있어야 하며, 교과목의 지속적인 질 개선(CQI), 프로그램 학습성과 평가, 교육목표 달성 평가 등을 종합적으로 분석, 활용

하여 주기적으로 교육과정이 개선되어야 한다.

(3) 학생

학과는 학생의 학과 적응과 진로개발을 위해 학생 지도 체계를 갖추어 학생상담 및 지도를 실시하고 있으며 인성 함양, 학과 적응 및 직업 적응을 위한 프로그램을 개발하여 정기적으로 운영하고 있다. 그리고 학생의 학업유지를 지원하기 위해 장학금을 충분히 확보하여 공정하게 수여하고 있으며, 다양한 교과외 학생활동을 장려하고 지원하고 있다. 또한 안전한 임상실습 운영을 위해 안전관리 규정을 갖추어 임상실습을 지원하고 운영하고 있으며 이를 확인하고 있다.

〈표 13-8〉 학생 부분의 인증기준

부문	평가부문	인증기준
3.1. 학생지도	3.1.1. 학생 지도 체계	학과는 학생의 대학 생활 적응과 진로지도를 위해 적절한 지도 체계를 갖추어 효율적으로 운영하고 있다.
	3.1.2. 학생 지도 프로그램	학과는 학생들의 학과 적응, 인성 함양, 직업 적응을 목적으로 교과목 또는 프로그램을 운영하여 학생을 지도하고 이에 대한 행·재정적 지원을 하고 있다.
3.2. 학생지원과 안전관리	3.2.1. 학생 지원	학과는 장학금 지급 규정에 따라 학생 장학금을 확보하여 공정하게 수여하고 있다. 또한 다양한 교과 외 학생 활동을 장려하고 이에 대한 행·재정적 지원을 하고 있다.
	3.2.2. 임상실습 안전 관리	학과는 학생의 안전한 임상실습 운영을 위해 안전 관련 규정을 갖추어 지원하고 있으며, 실습 전 검진과 예방접종 여부를 확인하고 있다.

※ 한국간호교육평가원(2017) 재구성.

3.1.1. 기준에서 학과의 학생 지도 체계는 관련 규정 또는 지침에 근거하여 구축되어 있고, 교수별 정기적인 상담 및 지도가 이루어지고 있어야 한다. 3.1.2. 기준에서 대학 및 학과 차원에서 학생 지도를 위한 프로그램 또는 교과목을 정기적으로 운영하고, 대학 및 학과 차원에서 학생 지도를 위한 프로그램에 대해 행·재정적으로 지원하고 있어야 한다. 3.2.1. 기준에서 장학생 선발 및 지급 관련 규정 및 절차를 갖추고 이에 따라 운영되고 있고, 학과 등록금 총액 대비 교내 장학금 비율이 매년 10% 이상 확보되어 있어야 하며, 학생이 주최하는 교과 외 학생 활동을 장려하기 위한 대학 또는 학과의 행·재

정적 지원이 필요하다. 3.2.2. 기준에서 학과는 임상실습 안전 관련 규정을 갖추고, 규정에 따라 안전 관리 대책을 마련하며, 임상실습 전 기본적인 검진 사항과 예방접종 여부를 확인하고 있어야 한다.

(4) 교수

학생의 프로그램 학습성과와 교수에게 요구되는 성과를 달성하기에 충분한 전공 분야의 학술 역량과 임상 역량을 갖춘 교수를 학생 규모에 비례하여 확보하고 있으며, 실습교육의 지도를 담당하는 임상실습현장지도자는 교수자로서의 자격을 갖추고 있다. 교수는 대학의 행·재정적 지원 하에 연구, 봉사 및 연수 활동 등 교수업적을 꾸준히 관리하고 있다.

〈표 13-9〉 교수 부분의 인증기준

부문	평가부문	인증기준
4.1. 교수 확보	4.1.1. 전임교원 확보	학생의 학습성과를 달성하기 위해 전공 분야의 학술 역량과 임상 역량을 갖춘 교수를 확보하고 있으며, 학생 규모에 비례하여 전임교원을 충분히 확보하여 안정적으로 유지하고 있다.
	4.1.2. 전임교원 수업시수와 전공교과목 담당	학과는 프로그램 학습성과를 달성하고 교육의 질을 관리하기 위하여 대학 규정에 따라 전임교원의 수업시수를 관리하고 있으며, 전임교원의 전공교과목에 대한 책무성을 유지하고 있다.
	4.1.3. 임상실습지도교원 및 현장지도자 확보	임상실습교육의 학습성과를 달성하기 위해 해당 분야의 현장 경력과 전문적 역량을 갖춘 임상실습지도교원과 현장지도자를 확보하고 정기적으로 협의하고 있다.
4.2. 교수 업적과 개발	4.2.1. 교수 업적과 역량 개발 지원	전임교원의 교수업적을 평가하고 관리하는 시스템이 갖추어져 있으며, 전임교원은 대학의 교수업적 평가제도에 따라 개인의 업적을 관리하고, 대학 또는 학과는 교수의 역량개발을 지원하고 있다.

※ 한국간호교육평가원(2017) 재구성.

4.1.1.의 기준에서 학과는 대학설립 운영 규정에 따른 법정 정원 61% 이상의 전임교원을 안정적으로 유지하고, 학과 전임교원은 담당 교과목의 수업 지도를 위해 요구되는 해당 분야의 박사 학위 소지, 임상경력 2년 이상의 학술 역량과 현장 전문성을 갖추고 있어

야 한다. 4.1.2. 기준에서 전임교원 1인의 주당 수업 시수는 연간 학기당 평균 12시수 이하를 유지하고, 전임교원의 실습 교과목 인정시수에 대한 대학 규정을 준수해야 한다. 4.1.3. 기준에서 임상실습지도교원은 석사학위 소지자로 2년 이상의 임상 경력을, 임상실습현장지도자는 학사학위 소지자로 3년 이상의 임상 경력을 갖추고 있어야 하며, 임상실습지도를 위해 교과목 담당 교수는 임상실습현장지도자와 정기적으로 협의해야 한다. 4.2.1.의 기준에 따르면 전임교원의 연구 업적을 평가하는 시스템을 갖추어 관리하고, 교수 개발 프로그램(임상 연수, 교수 연수 등)에 참여하며, 전문직 활동 실적이 적절해야 한다.

(5) 시설 및 설비

학과는 간호교육의 특성과 학생 규모를 고려하여 교수 및 학습 활동에 필요한 기본시설을 확보하고 적절하게 유지·관리하고 있다. 교수와 학생이 학술자료와 정보를 편리하게 접근하고 활용할 수 있도록 학술정보서비스 체계를 갖추고 지원하고 있으며, 학생과 교직원이 활용할 수 있는 편의시설을 확보하고 있다. 실습교육에 필요한 시설과 기자재를 구비하고, 전공교과목별로 적절한 임상실습기관을 확보하고 있다.

〈표 13-10〉 시설 및 설비 부분의 인증기준

부문	평가부문	인증기준
5.1. 교육 시설 설비	5.1.1. 교육 기본시설과 편의시설 확보	학과는 간호교육의 특성과 학생 규모를 고려하여 교수 및 학습 활동에 필요한 기본시설과 설비를 확보하고, 적절하게 유지·관리하고 있다. 교수와 학생이 학술자료와 정보를 편리하게 접근하고 활용할 수 있도록 충분한 전공 학술자료를 구비하여 지원하고 있다.
5.2. 실습 시설과 설비	5.2.1. 실습실과 실습기자재 확보	학과는 실습교육의 목표 및 학습성과 달성을 위해 실습교육의 특성과 학생 규모에 적절한 실습실 공간 및 실습기자재를 갖추어 실습교육에 활용하고 있으며, 주기적으로 관리하고 있다.
	5.2.2. 임상실습기관 확보	학과는 효과적인 임상실습을 위해 전공교과목별로 적절한 임상실습기관을 확보하고 상호협약하에 실습교육을 운영하고 있으며, 주 임상실습기관을 확보하고 있다. 또한 임상실습기관과의 정기적인 협력을 통해 효율적인 실습지도가 이루어지고 있다.

※ 한국간호교육평가원(2017) 재구성.

5.1.1. 기준은 학과의 교육기본시설이 적절하게 확보되어 있고, 학과 교육기본시설의 비품, 기자재의 구비와 유지 관리가 적절하며, 학생과 교직원을 위한 복지, 편의시설이 적절히 확보되어 활용되고 있고, 충분한 학술자료를 구비하고 있으며, 정보 서비스 접근과 활용이 용이할 필요가 있다.

5.2.1. 기준은 학과 전공 실습실 면적이 최소 면적의 기준 값 이상으로 확보되어 있고, 필수 실습기자재가 100% 확보되어 있어야 하며, 대학 또는 학과의 관련 지침에 따라 실습실과 실습기자재 활용 및 관리가 적절할 필요가 있다. 5.2.2. 기준은 조건을 갖춘 임상실습기관이 90% 이상 확보되고 협약이 100% 체결되어 있으며, 주 임상실습기관이 확보되어 있고, 임상실습기관과의 정기적인 협력 실적이 있는지가 중요하다.

(6) 교육성과

학과는 학생이 성취해야 하는 프로그램 학습성과의 내용과 성취수준을 설정하고 있으며, 이를 종합적으로 평가·관리하고 졸업학년의 핵심기본간호술에 대하여 성취수준을 제시하여 평가하고 있다. 또한 간호사국가시험 합격률과 취업률의 목표 수준을 설정하고 달성을 위해 노력하고 있다. 졸업생을 대상으로 교육목표 달성과 교육만족도를 평가하여 졸업생이 간호전문직의 역량을 발휘하고 있는지 확인하고 있다.

〈표 13-11〉 교육성과의 인증기준

부문	평가부문	인증기준
6.1. 재학생 역량 평가	6.1.1. 프로그램 학습성과 평가	학과는 학생이 성취해야 하는 프로그램 학습성과의 내용과 성취수준을 설정하고 이를 평가할 수 있는 체계를 갖추어 종합적으로 관리하고 있다.
	6.1.2. 핵심기본간호술 평가	학과는 핵심기본간호술을 설정하고 이를 학생이 달성할 수 있도록 평가체계를 갖추어 관리하고 있다. 또한 졸업학년의 핵심기본간호술의 성취 수준을 평가하고 학과가 설정한 기준 이상으로 달성하고 있다.
	6.1.3. 간호사국가시험 합격률과 취업률	학과는 학과의 교육성과로서 졸업생의 간호사 국가시험 합격률과 취업률에 대한 목표 수준을 설정하고 있으며, 목표 달성을 위해 지속적으로 노력하고 있다.
6.2. 졸업생 역량 평가	6.2.1. 졸업생 역량 평가	학과는 간호전문직에서 요구되는 역량을 졸업생이 충분히 발휘하고 있는지를 교육목표 달성과 교육만족도 평가를 통해 확인하고 있다.

※ 한국간호교육평가원(2017) 재구성.

6.1.1. 기준은 프로그램 학습성과 내용과 수준이 설정되어 있고, 프로그램 학습성과 평가체계를 갖추고 있으며, 프로그램 학습성과를 평가 관리한 실적이 있어야 한다. 6.1.2. 기준은 한국간호교육평가원이 제시하는 핵심기본간호술을 포함하여 학과가 설정한 핵심기본간호술이 졸업학년까지 단계별로 기술되어 있고, 졸업학년까지 단계별로 핵심기본간호술을 평가하여 일정 수준 이상 달성하도록 관리하는 것이 중요하다. 6.1.3. 기준은 국가시험 합격률과 취업률에 대한 목표 수준을 설정하고, 국가시험 합격률이 90% 이상, 졸업생 취업률이 발령 대기자를 포함하여 65% 이상 유지되고 있어야 하며, 국가시험 합격률과 취업률을 목표 수준 이상으로 달성하기 위한 학과의 노력이 수반될 필요가 있다.

6.2.1. 기준은 졸업생과 산업체를 대상으로 졸업생의 교육목표 달성 정도에 대한 평가와 졸업생의 교육만족도를 평가하고 있는지가 요구된다.

4 평가 과정 및 방법

1) 평가과정

평가원은 평가운영의 효율성과 대학의 참여 용이성을 위해 매년 3월과 9월, 연 2회에 걸쳐 평가 · 인증 신청을 받는다. 피평가대학이 상반기에 인증평가 신청을 한 경우 일반적인 평가과정은 [그림 13-4]와 같이 진행된다.

(1) 평가 · 인증 신청서 제출

평가원이 평가인증 실시공고를 발표하면 평가인증을 원하는 학과는 평가 · 인증신청서를 제출하며, 신청한 학과를 대상으로 평가절차가 진행된다.

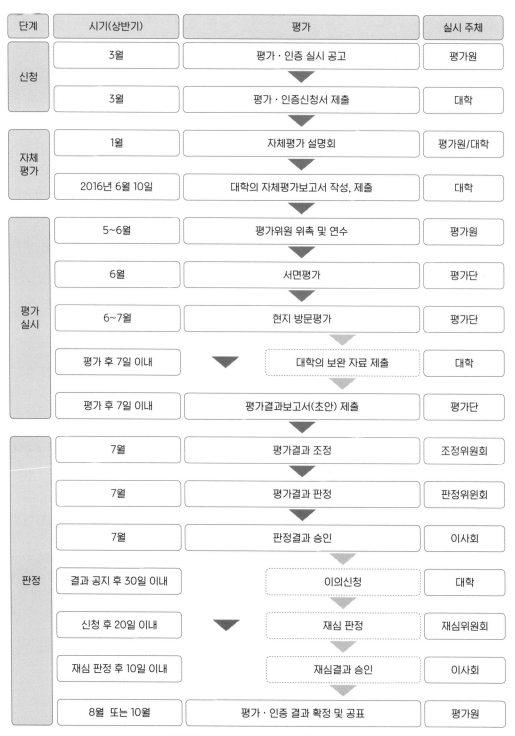

단계	시기(상반기)	평가	실시 주체
신청	3월	평가ㆍ인증 실시 공고	평가원
	3월	평가ㆍ인증신청서 제출	대학
자체 평가	1월	자체평가 설명회	평가원/대학
	2016년 6월 10일	대학의 자체평가보고서 작성, 제출	대학
평가 실시	5~6월	평가위원 위촉 및 연수	평가원
	6월	서면평가	평가단
	6~7월	현지 방문평가	평가단
	평가 후 7일 이내	대학의 보완 자료 제출	대학
	평가 후 7일 이내	평가결과보고서(초안) 제출	평가단
판정	7월	평가결과 조정	조정위원회
	7월	평가결과 판정	판정위원회
	7월	판정결과 승인	이사회
	결과 공지 후 30일 이내	이의신청	대학
	신청 후 20일 이내	재심 판정	재심위원회
	재심 판정 후 10일 이내	재심결과 승인	이사회
	8월 또는 10월	평가ㆍ인증 결과 확정 및 공표	평가원

[그림 13-4] 평가·인증 운영 절차

출처: 한국간호교육평가원(2016).

(2) 대학의 자체평가

평가원의 자체 설명회 후 대학들은 평가원이 제시한 평가영역 및 평가부문의 충족 여부에 비추어 평가의 주체가 되어 자가평가를 실시한다. 자체평가는 준비 및 기획 단계, 자체평가 실시 단계, 보고서 작성 단계, 평가결과의 활용 4단계에 거쳐 실시되며 각 단계에서 수행해야 할 사항을 도식화하면 다음과 같다.

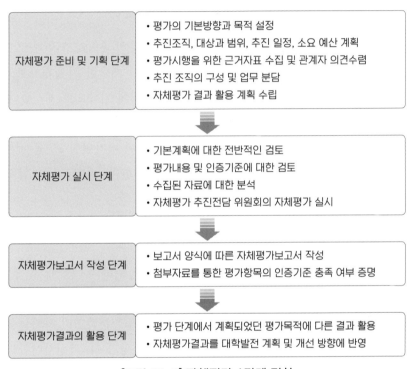

자체평가 준비 및 기획 단계	• 평가의 기본방향과 목적 설정 • 추진조직, 대상과 범위, 추진 일정, 소요 예산 계획 • 평가시행을 위한 근거자료 수집 및 관계자 의견수렴 • 추진 조직의 구성 및 업무 분담 • 자체평가 결과 활용 계획 수립
자체평가 실시 단계	• 기본계획에 대한 전반적인 검토 • 평가내용 및 인증기준에 대한 검토 • 수집된 자료에 대한 분석 • 자체평가 추진전담 위원회의 자체평가 실시
자체평가보고서 작성 단계	• 보고서 양식에 따른 자체평가보고서 작성 • 첨부자료를 통한 평가항목의 인증기준 충족 여부 증명
자체평가결과의 활용 단계	• 평가 단계에서 계획되었던 평가목적에 다른 결과 활용 • 자체평가결과를 대학발전 계획 및 개선 방향에 반영

[그림 13-5] 자체평가 4단계 절차

출처: 한국간호교육평가원(2016).

각 대학은 대학의 자체평가와 자체평가보고서의 작성을 추진하기 위해 자체평가위원회를 두어야 하며 I. 비전 및 운영체계, II. 교육과정, III. 학생, IV. 교수, V. 시설 및 설비, VI. 교육성과 등 각 영역을 고려하여 전문성을 갖춘 평가영역별 연구위원들과 대학을 종합적으로 평가하고 위원회를 이끌어 나갈 수 있는 위원장으로 구성한다.

각 대학에서 간호교육 인증 평가를 위해서 실시해야 하는 자체평가를 통해서 검토해야 할 사항들은 다음과 같다. 먼저, 대학 자체적으로 정하고 있는 교육목표와 목적 달성 여부, 프로그램 학습성과 및 학습성과의 달성 여부를 분석해야 한다. 둘째, 학과가 구비한 교육여건과 자원 등이 간호사 양성의 교육목적을 달성하기에 충분한지, 그리고 효율석인지 분석해야 한다. 셋째, 현장에서 요구하는 간호사 역량으로서 학생들의 학습성취는 적절한지 분석해야 한다. 넷째, 학과의 향후 개선방안이 학과의 발전계획에 포함되어 학사운영을 위한 자료로 활용되고 있는지 분석해야 한다. 다섯째, 교육과정의 개선, 교원의 개발, 학생 지원 등에 있어 충분한 기회가 제공되고 있는지 분석해야 한다.

(3) 서면평가

서면평가는 피평가대학이 제출한 자체평가보고서를 평가하는 과정이다. 서면평가를 통해서는 각 대학의 전반적인 현황 및 항목별 현황을 충분히 파악하고 추가로 확인할 자료를 확인한다. 평가위원은 인증기준에 따라 교육기관이 제출한 자체평가보고서를 평가하며, 평가요소별 평가결과를 평정 근거와 함께 평가지에 기록으로 제시한다. 서면평가의 신뢰성과 타당성을 높이고 평가자 간 편차를 줄이기 위해 해당 시기 평가단 전체가 모이는 가운데 집합평가 형태로 진행한다. 또한 한 영역에 평가위원 2명을 배정하여 평정의 근거를 확인하고 평가위원 간 협의하에 평가하도록 한다. 이때 평가위원 간에 이견이 있는 경우 충분한 논의과정을 거쳐 합의를 도출하도록 한다.

(4) 현지 방문평가

현지 방문평가는 1일의 평가기간 동안 피평가대학을 방문하여 대학에서 제시한 자체평가보고서와 관련 자료들의 신뢰성과 타당성을 검토하여 서면평가 결과를 확인하는 과정이다. 특히 서면평가 시 확인이 불가능하거나, 자료가 불충분하였던 사항들을 현지 방문평가를 통해 확인하고 평가한다. 평가위원은 현지 방문평가 시, 피평가대학의 교수 및 행정가 대상 면담, 임상현장지도자 대상 면담(사전 요청에 한함), 수업 시연 참관(사전 요청에 한함), 재학생 대상 개별 또는 집단 면담, 만족도 조사(사전 요청에 한함), 실습 여건과 교수–학습 관련 기자재 상태와 활용 여부 확인, 핵심기본간호술에 대한 평가, 그 외 비치자료에 대한 확인과 검토 등과 같은 사항을 실시할 수 있다.

(5) 평가결과 조정

평가원은 평가결과 항목 및 영역별 평가결과를 조정하기 위해 현지 방문평가 10일 이내에 조정위원회를 개최한다. 조정위원회는 평가단이 제출한 '영역별 평가지', '평가결과표', '종합논평서' 등을 검토하여 인증평가 결과를 최종 조정한다. 조정위원회는 조정을 위해 필요한 경우 조정위원회의에 평가위원의 참석을 요청할 수 있고, 조정된 결과에 대해 3일 이내에 평가위원의 동의를 구한다.

(6) 평가결과 판정

조정위원회의 후 20일 이내에 판정위원회가 개최되어 판정위원회는 평가단이 작성한 영역별 평가지, 평가결과표, 종합 논평서와 조정위원회에서 작성한 조정논평서를 검토하여 평가결과를 판정한다. 판정위원회의 판정결과는 이사회에 보고한다. 이사회에 보고한 결과는 평가 대학으로 통보되고, 이의 신청 과정을 거쳐 최종 결과를 공개적으로 발표한다. 판정위원회는 평가결과를 다음과 같이 '인증', '조건부인증', '인증불가'로 판정한다. 인증평가 판정의 유형과 판정기준, 그리고 그에 따른 인증기간은 〈표 13-12〉와 같다.

〈표 13-12〉 간호교육 인증 평가 판정 유형

판정유형	판정기준	인증기간
인증	모든 항목과 영역에서 인증기준에 부합하여 간호교육의 질이 유지되는 경우	5년 (졸업생 배출전 1년)
조건부 인증	일부 항목과 영역에서 인증기준을 충족하지 못하고 다소 보완할 사항이 있으나, 단기간 내에 개선이 가능한 경우	2년
인증불가	다수의 항목과 영역에서 인증기준을 충족하지 못하고, 단기간 내에 개선이 불가능한 경우	

출처: 한국간호교육평가원(2016).

조건부 인증을 받은 프로그램은 인증기간 만료 전에 보완평가를 통해 인증기준을 충족하면 인증을 3년 연장할 수 있다. 졸업생 배출 전 프로그램에 대해서는 인증기간이 만료되기 전 '보완평가'를 통해 '인증'을 1년씩 연장할 수 있으며, 졸업생이 배출되는 당해 연도 보완평가의 인증기간은 최초 인증시점을 기준으로 하여 5년 기간의 잔여기간으로 한다. 간호교육평가인증에 따른 판정유형별 인증 기간을 그림으로 도식화하면 [그림 13-6]과 같다.

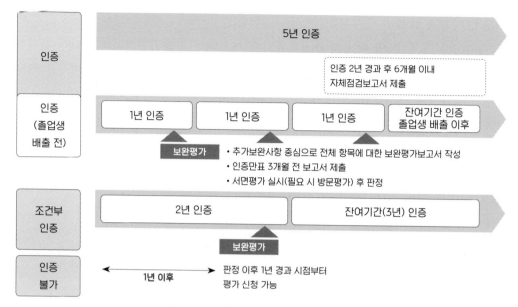

[그림 13-6] 판정유형별 인증기간

출처: 한국간호교육평가원(2016).

간호교육 인증 평가 평가 결과 '인증불가' 판정을 받은 프로그램과 인증기간 중에 인증이 철회된 프로그램은 「간호교육 인증 평가 규정」 제20조에 따라 이의신청을 할 수 있다. 이의신청을 하고자 하는 대학은 이사회 승인 일자를 기준으로 30일 이내에 이의신청서를 접수해야 한다. 평가원은 평가결과가 판정된 후 피평가대학에 결과를 공지하고 대학의 이의가 있는 경우 이의신청 절차를 안내하여 이후 절차를 진행한다.

(7) 평가결과 최종 확정

인증평가 결과는 판정위원회의 판정 결과를 이사회가 승인함으로써 확정된다. 인증평가의 전 과정은 대학별 평가결과보고서와 인증서를 대학에 송부함으로써 종료된다.

2) 평가방법

평정 및 판정은 크게 3단계에 걸쳐 이루어지며 1단계는 항목평가, 2단계는 영역평정, 3단계는 프로그램의 최종 인증 여부에 따른 판정으로 구분되며, 이를 도식화하면 [그림 13-7]과 같다.

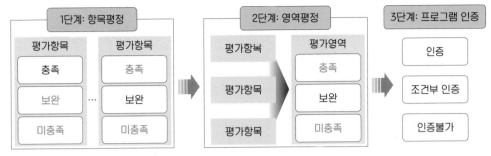

[그림 13-7] 평가항목의 평정 단계

출처: 한국간호교육평가원(2016).

(1) 항목평정

1단계에서는 항목별 인증기준의 충족 여부에 따라 '충족', '보완', '미충족'으로 평정하고, 항목평정 기준으로 '항목평정 공통 루브릭'을 활용하고 있다.

〈표 13-13〉 항목평정 공통 루브릭

평정척도	평정기준
충족	항목에서 제시한 인증기준의 요소들을 모두 충족하고 다음과 같이 관련 증거들을 확인할 수 있어 해당 항목에서 요구하는 인증기준의 목표를 달성하기에 충분할 경우 • 학교 내에서 서로 공유할 만한 구체적인 좋은 관련 증거가 많이 발견된다. • 관련 활동의 질이 높을 뿐 아니라 다른 활동과 연계되어 시너지 효과를 내고 있다.
보완	항목에서 제시한 인증기준의 요소들을 대체로 충족하고 관련 증거들을 확인할 수 있으나, 일부 보완이 요구되는 미흡한 부분이 있음. 그러나 미흡한 부분이 단기간 내에 개선 가능하며 인증기준의 목표를 달성하는 데 중대한 제약이 되지 않는 경우 • 제한적(또는 부분적)이기는 하나 좋은 관련 증거가 있다. • 관련 활동이 비교적 활발히 이루어지고 있으나, 다른 활동과의 연계는 미흡하다.
미충족	항목에서 제시한 인증기준의 요소들을 충족할 수 있는 관련 증거들을 적절히 확인할 수 없어 인증기준의 목표를 달성하는 것이 불가능한 경우 • 관련 증거를 찾을 수 없다. • 관련 증거가 일부 있기는 하나 질적으로 매우 빈약하다.

출처: 한국간호교육평가원(2016).

(2) 영역평정

항목별 인증기준의 충족 여부에 따라 충족, 보완, 미충족으로 평정하며 평정 시 영역별 인증기준 충족 여부와 함께 항목별 평정결과를 고려하여 영역의 양호도를 고려한다. 특히 영역 평정 시 해당 영역을 담당하는 평가위원의 합의와 평가단장이 주도하는 가운데 평가단 내 합의 과정을 거치도록 하여 평가의 객관성과 신뢰성 향상을 지향하고 있다. 간호교육평가인증에 따른 영역 평정 공통 루브릭은 〈표 13-14〉와 같다.

〈표 13-14〉 영역평정 공통 루브릭

평정척도	평정기준
충족	영역에서 제시한 인증기준을 충족하고 영역 내 각 항목의 인증기준 역시 대체로 충족하여 영역의 인증기준에서 요구하는 목표를 달성하기에 충분할 경우 • 인증기준을 충족하며 서로 공유할 만한 구체적인 좋은 증거들이 다수 있다. • 관련 활동의 질이 높을 뿐 아니라 다른 활동과 연계되어 시너지 효과를 내고 있다. • 핵심적인 항목을 포함하여 70% 이상의 항목이 충족하며 미충족 항목은 없다.
보완	영역에서 제시한 인증기준을 충족하는 관련 증거들을 확인할 수 있으나, 일부 보완이 요구되는 미흡한 부분이 있음. 그러나 미흡한 부분이 단기간 내에 개선 가능하며 해당 영역의 목표를 달성하기에 중대한 제약이 되지 않는 경우 • 제한적 또는 부분적이기는 하나 인증기준을 충족하는 좋은 관련 증거가 있다. • 관련 활동이 비교적 활발히 이루어지고 있으나, 다른 활동과의 연계가 다소 미흡하다. • 미충족 항목이 없으며, 핵심적인 항목을 포함하여 50% 이상의 항목을 충족한다. • 영역 내 미충족 항목이 1항목 있고, 보완 항목이 30% 이하이다.
미충족	영역에서 제시한 인증기준을 충족할 수 있는 관련 증거들을 적절히 확인할 수 없어 해당 항목의 인증기준을 충족하기에 불가능한 경우 • 인증기준을 충족하는 주요한 증거를 찾을 수 없다. • 관련 증거가 있기는 하나 질적으로 매우 빈약하다. • 영역 내 항목의 충족률이 50% 미만이거나 미충족 항목이 2항목 이상이다. • 영역 내 미충족 항목이 1항목 있으며, 보완 항목이 30%를 초과한다.

출처: 한국간호교육평가원(2016).

(3) 프로그램 인증

이 단계에서는 프로그램의 최종 인증 여부를 판정하는데, 이때는 항목별 인증기준 충족 여부와 영역별 인증기준 충족 여부를 함께 고려하여 프로그램 전체의 질적 수준을 평가한다.

5 평가결과 활용

　인증·평가의 결과 활용은 평가목적을 규정하는 중대한 변수이자, 인증·평가 결과가 본래의 목적에 부합되었는지를 확인하고 연결하는 활동이다(최금진, 2011). 즉, 인증·평가의 결과는 평가대상뿐 아니라 평가대상과 관련된 모든 대상에게 공개됨을 원칙으로 해야 하는데, 그 이유는 평가대상이 평가결과를 인지하였을 때 가장 바람직한 변화가 나타나기 때문이다(성태제, 2011). 따라서 인증·평가 결과가 교육에 도움을 주기 위해서는 그 결과가 다시 교육활동에 연결되지 않으면 안 된다. 간호교육 인증 평가도 그 결과가 다양하게 그리고 교육적 목적으로 올바르게 이용되어야 하고, 특히 인증 대상 기관으로서 대학과 그 구성원들에게는 자신들이 제공하는 교육활동 전반에 대한 자기 점검과 개선의 도구로서 인증·평가 결과를 최대한 활용할 수 있는 체제가 마련될 필요가 있다. 아울러, 학문 분야 인증제로서 간호교육인증제의 경우, 인증 주체인 간호교육평가원뿐 아니라, 인증·평가의 직간접적인 수혜자인 학생과 학부모, 병의원 등 보건의료기관, 정부 부처 및 국가·사회 측면에서도 유용하게 활용되고 일정 부분 도움을 주는 그러한 제도로 발전해 나가는 것이 요구되는데 이를 위해서는 우선적으로 인증·평가 결과가 충분히 공개되고, 그 활용 범위와 수준이 확대되어 나갈 필요가 있다. 다만, 현재는 평가받는 대학에 한해서 구체적인 인증·평가 결과가 제공되는 상황이라 결과 활용에 아쉬움이 있다. 이 책에서는 간호교육 평가·인증 결과의 생산적 활용 정책 방안에 대한 탐색을 제안하면서 2주기 기준에서 이루어지고 있는 간호교육 인증 평가 결과 활용 현황 등을 살펴보고자 한다.

　첫째, 직접적 이해당사자로서 간호교육 운영대학이 간호교육 인증 평가의 결과를 제일 유용하고 실효성 있게 활용한다고 볼 수 있다. 이는 특히 2016년 11월 22일 국무회의에서「고등교육법 시행령」일부개정령안이 의결되어 공포 즉시 시행됨으로써(교육부, 2016),[3] 간호교육 인증 평가 결과의 가시적이고 직접적인 활용이 가능하게 된 최근의 상황과 관련이 있다. 상기 개정령안의 주요 내용으로는「고등교육기관의 평가·인증 등에 관한 규정」에 따라 의학·치의학·한의학·간호학 교육과정을 운영하는 학교(이하 '의료과정 운영학교')가 평가·인증을 신청하지 않거나 평가·인증을 받지 않을 경우, 해당 학과, 학부 또는 전문대학원 입학정원의 100% 범위에서 모집정지(1차 위반)되거나, 폐지(2차 위반)될 수 있다는 것이다. 즉, 이번 개정령 시행을 기점으로 의료과정 운영학교는 그동안 대학 자율에 맡겨져 왔던 지금까지와는 다르게 앞으로는 해당 학문분야 평가·인증을 의무적으로 받아야 하며, 간호교육평가인증 결과도 역시 간호교육 운영학교 및 학생들에게는 선택적 활용이 아닌 의무적 활용으로 변화하였다는 것이다. 이와 연계하여 인증받은 간호교육 프로그램을 운영하는 대학은 인증 결과를 학과 홍보 등을 위해 일반에 공개하는 등 대외적으로 활용할 수 있다(다만, 인증기간 중에는 인증 마크 활용). 한편, 한국간호교육평가원이 인증·평가의 결과를 대학별로 정리하여 평가결과 보고서를 제공하게 되어 있으므로 각 대학은 보고서에 제시된 평가결과를 종합적으로 분석하고 이를 지속적인 교육의 질 관리와 개선 등을 위해 내부적으로 활용할 수 있다. 더불어 대학은 인증평가를 준비하는 과정에서 평가항목과 인증기준 등을 교육목표 설정과 평가관리, 교육과정 개발, 학생 관련 체계 마련, 프로그램 학습성과 평가체계 구축 및 프로그램 규정 제정 등에 주요 가이드라인 및 지침으로서 반영하여 활용(권영란, 2013)하고 있는 것으로 분석되는 등 간호교육 운영 전반에 걸쳐 간호교육 인증 평가가 일종의 준거, 기준 역할을 일정 부분 담당한다고까지 평가할 수 있을 것이다.

　둘째, 한국간호교육평가원 및 간호교육 운영 대학의 홈페이지 등을 통해 공개된 인증·평가 결과는 대학교육의 수요자인 학생 및 학부모 등에게 대학 선택 자료 등으로서 활용될 수 있다. 의료과정 운영학교 중 간호학 운영학교의 평가·인증 비율이 가장 높은데, 2017년 기준으로 전국 205개 간호대학 중 ○○대 간호과를 제외한 204개 간호대학이 평가인증기구의 인증을 받았다. 그러나 ○○대 간호과는 2017년 상반기 간호교육 평가에서 '인증불가' 판정을 받았고, 시정요구 끝에 '1년 한시인증'을 받은바 있다(교육부, 2017. 9. 7.). 이와 같이 평가·인증을 받지 못한 간호학 개설 대학은 거의 없기는 하지만,

---

3) 이 개정령안은 2015년 12월 「고등교육법」이 개정('16. 6. 23. 시행)되어 의학·치의학·한의학·간호학 교육과정을 운영하는 학교의 평가·인증이 의무화되고, 「고등교육법」의 위임에 의하여 개정된 「고등교육기관의 평가·인증 등에 관한 규정」('16. 6. 23. 시행)에서 의료과정운영학교에 대한 평가·인증 절차 등을 규정함에 따른 후속조치로 마련되었다. 개정 내용으로는 「고등교육법 시행령」 별표4 '학생정원 감축 등 행정처분의 세부기준' 중 제2호 다목란을 신설하였다.

위반행위	행정처분기준	
	1차 위반	2차 위반
다. 법 제11조의2 제2항 단서 및 「고등교육기관의 평가·인증 등에 관한 규정」 제2조의2(대통령령 제27228호 고등교육기관의 평가·인증 등에 관한 규정 일부개정령 부칙 제2조를 포함한다)를 위반하여 평가·인증을 신청하지 않거나 평가·인증을 받지 않은 경우	해당 의학·치의학·한의학 또는 간호학 전공 학과, 학부 또는 전문대학원 입학정원의 100퍼센트 범위에서 모집정지	해당 의학·치의학·한의학 또는 간호학 전공 학과, 학부 또는 전문대학원 폐지

간호학 전공 희망 대입 수험생들은 한국간호교육평가원의 자료를 진로·진학 의사결정 과정 등에서 중요하게 활용할 것으로 예상된다. 특히 2012년 개정되어 2017년 2월 2일부터 시행 중인 「의료법」에 따라[4] '평가·인증을 받지 않은 의료과정 운영학교에 입학하는 학생은 의료인 국가시험에 응시할 수 없게' 되어 있으므로 평가·인증 대학 현황 자료가 간호학 입학생과 학부모들에게는 일차적이며 직접적인 대학 선택의 중요한 기초 자료로 활용될 것이 확실시된다. 즉, 학생들은 간호교육인증제 내용 및 대학별 인증결과 등의 확인을 통해 입학 전에는 대학 및 학과 선택 시 객관적이고 올바른 선택권을 발휘할 수 있으며, 대학 입학 후에는 학업 목표와 방향 설정 등 학업 설계를 하는 데 활용할수 있을 것이다. 학생들은 인증받은 대학 과정을 마치고, 인증을 받은 대학 및 전문대학을 졸업한 자에게 부여되는 간호사 국가시험에 응시하여 합격한 후, 병의원 등 국내 보건의료기관에 취업하거나 또는 WTO, FTA 등 글로벌 시대에 부응하여 간호사 자격증의 국제적 활용을 모색해 보는 졸업생들도 점차 많아질 것이라고 기대된다.

셋째, 관련 정부 부처에서 간호교육인증 결과가 활용될 수 있는데, 우선 교육부에서는 「고등교육법」 제11조의2(평가) 제4항[5]을 근거로 하여 대학에 대한 정부의 행정적 또는 재정적 지원 정책 시행 시에 평가·인증 결과를 활용할 수 있으며, 보건복지부에서는 보건의료인력 질 관리와 연계하여 전문간호사 교육과정 지정 및 증원 심사에 간호교육인증 결과를 적극 반영하고 활용할 수 있다. 한편, 국가·사회적 측면에서 간호교육인증은 특히 국제교류가 많은 간호사 직종의 특성을 고려할 때, 간호교육의 질에 대한 국제적 인정 및 상호 교류의 전제조건을 충족시키는 요건으로 활용될 수 있고, 국가 보건의료교육 정책 수립에 필요한 기본 정보 제공, 그리고 보건의료교육의 질 개선을 통한 국가 보건의료 경쟁력 향상, 일반 국민들에 대한 보건의료 서비스 향상에도 기여할 수 있을 것이다.

넷째, 아직 그 공개 범위와 수준이 높진 않지만 현 수준에서 이뤄지고 있는 한국간호교육평가원에서 실시하는 수요자 대상 공개 방법과 연계된 인증·평가 결과 활용 현황에 대해 살펴보면 다음과 같다. 간호교육평가원에서는 일간지, 간협신보, 대학신문, 교수신문 등에 인증 대학 목록을 소개하고 있는데, 이를 통해 일반 대중과 사회, 보건·의료계, 대학 및 교수사회 등에서 간호교육평가인증제와 인증대학에 대한 이해와 신뢰를 높이

---

4) 「의료법」('17. 2. 2. 시행) 제5조 및 제7조 개정에 따라 평가인증기구로부터 인증을 받은 의학·치의학·한의학·간호학을 전공하는 학교를 졸업한 자에 한하여 국가고시 응시자격 부여

5) 「고등교육법」 제11조의2(평가 등) ④ 정부가 대학에 행정적 또는 재정적 지원을 하려는 경우에는 제2항에 따른 평가 또는 인증 결과를 활용할 수 있다. [2011. 7. 21. 개정]

는 데 활용될 수 있는 것으로 보인다. 또한 한국간호교육평가원에서는 전국 고등학교 입시안내 자료로 인증 대학 목록을 소개하고 있는데 이를 통해 각 고등학교에서의 입시 및 진로·진학업무에 도움을 주면서 인증결과가 활용될 수 있음을 알 수 있다. 또한 300병상 이상 병원에 인증 대학 목록을 공개하고 있는데 이를 통해 당해 병원에서 신입 간호사 선발 등의 자료로 인증결과가 유용하게 활용될 것으로 예상된다. 아울러 한국간호교육인증원은 미국, 캐나다, 호주 등 국제간호협회에 인증대학 목록을 공개하고 있으며, 그러한 간호교육인증 결과는 외국의 간호교육 인증기관과의 상호인정 협약 체결, 학생 진학, 교환 교수 및 교환 학생 제도 등 국제 교류 측면에서 다양하게 활용될 수 있을 것이다.

다섯째, 한국간호교육평가원에서는 전반적인 우리나라의 간호교육 인프라를 확충하는 데 매개 역할을 하면서 기관을 위상을 높이는 데 인증제를 활용할 수 있으며 인증 내용과 결과 등을 차기 인증제 운영 시 자체 피드백하여 활용하고, 간호교육 개선을 위한 정부의 정책적 지원 등을 환기시키는 데도 활용할 수 있을 것이다. 또한 평가원 자체의 여러 사업에 인증 대학 소속 교수를 적극 활용하고 있는 것으로 나타났는데, 이를 통해 인증제 사업이 중심이 되어 간호교육평가원과 인증 대학 소속 교수들 간의 협업과 교류의 장이 마련되는 부수적인 결과도 있음을 알 수 있다.

6 평가 성과 및 개선방안

1) 평가성과

간호교육 인증 평가는 2004년 도입되어 고등교육기관으로서 간호교육 운영 대학의 책무성을 제고할 수 있는 도구 및 기제로서의 역할을 해내고 있고, 학생들의 역량 함양이라는 성과를 내고 있으며, 나아가 국가·사회 발전 측면에서도 기여를 하고 있다고 평가할 수 있을 것이다. 다음에서는 간호교육 인증 평가의 성과를 보다 구체적으로 살펴보겠다.

(1) 대학

간호교육인증제가 인증·평가의 대상인 대학에 가져온 성과를 살펴보면 다음과 같다. 대학협의회나 평가인증기관 등을 활용한 대학교육의 평가인증방식(accreditation)은 독립 후 대학 난립 상태에서 대학의 수준 유지를 위한 방책으로서 미국에서 발달할 것으로 대학의 자기 규제(self regulation)가 근본 취지라고 할 수 있다. 이와 같이 대학협의회나 평가

인증기관 등에 의한 자기 규제를 통한 대학의 수준 유지 방식은 이를 차용한 우리나라의
전공별 평가인증제에 적용된다고 볼 수 있고, 간호교육인증제 역시 간호교육 운영 대학의
자기 평가, 점검 및 규제의 기제로서 활용되면서 당해 대학 간호교육의 질을 제고하는 데
있어 중추적인 역할을 수행해 온 것으로 평가받고 있다. '좋은 학교는 그 교육목표에 맞추
어 교육이 잘되고 있고 그렇게 해서 애들이 목표했던 곳에 잘 진출하고 있는 곳', '내부의
문제를 뒤집어 보는 중, 외부의 평가는 차후 문제'라는 대학 관계자들의 응답을 통해 자
기 대학의 교육발전을 고민하는 과정에서 인증제를 그 수단으로 활용하고 있는 사례(허
귀진, 2002)가 분명히 존재함을 알 수 있고, 간호교육인증제 역시 간호교육 운영 대학 스스
로의 질과 수준 유지를 위한 중요한 자기 점검 도구로서 역할을 하고 있다고 볼 수 있다.

　대학 내부적으로는 국내 간호교육 운영 대학들의 위기상황을 타개하는 데도 인증평가
가 큰 기여를 해 온 것으로 분석된다. 대학이 직면한 주요 위기상황을 살펴보면, 국내외
적 경쟁 심화와 정보공시제도 및 자체평가 도입 등 질 보장을 위한 외부평가 참여 등의
책무성이 강조되는 상황, 그리고 재정 부족 문제와 대학 입학 예비 학령 인구 감소 문제
등이 있다. 특히 많은 간호대학이 간호교육에 대한 임상에서의 불만, 간호교육 질 제고
에 대한 요구 증대 등의 문제에 직면해 왔으며, 이를 해결해 나가기 위해서는 교육 역량
이 강화되는 쪽으로의 학교 운영 방침의 개선 등이 필요하였고, 그러한 방향에 대한 비
전을 집약시켜 구체적으로 실현시킨 것이 바로 간호교육인증제의 도입이었다고 볼 수
있다. 이에 각 대학은 이러한 간호교육인증제를 교육목표 설정, 교육과정 운영, 그리고
교육환경 조성 등을 위한 일종의 학과 운영 가이드라인이나 질 보장 시스템으로서 활용
함으로써 전반적인 간호교육의 질을 제고하는 성과를 달성하였다.

　다음으로는 간호교육인증제의 특징과 연계하여 동 인증제가 대학에 가져온 보다 구체
적인 성과를 살펴보겠다. 첫 번째로 대학에서는 간호교육인증제를 통해 학습성과 기반
의 교육체제 구축이 강화되는 성과를 거두었다. 이는 간호교육인증제가 학습성과 기반
교육과정 운영에 대한 평가를 실시하고, 교육목표와 졸업생 역량수준(학습성과)을 설정
하고 있으며 더불어 수행 수준(Performance Criteria)에 따른 평가를 실시하는 체제이기 때
문이다. 간호교육인증제가 대학에 가져온 두 번째 성과로는 수요지향적 교육기반이 조
성된 것이라고 할 수 있다. 프로그램의 CQI(Continuous Quality Improvement) 체제 강화
와 간호교육 프로그램의 지속적 개선 요구, 간호교육의 성장 모델 제시 등의 성과를 가
져오는 데 간호교육인증제가 기여했다고 볼 수 있다. 또한 간호교육인증제는 핵심기본
간호술 평가를 통한 학생들의 현장 실무능력 강화라는 성과를 가져왔고, 우수한 학생 선
발 및 졸업생의 취업기회의 확대 등의 가시적 성과도 달성하게 되었다.

(2) 학생

인적 자원 배출의 직접적이고도 가장 큰 통로로서 대학은 전공과 관련된 학문적 역량과 더불어 사회의 다양한 요구를 충족시킬 수 있는 역량 있는 인재 배출에 대한 요구가 커짐에 따라 역량기반 교육에 더욱 많은 관심을 기울여야 할 것이다. 이에 고등교육의 책무성과 연계하여 대학에서도 학생들의 역량, 그중에서도 핵심역량을 길러 주는 것이 필요하고 이와 같은 고등교육에서의 핵심역량은 학습성과의 측정으로 평가될 수 있는데, 한국간호교육평가원에서도 간호사 핵심역량에 근거하여 간호교육 프로그램의 학습성과를 측정하고 있다. 2주기 간호교육 인증 평가의 특징을 살펴보면 학습성과에 기초한 교육평가 체제 강화를 위해 졸업생의 역량[6]을 설정하고, 학생이 이러한 목표를 위해 교수–학습 과정을 수행해 온 학습성과가 설정된 역량에 어느 정도 달성하였는지를 평가 기준에 따라 평가하는 데 있다. 즉, 간호교육 인증 평가에서는 국내외 보건의료 현장에서 요구하는 간호사 역량을 갖춘 학생을 배출할 수 있도록 성과중심 평가를 지향하고 간호사 핵심역량을 반영한 간호교육의 교육목표를 설정하게끔 되어 있으므로, 이러한 교육을 받은 학생들은 일정한 수준의 역량을 갖추게 되는 성과를 얻게 될 것이라 기대된다. 또한 간호학 프로그램은 졸업 시 학습성과로서 12개의 역량을 보장할 수 있어야 하는데(한국간호교육평가원, 2014b), 학생들은 교과 및 비교과과정을 통해 이러한 역량을 배양하게 됨으로써 인증프로그램에 따른 직접적인 학습성과를 얻어 가는 혜택을 받게 된다고 볼 수 있다.

이와 같이 간호교육의 제일차적이며, 직접적인 수혜자로서 학생들은 간호교육인증제에 부합하는 검증된 교육 프로그램과 학습성과 중심 교육 체제를 통해 기본소양 및 간호교육 관련 전공 기반 실력과 자질을 갖추게 되고, 졸업 후 전문능력을 발전시킬 수 있는 기반 위에 올라설 수 있게 된다. 또한 별도의 사교육 등 학교 밖에서의 추가 교육을 많이 받지 않고도 학교교육만으로 간호분야 취득자가 갖추어야 할 전문 역량을 함양하게 되는데 이는 인증을 받은 간호학과에서의 간호사 국가시험 합격률과 취업률이 90% 이상

---

6) 한국간호교육평가원에서는 국내외 문헌고찰을 통하여 졸업 후 2~3년이 지난 시점의 일반간호사가 임상현장의 다양한 직무를 수행하는 데 공통적으로 요구되는 7가지 간호사 핵심역량으로, 전인간호를 위한 교양 및 전공지식과 간호술의 통합 적용 능력, 대상자 건강 개선을 위한 전문분야 간 의사소통과 협력능력, 간호문제해결을 위한 비판적 사고능력, 간호전문직 발전을 위한 법적, 윤리적 책임 인식능력, 간호목표 달성을 위한 리더십 능력, 연구수행 능력 및 글로벌 보건의료 정책변화 대응능력을 제시하였다(박영임 외, 2013).

(신경림, 2008)인 것에서도 알 수 있다.

(3) 국가 및 사회

각 인증·평가 기관이 주관 및 추진해 온 학문분야별 인증·평가제는 대학의 자율성에 대한 확대와 각 학문분야에서 추구해 온 교육의 방향 설정 및 국가 경쟁력 제고라는 시대적 흐름에 대응해 나가는 추세이다(곽진숙, 2011). 이와 같은 대학교육에 대한 인증·평가는 대학의 책무성 제고 기제 및 각 학문분야별 자기 규제를 통한 교육의 질을 보장하는 매개 역할을 함으로써 결국 국가와 사회의 경쟁력을 향상시키는 데 기여해 왔다. 간호교육 인증 평가제가 국가 및 사회에 기여할 것이라고 예상할 수 있는 성과를 살펴보면 다음과 같다. 간호교육 인증 평가제는 간호교육 경쟁력 향상과 보건의료 분야의 국가 경쟁력 향상에 기여할 수 있고, 우리나라의 간호교육 프로그램이 체계화되고 간호교육의 효율성을 향상시키는 데도 큰 역할을 함으로써 국가 고등교육 발전과 국가 경쟁력 제고 차원에서도 긍정적인 영향을 미칠 것이다. 아울러, 졸업생이 주로 진출하는 병·의원 등 보건의료기관에서는 전문 능력과 자질을 갖춘 졸업생을 채용하여 기관의 경쟁력이 강화되고 업무 처리 효율성이 향상되는 성과를 볼 수 있을 것이다.

2) 평가 개선방안

교육은 국가적인 사업으로서 교육의 공공성과 사회적 책무성이 강조되기에 이르렀다. 특히 대학교육은 국가경쟁력을 구성하는 여러 요소 중 중요한 한 축을 이루기 있기 때문에 대학 구성원들의 자긍심과 더불어 국가·사회의 기대를 충족하기 위한 책임의식과 전문성 유지 노력이 요구된다. 아울러, 고등교육의 세계화와 전문직 종사자들을 중심으로 한 국제적 인적 교류 활성화 등에 따른 고등교육 질 보장 및 국가별 고등교육 프로그램 수준의 동질성(이영호 외, 2011)과 신뢰성 확보가 글로벌 국가의 책무로서 점차 강조되고 있는데, 이에 대한 대학의 인식 제고가 요청된다. 따라서 대학교육과 관계된 각 주체는 고등교육의 국내외적 책무성에 대한 요구를 충족시키고 고등교육 발전을 위해 협력하려는 태도와 실천이 요구된다. 간호교육인증제 등을 포함한 여타 학문분야인증제 역시 이러한 고등교육 질 제고라는 책무를 다하기 위해 해당 학문 분야 관계자들이 중심이 되어 자발적으로 도입하여 운영해 왔고, 유무형의 많은 성과를 달성한 것으로 평가되고 있다. 다만, 간호교육인증제 또한 다른 일반적인 교육 제도 및 정책들처럼 일부 개선할 여지가 있기에 관련 주체별로 나누어 이를 기술해 보고자 한다.

(1) 대학

간호교육인증제는 간호교육의 질 제고라는 목적 달성을 위해 도입되었는 바, 고등교육의 질 보장의 일차적 책임을 지고 있는 간호교육 운영 대학에서는 우선 해당 학교가 제공하는 간호교육의 경쟁력을 향상시키기 위해 부단히 노력할 것이 요구된다. 다만, 대학교육의 목적 교수와 학생 모두가 학문탐구를 통해 역량을 강화시켜 국제적인 경쟁력을 갖추는 데 있기에, 교수는 학생의 교육과 연구에 어느 하나라도 소홀하면 안 될 것이다. 그럼에도 응용학문이자 전문직 간호사 배출을 목표로 하는 간호학 분야의 대학교육은 연구보다는 교육에 더 중점을 두어야 하는 것이 타당해 보인다. 곧 교육 패러다임 변화에 따라 모든 문제를 학생을 중심에 놓고 생각해 보면 분명해지는데, 국제적으로는 이미 오래전부터 '무엇을 가르쳤느냐(What is being taught)'에서 '학생이 구체적으로 무엇을 배웠느냐(What is measurably learned)'를 중요시하는 방향으로 교육의 패러다임이 바뀌었다는 것을 이해하게 되면, 교육의 방향에 대한 논의가 쉽게 마무리될 것이기 때문이다. 특히나 졸업시점에 학생이 성취하기를 기대하는 능력과 자질이라는 학습성과를 중시하며 대부분 졸업생이 실무에 바로 투입되는 경향이 큰 간호교육에서는 이를 반영할 필요성이 크다.

이런 논의에 바탕을 두고, 학생들의 학습성과를 높이는 방향으로의 간호교육 질 제고를 위한 대학에서 노력해야 할 사항들을 살펴보면 다음과 같다. 고등교육에 있어 질 보장의 일차적 책임은 해당 고등교육기관에서 져야 하므로 우선 대학 내부에서의 자체적인 질 보장, 책무성 제고를 위해서는 내부 질 보장을 위한 정책의 수립·공개, 사전 공개된 규칙과 일관성 있게 적용되는 절차에 의한 학생 평가, 유능하고 자격이 있는 교수 확보, 고등교육 프로그램의 원활한 운영에 필요한 학습자원 확보·제공, 그리고 학습활동의 효율적 관리를 위한 정보 수집과 분석 결과 활용 등이 이루어질 필요가 있을 것이다(이영호 외, 2011). 교육의 질 보장에 대한 사회적 요구 충족의 책임이 있고, 시대 변화에 발맞추어 대학교육의 수혜자와 수요자들을 위해 질적 발전과 개선을 지속적으로 도모하는 것도 대학 권위 확보와 관련해서 대학에 요구됨을 인식하고 실천하는 것이 매우 중요하다.

평가·인증기관 등에 의한 외부 질 보장과 관련해서 대학에서는 외부 질 보장에 대한 대학 차원의 지침을 마련하고 일관성 있게 적용하며, 외부 평가·인증을 내부의 목적을 충족시키기 위한 과정으로 활용하고, 권고 사항 등에 대한 성실한 이행 및 일관성 있는 후속조치를 취하며, 평가·인증 결과 보고서에 대한 분석 및 요약 보고서를 작성하여 교직원 등에게 공유하는 것 등을 실천할 필요가 있다. 또한 인증사업을 진행하는 데 있어 각 대학에서 교수들의 자발적 참여보다는 거기에 상응하는 보상을 받을 수 있도록 신경을 써 줌으로써 서로 간에 만족할 수 있는 결과를 얻어 인증사업과 나이가 간호교육이 발전할 수 있는 근간이 될 것이라는 의견을 수용하여 참여 교수들에 대한 유무형의 인센티브를 제공하는 것이 필요하다고 본다. 아울러 대학이 인증결과를 적극 반영하고 활용할 수 있도록 교과와 프로그램 개선 및 시설 확충 등 지속적인 환류가 이뤄지도록 하고, 다음 교육에 피드백함으로써 개선을 유도하는 것도 교육평가의 목적인 교육활동 개선에의 활용이라는 측면에서 중요하다.

마지막으로, 간호교육 인증 평가 과정에서 도출한 우리나라 간호교육의 개선방안(신경림, 2008)을 살펴보면, 첫째로 많은 학교에서 교육과정 편성에 있어서 체계적인 절차와 논리가 부족한 것으로 나타났다. 이를 해결하기 위해서는 자체적으로 체계적인 교육과정 개발 및 평가, 개선 노력이 필요하며, 간호교육 목표 달성을 위한 효율적, 효과적 교육과정 모형 및 방법 모색이 강구될 필요가 있다. 둘째로는 관련 지식내용이 점점 많아지는데 이를 모두 교육과정에 담을 것인지와 전문인으로 성장, 발전하는 데 필요한 핵심적인 능력을 준비시킬지 등에 대한 문제이다. 이를 해결하기 위해서는 핵심적이고 필수적인 간호교육 내용을 확인하여 편성하는 것이 요구된다고 할 수 있다. 간호교육의 세 번째로는 학교에서 통제하기 어려운 점과 오랫동안 관습에서 변하기 어려운 이유 등으로 현장실습이 제대로 운영되지 못하는 문제이다. 이를 개선하기 위해서는 현장실습 교육 방법 개선으로 실무를 반영한 간호교육이 이뤄지도록 하고, 시뮬레이션 교육 및 실제적인 기초 능력 준비가 철저히 이루어지는 방향으로 실습 교육이 개선되도록 하며 현장의 간호교육 참여 확대, 대학과 현장의 교류 확대 등도 요구된다.

(2) 한국간호교육평가원

고등교육의 질 보장에 대한 책임은 일차적으로 대학에 있지만 국가는 이를 보장하는 책임을 가진다. 따라서 정부의 평가 · 인증기관에 대한 인정은 공공재로서 교육 정책과 제도, 교육기관을 담당하고 있는 국가의 당연한 과제이자 국경을 넘는 고등교육의 질적 수준 보장이라는 국제사회에 대한 책무성의 이행 차원에서도 필요하다고 분석된다. 특히 간호, 공학 등과 같이 전문 인력의 해외 수급이 증가하는 분야의 경우, 인증 프로그램의 졸업자들을 중심으로 해외에 진출하게 함으로써 해외 취업자들이 다른 나라에서 실력을 발휘하고 우리나라를 글로벌 경쟁에서 앞서 나가게 하는 긍정적인 결과를 가져올 수 있기 때문에 국가 차원에서 해당 학문분야 인증 · 평가제에 대한 더 많은 관심과 지원이 요구된다.

　정부로부터의 고등교육에 대한 외부 질 보장 역할을 위임·위탁받아 대학에 대한 평가·인증을 실시하는 한국간호교육평가원에서는 우선 정해진 규정에 따라 기관 또는 프로그램에 대한 외부 질 보장 활동을 추진하고, 평가·인증 규정 등이 타당성 있고 그 절차가 효율성이 있는지 지속적으로 점검하여 개선해 나가는 노력을 해야 한다. 또한 평가·인증기관에서는 평가·인증을 통한 외부 질 보장 활동과 관련하여 해당 대학 자체의 비전과 목표를 설정하고, 평가·인증 과정과 절차, 준거 기준 등도 지속해서 보완해 나가고 지침 개정 시에는 대학에 신속히 사전 공표 및 안내를 하도록 하며, 서면 평가와 현지 방문 평가에서는 충분한 시간을 갖고 관련 전문가 집단에 의해서 전문성 있고 객관적으로 이뤄지도록 해야 한다. 아울러 평가·인증 과정에서 제기된 권고사항, 주요 의견, 기타 공식적 견해 등을 보고서로 정리하여 인증 대학 등에 공유 및 피드백하고, 교육의 질에 대한 보장과 관련한 권고사항 이행의 후속 조치 등과 같은 외부의 질 보장 활동에 대한 책무성을 확보할 수 있는 절차와 방안을 모색하는 것도 평가·인증기관에 요청된다. 효과적이고 능률적인 방법으로 평가·인증 활동을 추진이 가능한 조직 구축, 인적·재정적 지원 확보와 함께 대학과 정부 그리고 다양한 이해관계자로부터 독립성을 보장받으면서 평가를 추진해야 한다는 양립하기 어려운 과제를 효과적으로 관리하는 것 또한 평가·인증기관의 위상 제고와 발전을 위해서 필요하다고 보인다.

　간호교육 인증 평가제 시행 시 나타난 문제점을 중심으로 한 구체적인 개선사항으로는 ① 평가항목 및 방법 등이 간호교육 프로그램의 수월성과 경쟁력에 관한 항목들을 측정하는 데 적합하게 구성되었는지 점검 및 개선, ② 평가 항목 및 결과 등이 국제적 비교 및 국제적 호환이 충분히 가능하도록 점검 및 개선, ③ 정성평가 항목의 신뢰성 보완 및 신뢰성 확보를 위한 척도 보완, ④ 인증위원 간 일치도를 높이기 위한 평가 세부기준/지침 보완 등 인증위원에 영향을 받지 않도록 하는 방안 마련, ⑤ 인증위원 윤리성 확립 및 평가위원 자질 함양을 위한 전문가 교육과정 개발, ⑥ 평가 계획 및 진행의 안정성 확보 노력, ⑦ 실습교육 참관 및 실제 운영 확인 등을 위한 방문 기간 확대 등 현장 평가 방법 개선 보고서 작성과 공유, ⑧ 자료 준비 최소화 등 효율적 평가과정이 될 수 있도록 개선, ⑨ 대학이 평가자료를 수집하고 정리하는 작업을 최소화할 수 있도록 데이터베이스(DB) 시스템 구축, ⑩ 직간접 관계자들의 알 권리를 충족을 위한 인증결과 공개 및 활용 범위와 수준을 확대 등을 제시할 수 있다(김상철 외, 2017).

　무엇보다도 인증 과정과 결과에 대한 불신을 제거하고, 인증결과에 대해 신뢰하고 받아들일 수 있도록 평가항목 및 기준, 평가체계에 대한 지속적인 점검과 개선이 필요하다. 이와 관련해서는 인증원 자체에 대한 그리고 인증내용 등에 대한 자기평가, 메타평가를 통해서 개선해 나가는 것이 요구된다. 2주기 기준에서는 평가 후 주요 지표들에 대해서 지속적으로 점검하지 않고, 평가에 대해 평가장치를 별도로 구비하지 않음으로써, 평가·인증의 신뢰성과 타당성 등의 공신력 확보가 다소 어렵다는 지적도 제기되었다. 따라서 평가기관 스스로가 자체적으로 평가행위 및 평가수행 결과 등에 대해 메타평가와 자기평가를 실시함으로써 수행한 평가의 신뢰성과 타당성을 확보하고, 피평가기관과 평가결과 및 가치를 공유하고 관련자와 이해당사자들의 견해를 적극 경청 및 반영함으로써 평가인증에 대한 개선을 모색할 수 있을 것이다. 따라서 간호교육 인증 평가는 각 대학의 인증결과와 연계하여 향후 추진 계획과 재점검 상황을 확인하면서 교육의 질 향상을 위한 교육활동으로 발전시켜 나가도록 권장하며, 평가기관과 피평가기관이 합목적적 가치를 공유해 나감으로써 환류 중심의 순환적 인증제를 만들어 나갈 필요가 있으며, 이를 위한 간호교육평가원 자체에서의 끊임없는 연구와 성찰이 필요하다고 본다.

　마지막으로 UNESCO/OECD「국경을 넘는 고등교육 질 보장」지침 등을 고려하여 고등교육의 질 보장과 관련한 국제적 표준을 적극 수용하고, 질 보장 및 학위인증 기준과 절차 등 인증 대학 관련 정확하고 구체적 정보 제공을 확대해 나가며, 국제 네트워크 참여를 통한 우수사례 교환 및 직원 전문성 향상을 꾀하고, 내부 질 보장 시스템 개발 및 정기적 외부평가 실시에도 적극적이어야 할 필요가 있다(이영호 외, 2011). 거스를 수 없는 현상인 고등교육의 세계화에 대응하여 비교 우위를 창출할 수 있는 분야 중의 하나가 간호교육 분야라고 볼 수 있기에 우리나라 간호교육 발전을 위한 한국간호교육평가원의 역할은 계속 강조되어야 하고, 이를 위한 정부 지원도 한층 확대되어야 할 것이다.

(3) 정부

　교육부를 중심으로 한 정부에서는 자율적·객관적인 고등교육의 질을 보장하기 위해 유럽 국가 간 고등교육 질 보장 지침 등을 참조하여 대학과 평가·인정기관의 책임과 역할을 분명히 하도록 하고, 양자에게 필요한 자원과 제도 개선을 지원하는 체제를 마련할 필요가 있다(ENQA, 2005; 이영호 외, 2011). 정부에서는 우선 고등교육 공급자인 대학에 대하여 그 질 관리를 위한 내부 자체 평가 체제 수립과 지속적인 내부평가를 통하여 일정한 수준의 고등교육을 유지하고, 이에 대한 외부평가를 받아 그 결과를 공개함으로써 고등교육 수요자에게 객관적인 정보 제공의 책임과 역할이 있음을 분명히 제시하고 인식시킬 필요가 있다. 정부는 평가·인증기관에 대해서도 외부에서 질 보장에 대한 활동의 구체적인 목적 및 목표 설정, 신뢰성과 타당성이 담보될 수 있는 과정 및 절차와 평가·인증 준거, 그리고 결과 발표 및 후속 조치 등의 평가·인증에 기초하여 책무성 확보가 가능한 역할과 책임을 부여하고 점검할 필요가 있다.

한국간호교육평가원을 대상으로 모니터링 및 구체적인 질 관리 방안을 제시해 본다면, 행·재정 연계를 통한 관리, 자율협의체를 통한 자율적 상호 관리, 기관에 대한 평가를 통한 관리를 고려해 볼 수 있고, 정부에서는 상기 사항들을 적절하게 활용할 수 있을 것이다. 한편, 인증평가제도 구축에 있어서 정부는 현재와 같이 간접적인 형태로 개입하는 것이 적절한 것으로 평가된다. 정부가 직접 인증평가를 수행하기보다는 인증평가기관에 대한 인정평가를 통해 간접적으로 인증평가의 품질과 여러 인증평가기관들의 평가 간의 일관성을 보장하는 것이 바람직할 것이다. 또한 정부에서는 대학평가의 합목적성과 실용성 강화를 위해 학생과 학부모에게 학교 선택 기회에 도움이 되는 대학의 특정적인 정보와 학생이 입학 후에 받게 될 교육 및 졸업 후에 전문 간호인으로의 성장 가능성에 대한 정보가 제공될 수 있도록 평가인증결과에 대한 정보를 점진적으로 확대하여 공개할 수 있는 행정적·제도적 장치를 마련하는 것이 요구된다.

간호교육 인증 평가가 더욱 발전해 나가기 위해서는 인증제 관련 폭넓은 심층연구로 교육본위적인 타당성 높은 인증제 운영(곽진숙, 2010) 및 간호교육 발전을 위한 관련 당사자와 기관들의 계속된 노력이 필요하다. 특히 인증결과에 대한 효과적인 활용 정도를 검토하기 위해 인증 과정 및 결과에 대한 대학과 의료계의 신뢰 여부, 인증결과에 따른 개별 대학의 개선 노력 및 후속조치 여부, 지속적으로 점검 체계에 대한 분석 등이 요청된다. 또한 한국간호교육평가원은 간호교육평가인증의 전문성과 자율성을 보유한 자율기구로서 객관성과 공정성을 유지 및 관리 가능한 평가 시스템 구축에 더욱 노력하고, 자체적인 실천력 확보와 함께 정부로부터 인증기관에 대한 전문성, 독립성, 자율성을 보장받기 위한 노력도 지속적으로 필요하다. 아울러 학생교육의 직접 제공자로서 대학은 대내외 질 보장 시스템을 구축·활용하고 최소한의 기준 충족에서 더 나아가 대학의 자율성을 기반으로 대학구성원들의 전문성과 열의를 집결하여 역량을 갖춘 졸업생을 배출함으로써 교육성과, 학습성과를 달성하는 것이 필요하다. 더불어 간호교육 인증 평가제가 인증·평가로서 자리매김하기 위해서는 가장 중요한 평가 결과 활용방안이라 볼 수 있는 '다음 교육에 대한 피드백을 통해 교육의 개선을 유도하는 것'을 잘 견지하고, 이에 대한 개별 대학 구성원들의 인식 제고와 실행 방안 연구가 함께 요구된다. 마지막으로, 간호교육인증제가 지속 가능한 제도로 정착하여 영속해 나갈 수 있도록 정부, 한국간호교육평가원, 간호교육 운영대학 및 관련 보건의료계 등의 협력 체제, 상생 관계 유지가 필요하고 이를 위한 각 당사자의 지속적인 노력이 요구된다고 볼 수 있다.

제14장 인증기관 대학평가의 쟁점과 과제

1 평가의 방향과 배경 논리

1) 평가방향

앞서 이 책에서 논의한 6개 인증 평가 가운데 대학기관 평가인증을 살펴보면 다음과 같다. 대학기관평가인증(accreditation)은 2011년에 도입되어 대학이 고등교육의 질 보장과 사회적 책무를 이행하도록 교육기관으로서의 기본요건을 충족하고 있는지를 평가하고, 사회에 그 결과를 공표함으로써 사회적 신뢰를 부여하게 되는 제도이다. 대학기관평가인증에서는 대학이 대학경영과 교육을 구성하는 요소(대학이념 및 경영, 교육, 교직원, 교육시설 및 학생지원, 대학성과 및 사회적 책무)를 「대학설립·운영 규정」 등 고등교육 관계 법령에 따르며 대학이 구현하고자 하는 교육의 질을 보증할 수 있는 최소요건을 확보하고 있는지, 또한 지속적인 질 개선을 위해 노력을 하고 있는지를 평가한다. 대학기관평가인증은 한국대학교육협의회의 부설기관인 한국대학평가원의 주도하에 2011년부터 5년간 1주기(2011~2015) 대학기관평가인증제를 실시하였고, 2016년부터 5년간 2주기(2016~2020) 평가를 시행하고 있다.

공학교육 인증 평가는 인증 프로그램에 따라 이수한 졸업생이 실제 산업체 현장에 투입되어 효과적으로 역할을 수행 가능한 준비가 되었음을 보증하고, 나아가 국제적으로 인정받는 엔지니어로 활동할 수 있음을 보장하고자 한다. 이러한 공학교육인증제는 성과기반 공학교육과 공학교육의 국제 표준화를 지향하고 있고, 공학교육인증 프로그램을 이수한 학생들은 이러한 자신의 능력을 보장받게 된다. 그리고 해당 교육 기관이 인증기준에 부합되는지의 여부와 세분화된 공학교육 프로그램이 인증기준에 부합되는지의 여부를 식별할 수 있게 한다. 이는 결국 공학교육의 발전을 촉진하고 산업과 사회가 필요로 하는 실력을 갖춘 공학 기술 인력을 배출할 수 있도록 기여하기 위함이다. 공학교육 인증 평가는 2001년부터 2개 대학, 11개 프로그램을 시작으로 2020년에는 총 84개 대학 453개 프로그램이 인증을 받았다(한국공학교육인증원 홈페이지, http://www.abeek.or.kr).

의학교육 인증 평가는 사회적 책무성의 측면에서 평가를 위한 적절한 기준을 설정하고, 기준에 따른 내부 평가와 의학교육의 질적인 수준을 개선 및 유지하며, 의과대학이 평가인증 기준에 따라 교육을 하고 있는지의 여부를 검증하고, 평가인정 결과에 따라 지속적인 자문과 협력을 유지하고자 한다. 이는 한국의학교육평가원서도 밝혔듯이, "의학교육의 질적인 발전과 의학교육의 수월성을 추구하기 위하여 의학교육기관에 대한 인정평가 활동을 수행하고 해당교육기관의 발전을 위한 자문을 하며, 평가 결과를 대외적으로 공포함으로써 의학교육의 질적인 향상을 추구하고 사회적 책무성을 담당하고자 한다"는 내용을 통해서도 확인할 수 있다. 의학교육 인증 평가는 2000년부터 2006년까지 제1주기 평가, 2007년부터 2011년까지 제2주기 평가, 2012년부터 2018년까지 post-2주기 평가가 시행되었고, 2019년부터는 Accreditation Standards for KIMEE(ASK2019)이라는 새로운 평가인증기준으로 평가가 시행 중이다.

간호교육 인증 평가는 간호교육의 질 제고를 위한 자율적인 질 관리 체제를 구축하고, 국제수준의 간호인력 양성을 위한 간호교육 프로그램의 책무성을 제고하며, 간호교육 수요자에 대한 신뢰성 있는 정보를 제공하고, 국제수준에서 요구하는 간호교육의 질 보증 체제를 확보하고자 한다. 이는 결국 모든 간호교육기관이 추구하는 우리나라의 면허간호사 육성이라는 공통의 목적을 통해 국가 및 사회가 요구하는 면허간호사로서의 역할을 다할 수 있는 능력을 배양하는 데 중점을 두는 것과 관련이 있다. 따라서 간호교육 인증 평가는 이러한 기본적 책무성의 제고와 간호학문의 발전에 기여할 수 있도록 했다. 간호교육 인증 평가는 2002년에 4개교의 시범평가를 거쳐, 2004년부터 제1주기 평가인증, 2012년부터 제2주기 평가인증이 시행되었다. 2017년부터 제3주기 평가인증이 시작되었으며, 한국간호교육평가원의 인증을 받은 대학의 졸업생만이 간호사 국가시험을 응시(「의료법」 제7조, 2017. 2. 2. 시행)할 수 있게 되었다.

법학전문대학원 평가는 사법시험과 사법연수를 기본으로 하는 기존의 법률가 양성제도가 제대로 작동하지 않은 상황에서 경쟁력을 갖춘 새로운 법률가 양성 요구에 부응하고, 기존의 법조인 양성 방식인 '시험에 의한 선발'에서 '교육을 통한 양성'으로 그 중점의 이동에 기여하고자 한다. 법학전문대학원 평가는 법학전문대학원을 두고 있는 대학이 그 목적을 달성하기 위해 필요한 요건을 지속적으로 충족하고 있는지를 점검하기 위해 「법학전문대학원 설치 · 운영에 관한 법률」 제27조의 규정에 따라 대한변호사협회에 설치되는 법학전문대학원 평가위원회에서 실시하고 있다. 2009년으로부터 4년 되는 해인 2012년에 1주기 평가가 시행되었고, 최초 평가받은 때로부터 5년마다 평가위원회의 평가를 받아야 하며, 법학전문대학원 설립 9년차인 2017년에 2주기 평가가 시행되었다.

　교원양성기관 평가는 교원양성 교육의 질적 수준을 향상시키고, 교직의 전문성에 대한 사회적 신뢰를 제고하며, 교원양성기관의 법적 책임을 확보하고, 교원양성기관에 대한 합리적인 행 · 재정 지원 정책 추진을 위한 근거자료를 마련하며, 교원양성을 위한 정책 방향을 설정하는 데 있어서 타당한 근거를 마련하고자 한다. 교육부는 1998년부터 한국교육개발원에 위탁하여 교원양성기관 평가를 실시하고 있으며, 1998년부터 2002년까지 1주기 평가, 2003부터 2009년까지 2주기 평가, 2010년부터 2014년까지 3주기 평가, 2015년부터 2017년까지 4주기 평가가 시행되었다. 2018년부터 2021년까지 5주기 역량진단이 시행 중이다.

2) 평가 배경 논리

　우리나라에서 인증기관 대학평가는 대학의 자체평가 및 외부평가를 통한 대학별 또는 학문분야별 교육수준을 향상시키고, 국제표준(Global Standards)을 만족하는 교육을 장려함으로써 수요자 중심교육을 지향하고 국가경쟁력을 제고하기 위한 목적으로 도입되었다. 이러한 목적으로부터 인증기관 대학평가의 배경 논리를 살펴보면 크게 세 가지로 정리된다. 첫 번째 배경 논리는 전문 인력 육성을 위해 대학교육의 질적 제고가 요청되어야 한다는 논리이고, 두 번째는 사회적 책무성이 강화되어야 한다는 논리이며, 세 번째는 국제적인 수준의 인재를 양성해야 한다는 논리로 나누어 살펴볼 수 있다.

　첫째, 대학의 질적 제고에 대한 요청부터 살펴보도록 하겠다. 우리나라 대학이 지속적으로 양적 팽창되고 있는 상황에서 고등교육의 질적 관리 및 제고가 요구되어 평가의 필요성이 증가하였다(최금진, 2011). 따라서 학생들에게 양질의 교육을 보장하기 위해 개별 대학에 '자율'과 '책임'을 부여함으로써, 각 기관에서 자율적인 기관 운영을 허용하고, 평가 결과를 공개하거나 평가결과를 바탕으로 차등적으로 행 · 재정 지원을 하는 것과 같은 방법을 활용하여 각 기관의 책무성을 확보하고자 하였으며 궁극적으로 대학교육 개선을 위한 수월성을 확보하고자 하였다.

둘째, 인증기관 대학평가를 실시하게 된 중요한 배경 중에 하나로 신자유주의적인 경향이 사회 전반의 분위기에 만연해짐으로써 사회적 책무성을 기관에게 위임하는 경향이 발생한 것을 꼽을 수 있다. 이는 1995년 5.31 교육개혁방안이 신자유주의의 영향을 받음으로써, 교육과정에서 교육자 및 교육기관은 공급자로, 학생 및 학부모는 수요자로 간주되었고, 교육 수요자인 학생들의 합리적인 대학 선택에 일조하기 위해서는 평가결과를 공개해야 된다는 인식에 따른 것이다(김갑성 외, 2008). 이러한 배경과 더불어 법학전문대학원평가는 법학전문대학원의 교육 · 조직 · 운영 및 시설 등의 유지를 목적으로 한 「법학전문대학원 설치 · 운영에 관한 법률」(법률 제8852호, 2008. 2. 29.)의 평가에 관한 규정이 평가의 주된 배경으로 작용하였으며, 교원양성기관 평가는 교원양성 정원의 총량을 정책적으로 조정하기 위해 정부가 주도적으로 개입한 특수성이 내재되어 있다.

셋째, 국제적으로는 '국경을 넘는 고등교육(Cross-Border Higher Education)'에 대한 질 보장 현상이 확대됨에 따라 국제사회로부터 교육의 질에 대한 보증 요구가 증대되었고, 개별 국가들은 교육의 질 보증을 위한 평가 수행을 요청받았다. 2005년 UNESCO와 OECD에서도 교육 수요자들을 보호하기 위한 최소한의 질 보장 장치를 마련하자는 의도로 '국경을 넘는 고등교육의 질 보장 가이드라인'을 채택하였다. 이에 따라 우리 정부도 국경을 넘는 고등교육의 질 관리의 총 책임자로서 인증 · 평가 관련 제도와 인프라 정비를 요구받게 된 것이다.

2 평가의 유형 및 특징

앞서 제8장부터 제13장에 걸쳐 살펴본 대학기관 평가 인증, 공학교육 인증 평가, 의학교육 인증 평가, 법학전문대학원 평가, 교원양성기관 평가, 간호교육 인증 평가의 주요 특징을 유형별로 간략하게 정리하여 제시하면 다음의 〈표 14-1〉과 같다.

〈표 14-1〉 인증기관 대학평가 비교

구분	대학기관	공학교육	의학교육	간호교육	법학전문대학원	교원양성기관
평가 변천 과정	• '1982년부터 시작 • '11년 1주기 시작에 '15년까지 5년간 추진 • '16년 2주기 시작에 '20년까지 5년간 추진 예정	• '99년 도입, '01년부터 2개 대학 11개 프로그램으로 시작 • '20년 기준 84개 대학 453개 프로그램이 인증받음	• '00년부터 '06년까지 제1주기 평가인증 • '07년부터 '11년까지 제2주기 평가인증 • '12년부터 '18년까지 post-2 주기 평가인증 • '16년부터 19년부터 적용할 새 기준인 Accreditation Standards for KIMEE (ASK2019) 제정	• '02년 4개교 시범평가 실시 • '04년부터 제1주기 평가인증 • '12년부터 제2주기 평가인증 • '17년부터 제3주기 평가인증	• '08년 설립인증평가 실시, '10년 1주기 자체평가 실시, '12년부터 '16년까지 1주기 평가 시행 • 최조 평가 받은 때로부터 5년마다 평가위원회의 평가를 받아야 함 • '17년부터 '21년까지 2주기 평가 시행 • '22년부터 '26년까지 3주기 평가 예정	• '98년부터 시행 • '02년까지 1주기 평가 시행 • '03부터 '09년까지 2주기 평가 시행 • '10년부터 '14년까지 3주기 평가 시행 • '15년부터 '17년까지 4주기 평가 시행 • '18년부터 '21년까지 5주기 역량진단 시행 중
평가 목적	• 대학의 경쟁력 강화, 고등교육의 질 제고에 대한 책무성 확보, 국제적인 교류 협력을 통한 고등교육 질 보증체계 구축	• 실제 공학 현장에 효과적으로 투입될 수 있음을 보장 • 해당 교육기관이 인증기준 및 절차에 따라 인증받을 수 있는 프로그램 및 그에 대한 지원 제공 및 자문에 응함 • 공학교육 발전 촉진하고 실력을 갖춘 공학기술 인력 배출	• 사회적 책무성의 측면에서 평가를 위한 적절한 기준 설정에 따른 내부 평가와 의학교육의 질적인 수준 개선 및 유지 • 의과대학이 평가인증 기준에 따라 교육을 하고 있는지의 여부 검증 • 평가인증 결과에 따라 지속적인 지문과 협력을 유지	• 간호교육의 질 제고를 위한 자율적인 질 관리 체계고를 기본으로 하는 기준의 별평가 • 국제수준의 간호교육을 위한 간호교육 프로그램의 질 제고 • 간호교육 수요자에 대한 신뢰성 있는 정보 제공 • 국제수준에서 요구하는 간호교육의 질 보증 체계확보	• 사법시험과 사법연수원을 기본으로 하는 기존의 별평가 양성제도가 제대로 작동하지 않은 상황에서 정생력을 갖춘 새로운 법적 제공 요구의 부응 • 기존 법조인의 양성의 중심이었던 '시험에 의한 선발'에서 '교육을 통한 양성'으로 그 중심을 옮기는 데 기여	• 교원양성 교육의 질적 수준 향상을 도모 • 교직의 전문성에 대한 사회적 신뢰제고 • 교원양성기관의 발적 책임 확보 • 교원양성기관에 대한 합리적인 시행·재정 지원 정책수립·시행을 위한 근거자료 마련 • 교원양성을 위한 정책 방향을 설정하는 데 있어서 타당한 근거 마련
평가 영역	• 대학이념 및 경영 • 교육 • 교직원 • 교육시설 및 학생지원 • 대학성과 및 사회적 책무	• 프로그램 교육목표 • 프로그램 학습성과 • 교과과정 • 학생 • 교수진 • 교육환경 • 프로그램 개선 • 전공분야별 인증기준	• 대학 운영 체계 • 기본 의학 교육과정 • 학생 • 교수 • 시설 및 설비 • 졸업 후 교육	• 비전 및 운영체계 • 교육과정 • 학생 • 교수 • 시설 및 설비 • 교육성과	• 학생 • 교육 • 교육과정 • 교육환경 • 교육성과	• 교육여건 • 교육과정 • 성과
평가 지표	• 평가영역별로 6개, 지표(총 30개)	• 평가영역별로 2개, 3개, 4개, 3개, 3개, 3개 지표 (총 24개)	• 평가영역별로 5개, 5개, 4개, 3개, 2개, 2개 지표 (총 21개)	• 평가영역별로 3개, 3개, 2개, 2개, 2개, 2개 지표 (총 14개)	• 평가영역별로 4개, 3개, 7개, 2개, 2개 지표 (총 18개)	• 평가영역별로 12개, 10개, 4개 지표 (총 26개)
평가 과정	• 서면평가, 현장평가 진행	• 서면평가, 방문평가 진행	• 대학자체평가, 서면평가, 방문평가 진행	• 대학자체평가, 서면평가, 방문평가 진행	• 자체평가 시행(자체평가서 제출, 대학별 자체평가 시행, 대학별 자체평가보고서 제출	• 기본계획 수립(교육부), 세부 운영 영역(한국교육개발원), 평가 전반 운영(한국교육개발원), 대학이 자체평가 실시하여 한국교육개발원에 제출

구분				
평가방법	• 대학이 평가위원회 제출한 자체진단평가보고서를 토대로 교육기관으로서 갖추어야 할 최소기준의 충족 여부 확인 및 평가 • 자체진단평가보고서에서의 각 자료 확인 및 점검을 위해 현지방문평가 실시	• 인증설명회 이후 인증평가 신청을 받아 대상 교육기관을 선정 • 평가위원은 각 하위과정별로 서류, 하위과정 우수성 및 장점 기술, 서면평가와 방문평가를 종합하여 각 하위과정의 지적될 내용을 기조로 예비논평서 작성 후 제출 • 평가단장은 각 하위과정별 논평내용서와 평가위원의 논평내용검토와의견서를 바탕으로 논평내용서 종합검토하여 최종으로 논평내용서 및 지도서 작성	• 의과대학은 인증기관간 종료 1년 전에 자기 평가인증 신청, 인증기관의 종료되는 해에 평가인증을 받아야 함 • 인증유예를 받은 대학은 차기 년도에 재평가를 받아야 하며, 1년 연기 가능 • 대학은 인증기관간 반드시 1회 전이라도 차기 평가인증 신청가능 • 평가인증을 받은 이과대학은 2년 뒤 중간평가보고서를 제출, 필요한 경우에 의해 추가 현장평가 실시	• 1단계에서는 항목별 인증기준의 충족 여부에 따라 '충족', '보완', '미충족'으로 평정 • 2단계에서는 영역 평정 시 해당 영역 담당 평가위원의 합의와 평가단장의 주도하는 평가단 내 합의 과정을 거쳐 평가단의 객관성과 신뢰성 향상시 향상시킴 • 3단계에서는 프로그램의 최종 인증 여부 판정, 항목별 인증기준 충족 여부와 영역별 고려하여 프로그램 전체의 절차 수준 평가 실시	• 평가단은 서면평가 과정에서 자체평가보고서로서의 충실성, 양적 지표 적용의 적정성, 제출물의 오류 여부, 기술 내용의 적절성과 등을 중점적으로 평가 • 현장 서면방문평가단계에서는 1일 1회마다 평가결과를 합의하여 오류로의 한 문제점, 허위·오류로의 심되는 내용, 중빙자료나 대화 관계자 설명을 통해 확인해야 할 사항 등을 점검 • 하부 3~4학년/교육대학원 3~5학기 재학생을 표집 대상으로 하여 교육시설, 교육과정 운영, 수업 중심도 등에 대한 재학생 만족도 조사 실시	• 각 분야전문대학원의 자체 평가위원회를 조직 • 자체평가위원회는 평가영역에 관한 전문성이 있는 교수들을 위원으로 위촉하고, 학생, 교원, 교육과정, 교육환경, 교육성과 등 각 평가영역별 전문성이 있는 교수와 평가위원회를 이룸 어나갈 위원장 등으로 구성하되, 영역마다 1~2명을 선정하여 역할을 분담할 수 있도록 함 • 각 대학의 규모, 전문 인력 및 재정상황에 따라 협의의 맞게 구성
결과활용	• 학생들의 전문성 신장 • 대학은 특성화되고 차별화된 공학교육 목표를 설정 • 전문인력 양성을 통한 기업의 경쟁력 강화 • 대학 공학교육 내실화 정책, 산학협력 정책 수립 등에 활용	• 이과대학의 교육여건과 교육과정의 질적 수준이 국가적 표준을 달성하도록 권고하거나 조언하는 자료로 사용 • 대학/전문대학의 자체평가와 연구를 통해 의학교육에 대해 질 향상을 위한 지속적인 노력 유도 • 인류의 질병 예방과 건강 증진에 효과적인 기여	• 간호교육 개선을 위한 정부의 정책적 지원 환기 • 간호교육의 질적 수준이 전체 인정 및 상호 교류의 전 제조건을 충족시키는 요건으로 활용 • 보건의료교육의 질 개선을 통한 국가 보건의료 정책에 기여 • 일반 국민들에 대한 보건의료 서비스 향상	• 병조인 양성교육의 질 보장, 분야전문대학원 운영의 효율성 제고, 분야전문대학원의 책무성 제고 및 평가목적 달성을 위해 활용 • 일정한 교육의 질을 확보하고 있음을 공식적으로 인정하는 역할 • 분야전문대학원과 그 졸업자에 대한 정보 제공 • 운영체계 대비 이행실적에 대한 모니터링 • 정부의 분야전문대학원에 대한 정책 집행에 활용	• 교원양성교육을 제공하는 공급기관이나 학생 및 학부 모 수요자에게 각 기관별 평가 등급을 등의 정보 제공 • 교육부는 교원양성기관의 질적 수준 제고 및 양성체제 개선을 위한 교원양성 정책의 근거자료 활용 • 대학은 교원양성교육 시스 템의 미흡한 부분을 자체적으로 개선하기 위한 체제를 수립하고 실천하는 데 활용 • 한국교육개발원은 평가·연 담, 평가 시행 과정 등에 대한 자체진단, 평가단의 전의 사항 등을 수렴하여 차기 평가 반영 사항 정리하는 데 반영 활용

상술한 여섯 가지 평가는 각 학문의 특성이 반영된 고유한 면모를 보여 주고 있으며 변천과정, 평가방법, 결과 활용 등을 통해 해당 평가의 나양성과 정체성을 확인할 수 있다. 반면에 평가목적, 평가영역, 평가지표, 평가과정 등에서는 각 평가가 시행하고 있는 공통분모 혹은 지향점 또한 다음과 같이 발견할 수 있다.

첫째, 평가목적을 살펴보면 대학이 전문인력을 양성하기 위한 질 제고에 중점을 두고 평가를 하고 있음을 확인할 수 있다. 예컨대, 대학기관 인증 평가는 고등교의 질 제고에 대한 책무성을 확립하고 국제적인 교류 협력을 통한 고등교육의 질 보증체제를 구축하고자 하며, 공학교육 인증 평가는 실제 공학 현장에 효과적으로 투입될 수 있는 전문 인력을 배출하고자 한다. 의학교육 인증 평가와 간호교육 인증 평가 또한 사회적으로 인정받고 국제적인 수준의 교육의 질이 담보되는 인력을 양성해야 함을 강조하고 있다. 법학전문대학원 평가 역시 시험이 아닌 교육을 통해 전문 인력의 질을 제고시켜야 하는 것을 중요하게 다루고 있고, 교육양성기관 평가 또한 교사의 질적 수준을 향상시켜 사회적 신뢰를 제고시키는 데에 중점을 두고 있다.

둘째, 평가영역 측면에서 살펴보면 인증 평가별로 다양한 영역을 확인할 수 있지만 공통적으로 적용되고 있는 평가영역 또한 발견할 수 있다. 이는 바로 교육 혹은 교육(교과)과정, 교원, 학생, 교육환경(여건), 성과 등을 들 수 있다. 물론 대학기관 인증 평가에 해당하는 대학이념 및 경영 영역은 공학교육 인증 평가의 교육목표 영역, 간호교육 인증 평가의 비전 및 운영 체계 영역과 비교할 수 있을 것이다. 그리고 의학교육 인증 평가의 졸업 후 교육 영역과 교원양성기관 평가의 특성화 영역 등은 해당 평가에만 있는 특별한 영역으로 볼 수 있으며, 이는 다른 분야의 평가에서도 눈여겨 볼 만한 대목이다.

셋째, 평가 지표 측면에서 살펴보면, 평가영역별로 지표가 매우 다양하다는 것을 알 수 있다. 총 30개의 지표를 보유하고 있는 대학기관 인증 평가가 가장 많으며, 총 16개의 지표를 보유하고 있는 간호교육 인증 평가가 가장 적다. 지표가 많은 평가가 지표가 적은 평가에 비해 상대적으로 보다 상세한 평가를 시행하고 있다고 볼 수만은 없다. 이는 특정 분야의 지표 내용이 함축되어 표현되었거나 해당 분야의 평가를 위해 필요한 지표로써 활용되고 있으므로, 그에 대한 특수성을 고려하여 살펴봐야 할 것이다. 예를 들어, 대학기관 인증 평가의 운영 체계 지표는 여섯 개이지만 크게 대학경영과 대학재정에 관한 두 종류로 구분될 수 있다. 하지만 의학교육 인증 평가의 운영 체계 지표는 대학설립, 대학행정 및 운영체계, 대학발전 계획, 대학재정, 개선노력과 같은 다섯 개의 서로 다른 성격의 지표들로 구성되어 있어서 절대적인 비교를 할 수는 없다.

넷째, 평가과정을 살펴보면 대부분의 평가에 서면평가와 방문평가가 공통적으로 포함되어 있음을 알 수 있다. 그리고 대부분의 평가가 대학 자체적으로 평가를 실시한 후에 서면평가와 현지방문평가가 이루어지며, 이를 통해 판정위원회로부터 최종 결과를 통보받게 된다. 다만, 교원양성기관 평가의 경우에는 특정 분야의 평가인증 기관이 아닌, 교육부의 위탁에 따른 한국교육개발원이 평가주체임을 확인할 수 있다. 즉, 교육부가 평가기본계획을 수립한 후, 한국교육개발원이 평가 세부 시행계획을 수립하고 전반적인 평가과정을 운영하며, 대학에서는 자체평가를 실시하여 한국교육개발원에 제출하는 과정을 거치는 것이다. 다른 평가와는 상이한 평가 주체에 대한 특수성이 있음에도 불구하고 교원양성기관 평가는 다른 분야의 평가 과정과 크게 다른 점이 없다.

3 성과 및 문제점

1) 성과

여섯 가지 평가에 대한 성과는 앞에서 이미 각 평가별로 밝힌 바가 있다. 이 장에서는 각 평가들에 찾아볼 수 있는 공통적인 성과에 중점을 두고 다음과 같이 살펴보도록 하겠다.

첫째, 인증기관 대학평가는 학생 자질, 역량 향상으로 집약되어 나타났다. 학생들은 현장에서 필요한 전공 전문성 및 업무 수행 관련 기초역량을 배양하고, 이를 바탕으로 취업에서 보다 우위를 차지할 수 있으며, 자기주도적 학습능력 및 진로개척 의지 등 미래사회를 주도해 나가는 데 필요한 역량을 함양하게 되었다. 이는 곧 교육의 중요성에 대한 인식을 제고시켰고 사회적 인식의 전환에도 영향을 미쳤다.

둘째, 대학에서는 평가기준을 토대로 교육목표를 구체화하고 교육과정을 새롭게 편제하여 체계적인 교육체제를 구축해 나감으로써 교육의 질적 변화를 모색해 나갔다. 대학이 제도적인 장치를 마련하고 연구보다는 교육에 무게를 둠으로써 학생과 사회의 요구를 충족시키고자 하였다. 이는 대학이 자체적으로 질과 수준을 유지하게 되는 자기 점검 도구로서의 역할을 수행하게 된 것이라고 볼 수 있다.

셋째, 교육의 질적 제고를 통해 국제적인 기준에 부합하도록 노력해 나갔다. 이를 통해 대학교육의 경쟁력을 향상시키고 국가경쟁력 또한 확보할 수 있게 되었다. 대학교육에 대한 인증 · 평가는 대학의 책무성 제고 기제 및 각 학문분야별 자기 규제를 통한 교육의 질을 보장하는 매개 역할을 함으로써 결국 국가와 사회의 경쟁력을 향상시키는 데 이바지한다고 볼 수 있다.

2) 문제점

여섯 가지 평가에 대한 문제점은 모든 평가가 가지고 있는 문제점이라고 할 수 있는 사항만을 다음과 같이 살펴보고자 하며, 이와 관련한 상세한 쟁점사항은 다음 절에서 검토해 보고자 한다.

첫째, 평가의 토착화가 부족하다. 국제적인 기준에 부합하기 위한 평가를 추진하는 과정에서 한국의 실정에 적합한 내용과 기준을 설정하는 데에 한계를 드러내게 된다. 이는 주기별 평가를 통해 개선해 나가고 있지만 주기별 평가기준의 변동은 대학과 학생에게 혼란을 야기하며 국제적 인증에 대한 실효성에 대해서도 의구심을 불러일으키게 된다.

둘째, 현지방문평가의 기간이 부족하다. 내부자의 평가가 아닌 외부자에 의한 현지방문평가는 해당 대학의 평가를 위해 충분한 시간을 활용하여 평가를 시행할 필요가 있다. 하지만 대학의 규모나 평가분야에 따라 1~2일 혹은 2~3일 정도의 기간 동안 현장을 평가한다는 것은 한계가 있다. 이는 곧 평가 결과에 대한 불신과 더불어 타당성과 신뢰성 확보에 대한 논란을 야기하게 된다.

셋째, 평가에 대한 정보 공개가 부족하다. 교육의 질적인 향상과 사회적 책무성을 달성하고자 하는 평가의 목적과는 다르게 평가결과를 외부에 공개하지 않음으로써 평가 활용에 한계를 보이고 있다. 학생과 학부모 입장에서 대학을 선택하기 위한 정보를 제공하고 일반 국민들에게도 대학의 질적 수준을 공개하여 평가에 대한 대국민 신뢰도를 제고시켜야 하지만, 평가받는 대학에만 구체적인 결과가 공개되어 평가의 실효성에 저해가 된다.

4 평가의 쟁점

1) 평가방향 측면: 평가의 취지와 목적이 실제로 적용되고 있는가

여섯 가지의 평가에서 평가의 방향과 관련하여 다양한 쟁점이 제기되고 있다. 각각의 평가는 원래의 목적과 취지에 부합하도록 시행되어야 하지만, 각 학문 분야마다 평가가 시행된 시기와 과정, 그리고 도입배경 등이 상이하여 평가방향 측면에서 다양한 이슈가 제기되었다. 이러한 유형을 제시하면 〈표 14-2〉와 같다.

⟨표 14-2⟩ 평가방향 측면에서의 쟁점 비교

구분	평가방향 측면에서의 쟁점
대학기관	평가방향이 구체적이지 못해 대학구조개혁평가와의 차이를 드러내지 못함
공학교육	한국의 실정을 고려하지 않고 미국 제도를 차용함으로써 상이하고 이질적임
의학교육	전문인력 양성보다는 국가고시 시험 준비 위주 교육과정으로 인한 질 관리 저해
간호교육	인증기준의 경직된 적용으로 인한 대학 및 학제 간의 특성 반영 미흡
법학교육	전문인력 양성보다는 변호사 시험 준비 위주의 교육과정으로 인한 논란 발생
교원양성	교원양성기관의 질적 제고보다는 대학의 구조조정에 중점

첫째, 한국대학평가원이 실시하는 대학기관 인증 평가는 교육부 주관의 대학구조개혁평가와 크게 다르지 않고, 대학에 대한 정부의 불신으로 인해 불필요한 평가가 중복으로 추진되고 있다는 논란(한국대학신문, 2014. 9. 30.)이 있다.

둘째, 공학교육 인증 평가는 한국에 공학교육 분야의 질적 제고를 위해 미국의 평가 제도를 상당 부분 차용하게 됨으로써 국제화보다는 미국화된 평가로 인해 우리나라의 실정과는 다소 차이가 있고 법적인 근거 또한 부족하다는 지적(한지영, 2008)이 있다.

셋째, 의학교육 인증 평가는 전문적인 의료인을 양성하기 위한 교육과정이 운영되어야 하는 의과대학에서 국가고시 시험 준비를 위한 학원화가 진행(메디칼타임즈, 2020. 2. 1.)되어 질 관리에 난항을 겪고 있다.

넷째, 간호교육 인증 평가는 1990년대 중반에 간호교육기관이 무분별하게 설립되어 각 대학 및 학제(4년제, 전문대)의 간호학과마다 교육과정과 수준이 상이함에도 불구하고 한국간호평가원의 평가 기준에 경직되게 적용한 것(박정혜, 2012; 김상철 외, 2017)이 논란을 불러일으켰다.

다섯째, 법학전문대학원 평가는 국민의 다양한 기대와 요구에 부응할 수 있는 법률서비스를 제공할 수 있는 전문 법조인 양성에 대한 평가를 해야 하지만 변호사 시험 위주의 교육과정으로 인해 그러한 평가 자체가 무색해지고 있다(이호선, 2015).

여섯째, 교육양성기관 평가는 교육여건 및 운영 실태를 확인하고 그 결과를 공표함으로써 양성기관들 간의 선의의 경쟁을 유도하는 데에 있지만, 실제로는 정부가 교원양성기관의 구조조정과 교육자격증 감축을 위한 명분으로 삼는다는 비판(신현석, 2009; 김기수, 2012)이 있다.

2) 평가내용 측면: 평가 기준과 지표가 현실적으로 구성되었는가

평가내용과 관련하여 여섯 가지 평가에서 나타나는 쟁점 또한 평가방향처럼 다양한 양상을 보여 준다. 평가내용 측면에서의 쟁점은 주로 평가기준이나 평가지표에서 나타난다. 먼저, 〈표 14-3〉과 같이 평가내용별로 쟁점을 살펴보고, 이어서 평가지표를 비교하여 상세히 검토해 보도록 하겠다.

〈표 14-3〉 평가내용 측면에서의 쟁점 비교

구분	평가내용 측면에서의 쟁점
대학기관	정성평가보다는 정량평가의 비중이 커서 평가의 공정성과 객관성에 문제
공학교육	인증기준에 대한 좁은 해석과 일률적인 교육과정 평가로 인한 타당성 문제
의학교육	주기별 평가기준의 변동 및 국제적 인증 기준 적용에 따른 실효성에 대한 문제
간호교육	지표 자체 점검 및 검토 방안 부재에 따른 평가인증의 타당성 및 신뢰성 문제
법학교육	평가기준 단순화에 따른 경계, 과도한 시설의 적절한 활용을 위한 평가지표 미비
교원양성	교원양성기관의 현실과 부합되지 않는 지표

첫째, 대학기관 인증 평가는 연구력 중심의 평가 위주인데다가 정량평가의 비중이 커서 대학의 교육철학과 비전, 성장과정 등에 대한 정성적 평가가 부족하여 평가의 공정성과 객관성에 대한 문제(곽진숙, 2012; 2013)가 제기되었다.

둘째, 공학교육 인증 평가는 인증기준을 좁게 해석함으로써 대학의 교육과정이 하나의 기준에 따라 일률적으로 평가되면 평가의 타당성 측면에서 문제(김상철 외, 2017)가 될 수 있다는 지적이 있다.

셋째, 의학교육 인증 평가는 평가기준이 국제적 인증 기준에 부합하기 위해 1주기, 2주기, post 2주기를 거치며 변동되어 왔고, 이러한 변화는 의과대학에서 평가인증을 준비하는 데 어려움이 있다는 논란(임기영 외, 2011; 청년의사, 2016. 5. 30.)과 더불어 그 실효성에 문제가 제기되었다.

넷째, 간호교육 인증 평가는 주요 지표들에 대한 지속적인 점검과 평가에 대한 자체적인 분석 및 검토를 할 수 있는 방안이 마련되어 있지 않아 평가인증의 타당성 및 신뢰성에 대한 문제가 제기되었다. 인증위원 간의 평가 세부기준 및 지침 등의 상이하여 인증위원의 평가에 따라 평가 결과에 지나치게 영향을 미치기에, 그에 대한 대안 마련이 시급하다는 논의가 제기되었다(김상철 외, 2017).

다섯째, 법학전문대학원 평가는 법학전문대학원 설립과정에서 대학별로 치열한 경쟁 속에서 설립인가를 받아야 했으므로 대학의 과도한 투자시설과 그에 따른 지나치게 상세한 평가기준이 적용되어 현실적인 평가지표 개발이 필요하다(법학전문대학원 평가위원회, 2012; 정재영, 2013)는 비판이 제기되었다.

여섯째, 교원양성기관 평가는 일부 평가지표가 교원양성기관의 현실과 부합하지 않으며 평가주기가 3년으로 단축되어 교원양성기관의 부담이 커짐으로써 평가지표의 타당성에 대한 문제(김용진, 2010; 김운종, 2012; 김기수, 2013)가 제기되었다.

살펴보았듯이 평가내용 측면에서의 쟁점은 평가 기준 및 지표와 관련된 이슈들이 중점적으로 거론되고 있으며, 이는 〈표 14-4〉를 통해 구체적으로 검토해 보도록 하겠다.

〈표 14-4〉 평가별 지표 비교

구분	대학기관	공학교육	의학교육	간호교육	법학교육	교원양성
	대학경영 • 교육목표 및 인재상 • 발전계획 및 특성화 • 대학 자체평가	1. 프로그램 교육목표 설정 • 교육기관의 특성과 프로그램 교육목표의 부합 • 산업체를 포함한 구성원의 요구를 수렴한 설정 • 이과 환경 변화를 교육목표에 반영한 설정 • 프로그램 교육목표를 공시적으로 공개한 자료 2. 프로그램 교육목표의 적절성 검토 • 프로그램 교육목표의 적절성 검토를 위한 문서화된 체계 • 수립된 체계에 따라 교육목표의 적절성을 검토한 실적	대학설립 • 사회적 책임과 공공성 확보를 위한 설립이념 유무 • 의과대학의 자율성과 독립성 보장 • 사회적 책무성을 위한 노력	비전과 교육목표 • 교육목적과 목표 • 프로그램 학습성과 설정 • 발전계획 수립과 추진		
운영 체계	대학체제 • 대학체제 확보 • 예산 편성 및 집행 • 감사		대학행정 및 운영 체계 • 대학 운영 업무 분장의 적절성 • 행정업무 구분 및 행정적인 확보 • 전문성 개발을 위한 한장단 체제의 적절성 • 한장의 행정업무 및 예산집행에 대한 자율권 및 책임경영체계 확보 • 정체결정 구조 및 절차의 적절성 • 부속병원의 대학행정구조 대학발전 계획 • 발전 체제 수립 및 학교법인 지원 • 발전기금 여부와 운용 • 동문 또는 지역사회의 참여 대학재정 • 예산편성제도의 적절성 • 교육권한 재정 확보 • 감사제도와 활용 개선노력 • 자체평가 상설기구의 운영 • 평가결과의 적극적인 반영 및 노력 • 외국 의과대학과의 교류	행정과 재정 • 운영 체계와 지원 • 재정 확보와 운용 운영 개선 • 운영 개선 노력		행정지원의 적절성 • 행정지원의 충실성 발전체계의 적합성 • 발전체계(특성화 포함) 재정운영의 적절성 • 교육비(장학금 등) 환원율 환류노력 • 환류노력

교육

평가부문	평가요소	상세 내용	성과기반	항목	비고
교육과정 • 교양교육과정의 편성과 운영 • 전공교육과정의 편성과 운영 • 교육과정 개선 체계	프로그램 학습성과를 달성할 수 있는 교과과정 편성과 운영 • 프로그램 학습성과를 달성할 수 있는 교과목 편성 • 교과과정 이수체계 • 이수체계에 준하는 규정과 이수 실태	1. 교육과정 구성과 운영 • 교육과정의 구성 • 시기별 학습성과 개발 • 교육성과의 통합 • 책임교수제도 운영 • 교육과정별 학습성과와 수업 • 기초의학 및 임상의학 교육내용 • 임상실습 관련 준비, 지침서, 방법, 기간, 장소, 과정, 책임교수 고려 • 의료인문학 교육과정의 교육 및 평가방법 2. 교육과정 개발과 지원 • 인지도 제고를 위한 노력 • 교육관련 위원회의 활동 • 위원회의 예산 확보 및 집행 • 교육방법 개발 및 적용 • 적절비용에 대한 지원 3. 교육과정 개요 • 교육목적 및 교육목표 • 졸업성과 • 교육과정의 적절성	성과기반 교육과정 구성과 체계 • 학습성과 기반 교육과정 구성 • 교과목 이수체계 및 이수학점	1. 교육과정 편제 2. 교육과정 운영체제의 효율성	• 교육과정 편성·운영의 적절성 • 교육적적 취득자의 검정기준 충족 • 교과 교육과정 운영 실적 및 개선 체계 • 비교과 교육과정 운영 실적 및 개선 체계
		학업성취 평가 • 학업성취도 평가 및 피드백 • 임상실습과정의 수행능력 평가 • 학업성취도 평가 방법	성과기반 교육과정 운영과 학업 성취 평가 • 이론 교육 • 실습실 교육 • 임상실습 교육 • 임상실습 지도	수업의 효율성	학사자원리의 임정성 실무별수과목 등의 적절성과 충실성
교수·학습 • 수업 • 성적관리 • 교수·학습 지원과 개선	1. 수학, 기초과학, (전산화) 교과목 • MSC/BSM 교과목의 최소학점을 이수하도록 편성 • 기초과학 교과목 중 한 과목 이상은 실험을 포함하여 이수하도록 편성(EAC에만 해당) • 모든 교과목이 MSC 분야의 교과목으로 인정되기에 적절함 • MSC/BSM 교과목의 운영실적과 관리 • MSC/BMS 교과목의 CQI	교육과정 평가와 개선 • 과정별 학습성과의 정기 검토 및 개선 반영 • 시기별 학습성과의 교육과정 반영 및 개선 • 교육과정 운영 평가 실시 및 개선 활용	교육과정 개선 • 교육과정 개선 노력	학사관리의 임정성 실무별수과목 등의 적절성과 충실성	수업의 충실성 • 수업 규모의 적절성 • 수업 운영의 현상성 • 학생 수업 역량 제고 노력 • 교수자 역량 개발의 충실성

		실습실 운영 • 실습실 운영 • 임상실습지도 • 학생 1인당 실험실습비	디자인룸이나 등의 개설 및 운영의 내실화 교육실습 운영의 체계성 · 교육실습체계 운영 실적 및 개선 노력
	임학정책과 학생선발		구체화 및 특성화 · 입학전형체계의 타당성 및 공정성과 학생선발의 다양성
학생 평가 • 신입생과 재학생에 대한 평가 • 전입생에 대한 평가			
	학생복지와 안전	학생복지	
학생 지도 • 교과목 이수, 학습에 대한 학생 지도		학생 지도 • 학생 지도 체계 • 학생 지도 교모 그램	학생상담 및 지도 · 학생상담 및 지도의 체계성 · 학생지도체계 구축 및 운영 실적
교수 · 학습 • 수업 • 성적관리 • 교수 · 학습 과 개선	학생지도 체계	학생지원과안전관리 • 학생 지원 • 임상실습 안전 관리	학생 선발 및 지도의 적절성 · 학생 성활력 · 성화롭 예방교육 실적
		장학제도	

학생

영역	중영역 (기준 A)	세부기준 (기준 A)	중영역 (기준 B)	내용 (기준 B)	중영역 (기준 C)	평가내용 (기준 C)
교원	교원 인사제도	졸업 기준 • 인증기준에 부합하는 프로그램의 졸업기준 및 절차 • 프로그램의 하위명칭	졸업 후 진로			
	교원의 처우 및 복지	교수진의 규모 • 교과과정을 다룰 수 있는 교수진 구성 • 강의 담당 현황 • 학생들을 지도할 수 있는 교수진 규모	전임교수	교수 확보 • 전임교원 확보 • 전임교원 수업시수 및 전공교과목 담당 • 임상실습지도교원과 현장지도자 확보	전임교원 확보 및 교원의 다양성	전임교원 확보의 적절성 • 전공과목 전임교원 확보율 • 교과교육과목 전임교원 확보율 • 교과교육과목 교수자 전공 일치도 • 교직이론과목 전임교원 확보율 • 교직이론과목 교수자 전공일치도
	교원의 교육 및 연구활동 지원	교수 업적 평가 • 교수진의 다양한 교육개선활동이 교수업적 평가에 반영	교수업무	교수 업적과 개발 • 교수업적과 역량 개발 지원	교수의 수업부담	
		교수진의 교육개선 활동 • 교육개선 활동에 참여	교수개발		전임교원 연구성과	전임교원 활동의 적절성 • 전임교원의 연구 실적 최소기준 충족률 • 강의 만족도 및 강의평가 운영의 적절성
	직원	직원 • 직원 인사제도 및 확보 • 직원의 처우 및 복지 • 직원 전문성 개발				
시설 및 지원	교육시설	교육시설 • 강의실 시설 및 설비 • 실습실 복지시설 • 도서관	교육시설·설비	교육 시설·설비 • 교육기본시설과 편의시설 확보 • 실습 시설과 실습기자재 확보 • 임상실습기관 확보	교육시설	수업환경의 적절성 • 시설 활용의 적절성 • 장애학생 선발 비율 및 장애학생에 대한 지원 노력
		공간, 시설, 장비, 제정 • 프로그램 운영에 필요한 공간, 시설 및 장비 현황 • 공간, 시설, 장비의 유지보수 및 관리 • 프로그램 운영을 위한 재정자원	연구시설·설비		교육여건	

학생지원 · 학생상담 및 취업 지원 · 학생활동 지원 및 학생안전관리 · 소수집단학생지원	행정 및 교육지원 인력 · 프로그램 운영을 위한 행정지원 인력 · 프로그램 운영을 위한 교육보조 인력					
	행정체계 · 공학교육인증제도 운영을 위한 행정체계 · 행정체계의 운영 실적					
대학성과 · 연구성과 · 교육성과 · 교육만족도	프로그램 교육목표와 인증기준에 부합하는 · 프로그램 교육목표와 학습성과 설정 · 프로그램 교육목표와 학습성과의 유기적 연관성 · 프로그램 학습성과의 내용과 수준의 정당성	대학원 교육	재학생 역량 평가 · 프로그램 학습성과 평가 · 핵심기본간호술 평가 · 간호사국가시험 합격률과 취업률	1. 학습성과 및 교육의 질적 개선 2. 변호사시험 합격률 및 취업률	1. 학생 유지 성과 · 신입생 충원율 및 중도탈락 학생비율 2. 교원임용 및 취업 성과 · 교원임용률 및 관련 분야 취업률 3. 교육만족도 · 재학생 만족도	
사회적 책무 · 사회봉사 정책 · 사회봉사 실적 · 지역사회 기여 및 산학협력	프로그램 학습성과 성취도 평가체계 · 프로그램 학습성과 항목별 합리적인 평가체계					
성과		전공의교육 및 평생교육				
	수립된 평가체계에 따라 프로그램 학습성과 성취도 측정 · 평가체계에 따라 프로그램 학습성과 성취도를 측정한 실적 · 프로그램 학습성과 성취도의 내용과 수준					
						졸업생 역량 평가 · 졸업생 역량 및 만족도 평가

각 평가마다 지표의 명칭은 조금씩 상이하지만 대체적으로 운영 체계, 교육, 학생, 교원, 시설 및 지원, 성과로 분류할 수 있다. 평가지표 가운데 먼저 운영 체계를 살펴보면, 주로 대학의 교육목표와 행정지원, 발전 계획, 재정, 그리고 개선에 대해 세부 지표들로 구성된 것을 알 수 있다.

둘째, 교육 지표에서는 교육과정이 모든 분야의 평가지표로 제시되었고, 교과목 운영, 수업, 학습 관리, 실습, 그리고 국제화 및 특성화에 대한 지표를 부분적으로 확인할 수 있다.

셋째, 학생 지표에서는 모든 평가가 학생지도에 관한 지표를 구성하고 있고, 학생선발, 학생평가, 장학, 졸업 관련 지표를 학문분야별로 다르게 구성하고 있음을 알 수 있다.

넷째, 교원 지표에서는 교원인사와 확보에 대해 모든 평가가 공통적으로 구성한 지표임을 확인할 수 있으며, 대체적으로 교원 성과 및 지원에 대해서도 많은 관심을 갖고 지표로 활용하고 있음을 알 수 있다.

다섯째, 시설 및 지원 지표에서는 교원양성기관평가가 5주기에 접어들며 시설 및 지원과 관련한 세부지표를 새롭게 구성함으로써, 모든 평가가 교육시설 설비, 교육지원 등을 구성하고 있음을 확인할 수 있다.

여섯째, 성과 지표에서는 대학의 교육성과와 관련하여 모든 평가들이 세부지표로 구성했으며, 그 외에 사회적 책무, 성취도 평가, 평생교육, 졸업생 지도, 학생유지 등에 대한 세부지표를 살펴볼 수 있다.

3) 평가방법 측면: 공정성과 객관성이 확보될 수 있도록 진행되었는가

평가방법과 관련하여 여섯 가지 평가에서 나타나는 쟁점 또한 평가내용처럼 다양한 양상을 보여 준다. 평가내용 측면에서의 쟁점은 주로 현지방문평가 기간, 인증기간 및 평가위원의 질 관리와 관련된 한계 등, 평가방법을 준수하고자 하는 대학과 평가를 시행하는 기관, 그리고 그들을 지원하는 정부의 행·재정적 한계로 노정된다. 먼저, 〈표 14-5〉와 같이 평가방법별로 쟁점을 살펴보도록 하겠다.

〈표 14-5〉 평가방법 측면에서의 쟁점 비교

구분	평가방법 측면에서의 쟁점
대학기관	현지방문평가의 기간이 짧아 정확한 평가 가능 여부에 대한 논란 제기
공학교육	인증기관 여건에 비해 인증 신청 대학이 많아 공정성 및 객관성 확보에 어려움
의학교육	평가위원이 의과대학 교수 중심으로 구성되어 평가의 객관성 확보에 어려움
간호교육	대학마다 평가를 위한 재정비용이 매우 부담
법학교육	입학전형 과정에서의 공정성 시비 관련 평가요소 재고 논란
교원양성	외적인 조건과 성과를 확인하는 데 그친다는 문제 제기

첫째, 대학기관 인증 평가는 재학생 수가 1천 명 미만인 경우는 1일, 1천 명 이상에서 5천 명 미만인 경우는 1박 2일, 5천 명 이상인 경우에는 2박 3일 동안 현지방문평가가 진행되는데, 이렇게 짧은 기간으로 인해 평가의 정확성에 대한 논란(한국대학교육협의회, 2011)이 제기되었다.

둘째, 공학교육 인증 평가는 인증 평가 신청 대학의 증가로 인해 평가위원의 확보가 어려워짐에 따라 경험이 부족한 평가위원이 평가를 하게 됨으로써 평가의 질과 공정성 및 객관성 확보 문제(곽진숙, 2010; 2011) 등이 제기되었다.

셋째, 의학교육 인증 평가는 의학분야의 전문가인 의과대학 교수 중심으로 평가위원을 구성함으로써 평가의 전문성을 확보하고자 했지만, 교수 집단으로만 구성된 평가주체가 평가의 객관성을 확보할 수 있는지에 대한 논란(임기영 외, 2011)이 제기되었다.

넷째, 간호교육 인증 평가는 평가기준을 고려하여 간호학 개설을 위한 실험, 실습 장비 비치 비용 등의 재정적 부담이 뒤따르며, 재정적 자립도가 낮은 대학의 경우에 대학 간 실습환경 차이가 발생하여 간호 양성교육의 질적인 형평성이 저하되고 양성된 의료인 간의 전문성에서 격차를 야기(보건복지부, 2018. 3. 20.)할 수 있다는 문제가 제기되었다.

다섯째, 법학전문대학원 평가는 평가지표에 입학전형의 공정성 확보를 위한 규정 여부, 상기 규정의 공개 및 조직 등의 적절성 등의 평가요소를 포함하고 있지만, 입학절차에서 공정성 시비가 발생하여 평가요소를 재고해야 한다(서울신문, 2016. 5. 3.)는 문제가 제기되었다.

여섯째, 교원양성기관 평가는 교원양성기관의 교육과정이나 프로그램 운영 등 교육의 실제적인 내용을 검토 및 분석해 보지 못하고, 교원양성기관의 외적인 조건과 성과를 확인하는 데 그치고 있다(김기수, 2013)는 비판이 제기되었다.

4) 결과 활용 측면: 평가방향대로 결과가 제대로 활용되고 있는가

결과 활용과 관련하여 여섯 가지 평가에서 나타나는 쟁점 또한 평가방향처럼 다양한 양상을 보여 준다. 결과 활용 측면에서의 쟁점은 주로 고등교육의 발전과 질을 제고하고자 하는 평가의 방향과는 다르게 결과가 활용되고 있다는 점이다. 먼저, 〈표 14-6〉과 같이 결과 활용 측면의 쟁점을 살펴보도록 하겠다.

〈표 14-6〉 결과 활용 측면에서의 쟁점 비교

구분	결과 활용 측면에서의 쟁점
대학기관	고등교육의 발전을 위한 자료로 활용하기에 미흡
공학교육	실질적인 취업과 자격 취득에 큰 효과가 없음
의학교육	평가결과의 비공개로 인한 사회적 책무성 시비 논란
간호교육	높은 평가 인증 비율에 따른 실효성 논란 및 인증 권위 실추 관련 문제 제기
법학교육	평가위원회의 인증 여부와 무관하게 변호사시험 응시 자격 발생 관련 문제 제기
교원양성	교육의 질 개선을 위한 긍정적인 활용 방안 미흡

첫째, 대학기관 인증 평가는 고등교육의 국제적 통용성 확보 및 교류 협력 증진을 지향하지만 국내대학의 평가 및 인증 결과를 국제적 통용성과 교육 협력 증진을 위한 고등교육 질 보증 체제로서 활용하기에는 미흡하다(김정희 외, 2015. 4.).

둘째, 공학교육 인증 평가는 대학이 평준화되어 있지 않은 상황에서 공학교육인증 과정을 수료하여 졸업한 학생은 개인별로 역량 차이가 있으며(조옥경·최금진, 2013), 일부 대기업을 중심으로 가산점을 주는 정도여서 실질적인 취업과 자격 취득에 실효성이 크지 않다(주재현 외, 2010).

셋째, 의학교육 인증 평가는 평가결과의 공개를 통해 학생과 학부모에게 특정 대학을 선택하여 진학하는 데에 도움을 주고, 의료 수혜자인 일반 국민들에게 의과대학의 교육에 대한 능력과 질을 정확한 정보로 제공하는 등(서덕준, 2009)의 역할을 해야 하지만, 해당기준에 미치지 못하는 대학을 선별하기 위한 도구로서 평가인증이 활용되고 있다.

넷째, 간호교육 인증 평가는 2016년 기준으로 평가인증 비율이 96.6%(나머지는 인증평가 중)이므로, 평가인증을 받지 못한 간호학 개설 대학이 거의 없다고 할 수 있으며, 이는 오히려 결과 활용에 대한 실효성을 떨어뜨리고 인증에 대한 권위 또한 실추될 수 있다는 지적(김상철 외, 2017)이 있다.

다섯째, 법학전문대학원 평가는 미국의 경우에 대부분의 주에서 인증을 받은 로스쿨 졸업자만이 변호사가 될 수 있게 하는 등의 시스템을 운영함으로써 제도의 구속력을 제고시키는 데 반해, 한국은 법학전문대학원 평가위원회의 인증 여부와 무관하게 변호사시험 응시자격이 주어져 논란이 되고 있다.

여섯째, 교원양성기관 평가는 교원양성기관의 질적 수준을 제고시키는 데에 주안점을 두고 있지만, 실제로는 교원양성 정원의 감축을 위한 징벌적 행정 조치 중심으로 평가결과가 활용되고 있어 긍정적인 활용 방안이 미흡한 상황이다(김기수, 2012).

5 평가의 개선 과제

1) 평가방향 측면: 평가의 취지와 목적을 실제로 적용할 수 있는 방안 마련 필요

앞서 살펴보았듯이 여섯 가지의 평가에서 평가의 방향과 관련하여 다양한 쟁점이 제기되었고, 이와 관련하여 개선 과제 또한 제시해 보고자 한다. 이러한 유형을 제시하면 〈표 14-7〉과 같다.

〈표 14-7〉 평가방향 측면에서의 개선 과제 비교

구분	평가방향 측면에서의 쟁점
대학기관	대학기관평가인증과 대학구조개혁평가 간의 시너지 효과 제고 방안 마련
공학교육	관계자들 및 수요자들 간의 소통을 통한 지속적인 보완 노력
의학교육	의과대학의 사회적 책무성을 통한 교육과정의 질적 제고
간호교육	대학 및 학제 간의 특수성을 고려한 평가 개선 방안
법학교육	법학전문대학원별로 특성화 강화를 위한 평가방안 모색
교원양성	대학의 구조조정이 아닌 컨설팅 제공 방안 모색

첫째, 대학기관 인증 평가가 대학구조개혁평가와 크게 다르지 않고 중복된다는 논란이 있기에, 독립적으로 운영되고 있는 두 평가체제를 보다 실효성 있게 운영할 필요가 있다. 대학기관 인증 평가의 평가기준을 개발할 때 인증의 수준을 다양화하고 구조개혁에 필요한 정보를 제공하는 등의 노력을 통해 두 평가 간의 시너지 효과를 제고시키는

방안(김상철 외, 2017)을 마련해야 할 것이다.

둘째, 공학교육 인증 평가는 미국의 공학인증제도를 차용하여 한국의 실정을 고려하지 않아 논란이 있기에, 현장적합적이고 균형 있는 평가도구를 개발할 필요가 있다. 현재 서울어코드(Seoul Accord)와 같은 우리나라 주도의 IT분야 국제협약을 통해 우리의 평가인증체제를 구축해 나가는 것도 하나의 방법이 되겠지만, 이해관계자, 수요자들 간의 의견 수렴 및 소통을 통해 평가에 대한 실제 적용상의 문제점들을 지속적으로 보완해 나가는 노력(박기문 외, 2011)이 수반되어야 할 것이다.

셋째, 의학교육 인증 평가는 의과대학이 전문 의료인 양성보다는 국가고시 시험 준비 위주의 교육과정을 운영함으로써 의학교육의 질적인 수준의 향상을 모색하기 어렵다는 논란이 있기에, 의과대학이 자체적으로 자발적인 노력과 더불어 평가인증기관의 인증에 관해 지속적으로 질 관리를 할 필요가 있다. 현재 「의료법」 제5조에 의해 평가인증기구의 인증을 받지 않은 학교 졸업자의 국가고시 응시자격이 제한되었지만, 이러한 법적 제재와 별개로 의과대학이 자발적으로 사회적 책무성을 가지고 교육과정을 운영할 필요가 있다.

넷째, 간호교육 인증 평가는 인증기준의 경직된 적용으로 인해 대학 및 학제(4년제, 전문대) 간의 특성이 제대로 반영되지 못하고 있다는 논란이 있기에, 어떠한 대학이나 학제를 선택하더라도 사회적인 신뢰를 얻을 수 있는 평가로 개선될 필요가 있다. 대학 및 학제 간의 특수성을 고려하여 간호대학 졸업생이 갖추어야 할 역량을 계획 및 교육하고, 평가자가 신뢰도와 타당도를 갖춘 기준과 도구를 통해 평가하며(박정혜, 2012), 발생되는 문제들에 대해 피드백해 나감으로써 문제에 유연하게 대처해 나가야 할 것이다.

다섯째, 법학전문대학원 평가는 법학전문대학원이 전문 변호인 양성을 위한 교육과정을 운영하기보다는 변호사 시험을 준비하는 수험법학과 다른 점이 없다는 논란이 있기에, 대학원별로 특성화를 강화할 수 있는 평가를 할 필요가 있다(김창록 외, 2007; 장덕호·김한나, 2014). 이는 법률시장이 개방되고 법학전문대학원 출신 변호사가 양산되는 상황에서 글로벌시장의 경쟁력 강화를 위해 교육과정을 혁신하여 평가의 방향을 제대로 실현해 나갈 필요가 있다.

여섯째, 교원양성기관 평가는 교원양성기관의 질적 제고보다는 대학의 구조조정에 중점을 두고 있다는 논란이 있기에, 대학평가를 재정지원 수단이나 제재 수단으로 활용하기보다는 대학 발전을 위한 컨설팅 제공 목적으로 활용할 필요가 있다(박남기, 2002). 이는 세계적인 추세로서 평가대상 기관이 수립한 발전 목표와 계획에 대한 점검과 더불어 직면한 문제에 대한 해결방안을 모색할 수 있도록 평가의 방향을 설정해야 할 것이다.

2) 평가내용 측면: 현실을 반영한 평가지표를 구성할 수 있는 방안 마련 필요

앞서 살펴보았듯이 여섯 가지 평가에서 평가의 내용과 관련하여 다양한 쟁점이 제기되었고, 이에 대한 개선 과제를 제안하면 다음의 표와 같다.

〈표 14-8〉 평가내용 측면에서의 개선 과제 비교

구분	평가내용 측면에서의 쟁점
대학기관	대학의 특수성과 제반 사항을 고려하여 종합적 판단을 할 수 있는 정성평가 개발
공학교육	대학 자체적으로 다양성을 확보할 수 있도록 평가인증 운영절차를 유연하게 운영
의학교육	의학 관계자 및 구성원 간 소통과 사회적 합의과정을 거쳐 실질적 수준으로 개선
간호교육	평가기관이 자체적으로 평가행위, 평가수행 결과에 대한 메타평가 실시
법학교육	실무능력 향상에 중점을 두고 교육의 질을 개선할 평가방법과 평가지표 개발
교원양성	교원양성기관의 현황, 실적, 발전 노력을 정확하게 반영할 수 있는 지표 개발

첫째, 대학기관 인증 평가는 정성평가보다는 정량평가의 비중이 커서 평가의 공정성과 객관성에 대한 문제가 제기되었기에, 대학의 특수성과 제반 사항을 고려하여 종합적인 판단을 할 수 있는 정성평가를 개발할 필요가 있다(김병주, 2014). 정성평가는 평가자들의 전문성에 기반하되, 정성평가를 활용했을 때 사후 정량지표의 도달 정도도 함께 확인함으로써 공정성과 객관성을 확보하도록 해야 할 것이다.

둘째, 공학교육 인증 평가는 인증기준에 대한 좁은 해석과 일률적인 교육과정 평가로 인해 평가의 타당성을 저해할 수 있다는 문제가 제기되었기에, 대학이 자체적으로 공학교육의 다양성을 확보할 수 있도록 평가인증 운영절차를 유연하게 운영할 필요가 있다. 이와 함께 대학이 학생들의 역량 강화를 위해 실제 현장에서 활용할 수 있는 교육과정으로 재편하여 평가인증 운영체제를 구축하도록 해야 할 것이다(한국공학한림원 차세대공학교육위원회, 2015).

셋째, 의학교육 인증 평가는 주기별 평가기준의 변동 및 국제적 인증 기준 적용에 따른 실효성에 대한 문제가 제기되었기에, 의학 관계자들 및 구성원들 간의 소통과 사회적 합의과정을 거쳐 실질적인 수준으로 개선될 필요가 있다. 의학교육평가인증은 주기별 평가 상황에 대해 종합적으로 평가하고 개선해 나갔지만, 평가대상의 입장에서는 주기별로 변동되는 평가기준을 적용시켜 나가는 데에 한계가 있으므로, 평가기관뿐만 아니라 의과대학 관계자들 간에 공청회 개최를 통한 의견수렴의 과정을 수반함으로써 보다 합

리적인 발전 방안을 모색해 볼 수 있을 것이다.

넷째, 간호교육 인증 평가는 주요 지표들에 대한 지속적인 점검과 평가에 대한 자체적인 분석 및 검토를 할 수 있는 방안이 마련되어 있지 않아 평가인증의 타당성 및 신뢰성에 대한 문제가 제기되었기에, 평가기관이 자체적으로 평가행위와 평가수행 결과에 대한 메타평가 및 자기평가를 실시할 필요가 있다(주철안, 2006). 이를 위해 피평가집단과의 소통과정을 거치고 이를 반영해 나감으로써 평가인증을 개선해 나갈 수 있으며, 평가의 타당성과 신뢰성 또한 확보할 수 있을 것이다.

다섯째, 법학전문대학원 평가는 평가기준의 단순화에 따른 경계 및 과도한 시설의 적절한 활용을 위한 평가지표가 미비하다는 지적이 있었기에, 실무능력 향상에 중점으로 두고 교육의 질을 개선할 수 있는 평가방법과 평가지표를 개발할 필요가 있다. 이와 더불어 현재의 입학정원과 대학원 규모, 현실적 상황이 반영됨으로써 과도한 시설을 효율적으로 활용할 수 있는 평가지표 또한 필요하며, 이는 미국의 로스쿨 평가기준 및 지표를 비교 분석하여 우리의 대학원 상황에 적합하도록 개선(신재철, 2004)해 나가야 할 것이다.

여섯째, 교원양성기관 평가는 일부 평가지표가 교원양성기관의 현실과 부합하지 않으며 평가주기가 3년으로 단축되어 교원양성기관의 부담이 커짐으로써 평가지표의 타당성에 대한 문제가 제기되었기에, 교원양성기관의 현황, 실적, 발전 노력을 정확하게 반영할 수 있는 지표 개발이 필요하다. 5주기 역량진단부터는 4년 주기로 평가가 이루어질 예정이므로, 평가주기에 대한 부담은 개선될 전망이다. 이와 더불어 평가항목이나 평가지표의 배점을 적절히 조정하고, 최종 평가점수를 산출하는 방법도 보다 더 합리적으로 개선해 나간다면(김기수, 2013), 평가지표의 타당성을 제고시킬 수 있을 것이다.

3) 평가방법 측면: 대학, 평가기관, 정부의 협력 및 지원 방안 마련 필요

앞서 살펴보았듯이 여섯 가지의 평가에서 평가의 방법과 관련하여 다양한 쟁점이 제기되었고, 이와 관련하여 개선 과제 또한 제시해 보고자 한다. 이러한 유형을 제시하면 〈표 14-9〉와 같다.

〈표 14-9〉 평가방법 측면에서의 개선 과제 비교

구분	평가방법 측면에서의 쟁점
대학기관	충분한 시간을 계획하여 심층 평가가 되도록 평가기관과 대학이 상호 협력 모색
공학교육	전문가 교육과정 개발 및 연수 수반과 정부의 법적·제도적 장치 마련
의학교육	평가위원을 다양하게 구성하여 협력체제 구축 및 반영
간호교육	간호교육평가원의 재정적 안정화 방안 마련 및 책무성 확보를 수반한 정부 지원
법학교육	공정성 확보를 위한 평가기준 및 평가요소 마련과 제도적 장치 구비
교원양성	현황과 실적에 대한 평가와 함께 발전방향을 제시하는 기능에도 관심을 기울임

첫째, 대학기관 인증 평가는 현지방문평가의 기간이 짧아 정확한 평가 가능 여부에 대한 논란이 제기되었기에, 추가적으로 충분한 시간을 계획하여 평가를 진행할 필요가 있다. 정확한 평가를 위해 충분한 시간을 확보하여 최대한 다양한 구성원(총장, 교원, 학생, 동문, 학부모)을 상대로 심층적인 평가가 이루어질 수 있도록 평가기관과 대학이 상호 협력해야 할 것이다.

둘째, 공학교육 인증 평가는 인증기관 여건이 부족한 것에 비해 인증 신청 대학이 많아 평가의 공정성 및 객관성 확보에 어려움이 제기되었기에, 평가위원의 윤리성 확립 및 자질 함양을 위한 전문가 교육과정 개발과 연수가 수반될 필요가 있다. 물론 평가인증 대학 소속의 교수와 평가기관의 평가위원 간의 개인적인 친분으로 인해 평가의 공정성 또한 우려될 수 있지만, 정부가 이에 대한 법적·제도적 장치를 마련하되 인증기관에 대한 자율성과 전문성, 그리고 독립성을 보장함으로써 공학교육인증원이 주도적으로 관리하고 개선해 나가는 방안(김상철 외, 2017)을 모색해야 할 것이다.

셋째, 의학교육 인증 평가는 평가위원이 의과대학 교수 중심으로 구성되어 평가의 객관성 확보에 어려움이 있다는 문제가 제기되었기에, 평가위원을 다양하게 구성할 필요가 있다. 평가와 관련하여 의학교육을 받은 학생, 의학교육에 관한 의견을 가진 이해당사자, 가장 최근의 인증평가 주기에서 교육과정을 이수한 전공의, 대국민 의료서비스 향상을 위해 노력하는 관계부처 직원들 등의 의견을 모으고 협력 체제를 구축함으로써 이를 평가에 반영하는 방안(임기영 외, 2011; 안덕선, 2015a)을 모색해야 할 것이다.

넷째, 간호교육 인증 평가는 평가기준을 고려하여 간호학 개설을 위한 실험, 실습 장비 비치 비용 등의 재정적 부담이 뒤따른다는 문제가 제기되었기에, 평가인증의 발전과 개선을 위해 간호교육평가원이 재정적으로 안정화될 수 있는 방안을 마련할 필요가 있다.

의료과정을 운영하는 모든 학교에서는 필수적으로 평가인증을 받아야만 하기에 정부의 재정 지원이 함께 수반되어야 할 것이다. 아울러 이러한 재정 지원이 대학 교육의 질적 개선과 함께 책무성이 확보될 수 있도록 평가방법의 여건을 개선시켜나갈 필요가 있다.

다섯째, 법학전문대학원 평가는 입학전형 과정에서의 공정성 시비가 발생한 것과 관련하여 평가요소를 재고해야 한다는 문제가 제기되었기에, 각 법학전문대학원에서 발생했거나 발생 가능한 불공정사례에 대해 면밀한 분석과 연구를 할 필요가 있다. 특히 공정한 입학절차를 보장하는 것에 대한 평가기준과 평가요소를 마련하고 제도적인 장치 또한 구비해야 할 것이다.

여섯째, 교원양성기관 평가는 외적인 조건과 성과를 확인하는 데 그친다는 문제가 제기되었기에, 현황과 실적에 대한 평가를 포함하여 미래의 교원양성기관들의 발전방향을 제시하는 기능에도 관심을 기울일 필요가 있다. 이와 더불어 최근 교원의 핵심 역량에 대한 관심이 높아지고 있는 경향을 반영하여 교원양성기관에서 미래의 교원들에게 요구되는 핵심 역량을 길러 주고 있는지, 교원양성체제의 발전 방향을 분명하게 제시하고 있는지를 평가요소에 포함시켜야 할 것이다.

4) 결과 활용 측면: 평가결과 활용의 활성화를 위한 방안 마련

앞서 살펴보았듯이 여섯 가지의 평가에서 평가의 결과 활용과 관련하여 다양한 쟁점이 제기되었고, 이와 관련하여 개선 과제 또한 제시해 보고자 한다. 이러한 유형을 제시하면 〈표 14-10〉과 같다.

〈표 14-10〉 결과 활용 측면에서의 개선 과제 비교

구분	결과 활용 측면에서의 쟁점
대학기관	평가인증 절차와 기준 선정에서부터 국제적 수준 지향
공학교육	정부, 언론, 산업체에 적극 홍보 및 인증대학 졸업생 채용 시 정부 지원 모색
의학교육	결과 공개 장치 마련 및 정부와 대학, 평가인증 간의 선순환 방안 모색
간호교육	대학 및 보건의료계의 신뢰 및 대학의 개선 노력과 지속적인 점검 시스템 마련
법학교육	인증대학원 학생 대상 변호사시험 응시자격 부여를 통한 대학원 교육의 질 개선
교원양성	우수 평가 대학에게는 인센티브 제공, 부정적 평가받은 대학에게는 컨설팅 지원

첫째, 대학기관 인증 평가는 국내대학의 평가 및 인증 결과를 국제적 통용성과 교육 협력 증진을 위한 고등교육의 질 보증 및 확보 체제로써 활용하기에는 미흡하다는 지적이 있기에, 평가인증 절차와 기준 선정에서부터 국제적 수준을 지향할 필요가 있다(김정희 외, 2015. 4.). 국제적으로 인정된 고등교육 평가인증기관과의 연계 및 협력 체제를 구축하고, 평가인증기구에 국제적 역량이 있는 인사를 참여시키는 방안을 마련해야 할 것이다.

둘째, 공학교육 인증 평가는 실질적인 취업과 자격 취득에 큰 효과가 없다는 문제가 제기되었기에, 실효성 있는 혜택을 제공하는 방안을 마련할 필요가 있다(민동균 외, 2007; 박진원 외, 2007; 송동주·강상희, 2012; 한국공학한림원 차세대공학교육위원회, 2015). 정부와 언론을 대상으로 인증평가에 대한 이해와 지원을 촉구하고, 산업체에 인증 프로그램 졸업생의 우수성을 적극적으로 홍보하며, 인증받은 학교의 졸업생을 채용하는 산업체에게는 정부의 지원이 수반될 수 있도록 제도를 실질적으로 활성화시켜 나가야 할 것이다.

셋째, 의학교육 인증 평가는 평가 결과의 비공개로 인해 사회적 책무성에 대한 문제가 제기되었기에, 인증 대학의 평가 결과를 상세하게 공개하여 사회적 신뢰도를 확보하고 대외적으로 의학교육평가인증이 필요함을 인식시켜 나갈 필요가 있다. 특히 의료는 국민들에게 필수적인 복지혜택과 관계가 있으므로 정부에서 각 의과대학의 평가가 투명하게 공개될 수 있도록 제도적 장치를 마련하고, 결과를 공개한 대학에게는 재정적으로 지원(안덕선, 2013)하여 평가인증의 질적 개선을 도모함으로써 정부와 대학, 그리고 평가인증이 선순환되는 방안을 모색해야 할 것이다.

넷째, 간호교육 인증 평가는 높은 평가 인증 비율에 따른 실효성 논란과 이와 관련하여 인증 권위가 실추되었다는 문제가 제기되었기에, 인증평가의 내실을 다지고 목적에 부합하고 있는지에 대한 여부를 점검할 필요가 있다. 인증평가는 규준참조평가가 아닌 준거참조평가로 볼 수 있기에 인증 비율에 중점을 두기보다는, 실질적으로 인증평가받은 대학과 졸업생의 질이 향상되었는지에 대해 집중해야 한다(김상철 외, 2017). 이를 위해 인증에 대한 대학 및 의료계의 신뢰와 대학의 개선 노력이 필요하며, 지속적인 점검 시스템을 마련해야 할 것이다.

다섯째, 법학전문대학원 평가는 평가위원회의 인증 여부와는 무관하게 변호사시험 응시자격이 주어져 논란이 되고 있기에, 인증받은 법학전문대학원의 졸업생에게만 변호사시험 응시자격을 부여하는 방안을 고려해 볼 필요가 있다. 이미 설치인가를 받은 법학전문대학원이 설치인가 기준의 유지 조건에 부합하지 못할 가능성은 없겠지만, 이를 시행한다면 인증평가의 중요성에 대한 인식과 더불어 법학전문대학원에 대한 대국민 신뢰도 또한 제고될 수 있을 것이며, 대학원 교육의 질적 개선에도 일조할 수 있을 것이다.

여섯째, 교원양성기관 평가는 교원양성 정원의 감축을 위한 징벌적 행정 조치 중심으로 평가결과가 활용되고 있어 긍정적인 활용 방안이 미흡하다는 문제가 제기되었기에, 정원감축과 같은 사안은 대학의 자율에 맡기거나 일정기간의 유예기간을 둘 필요가 있다. 부정적인 평가를 받은 대학에게 징벌적인 행정 조치보다는 주기적으로 전문적인 컨설팅을 제공하고, 우수한 평가를 받은 대학에게는 인센티브를 제공함으로써 그 성과를 공유 및 확산하여 인증제도에 대한 사회적 책무감을 조성시켜 나가야 할 것이다. 5주기 역량진단(2018~2021년)부터 C · D 등급 및 희망기관을 대상으로 컨설팅을 지원 중이므로 상당한 개선이 기대된다.

제**3**부 언론사 주도형 평가

제 **15** 장   중앙일보 대학평가

1 평가 배경 및 변천 과정

1) 평가배경

　　중앙일보는 국내 다른 언론기관보다도 앞서서 1994년도부터 대학평가를 실시하였다. 중앙일보는 미국의 U.S. News & World Report의 대학평가를 벤치마킹하여 중앙일보 창간 기념사업의 일환으로 대학평가 사업을 실시하였다(주현태, 2014). 당시 중앙일보가 대학평가를 실시하게 된 이유로 언급한 사항은 크게 두 가지였다. 하나는 학생과 학부모 등 교육 소비자에게 올바른 대학 정보를 제공하기 위함이었고, 다른 하나는 대학 간에 생산적인 경쟁을 유도하여 국가경쟁력의 근간인 고등교육기관의 발전에 기여하기 위함이었다(중앙일보 대학평가, 2008). 중앙일보가 상기한 두 가지 이유를 내걸고 대학평가 사업을 본격적으로 추진하게 된 데에는 크게 다음과 같은 세 가지 배경이 작용한 것으로 보인다.

　　첫 번째 배경은 1994년 당시 우리나라의 대학평가 동향과 밀접한 관련이 있다. 우리나라에서는 1972년 실험대학 선정을 위한 대학평가가 처음으로 시작되어 1980년대에는 대학 간 협의체가 중심이 된 평가제도가 자율적으로 운영되었다. 그러다 1990년대에 들어서면서 학과평가인정제(1992년)와 대학종합평가인정제(1994년)가 본격적으로 실시되었는데, 당시에는 대학에 관한 각종 정보를 공시하는 사이트도 갖춰져 있지 않았기 때문에 대학 진학을 준비 중인 학생들과 이들의 부모에게 대학평가 결과는 직접적인 참고자료로 활용되지 못하는 실정이었다(강홍준, 2010: 22). 이와 같은 상황적 맥락 속에서 중앙일보는 교육수요자인 학생과 학부모에게 대학 정보를 공개할 필요와 그 가치를 어렴풋이 짐작하였을 것이다.

두 번째 배경은 해외 대학평가 동향과 관련이 있다. 일찍이 미국, 일본 등 선진국에서는 언론사들이 대학평가를 주관하여 대학개혁을 위한 동력을 창출하고 있는 상황이었다(예: 미국의 U.S. News & World Report, 일본의 아사히신문사 등). 반면, 우리나라의 경우에는 다른 나라와의 경쟁에서 도태되지 않으려면 대학이 변화해야 한다는 외침만 있을 뿐 실제로 대학들을 움직이게 할 결정적인 계제가 없다는 문제에 직면한 상황이었다(양정호·한신일·이석열, 2007: 38). 이에 여론을 환기시키는 역할을 수행하는 언론기관으로서 중앙일보는 대학평가를 통해 대학 개혁에 대한 공감대를 넓혀 대학들의 개혁 의지에 불을 지피고, 궁극에는 성공적인 대학평가를 실시하여 조직의 이미지와 공신력을 제고하고자 하였다.

마지막 세 번째 배경으로는 앞서 잠시 언급한 대로 조직의 이미지와 공신력을 제고하려는 의도가 작용하였다. 대학평가를 시작하면서 밝힌 두 가지 이유는 사실상 표면적인 이유에 가깝고, 조직의 이미지와 공신력을 제고하고 파급력과 장악력을 높이려는 의도가 핵심에 가깝다고 할 수 있다. 중앙일보에 따르면 대학평가 초창기만 해도 대학은 평가자료 제출을 집단적으로 거부할 태세까지 보였지만, 갈수록 대부분의 대학이 더 나은 평가결과를 받기 위해 자료 제공에 협조적으로 변하였다고 한다(나민주, 2001: 177). 언론기관 대학평가의 파급력은 상당해서, 평가를 위한 자료를 충분히 제공하지 않아 좋지 못한 결과를 얻었을 시 돌아올 여론의 역풍이 만만치 않을 것임을 예견했기 때문이었다. 이상과 같은 이유로 중앙일보는 대학평가를 국내 언론기관 중 처음으로 실시하게 된다.

2) 평가 변천 과정

1994년 당시 중앙일보가 처음으로 실시한 대학평가는 대학의 전반적인 교육 및 연구역량을 평가하는 종합평가의 성격을 지녔다. 그러다 한 해 지난 1995년부터는 의학·경영학·물리학·법학·전기전자계열·영문학 등 6개 학문 영역을 시작으로 학과(계열) 평가도 병행하기 시작하였고, 2009년부터는 기존의 종합평가와 학과(계열) 평가에 더하여 교육중심대학 평가를 추가로 실시하고 있다. 그러나 학과(계열) 평가와 교육중심대학 평가는 기본적으로 종합평가에 활용되는 지표를 중심으로 재구성되는 측면이 있기 때문에, 이하 본문에서는 중앙일보 대학평가 가운데 종합평가를 중심으로 그 변천 과정을 살펴보고자 한다.

(1) 1994~1999년 당시 종합평가

1994년부터 1999년까지 중앙일보에서 실시한 종합평가의 영역과 각 영역별 배점은 〈표 15-1〉과 같다. 이 시기는 평가 초창기였던 만큼 평가영역 명칭과 구성, 평가영역별 배점 배분, 하위 평가지표 구성 등 모든 면에서 변동이 잦았다. 이에 1999년도 평가영역을 기준으로 이 시기 평가영역을 재구성하면 교육여건·시설, 재정·경영, 교수·연구, 사회평판도, 대학개혁도 등 5개 영역으로 구분 가능하다.

1994년 당시 평가영역은 일반 교육여건, 도서관, 교수 연구비 조성 실적, 교수 연구논문 실적, 졸업생의 사회 활약 등 크게 6개 영역으로 구분되었다. 이를 1999년도 평가영역에 적용하여 살펴보면 1994년 당시 평가영역은 교육여건·시설, 재정·경영, 교수·연구, 사회평판도 등 4개 영역으로 재구성이 가능하다. 첫해에는 종합순위 발표에 따른 부작용을 염려하여 종합순위가 산출되지 않았고 평가영역별 가중치도 설정되지 않았다. 다만, 교수 영역과 연구논문 영역을 별도 영역으로 구분하여 평가한 결과가 발표되었다.

1994년에는 영역별 순위만이 공개되었는데, 1995년부터는 영역별 순위뿐만 아니라 종합순위까지도 모두 발표되었다. 이에 따라 평가영역별 가중치도 공개되었는데, 1995년 당시 평가영역과 각 영역별 배점은 시설 및 도서관 80점, 재정 및 경영 70점, 교수 및 연구 100점, 평판도 50점으로 도합 300점 만점으로 구성되었다. 다만, 이 역시 1999년도 평가영역을 기준으로 평가영역별 배점을 재구성하면 〈표 15-1〉과 같이 교육여건·시설(도서관 포함) 105점, 재정·경영 70점, 교수·연구 60점, 사회평판도 50점, 대학개혁도 15점으로 구성 가능하다.

1996년에는 1995년에 비해 총합이 100점 증가하였는데, 사회평판도 배점만 감소하였고 다른 영역의 배점은 증가하였다. 교육여건·시설, 재정·경영 배점도 증가하였지만, 교수·연구 배점이 40점 증가한 것은 특기할 만하다. 1997년부터는 총 합계가 100점 더 증가하여 500점 만점이 되었고, 1996년과 비교할 때 교육여건·시설 배점만이 소폭 감소하였고 다른 영역은 증가하였다. 특히 교수·연구 배점은 1995년 이후로 지속적으로 증가하는 경향을 보였고, 사회평판도와 대학개혁도의 배점은 1997년도에 눈에 띌 정도로 크게 증가하였다. 사회평판도 배점이 크게 증가한 이유는 1997년에 한해 하위 평가지표로 학생 만족도가 포함되었기 때문이었지만, 대학개혁도 배점이 크게 증가한 이유는 1996년까지 전산화 영역으로 분류되던 평가지표들이 대학개혁도 영역으로 개편·확대되었기 때문이었다.

〈표 15-1〉 1994~1999년 당시 종합평가 영역별 배점

구분	1994	1995	1996	1997	1998	1999
교육여건·시설	✓	105	130	120	120	120
재정·경영	✓	70	100	80	110	110
교수·연구	✓	60	100	120	120	130
사회평판도	✓	50	40	80	50	50
대학개혁도	-	15	30	100	100	90
합계	-	300	400		500	

출처: 김병주(2000a: 48).

(2) 2000~2005년 당시 종합평가

2000년부터 2005년까지 중앙일보에서 실시한 종합평가의 영역과 각 영역별 배점은 〈표 15-2〉와 같다. 이 시기 평가의 총점에는 변동이 없었으나 평가영역의 경우에는 연도에 따라 여전히 변동이 잦았다. 중앙일보 측 설명에 따르면 매년 전문가의 의견을 수렴하여 평가지표의 개선을 도모했기 때문이었지만, 해마다 평가영역 및 평가지표 구성이 달라진다는 점은 평가의 안정성과 타당성에 대한 의구심을 키우기도 하였다.

2000년 당시 평가영역을 살펴보면 교육여건, 재정, 교수·연구, 사회평판도, 개선도 등과 같이 기존의 5개 평가 영역이 이름만 약간 바뀌어 유지된 동시에 정보화, 사회배려도가 별도 평가영역으로 신설되었다. 정보화의 경우에는 기존에 교육여건에 포함되어 평가되던 도서관 부문이 독립된 경우에 해당하며, 사회배려도는 대학이 수행해야 할 봉사 기능을 평가하기 위해 새롭게 추가된 평가영역이었다. 1999년 당시 평가영역별 배점 구성과 비교할 때, 재정과 사회평판도는 그대로 유지되었고 교수·연구는 20점 증가하였으며 교육여건과 개선도는 각각 10점과 70점 줄어들었다. 이를 통해 교수·연구에 대한 평가비중은 1995년 이후로 꾸준히 확대되어 왔으며, 대폭 감소된 개선도 배점은 신설된 평가영역에 재분배되었음을 알 수 있다.

그러다 2002년에는 교육여건과 재정이 통합되면서 그 비중이 축소되었고, 2003년에는 정보화가 다시 교육여건·재정에 통합되었다. 아울러 2003년에는 사회배려도가 신설 3년 만에 평가영역에서 제외되어 전체 평가영역은 4개 영역으로 축소되었다. 2004년과 2005년에는 2003년에 축소된 4개 영역만이 유지되었으며 배점에 소폭 변동만 발생했을 뿐이었다. 2000년과 비교해 볼 때 2005년 배점 구성은 교육여건·재정 비중이 감소하고 교수·연구, 사회평판도, 개선도 비중은 증가한 경향을 보였다.

〈표 15-2〉 2000~2005년 당시 종합평가 영역별 배점

구분	2000	2001	2002	2003	2004	2005
교육여건	110	110	180	200	200	185
재정	110	90				
교수 · 연구	150	160	160	180	180	175
사회평판도	50	60	70	80	80	100
개선도	20	25	35	40	40	40
정보화(교육여건에서 독립)	40	40	40	-	-	-
사회배려도	20	15	15	-	-	-
합계	500					

출처: 양정호 · 한신일 · 이석열(2007: 48).

(3) 2006~2011년 당시 종합평가

2006년부터 2011년까지 중앙일보에서 실시한 종합평가의 영역과 각 영역별 배점은 〈표 15-3〉과 같다. 이 시기에는 비교적 평가방식이 안정화되어 평가영역 명칭과 구성, 평가영역별 배점 배분, 하위 평가지표 구성 등에 있어 급격한 변동은 발생하지 않았다. 다만, 몇 가지 주목할 만한 변화를 언급하면 다음과 같다.

하나는 국제화 부문이 신설되었다는 점이다. 기존에도 외국인 교수 비율 등과 같은 국제화 관련 지표가 3개 포함되어 있었으나 국제화 부문을 신설하면서 국내 방문 외국인 교환학생 비율, 영어강의 비율 지표를 보태 총 5개 지표로 구성하였다. 아울러 또 다른 특징은 2006년까지 유지되던 개선도 부문이 2007년을 기점으로 평가영역에서 제외되었다는 점이다. 해당 영역은 교육여건 · 재정과 교수 · 연구의 일부 지표를 중복 평가하는 측면이 있는 만큼 개선이 필요하다는 지적이 있었는데, 국제화를 새로운 평가영역으로 신설하고 평가 영역 및 지표를 조정하는 과정에서 다른 영역으로 흡수시켰다. 마지막으로 세 번째 특징은 2010년 들어 평판도 비중이 소폭 감소하였다는 점이다. 이는 전국기획처장협의회에서 대학 평판도 조사도 중요하지만 보다 객관적이고 실증적인 지표 비중을 높일 필요가 있다는 지적을 반영한 결과로 풀이된다.

〈표 15-3〉 2006～2011년 당시 종합평가 영역별 배점

구분	2006	2007	2008	2009	2010	2011
교육여건 · 재정	100	100	100	100	95	115
교수 · 연구	120	120	120	120	115	110
평판도	110	110	110	110	70	70
개선도	30	–	–	–	–	–
국제화	70	70	70	70	70	60
합계	430		400		350	355

※ 중앙일보 대학평가 홈페이지에 탑재된 평가지표 관련 자료를 종합 · 재구성함.

(4) 2012～2019년 당시 종합평가

2012년부터 2019년까지 중앙일보에서 실시한 종합평가의 영역과 각 영역별 배점은 〈표 15-4〉와 같다. 이 시기를 특징짓는 가장 큰 변화는 학생교육 노력 및 성과가 새로운 평가영역으로 추가되었다는 점이다. 이는 2000년대를 기점으로 대학의 연구 기능을 강조하던 패러다임에서 대학의 교육과 학생의 성장에 주목하는 패러다임으로 전환된 데 따른 변화라 할 수 있다. 그 밖에도 평판도의 비중이 계속해서 줄어들고 국제화가 평가영역에서 제외된 사실은 이전과 비견될 만한 변화로 꼽힌다.

〈표 15-4〉 2012～2019년 당시 종합평가 영역별 배점

구분	2012	2013	2014	2015	2016～2019
교육여건 · 재정	90	90	90	150	100
교수 · 연구	100	100	100	110	100
평판도	60	60	60	60	30
국제화	50	50	50	–	–
학생교육 노력 및 성과	–	–	–	80	70
합계		300		400	300

※ 중앙일보 대학평가 홈페이지에 탑재된 평가지표 관련 자료를 종합 · 재구성함.

2 평가 목적 및 의의

1) 평가목적

앞서 평가배경을 논의하면서 밝혔듯 중앙일보가 언론사 최초로 대학평가를 실시하게 된 이유는 크게 세 가지로 정리된다. 첫 번째 이유는 교육수요자인 학생과 학부모에게 대학에 관한 정보를 공개하기 위함이고, 두 번째 이유는 대학 개혁에 대한 공감대를 넓혀 고등교육 발전과 국가경쟁력 강화에 이바지하기 위함이고, 세 번째 이유는 조직의 이미지와 공신력을 제고하고 파급력과 장악력을 높이기 위함이었다.

이와 관련하여 나민주(2001)는 언론기관의 대학평가가 대응성, 선도성, 상업성 등 세 가지 원리에 의해 운용되고 있다고 주장한 바 있다. 그에 따르면 대응성은 앞서 언급한 첫 번째 이유와 연결된다. 대응성은 수요자(학생, 학부모, 기업, 구독자 등)의 요구에 알맞은 정보를 제공하기 위해 노력한다는 의미이다. 그리고 두 번째 이유와 연결되는 선도성은 대학이 더 나은 평가 결과를 얻기 위해 노력하는 과정에서 대학 발전을 도모하고, 더 나아가서는 일반국민, 학생·학부모, 기업, 정부가 미래 사회와 대학교육에 관한 비전을 공유하고 대학교육에 대한 잘못된 인식을 교정한다는 의미이다. 마지막으로 세 번째 이유와 연결되는 상업성은 언론기관으로서의 생존과 발전을 꾀한다는 의미로, 앞서 언급한 대응성과 선도성을 꾀하는 과정에서 함께 달성할 수 있는 목적으로 간주된다.

이처럼 중앙일보 대학평가는 언론기관이 주관하는 대학평가라는 특성상 대응성과 선도성의 목적과 함께 상업성의 목적도 지닌다. 정부 또는 대학협의체에서 실시하는 대학평가가 공적인 성격이 강하다면, 언론기관에서 실시하는 대학평가는 사기업이라는 구조적인 특성상 사적인 성격, 즉 이윤추구의 목적이 강하게 드러날 수밖에 없다. 이는 언론기관 대학평가의 목적이 지나치게 상업성에 경도될 때 발생할 수 있는 문제점을 늘 경계해야 하는 이유가 되기도 한다.

2) 평가의의

중앙일보 대학평가가 지니는 가장 큰 의의는 대학에 관한 정보 자체가 희귀했던 1990년대에 대학에 진학하고자 하는 학생과 학부모에게 관련 정보를 제공하였다는 데 있다. 이와 관련하여 2010년 당시 중앙일보 교육개발연구소 소장을 역임 중에 있던 강홍준은 중앙일보 대학평가의 영향력이 커지게 된 원인을 다음과 같이 회고하기도 하였다.

중앙일보 대학평가의 영향력이 이렇게 커지게 된 원인은 어디에 있을까? 아무 래도 대학평가가 시작된 1994년만 하더라도 대학 관련 정보는 거의 공개되지 않았던 과거 역사에서 찾아볼 수 있다. 현재 학생과 학부모 등 교육 수요자에 게 필요한 정보는 현재 대학정보알리미 등을 통해 공개되고 있다. 하지만 1990년 대와 2000년대 초반만 하더라도 이런 제도는 없었으며, 대학과 관련한 정보를 지속적으로 공개한 것은 중앙일보 대학평가만이 유일했다고 할 수 있다. 특히 대학 관련 자료의 공개와 공유도 그 영향력을 키우는 데 있어서 큰 역할을 했다 고 평가한다(강홍준, 2010: 22).

이처럼 과거에는 수험생과 학부모 사이에 구전으로 전해지는 '명문대 서열' 아니면 수 능 이후에 대형 수험학원에서 제공하는 배치표 외에는 대학과 학과를 선택하는 데 참고 가 되는 정보가 부족한 상황이었다. 이러한 상황에서 중앙일보의 대학평가 시행과 결과 공개는 신뢰할 수 있는 대학 정보에 대한 학생과 학부모의 갈증을 일면 해소한 동시에 이 들의 알 권리를 보장한 측면도 있다. 중앙일보에서는 중앙일보 대학평가 홈페이지(http://univ.joongang.co.kr)를 통해 평가연도별로 특정 대학의 평가 결과를 검색할 수 있는 대학 별 리포트 기능과 종합평가 30위까지 열람할 수 있는 연도별 리포트 기능, 그리고 2개 대 학을 선정하여 평가 결과를 비교할 수 있는 대학 간 비교 리포트 기능을 2017년까지 제공 하였으나, 그 이후로는 평가에 참여한 대학에만 평가지표 등의 정보를 제공하고 있다.

한편, 이와 더불어 중앙일보 대학평가의 또 다른 의의를 논한다면 정부 또는 대학협의 체에서 실시하여 공적인 성격이 짙은 대학평가와 구별되는 사적 평가의 지평을 열었다 는 데 있다. 앞서 살펴본 바와 같이 중앙일보 대학평가의 평가영역은 해마다 크고 작은 변동을 겪어 왔다. 그럼에도 현재까지 유지되고 있는 평가영역이자 정부 또는 대학협의 체의 대학평가에서는 잘 고려되지 않는 평가영역은 바로 사회평판도이다. 앞서 잠시 언 급한 바와 같이 일각에서는 대학을 평가하는 요소로 사회평판도가 포함되는 데 대하여 거부감을 갖기도 한다. 하지만 동시에 잊지 말아야 할 점은 중앙일보 대학평가가 사회평 판도 평가결과를 공개함으로써 교육수요자로 하여금 이들이 받은 또는 받게 될 고등교 육이 얼마나 사회적으로 가치가 있다고 인정받는지를 가늠하게 한다는 순기능도 갖고 있다는 점이다. 사회평판도를 평가영역으로 포함시키는 것이 타당한지 여부를 검토하는 작업과 사회평판도를 보다 정확하게 측정할 수 있는 방법을 고안하는 작업이 후행된다 면, 중앙일보 대학평가는 정부주도형 대학평가와 인증기관 주도형 대학평가와는 또 다 른 차원의 대학평가로서 그 기능을 충실히 수행할 것으로 기대된다.

대학간 비교 리포트

[그림 15-1] 중앙일보 대학평가 홈페이지에서 제공하는 대학 간 비교 리포트 기능

③ 평가 영역 및 지표

중앙일보에서는 현재 대학의 전반적인 교육 및 연구 역량을 평가하는 종합평가와 학문 영역별로 교육 및 연구 역량을 평가하는 학과(계열) 평가, 그리고 학생의 교육과 학습에 보다 관심을 기울이는 대학을 평가하는 교육중심대학 평가를 시행 중에 있다. 중앙일

보 대학평가 홈페이지에서는 2017년까지의 평가에 관한 정보를 공시해 왔고 2018년부터는 관련 기사를 통해서만 관련 소식을 약식으로 전달하고 있다. 2015년부터 2019년까지의 세 평가의 영역 및 지표를 살펴보면 다음과 같다.

1) 종합평가

〈표 15-5〉와 같이 2015년 종합평가는 교육여건·재정, 교수·연구, 평판도, 학생교육 노력 및 성과 등 4개 영역으로 구성되었다. 2016~2019년 평가 영역은 2015년과 동일하게 유지되었으며, 명칭은 교육 여건, 교수·연구, 평판도, 학생 교육 및 성과로 소폭 변경되었다. 최근 2016년부터 2019년까지 큰 변화는 없었고, 기존 지표에서 몇 가지 지표가 탈락 혹은 추가되었다.

첫 번째 영역인 교육여건·재정은 2015년 기준 400점 만점 가운데 150점, 2016~2019년 기준 300점 만점 가운데 100점을 차지한다. 하위 평가지표 수 역시 2015년 기준 14개, 2016~2017년 기준 13개, 2018~2019년 기준 12개로, 네 평가 영역 가운데 가장 많은 하위 평가지표를 가지고 있다. 영역 내에서 가장 배점이 높은 지표 가운데 하나인 교수 확보율에는 2015년에 20점, 2016~2017년에 15점, 2018~2019년에 13점이 각각 배분되었다. 또한 교수 확보율과 더불어 높은 지표인 등록금 대비 장학금 지급률에는 2015년에는 20점이, 2016~2019년에 15점이 각각 배분되었다. 그리고 이들 두 지표 다음으로 배점이 높았던 지표인 세입 중 납입금 비율은 2016년 이후로 삭제되었고, 등록금 대비 교육비 지급률은 유지되고 있다. 한편, 외국인 교수 비율, 학위 과정 등록 외국인 학생 비율, 외국인 학생의 다양성, 교환 학생 비율은 2006년에 신설되었던 국제화 영역에 포함되어 있던 지표로, 2015년도에 국제화 영역이 평가영역에서 제외되면서 편입된 지표이다.

두 번째 영역인 교수·연구는 2015년 기준 110점, 2016~2019년 기준 100점을 차지하며, 교육여건·재정과 함께 높은 비중을 보인다. 하위 평가지표 수 역시 2015년 기준 11개에서 2016~2019년 기준 10개로, 교육여건·재정에 이어 많다. 영역 내에서 가장 배점이 높은 지표는 국제학술지 논문당 피인용으로, 2015년에는 30점, 2016~2017년에는 25점, 2018~2019년에는 20점이 배정되어 해당 영역 내에서 가장 높은 배점이 주어졌다. 한편, 기술이전 건당 수입액 지표는 2016년 이후 삭제되었다.

세 번째 영역인 평판도는 2015년 기준 60점에서 2016~2019년 기준 30점으로 크게 하향 조정되었다. 2015년 당시 하위 평가지표 수는 9개였으나, 2016~2018년에는 2015년 당시 평판도 영역 내에서 가장 높은 배점이 할당된 지표를 중심으로 크게 축소되어 4개 지표로 개편되었고, 2019년에 학부모 진학 선호 대학이 추가되었다. 한편, 네 번째 영역인 학생교육 노력 및 성과는 2015년에 신설된 평가영역이지만 1994년부터 지속되어 온 평판도 영역보다 높은 배점을 할당받고 있다. 가장 높은 배점이 배정된 지표는 취업률 부문이다.

〈표 15-5〉 종합평가 영역 및 지표

영역	지표	배점			
		2015년	2016~2017년	2018년	2019년
교육 여건 · 재정	1) 교수 확보율	20	15	13	13
	2) 강의 규모	10	5	5	5
	3) 전임교원 강의담당 비율	5	5	–	–
	4) 등록금 대비 장학금 지급률	20	15	15	15
	5) 등록금 대비 교육비 지급률	15	10	10	10
	6) 세입 중 납입금 비율	15	–	–	–
	7) 세입 대비 기부금	5	5	5	5
	8) 기숙사 수용률	10	5	8	8
	9) 학생당 도서자료 구입비	5	5	7	7
	10) 외부 경력 교원 비율	5	5	5	5
	11) 외국인 교수 비율	10	5	5	5
	12) 학위 과정 등록 외국인 학생 비율	8	8	10	10
	13) 외국인 학생의 다양성	7	7	7	7
	14) 교환 학생 비율	15 (150)	10 (100)	10 (100)	10 (100)
교수 · 연구	1) 계열 평균 교수당 교외 연구비	15	15	15	15
	2) 계열 평균 교수당 자체 연구비	10	10	10	10
	3) 국제학술지 논문당 피인용	30	25	20	20
	4) IF를 고려한 국제학술지 논문*	10	10	10	10
	5) 인문사회 저역서 발간	5	5	5	5
	6) 인문사회 저역서 피인용	5	5	5	5
	7) 인문사회 국내논문 게재	5	5	5	5
	8) 인문사회 국내논문 피인용	5	5	10	10
	9) 과학기술교수당 기술이전수입액	10	10	10	10
	10) 기술이전 건당 수입액	5	–	–	–
	11) 과학기술교수당 산학협력 수익	10 (110)	10 (100)	10 (100)	10 (100)

영역	지표	배점	소계	배점	소계	배점	소계	배점	소계
평판도	1) 신입사원으로 뽑고 싶은 대학(기업선호 대학)	10		10		10		8	
	2) 업무에 필요한 교양/전공교육이 충실한 대학	5		−		−		−	
	3) 특성화가 우수하거나 특성화 노력이 활발한 대학	5		−		−		−	
	4) 학생교육이 우수한 대학	5		−		−		−	
	5) 입학 추천하고 싶은 대학(고교입학추천 대학)	10	60	10	30	10	30	8	30
	6) 기부하고 싶은 대학	5		−		−		−	
	7) 향후발전가능성이 있다고 판단되는 대학	10		5		5		5	
	8) 국가, 사회 전반에 기여가 큰 대학	5		5		5		5	
	9) 지역사회에 기여가 큰 대학	5							
	10) 학부모 진학 선호 대학	−		−		−		4	
학생 교육 노력·성과	1) 순수취업률	20		15		15		15	
	2) 유지취업률	10		15		15		15	
	3) 중도포기율	10		10		10		10	
	4) 졸업생 창업 활동	5	80	10	70	10	70	10	70
	5) 창업교육 비율	10		10		10		10	
	6) 현장실습 참여학생 비율	10		10		10		10	
	7) 캡스톤디자인 수업 참여비율	5		−		−		−	
	8) 온라인 강의공개	10		−		−		−	
합계		400		300		300		300	

※ 중앙일보 대학평가 홈페이지에 탑재된 관련 자료와 관련 기사를 종합·재구성함.

2) 학과(계열) 평가

〈표 15-6〉과 같이 2015년 학과(계열) 평가는 교육여건, 교수·연구, 학생교육 노력 및 성과 등 3개 영역으로 구성되었으며 인문, 사회, 자연과학, 공학 계열별로 지표와 가중치를 차등 적용하였다.

먼저, 교육여건은 4개 계열 모두 100점으로 구성되었으며, 종합평가의 교육여건 영역에 포함되었던 14개 지표 가운데 강의 규모, 전임교원 강의담당 비율, 세입 중 납입금 비율, 세입 대비 기부금 등 4개 지표를 제외한 10개 지표가 그대로 사용되었다. 교육여건은 계열별 차이 없이 지표마다 모두 동일한 배점이 부여되었다.

다음으로 교수·연구는 인문계열 100점, 사회계열 및 자연과학계열 110점, 공학계열 120점으로 구성되었으며, 종합평가의 교수·연구 영역에 포함되었던 11개 지표가 동일하게 유지되었다. 다만, 계열에 따라 지표별 배점이 다르게 분배되었고, 적용되는 평가지표 역시 차이를 보였다.

마지막으로, 학생교육 노력 및 성과는 인문계열 및 자연과학계열 50점, 사회계열 60점, 공학계열 80점으로 구성되었으며, 종합평가의 학생교육 노력 및 성과 영역에 포함되었던 8개 지표 가운데 온라인 강의공개 지표를 제외한 모든 지표가 적용되었다. 7개 지표 가운데 순수취업률, 유지취업률, 중도포기율은 계열별로 차이 없이 모두 동일한 배점이 적용되었으나, 다른 4개 지표는 계열별 차이를 보였다.

〈표 15-6〉 2015년 학과(계열) 평가 영역 및 지표

영역	지표	인문	사회	자연	공학
교육 여건	1) 교수 확보율	20	20	20	20
	2) 등록금 대비 장학금 지급률	20	20	20	20
	3) 등록금 대비 교육비 지급률	10	10	10	10
	4) 학생당 도서자료 구입비	5	5	5	5
	5) 기숙사 수용 비율	5	5	5	5
	6) 외부 경력 교원 비율	5	5	5	5
	7) 외국인 교수 비율	10	10	10	10
	8) 학위 과정 등록 외국인 학생 비율	8	8	8	8
	9) 외국인 학생의 다양성	7	7	7	7
	10) 교환학생 비율(해외파견＋국내방문)	10	10	10	10
소계(비중)		100 (40.0)	100 (37.0)	100 (38.5)	100 (33.3)

교수 연구	1) 교수당 외부 연구비	20	20	30	30
	2) 교수당 자체 연구비	10	10	10	10
	3) 국제학술지 논문당 피인용	10	20	40	30
	4) IF를 고려한 국제학술지 논문	10	10	10	10
	5) 저역서 피인용	20	10	–	–
	6) 저역서 발간	10	10	–	–
	7) 국내논문 피인용	10	20	–	–
	8) 국내논문 게재	10	10	–	–
	9) 과학기술 교수당 기술이전수입액	–	–	10	20
	10) 기술이전 건당 수입액	–	–	5	10
	11) 과학기술 교수당 산학협력 수익	–	–	5	10
소계(비중)		100 (40.0)	110 (40.7)	110 (42.3)	120 (40.0)
학생 성과	1) 순수취업률	20	20	20	20
	2) 유지취업률	10	10	10	10
	3) 중도포기율	10	10	10	10
	4) 졸업생 창업 활동	–	5	–	10
	5) 현장실습 참여학생 비율	5	10	5	10
	6) 창업교육 비율	5	5	5	10
	7) 캡스톤디자인 수업 참여비율	–	–	–	10
소계(비중)		50 (20.0)	60 (22.2)	50 (19.2)	80 (26.7)
총계(비중)		250 (100)	270 (100)	260 (100)	300 (100)

출처: 중앙일보 대학평가 홈페이지(http://univ.joongang.co.kr/).

2016년과 2017년도에는 학과(계열) 평가가 대폭 간소화되었다. 평가 영역은 2015년 기준 세 영역에서 네 영역으로 확대된 반면, 평가 지표는 28개 지표에서 27개 지표로 축소되었다. 2016년부터 변화된 지표를 살펴보면, 교육여건 영역에서 학생당 도서자료 구입비, 기숙사 수용 비율 지표가, 교수연구 영역에서 기술이전 건당 수입액 지표가 삭제되었고, 평판도 영역과 더불어 신입사원 선발 대학, 입학 추천 대학 지표가 새로 편성되었다. 특히 평판도 영역의 신규 편성은 대학평가를 대학 내부 여건에 대한 지표만이 아닌, 기업과 고등학교 등의 외부 변인에 대한 지표 또한 고려하기 위한 것으로 보인다.

〈표 15-7〉 2016년 학과(계열) 평가 영역 및 지표

영역	지표	인문	사회	자연	공학
교육 여건	1) 교수 확보율	20	20	20	20
	2) 등록금 대비 장학금 지급률	10	10	10	10
	3) 등록금 대비 교육비 지급률	10	10	10	10
	4) 외부 경력 교원 비율	5	5	5	10
	5) 외국인 교수 비율	5	5	5	5
	6) 학위 과정 등록 외국인 학생 비율	5	5	5	5
	7) 외국인 학생의 다양성	5	5	5	5
	8) 교환학생 비율(해외파견＋국내방문)	10	10	10	10
	소계(비중)	70 (28.0)	70 (25.9)	70 (25.9)	75 (25.0)
교수 연구	1) 교수당 외부 연구비	20	20	30	30
	2) 교수당 자체 연구비	10	10	10	10
	3) 국제학술지 논문당 피인용	10	20	40	30
	4) 국제학술지 논문	5	5	5	5
	5) 저역서 피인용	20	10	–	–
	6) 저역서 발간	10	10	–	–
	7) 국내논문 피인용	10	20	–	–
	8) 국내논문 게재	5	5	–	–
	9) 과학기술 교수당 기술이전수입액	–	–	10	25
	10) 과학기술 교수당 산학협력 수익	–	–	5	10
	소계(비중)	90 (36.0)	100 (37.0)	100 (37.0)	110 (36.7)
학생 성과	1) 순수취업률	20	20	20	20
	2) 유지취업률	20	20	20	20
	3) 중도포기율	10	10	10	10
	4) 졸업생 창업 활동	5	10	10	15
	5) 현장실습 참여학생 비율	5	10	10	10
	6) 창업교육 비율	10	10	10	10
	7) 캡스톤디자인 수업 참여비율	–	–	–	10
	소계(비중)	70 (28.0)	80 (29.6)	80 (29.6)	95 (31.7)

평판도	1) 신입사원 선발 대학	10	10	10	10
	2) 입학 추천 대학	10	10	10	10
소계(비중)		20 (8.0)	20 (7.4)	20 (7.4)	20 (6.7)
총계(비중)		250 (100)	270 (100)	270 (100)	300 (100)

출처: 중앙일보 대학평가 홈페이지(http://univ.joongang.co.kr/).

2016년과 2017년 평가는 큰 차이를 보이지 않는다. 다만 교수 연구 영역 가운데, 교수당 외부 연구비, 교수당 자체 연구비, 국제학술지 논문, 저역서 피인용, 저역서 발간, 국내논문 피인용, 국내논문 게재 영역 등에서 계열별 비중의 변화를 확인할 수 있다.

〈표 15-8〉 2017년 학과(계열) 평가 영역 및 지표

영역	지표	인문	사회	자연	공학
교육 여건	1) 교수 확보율	20	20	20	20
	2) 등록금 대비 장학금 지급률	10	10	10	10
	3) 등록금 대비 교육비 지급률	10	10	10	10
	4) 외부 경력 교원 비율	5	5	5	10
	5) 외국인 교수 비율	5	5	5	5
	6) 학위 과정 등록 외국인 학생 비율	5	5	5	5
	7) 외국인 학생의 다양성	5	5	5	5
	8) 교환학생 비율(해외파견＋국내방문)	10	10	10	10
소계(비중)		70 (26.9)	70 (25.9)	70 (25.9)	75 (25.0)
교수 연구	1) 교수당 외부 연구비	15	15	25	25
	2) 교수당 자체 연구비	15	15	10	10
	3) 국제학술지 논문당 피인용	10	20	40	30
	4) 국제학술지 논문	5	10	10	10
	5) 저역서 피인용	15	5	－	－
	6) 저역서 발간	10	5	－	－
	7) 국내논문 피인용	20	20	－	－
	8) 국내논문 게재	10	10	－	－
	9) 과학기술 교수당 기술이전수입액	－	－	10	25
	10) 과학기술 교수당 산학협력 수익	－	－	5	10
소계(비중)		100 (38.5)	100 (37.0)	100 (37.0)	110 (36.7)

학생 성과	1) 순수취업률	20	20	20	20
	2) 유지취업률	20	20	20	20
	3) 중도포기율	10	10	10	10
	4) 졸업생 창업 활동	5	10	10	15
	5) 현장실습 참여학생 비율	5	10	10	10
	6) 창업교육 비율	10	10	10	10
	7) 캡스톤디자인 수업 참여비율	–	–	–	10
소계(비중)		70 (26.9)	80 (29.6)	80 (29.6)	95 (31.7)
평판 도	1) 신입사원 선발 대학	10	10	10	10
	2) 입학 추천 대학	10	10	10	10
소계(비중)		20 (7.7)	20 (7.4)	20 (7.4)	20 (6.7)
총계(비중)		260 (100)	270 (100)	270 (100)	300 (100)

출처: 중앙일보 대학평가 홈페이지(http://univ.joongang.co.kr/).

2017년과 2019년 평가 또한 큰 차이를 보이지 않으며, 평가 비중에서 차이가 발견된다. 영역별 전체 비중에서는 교수 연구 영역 비중이 증가한 반면에, 학생성과와 평판도 영역 비중은 상대적으로 감소하였고, 교육여건 영역에서는 교수 확보율 지표가 2017년에 비해 절반의 비중으로 감소하였다. 이러한 변화는 중앙일보 대학 평가의 기준이 교수의 확보 정도보다는 교수 연구에 대해 더욱 무게를 두고자 한 것으로 볼 수 있다. 다시 말해 이는 교수의 규모보다는 연구의 질적 측면을 중시하고 있음을 시사한다. 한편, 평판도 영역에서는 2017년도의 입학 추천 대학 항목이 2019년도에 교사 입학 추천 대학과 학부모 진학 선호 대학으로 분류된 것을 확인할 수 있다. 평판도에 대한 전체 비중은 감소했으나, 교사와 학부모 각각의 추천 및 선호 대학을 조사함으로써 교육주체의 기호를 분석해 볼 수 있을 것으로 예측된다.

〈표 15-9〉 2019년 학과(계열) 평가 영역 및 지표

영역	지표	인문	사회	자연	공학
교육여건	1) 교수 확보율	10	10	10	10
	2) 등록금 대비 장학금 지급률	15	15	15	15
	3) 등록금 대비 교육비 지급률	5	5	5	5
	4) 외부 경력 교원 비율	–	5	5	5
	5) 외국인 교수 비율	5	5	5	5
	6) 학위 과정 등록 외국인 학생 비율	5	5	5	5
	7) 외국인 학생의 다양성	5	5	5	5
	8) 교환학생 비율(해외파견＋국내방문)	10	10	10	10
	소계(비중)	55 (25.0)	60 (25.0)	60 (23.1)	60 (22.2)
교수연구	1) 교수당 외부 연구비	10	15	20	25
	2) 교수당 자체 연구비	10	10	10	10
	3) 국제학술지 논문당 피인용	15	25	40	40
	4) 국제학술지 논문	10	15	20	20
	5) 저역서 피인용	5	5	–	–
	6) 저역서 발간	5	5	–	–
	7) 국내논문 피인용	25	20	–	–
	8) 국내논문 게재	15	10	–	–
	9) 과학기술 교수당 기술이전수입액	–	–	20	20
	10) 과학기술 교수당 산학협력 수익	–	–	10	10
	소계(비중)	95 (43.2)	105 (43.8)	120 (46.2)	125 (46.3)
학생성과	1) 순수취업률	20	20	20	20
	2) 유지취업률	20	20	20	20
	3) 중도포기율	10	10	10	10
	4) 학생 창업 지원 및 성과	5	10	10	15
	5) 현장실습 참여학생 비율	5	10	10	10
	6) 창업교육 비율	10	10	10	10
	7) 캡스톤디자인 수업 참여비율	–	–	–	10
	소계(비중)	55 (25.0)	60 (25.0)	65 (25.0)	70 (25.9)

평판도	1) 기업 신입사원 선발 선호 대학	5	5	5	5
	2) 교사 입학 추천 대학	5	5	5	5
	3) 학부모 진학 선호 대학	5	5	5	5
소계(비중)		15 (6.8)	15 (6.3)	15 (5.8)	15 (5.6)
총계(비중)		260 (100)	270 (100)	270 (100)	300 (100)

출처: 중앙일보 대학평가팀 제공.

3) 교육중심대학 평가

〈표 15-10〉과 같이 2015년 교육중심대학 평가는 교육여건, 평판도, 학생교육 노력 및 성과 등 3개 영역으로 구성되었다. 교육중심대학 평가인 만큼 고도로 국제화되어 있는 연구중심대학을 판별하기에 적합한 지표들로 구성된 교육·연구 영역은 평가영역에서 제외되었다. 2015년 당시 평가 영역 및 지표를 중심으로 살펴보면, 교육여건 영역은 종합평가의 교육여건 영역에 포함되었던 14개 지표 가운데 9개 지표가 그대로 유지되고, 해외 파견 교환 학생 비율 지표가 새롭게 추가되어 총 10개 지표로 구성되었다. 평판도 영역의 경우에는 종합평가의 평판도 영역에 포함되었던 9개 지표 가운데 5개 지표가 그대로 유지되었고, 학생교육 노력 및 성과 영역의 경우에는 창업과 관련된 2개 지표(졸업생 창업 활동, 온라인 강의공개)가 제외된 6개 지표가 그대로 유지되었다.

〈표 15-10〉 2015년 교육중심대학 평가 영역 및 지표

영역	지표	배점	합계
교육여건	1) 교수 확보율	20	100 (40%)
	2) 전임교원 강의담당 비율	5	
	3) 강의 규모	10	
	4) 등록금 대비 장학금 지급률	20	
	5) 등록금 대비 교육비 지급률	10	
	6) 세입 중 납입금 비율	5	
	7) 기숙사 수용률	10	
	8) 학생당 도서자료 구입비	5	
	9) 산업체 경력 교원 비율	5	
	10) 해외 파견 교환 학생 비율	10	

평판도	1) 신입사원으로 뽑고 싶은 대학	10	50 (20%)
	2) 업무에 필요한 교육, 전공교육이 충실한 대학	10	
	3) 특성화가 우수하거나 특성화 노력이 활발한 대학	10	
	4) 학생교육이 우수한 대학	10	
	5) 입학 추천하고 싶은 대학	10	
학생 교육 노력 및 성과	1) 순수취업률	30	100 (40%)
	2) 유지취업률	20	
	3) 중도포기율	15	
	4) 현장실습 참여학생 비율	20	
	5) 캡스톤디자인 수업 참여비율	5	
	6) 창업교육 비율	10	
합계		250	250 (100%)

출처: 중앙일보 대학평가 홈페이지(http://univ.joongang.co.kr/).

2016~2017년 교육중심대학 평가는 2015년과 동일하게 교육여건, 평판도, 학생교육 노력 및 성과 등 3개 영역으로 구성되었다. 하지만 평가지표에서는 다소 차이를 보였다. 교육여건 영역에서는 전임교원 강의담당 비율, 강의 규모, 세입 중 납입금 비율 지표가, 평판도 영역에서는 업무에 필요한 교육, 전공교육이 충실한 대학, 특성화가 우수하거나 특성화 노력이 활발한 대학, 학생교육이 우수한 대학에 대한 지표가 제외되었다. 다만 학생교육 노력 및 성과 영역에서는 6개 지표수는 유지하되, 캡스톤디자인 수업 참여비율 지표 대신에 졸업생 창업 활동 지표가 새로 편성되었다. 전체 비중을 살펴보면, 2015년에 학생교육 노력 및 성과 영역이 40%, 평판도 영역이 20%였으나, 2016~2017년에는 학생교육 노력 및 성과 영역이 50%, 평판도 영역이 10%로 각각 증가 및 축소된 것을 확인할 수 있다. 이는 중앙일보 대학평가팀에서 교육중심대학 평가 영역에서 평판도보다는 실제 학생교육에 대한 노력과 성과에 대한 비중을 더욱 제고할 필요가 있다고 판단한 것으로 보인다.

〈표 15-11〉 2016~2017년 교육중심대학 평가 영역 및 지표

영역	지표	배점	합계
교육 여건	1) 교수 확보율	20	80 (40%)
	2) 등록금 대비 장학금 지급률	20	
	3) 등록금 대비 교육비 지급률	15	
	4) 기숙사 수용률	5	
	5) 학생당 도서자료 구입비	5	
	6) 외부 경력 교원 비율	5	
	7) 해외 파견 교환 학생 비율	10	
평판도	1) 신입사원으로 뽑고 싶은 대학	10	20 (10%)
	2) 입학 추천하고 싶은 대학	10	
학생 교육 노력 및 성과	1) 순수취업률	25	100 (50%)
	2) 유지취업률	25	
	3) 중도포기율	10	
	4) 현장실습 참여학생 비율	20	
	5) 창업교육 비율	10	
	6) 졸업생 창업 활동	10	
합계		200	200 (100%)

출처: 중앙일보 대학평가 홈페이지(http://univ.joongang.co.kr/).

2019년의 대학평가는 2016~2017년 교육중심대학 평가와 큰 차이를 보이지 않는다. 전체 영역의 비중은 이전과 동일하게 유지되었으나, 평가지표에서 약간의 변화가 확인된다. 학생 교육 노력과 성과 영역에서는 졸업생 창업 활동 지표가 학생 창업 지원 및 성과 지표로 변경되었는데, 이는 졸업생 창업 활동을 보다 구체적으로 평가하기 위해 창업 지원과 성과에 대해 조사하고자 한 것으로 볼 수 있다. 또한 평판도 영역은 학과(계열) 평가와 마찬가지로 입학 추천하고 싶은 대학 지표가 교사 입학 추천 대학 및 학부모 진학 선호 대학으로 분류되었음을 알 수 있다.

〈표 15-12〉 2019년 교육중심대학 평가 영역 및 지표

영역	지표	배점	합계
교육 여건	1) 교수 확보율	10	80 (40%)
	2) 등록금 대비 장학금 지급률	20	
	3) 등록금 대비 교육비 지급률	15	
	4) 기숙사 수용률	10	
	5) 학생당 도서자료 구입비	7	
	6) 외부 경력 교원 비율	5	
	7) 해외 파견 교환 학생 비율	13	
평판도	1) 기업 신입사원 선발 선호 대학	8	20 (10%)
	2) 교사 입학 추천 대학	8	
	3) 학부모 진학 선호 대학	4	
학생 교육 노력 및 성과	1) 순수취업률	25	100 (50%)
	2) 유지취업률	25	
	3) 중도포기율	10	
	4) 현장실습 참여학생 비율	20	
	5) 창업교육 비율	10	
	6) 학생 창업 지원 및 성과	10	
	합계	200	200 (100%)

출처: 중앙일보 대학평가팀 제공.

4 평가 과정 및 방법

1) 평가과정

중앙일보 대학평가는 [그림 15-2]와 같이 1년 주기로 진행된다. 초반에는 작년도 평가에 대한 의견을 청취하여 이를 고려한 평가 개편안을 마련하는 데 주력한다. 본격적인 평가 단계는 4월경부터 시작되는데, 이 시기에는 평가팀이 구성되어 종합평가와 학과(계열) 평가를 위한 기초자료를 수집한다. 이후 5월에는 대학평가시행안을 작성하여 평

가에 참가하는 대학 측에 송부하여 시행안에 대한 의견을 추가로 청취한다. 이때 비참가 대학에도 자료를 발송하여 평가가 기본적으로 어떻게 진행되는지를 안내하고 차후 평가에 참여할 것을 독려한다.

6월과 7월에는 중앙일보 주최 설명회가 개최되어 종합평가, 학과(계열) 평가, 교육중심대학 평가지표가 공개된다. 그리고 이 시기에는 종합평가 온라인 설문지가 제공되고, 학과(계열) 평가에 관한 세부사항까지 모두 확정되어 최종 공지된다. 8월에는 종합평가 대상 대학들이 7월에 공지된 온라인 설문지에 응답한다. 그리고 한국연구재단, 교육부, 한국교육학술정보원, 한국산업기술진흥원 등 유관기관으로부터 받은 자료를 해당 대학 측에 송부하여 수치에 오류가 없는지 검토받는 과정을 거친다. 오류가 발견될 시에는 해당 자료를 제공한 기관의 검증을 거쳐 최종 수정·반영된다. 이와 같이 8월과 9월에 걸쳐 각 대학의 평가자료에 대한 검증이 끝나면, 수험생과 학부모가 대학을 선택하는 데 도움이 될 수 있도록 수시 모집이 진행되는 8월 중순에서 9월 초부터 평가결과와 후속 기사가 발표되기 시작한다.

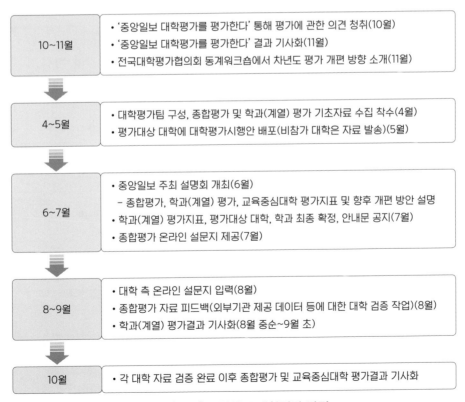

10~11월
- '중앙일보 대학평가를 평가한다' 통해 평가에 관한 의견 청취(10월)
- '중앙일보 대학평가를 평가한다' 결과 기사화(11월)
- 전국대학평가협의회 동계워크숍에서 차년도 평가 개편 방향 소개(11월)

4~5월
- 대학평가팀 구성, 종합평가 및 학과(계열) 평가 기초자료 수집 착수(4월)
- 평가대상 대학에 대학평가시행안 배포(비참가 대학은 자료 발송)(5월)

6~7월
- 중앙일보 주최 설명회 개최(6월)
  - 종합평가, 학과(계열) 평가, 교육중심대학 평가지표 및 향후 개편 방안 설명
- 학과(계열) 평가지표, 평가대상 대학, 학과 최종 확정, 안내문 공지(7월)
- 종합평가 온라인 설문지 제공(7월)

8~9월
- 대학 측 온라인 설문지 입력(8월)
- 종합평가 자료 피드백(외부기관 제공 데이터 등에 대한 대학 검증 작업)(8월)
- 학과(계열) 평가결과 기사화(8월 중순~9월 초)

10월
- 각 대학 자료 검증 완료 이후 종합평가 및 교육중심대학 평가결과 기사화

[그림 15-2] 중앙일보 대학평가 과정

※ 연도별 중앙일보 대학 종합평가 설명자료집 내용을 종합·재구성함.

2) 평가방법

해마다 평가 영역 및 지표에 크고 작은 변동이 있었듯 평가방법 역시 시간이 흐르면서 크고 작은 변화가 있었다. 따라서 평가 영역 및 지표와 마찬가지로 평가방법 역시 2015년을 기준으로 그 변화 양상을 논의하고자 한다. 제시한 〈표 15-13〉은 종합평가에 포함된 지표별로 산출 방식을 정리하여 제시한 표이다. 앞서 언급한 바와 같이 학과(계열) 평가와 교육중심대학 평가는 종합평가에 포함된 평가지표를 평가 목적에 맞게 일부 선택하여 진행되는 평가이기 때문에 종합평가, 학과(계열) 평가, 교육중심대학 평가에 포함된 지표별 산출 방식은 동일하다. 따라서 〈표 15-13〉은 종합평가를 중심으로 지표별 산출 방식을 기재하되 학과(계열) 평가와 교육중심대학 평가의 지표로도 활용된 경우는 별도 표기하였다.

〈표 15-13〉 2015년 중앙일보 대학평가 지표별 산출 방식

영역	지표	산출 방식	지표 유무 계열	지표 유무 교육
교육 여건 · 재정	1) 교수 확보율	(전임이상 교수 수/교수 편제정원)*100	○	○
	2) 강의 규모	{(20인 이하 강의 수)×0.4+21~50인 강의 수)×0.3+(51~100인 강의 수)×0.2+(101~200인 강의 수)×0.1}/(전체 강의 수)		○
	3) 전임교원 강의담당 비율	(전임교원의 강의담당학점)/(총 개설 강의학점)		○
	4) 등록금 대비 장학금 지급률	(장학금 총액/등록금 징수총액)*100	○	○
	5) 등록금 대비 교육비 지급률	(교육비 총액/납입금 총액)*100	○	○
	6) 세입 중 납입금 비율	(납입금/세입)*100		○
	7) 세입 대비 기부금	(기부금/세입)*100		
	8) 기숙사 수용률	(기숙사 수용가능인원/재학생)*100		○
	9) 학생당 도서자료 구입비	도서자료 구입비/재정정원		○
	10) 외부 경력 교원 비율	(최근 5년간 임용한 외부경력 교수)/(최근 5년간 신규임용 교수)*100	○	○
	11) 외국인 교수 비율	(외국인 교수 수/전임 교수 수)*100	○	
	12) 학위 과정 등록 외국인 학생 비율	{외국인 학생 수/(학부 재학생 수+대학원 재학생 수)}*100	○	

13) 외국인 학생의 다양성	엔트로피 공식 적용하여 다양성 지수(0~7점) 부여	○	
14) 교환 학생 비율	{해외 파견 교환학생 수+외국인 교환학생 수)/ (학부 재학생 수+대학원재학생 수)}*100	○	○
교수 · 연구	1) 계열 평균 교수당 교외 연구비	$\sum$(계열 교수당 외부 연구비/전체 대학의 해당 계열 교수당 외부 연구비 평균)×(해당 대학 전체 교수 대비 계열 교수 수)	○	
	2) 계열 평균 교수당 자체 연구비	$\sum$(계열 교수당 자체 연구비/전체 대학의 해당 계열 교수당 자체 연구비 평균)×(해당 대학 전체 교수 대비 계열 교수 수)	○	
	3) 국제학술지 논문 당 피인용	$\sum$(계열 교수의 국제논문 당 피인용/전체 대학의 해당 계열 교수의 국제논문 당 피인용 평균)× (해당 대학 전체 교수 대비 계열 교수 수)	○	
	4) IF를 고려한 국제학술지 논문	$\sum$(계열 교수당 국제논문/전체 대학의 해당 계열 교수당 국제논문 평균)×(해당 대학 전체 교수 대비 계열 교수 수)	○	
	5) 인문사회 저역서 발간	$\sum$(계열 교수당 저역서/전체 대학의 해당 계열 교수당 저역서 평균)×(해당 대학 전체 교수 대비 계열 교수 수)	○	
	6) 인문사회 저역서 피인용	$\sum$(계열 저역서당 피인용/전체 대학 해당 계열 의 저역서당 피인용 평균)×(해당 대학 전체 교수 대비 계열 교수 수)	○	
	7) 인문사회 국내논문 게재	$\sum$(계열 교수당 국내논문(연구재단등재지)/전체 대학의 해당 계열 교수당 국내논문 평균)× (해당 대학 전체 교수 대비 계열 교수 수)	○	
	8) 인문사회 국내논문 피인용	$\sum$(계열 KCI 논문당 피인용/전체 대학 해당 계열 KCI 논문당 피인용 평균)×(해당 대학 전 체 교수 대비 계열 교수 수)	○	
	9) 과학기술교수당 기술이전 수입액	기술이전 수입액 총합/과학기술 교수 수	○	
	10) 기술이전 건당 수입액	기술이전 수입액/기술이전 건수	○	
	11) 과학기술교수당 산학협력 수익	산학협력 수익액 총합/과학기술 교수 수	○	

평판도	1) 신입사원으로 뽑고 싶은 대학	국내외 기업, 정부부처 인사 담당자 550명 설문			○
	2) 업무에 필요한 교양/전공 교육이 충실한 대학	기업 인사담당자 550명 설문			○
	3) 특성화가 우수하거나 특성화 노력이 활발한 대학	교수(총·학장, 보직교수) 550명 설문			○
	4) 학생교육이 우수한 대학	교수 550명 설문	여론조사 결과 토대로 표준화 점수 산출		○
	5) 입학 추천하고 싶은 대학	고교 교사(진로교사, 고3 담임) 550명 설문			○
	6) 기부하고 싶은 대학	고교 교사 550명 설문			
	7) 향후 발전가능성이 있다고 판단되는 대학	기업 인사담당자 550명+교수 550명+고교 교사 550명 설문			
	8) 국가, 사회 전반에 기여가 큰 대학	고교 교사 550명+교수 550명 설문			
	9) 지역사회에 기여가 큰 대학	고교 교사 550명+교수 550명 설문			
학생 교육 노력 및 성과	1) 순수취업률	계열별 취업률(남녀 구분)		○	○
	2) 유지취업률	유지취업률(2차, 취업 후 6개월)		○	○
	3) 중도포기율	(중도탈락 학생 수/학부재적생 수)*100		○	○
	4) 졸업생 창업 활동	기술보증기금 인증 벤처기업 대표이사수/졸업자 수		○	○
	5) 창업교육 비율	(창업 강좌 수강생 수)/(전체 재학생 수)*100		○	
	6) 현장실습 참여학생 비율	계열별 현장실습 참여비율		○	○
	7) 캡스톤디자인 수업 참여 비율	(캡스톤디자인 강의 참여학생 수)/이공계열 재학생*100		○	○
	8) 온라인 강의공개	{강의 동영상 공개 강좌(이러닝 강의 포함, 차시)+강의자료 공개(차시)*0.25}/{해당 대학의 전체 강좌(차시)*100			

※ 다른 색으로 표시된 지표는 대학이 직접 입력하는 지표이며, 다른 지표는 모두 중앙일보 대학평가팀에서 입력함.
※ 중앙일보 대학평가 홈페이지에 탑재된 평가지표 관련 자료를 종합·재구성함.

〈표 15-13〉과 같이 2015년 당시 종합평가는 4개 영역과 42개 지표로 구성되어 총 80개교를 대상으로 실시되었다. 종합평가는 인문, 사회, 공학, 자연과학, 의학, 예체능

등 6개 계열 가운데 4개 계열 이상 존재하는 대학만을 그 대상으로 실시되었다. 4개 계열 이하인 대학은 종합평가 대신 해당 계열의 학과(계열) 평가에 포함시켜 학교 단위의 전반적인 경쟁력을 평가하는 종합평가와 계열 단위의 특화된 경쟁력을 평가하는 학과(계열) 평가의 차별화를 꾀하려는 의도였다.

　한편, 학과(계열) 평가는 평판도를 제외한 3개 영역에 대하여 진행되었으며, 앞서 제시한 〈표 15-6〉과 같이 계열별로 지표와 배점은 차등 적용되었다. 학과(계열) 평가대상 대학은 총 85개교로, 종합평가 대상 대학과 구분해 4개 계열 이하 대학이면서 대학 내 해당 계열 재학생 비율이 일정 기준 이상이고 해당 계열 졸업생이 50명 이상인 학교여야 했다. 대학 내 해당 계열 재학생 비율의 기준은 평가대상 전체 대학의 평균 재학생 비율을 구하여 계열별로 차등 적용하였다. 이상의 논의를 표로 정리하면 〈표 15-14〉와 같다.

〈표 15-14〉 학과(계열) 평가 대상 대학 평가방법

계열	인문	사회	자연과학	공학
기준(재학생 대비 계열 학생 수)	10% 이상	20% 이상	10% 이상	20% 이상
평가 대상 학교	53	70	62	63
지표 수(만점)	23(250)	24(270)	22(260)	25(300)

출처: 2015년 중앙일보 대학 종합평가 설명자료집.

　교육중심대학 평가는 교수·연구를 제외한 3개 영역에 대하여 21개 지표를 중심으로 진행되었다. 평가대상 대학은 총 40개교로, 종합평가와 학과(계열) 평가대상 대학 가운데 대학의 정체성을 '교육중심대학'이라 밝힌 대학이 그 대상으로 선정되었다. 종합평가에 포함된 지표를 일부 선택하여 진행되는 평가이기도 하고, 학과(계열) 평가와 같이 계열별로 차등 적용되는 지표 없이 단선적으로 진행되는 평가인 만큼 평가는 비교적 약식으로 진행되어 종합평가 결과와 함께 공개되었다. 평가결과는 평가대상 대학 가운데 상위 50% 이상 대학을 지역별로 구분하여 발표하는 방식을 택하였다.

　2017년 중앙일보 대학평가 지표별 산출 방식은 2016년과 큰 차이가 없으며 2015년과 비교해 볼 때, 지표 수가 축소되고 산출 방식은 큰 변화가 없는 것으로 확인된다. 축소된 지표를 살펴보면, 교육여건 영역에서는 세입 중 납입금 비율 지표가, 교수·연구 영역에서는 기술이전 건당 수입액 지표가, 평판도 영역에서는 업무에 필요한 교양/전공교육이 충실한 대학, 특성화가 우수하거나 특성화 노력이 활발한 대학, 학생교육이 우수한 대학, 기부하고 싶은 대학 지표가, 학생 교육 노력 및 성과 영역에서는 온라인 강의공개 지

표가 제외되었다.

〈표 15-15〉는 종합평가에 포함된 지표별로 산출 방식을 정리하여 제시한 표이다. 앞서 언급한 바와 같이 학과(계열) 평가와 교육중심대학 평가는 종합평가에 포함된 평가지표를 평가목적에 맞게 일부 선택하여 진행되는 평가이기 때문에 종합평가, 학과(계열) 평가, 교육중심대학 평가에 포함된 지표별 산출 방식은 동일하다. 따라서 〈표 15-15〉는 종합평가를 중심으로 지표별 산출 방식을 기재하되 학과(계열) 평가와 교육중심대학 평가의 지표로도 활용된 경우는 별도 표기하였다. 다만, 학생 성과 영역에서 캡스톤디자인 수업 참여비율 지표는 종합평가에서 제외되었으나, 학과(계열) 평가 가운데 공학 계열에서는 포함되었고, '(캡스톤디자인 강의 참여학생 수)/이공계열 재학생*100'으로 산출되었다.

〈표 15-15〉와 같이 2017년 당시 종합평가는 4개 영역과 33개 지표로 구성되었다. 2015년 종합평가와 마찬가지로 2016~2017년 종합평가 또한 인문, 사회, 공학, 자연과학, 의학, 예체능 등 6개 계열 가운데 4개 계열 이상 존재하는 대학만을 그 대상으로 실시되었다. 4개 계열 이하인 대학은 종합평가 대신 해당 계열의 학과(계열) 평가에 포함시켜 학교 단위의 전반적인 경쟁력을 평가하는 종합평가와 계열 단위의 특화된 경쟁력을 평가하는 학과(계열) 평가의 차별화를 꾀하려는 의도였다.

한편, 학과(계열) 평가는 2015년과 다르게 평판도 영역의 2개 지표를 포함하여 진행되었으며, 앞서 제시한 〈표 15-8〉과 같이 계열별로 지표와 배점은 차등 적용되었다. 또한 교육중심대학 평가는 교수·연구를 제외한 3개 영역에 대하여 15개 지표를 중심으로 진행되었다.

〈표 15-15〉 2017년 중앙일보 대학평가 지표별 산출 방식

영역	지표	산출 방식	지표 유무	
			계열	교육
교육 여건	1) 교수 확보율	(전임이상 교수 수/교수 편제정원)*100	○	○
	2) 등록금 대비 장학금 지급률	(장학금 총액/등록금 징수총액)*100	○	○
	3) 강의 규모	{(20인 이하 강의수)×0.4+(21~50인 강의수)×0.3+(51~100인 강의수)×0.2+(101~200인 강의 수)×0.1}/(전체 강의수)		
	4) 전임교원 강의담당 비율	(전임교원의 강의담당학점)/(총 개설 강의학점)		
	5) 등록금 대비 교육비 지급률	(교육비 총액/납입금 총액)*100	○	○
	6) 세입 대비 기부금	(기부금/세입)*100		

7) 기숙사 수용률	(기숙사 수용가능인원/재학생)*100		○
8) 학생당 도서자료 구입비	도서자료 구입비/재정정원		○
9) 외부 경력 교원 비율	(최근 5년간 임용한 외부경력 교수)/(최근 5년간 신규임용 교수)*100	○	○
10) 외국인 교수 비율	(외국인 교수 수/전임 교수 수)*100	○	
11) 학위 과정 등록 외국인 학생 비율	{외국인 학생 수/(학부 재학생 수＋대학원 재학생 수)}*100	○	
12) 외국인 학생의 다양성	엔트로피 공식 적용하여 다양성 지수(0~7점) 부여	○	
13) 교환 학생 비율	{해외 파견 교환학생 수＋외국인 교환학생 수)/(학부 재학생 수＋대학원재학생 수)}*100	○	○
교수·연구	1) 계열 평균 교수당 교외 연구비	∑(계열 교수당 외부 연구비/전체 대학의 해당 계열 교수당 외부 연구비 평균)×(해당 대학 전체 교수 대비 계열 교수 수) *계열: 인문, 사회, 자연과학, 공학, 의학, 예체능	○	
	2) 계열 평균 교수당 자체 연구비	∑(계열 교수당 자체 연구비/전체 대학의 해당 계열 교수당 자체 연구비 평균)×(해당 대학 전체 교수 대비 계열 교수 수) *계열: 인문, 사회, 자연과학, 공학, 의학, 예체능	○	
	3) 국제학술지 논문 당 피인용	∑(계열 교수의 국제논문 당 피인용/전체 대학의 해당 계열 교수의 국제논문 당 피인용 평균)×(해당 대학 전체 교원 대비 계열 교원 수) * 계열: 인문, 사회, 자연과학, 공학, 의학, 체육	○	
	4) 계열 평균 국제학술지 논문	∑(계열 교수당 국제논문/전체 대학의 해당 계열 교수당 국제논문 평균)×(해당 대학 전체 교수 대비 계열 교수 수)	○	
	5) 인문사회 국내논문 발간	∑(계열 교수당 국내논문(연구재단 등재지)/전체 대학의 해당 계열 교수당 국내논문 평균)×(해당 대학 전체 교수 대비 계열 교수 수) * 계열: 인문, 사회, 체육	○	
	6) 인문사회 국내논문 피인용	∑(계열 별 KCI 논문당 피인용/전체 대학 해당 계열의 KCI 논문당 피인용 평균)×(해당 대학 전체 교수 대비 계열 교수 수) * 계열: 인문, 사회, 체육	○	

	7) 인문사회 저역서 발간	Σ(계열 교수당 저역서/전체 대학의 해당 계열 교수당 저역서 평균)×(해당 대학 전체 교수 대비 계열 교수 수)	○	
	8) 인문사회 저역서 피인용	Σ(계열별 저역서 당 피인용/전체 대학 해당 계열의 저역서 당 피인용 평균)×(해당 대학 전체 교수 대비 계열 교수 수) * 계열: 인문, 사회, 체육	○	
	9) 과학기술교수 당 기술이전수입액	기술이전 수입액 총합/과학기술 교수 수	○	
	10) 과학기술교수 당 산학협력 수익	산학협력 수익액 총합/과학기술 교수 수	○	
평판도	1) 신입사원으로 뽑고 싶은 대학	국내 대기업, 중소기업, 외국기업, 인사 담당자, 정부 부처 인사 담당자 550명 대상 설문	여론조사 결과토대로 표준화점수 산출	○	○
	2) 입학 추천하고 싶은 대학	고교 교사(진로교사, 고3담임) 550명 설문		○	○
	3) 향후 발전가능성이 있다고 판단되는 대학	기업 인사담당 550명+고교 교사 550명			
	4) 국가, 지역사회에 기여가 큰 대학	기업 인사담당 550명+고교 교사 550명			
학생 교육 노력 및 성과	1) 순수취업률	Σ계열별 취업률 * 계열: 인문, 사회, 자연과학, 공학	○	○
	2) 유지취업률	2차 유지취업률(취업후 6개월)	○	○
	3) 중도포기율	학부 제적학생 수/학부재적생 수*100	○	○
	4) 졸업생 창업 활동	해당대학 출신 중 기술보증기금 인증 벤처기업 대표이사 수/졸업자 수	○	○
	5) 창업교육 비율	(창업 강좌 수강생 수)/(전체 재학생 수)*100	○	○
	6) 현장실습 참여학생 비율	인문, 사회, 자연과학, 공학 계열별 현장실습 참여비율	○	○

※ 다른 색으로 표시된 지표는 대학이 직접 입력하는 지표이며, 다른 지표는 모두 중앙일보 대학평가팀에서 입력함.

※ 중앙일보 대학평가 홈페이지에 탑재된 평가지표 관련 자료를 종합·재구성함.

〈표 15-16〉과 같이 2019년 종합평가는 2017년과 동일하게 4개 영역과 33개 지표로 구성되었다. 2017년 종합평가와 마찬가지로 2019년 종합평가 또한 인문, 사회, 공학, 자연과학, 의학, 예체능 등 6개 계열 가운데 4개 계열 이상 존재하는 대학만을 그 대상으로 실시되었다. 그 이전 평가와 다른 점은 일부 지표의 산출 방식에서 찾아볼 수 있다. 예를 들어, 과거에는 학생 창업교육 비율 계산법이 '(창업 강좌 수강생 수)/(전체 재학생 수)*100'이었으나, 2019년에는 '[(이론형강좌 수강생 수*1)＋(실습형강좌 수강생 수*1.5))/재학생 수]*[(전체 평균 창업강좌당 수강생)/(해당 대학 창업강좌당 수강생)]'으로 변경되면서, '전체 평균 강좌당 수강생/해당대학 강좌당 수강생'을 통해 가중치를 둔 것이 확인된다. 또한 평판도에 대한 산출 방식에서는 신입사원으로 뽑고 싶은 대학, 입학 추천하고 싶은 대학 지표에 대한 조사 대상자 수가 소폭으로 감소된 반면에, 학부모 진학 선호 대학 지표가 신설되며 대상자가 확대되었고, 향후 발전가능성이 있다고 판단되는 대학 및 국가, 지역사회에 기여가 큰 대학 지표의 대상자는 각 700명이 확대되었다.

　한편, 학과(계열) 평가와 교육중심대학 평가는 그 이전과 큰 차이를 보이지 않는 것으로 나타났으며, 학과(계열) 평가는 〈표 15-9〉와 같이 계열별로 지표와 배점은 차등 적용되었다.

〈표 15-16〉 2019년 중앙일보 대학평가 지표별 산출 방식

영역	지표	산출 방식	자료출처	지표 유무 계열	지표 유무 교육
교육 여건	1) 교수 확보율	(전임이상 교수 수/교수 편제정원)*100	대학 제출자료, 정보공시	○	○
	2) 등록금 대비 장학금 지급률	(장학금 총액/등록금 징수총액)*100	정보공시	○	○
	3) 강의 규모	{(20인 이하 강의수)×2+(21~50인 강의 수)×1/(전체 강의 수)}	정보공시		
	4) 등록금 대비 교육비 지급률	(교육비 총액/납입금 총액)*100	각 대학 결산자료 및 정보공시	○	○
	5) 세입 대비 기부금	(기부금/세입)*100	결산자료 및 정보공시		
	6) 기숙사 수용률	(기숙사 수용가능인원/재학생)*100	정보공시		○
	7) 학생당 도서자료 구입비	(도서자료 구입비/재정정원)*100	한국교육학술 정보원		○

	항목	산식	자료출처		
	8) 외부 경력 교원 비율	(최근 5년간 임용한 외부경력 교수)/ (최근 5년간 신규임용 교수)*100	대학제출자료, 연구재단 자료 활용	○	○
	9) 외국인 교수 비율	(외국인 교수 수/전임 교수 수)*100	대학제출자료, 교육기본 통계자료를 공동 활용	○	
	10) 학위 과정 등록 외국인 학생 비율	{(학부 과정 외국인 학생 중 언어능력 충족 학생 수×1＋미충족 학생 수×0.5)＋(대학원 외국인 학생×1)}/(학부 재학생 수＋일반대학원 재학생 수)	대학제출자료, 교육기본 통계자료 활용	○	
	11) 외국인 학생의 다양성	엔트로피 공식 적용	대학제출자료, 교육기본 통계자료 활용	○	
	12) 교환 학생 비율	{해외 파견 교환학생 수＋외국인 교환학생 수)/(학부 재학생 수＋대학원 재학생 수)}*100	대학제출자료, 교육기본 통계자료 활용	○	○
교수 · 연구	1) 계열 평균 교수당 교외 연구비	Σ(계열 교수당 외부 연구비/전체 대학의 해당 계열 교수당 외부 연구비 평균)×(해당 대학 전체 교수 대비 계열 교수 수) * 계열: 인문, 사회, 자연과학, 공학, 의학, 예체능	연구재단	○	
	2) 계열 평균 교수당 자체 연구비	Σ(계열 교수당 자체 연구비/전체 대학의 해당 계열 교수당 자체 연구비 평균)×(해당 대학 전체 교수 대비 계열 교수 수) * 계열: 인문, 사회, 자연과학, 공학, 의학, 예체능	연구재단	○	
	3) 국제학술지 논문당 피인용	Σ(계열 교수의 피인용 합/계열 교수의 국제논문 수)×(해당 대학 전체 논문 수 대비 계열 논문 수) * 계열: 인문, 사회, 자연과학, 공학, 의학, 체육 * 분야별 논문피인용지수(Category Nomalized Citation Index: CNCI) 활용	연구재단, Clarivateanalytics	○	
	4) 계열 평균 국제학술지 논문	Σ(계열 교수당 국제논문/전체 대학의 해당 계열 교수당 국제논문 평균)×(해당 대학 전체 교수 대비 계열 교수 수) * 계열: 인문, 사회, 자연과학, 공학, 의학, 체육	연구재단	○	

5) 인문사회 국내논문 발간	$\sum$(계열 교수당 국내논문(연구재단 등재지)/전체 대학의 해당 계열 교수당 국내논문 평균)×(해당 대학 전체 교수 대비 계열 교수 수) * 계열: 인문, 사회, 체육	연구재단	○	
6) 인문사회 국내논문 피인용	$\sum$(계열별 KCI 논문당 피인용/전체 대학 해당 계열의 KCI 논문당 피인용 평균)×(해당 대학 저역서 대비 계열 저역서 수) * 계열: 인문, 사회, 체육	연구재단	○	
7) 인문사회 저역서 발간	$\sum$(계열별 KCI 논문당 피인용/전체 대학 해당 계열의 KCI 논문당 피인용 평균)×(해당 대학 저역서 대비 계열 저역서 수) * 계열: 인문, 사회, 체육	연구재단	○	
8) 인문사회 저역서 피인용	$\sum$(계열별 저역서당 피인용/전체 대학 해당 계열의 저역서당 피인용 평균)×(해당 대학 전체 교수 대비 계열 교수 수) * 계열: 인문, 사회, 체육	연구재단	○	
9) 과학기술교수당 기술이전수입액	기술이전 수입액 총합/과학기술 교수 수(과학기술 교수는 자연과학＋공학＋의학)	연구재단	○	
10) 과학기술교수당 산학협력 수익	산학협력 수익액 총합/과학기술 교수 수	연구재단	○	
평판도 1) 신입사원으로 뽑고 싶은 대학	기업 인사 담당자 등 400명 설문		○	○
2) 입학 추천하고 싶은 대학	고교 교사 400명 설문		○	○
3) 학부모 진학 선호 대학	학부모 1,000명 설문	여론조사기관 (R&R)	○	○
4) 향후 발전가능성이 있다고 판단되는 대학	기업 및 교사, 학부모 1,800명 설문			
5) 국가, 지역사회에 기여가 큰 대학	기업 및 교사, 학부모 1,800명 설문			

학생 교육 노력 및 성과	1) 순수취업률	∑계열별 취업률 * 계열: 인문, 사회, 자연과학, 공학	중앙일보 입력	○	○
	2) 유지취업률	2차 유지취업률(취업 후 6개월)	중앙일보 입력	○	○
	3) 중도포기율	학부 제적학생 수/학부재적생 수*100	대학입력	○	○
	4) 학생 창업 지원 및 성과	∑재학생당 창업지원금, 재학생당 기업수, 기업당 매출액, 기업당 고용인원	중앙일보 입력	○	○
	5) 창업교육 비율	[{(이론형강좌 수강생 수*1)+(실습형강좌 수강생 수*1.5)}/재학생 수]* {(전체평균 창업강좌당 수강생)/(해당 대학 창업강좌당 수강생)}	중앙일보 입력	○	○
	6) 현장실습 참여학생 비율	인문, 사회, 자연과학, 공학 계열별 현장실습 참여비율(실습 기간별로 4주이상, 8주 이상, 12주 이상은 각각 1, 2, 3의 가중치. 실습비 금액별로 30만 원 미만, 30만 원 이상, 102만 원 이상으로 1, 2, 3 가중치. 분모는 정원내외 학부 재학생 수)	중앙일보 입력	○	○

출처: 중앙일보 대학평가팀 제공.

5 평가결과 활용

평가결과는 여러 이해관계자를 통해 다양하게 활용되고 있다. 평가 결과를 관련 연구 수행, 학교 홍보, 자체평가 기준 마련 등에 활용하겠다는 대학 관계자와, 진학을 희망하는 대학의 전반적인 수준을 가늠하는 척도로 활용하겠다는 수험생과 학부모, 신입사원 선발기준으로 활용하겠다는 기업체, 평가 자문교수단 구성을 위한 참고자료로 활용하겠다는 정부기관, 대출심사 기초자료로 이용하겠다는 은행 등 중앙일보 대학평가 결과의 파급력은 결코 작지 않다(중앙일보, 2000; 김병주, 2000a: 59 재인용). 이 중에서도 평가대상인 대학 입장에서 중앙일보 대학평가 결과를 활용한 경우를 살펴보면 다음과 같다.

먼저, 학교 홍보 수단으로 활용된다는 차원에서 보면 공신력 있는 언론기관인 중앙일보가 실시한 대학평가에서 종합순위 30위권에 진입했다는 사실 자체가 대학의 대외적인 이미지를 제고하는 데 도움이 된다. 대표적인 예로 2013년도 평가에서 12위로 신규 진입한 한양대 ERICA 캠퍼스는 2014년도 평가에서 17위로 잠시 주춤하였으나 여전히 30위권을 유지하였고, 2015년도 평가에서는 공동 8위로 크게 도약하였다. 이와 같은 결과는 한양대 홍보자료에 적극 반영되어 한양대 ERICA 캠퍼스 홍보 영상 첫 장면에는 'ERICA 2015 중앙일보 대학종합평가 전국 8위'라는 문구가 등장한다. 해당 문구가 지나간 이후에는 '한양대학교 ERICA는 2013년부터 2016년까지 대한민국의 그 어떤 대학보다 빠른 속도로 성장하고 있습니다.'라는 내레이션이 흘러나오는데, 이는 한양대 ERICA 캠퍼스가 최근 3년간 중앙일보 대학평가에서 거둔 성과에 입각한 분석과 홍보로 판단된다.

[그림 15-3] 한양대 ERICA 캠퍼스 홍보 영상 장면

다른 한편으로 교내 자체 평가 기준으로 활용된다는 차원에서 보면 비슷한 여건을 가진 대학과의 비교가 가능한 토대가 마련되었기 때문에 부족한 부분이 어딘지를 점검하여 지표를 관리하고 차후 평가에서 더 나은 성과를 내기 위해 경주할 수 있다. 일례로 2006년도 중앙일보 대학평가에서 국제화 부문이 새로운 평가영역으로 도입된 이후 서울 시내의 한 사립대는 민간 연구소에 1억여 원을 내고 국제화 지표 개선을 위한 컨설팅을 받기도 하였고(강홍준, 2007: 53), 특정 대학의 자체평가 기준은 중앙일보 대학평가 기준을 상당 부분 차용하여 내용이 흡사한 경우도 있다(강홍준, 2010: 20-21). 그 구체적인 내용은 〈표 15-17〉과 같다.

〈표 15-17〉 대학 자체평가 기준과 중앙일보 대학평가 기준 비교

항목	A국립대	중앙일보	분야	B사립대	중앙일보
학생 현황에 관한 사항	3	3	교육 여건 · 재정	학생당 외부장학금 규모	동일
졸업 후 진로에 관한 사항	1	1		교원당 발전기금 기부 및 유치액	유사
전임교원 현황에 관한 사항	3	3	학생	신입생 충원율	동일
연구 성과에 관한 사항	3	6		재학생 충원율	동일
예결산에 관한 사항	4	4		중도 탈락률	동일
학교 발전 및 특성화 계획	1	–	연구	교원당 논문	동일
교원 연구, 학생 교육 사항	9	8		교원당 대외연구비	동일
도서관 및 연구 지원 사항	3	1		교원당 특허	동일
기타 교육여건, 학교 운영상태	3	1	취업 및 만족도	교원당 기술이전 수익료	동일
전체 지표 수	30	27		취업률	동일
				재학생 만족도	상이

출처: 강홍준(2010: 21).

6 평가 성과 및 개선방안

1) 평가성과

대학평가의 성격은 어떤 관점에서 조망하느냐에 따라 다양하게 정의될 수 있다. 가령, 평가범위에 따라서는 대학의 전반적인 역량을 평가하는 종합평가와 특정 학문 분야의 교육 및 연구 역량을 평가하는 학문평가로 구분할 수 있고, 평가 목적을 기준으로 본다면 전체 대학이나 학문 단위의 기본 여건을 점검하기 위한 인증평가와 평가대상의 우열을 가리기 위한 순위평가로 나눌 수도 있다. 또 평가 주체에 따라서는 대학이 스스로 조직을 점검하는 자체평가와 외부 기관이 대학을 평가하는 외부기관평가로 구분할 수 있고, 외부기관평가 안에서도 공익과 사익 중 어느 가치를 우선시하느냐에 따라 공적 평가와 사적 평가로 나눌 수도 있다(고부웅, 2013: 7).

이 논의에 중앙일보 대학평가를 대입해 본다면, 중앙일보 대학평가는 종합평가와 학문평가를 모두 실시하고 있고, 평가대상의 우열을 가리는 순위평가를 지향하며, 외부기관평가인 동시에 사익을 중시하는 사적 평가의 성격을 지니고 있다. 이와 같이 중앙일보

대학평가가 지닌 여러 특성 가운데 다른 평가들, 특히 정부 주도형 평가와 인증기관 주
도형 평가와 구별되는 중앙일보 대학평가만의 독특한 특징을 꼽는다면 단연 순위평가를
지향한다는 점과 사적 평가의 성격을 지닌다는 점이다. 따라서 평가 성과에 대한 논의는
순위평가와 사적 평가를 지향함에 따라 거두게 된 성과를 중심으로 기술하고자 한다.

　먼저, 순위평가를 지향하는 중앙일보 대학평가는 해마다 상위 30위권 대학 명단을 공
개한다. 해마다 중앙일보에서 종합평가, 학과(계열) 평가, 교육중심대학 평가 결과를 나
누어 발표하지만, 그중에서도 사회적으로 파급력이 단연 으뜸인 평가는 종합평가라 할
수 있다. 제시한 〈표 15-18〉은 최근 5년간 발표된 종합평가 순위로, 교육여건 · 재정,
교수 · 연구, 평판도, 학생교육 노력 및 성과 등 평가영역 전반에 걸쳐 우수한 성과를 보
인 대학 순위가 해마다 갱신됨을 확인할 수 있다. 과거 명문대학이라 하면 곧 'SKY 대학'
을 언급할 만큼 서울대, 고려대, 연세대의 위상은 변동이 없을 것처럼 간주되고는 하였
으나, 중앙일보 대학평가 결과는 이들 세 학교의 순위가 고정불변의 것은 아님을 가시적
으로 보여 주었다. 물론 평가지표와 가중치 변동에 따른 유 · 불리가 한시적으로 발생한
결과로 해석할 수도 있겠으나, 노력 여하에 따라 순위가 변동될 수 있다는 신호를 대학
사회에 보낸 것만큼은 긍정적이라 하겠다.

〈표 15-18〉 최근 5년간 중앙일보 종합평가 순위

연도	순위	학교명	비고	순위	학교명	비고	순위	학교명	비고
'15	1	서울대	+4	11	경희대	−2	21	건국대(서울)	−8
	2	성균관대	+2	12	부산대	+6	22	충북대	신규
	3	한양대(서울)	+4	13	인하대	+1	23	서울과학기술대	−3
	4	연세대(서울)	+2	14	한국외대	+5	24	한국해양대	신규
	5	고려대(안암)	−1	15	경북대	+6	25	영남대	+4
	6	서강대	+3	16	아주대	−	26	울산대	신규
	7	이화여대	+5		전북대	+6	27	가톨릭대	−1
	8	중앙대	−	18	충남대	+9		국민대	−4
		한양대(ERICA)	+11	19	동국대(서울)	−8	29	제주대	신규
	10	서울시립대	+4	20	전남대	+5		홍익대	신규
'16	1	서울대	−	11	한국외대	+4	21	국민대	+6
	2	한양대(서울)	+1	12	서강대	−6	22	충북대	−
	3	성균관대	−1	13	서울시립대	−3	23	서울과학기술대	−
	4	연세대(서울)	−		아주대	+3		충남대	−5
	5	고려대(안암)	−	15	건국대(서울)	+6		상명대(서울)	신규

연도	순위	대학	증감	순위	대학	증감	순위	대학	증감
	6	이화여대	+1	16	부산대	-4	26	울산대	-
	7	중앙대	+1	17	경북대	-2	26	영남대	-1
	8	경희대	+3	17	동국대(서울)	+2	28	숙명여대	신규
	8	한양대(ERICA)	-	19	전남대	+1	29	가톨릭대	-2
	10	인하대	+3	19	전북대	-3	30	홍익대	-1
'17	1	서울대	-	11	이화여대	-4	21	서울과학기술대	+2
	2	성균관대	+1	12	아주대	+1	21	울산대	+5
	3	한양대(서울)	-1	13	서울시립대	-	23	전북대	-4
	4	고려대(서울)	+1	13	한국외대	-3	24	충남대	-1
	5	연세대(서울)	-1	15	건국대(서울)	-	24	충북대	-2
	6	서강대	+6	16	부산대	-	26	숙명여대	+2
	7	중앙대	-	17	동국대(서울)	-	26	가톨릭대	+2
	8	인하대	+2	18	전남대	+1	27	영남대	-1
	9	한양대(ERICA)	-1	19	경북대	-2	27	홍익대	+3
	10	경희대	-2	20	국민대	+1	30	숭실대	신규
'18	1	서울대	-	11	아주대	+1	21위부터 30위까지는 비공개		
	2	성균관대	-	11	인하대	-3			
	3	한양대(서울)	-	13	한국외대	-			
	4	고려대(서울)	-	14	서울시립대	-1			
	4	연세대(서울)	+1	15	건국대(서울)	-			
	6	경희대	+4	16	부산대	-			
	7	서강대	-1	17	동국대(서울)	-			
	8	이화여대	+2	18	국민대	+2			
	9	한양대(ERICA)	-	19	서울과학기술대	+2			
	10	중앙대	-3	20	숙명여대	+6			
'19	1	서울대	-	11	아주대	-	21	서울과학기술대	-2
	2	성균관대	-	12	서울시립대	+2	22	세종대	비공개
	3	한양대(서울)	-	13	한국외대	-	23	경북대	
	4	연세대(서울, 국제)	-	14	건국대(서울)	+1	24	인천대	
	5	고려대(서울)	-1	15	인하대	-4	25	전남대	
	6	경희대	-	16	국민대	+2	26	충남대	
	7	중앙대	+3	17	동국대(서울)	-	27	홍익대	
	8	서강대	-1	18	부산대	-2	28	충북대	
	8	이화여대	-	19	숙명여대	+1	29	가천대	
	10	한양대(ERICA)	-1	20	전북대	비공개	29	가톨릭대	

※ 중앙일보 대학평가 홈페이지에 탑재된 관련 자료와 관련 기사를 종합·재구성함.

다른 한편으로 사적 평가로서 중앙일보 대학평가는 공적 평가 성격이 짙은 정부 주도형 평가나 인증기관 주도형 평가의 한계를 적절하게 보완하고 있다는 평가를 받는다. 이와 관련하여 김병주(2000a)는 교육부와 대학교육협의회에서 주관하는 평가가 평가대상 대학의 입장을 상대적으로 우선시하여 교육수요자와 기타 이해관계자들의 정보 요구를 충분히 만족시키지 못한 측면이 있었다고 지적하면서, 앞서 언급한 대로 대학 관계자와 학생, 학부모, 기업체, 정부기관, 금융기관 등 다양한 이해관계자들이 중앙일보 대학평가 결과를 어떻게 활용하고 있는지에 대한 중앙일보 측의 설명을 인용한 바 있다.

실제로 앞서 살펴본 바와 같이 중앙일보 대학평가에는 정부 주도형 대학평가나 인증기관 주도형 대학평가에서 찾아보기 어려운 평판도 요소가 평가영역으로 포함되어 있고, 이를 산출하는 방식 역시 정부 주도형 대학평가나 인증기관 주도형 대학평가에서 쉽게 시도하지 않는 여론조사 방식을 채택하고 있다. 평판도 조사와 여론조사 방식의 타당성을 놓고 학계에서는 논쟁이 있으나, 대학을 고등교육 시장의 상품으로 간주하고 상품과 관계된 여러 수요자, 즉 학생, 학부모, 기업체, 정부기관, 금융기관 등의 요구를 수용하는 개방성과 확장성만큼은 중앙일보 대학평가만이 지닌 강점이자 성과라 할 수 있다.

2) 평가 개선방안

지금까지 중앙일보 대학평가 배경 및 변천 과정, 목적 및 의의, 영역 및 지표, 과정 및 방법, 결과 활용, 성과를 논의하였다. 이상 논의한 내용을 바탕으로 평가 목적, 평가 영역 및 지표, 평가 과정 및 방법 측면에서 중앙일보 대학평가가 노정한 한계를 짚어보고, 이를 근거로 개선방안을 도출하면 다음과 같다.

(1) 평가목적 측면: 평가목적에 대한 본질적 고찰 필요해

〈표 15-18〉에 제시된 최근 5년간 종합평가 순위를 살펴보면 대학 순위는 매해 변화한다. 이는 기존에 상위권에 포진되어 있던 대학들보다 하위권에 머무르고 있던 대학들이 상대적으로 더 많은 노력을 기울였기 때문에 발생한 결과일 수도 있다. 그러나 그보다도 더욱 결정적인 이유는 매해 평가지표와 지표별 산출 방식이 변동되기 때문이다. 이를 두고 나민주(2001)는 평가지표와 지표별 가중치 적용 방식이 변동되어 평가의 안정성은 떨어지더라도 사람들이 알고 있는 사실과 다른 정보를 제공하여 이목을 집중시켜 이윤을 창출할 확률은 더욱 높아지는 역설적인 상황이 언론기관 대학평가 장면에서 벌어진다고 지적한 바 있다. 세계 대학 순위평가의 문제점에 대한 실증적 연구를 수행한 김훈호 외

(2010) 역시 대학 순위평가 대부분이 가중치를 사용하는 방식을 채택하고 있는데, 한 대학평가기관이 가중치를 부여하는 방식과는 다른 방식으로 가중치를 부여하면 순위 변동 수준이 매우 커지는 결과가 발생한다고 밝혔다. 중앙일보에서 전체 평가 대상 대학 자료를 공개하지 않기 때문에 김훈호 외(2010)와 같은 방식으로 중앙일보 대학평가 순위를 분석할 수는 없겠지만, 〈표 15-18〉과 같이 매해 순위가 변동되는 상황으로 미루어 짐작 건대 김훈호 외(2010)의 연구결과는 중앙일보 대학평가에도 적용될 수 있으리라 판단된다.

따라서 중앙일보 대학평가팀은 상업성에 경도된 나머지 대응성과 선도성을 놓치고 있지는 않은지 비판적으로 고찰해야 한다. 먼저, 대응성과 관련하여 김봉억(2014)은 중앙일보가 강조하듯 실제로 교육현장에서 중앙일보 대학평가 자료가 진학·진로 자료로 활용되는지 의견을 종합한 바 있다. 그가 인용한 당시 이만기 유웨이 중앙교육 교육평가연구이사의 발언을 재인용하면 "대학평가는 누구한테만 관심이 있느냐 하면 대학 관계자, 대학 홍보실에만 관심이 있는 것이고요. 수험생들도 관심이 없고, 수험생 엄마들도 관심이 없어요. 학부모 중에서 오피니언 리더들은 관심이 있는데, 그 관심이 있는 것하고 실제로 원서를 쓰는 것하고는 별개의 문제"가 된 지 오래이다. 즉, 과거 대학 정보가 공시되지 않았던 1990년대에는 대응성의 가치가 실현되었을지 모르나, 현 시점에서는 중앙일보 대학평가 자료를 대체할 정보가 넘쳐나는 상황이어서 대응성을 추구한다는 목적 자체가 갈수록 약화되고 있는 실정이다. 따라서 교육수요자의 보다 고차원적인 정보 요구에 대응하기 위해서는 대학의 전반적인 수준을 알려 주는 종합평가보다도 대학의 특성화 정도를 알려 주는 학과(계열) 평가를 정교화하여 여론의 이목을 집중시키는 전략을 고민해 볼 필요가 있다. 이 전략은 대응성과 상업성을 조화시킨다는 점에서 고민할 가치가 충분하다.

아울러 선도성과 관련하여 중앙일보는 대학 간 선의의 경쟁을 촉발시켜 대학 발전과 국가 경쟁력 제고에 기여하겠다고 밝혔다. 그러나 일찍이 박영근(1998)은 외부의 획일적 기준을 적용하며 대학의 인적·물적 자원이 소모되는 평가는 오히려 대학교육의 질을 저하시킨다고 역설한 바 있으며, 김병주(2000a) 역시 본말과 주객이 전도되어 대학 본래의 기능인 교육과 연구에 온 힘을 쏟기보다는 평가를 잘 받기 위해 몇 가지 평가지표만 선택적으로 관리하는 기현상이 나타나고 있다고 지적한 바 있다(김병주, 2000a: 60). 순위표 공개 의식이 대학교육의 질 제고로 이어지지 못한다면 당초 선도성의 가치를 추구한다는 중앙일보 대학평가팀의 목표는 표류할 수밖에 없으며, 이에 대한 개선이 이루어지지 않는다면 학계의 지적대로 오히려 고등교육 생태계를 교란시킬 뿐이다. 따라서 중앙일보는 현재 순위표 공개 방식이 노정한 한계를 보완하여 고등교육의 질 제고라는 선도성의 가치를 실현할 방도를 모색해야 한다.

(2) 평가 영역 및 지표 측면: 평가체계의 타당성과 포괄성을 제고해야

일찍이 이정미 · 최정윤(2008)은 대학의 질 개념에 근거하여 한국, 미국, 영국, 캐나다의 주요 언론기관에서 시행하는 대학순위평가의 현황과 문제점을 분석한 바 있다. 우리나라 사례로는 중앙일보 대학평가를 선정하였고, 중앙일보 대학평가를 포함한 4개국 주요 언론기관 대학평가를 타당성, 포괄성, 적합성, 기능성 등 네 가지 기준을 설정하여 진단하였다. 기준에 대한 설명을 덧붙이면, 타당성은 평가 체계가 평가목적을 달성하는 데 적절하게 구성되었는지를 판단하는 준거이며, 포괄성은 대학교육의 투입, 과정, 산출 요소를 망라하는지를 판단하는 준거이다. 이어서 적합성은 교육수요자의 필요에 부합한 정보를 적절하게 제공하는지를 판단하는 준거이며, 기능성은 대학에 주어진 본연의 기능을 수행하는지를 판단하는 준거로 활용된다. 이때, 적합성과 기능성은 평가목적 측면에서 각각 대응성과 선도성에 대한 논의로 다루었으므로 이하 본문에서는 평가체계의 타당성과 포괄성에 대한 논의를 이어 가고자 한다.

평가체계의 타당성과 포괄성 측면에서 볼 때 중앙일보 대학평가 체계는 다음과 같은 문제점을 노정하고 있다. 첫째, 교육여건 · 재정 영역을 보면 과거 국제화 영역에 포함되어 있던 지표들이 흡수되면서 그대로 남아 있다. 그런데 국제화 관련 지표의 수를 보면 전체 14개 지표 가운데 4개(약 29%)에 달한다. 그 수로 볼 때 교육여건 · 재정 영역에서 중앙일보가 중점을 두는 부분은 국제화 수준이라 할 수 있는데, 국제화 수준이 대학의 교육여건 · 재정을 설명하는 데 결정적인 지표라 할 수 있는지 의문이 남는다. 둘째, 교수 · 연구 영역을 보면 연구 실적의 양을 측정하는 지표가 대부분이고, 이를 보완하기 위해 추가된 피인용 지표도 질적인 개념임에도 불구하고 정량지표로 제시되었다. 이는 세 번째로 언급할 평판도 영역에도 동일하게 적용되는 문제이다. 즉, 평판도는 사회 각계가 특정 대학을 어떻게 생각하는지 묻는 상당히 질적인 영역임에도 불구하고 정량지표로 제시되었다. 넷째, 학생 교육 노력 및 성과 영역을 보면 이 역시 정량지표 위주로 구성되어 있다는 문제가 있다. 그러나 이보다 더 큰 문제는 창업교육, 현장실습, 캡스톤디자인 수업 등과 같이 특수한 교육활동에 대한 질문만 포함되어 있을 뿐 일반적으로 시행되는 강의식 수업에 관한 문항은 일절 포함되어 있지 않다는 데 있다. 마지막으로 다섯째, 상기한 영역 전반에 걸쳐서 '과정'보다는 '산출', '산출'보다는 '투입' 관련 지표로 평가체계가 구성되어 있다는 점이다. 이는 국내외 모든 대학평가가 노정한 한계점이기도 하다(강홍준, 2010: 23).

상기한 문제점을 해결하기 위해서는 다음 사항을 고민해 볼 필요가 있겠다. 첫째, 교육여건·재정 영역에서 국제화 관련 지표를 축소하는 방안을 검토할 필요가 있다. 가령, 외국인 학생의 다양성과 같은 지표는 외국인 학생이 다양하면 더 국제화된 것이고 덜 다양하면 덜 국제화되었다고 말할 수 없는 지표이기도 하므로, 이를 포함하여 국제화 관련 지표에 대한 대대적인 고민이 필요해 보인다. 둘째, 교수·연구 영역에서 피인용 관련 지표의 비중을 확대하는 방안을 검토해 볼 수 있겠다. 정성지표의 정량화가 불가피하다면 피인용 지표의 비중을 보다 확대하고, 국제학술지 논문당 피인용 지표보다 국내논문 피인용 지표 비중을 확대하여 교수·연구 영역에서 상대적으로 불리한 지방대학의 상황을 참작할 필요도 있겠다. 셋째, 평판도 영역에서는 기존 평판의 영향을 받게 되는 일명 '후광효과' 문제를 억제하기 위한 문항 보충이 요구된다. 가령 '특성화가 우수하거나 특성화 노력이 활발한 대학'과 같은 문항은 응답자로 하여금 최근 특성화 노력이 활발한 대학을 떠올려 보게 한다는 점에서 후광효과 문제를 일부 차단하는 데 효과가 있어 보인다. 넷째, 학생 교육 노력 및 성과 영역에서는 일부 학생들이 특정한 시기에 선택적으로 경험하는 창업교육, 현장실습, 캡스톤디자인 수업 등과 관련된 지표 이외에도 일반적으로 자주 경험하는 교양 수업, 전공 강의식 수업의 질을 묻는 지표가 보완된다면 바람직할 것이다. 다섯째, '과정' 관련 지표를 추가 투입하거나 이로 대체하여 '투입'과 '산출'에 편포된 지표 구성을 교정해야 한다. 이를 위해서는 학부교육 실태조사와 같이 학생을 대상으로 한 설문조사를 고려해 볼 수 있겠다.

(3) 평가 과정 및 방법 측면: 총합평정방식과 서면평가방식 개선해야

중앙일보에서 시행하는 종합평가, 학과(계열) 평가, 교육중심대학 평가는 모두 총합평정방식을 채택하고 있다. 즉, 특정 영역에서 다른 대학에 비해 점수를 낮게 받더라도 다른 영역에서 이를 만회할 정도의 높은 점수를 얻으면 결과적으로 우수한 대학으로 평가받게 되는 형태이다. 물론 평가영역별로 순위를 별도로 공개하기는 하지만 근본적인 해결책이 되지는 못한다. 총점이 평가영역별로 분산되고, 평가영역별 총점이 다시 하위 평가지표별로 분산되기 때문에, 배점이 나뉠수록 대학 간 점수 격차는 미미해지고 결과적으로 평가의 변별성은 떨어지기 때문이다. 또한 지표에 배정된 배점이 작을수록 특정 대학이 지닌 강점은 실제보다 평가절하될 가능성도 높아지게 되므로, 총합평정방식은 대학별 특성화를 꾀하기 어려운 평가방식이 될 수 있다.

한편, 중앙일보는 종합평가, 학과(계열) 평가, 교육중심대학 평가를 모두 서면평가로 진행한다. 통상 대학평가는 1차로 대학이 자체평가보고서를 작성하고, 2차로 평가위원이 이를 서면 검토하고, 3차로 현지 방문하여 결과보고서 작성 담당자와 대학 관계자를 심층 면담하는 절차로 진행된다. 그러나 중앙일보 대학평가에서는 대학이 전체 42개 평가지표 가운데 8개 지표에 한해 값을 입력하며 나머지 지표는 모두 중앙일보 대학평가 팀에서 정보공시 자료를 참고해 값을 입력한다. 현지방문평가는 생략되며, 유관기관으로부터 서면 검증을 받은 뒤 바로 평가 결과가 보도된다. 서면평가 뒤 현지방문평가를 실시하면 서면평가를 통해 확인할 수 없었던 부분이나 서면평가상에서 왜곡된 부분을 발견하게 되는 경우가 많은데, 평가과정에서 현지방문 절차가 존재하지 않는다는 점은 아무리 유관기관으로부터 검증을 받았다고 하더라도 평가 자료의 정확성에 의구심을 갖게 한다.

따라서 중앙일보는 총합평정방식 개선과 현지방문조사 도입을 적극 검토할 필요가 있다. 특히 현지방문조사와 관련하여 강홍준(2010)은 중앙일보 대학평가 개혁에 가장 중요한 역할을 맡고 있는 싱크탱크로 자문단을 언급한 바 있다. 그에 따르면 자문단은 전국 기획처(실)장들의 공식 협의기구인 전국기획처장협의회가 위촉한 8명의 위원으로 구성된다. 즉, 협의회가 국공립대, 사립대 등을 감안해 8명을 선임하면 중앙일보 측이 이를 그대로 받아들여 구성되는 형태이다. 현재에도 자문단은 형식적인 자문 역할만 수행하는 데 머물지 않고 지표 구성, 가중치 설정 등 평가 설계 전반에 대해 적극 의견을 개진하였고 중앙일보 측은 이를 대폭 수용해 이행해 왔다. 이와 같이 활성화되어 있는 자문단을 적극 활용하여 현지방문조사 계획 수립 및 절차 진행 업무를 부여한다면 중앙일보 대학평가는 언론기관 최초 대학평가 시행 기관으로서 그 위상과 명성을 유지할 수 있을 것이다.

제**16**장 조선일보-QS 아시아권 대학평가

1 평가 배경 및 변천 과정

1) 평가배경

국내 주요 언론사로 손꼽히는 중앙일보만이 개별적으로 대학평가를 실시하고 있으며, 조선일보, 동아일보는 다른 기관과 공동으로 대학평가를 실시하고 있다. 중앙일보는 1994년 당시 중앙일보 창간 기념사업의 일환으로 언론사 최초로 대학평가를 실시하여 현재에 이르고 있고, 동아일보의 경우 1996년과 1997년 두 차례에 걸쳐 정부부처와 공동으로 대학정보화평가를 실시했다가 2013년부터 독자적으로 청년드림 대학평가를 재개하였으나, 다시 2017년부터 고용노동부 및 한국고용정보원 등과 공동으로 평가를 진행하고 있다. 이 장에서 논의할 조선일보의 경우에는 오래전부터 영국 대학 및 고등교육 분야 주간지를 발간해 온 The Times지와 함께 2004년부터 세계대학평가를 실시해 온 Quacquarelli Symonds(이하 QS)와 손을 잡고 2009년부터 조선일보-QS 아시아권 대학평가결과를 발표하고 있다. 이처럼 조선일보가 언론사 주도 대학평가 대열에 합류하게 된 배경을 살펴보면 크게 대외적 배경과 대내적 배경으로 구분하여 논의할 수 있다.

먼저, 대외적 배경을 살펴보면, 국제화는 지난 20여 년간 고등교육 부문에 있어 전 세계적으로 가장 큰 변화를 초래한 동인이었다(엄상현·변기용, 2012: 124). 학생, 교수, 프로그램, 정책, 제도 등 고등교육에 관한 모든 인적·물적 자원의 이동과 교류가 짧은 순간 폭발적으로 이루어졌다. 이에 따라 세계 각국 고등교육 수준과 질에 대한 관심과 논의도 자연스럽게 진전되어 왔는데, 세계 대학을 대상으로 고등교육의 수준을 측정·비교하여 그 순위를 발표하는 기관들의 등장으로 이러한 움직임은 더욱 탄력을 받게 되었다. 2003년 중국 상해교통대학(Shanghai Jiao Tong University)이 세계대학 학술역량평가인 Academic Ranking of World Universities(ARWU)를 실시하여 세계대학 순위평가의 신호탄을 쏘았고, 1990년에 설립되어 고등교육 및 진로교육 관련 정보를 생산하던 영국 기관 QS가 세계 각국 대학의 고등교육 수준에 대한 정보를 제공한다는 취지에서 두 번째 주자로 나서 2004년부터 세계대학평가인 World University Rankings(WUR)를 진행해오고 있다(염동기·신현대, 2013; 이영학, 2010).

2004년 당시 QS는 영국의 고등교육 전문 언론기관인 Times Higher Education(이하 THE)와 공동으로 세계대학평가를 실시하여 2009년까지 그 결과를 공동 발표해 왔다. 그러나 매우 제한된 정량지표만을 활용해 평가를 진행한다는 점과 원자료에 대한 신뢰성 검증이 미흡하다는 점 등을 학계로부터 지속적으로 지적받자 두 기관의 평가 공조 관계에 심각한 균열이 갔고 결국 두 기관은 결별하게 되었다. 이후 THE는 캐나다의 학술정보 서비스 다국적 기업인 Thomson Reuters와 손을 잡고 새로운 세계대학 순위평가 모형을 개발·적용하였고, QS는 기존 평가 체제를 독자적으로 운영하기 시작하였다(이영학, 2011: 199). 세계대학평가만 실시하던 QS가 조선일보와 손을 잡고 아시아권 대학평가를 실시하게 된 시점은 바로 QS가 THE와 결별을 결심한 뒤 대학평가에 관한 독자성을 구축하기 시작한 시점과 무관하지 않다.

다음으로 대내적 배경을 살펴보면, 조선일보는 중앙일보, 동아일보와 함께 우리나라 주요 언론사로 손꼽히는 대표적인 언론기관이다. 신문·잡지·웹사이트 등 매체량 공사 기구인 한국ABC협회가 제공한 자료에 따르면 2016년 기준 조선일보, 중앙일보, 동아일보 세 신문사의 총 발행부수는 전국 일간지 161개사의 총 발행부수 9,746,698부 가운데 각각 1,545,819부(15.9%), 960,530부(9.9%), 917,851부(9.4%)를 차지한다. 이처럼 조선일보는 발행부수 면에서 각각 2위와 3위인 중앙일보와 동아일보를 크게 앞질러 독보적인 위상을 가지지만, 사회적으로는 이른바 '조·중·동'으로 통칭되어 세 신문사의 언론 장악력이 비등하게 인식되고 있다. 이러한 상황 속에서 경쟁 언론사인 중앙일보와 동아일보의 행보는 조선일보 관계자 입장에서 관심사일 수밖에 없었을 것이다. 짐작건대 조선일보는 1994년 당시 중앙일보가 언론사 최초로 대학평가를 실시하고 1996년 당시 동아일보가 교육부, 정보통신부 등 정부부처와 공동으로 대학정보화평가를 시도하여 고등교육에 대한 여론의 관심을 환기시키고 언론사로서의 이미지와 공신력을 제고하는 상황을 예의주시하고 있었을 것이다.

그러나 대학평가를 실시하기 위해서는 다른 언론사에서 주관하는 대학평가와 차별화할 수 있는 지점을 찾아야 했다. 조선일보 입장에서는 두 차례에 걸쳐 일시적으로 대학평가를 실시한 동아일보 측과의 차별화를 꾀하는 문제보다도 자체적으로 대학평가팀을 꾸려 1994년 이후로 매년 대학평가를 시행해 온 중앙일보 측과의 차별화를 꾀하는 문제가 중요하였다. 이에 조선일보는 2008년 10월 9일자 기사를 통해 QS와 아시아권 대학평가를 시작하게 되었음을 알렸고, 2008년 11월 10일자 기사를 통해 아시아권 대학평가를 실시하게 된 배경과 평가 방식을 밝혔다. 2008년 11월 10일자 기사를 통해 조선일보는 국내 대학들만을 대상으로 한 평가만으로는 '우물 안 개구리' 신세를 면치 못한다는 국내외 학계 지적을 수용하여 국내 대학들의 국제 경쟁력을 높이기 위해 조선일보-QS 아시아권 대학평가를 시작하게 되었다고 발표하였다. 이는 국내 대학만을 대상으로 대학평가를 실시하는 중앙일보 대학평가를 우회적으로 비판하는 동시에 세계 대학을 대상으로 대학평가를 실시함으로써 중앙일보 대학평가보다 진일보하였음을 간접적으로 드러내는 것이었다.

2) 평가 변천 과정

　전술한 바와 같이 조선일보는 2009년부터 QS와 공동으로 아시아권 대학평가를 실시하고 매년 상반기에 그 결과를 공개하겠다고 발표하였다. 이에 따라 1차 조선일보-QS 아시아권 대학평가는 한국 · 일본 · 중국(홍콩 포함) · 싱가포르 · 대만 · 태국 · 말레이시아 · 인도 · 인도네시아 · 필리핀 등 10개국 대학을 대상으로 실시되었고, 평가방식은 기존에 QS가 THE와 함께 실시하던 세계대학평가와 동일하게 정량조사와 정성조사가 병행되었다. 대신 아시아권 대학평가는 아시아 각국 대학의 실정을 잘 알고 있는 아시아 각국 전문가를 대거 추가하였다는 점에서 일면 차이가 있었다. 평가 결과는 종합 순위와 학문분야별 순위를 나누어 발표하였다. 이때, 종합 순위의 경우에는 국내 대학을 포함한 아시아권 상위 100개 대학과 국내 상위 대학 40개 대학의 종합순위를 각각 발표하였고, 학문분야의 경우에도 종합 순위 공개 방식과 마찬가지로 공학 · 사회과학 · 인문학 · 자연과학 · 생명과학 분야별로 아시아권 우수대학 순위와 국내권 우수대학 순위를 나누어 발표하였다. 다만 학문분야별 순위는 종합 순위를 도출하기 위한 과정에서 진행되는 학계 전문가 평가의 결과를 토대로 산출되기 때문에, 종합 순위에 비하여 순위의 타당성이나 활용도 측면에서 미흡하다는 의견이 지배적이다(공은배 외, 2011: 25).

　조선일보-QS 아시아권 대학평가 영역 및 지표는 2009년 처음 실시될 때부터 2015년까지 유지되었다. 먼저, 평가영역은 크게 연구 실적, 교육 수준, 졸업생 평판도, 국제화 수준 등 4개 영역으로 구분되었다. 연구 실적을 측정하기 위한 지표로는 학계 전문가 평가, 교수 1인당 논문 수, 교수 1인당 논문 피인용 수 등 3개 지표가 포함되었고, 교육 수준과 졸업생 평판도는 각각 교수 1인당 학생 수와 기업에 의한 졸업생 평가 지표에 의하여 측정되었다. 그리고 국제화 수준을 측정하기 위한 지표로는 외국인 교수 비율, 외국인 학생 비율, 교환학생 유치 비율, 교환학생 파견 비율 등 4개 지표가 포함되었다. 2015년까지 유지되던 평가 영역 및 지표는 2016년에 이르러 교육 수준을 측정하는 지표로 박사학위 소지 교원 비율이 추가되면서 소폭 변동이 있었는데, 평가 영역 및 지표의 배점 조정 등에 관한 설명은 이하 본문에서 평가 영역 및 지표에 관하여 논의할 때 상술하기로 한다.

〈표 16-1〉 2009~2016년 조선일보-QS 아시아권 대학평가

평가 분야	주요 지표	평가내용
연구 실적	학계 전문가 평가	인문학, 공학, 의 · 생명과학, 자연과학, 사회과학 등 5개 분야별 평가와 이를 종합한 평가
	교수 1인당 논문 수	교수의 연구 실적 평가
	교수 1인당 논문 피인용 수	교수의 연구 수준 평가
교육 수준	교수 1인당 학생 수	교수 1인당 평균 학생 수
	박사학위 소지 교원 비율('16년 신설)	박사학위 소지 교원 비율
졸업생 평판도	기업의 졸업생 평가	졸업생 고용 기업 인사담당자 설문
국제화 수준	외국인 교수 비율	전체 교수진 중 외국인 교수 비율
	외국인 학생 비율	전체 학생 중 외국인 학생 비율
	교환학생 유치 비율	국내로 들어온 교환 학생 비율
	교환학생 파견 비율	해외로 나간 교환 학생 비율

※ 2009~2016년 조선일보 기사를 종합 · 재구성함.

2 평가 목적 및 의의

1) 평가목적

조선일보는 2008년 10월 9일자 기사를 통해 QS와 아시아권 대학평가를 실시함을 알리면서 평가 실시 이유를 언급하였다.

하나는 학생에게 대학 선택 기준을 제공한다는 것이었다. 해당 기사에서 조선일보는 고등교육이 국제화되면서 학생과 학부모는 더 이상 자국 대학에 반드시 진학하여야 한다고 생각하지 않는다고 언급하였다. 다시 말해, 자국 대학보다 학생을 더 잘 가르치고 더 우수한 학문적 성과를 내는 해외 대학이 있다면 기꺼이 그 대학에 지원할 또는 지원시킬 의사가 있다는 말이었다. 따라서 국내 대학과 국외 대학을 아울러 어떠한 대학이 우수한지를 객관적으로 비교할 효용은 갈수록 증가하고 있다는 것이 조선일보 측의 설명이었다. 그런데 국내 언론사 대학평가 가운데 가장 인지도가 높은 중앙일보 대학평가의 경우에는 국내 대학만을 대상으로 평가를 진행하고 있기 때문에, 조선일보-QS 아시아권 대학평가는 국내 언론사 최초로 국내외 대학을 아울러 평가한다는 점에서 차별화된다고 강조하였다.

둘째는 대학사회에 경쟁의 바람을 부추긴다는 것이었다. 조선일보는 세계화 추세에 따라 우리나라 대학사회도 하루가 다르게 변하고 있다고 전하였다. 예컨대, 교원 업적을 평가함에 있어 경쟁체제가 도입되어 연구실적에 따라 연봉이 결정되기도 하고, 영어 강의가 대폭 확대되기도 하였으며, 해외 저명 학자들을 초빙해 학내 국제화 수준을 끌어올리기도 하였다. 그럼에도 국내 대학의 국제적 평판도는 매우 낮은 편으로, 2008년 The Times 세계대학평가에서 세계 200위권 대학에 드는 한국 대학은 3개에 불과하여 이웃나라인 일본과 중국보다 뒤떨어지는 상황이라고 지적하였다. 이처럼 학내 국제화를 시도하면서도 국제경쟁력이 낮은 이유에 대하여 조선일보는 국내 대학끼리의 단순 비교로는 글로벌 시대에 대학의 발전을 견인하는 데 한계가 있다고 진단하였다. 따라서 아시아권 대학평가를 통해 각 대학의 학내 국제화 수준을 객관적인 수치로 제시함으로써 대학사회에 신선한 자극을 제공하고 나아가 국내 대학의 국가경쟁력과 국제경쟁력 제고를 촉진하겠다고 밝혔다.

한편, 세 번째 평가목적은 명시적으로 밝히지는 않았으나 중앙일보 대학평가와 마찬가지로 조선일보 역시 평가결과를 활용해 수익을 창출하고 언론사로서의 이미지와 공신력을 쇄신하려는 목적도 존재하였을 것이다. 2008년 평가를 시작한 이후로 조선일보 측은 매년 연말 평가 계획과 일정을 발표하고 그다음 해 5월 이후부터 평가결과를 공개하고 여론 반응을 취재하여 발표하는 패턴을 반복 시행하고 있다. 특히 평가 결과 보도는 국내 여론과 해외 외신의 많은 관심을 받고 있다. 평가 첫해 결과가 공개되었을 때 중앙대 측은 총장 명의로 전교생에 이메일을 보내 '조선일보-QS 평가에서 초라한 성적표를 거둔 데 대해 심심한 사과의 말씀을 드린다'고 입장을 표명하기도 하였고(조선일보, 2009. 5. 15.), 해외에서는 중국의 신화통신, 홍콩의 사우스차이나모닝포스트(SCMP), 대만의 중앙통신, 파키스탄의 파키스탄 옵저버 등 주요 외신에서 평가 결과를 발표하기도 하였다(조선일보, 2011. 5. 25.). 이와 같이 기사가 대내외적으로 인용된다는 점은 조선일보의 광고수익사업으로 이어질 가능성이 높고 언론사로서의 이미지와 공신력을 제고하는 근거 자료로 활용될 것이라 판단된다.

2) 평가의의

조선일보-QS 아시아권 대학평가가 지닌 가장 큰 의의는 평가대상을 국내 대학에 국한하지 않고 아시아권 대학으로 넓혀 국내 대학 간에 소모적인 경쟁을 조장하기보다는 아시아권 대학 간에 생산적인 경쟁을 지향하였다는 점에 있다. 본격적으로 평가를 실시하기 이전에 조선일보는 2008년 10월 27일자 기사로 조선일보-QS 아시아권 대학평가에 대한 일부 대학들의 반응을 취재하여 보도한 바 있다. 해당 기사에서 당시 양지원 카이스트 대외협력부총장은 "(지금까지 국내 대학끼리 평가를 해 왔기 때문에) 일반적으로 대학과 구성원들이 안주해 온 것이 사실"이라며 "조선일보-QS 아시아권 대학평가를 통해 국내 대학들의 현 위치를 국제사회에서 보여 줌으로써 대학들이 개혁에 나서게 되고 '우물 안 개구리'를 벗어날 수 있을 것"이라고 언급한 바 있다. 이처럼 조선일보-QS 아시아권 대학평가는 국제경쟁력에 주목하여 국내 대학사회에 생산적인 경쟁 문화를 촉진시켰다는 점에서 뚜렷한 의의가 있다.

한편, 조선일보-QS 아시아권 대학평가가 국내 대학의 국제경쟁력에 주목하면서, 중앙일보가 독점하고 있던 언론사 주도 대학평가 시장에 새로운 변화의 바람이 일게 된 것 역시 조선일보-QS 아시아권 대학평가가 지닌 또 다른 의의라 할 수 있다. 1994년 중앙일보가 국내 언론사 최초로 대학평가를 실시한 이래로 다른 언론사가 대학평가를 지속적으로 실시한 경우는 매우 드물다. 경향신문의 경우 2010년부터 대학지속가능지수평가를 실시하였지만 2013년을 기점으로 중단하였고, 동아일보의 경우 1996년과 1997년에 잠시 대학정보화평가를 실시하였다가 2012년에 청년드림 대학평가를 재개하기까지

약 15년이 소요되었다. 그러다 2009년부터 조선일보-QS 아시아권 대학평가가 실시됨
에 따라 중앙정보의 언론사 주도 대학평가 시장 독점 체제에 균열이 가게 되었고, 조선
일보는 2009년 이후로 중앙일보와 함께 언론사 주도 대학평가 시장을 견인하는 양대 축
으로 거듭났다. 이처럼 조선일보-QS 아시아권 대학평가는 중앙일보가 독점하고 있던 언
론사 주도 대학평가 시장의 다원화를 촉진시켰다는 점에서 또 다른 의의를 찾을 수 있다.

이와 같이 조선일보-QS 아시아권 대학평가가 중앙일보가 독점하던 언론사 주도 대학
평가 시장의 보완재로 자리매김하면서 고등교육 수요자는 대학 수준에 관한 정보를 보
다 다양하게 습득할 수 있게 되었다. 이 또한 조선일보-QS 아시아권 대학평가가 지닌
의의 가운데 하나이다. QS 홈페이지(http://www.topuniversities.com)에 접속하면 이용자
들은 [그림 16-1]과 같이 평가대상 대학의 등수 및 상세 정보를 확인할 수 있다. 즉, 중

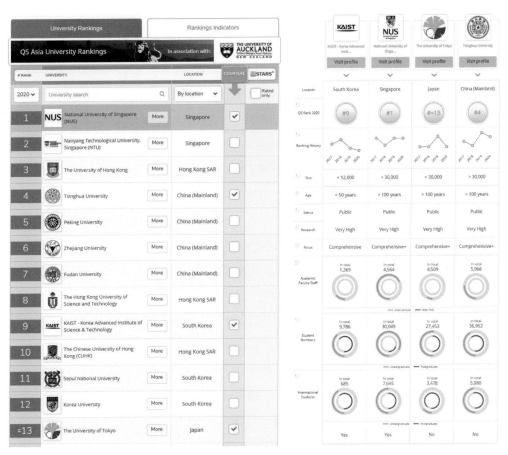

[그림 16-1] QS 홈페이지에서 제공하는 대학 간 비교 기능

출처: https://www.topuniversities.com/university-rankings/asian-university-rankings/2020.

앙일보 대학평가만 시행되던 과거에는 대학들의 대내적 위상에 관한 정보만을 습득할 수 있었다면, 조선일보-QS 아시아권 대학평가가 시행된 이후로는 국내 대학의 국제적 위상에 대한 정보까지 습득할 수 있게 되었다. 물론 조선일보-QS 아시아권 대학평가가 시행되기 이전부터 전 세계 대학을 대상으로 진행되는 세계대학평가가 여러 기관에 의해 시행되고 있어서 조선일보-QS 아시아권 대학평가가 완전히 배타적인 결과를 제공한다고 말하기는 어렵다. 그러나 대륙별, 지역별, 문화권별로 상이한 맥락을 고려하여 권역별 대학평가가 진행되기도 하는데, 조선일보-QS 아시아권 대학평가는 아시아권이라는 동일 문화권 내에 위치한 대학을 중심으로 평가를 설계하였다는 점에서 전 세계 대학을 대상으로 하는 세계대학평가와 차별되는 의미와 성과를 찾을 수 있다.

3 평가 영역 및 지표

조선일보-QS 아시아권 대학평가의 평가 영역 및 지표는 QS가 이전부터 실시해 온 세계대학평가의 평가 영역 및 지표에 기초하여 개발되었다. 일찍이 QS는 세계대학평가의 평가영역으로 크게 연구의 질(research quality), 졸업생 고용가능성(graduate employability), 국제화(international outlook), 교육의 질(teaching quality)을 제시하였다. 연구의 질을 측정하기 위한 지표로는 학계 전문가 평가와 교수 1인당 논문 피인용 수가 활용되었고, 교육 수준과 졸업생 평판도를 측정하기 위한 지표로는 각각 교수 1인당 학생 수와 기업에 의한 졸업생 평가가 활용되었다.

이와 같은 세계대학평가의 골격은 조선일보-QS 아시아권 대학평가에서 거의 그대로 유지되었다. 당시 아시아권 대학평가의 실시를 알리고 평가 영역 및 지표를 소개하는 조선일보 지면 기사에서 평가영역을 지칭하는 용어가 각각 연구 실적, 교육 수준, 졸업생 평판도, 국제화 수준으로 윤문된 점 이외에는 평가영역에서의 변동은 없었다. 다만, 평가지표에서 연구 실적을 측정하는 지표로 교수 1인당 논문 수가 추가되었고, 국제화 수준을 측정하는 지표로 교환학생 비율이 추가되었다. 교수 1인당 논문 수 지표를 추가한데 대하여 QS 측은 최상위권 대학이 아닌 경우에는 자국어로 된 논문 발표가 활발하기 때문에 대학별 연구 역량을 적절히 반영하기 위하여 교수 1인당 논문 피인용 수를 보완할 지표가 필요하였다고 전하였다(이영학, 2011: 201). 아울러 교환학생 비율 지표를 추가한 이유 역시 비영어권 국가의 경우 학부의 외국인 학생 수보다는 교환학생 수에 보다 중점을 두고 있다는 점을 반영한 것이라고 설명하였다(이영학, 2011: 201). 이상의 논의를 토대로 세계대학평가와 아시아권 대학평가의 평가 영역 및 지표를 비교한 표를 제시하면 〈표 16-2〉와 같다.

〈표 16-2〉 QS 세계대학평가 및 아시아권 대학평가 비교

구분	평가항목(비중)				
	세계대학평가		아시아권 대학평가		
연구 실적	학계 전문가 평가(세계)	40%	학계 전문가 평가(아시아권)	30%	
	교수 1인당 논문 피인용 수	20%	교수 1인당 논문 피인용 수	15%	
			교수 1인당 논문 수	15%	
교육 수준	교수 1인당 학생 수	20%	교수 1인당 학생 수	20%	
졸업생 평판도	기업의 졸업생 평가(세계)	10%	기업의 졸업생 평가(아시아권)	10%	
국제화 수준	외국인 교수 비율	5%	외국인 교수 비율	2.5%	
	외국인 학생 비율	5%	외국인 학생 비율	2.5%	
			교환학생 유치 비율	2.5%	
			교환학생 파견 비율	2.5%	

※ 공은배 외(2011: 25)에 제시된 표의 용어를 조선일보에서 사용하는 용어로 수정함.

〈표 16-2〉와 같이 설정된 아시아권 대학평가 영역 및 지표는 2015년까지 그대로 이어졌다. 평가영역별 배점과 평가지표별 배점 역시 2015년까지 변동 없이 유지되었다. 2015년까지 유지된 평가 영역 및 지표를 보다 자세히 살펴보면, 가장 큰 비중을 차지하고 있는 평가 영역은 연구 실적으로 전체의 60%를 차지하였다. 이때, 연구 실적에 포함된 지표 가운데서도 가장 큰 비중을 차지하고 있는 지표는 학계 전문가 평가로, 연구 실적 비중의 절반이 학계 전문가 평가 비중에 해당하였다. 계속해서, 연구 실적에 이어 가장 큰 비중을 차지하는 평가영역은 교육 수준으로 전체의 20%를 차지하였다. 그리고 졸업생 평판도와 국제화 수준은 각각 전체의 10% 비중을 차지하였는데, 국제화 수준의 경우에는 평가영역 가운데 가장 작은 비중을 차지하고 있으나 평가지표는 다른 평가 영역보다 많았다는 특징이 있다.

그러다 2016년부터는 앞서 평가 변천 과정을 논의하면서 잠시 언급한 바와 같이 교육 수준을 평가하는 지표로 박사학위 소지 교원 비율을 새롭게 추가하면서 평가체계에 소폭 변화가 일었다. 새로이 지표가 추가되면서 구조적으로는 4개 영역 9개 지표 체계에서 4개 영역 10개 지표 체계가 되었다. 그러나 이보다 더욱 중요한 변화는 지표가 추가되면

서 영역과 지표의 배점이 조금씩 조정되었다는 점이다. 홈페이지를 통해 QS는 대학이 교육의 질을 제고하는 데 얼마나 헌신적인지를 측정하기 위하여 박사학위 소지 교원 비율 지표를 추가한다고 밝히면서도, 기존에 교육 수준을 측정하는 지표인 교수 1인당 학생 수의 비중은 5점 하향 조정하고 박사학위 소지 교원 비율에 5점을 배정하여 교육 수준에 대한 비중을 전체 20% 수준으로 유지하였다. 이와 더불어 다른 평가영역 배점도 소폭 조정되었는데, 연구 실적 비중은 전체의 60%에서 50%로 10%p 감소하였고, 대신 졸업생 평판도 비중이 10%p 증가하였다. 교수 1인당 논문 수와 교수 1인당 논문 인용 수의 비중을 각각 5%p 줄이고 졸업생 평판도 비중을 높인 데 대해 QS는 "청년 취업과 신입 사원이 고용된 후 조직 내 성취도는 아시아를 포함한 전 세계 학생과 대학들의 공통 관심사이기 때문"이라고 밝혔다(조선일보, 2016. 6. 14.).

〈표 16-3〉 조선일보-QS 아시아권 대학평가 영역, 지표, 가중치 변화 비교

평가영역	평가지표	가중치(%)					
		~2015년		2016년~		2018년~	
연구 실적	학계 전문가 평가	30	60	30	50	30	55
	교수 1인당 논문 수	15		10(▼5)		5(▼5)	
	교수 1인당 논문 피인용 수	15		10(▼5)		10	
	국제 연구 협력	–		–		10	
교육 수준	교수 1인당 학생 수	20	20	15(▼5)	20	10(▼5)	15
	박사학위 소지 교원 비율	–		5		5	
졸업생 평판도	기업에 의한 졸업생 평가	10	10	20(▲10)	20	20	20
국제화 수준	외국인 교수 비율	2.5	10	2.5	10	2.5	10
	외국인 학생 비율	2.5		2.5		2.5	
	교환학생 파견 비율	2.5		2.5		2.5	
	교환학생 유치 비율	2.5		2.5		2.5	

2018년부터는 평가지표에 재차 변화가 있었다. 2018년에 새롭게 도입된 '국제 연구 협력(International Research Network)' 지표(10%)는 대학이 다른 국가 대학들과의 공동 연구 정도를 측정한다. 즉, 다양한 외국 국가의 대학들과 공동 연구를 많이 할수록 높은 점수를 받을 수 있는 것이다. QS 측은 "인류가 처한 문제를 해결하기 위해선 대학들이 국가를 넘나들며 협력하고 연구하는 것이 갈수록 중요해지고 있기 때문에 해당 지표를 새

로 도입했다"고 밝혔다(조선일보, 2018. 10. 23.). 다만, 새 지표를 도입함에 따라 '교원당 학생 수'와 '교원당 논문 수'의 지표 비중은 감소하였다.

4 평가 과정 및 방법

1) 평가과정

아시아권 대학평가의 시작을 알리면서 조선일보는 지면 기사를 통하여 향후 일정에 대하여 언급하였다(조선일보, 2008. 10. 27.a). 해당 기사에 따르면 평가 첫해에는 2008년 12월 연말에 평가 대상 대학에 공문을 발송하고 2009년 1월부터 본격적으로 평가 과정에 돌입한다고 밝혔다. 구체적으로, 2009년 1월부터는 개별 대학에 평가에 관한 자료를 요청하고, 학문 영역별로 전문가에게 동료 평가를 의뢰하며, 평가대상 대학 졸업생을 고용한 주요 기업에 설문 조사를 실시한다. 2월부터 4월까지는 평가에 필요한 모든 결과를 취합 · 분석하는 과정을 거치고, 최종 결과는 5월경에 발표한다. 한편, 최종 결과를 5월경에 발표하는 이유에 대하여 조선일보는 대입 수험생과 학부모들이 목표 대학을 선택하는 때인 만큼 평가결과가 진학 대학을 결정하는 데 도움이 되기 위해서라고 덧붙였다.

이처럼 평가 첫해에는 기사를 통하여 평가 과정에 관한 언급이 있었으나, 이후에는 조선일보와 QS 모두 평가일정에 관한 별다른 언급이 없었다. 다만, 매년 5월 중순 이후부터 6월 중순 사이에 평가 결과가 발표된다는 점으로 미루어 보건대 평가 첫해에 밝힌 평가 과정이 특별한 변동 없이 유지되고 있을 가능성이 높아 보인다.

[그림 16-2] 조선일보-QS 아시아권 대학평가 과정

2) 평가방법

평가 영역 및 지표에 관하여 논의하는 과정에서 밝혔듯 조선일보-QS 아시아권 대학 평가는 2015년까지 4개 영역 9개 지표 체계를 유지하다가 2016년에 1개 지표가 추가되어 4개 영역 10개 지표 체계가 되었고, 2018년에 1개 지표가 더 추가되어 총 11개 지표 체계가 되었다. 11개 지표는 크게 개별 대학으로부터 통계 자료를 받아 산출되는 통계지표와 학계 및 기업을 대상으로 설문조사를 실시하여 산출되는 설문지표로 구성되며, 연구 실적 영역의 학계 전문가 평가 지표와 졸업생 평판도 영역의 기업 졸업생 평가 지표를 제외한 나머지 8개 지표는 모두 통계지표에 해당된다.

먼저, 설문지표를 살펴보면, 학계 전문가 평가는 아시아 지역 학자를 대거 포함한 전 세계 학계 전문가에게 본인의 전공 분야에서 가장 선도적인 역할을 수행하고 있는 전공과 대학이 어디인지를 물어보고 가장 많은 추천을 받는 대학이 높은 점수를 얻는 방식이다. 학계 전문가 평가는 온라인 설문조사 방식으로 진행되는데, The World Scientific사와 International Mardev사 등이 구축해 놓은 18만여 명 이상의 연구자 이메일 주소 데이터베이스를 구입하여 이메일로 설문을 요청한다(공은배 외, 2011; 신현석 외, 2008). 이메일을 받은 전문가들은 자신의 이름, 연락처 세부 정보, 직책, 소속기관 등에 관한 기본 정보를 기입한 후 자신이 가장 잘 알고 있는 국가, 지역, 학문 분야를 밝히고 자신이 전문 지식을 가지고 있는 세부 전공을 최대 2개까지 설정한 뒤 설문에 응답하게 된다. 다만 설문조사의 타당성을 높이기 위해 세부 전공을 1개만 설정한 응답자의 답변이 더욱 중점적으로 검토된다(QS, 2017).

한편, 기업에 의한 졸업생 평가 역시 학계 전문가 평가와 유사하게 진행된다. 아시아권을 대거 포함한 전 세계 주요 기업의 인사 담당자를 대상으로 어느 대학 졸업생을 채용하고 싶은지를 묻고 가장 많은 표를 얻은 대학에 높은 점수가 부여되는 방식으로 이루어진다. 응답자들은 우수한 인재를 배출한다고 판단되는 대학이 어디인지를 묻는 질문에 대하여 국내 대학의 경우 최대 10개, 해외 대학의 경우 최대 30개까지 명단에 기재할수 있다. 또한 응답자들은 자신의 소속 기관에서 채용하기를 선호하는 분야에 대해서도 답변하여야 하며, 이 두 질문의 교차점을 검토하여 개별 대학의 우수성을 판단하게 된다. 유완·이일용(2015)에 따르면 2015년 당시 QS는 이와 같은 방식으로 약 64,000명의 학자와 약 29,000명의 기업 인사 담당자가 회신한 설문조사 응답 결과를 분석하고 학문 영역과 지역의 특수성을 반영한 가중치를 적용하여 평가결과를 발표하였다.

다음으로 통계지표를 살펴보면, 연구 실적 영역에 포함된 통계지표는 교수 1인당 논문 수와 교수 1인당 논문 피인용 수, 국제 연구 협력 등 3개 지표이다. 세 지표 모두 Scopus 데이터베이스를 활용하여 측정되는데, 교수 1인당 논문 수는 대학의 전반적인 연구생산성을 측정하는 데 활용되고, 교수 1인당 논문 피인용 수는 학문공동체 내 영향력을 판단하는 데 활용된다. 국제 연구 협력 지표는 대학이 다른 국가 대학들과 공동 연구를 얼마나 활발하게 하는지 측정한다. 두 번째로, 교육 수준 영역에 포함된 통계지표는 교수 1인당 학생 수와 박사학위 소지 교원 비율 등 2개 지표이다. 교수 1인당 학생 수는 등록한 학생당 정규직 교수 비율로 산정되며, 박사학위 소지 교원 비율은 전체 교원 가운데 박사학위를 소지한 교원 비율로 산정된다. 두 지표 모두 교육의 질을 측정하기 위한 지표로 활용되며, 개별 대학으로부터 받은 자료를 토대로 산출된다. 마지막으로, 국제화 수준 영역에 포함된 지표 4개는 모두 통계지표에 해당한다. 외국인 교수 비율은 전체 교원 가운데 외국인 교원이 차지하는 비율로 표현되고, 외국인 학생 역시 이와 동일한 방식으로 산출된다. 교환학생 유치 비율과 교환학생 파견 비율 역시 전체 학생 가운데 교환학생으로 유입된 또는 파견된 학생이 차지하는 비율로 계산되며, 이상 4개 지표는 개별 대학으로부터 받은 자료를 토대로 산출된다.

5 평가결과 활용

조선일보-QS 아시아권 대학평가 결과는 여러 이해관계자를 통해 다양하게 활용되고 있다. 그중에서도 평가결과를 참고하여 대학 진학에 참고하는 학생 입장과 평가 대상에 해당하는 대학 입장, 그리고 평가를 실시하는 조선일보 입장에서 평가 결과를 어떻게 활용하는지를 구체적으로 살펴본다면 다음과 같다.

먼저, 대학(원) 진학을 앞둔 학생이라면 진학 계획을 세우는 과정에서 해당 대학이 아시아권 내에서 어떤 국제적 위상을 갖추고 있는지를 확인하는 자료로 활용할 수 있다. 앞서 [그림 16-1]을 통해 잠시 언급하였지만 조선일보-QS 아시아권 대학평가는 QS 대학평가 홈페이지를 통해 대학별 점수 및 순위와 함께 평가지표별 점수 및 순위를 제공한다. 가령, 종합 순위가 높은 대학에 진학하고 싶다면 종합 점수를 기준으로 정렬하여 평가결과를 조회하고, 대외적 이미지가 좋은 대학에 진학하고 싶다면 졸업생 평판도를 기준으로 정렬하여 평가 결과를 조회하는 식으로 대학의 국제적 위상에 관한 세부 정보를 파악할 수 있다. 동시에 조선일보-QS 아시아권 대학평가는 QS 대학평가 홈페이지를 통해 [그림 16-3]과 같이 순위에 포함된 대학별로 해당 대학의 기본 정보(예: 설립유형, 규모, 역사 등)와 평가결과 정보, 입학 정보 등을 가독성 있게 제시하고 있다. 따라서 특정 대학에 관심 있는 유학생이라면 해당 대학을 클릭하여 유학에 관한 정보를 손쉽게 얻을 수 있다.

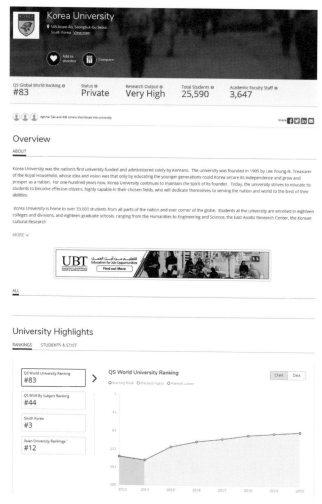

[그림 16-3] 대학별 페이지 예시(고려대)

출처: https://www.topuniversities.com/universities/korea-university#322172.

다음으로 평가를 받는 대학 입장에서는 대학 홍보 수단으로 적극 활용할 수도 있고 대학의 국제경쟁력을 제고하기 위한 기준점으로 활용할 수도 있다. 조선일보와 함께 아시아권 대학평가를 실시하는 QS는 2003년 중국 상해교통대학이 처음으로 세계대학 학술역량평가(ARWU)를 실시한 이후 두 번째로 세계대학평가를 실시한 명실상부한 대학평가 기관으로서 자리매김하였다. 그만큼 QS에서 실시하는 세계대학평가와 아시아권 대학평가의 결과는 대학의 국제경쟁력을 과시하는 데 활용되기도 하고 대학의 국제경쟁력을 제고하기 위한 목표 지점을 설정하는 데 활용되기도 한다. 후자와 관련하여 조선일보-QS 아시아권 대학평가가 처음 실시된 2009년에는 예상보다 좋지 않은 성적을 받은 일부 대학 총장들이 사과 성명을 발표하거나 대책 회의를 주재하기도 하였다(조선일보, 2009. 5. 15.). 해당 기사에 따르면 평가 결과가 발표된 이후 대학들은 해외 우수 교원을 확보하고 교환학생 파견을 늘리는 등 국제화 관련 지표 수치를 개선하는 데 힘쓰거나 평가에서 가장 높은 비중을 차지하는 연구 실적 영역을 특별 관리하는 등의 대책을 수립하는 모습을 보였다. 이와 같이 평가결과는 대학에 즉각 환류되어 국제경쟁력 제고를 위한 실천으로 이어지고 있다.

　마지막으로, 평가를 실시하는 조선일보 입장에서 볼 때 평가결과는 대학들이 학교를 홍보하기 위한 비용을 지불하도록 유인하여 금전적인 이윤을 창출하고 언론기관으로서의 이미지와 공신력을 제고하는 도구로 활용될 수 있다. 평가결과가 발표되는 매년 5월과 6월 조선일보 지면은 조선일보-QS 아시아권 대학평가 결과를 공개하고 그 결과를 분석하는 후속 기사로 가득 채워진다. 그리고 대학들은 이에 부응하듯 조선일보 지면에 대학 홍보 광고를 앞 다투어 게재한다. 실제로 교수신문(2009. 6. 29.)에 따르면 매년 5월과 6월은 교수 초빙, 대학원 신(편)입생 모집 등 모집공고 형식의 대학 광고가 집중되는 시기이지만, 조선일보-QS 아시아권 대학평가가 시작된 2009년에 조선일보에 게재된 대학 광고 수는 작년 같은 시기와 비교할 때 1.7%p 높은 수치를 보였다. 평가결과를 잘 받고 싶은 마음에 평가 직전에 광고를 신청하려는 심리가 작용했을 수도 있고, 평가결과가 발표된 직후에 높은 순위를 강조하거나 낮은 순위를 무마하기 위해 광고를 신청했을 수도 있다. 광고를 신청하는 이유는 대학의 사정에 따라 각기 다르겠지만, 평가결과가 공개되기 전후로 대학 광고 요청이 증가한다는 점은 조선일보의 광고 수입을 증대시키는 결과를 분명하게 가져온다.

6 평가 성과 및 개선방안

1) 평가성과

순위평가를 지향하는 조선일보-QS 아시아권 대학평가는 〈표 16-4〉와 같이 해마다 평가대상 대학들의 순위를 발표한다. 순위는 매년 크고 작은 변동이 있어서, 평가대상 대학으로서는 매번 긴장의 끈을 놓을 수가 없다. 이는 평가대상 대학에 포함된 국내 대학의 경우에도 마찬가지이다.

⟨표 16-4⟩ 최근 3년간 조선일보-QS 아시아권 대학평가 상위 20위권 순위

순위	2017		2018		2019	
	학교명	국가	학교명	국가	학교명	국가
1	Nanyang Technological University(NTU)	싱가 포르	National University of Singapore(NUS)	싱가 포르	National University of Singapore(NUS)	싱가 포르
2	National University of Singapore(NUS)	싱가 포르	The University of Hong Kong	홍콩	Nanyang Technological University(NTU)	싱가 포르
3	The Hong Kong University of Science and Technology	홍콩	Nanyang Technological University(NTU)	싱가 포르	The University of Hong Kong	홍콩
4	KAIST	한국	Tsinghua University (공동3위)	중국	Tsinghua University	중국
5	The University of Hong Kong	홍콩	Peking University	중국	Peking University	중국
6	Tsinghua University	중국	Fudan University	중국	Zhejiang University	중국
7	Fudan University	중국	The Hong Kong University of Science and Technology	홍콩	Fudan University	중국
8	City University of Hong Kong	홍콩	KAIST	한국	The Hong Kong University of Science and Technology	홍콩
9	Peking University	중국	The Chinese University of Hong Kong	홍콩	KAIST	한국
10	The Chinese University of Hong Kong	홍콩	Seoul National University	한국	The Chinese University of Hong Kong	홍콩

11	Seoul National University	한국	The University of Tokyo	일본	Seoul National University	한국
12	POSTECH	한국	Korea University	한국	Korea University	한국
13	The University of Tokyo	일본	Zhejiang University	중국	The University of Tokyo	일본
14	Tokyo Institute of Technology	일본	Kyoto University	일본	Universiti Malaya (UM) (공동13위)	말레이시아
15	Osaka University	일본	Sungkyunkwan University(SKKU)	한국	Kyoto University	일본
16	Korea University	한국	Osaka University	일본	Sungkyunkwan University(SKKU)	한국
17	Kyoto University	일본	Yonsei University	한국	Shanghai Jiao Tong University	중국
18	Sungkyunkwan University(SKKU)	한국	Tokyo Institute of Technology (Tokyo Tech)	일본	Tokyo Institute of Technology (Tokyo Tech) (공동17위)	일본
19	Yonsei University	한국	Shanghai Jiao Tong University	중국	City University of Hong Kong	홍콩
20	Tohoku University	일본	Universiti Malaya (UM) (공동 19위)	말레이시아	National Taiwan University (NTU)	대만

※ QS 대학평가 홈페이지에 탑재된 자료를 종합·재구성함.

　최근 3년간 조선일보-QS 아시아권 대학평가 상위 20위권 순위를 정리한 〈표 16-4〉를 살펴보면, 싱가포르 대학과 중국 대학의 선전이 매섭다. 싱가포르국립대와 난양공대는 최근 3년간 3위권 내를 벗어난 적이 없고, 2017년 당시 각각 6위, 9위를 차지하였던 칭화대, 베이징대는 2019년에 각각 4위, 5위로 올라섰다. 2019년 기준으로 상위 10위권 순위를 살펴보면 KAIST를 제외하고 모두 싱가포르, 중국, 홍콩에 위치한 대학들이 포진하고 있어 한국과 일본의 대학 순위가 상대적으로 낮게 나타나고 있음을 확인할 수 있다. 이처럼 조선일보-QS 아시아권 대학평가 결과는 고등교육시장이 개방되어 빠른 속도로 국제화되고 있는 상황에서 노력 여하에 따라 국제적 위상이 달라질 수 있음을 가시적으로 보여 주고 있다.

　한편, 공익보다는 사익을 우선시하는 사적 평가의 성격을 지닌 조선일보-QS 아시아권 대학평가는 매년 평가결과를 활용하여 수익을 증대시켜 왔다. 이윤 창출이 목적인 기업 입장에서 평가를 통한 수익 창출은 곧 평가에 의한 성과라 할 수 있다. 평가 결과를 상업적으로 이용한다는 점과 관련하여 일찍이 교수신문은 조선일보-QS 아시아권 대학평가결과가 처음으로 발표된 2009년 5월 12일을 전후로 넉 달 동안 조선일보 지면에서 대학 광고 비중이 증가하였는지를 조사하였다. 해당 기사에 따르면 2009년 5월 당시 조선일보에 게재된 총 광고 수는 줄었으나 대학 광고는 역으로 증가하였고, 그 수치는 작년 같은 시기와 비교할 때 이례적인 수치임을 [그림 16-4]를 통해 보여 주었다. 이와 같이 조선일보-QS 아시아권 대학평가는 언론사로서의 이미지와 공신력을 쇄신하는 등 비금전적인 이득도 가져오지만, 보다 가시적으로 조직의 수익 창출에 기여하고 있다.

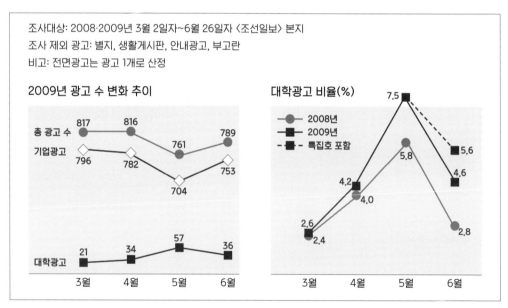

[그림 16-4] 조선일보-QS 아시아권 대학평가 발표 전후 대학 광고 증감 추이

출처: 교수신문(2009. 6. 29.).

2) 평가 개선방안

지금까지 조선일보-QS 아시아권 대학평가의 배경 및 변천 과정, 목적 및 의의, 영역 및 지표, 과정 및 방법, 결과 활용, 성과를 논의하였다. 이상 논의한 내용을 바탕으로 평가 목적, 평가 영역 및 지표, 평가 과정 및 방법 측면에서 조선일보-QS 아시아권 대학평가가 노정한 한계를 짚어 보고, 이를 근거로 개선방안을 도출하면 다음과 같다.

(1) 평가목적 측면: 국제경쟁력 개념의 실체에 대한 고찰 필요해

조선일보는 신문 발행을 통해 이윤을 창출하는 기업이다. 즉, 아시아권 대학평가를 통해 고등교육에 대한 구독자의 알 권리를 보장하고 대학사회와 국가의 동반 성장을 꾀한다는 목적 이면에는 대학평가를 통해 수익을 창출한다는 목적이 가려진 채로 존재한다. 따라서 평가목적 측면에서 조선일보-QS 아시아권 대학평가의 문제점을 진단할 때에는 평가자인 조선일보와 피평가자인 대학이 평가로 얻게 될 효용과 잃게 될 비용에 대한 고려가 필요하다.

가장 이상적인 경우는 조선일보도 이윤을 창출하고 대학들도 국제경쟁력을 제고하는 경우일 테지만 실상은 그러하지 않다는 지적이 대학사회에서 제기되고 있다. 이 장에서는 대학 간에 과도한 경쟁을 조장하여 광고 수익을 창출하는 조선일보-QS 아시아권 대학평가의 암울한 단면을 [그림 16-4]를 통해 확인한 바 있다. 이를 두고 오창우 계명대 신문방송학과 교수는 '신뢰 있는 매체'에서 '신뢰 있는 결과'를 발표하면 광고 수요가 늘게 되고 광고비가 높아지는 광고시장의 선순환 구조는 자연스러우나, 광고수익을 위한 콘텐츠로 대학평가를 사업화하는 역순환 구조가 형성되어 문제가 발생하고 있다고 진단한 바 있는데(교수신문, 2009. 6. 29.), 이는 매우 설득력 있게 들린다. 이러한 역순환의 고리를 끊기 위해서는 조선일보가 표명한 아시아권 대학평가의 목적, 즉 국내 대학의 국제경쟁력 제고가 평가를 통해 달성 가능한지를 비판적으로 검토하는 작업이 필요하다. 그리고 그 작업의 첫 단추는 국제경쟁력 개념의 실체에 대한 고찰을 통해 끼워진다.

일찍이 고등교육 국제화의 개념에 대한 비판적 검토에 천착한 정철민(2015)은 고등교육 국제화 개념이 교육 지표 개선의 계기로 일면 작용하고는 있으나 여전히 그 의미나 방향 등에 대한 논의의 여지가 남아 있다고 운을 뗀다. 표면적으로는 고등교육 장면에서 학생과 교수가 국내외를 오가고 고등교육기관이 국경을 벗어나 설립되고 고등교육 프로그램이 공유되는 등 국제화에 대한 공감대가 형성되고 있는 것처럼 보이지만, 실질적으로 국제화의 의미가 무엇이며 그것을 수행하는 데 가장 효과적인 전략이 무엇인지에 대해서는 거의 합의된 바가 없다는 것이다(정철민, 2015: 105). 고등교육 국제화에 관한 석학으로 추앙받는 Knight(2006) 역시 고등교육 국제화와 대학의 국제경쟁력 제고를 등치 개념으로 보는 사고의 위험성을 언급하면서 고등교육 국제화를 '양날의 검'으로 비유한 바 있다. 즉, 해외로부터 인정받을 수 있는 연구 성과를 내고 해외로 외연을 확장하는 과정이 능사는 아니며, 당장 해외 학계로 공유되지는 못하더라도 국내 실정에 충분히 도움을 주는 연구 성과를 내고 국내에서 내실을 기하는 과정이 곧 국제경쟁력을 제고하는 또 다른 길일 수 있음을 인지할 필요가 있다.

(2) 평가 영역 및 지표 측면: 영역별 균형을 꾀하고 지표별 검증이 필요해

국내 대학의 국제경쟁력 제고라는 기존 목적에 대한 비판적 성찰은 자연스럽게 평가 영역 및 지표에 대한 고찰로 이어진다.

우선 평가영역 측면에서 2019년도 조선일보-QS 아시아권 대학평가 영역 구성을 살펴보면, 연구 실적이 55%, 교육 수준이 15%, 졸업생 평판도가 20%, 국제화 수준이 10%를 차지하고 있다. 이때, 연구 실적과 국제화 수준은 대학교육의 산출에 해당하며, 대학의 본질적 기능이자 대학교육의 과정으로 간주되는 교육 수준은 연구 실적 비중의 절반도 되지 않는다. 또한 국제화 수준은 별도 평가영역으로 분리되어 있는데, 이는 고등교육 국제화가 곧 대학의 국제경쟁력 제고로 이어진다는 평가자의 인식을 반영한다. 국제화 수준을 별도 평가영역으로 존치시킬지를 두고 중앙일보는 조선일보보다 먼저 홍역을 치른 바 있는데, 2006년 당시 국제화를 별도 평가 영역으로 구성하였다가 학계 비판에 부딪쳐 2012년을 기점으로 국제화 영역을 폐지하고 관련 지표를 교육여건·재정 영역에 포함시켜 현재까지 그 구조를 유지하고 있다. 이와 동시에 중앙일보는 2015년부터 학생 교육 노력 및 성과를 새로운 평가영역으로 신설하고 이에 큰 비중을 부여하였는데, 조선일보는 이를 비판적으로 검토하여 평가영역별로 균형을 꾀하는 문제를 진지하게 고민할 필요가 있다.

다음으로 평가지표 측면에서 설문지표인 학계 전문가 평가와 기업에 의한 졸업생 평가는 정성지표인 만큼 평가자의 주관이 개입될 가능성이 있다. 그럼에도 학계 전문가 평가와 기업에 의한 졸업생 평가는 전체 평가 비중에서 각각 30%와 20%를 차지하여 도합 50%에 육박한다. 한편, 통계지표의 경우에도 문제는 많다. 전술했듯 QS는 아시아권 대학의 특수성을 감안하여 교수 1인당 논문 수와 교환학생 유치/파견 비율을 기존 QS 세계대학평가 지표 체계에 추가하여 평가를 진행한다고 밝혔는데, 이는 역으로 QS 세계대학평가에서 아시아권 대학이 다른 대륙권 대학, 특히 영미권 대학에 비해 불리한 평가를 받을 수 있는 가능성을 내비친 것으로 해석될 여지를 제공하는 자충수격 결정이다. 또한 연구 실적 관련 지표는 Scopus 데이터베이스를 통해 검증 작업을 거치지만 그 외 통계지표는 대학이 제출한 자료를 여과 없이 사용하고 있어 데이터의 객관성에 의문이 제기되기도 한다. 따라서 조선일보는 설문지표의 비중을 축소함과 동시에 응답자의 주관성을 교정할 방법을 강구해야 할 것이며, 통계지표 선정의 타당성을 높이고 대학이 제출한 자료를 철저하게 검증하는 절차를 구축할 필요가 있다.

(3) 평가 과정 및 방법 측면: 평가절차 전반에 대한 공개가 이루어져야

조선일보-QS 아시아권 대학평가가 노정한 가장 큰 문제점을 꼽는다면 평가절차 대부분이 '블랙박스'처럼 공개되지 않고 있다는 데 있다.

첫째, 조선일보가 아시아권 대학평가에 관여하는 정도가 불분명하다. 아시아권 대학평가의 시작을 알렸던 2008년 10월 9일자 기사를 통해 조선일보는 "영국의 대학평가기관인 QS와 함께 '아시아권 대학평가'를 시작"하게 되었다면서 평가 공조 체계에 대한 언급을 모호하게 표현하였다. 이후 이에 관한 후속 기사는 보도되지 않았고, QS 대학평가 홈페이지에서 조선일보와 함께 아시아권 대학평가를 진행한다고 밝힌 단서는 그 어디에도 없다. 이를 두고 학계에서는 조선일보의 표현을 문자 그대로 받아들여 '공동 실시'라 표현하기도 하고, QS가 평가 업무 대부분을 전담하고 조선일보의 기여도는 미미함을 드러내기 위해 '위탁 실시'라 표현하기도 한다. 이로 인해 조선일보-QS 아시아권 대학평가가 실시되기까지의 배경에 대한 논의는 확실한 정보에 바탕을 둔 확신이 아니라 불완전한 정보를 조합해 얻은 짐작과 추측의 산물이 될 수밖에 없는 실정이다.

둘째, 평가 영역 및 지표 체계가 어떠한 이유에서 어떻게 변화되어 왔는지, 구체적으로 지표의 경우 어떻게 산출되며 산출 방식에 어떠한 변동을 거쳐 왔는지 등을 시계열적으로 확인할 수 없다. 평가 실시를 알린 2008년부터 2020년 현재까지 햇수로 13년째 평가를 실시하고 있음에도 불구하고 조선일보는 아시아권 대학평가 홈페이지를 구축해 놓고 있지 않으며, 매년 평가 결과를 발표하는 5월에서 6월 사이에 관련 기사를 단순 보도하는 데 그치고 있다. 그나마 QS는 대학평가 홈페이지를 구축해 놓고 평가에 관한 정보를 게시하고 있으나, 이 역시 평가 영역 및 지표의 변천 과정을 파악하기에는 어려움이 많다. 평가 영역 및 지표는 평가가 진행되는 해의 정보만이 간략하게 제시되며 이전 정보는 홈페이지 업데이트 과정에서 삭제된다. 아울러 평가 지표를 수합하고 가공하는 방식에 대한 정보는 대폭 생략되어 있거나 여러 곳에 분산되어 있어 한눈에 파악할 수 없다. 이로 인해 조선일보-QS 아시아권 대학평가 체계에 대한 정보는 조선일보 일간지와 QS 대학평가 홈페이지에 흩어져 있는 조각을 맞추어야 비로소 온전히 파악할 수 있다.

이 밖에도 2013년도 이전 평가 순위가 QS 대학평가 홈페이지에 게시되어 있지 않다는 점, 평가가 언제 시작해서 어떠한 절차를 거쳐 진행되는지를 안내하지 않는다는 점 등도 평가 과정 및 방법 측면에서 조선일보-QS 아시아권 대학평가가 노정한 문제점이라 할 수 있다. 이상 나열한 문제점을 해결하기 위하여 조선일보는 무엇보다도 아시아권 대학평가 홈페이지를 개설하고 평가와 관련된 정보를 게시하는 업무를 서둘러야 한다. 이때, 홈페이지에 개설되어야 할 정보로는 평가가 시작되기까지의 배경, 조선일보와 QS의 아시아권 대학평가 공조 체계, 평가목적, 평가 영역 및 지표의 변천 과정, 평가절차, 연도별 평가결과 등이 기본적으로 포함되어야 한다. 이를 통해 조선일보는 아시아권 대학평가를 둘러싼 불필요한 오해를 종식하고 평가에 대한 공신력을 한층 높일 수 있을 것이다.

제17장 동아일보 청년드림 대학평가

1 평가 배경 및 변천 과정

1) 평가배경

1996년 당시 정보통신부는 교육시장 개방과 교육 자율화 등 교육 부문 변화에 대처하여 국가경쟁력을 확보한다는 목적으로 「열린학교 시범 사업 계획」을 발표하고 중앙일보, 조선일보, 동아일보 등 언론기관과 공동으로 학교 정보화 운동(Internet in Education: IIE)을 펼치기로 협약하였다(김현수 외, 1997: 91). 이에 동아일보는 대학을 정보화 운동의 중심축으로 발전시키기 위한 IYC(Internet Youth Camp) 사업을 별도로 계획하고 1996년 3월 19일 이화여대 특강을 시작으로 실행에 옮겼다. 대학 정보화 평가는 바로 IYC 사업의 일환으로 실시되었으며, 전국 316개 4년제 대학과 전문대학을 대상으로 실시되었다(동아일보, 2000). 정보화 순위는 1996년 7월 발표되었고, 평가 결과에 지역 특성과 발전 가능성 등을 고려하여 최종 선정한 20개 대학에 10억 원 규모의 정부예산이 차등 배분되었다(동아일보, 1996. 5. 1.). 이후 동아일보는 1997년에 한 차례 더 대학 정보화 평가를 실시한 뒤 1998년과 1999년에는 각각 정부부처와 지자체를 대상으로 평가를 진행하였다(동아일보, 2000). 즉, 대학을 대상으로 실시되는 정보화 평가는 1996년과 1997년 두 차례 실시된 뒤 종료되었다.

대학 정보화 평가가 종료된 지 약 15년이 지난 2013년에 이르러 동아일보는 자사 종합편성채널인 채널A 컨설팅업체인 딜로이트 컨설팅(Deloitte Consulting)과 함께 '청년드

림 대학평가'라는 이름을 내걸고 대학평가를 재개한다고 밝혔다(김봉억, 2014: 396). 대학
정보화 평가 실시를 기준으로 한다면 1994년 국내 언론사 최초로 대학평가를 실시한 중
앙일보에 이어 두 번째로 대학평가를 실시하는 셈이고, 평가의 지속성을 감안한다면
2009년부터 QS와 함께 아시아권 대학평가를 실시하고 있는 조선일보에 이어 세 번째로
대학평가를 실시하는 셈이다. 앞서 제15장과 제16장에서 살펴보았듯 중앙일보 대학평
가는 국내 대학을 대상으로 대학 간 경쟁을 통한 대학경쟁력 강화를 추구하는 반면, 조
선일보-QS 아시아권 대학평가는 평가 대상을 아시아권 대학으로 넓혀 세계 대학 간 경
쟁을 통한 국제경쟁력 강화에 주목한다. 이에 동아일보는 두 평가가 노정한 한계점을 감
안하여 순위평가 대신 인증평가 방식을 채택하고 청년드림센터를 산하에 신설하여 대학
의 취업지원 역량에만 중점을 두고 대학평가를 진행하기로 하였다. 이와 관련하여 동아
일보는 두 언론사의 평가와 대비하여 자사의 청년드림 대학평가가 가지는 차별성을 표
로 정리하여 제시한 바 있는데, 이는 〈표 17-1〉과 같다.

〈표 17-1〉 동아일보 청년드림 대학평가의 5대 차별성

	기존 평가 체계	사회적 반응	동아일보 체계
평가의도	대학 간 경쟁 촉진을 통한 역할 개선	평가를 통해 어떤 사회적 가치가 창출되는지 의문	대학을 통한 청년실업 해소라는 명확한 비전 지향
평가내용	연구, 교육 등 대학 성과 지표 일색	대학 중심 지표 구성으로 학생 생활과 이질감	취/창업 관련 학생들의 요구를 기반으로 지표 구성
평가방식	자체 전문가에 의한 가중치 설정	가중치 및 배점 기준이 애매하여 신뢰감 저하	지표별 가중치를 학생 요구 조사를 기반으로 설정
평가 대상의 특수성	주로 대학의 상아탑 기능과 교육 여건에 국한됨	대학의 다양한 사회적 기능을 종합적으로 보지 못함	대학의 연구, 인재육성, 사업화 등 다양한 역할을 평가에 반영
평가결과 활용	순위 발표 중심 평가	일방적으로 순위만 발표한다고 달라지지 않음	종합순위 대신 유형별 순위와 세부 분석정보 제공

출처: 동아일보 청년드림센터 홈페이지(http://yd-donga.com/).

이처럼 동아일보가 두 언론사 평가와 차별화되는 지점으로 대학의 취업지원 역량을
택하게 된 데에는 크게 두 가지 맥락이 작용하였다. 평가를 시작하기 1년 전부터 동아일
보는 여러 편의 기획 기사를 통해 새로운 대학평가를 실시하게 된 배경을 설명하였는데,

주로 우리나라 청년 실업의 심각성을 드러내면서 이를 해결하기 위한 고등교육의 역할과 중요성을 강조하는 식이었다. 다시 말해, 동아일보 청년드림 대학평가가 실시된 배경은 크게 고용 측면과 고등교육 측면에서 논의가 가능하다.

먼저, 고용 측면에서 동아일보는 2012년 9월 12일 '[청년드림 프로젝트] 날개 잃은 청춘, 대한민국의 눈물'이라는 제목의 기획 기사를 통해 청년 실업 문제가 얼마나 심각한 상황인지를 드러냈다. 해당 기사에 따르면 지난 7월 통계청이 발표한 청년층(15~29세) 실업률은 7.3%로 미국(17.1%), 호주(11.1%), 독일(8.1%) 등 주요 선진국보다도 크게 낮은 수치이나, 취업을 포기한 구직 단념자와 취업 무관심자, 취업준비생을 더한 '사실상의 청년실업자'를 기준으로 다시 계산하면 청년층 실업률은 무려 26.1%까지 치솟았다. 이와 같이 청년 구직난이 심해지다 보니 졸업을 늦추거나 심하게는 취업을 포기하는 청년이 늘어나고 있고, 자립할 나이가 되어서도 부모로부터 독립하지 못해 이들의 부모가 퇴직 이후에 다시 생계 전선으로 뛰어드는 악순환이 반복되고 있다고 전하였다. 이를 통해 동아일보는 청년 세대가 '잃어버린 세대'가 되지 않도록 우리 사회가 총력을 모아야 한다고 역설하였다.

다음으로 고등교육 측면에서 동아일보는 취업 시장과 맞닿아 있는 고등교육기관인 대학이 청년 실업 문제에 대하여 가장 큰 책임을 가지고 있는 주체인 동시에 이를 해결할 수 있는 최적임자라고 보았다. 그 근거로 동아일보는 2012년 9월 27일자 기사를 통해 고등교육이 인력 육성과 직업 교육 측면에서 중요한 역할을 맡고 있다는 점을 상기시키면서, 현재는 대학이 그들에게 주어진 임무를 충실하게 수행해 내지 못하고 있다고 지적하였다. 단적으로 우리나라 대학진학률은 72.5%로 OECD 가입 국가 가운데 최고 수준이지만 기업의 대졸자 직무역량 만족도는 5.4점으로 전체 16위에 그치고 있다고 전하였다. 대졸자들이 일자리 미스매치 현상을 경험하지 않고 높은 직무역량 만족도를 느낄 수 있도록 대학은 교육의 질을 제고하여 경쟁력을 키워야 하는데, 동아일보는 대학의 취업지원 역량을 중심으로 평가를 실시하는 자사의 청년드림 대학평가를 통해 그 과정에 기여할 수 있다고 밝혔다. 구체적으로, 동아일보는 [그림 17-1]과 같이 대학의 교육 기능이 학생 중심으로 재편될 수 있도록 상담지원, 정보지원, 직간접 직업기회 지원, 금융지원, 교육과정 지원 측면에서 대학의 취업지원 역량을 평가하겠다고 밝혔다.

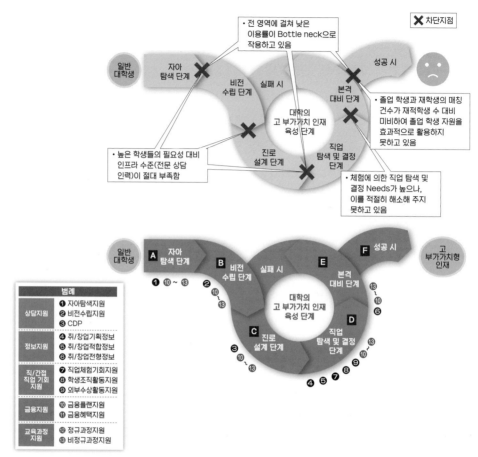

[그림 17-1] 동아일보 청년드림 대학평가를 통한 대학 인재육성체계 변화 예상도

출처: 동아일보 청년드림센터 홈페이지(http://yd-donga.com/).

2) 평가 변천 과정

동아일보 청년드림 대학평가는 2013년 처음 실시되어 2015년까지 매년 실시되었으나 2016년부터 2년마다 실시되는 것으로 변경되었다. 다만 청년드림대학의 우수 사례를 발굴·공유하기 위하여 2015년 당시 고용노동부, 한국고용정보원과 함께 실시한 청년드림 Best Practice 대학 시상식은 매년 지속하는 것으로 결정되었다(동아일보, 2016. 4. 1.). 또한 2017년, 2019년에는 동아일보뿐만 아니라, 고용노동부, 한국고용정보원, 리서치회사인 마크로밀엠브레인이 공동으로 평가 및 발표하였다. 이하 본문에서는 동아일보 청년드림대학 홈페이지 자료와 2013년부터 2019년까지 동아일보를 통해 보도된 관련 기사를 중심으로 평가 변천 과정을 살펴보고자 한다.

(1) 2013년도 청년드림 대학평가

2013년에 처음으로 시행된 동아일보 청년드림 대학평가 체계를 정리하여 제시하면 〈표 17-2〉와 같다.

〈표 17-2〉 2013년도 청년드림 대학평가 체계

구분	예비조사(1차 조사)	본조사(2차 조사)	청년드림대학 선정(3차 조사)
목적	• 대학의 취업지원 기반 역량 측정 • 2차 심사 대상 50개교 선별	• 대학 취업지원 역량 측정 • 취업 역량 순위 도출 • 수요자 중심 평가 수행	• 인증 및 컨설팅을 통해 대학이 취업역량을 갖도록 지원
대상	• 전국 4년제 대학 198개교	• 1차 조사 통해 선정된 상위 50개교 대학 구성원 －4학년생 100명(이공계와 인문사회계 1:1 원칙) －대학 내 취업/경력개발 담당자	• 50개교 중 취업역량 및 취업 성과 두 측면에서 우수한 대학
방법	• 5개 영역 10개 지표 사용 • 2차 자료 통한 평가 －대학알리미 자료 －기타 문헌 조사	• 5개 영역 13개 지표 59개 평가항목 사용 －대학알리미 지표 일부 반영 －학생/교직원 설문조사	• 50개교 중 취업역량 평가 및 취업률 순위의 교차 비교를 통한 선정 －상위 40%: 10개교 －상위 70%: 15개교
결과	• 2차 심사 대상 50개교 선정	• 종합 순위 도출	• 최우수 청년드림 대학, 우수 청년드림 대학, 청년드림 후보대학으로 나누어 발표 • 대학별 분석 정보 제공

※ 동아일보 청년드림센터 홈페이지 자료와 관련 동아일보 기사를 종합 · 재구성함.

먼저, 예비조사 단계에서는 전국 4년제 대학 198개교를 전수 조사하였다. 이 단계는 대학 측에 자료를 요청하지는 않고, 대학알리미 자료를 활용하여 대학의 취업지원 기반 역량이 비교적 잘 갖추어진 대학 50개교를 선발하는 데 목적이 있다. 평가는 5개 영역에 걸쳐 10개 지표를 활용하여 이루어졌다. 5개 영역은 교육, 연구, 국제화, 재정, 사업화 역량으로 구분되며, 각 영역은 적게는 1개에서 많게는 3개 지표로 구성되었다. 상술하면 첫째, 교육 역량은 강좌당 학생 수, 전임교원 확보율, 학생 1인당 자료구입비 등 3개 지

표로 측정되었다. 둘째, 연구 역량은 국내외 학술지 게재 논문 실적, 교원 1인당 연구비 등 2개 지표로 측정되었다. 셋째, 국제화 역량은 외국 대학과의 학생교류 현황, 외국인 교원 수 등 2개 지표로 측정되었다. 넷째, 재정 역량은 총 교육비 예산 지표로만 측정되었다. 다섯째, 사업화 역량은 학교 기업 및 기술 지주회사 매출액, 산학협력단 운영 수익 등 2개 지표로 측정되었다.

다음으로 본조사 단계에서는 예비조사를 통해 선별된 50개교를 대상으로 심층 조사에 착수하였다. 예비조사 단계에서 대학알리미 공시 자료를 토대로 대학의 취업지원 기반 역량을 서면조사하였다면, 본조사 단계에서는 본격적으로 대학 취업지원 역량을 측정하기 위해 평가대상 대학에 재학 중인 4학년 학생을 대면조사하고 취업 지원 담당자에 평가 자료를 요청하였다. 2013년도에는 3월과 4월에 걸쳐 학생조사와 취업 지원 담당자 조사가 진행되었다. 상위 50개교 대학 구성원에 요청하는 자료는 크게 5개 영역 13개 지표 59개 항목으로 구성되었다. 5개 영역은 상담지원, 정보지원, 직·간접 기회지원, 금융지원, 교과과정 지원으로 구분되며, 각 영역은 2~3개 지표와 4~5개 항목으로 구성되었다. 평가항목의 경우에는 59개에 이르기 때문에 후술하기로 하고 평가지표에 한하여 상술하면 다음과 같다.

평가는 1,000점 만점이며 항목별 배점은 설문에 응한 학생 5,000명이 중요하다고 뽑은 항목별로 평균점수 및 T점수를 산출해 결정하였다(동아일보, 2013. 5. 21.). 첫째, 상담지원은 자아 탐색지원(95점), 비전 수립 지원(80점), 경력 개발 설계(99점) 등 3개 지표로 구성되었다(총점 274점). 둘째, 정보지원은 취·창업 기회 정보(85점), 취·창업 기회의 본인 적합 정보(78점), 취·창업 전형대비 정보(106점) 등 3개 지표로 구성되었다(총점 269점). 셋째, 직·간접 기회지원은 직업 체험 기회 지원(122점), 학생 조직 활동 지원(54점), 외부 수상 활동 지원(58점) 등 3개 지표로 구성되었다(총점 234점). 넷째, 금융지원은 금융 플랜 지원(40점), 금융 혜택 지원(35점) 등 2개 지표로 구성되었다(총점 75점). 다섯째, 교육과정 지원은 취·창업 관련 정규 과정(70점), 취·창업 관련 비정규 과정(78점) 등 2개 지표로 구성되었다(총점 183점).

마지막으로 청년드림대학 선정 단계에서는 본조사 대상 50개교 가운데 취업역량과 취업 성과(취업률)가 고루 뛰어난 대학을 선정하여 발표하였다. 이때, 상위 40%에 해당하는 대학은 최우수 청년드림 대학으로 선정되고, 최우수 청년드림 대학에 선정되지 못한 상위 70%에 해당하는 대학은 우수 청년드림 대학으로 선정되었다. 그 밖에 나머지 대학들은 청년드림 후보대학으로 명명되었다. 한편, 동아일보는 청년드림대학 선정 결과를 발표함과 동시에 개별 대학별로 평가 결과 분석 정보를 제공하였다. 평가보고서에는 해당 대학 취업지원서비스의 현황과 수준은 어떠한지, 취업 준비 단계별로 강점과 약점은 무엇인지 등에 대한 분석 정보가 포함되었다.

(2) 2014년도 청년드림 대학평가

2014년도 동아일보 청년드림 대학평가 체계를 정리하여 제시하면 〈표 17-3〉과 같다. 2013년과 비교해 볼 때 2014년도 평가체계는 비교적 2013년도 체계를 안정적으로 유지하였다. 다만, 2차 심사 대상 학교가 1개교 줄었고, 본조사의 평가 영역 및 지표에 변동이 있었고, 평가결과에 따라 상위, 중위, 하위 그룹으로 나뉜 대학을 지칭하는 명칭에 소폭 변동이 있었다. 이때 평가 영역 및 지표의 변동에 대해서는 보다 자세히 살펴볼 필요가 있다.

〈표 17-3〉 2014년도 청년드림 대학평가 체계

구분	예비조사(1차 조사)	본조사(2차 조사)	청년드림대학 선정(3차 조사)
목적	• 대학의 취업지원 기반 역량 측정 • 2차 심사 대상 49개교 선별	• 대학 취업지원 역량 측정 • 취업 역량 순위 도출 • 수요자 중심 평가 수행	• 인증 및 컨설팅을 통해 대학이 취업역량을 갖도록 지원
대상	• 전국 4년제 대학 198개교	• 1차 조사 통해 선정된 상위 49개교 대학 구성원 　－4학년생 100명(이공계와 인문사회계 1:1 원칙) 　－대학 내 취업/경력개발 담당자	• 49개교 중 취업역량 및 취업 성과 두 측면에서 우수한 대학
방법	• 5개 영역 10개 지표 사용 • 2차 자료 통한 평가 　－대학알리미 자료 　－기타 문헌 조사	• 4개 영역 9개 지표 38개 평가항목 사용 　－대학알리미 지표 일부 반영 　－학생/교직원 설문조사	• 49개교 중 취업역량 평가 및 취업률 순위의 교차 비교를 통한 선정 　－상위 40%: 10개교 　 상위 70%: 15개교
결과	• 2차 심사 대상 49개교 선정	• 종합 순위 도출	• 최우수 청년드림 대학, 우수 청년드림 대학, 청년드림 대학으로 나누어 발표 • 대학별 분석 정보 제공

※ 동아일보 청년드림센터 홈페이지 자료와 관련 동아일보 기사를 종합·재구성함.

2013년 당시 본조사 평가 영역 및 지표는 5개 영역 13개 지표 59개 항목으로 구성되었으나, 2014년에는 4개 영역 9개 지표 38개 항목으로 대폭 축소되었다. 우선 평가 영역의 경우 2013년에 5개에서 4개로 축소되었다. 금융지원 영역이 제외되었는데, 이는 2013년도에 첫 평가를 실시한 이후 금융지원 영역은 우리나라 대학 현실과 다소 괴리가 있다는 대학들의 의견을 반영한 결과였다(동아일보, 2014. 8. 26.a). 대학 의견을 반영하여 정비된 2014년도 본조사 평가 영역 및 지표를 살펴보면, 첫째, 상담지원은 자아·진로 탐색지원(139점), 경력설계지원(108점) 등 2개 지표로 정비되었다(총점 247점). 둘째, 정보지원은 취업 기회 정보(132점), 창업 기회 정보(112점), 졸업생–재학생 연계정보(122점) 등 3개 지표로 정비되었다(총점 366점). 셋째, 직·간접 기회지원은 직업 체험 기회 지원(132점), 학생 조직 활동 지원(86점) 등 2개 지표로 정비되었다(총점 218점). 넷째, 교육과정 지원은 정규 과정 지원(78점), 비정규 과정 지원(90점) 등 2개 지표로 정비되었다(총점 168점). 한편, 본조사를 위한 학생조사 및 취업 지원 담당자 조사는 각각 6~7월, 6~8월에 실시되었다.

(3) 2015년도 청년드림 대학평가

2015년도 동아일보 청년드림 대학평가 체계를 정리하여 제시하면 〈표 17-4〉와 같다.

〈표 17-4〉 2015년도 청년드림 대학평가 체계

구분	예비조사(1차 조사)	본조사(2차 조사)	청년드림대학 선정(3차 조사)
목적	• 대학의 취업지원 기반 역량 측정 • 2차 심사 대상 52개교 선별	• 대학 취업지원 역량 측정 • 취업 역량 순위 도출 • 수요자 중심 평가 수행	• 세부 분석 정보 제공을 통해 대학이 취업역량을 갖도록 지원
대상	• 전국 4년제 대학 198개교	• 1차 조사 통해 선정된 상위 52개교 대학 구성원 –4학년생 100명(이공계와 인문사회계 1:1 원칙) –대학 내 취업/경력 개발 담당자	• 52개교 중 취업역량 및 취업성과 두 측면에서 우수한 대학
방법	• 5개 영역 10개 지표 사용 • 2차 자료 통한 평가 –대학알리미 자료 –기타 문헌 조사	• 5개 영역 10개 지표 44개 평가항목 사용 –대학알리미 지표 일부 반영 –학생 및 교직원 설문 조사	• 52개교 중 취업역량 평가 및 취업률 순위의 교차 비교를 통한 선정 –상위 52%: 10개교 상위 67%: 15개교

결과	• 2차 심사 대상 52개교 선정	• 종합 순위 도출	• 최우수 청년드림 대학, 우수 청년드림 대학, 청년드림 대학, 청년드림 후보 대학으로 나누어 발표 • 대학별 분석 정보 제공

※ 동아일보 청년드림센터 홈페이지 자료와 관련 동아일보 기사를 종합·재구성함.

2014년과 비교할 때 변동된 점은 크게 네 가지이다. 우선 청년드림대학 선정 단계 목적이 소폭 수정되었다. 2014년도까지 청년드림대학 선정 단계 목적은 '인증 및 컨설팅을 통해' 대학이 취업역량을 갖도록 지원한다는 것이었는데, 2015년에는 '세부 분석 정보 제공을 통해' 대학이 취업역량을 갖도록 지원한다는 식으로 수정되었다. 이는 컨설팅을 통해 대학을 직접적으로 변화시키기보다는 평가 결과 정보 제공을 통해 대학이 스스로 취업지원 역량 강화를 위해 노력을 기울이도록 유도하는 편을 택한 것으로 풀이된다.

둘째, 2015년에도 평가 영역 및 지표가 변동되었다. 2014년 당시 본조사 평가 영역 및 지표는 4개 영역 9개 지표 38개 항목이었으나, 2015년에는 5개 영역 10개 지표 44개 항목으로 평가내용이 소폭 증가하였다. 2014년 당시 정보지원 영역에 포함되어 있던 창업 기회 정보 지표가 별도 영역으로 신설되면서 지표와 항목에도 조금씩 변동이 발생하였다. 기존에 취업과 창업을 한데 묶어 조사하는 방식에서 창업을 따로 분리한 이유는 취업과 달리 창업의 경우 대학에 따라 지원하는 조직과 방식이 매우 다양하다는 대학사회 의견을 반영한 결과였다(동아일보, 2015. 9. 2.).

대학 의견을 반영하여 정비된 2015년도 본조사 평가 영역 및 지표를 살펴보면, 첫째, 상담지원은 자아·진로 탐색지원(157점), 경력설계지원(130점) 등 2개 지표가 그대로 유지되었고 배점만 조정되었다(총점 287점). 둘째, 정보지원은 취업 기회 정보(159점), 졸업생-재학생 연계정보(113점) 등 2개 지표로 정비되었다(총점 272점). 셋째, 직·간접 기회 지원은 직업 체험 기회 지원(150점), 학생 조직 활동 지원(61점) 등 2개 지표로 정비되었다(총점 211점). 넷째, 교육과정 지원은 정규 과정 지원(91점), 비정규 과정 지원(47점) 등 2개 지표로 정비되었다(총점 146점). 다섯째, 창업지원은 창업 기회 정보(53점), 창업 의식 확산 지원(31점) 등 2개 지표로 정비되었다(총점 84점). 한편, 본조사를 위한 학생조사 및 취업 지원 담당자 조사는 2014년도와 동일하게 각각 6~7월, 6~8월에 실시되었다.

셋째, 청년드림대학 선정 커트라인에 변화가 있었다. 2014년까지는 상위 40%에 해당하는 대학을 상위 그룹으로 분류하고, 상위 그룹에 속하지 못하였으나 상위 70%에 속한 대학을 중위 그룹으로 분류하였다. 그러나 2015년에는 1군과 2군을 결정짓는 커트라인이 각각 52%와 67%로 조정되었다. 넷째, 평가결과를 기준으로 분류한 그룹을 지칭하는 명칭에 변화가 있었다. 2015년에는 2013년도와 2014년도에 사용된 명칭을 종합하여 최우수 청년드림 대학, 우수 청년드림 대학, 청년드림 대학, 청년드림 후보대학 등 4개 그룹으로 구분하였다.

(4) 2017년도 청년드림 대학평가

2017년도 동아일보 청년드림 대학평가 체계를 정리하여 제시하면 〈표 17–5〉와 같다.

〈표 17-5〉 2017년도 청년드림 대학평가 체계

구분	1차	2차	3차
목적	• 대학의 취업지원 기반 역량 측정 • 2차 심사 대상 45개교 선별	• 대학 취업지원 역량 측정 • 취업 역량 순위 도출 • 수요자 중심 평가 수행	• 세부 분석 정보 제공을 통해 대학이 취업역량을 갖도록 지원
대상	• 전국 4년제 대학 227개교	• 1차 조사 통해 선정된 상위 45개교 선정	• 상위1(10개) 상위2(15개) 그룹핑, 20개 청년드림대학 선정
방법	• 4개 영역 30개 지표 사용 • 대학알리미 추출평가 표준점수 환산 활용	• 4개 영역 12개 지표 22개 평가항목 사용 • 교직원 설문–평가수치 추출 • 학생(4학년100명) 설문– 필요도 추출	• 취업률/유지취업률 • 2차 결과 및 취업률 교차 평가
결과	• 2차 심사 대상 45개교 선정	• 종합 순위 도출	• 최우수 청년드림 대학 대학, 우수 청년드림대학 대학, 청년드림대학으로 나누어 발표 • 동아일보 사장상, 고용노동부 장관상, 한국고용정보원 원장상 수여 • 대학별 분석 정보 제공

※ 동아일보 청년드림센터 홈페이지 자료와 관련 동아일보 기사를 종합·재구성함.

2017년 평가는 2013년, 2014년, 2015년에 이어 총 4회째를 맞이하였으며, 2015년과 비교할 때 변동된 점은 크게 두 가지이다. 우선 평가주체가 확대되었다. 2015년까지 동아일보 단독으로 진행되던 것에서 2017년부터 동아일보뿐만 아니라, 고용노동부, 한국고용정보원, 마크로밀엠브레인이 공동으로 평가 및 발표한 점을 발견할 수 있다. 이는 동아일보가 정부부처인 고용노동부와 공공기관인 한국고용정보원, 그리고 리서치회사인 마크로밀엠브레인과 공동으로 평가를 진행함으로써 대외적으로 대학평가 결과에 대한 공신력이 제고되는 것은 물론이고, 이를 통해 수상 대학에서도 그 가치를 신뢰하게 될 수 있음을 시사한다. 이러한 공동 평가 추진을 통해 동아일보, 고용노동부, 한국고용정보원은 청년드림대학과 대학일자리센터 운영 대학 중 취업·창업 지원 프로그램이 특히 우수한 곳을 선발하여 동아일보 사장상, 고용노동부 장관상, 한국고용정보원 원장상을 수여하였다(동아일보, 2017. 11. 28.). 이는 단순히 공동 평가에 머물지 않고 정부 및 공공기관의 상장 수여로서 그 취지를 배가한 것으로 보인다.

둘째, 평가 영역 및 지표가 개편되었다. 청년드림대학 평가는 대학의 취업·창업 지원 역량을 더욱 체계적으로 분석하기 위해 평가 지표를 정교하게 설정한 것으로 보인다. 1단계 평가부터 살펴보면, 2015년 평가에서 5개 영역, 10개 지표를 반영했으나, 2017년 평가부터는 4개 영역, 30개 지표로 평가 항목을 확대하였다. 외국인 교원 수, 외국 대학과 학생교류 현황 등 학생의 진로나 취업과 직접적인 관련이 미미한 지표는 제외하고, 산학연계 인력 규모, 창업지원 액수, 현장실무역량 등의 학생의 진로나 취업과 밀접하게 관련 있는 지표를 새롭게 편성하였다. 2단계 평가에서는 2015년 평가에서 5개 영역, 10개 지표를 활용했으나, 2017년 평가부터 4개 영역, 12개 지표로 개편하였다. 2015년의 영역은 상담지원, 정보지원, 직/간접지원, 교육과정지원, 창원지원이었으며, 2017년의 영역은 진로와 취업·창업을 지원하는 대학의 인프라, 교육, 서비스, 네트워크이다. 2015년의 영역이 2017년에 재구성되었다고 볼 수 있지만, 기업체 및 지역사회 등과의 네트워크 영역은 2017년 이전 평가에서 찾기 힘들다. 이러한 평가 개편의 배경으로는 교내에서의 지원 활동에 중점을 두기보다 교외 단체와의 교류가 학생들에게 미치는 진로에 대한 영향을 반영한 것으로 볼 수 있다.

(5) 2019년도 청년드림 대학평가

2019년도 동아일보 청년드림 대학평가 체계를 정리하여 제시하면 〈표 17-6〉과 같다.

〈표 17-6〉 2019년도 청년드림 대학평가 체계

구분	1차	2차	3차
목적	• 대학의 취업지원 기반 역량 측정 • 2차 심사 대상 46개교 선별	• 대학 취업지원 역량 측정 • 취업 역량 순위 도출 • 수요자 중심 평가 수행	• 세부 분석 정보 제공을 통해 대학이 취업역량을 갖도록 지원
대상	• 전국 4년제 대학 227개교	• 1차 조사 통해 선정된 상위 46개교 선정	• 상위1(10개) 상위2(15개) 그룹핑, 21개 청년드림대학 선정
방법	• 5개 영역 26개 지표 사용 • 대학알리미 추출 평가 표준점수 환산 활용	• 4개 영역 12개 지표 22개 평가항목 사용 • 교직원 설문 – 평가수치 추출 • 학생(4학년 100명) 설문 – 필요도 추출	• 취업률/유지취업률 • 2차 결과 및 취업률 교차 평가
결과	• 2차 심사 대상 45개교 선정	• 종합 순위 도출	• 최우수 청년드림대학 대학, 우수 청년드림대학 대학, 청년드림대학으로 나누어 발표 • 동아일보 사장상, 고용노동부 장관상, 한국고용정보원 원장상 수여 • 대학별 분석 정보 제공

※ 동아일보 청년드림센터 홈페이지 자료와 관련 동아일보 기사를 종합·재구성함.

　2019년도 평가는 2017년과 비교할 때 체계상 큰 차이를 보이지 않는다. 특히 2단계 평가 영역 및 지표는 그대로 유지되었다. 또한 2단계 평가에서는 2017년과 동일하게 청년드림대학 재학생을 대상으로 만족도 조사를 실시했다. 이는 동아일보 평가에서 가장 두드러지는 특징으로 볼 수 있다. 각 대학 4학년 재학생 100명씩을 대상으로 대면 심층조사를 실시함으로써 대학의 인프라와 서비스, 교육과정 등이 학생들에게 도움을 주는 정도를 확인하였다. 이를 분석하기 위해 학생들이 가장 필요하다고 꼽은 항목별로 표준점수와 T점수(원점수를 평균 50점으로 환산한 점수)를 산출해 항목별 가중치와 배점을 결정했으며, 2단계 결과를 종합한 뒤 대학별 취업률 및 취업유지율을 교차 분석해 최우수 및 우수 대학을 선정했다(동아일보, 2019. 12. 10.).

한편, 2019년 1단계 평가에서 대학정보공시사이트인 '대학알리미'를 바탕으로 분석했으나, 평가 영역 및 지표는 2017년과 달랐다. 2017년에는 인적 자원, 물적 자원, 교육 지원, 취창업 성과 등 4개 영역으로 분류하여 30개 지표를 평가한 반면에 2019년에는 학생, 교원 연구, 교육여건, 산학협력, 예결산 등의 5개 영역, 26개 지표를 새롭게 구성하여 평가했다. 영역 및 지표 수는 동일하되 분류 방식이 변경되었다. 특히 2019년에는 산학협력 영역이 신설되며 산학협력 관련 평가지표 및 평가항목이 강화되었다. 예를 들어, 평가항목 가운데, 산학협력단 인력 및 조직 현황, 현장중심 실무형 교육과정 개설 현황 등은 2019년에 새롭게 생성된 항목이다. 이는 동아일보 평가팀에서 대학이 산업체와 협력 체계를 구축함으로써 산업체에서 실제로 필요한 양질의 인력을 양성하여 고등교육의 질 제고에도 영향을 미칠 수 있음에 주목한 것으로 보인다. 따라서 산학협력 영역은 매우 중요한 평가지표로서 새롭게 생성되었음을 알 수 있다.

② 평가 목적 및 의의

1) 평가목적

동아일보는 2013년 새해와 창간 93주년을 맞이하는 첫 날 청년드림 대학평가 실시를 밝혔다(동아일보, 2013. 1. 1.). 해당 기사에서 동아일보는 청년드림 대학평가에 대하여 '종전과 달리 학생들의 능력을 어떻게 키우는지에 초점을 맞춘 새로운 평가'라고 자평하면서, 기업이 원하는 인재양성을 대학이 제대로 해내고 있는지를 평가할 예정이라고 언급하였다. 이후 동아일보는 후속 기사를 통해 청년드림 대학평가가 구체적으로 어떤 목적을 가지고 수행되는지를 자세히 설명하였는데, 이를 통해 파악한 동아일보 청년드림 대학평가의 목적은 다음과 같이 정리 가능하다.

첫 번째 목적은 대학의 취·창업 지원 역량 강화이다. 대학의 취·창업 지원 역량이란 대학이 학생들에게 취업을 위한 각종 기회를 제공하고 창업할 수 있는 능력을 길러 주는 역량을 의미한다. 동아일보는 기존의 중앙일보 대학평가나 조선일보-QS 아시아권 대학평가가 여전히 대학을 상아탑으로 보는 인식에 갇혀 있다고 지적하였다. 즉, 사회와 산업은 급변하는데 대학의 연구 기반과 연구 역량을 평가하는 데 치우쳐서 정작 대학이 학생의 사회 진출을 돕기 위한 서비스를 제대로 제공하고 있는지를 평가하는 것에 소홀하다는 지적이었다(동아일보, 2013. 5. 21.b). 이에 따라 학생의 실제 생각 및 생활에 초점을 맞추어 대학이 학생들을 위해 얼마나 취·창업 지원 역량을 갖추고 있는지를 진단하고자 하였다.

두 번째 목적은 대학의 취·창업 지원 역량 강화를 통한 청년 실업 문제 해소이다. 동아일보는 2012년을 기준으로 4년제 대학 졸업자의 52%가 취업하였고 7%가 대학(원)에 진학하였으며 나머지 41%가 취업 불능자와 입대자에 해당한다는 대학알리미 자료를 제시하면서, 대학이 교육과 사회의 교두보 역할을 제대로 수행하지 못하고 있다고 비판하였다. 저성장 저고용 시대로 접어들었는데도 대학이 예전처럼 고학년 중심의 단순 취업 지원에 머무른다면 청년백수를 양산할 수밖에 없다고 지적하였다. 따라서 학생들이 입학 초기부터 자신에게 맞는 분야를 적극 탐색해 보고 이를 바탕으로 진로를 설계해 나갈 수 있도록 대학이 적극적으로 지원하게끔 청년드림 대학평가를 통해 유도하고자 하였다(동아일보, 2013. 5. 21.b).

마지막으로 세 번째 목적은 평가결과의 공유 및 확산을 통한 이윤 창출이다. 이는 청년드림 대학평가 홈페이지나 관련 기사에서 명시적으로 밝히고 있지는 않으나, 중앙일보나 조선일보와 마찬가지로 동아일보 역시 신문 발행을 통하여 이윤을 창출하는 사기업인 만큼 평가의 상업성에 대한 인지는 꼭 필요하다. 특히 동아일보 청년드림 대학평가는 저성장 저고용 시대 흐름 속에서 청년 실업 문제가 악화되자 다른 언론사 주도 대학평가보다도 정부부처의 관심을 많이 받고 있다. 단적으로 2015년도부터 동아일보의 청년드림대학 우수 사례로 선정되면 고용노동부 장관상이 수여될 뿐만 아니라 고용노동부가 진행하는 각종 대학 지원 사업에서 가점이 부여되고 있다(동아일보, 2013. 5. 22.). 그만큼 대학은 청년드림 대학평가에 관심을 가질 수밖에 없는 구조가 형성되었기 때문에, 평가를 통한 이윤 창출이라는 목적은 다른 목적과 함께 고려될 필요가 있다.

2) 평가의의

청년드림센터 홈페이지를 통해 동아일보는 자사의 대학평가가 지닌 특징을 크게 세 가지로 요약한 바 있다. 첫 번째는 평가방식의 다면성을 추구하였다는 점이다. 취·창업 지원 역량이 최종 이용자의 만족도로 실현되는 과정을 반영하기 위하여 다면 평가를 실시하였다는 평가이다. 두 번째는 수요자 중심의 실용성을 추구하였다는 점이다. 대학이 발표하는 성과 지표 중심의 기존 평가 체계와 달리 대학생들의 취·창업 관련 수요를 기반으로 조사 항목을 설계하였다는 평가다. 세 번째는 평가의 객관성을 추구하였다는 점이다. 불투명한 가중치 및 배점 체계를 가진 평가와 달리 수요자인 대학생의 필요성을 기반으로 가중치 및 배점 체계를 완성하였다는 해석이다. 이상 동아일보가 밝힌 세 가지 특징을 살펴보면, 공통적으로 수요자를 중심에 놓고 평가 체계를 설계한 점에서 파생된 특징임을 알 수 있다. 다시 말해, 청년드림 대학평가의 의의는 수요자 중심 평가를 지향한다는 점에 있다.

고등교육 수요자라 할 때, 대학에서 수학하는 학생은 고등교육의 가장 직접적인 수요자라 할 수 있으며, 고등교육을 수학한 학생을 통해 조직의 발전을 꾀하는 기업과 국가는 고등교육의 간접적인 수요자에 해당한다. 그런데 기존의 대학평가를 살펴보면 기업과 국가에 적합한 인재를 공급하여 기업과 사회의 발전에 기여해야 한다는 논리 아래 학생이 대학에서 어떤 경험을 하며 성장하는지에 대해서는 별다른 관심을 보이지 않았던 것이 사실이다. 이에 대한 문제의식을 느끼고 최근 중앙일보와 조선일보 모두 자사의 대학평가 체계에 대학의 교육 기능을 측정하는 지표를 추가하였으나, 여전히 대학의 연구 기능이나 국제화 기능에 무게가 쏠려 있다는 점은 부인할 수 없다. 이러한 상황에서 대학평가의 중심에 학생을 배치한 동아일보 청년드림 대학평가는 수요자 중심 평가를 실천하였다는 점 그 자체만으로도 찬사를 받을 자격이 충분하며, 나아가 대학으로 하여금 학생을 위한 취·창업 지원 역량을 강화하도록 유도하고 있다는 점에서 실질적인 성과를 거두고 있다.

3 평가 영역 및 지표

청년드림 대학평가는 크게 예비조사와 본조사로 진행되어 왔다. 다만, 2017년부터는 예비조사를 1차 조사, 본조사를 2차 조사로 명칭을 변경하였다. 먼저, 2013년부터 2015년까지의 예비조사 평가 영역 및 지표를 살펴보면 〈표 17-7〉과 같으며, 2013년부터 2015년까지 그대로 유지되었다.

〈표 17-7〉 2013~2015년 예비조사 평가 영역 및 지표

평가영역	평가지표	
교육 역량	• 강좌당 학생 수 • 전임 교원 확보율	• 학생 1인당 자료 구입비
연구 역량	• 국내외 학술지 게재 논문 실적	• 교원 1인당 연구비
국제화 역량	• 외국 대학과의 학생 교류 현황	• 외국인 교원 수
재정 역량	• 총 교육비 예산	
사업화 역량	• 학교 기업 및 기술 지주회사 매출액	• 산학협력단 운영 수익

출처: 동아일보 청년드림센터 홈페이지(http://yd-donga.com/).

앞서 평가 변천 과정에서 언급한 바와 같이 예비조사는 5개 영역 10개 지표를 중심으로 이루어졌다. 5개 영역은 교육, 연구, 국제화, 재정, 사업화 역량으로 구분되며, 각 영역은 적게는 1개에서 많게는 3개 지표로 구성되었다. 상술하면, 첫째, 교육 역량은 강좌 당 학생 수, 전임교원 확보율, 학생 1인당 자료구입비 등 3개 지표로 구성되었다. 둘째, 연구 역량은 국내외 학술지 게재 논문 실적, 교원 1인당 연구비 등 2개 지표로 구성되었다. 셋째, 국제화 역량은 외국 대학과의 학생교류 현황, 외국인 교원 수 등 2개 지표로 구성되었다. 넷째, 재정 역량은 총 교육비 예산 지표로만 측정되었다. 다섯째, 사업화 역량은 학교 기업 및 기술 지주회사 매출액, 산학협력단 운영 수익 등 2개 지표로 구성되었다.

한편, 본조사 평가 영역 및 지표는 크고 작은 변동이 많았다. 평가 구조 측면에서 2013년에는 5개 영역 13개 지표 59개 항목이었던 것이 2014년에는 4개 영역 9개 지표 38개 항목으로 대폭 축소되었고, 2015년에는 다시 5개 영역 10개 지표 44개 항목으로 소폭 확대되었다. 평가영역의 경우 2013년에 설정된 상담지원, 정보지원, 직·간접 기회지원, 금융지원, 교육과정 지원 등 5개 영역 중에서 2014년에 금융지원이 제외되었고 2015년에 정보지원에 포함되어 있던 창업 기회 정보 지표가 창업지원 영역으로 승격 신설되었다. 따라서 2013년도 평가영역이었던 5개 영역에 2015년에 신설된 창업지원 영역까지 포함하여 총 6개 영역을 중심으로 3개년도 평가 영역 및 지표를 비교하여 제시하면 〈표 17-8〉과 같다.

평가영역별로 주요 변동 사항을 살펴보면, 첫째, 상담지원 영역은 2013년 자아 탐색 지원, 비전 수립 지원, 경력 개발 설계 등 3개 지표로 구성되었으나, 2014년에는 자아 탐색 지원과 비전 수립 지원 지표가 자아·진로 탐색 지원 지표로 통합되었다. 둘째, 정보지원 영역은 2013년 취·창업 기회 정보, 취·창업 기회의 본인 적합 정보, 취·창업 전형 대비 정보 등 3개 지표로 구성되었으나, 2014년에는 취업 기회 정보와 창업 기회 정보를 별도 지표로 구분하였고, 2015년에는 창업 기회 정보를 별도 영역으로 독립시켰다. 셋째, 직·간접 기회 지원 영역의 경우 2013년에 포함된 직업 체험 기회 지원과 학생 조직 활동 지원 지표는 비교적 변동 없이 유지되었으나 외부 수상 활동 지원은 2014년 이후 삭제되었다. 넷째, 금융지원 영역은 2013년에 한시적으로 존재하였고, 2014년 이후 삭제되었다. 다섯째, 교육과정 지원 영역에서 지표의 경우 용어만 조금씩 윤색되었고, 평가항목의 보완이 상대적으로 빈번하게 이루어졌다. 여섯째, 창업지원 영역은 정보지원 영역에 있던 창업 기회 정보 지표가 영역으로 승격 신설된 경우로, 기존에 취업과 창업을 묶어 조사하던 방식을 중단하고 취업과 창업을 분리하여 평가하려는 모습이 지표 및 항목 변동 전반에 묻어난다.

〈표 17-8〉 연도별 본조사 평가 영역, 지표, 항목 비교

구분	2013년	2014년	2015년
I. 상담 지원	자아 탐색 지원 • 재학생 심리 및 인적성 필요 정도 • 심리 및 인적성 검사 전문가 수 • 재학생 심리 및 인적성 검사 이용률 • 재학생 심리 및 인적성 검사 만족도 비전 수립 지원 • 비전(꿈) 수립 지원 프로그램 필요 정도 • 비전(꿈) 수립 지원 전담 직원 수 • 창업 교육센터 소속 교직원 수 • 비전(꿈) 수립 지원 프로그램 참여율 • 비전(꿈) 수립 지원 프로그램 참여 만족도	자아·진로 탐색 지원 • 자아·진로 탐색 지원 필요 정도 • 자아·진로 탐색, 경력 설계 지원인력 정보 • 이용률 • 자아·진로 탐색 지원 만족도	좌동
	경력 개발 설계 • 경력 개발 설계 프로그램 필요 정도 • 경력 개발 설계 지원 전담 직원 수 • 경력 개발 설계 프로그램 참여자 수 • 경력 개발 설계 프로그램 참여 만족도	경력 설계 지원 • 경력 설계 지원(프로그램) 필요 정도 • 경력 설계 프로그램/시스템 온/오프라인 형태 제공 여부 • 이용률 • 경력 설계 지원 만족도	좌동
II. 정보 지원	취·창업 기회 정보 • 채용정보 포스팅 지원 확대 필요 정도 • 채용정보 포스팅 규모 • 재학생당 월 정보 체계 이용 횟수 • 채용정보 포스팅 내용 만족도	취업 기회 정보 • 취업 기회 정보 필요 정도 • 취업 관련 부서 자체 제공 채용정보 포스팅 건수 • 이용률 • 취업 기회 정보 제공 만족도	취업 기회 정보 • 취업 기회 정보 필요 정도 • 대학 자체 취업 포털 사이트 보유 여부 • 취업 관련 부서 자체 제공 채용정보 포스팅 건수 • 이용률 • 취업 기회 정보 제공 만족도

	취·창업 기회의 본인 적합 정보 • 취업 성공 수기 필요 정도 • 졸업생 취업 성공 수기 • 창업교육센터 전문 강좌 수 • 졸업생 취업 성공 수기 경험률 • 취업 성공 수기 만족도	창업 기회 정보 • 창업 기회 정보 필요 정도 • 학생 창업 지원 교직원 인력 정보 • 교내 창업교육센터 창업 전문 강좌 내역 • 이용률 • 창업 기회 정보 제공 만족도	별도 영역으로 독립
	취·창업 전형 대비 정보 • 졸업생, 재학생 연계 제도 필요 정도 • 졸업생, 재학생 연계 건수 또는 졸업생, 재학생 연계 사업을 위한 전담 직원 수 • 학교를 통한 졸업생 면담 (연계) 경험률 • 졸업생 매칭 제도 만족도	졸업-재학생 연계 정보 • 졸업-재학생 연계 취·창업 행사 필요 정도 • 졸업-재학생 연계 취·창업 행사 내역 • 이용률 • 졸업-재학생 연계정보 만족도	좌동
Ⅲ. 직· 간접 기회 지원	직업 체험 기회 지원 • 국내외 인턴십 프로그램 확대 필요 정도 • 국내외 인턴십 규모 • 졸업생을 위한 취업기회 제공 규모 • 국내외 인턴십 비중 • 국내외 인턴십 프로그램 만족도	직업 체험 기회 지원 • 직업 체험 기회 필요 정도 • 학점 인정 인턴십 프로그램 내역 • 학점 인정 국내외 인턴십 프로그램 규모 • 이용률 • 교내 제공 직업체험 기회 도움 정도	좌동
	학생 조직 활동 지원 • 취·창업 동아리 지원 확대 필요 정도 • 취·창업 관련 동아리 수 • 창업 동아리 참여 인원 수 • 취·창업 관련 동아리 참여 학생 수 • 취·창업 동아리 만족도	학생 조직 활동 지원 • 취·창업 관련 학생 조직 활동 지원 필요 정도 • 교내 지원 취·창업 동아리/학회 현황 • 이용률 • 학생 조직 활동 지원 만족도	학생 조직 활동 지원 • 취업 관련 학생 조직 활동 지원 확대 필요 정도 • 교내 지원 취업 동아리/학회 현황 • 이용률 • 학생 조직 활동 지원 만족도
	외부 수상 활동 지원 • 공모전 및 경진대회 지원 확대 필요 정도 • 공모전 및 경진대회 주최 규모 • 공모전 및 경진대회 참여 경험 • 공모전 및 경진대회 지원 환경	삭제	삭제

IV. 금융 지원	금융 플랜 지원 • 금융 상담 제도 필요 정도 • 학생 금융 상담 전문가 규모 • 금융 상담 이용률 • 금융 상담 이용 만족도	삭제	삭제
	금융 혜택 지원 • 구직 활동 관련 금융 지원 필요 정도 • 취업 지원을 위한 전문 금융제도 예산액 • 창업 지원액 • 구직 활동 관련 금융 지원 경험 • 구직 활동 관련 금융 지원 환경 만족도		
V. 교육 과정 지원	취·창업 관련 정규 과정 • 취업 대비 교과목 확대 필요 정도 • 취업 대비 교과목 비중 • 창업 관련 정규 교과목 강좌 및 이수자 수 • 취업 대비 교과목 비중	정규 과정 지원 • 취·창업 정규 교과목 확대 필요 정도 • 취·창업에 특화된 교양 과목 내역 • 이용률 • 취·창업 관련 정규 교과목 만족도	정규 과정 지원 • 취업 대비 정규 교과목 확대 필요 정도 • 취업에 특화된 교양과목 내역 • 이용률 • 취업 관련 정규 교과목 만족도
	취·창업 관련 비정규 과정 • 취업 캠프 및 특강 확대 필요성 • 취업 캠프 및 특강 주/개최/후원 수 • 취업 캠프 및 특강 참석률 • 취업 캠프 및 특강 만족도	비정규 과정 지원 • 취업캠프/특강 확대 필요 정도 • 취업캠프/특강 현황 • 이용률 • 취업 캠프/특강 만족도	좌동
VI. 창업 지원	–	–	창업 기회 정보 • 창업 유도 정보 제공 필요 정도 • 교내 창업 지원 조직 운영 여부 • 창업 지원 교직원 인력 정보 • 교내 창업교육센터 창업 전문 강좌 현황 • 이용률 • 교내 제공 창업 정보의 실제 도움 여부
			창업의식 확산 지원 • 창업의식 확산 위한 정보 제공 필요 정도 • 교내 창업의식 확산 프로그램/행사 현황 • 이용률 • 교내 창업의식 확산 프로그램/행사의 실제 도움 여부

※ 동아일보 청년드림센터 홈페이지 자료와 관련 동아일보 기사를 종합·재구성함.

다음으로 2017~2019년 1차, 2차 조사의 평가 영역 및 지표를 살펴보도록 하겠다. 2017년 평가 영역 및 지표는 2015년까지의 평가 영역 및 지표와 많은 차이를 보인다. 먼저, 2017년 1차 평가 영역 및 지표를 살펴보면 다음과 같다. 앞서 평가 변천 과정에서 언급한 바와 같이 1차 조사는 4개 영역 30개 지표를 중심으로 이루어졌다. 4개 영역은 인적 자원, 물적 자원, 교육 지원, 취창업 성과로 구분되며, 각 영역은 적게는 4개에서 많게는 13개 지표로 구성되었다. 상술하면, 첫째, 인적 자원은 전임교원 1인당 학생 수, 전임교원 확보율, 전임교원 연구실적, 산업체 경력 전임교원 규모, 산학연계 인력 규모, 창업지원인력 규모, 창업교육센터 인력 규모 등 8개 지표로 구성되었다. 둘째, 물적 자원은 학생 1인당 자료구입비, 장서 보유, 장학금 수혜 현황, 재정지원사업 수혜 실적, 창업지원액수 등 5개 지표로 구성되었다. 셋째, 교육 지원은 인성(사회봉사) 강화, 중도탈락률, 현장실무역량 강화, 캡스톤 디자인(창의적 설계) 운영, 사회맞춤형 교육과정, 창업 지원 교육, 창업지원 등 13개 지표로 구성되었다. 넷째, 취창업 성과는 취업률, 취업유지율, 창업규모 등 4개 지표로 구성되었다.

〈표 17-9〉 2017년 1차(예비조사) 공시자료 평가 영역 및 지표

평가영역		평가지표
인적 자원	전임교원 1인당 학생 수(역산)	• 재학생 수/전임교원
	전임교원 확보율	• 전임교원 확보율(재학생기준 전임교원)
	전임교원 연구실적	• 1인당 논문실적과 저역서 실적, 전임교원 1인당 연구비
	산업체 경력 전임교원 규모	• 5년내 신규임용 산업체 경력 전임교원/전임교원 수
	산학연계 인력 규모	• 산학협력단 산학연계 인원수
	창업지원인력 규모	• 창업전담인력(교원 수, 직원 수)
	창업교육센터 인력 규모	• 창업교육센터 소속직원 수
물적 자원	학생 1인당 자료구입비	• 학생 1인당 자료구입비(천 원)
	장서 보유	• 학생 1인당 장서 수
	장학금 수혜 현황	• 재학생 1인당 장학금 수혜금액
	재정지원사업 수혜 실적	• 재정지원사업 수혜 실적
	창업지원액수	• 창업지원액수(교비, 정부지원)
교육 지원	인성(사회봉사) 강화	• 사회봉사관련 강좌 이수학생 수
	중도탈락률(역산)	• 중도탈락률

	현장실무역량 강화	• 현장실습 이수학생 수, 참여 기업 수, 실습지원비 수령 학생 수
	캡스톤 디자인(창의적 설계) 운영	• 이수학생 수, 지원금 수령 학생 수
	사회맞춤형 교육과정	• 계약학과 및 주문식 교육과정 수, 참여학생 수
	창업 지원 교육	• 교양 · 전공 창업강좌 수, 이수자 수
	창업지원	• 창업동아리 수, 동아리 참여 인원수
취창업성과	취업률	
	취업유지율	• 취업유지율(1차, 2차, 2016년 6. 1. 기준)
	창업규모	• 학생창업자 수, 매출 · 고용발생한 창업기업 수

출처: 동아일보 청년드림센터 홈페이지(http://yd-donga.com/).

2019년 1차 평가 영역 및 지표를 살펴보면 다음과 같다. 앞서 평가 변천 과정에서 언급한 바와 같이 1차 조사는 5개 영역 26개 지표를 중심으로 이루어졌다. 다만, 2019년의 평가 영역 및 지표는 그 이전과는 질적으로 많은 변화가 있음을 확인할 수 있다. 5개 영역은 학생, 교원 연구, 교육여건, 산학협력, 예결산으로 구분되며, 각 영역은 적게는 1개에서 많게는 9개 지표로 구성되었다. 상술하면, 첫째, 학생 영역은 재적 학생 현황, 졸업생 취업 현황, 장학금 및 사회봉사 역량 등 6개 지표로 구성되었다. 둘째, 교원 연구 영역은 전임교원 현황, 전임교원의 연구 실적, 연구비 수혜 실적, 교원 강의 담당 현황 등 8개 지표로 구성되었다. 셋째, 교육여건은 장서 보유 및 도서관 예산 현황 등 2개 지표로 구성되었다. 넷째, 산학협력은 산업체 경력 전임교원 현황, 산학협력단 인력 및 조직 현황, 현장중심 실무형/사회맞춤형 교육과정 개설 현황, 창업현황 및 창업교육 등 지원현황 등 7개 지표로 구성되었다. 다섯째, 예결산은 재정지원사업 수혜 실적 등 1개 지표로 구성되었다.

〈표 17-10〉 2019년 1차(예비조사) 공시자료 평가 영역 및 지표

평가 영역		평가 지표
학생	재적 학생 현황	• 재적학생, 중도탈락 학생 비율
	졸업생 취업 현황	• 취업률, 취업유지율
	장학금 및 사회봉사 역량	• 장학금 수혜 현황, 대학의 사회봉사 역량

교원 연구	전임교원 현황	• 전임교원 1인당 학생 수, 전임교원 확보율(학생 정원기준, 재학생기준 전임교원)
	전임교원의 연구 실적	• 논문실적, 저역서실적, 1인당 논문실적, 1인당 저역서 실적
	연구비 수혜 실적	• 전임교원 1인당 연구비
	교원 강의 담당 현황	• 교원 강의 담당 비율(전임교원 담당학점 · 비율)
교육여건	장서 보유 및 도서관 예산 현황	• 학생 1인당 장서 수, 학생 1인당 자료구입비
산학협력	산업체 경력 전임교원 현황	• 5년 내 신규임용 산업체 경력 전임교원, 산학협력중점교수 현황
	산학협력단 인력 및 조직 현황	• 산학협력단 고용주체별 인력 현황 및 담당 업무별 인력 현황
	현장중심 실무형/사회맞춤형 교육과정 개설 현황	• 현장실습 운영 현황 • 캡스톤 디자인(창의적 설계) 운영 현황 • 계약학과 설치 운영 현황(설치학과, 계약학과 정원, 입학생 수, 재학생 수) • 주문식 교육과정 설치운영 현황
	창업 현황 및 창업교육 등 지원 현황	• 학생의 창업 현황 및 창업지원 현황(창업자 수, 창업기업 수, 창업지원액수, 창업전담인력) • 창업교육 지원 현황(교양 · 전공 창업강좌 수, 이수자 수, 창업동아리 수, 동아리 참여인원수)
예결산	재정지원사업 수혜 실적	• 재정지원사업 수혜건수 및 금액

출처: 동아일보 청년드림센터 홈페이지(http://yd-donga.com/).

한편, 2017년과 2019년의 2차 조사 평가 영역 및 지표는 동일하게 유지되었으며, 그 이전의 평가 영역 및 지표와는 확연한 차이를 보인다. 2015년에 5개 영역 10개 지표 44개 항목이었으나, 2017~2019년에는 4개 영역, 12개 지표, 12개 항목으로 구성되었다. 상술하면, 첫째, 진로취창업지원 인프라 영역은 대학 진로취창업 지원 계획, 대학 진로취창업지원 인력 및 조직, 진로취창업지원 관련 학사제도 등 3개 지표로 구성되었다. 둘째, 진로취창업지원 교육 영역은 진로지도를 위한 교육과정, 취업지원을 위한 교육과정, 창업지원을 위한 교육과정 등 3개 지표로 구성되었다. 셋째, 진로취창업지원 서비스 영역은 진로취창업지원 프로그램 및 서비스, 교수의 진로취창업 지원, 온라인경력개발지원시스템 등 3개 지표로 구성되었다. 넷째, 진로취창업지원 네트워크 영역은 기업체(취업처)와의 네트워크, 지역사회와의 네트워크, 졸업생과의 네트워크 등 3개 지표로 구성되었다.

〈표 17-11〉 2017~2019년 2차(본조사) 실태조사 평가 영역 및 지표

평가영역 및 배점		평가지표
진로취창업지원 인프라	대학 진로취창업 지원 계획	• A1-1. 영역별(진로 · 취업 · 창업) 계획 수립 여부 및 수준
	대학 진로취창업지원 인력 및 조직	• A2-1. 대학진로취창업지원 관련 인력, 예산 수준
	진로취창업지원 관련 학사제도	• A3-1, 2. 진로취창업지원 학사제도 보유 여부
진로취창업지원 교육	진로지도를 위한 교육과정	• B1-1. 학생 진로지도 교과목 운영 현황
	취업지원을 위한 교육과정	• B2-1. 학생 취업지도 및 지원관련 교과목 운영 현황
	창업지원을 위한 교육과정	• B3-1. 기업가정신 및 창업지원 관련 교과목 운영 현황
진로취창업지원 서비스	진로취창업지원 프로그램 및 서비스	• C1-1. 진로취창업프로그램 및 서비스 제공 현황
	교수의 진로취창업 지원	• C2-1, 2. 진로지도교수제 운영여부 및 참여현황
	온라인경력개발지원시스템	• C3-1, 2. 온라인경력개발시스템 운영여부 및 서비스 현황
진로취창업지원 네트워크	기업체(취업처)와의 네트워크	• D1-1. 기업체(취업처)와의 협업 활동 추진 현황
	지역사회와의 네트워크	• D2-1. 지역사회기관과의 협업 활동 추진 현황
	졸업생과의 네트워크	• D3-1. 졸업생 및 동창회와의 협업활동 추진 현황

출처: 동아일보 청년드림센터 홈페이지(http://yd-donga.com/).

4 평가 과정 및 방법

1) 평가과정

　평가는 예비조사로 시작된다(4~5월경). 예비조사 시기에는 평가대상 대학에 관련된 내 · 외부 자료 분석과 관련 문헌 검토 과정이 진행되며, 최종적으로 취 · 창업 지원 기반 역량이 갖추어진 대학 50개교가 선발된다. 예비조사를 통해 50개교가 선발되면 이들 대

학을 대상으로 대학평가 설명회를 개최하고 본조사 평가방식과 주요 일정을 안내한다. 설명회 이후에는 본격적으로 본조사가 실시된다(6~7월경). 본조사 시기에는 대학알리미 자료를 일부 활용하기도 하지만, 기본적으로 평가대상 대학에 재학·재직 중인 학생과 취업지원 담당자를 통해 정보를 수집한다. 본조사가 완료된 이후에는 취·창업 지원 우수 대학을 선정하여 그 결과를 발표한다(8~9월경).

4~5월경	• 1차(예비조사) 실시 – 내·외부 자료 분석 및 검토 – 취·창업 인프라 양호 여건 대학 선정
5월 말	• 청년드림 대학평가 설명회 개최
6~7월경	• 2차(본조사) 실시 – 학생 설문조사 및 취업 지원 담당자 조사 실시
7~8월경	• 설문 결과 분석 및 평가 대상 대학별 평가보고서 작성
9월경	• 평가결과 발표 및 기사화

[그림 17-2] 동아일보 청년드림 대학평가 과정

※ 관련 동아일보 기사를 종합·재구성함.

2) 평가방법

먼저, 2019년 기준으로 1차(예비조사) 단계에서는 대학알리미 공시 자료와 정부 통계 자료 등을 활용하여 전국 4년제 대학 224개교의 취·창업 지원 기반 수준을 전수 조사한다. 앞서 제시했듯이 1차(예비조사) 단계에서는 4개 영역 30개 지표를 기준으로 평가 대상 대학을 평가하여 2차 본조사 단계를 심층적으로 진행할 대학 50개교를 선발한다.

다음으로 본조사 단계에서는 본격적으로 대학 취업지원 역량을 측정하기 위해 예비조사 통과 대학에 재학 중인 4학년 학생을 대면조사하고 해당 대학에 재직 중인 취업 지원 담당자에 평가 자료를 요청한다. 먼저 학생 설문조사는 평가 대상 대학에 재학 중인 4학년 학생 100명을 대상으로 진행된다. 설문조사는 취업 지원 서비스별 현황에 관한 질문

〈표 17-12〉 2013~2015년도 본조사 평가 영역, 지표, 항목, 배점 비교

구분	2013 영역	2013 지표	2013 항목	2013 배점	2013 소계	2014 지표	2014 항목	2014 배점	2014 소계	2014 영역	2015 영역	2015 지표	2015 항목	2015 배점	2015 소계
I. 상담지원	○	자아 탐색 지원	4	95	274	자아·진로 탐색 지원	4	139	247	○	○	자아·진로 탐색 지원	4	157	287
		비전 수립 지원	5	80											
II. 정보지원	○	경력 개발 설계	4	99	269	경력 설계 지원	4	108	366	○	○	경력 설계 지원	4	130	272
		취·창업 기회 정보	4	85		취업 기회 정보	4	132				취업 기회 정보	5	159	
		취·창업 기회의 본인 적합 정보	5	78		창업 기회 정보	5	112							
III. 직·간접 기회지원	○	취·창업 전형 대비 정보	5	106	234	졸업-재학생 연계 정보	4	122	218	○	○	졸업-재학생 연계 정보	4	113	211
		직업 체험 기회 지원	5	122		직업 체험 기회 지원	5	132				직업 체험 기회 지원	5	150	
		학생 조직 활동 지원	5	54		학생 조직 활동 지원	4	86				학생 조직 활동 지원	4	61	
		외부 수상 활동 지원	4	58											
IV. 금융지원	○	금융 플랜 지원	4	40	75	—	—	—	—	×	×	—	—	—	—
		금융 혜택 지원	5	35											
V. 교육과정 지원	○	취·창업 관련 정규 과정	5	70	183	정규 과정 지원	4	78	168	○	○	정규 과정 지원	4	91	146
		취·창업 관련 비정규 과정	4	78		비정규 과정 지원	4	90				비정규 과정 지원	4	47	
VI. 청년 지원	×	—	—	—	—	—	—	—	—	×	○	창업 기회 정보	6	53	84
												창업의식 확산 지원	4	31	
총계	5	13	59	1,000		9	38	1,000		4	5	10	44	1,000	

※ 동아일보 청년드림센터 홈페이지 자료와 관련 동아일보 기사를 종합·재구성함.

들(예: 취·창업 지원 프로그램의 필요성, 이용률, 만족도 등)로 이루어져 있다. 한편, 취·창업 지원 담당자 조사는 대학 취업 지원 담당부서에 재직 중인 교직원을 대상으로 온라인 설문조사를 실시하여 취업지원 인프라에 관한 자료(예: 취업 지원 인력 현황, 취업 지원 정보 현황, 취업 지원 교육 현황, 각 분야별 우수사례 등)를 확보한다. 이렇게 조사된 결과는 1,000점 만점으로 환산되어 취·창업 지원 우수 대학 그룹을 확정하는 데 사용되는데, 항목별 배점은 설문에 응한 학생들이 중요하다고 뽑은 항목별로 가중치를 반영하여 결정한다.

마지막으로 청년드림대학 선정 단계에서는 본조사 대상 50개교 가운데 취업역량과 취업 성과(취업률)가 고루 뛰어난 대학을 선정하여 그룹별로 발표한다. 2015년까지는 최우수 청년드림 대학, 우수 청년드림 대학, 청년드림 대학, 청년드림 후보대학으로 그룹이 분류되어 발표되었으나, 2017년부터는 청년드림 후보대학을 선정하지 않았다.

한편, 〈표 17-11〉에서 밝혔듯이, 2017년과 2019년의 2단계 평가 영역 및 지표는 동아일보 청년드림센터 홈페이지에서 동일한 것으로 확인되었다. 다만, 동아일보 기사(2017. 11. 28.; 2019. 12. 10.)에서 보도된 내용은 평가영역에서 약간의 차이가 있음을 확인할 수 있다. 이는 단순히 표현의 차이로 보인다. 또한 2017년 이후의 평가에서는 항목별 상세한 배점이 공개되지 않아 확인이 어렵다.

〈표 17-13〉 2017~2019년도 본조사 평가 영역, 지표, 배점 비교

평가 영역	평가 지표		배점 (총 1,000점)
	2017년	2019년	
인프라	대학 진로, 취업, 창업 관련 지원 계획, 인력 및 조직, 학사제도	지원 계획, 전문인력, 예산, 학사제도, 만족도	219.7점
교육	진로, 취업, 창업 지도를 위한 교육 과정	교과목 수혜율, 다양성, 체계성, 만족도	232.7점
서비스	진로, 취업, 창업 프로그램 및 서비스, 교수의 지원, 온라인 경력개발 지원 시스템	서비스 수혜율, 다양성, 체계성, 교수제도, 온라인시스템, 만족도	329.0점
네트워크	기업체(취업처), 지역사회, 졸업생과의 네트워크	기업체·지역사회·졸업생 네트워크 활동 수준, 만족도	218.6점

출처: 동아일보(2017. 11. 28.; 2019. 12. 10.).

⑤ 평가결과 활용

　동아일보는 매년 평가결과를 발표함과 동시에 평가 결과가 대학사회에 확산·공유될 수 있도록 크게 두 가지 활동을 실천하고 있다. 하나는 청년드림 대학으로 선정된 25개교마다 평가결과 보고서를 작성하여 청년드림센터 홈페이지에 공시해 놓는 것이고, 다른 하나는 평가결과 발표 이후 후속 기사 보도와 우수 대학 시상식 개최 등을 통해 평가에서 우수한 성적을 거둔 대학들의 사례를 집중 조명한 것이다. 이를 통해 대학들은 다른 학교와 비교할 때 자교의 취·창업 지원 역량이 어느 정도 수준인지를 가늠해 볼 수 있고, 상대적인 강점과 약점은 무엇인지를 파악할 수 있으며, 취·창업 지원 역량 강화를 위한 투자의 우선순위를 결정하는 데 평가결과를 활용할 수 있다. 아울러 평가결과는 그 자체로 대학을 홍보하는 수단으로 활용될 수 있다. 특히 수도권에 위치한 대학들보다 상대적으로 연구 기능이 약하고 교육 기능이 강한 지방 소재 대학들의 경우에는 동아일보 청년드림 대학평가에서 우수한 성과를 거둘 시 유용한 홍보 수단이 될 수 있다.

　구체적으로 동아일보가 평가 결과를 대학사회에 확산시키는 두 가지 방식에 대하여 상술하면, 먼저 평가결과 보고서는 [그림 17-3]과 같이 개별 대학마다 작성하여 홈페이지에 공개한다. [그림 17-3]은 3년 연속으로 최우수 청년드림 대학으로 선정된 한국산업기술대학교의 2015년도 평가결과 보고서 내용 중 일부로, 동아일보는 개별 대학별로 ① 분류별 서비스 지원 항목별 역량 현황과 ② 중분류 서비스 지원 항목별 역량 현황 및 수준, ③ 취업 지원 Flow별 지원 역량 분석, ④ IPA 분석 결과 등을 제공한다. 쉽게 말해, ①에서는 평가 영역 및 지표별 현황을 개괄하고, ②에서는 평가 영역 및 지표별로 대학 총점 평균과 개별 대학 평균 간 격차를 제시하며, ③에서는 평가영역별로 필요성, 인프라, 이용률, 만족도 측면에서의 점수를 알려 주고, ④에서는 중요도-성취도 분석(Importance-Performance Analysis: IPA) 결과를 제공한다.

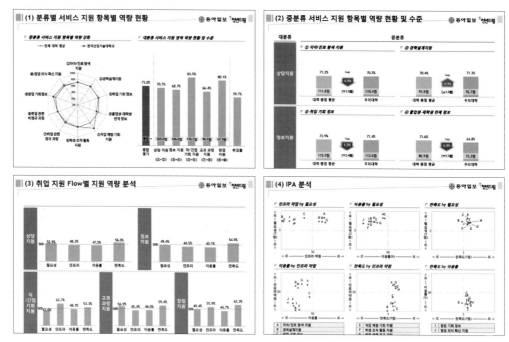

[그림 17-3] 평가 결과 보고서(예시: 한국산업기술대)

출처: 동아일보 청년드림센터 홈페이지(http://yd-donga.com/).

다음으로, 동아일보는 평가결과를 활용하여 우수 대학 사례를 집중 조명한 기사를 보도하거나 고용노동부 및 한국고용정보원과 공동으로 청년드림 Best Practice 대학 시상식을 개최한다. 청년드림 Best Practice 대학 시상식은 2015년부터 개최되었는데 동아일보는 2015년과 2016년에 각각 기사 보도를 통해 시상식 개최를 알리고 시상 대학의 우수 사례를 소개하였다. 먼저, 2015년에는 영남대(경력개발 부문), 인하대(청년기업가 육성 부문), 한국기술교육대(산학연계 부문)가 고용노동부 장관상을 수상하였고, 동국대(경력개발 부문), 광운대(청년기업가 육성 부문), 울산대(산학연계 부문)가 동아일보 사장상을 수상하였다(동아일보, 2015. 10. 16.). 다음으로 2016년에는 아주대(진로지도 부문), 영산대·동의대(취업지원 부문), 한양대(창업지원 부문)가 고용노동부 장관상을 수상하였고, 한국외대(해외진출 부문), 서강대(진로지도 부문), 순천향대(창업지원 부문)가 동아일보 사장상을 수상하였다. 보도 기사를 통해 소개된 2016년 수상 대학 우수 사례를 표로 정리하여 제시하면 〈표 17-14〉와 같다.

〈표 17-14〉 2016년도 청년드림 Best Practice 대학 사례

대학명	특징	내용
아주대	도전과제 상시 컨설팅… 수행결과 학점으로 인정	아주대는 자기 주도적 진로 설계 프로그램인 '파란학기제'를 운영한다. 학생이 도전 과제를 설계해 계획서를 제출하면 파란학기 운영위원회가 구체성 등을 심의한 뒤 수행 결과를 학점으로 인정한다. 도전 과제에 대한 지도 교수의 상시 컨설팅은 물론이고 총장이나 외부 전문가의 컨설팅도 이뤄진다. 올해 1학기에는 자동차 등 42개팀 115명이, 2학기에는 신약개발 등 31개팀 86명이 참여했다.
영산대	직무역량 강화 교육으로 지역기업-학생 '윈윈'	영산대는 △마케팅전문가 양성과정 △정보기술(IT) 엔지니어 전문가과정 △전산회계자격취득과정 등 비이공계 학생과 지역 기업이 '윈윈'하는 직무역량강화 교육프로그램을 운영 중이다. 지역 기업의 요구와 수요를 파악한 뒤 상호 협약을 맺고, 교육과 훈련을 통해 취업까지 이어지는 모델이다. 특히 교수들이 직접 지역의 우량 중견기업을 발굴해 기업이 원하는 능력과 인재상을 파악하고, 학생들을 직접 훈련시키고 있다.
동의대	CEO-기관장 등 초빙 지역 맞춤형 특화교육	동의대는 지역맞춤형 특화 교육을 위해 3, 4학년 대상 취업 교과목인 '지역기업탐색과 취업전략'을 개설해 운영 중이다. 이 강의는 부산지역 기업협회 및 테크노파크와 연계해 최고경영자(CEO), 기관장, 인사 실무자의 초청 특강으로 진행된다. 취업 전문가로부터 이력서와 자기소개서, 면접 컨설팅도 받을 수 있다. 학생들이 우수 기업을 탐방하고 취업전략 보고서를 만들어 초청 강사가 이를 심사하는 경진대회도 펼쳐진다.
한양대	졸업동문 창업 지원… 사무실과 네트워킹도 제공	한양대는 '한양 스타트업 아카데미'를 통해 졸업 동문 창업자들을 지원하고 있다. 2012년 7월 1기를 시작으로 지난해까지 8기에 걸쳐 509명이 수료했다. 이 가운데 293명이 실제로 창업에 성공했고 총 963억 원의 매출을 올렸다. 아카데미 수료생에게는 창업 공간, 동문 창업자 네트워킹 등의 혜택이 제공된다. 특히 동문 기업들이 결성한 '한양엔젤펀드'와 제휴 벤처캐피털 등의 투자도 받을 수 있다.
한국외대	연간 350여 명 해외인턴십 과정으로 학점 취득	한국외국어대는 해외 취업을 지원하기 위해 '아웃바운드 커리어 패스(Out bound Career Path)' 프로그램을 운영하고 있다. 연간 350여 명의 학생이 해외 인턴십을 통해 재학 중 한 학기 이상을 해외에 체류하며 학점을 취득하는 프로그램이다. 특히 어학연수와 인턴십, 취업을 한번에 연계해 지역 전문가를 양성하는 '아너스 프로그램'을 통해 올해 65명의 학생이 해외로 진출했다.

| 서강대 | 맞춤형 현장실습 과목 개설해 학생 진로 도와 | 서강대는 학생들이 현장실습을 통해 진로 설계를 할 수 있도록 '서강 MEP' 프로그램을 운영한다. 사전 조사를 통해 현장실습 요구가 파악되면 특성화 방향을 설정하고 실습과목이 개설된다. 현장실습 연수지원금도 지원되고 지도 교수가 직접 현장을 방문해 지도하기도 한다. 회계법인이나 마케팅 리서치, 언론사, 공공행정 등 인문사회 전공 학생들에게 적합한 일터와 직무를 발굴해 지원하는 프로그램도 운영 중이다. |
| 순천향대 | 다문화가정 창업 위해 교수들이 현장 멘토링 | 순천향대는 다문화가정이 많은 아산시의 특성을 살려 '소셜벤처 나눔프로젝트'를 통해 다문화가정의 창업과 자립을 지원한다. 순천향대 창업 전문 교수들이 직접 교육 프로그램을 만들어 현장 멘토링과 컨설팅을 실시하고, 소득이 낮은 다문화가정의 애로 사항을 파악하고 직접 방문해 교육을 하기도 한다. 실제로 이 프로그램을 통해 다문화가정 창업자가 두 명 배출됐다. |

※ 동아일보(2016. 11. 30.)에 소개된 사례 내용을 표로 정리함.

6 평가 성과 및 개선방안

1) 평가성과

평가에서 우수한 성적을 거둔 대학은 〈표 17-15〉와 같이 그 명단이 공개되었다.

〈표 17-15〉 연도별 청년드림 대학평가 결과

구분	2013년	2014년	2015년	2017년	2019년
최우수 청년 드림 대학	고려대, 광운대, 서강대, 서울대, 서울시립대, 숭실대, 아주대, 연세대, 우송대, 한국산업기술대	고려대, 서강대, 서울시립대, 성균관대, 순천향대, 우송대, 인하대, 충북대, 한국산업기술대, 한양대	고려대, 광운대, 동국대, 서강대, 선문대, 성균관대, 순천향대, 한국기술교육대, 한국산업기술대, 한양대	금오공대, 동국대, 서강대, 선문대, 성균관대, 순천향대, 숭실대, 중앙대, 한국기술교육대, 한양대	경운대, 동국대, 동명대, 선문대, 성균관대, 순천향대, 아주대, 인하대, 한국기술교육대, 한양대

우수청년드림대학	가톨릭대, 계명대, 국민대, 동국대, 동서대, 명지대, 부경대, 성균관대, 숙명여대, 순천향대, 전북대, 중앙대, 충남대, 한림대, 한양대	가천대, 선국대, 광운대, 동국대, 동서대, 서울과학기술대, 서울대, 세종대, 숭실대, 아주대, 연세대, 울산대, 한국외대, 한림대	가천대, 건국대, 동아대, 부경대, 서울과학기술대, 서울시립대, 숭실대, 아주대, 연세대, 영남대, 울산대, 인제대, 인하대, 한국외대	가천대, 건국대, 고려대, 국민대, 단국대, 부산가톨릭대, 상명대, 숙명여대, 아주대, 이화여대, 인천대, 인하대, 한국산업기술대, 한림대, 호서대	가천대, 건국대, 경희대, 고려대, 국민대, 세종대, 숙명여대, 숭실대, 연세대, 인천대, 중앙대, 한국산업기술대, 한국항공대, 한남대, 한서대
청년드림대학	해당 항목 없음	강원대, 가톨릭대, 경북대, 경상대, 경희대, 계명대, 남서울대, 단국대, 동아대, 명지대, 부경대, 부산대, 숙명여대, 영남대, 이화여대, 전남대, 전북대, 조선대, 중앙대, 충남대, POSTECH, 한경대, KAIST, 홍익대	경상대, 경희대, 계명대, 국민대, 대구가톨릭대, 동서대, 명지대, 부산대, 세종대, 숙명여대, 우송대, 이화여대, 전북대, 제주대, 조선대, 중앙대, 충북대, KAIST, 홍익대	경상대, 경희대, 계명대, 광운대, 대구가톨릭대, 대구대, 동의대, 부산대, 서울과학기술대, 서울시립대, 세종대, 영남대, 우송대, 울산대, 전남대, 제주대, 창원대, 충북대, 한국외국어대, 한밭대	가톨릭대, 가톨릭관동대, 경일대, 광주대, 계명대, 단국대, 대구대, 대구한의대, 동서대, 동의대, 부산대, 서울과학기술대, 세명대, 영남대, 원광대, 전주대, 중부대, 충남대, 한림대, 호남대, 호서대
청년드림후보대학	가천대, 강원대, 건국대, 경북대, 경상대, 경희대, 남서울대, 단국대, 동아대, 부산대, 서울과학기술대, 세종대, 영남대, 울산대, 이화여대, 인하대, 전남대, 전주대, 제주대, 조선대, 충북대, POSTECH, KAIST, 한국외대, 홍익대	해당 항목 없음	가톨릭대, 강원대, 경북대, 남서울대, 단국대, 서울대, 전남대, 충남대	2017년부터 청년드림 후보 대학은 선정하지 않음	

※ 동아일보 청년드림센터 홈페이지 자료를 종합 · 재구성함.

〈표 17-15〉에서 확연하게 눈에 띄는 점은 크게 세 가지를 들 수 있다. 하나는 평가결과에 따라 집단을 분류하는 방식이 해마다 조금씩 변동되었음을 확인할 수 있다. 2013년에는 청년드림 대학군을 따로 선정하지 않았으나, 2014년에는 청년드림 후보대학군을 청년드림 대학군으로 격상시켜 발표하였고, 2015년에는 청년드림 대학군과 청년드림 후보대학군을 모두 발표하였다. 본조사 대상 대학 50개교 가운데 10개교는 최우수 인증을, 15개교는 우수 인증을 받았고, 나머지 25개교는 그해 기준에 따라 청년드림 대학군 내지 청년드림 후보대학군으로 분류되었다.

한편, 그보다 더 중요한 특징은 중앙일보와 조선일보가 시행하는 대학평가에서 매번 상위권에 이름을 올리던 KAIST, 서울대, POSTECH가 동아일보 청년드림 대학평가에서는 상대적으로 우수한 성적을 거두지 못하였다는 점이다. 이는 대학의 연구 기능에 주목하는 두 언론사의 대학평가와 달리 대학의 교육 기능에 주목하는 동아일보 청년드림 대학평가의 특성이 그대로 순위에 투영된 것으로 해석된다. 한편, 고려대, 서강대, 한국산업기술대는 3년 연속 최우수 청년드림 대학으로 선정되었는데, 한국산업기술대의 경우에는 중앙일보와 조선일보의 대학평가에서 한번도 상위권에 속하지 않아 주목을 받지 못하였던 중소규모 대학이라는 점에서 그 의미가 남다르다.

마지막 특징으로는 2015년 당시 청년드림 Best Practice 대학으로 선정된 영남대, 인하대, 한국기술교육대, 동국대, 광운대, 울산대가 2015년도 청년드림 대학평가에서 최우수 및 우수 대학으로 선정되는 등 우수한 성적을 거두었다는 점이다. 이때 대학 소재지 측면에서 보면 6개 대학 가운데 3개 대학(한국기술교육대, 영남대, 울산대)이 지방 소재 대학에 해당하고, 규모 측면에서 보면 2개 대학(광운대, 한국기술교육대)이 중소규모 대학에 해당한다는 점에서 동아일보 청년드림 대학평가는 사회 통념처럼 굳어진 대학서열 구조에 의미 있는 균열을 가져오고 있다.

2) 평가 개선방안

지금까지 동아일보 청년드림 대학평가의 배경 및 변천 과정, 목적 및 의의, 영역 및 지표, 과정 및 방법, 결과 활용, 성과를 논의하였다. 이상 논의한 내용을 바탕으로 평가목적, 평가 영역 및 지표, 평가 과정 및 방법 측면에서 동아일보 청년드림 대학평가가 노정한 한계를 짚어 보고, 이를 근거로 개선방안을 도출하면 다음과 같다.

(1) 평가목적 측면: 취·창업 성과보다는 취·창업 지원 역량에 초점을 맞추어야

대학의 취·창업 지원 역량과 그 성과를 평가하겠다는 동아일보 청년드림 대학평가의 목적은 대학사회에 생산적인 경쟁 문화를 정착시키겠다는 중앙일보와 조선일보의 대학평가 목적보다 구체적으로 진술되어 있다. 동시에 대학의 취·창업 지원 역량과 그 성과에 대한 평가를 통해 청년 실업 문제 해결에 일조하겠다는 동아일보 청년드림 대학평가의 목적은 평가를 통해 학생에게 대학 선택 기준을 제공하겠다는 중앙일보와 조선일보의 대학평가 목적보다 고등교육 수요자인 학생의 교육권을 보장하는 데 적극적이다.

이를 근거로 판단하건대 동아일보 청년드림 대학평가의 목적은 매우 구체적이고도 명료하게 진술되어 있고, 수요자 지향적으로 서술되어 있으며, 청년 실업 문제가 심각한 현 시점에서 취·창업 지원 역량(과정적 측면)과 취·창업 지원 성과(산출 측면)를 함께 고려하고 있다는 점에서 시의적절성과 균형성을 고루 갖추고 있다. 다만, 대학교육의 산출 측면이 과정 측면보다 강조되어 대학이 기업의 인재양성소격으로 전락하지 않도록 평가목적의 균형성은 향후에도 지속적으로 견지하여야 할 가치임을 인식하여야 할 것이다.

(2) 평가 영역 및 지표 측면: 교육과정 지원 영역의 낮은 중요도 순위 고민해야

2015년 평가 당시 학생들은 취·창업을 준비하는 과정에서 상담지원, 정보지원, 직·간접 기회 지원, 교육과정 지원, 창업지원 영역 순으로 중요하다고 응답하였다. 그런데 여기서 주목해야 할 점은 교육과정 지원 영역의 중요도 순위가 낮게 나타났다는 점이다. 일반적으로 4년제 대학에 입학하면 학생들은 한 학기에 평균 20학점씩 8학기를 수강한다. 그만큼 대학 생활에서 교육과정이 학생에 미치는 영향력은 절대적인데, 그 영향력에 비하여 중요도 순위가 낮게 나타났다는 점은 '교육과정 지원 영역이 매우 중요하기는 하나 현재 교육과정은 취·창업에 별반 도움이 되지 않는다'는 인식이 작용하였을 가능성이 높다. 다시 말해, 대학의 취·창업 지원 역량이 안정 궤도에 오르려면 취·창업 지원 제도가 교육과정 형태로 제도화될 필요가 있는데, 학생 설문조사 결과만을 기준으로 배점을 결정하다 보니 평가 절하되는 측면이 있다는 것이다. 따라서 교육과정 지원 영역에 대한 지표를 보완하는 방안을 검토할 필요가 있다.

(3) 평가 과정 및 방법 측면: 평가기준에 관한 정보를 구체적으로 제시해야

먼저, 예비조사 단계에서는 평가 영역 및 지표 선정 기준을 명확하게 밝힐 필요가 있다. 예컨대, 교육, 연구, 국제화, 재정, 사업화 역량을 평가영역으로 설정한 근거는 무엇인지, 평가영역별 지표를 선정한 근거는 무엇인지, 구체적으로 취·창업 지원 기본 역량을 판단하는 데 연구 역량에 대한 평가가 필요한 이유는 무엇이며 하위 지표로 국내외 학술지 게재 논문 실적이 포함되는 것이 타당한지 등에 대한 부연 설명이 필요하다.

다음으로 본조사 단계에서는 첫째, 평가지표별로 산출 방법을 자세하게 밝혀야 한다. 청년드림센터 홈페이지에서는 평가영역, 지표, 항목 내용에 대한 안내만 제공할 뿐 산출 방법에 관한 정보는 명확하게 서술해 놓지 않았다. 평가 지표별로 가중치 설정 방식, 산출 방법, 원자료 출처 등을 상세하게 밝히고 있는 중앙일보 대학평가와 같이 평가 지표별로 산출 방법에 대한 자세한 안내가 필요하다. 둘째, 학생 설문조사 결과에 근거한 가중치 설정 방식의 한계를 보완하여야 한다. 수요자 중심 평가를 지향한다는 점은 고무적인 일이나, 평가 영역 및 지표 측면에서의 개선방안을 논의하면서도 언급한 바와 같이 현재 제도적 미비에 대한 인식이 평가 영역의 중요도를 결정하는 데 영향을 미칠 가능성을 염두에 두어야 한다. 이와 관련하여 대학 교수, 연구자, 학자 등으로 구성된 자문단을 통해 가중치 설정에 관한 자문을 구하고 있는 중앙일보의 사례는 검토될 가치가 있다.

마지막으로 청년드림 대학 선정 단계에서는, 첫째, 최우수, 우수, 일반 대학으로 집단을 구분한 상세 기준을 밝힐 필요가 있다. 둘째, 현재는 취·창업역량과 취·창업성과를 기준으로 청년드림 대학 선정을 실시하고 있는데, 평가목적 측면에서의 개선방안을 논의하면서 언급한 바와 같이 취·창업성과보다 취·창업역량 비중이 높게 책정되도록 설계하여야 한다. 이는 실제로 수도권 소재 대학과 비교할 때 취·창업역량은 높으나 취·창업성과가 상대적으로 낮은 지방 소재 대학들이 최우수 인증을 받지 못한 사례(예: 영남대)가 발생하고 있는 만큼 이 부분에 대한 재고가 필요해 보인다.

제**18**장 # 언론사 대학평가의 쟁점과 과제

　대학평가는 평가주체에 따라 크게 정부 주도형 평가, 인증기관 주도형 평가, 언론사 주도형 평가로 구분 가능하다. 이때, 정부 주도형 평가는 대부분 대학 재정지원사업과 연계되어 평가결과에 따라 재정 지원 여부와 규모가 결정될 뿐만 아니라, 향후 재정지원사업에 참여할 수 있는 권한을 제한 또는 박탈하기도 한다는 점에서 파급력이 남다르다. 또한 인증기관 주도형 평가는 평가대상이 되는 교육 프로그램의 지속 운영 여부를 결정짓는다는 점에서 대학과 해당 학과의 민감도가 높은 편이다. 이 장에서 살펴볼 언론사 주도형 평가의 경우에는 그 평가결과가 정부 주도형 평가와 같이 행·재정적 인센티브 또는 불이익을 주는 근거로 작용하지도 않고, 인증기관 주도형 평가와 같이 교육 프로그램의 운영 여부에 영향을 미치지도 않는다. 그럼에도 언론사 주도형 평가는 매년 평가결과와 순위 공개가 대중에 공개됨으로써 대학의 대외적 이미지와 지명도에 큰 영향을 미친다는 점에서 주목할 필요가 있는 대학평가의 한 유형이다.

　우리나라 대표 언론사인 중앙일보, 조선일보, 동아일보는 모두 차별화된 방식으로 대학평가를 실시하고 있다. 중앙일보는 대학평가를 언론사 최초이자 독자적으로 1994년부터 실시해 왔고, 조선일보는 2009년부터 영국 대학평가 전문기관 Quacquarelli Symonds(이하 QS)와 함께 아시아권 대학평가를 해마다 실시하고 있다. 동아일보는 1996년부터 1997년까지 2년간 대학정보화평가를 한시적으로 실시하다가 잠정 중단했었는데, 자사 종편 채널A 컨설팅업체인 딜로이트 컨설팅(Deloitte Consulting)과 손잡고 2013년부터 '청년드림 대학평가'라는 이름으로 대학평가를 재개한 후, 2017년부터 고용노동부 및 한국고용정보원과 공동으로 평가를 진행해 오고 있다. 중앙일보가 대학종합평가를 중심으로 국내 대학 간 경쟁을 통한 대학 경쟁력 강화를 추구해 왔다면, 조선일보는 평가대상을 아시아대학으로 넓히고 글로벌 경쟁력을 강조하여 차별화를 꾀하였다. 동아일보는 앞선 중앙일보와 조선일보의 순위평가에서 드러난 대학 서열화의 문제를 보완하기 위하여 대학의 종합 역량 대신 취·창업 지원 역량을 중심으로 인증평가 형태의 대학평가를 실시하고 있다.

이와 같이 우리나라 대표 언론사 세 곳이 대학평가를 개별 실시하고 있는 상황임에도 불구하고 이를 종합·비교한 선행연구는 찾아보기 어렵다. 국내 언론사 대학평가와 관련한 선행연구 대부분은 1994년부터 일찍이 대학평가를 실시한 중앙일보 대학평가에 초점을 맞추어 진행되었고, 조선일보-QS 아시아권 대학평가만을 중점적으로 다룬 논문은 유완·이일용(2016)이 유일하다. 동아일보는 오랫동안 평가를 잠정적으로 중단하였다가 재개한 지 얼마 되지 않은 만큼 학술지가 아닌 칼럼 수준에서 학술적인 논의가 시작되고 있는 상황이다. 따라서 이 장에서는 중앙일보 대학평가를 중심으로 이루어져 왔던 국내 언론사 대학평가에 대한 논의의 저변을 조선일보와 동아일보의 대학평가까지 확장시켜 국내 언론사 대학평가의 과거와 현재, 그리고 미래를 종합적으로 조망하고자 한다.

1 평가의 방향과 배경 논리

중앙일보는 국내 다른 언론사보다도 가장 앞서서 1994년부터 대학평가를 실시하였다. 중앙일보는 일찍이 미국, 일본 등 선진국에서 언론사들이 대학평가를 주관하여 대학개혁을 위한 동력을 창출하는 상황에 주목하였다. 이에 미국의 U.S. News & World Report에서 실시하는 대학평가를 벤치마킹하여 중앙일보 창간 기념사업의 일환으로 대학평가 사업을 실시하게 되었다. 당시 중앙일보가 대학평가를 실시하게 된 이유로 언급한 사항은 크게 두 가지로, 하나는 학생과 학부모 등 교육 소비자에게 올바른 대학 정보를 제공하기 위함이었고, 다른 하나는 대학 간에 생산적인 경쟁을 유도하여 국가경쟁력의 근간인 고등교육기관의 발전에 기여하기 위함이었다. 즉, 국민의 알 권리를 충족시키고, 해외 대학평가 동향에 발맞추어 대학평가를 실시하여 대학 개혁에 대한 공감대를 확산시키기 위하여 중앙일보는 '국내 대학 간 경쟁을 통한 대학경쟁력 제고'를 목표로 대학평가를 실시하고 있다.

조선일보의 경우에는 오래전부터 영국 고등교육 관련 주간지를 발간해 온 The Times 지와 함께 2004년부터 세계대학평가를 실시해 온 QS사와 함께 손을 잡고 2009년부터 아시아권 대학평가 결과를 발표하고 있다. 이처럼 조선일보가 QS와 함께 아시아권 대학평가 결과를 발표하기로 결정한 데에는 고등교육의 국제화에 따른 세계 대학평가 시장 확대 분위기와 함께 중앙일보의 국내 언론사 대학평가 시장 독점에 따른 위기감이 복합적으로 작용하였다. 고등교육의 국제화 현상이 해를 거듭할수록 가속화되면서 2000년대 이후로 세계 대학을 대상으로 고등교육의 수준을 측정·비교하여 그 순위를 발표하는 기관들이 대거 등장하였다. 그런 와중에 국내 언론사 대학평가 시장은 일찍이 중앙일보가 독점하고 있는 상황이었기 때문에, 조선일보는 국내 대학을 대상으로 실시하는 중앙일보 대학평가와 대비하여 아시아권 대학을 대상으로 국내 대학의 국제경쟁력을 평가하는 방향으로 차별화를 꾀하였다.

한편, 동아일보는 과거 정보통신부와 공동으로 학교 정보화 운동을 펼치면서 1996년과 1997년 두 차례에 걸쳐 전국 316개 4년제 대학과 전문대학을 대상으로 정보화 평가를 실시한 바 있다. 그러다 2013년에 이르러 청년드림 대학평가라는 이름으로 대학평가를 재개한다고 밝히면서, 기존 언론사 대학평가와 대비하여 본 평가를 실시하게 된 이유를 다음과 같이 밝혔다. 첫째, 평가의도 측면에서 기존 평가는 대학 간 경쟁 촉진을 통한 역할 개선에 주력하였으나 평가를 통해 어떤 사회적 가치가 창출되는지 불분명하므로, 본 평가는 대학을 통한 청년실업 해소라는 명확한 비전을 지향한다. 둘째, 평가 내용 및 방식 측면에서 기존 평가는 주로 대학의 연구 기능에 주목하여 학생 생활과 이질감을 형성하였으나, 본 평가에서는 학생 요구 조사 결과를 기반으로 취·창업 관련 지표를 대거 반영하고 가중치를 설정한다. 셋째, 평가결과 활용 측면에서 기존 평가는 일방적으로 순위만 발표하고 그 결과에 대한 세부 정보를 공개하지 않았으나, 본 평가에서는 평가 결과에 대한 세부 분석 정보도 함께 제공하여 평가 결과 활용도를 제고한다.

이와 같이 중앙일보, 조선일보, 동아일보는 평가를 실시하기로 결심한 그 당시의 대내외적 상황에 영향을 받아 평가체계를 갖추었다. 중앙일보 대학평가가 실시될 때만 해도 정부 주도형 대학평가나 인증기관 주도형 대학평가가 모두 체계를 갖추기 전이었기 때문에, 중앙일보 대학평가는 국내 대학을 대상으로 그 수준을 비교·측정하고 그 결과를 고등교육 수요자에 공개하는 형태로 발전해 왔다. 마찬가지로, 조선일보 대학평가는 2000년대에 진입하면서 가시적으로 나타난 국내 고등교육의 국제화 현상을 반영하여 아시아권 대학을 대상으로 그 수준을 비교·측정하여 결과를 발표하고 있으며, 동아일보 대학평가는 갈수록 심화되는 청년실업 문제에 주목하고 이를 해결하는 데 이바지하기 위하여 대학의 취·창업 역량을 중심으로 대학의 사회적 역할 수행 정도를 평가하는 방향으로 발전하고 있다.

2 평가의 유형 및 특징

앞서 제15장부터 제17장에 걸쳐 중앙일보, 조선일보, 동아일보 대학평가를 순서대로 살펴보았다. 크게 평가 배경 및 변천 과정, 평가 목적 및 의의, 평가 영역 및 지표, 평가 과정 및 방법, 평가결과 활용, 평가 성과 및 개선 방안을 중심으로 그 내용을 살펴보았는데, 주요 내용을 간략하게 표로 정리하여 제시하면 〈표 18-1〉과 같다.

〈표 18-1〉 중앙일보, 조선일보, 동아일보 대학평가 비교

구분	중앙일보 대학평가	조선일보-QS 대학평가	동아일보 대학평가
평가 목적	• 국내 대학 간 경쟁 촉진하여 고등교육 발전 및 국가 경쟁력 강화	• 아시아권 대학 간 수준 비교 통해 국내 대학의 국가/국제경쟁력 제고	• 국내 대학의 취·창업 역량 강화 및 청년실업 해소
평가 영역	• (종합평가 기준) 교육여건, 교수·연구, 평판도, 학생 교육 및 성과 등 4개 영역	• 연구 실적, 교육 수준, 졸업생 평판도, 국제화 수준 등 4개 영역	• (2019년도 2차 평가 기준) 진로취창업지원 관련 인프라, 교육, 서비스, 네트워크 등 4개 영역
평가 지표	• (종합평가 기준) 평가영역별로 14개, 10개, 10개, 8개 지표(총 42개 지표)	• (2019년 기준) 평가영역별로 4개, 2개, 1개, 4개 지표(총 11개 지표)	• (2019년도 2차 평가 기준) 평가영역별로 3개 지표 (총 12개 지표)
평가 과정	• 기초자료 수집(4월) → 설명회(6월) → 평가(8월) → 결과 발표(8~9월)	• 공문 발송(12월) → 평가(1월) → 분석(2~4월) → 결과 발표(5월)	• 1차 평가(4~5월) → 설명회(5월 말) → 2차 평가(6~7월) → 결과 발표(9월)
평가 방법	• 대학 측에 기초자료 수집 협조 요청 • 평가 시 온라인 설문지 배포	• 8개 지표는 대학으로부터 자료를 받아 산출 • 학계 전문가 평가지표와 기업 졸업생 평가지표는 온라인 설문조사 실시	• (1차 평가) 4개 영역 30개 지표로 2차 평가대상 대학 50개교 선별 • (2차 평가) 4학년 학생과 교직원 대상 설문조사 실시
결과 활용	• 종합평가, 학과(계열) 평가, 교육중심대학평가 순위 공개	• 평가 결과 상위 20위권 순위 공개	• 대학별 평가 결과 보고서 제공 및 홈페이지에 공시 • 고용노동부, 한국고용정보원과 공동으로 청년드림 Best Practice 대학 시상식 개최

먼저, 평가목적 측면에서 눈에 띄는 점은 세 언론사 대학평가 모두 대학평가를 통한 대학의 발전이 결과적으로는 국가의 발전과 경쟁력 향상에 유의미한 영향을 미친다고 간주한다는 점이다. 중앙일보는 국내 대학을 대상으로 진행하는 본사의 평가가 궁극에는 고등교육 발전과 국가경쟁력 강화에 이바지할 것으로 내다보았다. 조선일보 역시도 아시아권 대학을 대상으로 진행하는 본사의 평가가 국내 대학의 국가경쟁력과 국제경쟁력 강화로 이어진다고 보았다. 동아일보의 경우에는 국내 대학의 취·창업 역량을 중심으로 대학평가를 진행하는 만큼 본사의 평가가 국가의 청년실업 문제 해결에 이바지할 수 있을 것으로 내다보았다.

둘째, 평가영역을 보면 세 언론사 대학평가는 대략 4개에서 5개 평가 영역으로 구성되어 있음을 확인할 수 있다. 이때, 동아일보 대학평가는 대학의 취·창업 역량에 국한하여 평가가 이루어지는 만큼 평가 영역 역시 대학의 취·창업 역량과 관련된 내용으로 구성되어 있다. 따라서 대학의 전반적인 역량에 관심을 두는 중앙일보와 조선일보의 대학평가와는 평가영역 구성 면에서 차이를 보인다. 두 언론사 대학평가의 평가영역을 살펴보면, 명칭과 비중에 소폭 차이는 있지만 공통적으로 대학의 교육 기능, 연구 기능, 평판도에 주목하고 있다는 사실을 확인할 수 있다.

셋째, 평가지표 측면에서 특기할 점은 다른 두 언론사에 비해 조선일보 대학평가 지표 수가 확연하게 적다는 점이다. 평가영역 수는 4개에서 5개로 세 언론사 대학평가 간에 큰 차이가 없었으나, 평가지표 수는 조선일보 대학평가가 11개로 가장 적었고, 동아일보 대학평가 또한 12개 지표로 큰 차이는 없었다. 다만, 중앙일보 대학평가의 경우 42개 지표로 구성되어 있어 두 언론사의 대학평가와 차이를 보였다. 지표 수의 차이도 있지만 중앙일보 대학평가와 동아일보 대학평가의 지표는 구성에서 질적으로 큰 차이를 보인다. 이는 평가영역 측면에서 언급한 바와 같이 중앙일보 대학평가와 동아일보 대학평가가 각각 대학의 전반적인 역량과 대학의 취·창업 역량을 평가하는 데 초점이 맞추어져 있기 때문에 발생하는 차이라 할 수 있다.

넷째, 평가과정은 세 언론사 대학평가 모두 평가대상 대학에 자료 제공 협조를 요청하는 절차부터 시작하여 평가를 실시하고 그 결과를 발표하는 일련의 과정을 거친다. 다만, 중앙일보 대학평가와 동아일보 대학평가가 평가대상 대학을 대상으로 평가체계에 대한 설명회를 개최하는 데 반해, 조선일보 대학평가는 평가대상 대학에 협조 공문 요청을 발송하는 절차만 진행하고 평가체계에 대한 별도의 설명회를 개최하지는 않고 있다. 이는 다른 두 언론사 대학평가에 비해 평가 영역 및 지표가 4개 영역 11개 지표로 비교적 단순하기도 하고, 조선일보-QS 아시아권 대학평가 체계가 QS 세계대학평가 체계에 기초하여 개발된 이후로 지금까지 큰 변동 없이 유지되어 왔기 때문에, QS 세계대학평가 공식 홈페이지를 통해 평가 체계에 대해 설명하는 형태로 설명회를 갈음하고 있다.

다섯째, 평가 방법의 경우에는 공통적으로 온라인 설문조사 방식을 활용하고 있고, 설문조사 대상에서 약간의 차이를 보인다. 중앙일보 대학평가는 대학평가 담당자를 대상으로 평가지표에 대한 응답을 요청하며, 조선일보 대학평가는 대학평가 담당자와 더불어 학문 분야별 학계 전문가와 기업 인사 담당자를 대상으로도 설문조사를 실시한다. 동아일보 대학평가의 경우에는 교내 취·창업 지원 담당자와 4학년 재학생을 대상으로 설문조사를 실시하는데, 고등교육 수혜자인 학생을 평가 대상에 포함시킨 경우는 세 언론사 대학평가 가운데 동아일보 대학평가가 유일하다.

여섯째, 결과 활용에 있어서는 순위평가 방식을 고수하는 중앙일보 및 조선일보 대학평가와, 인증평가 방식을 고수하는 동아일보 대학평가 간에 차이를 보인다. 전자의 경우, 중앙일보는 종합평가, 학과(계열) 평가, 교육중심대학평가 순위를 함께 공개하고 있고, 조선일보는 종합평가 순위와 평가지표별 순위를 공개하고 있다. 반면, 동아일보는 취·창업 역량 수준에 따라 최우수, 우수, 보통, 후보군을 나눈다는 점에서 일면 순위평가 성격을 지니나, 같은 군에 포함된 대학 간에 순위를 매기지 않는다는 점에서 중앙일보 및 조선일보 대학평가의 결과 활용 방식과 차이를 보인다.

3 성과 및 문제점

언론사 주도형 평가의 성과는 크게 세 가지로 요약 가능하다. 먼저, 첫 번째 성과로는 고정불변으로 간주되던 대학 서열 체제에 의미 있는 균열을 만들었다는 점을 들 수 있다. 중앙일보와 조선일보의 경우, 매년 대학평가를 실시한 뒤 그 결과를 순위 형태로 공개한다. 그런데 그 순위는 매년 크고 작은 변동이 있었고, 최근 3년간의 평가 결과에서 나타난 성균관대의 약진은 소위 'SKY' 순으로 이어진다고 믿었던 명문 대학 서열에 물음표를 던지게 하였다. 나아가 동아일보 대학평가에서는 중앙일보 및 조선일보 대학평가에서 매년 상위권에 이름을 올리던 KAIST, 서울대, POSTECH 등이 최우수 등급을 받지 못하는 이변이 연출되기도 하였다. 이와 같은 결과는 그동안 뚜렷한 근거 없이 믿어왔던 대학 서열 체제에 합리적인 의심을 하게 만들었고, 대학으로 하여금 학내 구성원의 노력 여하에 따라 대학이 더욱 발전할 수 있다는 사실을 가시적으로 보여 주는 데 성공하였다.

다음으로, 두 번째 성과는 정부 주도형 평가나 인증기관 주도형 평가에 비하여 보다 다양한 고등교육 수요자의 의견을 수용하였다는 점을 들 수 있다. 세 언론사 대학평가는 대학 본부 관계자를 대상으로 그 의견을 묻는 조사를 실시하기도 하지만, 정부 주도형 평가와 인증기관 주도형 평가에서 종종 놓치는 고등교육 수요자, 즉 국·내외 학계 전문가, 기업 인사 담당자, 재학생 등의 의견을 폭넓게 수렴하였다는 점에서 뚜렷한 성과가 있다. 특히 재학생을 대상으로 대학이 그들의 취·창업에 유의미한 영향을 주었는지를 묻고, 더 많은 도움이 된 교내 취·창업 프로그램 순위를 물어 평가 지표 가중치를 설정하는 데 반영한 동아일보 대학평가의 사례는 대학을 평가하는 행위가 궁극적으로 지향하는 바가 무엇인지를 재차 성찰하게 한다는 점에서 성과와 별도로 큰 울림을 전한다.

　마지막 세 번째 성과는 정부 주도형 평가와 인증기관 주도형 평가와 구별되는 사적 평가의 지평을 개척·확장하였다는 점이다. 1994년 당시 중앙일보가 국내 대학을 대상으로 언론사 주도 대학평가 시장의 지평을 열었다면, 조선일보는 2009년을 기점으로 국내 대학을 포함한 아시아권 대학을 대상으로 평가를 실시하여 국내 언론사 대학평가 시장의 보완재로 자리매김하였다. 동아일보 대학평가의 경우에는 기존의 두 언론사 대학평가가 노정한 한계, 즉 대학의 연구 기능 또는 국제화 기능에 초점을 맞춘 나머지 대학의 교육 기능 내지 취·창업 기능을 소홀히 다루었다는 한계를 극복한 평가를 2013년에 탄생시킴으로써 기존에 중앙일보와 조선일보의 대학평가로 점철되던 국내 언론사 대학평가 시장의 양자 구도를 다자 구도로 전환시켰다.

　한편, 성과 뒤에 드리워진 문제점 역시 분명하다. 가장 큰 문제점은 사적 평가의 특성상 대학평가가 상업적으로 흘러가기 쉽다는 데 있다. 투입이 산출로 나타나는 과정이 복잡하고도 장기적인 성격을 보이는 교육의 특성상 1년 단위로 치러지는 대학평가 장면에서 대학들이 작년도에 비해 괄목할 만한 성장을 보이기란 매우 힘들다. 그럼에도 평가결과는 매년 역동적으로 변화하며, 언론사는 이를 약진과 추락이라는 자극적인 용어로 포장하여 독자의 시선을 사로잡는다. 이에 각 대학들은 당해연도 평가결과를 홍보 또는 만회하기 위하여 해당 신문사에 대학 광고를 게재하고자 하며, 실제로 제16장에서는 대학평가 결과 발표 일시를 전후로 조선일보 지면에서 대학 광고 비중이 증가하였음을 확인하기도 하였다. 이와 같이 언론사 주도형 평가는 평가결과가 피평가자인 대학에 환류되어 대학의 실질적인 변화와 발전을 유도하는 측면보다도, 평가자인 언론사의 이윤을 창출하기 위한 수단으로 변질되어 활용되는 측면이 강하다는 문제가 있다.

　이와 함께, 평가체계가 평가목적을 달성하기 위하여 적절하게 구성되었는지를 판단하는 문제에 있어서도 언론사 주도형 평가는 자유롭지 못하다. 앞서 성과로 제시한 대로 대학 본부 관계자뿐만 아니라 학계 전문가, 기업 인사 담당자, 학생 등 다양한 고등교육

수요자의 의견을 반영하기 위하여 노력하였다는 점은 인정할 만하나, 이들의 의견을 묻는 설문조사 방식이 전문적으로 검증되고 체계적으로 설계되었는지에 대해서는 논쟁의 여지가 있다. 평판도 영역 조사 설계의 타당성 문제 이외에도 평가 영역과 하위 평가지표 간 정합성 문제, 특정 평가영역에 편중된 비중 문제 등 평가 체계에 관하여 제기되는 여러 문제점은 언론사 주도형 평가의 신뢰도를 흔드는 요인으로 작용하고 있다.

또한 평가의 절차가 투명하게 그리고 구체적으로 공개되지 않고 있다는 점도 언론사 주도형 평가가 노정한 한계점 중 하나이다. 평가 영역 및 지표 체계가 어떠한 이유에서 어떻게 변화되어 왔는지, 평가지표는 어떤 방법으로 산출되는지, 평가지표에 맞게 수합한 정보를 어떤 식으로 가공하여 처리하는지, 연도별 평가 결과는 어떠한지 등에 관한 정보가 대학평가 공식 홈페이지에 축적되기보다는 단순히 몇 편의 기사 형태로 소비되고 만다. 특히 조선일보의 경우에는 QS가 진행하는 세계대학평가 체계를 기초로 아시아권 대학평가를 설계하였다는 이유에서인지 아시아권 대학평가 홈페이지를 별도로 개설하지 않고 있어, 평가가 진행되는 전반적인 과정과 방법에 대한 의문을 증폭시키고 있다. 이상으로 언급한 언론사 주도 대학평가의 문제점은 언론사 주도형 평가를 둘러싼 쟁점을 다룰 다음 절에서 다시 다루도록 하겠다.

④ 평가의 쟁점

1) 평가목표 측면: 변화된 시대상에 부합하는 방향으로 실시되고 있는가

전술한 바와 같이 세 언론사는 당시의 시대적 상황을 반영하여 대학평가 목표를 설정하였다. 그러나 평가 도입 당시 이들이 고려한 당시의 시대적 상황은 시간이 흘러 변화하였다. 따라서 관성처럼 이어지고 있는 언론사 대학평가에 잠시 제동을 걸고, 평가 목표 측면에서 세 언론사 대학평가가 변화된 시대상에 부합하는 방향으로 실시되고 있는지를 비판적으로 검토할 필요가 있다.

중앙일보 대학평가에 대한 논의를 계속해서 이어가자면, 중앙일보 대학평가가 도입될 당시만 해도 대학 정보 공시 체계와 중앙정부 및 인증기관 주도의 대학평가 체계는 모두 미비하였으므로, 국내 대학의 전반적인 역량을 측정·비교하고 그 결과를 공개하여 국내 대학 간 생산적인 경쟁을 유도하겠다는 당시의 평가 목표는 시의적절하였다. 그러나 이제는 중앙일보가 종합평가 결과를 공개하지 않더라도 대학의 기본 여건과 전반적인 역량을 확인할 수 있는 정보가 범람하고 있다. 오히려 최근에는 제4차 산업혁명의 여파로 과거에 비하기 힘든 속도로 산업 구조가 빠르게 재편되고 있고, 그 근간이 되는 지식과 기술의 원천을 다루는 대학의 전공 구조 역시 그에 부합하는 방향으로 빠르게 재편되고 있어, 전반적인 역량이 뛰어난 대학보다도 특정 분야에 특화된 역량을 갖춘 학과에 대한 정보 수요가 갈수록 높아지는 추세이다. 따라서 과거와 동일하게 대학의 전반적인 역량을 비교·평가하는 방향이 바람직한지, 아니면 대학의 특성화 역량을 비교·평가하는 방향이 보다 바람직한지에 대한 논쟁은 시간이 흐를수록 더욱 강하게 제기될 것이다.

다음으로, 조선일보-QS 아시아권 대학평가의 탄생 배경으로 작용한 고등교육의 국제화 추세는 현재에도 지속되고 있다. 국내 고등교육의 국제화 현상은 1995년 1월 WTO 체제의 출범과 「서비스 무역에 관한 일반협정(General Agreement on Trade in Service: GATS)」의 발효로부터 시작되었다. 당시 우리나라는 국민 기초공통 교육단계로서 공공성이 강한 초·중등교육 부문은 제외하고, 사립교육기관에 의한 고등교육과 성인교육 부문에 한해 현행 국내법상의 제한을 유지하는 범위 내에서 국내 교육서비스 시장을 개방하였다. 이에 따라 국내 고등교육의 국제화는 2000년대에 압축적으로 진행되었는데, 그로 인하여 대학 현장에 나타난 부작용과 폐해를 보고하고 규탄하는 연구가 최근 크게 늘고 있다. 고등교육 국제화가 가져온 명과 암을 균형 있게 바라보아야 한다는 학자들의 지적은 고등교육 국제화와 대학의 국제경쟁력을 등가 개념으로 간주하는 조선일보 대학평가 목표상에 경종을 울린다.

마지막으로, 동아일보 대학평가는 다른 두 언론사 대학평가에 비해 비교적 최근에 시작되었기 때문에 현재의 시대상을 가장 잘 반영하고 있다. 저출산 경향이 심화되면서 미래 생산가능인구가 줄어드는 상황임에도 불구하고, 세계적인 저성장 기조로 청년 세대가 사회에서 제자리를 잡지 못하는 상황이 장기화되고 있어 미래에 대한 전망을 어둡게 하고 있다. 이와 같은 상황 속에서 청년실업 문제 해결에 기여하기 위하여 학교와 사회를 잇는 교두보인 대학의 취·창업 지원 역량을 평가하겠다는 동아일보 대학평가의 목표는 매우 시의적절하다는 평이 우세하다. 그러나 동시에 이와 같은 접근 방식이 진리를 탐구하는 상아탑인 대학을 기업에 필요한 인재를 공급하는 양성소로 전락시키는 결과를 야기하지는 않을지 우려하는 목소리도 적지 않다. 대학의 교육, 연구, 사회봉사 기능 가운데 어떤 기능이 현 시점에서 보다 강조되어야 하는지의 문제는 개인의 가치판단 영역인 동시에 사회적 합의의 영역이기도 하므로, 앞으로도 지속적인 논쟁의 여지가 있다.

2) 평가내용 측면: 평가목표를 달성하는 데 적절하고도 충실하게 구성되었는가

세 언론사는 각자 내세운 평가 목표에 맞게 평가 영역 및 지표 체계를 구축하였으며, 시대적 상황에 맞게 이를 보완해 가며 평가 체계를 발전시켜 왔다. 따라서 평가내용 측면에서 평가 영역 및 지표 체계가 목표를 달성하는 데 적절하고도 충실하게 구성되었는지를 검토하면 다음과 같다.

중앙일보 대학평가는 국내 대학의 전반적인 역량을 평가한다는 목표 아래 4개 평가 영역과 42개 평가지표로 구성된 종합평가 체계를 갖추고 있다. 평가영역은 크게 교육여건(100점), 교수·연구(100점), 평판도(30점), 학생 교육·성과(70점)로 나뉘는데, 대학의 전반적인 역량을 평가한다는 목표에 걸맞게 교육여건 비중이 다른 영역에 비해 높은 편이다. 그러나 하위 지표를 살펴보면 14개 평가지표 가운데 과거 국제화 영역에 포함되어 있던 지표가 4개(외국인 교수 비율, 학위 과정 등록 외국인 학생 비율, 외국인 학생의 다양성, 교환 학생 비율)를 차지하고 있어, 국제화 수준이 곧 대학의 기본적인 교육 여건을 판단하는 척도로 작용하게 되는 역설이 발생하고 있다.

다음으로, 조선일보 대학평가는 국내 대학의 국제경쟁력 수준을 아시아권 대학과 비교·평가한다는 목표 아래 4개 영역과 10개 지표로 구성된 평가체계를 갖추고 있다. 평가영역은 크게 연구 실적(50%), 교육 수준(20%), 졸업생 평판도(20%), 국제화 수준(10%)으로 나뉘는데, 연구 실적이 차지하는 비중이 국제화 수준이 차지하는 비중보다 월등히 높은 편이다. 즉, 조선일보 대학평가에서는 국제적으로 양질의 연구 실적을 배출하는 이른바 연구중심대학을 곧 국제경쟁력을 갖춘 대학으로 간주한다. 그런데 조선일보 대학평가가 기정사실처럼 간주하는 연구중심대학과 국제경쟁력 간 호환 관계가 보편적으로 수용되는 진리는 아니다. '가장 한국적인 것이 가장 세계적이다.'라는 말이 있듯 지식이 통용되는 지리적 범위가 지식의 국제성 여부를 결정하지 않기 때문이다. 요컨대 연구중심대학이 곧 국제경쟁력을 갖춘 대학이라 간주하는 조선일보 대학평가에서 평가목표와 평가 영역 및 지표 체계 간 정합성은 높다 할 수 있으나, 국제경쟁력에 대한 개념 정의가 합의되지 않은 상황임을 감안하면 평가목표와 평가체계 간 정합성이 높다는 평가 자체가 무의미할 수 있다.

마지막으로, 동아일보 대학평가는 국내 대학의 취·창업 역량과 취·창업 성과를 평가한다는 목표 아래 4개 영역, 12개 지표 체계를 갖추고 있다. 평가영역은 인프라(219.7점), 교육(232.7점), 서비스(329.0점), 네트워크(218.6점)로 나뉘는데, 서비스 영역의 배점에 비

해 교육 영역 비중이 낮은 점에 대해 고민할 필요가 있다. 일반적으로 학생들이 교육과
정을 통해 취·창업을 위한 지식을 습득하는 데 소요되는 시간은 취·창업 상담, 관련
정보 습득, 관련 활동 체험에 소요되는 시간보다 장기적이다. 다시 말해, 학생들이 체감
하는 효과의 정도는 소요된 시간과 반비례 관계가 되기 쉽다. 투자한 시간에 비해 효과
가 극적으로 나타나는 단기 취·창업 지원 프로그램을 확대하는 작업도 중요하지만, 소
요되는 시간이 상대적으로 길어도 효과가 장기적으로 나타나는 교육과정의 체계를 취·
창업에 친화적으로 개편하는 작업 역시 중요하다.

3) 평가방법 측면: 평가목표를 달성하기에 적합한가

　세 언론사는 평가목적에 부합하는 방향으로 수립한 평가 영역 및 지표 체계에 맞추어
평가대상 대학을 대상으로 평가절차를 진행해 왔다. 평가방법 측면에서 평가방식이 평
가목표를 달성하기에 적합한지를 검토하면 다음과 같다.
　중앙일보 대학평가는 대학의 전반적인 역량을 평가한다는 평가목표에 따라 종합평가,
학과(계열) 평가, 교육중심대학 평가 모두 총합평정방식을 채택하고 있고, 42개에 달하
는 평가 지표가 모두 정량지표여서 서면평가방식을 유지하고 있다. 그런데 총합평정방
식은 모든 평가영역에서 고른 점수를 받지 않아도, 즉 다른 영역에서 타 대학에 비해 점
수를 낮게 받더라도 비중이 높은 영역에서 이를 만회할 정도의 높은 점수를 얻으면 결과
적으로 모든 영역에서 우수한 대학으로 간주되는 맹점이 있다. 특정 학문 영역에서의 전
문성을 평가하는 학과(계열) 평가나 교수와 학생 간 교수–학습 활동의 우수성을 평가하
는 교육중심대학 평가에 비하여 평가 범위가 넓은 종합평가의 특성상 총합평정방식의
한계는 더욱 부각된다. 아울러 서면평가방식은 평가 자료의 진위 여부를 철저하게 검증
하는 데 한계가 있다. 대면평가방식과 결합하여 진행할 필요는 없는지 추가적인 논의가
필요한 상황이다.
　그런데 총합평정방식과 서면평가방식의 적합성과 충분성에 대한 문제는 비단 중앙일
보 대학평가에 국한되지 않는다. 먼저, 총합평정방식의 경우, 평가지표별로 평가결과를
정렬하여 볼 수 있게 되어 있어 중앙일보 대학평가보다 문제의 심각성은 덜하지만, 조선
일보 대학평가 역시 총합평정방식을 채택하고 있다. 동아일보 대학평가의 경우에는 평
가결과를 순위 형태로 공개하지는 않지만, 총합평정방식에 따라 산출된 총점에 따라 우
수한 성적을 거둔 대학을 네 그룹으로 나누어 발표한다는 점에서 중앙일보 대학평가와
같은 한계에 직면하고 있다. 다음으로 서면평가방식의 경우, 조선일보 대학평가는 중앙

일보 대학평가와 동일하게 모든 평가지표가 정량지표로 구성되어 있어 서면평가방식을 고수하고 있다. 반면, 동아일보 대학평가는 대면조사 형태로 재학생 설문조사를 실시한다는 점에서 서면평가방식의 한계를 일년 보완한 측면이 있다. 하지만 대면조사 형태로 설문조사를 어떻게 실시하는지, 즉 반구조화된 설문지를 중심으로 설문에 대한 응답과 심도 깊은 인터뷰가 병행되는지, 대면조사 시간은 어느 정도 소요되는지 등에 관한 정보가 제공되지 않고 있어 서면평가방식을 어느 수준까지 보완하고 있는지를 판단하기에는 한계가 있다.

끝으로, 총합평정방식과 서면평가방식을 둘러싼 논쟁과 함께 세 언론사 대학평가의 추진 방식 측면에서 공통적으로 제기되는 또 다른 쟁점은 바로 정량지표 위주로 평가지표를 구성하였다는 점으로부터 비롯된다. 상대적으로 교육에 대한 인·물적 투입 수준과 산출 정도는 정량지표로 환산하기 용이하나, 교수와 학생 간 상호작용 등과 같은 교육의 과정적 측면은 정량지표로 환산되기 어렵다. 이로 인하여 동아일보 대학평가에서는 수도권 소재 대학에 비하여 취·창업 역량은 높으나 취·창업 성과가 낮은 지방 소재 대학 일부가 최우수 인증을 받지 못하기도 하였다. 따라서 정량지표와 정성지표 간 비중의 균형을 맞추는 작업 역시 언론사 주도형 평가가 노정한 한계이자 과제로 제시되고 있다.

4) 결과 활용 측면: 평가목표를 달성하기에 유효한 방식이었는가

세 언론사는 평가를 완료한 이후 그 결과를 대중에 공개하고, 평가목표를 달성하기 위한 차원에서 평가결과를 활용하여 후속 기사를 보도하거나 우수 대학 시상식을 개최한다. 결과 활용 측면에서 이와 같은 평가결과 활용 방식이 평가 목표를 달성하기에 유효한 방식이었는지를 검토하면 다음과 같다.

앞서 성과 및 문제점에 대하여 논의하면서 언급하였듯 언론사 주도형 평가는 평가결과가 피평가자인 대학에 환류되어 대학의 실질적인 변화와 발전을 유도하는 측면보다도, 평가자인 언론사의 이윤을 창출하기 위한 수단으로 변질되어 활용되는 측면이 강하다는 비판에 직면해 있다. 사적 평가라는 특성상 언론사가 대학평가를 통해 이윤을 창출하는 행위 자체를 바람직하지 않다고 말할 수는 없다. 더욱이 고등교육은 초·중등교육과 같이 의무교육 단계가 아니어서 WTO에 의하여 국제적으로 개방되어 있기 때문에, 민간 차원에서 대학의 역량을 비교·평가하는 행위를 제재하는 행위는 오히려 지탄의 대상이 될 수 있다. 그러나 의무교육 단계에 해당되지 않음에도 불구하고 국민 대다수가 고등교육을 이수하는 보편화 단계에 접어든 현 시점에서 언론사 주도형 평가 시장을 사적 영역으로 규정하고 별다른 관리·감독을 하지 않는 태도 역시 고등교육의 공공성을 해치는 원인이 될 수 있다.

이와 같은 관점에서 볼 때, 언론사가 평가결과를 활용하여 이윤을 추구하는 방식은 논쟁의 소지가 될 수 있다. 중앙일보와 조선일보의 경우에는 평가결과를 순위 형태로 발표하고, 전년도에 비해 성적이 상승 또는 하락한 대학의 사례를 후속 기사로 보도하며, 대학으로부터 대학 홍보를 위한 광고를 유치하여 수익을 창출하였다. 그러나 동아일보 대학평가와 같이 평가대상 대학별로 평가 결과 보고서를 송부하여 이후 대학 발전 계획을 수립·보완하는 데 참고자료로 활용하게 하는 노력은 상대적으로 부족하였다. 이처럼 평가자인 언론사와 피평가자인 대학이 평가를 통해 얻는 효용과 잃는 비용 간에 차이가 크다면, 평가결과 활용의 효용성 논쟁은 지속적으로 불거질 수밖에 없다.

5 평가의 개선 과제

1) 평가목표 측면: 종합 역량보다 특정 역량을 중심으로 평가해야

일찍이 김병주(2000a; 2000b)는 언론사 대학평가가 대학평가 시장의 한 축을 차지하고 있음을 인정하고, 정부 주도형 평가와 인증기관 주도형 평가와 더불어 서로의 역할에 맞는 평가를 실시하면서 상호 보완하는 체제를 구축하여야 한다고 주장한 바 있다. 그에 따르면 정부 주도형 평가는 평가결과를 활용하여 대학의 특성화를 유도하고 이를 위한 재정을 차등 지원하는 방향으로 나아가고, 인증기관 주도형 평가는 대학의 자체 진단과 함께 협약 체결 대학 간 협동 점검을 통하여 대학교육의 질적 수월성을 제고하는 방향으로 나아가며, 언론사 주도형 평가는 다양한 고등교육 수요자(학생, 학부모, 기업 등)에 필요한 대학 정보를 제공하여 대학 간 선의의 경쟁을 간접적으로 유도하는 방향으로 나아가야 한다고 보았다. 이와 같이 언론사 주도형 평가는 다른 평가유형에 비하여 변화하는 시대적 흐름을 읽고 고등교육 수요자의 다양한 요구에 능동적으로 반응할 줄 아는 유연성을 갖추어 다른 평가와 차별화를 꾀하는 동시에 대학평가 시장에서의 상호 보완 관계에 기여하여야 한다.

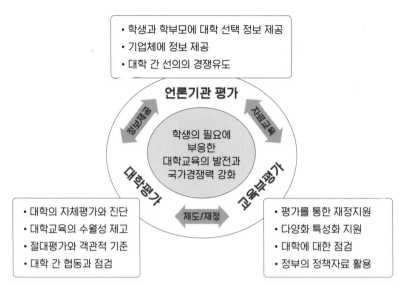

[그림 18-1] 대학평가 역할 정립 모형

출처: 김병주(2000a: 69).

이와 같은 관점에서 볼 때, 중앙일보 대학평가는 대학의 종합적인 역량을 평가하는 종합평가보다도 대학의 특화된 역량에 관한 정보를 제공하는 학과(계열) 평가나 교육중심 대학 평가를 보다 강화할 필요가 있다. 고등교육 수요자는 이제 작년과 대비해 올해 국내 최고의 대학 순위가 어떻게 바뀌었는지에 대해 큰 관심을 보이지 않는다. 종합평가 순위 변동에 민감하게 반응하는 자는 언론사와 대학뿐이다. 학생과 학부모는 이제 전반적인 역량이 우수한 대학을 알고 싶어 하는 수준을 넘어 특화된 분야에서 우수한 교육체계와 연구 성과를 두루 갖춘 대학이 어디인지를 알고 싶어 한다. 기업 역시 전반적인 역량이 뛰어난 인재보다도 기업의 주력 분야에 관한 전문적인 지식과 기술을 갖춘 인재를 더욱 선호하기 때문에, 어느 대학이 어느 분야에 강점을 가지고 있는지를 알고 싶어 한다. 이와 같이 중앙일보 대학평가는 새롭게 변화한 고등교육 수요자들의 요구에 탄력적으로 대응하여 종합평가는 축소하고 학과(계열) 평가와 교육중심대학 평가를 보다 강화할 방안을 모색할 필요가 있다.

조선일보 대학평가는 고등교육 부문에서 두드러지게 나타나는 국제화 현상에 주목하여 평가체계를 구상하였다는 점에 대해서는 긍정적으로 평가할 만하나, 국제경쟁력에 대한 명확한 개념 정의가 요구된다. 평가 영역 비중을 살펴보면 조선일보 대학평가는 연구중심대학으로의 성장이 곧 국제화의 길이자 국제경쟁력을 확보하는 길이라 간주하고 있다. 그러나 앞서 지적한 바와 같이 아직까지 학계에서 국제화나 국제경쟁력 개념의 실체에 대한 합의가 이루어지지 않았기 때문에, 연구중심대학이 곧 국제화된 대학이자 국제경쟁력을 갖춘 대학이라 단언할 수는 없다. 따라서 국제경쟁력에 대하여 조선일보 대학평가가 조작적으로 정의한 개념은 무엇인지를 분명하게 밝히고, 만약 평가영역에서 드러나듯 연구중심대학을 국제경쟁력을 갖춘 대학으로 상정한다면 연구 지원 역량과 연구 실적이 뛰어난 대학의 순위를 상대 평가하겠다는 형태로 평가목표를 보다 명확하게 서술할 필요가 있다.

동아일보 대학평가의 경우에는 대학의 전반적인 역량을 평가하기보다도 취·창업 역량에 국한하여 평가를 진행하였다는 점에서 중앙일보 대학평가가 나아가야 할 방향을 제시하였으며, 전 세계적인 화두인 저성장과 그에 따른 청년실업 문제에 천착하여 평가 체계를 고안하였다는 점에서 조선일보 대학평가와 같이 변화하는 시대상을 정확하게 읽었다고 할 수 있다. 다만, 변화된 시대상을 반영하는 데 몰입하는 나머지 과거부터 지속되어 온 대학 본연의 기능에 대한 고민이 희석되지 않도록, 산출에 해당하는 취·창업 성과보다도 과정에 해당하는 취·창업 지원 역량에 보다 역점을 두어 평가 목표를 보완할 필요가 있다.

2) 평가내용 측면: 목표를 구체화하는 방향으로 평가 영역 및 지표 개선해야

평가목표가 변화된 시대상을 반영하여 변화할 필요가 있는 만큼 평가내용 역시 변화된 평가목표에 맞추어 그에 부합하는 방향으로 내실 있게 구성되어야 한다. 평가목표 측면에서 중앙일보 대학평가는 대학의 종합적인 역량을 평가하는 대신 학문 분야별 역량에 중점을 두는 학과(계열) 평가나 대학의 교육 역량에 초점을 맞춘 교육중심대학평가를 보다 체계적으로 발전시킬 필요가 있다고 보았고, 조선일보 대학평가와 동아일보 대학평가는 각각 대학의 연구 역량과 취·창업 역량에 초점을 맞춰 평가를 진행하고 있다는 점에서 기존의 평가 체계를 소폭 보완할 필요가 있다고 보았다. 구체적으로, 평가내용 측면에서 세 언론사 대학평가가 개선하여야 할 과제를 살펴보면 다음과 같다.

앞서 확인한 대로 중앙일보 대학평가는 국내 대학의 전반적인 역량을 평가한다는 목표 아래 교육여건 영역의 비중을 가장 높게 설정하였다. 그러나 과거 평가영역으로 존재했던 국제화 영역을 통·폐합하는 과정에서 국제화 영역에 포함되어 있던 지표를 교육여건 영역 지표로 이동시켜 국제화 수준이 곧 대학의 기본적인 교육 여건을 판단하는 기준처럼 오용되고 있다. 따라서 국제화와 관련된 지표는 종합평가 지표에서 제외하는 방향이 타당하다. 아울러 학과(계열) 평가와 교육중심대학평가는 종합평가에서 몇 가지 평가영역과 평가지표를 제외하여 평가체계를 구성하였기에 '약식' 종합평가에 불과한 측면이 있다. 따라서 종합평가에는 포함되지 않았으나 학과(계열) 평가와 교육중심대학평가의 내실화를 위하여 포함시킬 필요가 있는 지표를 적극 검토하여 추가할 필요가 있다.

조선일보 대학평가의 경우, 연구중심대학을 국제경쟁력을 갖춘 대학으로 상정하여 연구 지원 역량과 연구 실적이 뛰어난 대학 간 순위를 매기는 것을 평가 목표로 한다면, 기존의 교육 수준 영역을 연구 지원 역량 영역으로 확대 개편하여 연구중심대학의 전반적인 역량을 점검하는 평가체계로 탈바꿈할 필요가 있다. 이때, 연구 지원 역량 영역에 포함될 지표로는 대학의 특성화 계획 및 전략, 교육과정 구성 및 운영, 인력양성 계획 및 지원 방안 등과 같이 대학에서 양질의 연구가 이루어지는 데 필요한 기초 토대나 제반 여건에 관한 지표를 검토할 수 있겠다.

동아일보 대학평가는 다른 두 언론사 대학평가와 마찬가지로 평가지표 대부분이 정량 지표이지만, 평가지표별로 학생들에게 필요성, 인프라 현황, 이용률, 만족도를 대면조사 방식으로 물어 정량지표가 가지는 한계를 보완하고 있다. 하지만 여전히 아쉬운 점은 취·창업 지원 역량과 밀접하게 연관되는 교육과정 지원 영역이 상대적으로 낮은 비중을 차지하고 있다는 점이다. 따라서 교육과정 지원 영역의 평가지표를 추가하는 방안을 고려할 필요가 있다. 예컨대, 교육과정 지원 영역을 제외한 다른 영역, 즉 상담 지원, 정보 지원, 직·간접 기회 지원, 창업지원 영역은 교육과정 지원 영역에 비해 단기간·단발성 지원에 가까운 측면이 있다. 따라서 이러한 단기적·단발성 취·창업 지원이 상대적으로 장기간에 걸쳐 지속적으로 이루어지는 교육과정 체계와 연계되어 진행될 필요가 있다고 생각하는지(필요성), 교육과정과 연계되어 진행되고 있는지(인프라 현황), 교육과정 안에서 이를 경험한 경우는 얼마나 되는지(이용률), 그 경험에 만족하는지(만족도) 등을 추가로 물어볼 수 있겠다.

3) 평가방법 측면: 영역/지표별 평정 방식과 대면평가방식 도입·확대해야

먼저, 중앙일보 대학평가와 조선일보 대학평가는 대학의 전반적인 역량을 평가하기 위해 사용하는 총합평정방식을 지양하고 평가영역별, 지표별로 평정 결과를 보도할 필요가 있다. 사실 두 언론사는 총합평정방식을 통해 산출한 결과를 토대로 종합순위를 제시하는 동시에, 대학평가 홈페이지에서 대학 간 평가 지표별 점수를 비교하는 기능을 제공해 왔다. 그러나 대외적으로 발표되는 순위는 총합평정방식으로 산출된 종합평가 순위였고, 평가 영역/지표별 순위는 홈페이지를 통해 별도로 찾아보아야 할 부차적인 순위로 간주되었다. 설상가상으로, 중앙일보 대학평가는 2016년을 기점으로 기존 대학평가 홈페이지 운영을 중단하고 중앙일보사 홈페이지상에서 대학평가 관련 기사를 모아 제시하는 형태로 새롭게 대학평가 홈페이지를 단장하였는데, 종합평가 결과뿐만 아니라 평가 영역/지표별 평가 결과까지 모두 연도별로 관련 기사를 검색해서 찾아야 하는 형태로 바뀌어 오히려 정보 접근성이 후퇴하였다. 따라서 단기적으로는 기존과 같이 평가 영역/지표별로 평정한 결과를 순위평가 형태로 공개하고, 장기적으로는 평가 영역/지표별 평정 결과를 인증평가 형태로 공개하는 방식으로 전환하여 순위 공개에 따른 대학 서열화 문제를 완화하는 데 기여할 필요가 있다.

다음으로, 평가방법 측면에서 가장 안타까운 부분은 세 언론사 모두 정부나 인증기관과 비교할 때 언론사가 지닌 강점을 평가 과정에서 십분 활용하지 못하고 있다는 점이다. 언론사는 국민의 알 권리를 보장하기 위하여 존재하며, 언론사 대학평가 역시 고등교육에 대하여 수요자의 알 권리를 보장한다는 이유로 시작되었다. 그런데 평가지표 일체는 언론사의 심층 취재 역량이 요구되지 않는 정량지표로 구성되어 있다. 정량지표는 대학 정보 공시 자료나 정부 통계 자료 등을 활용하여 산출되며, 평가지표에 대한 검증 역시 서면으로 이루어진다. 일반적으로 정량지표 값의 진위 여부를 검증하고 정량지표 이면에 가려진 맥락을 파악하기 위하여 실시되는 대면평가는 오직 동아일보 대학평가에서만 재학생을 대상으로 하는 설문조사 과정에서 부분적으로 활용하고 있다. 따라서 세 언론사 대학평가는 평가 과정에서 대면평가방식을 도입하여 정량지표 위주의 평가 체계가 노정하는 한계를 보완하여야 한다.

4) 결과 활용 측면: 대학에 평가결과 제공하고 우수 사례 취재하여 확산시켜야

앞서 지적한 대로 언론사 대학평가가 사적 평가라는 이유로 여론의 비판으로부터 자유로워진다면 고등교육 생태계를 왜곡하고 궁극에는 고등교육의 공공성에 악영향을 미칠 수 있다. 따라서 결과 활용 측면에서 언론사 대학평가가 기본적으로 갖추어야 할 자세는 대학평가 결과가 평가자인 언론사뿐만 아니라 피평가자인 대학에도 도움이 되어야 한다는 점이다. 이와 같은 관점에서 볼 때, 언론사 대학평가는 기본적으로 순위평가 대신 인증평가를 지향할 필요가 있으며, 우수 대학 사례를 심층 취재하고 그 자료를 공유하여 대학사회가 더불어 발전하는 데 기여할 필요가 있다.

세 언론사 대학평가 가운데 동아일보 대학평가는 언론사와 대학 모두 평가결과를 통해 상생할 수 있어야 한다는 기본 원칙을 비교적 잘 지키는 편에 해당한다고 판단된다.

먼저, 인증평가 방식과 관련하여 중앙일보 대학평가와 조선일보 대학평가는 종합평가 결과와 평가 영역/지표별 평가결과 모두 순위 형태로 공개하는 데 반해, 동아일보 대학 평가는 개별 대학별로 평가결과 보고서를 홈페이지에 탑재하고, 평가영역별로 해당 대학이 취득한 점수가 전체 대학 평균과 비교하였을 때 어느 수준인지를 알려 주는 방식을 택하고 있다. 해당 대학의 종합점수와 영역별 점수를 모두 보여 주는 동시에 전국 대학 평균과의 차이도 보여 주고 있어 인증평가 방식을 취하면서도 순위평가가 가지는 장점을 놓치지 않고 있다.

한편, 우수 대학 사례를 공유 · 확산하는 면에 있어서도 동아일보 대학평가는 모범적인 행보를 보이고 있다. 우선 개별 대학별로 평가결과 보고서를 탑재하여 해당 대학뿐만 아니라 해당 대학에 관심 있는 모든 사람이 그 결과를 확인할 수 있다는 점이 큰 장점이라 할 수 있다. 아울러 동아일보는 우수 대학 사례를 집중 조명한 기사를 보도하거나 고용노동부 및 산하 기관과 함께 우수 대학 시상식을 개최하여 그동안 순위평가에서 조명 받지 못한 강소 대학을 발굴하여 대학 서열에 대한 여론을 환기시키고 있고 이들의 노력과 성과를 치하하는 자리를 마련하고 있다. 이와 같이 동아일보 대학평가를 포함하여 세 언론사 대학평가가 대학과 상생하는 방향으로 평가결과를 활용하고, 나아가 이를 통해 대학을 둘러싼 사회적 불신과 오해를 걷어내는 데 일조하기를 기대한다.

결장

한국 대학평가의 미래

1 한국 대학이 나아가야 할 길

한국 대학의 위기론이 심상치 않다. 인구절벽으로 인한 대학입학자의 감소로 대학 줄도산이 점쳐지고, 지능정보화 시대에 대학의 역할과 기능에 대한 위기감은 우려를 넘어섰다. 대학 졸업장은 더 이상 더 좋은 지위 획득의 수단으로 작용하는 계층사다리의 기능을 걷어찬 지 이미 오랜 시간이 흘렀다. 대학설립준칙주의에 의한 대학설립의 남발은 우리 정서에 부합하지 않는 '대학 간 경쟁을 통한 질 제고' 대신 학령인구 감소에 따른 대학구조개혁을 통해 '의도되지 않은 의도적인 정리'로 해석되고 있다. 정부의 법규 적용과 재정지원 연계에 의한 통제중심의 대학정책은 실행과정에서 디커플링과 세계의 대학들이 겪는 문제의 리커플링을 고스란히 가져와 대학에 이중적인 부담을 안겨 주었다.

James와 Gilliland(2008)의 위기 유형론을 적용하여 살펴봐도 우리 대학은 지금 총체적인 위기를 맞고 있다. 첫째, 발달적 위기는 대학이 성장하고 발전해 가는 과정에서 발생하는 변화나 전환에 대한 부적응으로 발생한다. 정부 수립 이후 우리의 대학 발전은 기반구축단계에서 양적 팽창 및 질적 보완의 시기를 거쳐 선진화 단계를 거쳐 오고 있다. 하지만 대학별로 극복 방식의 차이로 인한 발달 지체와 이에 따른 위기 현상이 나타나고 있다. 둘째, 상황적 위기는 예측하거나 통제할 수 없는 이례적인 사건으로부터 야기된다. 코로나 19 여파로 인한 팬데믹 현상은 이후 대학의 존재와 대학교육의 방식에 대한 충격파로 작용하게 될 것이다. 셋째, 실존적 위기는 대학의 존재 자체에 대한 내적 갈등과 불안을 조장하는 자기 정체성 혼란으로부터 발생한다. 원래 대학은 자치와 자율의 공간으로 연원되었지만, 우리의 대학은 정부가 주도적으로 견인하는 발전 방식이 통시적으로 유지되고 있다. 넷째, 환경적 위기는 지속적인 환경의 특정한 변화가 어떤 잘못이나 행동을 취하지 않은 대학에 발생한다. 저출산으로 인한 학령인구의 감소와 제4차 산업혁명으로 인한 산업구조의 재편은 오늘날 대학 위기를 조장하는 확실한 변수이다.

한국 대학이 처한 위기의 본질을 이해하려면 위기 현상을 질적으로 해부할 필요가 있다. 싫든 좋든 우리의 대학이 근대사를 통해 발전해 온 경로는 고유의 대학 문화와 정책 그리고 대학을 바라보는 국민들의 정서를 구축해 왔다. 국민 개인에게 있어 대학은 입신양명의 교두보이자 교육열의 종착지이다. 학력과 학벌은 계층사다리의 또 다른 이름이다. 정부에게 있어서 대학은 국가 경쟁력 제고의 보루였기 때문에 국가라는 이름으로 경제발전을 위한 인력양성과 훈련기관으로 계획되고 통제되어 왔다. 통제의 수단이 정치적 권위에서 경제적 수단으로 바뀌었을 뿐 계획 통제는 오늘날에도 여전히 유효하다. 개인의 욕구와 국가의 요구 사이에서 대학은 얼마나 대학 본연의 사명에 충실하고 기대에 부응해 왔는가? 정부 권력과 자본에 의해 포획되어 대학이 스스로 할 수 있는 것이 없다고 관립대학화되어 가는 현실을 언제까지 한탄만 할 것인가? 대학이 고유의 문화와 수월적 가치를 구축하지 못하고 환경에 순치화되어 가는 현실 속에서 무력감과 자기 파괴적 정체성의 상실이 바로 위기의 본질이다.

사실 현대 대학의 위기론은 세계의 보편적인 현상이다. 국가 내부적인 요인에 의해 발생하는 특유한 내재적 위기도 있지만, 공통적으로 겪고 있는 위기는 빠르게 변화하는 환경에서 대학이 어떻게 스스로의 가치를 입증하면서 적응할 수 있을지에 대한 고민이다. 특히 지능정보사회의 출현과 제4차 산업혁명으로 인한 대격변과 뉴노멀의 등장은 대학의 본질적 가치에서부터 존재 방식에 대한 세계 대학들의 과감한 대응으로 나타나고 있다. 미국 스탠퍼드 대학은 디자인 스쿨(Design School)을 통해 인간중심, 다학제적 관점에서 미래 역량을 키울 수 있는 창의적 교육방법으로서 디자인 싱킹을 채택하고 대학–기업 프로젝트 기반 교육과정을 운영하고 있다. 미국에서 가장 혁신적인 대학 1위를 차지하고 있는 애리조나 주립대학은 주립대학의 본분에 맞게 교육기회를 개방하고 유연한 학사운영과 적응적 학습(Adaptive Learning) 등 교육방법의 혁신을 통해 성과를 내고 있다. 이스라엘의 텔아비브 대학과 독일의 뮌헨 공대는 대학에 메이커 스페이스 같은 혁신 창업공간을 통해 실용적 분야의 교육과 연구가 현실 창업으로 이어지도록 하고 있다. 벨기에의 갠트 대학은 기업들이 대학 캠퍼스에 상주하면서 산학연의 실천 현장으로서 시스템을 구축하고 있다.

위기에 직면한 대학들의 바람직한 본보기로 거론되고 있는 이 대학들은 "위기는 기회의 또 다른 이름이고, 성공의 어머니"라는 경구를 주도적으로 실천한 경우이다. 성공한 대학들은 공통적으로 스스로가 변화의 중심이자 주체라는 사각이 있었으며, 대학 본연의 품격을 유지하면서 환경 변화에 적극적으로 적용하고자 노력하였다. 적응의 방향은 대학의 발전경로에 따라 축적된 문화적 특성과 역량에 따라 포지셔닝되었다. 대학의 특성과 역량에 따라 할 수 있는 것과 하기 힘든 것의 구별이 필요하듯이 사립대학과 국공립대학의 성격에 따른 발전전략의 차별화가 필요한 대목이다. 성공하는 모든 대학은 대학의 전통적 이상과 이념을 현실과 탈착된 격리된 공간의 유물로 남겨 주지 않았고, 변화하는 환경 속에서 그것이 여전히 유효함을 적극적으로 입증하였다. 교육목표는 시대가 요청하는 다학제적 교육과정과 프로젝트 중심의 PBL 등 다양한 교육방법의 혁신으로 실천되고, 현실의 실천적 공간에서 확인되는 현장의 성과로 재현되었다.

　서구의 성공한 대학 모델이 갖는 공통점을 우리의 대학들이 처한 현실과 맥락을 도외시한 채 무조건적으로 차용하는 것은 위험하다. 이러한 위험은 우리의 환경과 맥락을 고려하지 않고 구체적인 제도나 방법을 기능적으로 도입할 때 극대화된다. 이때 위험은 실패로 끝날 가능성이 많으며, 실패는 좌절과 함께 위기감을 고조시킨다. 때문에 해외 성공사례가 보여 주는 혁신의 흐름과 방향을 읽어야 하고, 그것을 우리의 맥락에서 재개념화하는 것이 필요하다. 요체는 대학 스스로 신뢰를 세워 자율성을 되찾고, 다양성의 조장을 통해 사고의 폭과 시스템의 유연함을 갖추며, 허용적인 개방성을 통해 공존과 공영의 가치를 공유하는 것이다. 위기는 위험한 상태에 이르렀음을 알려 주는 징조이면서 낡은 것을 바꾸거나 아주 새롭게 하는 혁신의 출발점이다.

② 미래지향적 대학평가를 위한 제언

　오늘날 대학의 본질을 한마디로 논하는 것은 불가능하다. 대학이 발전해 온 경로를 살펴보면 더욱 그렇다. 중세 십자군 전쟁의 여파로 아랍문화가 유럽의 지적 호기심과 결합하면서 문명의 교합으로 발생한 철학, 법학, 의학 분야의 새로운 탐구를 중심으로 학생과 교사의 집단 지식 공동체로서 길드가 나타나면서 대학의 시원을 이루게 되었다. 법학으로 유명한 이탈리아의 블로냐 대학(1088년), 신학과 철학으로 유명했던 파리 대학(1109년), 이후 영국의 옥스퍼드 대학(1167년)과 캠브리지 대학(1209년), 의학중심의 살레르노 대학(1231년) 등이 중세의 유명한 초창기 대학들이었다. 이 당시 대학들은 자치권을 바탕으로 다양한 세속적인 관심을 학문 탐구로 승화하여 대학을 동료 공동체로 운영하는 특성을 보여 주었다. 이후 16~17세기에 제국주의 국가의 식민지 건설로 인해 식민지 대학들이 나타나기 시작하여, 세계 각지에 대학들이 유럽식 모델을 본따서 건립되기 시작하였다.

중세 대학의 교육 기능에 연구 기능이 추가되어 오늘날과 같은 근대 대학이 기틀이 마련된 것은 19세기 초 독일에서 근대 대학의 아버지라 불리는 훔볼트의 영향에 힘입은 바 크다. 베를린 대학(1809년)에서 추구한 대학의 자유와 연구의 이념은 향후 대학의 중추적인 이념으로 자리 잡게 되었다. 미국의 하버드 대학(1636년)도 초기 영국 대학 모형으로 설립되었지만 19세기 이후에는 독일 대학의 영향을 받아 연구중심성과 실용적인 학문 풍토를 강조하는 전형적인 미국식 대학의 형태로 바뀌어 갔다. 그리하여 오늘날 대학의 3대 기능인 교육, 연구, 봉사는 서구의 오랜 대학의 역사로부터 진화하는 가운데 형성된 것이며, 이들 기능의 결합된 방식의 강조점들이 대학마다 특성 있게 나타나고 있는 것이다.

우리나라의 대학은 귀족 자제들을 대상으로 유학 경전과 무예를 가르치는 고구려 소수림왕 시대의 태학, 유교에 의한 관리양성에 주력한 통일신라시대 신문왕 때 설립된 국학과 고려 성중 때 설립된 국자감, 지도자 양성기관이었던 조선시대 성균관 등으로 이어지면서 주로 유교식 인재양성기관으로서 역할을 해 왔다. 19세기 후반 개화기에는 주로 기술관료 양성기관인 서양식 전문학교들이 설립되었다. 1895년에 설립된 한성사범학교와 법관양성소, 1899년의 의학교 등이 대표적인 예이다. 이들 대학은 모두 관립학교로 특정 분야의 인재양성을 목표로 하였다는 점에서, 민간영역에서 중등수준으로 출발한 기독교계 사립학교들(배재학당, 이화학당, 숭실학당 등)과 비종교계 사립학교(보성전문학교)와 차별화된다. 이들 초기의 전문학교들은 일제강점기에 사립학교 탄압과 고등교육 억제정책으로 인해 대학 수준으로 발돋움하지 못하였다.

광복 이후 경성제국대학교와 서울시내 관립전문학교를 통합하여 국립 서울대학교가 탄생하고, 전문학교 수준에 머물고 있던 사립학교들이 정식 대학인가를 받기 시작하였다. 이후 1960년대 산업화에 의한 고등교육 인력의 확충에 따라 대학의 수와 학생 및 교수의 숫자도 양적으로 팽창하게 되었다. 1965년 70개교(국공립대학 14개교, 사립대학 56개교)였던 대학은 2019년 기준 일반대학 191개교, 전문대학 131개교, 대학원대학 45개교 등으로 괄목상대하게 늘어났다(교육부, 2019c). 한국 대학의 팽창과정에서 나타난 특징은 산업화의 요구와 고등교육 기회의 보편화가 양적 팽창을 주도했다는 것이다. 또한 정부의 조율하에 사립대학 중심으로 팽창하는 과정에서 고등교육에 대한 정치적 권위에 의한 국가의 주도적 역할은 유지되었지만 대학의 공공재와 사적재로서의 성격이 모호하게 형성되었다는 것이다. 그리고 정부가 중심이 되어 이끌어 나가는 정책에 따라 양적 팽창에 치우친 대학의 설립과 운영 방향은 대학의 특성을 무색하게 만들었으며, 대학은 자율과 자치의 공간이라기보다는 큰 틀에서 타율적 통제와 지배의 대상으로 자리매김하게 되었다.

　국내외 대학의 역사를 통해 살펴보았듯이, 예측하기 힘든 환경의 변화에 항상 직면해 있는 상황에서 대학의 '본질'을 논하는 것은 쉽지 않다. 본질의 영어는 nature이다. 본질 이라는 말 자체가 어렵기 때문에 종종 '성격' 혹은 '특성'이라는 말로 번역되곤 한다. 그래서 대학의 본질은 태생적으로 대학이 갖고 있는 특성이라는 의미로 해석하는 것이 바람직해 보인다. 이렇게 볼 때 대학의 본질은 시대를 불문하고 항구적으로 나타나는 공통적인 속성으로서 '정체성(identity)'의 의미를 담고 있고, 어떤 변화에 처하더라도 지켜 나가야 할 '이상(ideal)'의 의미를 갖고 있다. 좀 더 구체적으로 정의하자면 대학의 정체성은 대학의 기능을 중심으로 학생 교육, 학문 연구, 사회봉사를 수행하는 것을 의미한다. 대학의 이상은 중세 대학에 기원을 둔 학문의 자유와 대학의 자치 혹은 자율(institutional autonomy)을 뜻한다. 지금까지 살펴본 대학의 역사적 발전과정으로부터 변화에 적응하기 위하여 대학의 정체성은 진화해 왔으며, 대학의 이상은 현실에 맞서 제대로 지켜지지 못하였다. 좀 더 정확하게 표현하자면 대학 본질의 큰 틀인 정체성과 이상의 요소 구성은 여전히 유효하지만, 내용적으로 정체성과 이상의 요소들은 시대사회의 환경 변화에 따라 질적으로 다르게 해석되어 왔다.

　대학평가는 대학에 대한 기대와 요구에 부응하기 위해 변화하는 세태의 부산물로 제도화된 것이다. 대학이 정체성에 부응하는 합당한 노력을 하고 있는지를 알고 싶어 하는 국가 사회의 호기심은 사회의 공기에 대한 공공성의 책임 요구와 교육비 투입과 재정 지원에 대한 사회적 책무성의 기대를 정당화하는 것으로 발전해 왔다. 그리하여 대학의 정체성을 구성하는 교육, 연구, 봉사는 대학평가의 주요 영역과 항목으로 구성되어 평가의 대상이 되었고, 대학의 이상을 구성하는 자유와 자치는 일정 부분 평가결과에 따라 제약이 뒤따르게 되었다. 대학평가는 대학의 정체성을 점검·확인하여 대학의 기능과 역할을 향상시키기 위한 유력한 수단인가, 아니면 학문의 자유와 대학의 자율을 제약하는 권력적 도구에 지나지 않는가? 전자에 의하면 대학평가는 필요하다는 입장이고, 후자를 보면 대학평가는 '악'이다. 그래서 오늘날 대학평가는 '필요 악(necessary evil)'인가? 이런 의미로 볼 때, 미래의 대학평가는 필요를 증진시키고, 악을 제거하는 방향으로 나아가야 한다는 결론에 도달한다. 즉, 대학의 이상을 견지하면서 대학의 정체성을 확인·점검하여 변화에 적응하는 대학의 기능을 극대화하기 위한 평가체제를 구축해야 한다는 것이다. 이러한 평가체제 구축을 위하여 근본적으로 고민해야 할 네 가지 의문을 중심으로 상고한 결과를 토대로 제언하면 다음과 같다.

1) 왜 대학평가를 하는가

대학평가를 왜 하는지에 대한 의문은 현재의 시점에서 보면 어리석은 질문처럼 보인다. 평가를 하는 행위 자체가 당연한 것으로 여겨지는 시대에 살고 있기 때문이다. 그러나 평가를 받는 입장이나 평가를 시행하는 입장에서도 왜 평가를 하는지에 대해 납득하지 못하는 경우가 발생하고 있기 때문에 평가의 본질이 왜곡되고 남용되는 현실을 부인하기 힘들다. 그렇기 때문에 왜 대학평가를 하는지에 대한 질문은 더욱 올바르게 답해져야 하고 미래의 대학평가가 정당성을 확보하기 위해서는 더더욱 그렇다. 앞으로의 평가에서 평가의 주체가 이런 명분 저런 명분을 들어 평가를 하겠다고 들이대는 반강제적 평가, 타율적 평가는 고도화된 지능정보에 의해 일상이 영향받고, 조직이 운영되는 시대에 더 이상 부합되지 않을 것이다. 따라서 이러한 시대에도 왜 여전히 대학평가가 필요한지의 정당한 명분이 정립되어야 할 시점에 와 있다.

미래에 진행되는 평가는 여전히 대학의 사명 혹은 기능으로서 교육, 연구 봉사에 대한 정체성 확인을 필요로 할 것이다. 그러나 현재 대학평가에 대해 반대하는 목소리의 상당 부분은 평가가 대학의 이념이자 이상인 학문의 자유를 획일화하고 대학의 자율성을 제한한다는 데 모아진다. 대학의 사명이 의무이고, 이념이 권리라고 한다면 이러한 주장은 균형과 형평으로부터 탈구된 것이다. 미래에도 여전히 대학의 이념과 이상은 유효할 것이다. 그러나 그 이상은 구두선적으로 의례적으로 주장되는 공념(空念)이 아니라 대학이 환경 변화에 적응해 나가는 과정에서 기능의 실천을 통해 현장에서 입증될 때 확보될 수 있는 것이다. 이는 서구의 대학 발전과정에서도 여실히 입증된 바 있다. 학문의 자유와 대학의 자치는 세속적인 권력과 쟁투하는 과정에서 대학이 수행하는 교육과 연구가 필요하다는 사회적 공감을 얻었기 때문에 확보된 것이지 애초부터 상아탑으로 주어진 것이 아니다. 따라서 미래에도 대학평가가 필요하다는 논리는 대학의 발전과 국가사회의 부흥에 대한 대학평가의 기여를 어떻게 지속적으로 입증하느냐로부터 개발되어야 할 것이다.

평가에 대한 모든 정보가 손쉽게 얻어지고 정확하게 판단될 것으로 보이는 미래에 왜 대학평가는 여전히 필요한가? 이 질문에 대한 명확한 답은 현 시점에서 "변화하는 환경하에서 대학이 스스로 변화하지 않으면 도태되고 멸절할 것이기 때문에 끊임없는 자기반성과 점검이 전략적으로 필요하기 때문이다"로 요약할 수 있다(Rowley & Sherman, 2001; Ashwin, 2005; Clark, 2004; Rowley, Lujan, & Dolence, 1997; Crow & Dabars, 2015; Middaugh, 2010). 미래의 대학은 자기의 가치를 학생들에게, 국가사회에 자발적으로 입증해야 존재할 수 있다(Bennett & Wilezol, 2013; Selingo, 2013). 이러한 논지들로부터 미래의 대학평가는 현 수준에서 이루어지는 재정지원을 획득하기 위한, 공인된 인증을 얻기 위해서 혹은 매스컴으로부터 세속적인 명성을 얻기 위한 목적으로부터 탈피해야 한다는 것을 알 수 있다. 미래의 대학평가는 대학 스스로 정체성 확인을 통해 자기 가치를 입증하는 반성과 성찰중심의 평가를 주도적으로 실행하는 방향으로 구축되어야 할 것이다.

2) 대학의 무엇을 평가할 것인가

지금까지 대학평가는 대학 전체에 대한 종합평가이든 부문별 평가이든 공히 목표체계, 내용 콘텐츠, 실행 방법, 산출 결과 혹은 성과, 그리고 지원 및 인프라가 구축되어 있는 정도에 대한 요소별 평가를 저량 중심으로 평가하는 체제 중심적 실증 평가에 초점을 맞추어 왔다. 가치의 다양성이 지배하는 대학평가의 특수성 가운데에서도 대학평가는 본질적으로 교육 및 연구기관에 대한 평가이기 때문에 '질 제고'가 중시되고, 기능적으로는 대학을 구성하는 요소들의 전체와 부분의 관리에서 중요한 '효과성'이 입증되고 판단되어야 할 핵심적인 가치로 인정하고 평가의 대상을 구성해 왔다. 따라서 교육 및 연구의 질 제고와 기관 운영의 효과성은 대학평가의 본질적인 목적이자 평가의 방법적 틀 구상의 대상이자 무엇을 평가할 것인지에 대한 내용 콘텐츠 구성의 중심적인 열쇠 역할을 해 왔다. 그러나 이런 류의 대학평가는 평가의 합목적성과 타당성을 선형적으로 보증하지만 조작적으로 개념화된 평가항목과 지표의 상세한 계량적 타산성으로 인해 전체를 놓치고 부분만 강조하는 환원적 오류를 범하고 결국 탈맥락적인 평가로 끝나는 경우가 많다. 대학의 무엇을 평가할지에 대한 방향이 대체로 합의되었다 하더라도 무엇을 구성하는 방식의 선형성과 내용의 측정 결과에 대한 환원적 오류로 인해 천편일률적인 획일적 평가로 귀결되는 결과를 야기하게 되는 것이다.

대학평가의 고전적인 답습으로부터 평가를 구출해 내기 위해서는 현재의 평가가 갖는 한계를 보정하고 방향을 미래의 요구와 기대에 맞추는 것이 필요하다. 미래는 대학의 무엇이 평가되기를 기대하는가? 교육 및 연구의 질을 보증하기 위한 질 제고와 기관의 효과성을 입증하는 대학평가는 대학의 정체성을 확인하는 핵심적인 사안이기 때문에 미래에도 여전히 유효할 것이다. 그러나 미래의 대학평가에서 고정불변의 세세한 항목과 지표로 구성된 저량(stock) 중심의 평가는 대학의 성장과 발전을 입증할 수 있는 중범위 이상의 지표로 구성된 유량(flow) 중심의 평가로 전환되어야 한다. 또한 탈맥락적인 지표로 환원된 지표 값의 측정으로 환산된 점수의 총합으로부터 내용의 가치를 분절적으로 판단하는 칸막이식 평가에서 대학이 처한 상황과 맥락에 부합하는 평가로 전환되어야 할 것이다(사공영호, 2017).

상황과 맥락에 부합하는 평가인 맞춤형 대학평가는 대학이 처한 환경적 특성에 따라 평가내용으로서 항목과 지표가 구성되는 절대평가 방식을 취한다. 예를 들어, 대학구조 개혁평가를 한다면 전체 대학에 동일한 잣대와 기준을 적용하는 일제식 상대평가를 하는 것이 아니라 전체 고등교육 생태계의 유지·발전 차원에서 대학들이 공통적으로 함유하고 있는 특성별 대학군(institutional clusters)을 구성하여 클러스터별로 평가하는 것이다. 이러한 대학평가는 평가가 단지 경쟁을 통해 대학을 죽이고 살리는 문제를 한시적으로 결정하는 비정한 수단에 불과하다는 오명으로부터 벗어나게 할 것이다. 궁극적으로 맞춤형 대학평가는 고등교육 생태계에서 존재하는 특정 대학의 역사성을 존중하고, 그 지역에서 상생·공존하는 대학의 자구적인 발전 역량을 기대하고 기다려 주는 평가이기 때문에 블루오션을 창출하는 미래형 평가로 인정되기에 충분하다.

3) 어떻게 대학평가를 해야 하나

대학평가의 목적과 내용이 대학의 정체성을 확인하기 위한 필요에 초점을 맞추고 있다면 그것을 어떻게 확인하느냐는 평가의 구체적인 방법을 설계하는 것과 관련이 있다. 지금까지 우리가 의존해 왔던 평가는 객관화된 목표나 의도한 결과에 도달하기 위한 수단과 방편을 확인하는 '목적−수단 패러다임'에 의한 평가였다(Werner, 1978). 또한 Guba와 Lincoln(1989)에 의하면 '측정(measurement)'에 초점을 맞춘 1세대 평가, '기술(description)'에 초점을 맞춘 2세대 평가, '판단(judgment)'에 초점을 맞춘 3세대 평가로 이어지는 과학주의 패러다임에 입각한 실증주의적 평가가 주류를 이루었다. 이러한 평가는 평가과정에서 개인의 주관적 가치가 개입되는 것을 최대한 배제하고 객관적으로 평가 지표 값을 양화시켜 평가결과를 정당화하고자 노력한다. 그리하여 평가 여건 조성을 위해 평가대상에 대한 통제력을 확보하고, 정확한 평가도구를 개발하는 데 온 힘을 기울인다. 피평가자는 평가편람에 소개된 평가항목 및 지표에 따라 자료를 성실하게 구성하고 자료의 진실함을 서약하며 자체평가 보고서 작성에 심혈을 기울인다. 평가자는 서면 및 현장방문평가를 통해 보고서 내용의 진실성을 다시 파악하며 주어진 짧은 평가기간 동안 최선을 다해 평가하고자 노력한다.

현재 주류적으로 실행되고 있는 목표지향형 평가는 목표를 구성하는 내용 지표들의 측정을 통해 얻은 양적 점수가 어느 정도 목표치에 도달했는지를 판단하기 위한 합리적인 절차들을 중시한다. 평가의 기획단계에서 사실적 정보를 획득하기 위한 계량적 지표 혹은 유사 계량지표(proxy indicators)를 구성할 때 측정의 오류와 의사적 객관성(pseudo objectivity)의 오류를 피하기 힘들다. 평가의 실행단계에서는 주어진 평가지표에 따라 평가현장에서 나타나는 중요한 사건들(critical incidents)을 시간의 제약 때문에 애써 도외시하고 편람에 나와 있는 그대로 보고 싶은 것만 보고 지표 값을 산정하는 경우가 발생한다. 전문가의 정확한 측정과 판단을 중시하는 평가의 특성상 평가대상 장면에서의 경험과 전문성이 뒷받침되지 않을 경우 주관적 막무가내식 평가가 되기 십상이다. 평가의 결과확인단계에서는 목표 도달 정도를 판단하는 기준과 준거의 절댓값 또한 객관성이 있어야 하는데 주어진 재정지원 한도 내에서 혹은 랭킹을 순서대로 나열하는 방식으로 결과를 제시하는 과정에서 평가의 합목적성과 책무성의 결과를 확인하기 힘들게 한다.

　향후 미래의 대학평가는 목적−수단 패러다임의 평가와 실증주의적 평가가 갖는 한계를 극복할 수 있어야 한다. 이에 Werner(1978)는 상황적 패러다임과 비판적 패러다임에 의한 평가를, Guba와 Lincoln(1989)은 제4세대 평가로서 반응적·구성주의적 평가를 대안으로 제안한다. 이들이 공히 강조하는 것은 평가의 관련 인사들이 위계적 관계가 아닌 대등한 당사자의 위치에서 평가 대상 현상의 의미와 해석을 간주관적으로 교환하고 상호 간 자기반성과 성찰을 통해 합의된 평가목표에 도달하도록 하는 것이다. 평가의 과정은 충분한 시간을 두고 이루어지는 공정한 대화 관계의 형성과 상황에 부합하는 풍부한 정량 및 정성적 정보의 확보 그리고 정보의 의미와 가치에 대한 공통적 이해에 도달하기 위한 숙의적 검토과정을 통해 진행된다. 평가결과는 평가대상의 특성을 확인하고 문제에 대한 해결책을 호혜적인 관점에서 모색하는 데 활용되며, 평가결과에 대한 책임을 공유하는 공동체적 책무성은 대학평가관계자들이 견지해야 할 중요한 요건 중의 하나이다.

4) 대학평가의 선순환적 활용은

　현재 대학평가는 목적 달성을 위해 한시적인 용도로 활용되는 기능적 방편에 머물고 있다. 정부의 재정지원사업평가는 재정 지원할 대학을 선정하고 선정된 대학이 잘하고 있는지를 수시로 평가하여 유지·관리에 목적이 있는 평가로, 재원이 고갈되거나 정권이 바뀌면 사업 자체가 그렇듯이 끊기거나 사라진다(송경오, 2016: 3−25). 평가결과는 정부 입장에서 사업 대학을 선정하고 유지하는 데 활용되고, 대학의 입장에서는 다음 보고서를 작성하는 데 필요한 전거 혹은 지원 획득을 위한 인위적 개선 자료로 활용된다. 인증기관 주도의 대학평가는 주기별로 시행되어 반복 순환되는 평가임에도 불구하고 인증을 받기만 하면 다음 주기 평가 때까지 휴지기로 여겨 결과의 피드백에 따른 문제점의 보정과 개선을 위한 기획으로 연결되지 못하고 있다. 더구나 평가결과의 활용이 보상과 제재에 국한되는 한 기관 개선의 궁극적인 목표 달성은 요원하고 결국 일회성 평가의 한계를 벗어나기 힘들다. 한편, 언론사에 의해 행해지는 대학평가는 언론사가 표방하는 '대학 정보의 투명한 공개를 통한 수요자의 기대 충족'이라는 목표에도 불구하고 평가도구와 방법상의 제약으로 인한 결과의 신뢰를 야기하고 있다(김병주, 2000a). 이러한 결과로부터 산출된 대학별 랭킹에 집착하는 언론사 평가는 수요자의 만족을 어느 정도 충족시킬 수 있을지 모르지만 역시 일회성 가십거리로 끝나는 경우가 많다. 그리하여 근본적으로 제한적인 정보로부터 얻어진 평가결과에 지나치게 치우쳐 있어 대학의 실상을 왜곡하는 평가의 '제3종 오류'를 범할 가능성이 매우 높다.

이러한 문제점들을 개선하여 결국 대학평가의 결과가 선순환적으로 활용될 수 있도록 체계화하는 것이 미래 대학평가의 기획이다. 첫째, 대학정보공시가 대학정보 및 평가 활용의 실질적인 정보 플랫폼 가능을 할 수 있도록 제도를 개선할 필요가 있다. 대학정보공시제에 의해 운영되는 대학정보는 포탈의 기능을 수행해야 하는데 지금은 대학에 관한 모든 자료를 모아 놓은 저장소(depository) 역할에 그치고 있다. 대학정보공시제 관리기관인 대학교육협의회는 대학 자료의 수납 역할에 그치고 있고, 한국교육개발원·한국직업능력개발원·한국사학진흥재단 등의 원자료 가공 기관들은 공시된 정보를 효율적으로 수요자에게 전달하는 기능을 제대로 수행하고 있지 못하다. 정보 공시의 일차적인 목적은 언제 어디서든지 정보의 접근성이 보장되고 열람의 편리성이 수요자 중심적으로 제공되어야 하는데 가공 시간이 오래 걸리고, 차단되는 정보가 많으며, 메뉴도 다양하지 못한 실정이다. 그러면서 이들 기관은 연구 목적으로 정보를 활용하기 위해 정보에 대한 일반의 접근을 제한하는 통제의 문지기(gatekeeper) 역할을 하기도 한다. 대학정보의 보편적인 공유 대신 공공성을 이유로 대학정보공시제에 의해 법률적으로 소명된 기관의 역할에 소극적으로 임하고 있다. 대학정보공시제는 국민의 알 권리 충족에 우선권을 두고, 적극적으로 대학에 관한 정보를 국민 수요자에게 활용의 편의성을 제공하는 데 목적이 있다. 때문에 향후 제도는 이러한 목적에 부합하도록 지능정보사회의 도래에 따라 1차 정보뿐 아니라 가공된 2차 정보에 이르기까지 분야별, 종류별로 구분된 정보 플랫폼으로서 수요자의 접근성과 활용의 편리성이 최대한 보장될 수 있도록 유비쿼터스적으로 재구조화되어야 할 것이다.

둘째, 현재 실행되고 있는 대학평가는 주관기관이 이기적으로 설정한 목표보다는 대상기관 중심의 선순환적 활용에 초점을 맞추어 재설계될 필요가 있다. 재정지원의 목표만 달성하면 되고, 인증 여부를 던져주기만 하면 되며, 대학의 랭킹을 광고하듯이 하며 자기만족을 추구하는 현재 진행 중인 대학평가는 보상−제재의 이분법적 틀 속에서 대학을 획일화하고 통제하기 위한 수단으로서 대학평가를 이용하고 있는 셈이다(송경오, 2015; 사공영호, 2017). 정부, 인증기관, 언론사 등 평가 주관기관들은 그들의 주 고객을 국민과 대학정보를 필요로 하는 일반 수요자들로 설정하고 있다. 이에 대학들은 단지 평가 대상인 피평가자로 분류되고 있고 평가만 잘 받으면 되는 '영혼 없는 객체'로 남게 된다. 이로 인해 목표지향적 평가가 갖는 선형적 과오와 더불어 이분법적 범주의 오류가 동시에 나타나게 된다. 향후 대학평가는 이러한 평가의 모순을 극복하기 위해 평가 주관기관과 대상기관이 함께 설계하고, 동반자적 관계 속에서 상호 평가를 실행하며, 평가 결과를 통해 대상기관의 자기반성을 촉구할 수 있는 '상황에 대한 이해와 가치의 공유를 지향하는 평가'를 지향해야 할 것이다.

셋째, 미래의 대학평가는 자기 자본(self capital) 구축을 위한 학습의 과정으로 재구축 되는 것이 바람직하다. 양성관(2011)은 대학평가는 '보상과 제재'라는 기제가 아니라 '보상과 학습'이라는 기제로 재구성되어야 한다고 주장하였다. 그는 평가 결과 목표달성이 이루어지지 않는 원인을 분석하고, 그에 따라 학습, 연수 등을 통해 다음에 수행해야 할 책임 부분을 재조정하는 과정이 요구되며, 이러한 평가활동을 통해 획득된 성과 확인을 통해 대학은 지속적인 학습과 개선을 이끌 수 있다고 하였다. 지속적인 학습을 통한 평가결과 지식의 축적은 계속적인 개선을 위한 토대로서 기능하여 궁극적으로 대학 발전을 위한 자기 자본의 역할을 담지하게 될 것이다. 일회적으로 잘 받은 평가에 대해 주어지는 외적 보상은 일시적으로 사기 진작에 도움이 될 수 있을지 모르지만 평가활동을 통해 얻은 대학의 주체적 자각과 공동체적 자부심이라는 내적인 감정적 보상에 비할 바가 못 된다. 진정한 대학의 변혁과 혁신은 내적 보상에 의해 발원된 자기 자본 구축의 문화 형성으로부터 가능하다. 대학은 이러한 평가의 과정에서 평가의 속박으로부터 독립선언을 하면서 지속적인 발전과 변화를 주도하는 능동적인 주체로 거듭나야 할 것이다.

넷째, 미래의 대학평가는 대학이 지향하는 주요 가치와 기능 분화에 기여하는 변화의 동력자(change agent)로서 기능하도록 재설정되어야 한다. 현재 진행되고 있는 대학평가는 누가 주도하느냐와 상관없이 대학의 역사성과 특성을 무시한 무차별 평가이다. 따라서 정부가 주도하는 대학재정지원사업평가는 대학의 고유한 기능과 역할인 교육, 연구, 그리고 산학협력을 대학별 특성에 맞게 운영할 수 있도록 재구조화되어야 한다(김민희, 2016: 27). 인증기관평가는 대학들의 기능 분화에 맞게 특성화와 다양화를 유도할 수 있어야 할 것이다. 연구중심대학은 연구중심대학대로, 교육중심대학은 또 그러한 특성의 대학대로 경쟁력을 배양하고 자기점검의 기제가 될 수 있어야 하며, 사회 질 관리 기제로서의 역할 확대도 함께 고려되어야 한다(이현청, 2006: 79). 언론사 대학평가는 평가 도구와 과정의 전문적 신뢰성 확보를 전제로 학생과 학부모에 대한 정보제공 기능을 강화하기 위해 평가결과와 근거자료를 공개하고 데이터베이스화할 필요가 있다(김병주, 2000a: 71). 이렇게 볼 때, 현재 진행되고 있는 주관기관 중심의 대학평가들은 평가의 단기적인 목적 추구를 넘어 평가가 미칠 대학의 중장기적 변화까지 고려하는 진중하면서도 향도적 책임의식을 수반하는 윤리적 책무성에 충실하도록 변모해야 그 정당성을 인정받을 수 있을 것이다.

참고문헌

감사원(2015). 산업인력 양성 교육시책 추진실태 감사결과 보고서.

강소연 · 김미경 · 김명랑 · 최금진(2007). 2006년 공학교육 프로그램 인증평가 예비논평서 분석 연구. 공학교육연구, 10(1), 77-85.

강소연 · 홍성조 · 최금진 · 박선희 · 조정희(2015). 공학교육인증제도 효과 분석 연구. 공학교육연구, 18(3), 59-68.

강수진 · 전은영(2015). 간호대학생의 대학생 핵심역량과 자기효능, 임상간호수행능력 간의 관계. 직업능력개발연구, 18(3), 151-178.

강신욱(2005). 고령화 사회에 대응한 인적자원개발 방향. 직업과 인력개발. 2005 여름호, 4-15.

강일규 · 박동 · 강상희(2010). 글로벌 인력교류 확대에 대비한 고등전문교육 인증제 실태와 과제. 한국직업능력개발원 연구보고서.

강창동(2015). 정부의「대학구조개혁」정책에 대한 비판적 연구. 한국교육학연구, 21(4), 275-306.

강홍준(2007). 언론사 대학평가에서 대학 커리큘럼 평가 실태와 개선방향. 대학교육, 148, 53-61.

강홍준(2010). 언론사 대학평가의 공과 II: 중앙일보 대학평가를 중심으로. 대학교육, 168, 20-26.

고부응(2013). 대학 순위평가와 대학의 몰락. 비평과이론, 18(2), 5-37.

고인영(2016). 대학측면에서의 新산학협력 방향에 대한 고찰. 인문과학연구, 49, 407-433.

고준형 · 김철현(2012). 위기탈출의 해법, 독일 제조업에서 배운다. 포스코경영연구소.

공은배 · 이기준 · 김상호 · 박재민 · 오지연 · 이미라 · 전민선(2011). 통계로 본 한국과 세계 교육 시리즈 8: 교육경쟁력. 한국교육개발원 연구보고서(SM2011-03-4).

곽병선 · 이정표 · 이광용 · 문종철 · 권영신(2008). 전문대학 기관 평가인증제 도입 및 시행 방안 연구. 교육과학기술부 정책연구 보고서.

곽진숙(2010). 대학평가인증제 평가기준의 타당성 검토: 공학교육인증제와 경영교육 인증제를 중심으로. 교육평가연구, 23(4), 793-820.

곽진숙(2011). 학문분야별 평가인증제 도입과 운영에 관한 질적 사례 연구: 공학과 경영학을 중심으로. 교육평가연구, 24(3), 567-593.

곽진숙(2012). 교육의 원리에 근거한 대학평가인증제 발전방향 탐색. 교육원리연구, 17(1), 1-33.

곽진숙(2013). 대학평가에서 활용되는 취업률 지표의 문제와 개선 방안. 교육평가연구, 26(1), 181-215.

관계부처 합동(2014. 12.).「경제혁신 3개년 계획」본격화 2015년 경제정책방향.

교육개혁위원회(1995). 세계화 · 정보화 시대를 주도하는 신교육체제 수립을 위한 교육개혁 방안 (II, 제3차 대통령 보고서).

교육개혁위원회(1996). 세계화 · 정보화 시대를 주도하는 신교육체제 수립을 위한 교육개혁 방안 (III, 제4차 대통령 보고서).

교육개혁위원회(1997). 세계화 · 정보화 시대를 주도하는 신교육체제 수립을 위한 교육개혁 방안 (Ⅳ, 제5차 대통령 보고서).

교육개혁자문회의(1991). 교육발전의 기본구상.

교육과학기술부(2008. 7.). '08년 우수인력양성대학 교육역량강화 사업 기본계획.

교육과학기술부(2009a). 법학전문대학원 평가기준연구.

교육과학기술부(2009b). 3주기('10~'14년) 교원양성기관 평가 추진 기본계획.

교육과학기술부(2009. 3.). '09년도 대학 교육역량강화 사업 기본계획.

교육과학기술부(2010. 2.). '10년도 대학 교육역량강화 사업 기본계획.

교육과학기술부(2010. 6. 8.). "잘 가르치는 대학" 11개교 선정.

교육과학기술부(2010. 8. 27.). 2011년 교원양성기관 평가 결과 발표.

교육과학기술부(2011. 2.). '11년도 대학 교육역량강화사업 기본계획(안).

교육과학기술부(2011. 5. 9.). '11년도「대학 교육역량강화 사업」지원 대학 선정.

교육과학기술부(2011. 5. 19.).「산학협력 선도대학」50개교 육성한다.

교육과학기술부(2011. 5. 27.). 2011년도 IMD 국가경쟁력 교육부문 평가결과.

교육과학기술부(2011. 7. 27.). 대학구조개혁 추진 기본계획(안).

교육과학기술부(2011. 9. 6.). '12학년도 정부재정지원 제한대학(하위 15%) 평가결과 및 학자금 대출 제한대학 명단 발표.

교육과학기술부(2011. 9. 23.). 국립대학 구조개혁 및 부실대학 선정을 위한 실사 대상 대학 발표.

교육과학기술부(2011. 11. 28.). 간호학과 평가인증 활성화를 통한 역량강화 계기 마련-한국간호평가 원을 간호학과 평가 · 인증을 위한 인정기관으로 지정.

교육과학기술부(2012. 1.). 2012년 산학협력 선도대학 육성사업 기본계획.

교육과학기술부(2012. 2. 10.). 2012년 교원양성기관 평가 결과 발표.

교육과학기술부(2012. 2. 14.). 평가인증을 통한 대학의 질 제고 및 책무성 강화 기대.

교육과학기술부(2012. 3.). 2012년도 대학 교육역량강화사업 기본계획.

교육과학기술부(2012. 3. 28.).「산학협력 선도대학(LINC)」51개교 선정.

교육과학기술부(2012. 5. 9.). '12년도「학부교육선진화 선도대학(ACE) 사업」지원대학 발표.

교육과학기술부(2012. 8. 31.). '13학년도 정부재정지원 제한대학(하위 15%) 및 학자금 대출제한대학 평가 결과 발표.

교육과학기술부(2012. 9. 4.). 2단계 연구중심대학 육성(BK21)사업의 사업단(팀) 종합평가 결과 및 주 요성과 발표: 평가대상 500개 사업단(팀) 중 426개 사업단(팀)이 "우수등급" 평가(85.2%).

교육과학기술부(2013. 1. 4.). 평가 · 인증을 통한 공학교육 질 제고 기반 마련: 한국공학교육인증원 공학교육 평가 · 인증 인정기관 지정.

교육과학기술부 · 한국연구재단(2012. 5. 11.). 2단계 BK21사업, '종합 평가' 실시: 500개 사업단(팀)의 6년간 성과 평가.

교육부(1998a). 교육 50년사: 1948-1998.

교육부(1998b). 창조적 지식기반국가 건설을 위한 교육발전 5개년 계획.

교육부(1999. 3.). 창조적 지식기반국가 건설을 위한 교육발전 5개년 계획 시안.

교육부(2000. 12.). 국립대학발전계획.

교육부(2012). 정부인정기관의 평가인증 추진방향.

교육부(2013. 5.a). 2013년도 대학 교육역량강화사업 기본계획.

교육부(2013. 5.b). BK21 플러스 사업 기본계획.

교육부(2013. 5. 6.). 대학과 지역산업이 협력하여 지역발전을 견인하는「산학협력 선도 대학ㆍ전문대학 (LINC) 육성사업」2013년도 시행계획 발표.

교육부(2013. 5. 21.). 산학협력 선도대학(LINC) 육성사업 연차평가 결과 발표.

교육부(2013. 8.). BK21 플러스 사업 특화전문인재양성형 기본계획.

교육부(2013. 8. 16.). BK21 플러스 사업 최종 선정결과 발표.

교육부(2013. 8. 30.). 2013년 교원양성기관 평가 결과 발표.

교육부(2013. 9. 12.). BK21 플러스 글로벌인재 양성사업 선정 결과 확정.

교육부(2013. 11. 1.). BK21 플러스 특화전문인재 양성사업 선정 결과 발표.

교육부(2014. 1.a). 2014년 산학협력 선도대학(LINC) 육성사업 기본계획.

교육부(2014. 1.b). 대학 교육의 질 제고 및 학령인구 급감 대비를 위한 대학 구조개혁 추진계획.

교육부(2014. 1. 28.). 대학 구조개혁 추진계획.

교육부(2014. 2.a). 2014년 수도권대학 특성화 사업 시행계획.

교육부(2014. 2.b). 2014년 지방대학 특성화 사업 시행계획.

교육부(2014. 3.). 2014년도 BK21 플러스 사업 운영ㆍ관리 계획.

교육부(2014. 3. 19.). 2014년도 학부교육 선도대학 육성사업(ACE) 시행계획.

교육부(2014. 5. 8.). 지방대학 육성을 위한「대학 특성화 사업(CK)」접수 결과 발표.

교육부(2014. 5. 9.). 2014년 산학협력 선도대학(LINC) 육성사업 평가 결과 발표.

교육부(2014. 6. 30.). 2014년 학부교육 선도대학 육성사업(ACE) 선정 결과 발표.

교육부(2014. 7. 1.). 지방대학 육성 및 대학 특성화를 위한「CK 사업」선정결과 발표.

교육부(2014. 11.). BK21 플러스 사업 평가 개선 및 중간평가 추진계획(안).

교육부(2014. 12.). 2015년 대학구조개혁평가 기본 계획(안)

교육부(2014. 12. 9.). 대학 특성화 사업(CK) 출범식 개최.

교육부(2015). 고등교육기관 평가ㆍ인증 등에 관한 규정 일부개정령안 국무회의 의결.

교육부(2015. 1. 27.). 2015년 교육부 업무계획: "모두가 함께하는 행복교육, 창의인재 양성".

교육부(2015. 3.a). 2015년 산학협력 선도대학(LINC) 육성사업 기본계획(공고).

교육부(2015. 3.b). 2015년 대학 특성화 사업 기본계획.

교육부(2015. 3. 19.). 대학구조개혁 평가위원 후보자 공모 실시.

교육부(2015. 3. 27.). 교육부, 자유학기제 등 5대 핵심 교육개혁 과제 추진에 박차.

교육부(2015. 4.). 2015년도 학부교육 선도대학 육성사업(ACE) 시행계획(안).

교육부(2015. 5. 21.). 산업수요 맞춤형 교육을 통한 선도적 산학협력 성과 지속 창출ㆍ확산.

교육부(2015. 6.). 산업수요 맞춤형 고등교육 인재양성 방안(시안).

교육부(2015. 7. 7.). 2015년 학부교육 선도대학 육성사업(ACE) 선정 결과 발표.

교육부(2015. 7. 27.).「사회수요 맞춤형 고등교육 인재양성 방안」확정.

교육부(2015. 8. 31.). 대학 구조개혁 평가결과 발표.

교육부(2015. 10. 22.). 사회수요 맞춤형 인재양성 사업 기본계획 시안 발표.

교육부(2015. 12.). 산업연계 교육활성화 선도대학(PRIME) 사업 기본계획.

교육부(2015. 12. 17.). 2015년도 산학협력 선도대학(LINC) 성과포럼 개최.

교육부(2015. 12. 23.). BK21 플러스 사업 중간평가 예비결과 발표.

교육부(2016). 2016 대한민국 행복교육박람회 전시자료.

교육부(2016. 3.). 2016년도 학부교육 선도대학 육성사업(ACE) 기본계획.

교육부(2016. 3. 22.). 대학 특성화 사업(CK) 중간평가 추진계획 발표.

교육부(2016. 3. 23.). 2015년 교원양성기관 평가 결과 발표.

교육부(2016. 4. 11.). 기업연계형 대학 육성을 통해 청년 일자리 창출 지원.

교육부(2016. 5. 4.). 산업연계교육 활성화 선도대학(PRIME) 사업, 21개교 선정-대학 자율의 산업수요 맞춤형 구조개혁을 3년간 지원.

교육부(2016. 5. 17.). '산학협력 선도대학(LINC) 육성사업' 연차평가 결과 발표.

교육부(2016. 5. 31.). 2016년 대학 특성화사업(CK) 성과평가 결과 발표.

교육부(2016. 6.). 2016년 대학특성화사업(CK) 재선정평가 추진계획(안).

교육부(2016. 6. 30.a). 산업연계 교육활성화 선도대학(PRIME) 사업 관리운영규정.

교육부(2016. 6. 30.b). 산학협력 선도대학(LINC) 제7차 성과 포럼 개최.

교육부(2016. 7. 8.). 2016년 학부교육 선도대학 육성사업(ACE) 지원 대학 발표.

교육부(2016. 7. 15.). "대학재정지원사업 개편 방안(시안)" 발표.

교육부(2016. 8.a). 2016년 교육기본통계 주요내용.

교육부(2016. 8.b). 고등교육 평가ㆍ인증 인정기관 지정 신청사항 공고.

교육부(2016. 8. 30.). 2016년 교육기본통계 발표.

교육부(2016. 9. 5.). 2016년 대학 특성화사업(CK) 재선정평가(신규 포함) 최종 결과 발표.

교육부(2016. 10.). 공인원 및 공학교육인증제도 현황. 교육부 내부자료.

교육부(2016. 11. 22.). 보도자료: 「고등교육법 시행령 일부개정령안」 국무회의 의결-의료과정운영 학교의 평가ㆍ인증 의무위반에 대한 처분기준 마련.

교육부(2017a). 사회맞춤형 산학협력 선도대학(LINC+) 육성사업 기본계획-산학협력 고도화형.

교육부(2017b). 사회맞춤형 산학협력 선도대학(LINC+) 육성사업 기본계획-사회맞춤형 학과 중점형.

교육부(2017. 1.a). 2017년도 대학 자율역량 강화 지원 사업(ACE+) 기본계획(안).

교육부(2017. 1.b). 재정지원사업 공정성ㆍ투명성 제고를 위한 공동 운영ㆍ관리 매뉴얼.

교육부(2017. 1. 3.). 사회맞춤형 산학협력 선도대학(LINC+) 육성사업 공고(교육부 공고 제2017-6호).

교육부(2017. 1. 16.). 사회맞춤형 산학협력 선도대학 육성사업 본격 추진.

교육부(2017. 1. 17.). '잘 가르치는 대학' 지원을 위한 2017년 대학 자율역량 강화 지원 사업(ACE+) 공고.

교육부(2017. 1. 24.). 2016년 교원양성기관 평가 결과 발표(4주기 2차).

교육부(2017. 2.). 2017년 대학 특성화사업(CK) 기본계획(안).

교육부(2017. 3. 9.). 2주기 대학 구조개혁 기본계획 발표.

교육부(2017. 5. 1.). "잘 가르치는 대학" 2017년 ACE＋사업 선정결과 발표.

교육부(2017. 11. 30.). 대학 기본역량 진단 및 재정지원사업 개편 시안 발표 보도자료 및 참고자료.

교육부(2018. 2.). BK21플러스 사업단(팀) '18년 성과점검 추진 계획(안).

교육부(2018. 3.a). 2018년 대학 특성화사업(CK) 기본계획.

교육부(2018. 3.b). 대학 자율성 및 경쟁력 제고를 위한 대학 재정지원사업 개편계획(안).

교육부(2018. 3. 20.). 2017년 교원양성기관 평가 결과 발표.

교육부(2018. 4.). 2018년 대학 자율역량 강화 지원 사업 기본계획: 대학혁신지원사업 PILOT 프로젝트 포함.

교육부(2019a). 사회맞춤형 산학협력 선도대학(LINC＋) 육성사업 추진계획–산학협력 고도화형.

교육부(2019b). 사회맞춤형 산학협력 선도대학(LINC＋) 육성사업 추진계획–사회맞춤형 학과 중점형.

교육부(2019c). 2019년 교육통계분석자료집: 고등교육통계편. 한국대학교육협의회 고등교육연구소, 3-40.

교육부(2019. 4.). BK21 플러스 사업 종합평가 추진계획.

교육부(2019. 4. 10.). 사회맞춤형 산학협력 선도대학(LINC＋) 육성사업' 단계평가 최종 결과 발표.

교육부(2020. 2.). 4단계 두뇌한국21 사업 기본계획 및 Q&A 자료.

교육부(2020. 2. 19.). 장애대학생 교육복지지원 활성화 방안('20∼'22) 발표.

교육부(2021). 2021년 대학 기본역량 진단 기본계획.

교육부·한국교육개발원(2014. 8. 29.). 2014년 교육기본통계 발표.

교육부·한국교육개발원(2015a). 4주기 교원양성기관 평가편람 공청회 자료집.

교육부·한국교육개발원(2015b). 2015년 4주기 교원양성기관평가 설명회 발표자료.

교육부·한국교육개발원(2016). 2016년 4주기 교원양성기관 평가편람.

교육부·한국교육개발원(2016. 11. 24.). 2주기 대학구조개혁 권역별 토론회 자료집.

교육부·한국교육개발원(2017a). 4주기 교원양성기관 평가편람.

교육부·한국교육개발원(2017b). 4주기 교원양성기관 평가 설명회 발표자료.

교육부·한국교육개발원(2017. 3. 3.). 2주기 대학구조개혁 기본계획(안) 공청회 자료집.

교육부·한국교육개발원(2018). 2018년 교원양성기관 역량진단 설명회 발표자료.

교육부·한국대학교육협의회(2013). 2011·2012년 대학 교육역량강화사업 우수사례집.

교육부·한국대학교육협의회(2014). 2013년 대학 교육역량강화사업 우수사례집.

교육부·한국대학교육협의회(2015). 2014 학부교육 선도대학 육성사업 우수사례집.

교육부·한국대학교육협의회(2016). 2015 학부교육 선도대학 육성사업 우수사례집.

교육부·한국대학교육협의회(2017). 2016 학부교육 선도대학 육성사업 우수사례집.

교육부·한국대학교육협의회(2018). 2017 대학 자율역량 강화 지원 사업 우수사례집.

교육부·한국연구재단(2015). 대학 특성화 사업(CK) 1차년도 연차평가 계획.

교육부·한국연구재단(2016. 2. 23.). 2016년 대학 특성화(CK) 사업 중간 평가 추진계획 시안.

교육부·한국연구재단(2016. 9.). BK21 플러스 사업 사업관리운영 매뉴얼.

교육부·한국연구재단(2017. 3. 31.). 대학 특성화사업 연차평가지표.

교육부·한국연구재단(2018. 4. 5.). 대학 특성화사업 종합평가지표(안).

교육인적자원부(2003). 산학협력 제도 및 산학협력단 운영.

교육인적자원부(2004. 12.). 경쟁력 강화를 위한 대학 구조개혁 방안.

교육인적자원부(2005. 5.). 특성화를 위한 대학혁신 방안.

교육인적자원부(2005. 11.). 대학특성화 추진 방안. 교육인적자원부.

교육인적자원부(2006. 1.). 2단계 BK21 사업 기본계획.

교육인적자원부(2007a). 1단계 두뇌한국(BK)21 사업 백서.

교육인적자원부(2007b). 법학전문대학원 설치인가 심사기준.

교육인적자원부(2007. 6.). 고등교육의 전략적 발전방안. 대학 총장 토론회 발표 자료.

교육인적자원부(2007. 6. 7.). 2007년도 대학구조개혁 사업 지원계획. 정책홍보담당관실.

교육인적자원부(2007. 7.). '08년 고등교육재정 1조 원 투자계획.

구자억 · 김광호 · 김운종 · 김기수 · 김정민 · 남궁지영 · 정규열 · 설현수 · 이명희 · 정수현 · 홍창남 (2009). 3주기 교원양성기관 평가 강화 방안 연구. 한국교육개발원 연구보고서(RR2009-31).

국회교육위원회(2003). 산학교육진흥법 중 개정법률안(정부) 검토보고

국정기획자문위원회(2017. 7.). 문재인 정부 국정운영 5개년 계획.

국회예산결산특별위원회(2004). 결산 및 예비비 지출 승인의 건 검토보고.

국회예산정책처(2011. 9.). 세계수준 연구중심대학 육성사업평가. 사업평가 II-II.

국회예산정책처(2015). 2014회계연도 재정사업 성과평가(사회 · 행정).

국회예산정책처(2016). 2015회계연도 결산 위원회별 분석(교육문화체육관광위원회).

권기욱(1992). 대학평가론. 서울: 도서출판 성원사.

권동택 · 김정희 · 주동범(2015). 홍콩의 고등교육 평가인증제도의 운영 실태분석과 시사점. 비교교육 연구, 25(4), 119-144.

권복규(2007). 인정평가 발전의 장애요소. 의학교육의 국제화와 인정평가 심포지엄 자료집. 한국의학교육평 가원.

권영란(2013). 2013학년도 간호교육인증평가 준비. 한국간호교육학회 학술대회 자료집, 91-106.

권오양(2009). 공학교육과 한국공학교육인증원 10년: 한국공학교육인증원의 성장 2004-2009. 공학교 육동향, 16(3), 20-29.

권혁주 · 이재성 · 동그라미 · 문현경(2010). BK21 사업의 정책집행분석: 사회I계열의 현장정책행위자 를 중심으로. 한국행정연구, 19(3), 35-60.

기정훈 · 주재현 · 박재현(2011). 구조방정식을 통한 공학교육인증제도의 성과 분석-공학교육인증 프 로그램 졸업생들의 인식조사를 중심으로. 한국정책연구, 11(3), 29-45.

김갑성 · 박영숙 · 박상완 · 남수경(2008). 교원양성기관 평가체제 정립 연구. 한국교육개발원 연구보 고서(RR2008-07).

김경근(2000). 대학평가 사업의 공과와 발전적 대안의 고찰: 교육평등 및 사회평등의 관점에서. 교육사 회학연구, 10(2), 1-26.

김기수(2012). 교원양성기관 평가결과 분석 및 정책 제안. 한국교육개발원 포지션페이퍼(OR2012- 05-08).

김기수(2013). 교원양성기관 평가의 현황, 쟁점, 발전과제. 한국교육개발원 포지션페이퍼(PP2013- 06).

김미란 · 이정미 · 김정민 · 서영인 · 심우정(2014). 대학 구조개혁 평가 방향 정립을 위한 대학평가 운영 실태 분석. 한국교육개발원 현안보고(OR2014-07).

김민희(2016). 대학재정지원사업의 개선 방향과 과제. 제54회 대학교육정책포럼 자료집, 한국대학교육협의회, 3-40.

김민희 · 서화정 · 오세희 · 김무영(2016). 고등교육 재정지원사업 발전방안 연구. 영남대학교 고등교육정책연구소 기본연구보고서(RR 2016-02).

김병주(2000a). 언론기관 대학평가 모형 탐색. 교육행정학연구, 18(3), 45-78.

김병주(2000b). 언론 기관에 의한 대학 평가의 실상과 과제. 대학교육, 11(12), 56-65.

김병주(2004). 한국과 미국의 교사양성기관평가 비교 연구. 비교교육연구, 14(2), 1-43.

김병주(2007). BK21 사업 재정지원 정책의 정치학. 교육정치학연구, 14(1), 29-50.

김병주(2014). 1주기 기관평가인증 성과발표 및 2주기 인증기준(안) 공청회. 전국대학교육협의회 · 한국대학평가원 2014 전국대학평가협의회 동계워크숍 자료집.

김병주(2015). 대학재정 확보 및 지원방식의 현황과 과제. 동아인문학, 32, 323-355.

김병주(2016). ACE 사업 평가의 쟁점과 과제. 교육정치학연구, 23(1), 1-30.

김병주 · 나민주 · 박동열 · 정성수 · 정종철 · 최정윤(2009). 대학의 교육력 제고를 위한 정부 재정지원 방향. 교육과학기술부 정책용역과제 연구보고서.

김병주 · 박동열 · 허영준(2010). 정부의 재정지원사업을 통한 대학특성화 실태 분석. 교육재정경제연구, 19(4), 207-231.

김병주 · 조규락 · 최손환 · 서지영(2005). 델파이조사를 통한 두뇌한국(BK) 21 사업의 공과 분석. 교육행정학연구, 23(3), 427-452.

김봉억(2014). 언론사 대학평가의 문제점: '순위표'가 교육의 질로 이어질 수 있는가. 창작과비평, 42(2), 396-412.

김상철 · 주영달 · 방지우 · 정양순 · 신범철 · 윤지희 · 김명현(2017). 인증기관 대학평가의 쟁점과 과제. 교육문제연구, 30(1), 157-201.

김성수(2013). 한국 대학원지원정책의 진화과정 분석 BK21 및 WCU 사업을 중심으로. 한국공공관리학보, 27(2), 53-79.

김성진 · 이필남 · 장덕호(2014). 세계수준 연구중심대학 사업의 성과 분석: BK21 사업과의 비교. 교육재정경제연구, 23(3), 61-88.

김성훈 · 김신영 · 서민원 · 양길석(2009). 교육프로그램 평가의 메타평가 기준 개발. 교육평가연구, 22(3), 557-585.

김수경(2009). 대학특성화 재정지원 전략과 효과성 분석. 교육행정학연구, 27(2), 129-149.

김수경(2012). 정부 대학재정지원의 방향과 과제. 교육재정경제연구, 21(1), 1-27.

김수경 · 문보은 · 강이화(2014). 대학재정지원에서 대학특성화모형 적합도 분석 및 활용 방안. 교육재정경제연구, 23(2), 123-151.

김순남 · 유균상 · 정수현 · 김기은 · 박지원(2008). 교원양성기관 평가 모형 개발 및 만족도 조사 연구. 한국교육개발원 연구보고서(CR2008-14).

김승군(2003). 대학 기술이전전담조직의 발전전략. 지식재산권연구센터 연구보고서.

김승군(2013). 국립대학교 기술이전전담조직의 바람직한 모습. 한국발명진흥회 학술저널, 27(5), 50-54.

김영곤·farmer, S.·김복기·서용원(2012). 학습성과 기반 평가체계 마련을 위한 국제 세미나 자료집, 한국 간호평가원, 126-169.

김영욱·김학진·손나라(2014). 인증이 자신의 전공과 동일분야 취직에 미치는 영향에 관한 연구. 한국공학교육학회.

김용진(2010). 3주기 교원양성기관 평가의 문제점과 개선 방향. 윤리교육연구, 23, 331-346.

김운종(2012). 3주기 교원양성기관 평가척도의 적절성 검토. 한국교육문제연구, 30(3), 145-164.

김이경(2003). OECD 교원정책검토사업 참여와 시사점 분석을 위한 정책 연구. 교육인적자원부 연구 보고서.

김이경(2016). 대학특성화 평가의 정치학적 분석. 교육정치학연구, 23(4), 91-113.

김이경·고대혁·김재춘·박상완·정수현(2004). 교원자격·양성제도 개편 방안 연구. 한국교육개 발원 연구보고서(CR2004-21).

김정수·김소영·정익재·노종호(2011). 학부교육 선진화 사업 성과지표에 대한 메타평가연구. 한국 교육, 33(1), 135-161.

김정식(2008). 공학인증평가의 수행과 실제. 서울: 인터비젼.

김정희·나민주·백정하·신정철·신태진·양성관·이영호·정일환·박영휘(2015. 4.). 제2주기 기 관평가인증전문평가기구 선정에 관한 연구. 한국사학진흥재단 연구보고서.

김조자·안양희·김미원·정연옥·이주희(2006). 간호학 특성을 반영한 4년제 간호교육 평가인정 표 준 및 기준 개발. 대한간호학회지, 36(6), 1002-1011.

김종세(2013). 지방대학 육성정책의 문제점과 개선방안: 지방대학육성법안을 중심으로. 법학연구, 52, 1-24.

김지은·백순근(2016). 텍스트 빅데이터 분석 기법을 활용한 대학구조개혁 평가의 쟁점 분석. 아시아 교육연구, 17(3), 409-436.

김지하·최정윤·서영인·문보은·권순형·김용남·권도희·나민주·이정미·정한나·이찬호 (2019). 고등교육재정 배분 및 운용의 합리성 제고 방안. 한국교육개발원 연구보고서(RR 2019- 14).

김차종·이원·안종석(2014). 인증기준2015 제정 방향에 근거한 KEC/KCC2015 인증기준 및 판정가 이드 제정. 2014 한국공학교육학회 학술대회 발표자료집, 690-704.

김창록(2015). 한국 로스쿨의 의의와 과제. 저스티스, 146(2), 190-228.

김창록·김종철·이국운(2007). 로스쿨을 생각한다: 법학전문대학원 교육의 내용과 방법. 법과사회, 33, 47-65.

김창호·이승철(2016). 산학협력지원정책의 성과요인에 관한 연구: 산학협력 선도대학(LINC)육성사 업의 추진 성과를 중심으로. GRI연구논총, 18(2), 77-102.

김태년(2014). 박근혜 정부의 대학 구조조정 진단과 대안. 국회 교육문화체육관광위원회 2014 국정감사 정 책자료집.

김태운·김태영(2016). 산학협력 선도대학(LINC) 사업의 정성적 평가지표에 대한 시론적 고찰: SYSTEM분야 지표를 중심으로. 기술혁신학회지, 19(1), 105-136.

김현수·최형림·강영부·이재기·차윤숙(1997). 경영혁신 기법을 이용한 대학의 정보화 추진 전략. 정보시스템연구, 6(1), 81-126.

김홍식(2015). 의과대학을 추가로 설립할 수 없는 이유. 의료정책포럼, 12(3), 65-72.

김환식(2005). 대학 특성화 지원사업 관리규정 개발. 교육부 정책과제 연구보고서.

김훈호·이수정·박현주·심현기·이정은·신정철(2010). 세계 대학 순위평가의 문제점에 대한 실증적 연구. 교육행정학연구, 28(3), 301-326.

나민주(2001). 언론기관 대학평가의 발전과제. 고등교육연구, 12(1), 167-190.

남궁문(2016). 산학협력을 통한 청년일자리 창출과 창조경제실현. 2016년 한국정책학회 춘계학술대회 발표논문집, 616-662.

남성미(2015). 간호교육 프로그램학습성과 평가를 위한 Course Embedded Assessment(CEA) 적용방안 기초연구. 한국산학기술학회논문지, 16(5), 3121-3130.

남수경·이기석(2012). 언론기관 자국 내 대학순위평가의 현황과 쟁점 분석. 비교교육연구, 22(5), 99-125.

노명선(2018). 한·일 로스쿨 평가에 관한 비교·분석. 법조, 67(6), 342-375.

대법원·세계화추진위원회(1995). 법률서비스 및 법학교육의 세계화 방안. 고시계, 40(6), 17-31.

대학교육연구소(2017. 12. 5.). 문재인정부 대학 정원 감축 정책, 발상 전환 필요하다.

대학교육연구소(2019. 7. 31.). 2주기 감축 정원 4천여 명 예상(감축률 -0.9%).

독고윤·김근세·김재오·신현석·이정표(2003). 국립대학 발전계획 추진 평가제도 개선방안 연구. 교육인적자원부 연구보고서.

맹광호(2004). 21세기 한국 의학교육계획-희망과 도전. 한국의학교육, 16(1), 1-11.

미래창조과학부(2014. 8. 28.). 공과대학 혁신방안 이행계획 확정, 공과대학 혁신 본격 추진.

민동균·어수봉·강승찬(2007). 국가기술자격제도와 공학교육인증제도 연계 방안 연구. 2007 노동부 학술연구용역보고서.

박경호(2010). 대학 교육역량강화사업이 교육여건 및 교육성과 개선에 미치는 영향. 교육행정학연구, 28(4), 63-82.

박기문·이규녀·김영민(2011). 공학교육 체제 개선을 위한 공과대학 이해관계자의 인식 조사 연구. 대한공업교육학회지, 36(2), 239-256.

박남기(2002). 교원교육 기관 평가의 발전 방향. 초등교육연구, 15(2), 125-144.

박남기(2006). 인문사회과학 분야의 BK21 사업 방향과 과제. 대학교육, 139, 19-25.

박남기·김철송·송광용·이대희·유길한(2001). 대학경쟁력 강화를 위한 대학평가제도 종합 개선 방안 연구. 교육인적자원부 연구보고서.

박도순·이성호·박형기·정세구·박승재(1987). 사범계 대학 평가를 위한 기초연구. 한국대학교육협의회 연구보고서.

박동·이의규(2015). 사회수요에 맞는 고등교육개혁 추진전략과 정책제언. 한국직업능력개발원 이슈페이퍼.

박민정·홍성조(2015). D대학교 공학교육인증제 프로그램 운영 성과 분석: 학습자 인식을 중심으로. 공학교육연구, 18(4), 57-65.

박병현(1979). 산학협동을 위한 경영학 교육에 관한 연구. 군산대학교 논문집, 1(1), 115-133.

박부권(2000). 예견된 실패: 두뇌한국 21 사업을 통한 서울대의 제도개혁. 한국교육연구, 6(1), 19-55.

박성민(2010). 대학 교직원 경력개발 현황 및 요구분석. HRD연구, 12(1), 187-206.

박영근(1998). 정부 주도 개혁이 대학의 근간을 무너뜨리고 있다. 중앙대 교수협의회 토론회 자료. 1992. 5. 26.

박영임 · 김정아 · 고자경 · 정명실 · 방경숙 · 최명애 · 유미수 · 장혜영(2013). 간호역량 규명을 위한 문헌 분석. 한국간호교육학회지, 19(4), 663-674.

박은수(2011). 의과대학인증평가법제화, 왜 필요한가? 의료정책포럼, 9(2), 67-70.

박은정 · 김익환 · 최정일 · 이희수 · 김삼용 · 두경수(2008). 수도권대학 특성화사업 성과분석 및 효과성 제고 방안. 교육부 연구보고서.

박은희(2013). 성과기반 교육과정 운영과 평가관리를 위한 교수 워크숍 자료. 한국간호교육평가원.

박정수 · 김승보(2008). 대학특성화 및 구조개혁 지원사업 예산분석. 교육재정경제연구, 17(2), 111-137.

박정숙(2013). 비교과과정에서의 간호학 학습성과 성취방안. 한국간호교육학회 학술대회, 57-90.

박정원(2000). BK21 사업의 성격과 한국 대학교육시장에 미칠 영향. 산업노동연구, 6(1), 189-214.

박정혜(2012). 간호교육 성과 측정을 위한 평가요소 개발. *Journal of the Korean Data Analysis Society, 14*(1), 185-198.

박주호 · 오승은 · 김승용 · 유기웅 · 엄태석 · 이영학 · 정동욱 · 허탁(2013). 대학경쟁력 강화를 위한 대학평가체제 개선방안 연구. 교육부 연구보고서.

박종렬 · 권기욱 · 김창곤 · 배호순 · 임연기 · 정영수(2003). 교육행정평가론. 서울: 하우.

박진원 · 황광진 · 조규남 · 백현덕(2007). 실무형 공학교육에 대한 공학교육 당사자들의 인식 조사 결과 분석-홍익대학교 과학기술대학을 중심으로. 공학교육연구, 10(1), 20-33.

박진형(2014). 대학평가정책의 변화와 지속에 대한 제도적 분석. 서울대학교 대학원 박사학위논문.

반상진(2012). 고등교육재정교부금법(안) 제정을 촉구하며. 대학교육, 178, 16-23.

반상진(2015a). 대학구조개혁정책의 쟁점과 대응 과제에 관한 연구: 학령인구 감소에 대한 새로운 대학구조개혁 패러다임 탐색. 공학교육연구, 18(2), 14-26.

반상진(2015b). 학령인구 감소와 지방교육재정 압박, 정책적 쟁점과 과제. 교육정치학연구, 22(3), 109-133.

반상진(2016a). 대학구조개혁을 넘어 대학지형구조 개편을 위하여. 교육비평, 38, 23-45.

반상진(2016b). 국립대학회계재정법 제정에 따른 국립대학의 재정 변화와 회계운영의 쟁점과 개선 논의. 교육행정학연구, 34(2), 147-170.

반상진(2017). 새 정부 고등교육재정의 쟁점과 과제. 교육재정경제연구, 26(2), 93-118.

반상진 · 김민희 · 김병주 · 나민주 · 송기창 · 우명숙 · 주철안 · 천세영 · 최준렬 · 하봉운 · 한유경(2014). 교육재정학. 서울: 학지사.

배상훈(2012). 교수-학습체제 개선을 통한 대학유형별 학부교육 강화 방안. 교육부 연구보고서.

배상훈 · 라은종 · 홍지인(2016). 경향점수매칭을 통한 산학협력 선도대학 육성사업 성과분석. 교육행정학연구, 34(3), 181-206.

배상훈 · 장환영 · 김혜정 · 송해덕(2013). 학부교육 실태진단. 한국교양기초교육원 연구보고서.

배상훈·장환영·송해덕·전수빈·김혜정(2013a). 학부교육선진화 선도대학 사업 성과평가 종단연구(I). 한국교양기초교육원 연구보고서.

배상훈·장환영·송해덕·전수빈·김혜정(2013b). 학부교육선진화 선도대학 사업 성과평가 종단연구(II). 한국교양기초교육원 연구보고서.

배상훈·전수빈·이주영·김원호·홍지인·한송이(2015). 대학 학부교육의 질과 성과에 대한 국가수준분석: 2011-2014 학부교육 실태조사(K-NSSE) 결과. 2015년도 한국교육행정학회 연차학술대회 자료집.

배상훈·홍지인(2016). ACE 사업의 도입과정에서 나타난 정치적 역동성 분석. 교육정치학연구, 23(2), 1-31.

백경희·김자영(2016. 6.). 법학전문대학원의 실무필수과목의 편제와 평가기준에 관한 소고. 저스티스, 240-266.

백순근(2007). 교원양성기관 평가인정제의 성공적 시행을 위한 정책적 방향. 교육평가연구, 20(2), 25-49.

백일우·박경호(2007). 1단계 BK21 사업의 성과분석에 관한 연구. 교육재정경제연구, 16(1), 81-102.

법학전문대학원 평가위원회(2010a). 법학전문대학원 질의응답집

법학전문대학원 평가위원회(2010b). 법학전문대학원 평가기준.

법학전문대학원 평가위원회(2010c). 법학전문대학원 평가지침서.

법학전문대학원 평가위원회(2012). 법학전문대학원 평가설명회.

법학전문대학원 평가위원회(2013. 1. 21.). 25개 법학전문대학원 인증평가 결과 발표.

법학전문대학원 평가위원회(2013. 12. 2.). 2013년 법학전문대학원 인증평가 결과 발표.

법학전문대학원 평가위원회(2015). 법학전문대학원 평가기준: 제2주기 제정.

법학전문대학원 평가위원회(2019a). 법학전문대학원 평가기준 제3주기 개정.

법학전문대학원 평가위원회(2019b). 법학전문대학원 평가매뉴얼 제3주기 개정.

변기용·김병찬·전재은·배상훈(2015). 학부교육 우수대학의 특징과 성공요인: K-DEEP 연구 결과: 한동대, 건양대, 대구가톨릭대 사례 분석. 2015년도 한국교육행정학회 연차학술대회 자료집, 93-163.

변기용·배상훈·이석열·김병찬·변수연·전재은·이미라(2015). 잘 가르치는 대학의 특징과 성공요인. 서울: 학지사.

변기용·안세근·이석열·이영학·이호섭(2017). 지역균형발전의 관점에서 본 현행 대학 재정지원 사업에 대한 메타평가 연구. 대통령직속 지역발전위원회 정책용역과제 연구보고서.

변기용·이석열·배상훈(2017). 학부교육 우수대학의 특징과 성공요인: 5개 대학 사례연구. 교육문제연구, 30(1), 227-259.

변기용·이석열·송경오·변수연·라은종(2016). 지역균형발전의 관점에서 본 현행 대학재정 지원 사업 및 평가체제 발전방안. 교육부 정책용역과제 연구보고서.

보건복지부(2018. 3. 20). 간호사 근무환경 및 처우 개선대책.

사공영호(2017). 리바이어던의 재림: 대학평가의 탈맥락적 통제도구화 비판. 한국정책학회보, 26(4), 163-195.

서덕준(2000). 의과대학인정평가위원회와 공학교육인증원의 비교. 연세의학교육, 2(1), 57-69.

서덕준(2009). 인증평가의 향후 활용 방안-제25차의학교육학술대회자료집. 한국의학교육평가원.

서영인(2013). 고등교육재정과 평가-대학평가의 새로운 패러다임을 찾아서. 대학교육, 180, 31-35.

서영인·김미란(2015). 고등교육 재정지원사업 성과 제고 방안: ACE, BK21 Plus, LINC 사업 중심으로. 한국교육개발원 포지션페이퍼(PP2015-14).

서영인·김미란·김병주·이다은(2014). 정부의 고등교육 재정지원사업 평가항목 개선방안 연구. 한국교육개발원 현안보고(OR2014-2).

서정화(2006). 교육력 제고를 위한 교원평가의 방향과 과제. 한국교원교육연구, 23(2), 365-384.

선우명호(2000). 고등인력 양성사업 BK21 사업의 문제점과 개선방안. 공학교육, 8(2), 21-25.

성지미·강승찬·민동규(2009). 공학인증프로그램의 성과에 대한 조사연구. 공학교육연구, 12(4), 102-114.

성태제(2011). 현대교육평가. 서울: 학지사.

성태제·김경성·서민원·이대열·이영호(2006). 대학의 규모, 특성, 소재지역 등을 반영한 고등교육기관 평가방법, 기준 및 절차 개발에 관한 연구. 교육인적자원부 연구보고서.

송경오(2015). 교원양성기관평가의 정치학. 대학평가의 정치학. 2015 한국교육정치학회 연차학술대회 자료집, 45-68.

송경오(2016). 지방대학의 실태 및 현행 대학재정지원사업 및 평가체제의 문제점. 지역균형 발전 관점에서 본 대학재정지원사업 및 평가체제 발전방안 모색을 위한 토론회 자료집. 고려대학교 고등교육정책연구소, 3-25.

송기창(2005). 교육기본권과 교육재정의 확보 및 배분. 사회교육과학연구, 8(1), 1-30.

송기창(2017). 대학재정지원사업의 재구조화 필요. 대학교육, 198, 44-52.

송기창·김병주·박정수·정태화(2007). 고등교육재정사업 재구조화 방안 연구. 교육인적자원부 연구보고서.

송동주·강상희(2012). 공학교육의 미래를 준비하는 현재: 공학교육인증제도. 한국인터넷정보학회, 13(3), 17-24.

송동주·이상천(1999). 기계공학 교육에서 신공학교육 시도. 공학교육과기술, 6(1), 13-19.

송성진·김광현·김성수 외 16인(2011). 인증실효성 확보방안 연구. 공학교육, 15(2), 37-40.

송지호(2012). 간호교육의 나아갈 방향-간호교육의 질 보장 왜 필요한가? 한국간호교육학회 학술대회 자료집, 1-11.

송창용·손유미(2010). BK21사업 참여인력의 노동시장 이행 및 성과 분석. 한국연구재단 정책연구보고서(정책연구-2010-006-BK21).

신경림(2008). 간호교육인증평가를 통해 본 간호교육 현황과 과제. 한국간호교육학회 학술대회 자료집, 3-18.

신경림·김희순·김영경·이명숙·김미원·이윤주(2006). 2006년도 학문분야평가인정제 간호학분야 종합보고서.

신동은·최금진(2011). 한국, 일본, 대만의 공학교육인증 평가체제 및 평가기준 비교. 교육행정학연구, 29(1), 319-345.

신동은·최금진(2012). 공학 인증 및 평가_한국, 미국, 호주의 공학기술교육인증 평가체제 및 평가 기준 비교. 공학교육연구, 15(6), 58-70.

신양균 · 정진섭 · 이종근 · 이영호 · 김종철 · 정한중(2009). 법학전문대학원 평가기준연구. 교육과학
　　기술부 정책용역과제 보고서.

신재철(2004). 대학종합평가와 대학발전－성과와 과제. 교육행정학연구, 22(4), 333-350.

신태진(2010). 대학경영 혁신을 위한 발전적 개선방향과 과제_고등교육 국책, 특성화 사업의 사례분
　　석을 중심으로. 교육정치학연구, 17(4), 147-174.

신현석(2004). 대학 구조조정의 정치학(I): 역사적 분석을 통한 신제도주의적 특성 탐색을 중심으로.
　　교육정치학연구, 11(1), 90-120.

신현석(2005). 대학의 구조조정 방안. 한국교육평론, 269-292.

신현석(2008). 대학구조개편과 고등교육의 질 제고. 한국교육학연구, 14(3), 171-202.

신현석(2009). 교원양성체제의 개편 방향과 전략의 모색. 한국교원교육연구, 36(3), 53-78.

신현석(2015). 학부교육의 질과 성과의 의미에 대한 성찰과 쟁점. 2015년도 한국교육행정학회 연차학술대
　　회 자료집, 9-39.

신현석(2016). 박근혜 정부 대학구조개혁 정책의 쟁점과 과제. 교육행정학연구, 34(5), 125-162.

신현석 · 강병운 · 김종태 · 류장수 · 이병식 · 임연기(2006). 대학 특성화 컨설팅 성과분석 및 개선방
　　안 연구. 교육인적자원부 연구보고서.

신현석 · 반상진 · 안선회 · 이석열 · 박갑동 · 이영학 · 이호섭(2016). 대학원 질 관리를 위한 진단 시
　　스템 시범운영. 교육부 연구보고서.

신현석 · 변수연 · 전재은(2016). 학부교육의 질과 성과의 의미에 대한 성찰과 쟁점. 교육행정학연구,
　　34(1), 73-102.

신현석 · 심태섭 · 안선회 · 이시우(2014). 사립대학의 출구 경로 지원 등 구조개혁 재원 마련 및 운영
　　방안 연구. 한국사학진흥재단 정책용역과제 연구보고서.

신현석 · 엄준용 · 노명순 · 최보윤 · 김윤전(2008). 고등교육 경쟁력 지표 개발 연구(I): 세계대학 경쟁
　　력 지표의 비교 및 시사점. 인력개발연구, 10(1), 269-296.

신현석 · 이석열 · 한신일 · 한용진 · 김옥남(2007). 정부의 대학재정지원사업 효율화를 위한 대학특
　　성화 평가지표 개발 및 적용에 관한 연구. 고려대학교 고등교육정책연구센터 기본연구보고서(RR
　　2007-02).

심상민 · 송승환 · 김태원 · 김향숙 · 김선주 · 김하정 · 김옥수 · 류지혜(2011). 인문사회기반 산학협력
　　활성화 방안 연구. 한국연구재단 정책용역과제 연구보고서(정책연구-2010-003-문화융복합).

안덕선(2013). 한국 의학교육 평가인증제도의 한계. *J Korean Med Assoc 2013 December, 56*(12),
　　1050-1052.

안덕선(2015a). 의과대학평가인증의 현황과 개선방향. 의료정책포럼, 13(2), 38-44.

안덕선(2015b). 의학교육 평가기준의 국제표준화 선도 WFME 막중 임무 맡아. 의료정책포럼, 13(2), 4-4.

안덕선 · 이경아(2003). 의과대학 인정평가 제도화 방안에 관한 연구. 대한의사협회 의료정책연구소
　　연구보고서, 1-97.

안양희(2004). 비판적 사고와 간호교육표준. *Journal of Educational Evaluation for Health Professions,
　　1*(1), 99-106.

안양희 · 박경숙 · 양순옥 · 신경림 · 김미자(2005). 4년제 간호교육 평가인정 표준 및 기준 개발. *Journal of Educational Evaluation for Health Professions, 2*(1), 87-103.

양성관(2011). 중등교원 양성기관평가의 책무성 특성 고찰. 한국교원교육연구, 28(4), 351-376.

양은배(2001). 의과대학평가인정기준의 타당도 연구. 연세대학교 대학원 박사학위논문.

양은배(2002). 의과대학 평가인정 기준의 분류타당도 및 예측타당도 연구. *Korean Journal of Medical Education, 14*(2), 213-226.

양정호 · 한신일 · 이석열(2007). 현행 대학평가의 문제점 및 개선방안. 감사원 평가연구원 연구보고서.

양종곤(2015). 계획행동이론을 적용한 LINC 사업 참여에 관한 연구: 국내 대학생을 중심으로. 대한경영학회지, 28(10), 2657-2679.

양종곤(2016). 기업 구성원의 계획행동이론을 적용한 산학협력선도대학사업(LINC) 참여에 관한 연구. 한국산학기술학회논문지, 17(1), 605-614.

엄관용(2016). 기업 맞춤형 대학 구조 조정에서 사회적 수요를 반영한 대학 혁신으로. 사회혁신포커스, 9, 1-5.

엄상현 · 변기용(2012). 고등교육 국제화에 대한 국내외 연구동향 분석: 연구주제를 중심으로. 교육문제연구, 42, 123-155.

염동기 · 신현대(2013). 세계대학 평가체제 개선을 위한 실증분석 및 DEA 평가모형 적용연구. 행정논총, 51(4), 219-246.

오성삼 · 강인수 · 맹광호 · 홍의석 · 황성환(2005). 학문분야 전문평가기구 선정에 관한 연구. 교육인적자원부 연구보고서.

오세희 · 김민희 · 박현정 · 오범호 · 김기수 외(2013). 4주기 교원양성기관 평가 방향 연구. 한국교육개발원 연구보고서(CR2013-17).

유완 · 이일용(2016). QS 아시아대학 순위 평가지표의 영향력 분석 및 주요국 결과 비교. 한국비교교육학회, 26(4), 125-152.

유인근(2007). 공학교육인증 프로그램의 효과적인 운영방안에 관한 연구. 공학교육연구, 10(2), 62-72.

유일영 · 박소미 · 채선미 · 김기연 · 김춘자(1999). 한국과 미국의 4년제 간호교육 평가인정제의 비교분석. 간호학탐구, 8(1), 66-67.

유현숙(2004). 대학원 구조개혁의 정치학: 두뇌한국 21사업을 중심으로. 교육정치학연구, 11(1), 140-160.

유현숙 · 이정미 · 임후남 · 김병주 · 이영 · 고장완(2009). 대학정보공시제를 활용한 대학평가 모델 개발 및 평가연구. 한국교육개발원 연구보고서(RR2009-16).

유현숙 · 최정윤 · 조영하 · 김민희 · 신재철 · 송선영(2006). 고등교육 개혁을 위한 정부의 재정지원 사업 평가 연구. 한국교육개발원 연구보고서(RR2006-15).

윤우영(2003). 특집: Washington Accord와 공학인증제. 공학교육, 10(3), 5-11.

윤종규(2000). 사업당사자가 보는 BK21 사업의 장단점. 공학교육, 8(2), 13-15.

이귀로 · 조양래 · 유두영 · 강성모 · 김광회 · 한홍택 · 진성호 · 이승원(2005). 제1단계 BK21사업 성과에 대한 국내외 전문가 등의 평가 및 분석 연구. 교육인적자원부 연구보고서.

이기종(2015). 대학 구조개혁 평가 배경, 쟁점 및 대안. 교육평가연구, 28(3), 933-954.

이동석(2014). 대학구조개혁과 대학 특성화 병행에 대한 소고. 대학교육, 184, 23-28.

이만형(2015). 프라임사업의 주요 내용과 쟁점. 대학교육, 190, 61–68.

이무상·서덕준·양은배·채종일·재규태·안덕선·김동구(2002). 한국의과대학인정평가위원회 발전방안 연구. 한국의학교육, 14(1), 73–83.

이병기·김기오(2013). 정보활용능력의 관점에서 본 한국과 미국의 대학평가인증기준 비교·분석. 한국비블리아학회지, 24(3), 135–156.

이병두(2007). 의과대학 인정평가의 파급 효과. (재)한국의학교육평가원 창립 3주년 기념 심포지엄 자료집, 97–103.

이병량(2013). 대학구조개혁 정책 사례 분석: 통제의 기제로서 평가. 한국정책학회 동계학술대회 자료집. 391–392.

이병식·채재은(2006). UNESCO/OECD「국경을 넘는 고등교육 질 보장」가이드라인 분석 및 정책적 시사점 도출. 교육행정학연구, 24(1), 267–288.

이상미·임은혁·김한기·김봉문·김창호·노윤정·이현정(2016). 산학협력선도대학(LINC) 육성사업의 효과성 분석. 정책분석평가학회보, 26(4), 27–49.

이석열(2008). 언론기관의 대학평가 문제점과 개선방안 탐색: 중앙일보의 평가를 중심으로. 교육종합연구, 6(1), 45–67.

이석열(2010). 수도권 대학특성화 선정사업단의 상대적 효율성 분석. 교육종합연구, 8(2), 1–22.

이석열·신현석·반상진·안선회·이영학·이호섭(2015). 대학원 질 관리를 위한 평가시스템 마련 방안 연구. 교육부 연구보고서.

이성철·김성제·심광보(2007). 대학특성화 사업간 우수사례 분석 연구. 교육부 연구보고서.

이수연(2017). 대학 재정지원 정책 평가와 대안. 대학과 정책, 1, 123–146.

이승희·장성호·조영준·정구상·신미경·이세연(2011). 산학협력을 통한 대학생 취업역량 강화 및 일자리 창출을 위한 정책방향 모색. 교육과학기술부 정책연구과제.

이승희·최금진·박은실(2005). 교육기관평가. 서울: 학지사.

이시균·권혜자·권우현,·이진면·전병유·강민정·김기헌·홍현균·방글·공정승(2015). 중장기 인력수급 수정전망 2014–2024. 한국고용정보원 기본연구보고서(2015–24).

이시균·정순기·강민정·방글·임후남·황규성·진숙경·김종숙·이승현·성지미·남기곤·이병훈·황준욱·김창환·엄미정·심정민·오영호·반가운(2015). 대학 전공 계열별 인력 수급 전망 2014–2024(II). 한국고용정보원 기본연구보고서(2015–40).

이영(2014). 대학 구조개혁의 쟁점과 과제. *The HRD Review*, 2014년 11월호, 22–32.

이영·김진영(2012). 2013학년도 정부재정지원 제한대학 평가방안 연구. 교육부 연구보고서.

이영·채재은·김진영·최진하·문상연(2008). 대학 성과정보 관리 및 평가체제 개선 연구. 교육과학기술부 연구보고서.

이영미(2008). 외국 의과대학 인정평가제도 및 평가기준 국제비교 연구. 한국의학교육평가원 연구보고서.

이영태·박진석(2014). 공학교육인증에서의 프로그램 교육목표 달성도 평가모형 개발. 공학교육연구, 17(1), 42–49.

이영학(2008). 대학평가–미국 NCACS의 기관평가인증제 개혁과 시사점. 대학교육, 154, 58–65.

이영학(2010). 국내외 언론사 대학평가 현황. 대학교육, 168, 10-16.

이영학(2011). 대학순위평가의 점수산출방법 비교 연구. 교육종합연구, 9(2), 198-217.

이영학(2014). 미국 고등학습위원회 기관평가인증제 평가모형 개혁의 시사점에 관한 연구. 비교교육연구, 24(3), 245-265.

이영호(2006). 미국 연방교육부(USDE)의 대학인증평가기구 지정에 대한 고찰. 대학교육, 143, 55-64.

이영호(2007). ENQA 유럽지역 고등교육 질 보장 지침의 의미와 전망. 비교교육연구, 17(1), 125-144.

이영호(2012). 미국 로스쿨 인증평가에 대한 분석과 시사점. 비교교육연구, 22(5), 155-174.

이영호(2014). 일본대학인증평가정책의 변천과 과제. 한국일본교육학연구, 18(2), 81-96.

이영호 · 손성진 · 송성진 · 송윤재 · 이영학 · 이호섭 · 최하영 · 이선영 · 심충섭(2011). 학문분야(프로그램) 평가 · 인증의 정책적 기본 방향 연구. 교육과학기술부 연구보고서.

이용균(2010). 전문대학의 미래예측 및 구조조정 방향에 관한 델파이 연구. 숭실대학교 대학원 박사학위논문.

이용균 · 이기성(2010). 정부의 대학 구조조정 정책의 특징 분석 및 발전 방향. 평생교육HRD연구, 6(2), 165-185.

이원근(2014). 대학 구조개혁의 쟁점과 과제. *The HRD Review*, 2014년 11월호, 2-5.

이인수 · 서경화 · 강재혁 · 장아름 · 윤기현 · 이예슬 · 김미란(2017). 정부주도 대학평가의 쟁점과 과제. 교육문제연구, 30(1), 125-155.

이장무(2000). 새 천년 공학교육 방향. 공학교육과 기술, 7(1), 3-5.

이정미 · 이필남 · 서영인 · 나민주 · 박소영 · 이희숙(2010). 고등교육 재정지원사업 발전 방안 연구. 한국교육개발원 연구보고서(RR2010-15).

이정미 · 최정윤(2008). 대학의 질 개념에 근거한 주요국 언론기관 대학순위평가의 문제점 분석. 교육행정학연구, 26(3), 301-324.

이정열(2012). BK21사업 효율성 분석. 교육재정경제연구, 21(1), 125-160.

이종성 · 이무상(2000). 대학평가인정 제도와 의학교육 평가. 의학교육논단, 2(1), 1-15.

이창수 · 이장규 · 송백훈(2014). 해외 유력 연구중심대학 순위평가: 국내 대학평가에 주는 시사점. 비교교육연구, 24(1), 85-110.

이태화 · 강경화 · 고유경 · 김기경 · 문인오 · 박희옥 · 서문경애 · 유소영 · 임지영(2012). 간호학 입문. 서울: HN사이언스.

이태희 · 김종인(2017). 대학 구조개혁평가에 대한 메타평가 준거 개발 연구_인적자원개발 관점의 적용. 한국산학기술학회논문지, 18(1), 649-662.

이현청(2006). 대학평가론. 서울: 문음사.

이호선(2015). 현행 로스쿨 운영 및 성과에 관한 실증적 분석과 그 시사점. 법과 정책연구, 15(2), 497-531.

이희원 · 김성조 · 이강우(2014). 인증기준2015 제정 배경과 적용 방안. 2014 한국공학교육학회 학술대회 발표자료집. 685-689.

이희원 · 민혜리 · 이경우(2008). 공과대학 교양교육 개선 방안 탐구: 서울대학교 사례를 중심으로. 공학교육연구, 11(3), 22-30.

인천재능대학(2016a). 2016 인천재능대학 간호학과 요람.

인천재능대학(2016b). 2016년도 수업연한 4년제 간호학과 지정대학 이행점검 자체평가보고서.

임기영・김명곤・김영창・박원균・안덕선・이정애(2011). 의대평가인증 개선방안 연구. 대한의사협회 의료정책연구소 연구보고서.

임연기(2009a). 교원양성기관평가의 발전 방향과 과제. 한국교원교육연구, 26(2), 123–143.

임연기(2009b). 지방대학 육성을 위한 정책과제의 우선순위 탐색 및 발전적 논의. 교육행정학연구, 27(4), 411–435.

임창빈・정철영(2009). 산학협력정책의 성과평가. 농업교육과 인적자원개발, 41(4), 241–275.

임천순(2005). 대학 특성화 정책 추진 성과와 과제. 교육행정학연구, 23(4), 219–241.

임한조・이석한・이용남・이병찬・안영식(2012). 국내 대학원의 연구역량 제고 및 세계 수준의 국내 박사 양성 방안에 관한 연구. 교육과학기술부 연구보고서.

장덕호・김한나(2014). 법학전문대학원의 제도적 환경과 그 영향에 관한 분석연구. 교육정치학연구, 21(4), 69–95.

장아름(2015). 대학 구조개혁 정책의 변동과정 분석: 역사적 신제도주의의 제도변화 관점 적용을 중심으로. 교육정치학연구, 22(4), 109–140.

장지상・서중해・유현숙・백성준・박남기・정기오・김주헌・김창수・김성열・백종섭・김진・남궁문(2005). 2005년 대학구조개혁 지원 사업 평가연구. 교육인적자원부 연구보고서.

장후은(2015). 국내 산학협력정책 동향 분석. 한국지역지리학회 학술대회발표집, 26–29.

장후은・문태헌・허선영(2015). 국내외 산학협력정책 동향 분석. 경상대학교 산학협력정책연구소 연구보고서.

전국교수노동조합・민주사회를 위한 변호사 모임・도종환 국회의원(2016). 교육부의 재정지원사업 문제에 대한 대학구성원 토론회.

전효진・김학진・김영욱(2013). 공학교육인증 졸업생과 비인증 졸업생의 취업률 비교 분석: 서울시립대학교 사례. 공학교육연구, 16(1), 64–74.

정명실(2009). 간호학 실습 교육의 방향. 한국간호교육학회 학술대회 자료집, 7–22.

정병석・김종철・도희근・신양균(2009). 법조인 양성체제의 개혁: 법학전문대학원 제도 도입 백서. 교육과학기술부 정책용역과제 연구보고서.

정용덕・이승종・최운실・김혜정・엄석진(2004). 글로벌시대 교육의 국제경쟁력 강화를 위한 대학 평가체제 개혁방안 연구. 교육인적자원부 연구보고서.

정일환・김용우・조준래(1991). 교사교육평가 인정제도 도입방안 연구. 한국교육개발원 연구보고서 (RR91–11).

정재영(2013). 법학전문대학원 평가기준 개선에 관한 연구. 한국도서관・정보학회지, 44(1), 123–142.

정철민(2015). 고등교육 국제화의 개념에 대한 비판적 검토: 존재론적 전환을 중심으로. 교육철학, 57, 103–123.

정태수(1991). 7.30 교육개혁. 서울: 예지각.

조동섭(2005). 교원양성대학의 기능과 역량 강화 방안 연구. 교육행정학연구, 23(2), 399–419.

조상덕(2008). 피츠버그대학교 교직원 능력향상을 위한 방안. 대학교육, 152, 41–59.

조성희 · 강소연(2012). 공학교육인증평가가 교육과정에 미친 영향 연구. 공학교육연구, 15(4), 58-65.

조옥경 · 최금진(2013). 공학교육인증 평가체제의 메타평가 준거 개발. 공학교육연구, 16(3), 28-41.

주재현 · 기정훈 · 임형백(2010). 공학교육인증제도의 효과성 평가-공학교육인증 프로그램 졸업생들의 인식조사를 중심으로. 한국정책과학학회보, 14(3), 55-78.

주철안(2006). 현행 고등교육평가에관한법률안의 고등교육평가체제 분석. 교육행정학연구, 24(4), 67-90.

주현태(2014). 언론사 대학평가의 문제점 논란을 다시 생각한다. 대학교육, 185, 75-80.

중앙일보 대학평가(2008). 2008년 중앙일보 대학평가 개요.

중앙일보 대학평가(2012). 2012 중앙일보 대학평가 설명자료.

중앙일보 대학평가(2014). 2014 중앙일보 종합 · 학과평가 방법론 소개.

중앙일보 대학평가(2015). 2014 중앙일보 대학평가 자료집.

진성희 · 조우석(2011). 공학 인증 및 평가-한국과 미국의 프로그램 학습성과 평가체계 사례분석. 공학교육연구, 14(2), 13-20.

최강식 · 이보경(2017). 대학정원정책을 중심으로 본 한국의 대학구조개혁정책의 변화와 쟁점. 교양교육연구, 11(1), 313-363.

최경호 · 박정민 · 송창백(2008). 공학실무교육 인증, 평가방법 개발 적용방안 연구. 경북전문대학논문집, 26, 289-321.

최금진(2011). 민간자율 평가기구에 의한 학문분야평가의 평가체제에 관한 연구. 교육정치학연구, 18(1), 111-141.

최금진 · 신동은(2012). 민간평가기구에 의한 학문분야평가의 인증기준에 대한 체제론적 분석. 교육정치학연구, 19(1), 157-181.

최상덕 · 김기수 · 김순남 · 김옥남 · 이정미 · 이석열 · 한신일(2007). 대학 특성화 지표의 시범적용 및 향후 적용방안 연구. 교육부 연구보고서.

최상덕 · 김기수 · 예혜란(2008). 아태지역 고등교육 협력 방안 정책연구. 한국교육개발원 연구보고서.

최상한 · 김상철(2020). 산업연계 교육활성화 선도대학(PRIME) 사업이 참여 대학의 주요 양적지표 개선에 미친 영향 분석. 교육문화연구, 26(1), 5-35.

최정윤 · 신혜숙 · 장덕호 · 유현숙 · 양승실 · 유명화(2016). 2016 대학 특성화사업 성과관리를 위한 교수 · 학습 평가 활용 및 분석 연구. 한국교육개발원 현안보고(OR2016-08).

최호성(2012). 사립대학의 구조조정을 둘러싼 쟁점과 합리적 해결 방안. 수산해양교육연구, 24(6), 901-919.

클라우스 슈밥 저, 송경진 역(2016). 클라우스 슈밥의 제4차 산업혁명. 서울: 새로운 현재.

표명환(2018). 법학전문대학원의 현재적 문제와 미래적 과제. 법과 정책, 24(3), 311-341.

하봉운 · 김성기 · 황준성(2010). 고등교육재정 확충을 위한 법령 제 · 개정 방안. GRI연구논총, 12(2), 275-297.

한국간호교육평가원(2013). 2014학년도 하반기 간호교육인증평가 대학용 편람.

한국간호교육평가원(2014a). 간호학 전문학사학위과정 간호교육인증평가 기준집.

한국간호교육평가원(2014b). 간호학 학사학위과정 간호교육인증평가 기준집.

한국간호교육평가원(2016). 2016년도 상반기 간호교육인증평가 대학용 편람.

한국간호교육평가원(2017). 간호교육인증평가 기준집.

한국간호평가원(2003). Report on validity of accreditation for nursing education program.

한국고등교육정책학회(2013). 고등교육정책의 성과 진단과 새 정부의 과제. 2013년도 춘계학술대회 자료집.

한국공학교육인증원(2013). 교육기관 자체평가보고서(KEC2005) 양식.

한국공학교육인증원(2014a). KEC2015/KEC2015 인증기준. 2015년 인증설명회 발표자료.

한국공학교육인증원(2014b). 공학기술교육인증제 운영·평가 매뉴얼.

한국공학교육인증원(2014c). 공학교육인증기준.

한국공학교육인증원(2014d). 공학기술교육인증기준.

한국공학교육인증원(2014e). 컴퓨터·정보(공)학교육인증기준.

한국공학교육인증원(2015). 공학교육인증 평가자 교육 워크숍 자료.

한국공학교육인증원(2016). 한국공학교육인증원(과거, 현재 그리고 미래), 제47회 공학교육인증포럼 발표자료.

한국공학한림원 차세대공학교육위원회(2015). 차세대 공학교육 혁신 방안 연구. 한국공학한림원.

한국교육개발원(2019). 2019~2020년 5주기 교원양성기관 역량진단 편람.

한국교육재단(2016). PRIME 사업 정량지표 정의서.

한국대학교육협의회(1997). 1998년도 대학종합평가인정제 시행을 위한 대학종합평가 편람. 자료 RM 제P07-9-156호.

한국대학교육협의회(2010). ASEM 대학평가 인증기관 간 상호교류 활성화 방안. ASEM 대학평가인증 국제세미나 자료집.

한국대학교육협의회(2011). 기관평가인증제의 발전 방안.

한국대학교육협의회(2012). 정부의 대학재정 지원제도 개선방안. 제37회 대학교육 정책포럼 자료집(DSP 2012-2-203).

한국대학교육협의회(2014). 대학개혁과 대학재정지원의 쟁점과 과제. 제47회 대학교육 정책포럼 자료집(SP 2014-16-250).

한국대학교육협의회(2016). 대학재정지원사업의 개선 방향과 과제. 제54회 대학교육 정책포럼 자료집(SP 2016-21-294).

한국대학교육협의회·한국대학평가원(2010). 대학 기관평가인증 편람.

한국대학교육협의회·한국대학평가원(2012). 2012 대학기관평가인증 편람.

한국대학교육협의회·한국대학평가원(2013). 2013 대학기관평가인증 편람.

한국대학교육협의회·한국대학평가원(2014a). 2014 대학기관평가인증 편람.

한국대학교육협의회·한국대학평가원(2014b). 대학평가총람(RM 2014-24-640).

한국대학교육협의회·한국대학평가원(2015). 2015 대학기관평가인증 편람.

한국대학평가원(2013. 12. 27.). 보도자료: 2013년 대학기관평가인증 결과, 90개 대학 인증 획득.

한국대학평가원(2014. 12. 5.). 보도자료: 2014년 대학기관평가인증 결과, 11개 대학 인증 획득.

한국대학평가원(2015. 8. 28.). 보도자료: 대학기관평가인증 5차년도 평가 결과 및 1주기(2011~2015) 운영 성과 발표.

한국대학평가원(2016. 4.). 2주기 대학기관평가인증편람.

한국대학평가원(2016. 12. 23.). 보도자료: 2016년 대학기관평가인증 결과 발표.

한국대학평가원(2020). 2주기 대학기관평가인증 편람.

한국연구재단(2013). 2013 산학협력 선도대학 육성사업 우수성과사례집.

한국연구재단(2014). 2014 산학협력 선도대학 육성사업 우수성과사례집.

한국연구재단(2014. 11.). BK21 플러스 사업 최종 평가 개선안(총괄위 심의 전 공개용).

한국연구재단(2015). 2015 산학협력 선도대학 육성사업 우수성과사례집.

한국연구재단(2016. 12.a). 2015년 지방대학 특성화사업 사업단별 성과사례집.

한국연구재단(2016. 12.b). 수도권대학 특성화사업 사업단별 성과사례집.

한국의과대학인정평가위원회(1998). 의과대학인정평가 제1차 활동보고서.

한국의과대학인정평가위원회(2002). 의과대학인정평가 제5차 활동보고서.

한국의과대학인정평가위원회(2003 · 2004). 의과대학인정평가 제6차 활동보고서.

한국의학교육평가원(2006). 제1주기 의과대학 인정평가 종합평가 연구.

한국의학교육평가원(2007). 의학교육의 국제화와 인정평가. 한국의학교육평가원 창립 3주년 기념 심포지엄 자료집.

한국의학교육평가원(2008a). 의과대학인정평가 자체평가위원 워크숍 자료집.

한국의학교육평가원(2008b). 전공의 교육의 국제화와 인정평가. 의협100주년 기념 심포지엄 자료집.

한국의학교육평가원(2009). 인증평가의 향후 활용방안. 제25차 의학교육학술대회 자료집.

한국의학교육평가원(2010). 인증평가 설명회 및 자체평가위원 워크숍 자료집.

한국의학교육평가원(2011a). 의학교육 평가인증 기준 및 규정.

한국의학교육평가원(2011b). 한국의학교육평가원 편람.

한국의학교육평가원(2014). 의학교육 평가인증 설명회 자료집.

한국의학교육평가원(2015). 2015 의학교육 평가인증 설명회 자료집.

한국의학교육평가원(2016a). 2016년 의학교육 평가인증 설명회 자료집.

한국의학교육평가원(2016b). 2016년 의학교육 평가인증기준개정(안) 공청회 자료집.

한국의학교육평가원(2016. 10. 10.). 한국의학교육평가원, 세계의학교육연합회(WFME)로부터 평가인증기관으로 인정받다.

한국의학교육평가원(2018a). 2018년도 의학교육 평가인증 설명회 자료집.

한국의학교육평가원(2018b). 의학교육 평가인증 기준(Post−2주기).

한국의학교육평가원(2020). ASK2019 의학교육 평가인증 기준(2020. 2. 7. 일부수정).

한국의학교육평가원(2020. 2. 5.). 의학교육평가인증 규정.

한나라당(2007. 11.). 일류국가 희망공동체 대한민국. 제17대 대통령 선거 공약집.

한유경 · 남수경 · 배상훈 · 이영 · 김철중(2010). 대학교육의 질 제고를 위한 대학평가 연계발전 방안 연구. 교육부 연구보고서.

한유경 · 박주형 · 나민주 · 정제영(2016). 제2단계 BK21 사업성과 및 개선방향에 대한 델파이 연구. 교육행정학연구, 34(1), 239−262.

한지영(2008). 미국과 한국의 공학교육인증 체제 비교에 대한 사례 연구. 공학교육연구, 11(1), 24−33.

한지영 · 강소연 · 전주현(2016). 컴퓨터 · 정보(공)학 분야 공학교육인증제 운영성과에 대한 교수들의 인식 분석 및 개선방안 연구. 공학교육연구, 19(5), 35–47.

한지영·이민영·정보라(2009). 자기주도학습 능력 개발을 위한 설계교육 방법에 관한 연구. 공학교육연구, 12(4), 115–125.

허귀진(2002). 대학평가제도에 관한 연구. 기업경영연구, 8(1), 73–113.

허돈(2009). 공학교육인증의 학습성과 평가체계의 사례연구. 공학교육연구, 12(1), 57–63.

허선영·장후은·이종호(2015). 산학협력 매개 주체로서 산학협력중점교수 제동의 운영 실태와 제도 개선 방향. 한국지역지리학회지, 21(4), 649–659.

홍성조(2013). 공학교육인증과 학회의 역할. 대한산업공학회 추계학술대회 논문집, 1671–1677.

홍성학(2016). 박근혜 정부 재정지원사업 실태와 과제. 국회의원 도종환·전국교수노동조합·민주사회를 위한 변호사 모임 공동주최 교육부의 재정지원사업 문제에 대한 대학구성원 토론회. 서울: 국회의원회관 제8간담회실.

홍영란·이원규(2005). 교원양성기관 평가정보 DB 구출 방안 연구. 교육인적자원부 연구보고서.

홍의석 외(2009). 한국공학교육인증원의 역사를 돌아보며–공인원 설립 10주년 기념 회고 간담회. 공학교육, 16(3), 12–19.

홍태석(2017). 법학전문대학원의 현상과 발전적 개선방안에 관한 제고. 법이론실무연구, 5(3), 9–36.

황해봉(2007). 로스쿨법의 주요 쟁점과 과제. 공법연구, 36(1), 207–234.

황현주(2006). US News & World Report와 중앙일보의 대학평가에 관한 연구. 지역문화연구, 5, 163–183.

간호신문(2012. 3. 20.). "간호교육인증평가 시작 … 3월 26일부터 신청서 접수".

강원일보(2015. 6. 26.). '정원조정 선도대학(PRIME)사업'에 도내 대학들 관심–재정지원 기존의 3~4배 규모.

경향신문(2016. 5. 26.). [정동칼럼] 교육부 프라임 사업의 치명적 문제.

교수신문(2009. 6. 29.). 평가 20위권 대학들, 대학광고 절반 내줬다: 언론사 대학평가, 광고유치 연계성 분석해 보니.

교수신문(2013. 6. 10.). 연구평가 어떻게 할 것인가? (2) 변화 잦은 산업현장과 직결되는 공학적 특성을 고려해야.

교수신문(2013. 6. 18.). 연구평가 어떻게 할 것인가?(3) "객관적·주관적 평가지표 혼용하자".

교수신문(2013. 6. 24.). 연구평가 어떻게 할 것인가?(4) "한국형IF는 저널 줄세우고 학문마저 죽인다".

교수신문(2013. 7. 1.). 연구평가 어떻게 할 것인가?(5) "제도보다 연구자 풍토 변해야 유럽 계량서지학 참조 가능".

교수신문(2016. 7. 4.). 평가 직전 교수 소속 바꿔 '교원확보율' 충족 꼼수?

교수신문(2019. 4. 25.). '700점 생존경쟁' 5주기 교육양성기관 역량진단 돌입.

국민일보(2013. 10. 7.a). 흔들리는 BK21 플러스 "교육부, 부적격 교수 선정 알고도 묵인".

국민일보(2013. 10. 7.b). 흔들리는 BK21 플러스 "비리징계 교수들 BK21 플러스 대거 참여".

국민일보(2013. 10. 7.c). 흔들리는 BK21 플러스 "제재 사유로 본 연구부실 실태."

국민일보(2013. 10. 8.). 흔들리는 BK21 플러스 "의혹만 키운 교육부 해명".

국민일보(2013. 8. 15.). 투명성 장치 폐기한 'BK21 플러스'

뉴시스(2006. 10. 23.). 의대생 41% 우울증, 자살경험.

동아일보(1996. 5. 1.). 「大學정보화」 순위 매긴다.

동아일보(2000). 동아일보 80년사.

동아일보(2012. 9. 12.). [청년드림 프로젝트] 날개 잃은 청춘, 대한민국의 눈물.

동아일보(2012. 9. 27.). [청년드림] 한국 고용, 제조업 단독플레이··· 저성장시대 버티기 어려워.

동아일보(2013. 1. 1.). [알립니다] 새해 새 희망 새 출발··· 東亞의 아침이 바뀝니다.

동아일보(2013. 5. 21.a). [2013 청년드림 대학] 광운-우송-産技大··· 청년드림 대학 25개의 별 떴다.

동아일보(2013. 5. 21.b). [2013 청년드림 대학] 단순 취업률 아닌 지원 인프라 평가··· 청년실업 해법 제시.

동아일보(2013. 5. 21.c). [2013 청년드림 대학] 취업-창업 13개 지표 측정··· 재학생 설문 가중치.

동아일보(2013. 5. 22.). 청년드림대학 우수사례 뽑히면 고용부 지원사업 가점.

동아일보(2014. 8. 26.a). 국내 현실 맞춰 평가항목 업그레이드.

동아일보(2014. 8. 26.b). 청년드림대학 평가 어떻게 했나··· 상담-정보-기회-교육 4개 분야 측정.

동아일보(2015. 9. 2.a). 신입생 2박 3일 창업체험··· 4년간의 활동 온라인 관리.

동아일보(2015. 9. 2.b). 지원할 회사 콕 집어 찾아주고··· 취업역량 높여야 장학금.

동아일보(2015. 10. 16.). [2015 청년드림대학] "우수대학 사례 적극 공유··· 청년들이 꿈꿀 수 있도록 지원".

동아일보(2016. 3. 21.). [한국공학교육인증원]글로벌 스탠더드와 산업체 니즈에 부합하는 인재를 보장한다.

동아일보(2016. 4. 1.). [청년드림] "꿈만 꿀건가요, 두드리면 열리는데".

동아일보(2016. 11. 30.). [청년드림]"취업 힘쏟는 우수대학 사례 공유··· 청년들에게 희망 선물"

동아일보(2017. 11. 28.). [청년드림]취업-창업 지원역량 뛰어난 '청년드림대학'··· 금오공 숭실 중앙大 최우수.

동아일보(2019. 12. 10.). 청년드림대학 어떻게 선정했나··· 교육지표-학생만족도-취업률 3단계 평가

매일경제(2010. 9. 24.). 테마진단-이공계 인력수급, 교육혁신으로 풀어야.

메디칼타임즈(2020. 2. 1.). "기초의학 연구의사 씨 말랐다···의대 교육부터 바꾸자".

서울대 대학신문(2013. 9. 18.). BK21 플러스 사업, 논쟁점을 짚다.

서울신문(2016. 5. 3.). [사설] 공정성 보장하도록 로스쿨 선발 방식 고쳐야.

세계일보(2011. 3. 3.). 건양대, 전국 첫 '동기유발 학기' 운영.

연합뉴스(2013. 5. 20.). 과학계 "학술지 임팩트 팩터로 연구 평가 말라".

연합뉴스(2013. 8. 26.). 서울 시립대 BK21 플러스 선정 정보 공개하라.

오마이뉴스(2016. 1. 30.). 대학 구조조정의 다른 이름 '프라임 사업'.

유스라인(2020. 2. 7.). 4단계 BK21사업, "강사법이 당락결정" 2023년 중간평가 연구 질적평가 100% 반영.

의협신문(2007. 6. 8.). 0.1% 수재 의대생 정신건강 '흔들'.

조선일보(2008. 10. 9.a). '아시아 대학 평가' 시작합니다.

조선일보(2008. 10. 9.b). 연구 · 강의 · 국제화 평가… 졸업생 평판도 영향.

조선일보(2008. 10. 27.a). '조선일보–QS 아시아권 대학평가' 앞으로 일정은.

조선일보(2008. 10. 27.b). '조선일보–QS 아시아권 대학평가'에 대한 대학들 반응.

조선일보(2008. 10. 27.c). 조선일보–QS 아시아권 대학평가 어떤 분야 평가하고 어떤 지표 적용하나.

조선일보(2008. 11. 10.a). [조선일보–QS 아시아권 대학평가] "공정한 평가야말로 대학 발전의 원동력".

조선일보(2008. 11. 10.b). [조선일보–QS 아시아권 대학평가] 어떻게 평가하나.

조선일보(2009. 5. 15.). [2009 아시아 대학평가] 총장이 학생들에 '초라한 성적표' 사과… '본지 대학평가' 큰 반향.

조선일보(2010. 5. 13.). [2010 아시아 대학평가] 어떻게 평가했나.

조선일보(2011. 5. 23.). [조선일보 QS 아시아 대학평가] 어떻게 평가했나.

조선일보(2011. 5. 25.). [2011 아시아 대학평가] 亞 각국, '조선일보 · QS 대학평가' 일제히 보도.

조선일보(2012. 5. 29.a). [2012 아시아 대학평가] 서울대, 도쿄대 제친 건 국제화(외국인 교원비율: 서울대 30위 · 도쿄대 150위) 덕분… 연구(논문 피인용 횟수: 서울대 20위 · 도쿄대 8위)는 아직 뒤져.

조선일보(2012. 5. 29.b). [2012 아시아 대학평가] 학계 논문 인용 등 4개 영역과 9개 지표로.

조선일보(2012. 5. 29.c). '아시아 대학 톱10'에 한국 대학 1(서울대) → 3(서울대 · 카이스트 · 포스텍)개로.

조선일보(2013. 6. 5.). [2013 아시아 대학평가] 연구 · 졸업생 평판도 등 4개 영역 9개 지표 이용.

조선일보(2014. 5. 12.). [2014 아시아 대학평가] 세계 학자 4만3000명 · 기업 인사담당자 8000명 평가 참여.

조선일보(2015. 6. 10.). [2015 아시아 대학평가] 교육여건 · 학계평판 등 4개 영역 9개 지표로 순위 매겨.

조선일보(2016. 6. 14.). '박사학위 소지 비율' 지표 추가… 졸업생 평판도 반영 2배로 늘려.

조선일보(2016. 10. 5.). 거시적 과학 리더십 세워야 노벨상 22명 일본 근처라도 간다.

조선일보(2016. 10. 6.). 미 공대생 1~10등이 창업하는데, 한국은 취직 못하면 창업.

조선일보(2018. 10. 23.). 국제 연구협력 평가 처음 도입… 지표 11개로 늘어.

중도일보(2015. 12. 10.). 충주 국립한국교통대학교 '교육경쟁력' 강화: 고강도 학사구조개편안으로 52개 모집단위 23개로 줄여.

중앙일보(2017. 9. 6.). [대학평가] 이공계 학과, 어떻게 평가했나.

중앙일보(2017. 9. 7.). [대학평가] 인문사회계 학과, 어떻게 평가했나.

중앙일보(2016. 9. 8.). 2016 이공계 학과평가 우수 학과 상세지표 살펴보니.

중앙일보(2016. 9. 9.). 2016 인문 · 사회계열 학과평가 우수 학과 상세지표 살펴보니.

중앙일보(2016. 10. 10.). 대학이 변해야 4차 산업혁명 성공한다.

중앙일보(2016. 10. 17.a). [2016 중앙일보 대학평가] 종합평가 한양대 2위… 벤처창업 490명 배출.

중앙일보(2016. 10. 17.b). [2016 중앙일보 대학평가] 종합평가는 4개 이상 계열 가진 69곳 대상… 창업교육 · 성과 비중 커져.

중앙일보(2017. 10. 23.). [대학평가] 종합평가, 4개 이상 계열 가진 61곳 대상.

중앙일보(2017. 10. 23.). 교육투자 · 논문의 힘… 서울대 1위 성대 2위.

한겨레신문(2016. 11. 22.). 의 · 치대, 평가 · 인증 못받으면 학과 폐지된다.

한국교육신문(2006. 1. 19.). [교육시론] 교원양성기관 평가에 대한 평가.

한국대학신문(2014. 9. 30.). "대학구조개혁 평가지표, 인증평가와 흡사".

한국대학신문(2014. 11. 6.). [한국대학신문–대교협 공동기획⟨대학기관평가인증, 구조개혁평가 대안 될까⟩(2–1)] "인증대학 이수자 자질, 국제적 판단 근거 마련".

한국대학신문(2015. 2. 3.). 사범대 · 교대 등 교원양성기관 대상 '질평가' 강화.

한국대학신문(2016. 2. 18.). 교원양성기관평가 결과 사범대 '정원감축' 위기.

한국대학신문(2016. 4. 5.). 프라임사업 힘 받을 수 있을까.

한국대학신문(2016. 4. 8.). 프라임 사업 후폭풍 시작… 벌써부터 '책임론'.

한국대학신문(2016. 5. 3.). 프라임 사업이 입시에 던지는 메시지는.

한국대학신문(2016. 9. 25.). 대학구조개혁 2주기 평가, 평가인증과 연계될까.

한국대학신문(2016. 9. 28.). [2016 국감] 김민기 의원 "대학구조개혁평가 위원이 컨설팅 회사 설립".

Ashwin, P. (ed.). (2005). *Changing higher education: The development of learning and teaching.* London: Routledge.

Bennett, W. J., & Wilezol, D. (2013). *Is college worth it?* Nashville, TN: Thomas Nelson, Inc.

Bishop, A. H., & Scudder, J. R. (1999). A philosophical interpretation of nursing. *Scholarly Inquiry for Nursing Practice, 13*(1), 17–27.

Campbell, R. F., Fleming, T., Newell, L. J., & Bennion, J. W. (1987). *A history of thought and practice in educational administration.* New York: Teachers College Press.

Cass, R. A. (1995). The how and why of law school accreditation. *Journal of Legal Education, 45*(3), 415–424.

Cohen, M. D., March, J. G., & Olsen, J. P. (1972). A garbage can model of organizational choice. *Administrative Science Quarterly, 17,* 1–25.

Clark, B. R. (2004). *Sustaining change in universities: Continuities in case studies and concepts.* Berkshire, England: Open University Press.

Crow, M. M., & Dabars, W. B. (2015). *Designing the new american university.* Baltimore, MD: Johns Hopkins University Press.

Dressel, P. L. (1976). *Handbook of academic evaluation.* San Francisco, CA: Jossey–Bass.

eMD Medical News (2020. 1. 3.). 2019년도 의학교육 평가인증 결과.

ENQA (2005). ENQA Report Standards and Guidelines for Quality Assurance in the European Higher Education Area.

ENQA (2005). *Standards and guildlines for quality assurance in the european higher education area.* Helsinki: Multiprint.

Fitzpatrick, J. L., Sanders, J. R., & Worthen, B. R. (2004). *Program evaluation: Alternative approaches and practical guidelines* (3rd ed.). Boston, MS: Pearson.

Fournier, D. M. (2005). Evaluation. In S. Mathison (Ed.), *Encyclopedia of evaluation* (pp. 139–140). Thousand Oakes, CA: Sage Publications.

Guba, E. G., & Lincoln, Y. S. (1981). *Effective evaluation: Improving the usefulness of evaluation results through responsive and naturalistic approaches.* San Francisco, CA: Jossey–Bass Publishers.

Guba, E. G., & Lincoln, Y. S. (1989). *Fourth generation evaluation.* London: Sage.

James, R. K., & Gilliland, B. E. (2008). *Crisis intervention strategies* (6th ed.). Belmont, CA: Thompson Brooks/Cole.

Knight, J. (2006). Internationalization of higher education: New directions, new challenges: 2005 IAU global survey report. International Association of Universities.

Liaschenko, J., & Peter, E. (2004). Nursing ethics and conceptualizations of nursing: Profession, practice and work. *J Advan Nurs, 46*(5), 488–495.

Mathison, S. (ed.). (2005). *Encyclopedia of evaluation.* Thousand Oaks, CA: Sage Publications.

Medical Observer (2016. 10. 10.). 의평원, WFME 평가인증기관 인정.

Middaugh, M. F. (2010). *Planning and assessment in higher education: Demonstrating institutional effectiveness.* San Francisco, CA: Jossey–Bass.

Rossi, P. H., & Freeman, H. E. (1989). *Evaluation: A systematic approach* (4th ed.). Newbury Park, CA: SAGE Publications.

Rowley, D. J., & Sherman, H. (2001). *From strategy to change: Implementing the plan in higher education.* San Francisco, CA: Jossey–Bass.

Rowley, D. J., Lujan, H. D., & Dolence, M. G. (1997). *Strategic change in colleges and universities: Planning to survive and prosper.* San Francisco, CA: Jossey–Bass.

Scriven, M. (2005). Logic of evaluation. In M. Sandra (Ed.), *Encyclopedia of evaluation* (p. 235). Thousand Oaks, CA: Sage Publications.

Selingo, J. J. (2013). *College (Un)bound: The future of higher education and what it means for students.* New York: Houghton Mifflin Harcourt.

Stufflebeam, D. L. (1971). *Educational evaluation and decision making.* Itasca, IL: F. E. Peacock Publishers, Inc.

Stufflebeam, D. L., & Shinkfield, A. J. (2007). *Evaluation: Theory, models, and applications.* San Francisco, CA: Jossey–Bass.

UNESCO · OECD (2005). Guidelines For Quality Provision in Cross–Border Higher Education Jointly Elaborated by UNESCO and the OECD.

Weick, K. E. (1976). Educational organizations as loosely coupled system. *Administrative Science Quarterly, 21,* 1–19.

Werner, W. (1978). Evaluation: Sense-making of school programmes. In T. Aoki (Ed.), *Curriculum evaluation in a new key. Monograph series No.1, Vancouver centre for the study of curriculum and instruction, faculty of education* (pp. 7–18). University of British Columbia.

ACE협의회 홈페이지 http://www.acec.or.kr

BK21 플러스 사업 홈페이지 https://bkplus.nrf.re.kr

CK 사업 홈페이지 http://www.ckgc.co.kr/

QS 세계대학 순위평가 홈페이지 http://www.topuniversities.com/universities

국가법령정보센터 홈페이지 http://www.law.go.kr

국가지표체계 홈페이지 http://www.index.go.kr

대학 자율역량 강화 지원 사업 홈페이지 http://eduup.kcue.or.kr/main/main.do

동아일보 청년드림센터 홈페이지 http://yd-donga.com

사회맞춤형 산학협력 선도대학 육성사업 홈페이지 http://lincplus.nrf.re.kr

영남대학교 LINC 기업지원센터 홈페이지 http://bizcoop.yu.ac.kr/

중앙일보 대학평가 홈페이지 http://univ.joongang.co.kr

한국ABC협회 홈페이지 http://www.kabc.or.kr

한국간호교육평가원 홈페이지 http://www.kabon.or.kr

한국공학교육인증원 홈페이지 http://www.abeek.or.kr

한국교육개발원 교원양성기관 역량진단 홈페이지 https://necte.kedi.re.kr

한국교육개발원 대학평가본부 홈페이지 http://uce.kedi.re.kr

한국대학평가원 홈페이지 https://aims.kcue.or.kr

한국의학교육평가원 홈페이지 http://www.kimee.or.kr

찾아보기

··· 저자 소개

신현석(Shin, Hyun-Seok)
위스콘신대학교 대학원 교육행정학과 졸업(철학박사)
고려대학교 BK21 사업단장 역임
고려대학교 기획예산처장 역임
고려대학교 사범대학장 및 교육대학원장 역임
한국교육정치학회 · 한국교원교육학회 · 한국교육행정학회 회장 역임
교육부 정책자문위원, 대학발전기획단장, 정책숙려제위원장 역임
현재 고려대학교 교육학과 교수
　　　　한국교육학회 부회장

김상철(Kim, Sang-Cheol)
고려대학교 대학원 교육학과 졸업(교육학박사)
현재 한국교육개발원 연구원
　　　　한국교육정치학회 선임이사 및 사무국장
　　　　안암교육학회 학술위원
　　　　대전인문예술포럼 회원

장아름(Jang, Ah-Reum)
고려대학교 대학원 교육학과 졸업(교육학박사)
고려대학교 교육문제연구소 연구교수 역임
명지대학교 방목기초교육대학 객원조교수 역임
경희대학교 교육혁신사업단 고등교육연구센터 객원교수 역임
현재 연세대학교 교무처 교수학습혁신센터 전임연구원